JN441537

定本 朱子語類小分 (三)

67~97卷

宋時烈 외 편
충북대학교 우암연구소
우암자료집성및정본화사업팀 표점 · 교감

심산

* 이 책은 2007년~2010년까지 3년간 한국연구재단(구 한국학술진흥재단)의 기초연구과제지원사업(토대연구)으로 연구비를 지원받아 수행된 〈우암자료 집성 및 정본화 사업〉(과제번호: KRF-2007-322-A00036)의 연구결과물입니다.

차 례

『朱子語類』 卷第六十七

「『易』三」

「綱領下」

▲[1)]

67:1 上古之『易』, 方是"利用厚生", 『周易』始有"正德"意, 如"利貞", 是教人利於貞正, "貞吉", 是教人貞正則吉. 至孔子則說得道理又多. 【閎祖 ○道夫錄云: "'利貞', '貞吉', 文王說底, 方是教人'隨時變易以從道.'"】

67:2 ▲[2)]

67:3 ▲[3)]

67:4 ▲[4)] 伏羲是未有卦時畫出來, 文王是就那見成底卦邊說. "畫前有易", 眞箇是恁地. 這箇卦是畫不迭底, 那許多都在這裏了, 不是畫了一畫, 又旋思量一畫. 才一畫時, 畫畫都具. 【淵 ○壯祖錄云: "須將伏

---

1) ▲: 「三聖易」

2) ▲: 乾之"元亨利貞", 本是謂筮得此卦, 則大亨而利於守正, 而「彖辭」『文言』皆以爲四德. 某常疑如此等類, 皆是別立說以發明一意. 至如坤之"利牝馬之貞", 則發得不甚相似矣. 【道夫】

3) ▲: 伏羲自是伏羲『易』, 文王自是文王『易』, 孔子自是孔子『易』. 伏羲分卦, 乾南坤北. 文王卦又不同. 故曰: 『周易』"元亨利貞", 文王以前只是大亨而利於正, 孔子方解作四德. 『易』只是尙占之書. 【德明】

4) ▲: 須是將伏羲畫底卦做一樣看, 文王卦做一樣看, 文王・周公說底「彖」「象」做一樣看, 孔子說底做一樣看, 王輔嗣・伊川說底各做一樣看.

羲畫卦, 文王重卦, 周公爻辭, 孔子「繫辭」及程氏「傳」各自看, 不要相亂惑, 無秪[5)]牾處也."】

67:5 問『易』. 曰: "聖人作『易』之初, 蓋是仰觀俯察, 見得盈乎天地之間, 無非一陰一陽之理, 有是理, 則有是象, 有是象, 則其數便自在這裏, 非特「河圖」·「洛書」爲然. 蓋所謂數者, 祇是氣之分限節度處, 得陽必奇, 得陰必偶, 凡物皆然, 而「圖」·「書」爲特巧而著耳. 於是聖人因之而畫卦, 其始也只是畫一奇以象陽, 畫一偶以象陰而已. 但纔有兩, 則便有四, 纔有四, 則便有八, 又從而再倍之, 便是十六. 蓋自其無朕之中而無窮之數已具, 不待安排而其勢有不容已者. 卦畫旣立, 便有吉凶在裏. 蓋是陰陽往來交錯於其間, 其時則有消長之不同, 長者便爲主, 消者便爲客, 事則有當否之或異, 當者便爲善, 否者便爲惡. 卽其主客善惡之辨, 而吉凶見矣, 故曰: '八卦定吉凶.' 吉凶旣決定而不差, 則以之立事, 而大業自此生矣. 此聖人作『易』敎民占筮, 而以開天下之愚, 以定天下之志, 以成天下之事者如此. 但自伏羲而上, 但有此六畫, 而未有文字可傳, 到得文王·周公乃繫之以辭, 故曰: '聖人設卦觀象, 繫辭焉而明吉凶.' 蓋是卦之未畫也, 因觀天地自然之法象而畫, 及其旣畫也, 一卦自有一卦之象, 象謂有箇形似也, 故聖人卽其象而命之名. 以爻之進退而言, 則如剝復之類, 以其形之肖似而言, 則如鼎井之類, 此是伏羲卽卦體之全而立箇名如此. 及文王觀卦體之象而爲之彖辭, 周公視卦爻之變而爲之爻辭, 而吉凶之象益著矣. 大率天下之道, 只是善惡而已, 但所居之位不同, 所處之時旣異, 而其幾甚微. 只爲天下之人不能曉會, 所以聖人因此占筮之法以曉人, 使人居則觀象玩辭, 動則觀變玩占, 不迷於是非得失之途, 所以是書夏·商·周皆用之. 其所言雖不同, 其辭雖不可盡見, 然皆太卜之官掌之, 以爲占筮之用. 有所謂'繇辭'者, 左氏所載, 尤可見古人用『易』處. 蓋其所謂'象'者, 皆是假此衆人共曉之物, 以形容此事之理, 使人知所取舍

5) 秪: 成化本에서는 抵로 되어 있다.

而已. 故自伏羲而文王・周公, 雖自略而詳, 所謂占筮之用則一. 蓋卽那占筮之中, 而所以處置是事之理, 便在那裏了. 故其法若粗淺, 而隨人賢愚, 皆得其用. 蓋文王雖是有定象, 有定辭, 皆是虛說此箇地頭, 合是如此處置, 初不黏著物上. 故一卦一爻, 足以包無窮之事, 不可只以一事指定說. 他裏面也有指一事說處, 如'利建侯', '利用祭祀'之類, 其他皆不是指一事說. 此所以見『易』之爲用, 無所不該, 無所不徧, 但看人如何用之耳. 到得夫子, 方始純以理言, 雖未必是羲文本意, 而事上說理, 亦是如此, 但不可便以夫子之說爲文王之說." 又曰: "『易』是箇有道理底「卦影」. 『易』以占筮作, 許多理便也在裏, 但是未便說到這處. ▲[6] 『易』如一箇鏡相似, 看甚物來, 都能照得. 如所謂'潛龍', 只是有箇潛龍之象, 自天子至於庶人, 看甚人來, 都使得. 孔子說作'龍德而隱, 不易乎世, 不成乎名[7]', 便是就事上指殺說來[8]. 然會看底, 雖孔子說也活, 也無不通, 不會看底, 雖文王・周公說底, 也死了. 須知得他是假託說, 是包含說. 假託, 謂不惹著那事, 包含, 是說箇影象在這裏, 無所不包." 又曰: "卦雖八, 而數須是十. 八是陰陽數, 十是五行數. 一陰一陽, 便是二, 以二乘二, 便是四, 以四乘四, 便是八. 五行本只是五而有十者, 蓋是一箇便包兩箇, 如木, 便包甲乙, 火, 便包丙丁, 土, 便包戊己, 金, 便包庚辛, 水, 便包壬癸, 所以爲十. ▲[9] 【賀孫】

67:6 孔子之『易』, 非文王之『易』, 文王之『易』, 非伏羲之『易』, 伊川

---

6) ▲: 如『楚辭』以神爲君, 以祀之者爲臣, 以寓其敬事不可忘之意. 固是說君臣, 【林錄云: "但假托事神而說."】 但是先且爲他說事神, 然後及他事君, 意趣始得. 今人解說, 便直去解作事君底意思, 也不喚做不是他意. 但須先與結了那一重了, 方可及這裏, 方得本末周備. 『易』便是如此. 今人心性褊急, 更不待先說他本意, 便將道理來衮說了.

7) 不成乎名: 徽州本에서는 이 뒤에 遁世無悶, 不見是而無悶, 樂則行之, 憂則違之, 確乎其不可拔, 潛龍也.가 더 들어 있다.

8) 來: 徽州本에서는 了로 되어 있다.

9) ▲: 彖辭, 文王作, 爻辭, 周公作, 是先儒從來恁地說, 且得依他. 謂爻辭爲周公者, 蓋其中有說文王, 不應是文王自說也."

『易傳』又自是程氏之『易』也. 故學者且依古易次第, 先讀本爻, 則自見本旨矣.【方子】

67:7 ▲[10]問: "'乾健坤順', 如何得有過不及?" 曰: "乾坤者, 一氣運於無心, 不能無過不及之差. 聖人有心以爲之主, 故無過不及之失. 所以聖人能贊天地之化育, 天地之功有待於聖人."【賀孫】

○[11] 如"利用爲大作"一爻, 象只曰"下不厚事也." 自此推之, 則凡居下者不當厚事. 如子於父, 臣之於君, 僚屬之於官長, 皆不可以踰分越職. 縱可爲, 亦須是盡善, 方能無過, 所以有"元吉無咎"之戒. 「繫辭」自大衍數以下, 皆是說卜筮事. 若不曉他盡是說爻變中道理, 則如所謂"動靜不居, 周流六虛"之類, 有何憑著? 今人說『易』, 所以不將卜筮爲主者, 只是嫌怕小卻這道理, 故憑虛失實, 茫昧臆度而已. 殊不知由卜筮而推, 則上通鬼神, 下通事物, 精及於無形, 粗及於有象, 如包罩在此, 隨取隨得. "居則觀其象而玩其辭, 動則觀其變而玩其占"者, 又不待卜而後見, 只是體察, 便自見吉凶之理. 聖人作『易』, 無不示戒. 乾卦纔說"元亨", 便說"利貞." 坤卦纔說"元亨", 便說"利牝馬之貞." 大畜乾陽在下, 爲艮所畜, 三得上應, 又畜極必通, 故曰"良馬逐", 可謂通快矣, 然必艱難貞正, 又且曰"閑輿衛", 然後"利有攸往." 設若恃良馬之壯, 而忘"艱貞"之戒, 則必不利矣. 乾之九三, "君子終日乾乾", 固是好事, 然必曰"夕惕若厲", 然後"無咎"也. 凡讀易而能句句體驗, 每存兢慄戒愼之意, 則於己爲有益, 不然, 亦空言爾.

「邵子易」[12]

10) ▲: 長孺
11) ○: 『朱子語類』의 75:62의 일부이다.
12) 「邵子易」: 徽州本에서는 易 아래에 數가 더 들어 있다.

67:8 康節『易』數出於希夷. 他在靜中推見得天地萬物之理如此, 又與他數合, 所以自樂. 今道藏中有此卦數.【謂魏伯陽『參同契』. 魏, 東漢人. ○德明】

67:9 王天悅雪夜見康節於山中, 猶見其儼然危坐. 蓋其心地虛明, 所以推得天地萬物之理. 其數以陰陽剛柔四者爲準, 四分爲八, 八分爲十六, 只管推之無窮. 有太陽・太陰・少陽・少陰・太剛・太柔・少剛・少柔. 今人推他數不行, 所以無他胸中.【德明】

67:10 ▲[13]

67:11 康節只說六卦: 乾・坤・坎・離,【四卦.】 震・巽含艮・兌. 又說八卦: 乾・坤・坎・離・大過・頤・中孚・小過. 其餘反對者二十八卦.【人傑】

67:12 聖人說數說得疏, 到康節, 說得密了. 他也從一陰一陽起頭. 他卻做陰・陽・太・少, 乾之四象, 剛・柔・太・少, 坤之四象, 又是那八卦. 他說這『易』, 將那"元亨利貞"全靠著那數. 三百八十四爻管定那許多數, 說得太密了. 『易』中只有箇奇耦之數是自然底, "大衍之數"卻是用以揲蓍底. 康節盡歸之數, 所以二程不肯問他學. 若是聖人用數, 不過如"大衍之數"便是. 他須要先揲蓍以求那數, 起那卦, 數是恁地起, 卦是恁地求. 不似康節坐地默想推將去, 便道某年某月某日, 當有某事. 聖人決不恁地!【此條有誤, 詳之 ○淵】

67:13 "聖人說數, 說得簡略高遠疏闊. 『易』中只有箇奇耦之數:【天一地二,】 是自然底數也, '大衍之數', 是揲蓍之數也, 惟此二者而已. 康節卻盡歸之數, 切[14]恐聖人必不爲也." 因言: "或指一樹問康節曰:

13) ▲: 康節也則是一生二, 二生四, 四生八.【淵】

‘此樹有數可推否?’ 康節曰: ‘亦可推也, 但須待其動爾.’ 頃之, 一葉落, 便從此推去, 此樹甚年生, 甚年當死. 凡起數, 靜則推不得, 須動方推得起.” 【方子 ○高錄略.】

○[15] 康節卻推到八卦. 太陽・太陰, 少陽・少陰. 太陽・太陰各有一陰一陽, 少陽・少陰亦有一陰一陽, 是分爲八卦也.” 問: “前輩以老陰・老陽爲乾・坤, 又分六字以爲八卦, 是否?” 曰: “六字之說不然.” 【寓】

「程子易傳」

67:14 ▲[16]

67:15 已前解『易』, 多只說象數. 自程門以後, 人方都作道理說了. 【礪】

67:16 伊川晚年所見甚實, 更無一句懸空說底話. 今觀『易傳』可見, 何嘗有一句不着實! 【大雅】

67:17 伯恭謂: “『易傳』理到語精, 平易的當, 立言無毫髮遺恨!” 此乃名言. 今作文字不能得如此, 自是牽强處多. 【一本云: “不能得如此自然.” ○閎祖】

67:18 “『易傳』明白, 無難看. 但伊川以天下許多道理散入六十四卦中, 若作『易』看, 卽無意味. 唯將來作事看, 卽句句字字有用處.” ▲[17]

---

14) 切: 英祖刊本・成化本・賀本에서는 竊로 되어 있다.

15) ○: 『朱子語類』의 94:168의 일부이다.

16) ▲: 有人云: “草草看過『易傳』一遍, 後當詳讀.” 曰: “不可. 此便是計功謀利之心! 若劈頭子細看, 雖未知後面凡例, 而前看工夫亦不落他處.” 【方子】

【道夫】

67:19 『易傳』, 須先讀他書, 理會得義理了, 方有箇入路, 見其精密處. 蓋其所言義理極妙, 初學者未曾使著, 不識其味, 都無啓發. 如遺書之類, 人看著卻有啓發處. 非是『易傳』不好, ▲[18] 須是已知義理者, 得此便可磨礱入細. 此書於學者非是啓發工夫, 乃磨礱工夫.【僩】

67:20 『易傳』難看, 其用意精密, 道理平正, 更無抑揚. 若能看得有味, 則其人亦大段知義理矣. 蓋易中說理, 是豫先說下未曾有底事, 故乍看甚難. ▲[19]【人傑】

67:21 伯恭多勸人看『易傳』, 一禁禁定, 更不得疑著. 局定學者, 只得守此箇義理, 固是好. 但緣此使學者不自長意智, 何緣會有聰明!【僩】

67:22 看『易傳』, 若自無所得, 縱看數家, 反被其惑. 伊川教人看易, 只看王弼注, 胡安定・王介甫解. 今有伊川「傳」, 且只看此尤妙.

67:23 『易傳』義理精, 字數足, 無一毫欠闕. 他人著工夫補綴, 亦安得如此自然! 只是於『本義』不相合. 『易』本是卜筮之書, 卦辭爻辭無所不包, 看人如何用. 程先生只說得一理.

67:24 ▲[20]問: "程『易』於『本義』如何?" 曰: "程『易』不說『易』文義,

---

17) ▲: 問胡文定『春秋』. 曰: "他所說盡是正理, 但不知聖人當初是恁地不是恁地? 今皆見不得. 所以某於『春秋』不敢措一辭, 正謂不敢臆度爾."

18) ▲: 是不合使未當看者看.

19) ▲: 不若『大學』・『中庸』有箇準則, 讀著便令人識蹊徑. 『詩』又能興起人意思, 皆易看. 如謝顯道『論語』卻有啓發人處. 雖其說或失之過, 識得理後, 卻細密商量令平正也.

20) ▲: 問: "『易傳』如何看?" 曰: "且只恁地看." 又

只說道理極處[21], 好看.” 又問: “乾繇辭下解云: ‘聖人始畫八卦, 三才之道備矣. 因而重之, 以盡天下之變, 故六畫而成卦.’ 據此說, 卻是聖人始畫八卦, 每卦便是三畫, 聖人因而重之爲六畫. 似與邵子一生兩, 兩生四, 四生八, 八生十六, 十六生三十二, 三十二生六十四, 爲六畫, 不同.” 曰: “程子之意, 只云三畫上疊成六畫, 八卦上疊成六十四耳[22], 與邵子說誠異. 蓋康節此意不曾說與程子, 程子亦不曾問之, 故一向只隨他所見去. 但他說‘聖人始畫八卦’, 不知聖人畫八卦時, 先畫甚卦? 此處便曉他不得.” 又問: “『啓蒙』所謂‘自太極而分兩儀, 則太極固太極, 兩儀固兩儀, 自兩儀而分四象, 則兩儀又爲太極, 而四象又爲兩儀’, 以至四象生八卦, 節節推去, 莫不皆然. 可見一物各具一太極, 是如此否?” 曰: “此只是一分爲二, 節節如此, 以至於無窮, 皆是一生兩爾.” 因問: “序所謂‘自本而幹, 自幹而支’, 是此意否?” 曰: “是.” 又問: “‘以功用謂之鬼神, 以妙用謂之神’, 二‘神’字不同否?” 曰: “‘鬼神’之‘神’, 此‘神’字說得粗. 如「繫辭」言‘神也者, 妙萬物而爲言’, 此所謂‘妙用謂之神’也, 言‘知鬼神之情狀’, 此所謂‘功用謂之鬼神’也, 只是推本「繫辭」說. 程『易』除去解『易』文義處, 只單說道理處, 則如此章說‘天, 專言之則道也’, 以下數句皆極精.” 【銖】

67:25 伊川只將一部『易』來作譬喩說了, 恐聖人亦不肯作一部譬喩之書. 朱震又多用伏卦互體說陰陽, 說陽便及陰, 說陰便及陽, 乾可爲坤, 坤可爲乾, 太走作. 近來林黃中又撰出一般鱖筋斗互體, 一卦可變作八卦, 也是好笑! 據某看得來, 聖人作『易』, 專爲卜筮. 後來儒者諱道是卜筮之書, 全不要惹[23]他卜筮之意, 所以費力. 今若要說, 且可須用添一重卜筮意, 自然通透. 如「乾」初九“潛龍”兩字, 是初九之象, “勿用”兩字, 卽是告占者之辭. 如云占得初九是潛龍之體, 只是隱藏不可用. 作「小象」·「文言」, 釋其所以爲潛龍者, 以其在下也. 諸爻皆如此

21) 極處: 成化本·徽州本에서는 處極으로 되어 있다.
22) 耳: 英祖刊本·成化本·賀本에서는 卦로 되어 있다.
23) 惹: 英祖刊本에서는 恁으로 되어 있다.

推看, 怕自分明, 又不須作設戒也.【浩】

67:26 『易傳』言理甚備, 象數卻欠在. 又云: "『易傳』亦有未安處, 如无[24]妄六二'不耕穫, 不菑畬', 只是說一箇無所作爲之意. 『易傳』卻言: '不耕而穫, 不菑而畬, 謂不首造其事.' 殊非正意."【閎祖】

67:27 『易』要分內外卦看, 伊川卻不甚理會. 如巽而止, 則成蠱, 止而巽, 便不同. 蓋先止後巽, 卻是有根株了, 方巽將去, 故爲漸.【謍】

67:28 問: "伊川說[25]『易』理太多." 曰: "伊川言: '聖人有聖人用, 賢人有賢人用. 若一爻止做一事, 則三百八十四爻, 止做得三百八十四事.' 也說得極好. 然他解依舊是三百八十四爻, 止做得三百八十四事用也."【淳 ▲[26]】

67:29 問: "程『傳』大概將三百八十四爻做人說, 恐通未盡否?" 曰: "也是. 則是不可裝定做人說. 看占得如何. 有就事言者, 有以時節言者, 有以位言者. 以吉凶言之則爲事, 以初終言之則爲時, 以高下言之則爲位, 隨所値而看皆通. 「繫辭」云: '不可爲典要, 惟變所適.' 豈可裝定做人說!"【學履】

67:30 伊川『易』煞有重疊處.【賀孫】

67:31 『易傳』說文義處, 猶有些小未盡處.【公謹】

67:32 學者須讀『詩』與『易』, 『易』尤難看. 伊川『易傳』亦有未盡處.

24) 无: 成化本에서는 無로 되어 있다.
25) 說: 【附箋紙】 印本"說"字在"易"下, 初本似誤.
26) ▲: ○義剛錄云: "林擇之云: '伊川『易』說得理也太多.' 先生曰'伊川求之便是太深' 云云."

當時康節傳得數甚佳, 卻輕之不問. 天地必有倚靠處, 如復卦先動而後順, 豫卦先順而後動, 故其象辭極嚴. 似此處, 卻閑過了.【可學】

67:33 『詩』·『書』略看訓詁, 解釋文義令通而已, 卻只玩味本文. 其道理只在本文, 下面小字儘說, 如何會過得他? 若『易傳』, 卻可脫去本文. 程子此書, 平淡地慢慢委曲, 說得更無餘蘊. 不是那敲磕逼拶出底, 義理平鋪地放在面前. 只如此等行文, 亦自難學. 如其他峭拔雄健之文, 卻可做, 若『易傳』樣淡底文字, 如何可及!【謨】

67:34 問: "先儒讀書, 都不如先生精密, 如伊川解『易』亦甚疏." 曰: "伊川見得箇大道理, 卻將經來合他這道理, 不是解易." 又問: "伊川何因見道?" 曰: "他說求之『六經』而得, 也是於濂溪處見得箇大道理, 占地位了."【德輔】

67:35 易, 變易也. "隨時變易以從道", 正謂伊川這般說話難說. 蓋他把這書硬定做人事之書. 他說聖人做這書, 只爲世間人事本有許多變樣, 所以做這書出來.【淵】

67:36 "至微者, 理也, 至著者, 象也. 體用一原, 顯微無間. '觀會通以行其典體', 則辭無所不備." 此是一箇理, 一箇象, 一箇辭. 然欲理會理與象, 又須[27]辭上理會. 辭上所載, 皆"觀會通以行其典禮"之事. 凡於事物須就其聚處理會, 尋得一箇通路行去. 若不尋得一箇通路, 只驀地行去, 則必有礙. 典禮, 只是常事. 會, 是事之合聚交加難分別處. 如庖丁解牛, 固是"奏刀騞然, 莫不中節", 若至那難處, 便著些氣力, 方得通. 故莊子又說: "雖然, 每至於族, 吾見其難爲, 怵然爲戒, 視爲止, 行爲遲." 莊子說話雖無頭當, 然極精巧, 說得到. 今學者卻於辭上看"觀其會通以行典禮"也.【賀孫】

---

27) 須: 徽州本에서는 이 글자 뒤에 就가 더 들어 있다.

67:37 "體用一源", 體雖無迹, 中已有用. "顯微無間"者, 顯中便具微. 天地未有, 萬物已具, 此是體中有用, 天地既立, 此理亦存, 此是顯中有微. 【節】

67:38 劉用之問『易傳』「序」"觀會通以行典禮." 曰: "如堯·舜揖遜, 湯·武征伐, 皆是典禮處. ▲[28]." 【賀孫】

67:39 "求言必自近, 易於近者, 非知言者也." 此伊川喫力爲人處. 【寓】

67:40 用龜山『易』參看『易傳』數段, 見其大小得失. 【方】

67:41 婺州『易傳』, "聖"字亦誤用王氏說. "聖"字從壬, 不當從"王." 【螢】

○[29] 在行在[30], 一日訪南軒, 曰: "程先生「語錄」, 某卻看得, 『易傳』, 看不得." 南軒曰: "何故?" 林曰: "『易』有象數, 伊川皆不言, 何也?" 南軒曰: "孔子說『易』不然. 『易』曰: '公用射隼于高墉之上, 獲之無不利.' 如以象言, 則公是甚? 射是甚? 隼是甚? 高墉是甚? 聖人止曰: '隼者, 禽也, 弓矢者, 器也, 射之者, 人也. 君子藏器於身, 待時而動, 何不利之有?'" 【振】

「朱子本義啓蒙」

67:42 看『易』, 先看某『本義』了, 卻看伊川解, 以相參考. 如未看他

28) ▲: 典禮只是常事

29) ○: 『朱子語類』의 103:48의 일부이다.

30) 在行在: 【附箋紙】以初本考之, 則落"林艾軒"三字.

『易』, 先看某說, 卻易看也, 蓋未爲他說所汨故也.【燾】

67:43 ▲[31]問: "『本義』何專以卜筮爲主?" 曰: "且須熟讀正文, 莫看注解. 蓋古『易』, 「彖」·「象」·「文言」各在一處, 至王弼始合爲一. 後世諸儒遂不敢與移動. 今難卒說, 且須熟讀正文, 久當自悟."【大雅】

67:44 某之『易』簡略者, 當時只是略搭記. 兼文義, 伊川及諸儒皆已說了, 某只就語脈中略牽過這意思.【礪】

○[32] "『易』解得處少, 難解處多, 今且恁地說去. 到那占時, 又自別消詳有應處, 難立爲定說也."【學履】

67:45 聖人作『易』, 有說得極疏處, 甚散漫. 如爻象, 蓋是汎[33]觀天地萬物取得來闊, 往往只髣髴有這意思, 故曰: "不可爲典要." 又有說得極密處, 無縫罅, 盛水不漏, 如說"吉凶悔吝"處是也. 學者須是大著心胸, 方看得. 譬如天地生物, 有生得極細巧者, 又自有突兀麤[34]拙者. 近趙子欽有書來云, 某說『語』·『孟』極詳, 『易說』卻太略. 譬之此燭籠, 添得一條骨子, 則障了一路明. 若能盡去其障, 使之體統[35]光明, 豈不更好! 蓋著不得詳說故也.【方子 ▲[36]】

67:46『啓蒙』, 初間只因看『歐陽公集』內或問『易』"大衍", 遂將來考算得出. 以此知諸公文集雖各自成一家文字, 中間自有好處. 緣是這

---

31) ▲: 方叔
32) ○: 『朱子語類』의 72:86의 일부이다.
33) 汎: 成化本에서는 泛으로 되어 있다.
34) 麤: 成化本에서는 粗로 되어 있다.
35) 體統: 徽州本에서는 統體로 되어 있다.
36) ▲: ○淵錄云: "『易』中取象, 似天地生物. 有生得極細巧底, 有生得麤拙突兀底. 趙子欽云: '『本義』太略.' 此譬如燭籠, 添了一條竹片, 便障了一路明. 盡徹去了, 使它統體光明, 豈不更好! 蓋是著不得詳說. 如此看來, 則取象處如何拘得!"

道理人人同得. 看如何, 也自有人見得到底.【賀孫】

67:47 ▲[37]意不甚滿於『易『本義』. 蓋先生之意, 只欲作卜筮用. 而爲先儒說道理太多, 終是翻這窠臼未盡, 故不能不致遺恨云.【僩】

67:48 先生問時擧: "看『易』如何?" 曰: "只看程『易』, 見其只就人事上說, 無非日用常行底道理." 曰: "『易』最難看, 須要識聖人當初作『易』之意. 且如「泰」之初九: '拔茅茹, 以其彙, 征吉.' 謂其引賢類進也. 都不正說引賢類進, 而云'拔茅', 何耶? 如此之類, 要須思看. 某之『啓蒙』自說得分曉, 且試去看." 因云: "某少時看文字時, 凡見有說得合道理底, 須旁搜遠取, 必要看得他透. 今之學者多不如是, 如何?" 時擧退看『啓蒙』. 晚往侍坐, 時擧曰: "向者看程『易』, 只就注解上生議論, 卻不得靠得『易』看, 所以不見得[38]聖人作『易』之本意. 今日看『啓蒙』, 方見得聖人一部『易』, 皆是假借虛設之辭. 蓋緣天下之理若正說出, 便只作一件用. 唯以象言, 則當卜筮之時, 看是甚事, 都來應得. 如泰之初九, 若正作引賢類進說, 則後便只作得引賢類進用. 唯以'拔茅茹'之象言之, 則其他事類此者皆可應也. 『啓蒙』「警學」偏[39]云: '理定旣實, 事來尙虛. 用應始有, 體該本無.' 便見得『易』只是虛設之辭, 看事如何應耳." 先生頷之. 因云: "程『易』中有甚疑處, 可更商量看." 時擧問: "坤六二爻「傳」云'由直方而大', 切[40]意大是坤之本體, 安得由直方而後大耶?" 曰: "直・方・大, 是坤有此三德. 若就人事上說, 則是'敬義立而德不孤', 豈非由直方而後大耶?"【時擧】

67:49 敬之問『啓蒙』"理定旣實, 事來尙虛. 用應始有, 體該本無. 稽實待虛, 存體應用. 執古御今, 以靜制動." 曰: "聖人作『易』, 只是說一

---

37) ▲: 先生於『詩傳』, 自以爲無復遺恨, 曰: "後世若有揚子雲, 必好之矣." 而
38) 得: 【附箋紙】"得", 印本作"曾."
39) 偏: 『朱子語類』에서는 篇으로 되어 있다.
40) 切: 成化本・賀本에서는 竊로 되어 있다.

箇理, 都未曾有許多事, 卻待他甚麽事來揍. 所謂'事來尙虛', 蓋謂事之方來, 尙虛而未有, 若論其理, 則先自定, 固已實矣. '用應始有', 謂理之用實, 故有. '體該本無', 謂理之體該萬事萬物, 又初無形迹之可見, 故無. 下面云, 稽考實理, 以待事物之來, 存此理之體, 以應無窮之用. '執古', 古便是『易』書裏面文字言語. '御今', 今便是今日之事. '以靜制動', 理便是靜底, 事便是動底. 且如'卽鹿無虞, 人必陷[41]於林中. 君子幾, 不如舍, 往吝.' 其理謂將卽鹿而無虞, 人[42]必陷於林中, 若不舍而往, 是取吝之道. 這箇道理, 若後人做事, 如求官爵者求之不已, 便是取吝之道, 求財利者求之不已, 亦是取吝之道. 又如'潛龍勿用', 其理謂當此時只當潛晦, 不當用. 若占得此爻, 凡事便未可做, 所謂'君子動則觀其變而玩其占.' 若是無事之時觀其象而玩其辭, 亦當知其理如此. 某每見前輩說『易』, 止把一事說. 某之說『易』所以異於前輩者, 正謂其理人人皆用之, 不問君臣上下, 大事小事, 皆可用. 前輩止緣不把做占說了, 故此『易』竟無用處. 聖人作『易』, 蓋謂當時之民, 遇事都閉塞不知所爲. 故聖人示以此理, 教他恁地做, 便會吉, 如此做, 便會凶. 必恁地, 則吉而可爲, 如此, 則凶而不可爲. 『大傳』所謂'通天下之志'是也. 通, 是開通之意, 是以『易』中止說道善則吉, 卻未嘗有一句說不善亦會吉. 仁義忠信之事, 占得其象則吉, 卻不曾說不仁不義不忠不信底事, 占得亦會吉. 如南蒯得'黃裳'之卦, 自以爲大吉, 而不知黃中居下之義, 方始會元吉, 反之則凶. 『大傳』說'上下無常, 剛柔相易, 不可爲典要, 惟變所適', 便見得『易』人人可用, 不是死法. 雖道是二五是中, 卻其間有位二五而不吉者, 有當位而吉, 亦有當位而不吉者. 若楊雄[43]『太玄』, 皆排定了第幾爻便吉, 第幾爻便凶[44]. 然其規模甚散, 其辭又澀, 學者驟去理會他文義, 已自難曉. 又且不曾盡

---

41) 人必陷: 徽州本・賀本에서는 惟入으로 되어 있다.
42) 人: 賀本에서는 入으로 되어 있다.
43) 楊雄: 英祖刊本・成化本・賀本에서는 揚雄으로 되어 있다.
44) 第幾爻便凶: 成化本・徽州本에서는 이 뒤에 此便是死法. 故某嘗說學者未可看『易』. 雖是善則吉, 惡則凶이 더 들어 있다.

經歷許多事意, 都去揍他意不著. 所以孔子晚年方學『易』, 到得平常教人, 亦言'興於『詩』, 立於禮, 成於樂', 卻未曾說到『易』." 又云: "『易』之卦爻, 所以該盡天下之理. 一爻不止於一事, 而天下之理莫不具備, 不要拘執著. 今學者涉世未廣, 見理未盡, 揍他底不著, 所以未得他受用." 【賀孫】

「讀易之法」

67:50 ▲[45)]

67:51 ▲[46)]

67:52 ▲[47)]『易』是箇極難理會底物事, 非他書之比. 如古者先王'順『詩』·『書』·『禮』·『樂』以造士', 亦只是以此四者, 亦不及於『易』. 蓋『易』只是箇卜筮書, 藏於太史太卜, 以占吉凶, 亦未有許多說話. 及孔子始取而敷繹爲十經[48)]「彖」·「象」·「繫辭」·「文言」·「雜卦」之類, 方說出道理來." 【僩】

67:53 ▲[49)]

45) ▲: 『易』, 不可易讀. 【泳】

46) ▲: 說及讀『易』, 曰: "『易』是箇無形影底物, 不如且先讀『詩』·『書』禮, 卻緊要. '子所雅言: 『詩』·『書』·執禮, 皆雅言也.'" 【淳】

47) ▲: 問: "看『易』如何?" 曰: "'『詩』·『書』·執禮', 聖人以教學者, 獨不及於『易』. 至於'假我數年, 五十以學『易』', 乃是聖人自說, 非學者事. 蓋

48) 經: 成化本·賀本에서는 翼으로 되어 있다.

49) ▲: 『易』只是空說箇道理, 只就此理會, 能見得如何. 不如"『詩』·『書』·執禮, 皆雅言也", 一句便是一句, 一件事便是一件事. 如『春秋』, 亦不是難理會底, 一年事自是一年事. 且看禮樂征伐是自天子出? 是自諸侯出? 是自大夫出? 今人只管去一字上理會褒貶, 要求聖人之意. 千百年後, 如何知得他肚裏事? 聖人說出底, 猶自理會不得, 不曾說底, 更如何理會得! 【淳】

67:54 ▲[50] 某纔見人說看『易』, 便知他錯了, 未嘗識那爲學之序. 『易』自[51]▲[52]別是一箇道理, 不是教人底書. ▲[53] 至『左傳』·『國語』方說, 然亦只是卜筮爾. 蓋『易』本爲卜筮作, 故夫子曰: "『易』有聖人之道四焉: 以言者尚其詞[54],【如程子所說是也.】 以動者尚其變,【已是卜筮了. 『易』以變者占, 故曰: "君子居則觀其象而玩其辭, 動則觀其變而玩其占."】 以制器者尚其象,【十三卦是也.】 以卜筮者尚其占." 文王·周公之詞[55], 皆是爲卜筮. 後來孔子見得有是書必有是理, 故因那陰陽消長盈虛, 說出箇進退存亡之道理來. 要之此皆是聖人事, 非學者可及也. 今人才說伏羲作『易』, 示人以天地造化之理, 便非是, 自家又如何知得伏羲意思! 兼之伏羲畫『易』時亦無意思. 他自見得箇自然底道理了, 因借他手畫出來爾. 故用以占筮, 無不應. 其中言語亦煞有不可曉者, 然亦無用盡曉. 蓋當時事與人言語, 自有與今日不同者. 然其中有那事今尙存, 言語有與今不異者, 則尙可曉爾.【如"利用侵伐", 是事存而詞可曉者. 只如比卦初六"有孚比之, 無咎. 有孚盈缶, 終來有他吉"之類, 便不可曉.】 某嘗語學者, 欲看『易』時, 且將孔子所作十翼中分明易曉者看, 如「文言」中"元者善之長"之類. 如中孚九二'鳴鶴在陰, 其子和之', 亦不必理會鶴如何在陰? 其子又如何和? 且將那「繫辭傳」中所說言行處看. 此雖淺, 然卻不到差了. 蓋爲學只要理會自己胸中事爾. 某嘗謂上古之書莫尊於『易』, 中古後書莫大於『春秋』, 然此兩書皆未易看. 今人才理會二書, 便入於鑿. 若要讀此二書, 且理會他大義: 『易』則是尊陽抑陰, 進君子而退小人, 明消息盈虛之理: 『春秋』則是尊王賤伯, 內中國

---

50) ▲: 人自有合讀底書, 如『大學』·『語』·『孟』·『中庸』等書, 豈可不讀! 讀此四書, 便知人之所以不可不學底道理, 與其爲學之次序, 然後更看『詩』·『書』·『禮』·『樂』.

51) 自:【附箋紙】以印本考(之), 則"自"下落"是"字.

52) ▲: 是

53) ▲: 故『記』中只說先王"崇四術, 順『詩』·『書』禮樂以造士", 不說『易』也. 『語』·『孟』中亦不說『易』.

54) 詞: 賀本에서는 辭로 되어 있다.

55) 詞: 賀本에서는 辭로 되어 있다.

而外夷狄, 明君臣上下之分."【廣】

67:55 問: "讀『易』未能浹洽, 何也?" 曰: "此須是此心虛明寧靜, 自然道理流通, 方包羅得許多義理. 蓋『易』不比『詩』·『書』, 他是說盡天下後世無窮無盡底事理, 只一兩字便是一箇道理. 又人須是經歷天下許多事變, 讀『易』方知各有一理, 精審端正. 今旣未盡經歷, 非是此心大段虛明寧靜, 如何見得! 此不可不自勉也."【銖】

○[56] 有人云: "草草看過『易傳』一遍, 後當詳讀." 曰: "不可. 此便是計功謀利之心! 若劈頭子細看, 雖未知後面凡例, 而前看工夫亦不落他處."【方】

○[57] 大槪看『易』, 須謹守「彖」「象」之言, 聖人自解得精密平易. 後人看得不子細, 好用自己意, 解得不是. 若是虛心去熟看, 便自是[58].【罃】

67:56 ▲[59]

67:57『易』與『春秋』難看, 非學者所當先. 蓋『春秋』所言, 以爲褒亦可, 以爲貶亦可. 『易』如此說亦通, 如彼說亦通. 大抵不比『詩』·『書』, 的確難看.

---

56) ○: 『朱子語類』의 67:14이다.
57) ○: 『朱子語類』의 73:54의 일부이다.
58) 是: 『朱子語類』에서는 見으로 되어 있다.
59) ▲: 敬之問『易』. 曰: "如今不曾經歷得許多事過, 都自揍他道理不著. 若便去看, 也卒未得他受用. 孔子晩而好『易』, 可見這書卒未可理會. 如『春秋』·『易』, 都是極難看底文字. 聖人敎人自『詩』禮起, 如鯉趨過庭, 曰: '學『詩』乎? 學禮乎?' 『詩』是吟詠情性, 感發人之善心, 禮使人知得箇定分, 這都是切身工夫. 如『書』亦易看, 大綱亦似『詩』."【賀孫】

67:58 ▲[60)]

67:59 看『易』, 須是看他卦爻未畫以前, 是怎模樣? 卻就這上見得他許多卦爻象數, 是自然如此, 不是杜撰. 且『詩』則因風俗世變而作, 『書』則因帝王政事而作. 『易』初未有物, 只是懸空說出. 當其未有卦畫, 則渾然一太極, 在人則是喜怒哀樂未發之中, 一旦發出, 則陰陽吉凶, 事事都有在裏面. 人須是就至虛靜中見得這道理周遮通瓏, 方好. 若先靠定一事說, 則滯泥不通了. 此所謂"潔靜精微, 易之敎也."【學履▲[61)]】

67:60 ▲[62)]『易』說一箇物, 非眞是一箇物, 如說龍非眞龍. 若他書, 則眞是事實, 孝悌[63)]便是孝弟, 仁便是仁. 『易』中多有不可曉處: 如"王用亨于西山", 此卻是"享"字. 只看"王用亨于帝, 吉", 則知此是祭祀山川底意思. 如"公用亨于天子", 亦是"享"字, 蓋朝覲燕饗之意. 『易』中如此類甚多. 後來諸公解, 只是以己意牽强附合, 終不是聖人意. 『易』難看, 蓋如此.【賜】

---

60) ▲: "『易』如何讀?" 曰: "只要虛其心以求其義, 不要執己見讀. 其他書亦然." 一作"平易求其義."【去僞】

61) ▲: ○僩錄云: "未畫之前, 在易只是渾然一理, 在人只是湛然一心, 都未有一物在, 便是寂然不動, 喜怒哀樂未發之中也. 忽然在這至虛至靜之中有箇象, 方發出許多象數吉凶道理來, 所以靈, 所以說'潔靜精微'之謂『易』. 『易』只是箇'潔靜精微', 若似如今人說得恁地拖泥帶水, 有甚理會處!" 燾錄云: "未畫以前, 便是寂然不動, 喜怒哀樂未發之中, 只是箇至虛至靜而已. 忽然在這至虛至靜之中有箇象, 方說出許多象數吉凶道理, 所以『禮記』曰: '潔靜精微, 『易』敎也.' 蓋『易』之爲書, 是懸空做出來底. 謂如『書』, 便眞箇有這政事謀謨, 方做出『書』來. 『詩』, 便眞箇有這人情風俗, 方做出『詩』來. 『易』卻都無這已往底事, 只是懸空做底. 未有爻畫之先, 在『易』則渾然一理, 在人則渾然一心. 旣有爻畫, 方見得這爻是如何, 這爻又是如何. 然而皆是就這至虛至靜中做許多象數道理出來, 此其所以靈. 若是似而今說得來恁地拖泥帶水, 便都沒理會處了."

62) ▲: 『易』難看, 不比他書.

63) 悌: 『朱子語類』에서는 弟로 되어 있다.

67:61 『易』▲[64] 包涵萬理, 無所不有. ▲[65] 不必只說理. 象數皆可說. 將去做道家・醫家等說亦有, 初不曾滯於一偏. 某近看『易』, 見得聖人本無許多勞攘. 自是後世一向亂說, 妄意增減, 硬要作一說以强通其義, 所以聖人經旨愈見不明. 且如解『易』, 只是添虛字去迎過意來, 便得. 今人解『易』, 迺去添他實字, 卻是借他做己意說了. 又恐或者一說有以破之, 其勢不得不支離更爲一說以護吝之. 說千說萬, 與『易』全不相干. 此書本是難看底物, 不可將小巧去說, 又不可將大話去說. 又云: "『易』難看, 不惟道理難尋, 其中或有用當時俗語, 亦有他事後人不知者. 且如'樽酒簋貳', 今人硬說作二簋, 其實無二簋之實. 陸德明自注斷, 人自不曾去看. 如所謂'貳', 乃是『周禮』'大祭三貳'之'貳', 是'副貳'之'貳', 此不是某穿鑿, 卻有古本. 若是强爲一說, 無來歷, 全不是聖賢言語!" 【蓋卿】

○[66] 因云: "'潔淨精微'之謂『易』, 自是懸空說箇物在這裏, 初不惹著那實事. 某嘗謂, 說『易』如水上打毬, 這頭打來, 那頭又打去, 都不惹著水方得. 今人說, 都打入水裏去了!" 【學履】

○[67] 『易』不是說殺底物事, 只可輕輕地說. 若是確定一爻吉, 一爻凶, 便是楊子雲「太玄」了, 『易』不恁地.

○[68] 到他密時, 盛水不漏, 到他疏時, 疏得無理會. 若只要就名義上求他, 便是今人說『易』了, 大失他『易』底本意. 周公做這爻辭, 只依稀地見這箇意, 便說這箇事出來, 大段散漫. 趙子欽尙自嫌某說得疏, 不知如今煞有退削了處. 譬如箇燈籠安四箇柱, 這柱已是礙了明. 若更

---

64) ▲: 最難看. 其爲書也, 廣大悉備,
65) ▲: 其實是古者卜筮書,
66) ○: 『朱子語類』의 73:128의 일부이다.
67) ○: 『朱子語類』의 73:158의 일부이다.
68) ○: 『朱子語類』의 73:158의 일부이다.

剔去得, 豈不更是明亮! 所以說“不可爲典要”, 可見得他散漫.【淵】

67:62 ▲[69)]

67:63 讀『易』之法, 先讀正經. 不曉, 則將「彖」「象」「繫辭」來解. 又曰: “『易』爻辭如籤解.”【節】

67:64 看『易』, 且將爻辭看. 理會得後, 卻看「象辭」. 若鶻突地看, 便無理會處. 又曰: “文王爻辭做得極精嚴, 孔子「傳」條暢. 要看上面一段, 莫便將「傳」拘了.”【胡泳】

67:65 ▲[70)]

67:66 ▲[71)]

67:67 看『易』, 須著四日看一卦: 一日看卦辭「彖」「象」, 兩日看六爻, 一日統看, 方子細.【因吳宜之記不起, 云然. ○閎祖】

67:68 和靖學『易』,【從伊川.】 一日只看一爻. 此物事成一片, 動著便都成片, 不知如何只看一爻得.【礪】

67:69 看『易』, 若是靠定象去看, 便滋味長. 若只恁地懸空看, 也沒甚意思.【燾】

67:70 季通云: “看『易』者, 須識理象數辭, 四者未嘗相離.” 蓋有如是之理, 便有如是之象, 有如是之象, 便有如是之數, 有理與象數, 便

---

69) ▲: 『易』不須說得深, 只是輕輕地說過.【淵】
70) ▲: 『易』中「象辭」最好玩味, 說得卦中情狀出.【季札】
71) ▲: 八卦爻義最好玩味.【祖道】

不能無辭. 『易』六十四卦, 三百八十四爻, 有自然之象, 不是安排出來. 且如"潛龍勿用", 初便是潛, 陽爻便是龍, 不當事便是勿用. "見龍在田", 離潛便是見, 陽便是龍, 出地上便是田. "卽鹿無虞, 惟入于林中", 此爻在六二・六四之間, 便是林中之象. 鹿, 陽物, 指五, "無虞", 無應也. 以此觸類而長之, 當自見得.【端蒙】

67:71 先就「乾」「坤」二卦上看得本意了, 則後面皆有通路.【礪】

67:72 「繫辭」中說"是故"字, 都是喚那下文起, 也有相連處, 也有不相連處.【淵】

67:73 欽夫說『易』, 謂只依孔子「繫辭」說便了. 如說: "'公用射隼于高墉之上, 獲之, 無不利.' '子曰: 〈隼者, 禽也, 弓矢者, 器也, 射之者, 人也. 君子藏器于身, 待時而動, 何不利之有? 動而不括, 是以出而有獲, 語成器而動者也〉.' 只如此說, 便了." 固是如此, 聖人之意只恁地說不得. 緣在當時只◇72)會象數, 故聖人明之以理.【賀孫】

67:74 "潔靜精微"謂之『易』. 『易』自是不惹著事, 只懸空說一種道理, 不似他書便各著事上說. 所以後來道家取之與『老子』爲類, 便是老子說話也不就事上說.【學蒙】

67:75 "潔靜精微"是不犯手. 又云: "是各自開去, 不相沾黏.【去聲 ○方子 ○佐錄云: "是不沾著一箇物事."】

67:76 問: "讀『易』, 若只從伊川之說, 恐太見成, 無致力思索處. 若用己意思索立說, 又恐涉狂易. 浩近學看易, 主以伊川之說, 參以橫渠・溫公・安定・荊公・東坡・漢上之解, 擇其長者抄之, 或足以己意,

72) ◇: 理

可以如此否?" 曰: "呂伯恭教人只得看伊川『易』, 也不得致疑. 某謂若如此看文字, 有甚精神? 卻要我做甚!" 浩曰: "伊川不應有錯處." 曰: "他說道理決不錯, 只恐於文義名物也有未盡." 又曰: "公看得諸家如何?" 浩曰: "各有長處." 曰: "東坡解『易』, 大體最不好. 然他卻會作文, 識句法, 解文釋義, 必有長處."【浩】

「總論卦彖爻」

67:77 古『易』十二篇, 人多說王弼改今本, 或又說費直初改. 只如乾卦次序, 後來王弼盡改「彖」「象」各從爻下. 近日呂伯恭卻去後漢中尋得一處, 云是韓康伯改, 都不說王弼. 據某考之, 其實是韓康伯初[73] ▲[74], 如乾卦次序. 其他是王弼改.【雉】

67:78 卦, 分明是將一片木畫掛於壁上, 所以爲卦. 爻, 是兩箇交叉, 是交變之義, 所以爲爻.【學履】

67:79 問: "見朋友記先生說: '伏羲只畫八卦, 未有六十四卦.' 今看「先天圖」, 則是那時都有了, 不知如何?" 曰: "不曾恁地說. 那時六十四卦都畫了." 又問云: "那時未有文字言語, 恐也只是卦畫, 未有那卦名否?" 曰: "而今見不得."【學履】

67:80 問: "卦下之辭爲彖辭, 『左傳』以爲'繇辭', 何也?" 曰: "此只是彖辭, 故孔子曰: '智者觀其彖辭, 則思過半矣.' 如'元亨利貞', 乃文王所繫卦下之辭, 以斷一卦之吉凶, 此名'彖辭.' 彖, 斷也. 陸氏『音』中語所謂'彖之經'也. '大哉乾元'以下, 孔子釋經之辭, 亦謂之'「彖」', 所謂'「彖」之傳'也. 爻下之辭, 如'潛龍勿用', 乃周公所繫之辭, 以斷一爻之

---

73) 初:【附箋紙】以印本考之, 則"初"下落"改"字.
74) ▲: 改

吉凶也. '天行健, 君子以自强不息', 所謂'「大象」之傳', '潛龍勿用, 陽在下也', 所謂'「小象」之傳', 皆孔子所作也. '天尊地卑'以下, 孔子所述「繫辭」之傳, 通論一經之大體・凡例, 無經可附, 而自分「上繫」・「下繫」也. 左氏所謂'繇', 字從'系', 疑亦是言'「繫辭」.' 「繫辭」者, 於卦下繫之以辭也."【銖】

67:81 "八卦之性情", 謂之"性"者, 言其性如此, 又謂之"情"者, 言其發用處亦如此. 如「乾」之健, 本性如此, 用時亦如此.【淵】

67:82 卦體, 如內健外順, 內陰外陽之類. 卦德, 如乾健坤順之類.【淵】

67:83 有一例, 成卦之主, 皆說於彖詞[75]下, 如屯之初九"利建侯", 大有之五, 同人之二, 皆如此.【礪】

67:84 或說, 一是乾初畫. 某謂, 那時只是陰陽, 未有乾坤, 安得乾初畫? 初間只有一畫者二, 到有三畫, 方成乾卦.【淳】

67:85 問: "'乾一畫, 坤兩畫', 如何?" 曰: "觀'乾一而實, 與坤二而虛'之說, 可見.【『本義』「繫辭上」第六章.】 乾只是一箇物事, 充實徧[76]滿.【天所覆內, 皆天之氣.】 坤便有開闔. 乾氣上來時, 坤便開從兩邊去, 如兩扇門相似, 正如扇之運風, 甑之蒸飯. 扇甑是坤, 風與蒸, 則乾之氣也."【僩錄略.】

67:86 凡『易』一爻皆具兩義, 如此吉者, 不如此則凶, 如此凶者, 不如此則吉. 如"出門同人", 須是自出去與人同. 方吉, 若以人從欲, 則

75) 詞: 成化本에서는 辭로 되어 있다.
76) 徧: 成化本에서는 遍으로 되어 있다.

凶. 亦有分曉說破底: "婦人吉,[77] 夫子凶", "咸其腓, 雖凶居吉", "君子得輿, 小人剝廬." 如"需于泥, 致寇至", 更不決吉凶. 夫子便「象辭」中說破云: "若敬愼, 則不敗也." 此是一爻中具吉凶二義者. 如小過"飛鳥以凶", 若占得此爻, 則更無可避禍處, 故象曰: "不可如何也."【罃】

67:87 六爻不必限定是說人君. 且如"潛龍勿用", 若是庶人得之, 自當不用, 人君得之, 也當退避. "見龍在田", 若是衆人得, 亦可用事, "利見大人", 如今人所謂宜見貴人之類. ▲[78]【淵】

67:88『易』中緊要底, 只是四爻.【淵】

67:89 伊川云"卦爻有相應", 看來不相應者多. 且如乾卦, ▲[79] 除了二與五之外, 初何嘗應四? 三何嘗應六? 坤卦更都不見相應. 此似不通.【淵】

67:90 伊川多說應, 多不通. 且如六三便夾些陽了, 陰則渾是不發底. 如六三之爻有陽, 所以言"含章", 若無陽, 何由有章? "含章", 爲是有陽, 半動半靜之爻. 若六四, 則渾是柔了, 所以"括囊."【淵】

○[80] 伊川說: "乾坤變爲六子", 非是. 卦不是逐一卦畫了, 旋變去, 這話難說. 伊川說兩儀四象, 自不分明. 卦不是旋取象了方畫, 須是都畫了這卦, 方只就已成底卦上面取象, 所以有剛柔·來往·上下.【淵】

---

77) "婦人吉,: 成化本·徽州本에서는 如"婦人吉,로 되어 있다.

78) ▲:『易』不是限定底物. 伊川亦自說"一爻當一事, 則三百八十四爻只當得三百八十四事", 說得自好. 不知如何到他解, 卻恁地說!

79) ▲: 如其說時,

80) ○:『朱子語類』의 71:8이다.

67:91 問: "王弼說'初上無陰陽定位', 如何?" 曰: "伊川說'陰陽奇偶, 豈容無也? 乾上九"貴而無位", 需上九"不當位", 乃爵位之位, 非陰陽之位.' 此說極好." 【學履】

67:92 程先生曰: "卦者, 事也, 爻者, 事之時也." 先生曰: "卦或是時, 爻或是事, 都定不得."

67:93 卦爻象, 初無一定之例. 【淵】

「卦體卦變」

67:94 伊川不取卦變之說. 至"柔來而文剛", "剛自外來而爲主於內", 諸處皆牽强說了. 王輔嗣卦變, 又變得不自然. 某之說卻覺得有自然氣象, 只是換了一爻. 非是聖人合下作卦如此, 自是卦成了, 自然有此象. 【礪】

67:95 漢上易卦變, 只變到三爻而止, 於卦辭多有不通處. 某更推盡去, 方通. 如無妄"剛自外來而爲主於內", 只是初剛自訟二移下來. 晉"柔進而上行", 只是五柔自觀四挨上去. 此等類, 按漢上卦變則通不得. 【舊與季通在旅邸推. ○義剛】

67:96 卦有兩樣生: 有從兩儀四象加倍生來底, 有卦中互換, 自生一卦底. 互換成卦, 不過換兩爻. 這般變卦, 伊川破之. 及到那"剛來而得中", 卻推不行. 大率是就義理上看, 不過如剛自外來而得中, "分剛上而文柔"等處看, 其餘多在占處用也. 賁變節之象, 這雖無緊要, 然後面有數處「彖辭」不如此看, 無來處, 解不得. 【淵】

67:97 『易』「上經」始乾坤而終坎離, 「下經」始艮兌震巽而終坎離.

楊至之云: "「上經」反對凡十八卦, 「下經」反對亦十八卦." 先生曰: "林黃中算「上・下經」陰陽爻適相等. 某算來誠然."【方子】

67:98 問: "近略考卦變, 以「彖辭」考之, 說卦變者凡十九卦, 蓋言成卦之由. 凡「彖辭」不取成卦之由, 則不言所變之爻. 程子專以乾坤言變卦, 然只是上下兩體皆變者可通. 若只一體變者, 則不通. 兩體變者凡七卦: 隨・蠱・賁・咸・恆・漸・渙是也. 一體變者兩卦, 訟無妄是也. 七卦中取剛來下柔, 剛上柔下之類者可通. 至一體變者, 則以來爲自外來, 故說得有礙. 大凡卦變須看[81]兩體上下爲變, 方知其所由以成之卦." 曰: "便是此處說得有礙. 且程『傳』賁卦所云, 豈有乾坤重而爲泰, 又自泰而變爲賁之理! 若其說果然, 則所謂乾坤變而爲六子, 八卦重而爲六十四, 皆由乾坤而變者, 其說不得而通矣. 蓋有則俱有, 自一畫而二, 二而四, 四而八, 而八卦成, 八而十六, 十六而三十二, 三十二而六十四, 而重卦備. 故有八卦, 則有六十四矣. 此康節所謂'先天'者也. 若'震一索而得男'以下, 乃是已有此卦了, 就此卦生出此義, 皆所謂'後天'之學. 今所謂'卦變'者, 亦是有卦之後, 聖人見得有此象, 故發於「彖辭」. 安得謂之乾坤重而爲是卦? 則更不可變而爲他卦耶? 若論先天, 一卦亦無. 旣畫之後, 乾一兌二, 離三震四, 至坤居末, 又安有乾坤變而爲六子之理! 凡今『易』中所言, 皆是後天之易. 耳[82]以此見得康節先天後天之說, 最爲有功."【銖】

67:99 問: "乾坤大過頤坎離中孚小過八卦, 飜[83]覆不成兩卦, 是如何?" 曰: "八卦便只是六卦. 乾坤坎離是四正卦, 兌便是番轉底巽, 震便是番轉底艮. 六十四卦只八卦是正卦, 餘便只二十八卦, 番轉爲五十六卦.【學蒙錄云: "自此八卦外, 只二十八卦番轉爲五十六卦. 就此八卦中, 又只是四正卦: 乾坤坎離是也."】 中孚便是大底離, 小過是箇大底坎." 又

81) 看: 英祖刊本・成化本에서는 觀으로 되어 있다.
82) 耳: 賀本에서는 且로 되어 있다.
83) 飜: 成化本・賀本에서는 番으로 되어 있다.

曰: "中孚是箇雙夾底離, 小過是箇雙夾底坎. 大過是箇厚畫底坎, 頤是箇厚畫底離."【按: 三畫之卦, 只是六卦. 卽六畫之卦, 以正卦八, 加反卦二十有八, 爲三十有六, 六六三十六也. 邵子謂之"暗卦." 小成之卦八, 卽大成之卦六十四, 八八六十四也. 三十六與六十四同.】

67:100 卦有反, 有對, 乾坤坎離是反, 艮兌震巽是對. 乾坤坎離, 倒轉也只是四卦. 艮兌震巽, 倒轉則爲中孚頤小過大過. 其餘皆是對卦.【淵】

67:101 福州韓云: "能安其分則爲需, 不能安其分則爲訟, 能通其變則爲隨, 不能通其變則爲蠱." 此是說卦對. 然只是此數卦對得好, 其他底又不然.【淵 ○文蔚錄作: "險而能忍, 則爲需, 險而不能忍, 則爲訟." 劉昭[84]信說: "福, 唐人."】

67:102 "互體", 自『左氏』已言, 亦有道理. 只是今推不合處多.【可學】

67:103 王弼破互體, 朱子發用互體.【淵】

67:104 朱子發互體, 一卦中自二至五, 又自有兩卦, 這兩卦又伏兩卦. 林黃中便倒轉推成四卦, 四卦裏又伏四卦. 此謂"互體." 這自那"風於[85]天於土上", 有箇艮之象來.【淵】

67:105 一卦互換是兩卦, 伏兩卦是四卦, 反看又是兩卦, 又伏兩卦, 共成八卦.【淵】

67:106 問: "『易』中'互體'之說, 共父以爲'雜物撰德, 辨是與非, 則非

84) 昭: 賀本에서는 紹로 되어 있다.
85) 於: 成化本·賀本에서는 爲로 되어 있다.

其中爻不備', 此是說互體." 先生曰: "今人言互體者, 皆以此爲說, 但亦有取不得處也, 如頤卦大過之類是也. 王輔嗣又言'納甲飛伏', 尤更難理會. 納甲是震納庚, 巽納辛之類, 飛伏是坎伏離, 離伏坎, 艮伏兌, 兌伏艮之類也. 此等皆支蔓, 不必深泥."【時擧】

「辭義」

67:107 『易』有象辭, 有占辭, 有象占相渾之辭.【節】

67:108 "彖詞[86]極精, 分明是聖人所作." 魯可幾曰: "彖是總一卦之義." 曰: "也有別說底. 如乾彖, 卻是專說天."【道夫】

67:109 凡「彖辭」「象辭」, 皆押韻.【銖】

67:110 象數義多難明.【振】

67:111 二卦有二中, 二陰正, 二陽正. 言"乾之無中正"者, 蓋云不得兼言中正. 二五同是中, 如四上是陽, 不得爲正. 蓋卦中以陰居陽, 以陽居陰, 是位不當, 陰陽各居本位, 乃是正當. 到那"正中・中正", 又不可曉.【淵】

67:112 ▲[87]問: "伊川云'中無不正, 正未必中', 如何?" 曰: "如'君子而時中', 則是'中無不正', 若君子有時不中, 卽'正未必中.' 蓋正是骨子好了, 而所作事有未恰好處, 故未必中也."【義剛】

67:113 ▲[88] 蓋事之斟酌得宜合理處便是中, 則未有不正者. 若事雖

86) 詞: 賀本에서는 辭로 되어 있다.
87) ▲: 林安卿

正, 而處之不合時宜, 於理無所當, 則雖正而不合乎中. 此中未有不正, 而正未必中也.【燾】

67:114 ▲89) 一件事物90)自以爲正, 卻有不中在. 且如饑渴飮食是正, 若過些子, 便非中節. 中節處乃中也. 責善, 正也, 父子之間則不中.【泳】

67:115 ▲91) "中須以正爲先. 凡人做事, 須是剖決是非邪正, 卻就是與正處斟酌一箇中底道理. 若不能先見正處, 又何中之可言? 譬如欲行賞罰, 須是先看當賞與不當賞, 然後權量賞之輕重. 若不當賞矣, 又何輕重之云乎!"【壯祖】

67:116 ▲92)

67:117 凡事先理會得正, 方到得中. 若不正, 更理會甚中! 顯仁陵寢時, 要發掘旁近數百家墓, 差御史往相度. 有一人說: "且教得中." 曾文淸說: "只是要理會箇是與不是, 不理會中. 若還不合如此, 雖一家不可發掘, 何處理會中?" 且如今賞賜人, 與之百金爲多, 五十金爲少, 與七十金爲中. 若不合與, 則一金不可與, 更商量甚中!【淵】

67:118 『易』中只言"利貞", 未嘗謂不利貞, 亦未嘗言利不貞.【必大】

67:119 厲, 多是在陽爻裏說.【淵】

88) ▲: "中重於正, 正未必中."
89) ▲: "中重於正, 正不必中."
90) 事物: 『朱子語類』에서는 物事로 되어 있다.
91) ▲: 晏亞夫問"中・正"二字之義. 曰:
92) ▲: "中重於正, 正不必中." 中能度量, 而正在其中.【可學】

67:120 "吉凶悔吝", 聖人說得極密. 若是一向疏去, 卻不成道理. 若一向密去, 卻又不是『易』底意思.【淵】

67:121 "吉凶悔吝", 吉過則悔, 旣悔必吝, 吝又復吉. 如"動而生陽, 動極復靜, 靜而生陰, 靜極復動." 悔屬陽, 吝屬陰. 悔是逞快做出事來了, 有錯失處, 這便生悔, 所以屬陽. 吝則是那隈隈衰衰, 不分明底, 所以屬陰. 亦猶驕是氣盈, 吝是氣歉.【淵】

67:122 問: "時與位, 古『易』無之. 自孔子以來趫[93]說出此義." 曰: "『易』雖說時與位, 亦有無時義可說者."【歷舉『易』中諸卦爻無時義可言者. ○德明】

67:123 ▲[94] "'夏日・冬日', 時也, '飮湯・飮水'義也. 許多名目, 須▲[95]是逐一理會過, 少間見得一箇卻有一箇落著. 不爾, 都只恁地鶻突過."【賀孫】

67:124 問: "讀『易』貴知時. 今觀爻辭皆是隨時取義. 然非聖人見識卓絶, 盡得義理之正, 則所謂'隨時取義', 安得不差?" 曰: "古人作『易』, 只是爲卜筮. 今說『易』者, 乃是硬去安排. 聖人隨時取義, 只事到面前, 審驗箇是非, 難爲如此安排下也."【德明】

67:125 聖人說『易』, 逐卦取義. 如泰以三陽在內爲吉, 至否又以在上爲吉, 大概是要壓他陰. 六三所以不能害君子, 亦是被陽壓了, 但"包羞"而已. "包羞", 是做得不好事, 只得慚惶, 更不堪對人說.【礪】

「上下經上下繫」

93) 趫: 徽州本에서는 方으로 되어 있고, 賀本에서는 驕로 되어 있다.
94) ▲: 仁父問時與義. 曰:
95) ▲: 也

67:126 「上經」猶可曉, 易解. 「下經」多有不可曉, 難解處. 不知是某看到末梢懶了, 解不得? 爲復是難解? 【礪】

67:127 六十四卦, 只是上經說得齊整, 「下經」便亂董董地. 「繫辭」也如此, 只是「上繫」好看, 「下繫」便沒理會. 『論語』後十篇亦然. 『孟子』末後卻剗地好. 然而如那般"以追蠡"樣說話, 也不可曉. 【淵】

「論易明人事」

67:128 孔子之辭說向人事上者, 正是要用得. 【淵】

67:129 須是以身體之. 且如六十四卦, 須做六十四人身上看, 三百八十四爻, 又做三百八十四人身上小底事看. 『易』之所說皆是假說, 不必是有恁地事. 假設如此, 則如此, 假設如彼, 則如彼. 假說有這般事來, 人處這般地位, 便當恁地應. 【淵】

67:130 『易』中說卦爻, 多只是說剛柔. 這是半就人事上說去, 連那陰陽上面, 不全就陰陽上說. 卦爻是有形質了, 陰陽全是氣. 「彖辭」所說剛柔, 亦半在人事上. 此四件物事有箇精粗[96]顯微分別. 健順, 剛柔之精者, 剛柔, 健順之麤[97]者. 【淵】

67:131 問: "橫渠說: '『易』爲君子謀, 不爲小人謀.' 蓋自太極一判而來, 便已如此了." 曰: "論其極是如此. 然小人亦具此理, 只是他自反悖了. 君子治之, 不過卽其固有者以正之而已. 『易』中亦有時而爲小人謀, 如'包承, 小人吉, 大人否, 亨.' 言小人當否之時, 能包承君子則吉. 但此雖爲小人謀, 乃所以爲君子謀也." 【廣】

---

96) 粗: 賀本에서는 麤로 되어 있다.
97) 麤: 成化本에서는 粗로 되어 있다.

67:132 若論陰陽, 則須二氣交感, 方成歲功. 若論君子小人, 則一分陰亦不可, 須要去盡那小人, 盡用那君子, 方能成治. 【賀孫】

67:133『漢書』: "『易』本隱以之顯, 『春秋』推見至隱. 『易』與『春秋』, 天人之道也." 『易』以形而上者, 說出在那形而下者上[98], 『春秋』以形而下者, 說上那形而上者去. 【僩】

「論後世易象」

67:134 京房卦氣用六日七分. 季通云: "康節[99]▲[100]六日七分." 但不見康節說處. 【方子】

67:135 京房輩說數, 捉他那影象才發見處, 便算將去. 且如今日一箇人來相見, 便就那相見底時節, 算得這箇是好人, 不好人, 用得極精密. 他只是動時便算得, 靜便算不得. 人問康節: "庭前樹算得否?" 康節云: "也算得, 須是待他動時, 方可." 須臾, 一葉落, 他便就這裏算出這樹是甚時生, 當在甚時死. 【淵】

67:136 京房便有"納甲"之說. 『參同契』取『易』而用之, 不知天地造化, 如何排得如此巧. 所謂"初三震受庚, 上弦兌受丁, 十五乾體就, 十八巽受辛, 下弦艮受丙, 三十坤受乙", 這都與月相應. 初三昏月在西, 上弦昏在南, 十五昏在東, 十八以後漸漸移來, 至三十晦, 光都不見了. 又曰: "他以十二卦配十二月, 也自齊整: 復卦是震在坤下, 【一陽.】 臨是兌在坤下, 【二陽.】 泰是乾在坤下, 【三陽.】 大壯是震在乾

98) 形而下者上: 【附箋紙】形而下者"上"字, 似是"去"字.
99) 康節: 【附箋紙】"康節"下落"亦用"二字.
100) ▲: 亦用

上,【四陽.】 夬是兌在乾上,【五陽.】 乾是乾在乾上,【六陽.】 姤是乾在巽上,【一陰.】 遯是乾在艮上,【二陰.】 否是乾在坤上,【三陰.】 觀是巽在坤上,【四陰.】 剝是艮在坤上,【五陰.】 坤是坤在坤上.【六陰.】."

67:137 仲默問: "『太玄』如何?" 曰: "聖人說'天一地二, 天三地四, 天五地六, 天七地八, 天九地十', 甚簡易. 今『太玄』說得卻支離.『太玄』如他立[101]八十一首, 卻是分陰陽. 中間一首, 半是陰, 半是陽. 若看了『易』後, 去看那「玄」, 不成物事." 又問: "或云: '易是陰陽不用五.'" 曰: "他說'天一地二, 天三地四'時, 便也是五了." 又言: "揚雄也是學焦延壽推卦氣." 曰: "焦延壽『易』也不成物事." 又問: "關子明二十七象如何?" 曰: "某嘗說, 二十七象最亂道. 若是關子明有見識, 必不做這個. 若是他做時, 便是無見識. 今人說焦延壽卦氣不好, 是取『太玄』, 不知『太玄』卻是學他."【義剛】

67:138 問『太玄』. 曰: "天地間只有陰陽二者而已, 便會有消長. 今『太玄』有三箇了: 如冬至是天元, 到三月便是地元, 十月便是人元. 夏至卻在地元之中, 都不成物事!"【夔孫】[102]

67:139「太玄」甚拙. 歲是方底物, 他以三數乘之, 皆算不着.

67:140「太玄」紀日而不紀月, 無弦望晦朔.【方子】

67:141「太玄」中高處只是黃・老, 故其言曰: "老子之言道德, 吾有取焉."【方子】

67:142「太玄」之說, 只是老・莊. 康節深取之者, 以其書亦挨旁陰

101) 立: 英祖刊本에서는 說로 되어 있다.
102)【夔孫】: 賀本에서는【賀孫】으로 되어 있다.

陽消長來說道理.【必大】

67:143 「太玄」亦自莊·老來, "惟寂惟寞"可見.【泳】

67:144 問: "「太玄」中首: '陽氣潛藏於黃宮, 性無不在於中.' 養首: '藏心于[103]淵, 美厥靈根.' 程先生云云." 曰: "所謂'藏心于[104]淵', 但是指心之虛靜言之也. 如此, 乃是無用之心, 與孟子言仁義之心異."【可學】

67:145 ▲[105]

67:146 「潛虛」只是"吉凶臧否平, 王相休囚死."【閎祖】

67:147 日家"四廢"之說, 溫公「潛虛」, 只此而已.【螢】

67:148 「潛虛」後截是張行成續, 不押韻, 見得.【閎祖】

67:149 歐陽公所以疑『十翼』非孔子所作者, 他童子問中說道, "仰以觀於天文, 俯以察於地理", 又說"河出圖, 洛出書, 聖人則之", 只是說作『易』一事, 如何有許多般樣? 又疑後面有許多"子曰." 既言"子曰", 則非聖人自作. 這箇自是它曉那前面道理不得了, 卻只去這上面疑. 他所謂"子曰"者, 往往是弟子後來旋添入, 亦不可知. 近來胡五峰將周子『通書』盡除去了篇名, 卻去上面各添一個"周子曰", 此亦可見其比.【淵】

---

103) 于: 賀本에서는 於로 되어 있다.

104) 于: 賀本에서는 於로 되어 있다.

105) ▲: 自晉以來, 解經者卻改變得不同, 如王弼郭象輩是也. 漢儒解經, 依經演繹, 晉人則不然, 捨經而自作文.【方】

67:150 廖氏論『洪範篇』, 大段闢「河圖」·「洛書」之事, 以此見知於歐陽公. 蓋歐公有無祥瑞之論. 歐公只見五代有僞作祥瑞, 故併與古而不信. 如「河圖」「洛書」之事, 『論語』自有此說, 而歐公不信祥瑞, 併不信此, 而云「繫辭」亦不足信. 且如今世間有石頭上出日月者, 人取爲石屛. 又有一等石上, 分明有如枯樹者, 亦不足怪也. 「河圖」「洛書」亦何足怪. 【義剛】

67:151 老蘇說『易』, 專得於"愛惡相攻而吉凶生"以下三句. 他把這六爻似那累世相讎相殺底人相似, 看這一爻攻那一爻, 這一畫克那一畫, 全不近人情! 東坡見他恁地太麤[106]疏, 卻添得些佛·老在裏面. 其書自做兩様: 亦間有取王輔嗣之說, 以補老蘇之說, 亦有不曉他說了, 亂塡補處. 老蘇說底, 亦有去那物理上看得着處. 【淵】

67:152 東坡『易』說"六箇物事, 若相咬然", 此恐是老蘇意. 其他若佛說者, 恐是東坡. 【揚】

67:153 『易』「擧正」, 【亂道[107]. ○必大】

67:154 朱震說卦畫七八爻稱九六, 他是不理會得老陰·老陽之變. 且如占得乾之初爻是少陽, 便是初七, 七是少, 不會變, 便不用了. 若占得九時, 九是老, 老便會變, 便占這變爻. 此言用九. 用六亦如此. 【淵】

67:155 "朱子發解『易』如百衲襖, 不知是說甚麽. 以此進讀, 教人主如何曉? 便曉得, 亦如何用?" ▲[108] 【必大】

106) 麤: 成化本에서는 粗로 되어 있다.
107) 【亂道】: 英祖刊本·成化本·賀本에서는 본문으로 되어 있다.
108) ▲: 必大曰: "致堂文字決烈明白, 卻可開悟人主." 曰: "明仲說得開, 一件義理, 他便說成一片. 如善畫者, 只一點墨, 便斡淡得開. 如尹和靖, 則更說不出. 范

67:156 問: "籍溪見譙天授問『易』, 天授令先看'見乃謂之象'一句. 籍溪未悟, 他日又問. 天授曰: '公豈不思象之在【方錄作"於."】 道, 猶『易』之有太極耶?' 此意如何?" 曰: "如此教人, 只好聽耳. 使某答之, 必先教他將六十四卦, 自乾坤起, 至「雜卦」, 且熟讀. 曉得源流, 方可及此."【煇 ○方錄云: "先生云: '此不可曉. 其實見而未形有無之間爲象, 形則爲器也.'"】

67:157 ▲109)

67:158 譙先生▲110)意想是說道, 念慮才動處, 便有箇做主宰底. 然看得「繫辭」本意, 只是說那"動而未形有無之間者幾"底意思. 幾雖是未形, 然畢竟是有箇物了.【淵】

67:159 涪人譙定受學於二郭・載・子厚. 爲象學. 其說云: "『易』有象學・數學. 象學非自有所見不可得, 非師所能傳也." 譙與原仲書云: "如公所言, 推爲文辭則可, 若見處則未. 公豈不思象之在道, 乃『易』之有太極耶?" 後云: "語直傷交, 幸冀亮察!"

○111)"見"字本當音現, 譙作如字意. ▲112)【方】

氏講義於淺處亦說得出, 只不會深, 不會密, 又傷要說義理多. 如解『孟子』首章, 總括古今言利之說成一大片, 卻於本章之義不曾得分曉. 想當時在講筵進讀, 人主未必曾理會得. 大抵范氏不會辯, 如孟子便長於辯. 亦不是對他人說話時方辯, 但於緊要處反覆論難, 自是照管得緊. 范氏之說, 櫝鎖不牢處多, 極有疏漏者."

109) ▲: 問: "籍溪見譙天授問『易』, 天授曰: '且看"見乃謂之象"一句. 通此一句, 則六十四卦, 三百八十四爻皆通.' 籍溪思之不得. 天授曰: '豈不知"易有太極"者乎?'" 先生曰: "若做箇說話, 乍看似好, 但學『易』工夫, 不是如此.【學履錄云: "他自是一家說, 能娛人, 其說未是."】 不過熟讀精思, 自首至尾, 章章推究, 字字玩索, 以求聖人作『易』之意, 庶幾其可. 一言半句, 如何便了得他!"【謨】

110) ▲: 說"見乃謂之象", 有云: "象之在道, 乃『易』之在太極." 其

111) ○: 『朱子語類』의 67:159를 『小分』에서는 별도의 항목으로 나누었다.

112) ▲: ○譙作「牧牛圖」, 其序略云: "學所以明心, 禮所以行敬, 明心則性斯見, 行敬

67:160 先生因說郭子和『易』, 謂諸友曰: "且如揲蓍一事, 可謂小小. 只所見不明, 便錯了. 子和有「蓍卦辯疑」, 說前人不是. 不知疏中說得最備, 只是有一二字錯. 更有一段在乾卦疏中. 劉禹錫說得亦近. 柳子厚曾有書與之辯."【先生「揲蓍辨113)」爲子和設.【蓋卿】

67:161 向在南康見四家『易』. 如劉居士變卦, 每卦變變114)爲六十四, 卻是按古. 如周三教及劉虛古, 皆亂道. 外更有戴主簿傳得『麻衣易』, 乃是戴公僞爲之. 蓋嘗到其家, 見其所作底文, 其體皆相同. 南軒及李侍郎被他瞞, 遂爲之跋. 某嘗作一文字辯之矣."【義剛】

67:162 或言某人近注『易』. 曰: "緣『易』是一件無頭面底物, 故人人各以其意思去解說得. 近見一兩人所注, 說得一片道理, 也都好. 但不知聖人元初之意果是如何?『春秋』亦然."【廣】

67:163 因說趙子欽【名彥肅.】『易說』, 曰: "以某看來, 都不是如此. 若有此意思, 聖人當初「解彖」·「解象」·「繫辭」·「文言」之類, 必須自說了, 何待後人如此穿鑿! 今將卦爻來用線牽, 或移上在下, 或挈下在上, 辛辛苦苦說得出來, 恐都非聖人作『易』之本意. 須知道聖人作易, 還要做甚用. 若如此穿鑿, 則甚非'易簡而天下之理得矣.'" ▲115)【時學】

則誠斯至." 草堂·劉致中爲作傳, 甚詳.

113) 辨: 賀本에서는 辯으로 되어 있다.

114) 變:『朱子語類』에는 없다.【附箋紙】"每卦變變", 下"變"字, 印本無.

115) ▲: 又云: "今人凡事所以說得恁地支離者, 只是見得不透. 如釋氏說空, 空亦未是不是, 但空裏面須有道理始得. 若只說道我見得箇空, 而不知他有箇實底道理, 卻做甚用得! 譬如一淵清水, 淸冷徹底, 看來一如無水相似. 他便道此淵只是空底, 卻不曾將手去探看, 自冷而濕, 終不知道有水在裏面. 此釋氏之見正如此. 今學者須貴於格物. 格, 至也, 須要見得到底. 今人只是知得一斑半點, 見得些子, 所以不到極處也." 又云: "某病後, 自知日月已不多, 故欲力勉. 諸公不可悠悠! 天下只是一箇道理, 更無三般兩樣. 若得諸公見得道理透, 使諸公之心便是某心, 某之心便是諸公之心, 見得不差不錯, 豈不濟事耶!"

67:164 因看趙子欽『易說』, 云: "讀古人詩[116], 看古人意, 須是不出他本來格當. 須看古人所以爲此書者何如[117]? 初間是如何?[118] 若如[119]屈曲之說, 卻是聖人做一箇謎與後人猜摶, 決不是如此! 聖人之意, 簡易條暢通達, 那尚恁地屈曲纏繞, 費盡心力以求之? 易之爲書, 不待自家意起於此, 而其安排已一一有定位."【賀孫】

67:165 趙善譽說『易』云: "乾主剛, 坤主柔, 剛柔便自偏了." 某云, 若如此, 則聖人作『易』, 須得用那偏底在頭上則甚? 旣是乾坤皆是偏底道理, 聖人必須作一箇中卦是[120]得. 今二卦經傳, 又卻都不說那偏底意思是如何. 剛, 天德也. 如生長處, 便是剛, 消退處, 便是柔. 如萬物自一陽生後, 生長將去, 便是剛, 長極而消, 便是柔. 以天地之氣言之, 則剛是陽, 柔是陰, 以君子小人言之, 則君子是剛, 小人是柔, 以理言之, 則有合當用剛時, 合當用柔時.【廣】

67:166 ▲[121]

67:167 林黃中來見, 論: "'『易』有太極, 是生兩儀, 兩儀生四象, 四象生八卦.' 就一卦言之, 全體爲太極, 內外爲兩儀, 內外及互體爲四象, 又顚倒取爲八卦." 先生曰: "如此則不是生, 卻是包也. 始畫卦時, 只是箇陰陽奇耦, 一生兩, 兩生四, 四生八而已. 方其爲太極, 未有兩儀也, 由太極而後生兩儀, 方其爲兩儀, 未有四象也, 由兩儀而後生四象, 方其爲四象, 未有八卦也, 由四象而後生八卦. 此之謂生. 若以爲包, 則是未有太極, 已先有兩儀, 未有兩儀, 已先有四象, 未有四象,

116) 詩: 『朱子語類』에서는 書로 되어 있다.【附箋紙】"詩", "書"字誤寫.
117) 如: 英祖刊本에서는 爲로 되어 있다.
118) 初間是如何?: 成化本·徽州本에서는 이 뒤에 後來又如何가 더 들어 있다.
119) 如: 賀本에서는 是로 되어 있다.
120) 是: 成化本·賀本·徽州本에서는 始로 되어 있다.
121) ▲: 林黃中以互體爲四象八卦.【德明】

已先有八卦矣!" 林又曰: "太極有象. 且旣曰'易有太極', 則不可謂之無. 濂溪乃有'無極'之說, 何也?" 曰: "有太極, 是有此理, 無極, 是無形器方體可求. 兩儀有象, 太極則無象." 林又言: "三畫以象三才." 曰: "有三畫方看見似箇三才模樣, 非故畫以象之也."【閎祖】

67:168 問: "'『易』, 聖人所以立道, 窮神則無『易』矣.' 此是指『易』書?" 曰: "然. 『易』中多是說『易』書, 又有一兩處說易理. 神, 如今人所謂精神發揮, 乃是變易之不可測處. 『易』書乃爲易之理[122)]▲[123)]眞."【可學】

67:169 ▲[124)]

67:170 ▲[125)]

67:171 問: "『麻衣易』▲[126)]論「師卦」'地中有水, 「師」', 容民蓄衆之象, 此一義也, 若水行地中, 隨勢曲折, 如師行而隨地之利, 亦一義也." 曰: "『易』有精有蘊, 如'「師」貞, 丈人吉', 此聖人之精, 畫前之易, 不可易之妙理. 至於容民蓄衆等處, 因卦以發, 皆其蘊也. 旣謂之蘊, 則包含衆義, 有甚窮盡! 儘推去, 儘有也."【大雅】

67:172 『麻衣易』, ▲[127)]乃不喞啣底禪, 不喞啣底修養法, 不喞啣底

---

122) 理:【附箋紙】以印本考之, "理"下落"寫"字.

123) ▲: 寫

124) ▲: 關子明易・『麻衣易』皆是僞書. 『麻衣易』是南康士人作. 今不必問其理, 但看其言語, 自非希夷作. 其中有云: "學『易』者當於羲皇心地上馳騁." 不知心地如何馳騁!【可學】

125) ▲: 『麻衣易』是南康戴某所作. 太平州刊本第二跋, 卽其人也. 『師卦』圝倒說了.【閎祖】

126) ▲: 是僞書. 其

127) ▲: 南康戴主簿撰. 麻衣, 五代時人. 五代時文字多繁絮. 此『易』說, 只是今人文字, 南軒「跋」不曾辯得, 其書甚謬. 李壽翁甚喜之, 開板於太平州. 周子中又開

日時法.

67:173 ▲[128)]

67:174 ▲[129)] 鬬子明『易』是阮逸作, 陳無已集中說得分明. 『麻衣易』乃是南康 戴主簿作. 某知南康時, 尙見▲[130)]內有'山是天上物落在地上'之說, 此是何等語! 他只見南康有落星寺, 便爲此說. 若時復落一兩箇, 世間人都被壓作粉碎!" 先生遂大笑. ▲[131)] 某又▲[132)]借所作「易圖」看, 皆與『麻衣易』言語相應. 逐卦將來牽合取象, 畫取圖子: 需卦畫共食之象, 以坎卦中一畫作桌, 兩陰爻作飮食, 乾三爻作三個人, 向之而食[133)], 訟卦則三人背飮食而坐, 蒙卦以筆牽合六爻作小兒之象. 大率可笑如此! 某遂寫與伯恭, 伯恭轉聞壽翁. 時壽翁知太平, 謂如此, 戴簿亦是明『易』人, 卻作書托某津遣來太平相見. 時戴已死." 又曰: "李壽翁看杜撰『易』, 渠亦自得杜撰受用."【浩】

67:175 晁說之謂: "『易』占隨日隨時變, 但守見辭者, 死法也."【振】

67:176 "沙隨云: '『易』三百八十四爻, 惟閏歲恰三百八十四日, 正應爻數.' 余曰: '聖人作『易』如此, 則惟三年方一度可用, 餘年皆用不得

板於舒州. 此文

128) ▲: 『麻衣易』, 南康戴主簿作. 某親見其人, 甚稱此易得之隱者, 問之, 不肯言其人. 某適到其家, 見有一冊雜錄, 乃戴公自作, 其言皆與『麻衣易』說大略相類. 及戴主簿死, 子弟將所作「易圖」來看, 乃知眞戴公所作也.【恪】

129) ▲: 浩問: "李壽翁最好『麻衣易』, 與鬬子明『易』如何?" 先生笑曰: "偶然兩書皆是僞書.

130) ▲: 此人, 已垂老, 卻也讀書博記. 一日訪之, 見他案上有冊子, 問是甚文字, 渠云: '是某有見抄錄.' 因借歸看, 內中言語文勢, 大率與『麻衣易』相似, 已自捉破. 又因問彼處人, 『麻衣易』從何處傳來. 皆云: '從前不曾見, 只見戴主簿傳與人.' 又可知矣. 仍是淺陋,

131) ▲: "後來戴主簿死了,

132) ▲: 就渠家

133) 向之而食: 賀本에서는 向而食之로 되어 있다.

矣! 且閏月必小盡, 審如公言, 則閏年止有三百八十三日, 更剩一爻無用處矣!" 或問: "沙隨何以答?" 曰: "它執拗不回, 豈肯服也!"【僩】

67:177 「龍圖」是假書, 無所用. 康節之『易』, 自兩儀・四象・八卦, 以至六十四卦, 皆有用處.【礪】

『朱子語類』 卷第六十八

「『易』四」

「乾上」

68:1 問: "'乾坤', 古無此二字. 作『易』者特立此以明道, 如何?" 曰: "作『易』時未有文字. 是有此理, 伏羲始發出."【可學 ○以下總論乾坤.】

68:2 乾坤只是卦名. 乾只是箇健, 坤只是個順. 純是陽, 所以健, 純是陰, 所以順. 至健者惟天, 至順者惟地. 所以後來取象, 乾便爲天, 坤便爲地.【淵】

68:3 乾坤陰陽, 以位相對而言, 固只一般. 然以分言, 乾尊坤卑, 陽尊陰卑, 不可並也. 以一家言之, 父母固皆尊, 母終不可以並乎父. 兼一家亦只容有一個尊長, 不容並, 所謂"尊無二上"也.【僩】

68:4 『易』中只是陰陽, 乾坤是陰陽之純粹者. 然就一年論之, 乾卦氣當四月, 坤卦氣當十月, 不可便道四月十月生底人便都是好人, 這箇又錯雜不可知.【淵 ▲[1]】

68:5 江德功言"乾是定理, 坤是順理", 近是.【升卿】[2]

68:6 論乾坤, 必先乾而後坤, 然又常以靜者爲主. 故復卦一陽來復,

---

1) ▲: ○方子錄云: "以卦氣言之, 四月是純陽, 十月是純陰, 然又恁地執定不得."
2)【升卿】: 賀本에서는【鄉】으로 되어 있다.

乃自靜來.【端蒙】

68:7 方其有陽, 怎知道有陰? 方有乾卦, 怎知更有坤卦在後?【淵】

68:8 物物有乾坤之象, 雖至微至隱纖毫之物, 亦無有無者. 子細推之, 皆可見.【僩】

68:9 ▲[3] "伊川好意思固不盡在解經上. 然就解經上, 亦自有極好意思. 如說'乾'字, 便云: '乾, 健也, 健而無息之謂乾. 夫天, 專言之則道也, 〈天且不[4]違〉是也. 分而言之, 以形體謂之天, 以主宰謂之帝, 以功用謂之鬼神, 以妙用謂之神, 以性情謂之乾.'"【賀孫 ○以下『易傳』語.】

68:10 問: "'乾坤[5]天地之性情', 是天之道否?" 曰: "性情, 是天愛健, 地愛順處." 又問"天, 專言之則道也." 曰: "所謂'天命之謂性', 此是說道, 所謂'天之蒼蒼', 此是[6]形體, 所謂'惟皇上帝降衷于[7]下民', 此是謂[8]帝. 以此理付之[9], 便有主宰意." 又曰: "'天道虧盈而益謙, 地道變盈而流謙', 此是說形體." 又問: "今之郊祀, 何故有許多帝?" 曰: "而今煞添差了天帝, 共成十箇帝了. 且如漢時祀太乙, 便即是帝.【池本云: "問: '今郊祀也祀太一[10].' 曰: '而今都重了.'"】 而今又別祀太乙, '一國三公'尚不可, 況天而有十帝乎! 周禮中說'上帝', 是總說帝: 說'五帝', 是五方之帝, 說'昊天上帝', 只是說天之象. 鄭氏以爲北極, 看來非也. 北極

3) ▲: 問黃先之『易說』, 因曰:
4) 不: 『朱子語類』에서는 弗로 되어 있다.
5) 坤: 『朱子語類』에서는 者로 되어 있다.
6) 是: 徽州本에서는 이 뒤에 說이 더 들어 있다.
7) 于: 賀本에서는 於로 되어 있다.
8) 謂: 英祖刊本에서는 說로 되어 있다.
9) 之: 徽州本에서는 人으로 되어 있다.
10) 太一: 英祖刊本·賀本에서는 太乙로 되어 있다.

只是星，如太微是帝之庭，紫微是帝之居．紫微便有太子后妃許多星，帝庭便有宰相執法許多星，又有天市，亦有帝座處，便有權衡稱斗星.”【夔孫】

68:11 ▲[11]問: “▲[12] 孰爲主宰?” 曰: “自有主宰．蓋天是箇至剛至陽之物，自然如此運轉不息．所以如此，必有爲之主宰者．這樣處要人自見得，非語言所能盡【僩錄作“到.”】 也.” 因擧『莊子』“孰綱維是，孰主張是”十數句，曰: “他也見得這道理，如圭峰禪師說‘知’字樣.”【卓 ○僩同.】

68:12 ▲[13] “鬼神者，有屈伸往來之迹．如寒來暑往，日往月來，春生夏長，秋收冬藏，皆鬼神之功用，此皆可見也．忽然而來，忽然而往，方如此又如彼，使人不可測知，鬼神之妙用也.”【僩】

68:13 ▲[14] “鬼神是有一箇漸次形迹．神則忽然如此，忽然不如此，無一箇蹤由．要之，亦不離於鬼神，只是無迹可見.”【文蔚】

68:14 ▲[15]

68:15 ▲[16] 鬼是一定底，神是變而不可知底.【端蒙】

---

11) ▲: 或
12) ▲: ‘以主宰謂之帝’,
13) ▲: 問“以功用謂之鬼神，以妙用謂之神.” 曰:
14) ▲: 莊仲問“以功用謂之鬼神，以妙用謂之神.” 曰:
15) ▲: “以功用謂之鬼神，以妙用謂之神.” 鬼神如陰陽屈伸，往來消長，有麤跡可見者．“以妙用謂之神”，是忽然如此，皆不可測．忽然而來，忽然而去，忽然在這裏，忽然在那裏.
16) ▲: “以功用謂之鬼神”，此以氣之屈伸往來言也，“以妙用謂之神”，此言忽然如此，又忽然不如此者.

68:16 ▲[17)]

68:17 ▲[18)] "功用兼精粗[19)]而言, 是說造化. 妙用以其精者言, 其妙不可測. 天地是體, 鬼神是用. 鬼神是陰陽二氣往來屈伸. 天地間如消底是鬼, 息底是神, 生底是神, 死底是鬼. 以四時言之, 春夏便爲神, 秋冬便爲鬼. 又如晝夜, 晝便是神, 夜便是鬼.【淳錄云: "所以鬼夜出."】以人言之, 語爲神, 黙[20)]爲鬼, 動爲神, 靜爲鬼. 以氣息言之, 呼爲神, 吸爲鬼. '昭明・焄蒿・悽愴, 此百物之精也, 神之著也.' 如鬼神之露光處是昭明, 其氣蒸上處是焄蒿, 使人精神竦動處【淳錄作"閃處."】是悽愴. 如武帝致李夫人, '其風肅然'是也.【淳錄云: "問: '鬼夜出如何?' 曰: '間有然者, 亦不能皆然. 夜屬陰, 妖鳥陰類, 亦多夜鳴.'"】又問: "草木土石有魄而無魂否?" 曰:【淳錄云: "此不可以魂魄論."】"『易』言'精氣爲物.' 若以精氣言, 則是有精氣者, 方有魂魄. 但出底氣便是魂, 精便是魄. 譬如燒香, ▲[21)]出來底汁子便是魄[22)], 那▲[23)]香底便是魂.【淳錄云: "漿便是魄, 煙便是魂."】魂者, 魄之光燄, 魄者, 魂之根蒂." 安卿問: "體與魂有分別, 如耳目是體, 聰明便是魄." 曰: "是. 魂者氣之神, 魄者體之神. 『淮南子』注謂: '魂, 陽神也, 魄, 陰神也.' 此語說得好." ▲[24)]問"心之精爽, 是謂魂魄." 曰: "只是此意." 又問: "'人生始化曰魄', 如何是始化?" 曰: "是胎中初略略成形時." 又問"哉生魄." 曰: "是月十六日初生那黑處. 楊[25)]子言: '月未望而生魄於西, 既望則終魄於東.' 他錯說了. 後來四子費盡氣力去解, 轉不分明. 溫公又於正文改一字解, 也說不

17) ▲: 功用是有跡底, 妙用是無跡底. 妙用是其所以然者.【義剛】
18) ▲: 叔器問"功用謂之鬼神, 妙用謂之神." 曰:
19) 粗: 賀本에서는 麤로 되어 있다.
20) 黙: 英祖刊本・成化本에서는 嘿으로 되어 있다.
21) ▲: 燒得
22) 魄:【附箋紙】以印本考之, 則初本"魄"下落"成烟後"三字.
23) ▲: 成煙後
24) ▲: 安卿
25) 楊: 英祖刊本・成化本・賀本에서는 揚으로 되어 있다.

出."【義剛 ○淳錄同.】

68:18 ▲26) 所謂'造化之迹'者, 就人言之, 亦造化之迹也. 其生也, 氣日至而滋息, 物生旣盈, 氣日反而游散, 便是鬼神, 所謂'二氣良能'者. 鬼神只是以陰陽言. 又分言之, 則鬼是陰, 神是陽. 大率往爲陰, 來爲陽, 屈爲陰, 伸爲陽. 無一物無往來屈伸之義, 便皆鬼神著見者也." 又問: "'齊明盛服, 以承祭祀', 卻如何?" 曰: "亦只是此往來屈伸之氣. 古人到祭祀處, 便是招呼得來. 如天地山川先祖, 皆不可以形求, 卻是以此誠意求之, 其氣便聚." 又問: "祖先已死, 以何而求?" 曰: "其氣亦自在. 只是以我之氣承接其氣, 才致精神以求之, 便來格, 便有來底道理. 古人於祭祀處極重, 直是要求得之. 商人求諸陽, 便先作樂, 發散在此之陽氣以求之, 周人求諸陰, 便焚燎鬱鬯, 以陰靜去求之." 徐元震問『中庸』"體物而不可遺." 曰: "所謂'體物不可遺'者, 蓋此理於人初不相離, 萬物皆體之, 究其極只是陰陽造化而已. 故太極圖言'大哉易乎', 只以陰陽剛柔仁義, 及言'原始反終, 故知死生之說'而止. ▲27)."【螢】

68:19 ▲28) 火之性情則是箇熱, 水之性情則是箇寒, 天之性情則是一箇健. 健, 故不息. 惟健乃能不息, 其理是自然如此. 使天有一時息, 則地須落下去, 人都墜死. 緣他運轉周流, 無一時息, 故局得這地在中間. 今只於地信得他是斷然不息."【蓋卿 ○方子錄云: "天惟健, 故不息, 不可把不息做健." 下同.】

68:20 ▲29) "'性情'二字常相參在此. 情便是性之發, 非性何以有情?

---

26) ▲: 問"以功用謂之鬼神, 以妙用謂之神." 曰: "鬼神只是往來屈伸, 功用只是論發見者. 所謂'神也者, 妙萬物而爲言', 妙處卽是神. 其發見而見於功用者謂之鬼神, 至於不測者則謂之神. 如'鬼神者, 造化之跡', '鬼神者, 二氣之良能', 二說皆妙.
27) ▲: 人之生死, 亦只是陰陽二氣屈伸往來耳
28) ▲: 符兄問"以性情言之謂之乾." 曰: "是他天一箇性情如此.
29) ▲: 問: "'乾者, 天之性情, 健而無息之謂乾.' 何以合性情言之?" 曰:

健而不息, 非性何以能此?"【僩】

68:21 "▲30)天之性情", 指理而言也. 謂之"性情", 該體用動靜而言也.【端蒙】

68:22 ▲31) 此性如人之氣質. 健之體, 便是天之性, 健之用, 便是天之情. '靜也專', 便是性, '動也直', 便是情."【螢】

68:23 ▲32) 大抵乾健, 雖靜時亦專, 到動時便行之以直, 坤主順, 只是翕闢. 謂如一箇剛健底人, 雖在此靜坐, 亦專一而有箇作用底意思, 只待去作用, 到得動33)▲34), 其直可知. 若一柔順人坐時便只恁地靜坐收斂, 全無個營爲底意思, 其動也, 只是闢而已." 又問: "如此, 則乾雖靜時, 亦有動意否?" 曰: "然."【螢】

68:24 問: "▲35)性情.' ▲36), 何故兼言之?" 曰: ▲37) 靜是性, 動是情."【淳】

68:25 乾坤是性情, 天地是皮殼, 其實只是一箇道理. 陰陽自一氣言之, 只是38)箇物. 若做兩箇物看, 則如日月, 如男女, 又是兩箇物事.【學蒙 ▲39)】

---

30) ▲: 乾者
31) ▲: 問"乾者天之性情." 曰: "此是以乾之剛健取義, 健而不息, 便是天之性情.
32) ▲: 問"乾者天之性情." 曰: "此只是論其性體之健, 靜專是性, 動直是情.
33) 動: 【附箋紙】"動"下落"時"字.
34) ▲: 時
35) ▲: '乾坤, 天地之
36) ▲: 性是性, 情是情
37) ▲: "'乾, 健也', 動靜皆健, '坤, 順也', 動靜皆順.
38) 是: 徽州本에서는 이 뒤에 一이 더 들어 있다.
39) ▲: ○方子錄云: "天地, 形而下者. 天地, 乾坤之皮殼, 乾坤, 天地之性情."

68:26 問: “以‘乾’字爲伏羲之文, ‘元亨利貞’爲文王之文, 固是. 不知‘履虎尾’·‘同人于[40]野亨’之類又何如?” 曰: “此恐是少了字, 或是就上字立辭, 皆不可攷. 有羅田宰吳仁傑云: ‘恐都剩了字.’ 如‘乾坤’之類, 皆剩了.” 問: “若‘乾坤’, 則猶可言, ‘屯蒙’之類, 若無卦名, 不知其爲何卦.” 曰: “他說卦畫, 便是名了, 恐只是欠了字底是.” 【榦 ○以下乾卦.】

68:27 “元亨利貞”, 在這裏都具了. 楊宗範卻說“‘元亨’屬陽, ‘利貞’屬陰”, 此卻不是. 乾之利貞, 是陽中之陰, 坤之元亨, 是陰中之陽. 乾後三畫是陰, 坤後[41]三畫是陽. 【淵】

68:28 ▲[42]“元亨利貞”▲[43], 夫子以爲四德. 梅蘂初生爲元, 開花爲亨, 結子爲利, 成熟爲貞. 物生爲元, 長爲亨, 成而未全爲利, 成熟爲正[44]. 【節】

68:29 ▲[45] “元是未通底, 亨·利是收未成底, 貞是已成底. 譬如春夏秋冬, 冬夏便是陰陽極處, 其間『春秋』便是過接處.” 【恪】

68:30 ▲[46] 元, 比[47]之則人之首也, 手足之運動, 則有亨底意思, 利則配之胸臟, 貞則元氣之所藏也. 又曰: “以五臟配之尤明白, 且如肝屬木, 木便是元, 心屬火, 火便是亨, 肺屬金, 金便是利, 腎屬水, 水便是貞.” 【道夫】

40) 于: 賀本에서는 於로 되어 있다.
41) 後: 賀本에서는 前으로 되어 있다.
42) ▲: 文王本說
43) ▲: 爲大亨利正
44) 正: 英祖刊本·賀本에서는 貞으로 되어 있다.
45) ▲: 致道問“元亨利貞.” 曰:
46) ▲: 乾之四德,
47) 比: 『朱子語類』에서는 譬로 되어 있다.

68:31 ▲[48] 穀之生, 萌芽是元, 苗是亨, 穟是利, 成實是貞. 穀之實又復能生, 循環無窮.【德明】

68:32 "元亨利貞", 理也, 有這四段, 氣也. 有這四段, 理便在氣中, 兩箇不曾相離. 若是說時, 則有那未涉於氣底四德, 要就氣上看也得. 所以伊川說: "元者, 物之始, 亨者, 物之遂, 利者, 物之實, 貞者, 物之成." 這雖是就氣上說, 然理便在其中. 伊川這說話改不得, 謂是有氣則理便具. 所以伊川只恁地說, 便可見得物裏面便有這理. 若要親切, 莫若只就自家身上看, 惻隱須有惻隱底根子, 羞惡須有羞惡底根子, 這便是仁義. 仁義禮智, 便是元亨利貞. 孟子所以只得恁地說, 更無說處. 仁義禮智, 似一箇包子, 裏面合下都具了. 一理渾然, 非有先後, 元亨利貞便是如此, 不是說道有元之時, 有亨之時.【淵】

68:33 "元亨利貞"無斷處, 貞了又元. 今日子時前, 便是昨日亥時. 物有夏秋冬生底, 是到這裏方感得生氣, 他自有箇小小元亨利貞.【淵】

68:34 ▲[49] 天地間有箇局定底, 如四方是也, 有箇推行底, 如四時是也. 理都如此. 元亨利貞, 只就物上看亦分明. 所以有此物, 便是有此氣, 所以有此氣, 便是有此理. 故『易傳』只說"元者, 萬物之始, 亨者, 萬物之長, 利者, 萬物之遂, 貞者, 萬物之成." 不說氣, 只說物者, 言物則氣與理皆在其中. 伊川所說四句自動不得, 只爲"遂"字・"成"字說不盡, 故某略添字說盡.【高】

68:35 ▲[50]

48) ▲: "元亨利貞", 譬諸穀可見,

49) ▲: 氣無始無終, 且從元處說起, 元之前又是貞了. 如子時是今日, 子之前又是昨日之亥, 無空闕時. 然

50) ▲: 以天道言之, 爲"元亨利貞", 以四時言之, 爲春夏秋冬, 以人道言之, 爲仁義禮智, 以氣候言之, 爲溫涼燥濕, 以四方言之, 爲東西南北.【節】

68:36 溫底是元, 熱底是亨, 涼[51]底是利, 寒底是貞.【節】

68:37 "四德之元, 猶五常之仁, 偏言則一事, 專言則包四者." 此段只於易"元者善之長"與『論語』言仁處看. 若"天下之動, 貞夫一者也", 則貞又包四者. "『周易』一書, 只說一箇利", 則利又大也. "元者, 善之長也", 善之首也. "亨者, 嘉之會也", 好底會聚也. 義者, 宜也, 利[52]卽義也, 萬物各得其所, 義之合也. "幹事", 事之骨也, 猶言體物也. 看此一段, 須與太極圖通看. 四德之元安在甚處? 剝之爲卦在甚處? "乾天也"一段在甚處? 方能通成一片. 不然, 則不貫通. 少間看得如此了, 猶未是受用處在.【賀孫】

68:38 ▲[53] "元是初發生出來, 生後方會通, 通後方始向成. 利者物之遂, 方是六七分, 到貞處方是十分成, 此偏言也. 然發生中已具後許多道理, 此專言也. 惻隱是仁之端, 羞惡是義之端, 辭遜是禮之端, 是非是智之端. 若無惻隱, 便都沒下許多. 到羞要[54], 也是仁發在羞惡上, 到辭遜, 也是仁發在辭遜上, 到是非, 也是仁發在是非上." 問: "這猶金木水火否?" 曰: "然. 仁是木, 禮是火, 義是金, 智是水."【賀孫】

68:39 ▲[55]

68:40 "元亨利貞", 其發見有次序. 仁義禮智, 在裏面自有次序, 到

51) 涼: 英祖刊本・成化本에서는 凉으로 되어 있다.
52) 利: 賀本에서는 宜로 되어 있다.
53) ▲: 光祖問"四德之元, 猶五常之仁, 偏言則一事, 專言則包四者." 曰:
54) 要: 『朱子語類』에서는 惡으로 되어 있다.
55) ▲: 曾兄亦問此. 答曰: "元者, 乃天地生物之端. 乾言: '大哉乾元! 萬物資始. 至哉坤元! 萬物資生.' 乃知元者, 天地生物之端倪也. 元者生意, 在亨則生意之長, 在利則生意之遂, 在貞則生意之成. 若言仁, 便是這意思. 仁本生意, 乃惻隱之心也. 苟傷著這生意, 則惻隱之心便發. 若羞惡, 也是仁去那義上發, 若辭遜, 也是仁去那禮上發, 若是非, 也是仁去那智上發. 若不仁之人, 安得更有義禮智!"【卓】

發見時隨感而動, 卻無次序.【淵】

68:41 ▲[56)]

68:42 問: "道鄕謂'四德之中各具四德.' 竊嘗思之, 謂之'各具四德', 如康節所謂'春之春, 春之夏, 春之秋, 春之冬, 夏之春, 夏之夏, 夏之秋, 夏之冬', 則可, 謂之能迭相統攝, 如春可以包夏, 夏亦可以包春, 則不可也." 先生復令擧似道鄕之說, 曰: "便是他不須得恁地說."【道夫】

68:43 問: "▲[57)]亨卻是禮, 次序卻不同, 何也?" 曰: "此仁禮義智, 猶言春夏秋冬也, 仁義禮智, 猶言春秋夏冬也." 因問李子思『易說』. ▲[58)]'先生許其說乾坤二卦本於誠敬', 果否?" 曰: "就他說中, 此條稍是. 但渠只是以乾卦說'修辭立其誠', '閑邪存其誠', 坤卦說'敬以直內', 便說是誠敬爾." 銖云: "恐渠亦未曾實識得誠敬." 曰: "固是. 且謾說耳."【銖】

68:44 ▲[59)] "貞取以配冬者, 以其固也. 孟子以'知斯二者弗去'爲'知之實.' 弗去之說, 乃貞固之意, 彼知亦配冬也."【壯祖】

68:45 言四德, 云: "不有其功, 常久而不已者也."【不有其功, 言化育之無迹處爲貞.】 因言: "貞於五常爲知[60)]. 孟子曰: '知斯二者, 不[61)]去是

---

56) ▲: 周貴卿問: "'元亨利貞', 以此四者分配四時, 卻如何云'乾之德也'?" 曰: "他當初只是說大亨利於正, 不以分配四時. 孔子見此四字好後, 始分作四件說. 孔子之『易』與文王之『易』, 略自不同."【義剛】

57) ▲: '元亨利貞', 乾之四德, 仁義禮智, 人之四德. 然

58) ▲: 曰: "他是胡說." 因問: "或云

59) ▲: 論乾之四德, 曰:

60) 知: 『朱子語類』에서는 智로 되어 있다.

61) 不: 『朱子語類』에서는 弗로 되어 있다.

也.' 旣知, 又曰'弗去', 有兩義. 又「文言」訓'正固', 又於四時爲冬, 冬有始終之義. 王氏亦云: '胥有兩: 有龜, 有蛇, 所以朔易亦猶貞也.' 又「傳」曰: '貞, 各稱其事.'" 【方】

○[62] 且如四時, 到得冬月, 萬物都歸窠了, 若不生, 來年便都息了. 蓋是貞復生元, 無窮如此." 又問: "元亨利貞是備箇動靜陰陽之理, 而易只是乾有之?" 曰: "若論文王易, 本是作'大亨利貞', 只作兩字說. 孔子見這四字好, 便挑開說了. 所以某嘗說, 易難看, 便是如此. 伏羲自是伏羲易, 文王自是文王易, 孔子因文王底說, 又卻出入乎其間也."

68:46 問: "'乾元亨利貞', 注云: '見陽之性健而成形之大者爲天, 故三奇之卦名之曰乾而擬之於天也.' 切[63]謂卦辭未見取象之意, 其'成形之大者爲天'及'擬之於天'二句, 恐當於「大象」言之. 下文'天之象皆不易'一句亦然. 坤卦放此." 曰: "纔設此卦時, 便有此象了, 故於此豫言之. 又後面卦辭亦有兼象說者, 故不得不豫言也." 【榦】

68:47 ▲[64]問: "乾卦是聖人之事, 坤卦是學者之事, 如何?" 曰: "也未見得. 初九・九二是聖人之德, 至九三・九四又卻說學者修業・進德事, 如何都把做聖人之事得?" 【學履】

68:48 或言: "乾之六爻, 其位雖不同, 而其爲德則一." 曰: "某未要人看『易』, 這箇都難說. 如▲[65]'利見大人', 向來人都說不通. 九二有甚麽形影, 如何敎見大人? 某看來『易』本卜筮之書, 占得九二便可見大人, 大人不必說人君也." 【賀孫】

62) ○: 『朱子語類』의 1:9의 일부이다.
63) 切: 成化本・賀本에서는 竊로 되어 있다.
64) ▲: 或
65) ▲: 乾卦他爻皆可作自家身上說, 惟九二・九五要作自家說不得. 兩箇

68:49 其他爻象, 占者當之. 惟九二見龍, 人當不得, 所以只當把爻做主, 占者做客, 大人卽是見龍. 又如九三不說龍, 亦不可曉. 若說龍時, 這亦是龍之在那元[66]旱處. 他所以說"君子乾乾夕惕", 只此意. 【淵】

68:50 ▲[67]

68:51 ▲[68]

68:52 問: "程『易』於九二云: '利見大德之君.' 又言: '君亦利見大德之臣以成其功, 天下亦利見大德之人以被其澤.' 於九五云: '利見在下大德之人.' 又言: '天下固利見大德之君.' 兩爻互言如此, 不審的何所指?" 曰: "此當以所占之人之德觀之. 若已是有九二之德, 占得此九二爻, 則爲利見九五大德之君, 若常人無九二之德者占得之, 則爲只利見此九二之大人耳. 已爲九五之君, 而有九五之德, 占得此九五爻, 則爲利見九二大德之人, 若九二之人占得之, 則爲利見此九五大德之君. 各隨所占之人, 以爻與占者相爲主賓也. 太祖一日問王昭素曰: '〈九五, 飛龍在天, 利見大人〉, 常人何可占得此卦?' 昭素曰: '何害? 若臣等占得, 則陛下是〈飛龍在天〉, 臣等〈利見大人〉, 是利見陛下也.' 此說得最好." 銖曰: "如此看來, 『易』多是假借虛設, 故用不窮, 人人皆用得也." 曰: "此所謂'理定旣實, 事來尚虛. 存體應用, 稽實待虛.' 所以三百八十四爻而天下萬事無不可該, 無不周遍, 此『易』之用所以不窮也." 【銖】

68:53▲[69] "九三陽剛不中, 居下之上, 有强力勞苦之象, 不可言龍,

---

66) 元: 『朱子語類』에서는 亢으로 되어 있다.

67) ▲: 占者當不得見龍・飛龍, 則占者爲客, 利去見那大人. 大人卽九二・九五之德, 見龍・飛龍是也. 若潛龍君子, 則占者自當之矣. 【淵】

68) ▲: "利見大人"與程『傳』說不同. 不是卦爻自相利見, 乃是占者利去見大人. 也須看自家占底是何人, 方說得那所利見之人. 【淵】

故特指言'乾乾惕若'而已, 言有乾乾惕厲之象也."【銖】

68:54 ▲70)

68:55 ▲71)問: "'君子終日乾乾', 是法天否?" 曰: "才說法天, 便添著一件事. 君子只是'終日乾乾', 天之行健不息, 往往亦只如此. 如言存箇天理, 不須問如何存他, 只是去了人欲, 天理自然存. 如顏子問仁, 夫子告以非禮勿視聽言動. 除卻此四者, 更有何物須是仁?"【德明】

68:56 ▲72)

68:57 問: "乾九三, 伊川云: '雖言聖人事, 苟不設戒, 何以爲敎?'"【淵錄云: "發得此意極好." 僩錄云: "竊意因時而惕, 雖聖人亦常有此心."】 曰: "▲73) 以某觀之, 無問聖人以至士庶, 但當此時便當恁地兢惕. 卜得此爻, 也當恁地兢惕."【砥 ○僩錄同.】

68:58 ▲74) "程子云: '在下之人, 君德已著.' 此語亦是拘了. 記得有人問程子, 胡安定以九四爻爲太子者. 程子笑之曰: '如此, 三百八十四爻只做得三百八十四件事了!' 此說極是. 及到程子解易, 卻又拘了. 要知此是通上下而言, 在君有君之用, 臣有臣之用, 父有父之用, 子有子之用, 以至事物莫不皆然. 若如程子之說, 則千百年間只有箇舜·

---

69) ▲: 問: "九三不言象, 何也?" 曰:

70) ▲: "君子終日乾乾"矣, 至夕猶檢點而惕然恐懼. 蓋凡所以如此者, 皆所以進德修業耳.【銖】

71) ▲: 賓

72) ▲: "厲無咎", 是一句. 他後面有此例, 如"頻復, 厲無咎", 是也.【淵】

73) ▲: '『易』之爲書, 廣大悉備', 人皆可得而用, 初無聖賢之別. 伊川有一段云: '君有君之用, 臣有臣之用.' 說得好. 及到逐卦解釋, 又卻分作聖人之卦, 賢人之卦, 更有分作守令之卦者. 古者又何嘗有此! 不知是如何.

74) ▲: 祖道舉乾九三"君子終日乾乾", "是君子進德不懈, 不敢須臾寧否?" 曰:

禹用得也. 大抵九三此[75]爻才剛而位危, ▲[76] 故凡剛而處危疑之地, 皆當'乾乾夕惕若厲', 則无咎也."【祖道】

68:59 ▲[77]

68:60 "或躍在淵", 淵是通處. 淵雖下於田, 田卻是箇平地. 淵則通上下, 一躍卽飛在天.【榮】

68:61 ▲[78]

68:62 問: "程『易』以乾之初九爲舜側微時, 九二爲舜佃漁時, 九三爲'玄德升聞'時, 九四爲歷試時, 何以見得?" 曰: "此是推說爻象之意, 非本指也. ▲[79]問本指?" 曰: "『易』本因卜筮而有象, 因象而有占, 占辭中便有道理. 如▲[80]初九, 初陽在下, 未可施用, 其象爲潛龍, 其占曰: '勿用.' 凡遇乾而得此爻者, 當[81]▲[82]晦而勿用可也. ▲[83] 此『易』之本指也. ▲[84] 先通得『易』本指後, 道理儘無窮, 推說不妨. 若便以所推說者去解『易』, 則失『易』之本指矣."【銖】

---

75) 此: 賀本에서는 一로 되어 있다.

76) ▲: 故須著'乾乾夕惕若厲', 方可無咎. 若九二, 則以剛居中位, 易處了.

77) ▲: 淵與天不爭多. 淵是那空虛無實底之物, 躍是那不著地了, 兩脚跳上去底意思.【淵】

78) ▲: 問: "胡安定將乾九四爲儲君." 曰: "『易』不可恁地看. 『易』只是古人卜筮之書. 如五雖主君位而言, 然亦有不可專主君位言者. 天下事有那一箇道理, 自然是有. 若只將乾九四爲儲位說, 則古人未立太子者, 不成是虛卻此一爻! 如一爻只主一事, 則『易』三百八十四爻, 乃止三百八十四件事."【去僞】

79) ▲: 讀『易』若通得本指後, 便儘說去, 儘有道理可言." "敢

80) ▲: 筮得乾之

81) 當:【附箋紙】"當"下落"隱"字.

82) ▲: 觀此象而玩其占, 隱

83) ▲: 它皆倣此,

84) ▲: 蓋潛龍則勿用, 此便是道理. 故聖人爲「彖辭」「象辭」『文言』,節節推去, 無限道理. 此程『易』所以推說得無窮, 然非『易』·『本義』也.

68:63 問: “『易傳』乾卦引舜事以證之. ▲[85] 曰: “▲[86]『易』之書, ▲[87]‘潔靜[88]精微.’ ▲[89] 當初聖人作『易』, 又何嘗說乾是舜. 他只是懸空說在這裏, 都被人說得來事多, 失了他‘潔靜[90]精微’之意. 『易』只是說箇象是如此, 何嘗有實事. 如『春秋』便句句是實, 如言‘公卽位’, 便眞箇有箇公卽位, 如言‘子殺父, 臣殺君[91]’, 便眞箇是有此事. 『易』何嘗如此, 不過只是因畫以明象, 因數以推數, 因這象數, 便推箇吉凶以示人而已, 都無後來許多勞攘說話.” 【僩】

68:64 問: “龜山說九五飛龍在天, 取‘飛’字爲義. ‘以天位言之, 不可階而升, 以聖學言之, 非力行而至.’ 曰: “此亦未盡. 乾卦自是聖人之天德, 只時與位, 有隱顯漸次耳.” 【德明】

○[92] 如乾九五「文言」‘同聲相應, 同氣相求, 水流濕, 火就燥, 雲從龍, 風從虎, 聖人作而萬物覩[93].’ 夫子因何於此說此數句? 只是解‘飛龍在天, 利見大人.’ ‘覩[94]’字分明解出‘見’字. ‘聖人作’, 便是‘飛龍在天’, ‘萬物覩[95]’, 便是人見之. 如占得此爻, 則利於見大人也. 九二‘見龍在田’, 亦是在下賢德已著之人, 雖未爲世用, 然天下已知其文明. 亦是他人利見之, 非是此兩爻自利相見. 凡易中‘利’者, 多爲占得者設. 蓋

---

85) ▲: 當初若逐卦引得這般事來證, 大好看.” 曰: “便是當時不曾計會得.” 久之,
86) ▲: 經解說‘潔淨精微, 『易』之敎也’, 不知是誰做, 伊川卻不以爲然. 據某看, 此語自說得好. 蓋
87) ▲: 誠然是
88) 靜: 賀本에서는 淨으로 되어 있다.
89) ▲: 他那句語都是懸空說在這裏, 都不犯手. 如伊川說得都犯手勢, 引舜來做乾卦, 乾又那裏有箇舜來!
90) 靜: 賀本에서는 淨으로 되어 있다.
91) 子殺父, 臣殺君: 『朱子語類』에서는 子弑父, 臣弑君으로 되어 있다. 【附箋紙】 “弑”字, 誤書“殺.”
92) ○: 『朱子語類』의 73:54의 일부이다.
93) 覩: 『朱子語類』에서는 睹로 되어 있다.
94) 覩: 『朱子語類』에서는 睹로 되어 있다.
95) 覩: 『朱子語類』에서는 睹로 되어 있다.

活人方有利不利, 若是卦畫, 何利之有?【螢】

68:65 ▲[96]

68:66 用九不用七, 且如得純乾卦皆七數, 這卻是不變底. 它未當得九, 未在這爻裏面, 所以只占上面「彖辭」, 用九蓋是說變.【淵】

68:67 "見群龍无首", 王弼·伊川皆解不成. 他是不見得那用九·用六之說.【淵】

68:68 問: "乾坤獨言'用九·用六'何也?" 曰: "此惟歐公說得是. 此二卦純陽純陰而居諸卦之首, 故於此發此一例. 凡占法, 皆用變爻占. 故凡占得陽爻者, 皆用九而不用七,【百九十二陽爻之通例也.】 占得陰爻者, 皆用六而不用八.【百九十二陰爻之通例也.】 蓋七爲少陽, 九爲老陽, 六爲老陰, 八爲少陰, 老變而少不變. 凡占用九·用六者, 用其變爻占也.【此揲蓍之法.】 遇乾而六爻皆變, 則爲陰, 故有'群龍无首'之象, 卽坤'利牝馬之貞'也. 言群龍而卻無頭, 剛而能柔, 則吉也. 遇坤而六爻皆變, 則爲陽, 故有'利永貞'之象, 卽乾之'元亨利貞'也. 此發凡之言." 因問: "坤體貞靜, 承天而行, 未嘗爲始, 而常代終, 故自坤而變陽, 故爲群龍而无首, 有利貞而無元亨, 是否?" 曰: "坤雖變而爲陽, 然坤性依舊在. 他本是個無頭底物, 如婦從夫, 臣從君, 地承天, '先迷後得, 東北喪朋, 西南得朋', 皆是無▲[97]處也."【銖】

68:69 ▲[98] "如歐說, 蓋爲卜筮言, 所以須著有'用九·用六.' 若如伊

96) ▲: 凡占得卦爻, 要在互分賓主, 各據地位而推. 如九五"飛龍在天, 利見大人", 若揣自己有大人之德, 占得此爻, 則如聖人作而萬物咸睹, 作之者在我, 而睹之者在彼, 我爲主而彼爲賓也. 自己無大人之德, 占得此爻, 則利見彼之大人, 作之者在彼, 而睹之者在我, 我爲賓而彼爲主也.【僩】

97) ▲: 頭

川說, 便無此也得."【礪】

68:70 乾吉在无首, ▲[99] 言卦之本體, 元是六龍, 今變爲陰, 頭面雖變, 渾身卻只是龍, 只一似無頭底[100]相似. "坤利在永貞", 不知有何關捩子, 這坤卻不得見他元亨, 只得他永貞. 坤之本卦, 固自有元亨, 變卦卻無.【淵】

68:71 ▲[101]

68:72 伯豐問[102]: "「乾」用九爻辭, 如何便是坤'先迷後得, 東北喪朋'之意?" 曰: "此只是无首, 所以言'利牝馬之貞', 無牡馬."【䕫】

68:73 ▲[103] 古人遇乾之坤, 卽以"見群龍无[104]首吉"爲占. "見群龍无首", 卻是變乾爲坤, 便以坤爲占也. 遇坤之乾, 卽用"利永貞"爲占. 坤變爲乾, 卽乾之"利"也.【䕫】

68:74 ▲[105]所謂'大哉乾元! 萬物資始. 至哉坤元! 萬物資生.' 那'元'

---

98) ▲: 問: "'用九, 見群龍無首, 吉', 伊川之意似云, 用陽剛以爲天下先則凶, 無首則吉." 曰: "凡說文字, 須有情理方是. '用九'當如歐公說, 方有情理. 某解『易』, 所以不敢同伊川, 便是有這般處. 看來當以'見群龍無首'爲句. 蓋六陽已盛, 如群龍然. 龍之剛猛在首, 故見其無首則吉. 大意只是要剛而能柔, 自人君以至士庶, 皆須如此. 若說爲天下先, 便只是人主方用得, 以下便使不得, 恐不如此." 又曰:

99) ▲: 坤利在永貞, 這只說二用變卦. "乾吉在無首",

100) 底: 徽州本에서는 底 뒤에 龍이 더 들어 있다.

101) ▲: "群龍無首", 便是"利牝馬"者, 爲不利牡而卻利牝. 如"西南得朋, 東北喪朋", 皆是無頭底.【淵】

102) 伯豐問: 成化本・徽州本에서는 伯豐問『本義』로 되어 있다.

103) ▲: 大凡人文字皆不可忽. 歐公文字尋常往往不以經旨取之, 至於說"用九・用六", 自來卻未曾有人說得如此. 他初非理會象數者, 而此論最得之. 且既有六爻, 又添用九・用六, 因甚不用七・八? 蓋九乃老陽, 六乃老陰, 取變爻也.

104) 无: 賀本에서는 無로 되어 있다.

105) ▲: 問: "天地生物氣象, 如溫厚和粹, 卽天地生物之仁否?" 曰: "這是從生處說

字便是生物之仁, 資始是得其氣, 資生是成其形. 到得亨便是他彰著, 利便是結聚, 貞便是收斂. 旣[106]無形迹, 又須復生. 至如夜半子時, 此物雖存, 猶未動在, 到寅卯便生, 巳午便著, 申酉便結, 亥子丑便實, 及至寅又生. 他這箇只管運轉, 一歲有一歲之運, 一月有一月之運, 一日有一日之運, 一時有一時之運. 雖一息之微, 亦有四箇段子, 恁地運轉. 但元則[107]是始初, 未至於著, 如所謂'怵惕惻隱', 存於人心. 自恁惻惻地, 未至大段發出." ▲[108]【道夫】

68:75 "大哉乾元", 是說天道流行. "各正性命", 是說人得這道理做那性命處, 卻不是正說性. 如"天命之謂性", "孟子道性善", 便是就人身上說性. 『易』之所言, 卻是說天人相接處.【淵】

68:76 "乾元統天", 蓋天只是以形體而言. 乾元, 卽天之所以爲天者也. 猶言性統形爾.【端蒙】

68:77 ▲[109] "乾只是天之性情, 不是兩箇物事. 如人之精神, 豈可謂人自是人, 精神自是精神!"【燾】

68:78 問: "'乾元統天', 「注」作: '健者, 能用形者也.' 恐說得是否?" 曰: "也是. 然▲[110]大意主在'元'字上."【學履】

68:79 ▲[111]問: "程『易』說: '大明天道之終始, 則見卦之六位各以時

來. 如

106) 旣: 徽州本에서는 旣 앞에 收斂이 더 들어 있다.

107) 則: 賀本에서는 只로 되어 있다.

108) ▲: 道夫曰: "他所以謂'滿腔子是惻隱之心', 蓋以其未散也." 曰: "他這箇是事事充滿. 如惻隱則皆是惻隱, 羞惡則皆是羞惡, 辭遜・是非則皆是辭遜・是非, 初無不充滿處. 但人爲己私所隔, 故多空虛處爾."

109) ▲: 問"乾元統天." 曰:

110) ▲: 只是說得乾健, 不見得是乾元. 蓋云'大哉乾元! 萬物資始, 乃統天', 則

成.' 不知是說聖人明之耶? 說乾道明之耶?" 曰: "此處果是說得鶻突. 但「遺書」有一段明說云: '人能明天道之終始, 則見卦爻六位皆以時成.' 此語證之, 可見大明者, 指人能明之也." 因問: "乾道終始如何?" 曰: "乾道終始, 卽四德也. 始則元, 終則貞. 蓋不終則無以爲始, 不貞則無以爲元. 六爻之立, 由此而立耳. '以時成'者, 言各以其時而成, 如潛見飛躍, 皆以時耳, 然皆四德之流行也.【初九・九二之半, 卽所謂"元", 九二之半與九三, 卽所謂"亨", 九四與九五之半, 卽所謂"利", 九五之半與上九, 卽所謂"貞."】 蓋聖人大明乾道之終始, 故見六位各以時成, 乘此六爻之時以當天運, 而四德之所以終而復始, 應變而不窮也."【銖】

68:80 ▲[112)]

68:81 "乘"字, 大槪只是譬喩. "御"字, 龜山說做御馬之"御", 卻恐傷於大[113)]巧. 這段是古人長連地說下去, 卻不分曉. 伊川「傳」說得也不分曉. 『語錄』中有一段卻分曉, 乃是楊遵道所錄, 云: "人大明天道之終始." 這處下箇"人"字, 是緊切底字, 讀書須是看這般處.【淵】

68:82 ▲[114)] 六龍只是六爻, 龍只是譬喩. 明此六爻之義, 潛見飛躍, 以時而動, 便是"乘六龍", 便是"御天." 又曰: "聖人便是天, 天便是聖人."【礪】

68:83 "大明終始", 這一段說聖人之元亨. ▲[115)] 聖人之六位, 如隱顯・進退・行藏. 潛龍時便當隱去, 見龍時便是他出來. 如孔子爲魯

---

111) ▲: "前輩解經, 有只明大義, 務欲大指明, 而有不貼文義强說者. 如程『易』發明道理大義極精, 只於『易』文義多有强說不通處." 銖因

112) ▲: "大明終始"是就人上說. 楊遵道「錄」中言"人能大明乾道之終始", 『易傳』卻無"人"字. 某謂文字疑似處, 須下語剖析敎分曉.【方子】

113) 大: 成化本・賀本에서는 太로 되어 있다.

114) ▲: "時乘六龍以御天",

115) ▲: 六位六龍, 只與譬喩相似.

司寇時, 便是他大故顯了. 到那獲麟絶筆, 便是他亢龍時. 這是在下之聖人. 然這卦大概是說那聖人得位底. 若使聖人在下, 亦自有箇元亨利貞. 如"首出庶物", 不必在上方如此. 如孔子出類拔萃, 便是"首出萬物", 著書立言, 澤及後世, 便是"萬國咸寧."【淵】

68:84 問: "'大哉乾元! 萬物資始, 乃統天', 是說乾之元, '雲行雨施, 品物流行', 是說乾之亨, '大明終始, 六位時成, 時乘六龍以御天', 是說聖人之元亨, '乾道變化, 各正性命, 保合大和, 乃利貞', 是說乾之利貞, '首出庶物, 萬國咸寧', 是說聖人之利貞, 此『本義』之言. 但程易云'首出庶物'是'乾道首出庶物而萬彙亨', '萬國咸寧'是'君道尊臨天位而四海從', 言'王者體天之道, 則〈萬國咸寧〉.' 如何?" 曰: "恁地說也得, 只恐牽强."【銖】

68:85 "乾道變化", 似是再說"元亨." "變化"字, 且只大概恁地說, 不比「繫辭」所說底子細. "各正性命", 他那元亨時雖正了, 然未成形質, 到這裏方成. 如那百穀堅實了, 方喚做"正性命." 乾道是統說底, 四德是說他做出來底. 大率天地是那有形了重濁底, 乾坤是他性情. 其實乾道・天德, 互換一般, 乾道又言得深些子. 天地是形而下者. 只是這箇道理, 天地是箇皮殼.【淵】

68:86 乾道便只是天德, 不消分別. "說[116]道變化"是就乾道上說, 天德是就他四德上說.【淵】

68:87 ▲[117]

68:88 問"保合大和, 乃利貞." 曰: "天之生物, 莫不各有軀殼. 如人

116) 說: 英祖刊本・成化本・賀本에서는 乾으로 되어 있다.
117) ▲: 問: "何謂'各正性命'?" 曰: "各得其性命之正."【節】

之有體, 果實之有皮核, 有箇軀殼保合以全之. 能保合, 則眞性常存, 生生不窮. 如一粒之穀, 外面有箇殼以裹之. 方其發一萌芽之始, 是物之元也, 及其抽枝長葉, 則[118]是物之亨, 到得生實欲熟未熟之際, 此便是利, 及其既實而堅, 此便是貞矣. 蓋乾道變化發生之始, 此是元也, 各正性命, 小以遂其小, 大以遂其大, 則是亨矣, 能保合矣[119], 全其大和之性, 則可利貞."【卓】

68:89 "保合大和", 天地萬物皆然. 天地便是大底萬物, 萬物便是小底天地.【文蔚】

68:90 問: "'首出庶物, 萬國咸寧', ▲[120] 伊川分作乾道・君道, 如何?" 曰: "'乾道變化'至'乃利貞'是天,【饒錄作"乾."】'首出庶物, 萬國咸寧'是聖人." 又曰: "'首出庶物'須是聰明睿知, 高出庶物之上, 以君天下, 方得'萬國咸寧.'『禮記』云: '聰明睿知, 足以有臨也.' 須聰明睿知皆過於天下之人, 方可臨得他."【礪】

68:91 ▲[121]

68:92 天之運轉不窮, 所以爲天行健.【季札】

68:93 ▲[122]問: "乾[123]足以形容乾否?" 曰: "可. 伊川曰: '健而無息

118) 則: 賀本에서는 只로 되어 있다.

119) 矣: 徽州本에서는 以로 되어 있다.

120) ▲: 恐盡是聖人事.

121) ▲: 乾重卦, 上下皆乾, 不可言兩天. 昨日行, 一天也, 今日又行, 亦一天也. 其實一天, 而行健不已, 有重天之象, 此所以爲"天行健." 坤重卦, 上下皆坤, 不可言兩地. 地平則不見其順, 必其高下層層, 有重地之象, 此所以爲"地勢坤." 一作: "所以見地勢之坤順."

122) ▲: 厚之

123) 乾: 『朱子語類』에서는 健으로 되어 있다.【附箋紙】"健", 誤書"乾."

謂之乾.' 蓋自人而言, 固有一時之健, 有一日之健. 惟無息, 乃天之健."【可學】

68:94 問"天行健." 曰: "胡安定說得好. 其說曰: '天者, 乾之形, 乾者, 天之用. 天形蒼然, 南極入地下三十六度, 北極出地上三十六度, 狀如倚杵. 其用則一晝一夜, 行九十餘萬里, 人一呼一吸爲一息, 一息之間, 天行已八十餘里. 人一晝一夜有萬三千六百餘息, 故天行九十餘萬里. 天之行健可知, 故君子法之以'自强不息'云."【因言: "天之氣運轉不息, 故閣得地在中間." 銖未達. 先生曰: "如弄椀[124]珠底, 只恁運轉不住, 故在空中不墜. 少有息, 則墜矣." ○銖】

68:95 問: "衛老『疑問』中'天行健'一段, 先生批問他云: '如何見得天之行健?' 德明竊謂: '天以氣言之, 則一晝一夜周行乎三百六十度之中, 以理言之, 則"於穆不已", 無間容息, 豈不是至健?'" 先生曰: "他卻不是如此, 只管去'自强不息'上討." ▲[125)]【德明】

68:96 問: "天運不息, '君子以自强不息.'" 曰: "非是說天運不息, 自家去趕逐, 也要學他如此不息. 只是常存得此心, 則天理常行, 而周流不息矣." 又曰: "天運不息, 非特四時爲然, 雖一日一時, 頃刻之間, 其運未嘗息也."【燾】

68:97 因說乾健, 曰: "而今人只是坐時, 便見他健不健了, 不待做事而後見也." ▲[126)]【僩】

---

124) 椀: 賀本에서는 碗으로 되어 있다.

125) ▲: 又說邠老社倉宜避去事, 擧『易』之否「象」曰: "君子以儉德避難, 不可榮以祿."

126) ▲: 又曰: "某人所記, 劉元城每與人相見, 終坐不甚交談. 欲起, 屢留之, 然終不交談. 或問之, 元城曰: '人坐久必傾側, 久坐而不傾側, 必貴人也. 故觀人之坐起, 可以知人之貴賤.' 某後來見草堂先生說, 又不如此. 元城極愛說話. 觀草堂之說與某人所記之語, 大抵皆同, 多言其平生所履與行己立身之方. 是時元城在

68:98 『易』只消認他經中七段. 乾坤二卦分外多了一段. 認得這箇子, 向後面底, 不大故費解說.【淵】

68:99 ▲[127)]

68:100 ▲[128)]"元者善之長", 說最親切[129)], 無滲漏. 仁義禮智莫非善, 這箇卻是善之長. 仁是有滋味底物事, 說做知覺時, 知覺卻是無滋味底物事. 仁則有所屬, 如孝弟・慈和・柔愛皆屬仁.【淵】

68:101 ▲[130)] 『春秋傳』記穆姜所誦之語, 謂"元者體之長." 覺得"體"字較好, 是一體之長也.【僩】

68:102 "亨者嘉之會." 亨是萬物亨通, 到此界分, 無一物不美, 便是"嘉之會."【螢】

68:103 ▲[131)] 且以草木言之, 發生到夏時, 好處都來湊會. 嘉只是好處, 會是期會也." 又曰: "貞固是固得恰好. 如尾生之信, 是不貞之固. 須[132)]▲[133)]得好, 方是貞."【賜】

68:104 ▲[134)] "春天萬物發生, 未大故齊. 到夏, 一時發生都齊旺, 許

南京, 恣口極談, 無所顧忌. 南京四方之衝, 東南士大夫往來者無不見之. 賓客填門, 無不延接. 其死之時, 去靖康之禍只三四年間耳. 元城與了齋死同時. 不知二公若留到靖康, 當時若用之, 何以處也."

127) ▲: 致道問"元者善之長." 曰: "'元亨利貞', 皆善也, 而元乃爲四者之長, 是善端初發見處也."【時舉】

128) ▲: 『易』言

129) 說最親切: 徽州本에서는 說得最親切으로 되어 있다.

130) ▲: "元者善之長."

131) ▲: 問"亨者嘉之會." 曰: "此處難下語.

132) 須:【附箋紙】"須"下落"固"字.

133) ▲: 固

多好物皆萃聚在這裏, 便是'嘉之會.'" 曰: "在人言之, 則如何?" 曰: "動容周旋皆中禮, 便是'嘉之會.' '嘉會足以合禮', 須是嘉其會始得." 【淳】

68:105 ▲135)

68:106 ▲136) "嘉是美, 會是聚, 無不盡美處是亨. 蓋自春至夏, 便是萬物暢茂, 物皆豐盈, 咸遂其美. 然若只一物如此, 他物不如此, 又不可以爲會. 須是合聚來皆如此, 方謂之會. 如'嘉會足以合禮', 則自上文體仁而言, 謂君子嘉其會. 此'嘉'字說得輕, 又不當如前說. 此只是嘉其所會. 此'嘉'字, 當若'文之以禮樂'之'文'字. 蓋禮樂之文, 則'文'字爲重, 到得'文之以禮樂', 便不同. 謂如在人, 若一言一行之美, 亦不足以爲會, 直是事事皆盡美, 方可以爲會. 都無私意, 方可以合禮." 【螢】

68:107 ▲137)

68:108 "利者義之和." 義是箇有界分斷制底物事, 疑於不和. 然使物各得其分, 不相侵越, 乃所以爲和也. 【僩】

68:109 ▲138)

68:110 義之和處便是利, 如君臣父子各得其宜, 此便是義之和處,

---

134) ▲: 問: "亨者嘉之會." 曰:

135) ▲: "亨者嘉之會." "嘉會足以合禮." 蓋言萬物各有好時, 然到此亨之時, 皆盛大長茂, 無不好者, 故曰"嘉之會." 會是會集之義也. 人之修爲, 便處處皆要好, 不特是只要一處好而已. 須是動容周還皆中乎禮, 可也. 故曰"嘉會", 嘉其所會也. 【燾】

136) ▲: 問"亨者嘉之會." 曰:

137) ▲: "利者義之和." 義, 疑於不和矣, 然處之而各得其所則和. 義之和處便是利.

138) ▲: "義之和", 只是中節. 蓋義有箇分至, 如"親其親, 長其長", 則是義之和, 如不親其親而親他人之親, 便不是和. 【礪】

安得謂之不利! 如"君不君, 臣不臣, 父不父, 子不子", 此便是不和, 安得謂之利! 孔子所以"罕言利"者, 蓋不欲專以利爲言, 恐人只管去利上求也.【去僞】

68:111 ▲[139)]

68:112 ▲[140)] "義之分別, 似乎無情, 卻是要順, 乃和處. 蓋嚴肅之氣, 義也, 而萬物不得此不生, 乃是和." ▲[141)]【可學】

68:113 利, 是那義裏面生出來底. 凡事處制得合宜, 利便隨之, 所以云"利者義之和." 蓋是義便兼得利. 若只理會利, 卻是從中間半截做下去, 遺了上面一截義底. 小人只理會後面半截, 君子從頭來.【植】

68:114 問: "程子曰: '義安處便爲利.' 只是當然便安否?" 曰: "是. ▲[142)]

68:115 "貞者事之幹." 伊川說"貞"字, 只以爲"正", 恐未足以盡貞之義. 須是說"正而固", 然亦未推得到知上. ▲[143)] 知是那黙運事變底一件物事, 所以爲事之幹.【淵】

---

139) ▲: "利者義之和." 所謂義者, 如父之爲父, 子之爲子, 君之爲君, 臣之爲臣, 各自有義. 然行得來如此和者, 豈不是利? "利"字與"不利"字對. 如云"利有攸往", "不利有攸往."【南升】

140) ▲: 施問"利者義之和." 曰:

141) ▲: 又曰: "'亨者嘉之會.' 會, 聚也. 正是夏, 萬物一齊長時. 然上句'嘉'字重, '會'字輕, 下句'會'字重, '嘉'字輕."

142) ▲: 只萬物各得其分, 便是利. 君得其爲君, 臣得其爲臣, 父得其爲父, 子得其爲子, 何利如之! 這'利'字, 卽易所謂'利者義之和.' 利便是義之和處. 程子當時此處解得亦未親切, 不似這語卻親切, 正好去解'利者義之和'句. 義初似不和, 卻和. 截然而不可犯, 似不和, 分別後, 萬物各止其所, 卻是和. 不和生於不義. 義則無不和, 和則無不利矣."【砥錄云"義則和矣, 義則無不利矣. 然義, 其初截然, 近於不和不利, 其終則至於各得其宜"云云.】

143) ▲: 看得來合是如此.

68:116 ▲[144] "正"字也有"固"字意思, 但不分明, 終是欠闕. 正如孟子所謂"知斯二者弗去是也." "知斯"是"正"意, "不[145]弗▲[146]"是"固"意. 【賀孫】

68:117 ▲[147]問: "▲[148]所謂'不可貞'者, 是如何?" 曰: "也是這思[149]思, 只是不可以爲正而固守之." 【榦】

68:118 "體仁"如體物相似. 人在那仁裏做骨子, 故謂之"體仁." 仁是箇道理[150], 須著這人, 方體得他, 做得他骨子. "比而效之"之說, 卻覺得未是. 【淵】

68:119 ▲[151]不是將仁來爲我之體, 我之體便都是仁也. 【僩】

68:120 ▲[152]

68:121 問: "伊川解'體仁'作'體乾之仁.' 看來在乾爲元, 在人爲仁, 只應就人上說仁. 又解'利物和義', 作'合於義, 乃能利物', 亦恐倒說了. 此類恐皆未安." 曰: "然. '君子行此四德', 則體仁是君子之仁也. 但前輩之說, 不欲辨他不▲[153], 只自曉得便了." 【學履】

---

144) ▲: "正"字不能盡"貞"之義, 須用連"正固"說, 其義方全.
145) 不: 『朱子語類』에는 없다.
146) ▲: 去
147) ▲: "『易』言'貞'字, 程子謂'正'字盡他未得, 有'貞固'之意." 榦
148) ▲: 又有
149) 思: 成化本・賀本에서는 意로 되어 있다.
150) 仁是箇道理: 徽州本에서는 仁只是箇道理로 되어 있다.
151) ▲: "體仁"
152) ▲: 問: "'體仁', 解云'以仁爲體', 是如何?" 曰: "說只得如此, 要自見得, 蓋謂身便是仁也." 【學履】
153) ▲: 是

68:122 "▲[154]

68:123 "嘉會"雖是有禮後底事, 然這意思卻在禮之先. 嘉其所會時, 未說到那禮在, 然能如此, 則便能合禮. 利物時, 未說到和義在, 然能使物各得其利, 則便能和義. "會"字說道是那萬物一齊發見處, 得他盡嘉會便是. ▲[155] 底[156]"利"字是好底. ▲[157] 如那"未有仁而遺其親, 未有義而後其君"之利. "和"字, 也有那老蘇所謂"無利, 則義有慘殺而不和"之意. ▲[158]【淵】

68:124 ▲[159]

68:125 ▲[160]

68:126 ▲[161]問: "'貞固'字, 卻與上文'體仁・嘉會・利物'亦似不同." 曰: "亦是比方. 便須用兩字, 方說得盡."【晉】

---

154) ▲: 嘉會"者, 萬物皆發見在裏許. 直卿云: "猶言萬物皆相見." 處得事事是, 故謂之"嘉會", 一事不是, 便不謂之"嘉會." 會是禮發見處, 意思卻在未發見之前. 利物, 使萬物各得其所, 乃是義之和處. 義自然和, 不是義外別討箇和.【方子】

155) ▲: 如只一事兩事嘉美時, 未爲嘉會. "會"字, 張葆光用"齊"字說, 說得幾句也好. 使物各得其宜, 何利如之! 如此, 便足以和義.

156) 底: 『朱子語類』에서는 這로 되어 있다.

157) ▲: 如孟子所謂戰國時利, 是不好底. 這箇利,

158) ▲: 蓋於物不利, 則義未和.

159) ▲: 問"利物足以和義." 曰: "義斷是非, 別曲直, 近於不和. 然是非曲直辨, 則便是利, 此乃是和處也."【時舉】

160) ▲: "利物足以和義." 凡說義, 各有分別. 如君臣父子夫婦兄弟之義, 自不同, 似不和. 然而各正其分, 各得其理, 便是順利, 便是和處. 事物莫不皆然.【人傑】

161) ▲: 問"利物足以和義." 曰: "義便有分別. 當其分別之時, 覺得來不和. 及其分別得各得其所, 使物物皆利, 卻是和其義. 如天之生物, 物物有箇分別, 如'君君臣臣父父子子.' 至君得其所以爲君, 臣得其所以爲臣, 父得其所以爲父, 子得其所以爲子, 各得其利, 便是和. 若君處臣位, 臣處君位, 安得和乎!" 又問: "覺得於上句字義顚倒." 曰: "惟其利於物者, 所以和其義耳." 正淳

68:127 ▲[162)]

68:128 ▲[163)] 老蘇論此謂慘殺爲義, 必以利和之. 如武王伐紂, 義也. 若徒義, 則不足以得天下之心, 必散財發粟[164)], ▲[165)]後可以和其義. 若如此說, 則義在利之外, 分截成兩段了! 看來義之爲義, 只是一箇宜. ▲[166)] 至於天地萬物無不得其所, 亦只是利之和爾. 此只是就義中便有一個和. ▲[167)] "貞固足以幹事", 幹如木之幹, 事如木之枝葉. "貞固"者, 正而固守之. 貞固在事, 是與立[168)]箇骨子, 所以爲事之幹. 欲爲事而非此貞固, 便植立不起, 自然倒了.【謨】

68:129 ▲[169)] "'元者善之長'以下四句, 說天德之自然. '君子體仁足以長人'以下四句, 說人事之當然. 元只是善之長. 萬物生理皆始於此, 衆善百行皆統於此, 故於時爲春, 於人爲仁. 亨是嘉之會. ▲[170)] 猶言齊好也. 春天發生萬物, 未大故齊. 到夏時, 洪纖高下, 各各暢茂. 蓋春方生育, 至此乃無一物不暢茂. 其在人, 則'禮儀三百, 威儀三千', 事事物物, 大大小小, 一齊到恰好處, 所謂動容周旋皆中禮, 故於時爲

---

162) ▲: 伊川說"利物足以和義", 覺見他說得糊塗. 如何喚做和合於義? 四句都說不力.【淵】

163) ▲: "利物足以和義", 此數句最難看.

164) 必散財發粟:【附箋紙】"粟"下落"而"字.

165) ▲: 而

166) ▲: 其初則甚嚴, 如"男正位乎外, 女正位乎內", 直是有內外之辨, 君尊於上, 臣恭於下, 尊卑大小, 截然不可犯, 似若不和之甚. 然能使之各得其宜, 則其和也孰大於是!

167) ▲: 既曰"利者義之和", 卻說"利物足以和義", 蓋不如此, 不足以和其義也. "嘉會足以合禮." 嘉, 美也, 會, 是集齊底意思. 許多嘉美一時鬥湊到此, 故謂之會. 亨屬夏, 如春生之物, 自是或先或後, 或長或短, 未能齊整. 纔到夏, 便各各一時茂盛, 此所謂"嘉之會"也. 嘉其所會, 便動容周旋無不中禮. 就"亨者嘉之會"觀之, "嘉"字是實, "會"字是虛. "嘉會足以合禮", 則"嘉"字卻輕, "會"字卻重.

168) 立: 賀本에서는 做로 되어 있다.

169) ▲: 問『文言』四德一段. 曰:

170) ▲: 此句自來說者多不明. 嘉, 美也, 會, 猶齊也. 嘉會, 衆美之會,

夏, 於人爲禮.【周子遂喚作"中."】 利者, 爲義之和. 萬物至此, 各遂其性, 事理至此, 無不得宜, 故於時爲秋, 於人爲義. 貞者乃事之幹. 萬物至此, 收斂成實, 事理至此, 無不的正, 故於時爲冬, 於人爲智. 此天德之自然. 其在君子所當從事於此者, 則必'體仁乃足以長人, 嘉會足以合禮, 利物足以和義, 貞固足以幹事.' 此四句倒用上面四箇字, 極有力. 體者, 以仁爲體, 仁爲我之骨, 我以之爲體. 仁皆從我發出, 故無物不在所愛, 所以能長人. '嘉會足以合禮'者, 言▲[171] 欲其所會之美, 當美其所會. 蓋其厚薄親疏・尊卑小大相接之體, 各有節文, 無不中節, 卽所會皆美, 所以能合於禮也. '利物足以合[172]義'者, ▲[173]惟義能使事物各得其宜, 不相妨害, 自無乖戾, 而各得其分之和, 所以爲義之和也. ▲[174] '貞▲[175]足以幹事.' 貞, 正也, 知其正之所在, 固守而不去, 故足以爲事之幹. 幹事, 言事之所依以立, 蓋正而能固, 萬事依此而立. 在人則是智, 至靈至明, 是是非非, 確然不可移易, 不可欺瞞, 所以能立事也. 幹, 如板築之有楨幹. 今人築墻[176], 必立一木於土中爲骨, 俗謂之'夜叉木', 無此則不可築. 橫曰楨, 直曰幹. 無是非之心, 非知也. 知得是是非非之正, 緊固確守不可移易, 故曰'知', 周子則謂之'正'也."【銖】

68:130 "故曰'乾, 元亨利貞.'" 他把"乾"字當君子.【淵】

---

171) ▲: 須是美其所會也.

172) 合: 『朱子語類』에서는 和로 되어 있다.【附箋紙】"合義"之"合", 印本作"和."

173) ▲: 使物物各得其利, 則義無不和. 蓋義是斷制裁割底物, 若似不和. 然

174) ▲: 蘇氏說'利者義之和', 卻說義慘殺而不和, 不可徒義, 須著些利則和. 如此, 則義是一物, 利又是一物, 義是苦物, 恐人嫌, 須著些利令甜, 此不知義之言也. 義中自有利, 使人而皆義, 則不遺其親, 不後其君, 自無不利, 非和而何?

175) ▲: 固

176) 墻: 英祖刊本・賀本에서는 牆으로 되어 있다.

『朱子語類』 卷第六十九

「易五」

「乾下」

69:1 『文言』上不必大故求道理, 看來只是協韻說將去. "潛龍勿用, 何謂也[1]"以下, 大概各就他要說處便說, 不必言專說人事・天道. ▲[2]

69:2 問: "程『易』'乾[3]之用'・'乾之時'・'乾之義', 看來恐可移易說." 曰: "凡說經, 若移易得, 便不是[4]本意. 看此三段, 只是聖人反復贊咏乾之德耳. 如'潛龍勿用, 陽在下[5]也', 便是第二段. '陽氣潛藏', 便是上段'龍德而隱者也.' 聖人反復發明以示人耳."【銖】

69:3 ▲[6]

69:4 庸言庸行, 盛德之至. 到這裡[7]不消得[8]恁地, 猶自"閑邪存誠",

---

1) 何謂也: 『小分』에서는 손상되어 보이지 않으나 『朱子語類』에 따라 보충하였다.
2) ▲: 伊川說"乾之用"・"乾之時"・"乾之義", 也難分別. 到了, 時似用, 用似義.【淵】
3) 程『易』'乾: 『小分』에서는 손상되어 보이지 않으나 『朱子語類』에 따라 보충하였다.
4) 便不是: 『小分』에서는 손상되어 보이지 않으나 『朱子語類』에 따라 보충하였다.
5) 陽在下: 『小分』에서는 손상되어 보이지 않으나 『朱子語類』에 따라 보충하였다.
6) ▲: 問: "伊川分'乾之時'・'乾之義', 如何?" 曰: "也是覺得不親切. 聖人只是敷演其義, 又兼要押韻, 那裏恁地分別!"【礪】
7) 裡: 英祖刊本・成化本・賀本에서는 裏로 되어 있다.
8) 消得: 『小分』에서는 得消를 교정부호로 바로잡았다.

便是“無射亦保”, 雖無厭斁, 亦當保也. 保者, 持守之意. 【淵】

69:5 ▲[9]

69:6 問: “閑邪[10]’, 莫是爲防閑抵拒那外物, 使不得侵近否?” 曰: “固是. 凡言邪, 皆自外至者[11]也. 然只視聽言動無非禮, 便是閑.” 【端蒙】

69:7 九二處得▲[12]中, 都不著費力. “庸言之信, 庸言[13]之謹, 閑邪存其誠, 善世而不伐, 德慱[14]而化”而已. 若九三則剛而不中, 過高而危, 故有“乾乾”之戒. 【人傑】

69:8 “利見大人, 君德也.” 兩處說這箇“君德”, 卻是要發明大人卽是九二. 孔子怕人道別[15]是箇大人[16], 故如此互相發. 使三百八十四爻皆恁地湊著, 豈不快活! 人只爲中間多有湊不著底, 不可曉. 【淵】

69:9 ▲[17] “龍德正中”以下皆君德, 言雖不當君位, 卻有君德, 所以也做大人. 伊川卻說得這箇大人做兩樣. 【淵】

69:10 ▲[18]問: “乾之九二是聖人之德, 坤之六二是賢人之德, 如何?”

---

9) ▲: 常言旣謹, 常行旣信, 但用閑邪, 怕他入來. 此正是“無射亦保”之意. 【僩】
10) 閑邪: 『小分』에서는 손상되어 보이지 않으나 『朱子語類』에 따라 보충하였다.
11) 至者: 『小分』에서는 손상되어 보이지 않으나 『朱子語類』에 따라 보충하였다.
12) ▲: 其
13) 言: 『朱子語類』에서는 行으로 되어 있다.
14) 慱: 英祖刊本・成化本・賀本에서는 博으로 되어 있다.
15) 別: 『小分』에서는 손상되어 보이지 않으나 『朱子語類』에 따라 보충하였다.
16) 大人: 『小分』에서는 손상되어 보이지 않으나 『朱子語類』에 따라 보충하였다.
17) ▲: “利見大人, 君德也.” 夫子怕人不把九二做大人, 別討一箇大人, 所以去這裏說箇“君德也.” 兩處皆如此說.
18) ▲: 黃有開

曰: "只謂乾九二是見成底, 不待修爲. 如'庸言之信, 庸行之謹, 善世不伐, 德慱[19]而化', 此卽聖人之德也. 坤六二'直方大, 不習無不利', 須是'敬以直內, 義以方[20]外', 如此方能'德不孤', 卽是大矣. 此是自直與方, 以至於大, 修爲之序[21]如此, 是賢人之德也. 常[22]謂乾之一卦, 皆聖人之德, 非是自初九以至上九漸漸做來. 蓋聖人自[23]有見成之德, 所居之位有不同爾. 德無淺深, 而[24]位有高下, 故[25]然. 昔者聖人作易以爲占筮, 故設卦假乾以象聖[26]人之德. ▲[27]

69:11 問: "九二說聖人之德已備, 何故九三又言'進德修業, 知至[28]至之'?" 曰: "聖人只逐爻取象, 此不是言修[29]德節次, 是言居地位節次. 六爻皆▲[30]聖人之德, 只所處之位不同. 初爻言'不易乎世, 不成乎名'至'潛龍也', 已是說聖人之德了, 只是潛而未用耳. 到九二, 卻恰好其化已能及人矣, 又正是臣位, 所以處之而安. 到九三, 居下卦之上, 位已高了, 那時節無可做, 只得恐懼・進德・修[31]業, 乾乾・惕息・恐懼, 此便是伊・周地位.【寓錄無此七字.】 九四位便乖, 這處進退

19) 慱: 英祖刊本・成化本・賀本에서는 博으로 되어 있다.
20) 以方: 『小分』에서는 손상되어 보이지 않으나 『朱子語類』에 따라 보충하였다.
21) 修爲之序: 『小分』에서는 손상되어 보이지 않으나 『朱子語類』에 따라 보충하였다.
22) 常: 『朱子語類』에서는 嘗으로 되어 있다.
23) 初九以至上九漸漸做來. 蓋聖人自: 『小分』에서는 손상되어 보이지 않으나 『朱子語類』에 따라 보충하였다.
24) 同爾. 德無淺深, 而: 『小分』에서는 손상되어 보이지 않으나 『朱子語類』에 따라 보충하였다.
25) 下, 故: 『小分』에서는 손상되어 보이지 않으나 『朱子語類』에 따라 보충하였다.
26) 故設卦假乾以象聖: 『小分』에서는 손상되어 보이지 않으나 『朱子語類』에 따라 보충하였다.
27) ▲: 如'勿用'・'無咎'・'利見大人'・'有悔', 皆是占辭. 若人占遇初九, 則是潛龍之時, 此則當勿用, 如'見龍在田'之時, 則宜見大人. 所謂大人, 卽聖人也."
28) 知至: 『小分』에서는 손상되어 보이지 않으나 『朱子語類』에 따라 보충하였다.
29) 修: 成化本에서는 脩로 되어 있다.
30) ▲: 是
31) 修: 成化本에서는 脩로 되어 있다.

不由我了. '或躍在淵', 伊川謂'淵者龍之所安', 恐未然. 田是平所在, 縱有水, 淺. 淵是深處不可測. 躍, 已離乎行而未至乎飛. 行尙以足, 躍則不以足. 一跳而起, 足不踏地, 跳得[32]便上天去, 不得依舊在淵裡[33], 皆不可測. 下離乎行, 上近乎飛. '上不在天, 下[34]不在田, 中不在人, 故或之. 或之者, 疑之也', 不似九二安穩自[35]在. 此時進退不得, 皆不由我, 只聽天矣. 以聖人言之, 便是舜歷試, 文王三分天下有二, 湯・武鳴條牧野時.【寓錄云: "九三是伊・周地位, 已自離了."】 到上九, 又亢了. 看來人處大運中, 無一時閑.【寓錄云: "跳得時, 便做. 有德無位, 做不徹, 亦不失爲潛龍."】 吉凶悔吝, 一息不曾停, 如大車輪一般, 一恁袞[36]將去. 聖人只隨地[37]恁地去, 看道理如何. 這裡[38], 則將這道理處之, 那裏, 則將那道理處之."【淳 ○寓同.】

69:12 "進德修[39]業", 這四箇字煞包括道理. 德是就心上說, 業是就事上說, 忠信是自家心中誠實. "修[40]辭立其誠", 是說處有眞實底道理. "進德修[41]業"最好玩味.【淵】

69:13 "忠信所以進德." 忠信, 實也. 然後[42]知上來, 吾心知得是非端的是如此, 心便實, 實便忠信. 吾心以爲實然, 從此做去, 卽時[43]進德. 修[44]業[45]辭處立誠, 又是進德事.【銖】

---

32) 得: 『小分』에서는 손상되어 보이지 않으나 『朱子語類』에 따라 보충하였다.
33) 裡: 英祖刊本・成化本・賀本에서는 裏로 되어 있다.
34) 不在天, 下: 『小分』에서는 손상되어 보이지 않으나 『朱子語類』에 따라 보충하였다.
35) 自: 『小分』에서는 손상되어 보이지 않으나 『朱子語類』에 따라 보충하였다.
36) 袞: 賀本에서는 滾으로 되어 있다.
37) 地: 『朱子語類』에서는 他로 되어 있다.
38) 裡: 英祖刊本・成化本・賀本에서는 裏로 되어 있다.
39) 修: 成化本에서는 脩로 되어 있다.
40) 修: 成化本에서는 脩로 되어 있다.
41) 修: 成化本에서는 脩로 되어 있다.
42) 後: 英祖刊本・賀本에서는 從으로 되어 있다.
43) 時: 『朱子語類』에서는 是로 되어 있다.

69:14 問: “忠信進德, 莫只是實理否?” 曰: “此說實理未得, 只是實心. 有實心, 則進德自無窮.” 【學履[46)]】

69:15 “忠信所以進德.” 實便光明, 如誠意之潤身. 【方子】

69:16 “忠信進德”, 便是意誠處[47)]. 至“如惡惡臭, 如好好色”, 然後有地可據, 而無私累牽擾之患, 其進[48)]德孰禦! 【道夫】

69:17 德者, 得之於心, 如得這孝之德在自[49)]家心裏. 行出來方見, 這便是行. 忠信是眞實如此. 【淵】

69:18 忠信是根, 有此根便能發生枝葉. 葉[50)]是外面有端緒者. 【震】

69:19 ▲[51)]

69:20 彦忠云: “先生云: ‘修[52)]辭便是“遜以出之.” 如子貢問衛君之事, 亦見得遜處.’” 【端蒙】

69:21 問: “‘修[53)]辭▲[54)]得非只擧一事而言否?” 曰: “然. 也是言處多,

---

44) 修: 成化本에서는 脩로 되어 있다.
45) 業: 『朱子語類』에는 없다.
46) 履: 『小分』에서는 손상되어 보이지 않으나 『朱子語類』에 따라 보충하였다.
47) “忠信進德”, 便是意誠處: 『小分』에서는 손상되어 보이지 않으나 『朱子語類』에 따라 보충하였다.
48) 其進: 『小分』에서는 손상되어 보이지 않으나 『朱子語類』에 따라 보충하였다.
49) 在自: 『小分』에서는 自在를 교정부호로 바로잡았다.
50) 葉: 『朱子語類』에서는 業으로 되어 있다.
51) ▲: “忠信所以進德”, 忠信說實理. 信, 如“吾斯之未能信.” 忠信進德, 就心上說, 居業, 就事上說. 【端蒙】
52) 修: 成化本에서는 脩로 되어 있다.
53) 修: 成化本에서는 脩로 되어 있다.
54) ▲: 立其誠’, 何故獨說辭?

言是那發出來處. 人多是將言語做沒緊要, 容易說出來. 若一一要實, 這工夫自是大. '立其誠', 便是那後面'知終終之, 可與存義也.'" 【僩】

69:22 問: "▲[55]'閑邪存誠', 與▲[56]'脩[57]辭立誠', 相似否?" 曰: "他地位自別. 閑邪存誠, 不大段用力, 脩[58]辭立誠, 大段着氣力." 又問: "'進德修[59]業欲及時'如何?" 曰: "'君子進德修[60]業', 不但爲一身, 亦欲有爲於天下. 及時, 是及時而進." 【夔孫】

69:23 問: "居業當兼言行言之, 今獨曰'修[61]辭', 何也?" 曰: "此只是上文意. 人多因言語上, 便不忠信." 【不忠信, 首先是言語.】 ▲[62] 修[63]辭, 只是'言顧行, 行顧言'之意." 【必大】

69:24 ▲[64]問: "修[65]德, 業[66]亦有進否?" 曰: "▲[67] 直是事事物物皆見得如此, 純是天理, 則德日進. 不成只如此了卻. '修[68]辭立誠', 就事上理會, '所以居業也.' 進則日見其新, 居則常而不厭." 【賀孫】

69:25 問: "▲[69]修[70]業, 卻又言'居業', 何也?" 曰: "未要去理會'居'字

55) ▲: 九二
56) ▲: 九三
57) 脩: 英祖刊本・賀本에서는 修로 되어 있다.
58) 脩: 賀本에서는 修로 되어 있다.
59) 修: 成化本에서는 脩로 되어 있다.
60) 修: 成化本에서는 脩로 되어 있다.
61) 修: 成化本에서는 脩로 되어 있다.
62) ▲: 因言: "忠信進德, 便只是『大學』誠意之說. '如惡惡臭, 如好好色', 有此根本, 德方可進.
63) 修: 成化本에서는 脩로 되어 있다.
64) ▲: 或
65) 修: 成化本에서는 脩로 되어 있다.
66) 德, 業: 『朱子語類』에서는 業, 德으로 되어 있다.
67) ▲: 進德只就心上言, 居業是就事上言. 忠信, '如惡惡臭, 如好好色',
68) 修: 成化本에서는 脩로 되어 있다.

・'修'字, 且須理會▲[71] 如何是業?" ▲[72] 德者, 得之於心者也, 業, 乃事之就緖者也, 如古人所謂'業已如此'是也. 且如事親之誠心, 眞箇是得之於吾心, 而後見於事親之際, 方能有所就緖. ▲[73) 【佐】

69:26 "忠信所以進德", 只是著實, 則德便自進. 居, 只是常常守得, 常常做居[74], 業, 只是箇這[75]業. 今日"修[76]辭立其誠", 明日又"修[77]辭立其誠."【淵】

69:27 ▲[78]"修[79]▲[80]"・"居▲[81]只是一意. ▲[82] 逐日修[83]作是修[84], 常常爲[85]此是守."【義剛】

69:28 ▲[86]

69:29 ▲[87] 進是要日新又新, 德須是如此, 業卻須著居, 修[88]業便

---

69) ▲: '進德修業', 進德只一般說, 至
70) 修: 成化本에서는 脩로 되어 있다.
71) ▲: 如何是德?
72) ▲: 曰: "德者, 本於內而言, 業者, 見於外而言." 曰: "'內・外'字近之.
73) ▲: 然卻須是忠信, 方可進德. 蓋忠信, 則無一事不誠實, 猶木之有根, 其生不已."
74) 居: 『朱子語類』에서는 去로 되어 있다.
75) 箇這: 英祖刊本・成化本・賀本에서는 這箇로 되어 있다.
76) 修: 成化本에서는 脩로 되어 있다.
77) 修: 成化本에서는 脩로 되어 있다.
78) ▲: 林安卿問
79) 修: 成化本에서는 脩로 되어 있다.
80) ▲: 業
81) ▲: 業"之別. 曰: "二者
82) ▲: 居, 守也.
83) 修: 成化本에서는 脩로 되어 있다.
84) 修: 成化本에서는 脩로 되어 있다.
85) 爲: 英祖刊本・賀本에서는 如로 되어 있다.
86) ▲: 亞夫問"進德修業", 復云"居業", 所以不同. 曰: "德則日進不已. 業如屋宇, 未修則當修之, 旣修則居之."【蓋卿】
87) ▲: "進德修業",

是要居他. 居, 如人之居屋, 只住在這裏面, 便是居. 不成道修[89]些箇了, 便了. 修[90]辭便是立誠, 如今[91]人持擇言語, 丁一確二, 一字是一字, 一句▲[92], 便是立誠. 若還脫空亂語, 誠如何[93]立? 伊川說▲[94]箇做兩字, 明道只做一箇[95]說. 明道▲[96]這般底, 說得條直. 【淵】

69:30 ▲[97]

69:31 ▲[98] 問: "▲[99]賢者更不可做乾之事?" 曰: "忠信進德, ▲[100]表裏無一毫不實處. 及修[101]辭立誠, 見得精粗本末, 直恁地做將去, 有那剛健底意思. 若'敬以直內, 義以方外', 便是謹守."

69:32 ▲[102]

69:33 "忠信所以進德", 是乾健工夫, 蓋是剛健粹精, 兢兢業業, 日

---

88) 修: 成化本에서는 脩로 되어 있다.
89) 修: 成化本에서는 脩로 되어 있다.
90) 修: 成化本에서는 脩로 되어 있다.
91) 如今: 『小分』에서는 손상되어 보이지 않으나 『朱子語類』에 따라 보충하였다.
92) ▲: 是一句
93) 亂語, 誠如何: 『小分』에서는 손상되어 보이지 않으나 『朱子語類』에 따라 보충하였다.
94) ▲: 這
95) 箇: 成化本·徽州本에서는 意로 되어 있다.
96) ▲: 說
97) ▲: 伊川云: "'忠信所以進德', 聖人之事, '敬以直內', 賢人之事." 一便恁地剛健, 一便恁地柔順. 【賀孫】
98) ▲: 或問"乾是聖人之事, 坤是賢人之事." 曰: "此但指乾之君子忠信進德處, 與坤之'敬以直內, 義以方外'處."
99) ▲: 如此則
100) ▲: 這箇'如惡惡臭, 如好好色',
101) 修: 成化本에서는 脩로 되어 있다.
102) ▲: "忠信所以進德, 修辭立其誠所以居業", 如何是乾德? 只是健底意思, 恁地做去. 【寓錄云: "硬立脚做去."】 "敬以直內, 義以方外", 如何是坤德? 只是順底意思, 恁地收斂. 【寓錄云: "恁地收斂做去." ○淳】

進而不自已, 如活龍然, 精彩氣焰自有不可及▲[103]. "直內方外", 是坤順工夫, 蓋是固執持守, 依文按本底做將去, 所以爲學者事也. 又云: "說『易』只是陰陽, 說乾坤只是健順, 如此議論, 更無差錯."【人傑】

69:34 "忠信進德, 脩[104]辭立誠", 與"敬以直內, 義以方外", 分屬乾坤, 蓋取健順二體. 修[105]辭立誠, 自有剛健主立之體, 敬義便有靜順之體. 進修[106]便是箇篤實, 敬義便是箇虛靜, 故曰"陽實陰虛."【螢】

69:35 問: "'忠信所以進德, 修[107]辭立誠', 這是知得此理後, 全無走作了, 故直拔恁地勇猛剛健做將去, 便是乾道. 資敬義夾持之功, 不敢有少放慢, 這是坤道." 曰: "意思也是恁地. 但乾便帶了箇知底意思, 帶了箇健底意思. 所謂'進德', 又是他心中已得這箇道理了. 到坤, 便有箇順底意思, 便只蒙乾之知, 更不說箇'知'字, 只說敬義夾持做去底已後事." ▲[108]【道夫】

69:36 ▲[109] "乾固是健, 然硬要他健也不得. 譬如不健底人, 只有許多精力, 如何强得?" ○ "乾從知處說, 坤從守處說. ○ 生知者是合下

---

103) ▲: 者
104) 脩: 英祖刊本・賀本에서는 修로 되어 있다.
105) 修: 成化本에서는 脩로 되어 있다.
106) 修: 成化本에서는 脩로 되어 있다.
107) 修: 成化本에서는 脩로 되어 있다.
108) ▲: 道夫問: "'敬以直內', 若無'義以方外', 也不得. 然所謂'義以方外'者, 只是見得這箇道理合當恁地, 便只斬截恁地做將去否?" 曰: "見不分曉, 則圓後糊塗, 便不方了. '義以方外', 只那界限便分明, 四面皆恁平正."
109) ▲: 履之問: "'忠信進德, 修辭立誠以居業, 乾道也, 〈敬以直內, 義以方外〉, 坤道也.' 乾道恐是有進修不已之意, 坤道是安靜正固之意否?" 曰: "大略也是如此. 但須識得'忠信所以進德'是如何." 仲思曰: "恐只是'發己自盡, 循物無違.'" 曰: "此是言應事接物者, 卻又依舊是'修辭立其誠'了." 伯羽曰: "恐是存主誠實, 以爲進德之地." 曰: "如何便能忠信? 仲思所說, 固只是見於接物. 蜚卿所說, 也未見下落處." 直卿曰: "恐作內外分說, 如『中庸』所謂'大德敦化, 小德川流.'" 曰: "也不必說得恁地高. 這只是'如惡惡臭, 如好好色', 則其獨自謹."

便見得透, 忠信便是他, 更無使之忠信者." ○ ▲[110] 須是知得, 方能忠信. '誠之者, 人之道.' 看'誠之'字, 全只似固執意思. 然下文必先說擇善, 而後可固執也."【伯羽】

69:37 問: "▲[111] 修[112]辭恐是顔子'非禮勿言'之類. 敬義是確守貞一, 如'仲弓問仁'之類. 修[113]省言辭等處, 是剛健進前, 一刀兩斷功夫, 故屬乎陽, 而曰乾道. 敬義夾持, 是退步收斂, 確實靜定工夫, 故曰坤道. ▲[114] 曰: "如此看得極是." 又問: "程子又云: '修[115]省言辭, 乃是體當自家〈敬以直內, 義以方外〉之實事.' 恐此所謂乾道坤道處, 亦不可作兩事看?" 曰: "固皆是修[116]己上事. 但若分言, 則須如此分別. 大抵看道理, 要看得他分合各有著落, 方是子[117]細."【銖】

69:38 ▲[118] "乾卦連致知・格物・誠意・正心都說了. 坤卦只是說持守. 坤卦是箇無頭物事, 只有後面一節, 只是一箇持守柔順貞固而已, 事事都不能爲首, 只是循規蹈矩, 依而行之. 乾父坤母, 意思可見. 乾如創業之君, 坤如守成之君. 乾如蕭何, 坤如曹參. 所以'坤元亨, 利牝馬之貞', 都是說箇順底道理." 又云: "'先迷後得', 先迷者, 無首也, 前面一項事他都迷不曉, 只知順從而已. 後獲者, 迷於先而獲於後也. 乾則'不言所利', 坤則'利牝馬之貞', 每每不同. 所以康節云: '乾無十, 坤無一.' 乾至九而止, 奇數也, 坤數偶, 無奇數也." 用之云: "'乾無十'者, 有坤以承之, '坤無一'者, 有乾以首之." 曰: "然."【僩】

---

110) ▲: "大凡人學, 須是見到自住不得處, 方有功. 所以聖人說得恁地寬, 須是人自去裏面尋之,
111) ▲: '忠信進德, 修辭立誠, 乾道也, 〈敬以直內, 義以方外〉, 坤道也.'
112) 修: 『小分』에서는 손상되어 보이지 않으나 『朱子語類』에 따라 보충하였다.
113) 修: 成化本에서는 脩로 되어 있다.
114) ▲: 不知可作如此看否?"
115) 修: 成化本에서는 脩로 되어 있다.
116) 修: 成化本에서는 脩로 되어 있다.
117) 子: 賀本에서는 仔로 되어 있다.
118) ▲: 問"君子進德修業." 曰:

69:39 ▲[119]

69:40 ▲[120] "乾道更多得上面半截, 坤只是後面半截. 忠信進德, 前面更有一段工夫也."【子蒙】

69:41 伊川說"內積忠信", "積"字說得好. ▲[121]"積"字見得積在此而未見於事之意.【學履】

69:42 "內積忠信", 一言一動, 必忠必信, 是積也. "知至至之", 全在"知"字, "知終終之", 在著力守之.【賀孫】

69:43 ▲[122]

69:44 問[123]道論"修[124]辭立其誠, 所以居業", 說得來洞洞流轉. 若伊川以"篤志"解"立其誠", 則緩了.【高】

69:45 ▲[125]

69:46 ▲[126]問: "'知至至之'是致知, '知終終之'是力行, 固是如此. 然

---

119) ▲: "坤只說得持守一邊事. 如乾九三言'忠信所以進德, 修辭立其誠, 所以居業', 便連致知・持守都說了. 坤從首至尾皆去卻一箇頭, 如云'後得主而有常', '或從王事, 無成有終', 皆是無頭." 文蔚曰: "此見聖人賢人之分不同處." 曰: "然."【文蔚】

120) ▲: 用之問: "忠信進德, 有剛健不已底意思, 所以屬乾道. 敬義是持守底意思, 所以屬之坤道." 曰:

121) ▲: 某"實其善"之說雖密, 不似

122) ▲: 伊川解"修辭立誠"作"擇言篤志", 說得來寬. 不如明道說云: "修其言辭, 正爲立己之誠意." 乃是體當自家"敬以直內, 義以方外"之實事.【學履】

123) 問: 英祖刊本・成化本・賀本에서는 明으로 되어 있다.

124) 修: 成化本에서는 脩로 되어 있다.

125) ▲: "擇言"是"修辭", "篤志"是"立誠." 大率進德修業, 只是一事, 進德是就心上說, 修業是就事上說.【道夫】

細思, 恐知至與知終屬致知, 至之・終之屬力行, 二者自相兼帶." 曰: "程子云'知至至之'主知, '知終終之'主行. 然某卻疑似亦不必如此說. 只將'忠信所以進德, 修[127]辭立其誠所以居業'說, 自得. 蓋無一念之不誠, 所以進其德也. 德謂之'進', 則是見得許多, 又進許多. 無一言之不實, 所以居其業也. 業謂之'居', 便是知之至此, 又有以居之也."【道夫】

69:47 ▲[128] "'知至'便是眞寶[129]知得'如惡惡臭, 如好好色.' '至▲[130]'便是眞箇求到'如惡惡臭, 如好好色'之地. '知終'便是知得進到這處了, 如何保守得, 便終保守取, 便是'終之.' 如'修[131]辭立其誠', 便是'知終終之.' '可與幾', 是未到那裡, 先見得箇事幾, 便是見得到那裡. '可與存義', 便似[132]守得箇物事在. 一箇是進, 一箇是居. 進, 如'日知其所亡', 只管進前去, 居, 如'月無忘其所能', 只管日日恁地做."【賀孫】

69:48 問: "『本義』▲[133] 無一念之不實.' ▲[134]是成德, 恐非進德之事." 曰: "▲[135] 若有一毫[136]之不實, 如捕風捉影, 更無下工處, 德何由進. 須是表裏皆實, 無一毫[137]之僞, 然後有以爲進德之地, 德方日新矣." 又問: "▲[138] '居業'如何實?" 曰: "日日如此行, 從生至死, 常如

---

126) ▲: 問: "'內積忠信', 是誠之於內, '擇言篤志', 是誠之於外否?" 曰: "'內積忠信'是實心, '擇言篤志'是實事." 又
127) 修: 成化本에서는 脩로 되어 있다.
128) ▲: "內積忠信, 所以進德也, 擇言篤志, 所以居業也." 擇言便是修省言辭, 篤志便是立誠. "知至至之", 便是知得進前去. 又曰:
129) 寶: 【附箋紙】"寶"當作"實."
130) ▲: 之
131) 修: 成化本에서는 脩로 되어 있다.
132) 似: 賀本에서는 是로 되어 있다.
133) ▲: 云: '忠信, 主於心者,
134) ▲: 旣無不實, 則
135) ▲: '忠信所以進德.' 忠信者, 無一毫之不實.
136) 毫: 成化本에서는 豪로 되어 있다.
137) 毫: 成化本에서는 豪로 되어 있다.

此用工夫, 無頃刻不相似.” 【池錄云: “『本義』說見於事者.”】 又曰: “‘知崇禮卑’, 亦是此意. ‘知崇’, 進德之事也, ‘禮卑’, 居業之事也.” 【池錄云: “進謂日見其新, 居謂常而不厭.” ○僩】

69:49 問: “『文言』六爻, 皆以聖人明之, ▲[139] 但九三一爻, 又似說學者事. 豈聖人亦有待於學耶[140]? 所謂‘忠信進德, 修[141]辭立誠’, 在聖人▲[142]亦是如此▲[143] 只是在學者則勉强而行之, 在聖人則自然安而行之. 知至知終, 亦然.” 又問: “如‘庸言之信, 庸行之謹’, 在聖人則自然如此, 爲‘盛德之至’, ‘閑邪存其誠’, 在聖人則爲‘無斁亦保’, 是此意否?” 曰: “謹信存誠, 是裏面工夫, 無迹, 忠信進德, 修[144]辭居業, 是外面事, 微有迹在. 聖人分位, 皆做得自別.” 【銖】

69:50 ▲[145]問: “乾之‘忠信’與他處所謂‘忠信’, 正猶夫子之‘忠恕’, 與子思所謂‘違道不遠’之‘忠恕’相似.” 曰: “不然. 此非有等級, 但地頭各別耳. 正如伊川所謂‘無妄之謂誠, 不欺其次也.’ 不欺也是誠, 但是次於無妄耳.” 先生復問: “昨所說如何?” 曰: “先生昨擧‘如好好色, 如惡惡臭’, 說‘忠信所以進德.’” 曰: “只是如此, 何不以此思之? 適所擧忠信, 只是對人言之者. 乾之忠信, 是專在己上言之者. 乾卦分明是先見得這箇透徹, 便一直做將去, 如‘忠信所以進德’, 至‘可與存義’, 也都是徑前做去, 有勇猛嚴厲・斬截剛果之意. 須是見得, 方能恁地. 又如‘樂則行之, 憂則違之, 確乎其不可拔’, 亦是這般剛决[146]意思. 所以生

138) ▲: ‘修辭’云, ‘無一言之不實’, 此易曉.
139) ▲: 有隱顯而無淺深.
140) 耶: 『朱子語類』에서는 邪로 되어 있다.
141) 修: 成化本에서는 脩로 되어 있다.
142) ▲: 分上如何?” 曰: “聖人
143) ▲: 進德, 亦是如此居業.
144) 修: 成化本에서는 脩로 되어 있다.
145) ▲: 蜚卿擧聖賢所說忠信處, 以求其同異. 曰: “公所擧許多忠信, 只是一箇, 但地頭不同.” 直卿
146) 决: 英祖刊本・成化本・賀本에서는 決로 되어 있다.

知者, 分明是合下便見得透, 故其健自然如此, 更著力不得. 坤卦則未到這地位, '敬以直內, 義以方外', 未免緊帖把捉, 有持守底意, 不似乾卦見得來透徹." 道夫問: "『易傳』云: '內積忠信, 所以進德也.' '積'字又也似用力, 如何?" 曰: "正是用力, 不用力如何得! 乾卦雖如此, 亦是言學. 但乾是先知得透, 故勇猛嚴厲, 其進莫之能禦." 履之問: "『易』之'忠信', 莫只是實理?" 曰: "此說實理未得, 只是實心. 有實心, 則進德自無窮已." 又曰: "實心便是學者之關中·河內, 必先有此, 而後可以有爲. 若無此, 則若存若亡而已, 烏能有得乎? '有諸己之謂信', 意正謂此." 又曰: "程子謂: '一心之中如有兩人焉. 將爲善, 有惡[147]以間之, 爲不善, 又有愧恥之心. 此正交戰之驗.' 程子此語, 正是言意不誠, 必[148]不實處. 大凡意不誠, 分明是吾之賊. 我要上, 他牽下來, 我要前, 他拖教後去[149]. 此最學者[150]▲[151]宜察."【道夫】

69:51 ▲[152] "這'忠信'二字, 正是『中庸』之'反諸身而誠', 『孟子』之'反身而誠'樣'誠'字. 是知得眞實了, 知得决[153]然是如此, 更攧撲不碎了, 只欠下手去做. '忠信'是知得到那眞實極至處, '修[154]辭立誠'是做到眞實極至處. 若不是眞實知得[155], 進箇甚麽? 前頭黑淬淬地, 如何地進得去? 旣知得, 若不眞實去做, 那箇道理也只懸空在這裏, 無箇安泊處, 所謂'忠信', 也只是虛底道理而已. 這裏極難說, 須是合『中庸』'反諸身而誠'與『孟子』'反身而誠[156]'諸處看.【舊又見先生說: "『孟子』'有諸己

147) 有惡: 『小分』에서는 惡有를 교정부호로 바로잡았다.
148) 必: 英祖刊本·成化本·賀本에서는 心으로 되어 있다.【附箋紙】"必"當作"心"字. *『小分』에서는 이 부전지가 70:41에 붙어 있음.
149) 後去: 賀本에서는 去後로 되어 있다.
150) 者:【附箋紙】"者"下脫"所"字. *『小分』에서는 이 부전지가 70:42에 붙어 있음.
151) ▲: 所
152) ▲: 問"君子進德修業. 忠信所以進德, 修辭立誠所以居業." 曰:
153) 决: 英祖刊本·成化本·賀本에서는 決로 되어 있다.
154) 修: 成化本에서는 脩로 되어 있다.
155) 知得: 『小分』에서는 得知를 교정부호로 바로잡았다.
156) 而誠: 『小分』에서는 誠而를 교정부호로 바로잡았다.

之謂信', 亦是『易』中所謂'忠信', 非'主忠信'之'忠信'也."】 若看不透, 且休, 待他時看. 而今正是這'忠信所以進德'一節看未得, 所以那'修[157]辭立誠'一段也看未得." 又問: "所以只說'修[158]辭'者, 只是工夫之一件否?" 曰: "言是行之表, 凡人所行者無不發出來, 也是一件大事." 又曰: "'忠信'是始, '修[159]辭立誠'是終. '知至至之'是忠信進德之事, '知終終之'是居業之事." 問: "'至之'是已至其處否?" 曰: "未在. 是知得那至處, 方有箇向望處, 正要行進去. '知終終之'是已至其處[160], 終之而不去." 又問: "'忠信所以進德', 至'居業也', 可以做聖人事否?" 曰: "不可. 所以進德, 正是做工夫處. 聖人則不消說忠信了, 只說得至誠." 問: "如此則皆是學者事?" 曰: "然. 這裏大概都是學者事." 問: "頃見某人言, 乾卦是聖人事, 坤卦是賢人事, 不知是否?" 曰: "某不見得如此, 便是這物事勞攘. 如[161]說他是聖人事, 又有說學者處[162]. 如初九云'潛龍勿用, 子曰'云云, 也可以做聖人事. 九二曰云云, 也可以做聖人說. 及至九三, 便說得勞攘, 只做得學者事矣." 問: "內卦以德·學言, 外卦以時·位言, 此卻定." 曰: "然."【僩】

69:52 ▲[163]問: "'立誠'不就制行上說, 而特指'修[164]辭', 何也?" 曰: "人不誠處, 多在言語上."【柄】

---

157) 修: 成化本에서는 脩로 되어 있다.
158) 修: 成化本에서는 脩로 되어 있다.
159) 修: 成化本에서는 脩로 되어 있다.
160) 知終終之'是已至其處: 成化本·徽州本에서는 知終終之'是已至其處了로 되어 있다.
161) 如: 英祖刊本에서는 好로 되어 있다.
162) 又有說學者處: 成化本·徽州本에서는 又有說學者處 앞에 他這裏가 더 들어 있다.
163) ▲: 問: "'忠信所以進德, 修辭立其誠所以居業.' 疑忠信是指言行發於外者而言, 如'爲人謀而不忠, 與朋友交而不信', 皆是發見於外者, 如何卻言'進德'? '修辭立誠'與忠信果何異? 又指爲'居業', 何也?" 曰: "忠信是心中朴實頭見得道理如此, 故其德日進而不已, 猶孟子所謂'有諸己'者是也, 故指進德而言. '修辭立誠', 卻是就言語上說." 又
164) 修: 成化本에서는 脩로 되어 있다.

69:53 ▲[165)]

69:54 ▲[166)]忠信只是實, 若無實, 如何會進. 如播種相似, 須是實有種子下在泥中, 方會日日見發生. 若把箇空殼下在裏面, 如何會發生. 即是空道理, 須是實見▲[167)]. 若徒將耳聽過, 將口說過, 濟甚事? ▲[168)] '可與幾'是見得前面箇道理, 便能日進向前去. '存義'是守這箇義, 只是這箇道理, 常常存在這裏, '可'是心肯意肯之義. 比[169)]如昨日是無奈何勉强去爲善, 今日是心肯意肯要去爲善."【賀孫】

69:55 ▲[170)] "'忠信進德'是見箇'修[171)]辭立誠'底道理, '修[172)]辭立誠'

---

165) ▲: "君子進德"至"存義也." 忠信, 猶言實其善之謂, 非"主忠信"·"與朋友交而有信"之"忠信." 能實其爲善之意, 自是住不得, 德不期進而自進, 猶饑之欲食, 自是不可已. 進德則所知所行, 自進而不已, 居業則只在此住了不去. 只看"進"字·"居"字可見. 進者, 日新而不已, 居者, 一定而不易. "忠信進德, 修辭立誠居業", 工夫之條件也, "知至至之可與幾, 知終終之可與存義", 工夫之功程也. 此一段, 只是說"終日乾乾"而已.【學履】

166) ▲: 敬之問: "'忠信'至'存義也', 上面'忠信'與'修辭立誠', 未是工夫, 到下面方是工夫否?" 曰: "'忠信所以進德, 修辭立其誠所以居業', 如何未是工夫? 只上面'忠信'與'修辭立誠', 便是材料, 下面'知至, 知終', 惟有實了, 方會如此. 大抵以忠信爲本.

167) ▲: 得

168) ▲: 忠信所以爲實者, 且如孝, 須實是孝, 方始那孝之德一日進一日, 如弟, 須實是弟, 方始那弟之德一日進一日. 若不實, 卻自無根了, 如何會進. 今日覺見恁地去, 明日便漸能熟. 明日方見有一二分, 後日便見有三四分, 意思自然覺得不同. '立其誠', 誠依舊便是上面忠信. '修辭'是言語照管得到, 那裏面亦須照管得到. '居業'是常常如此, 不少間斷. 德是得之於心, 業是見之於事. '進德'是自覺得意思日强似一日, 日振作似一日, 不是外面事, 只是自見得意思不同. 業是德之事也, 德則欲日進, 業要終始不易, 居是存而不失之意.

169) 比: 英祖刊本·成化本·賀本에서는 譬로 되어 있다.

170) ▲: 問"忠信進德"一段. 曰: "'忠信'是心中所發, 眞見得道理如此, '如惡惡臭·好好色'一般. '修辭立誠'是就事上說, 欲無一言之不實也." 問: "修辭也是擧一端而言否?" 曰: "言者行之表, 故就言上說." 又云: "'知至至之'是屬'忠信進德'上說, 蓋眞見得這道理, 遂求以至之. '知終終之'是屬'修辭立誠'上說, 蓋事是已行到那地頭了, 遂守之而不失." 又云:

171) 修: 成化本에서는 脩로 되어 있다.

是行箇'忠信進德'底道理."【道學】[173)]

69:56 ▲[174)] 人之所以一脚進前, 一脚退後, 只是不曾眞實做, 如何得進. '知至至之'是見[175)]得恁地, 一向做去, 故'可與幾.' '忠信進德'與'知至至之, 可與幾也', 這幾句都是去底字, '修[176)]辭立誠'與'知終終之, 可與存義', 都是住底字. '進德'是'日日新', '居業'是日日如此." 又云: "'進德'是營度方架這屋相似, '居業'是據見成底屋而居之. '忠信'二字與別處說不同." 因擧"破釜甑, 燒廬舍, 持三日糧, 示士卒必死, 無還心", "如此方會廝殺. 忠信便是有這心, 如此方會進德."【夔孫】

69:57 ▲[177)]

69:58 ▲[178)] '知至'是知得到至處, '至之'謂▲[179)]思[180)]也隨他到那處,

---

172) 修: 成化本에서는 脩로 되어 있다.

173) 【道學】: 英祖刊本・成化本・賀本에는【學履】로 되어 있다.

174) ▲: 問"忠信所以進德." 曰: "'忠信', 某嘗說是'如好好色, 如惡惡臭', 是決定徹底恁地, 這便會進.

175) 是見: 『小分』에서는 見是를 교정부호로 바로잡았다.

176) 修: 成化本에서는 脩로 되어 있다.

177) ▲: 問"忠信所以進德"一段. 曰: "這'忠信'如'反身而誠', '如惡惡臭, 如好好色', 恁地底地位, 是主學者而言. 在聖人則爲至誠, 忠信不足以言之也. 忠信是眞箇見得這道理決然是如此, 旣見得如此, 便有箇進處. 不然, 則黑淬淬地, 進箇甚麽! 此其所以進德. '修辭立誠'便是眞箇做得, 如此去做, 所以曰: '居業.' 然而'忠信'便是見得'修辭立誠'底許多道理, '修辭立誠'便是居那'忠信'底許多道理. 蓋是見得分明, 方有箇進處, 若不曾見得, 則從何處進? 分明黑淬淬地, 進箇甚麽? 然見得箇道理是如此, 卻不去做, 便是空見得, 如不曾見相似. '知至至之'如'忠信進德'底意思, 蓋是見得在那裏, 如望見在那裏相似, 便要到那裏, 所以曰'可與幾也.' '知終終之'如'修辭立誠'底意思, 蓋已是在這裏做, 決要做到那裏, 所以曰'可與存義.' 若只見得不去行時, 也如何存得許多道理? 惟是見得而又能行, 方可以存義也." 又問: "'知至至之, 知終終之', 恐是大率立箇期限如此." 曰: "這只是箇始終."【燾】

178) ▲: 符問"知至至之, 可與幾也, 知終終之, 可與存義也." 曰: "'忠信所以進德, 修辭立其誠所以居業也', 方說'知至至之, 可與幾也, 知終終之, 可與存義也.'

179) ▲: 意

這裏便可與理會幾微處. '知終'是知得到終處, '終之'謂意思也隨他到那裏, 這裏便可與存義. '存'謂存主, 今日也存主在這裏, 明日也存主在這裏."【賀孫】

69:59 ▲[181]

69:60 "知至"雖未做到那裏, 然已知道業可居, 心心念念做將去. "修[182]辭立其誠"以▲[183] 終便是居了. "進德"・"知至"・"可與幾"是一類事. 這般處說得精, 便與那"崇德廣業"・"知崇禮卑"一般. 若是那"始條理・終條理"底, 說得麤.【淵】

69:61 ▲[184] "進"字貼著那"幾"字, "至"字又貼著那"進"字, "終"則只是要守. 業只是這業, 今日如此, 明日又如此, 所以下箇"居"字. ▲[185] "終"著[186]只這裏終, "居"字貼著那"存"字, "終"字又貼著那"居"字. 德是心上說, 義是那業上底道理.【淵】

69:62 ▲[187] "上'至'字是至處, 下'至"字是道[188]那至處. '知終'是終處,

---

180) 思:【附箋紙】"思"上脫"意"字.

181) ▲: "知至至之", 知謂進德者也, "知終終之", 此知謂居業者也. 進德者, "日日新, 又日新", 進進而不已也, 居業者, 日日守定在此也. 然必內有忠信, 方能修辭, 心不在時, 如何修得? 於乾言"忠信"者, 有健而無息之意, 於坤言"敬"者, 有順而有常之意.【祖道】

182) 修: 成化本에서는 脩로 되어 있다.

183) ▲: 終他,

184) ▲: "知至至之", 主在"至"上, "知終終之", 主在"終"上. 至是要到那處而未到之辭. 如去長安, 未到長安, 卻先知道長安在那裏, 從後行去, 這便是進德之事. 進德是要日新又新, 只管要進去, 便是要至之, 故說道"可與幾." 未做到那裏, 先知得如此, 所以說"可與幾."

185) ▲:【壯祖錄云: "'知終終之', 是居業意. '修辭立其誠', 今日也只做此事, 明日也只做此事, 更無住底意, 故曰'可與存義'也."】

186) 著:【附箋紙】"著"當作"者."

187) ▲: 用之問"知至至之, 可與幾也, 知終終之, 可與存義也." 曰:

'終之'是終之而不去, 蓋求必終於是, 而守之不去也. 先知爲幾, 如人欲往長安, 雖未到長安, 然已知長安之所在, 所謂'可與幾也.' 若已到彼, 則不謂之'幾.' 幾者先知之謂也, 存者守而勿失. 旣知得箇道理如此, 則堅守之而勿失, 所謂'可與存義也.'" 【僩】

69:63 ▲[189]問: "▲[190] '終'字'至'[191]▲[192], 其義相近, 如何?" 曰: "這處▲[193] 分作四截說. '知至'是知得到處, '知終'是終其到處. '至之'是須著行去到那處[194], '終之'是定要守到那處[195]. 上兩箇'知'字卻一般." ▲[196]「遺書」▲[197]謂"'知至至之', 主知也, '知終終之', 主終也", "均一知也, 上卻主知, 下卻主終. 要得守, 故如此." 【寓】

69:64 "知至至之." "知至"則"知"字是輕, "至"字是到那處. "至之"則"至"字是實, "之"字是虛. 如知得要到臨安, 是"知至", 須是行到那裏, 方是"至之."『大學』"知至", "知"字重, "至"字輕. 【賀孫】

69:65 "知至"是要知所至之地, "至之"便是知[198]那地頭了. "知終"是知得合如此, "終之"便須下終底工夫. "幾"字是知之初, 方是見得事幾, 便須是至之. "存義"是守得定, 方存得這義. 【礪】

---

188) 道: 英祖刊本・成化本・賀本에서는 到로 되어 있다. 【附箋紙】下"道"字當作"到."

189) ▲: 林

190) ▲: '知至'與'知終',

191) '至': 【附箋紙】"至"下脫"字"字.

192) ▲: 字

193) ▲: 人都作兩段滾將去, 所以難得分曉. '知至'與'至之', '知終'與'終之',

194) '至之'是須著行去到那處: 徽州本에서는 이 뒤에 故曰知至至之가 더 들어 있다.

195) '終之'是定要守到那處: 徽州本에서는 이 위에 故曰知終終之가 더 들어 있다.

196) ▲: 學

197) ▲: 所

198) 知: 『朱子語類』에서는 至로 되어 있다.

69:66 “知至至之”, 知其可至而行至之也, “知終終之”, 知其可住而止之.【祖道】

69:67 ▲199) “‘知至至之’者, 言此心所知者, 心眞箇到那所知田地, 雖行未到, 而心已到, 故其精微幾密一齊在此, 故曰‘可與幾.’ ‘知終終之’者, 旣知到極處, 便力行進到極處, 此眞實見於行事, 故天下義理都無走失, 故▲200)‘可與存義.’ ▲201)【銖】

69:68 “可與幾, 可與存義”, 是旁人說, 如“可與立, 可與權”之“可與”同.【礪】

69:69 ▲202) “存”字似不甚貼“義”字, 然亦且作“存”字看, 所以伊川云: “守之在後.”【端蒙】

69:70 ▲203)

69:71 體無剛柔, 位有貴賤. 因他這貴賤之位隨緊慢說, 有那難處, 有那易處. 九三處一卦之盡, 所以說得如此. 九二位正中, 便不恁地.【淵】

69:72 問: “乾卦內卦以德學言, 外卦以時位言否?” 曰: “此正說『文

199) ▲: 問: “‘〈知至至之〉, 致知也, 〈知終終之〉, 力行也.’ 雖是如此, 知至・知終皆致知事, 至之・終之皆力行事. 然‘知至至之’主於知, 故‘可與幾’, ‘知終終之’主於行, 故‘可與存義’, 如何?” 曰:

200) ▲: 曰

201) ▲: 所謂知者, 不似今人略知得而已, 其所知處, 此心眞箇一一到那上也. ‘知至至之’, 進德之事. 以知得端的如此, 此心自實. 從此實處去, 便是做進德處也.”

202) ▲: “可與存義也”,

203) ▲: 乾忠信進德, 修省言辭立誠, 是終身事. “知至”以下是節次, “知終終之”, 用力處也. 坤“直方大”是“浩然.” “不習無不利”, “不疑其所行”, 乃是“不動心.”【方】

言』六段, 蓋雖言德學, 而時位亦在其中, 非德學何以處時位? 此是'子曰'以下分說, 其後各[204]錯雜說了."【淵】[205]

69:73 ▲[206]

69:74 "君子進德修[207]業欲及時"者, 進德修[208]業, 九三已備, 此則欲其及時以進耳.【銖】

69:75 "飛龍在天, 利見大人."『文言』分時[209]▲[210]以聖人爲龍, 以作言飛, 以萬物都[211]解"利見大人", 只是言天下利見夫大德之君也. 今人各[212]別做一說, 恐非聖人本意.【道夫】

69:76 天下所患無君, 不患無臣. 有是君, 必有是臣[213]. 雖使而今無, 少間也必有出來. "雲從龍, 風從虎", 只怕不是眞箇龍虎. 若是眞龍虎, 必生風致雲也.【僩】

69:77 看來大人只是這大人, 無不同處. 伊川之病在那二五相見處, 卦畫如何會有相見之理! 只是說人占得這爻, 利於見大人. "萬物覩"之"覩", 便是"見"字. 且如學聚・問辨說箇君德, 前一處也說君德. 蓋說

---

204) 各:『朱子語類』에서는 卻로 되어 있다.
205)【淵】:【附箋紙】"淵"當作"僩."
206) ▲: "上下無常非爲邪, 進退無恒非離群", 是不如此, 只要得及時. 又云: "如此說也好."【淵】
207) 修: 成化本에서는 脩로 되어 있다.
208) 修: 成化本에서는 脩로 되어 있다.
209) 時: 英祖刊本・成化本・賀本에서는 明으로 되어 있다.
210) ▲: 言: "同聲相應, 同氣相求. 水流濕, 火就燥, 雲從龍, 風從虎, 聖人作而萬物睹." 他分明是
211) 都: 英祖刊本・成化本・賀本에서는 覩로 되어 있다.
212) 各:『朱子語類』에서는 卻로 되어 있다.
213) 有是君, 必有是臣: 成化本・徽州本에서는 有如是君, 必有如是臣로 되어 있다.

道雖非君位而有君德. 下面說許多大人者, 言所以爲大人者如此. 今卻說二五相見, 卻揍不著他這語脈. 且如"先迷, 後得主利, 西南得朋, 東北喪朋", 只是說先時不好, 後來卻好, 西南便合著, 東北便合不著. 豈是說卦爻? 只是說占底人. 常觀解『易』底, ▲[214)] 【淵】

69:78 問: "乾皆聖人事, 坤皆賢人事否?" 曰: "怕也恁地斷殺[215)]說不得. 如乾初九, 似說聖人矣, 九二學聚・問辨, 則又不然. 上九又說'賢人在下位', 則又指五爲賢矣. 看來聖人不恁地死殺說, 只逐義隨事說道理而已."

69:79 ▲[216)]

69:80 ▲[217)]

69:81 "乾元者始而亨"一段, "始而亨"是生出去, "利貞"是收斂聚, 方見性情. 所以言"元亨誠之通, 利貞誠之復."【礪】

69:82 ▲[218)] "利貞"是收斂情性[219)].【道夫】

69:83 問: "一陽動於下, 乃天地生物之心, 如何利貞處乃爲乾之性

---

214) ▲: 惟是東坡會做文字了, 都揍著他語脈. 如"渙其群, 元吉." 諸家皆云渙散了, 卻成群, 都不成語句. 唯東坡說道, 渙散他小小群, 聚合成一大群. 如那天下混一之際, 破散他小群成一大群, 如此方成文理.

215) 斷殺: 賀本에서는 殺斷으로 되어 있다.

216) ▲: 味道問: "聖人於『文言』, 只把做道理說?" 曰: "有此氣, 便有此理." 又問: "『文言』反覆說, 如何?" 曰: "如言'潛龍勿用, 陽在下也', 又, '潛龍勿用, 下也', 只是一意重疊說. 伊川作兩意, 未穩也."【植】

217) ▲: 問"乾元用九, 天下治也." 曰: "九是天德, 健中便自有順, 用之則天下治. 如下文'及見天則', 則, 便是天德. 與上文'見群龍無首', 又別作一樣看."【礪】

218) ▲: "元亨"是大通,

219) 情性: 賀本에서는 性情으로 되어 있다.

情?" 曰: "元亨者, 發見流行之處, 利貞乃其本體無所作用之實. 性情猶言情狀, 於其收斂無所作用, 方見它情狀眞實."【銖】

69:84 ▲[220]'元亨'是動發[221], 用在外, '利貞'是靜, 而伏藏於內."【螢】

69:85 "利貞者, 性情也", 是乾元之性情. 始而亨時, 是乾之發作處, 共是一箇性情[222]. 到那利貞處, 一箇有一箇性情[223], 百穀草木皆有箇性情了. 元[224]亨方是他開花結子時, 到這利貞時, 方見[225]得他底性情. 就這上看乾之性情, 便見得[226]這是那"利貞誠之復"處.【淵】

69:86 ▲[227] 性情如言本體. ▲[228] 元亨是發用處, 利貞是收斂歸本體處. 體卻在下, 用卻在上. 蓋春便生, 夏便長茂條達, 秋便有箇收斂撮聚意否[229], 直到冬方成." 問"復見[230]▲[231]天地心?. 曰: "天地之心, 別無可做, '大德曰生', 只是生物而已. 謂如一樹, 春榮夏敷, 至秋乃實, 至冬乃成. 雖曰成實, 若未經冬, 便種不成. 直是受得氣足, 便是將欲相離之時, 卻將千實來種, 便成千樹, 如'碩果不食'是也. 方其自小而大, 各有生意. 到冬時, 疑若樹無生意矣, 不知卻自收斂在下, 每實各具生理, 便[232]見生生不窮之意. 這箇道理直是自然, 全不是安排

---

220) ▲: 問"利貞者, 性情也." 曰: "此只是對'元亨'說, 此性情只是意思體質. 蓋
221) 發: 賀本에서는 物로 되어 있다.
222) 性情: 『小分』에서는 情性을 교정부호로 바로잡았다.
223) 性情: 『小分』에서는 情性을 교정부호로 바로잡았다.
224) 了. 元: 『小分』에서는 元了를 교정부호로 바로잡았다.
225) 方見: 『小分』에서는 見方을 교정부호로 바로잡았다.
226) 見得: 『小分』에서는 得見을 교정부호로 바로잡았다.
227) ▲: 正淳問"利貞者性情." 曰: "此是與元亨相對說.
228) ▲:【人傑錄云: "性情猶情性, 是說本體."】
229) 否: 英祖刊本・成化本・賀本에서는 思로 되어 있다.
230) 見:【附箋紙】"見"下脫"得"字.
231) ▲: 得

得. 只是聖人便窺見機緘, 發明出來. 伊川『易傳』解四德, 便只就物上說: '元者萬物之始, 亨者萬物之長, 利者萬物之遂, 貞者萬物之成.' 解得'遂[233]'字最好. 『通書』曰: '元亨誠之通, 利貞誠之復.' 通卽發用, 復卽本體也."【營 ○人傑錄少異.】

69:87 ▲[234]

69:88 ▲[235]

69:89 問: "乾'不言所利', 程『易』謂'無所不利', 故不言[236]▲[237], 如何?" 曰: "是也. 乾則無所不利, 坤只'利牝馬之貞', 則有利不利矣."【銖】

69:90 "'大哉乾乎!' 陽氣方流行, 固已包了全體, 陰便在裏了, 所以說'剛健中正.' 然不可道這裏卻夾雜些陰柔, 所以卻說'純粹精.'"【淵】

69:91 ▲[238] 觀其文勢, 只是言此四者又純粹而精耳. 程『易』作六德解, 未安.【銖】

69:92 ▲[239] '天地之間, 本一氣之流行而有動靜耳. 以其流行之統體而言, 則但謂之〈乾〉而無所不包. 以動靜分之, 然後有陰陽剛柔之別.' ▲[240] "'大哉乾元! 萬物資始.' '乾道變化, 各正性命.' 只乾便是氣之統

232) 便: 賀本에서는 更으로 되어 있다.
233) 遂: 徽州本에서는 逐으로 되어 있다.
234) ▲: "不言所利", 是說得不似坤卦"利牝馬之貞", 但說利貞而已.【淵】
235) ▲: "不言所利", 明道說云: "不有其功, 常久而不已者乾也." 此語說得好.【淵】
236) 言:【附箋紙】"言"下脫"利"字
237) ▲: 利
238) ▲: "剛健中正, 純粹精也."
239) ▲: 問: "乾'剛健中正', 或謂乾剛無柔, 不得言中正. 先生嘗言:
240) ▲: 所謂'流行之統體', 指乾道而言耶?" 曰:

體, 物之所資始, 物之所正性命, 豈非無所不包? 但自其氣之動而言, 則爲陽, 自其氣之靜而言, 則爲陰. 所以陽常兼陰, 陰不得兼陽, 陽大陰小, 陰必附陽, 皆是此意也."【銖】

69:93 ▲[241]趙善譽者著一件物事說道, 只乾坤二卦便偏了. 乾只是剛底一邊, 坤只是柔底一邊. 某說與他道: "聖人做一部『易』, 如何卻將兩箇便[242]底物事放在疋頭? 如何不討箇混淪底放在那裏?" 「注」中便是破他說.【淵】

69:94 德者, 行之本. ▲[243] 言德, 則行在其中矣.【道夫】

69:95 問: "'行而未成', ▲[244] 曰: "只是事業未就." 又問: "乾六爻皆聖人事, 安得有未成? 伊川云'未成時[245]未著', 莫是如此否?" 曰: "雖是聖人, 畢竟初九行而未成." ▲[246] 且如伊尹居有莘之時, 便是'行而未成.'"【文】

69:96 "學聚・問辨", 聖人說得寬. 這箇便是下面所謂"君德." 兩處▲[247]君德, 皆如此.【淵】

69:97 乾之九三, 以過剛不中而處危地, 當"終日乾乾, 夕惕若", 則"雖危無咎矣." 聖人正意只是如此. 若旁通之, 則所謂"對越在天"等說, 皆可通. 大抵『易』之卦爻, 上自天子, 下至庶人, 皆有用處. 若謂乾之

---

241) ▲: "剛健中正", 爲其嫌於不中正, 所以說箇"中正." 陽剛自是全體, 豈得不中正! 這箇因近日
242) 便: 英祖刊本・成化本・賀本에서는 偏으로 되어 있다.
243) ▲: "君子以成德爲行",
244) ▲: 如何?"
245) 時: 英祖刊本・成化本・賀本에서는 是로 되어 있다.
246) ▲: 問: "此只論事業, 不論德否?" 曰: "不消如此費力.
247) ▲: 說

九三君德已著, 爲危疑之地, 則只做得舜·禹事使.【人傑】

69:98 問: "'先天而天弗違, 後天而奉天時.' 聖人與天爲一, 安有先後之殊?" 曰: "只是聖人意要如此, 天便順從, 先後相應, 不差毫[248]釐也." 因說: "人常云, 如雞覆子, 啐啄同時, 不知是如此否?" 時擧云: "家間養雞, 時擧爲兒童日[249], 候其雛之出, 見他無[250]初未嘗啄. 蓋擧[251]數才足, 便自橫迸裂問[252]. 有時見其出之不利, 因用手略助之, 則其子下來便不長進, 以此見得這裏一毫[253]人力有不能與." 先生笑而然之.【時擧】

69:99 又問: "'天, 專言之則道也.' 又曰: '天地者, 道也.' 不知天地卽道耶? 抑天地是形, 所以爲天地乃道耶?" 曰: "伊川此句, 某未敢道是. 天地只以形言. '先天而天弗違', 如'禮雖先王未之有, 而可以義起'之類. 雖天之所未爲, 而吾意之所爲自與道契, 天亦不能違也. '後天而奉天時', 如'天敘有典, 天秩有禮'之類. 雖天之所已爲, 而理之所在, 吾亦奉而行之耳. 蓋大人無私, 以道爲體. 此一節只是釋大人之德. 其曰'與天地合其德, 與日月合其明, 與四時合其序, 與鬼神合其吉凶', 將天地對日月鬼神說, 便只是指形而下者言."【銖 ○淳錄: ▲[254] 〈天且弗違〉, 此只是上文.' 曰: '〈知性則知天〉, 此〈天〉便是〈專言之則道〉者否?' 曰: '是.'"】

69:100 問: "胡文定公云: '舜〈先天而天弗違〉, 〈志壹則動氣也〉. 孔

248) 毫: 成化本에서는 豪로 되어 있다.
249) 家間養雞, 時擧爲兒童日: 成化本·徽州本에서는 舊時家間嘗養雞, 時擧時爲兒童日으로 되어 있다.
250) 無: 英祖刊本·成化本·賀本에서는 母로 되어 있다.【附箋紙】"無"當作"母."
251) 擧: 英祖刊本·成化本·賀本에서는 氣로 되어 있다.【附箋紙】"擧"當作"氣."
252) 問: 英祖刊本·成化本·賀本에서는 開로 되어 있다.【附箋紙】"問"當作"開."
253) 毫: 成化本에서는 豪로 되어 있다.
254) ▲: "問: '程子曰: 〈天, 專言之則道也, 天且弗違是也〉. 又曰: 〈天地者, 道也〉. 此語何謂?' 曰: '程子此語, 某亦未敢以爲然.

子〈後天而奉天時〉, 〈氣壹則動志也〉.' 如何?" ▲[255] "'先天而弗違'者, 舜先作「韶」樂而鳳凰來儀, '後天而[256]奉天時'者, 孔子因獲麟而作『春秋』. '志壹動氣, 氣壹動志', 皆借孔子[257]之言, 形容天地感格之意." 【謨】

69:101 乾卦有兩箇"其惟聖人乎", 王肅本卻以一箇做"愚人", 此必其自改得恁地亂道. 如『中庸』, 王肅作"小人反『中庸』", 這卻又改得是. 【賀孫】

「坤」

69:102 "主利", 不是謂坤主利萬物, 是占者主利. 【砥】

69:103 "利牝馬之貞", 言利於柔順之正, 而不利於剛健之正. 利是箇虛字. "西南得朋", 固是好了, "東北喪朋", 亦自不妨爲有慶. 坤比乾, 都是折一半用底. 【淵】

69:104 "利牝馬之貞", 本無四德底意, 「彖」中方有之. 「彖」中說四德自不分曉. 前數說"元亨"處, 卻說得分明, 後面幾句無理會. "牝馬地類, 行地無疆", 便是那"柔順利貞, 君子攸行." 本連下面, 緣他趂[258]押韻後, 故說在此. 這般底, 難十分理會. "先迷失道", 卻分曉, 只是說坤道. 【池本無"先迷"至此十二字.】 "先迷後得, 東北西南", 大概是陰減【池本有"爲"字.】陽一半. 就前後言, 沒了前一截, 就四方言, 沒了東北一截. 陽卻是全體安貞之吉, 他這分段只到這裏. 若更妄作以求全時, 便

---

255) ▲: 先生曰:
256) 天而: 『小分』에서는 而天을 교정부호로 바로잡았다.
257) 孔子: 英祖刊本 · 成化本 · 賀本에서는 孟子로 되어 있다. 【附箋紙】 "孔"當作"孟"字.
258) 趂: 成化本에서는 趁으로 되어 있다.

凶了. 在人亦當如此. 伊川說“東北喪朋”處, 但不知這處添得許多這[259]否? 此是用王輔嗣說.[260]

69:105 又論坤卦“利牝馬之貞”, 曰: “乾卦‘元亨利貞’, 便都好, 到坤只一半好. 全好, 故▲[261]‘利永貞’, 一半好, 故云‘利牝馬之貞’, 卽是亦有不利者. 只‘西南得朋, 東北喪朋’, 雖伊川亦解做不好. 殊不知‘西南得朋’乃以類行, 豈是不好! 至於東北, 是坤卦到東[262]南則好, 到西[263]北實是喪朋, 亦非是凶. 只是自然不容不喪朋, 雖然喪朋, 卻終有慶耳.”【東[264]南得地, 與類行, 自是好. 西[265]北不得池[266], 自然喪朋. 然其終亦如此等說, 恐難依舊說. ○㽦】

69:106 “牝馬之貞”, 伊川只爲泥那四德, 所以如此說不通.【淵】

69:107 問: “▲[267] 坤順而言健, 而[268]何也?” 曰: “守得這柔順, 亦堅確, 故有健象. 柔順而不堅確, 則不足以配乾矣.” 問: “‘柔順利貞, 君子攸行’, 如何?” 曰: “‘柔順利貞’, 坤之德也. 君子而能柔順堅正, 則其所行雖先迷而後得, 雖‘東北喪朋’, 反之西南, 則得朋而有慶. 蓋陽大陰小, 陽得兼陰, 陰不得兼陽. 坤德常只得乾之半, 故常減於乾之半也.”

69:108 問: “‘君子有攸往’, 何也?” 曰: “此是虛[269]句, 意在下句. 伊

259) 這: 英祖刊本·成化本·賀本에서는 字로 되어 있다.
260) 此是用王輔嗣說.: 成化本·徽州本에서는 이 뒤에【淵】이 더 들어 있다.
261) ▲: 云
262) 東: 賀本에서는 西로 되어 있다.
263) 西: 賀本에서는 東으로 되어 있다.
264) 東: 賀本에서는 西로 되어 있다.
265) 西: 賀本에서는 東으로 되어 있다.
266) 池: 『朱子語類』에서는 地로 되어 있다.
267) ▲: 牝馬取其柔順健行之象.
268) 而: 『朱子語類』에는 없다.

川只見「彖傳」辭押韻, 有'柔順利貞, 君子攸行'之語, 遂解云: '君子所行, 柔順而利且貞.' 恐非也. 蓋言君子有所往, '先迷後得主利'也." 問"東北喪朋, 西北[270]得朋." 曰: "陰不比陽, 陰只理會得一半, 不似陽兼得陰, 故無所不利. 陰半用, 故得於西南, 喪於東北. '先迷後得'亦然. 自王輔嗣以下, 皆不如[271]此[272], 多錯解了!"【銖】

69:109 ▲[273]

69:110 "陰體柔躁", 只爲他柔, 所以躁, 剛便不躁. 躁是那欲動而不得動之意, 剛則便動矣. 柔躁不能自守, 所以說"安貞吉."【淵】

69:111 資乾以始, 便資坤以生, 不爭得霎時間. 乾底亨時, 坤底亦亨. 生是生物,【池本云: "坤之所生."】 卽乾之所始者.【淵】

69:112 徐煥云: "天之行健, 一息不停. 而坤不能順動以應其行, 則造化生生之功, 或幾乎息矣!" 此語亦無病. 萬物資乾以始而有氣, 資坤以生而有形. 氣至而生, 生卽坤元, 徐說亦通.【淵】

69:113 "未有乾行而坤止", ▲[274] 旣會生物, 便是動. 若不是他健後, 如何配乾, 只是健得來順.【淵】

69:114 東北非陰之位. 陰柔至此, 旣喪其朋, 自立脚不得, 必須歸本位, 故終有慶. 又曰: "牝是柔順, 故先迷而喪朋. 然馬健行, 卻後得而

---

269) 虐: 英祖刊本 · 成化本 · 賀本에서는 虛로 되어 있다.
270) 北: 英祖刊本 · 成化本 · 賀本에서는 南으로 되어 있다.
271) 如: 英祖刊本 · 成化本 · 賀本에서는 知로 되어 있다.
272) 皆不如此:【附箋紙】"如"當作"知." "北", 刊本■.
273) ▲: 乾主義, 坤便主利. 占得這卦, 便主利這事. 不是坤道主利萬物, 乃是此卦占得時, 主有利.【淵】
274) ▲: 此說是. 且如乾施物, 坤不應, 則不能生物.

有慶. 牝馬不可分爲二, 今姑分以見其義."【礪】

69:115 "'東北喪朋, 乃終有慶.' 旣言'終有慶', 則有慶不在今矣. 爲他是箇柔順底物, 東北陽方, 非他所安之地. 如慢水中魚, 去急水中不得, 自是喪朋. 喪朋於東北, 則必反於西南, 是終有慶也. 正如'先迷後[275]▲[276], 爲他柔順, 故先迷, 柔順而不失乎健, 故後得, 所以卦下言'利牝馬之貞.' 喪朋先迷, 便是牝, 有慶後得, 便是馬. 將'牝馬'字分開, 卻形容得這意思." 文蔚曰: "大抵柔順中正底人, 做越常過分底事不得. 只是循常守分時, 又卻自做得他底事." 曰: "是如此."【文蔚】

69:116 問: "坤言'地勢', 猶乾言'天行.' '天行健', 猶言'地勢順.' 然「大象」, 乾不言'乾'而言'健', 坤不言'順'而言'坤', 說者雖多, 究竟如何?" 曰: "此不必論, 只是當時下字時偶有不同. 必欲求說, 則穿鑿, 卻反晦了當理會底." 問: "'地勢'猶言高下相因之勢, 以其順且厚否?" 曰: "高下相因只是順, 若厚, 又是一箇道理. 然惟其厚, 所以上下只管相因去, 只見[277]▲[278]他順. 若是薄底物, 高下只管相因, 則側陷了, 不能如此之無窮矣. 惟其高下相因無窮, 所以爲至順也. 君子體之, 惟至[279]▲[280]爲能載物. 天行甚健, 故君子法之以自强不息, 地勢至順, 故君子體之以厚德載物."【銖】

69:117 地之勢常有順底道理, 且如這箇平地, 前面便有坡陁處, 突然起底, 也自順.【淵】

---

275) 後:【附箋紙】上"後"下脫"得"字.
276) ▲: 得'
277) 見:【附箋紙】"見"下脫"得"字.
278) ▲: 得
279) 至:【附箋紙】"至"下脫"厚"字.
280) ▲: 厚

69:118 陰爻稱六, 與程『傳』之說大不同. 這只就四象看, 便見得分曉. 陰陽一段只說通例, 此兩物相無不得. 且如天晴幾日後, 無雨便不得. 十二箇月, 六月是陰, 六月是陽. 一日中, 陽是晝, 陰是夜. 【淵】

69:119 坤六爻雖有重輕, 大概皆是持守・收斂・畏謹底意. 【礪】

69:120 問: "履霜堅冰, 何以不著占象[281]?" 曰: "此自分曉. 占者目前未見有害, 卻有未萌之禍, 所宜戒謹." 【礪】

69:121 ▲[282] "陰陽者, 造化之本, 所不能無, 但有淑慝之分. 蓋陽淑而陰慝, 陽好而陰不好也. 猶有晝必有夜, 有暑必有寒, 有春夏必有秋冬. 人有少必有老, 其消長有常, 人亦不能損益也. 但聖人參天地, 贊化育, 於此必有道. 故觀'履霜堅冰至'之象, 必有謹微之意, 所以扶陽而抑陰也." 【銖】

69:122 ▲[283]陰爻居陰位, 無如此之純粹. 爻辭云"直方大"者, 言占者"直方大", 則"不習無不利", 卻不是說坤德直方大也. 且如"元亨利貞", 「彖[284]」裏面說底, 且隨他說做一箇事, 後面說底四事, 又儘隨他說去. 如某之說爻, 無許多勞讓[285]. 【淵】

69:123 問: "坤之道'直方大', 六二純正, 能得此以爲德否?" 曰: "不可說坤先有是道, 而後六二得之以爲德. 坤是何物? 六二是何物? 畢竟只是一箇坤. 只因這一爻中正, 便見得'直方大'如此." 【學履】

---

281) 象: 賀本에서는 辭로 되어 있다.
282) ▲: 問"履霜堅冰至." 曰:
283) ▲: "直方大", 是他
284) 象: 賀本에서는 象으로 되어 있다.
285) 讓: 英祖刊本・成化本・賀本에서는 攘으로 되어 있다. 【附箋紙】"讓"當作"攘."

69:124 ▲[286)]

69:125 問: "坤六二, 聖人取象, 何故說得恁地大? 都與坤德不相似." 曰: "如何見得不相似?" 曰: "以陰陽反對觀之, '直方大'者, 皆非陰之屬也." ▲[287)] "坤六爻中, 只此一爻最重. 六五雖居尊位, 然卻是以陰居陽. 六二以陰居陰, 而又居下卦, 所以如此." 問: "坤之順, ▲[288)]是順理, 不是'柔順'之'順.'" 曰: "也是柔順, 只是他都有力. '乾行健', 固是有力. 坤雖柔順, 亦是決[289)]然恁地. 順, 不是柔弱放倒了, 所以聖人亦說: '坤至柔, 而動也剛, 至靜而德方.'"【幹】

○[290)] 劉用之問坤卦"直方大, 不習無不利." 曰: "坤是純陰卦, 諸爻皆不中正. 五雖中, 亦以陰居陽. 惟六二居中得正, 爲坤之最盛者, 故以象言之, 則有三者之德, 而不習無不利. 占者得之, 有是德則吉.

○[291)] 用之問: "坤六二: '直方大, 不習無不利.' 學須用習, 然後至於不習." 曰: "不是如此. 聖人作『易』, 只是說卦爻中有[292)]此象而已. ▲[293)]坤六二'直方大, 不習無不利', 自是他這一爻中有此象. 人若占得, 便應此事有此用也, 未說到學者須習至於不習. 在學者之事, 固當如此. 然聖人作『易』, 未有此意在." 用之曰: "然. '不習無不利', 此成德之事也." 曰: "亦非也. 未說到成德之事, 只是卦爻中有此象而已. 若占得, 便應此象, 都未說成德之事▲[294)] 某之說『易』, 所以與先儒・

286) ▲: 六二不當說正, 要說也說得行, 不若除了.【淵】
287) ▲: 曰:
288) ▲: 恐似此處順, 只
289) 決: 英祖刊本・成化本・賀本에서는 決로 되어 있다.
290) ○: 『朱子語類』 66:19의 일부이다.
291) ○: 『朱子語類』 66:20의 일부이다.
292) 中有: 『小分』에서는 有中을 교정부호로 바로잡았다.
293) ▲: 如
294) ▲: 也.

世儒之說皆不同, 正在於此.

69:126 問: "▲[295] '重陰不中', 何以見其有括囊之象?" 曰: "陰而又陰, 其結塞不開, 卽爲括囊矣." 又問: "占者必當括囊則无咎, 何也?" 曰: "當'天地閉, 賢人隱'之時, 若非括囊, 則有咎矣."【榦】

69:127 "坤六四爻, 不止言大臣事. 凡得此爻, 在位者[296]便當去, 未仕者便當隱." 伯豐因問▲[297]干事. 曰"此又別是一義, 雖凶无咎."【罃】

69:128 問: "坤二五皆中爻. 二是就盡得地道上說, 五是就著見於文章事業上說否?" 曰: "不可說盡得地道, 他便是坤道也. 二在下, 方是就工夫上說. 『文言』云'不疑其所行', 是也. 五得尊位, 則是就他成就處說, 所以云: '美在其中, 而暢於四支, 發於事業, 美之至也!'"【學履】

69:129 ▲[298]

69:130 "黃裳元吉", ▲[299] 這箇五之柔順, 從那六裏來.【淵】

69:131 問: "'黃裳元吉', 伊川解作聖人示戒, 並擧女媧・武后之事. 今考本爻無此象, 這又是象外立敎之意否?" 曰: "不曉這意. 若伊川要立議論敎人, 可向別處說, 不可硬配在『易』上說. 此爻何曾有這義! 都是硬人[300]這意, 所以說得絮了." 因擧云: "邵溥謂伊川因宣仁垂簾事,

295) ▲: 六四'括囊', 注云: '六四重陰不中, 故其象占如此.'
296) 位者: 『小分』에서는 者位를 교정부호로 바로잡았다.
297) ▲: 比
298) ▲: "黃裳元吉", 不過是在上之人能以柔順之道. 黃, 中色, 裳是下體之服. 能似這箇, 則無不吉.【淵】
299) ▲: 這是那居中處下之道. 乾之九五, 自是剛健底道理. 坤之六五, 自是柔順底道理. 各隨他陰陽, 自有一箇道理. 其爲九六不同, 所以在那五處亦不同.

有怨母后之意, 故此爻義特爲他發. 固是他後生妄測度前輩, 然亦因此說而後發也."【學履】

69:132 問: "坤上六, 陰極盛而與陽戰, 爻中乃不言凶. ▲[301] 何耶?" 曰: "戰而至於俱傷, '其血玄黃', 不言而凶可知矣."【時擧】

69:133 ▲[302]

69:134 問: "乾上九只言'亢', 坤上六卻言'戰', 何也?" 曰: "乾無對待, 只有乾而已, 故不言坤. 坤則不可無乾. 陰體不足, 常虧欠, 若無乾, 便沒上截. 大抵陰陽二物, 本別無陰, 只陽盡處便是陰."【螢】

69:135 問: "如乾初九, '潛龍'是象, '勿用'是占辭, 坤六五, '黃裳'是象, '元吉'是占辭, 甚分明. 至若坤初六'履霜堅冰至', 六二'直方大, 不習无不利', 六三'含章可貞, 或從王事, 無成有終', 上六'龍戰于野, 其血玄黃', 皆是擧象, 而占意已見於象中. 此又別是一例, 如何?" 曰: "象占例不一. 有占[303]▲[304]只見於象中者, 亦自可見. 如乾初九, 坤六四, 此至分明易見者. 如'直方大', 惟直方故能大, 所謂'敬義立而德不孤.' 六二有'直方大'之象, 占者有此德而得此爻, 則'不習而无不利矣', 言不待學習, 而无[305]不利也. 故謂'直方大'爲象, '不習无不利'爲占辭, 亦可. 然'直方', 故能大, 故'不習無不利.' 象旣如此, 占者亦不離此意矣. 六三陰居陽位, 本是陰帶些陽, 故爲含章之象, 又貞以守, 則爲陰象矣. '或從王事'者, 以居下卦之上[306], 不終含藏, 故有或時出從王事

300) 人: 英祖刊本・成化本・賀本에서는 入으로 되어 있다.
301) ▲: 且乾之上九猶言'有悔', 此卻不言,
302) ▲: 子耕問"龍戰于野." 曰: "乾無對, 只是一箇物事, 至陰則有對待. 大抵陰常虧於陽."【人傑】
303) 占: 【附箋紙】 "占"下脫"意"字.
304) ▲: 意
305) 无: 賀本에서는 無로 되어 있다.

之象. '无[307]成有終'者, 不居其成而能有終也. 在人臣用之, 則爲不居其成▲[308]能有終之象, 在占者用之, 則爲始進無成, 而能有終也, 此亦占意已見於象中者. 六四'重陰不中', 故有括囊之象. '无咎無譽', 亦是象中已見占意." 因問程『易』云: "六四近君而不得於君, 爲'上下間隔之時', 與'重陰不中', 二說如何?" 曰: "只是'重陰不中', 故當謹密如此."【銖】

69:136 "用六永貞, 以大終也." 陽爲大, 陰爲小, 如大過小過之類, 皆是以陰陽而言. 坤六爻皆陰, 其始本小, 到此陰皆變爲陽矣. 所謂"以大終也", 言始小而終大也.【文蔚】

69:137 ▲[309] 坤只是承天, 如一氣之施, 坤則盡能發生承載, 非剛安能如此?【僩】

69:138 問: ▲[310] 柔與剛相反, 靜與方疑相似?" 曰: "靜無形, 方有體. 方謂生物有常, 言其德形[311]正一定, 確然不易, 而生物有常也. 靜言其體, 則不可得見, 方言其德, 則是其著也."【銖】

69:139 陰陽皆有[312]微至著, 不是陰便積著, 陽便合下具足. 此處亦不說這箇意. "履霜堅冰", 只是說從微時便須著愼來, 所以說"蓋言愼也", "由辨之不早辨." 李光祖云: "不早辯[313]他, 直到得郎當了, 卻方

306) 上: 賀本에서는 象으로 되어 있다.
307) 无: 賀本에서는 無로 되어 있다.
308) ▲: 而
309) ▲: "坤至柔, 而動也剛."
310) ▲: "'坤至柔而動也剛, 至靜而德方.' 程『傳』云: '坤道至柔而動則剛, 坤體至靜而德則方.'
311) 形: 英祖刊本・成化本・賀本에서는 方으로 되어 있다.
312) 有: 英祖刊本・成化本・賀本에서는 自로 되어 있다.【附箋紙】"有"當作"自."
313) 辯: 賀本에서는 辨으로 되어 있다.

辯[314), 劃地激成事▲[315).” 此說最好! 【淵】

69:140 ▲[316)

69:141 “敬以直內”是持守工夫, “義以方外”是講學工夫. 【升卿】

69:142 ▲[317) 直, 是直上直下, 胸中無纖毫[318)委曲, 方, 是割截方整之意. 【方, 疑是齊 ○德明】

69:143 ▲[319) 格物致知是“義以方外.” 【夔孫】

69:144 “敬以直內”, 便能“義以方外”, 非時[320)別有箇義. 敬比[321)如鏡, 義便是能照底. 【德明】

69:145 敬立而內自直, 義形而外自方. 若欲以敬要去直內, 以義要去方外, 卽非矣. 【銖】

69:146 ▲[322) “義是心頭斷事底. 心斷於內, 而外便方正, 萬物各得其宜.” 【寓】

69:147 ▲[323) ‘敬以直內’是無纖毫[324)私意, 胸中洞然, 徹上徹下, 表

314) 辯: 賀本에서는 辨으로 되어 있다.
315) ▲: 來
316) ▲: “敬以直內”最是緊切工夫. 【賀孫】
317) ▲: “敬以直內, 義以方外.”
318) 毫: 成化本에서는 豪로 되어 있다.
319) ▲: “敬以直內, 義以方外”, 只是此二句.
320) 時: 英祖刊本 · 成化本 · 賀本에서는 是로 되어 있다. 【附箋紙】 “時”當作“是.”
321) 比: 英祖刊本 · 成化本 · 賀本에서는 譬로 되어 있다.
322) ▲: 問“義形而外方.” 曰:
323) ▲: 先之問“敬以直內, 義以方外.” 曰: “說只恁地說, 須自去下工夫, 方見得是如

裏如一. '義以方外'是見得是處決[325]定是恁地, 不是處決[326]定不恁地, 截然方方正正. 須是自將去做工夫. ▲[327] 若只恁地說過, 依舊不濟事. 若實是把做工夫, 只是'敬以直內, 義以方外'八箇字, 一生用之不窮!"【賀孫】

69:148 問: "▲[328]須於應事接物間無往而不住[329]一, 則義亦在其中矣. 如此則當明敬中有義, 義自敬中出之意方好." 曰: "亦不必如此說. '主一之謂敬', 只是心專一, 不以他念亂之. 每遇事, 與至誠專一做去, 卽是主一之意[330]. 但旣有敬之名, 則須還他'敬'字, 旣有義之名, 則須還他'義'字. 二者相濟則無失, 此乃理也. 若必欲騈合謂義自敬中出, 則聖人何不只言'敬'字便了? 旣又言'義'字, 則須與尋'義'字意始得."【大雅】

69:149 ▲[331] "敬是立己之本, 義是慮[332]事截然方正, 各得其宜." ▲[333] "久之則內外自然合." ▲[334]須[335]▲[336]先去'敬以直內', 然後能'義以方外.'" 景紹曰: "敬與誠如何?" 曰: "敬是戒謹[337]恐懼之義, 誠是

此.

324) 毫: 成化本에서는 豪로 되어 있다.

325) 決: 英祖刊本 · 成化本 · 賀本에서는 決로 되어 있다.

326) 決: 英祖刊本 · 成化本 · 賀本에서는 決로 되어 있다.

327) ▲: 聖門學者問一句, 聖人答他一句, 便領略將去, 實是要行得. 如今說得儘多, 只是不曾就身己做看. 某之講學所以異於科擧之文, 正是要切己行之.

328) ▲: '君子敬以直內, 義以方外', 伊川謂'主一之謂敬, 無適之謂一', 而不涵義之意, 則

329) 住: 英祖刊本 · 成化本 · 賀本에서는 主로 되어 있다.

330) 意: 英祖刊本 · 成化本 · 賀本에서는 義로 되어 있다.

331) ▲: 景紹問"敬義." 曰:

332) 慮: 英祖刊本 · 成化本 · 賀本에서는 處로 되어 있다.【附箋紙】"慮"當作"處."

333) ▲: 道夫曰: "'敬以直內, 義以方外', 莫是合內外之道否?" 曰:

334) ▲: 又問: "'敬以直內'後, 便能'義以方外', 還是更用就上做工夫?" 曰: "雖是如此, 也

335) 須:【附箋紙】"須"下脫"是"字.

336) ▲: 是

實然之理. 如實於爲善, 實於不爲惡, 便是誠. 只如敬, 亦有誠與不誠. 有人外若謹畏, 內實縱弛, 這便是不誠於敬. 只不誠, 便不是這箇物."【道夫】

69:150 問: "前所說'敬義誠[338]'三者, 今思之, '敬以直內, 義以方外', 是箇交相養之理, 至於誠, 則合一矣." 曰: "誠只是實有此理. 如實於爲敬, 實於爲義, 皆是誠. 不誠則是無此, 所以『中庸』謂'不誠無物.'" ▲[339)]【道夫】

69:151 ▲[340)] 聖人本意謂不[341)]占得此爻, 若'直方大', 則不習而無不利. 夫子遂從而解之, 以敬解直, 以義解方. 又須敬義皆立, 然後德不孤, 將不孤來解'大'字. 然有敬而無義不得, 有義而無敬亦不得. 只一件, 便不可行, 便是孤.【必大錄云: "敬而無義, 則做出事來必錯了. 只義而無敬, 則無本, 何以爲義? 皆是孤也."】 須是敬義立, 方不孤. 施之事君則忠於君, 事親則悅於親[342)], 交朋友則信於朋友, 皆不待習而無[343)]一之不利也." ▲[344)]【螢】

69:152 坤六二末乃言"不疑所行." 不疑, 方可入乾知處.【方】

---

337) 謹: 賀本에서는 愼으로 되어 있다.
338) 義誠: 『小分』에서는 誠義를 교정부호로 바로잡았다.
339) ▲: 因問: "舊嘗聞有人問'不誠無物', 先生答曰: '秉彝不存, 謂之無人可也, 中和不存, 謂之無禮樂可也.' 還是先生所言否?" 曰: "不記有無此語. 只如此說, 也卻無病."
340) ▲: "'敬以直內, 義以方外, 敬義立而德不孤', 此在坤六二之爻, 論六二之德.
341) 不: 英祖刊本·成化本·賀本에서는 人으로 되어 있다.【附箋紙】下"不"字當作"人."
342) 於親: 『小分』에서는 親於를 교정부호로 바로잡았다.
343) 無: 英祖刊本·成化本·賀本에서는 无로 되어 있다.
344) ▲: 又問: "方是如何?" 曰: "方是處此事皆合宜, 截然區處得, 如一物四方在面前, 截然不可得而移易之意. 若是圓時, 便轉動得."

○[345] 坤"直方大"是"浩然." "不習無不利", "不疑其所▲[346] 乃是"不動心."【方】

○[347] 坤"直方大"是"浩然." "不習無不利", "不疑其所行", 乃是"不動心."【方】

345) ○:『朱子語類』69:70의 일부이다.
346) ▲: 行",
347) ○:『朱子語類』69:70의 일부이다.

『朱子語類』 卷第七十

「易六」

「屯」

70:1 屯是陰陽未通之時, 蹇是流行之中有蹇滯, 困則窮矣.【賀孫】

70:2 "屯'利建侯', 此占恐與乾卦'利見大人'同例, 亦是占者與爻相爲主賓也." 曰: "然. 但此亦大概如此, 到占得時又看如何. 若是自占[1]爲君者得之, 則所謂建侯者, 乃己也. 若是占[2]立君者得之, 則所謂建侯者, 乃君也. 此又[3]看其所遇如何. 緣『易』本不是箇綳定底文字, 所以曰'不可爲典要.'" 問: "占者固如此, 恐非[4]『易』者須有定論?" 曰: "也只是看一時間, 見得箇意思如何耳."【榦】

70:3 ▲[5] "'剛柔始交', 只指震言, 所謂'震一索而得男'也. 此三句各有所指. '剛柔始交而難生', 是以二體釋卦名義, '動乎險中, 大亨貞', 是以二體之德釋卦辭, '雷雨之動滿盈, 天造草昧, 宜建侯而不寧', 是以二體之象釋卦辭. 只如此看, 甚明. 緣後來說者交雜混了, 故覺語意重複."【銖】

---

1) 占:【附箋紙】"占"當作"卜."
2) 占: 『朱子語類』에서는 卜으로 되어 있다.
3) 此又: 『小分』에서는 又此를 교정부호로 바로잡았다.
4) 非: 『朱子語類』에서는 作으로 되어 있다.
5) ▲: 問: "'剛柔始交而難生', 程『傳』以雲雷之象爲始交, 謂震始交於下, 坎始交於中, 如何?" 曰:

70:4 ▲[6] 龜山▲[7]云: "剛柔始交是震, 難生是坎."【螢】

70:5 "雷雨之動滿盈", 亦是那鬱塞底意思.【淵】

70:6 "天造草昧, 宜建侯而▲[8]." 孔子又是別發出一道理, 說當此擾攘之時不可無君, 故須立君.【礪】

70:7 ▲[9] 不可道建侯便了, 須更自以爲不安寧, 方可.【淵】

70:8 問: "『本義』云'此以下釋〈元亨利貞〉用文王本意', 何也?" 曰: ▲[10]孔子釋此彖辭只曰: '動乎險中, 大亨貞.' 是用文王本意釋之也."【銖】

70:9 問: "屯需二象, 皆陰陽未和洽成雨之象. 然屯言'君子以經綸', 需乃言'飮食宴樂', 何也?" 曰: "需是緩意, 在他無所致力, 只得飮食宴樂. 屯是物之始生, 象草木初出地之狀. 其初出時, 欲破地面而出, 不無[11]齟齬艱難, 故當爲經綸, 其義所以不同也."【時擧】

70:10 ▲[12] "此彖辭一句, 蓋取初九一爻之義. 初九一爻, 蓋成卦之主也. 一陽居二陰之下, 有以賢下人之象, 有爲民歸往之象,【陰從陽也.】 故宜立君. 故象曰: '以貴下賤, 大得民也.' 此意甚明[13]." 因問:

---

6) ▲: "剛柔始交而難生",
7) ▲: 解
8) ▲: 不寧
9) ▲: "宜建侯而不寧",
10) ▲: "文王本意說'乾元亨如貞', 只是說乾道大通而至正, 故筮得者, 其占當得大通, 而利於正固. 至孔子方作四德說, 後人不知, 將謂文王作易, 便作四德說, 卽非也. 如屯卦所謂'元亨利貞'者, 以其能動卽可以亨, 而在險則宜守正. 故筮得之者, 其占爲大亨而利於正, 初非謂四德也. 故
11) 不無: 『小分』에서는 無不을 교정부호로 바로잡았다.
12) ▲: 問: "屯象云'利建侯', 而『本義』取初九陽居陰下爲成卦之主, 何也?" 曰:

"程『傳』只言宜建侯輔助, 如何?" 曰: "易只有三處言'利建侯', 屯兩言之, 豫一言之, 皆言'立君', 左氏分時[14]有'立君'之說, 衛公子元遇屯, 則可見矣." 【但他又說名"元"是有元之象. 或問"元者善之長." 曰: "公子元夢康叔謂己曰'元.' '康叔名之, 可謂長矣'云云."】

○[15] 又問: "「彖傳」言'宜建侯而不[16]寧', 豈以有動而遇險之象耶?" 曰: "聖人見有此象, 故又因以爲戒曰, 宜立君, 而又不可遽謂安寧也." 【然此是押韻. ○銖】

70:11 ▲[17] "卦辭通論一卦, 所謂侯者, 乃屬他人, 卽爻之初九也. 爻辭專言一爻, 所謂侯者, 乃其自己, 故不同也." 【榦】

○[18] 屯卦言'利建侯', 屯只是卦, 如何去'利建侯'? 蓋是占得此卦者之利耳. 晉文公占得屯豫, 皆得此辭, 後果能得國. 若常人占得, 亦隨高下自有箇主宰道理. 但古者占卜立君, 卜大遷, 是事體重者, 故爻辭以其重者言之." 又問: "屯何以'利建侯'?" 曰: "屯之初爻, 以貴下賤, 有得民之象, 故其爻辭復云'利建侯.'" 【營】

70:12 ▲[19]問: "'匪寇, 婚媾', 程『傳』'設匪逼於寇難, 則往求於婚媾', 此說如何?" 曰: "某舊二十許歲時, 讀至此, 便疑此語有病, 只是別無

---

13) 明: 【附箋紙】"明"刊本作"好."
14) 時: 『朱子語類』에서는 明으로 되어 있다.
15) ○: 『朱子語類』 70:10을 『小分』에서 별도의 항목으로 나누었다.
16) 而不: 『小分』에서는 不而를 교정부호로 바로잡았다.
17) ▲: 問: "初九'利建侯', 「注」云: '占者如是, 則利建以爲侯.' 此爻之占與卦辭異. 未知其指盤桓難進者處陰之下欲進不能耶? 將所居得正, 不肯輕進耶?" 曰:
18) ○: 『朱子語類』 73:54의 일부이다.
19) ▲: 問: "初九以陽在下而居動體, 上應六四陰柔險陷之爻, 固爲盤桓之象. 然六二'屯如邅如, 乘馬班如', 亦似有盤桓意?" 曰: "盤桓只是欲進而難進貌, 若六二則有險難矣. 蓋乘初九之剛, 下爲陽逼, 故爲所難, 而邅回不進." 又

它說可據, 只得且隨它說, 然每不滿. 後來方見得不然. 蓋此四字文義, 不應必如此費力解也. 六二乘初九之剛, 下爲陽所逼, 然非爲寇也, 乃來求己爲婚媾耳. 此婚媾與己, 皆正指六四也." 又問: "六四'求婚媾', 此婚媾, 疑指初九之陽, 婚媾是陰, 何得陽亦可言?" 曰: "婚媾通指陰陽. 但程『傳』謂六二[20]往求初九之婚媾, 恐未然也." 又問: "'十年乃字', 十年只是指數窮理極而言耶?" 曰: "『易』中此等取象不可曉, 如說'十年'·'三年'·'七日'·'八月'等處, 皆必有所指. 但今不可穿鑿, 姑闕之可也."【銖】

70:13 耿氏解『易』"女子貞不字", 作嫁笄而字. "貞不字"者, 謂未許嫁也, 卻與婚媾之義相通, 亦說得有理. 伊川說[21]作字育之"字."

70:14 "十年乃字", 耿南仲亦如此說.【淵】

70:15 ▲[22] "虞, 只是虞人. 六三陰柔在下而居陽位, 陰不安於陰[23], 則貪求, 陽欲乘陰, 卽妄行, 故不中不正. 又上無正應, 妄行取困, 所以爲'卽鹿無虞', 陷入林中之象. 沙隨盛稱唐人郭京『易』好, 近寄得來, 說'鹿'當作'麓', 「象」辭當作, '卽鹿[24]無虞, 何以從禽也?'" 問: "郭據何書?" 曰: "渠云, 曾得王輔嗣親手與韓康伯注底『易』本, '鹿'作'麓', '以從禽'上有'何'字. 然難考據, 恐是亂說."【銖】

「蒙」

70:16 伊川說"蒙亨", 髣髴是指九二一爻說, 所以云"剛中"也.【淵】

---

20) 六二: 『小分』에서는 二六을 교정부호로 바로잡았다.
21) 說: 賀本에는 없다.
22) ▲: 問"卽鹿無虞." 曰:
23) 陰: 賀本에서는 陽으로 되어 있다.
24) 鹿: 『朱子語類』에서는 麓으로 되어 있다.

70:17 “山下有險”是卦象, “險而止”是卦德. 蒙有二義, “險而止”, 險在內, 止在外, 自家這裡先自不安穩了, 外面更去不得, 便是蒙昧之象. 若“見險而能止”, 則爲蹇, 卻是險在外, 自家這裡見得去不得, 所以不去, 故曰“知矣哉”! 嘗說八卦著▲[25]幾[26]箇字, 形容最好. 看如“險止”, “健順”, “麗人”, “說動”, 都包括得盡, 喚做“卦之情.”【淵】

70:18 “山下有險”, 蒙之地也. 山下已是險峻處, 又遇險, 前後去不得, 故於此蒙昧也. 蒙之意, 也只是心下鶻突.【燾】

70:19 ▲[27] “下文所謂二五以志相應, 而初筮則告之, 再三瀆則不告, 皆時中也. ‘初筮[28]告◇[29]▲[30]節, 卽所謂‘以剛而中’也.” 問: “‘匪我求童蒙, 童蒙求我’, 我指二, 童蒙指五, 五柔暗而二剛明, 五來求二, 二不求五也. 但占者若是九二之明, 則爲人求我, 而亨在人, 占者若是九五之暗, 則爲我求人, 而亨在我. 與乾九二・▲[31]五[32]‘利見大人’之占同例否?” 曰: “某作如此說, 卻僅勝近世人硬裝一件事說得來窒礙費氣力, 但亦恐是如此耳.” 因問: “‘初筮告, 再三瀆, 瀆則不[33]告’, 若作占者說, 則如何?” 曰: “人來求我, 我則當視其可否而告之.【蓋視其來求我之[34]發蒙者, 有初筮之誠則告之, 再三煩瀆, 則不告之也.】 我求人, 則當致其精一以叩之.”【蓋我而求人以發蒙, 則常盡初筮之誠, 而不可有再三之瀆

25) ▲: 這
26) 幾:【附箋紙】當作着, “幾”上脫“這”字. *『小分』에서는 70:23에 이 부전지가 붙어 있음.
27) ▲: 問: “『本義』云: ‘九二以可亨之道, 發生之蒙, 而又得其時之中, 如下文所指之事, 皆以亨行, 而當其可.’ 何以見其當其可?” 曰:
28) 初筮:【附箋紙】下“初筮”下脫六字.
29) ◇: 以剛中’者, 亦指
30) ▲: 九二有剛中之德, 故能告而有節. 夫能告而有
31) ▲: 九
32) 五:【附箋紙】“五”上脫“九”字. *『小分』에서는 이 부전지가 70:40에 붙어 있음.
33) 則不: 『小分』에서는 不則을 교정부호로 바로잡았다.
34) 之: 成化本・萬曆本에는 없다.

也.】 鉄曰: “發此一例, 卽所謂‘稽實待虗[35].’” 曰: “然.”【鉄】

70:20 卦中說“剛中”處最好看. 剛故能“包蒙”, 不剛則方且爲物所蒙, 安能“包蒙”! 剛而不中, 亦不能“包蒙.” 如上九過剛而不中, 所以爲“擊蒙.” 六三說“勿用取女”者, 大率陰爻又不中不正, 合是那一般無主宰底女人. “金夫”不必解做剛夫. 此一卦緊要是九二一爻爲主, 所以治蒙者, 只在兩箇陽爻. 而上九[36]過剛, 故只在此九二爲主. 而二與五應, 亦助得那五去治蒙. 大抵蒙卦除了初爻, 統說治蒙底道理. 其餘三四五皆是蒙者, 所以唯九二一爻爲治蒙之主.【淵】

70:21 “蒙以養正, 聖功也.” 蓋言蒙昧之時, 先自養敎正當了, 到那開發時, 便有作聖之功. 若蒙昧之中已自不正, 他日何由得會有聖功!【淵】

70:22 問“山下出泉.” 曰: “古人取象, 也只是看大意略如此髣髴, 不皆端的. 若解要到親切, 便都沒去處了. 如‘天在山中’, 山中豈有天? ▲[37]‘地中有山’, 便只是平地了.”【淳】

70:23 “果行育德”, 又是別說一箇道理. “山下出泉”, 卻是箇流行底物事, 暫時被他礙注[38]在這裡. 觀這意思, 卻是說自家當恁地做工夫. 卦中如此者多.【淵】

70:24 以象言之, 果者, 泉之必通, 育者, 靜之時也. 季通云: “育德, 是艮止也.”【端蒙】

---

35) 虗: 『朱子語類』에서는 虛로 되어 있다.
36) 上九: 『小分』에서는 九上을 교정부호로 바로잡았다.
37) ▲: 如
38) 注: 『朱子語類』에서는 住로 되어 있다.

70:25 或自家是蒙, 得他人發, 或他人是蒙, 得自家發. 【節】

70:26 卦辭有平易底, 有難曉底. "利用刑人, 用說桎梏." 粗說時, 如今人打人棒也, 須與他脫了那枷, 方可, 一向枷他不得. 若一向枷他, 便是"以住[39]吝." 這只是說治蒙者當寬慢, 蓋法當如此. 【淵】

70:27 "不利爲寇." 寇只是要去害他, 故戒之如此. 【淵】

70:28 問: "▲[40], 不利爲寇', 如『本義』只是就自身克治上說, 是如何?" 曰: "事之大小都然. 治身也恁地. 若治人做得大[41]甚, 亦反成爲寇. 占得此爻, 凡事不可過當. 如伊川作用兵說, 亦是. 但只做得一事用, 不如且就淺處說去, 卻事事上有用. 若便說深了, 則一事用得, 別事用不得." 【學履】

70:29 ▲[42] "上九一陽, 而衆陰隨之, 如人皆從順於我, 故能禦寇. 便如適來說孔子告陳恒之事, 須是得自家屋裡人從我, 方能去理會外頭人. 若自家屋裡人不從時, 如何去禦得寇! 便做不▲[43], 所以象曰: '上下順也.'" 【燾】

○[44] 蒙卦上九"擊蒙, 不利爲寇, 利禦寇", 雖小不利, 然卦爻亦自好. 蓋上九以剛陽居上, 擊去蒙蔽, 只要恰好, 不要太過. 太過則於彼有傷, 而我亦失其所以擊蒙之道. 如人合喫十五棒, 若只決[45]他十五棒, 則彼亦無辭, 而足以禦[46]寇. 若再加五棒, 則太過而反害人矣. 爲

39) 住: 英祖刊本·成化本·賀本에서는 往으로 되어 있다.
40) ▲: '擊蒙
41) 大: 『朱子語類』에서는 太로 되어 있다.
42) ▲: 問"利用禦寇, 上下順也." 曰:
43) ▲: 得
44) ○: 『朱子語類』 73:51의 일부이다.
45) 決: 英祖刊本·賀本에서는 決로 되어 있다.

寇者, 爲人之害也, 禦寇者, 止人之害▲[47] 如人有疾病, 醫者用藥對病, 則▲[48]足[49]以祛病, 而我亦得爲醫之道. 若藥[50]不對病, 則反害他人, 而我亦失爲醫之道矣. 所以「象」曰"利用禦寇, 上下順也." 惟如此, 則上下兩順而無害也.【僴】

「需」

70:30 需主事, 孚主心. 需其事, 而心能信實, 則"光亨." 以位乎尊位而中正, 故所爲如此. "利涉大川", 而能需, 則往必有功. "利涉大川", 亦蒙上文"有孚, 光亨貞吉."【淵】

70:31 問需卦大指. 曰: "需者, 寧耐之意. 以剛遇險, 時節如此, 只當寧耐以待之. 且如涉川者, 多以不能寧耐, 致覆溺之禍, 故需卦首言'利涉大川.'" 銖問: "乾陽上進之物, 前遇坎險, 不可遽進以陷於險, 故爲需?" 曰: "遇此時節, 當隨遠隨近, 寧耐以待之, 直至'需于泥', 已甚狼當矣, 然能敬愼, 亦不至敗. 至於九五需得好, 只是又難得這[51]般時節. 當此時, 只要定以待之耳. 至上六居險之極, 又有三陽並進, 六不當位, 又處陰柔, 亦只得敬以待之則吉." 又問: "'不當位', 如何?" 曰: "凡初上二爻, 皆無位.【二士, 三卿大夫, 四大臣, 五君位.】 上六之不當位, 如父老不任家事而退閑, 僧家之有▲[52]堂[53]之類."【銖】

70:32 "以正中", "以中正", 也則一般, 這只是要協韻.【淵】

---

46) 禦: 賀本에서는 御로 되어 있다.
47) ▲: 也.
48) ▲: 彼
49) 足: 【附箋紙】"足"上脫"彼"字.
50) 若藥: 『小分』에서는 藥若을 교정부호로 바로잡았다.
51) 得這: 『小分』에서는 這得을 교정부호로 바로잡았다.
52) ▲: 西
53) 堂: 【附箋紙】"堂"上脫"西"字. *『小分』에서는 이 부전지가 70:42에 붙어 있음.

70:33 “利涉大川”, 利涉是乾也, 大川是坎也. “往有功[54]”, ▲[55]也. 【或云, 以乾去涉大川. ○燾】

70:34 ▲[56] 待之須有至時, 學道者亦猶是也. 【人傑】

70:35 後世策士之▲[57], 只說出奇應變. 聖人不恁地, 合當需時便需. 【淵】

70:36 問: “‘敬愼不敗’, 『本義』以爲發明占外之意, 何也?” 曰: “言象中本無此意, 占者不可無此意, 所謂‘占外意’也.” 【銖】

70:37 問“敬愼.” 曰: “‘敬’字大, ‘愼’字細小. 如人行路, 一直恁地去, 便是敬. 前面險處, 防有喫跌, 便是愼. 愼是惟恐有失之之意. 如‘思慮’兩字, 思是恁地思去, 慮是怕不恁地底意思.” 【夔孫】

70:38 “穴”是陷處, 喚做“所安”處不得. 分明有箇“坎, 陷也”一句. 柔得正了, 需而不進, 故能出於坎陷. 四又是[58]坎體之初, 有出底道理. 到那上六, 則索[59]▲[60]陷了! 【淵】

70:39 伯豐問“需于酒食, 貞吉.” 曰: “需只是待. 當此之時, 別無作爲, 只有箇待底道理. 然又須是正, 方吉.” 【䇾】

70:40 坎體中多說酒食, 想須有此象, 但今不可考. 【淵】

---

54) 功: 【挾書】功下脫‘是乾有功’四字.
55) ▲: 是乾有功
56) ▲: 需, 待也. “以飮食宴樂”, 謂更無所爲, 待之而已.
57) ▲: 言
58) 是: 賀本에는 없다.
59) 索: 【附箋紙】“索”下脫“性”字.
60) ▲: 性

70:41 王弼說初上無位, 如言乾之上九"貴而無位", 需之"不當位." 然乾之上九不是如此, 需之不當, 卻有可疑. 二四止[61]是陰位, 不得言不當.【淵】

○[62] 且如需九三. '需于泥, 致寇至.' 以其逼近坎險, 有致寇之象. 象曰: '需于泥, 災在外也. 自我致寇, 敬愼不敗也.' 孔子雖說推明義理, 這般所在, 又變例推明占筮之意. '需于泥, 災在[63]外', 占得此象, 雖若不吉, 然能敬愼則不敗, 又能堅忍以需待, 處之得其道, 所以不凶. 或失其剛健之德, 又無堅忍之志, 則不能不敗矣."

「訟」

70:42 訟, 攻責也. ▲[64]今訟人, 攻責其短而訟之, 自訟, 則反之於身亦如此.【僩】

70:43 問▲[65] "大凡卦辭取義不一. 如訟'有孚窒, 惕中吉', 蓋取九二中實, 坎'爲加憂'之象,【中實爲有孚, 坎險爲窒, 坎爲加憂, 爲惕. 九二居下卦之中, 故曰有信而見窒, 能懼而得中也.】 '終凶', 蓋取上九終極於訟之象, '利見大人', 蓋取九五剛健中正居尊之象, '不利涉大川', 又取以剛乘險, 以實履[66]▲[67]之象, 此取義不一也. 然亦有不必如此取者, 此特其一例也." 曰: "卦辭如此, 辭極齊整. 蓋所取諸爻義, 皆與爻中本辭協. 亦有雖取爻義, 而與爻本辭不同者, 此爲不齊整處也." 又問卦變之義.

61) 止: 賀本에서는 上으로 되어 있다.
62) ○: 『朱子語類』 66:19의 일부이다.
63) 災在: 『小分』에서는 在災를 교정부호로 바로잡았다.
64) ▲: 而
65) ▲: 訟卦大指. 因言:
66) 履: 【附箋紙】 "履"下脫"陷"字.
67) ▲: 陷

曰: "此訟卦變自遯而來, 爲剛來居二. 此是卦變中二爻變者. 蓋四陽二陰自遯來者十四卦, 訟卽初變之卦, 剛來居二, 柔進居三, 故曰'剛來而得中.'" 又問: "細讀『本義』所釋卦辭, 若看得分明, 則彖辭之義亦自明. 只須略提破此是卦義, 此是卦象・卦體・卦變, 不必更下注脚矣." 曰: "某當初作此文字時, 正欲如此. 蓋彖辭本是釋經之卦辭. 若看卦辭分明, 則彖辭亦已可見. 但後來要重整頓過未及, 不知而今所解, 能如此本意否?" 又問: "覩[68]訟一卦之體, 只是'訟不可成.' 初六[69], '不永所事', 九二, '不克訟', 六三, 守舊居正, 非能訟者, 九四, '不克訟', 而能復就正理, 渝變心志, 安處於正, 九五, 聽'訟元吉', 上九雖有鞶帶之錫, 而不免終朝之褫, 首尾皆是不可訟之意. 故「彖」曰: '終凶, 訟不可成.' 此句豈卽『本義』所指卦體耶?" 曰: "然." 因問: "『易』最難點. 如訟九四'不克訟,【句】 復卽命,【句】 渝,【句】 安貞,【句】 吉. 六三食舊德,【句】 貞,【句】 厲終吉.【句】." 曰: "'厲'自是一句, '終吉'又是一句. 『易』辭只是元排此幾句在此. 伊川作變其不安者爲安貞, 作一句讀, 恐不甚自然." 又曰: "如訟'上剛下險'是屬上句, '險而健訟'是屬下句."【銖】

70:44 "不利涉大川", 是上面四畫陽, 載不起, 壓了這般重.【淵】

70:45 問: "訟「彖」云: '剛來而得中也.' 大抵上體是剛, 下體是柔, 剛下而變柔, 則爲剛來. 今訟之上體旣是純剛, 安得謂之剛來邪?" 曰: "此等要須[70]畫箇圖子看, 便好. 訟卦本是遯卦[71]變來.[72] 遯之六二上爲訟之六三, 其九三下爲九二, 乃爲訟卦. 此類如'柔來而文剛', '分剛上而文柔', 與夫'剛自外來而爲主於內', 皆是如此. 若畫圖子起, 便極

68) 覩: 『朱子語類』에서는 觀으로 되어 있다.
69) 六: 孝宗刊本・英祖刊本・成化本에서는 只로 되어 있다.
70) 要須: 賀本에서는 須要로 되어 있다.
71) 遯卦: 『小分』에서는 卦遯을 교정부호로 바로잡았다.
72) 訟卦本是遯卦變來: 成化本・徽州本에서는 이 앞에 以某觀之가 더 들어 있다.

好看, 更不待說. 若如先儒說, 則多牽强矣."【時學】

70:46 天自向上去, 水自向下來, 必是有訟.【淵】

70:47 "作事謀始", 言觀此等象, 便當每事謀之於其始.【淵】

70:48 王弼言"有德司契", 是借這箇"契"字說. 言自家執這箇契在此, 人來合得, 我便與他. 自家先定了, 這是"謀始"·"司契"底意思.【淵】

70:49 問"不永所事, 小有言, 終吉." 曰: "此爻是陰柔之人. 也不會十分與人訟, 那人也無十分傷犯底事, 但只略去訟之. 才辨得明便止, 所以終吉也."【燾】

70:50 九二正應在五, 五亦陽, 故爲窒塞之象.【淵】

70:51 問: "九二'不克訟, 歸而逋其邑, 人三百戶, 無眚.' 解者牽强." 曰: "如此解時, 只得說小邑. 常以爲『易』有象數者以此. 何故不言二百戶? 以其有定數也. 聖人之象, 便依樣子, 又不似數之類, 只曰: '不克訟, 歸逋竄也.'"【振】

70:52 "三百戶", 必須有此象, 今不可考. 王輔嗣說"得意妄[73]象", 是要忘了這象. 伊川又說"假象", 是只要假借此象. 今看得不解得恁地全無那象, 只是不可知, 只得且從理上說. 乾爲馬, 卻說龍, 坤爲牛, 卻說馬, 離爲龜, 卻說馬[74], 做得箇例來括他, 方得. 見說已做了例, 又卻不曾見得.【淵】

73) 妄:【附箋紙】"妄", 刊本作"忘."
74) 馬:【附箋紙】下"馬"字, 刊本作"牛."

70:53 問"食舊德, 從上吉也." 曰: "是自做不得, 若隨人做, 方得吉之道."

70:54 "復卽命, 渝", 言復就命, 而變其不順之命. 【淵】

70:55 "訟元吉", 便似乾之"利見大人", 有占無象者. 爻便是象. "訟元吉", 九五便是. 【淵】

「師」

70:56 "師[75]無咎", 謂如一件事自家做出來好, 方得無罪咎, 若做得不好, 雖是好事, 也則有咎. "無咎吉", 謂▲[76]一件事元是合做底, 自家做出來又好. 如所謂"戰則克, 祭則受福", 戰而臨事懼, 好謀成, 祭而恭敬齊肅, 便是無咎, 克與▲[77]福, 便是吉. 如行師之道旣已正了, 又用大人率之, 如此則是都做得是, 便是吉了, 還有甚咎? 【淵】

70:57 「師」「象辭」, 亦是說得齊整處. 【銖】

70:58 ▲[78]

70:59 問: "潘謙之說師九二, 欲互說'在師中, 吉', '懷萬邦也', '王三錫命', '承天寵也', 何如?" 曰: "聖人作『易』「象」, 只是大概恁地, 不是恁地子細解釋." 【礪】

70:60 問: "'師或輿尸', 伊川說訓爲'衆生[79]', 如何?" 曰: "從來有'輿

---

75) 師: 『朱子語類』에서는 吉로 되어 있다.
76) ▲: 如
77) ▲: 受
78) ▲: "在師中吉", 言以剛中之德在師中, 所以吉. 【淵】

尸血刃'之說, 何必又▲80)引81)別說? 某自少82)時未曾職訓詁, 只讀白本時, 便疑如此說. 後來從鄉先生學, 皆作'衆主'說, 甚不以爲然. 今看來, 只是兵敗, 輿其尸而歸之義. ▲83)【礪】

70:61 問: "『易』爻取意84)義, 如「師」之五'長子帥師', 乃是本爻有此象, 又卻說'弟子輿尸', 何也?" 曰: "此假 設之辭也. 若言弟子輿尸, 則凶矣." 問: "此例恐與'家人嗃嗃'而繼以'婦子嘻嘻'同." 曰: "然."【榦】

70:62 問: "程『傳』85)云: '長子謂九二以中正之德合於上, 而受任以行.' 夫以九之居二, 中則是矣, 豈得爲正?" 曰: "此只是錯了一字耳, 莫要泥他."【時擧】

70:63 "開國承家", 爲是坤有土之象. 然屯之"利建侯", 卻都無坤, 止有震, 此又不可曉.【淵】

70:64 "'開國承家, 小人勿用', 舊時說只作論功行賞之時, 不可及小人, 今思量看理去不得. 他旣一例有功, 如何不及他得! 看來'開國承家'一句, 是公共86)得底, 未分別君子小人在. '小人勿用', 則是勿更用他與之謀議經晝爾. 漢 光武能用此義, 自定天下之後, 一例論功行封.

---

79) 生: 成化本·賀本에서는 主로 되어 있다.
80) ▲: 牽
81) 引: 【附箋紙】"引"上脫"牽"字.
82) 少: 『朱子語類』에서는 小로 되어 있다.
83) ▲: 小年更讀「左傳」'形民之力, 而無醉飽之心', 意欲解釋'形'字是割剝之意, 醉飽是厭足之意, 蓋以爲割剝民力而無厭足之心. 後來見注解皆以'形'字訓'象'字意, 云象民之力, 而無已甚, 某甚覺不然. 但被'形'字無理會, 不敢改他底. 近看『貞觀政要』, 有引用處皆作'刑民', 又看『家語』亦作'刑民'字, 方知舊來看得是. 此是祭公箴穆公之語, 須如某說, 其語方切."
84) 意: 成化本에는 없다.
85) 程『傳』: 『小分』에서는 傳程을 교정부호로 바로잡았다.
86) 公共: 『小分』에서는 共公을 교정부호로 바로잡았다.

其所以用之在左右者，則鄧禹·耿弇·賈復數人，他不與焉." 因問: "古之論功行封，眞箇是裂土地與之守，非如後世虛帶爵邑．若使小人參其間，則誠有弊病." 曰: "勢不容不封他得．但聖人別有以處之，未見得如何．如舜封「象」，則使吏治其國，若是小人，亦自有以處之也."
【先生云: "此義方思量得如此，未曾改入『本義』，且記取." ○學履】

「比」

70:65 李問[87]: "比卦，大抵占得之，多是人君爲人所比之象." 曰: "也不必拘．若三家村中推一箇人作頭首，也是爲人所比．也須自審自家才德可以爲之比否．所以'原筮，元永貞'也."【學履】

70:66 "筮"字，說做占決[88]，亦不妨，然亦不必說定不是"龜筮"之"筮."【淵】

70:67 問"不寧方來，後夫凶." 曰: "別人自相比了，已旣後於衆人，卻要强去比他，豈不爲人所惡? 是取凶也．▲[89]『春秋傳』有云: '先夫當之矣.' 亦是占中一義."【螢】

70:68 "後夫"，不必如伊川說．『左傳』齊·崔卜娶妻卦云: "入于其宮，不見其妻，凶." 人以爲凶，他云: "前夫當之矣." 彼云"前夫"，則此云"後夫"，正是一樣語．陽便是夫，陰便是婦．【礪】

70:69 ▲[90]

---

87) 李問: 徽州本에서는 李兄問으로 되어 있다.
88) 決: 英祖刊本·成化本·賀本에서는 決로 되어 있다.
89) ▲: '後夫'猶言後人.
90) ▲: "後夫"，只是說後來者．古人亦曾說"先夫當之"，也有喚作夫婦之"夫"底．【淵】

70:70 "後夫凶", 言九五旣爲衆陰所歸, 若後面更添一箇陽來, 則必凶. 古人如袁紹·劉馥·劉繇·劉備之事, 可見兩雄不並棲之義.【淵】

70:71 "比, 吉也", "也"字羨. 當云: "比吉. 比, 輔也, 下順從也." "比輔也", 解"比"字, "下順從也", 解"吉"字.【廣】

70:72 伊川言"建萬國以比民", 言民不可盡得而比, 故建諸侯, 使比民, 而天子所親者諸侯而已, 這便是它比天下之道.【淵】

70:73 ▲[91]

70:74 ▲[92] "初應四, 四是外比於賢, 爲比得其人. 二應五, 五爲'顯比'之[93]君, 亦爲比得其人. 惟三乃應上, 上爲'比之無首'者, 故爲'比之匪人'也."【時擧】

70:75 ▲[94] "田獵之禮, 置旃以爲門, 刈草以爲長圍. 田獵者自門驅而入, 禽獸向我而出者皆免, 惟被驅而入者皆獲. 故以前禽比去者不追, 獲者比[95]來則取之, 大意如此, 無緣得一一相似. 伊川解此句不須疑. 但'邑人不誡吉'一句似可疑, 恐『易』之文義不如此耳."【洽】

70:76 ▲[96]"邑人不誡", 蓋上之人顯明其比道, 而不必人之從己, 而[97]其私屬亦化之, 不相戒約而自然從己也.【礪】

---

91) ▲: "終來有他", 說將來, 似"顯比", 便有那周遍底意思.【淵】
92) ▲: 問"比之匪人." 曰:
93) 比'之: 『小分』에서는 之比를 교정부호로 바로잡았다.
94) ▲: 問: "伊川解'顯比, 王用三驅失前禽', 所謂來者撫之, 去者不追, 與'失前禽'而殺不去者, 所譬頗不相類, 如何?" 曰:
95) 比: 英祖刊本·成化本·賀本에서는 譬로 되어 있다.
96) ▲: 比九五
97) 己, 而: 『小分』에서는 而己를 교정부호로 바로잡았다.

70:77 ▲[98] 如有聞無聲, 言其自[99]不消相告戒, 又如"歸市者不止, 耕者不變"相似.【淵】

70:78 『易』第六爻在上爲首, 自下又爲尾, 兩用. 比上六象曰"比之無首, 无所終也"是也.

「小畜」

70:79 小畜言以巽之柔順而畜三陽, 畜他不住. 大畜則以艮畜乾, 畜得有力, 所以喚作"大畜." "小畜亨", 是說陽緣陰畜他不住, 故陽得自亨. 橫渠言: "『易』爲君子謀, 不爲小人謀." 凡言亨, 皆是說陽. 到得說陰處, 便分曉說道"小人吉." "亨"字便是下面"剛中而志行乃亨."【淵】

70:80 問: "▲[100]人說此卦, 作巽體順, 是小人以柔順小術畜君子, 故曰'小畜', 如何?" 曰: "『易』不可專就人上說, 且就陰陽上看分明. 巽畜乾, 陰畜陽, 故謂之'小.' 若配之人事, 則爲小人畜君子也得, 爲臣畜君也得, 爲人[101]小小事畜止也得, 不可泥定一事說."【學履】

70:81 問: "密雲[102]不雨, 自我西郊." 曰: "此是以巽畜乾, 畜[103]順乾健, 畜他不得, 故不能雨. 凡雨者, 皆是陰氣盛, 凝結得密, 方濕潤下降爲雨. 且如飯甑, 蓋得密了, 氣鬱不通, 四畔方有溫汗. 今乾上進, 一陰止他不得, 所以象中云'尙往也', 是指乾欲上進之象. 到上九, 則以卦之始終言. 畜[104]極則散, 遂爲'旣雨旣處.' 陰德盛滿如此, 所以有

98) ▲: "邑人不誡",
99) 其自: 『小分』에서는 自己를 교정부호로 바로잡았다.
100) ▲: 見
101) 人:【附箋紙】下"人"當作"因."
102) 密雲: 『小分』에서는 雲密을 교정부호로 바로잡았다.
103) 畜: 『朱子語類』에서는 巽으로 되어 있다.

‘君子征凶’之戒.”【學履】

70:82 ▲[105)]

70:83 ▲[106)]

70:84 “▲[107)] 君子以懿文德”, 言畜他不住, 且只逐些子發洩[108)]出來, 只以大畜比之便見得. 大畜說: “多識前言往行以畜其德.” 小畜只是做得這些箇文德, 如威儀・文辭之類.【淵】

70:85 問: “‘初九▲[109)] 正爲四所畜者, 乃云‘復自道’, 何耶[110)]?” 曰: “『易』有不必泥爻義看者, 如此爻只平看自好. ‘復自道’, 便吉, 復不自道, 便凶, 自無可疑者矣.”【時擧】

70:86 “復自道”之“復”與“復卦”之“復”不同. 復卦言已前不見了這陽, 如今復在此. “復自道”, 是復他本爲[111)], 從那道路上去, 如“無往不復”之“復.”【淵】

70:87 小畜但能畜得九三一爻已而[112)]. 九三是迫近他底, 那兩爻自牽連上來.【淵】

---

104) 言. 畜: 『小分』에서는 畜言을 교정부호로 바로잡았다.
105) ▲: “密雲不雨, 尙往也”, 是陰包他不住, 陽氣更散, 做雨不成, 所以尙往也.【礪】
106) ▲: 問: “‘風行天上, 小畜’, 象義如何?” 曰: “‘天在山中, 大畜’, 蓋山是堅剛之物, 故能力畜其三陽. 風是柔軟之物, 止能小畜之而已耳.”【時擧】
107) ▲: 風行天上, 小畜,
108) 洩: 『朱子語類』에서는 泄로 되어 있다.
109) ▲: 復自道, 何其咎? 吉.’ 此爻與四相應,
110) 耶: 『朱子語類』에서는 邪로 되어 있다.
111) 爲: 『朱子語類』에서는 位로 되어 있다.
112) 已而: 『朱子語類』에서는 而已로 되어 있다.

70:88 孚有在陽爻, 有在陰爻. 伊川謂: "中虛, 信之本, 中實, 信之質."【淵】

70:89 "富以其鄰"與"上合志", 是說上面巽體同力畜乾. 鄰, 如東家取箇, 西家取箇, ▲[113]上下兩畫也. 此言五居尊位, 便動得那上下底. "攣如", 手把攣住之象[114]. "旣雨旣處", 言便做畜得住了. 做得雨後, 這氣必[115]竟便透出散了. "德積"是說陰德, 婦人雖正亦危, 月才滿便虧, 君子到此亦行不得. 這是那陰陽皆不利底[116]象.【淵】

70:90 問: "小畜以一陰而畜五陽, 而九五乃云'富以其鄰', 是[117]▲[118]六四之陰并力而畜下三陽, 不知九五何故反助陰耶?" 曰: "九五上九皆爲陰所畜, 又是同巽之體, 故反助之也." 又曰: "上九爻辭殊不可斷. 若人占得此爻, 則吉凶未可知. 然『易』占法有活法. 聖人因事敎人, 如有是德而得是爻則爲吉, 無是德而得是爻則不應, 須如此看乃活. 如'輿說輻, 夫妻反目'一爻, 可謂不好. 然能以剛自守, 則雖得此爻, 而凶不應矣."【銖】

70:91 "上九雖是陰畜陽, 至極處, 和而[119]爲雨. 必[120]竟陰制陽是不順, 所以雖正亦厲."【礪】

70:92 "小畜上九, 疑是太甲·伊尹之事當之. 「注」云: '陰旣盛而亢陽, 則君子亦不可以有行.' 恐當云'君子於此宜靜而不宜動, 故征則凶

---

113) ▲: 取
114) 手把攣住之象: 成化本·徽州本에서는 如手把攣住之象로 되어 있다.
115) 必: 成化本에서는 畢로 되어 있다.
116) 底: 賀本에서는 之로 되어 있다.
117) 是:【附箋紙】"是"下脫"與"字.
118) ▲: 與
119) 和而: 『小分』에서는 而和를 교정부호로 바로잡았다.
120) 必: 成化本에서는 畢로 되어 있다.

也', 方與上意不相害." 曰: "作伊・周之事說亦得. 作『易』本意, 只說陰畜陽到極處." 問: "旣如此, 則何故又曰'君子征凶'?" 曰: "便是『易』本意只言陰畜陽. 若以事言之, 則伊尹之於太甲, 周公之於成王[121] ▲[122]如此. 如武后之於高宗亦然." 問: "武后事, 恐不可謂之'旣雨.'" 曰: "它也自和." 問: "恐不可謂之'婦貞.'" 曰: "『易』中之意, 言婦雖貞猶厲, 而況於不貞乎! 蓋『易』文本是兩下說在那裡, 不可執定看." 【榦】

70:93 "十六日, 月雖闕未多, 卻圓似生明之時, 畢竟是漸闕去. 月初雖小於生魂[123]時, 卻是長底時節." 問: "占得此爻則如何?" 曰: "這當看所値之時何如, 大意大抵不得便宜." 【月幾望: 「小畜」上六, 「歸妹」六五, 「中孚」六四.】

「履」

70:94 ▲[124]

70:95 履, 上乾下兌, 以陰躡陽, 是隨後躡他, 如踏他脚跡相似. 所以云"履虎尾", 是隨後履他尾, 故於卦之三四爻發虎尾義, 便是陰去躡他陽背脊後處. 伊川云"履藉", 說得生受. 【礪】

70:96 問: "▲[125]象言'剛中正, 履帝位而不疚', 正指九五而言. 而九五爻辭乃曰'夬履貞厲', 有危象焉, 何也?" 曰: "'夬, 决[126]也.' 九五以

121) 王: 【附箋紙】"王"下脫"固"字.
122) ▲: 固
123) 魂: 英祖刊本・成化本・賀本에서는 魄으로 되어 있다.
124) ▲: "履虎尾", 言履危而不傷之象. 便是後履前之意, 隨著他後去. 【淵】
125) ▲: 履以兌遇乾, 和說以躡剛强之後, 所以有履虎尾而不傷之象. 但
126) 决: 英祖刊本・成化本・賀本에서는 決로 되어 있다.

剛中正履帝位, 而下又以和說應之, 故其所行果決[127], 自爲無所疑礙, 所以雖正亦厲. 蓋曰雖使得正, 亦危道也, 爲戒深矣!"【銖 ○時擧錄見下.】

70:97 ▲[128] "九五是以剛居上, 下臨柔說之人, 故決[129]然自爲而無所疑, 不自知其過於剛耳."【時擧】

70:98 問: "履, 如何都做'禮'字說?" 曰: "'定上下, 辯[130]民志'[131], 便也是禮底意思." 又曰: "禮主卑下. 履也是那踐履處, 所行若不由禮, 自是乖戾, 所以曰'履以和行.' 謙又更卑▲[132] 所以節制乎禮." 又曰: "禮是自家恁地卑下, 謙是就應物而言." 又曰: "'履和而至'以下, 每句皆是反說. 履出於人情之自然, 所以和者, 疑於不然而卻至. '謙尊而光', 若秦人尊君卑臣, 則雖尊而不光, 惟謙, 則尊而又光."

70:99 ▲[133]

70:100 ▲[134]

70:101 "武人爲于大君", 必有此象. 但六三陰柔, 不見得▲[135]武人之象.【淵】

---

127) 決: 英祖刊本・成化本・賀本에서는 决로 되어 있다.
128) ▲: 叔重問: "'剛中正, 履帝位而不疚, 光明.' 此是指九五而言. 然九五爻辭云'夬履貞厲', 與「象」似相反, 何邪?" 曰:
129) 決: 英祖刊本・成化本・賀本에서는 决로 되어 있다.
130) 辯: 英祖刊本・賀本에서는 辨으로 되어 있다.
131) '定上下, 辯民志': 英祖刊本에서는 '辯上下, 定民志'으로 되어 있다.
132) ▲: 下,
133) ▲: 伊川這一卦說卻「大象」, 幷"素履"・"履道坦坦"處, 卻說得好.
134) ▲: "履道", 道卽路也.【淵】
135) ▲: 有

70:102 履三四爻, 正是躡他虎尾處. 陽是進底物事. 四又上躡五, 亦爲虎尾之象.【砥】

70:103 ▲[136)]

70:104 "夬履"是做得忒快, 雖合履底也有危厲.【淵】

70:105 "夬履貞厲", 正東坡所謂"憂治世而危明主也."【學履】

70:106 "視履考祥", 居履之終, 視其所履而考其祥, 做得周備底, 則大吉. 若只是半截時, 無由考得其祥, 後面半截卻不好, 未可知. "旋", 是那團旋來, 卻到那起頭處.【淵】

「泰」

70:107 論陰陽各有一半. 聖人於泰否, 只爲陽說道理. 看來聖人出來做, 須有一箇道理, 使得天下皆爲君子. 世間人多言君子小人常相半, 不可太去治他, 急迫之卻爲害. 不然. 如舜·湯擧伊尹·皐陶, 不仁者遠, 自是小人皆不▲[137)]爲非, 被君子夾持得, 皆革面做好人了.【淵】

70:108 問: "看否泰二卦, 見得泰无不否, 若是有手段底, 則是稍遲得." 曰: "自古自治而入亂者易, 由亂而入治者難. 治世稍不支捂, 便入亂去. 亂時須是大人休否, 方做得."【學履】

70:109 問: "'財成輔相'字如何解?" 曰: "裁成, 猶裁截成就之也, 裁成

136) ▲: "志行也", 只是說進將去.【淵】
137) ▲: 敢

者, 所以輔相也."【一作: "輔相者, 便只是於裁成處, 以補其不及而已."】 又問: "裁成何處可見?" 曰: "眼前皆可見. 且如君臣父子兄弟夫婦, 聖人便爲制下許多禮數倫序, 只此便是裁成處. 至大至小之事皆是. 固是萬物本自有此理, 若非聖人裁成, 亦不能如此齊整, 所謂'贊天地化育而與之參'也."【一作: "此皆天地之所不能爲而聖人能之, 所以贊天地之化育, 而功與天地參也."】 又問: "輔成裁相[138], 學者日用處有否?" 曰: "饑食渴飮, 冬裘夏葛, 耒耜罔罟, 皆是."【僩[139]】

70:110 "財成"是截做段子底, "輔相"是佐助他底. 天地之化, 儱侗相續下來, 聖人便截作段子. 如氣化一年一周, 聖人與他截做春夏秋冬四時.【淵】

70:111 問: "'財成輔相', 無時不當然, 何獨於泰時言之?" 曰: "泰時則萬物各遂其理, 方始有裁成輔相處. 若否塞不通, 一齊都無理會了, 如何裁成輔相得?"【學履 ○燾錄作: "天地閉塞, 萬物不生, 聖人亦無所施其力."】

70:112 "泰初九云: '占者陽剛, 則其征吉矣.' 當云: '占者陽剛而得其類, 則征吉矣.' '以其彙', 亦是占辭." 曰: "'以其彙'屬上文. 嘗見郭璞『易林』亦如此做句, 便是那時人已自恁地讀了. 蓋'拔茅連茹'者, 物象也, '以其彙'者, 人也."【榦】

70:113 問: "'包荒得尙于中行, 以光大也.' 以九[140]▲[141]剛中有光大之德, 乃能包荒邪? 爲是'包荒得尙于中行', 所以光大邪?" 曰: "『易』上如說'以中正也', 皆是以其中正方能如此. 此處也只得做以其光大說.

138) 輔成裁相: 『朱子語類』에서는 輔相裁成으로 되어 있다.
139) 僩: 賀本에는【淵】으로 되어 있다.
140) 九:【附箋紙】"九"下脫"二"字.
141) ▲: 二

若不是一箇心胸明濶[142]底, 如何做得!"【礪】

70:114 "勿恤其孚", 只作一句讀. 孚, 只是信, 蓋言不卹後來信與不信爾.【義剛】

70:115 "于食有福." 食, 如"食舊德"之"食",「赤壁賦」"吾與子之所共食"之"食."【礪】

70:116 "富以其鄰", 言以其富厚之力而能用其鄰. "不富以其鄰", 言不待富厚之力而能用其鄰.【淵】

70:117 "帝乙歸妹", 今人只做道理譬喩推說. 看來須是帝乙嫁妹時占得此爻.【淵】

70:118 "自邑告命", 是倒了. 邑是私邑, 卻倒來命令自家. 雖便做得正, 人君到此也則羞吝.【淵】

70:119 方泰極之時, 只得自治其邑. 程先生說民心離散, 自其親近者而告命之, 雖正亦吝. 然此時只得如此, 雖吝卻未至於凶.【礪】

70:120 且如"城復于隍", 須有這箇城底象・隍底象・邑底象. 城・隍・邑皆土地, 在坤爻中自有此象.【淵】

70:121 "城復于隍", 隍是河. 掘其土以爲城, 又因以固城也. "勿用師", 師是兵師, 凡坤有衆與土之象.【礪】

70:122 問: "泰卦'无平不陂, 无往不復', 與'城復于隍.'" 因言: "否・

---

142) 濶: 『朱子語類』에서는 闊로 되어 있다.

泰相承[143]如此, 聖人因以垂戒.” 曰: “此亦事勢之必然. 治久必亂, 亂久必治, 天下無久而不變之理.” 子善遂言: “天下治亂, 皆生於人心. 治久[144]則人心放肆, 故亂因此生, 亂極則人心恐懼, 故治由此起.” 曰: “固是生於人心, 然履其運者, 必有變化持守之道可也. 如明皇·開元之治自是好了, 若但能把捉, 不至於[145]天寶之放肆, 則後來亦不能[146]如此狼狽.” 銖因言: “觀聖人立象·係[147]辭, 當好時便須有戒懼收斂底意, 當不好時, 便須有艱難守正底意. 徹首徹尾, 不過敬而已. 卦中无全好者, 亦无全不好者. 大率敬即好, 不敬即不好.” 先生頷之.【銖】

「否」

70:123 “否之匪人”, 言沒了這人道.【淵】

70:124 問: “否‘之匪[148]人’三字, 說者多牽强. 『本義』云: ‘與泰相反, 故曰〈匪人〉, 言非人道也.’ 程『易』卻云‘天地不交而萬物不生, 故无人道’, 如何?” 曰: “說者云, 此三字衍, 蓋與‘比之匪人’語同而字異, 遂錯誤於此, 今强解不通也.” 又問: “‘初六拔茅茹, 以其彙, 貞吉亨.’ 蓋三陰在下, 各以類進. 然惡未形, 故戒其能正, 則吉而亨, 蓋能正則變爲君子矣. 程『易』作君子在下說, 云‘當否之時, 君子在下, 以正自守’, 如何?” 曰: “程氏亦作君子之象說, 某覺得牽强, 不是此意.” 又問: “九四‘有命无咎, 疇離祉.’ 三陰已過而陽得亨, 則否過中而將濟之時, 與泰九三‘無平不陂, 无往不復’相類.” 曰: “泰九三時, 已有小人, 便是可畏

143) 承: 【附箋紙】“承”, 刊本作“乘.”
144) 治久: 『小分』에서는 久治를 교정부호로 바로잡았다.
145) 於: 【附箋紙】“於”當作“如”
146) 能: 『朱子語類』에서는 應으로 되어 있다.
147) 係: 成化本에서는 繫로 되어 있다.
148) 否‘之匪人’: 『小分』에서는 匪之否人을 교정부호로 바로잡았다.

如此, 故艱貞則无咎. 否下三爻, 君子尙畏它, 至九四, 卽不畏之矣, 故有'有命疇離祉'之象占也." 又問: "九五'其亡其亡, 繫于苞桑', 如何?" 曰: "有戒懼危亡之心, 則便有苞桑繫固之象. 蓋能戒懼危亡, 則如繫于苞桑, 堅固不拔矣. 如此說, 則象占乃有收殺, 非是'其亡其亡', 而又'繫于苞桑'也." 【銖】

70:125 "拔茅茹", "貞吉亨", 這是吉凶未判時. 若能於此改變時, 小人便是做君子. 君子小人只是箇正・不正. 初六, 是那小人欲爲惡而未發露之時, 到六二"包承", 則已是打破頭面了, 然尙自承順那君子, 未肯十分做小人在, 到六三, 便全做小人了, 所以包許多羞恥. 大凡小人做了罪惡, 他心下也自不穩當, 此便是"包羞"之說. 【淵】

70:126 "包承", 龜山以"包承小人"爲一句, 言否之世, 當包承那小人, 如此卻不成句. 龜山之意, 蓋欲解洗他從蔡京父子之失也. 【淵】

70:127 ▲[149)]

70:128 "包羞"之說, 是有意傷善而未能之意. 他六二尙自包承, 到這六三, 已是要害君子. 然做事不得, 所以包許多羞恥. 【淵】

70:129 否九四雖是陽爻, 猶未離乎否體. 只緣他是陽, 故可以有爲, 然須有命方做得. 又曰: "'有命', 是有箇機會, 方可以做. 占者便須是有箇築着磕着時節, 方做得事成, 方无咎." 【礪】

70:130 ▲[150)]須得一箇幸會, 方能轉禍爲福. 否本是陰長之卦. 九五"休否", 上九"傾否", 又自大故好. 蓋陰之與陽, 自是不可相无者. 今以

149) ▲: "包承", 也是包得許多承順底意思. 【學履】
150) ▲: 否九四"有命無咎, 疇離祉", 這裏是吉凶未判, 須是有命方得無咎. 故

四時寒暑而論，若是无陰陽，亦做事不成. 但以善惡及君子小人而論，則聖人直是要消盡了惡，去盡了小人，蓋亦抑陰進陽之義.【學履錄作“助陽之意.”】 某於坤卦曾略發此意. 今有一樣人議論，謂君子小人相對，不可大故去他，若要盡去他，則反激其禍. 且如舜・湯擧皐陶・伊尹，不仁者遠. 所謂去小人，非必盡滅其類. 只是君子道盛，小人自化，雖有些小無狀處，亦不敢發出來，豈必勦滅之乎!【文蔚 ○學履錄略.】

70:131 九四則否已過中. ▲[151] 大抵『易』爲君子謀. 且如否內三爻是小人得志時，然不大段會做得事. 初則如此，二又如此，三雖做得些箇，也不濟事. 到四，則聖人便說他那君子得時，否漸次反泰底道理. 五之“苞[152]桑”，「繫辭」中說得條暢，盡之矣. 上九之“傾否”，到這裡便傾了否，做泰.【淵】

70:132 九五以陽剛得位，可以休息天下之否. 然須常存得危亡之心，方有苞桑之固. 不知聖人於否泰只管說“包”字如何，須是象上如何取其義. 今曉他不得，只得說堅固. 嘗見林謙之與張欽夫講『易林』，以爲有象. 欽夫云: “看孔子說‘公用射隼於[153]高墉之上’，只是以道理解了，便是無用乎象，遂著書說此.” 看來不如此. 蓋當時人皆識得象，卻有未曉得道理處. 故聖人不說▲[154]，卻就上發出道理說，初不是懸空說出道理. 凡天下之物須是就實事上說，方有著落. 又曰: “聖人分明是見有這象，方就上面說出來. 今只是曉他底不得，未說得也未要緊，不可說道他無此象. 呂大臨以‘酬爵不擧’解‘不盡人之歡.’ 酬爵不擧是實事如此，‘不盡人之歡’，便是就上說出這話來.”【礪】

○[155] 又說邠老社倉宜避去事，擧『易』之否「象」曰: “君子以儉德避

151) ▲: 上三爻是說君子，言君子有天命而無咎.
152) 苞: 孝宗刊本・英祖刊本・成化本에서는 包로 되어 있다.
153) 於: 英祖刊本・成化本・賀本에서는 于로 되어 있다.
154) ▲: 象

難, 不可榮以祿." 【德明】

「同人」

70:133 "同人于野亨, 利涉大川", 是兩象一義. "利見[156]君子貞", 是一象. 【淵】

70:134 "乾行也", 言須是這般剛健之人, 方做得這般事. 若是柔弱者, 如何會出去外面同人, 又去涉險! 【淵】

70:135 『易』雖抑陰, 然有時把陰爲主, 如同人是也. 然此一陰雖是一卦之主, 又卻柔弱, 做主不得. 【淵】

70:136 "類族辨物", 言類其族, 辨其物. 且如靑底做一類, 白底做一類, 恁地類了時, 同底自同, 異底自異. 【淵】

70:137 問: "▲[157]伊川說云: '各以其類族辨物之同異也.' 則是就類族上辨物否?" 曰: "'類族'是就人上說, '辨物'是就物上說. 天下有不可皆同之理, 故隨他頭項去分別. '類族', 如分姓氏, 張姓同作一類, 李姓同作一類. '辨物', 如牛類是一類, 馬類是一類. 就其異處以致其同, 此其所以爲同也. 伊川之說不可曉." 【學履】

70:138 問: "六二與九五, 柔剛中正上下相應, 可謂盡善. 卻有'同人于宗吝'與'先號咷'之象, 如何?" 曰: "以其太好, 兩者時位相應, 意趣相合, 只知款密, 卻無至公大同之心, 未免係於私, 故有吝. 觀'二人同心,

---

155) ○: 『朱子語類』68:95의 일부이다.
156) 見: 成化本・賀本에는 없다.
157) ▲: '類族辨物', 如

其利斷金, 同心之言, 其臭如蘭', 固是他好處. 然於好處猶有失, 以其係於私暱, 而不能大同也. 大凡悔者自凶而之吉, 吝者自吉而趨凶." 又問: "'伏戎于莽, 升其高陵', 如何?" 曰: "只是伏于高陵之草莽中, 三歲不敢出. 與九四'乘其墉', 皆爲剛盛而高. 三欲同於二, 而懼九五之見攻, 故升高伏戎欲敵之, 而五陽方剛不可奪, 故'三歲不興', 而「象」曰不能行也. 四欲同於二, 而爲三所隔, 故乘墉攻之, 而以居柔, 遂自反而弗克, 而「象」曰'義不[158]克也.' 程『傳』▲[159]升高陵, 有升高顧望之意, 此說雖巧, 恐非本意. 程『傳』說得'通天下之志'處極好, 云: '文明則能燭理, 故能明大同之義, 剛健則能克己, 故能盡大同之道.' 此說甚善. ▲[160] 問: "'大師克相遇', 『本義』无說, 何也?" 曰: "舊說只用大師克勝之, 方得相遇. 或云大師之克, 見二陽之剛[161], 則非也." 銖曰: "二五本自同心, 而爲三四所隔, 故'先號咷', 先謂理直也.【淵錄云: "以中直也. 言其理直而不得伸, 所以先號咷."】 大師克而後相遇, 則後笑矣. 蓋亦義理之同, 物終不得而間之, 故相遇也." 先生頷之. 又問"同人于郊." 曰: "郊是荒寂无人之所, 言不能如'同人于野', 曠遠無私, 荒僻無與同. 蓋居外無應, 莫與同者, 亦可以无悔也."【銖】

70:139 ▲[162]問: "▲[163]三四, 皆有爭奪之義." 曰: "只是爭六二一陰爻, 卻六二自與九五相應. 三以剛居剛, 便迷而不返, 四以剛居柔, 便有反底道理[164]. 「繫辭」云: '近而不相得則凶.' 如初上則各在事外, 不相干涉, 所以无爭."【罃】

70:140 ▲[165] "'同人于野', 是廣大无我之意. '同人于郊', 是无可與同

158) 不: 『朱子語類』에서는 弗로 되어 있다.
159) ▲: 謂
160) ▲: 大凡說書, 只就眼前說出底便好, 崎嶇尋出底便不好."
161) 剛: 『朱子語類』에서는 强으로 되어 있다.
162) ▲: 伯豐
163) ▲: 「同人」
164) 便有反底道理: 徽州本에서는 反 아래에 剛이 더 들어 있다.

之人也. 取義不同, 自不相悖."【時擧】

「大有」

70:141 "'應乎天而時行', 程說以爲應天時而行, 何如?" 曰: "是以時而行, 是有可行之時."【礪】

70:142 "火在天上, 大有." 凡有物須是自家照見得, 方見得有. 若不照見, 則有无不可知, 何名爲有!【淵】

70:143 問: "'君子以遏惡揚善, 順天休命.' 竊以爲天之所以命我者, 此性之善也. 人惟蔽於非心邪念, 是以善端之在人心, 日以湮微. 君子儻能遏止非心邪念於未萌, 則善端始自發揚, 而天之所以命我者, 始无所不順. 如此而爲'順天休命', 若何?" 曰: "天道喜善而惡惡, 遏惡而揚善, 非'順天休命'而何? 吾友所說, 卻似嫌他說得大, 要束小了說."【蓋卿】

70:144 問: "初九▲[166] 曰: "此爻本最吉, 不解有咎. 然須說'艱則无咎.' 蓋『易』之書大抵教人戒愼[167]恐懼, 无有以爲易而處之者. 雖至易之事, 亦必以艱難處之, 然後无咎也."【僩】

70:145 古人於"亨"字, 作"享・烹"字通用. 如"公用亨于天子", 分明是"享"字. 『易傳』[168]中解作"亨[169]"字, 便不是.【罃】

---

165) ▲: 問"同人于郊." 曰:
166) ▲: '無交害, 匪咎. 艱則無咎.'"
167) 愼: 孝宗刊本・英祖刊本・成化本에서는 謹으로 되어 있다.
168) 『傳』: 成化本・賀本에는 없다.
169) 享: 【挾書】此"享"者當作"亨."

70:146 問: "上九'自天祐之, 吉无不利.'" 曰: "上九以陽剛居上, 而能下從六五者, 蓋陽從陰也. 大有唯六五一陰, 而上下五陽應之. 上九能下從六五, 則爲'履信思順而尙賢.' 蓋五之交孚, 信也, 而上能履之, 謙退不居, 思順也, 志從於五, 尙賢也. '天之所助者順, 人之所助者信', 所以有'自天祐之吉无不利'之象. 若无「繫辭」此數句, 此爻遂无收殺. 以此見聖人讀『易』, 見爻辭有不分明處, 則於「繫辭傳」說破, 如此類是也." 又問"遏惡揚善, 順天休命."[170] "由天命有善而无惡. 當大有時, 遏止其惡, 顯揚其善, 反之於身, 亦莫不然. 非止用人, 用人乃其一事耳." 又問: "'公用亨于天子', '亨'只當作'享'字看, 與'王用亨于西山'同." 曰: "'公用亨于天子', 已有左氏所引可證. 如隨之'王用亨于西山', 亦必是'祭享'之'享'无疑." 又問: "'匪其彭', 只當依程『傳』作盛貌." 曰: "程說爲優. 王弼作下比九三分權之臣, 蓋以彭爲旁, 言專心承五, 常匪其旁."【因說: "王荊公上韓魏公啓云: '時當大有, 更懷下比之嫌.' 用此事譏魏公也." ○銖】

「謙」

70:147 謙便能亨, 又爲"君子有終"之象[171]. 【淵】

70:148 "虧盈益謙"是自然之理. 【淵】

70:149 "變盈流謙", 揚子雲言: "山殺瘦, 澤增高." 此是說山上之土爲水漂流下來, 山便瘦, 澤便高. 【淵】

70:150 鬼神言"善[172]"言"福", 是有些造化之柄. 【淵】

---

170) 順天休命.": 成化本에서는 이 뒤에 曰이 더 들어 있다.
171) 又: 【附箋紙】"又", 刊本作"文."
172) 善: 【附箋紙】"善"刊本作"害."

70:151 ▲[173] 如言"與鬼神合其吉凶", 則鬼神便說箇"吉凶"字.【淵】

70:152 ▲[174] "天道是就寒暑往來上說, 地道是就地形高下上說, 鬼神是就禍福上說, 各自主一事而言耳." ▲[175]【時舉】

70:153 謙之爲義, 不知天地人鬼何以皆好尙之. 蓋太極中本无物, 若事業功勞, 又於我何有? 觀天地生萬物而不言所利, 可見矣.【賀孫】

70:154 問"謙尊而光, 卑而不可踰." 曰: "恐程先生之說, 非『周易』本文之意. '尊'字是對'卑'字說, 言能謙, 則位處尊而德愈光, 位雖卑而莫能踰. 如古之賢聖之君, 以謙下人, 則位尊而愈光, 若驕奢自大, 則雖尊而不光."【子蒙】

70:155 "謙尊而光, 卑而不可踰." 以尊而行謙, 則其道光, 以卑而行謙, 則其德不可踰. 尊對卑言, 伊川以謙對▲[176]說, 非是. 但聖人九卦之引此一句, 看來大綱說.【僩】

70:156 "裒多益寡"便是謙, "稱物平施"便是"裒多益寡."【淵】

---

173) ▲: 鬼神說"害"說"福."

174) ▲: 問: "「謙」「彖」云云. 鬼神是造化之跡, 旣言天地之道, 又言鬼神, 何邪?" 曰:

175) ▲: 因云: "上古之時, 民心昧然不知吉凶之所在, 故聖人作『易』敎之卜筮, 使吉則行之, 凶則避之, 此是開物成務之道. 故「繫辭」云: '以通天下之志, 以定天下之業, 以斷天下之疑.' 正謂此也. 初但有占而無文, 往往如今之环珓相似耳. 但如今人因「火珠林」起課者, 但用其爻而不用其辭, 則知古者之占, 往往不待辭而後見吉凶. 至文王・周公方作彖爻之辭, 使人得此爻者, 便觀此辭之吉凶. 至孔子, 又恐人不知其所以然, 故又復逐爻解之, 謂此爻所以吉者, 謂以中正也, 此爻所以凶者, 謂不當位也, 明明言之, 使人易曉耳. 至如「文言」之類, 卻是就上面發明道理. 非是聖人作『易』, 專爲說道理以敎人也. 須見聖人本意, 方可學『易』."

176) ▲: 卑

70:157 問: “▲[177]謙雖是若放低去, 實是損高就低, 使敎恰好, 不是一向低去.” 曰: “大抵人多見得在己者高, 在人者卑. 謙則抑己之高而卑而[178]下人, 便是平也.” 【學履】

70:158 “鳴謙”在六二, 又言“貞”者, 言謙而有聞, 須得其正則吉. 蓋六二以陰處陰, 所以戒他要貞. 謙而不貞, 則近於邪佞. 上六之鳴卻不同. 處謙之極而有聞, 則失謙本意. 蓋謙本不要人知, 況在人之上而有聞乎! 此所以“志未得.” 【淵】

70:159 ▲[179]四是陰位, 又在上卦之下, 九三之上, 所以更當發撝其謙. “不違則”, 言不違法則. 【淵】

70:160 ▲[180]“撝謙”, 是合如此, 不是過分事, 故某解其象云: “言不爲過.” 【礪】

70:161 ▲[181]問: “程『易』說‘利用侵伐’, 蓋以六五柔順謙卑, 然君道又當有剛武意, 故有‘利用侵伐’之象. 然上九[182]亦言‘利用行師’, 如何?” 曰: “便是此等有不通處.” 【時擧】

70:162 ▲[183]問: “▲[184]‘志未得也.’ ▲[185]” 曰: “爲其志未得, 所以‘行師征邑國’, 蓋以未盡信從故也.” 又問: “謙之五・上專說征伐, 何意?”

177) ▲: 謙‘裒多益寡.’ 看來
178) 而: 『朱子語類』에서는 以로 되어 있다.
179) ▲: “撝謙”, 言發揚其謙. 蓋
180) ▲: 六四
181) ▲: 叔重因
182) 九: 成化本・賀本에서는 六으로 되어 있다.
183) ▲: 用之
184) ▲: 謙上六「象」曰:
185) ▲: 如何?

曰: "'坤爲地'·'爲衆.' 凡說國邑征伐處, 多是因坤. 聖人元不曾着意, 只是因有此象, 方說此事."【文蔚】

70:163 ▲186)

70:164 問: "謙是不與人爭, 如何五·上二爻皆言'利用侵伐'·'利用行師'? 「象」曰: '利用侵伐, 征不服也.' 若以其不服而征, 則非所以爲謙矣." 曰: "老子言: '大國以下小國, 則取小國, 小國以下大國, 則取大國.' 又言: '抗兵相加, 哀者勝矣.' 孫子曰: '始如處女, 敵人開戶, 後如脫免, 敵不及拒!' 大抵謙自是用兵之道, 只退處一步耳, 所以'利用侵伐'也. 蓋自初六積到六五·上六, 謙亦極矣, 自宜人人服之. 尙更不服, 則非人矣, 故'利用侵伐'也. 如'必也臨事而懼', 皆是此意."【銖】

「豫」

70:165 "建侯行師", 順動之大者. 立箇國君, 非擧動而何!【淵】

70:166 刑罰不淸, 民不服. 只爲擧動不順了, 致得民不服. 便是徒配了他, 亦不服.【淵】

70:167 "豫之時義", 言豫之時底道理.

70:168 "雷出地奮", 止是象其聲而已. "薦上帝, 配祖考", 大概言之.【淵】

---

186) ▲: 問: "謙上六'志未得也.'" 曰: "'志未得', 所以行師, 亦如六五之意." 問: "謙上六何取象於行師?" 曰: "'坤爲衆', 有坤卦處, 多言師. 如泰上六'城復于隍, 勿用師'之類. 坤爲土, 土爲國, 故云'征邑國也.' 以此見聖人于易不是硬做, 皆是取象. 因有這象, 方就上面說."【礪】

70:169 先王作樂, 无處不用. 然用樂之大者, 尤在於"薦上帝, 配祖考"也.【僩】

70:170 ▲[187] "先生作樂, 其功德便自不可掩也."【時舉】

70:171 ▲[188]是自[189]崇其德, 如「大韶」·「大武」之類否?" 曰: "是."【礪】

70:172 ▲[190] "九四自好, 自是初六自不好, 怎柰他何?" 又問: "雷出地奮, 豫, 先王以作樂崇德." 先生謂: "象其聲者謂雷, 取其義者爲和. '崇德'謂著其德, '作樂'所以發揚其德也."【時舉】

70:173 "介于石", 言兩石相摩擊而出火之意. 言介然之頃, 不待終日, 而便見得此道理.【淵】

70:174 ▲[191]

70:175 問: "▲[192] 下溺之義▲[193]." 曰: "此如[194]人趨時附勢以得富貴, 而自以[195]爲樂者也."【榦】

70:176 "由豫", 猶言"由頤."【淵】

---

187) ▲: 問"作樂崇德." 曰:
188) ▲: 問: "'作樂崇德'
189) 是自: 『小分』에서는 自是를 교정부호로 바로잡았다.
190) ▲: 叔重問: "豫初六與九四爲應. 九四'由豫, 大有得', 本亦自好. 但初六恃有强援, 不勝其豫, 至於自鳴, 所以凶否?" 曰:
191) ▲: "盱豫, 悔", 言 著六四之豫, 便當速悔, 遲時便有悔. "盱豫"是句.【淵】
192) ▲: 六三云: '上視於四, 而下溺於豫.'
193) ▲: 未曉
194) 此如: 賀本에서는 如此로 되어 있다.
195) 以: 賀本에는 없다.

「隨」

70:177 伊川說"說而動, 動而說", 不是. 不當說"說而動." 凡卦皆從內說出去, 蓋卦自內生, "動而說", 卻是. 若說"說而動", 卻▲196) 自197) 家說他後他動, 不成隨了. 我動彼▲198), 此之謂隨. 【淵】

70:178 動而說成隨, 巽而止成蠱. 【節】

70:179 ▲199)

70:180 ▲200) 范益之曰: "宴息乃所以養其明." 曰: "不是. 蓋其卦震下兌上, 乃雷入地中之象. 雷隨時藏伏, 故君子亦嚮晦入宴息. 此是某所見如此, 不知舊人曾如此看否?" 【子蒙】

70:181 問: "▲201) 官是'主'字之義, 是一卦之主. 首變得正便吉, 不正便凶." 曰: "是如此." 又曰: "這必是變了. 只是要'出門交有功', 卻是變." 【礪】

70:182 "官有渝", 隨之初主有變動, 然尚未深. 【淵】

70:183 "小子・丈夫", 程說是. 【淵】

---

196) ▲: 是
197) 自: 【附箋紙】"自"上脫"是"字.
198) ▲: 說
199) ▲: "天下隨時"處, 當從王肅說. 【淵】
200) ▲: 問: "程先生云'澤隨雷動, 君子當隨時宴息', 是否?" 曰: "既曰雷動, 何不言君子以動作? 卻言'宴息'?"
201) ▲: 初九'官有渝, 貞吉, 出門交有功.'

70:184 "王用亨于西山", 言誠意通神明, 神亦隨之, 如"況於鬼神乎"之意.【淵】

「蠱」

70:185 "皿蟲"爲"蠱", 言器中盛那蟲, 教他自相併, 便是那積蓄到那壞爛底意思. 一似漢・唐之衰, 弄得來到那極弊大壞時, 所以言"元亨." 蓋極弊則將復興, 故言"元亨." "巽而止, 蠱", 卻[202]不是巽而止能治蠱. "巽而止", 所以爲蠱. 趙德莊說, 下面人只務巽, 上面人又懶惰不肯向前, 上面一向剛, 下面一向柔, 倒塌了, 這便是蠱底道理.【淵 ○必大錄云: "上頭底只管剛, 下頭底只管柔, 又只巽順, 事事不向前, 安得不蠱! 舊聞趙德莊如此說."】

70:186 問: "蠱▲[203] 如何便會'元亨'?" 曰: "亂極必治, 天道循環, 自是如此. 如五胡亂華, 以至於隋, 亂之極, 必有唐 太宗者出. 又如五季必生太祖, 若不如此, 便无天道了, 所以「彖」只云: '蠱元亨而天下治也.'"【礪】

70:187 "先甲・後甲", 言先甲之前三日, ▲[204]辛[205]也. 是時前段事已過中了. 是那欲壞之時, 便當圖後事之端, 略略撐住[206]則箇. 雖終歸於弊, 且得支吾幾時.【淵】

70:188 問: "'蠱剛上柔下'有數義. 剛在上而柔在下, 爲卦體. 下卑巽[207]而上苟止, 所以爲蠱, 此卦義. 又自卦變言之, 自賁井既濟來, 皆

---

202) 卻: 賀本에서는 那로 되어 있다.
203) ▲: 是壞亂之象, 雖亂極必治,
204) ▲: 乃
205) 辛:【附箋紙】"辛"上脫"乃"字.
206) 住: 孝宗刊本・英祖刊本・成化本에서는 拄로 되어 있다.
207) 卑巽: 『小分』에서는 巽卑를 교정부호로 바로잡았다.

剛上而柔下, 此卦變." 曰: "是. 龜山說, '巽而止'乃治蠱之道, 言當柔順而止, 不可堅正必爲. 此說非惟不成道理, 且非『易』「彖」文義. '巽而止, 蠱', 猶'順以動, 豫', '動而說, 隨', 皆言卦義. 某『本義』之說, 蓋是趙德莊說. 趙云: '剛在上, 柔在下, 下卑巽而上苟止, 所以蠱壞.' 此則文義甚協." 又問: "先甲, 辛也, 後甲, 丁也. 辛有新意, 丁有丁寧意, 其說似出「月令注」." 曰: "然. 但古人祭祀亦多用先庚・先甲. 先庚, 丁也, 後庚, 癸也, 如用丁亥・辛亥之類." 又問: "'有子, 考无咎'與'意承考'之'考', 皆是指父在. 父在而得云'考'何?" 曰: "古人多通言, 如「康誥」'大傷厥考心', 可見." 又問: "九三'幹父之蠱, 小有悔, 无大咎.' 言'小有悔', 則无大悔矣, 言'无大咎', 則不免有小咎矣. 但「象」曰'終无咎', 則以九三雖過剛不中, 然在巽體不爲无順而得正, 故雖悔而无咎. 至六四則不然, 以陰居柔, 不能有爲. 寬裕以治蠱, 將日深而不可治, 故往則見吝. 言自此以往, 則有吝也." 曰: "此兩爻說得'悔・吝'二字最分明. 九三有悔而无咎, 由凶而趨吉也, 六四雖目下无事, 然卻終吝, 由吉而趨凶也. 元祐間, 劉莘老・劉器之之徒, 必欲盡去小人, 卻是未免有悔. 至其他諸公欲且寬裕无事, 莫大段整頓. 不知目前雖遮掩拖延得過, 後面憂吝卻多, 可見聖人之深戒!" 又問: "上九'不事王侯, 高尚其志[208]', 占與戒皆在其中, 如何?" 曰: "有此象, 則其占當如此, 又戒其必如此乃可也. 若得此象而不能從, 則有凶矣. 當時此[209]節, 若能斷然'不事王侯, 高尚其事', 不半上落下, 或出或入, 則其志眞可法則矣. 只爲人不能如此也."【銖】

70:189 "剛上而柔下, 巽而止, 蠱", 此是言致蠱之由, 非治蠱之道. 龜山之說非是. 又嘗見龜山在朝與陳幾叟書, 及有一人卦召請教於龜山, 龜山云: "不要拆壞人屋子." 皆是此意思. 及胡文定論時政, 說得便自精神索性. 堯夫詩云: "安得淳厚又秀慧, 與之共話天下事!"【必大】

---

208) 志: 『朱子語類』에서는 事로 되어 있다.
209) 時此: 成化本・賀本에서는 此時로 되어 있다.

70:190 ▲210)

70:191 ▲211) 艮剛居上, 巽柔居下, 上高亢而不下交, 下卑212)巽而不能救, 此所以蠱壞也. "巽而止", 只是巽順便止了, 便無所施爲, 如何治蠱? "蠱元亨而天下治", 須是大善以亨, 方能治蠱也. 【德明】

70:192 問: "▲213) 蠱', 莫是遇事巽順, 以求其理之所止, 而後爲治蠱之道?" 曰: "非也. 大抵資質柔順214)之人, 遇事便不能做事, 无奮迅之意, 所以事遂至於蠱壞了. 蠱, 只是事之壞了者." 【祖道】

70:193 ▲215)

70:194 ▲216) "當蠱之時, 必有以振起聳動民之觀聽, 而在己進德不已. 必須有此二者, 則可以治蠱矣." 【銖】

70:195 問: "▲217) 程『傳』云: '初居內而在下, 故取子幹父蠱之象.' 『本義』: 云'蠱者, 前人已壞之事, 故諸爻皆以子幹父蠱爲言.' 柄謂, 若如此說, 惟初爻爲可通, 若他爻則說不行矣. 『本義』之說, 則諸爻皆可通也." 曰: "是如此." 【柄】

---

210) ▲: "巽而止, 蠱", 是事事不理會, 積沓到後面成一大弊, 故謂之"蠱", 非謂制蠱之道, 當巽而止. 龜山才質困弱, 好說一般不振底話, 如云"包承小人", 又語某人云"莫拆了人屋子", 其意謂屋弊不可大段整理他, 只得且撐拄過. 其說"巽止"之義, 蓋亦如此意爾, 豈不大害哉! 【端蒙】

211) ▲: 汪聖錫曾言, 某人別龜山, 往赴召, 龜山送之曰: "且緩下手, 莫去拆倒人屋子." 因言, 龜山解蠱卦, 以"巽而止"爲治蠱之道, 所以有此說. 大凡看『易』須先看成卦之義. "險而健"則成訟, "巽而止"則成蠱. 蠱, 艮上而巽下.

212) 卑: 賀本에서는 卻으로 되어 있다.

213) ▲: '巽而止,

214) 順: 【附箋紙】"順"當作"巽."

215) ▲: "蠱元亨而天下治", 言蠱之時如此, 必須是大善亨通, 而後天下治. 【淵】

216) ▲: 問: "'蠱, 君子以振民育德', 如何?" 曰:

217) ▲: '幹父之蠱',

70:196 “幹母之蠱”, 伊川說得是.【淵】

70:197 “不事王侯”, 無位之地, 如何出得來? 更幹箇甚麼?【淵】

70:198 問: “「蠱」上九「傳」‘知止足之道, 退而自保者’, 與‘量能度分, 安於不求知者’, 何以別?” 曰: “知止足, 是能做底, 量能度分, 是不能做底.”【淳】

「臨」

70:199 問: “臨, 不特是上臨下之謂臨, 凡進而逼近者, 皆謂之臨否?” 曰: “然. 此是二陽自下而進上, 則知凡相逼近者皆爲臨也.”【學履】

70:200 問: “‘至于八月’, 有兩說. 前說自復一陽之月, 至遯二陰之月, 陰長陽遯之時, 後說自泰至觀, 觀二陽在上, 四陰在下, 與臨相反, 亦陰長陽消之時. 二說孰是[218]?” 曰: “前說是周正八月, 後說▲[219]夏正八月. 恐文王作卦辭時, 只用周正紀之, 不可知也.” 又問: “二爻皆[220]▲[221]‘咸臨’, 二陽偏臨四陰, 故有咸臨之象. 程『易』作咸感之義, 如何?” 曰: “陰必從陽, 謂咸爲感亦是, 但覺得牽强些. 此等處皆曉未得. 如‘至[222]臨’與‘敦臨’, 亦相似, 難分別, 今只得如此說. 此『易』所以未易看也.”【銖】

70:201 “剛浸而長”以下三句解“臨”字. “大亨以正”, 便是“天之道也”, 解“亨”字. 亦是惟其如此, 所以如此. 須用說“八月有凶”者, 蓋要反那

---

218) 是: 英祖刊本・成化本・賀本에서는 長으로 되어 있다.
219) ▲: 是
220) 皆:【附箋紙】“皆”下脫“云”字.
221) ▲: 云
222) 如‘至: 『小分』에서는 至如를 교정부호로 바로잡았다.

二陽. 二陽在下, 四・五皆以正應臨之, 上无所臨, 卻還去臨那二陽. 三近二陽, 也去臨他. 如小人在上位, 卻把甘言好語臨在下之君子. "至臨", 言其相臨之切, "敦臨", 有敦厚之意. 【淵】

70:202 『易』中言"天之命也", "天之道也", 義只一般, 但取其成韻耳, 不必强分析. 【賀孫】

70:203 問: "臨初九以剛居正, 九二以剛居中, 六四・六五以柔順臨下, 故有相感應之道, 所以謂之'咸臨'否?" 曰: "是." 又問: "六四以陰居正, 柔順臨下, 又有正應, 臨之極善, 故謂之'至臨.'" 曰: "'至臨无咎', 未是極好. 只是與初相臨得切至[223], ▲[224] 上九[225]'敦臨', 自是積累至極處, 有敦篤之義. 艮上九亦謂之'敦艮', 復上六爻不好了, 所以只於五爻謂之'敦復.' 居臨之時, 二陽得時上進, 陰不敢與之爭, 而志與之應. 所謂'在內'者, 非謂正應, 只是卦內與二陽應也." 又曰: "此便是好卦, 不獨說道理, 自是好讀. 所謂'卦有小大, 辭有險易', 此便是大底卦." 【礪】

「觀」

70:204 盥, 非灌之義. 盥本爲[226]薦而不薦, 是欲蓄其誠意以觀示民, 使民觀感而化之義. "有孚顒若", 便是那下觀而化, ▲[227]不是說人君身上事. "聖人以神道設教", 是聖人不犯手做底, 卽是"盥而不薦"之義. "順而巽, 中正以觀天下", 謂以此觀示之也. 【淵】

---

223) 至: 【附箋紙】 下"至"下脫"故謂之至"四字.
224) ▲: 故謂之'至.'
225) 九: 成化本・賀本에서는 六으로 되어 있다.
226) 爲: 孝宗刊本・英祖刊本・成化本에서는 謂로 되어 있다.
227) ▲: 卻

70:205 問: "'盥而不薦', 是取未薦之時誠意渾全而未散否?" 曰: "祭祀無不薦[228]者[229], ▲[230] 言常持得這誠敬如盥之意常在. 若薦, 則是用出, 用出則纔畢便過了, 无復有初意矣. 『詩』云: '心乎愛矣, 遐不謂矣. 中心藏之, 何日忘之!' 『楚辭[231]』云: '思公子兮未敢言.' 正是此意. 說出這愛了, 則都无事可把持矣. 惟其不說, 但藏在中心, 所以常見其不忘也." 【學履】

70:206 ▲[232] "這猶譬喩相似, 蓋无這事. 且如祭祀, 纔盥便必薦, 那有不薦底! 但取其潔之義耳." 【燾】

70:207 ▲[233] "盥, 只是浣字[234], 不是灌鬯, 伊川承先儒之誤. 若云薦羞之後誠意懈怠, 則先王祭祀, 只是灌鬯之初猶有誠意, 及薦羞之後, 皆不成禮矣." 問: "若爾, 則是聖人在上, 視聽言動, 皆當爲天下法而不敢輕, 亦猶祭祀之時, 致其潔淸而不敢輕用否?" 曰: "然." 問: "'有孚顒若', 先生以爲孚信在中而尊嚴, 故下觀而化之. 伊川以爲天下之人孚信顒然而仰之. 恐須是孚信尊嚴, 方得下觀而化." 曰: "然." 又問"觀・觀"之義. 曰: "自上示下曰'觀', 【去聲】 自下觀上曰'觀.' 【平聲】 故卦名之'觀'去聲, 而六爻之'觀'皆平聲." 問"觀我生"・"觀其生"之別. 曰: "我者, 彼我對待之言, 是以彼觀此. '觀其生', 是以此自觀. 六三之'觀我生進退'者, 事君則觀其言聽計從, 治民則觀其政教可行, 膏澤可下, 可以見自家所施之當否而爲進退. 九五之'觀我生', 如觀風俗之

---

228) 薦: 【附箋紙】 自"薦"更書次以下二十張.

229) 不薦者: 【挾書】 不薦者下, 脫"此是假設來說, 薦, 是用事了, 盥, 是未用事之初, 云不薦者", 二十二字.

230) ▲: 此是假設來說. 薦, 是用事了, 盥, 是未用事之初. 云'不薦'者,

231) 辭: 英祖刊本・成化本에서는 詞로 되어 있다.

232) ▲: 問"盥而不薦." 曰:

233) ▲: 用之問: "'盥而不薦', 伊川以爲灌鬯之初, 誠敬猶存, 至薦羞之後, 精意懈怠. 『本義』以爲'致其潔淸而不輕自用.' 其義不同." 曰:

234) 字: 『朱子語類』에서는 手로 되어 있다.

媺[235]惡, 臣民之從違, 可以見自家所施之善惡. 上九之'觀其生', 則是就自家視聽言動應事接物處自觀. 九五・上九'君子无咎', 蓋爲君子有剛陽之德, 故无咎, 小人無此德, 自當不得此爻. 如初六'童觀', 小人之道也, 君子則吝. 小人自是如此, 故无咎. 此二爻, 君子小人正相對說."【僩】

70:208 問: "'有孚顒若'承上文'盥而不薦', 蓋'致其潔淸而不輕自用, 則孚信在中, 而顒然可仰.' 一說下之人信而仰之. 二說孰長?" 曰: "從後說, 則合得「彖辭」'下觀而化'之義." 或曰: "前說似好." 曰: "當以「彖辭」爲定." 又問: "六三'觀我生進退', 不觀九五, 而觀己所行通塞以爲進退否?" 曰: "看來合是觀九五. 大率觀卦二陽在上, 四陰仰之. 九五爲主, 六三'觀我生進退'者, 觀九五如何而爲進退也. 初六・六二以去五之遠,【觀貴於近.】 所觀不明不大. 六四卻見得親切, 故有觀光利用之象. 六三處二・四之間, 固當觀九五以爲進退也." 子善遂問: "如此, 則'我'字乃是指九五而言, 『易』中亦有此例, 如頤之初九曰'舍爾靈龜, 觀我朵頤', 是也." 曰: "此'我'乃是假外而言耳." 又問: "觀卦四陰長而二陽消, 正八月之卦, 而名卦係[236]辭, 不取此義, 何也?" 曰: "只爲九五中正以觀示天下, 事都別了. 以此見『易』不可執一看, 所謂'不可爲典要, 惟變所適'也."【此說"我"字, 與『本義』不同, 當考. ○銖】

70:209 "觀天之神道", 只是自然運行底道理, 四時自然不忒. "聖人神道", 亦是說他有教人自然觀感處.【淵】

70:210 問: "觀六爻, 一爻勝似一爻, 豈所據之位愈高, 則所見愈大邪?" 曰: "上二爻意自別. 下四爻是所據之位愈近, 則所見愈親切底意思."【學履】

---

235) 媺: 賀本에서는 美로 되어 있다.
236) 係: 成化本에서는 繫로 되어 있다.

70:211 問“觀卦陰盛, 而不言凶咎[237].” 曰: “此卦取義不同. 蓋▲[238]雖盛於下, 而九五之君乃當正位, 故只取爲觀於下之義, 而不取陰盛之象也.” 【時擧】

70:212 “觀我”是自觀, 如“視履考祥”底語勢. “觀▲[239]”亦是自觀, 卻從別人說. 『易』中“其”字不說別人, 只是自家, 如“乘其墉”之類. 【淵】

70:213 “觀我生”, 如月受日光, “觀其生”, 只是日光. 【礪】

---

237) 而不言凶咎: 成化本에서는 이 뒤에 何也가 더 들어 있다.
238) ▲: 陰
239) ▲: 其

『朱子語類』卷第七十一

「易七」

「噬嗑」

71:1 「彖辭」中"剛柔分"以下, 都掉了"頤中有物", 只說"利用獄." 爻亦各自取義, 不說噬頤中之物.【淵】

71:2 ▲[1]問: "『易』中言'剛柔分'兩處. 一是噬嗑, 一是節. 次[2]頗難解." 曰: "據某所見, 只是一卦三陰三陽謂之'剛柔分.'"【洽錄云: "分, 猶均也."】 曰: "『易』中三陰三陽卦多, 獨於此言之, 何也?" 曰: "偶於此言之, 其他卦別有意[3]."【洽錄云: "'剛柔分', 語意與'日夜分'同."】 ▲[4]【時擧 ○洽同.】

71:3 問: "諸卦「象」皆順說, 獨'雷電噬嗑'倒說, 何耶?" ▲[5] "先儒皆以爲倒寫二字. 二字相似, 疑是如此."【僩】

71:4 "'雷電噬嗑'與雷電[6]豐似一般." 曰: "噬嗑明在上, 動在下, 是明得事理, 先立這法在此, 未見犯底人, 留待異時而用, 故云: '明罰敕

---

1) ▲: 張元德
2) 次: 『朱子語類』에서는 此로 되어 있다.【附箋紙】"次"下脫"此"字.
3) 意: 『朱子語類』에서는 義로 되어 있다.
4) ▲: 又問: "復卦'剛反'作一句否?" 曰: "然. 此二字是解'復亨', 下云'動而以順行', 是解'先入無疾'以下. 大抵象辭解得『易』極分明, 子細尋索, 儘有條理."
5) ▲: 曰:
6) 雷電: 『小分』에서는 電雷을 교정부호로 바로잡았다.

法.' 豐威在上, 明在下, 是用這法時, 須是明見下情曲折, 方得, 不然, 威動於上, 必有過錯也, 故云'折獄致刑.' 此是伊川之意, 其說極好." 【學履】

71:5 "噬膚滅鼻." 膚, 腹腴拖泥處, 滅, 浸沒也. 謂因噬膚而沒其鼻於器中也. "噬乾胏, 得金矢", 荊公已嘗引『周禮』"鈞金"之說. 【按: "噬膚滅鼻"之說, 與『本義』不同. ○僴】

71:6 問: "九四'利艱貞', 六五'貞厲', 皆有艱難貞[7]固危懼之意, 故皆爲戒占者之辭." 曰: "亦是爻中元自有此道理. 大抵纔是治人, 彼必爲敵, 不是易事. 故雖是時・位・卦德得用刑之宜, 亦須以艱難正固處之. 至於六三'噬腊肉遇毒', 則是所噬者堅韌難合. 六三以陰柔不中正而遇此, 所以遇毒而小吝. 然此亦是合當治者, 但難治耳. 治之雖小吝, 終无咎也." 【銖】

71:7 問: "噬嗑'得金矢', 不知古人獄訟要鈞金束矢之意如何?" 曰: "不見得. 想是詞訟時, 便令他納此, 教他无[8]切要之事, 不敢妄來." 又問: "如此則不問曲直, 一例出此, 則實有冤枉者亦懼而不敢訴矣." 曰: "這箇須是大切要底事. 古人如平常事, 又別有所在." 【如劑石之類. ○學履】

「賁」

71:8 ▲[9]

---

7) 貞: 成化本・賀本에서는 正으로 되어 있다.

8) 无: 『朱子語類』에서는 無로 되어 있다.

9) ▲: 伊川說: "乾坤變爲六子", 非是. 卦不是逐一卦畫了, 旋變去, 這話難說. 伊川說兩儀四象, 自不分明. 卦不是旋取象了方畫, 須是都畫了這卦, 方只就已成底卦上面取象, 所以有剛柔・來往・上下. 【淵】

71:9 ▲[10)]

71:10 問: "君子'明庶政, 无敢折獄', 『本義』云, '明庶政'是明之小者, 无[11)]折獄是明之大者, 此專是就象就[12)]義. 伊川說此, 則又就賁飾上說. 不知二說可相備否?" 曰: "'明庶政'是就離上說. 无[13)]折獄是就艮上說. 離明在內, 艮止在外, 則是事之小者, 可以用明. 折獄是大事, 一折便了, 有止之義. 明在內不能及他, 故止而不敢折也. 大凡就象中說, 則意味長. 若懸空說道理, 雖說得去, 亦不甚親切也." 【學履】

71:11 ▲[14)]

71:12 問"明庶政, 无敢折獄." 曰: "此與旅卦都說刑獄事, 但爭艮與離之在內外, 故其說相反. 止在外, 明在內, 故明政而不敢折獄, 止在內, 明在外, 故明謹用刑而不敢留獄." 又曰: "麤言之, 如今州縣治獄, 禁勘審覆, 自有許多節次, 過乎此而不決, 便是留獄, 不及乎此而決, 便是敢於折獄. 『尚書』要囚至于旬時, 他須有許多時日. 此一段與『周禮』「秋官」同意." 【礪】

71:13 六四"白馬翰如", 言此爻无[15)]所賁飾, 其馬亦白也, 言无[16)]飾

---

10) ▲: 先儒云: "'天文也'上有'剛柔相錯'四字." 恐有之, 方與下文相似, 且得分曉. 【礪】

11) 无: 英祖刊本·成化本·賀本에서는 無로 되어 있다.

12) 就: 『朱子語類』에서는 取로 되어 있다.

13) 无: 英祖刊本·成化本·賀本에서는 無로 되어 있다.

14) ▲: "'山下有火, 賁', 內明外止. 雖然內明, 是箇止殺底明, 所以不敢用其明以折獄. 此與旅相似而相反, 賁內明外止, 旅外明內止, 其象不同如此." 問: "苟明見其情罪之是非, 亦何難於折獄?" 曰: "是他自有箇象如此. 遇著此象底, 便用如此. 然獄亦自有十三八棒便了底, 亦有須待囚訊鞫勘, 錄問結證而後了底. 『書』曰: '要囚, 服念五六日, 至于旬時, 丕蔽要囚.' 『周禮』「秋官」亦有此數句, 便是有合如此者. 若獄未是而決之, 是所謂'敢折獄'也, 若獄已具而留之不決, 是所謂'留獄'也. '不留獄'者, 謂囚訊結證已畢, 而即決之也." 【僩】

15) 无: 英祖刊本·成化本·賀本에서는 無로 되어 있다.

之象如此.【學履】

71:14 問"賁于丘園, 束帛戔戔." 曰: "此兩句只是當來卦辭, 非主事而言. 看如何用, 皆是這箇道理." 或曰: "'賁于丘園', 安定作'敦本'說." 曰: "某之意正要如此"[17]. 或以"戔戔"爲盛多之貌. 曰: "非也. '戔戔'者, 淺小之意. 凡'淺'字·'箋'字皆從'戔.'" 或問: "淺小是儉之義否?" 曰: "然. 所以下文云, '吝, 終吉.' 吝者雖不好看, 然終卻吉."【去僞】

71:15 問: "'賁于丘園', 是在艮體, 故安止于[18]丘園, 而不復有外賁之象." 曰: "雖是止體, 亦是上比於九, 漸漸到極處. 若一向賁飾去, 亦自不好, 須是收斂方得." 問: "敦本務實, 莫是反朴[19]還淳之義否?" 曰: "賁取賁飾之義, 他今卻來賁田園爲農圃之事. 當賁之時, 似若鄙吝. 然儉約終得吉, 吉則有喜, 故象云'有喜'也."【礪】

71:16 ▲[20] "當賁飾華盛之時, 而安於[21]丘園樸陋之事, 其道雖可吝, 而終則有吉也." ▲[22] "賁飾之事太盛, 則有咎. 所以處太盛之終, 則歸于白賁, 勢當然也."【僴】

71:17 ▲[23] 以字義考之, 從"水"則爲"淺", 從"貝"則爲"賤", 從"金"則爲錢. 如所謂"束帛戔戔", 六五居尊位, 卻如此敦本尙儉, 便似吝嗇. 如衛 文公·漢 文帝雖是吝, 卻終吉, 此在賁卦有反本之義. 到上九便"白賁", 和束帛之類都沒了.【登】

---

16) 无: 英祖刊本·成化本·賀本에서는 無로 되어 있다.
17) "某之意正要如此": 成化本·徽州本에서는 이 뒤에 說이 더 들어 있다.
18) 于: 賀本에서는 於로 되어 있다.
19) 朴: 成化本에서는 樸으로 되어 있다.
20) ▲: 問"賁于丘園." 曰:
21) 於: 英祖刊本·成化本·賀本에서는 于로 되어 있다.
22) ▲: 問: "'六五之吉', 何以有喜?" 曰: "終吉, 所以有喜." 又問"白賁無咎." 曰:
23) ▲: "賁于丘園, 束帛戔戔", 是箇務農尙儉. "戔戔"是狹小不足之意.

71:18 ▲[24)]

71:19 問: "伊川解'賁于丘園', 指上九而言, 看來似好. 蓋賁三陰皆受賁于陽, 不應此又獨異, 而作敦本務實說也." 曰: "如何丘園便能賁人? '束帛戔戔', 他解作裁剪之象, 尤艱曲說不出. 這八字只平白在這裡[25)], 若如所說, 則曲折多, 意思遠. 舊說指上九作高尙隱于丘園之賢, 而用束帛之禮聘召之. 若不用某說, 則此說似近. 他將丘園作上九之象, '束帛戔戔'作裁剪紛裂之象, 則與象意大故相遠也."【學履】

71:20 ▲[26)]問: "'白賁无咎, 上得志也', 何謂'得志'?" 曰: "居卦之上, 在事之外, 不假文飾, 而有自然之文, 便自優游自得也." 銖曰: "如『本義』說六五・上九兩爻, 卻是賁極反本之意." 曰: "六五已有反本之漸, 故▲[27)]'丘園', 又曰'束帛戔戔.' 至上九'白賁', 則反本而復於無飾矣, 蓋皆賁極之象也."【銖】

71:21 ▲[28)]

71:22 "白賁无咎", 據"剛上文柔", 是不當說自然. 而卦之取象. 不恁地拘, 各自說一義.【淵】

---

24) ▲: "賁于丘園"是箇務實底. 學履作"務農尙本之義." "束帛戔戔"是賁得不甚大, 所以說"吝." 兩句是兩意.【淵】

25) 裡: 『朱子語類』에서는 裏로 되어 있다.

26) ▲: 問: "六五是柔中居尊, 敦本尙實, 故有'賁于丘園'之象. 然陰性吝嗇, 故有'束帛戔戔'之象. 戔戔, 淺小貌. 人而如此, 雖可羞吝, 然禮奢寧儉, 故得終吉. 此與程『傳』指丘園爲上九者如何?" 曰: "舊說多作以束帛聘在外之賢. 但若如此說, 則與'吝終吉'文義不協. 今程『傳』所指亦然. 蓋'戔戔'自是淺小之意, 如從'水'則爲'淺', 從'人'則爲'俴', 從'貝'則爲賤, 皆淺小意. 程『傳』作剪裁, 已是迂回, 又說丘園, 更覺牽强. 如『本義』所說, 卻似與'吝終吉'文義稍協." 又

27) ▲: 曰

28) ▲: 伊川此卦「傳」大有牽强處. "束帛"解作"剪裁", 恐無此理. 且如今將"束帛"之說敎人解, 人決不思量從剪裁上去.【義剛】

「剝」

71:23 ▲[29] 厚下者乃所以安宅. 宅[30]如山附於地, 惟其地厚, 所以山安其居而不搖. 人君厚下以得民, 則其位亦安而不搖, 猶所謂'本固邦寧'也."【僩】

71:24 問: "剝之初與二'蔑貞凶', 是以陰蔑陽, 以小人蔑君子之正道, 凶之象也. 不知只是陽與君子當之則凶爲復, 陰與小人亦自爲凶?" 曰: "自古小人滅害君子, 終亦有凶. 但此爻象, 只是說陽與君子之凶也."【礪】

71:25 ▲[31]問: "'碩果不食', 伊川謂'陽无[32]可盡之理, 剝於上則生於下, 无[33]間可容息也.' 變於上則生於下, 乃剝復相因之理. 畢竟須經由坤, 坤卦純陰无[34]陽, 如此陽有斷滅也, 何以能生於復?" 曰: "凡陰陽之生, 一爻當一月, 須是滿三十日, 方滿得那腔子, 做得一畫成. 今坤卦非是无[35]陽, 陽始生甚微, 未滿那腔子, 做一畫未成. 非是坤卦純陰, 便无[36]陽也. 然此亦不是甚深奧事, 但伊川當時解不曾分明道與人, 故令人做一件大事看."【文蔚】

71:26 "小人剝廬", 是說陰到這裡[37]時, 把他這些陽都剝了. 此是自剝其廬舍, 无[38]安身己處. 衆小人託這一君子爲芘[39]覆, 若更剝了, 是

---

29) ▲: 問: "'上以厚下安宅', '安宅'者, 安於禮義而不遷否?" 曰: "非也.
30) 宅: 成化本에는 없다.
31) ▲: 或
32) 无: 英祖刊本・成化本・賀本에서는 無로 되어 있다.
33) 无: 英祖刊本・成化本・賀本에서는 無로 되어 있다.
34) 无: 英祖刊本・成化本・賀本에서는 無로 되어 있다.
35) 无: 英祖刊本・成化本・賀本에서는 無로 되어 있다.
36) 无: 英祖刊本・成化本・賀本에서는 無로 되어 있다.
37) 裡:『朱子語類』에서는 裏로 되어 있다.

自剝其廬舍, 便不成剝了.【淵】

71:27 "舊見二十家叔說,【懷, 字公立.】 '廬', 如『周禮』'秦无[40]廬'之'廬', 音'廬', 蓋戟柄也. 謂小人自剝削其戟柄, 僅留其鐵而已, 果何所用? 如此說, 方見得「小象」'小人剝廬終不可用'一句, 意亦自好." ▲[41)]【銖】

○[42)] 如「剝」之上九, "碩果不食, 君子得輿, 小人剝廬." 其象如此, 謂一陽在上, 如碩大之果, 人不及食, 而獨留於其上, 如君子在上, 而小人皆載於下, 則是君子之得輿也. 然小人雖載君子, 而乃欲自下而剝之, 則是自剝其廬耳. 蓋唯君子乃能覆蓋小人, 小人必賴君子以保其身. 今小人欲剝君子, 則君子亡, 而小人亦無所容其身, 如自剝其廬也. 且看自古小人欲害君子, 到害得盡後, 國破家亡, 其小人曾有存活得者否? 故聖人「象」曰: "'君子得輿', 民所載也. '小人剝廬', 終不可用也." 若人占得此爻, 則爲君子之所爲者必吉, 而爲小人之所爲者必凶也[43)].

「復」

71:28 ▲[44)] "剝之一陽未盡時, 不曾生, 纔盡於上, 這些子便生於下

---

38) 无: 英祖刊本・成化本・賀本에서는 無로 되어 있다.

39) 芘: 成化本에서는 庇로 되어 있다.

40) 无: 英祖刊本・成化本・賀本에서는 無로 되어 있다.

41) ▲: 又問: "'變化'二字, 舊見『本義』云: '變者, 化之漸, 化者, 變之成.' 夜來聽得說此二字, 乃謂'化是漸化, 變是頓變', 似少不同." 曰: "如此等字, 自是難說. '變者, 化之漸, 化者, 變之成', 固是如此. 然『易』中又曰'化而裁之謂之變', 則化又是漸. 蓋化如正月一日, 漸漸化至三十日, 至二月一日, 則是正月變爲二月矣. 然變則又化, 是化長而變短. 此等字, 須當通看乃好."

42) ○: 『朱子語類』 66:23의 일부이다.

43) 也: 【附箋紙】"也", 作"矣"

44) ▲: 問: "剝一陽盡而爲坤. 程云: '陽未嘗盡也.'" 曰:

了."【卓】

71:29 問: "一陽復於下, 是前日既退之陽已消盡, 而今別生否?" 曰: "前日既退之陽已消盡, 此又是別生. 伊川謂'陽无[45]可盡之理, 剝於上則生於下, 无[46]間[47]可容息', 說得甚精. 且以卦配月, 則剝九月, 坤十月, 復十一月. 剝一陽尚存, 復一陽已生. 坤純陰, 陽氣闕了三十日, 安得謂之无[48]盡?" 曰: "恐是一月三十日, 雖到二十九日, 陽亦未盡否?" 曰: "只有一夜, 亦是盡, 安得謂之无[49]盡? 嘗細推之, 這一陽不是忽地生出. 纔立冬[50], 便萌芽, 下面有些氣象[51]. 上面剝一分, 下面便萌芽一分, 上面剝二分, 下面便萌芽二分, 積累到那復處[52], 方成一陽. 坤初六, 便是陽已萌了."【淳】

71:30 ▲[53]

71:31 ▲[54]

---

45) 无: 英祖刊本・成化本・賀本에서는 無로 되어 있다.
46) 无: 英祖刊本・成化本・賀本에서는 無로 되어 있다.
47) 間: 賀本에서는 閒으로 되어 있다.
48) 无: 英祖刊本・成化本・賀本에서는 無로 되어 있다.
49) 无: 英祖刊本・成化本・賀本에서는 無로 되어 있다.
50) 纔立冬: 成化本・徽州本에서는 纔交立冬으로 되어 있다.
51) 下面有些氣象: 成化本・徽州本에서는 이 뒤에 了가 더 들어 있다.
52) 積累到那復處: 成化本・徽州本에서는 이 앞에 三日便三分, 四日便四分이 더 들어 있다.
53) ▲: 問伊川所說剝卦. 曰: "公說關要處未甚分明. 他上纔消, 下便生. 且如復卦是一陽, 有三十分, 他便從三十日頭逐分累起. 到得交十二月冬至, 他一爻已成. 消時也如此. 只伊川說欠得幾句說漸消漸長之意." 直卿問: "'冬至子之半', 如何是一陽方生?" 賀孫云: "'冬至子之半'是已生成一陽, 不是一陽方生." 曰: "冬至方是結算那一陽, 冬至以後又漸生成二陽, 過一月卻成臨卦. 坤卦之下, 初陽已生矣."【賀孫】
54) ▲: "爲嫌於無陽也." 自觀至剝, 三十日剝方盡. 自剝至坤, 三十日方成坤. 三十日陽漸長, 至冬至, 方是一陽, 第二陽方從此生. 陰剝, 每日剝三十分之一, 一月方剝得盡, 陽長, 每日長三十分之一, 一月方長得成一陽. 陰剝時, 一日十二刻, 亦

71:32 ▲[55]

71:33 問: "十月何以爲陽月?" 先生因詰諸生[56], 令思之. 云: "程先生於『易傳』雖發其端, 然終說得不透徹." 諸生答皆不合, 復請問. 先生曰: "剝盡爲坤, 復則一陽生也. 復之一陽, 不是頓然便生, 乃是自坤卦中積來. 且一月三十日, 以復之一陽分作三十分, 從小雪後便一日生一分. 上面趲得一分, 下面便生一分, 到十一月半, 一陽始成也. 以此便見得天地无[57]休息處."【時擧】

71:34 ▲[58] 如『楞嚴經』第二卷首段所載, 非惟一歲有變, 月亦有之, 非惟月有變, 日亦有之, 非惟日有變, 時亦有之, 但人不知耳. 此說亦是."【義剛】

每刻中漸漸剝, 全一日方剝得三十分之一. 陽長之漸, 亦如此長. 直卿擧"冬至子之半." 先生曰: "正是及子之半, 方成一陽. 子之半後, 第二陽方生. 陽無可盡之理, 這箇才剝盡, 陽當下便生, 不曾斷續. 伊川說這處未分曉, 似欠兩句在中間, 方說得陰剝陽生不相離處." 虞復之云: "恰似月弦望, 便見陰剝陽生, 逐旋如此. 陰不會一上剝, 陽不會一上長也."【寓】

55) ▲: "剝上九一畫分爲三十分, 一日剝一分, 至九月盡, 方盡. 然剝於上, 則生於下, 無間可息. 至十月初一日便生一分, 積三十分而成一畫, 但其始未著耳. 至十一月, 則此畫已成, 此所謂'陽未嘗盡'也." 道夫問: "陰亦然. 今以夬乾姤推之, 亦可見矣. 但所謂'聖人不言'者, 何如?" 曰: "前日劉履之說, 蔡季通以爲不然. 某以爲分明是如此. 但聖人所以不言者, 這便是一箇參贊裁成之道. 蓋抑陰而進陽, 長善而消惡, 用君子而退小人, 這便可見此理自是恁地. 雖堯·舜之世, 豈無小人! 但有聖人壓在上面, 不容他出而有爲耳, 豈能使之無邪!" 劉履之曰: "蔡季通嘗言: '陰不可以抗陽, 猶地之不足以配天, 此固然之理也. 而伊川乃謂〈陰亦然, 聖人不言耳.〉 元定不敢以爲然也.'"【道夫】

56) 先生因詰諸生: 成化本·徽州本에서는 先生因反詰諸生으로 되어 있다.

57) 无: 英祖刊本·成化本·賀本에서는 無로 되어 있다.

58) ▲: 義剛曰: "十月爲陽月, 不應一月無陽. 一陽是生於此月, 但未成體耳." 曰: "十月陰極, 則下已陽生. 謂如六陽成六段, 而一段又分爲三十小段, 從十月積起, 至冬至積成一爻. 不成一陽是陡頓生, 亦須以分毫積起. 且如天運流行, 本無一息間斷, 豈解一月無陽! 且如木之黃落時, 萌芽已生了. 不特如此, 木之冬靑者, 必先萌芽而後舊葉方落. 若論變時, 天地無時不變.

71:35 ▲[59]

71:36 ▲[60]

71:37 "陽无[61]驟生之理, 如冬至前半[62]月中氣是小雪, 陽已生三十分之一分. 到得冬至前幾日, 須已生到二十七分[63]分, 到至[64]日方始成一畫. 不是昨日全无[65], 今日一旦便都復了, 大抵剝盡處便生. 莊子云: '造化密移, 疇覺之哉?' 這語自說得好. 又如列子亦謂: '運轉无[66]已, 天地密移, 疇覺之哉?' 凡一氣不頓進, 一形不頓虧, 亦不覺其成, 不覺其虧. 蓋陰陽浸消浸盛, 人之一身自少至老, 亦莫不然."【賀孫▲[67]】

71:38 ▲[68]

---

59) ▲: 問: "坤爲十月. 陽氣剝於上, 必生於下, 則此十月陽氣已生, 但微而未成體, 至十一月一陽之體方具否?" 曰: "然. 凡物變之漸, 不惟月變日變, 而時亦有變, 但人不覺爾. 十一月不能頓成一陽之體, 須是十月生起云云."【學履】

60) ▲: 味道擧十月無陽. 曰: "十月坤卦皆純陰. 自交過十月節氣, 固是純陰, 然潛陽在地下, 已旋生起來了. 且以一月分作三十分, 細以時分之, 是三百六十分. 陽生時, 逐旋生, 生到十一月冬至, 方生得就一畫陽. 這一畫是卦中六分之一, 全在地下, 二畫又較在上面則箇, 至三陽, 則全在地上矣. 四陽・五陽・六陽, 則又層層在上面去. 不解到冬至時便頓然生得一畫, 所以莊子之徒說道: '造化密移, 疇覺之哉?'" 又曰: "一氣不頓進, 一形不頓虧, 蓋見此理. 陰陽消長亦然. 如包胎時十月具, 方成箇兒子."【植 ○賀孫錄見下.】

61) 无: 英祖刊本・成化本・賀本에서는 無로 되어 있다.

62) 半: 成化本・賀本・徽州本에서는 一로 되어 있다.

63) 分: 『朱子語類』에서는 八로 되어 있다.

64) 至: 賀本에서는 是로 되어 있다.

65) 无: 英祖刊本・成化本・賀本에서는 無로 되어 있다.

66) 无: 英祖刊本・成化本・賀本에서는 無로 되어 있다.

67) ▲: ○植問: "不頓進, 是漸生, 不頓虧, 是漸消. 陰陽之氣皆然否?" 曰: "是."

68) ▲: 問: "十月是坤卦, 陽已盡乎?" 曰: "陰陽皆不盡. 至此則微微一線路過, 因而復發耳."【大雅】

71:39 "七日", 只取七義. 猶"八月有凶", 只取八義. 【淵】

71:40 ▲[69] "復卦一陽方生, 疑若未有朋也. 然陽有剛長之道, 自一陽始生而漸長, 【礪錄云: "畢竟是陽長, 將次並進."】 以至于極, 則有朋來之道而无咎也. '反復其道, 七日來復, 天行也', 消長之道自然如此, 故曰'天行.' 處陰之極, 亂者復治, 往者復還, 凶者復吉, 危者復安, 天地自然之運也." 問"六二'休復之吉, 以下仁也.'" 曰: "初爻爲仁人之體, 六二爻能下之, 謂附下於仁者. 學莫便於近乎仁[70], 既得仁者而親之, 資其善以自益, 則力不勞而學美矣, 故曰'休復吉.' 上六'迷復凶,[71] 至于十年不克征', 這是箇極不好底爻, 故其終如此. 凡言'十年'·'三年'·'五年'·'七月'·'八月'·'三月'者, 想是象數中自有箇數如此, 故聖人取而言之. '至于十年不克征', '十年勿用', 則其凶甚矣!" 【僩】

71:41 問: "▲[72]'剛反'▲[73]" 曰: "▲[74] 此二字是解'復亨.' 下云'動而以順行', 是解'出入无[75]疾'以下. 大抵「彖辭」解得『易』極分明, 子細尋索, 儘有條理."[76]

71:42 聖人說"復其見天地之心", 到這裡[77]微茫發動了, 最可以見生氣之不息也, 只如此[78]看便見. 天只有箇春夏秋冬, 人只有箇仁義禮智, 此四者便是那四者. 所以孟子說四端猶四體, 闕一不可. 人若無此

---

69) ▲: 問"朋來無咎." 曰:
70) 仁: 英祖刊本·成化本에서는 人으로 되어 있다.
71) 上六'迷復凶,: 成化本·徽州本에서는 이 뒤에 有災眚. 用行師, 終有大敗. 以其國, 君凶이 더 들어 있다.
72) ▲: 復卦
73) ▲: 當作一句?
74) ▲: 然.
75) 无: 英祖刊本·成化本·賀本에서는 無로 되어 있다.
76) 儘有條理.": 成化本·徽州本에서는 이 뒤에 【學蒙】이 더 들어 있다.
77) 裡: 英祖刊本·成化本·賀本에서는 裏로 되어 있다.
78) 如此: 『小分』에서는 此如를 교정부호로 바로잡았다.

四者, 便不足爲人矣. 心是一箇運用底物, 只是有此四者之理, 更無別物, 只此體驗可見.

71:43 問: "▲[79] 生理初未嘗息, 但到坤時藏伏在此, 至復乃見其動之端否?" 曰: "不是如此. 這箇只是就陰陽動靜, 闔闢消長處而言. 如一堆火, 自其初發以至漸漸發過, 消盡爲灰. 其消之未盡處, 固天地之心也. 然那消盡底, 亦天地之心也. 但那箇不如那新生底鮮好, 故指那接頭再生者言之, 則可以見天地之心親切. 如云'利貞者性情也.' 一元之氣, 亨通發散, 品物流形. 天地之心盡發見在品物上, 但叢雜難看, 及到利貞時, 萬物悉已收斂, 那時只有箇天地之心, 丹靑著見, 故云'利貞者性情也', 正與'復其見天地之心'相似. 康節云: '一陽初動處, 萬物未生時.' ▲[80] 此[81]心非不見也. 但天地之心悉已布散叢雜, 无[82]非此理呈露, 到[83]多了難見. 若會看者, 能於此觀之, 則所見无[84]非天地之心矣. 惟是復時萬物皆未生, 只有一箇天地之心昭然著見在這裡[85], 所以易看也."【僩】

71:44 問: "天地之心, 雖靜未嘗不流行, 何爲必於復乃見?" 曰: "三陽之時, 萬物蕃新, 只見物之盛大, 天地之心卻不可見. 惟是一陽初復, 萬物未生, 冷冷靜靜, 而一陽旣動, 生物之心闖然而見, 雖在積陰之中, 自藏掩不得. 此所以必於復見天地之心也." 銖曰: "邵子所謂'玄酒味方淡, 大音聲正移[86]', 正謂此否?" 曰: "正是此意, 不容別下注脚

---

79) ▲: '復其見天地之心.'
80) ▲: 蓋萬物生時,
81) 此: 【附箋紙】"此"字上脫"蓋萬物生時"五字. *『小分』에서는 이 附箋紙가 71:85에 붙어 있다.
82) 无: 英祖刊本 · 成化本 · 賀本에서는 無로 되어 있다.
83) 到: 『朱子語類』에서는 倒로 되어 있다.
84) 无: 英祖刊本 · 成化本 · 賀本에서는 無로 되어 있다.
85) 裡: 『朱子語類』에서는 裏로 되어 있다.
86) 移: 『朱子語類』에서는 稀로 되어 있다.

矣.” 又問: “‘天心无[87]改移’謂何?” 曰: “年年歲歲是如此, 月月日日是如此.” 又問: “純坤之月, 可謂至靜. 然昨日之靜, 所以養成今日之動, 故一陽之復, 乃是純陰養得出來. 在人, 則主靜而後善端始復, 在天地之化, 則是終則有始, 貞則有元也.” 曰: “固有此意, 但不是此卦大義. 「大象」所謂‘至日閉關’者, 正是於已動之後, 要以安靜養之. 蓋一陽初復, 陽氣甚微, 勞動他不得, 故當安靜以養微陽. 如人善端初萌, 正欲靜以養之, 方能盛大. 若如公說, 卻是倒了.” 【銖】

71:45 ▲[88] 尋常吐露見於萬物者, 盡是天地心. 只是冬盡時, 物已成性, 又動而將發生, 此乃可見處. 【方】

71:46 ▲[89] 以陰陽之氣言之, 則有消有息, 以陰陽之理言之, 則無消息之間. 學者體認此理, ▲[90]識天地之心. 故在我之心, 不可有間斷也.” 【過】

71:47 ▲[91] “天地所以運行不息者, 做箇甚事? 只是生物而已. 物生於春, 長於夏, 至秋萬物咸遂, 如收斂結實, 是漸欲離其本之時也. 及其成, 則物之成實者各具生理, 所謂‘碩果不食’是已. 夫具生理者, 固各繼其生, 而物之歸根復命, 猶自若也. 如說天地以生物爲心, 斯可見矣.” 又問: “既言‘心性’, 則‘天命之謂性’, ‘命’字有‘心’底意思否?” 曰: “然. 流行運用是心.” 【人傑】

71:48 ▲[92]當氣候肅殺草木搖落之時, 此心何以見?” 曰: “天地▲[93]

87) 无: 英祖刊本・成化本・賀本에서는 無로 되어 있다.
88) ▲: “復見天地心.” 動之端, 靜中動, 方見生物心.
89) ▲: 問“復見天地之心”之義. 曰: “十月純陰爲坤卦, 而陽未嘗無也.
90) ▲: 則
91) ▲: 問“復見天地之心.” 曰:
92) ▲: “天地生物之心, 未嘗須臾停. 然
93) ▲: 此

心常在, 只是人看不見, 故必到復而後始可見."【僩】

71:49 ▲[94]

71:50 ▲[95]靜而復, 乃未發之體, 動而通焉, 則已發之用. 一陽來復, 其始生甚微, 固若靜矣. 然其實動之機, 其勢日長, 而萬物莫不資始焉. 此天命流行之初, 造化發育之始, 天地生[96]生不已之心於是而可見也. 若其靜而未發, 則此之心體雖无[97]所不在, 然卻有未發見處. 此程子所以以"動之端"爲天地之心, 亦擧用以該其體爾.【端蒙】

71:51 ▲[98]問: "在人則喜怒哀樂未發時, 而所謂中節之體已各完具, 但未發則寂然而已, 不可見也. 特因事感動, 而惻隱・羞惡之端始覺因事發露出來, 非因動而漸有此也." 曰: "是."【銖】

71:52 ▲[99]在天地則爲陰陽, 在人則爲善惡. '有不善未嘗不知, 知之未嘗復行.' 不善處便是陰, 善處便屬陽. 上五陰下一陽, 是當沉迷蔽錮[100]之時, 忽然一夕省覺, 便是陽動處. 齊宣王'興甲兵, 危士臣, 構

94) ▲: 天地之心未嘗無, 但靜則人不得而見爾.【道夫】

95) ▲: 伊川言"一陽復於下, 乃天地生物之心"一段, 蓋謂天地以生生爲德, 自"元亨利貞"乃生物之心也. 但其

96) 生:【附箋紙】上"生"下脫"物"字.

97) 无: 成化本・賀本에서는 無로 되어 있다.

98) ▲ 問: "'一陽復於下, 乃天地生物之心也', 先儒皆以靜爲見天地之心. 竊謂十月純坤, 不爲無陽. 天地生物之心未嘗間息, 但未動耳, 因動而生物之心始可見." 曰: "十月陽氣收斂, 一時關閉得盡. 天地生物之心, 固未嘗息, 但無端倪可見. 惟一陽動, 則生意始發露出, 乃始可見端緒也. 言動之頭緒於此處起, 於此處方見得天地之心也." 因

99) ▲: 問: "程子言: '先儒皆以靜爲見天地之心, 不知動之端乃天地之心.' 動處如何見得?" 曰: "這處便見得陽氣發生, 其端已兆於此. 春了又冬, 冬了又春, 都從這裏發去. 事物間亦可見, 只是這裏見得較親切." 鄭兄擧王輔嗣說"寂然至無, 乃見天地心." 曰: "他說'無', 是胡說! 若靜處說無, 不知下面一畫作甚麼?" 寓問: "動見天地之心, 固是. 不知在人可以主靜言之否?" 曰: "不必如此看. 這處

怨於諸侯', 可謂極矣, 及其不忍觳觫, 卽見善端之萌. 肯從這裡[101]做去, 三王事業何患不到!"【寓】

71:53 ▲[102] 某問: "靜亦是心, 而心未見?" 曰: "固是. 但又須靜中含動意始得." 曰: "王弼說此, 似把靜作无[103]." 曰: "渠是添一重說話, 下自是一陽, 如何說无[104]? 上五陰亦不可說无[105]. 說无[106]便死了, 无[107]復生成之意, 如何見其心? 且在[108]人身上, 一陽善也, 五陰惡也, 一陽君子也, 五陰小人也. 只是'有一[109]善未嘗不知, 知之未嘗復行.' 且看一陽對五[110]陰, 是惡五而善一. 纔復, 則本性復明, 非天心而何!"【可學 ○與上條同聞.】

71:54 問: "▲[111]主靜觀復者又何謂?" 曰: "復固是動, 主靜是所以養其動, 動只是這靜所養底. 一陽動, 便是純坤月養來." 曰: "此是養之於未動之前否?" 曰: "此不可分前後, 但今日所▲[112]底, 便爲明日之動, 明日所積底, 便爲後日之動, 只管恁地去. '觀復'是老氏語, 儒家不說. 老氏愛說動靜. '萬物並作, 吾以觀其復', 謂萬物有歸根時, 吾只觀他復處."【淳】

71:55 ▲[113] "此須就卦上看. 上坤下震, 坤是靜, 震是動. 十月純坤,

---

100) 錮: 孝宗刊本·英祖刊本·成化本에서는 固로 되어 있다.
101) 裡: 『朱子語類』에서는 裏로 되어 있다.
102) ▲: 居甫問"復見天地之心." 曰: "復未見造化, 而造化之心於此可見."
103) 无: 英祖刊本·成化本·賀本에서는 無로 되어 있다.
104) 无: 英祖刊本·成化本·賀本에서는 無로 되어 있다.
105) 无: 英祖刊本·成化本·賀本에서는 無로 되어 있다.
106) 无: 英祖刊本·成化本·賀本에서는 無로 되어 있다.
107) 无: 英祖刊本·成化本·賀本에서는 無로 되어 있다.
108) 在: 賀本에서는 如로 되어 있다.
109) 一: 英祖刊本·成化本·賀本에서는 不로 되어 있다.
110) 對五: 『小分』에서는 五對를 교정부호로 바로잡았다.
111) ▲ 復以動見天地之心, 而
112) ▲: 積

當貞之時, 萬物收斂, 寂无[114]蹤跡, 到此一陽復生便是動. 然不直下'動'字, 卻云'動之端', 端又從此起. 雖動而物未生, 未到大段動處. 凡發生萬物, 都從這裡[115]起, 豈不是天地之心! 康節詩云: '冬至子之半, 【大雪, 子之初氣. 冬至, 子之中氣.】 天心无[116]改移, 一陽初動處, 萬物未生時. 玄酒味方淡, 大音聲正希. 此言如不信, 更請問[117]▲[118]羲!' 可謂振古豪傑!" 【淳】

71:56 問"冬至子之半." 曰: "康節此詩最好, 某於『本義』亦載此詩[119]. 蓋立冬是十月初, 小雪是十月中, 大雪十一月初, 冬至十一月中, 小寒十二月初, 大寒十二月中. '冬至子之半', 卽十一月之半也. 人言夜半子時冬至, 蓋夜半以前, 一半已屬子時, 今推五行者多不知之. 然數每從這處起, 略不差移, 此所以爲天心. 然當是時, 一陽方動, 萬物未生, 未有聲臭氣味之可聞可見, 所謂'玄酒味方淡, 大音聲正希'也."[120]

71:57 ▲[121]

71:58 問: "康節所謂'一陽初動後, 萬物未生時', 這箇時節, 莫是程

113) ▲: 問: "程子以'動之端'爲天地之心. 動乃心之發處, 何故云: '天地之心'?" 曰:
114) 无: 英祖刊本·賀本에서는 無로 되어 있다.
115) 裡: 『朱子語類』에서는 裏로 되어 있다.
116) 无: 英祖刊本·成化本·賀本에서는 無로 되어 있다.
117) 問: 【附箋紙】"問"下脫"庖"字. *『小分』에서는 이 附箋紙가 71:67과 71:68 사이에 붙어 있다.
118) ▲: 庖
119) 某於『本義』亦載此詩: 成化本·徽州本에서는 某於復卦『本義』亦載此詩로 되어 있다.
120) 大音聲正希'也.": 成化本·徽州本에서는 이 뒤에 【道夫】로 되어 있다.
121) ▲: 漢卿問"一陽初動處, 萬物未生時." 曰: "此在貞元之間, 才見孺子入井, 未做出惻隱之心時節." 因言: "康節之學, 不似濂溪二程. 康節愛說箇循環底道理, 不似濂溪二程說得活. 如'無極而太極, 太極本無極', '體用一源, 顯微無間', 康節無此說." 【方子 ○廣錄見下.】

子所謂'有善无[122]惡, 有是无[123]非, 有吉无[124]凶'之時否?" 先生良久曰: "也是如此. 是那怵惕惻隱方動而未發於外之時." 正淳云: "此正康節所謂'一動一靜之間'也." 曰: "然. 某嘗謂康節之學與周子・程子所說小有不同. 康節於那陰陽相接處看得分曉, 故多擧此處爲說, 不似周子說'无[125]極而太極', 與'五行一陰陽, 陰陽一太極', 如此周遍. 若如周子・程子之說, 則康節所說在其中矣. 康節是指貞[126]・元之間言之, 不似周子・程子說得活, '體用一源, 顯微无[127][128]▲[129].'"【廣 ○ 賀孫錄別出.】

71:59 ▲[130]

71:60 天地之心, 動後方見, 聖人之心, 應事接物方見. "出入"・"朋來", 只做人說, 覺不捞[131]攘.【淵】

71:61 ▲[132] "程子曰: '聖人无[133]復, 故未嘗見其心.' 且堯・舜・孔

122) 无: 英祖刊本・成化本・賀本에서는 無로 되어 있다.
123) 无: 英祖刊本・成化本・賀本에서는 無로 되어 있다.
124) 无: 英祖刊本・成化本・賀本에서는 無로 되어 있다.
125) 无: 英祖刊本・成化本・賀本에서는 無로 되어 있다.
126) 貞:【附箋紙】"眞"作"貞."
127) 无: 英祖刊本・成化本・賀本에서는 無로 되어 있다.
128) 无:【附箋紙】"無"下脫"間"字.
129) ▲: 間
130) ▲: 漢卿問: "'一陽初動處, 萬物未生時', 以人心觀之, 便是善惡之端, 感物而動處." 曰: "此是欲動未動之間, 如怵惕惻隱於赤子入井之初, 方怵惕惻隱而未成怵惕惻隱之時. 故上云'冬至子之半', 是康節常要就中間說. '子之半'則是未成子, 方離於亥而爲子方四五分. 是他常要如此說, 常要說陰陽之間, 動靜之間, 便與周・程不同. 周・程只是'五行一陰陽, 陰陽一太極, 太極本無極', 只是體用動靜, 互換無極. 康節便只要說循環, 便須指消息動靜之間, 便有方了, 不似二先生."【賀孫】
131) 捞: 成化本・賀本에서는 勞로 되어 있다.
132) ▲: 論"復見天地之心."
133) 无: 英祖刊本・成化本・賀本에서는 無로 되어 있다.

子之心, 千古常在, 聖人之心周流運行, 何往而不可見? 若言天地之心, 如春生發育, 猶是顯著. 此獨曰'聖人無復, 未嘗見其心'者, 只爲是說復卦. 「繫辭」曰: '復小而辨於物.' 蓋復卦是一陽方生於群陰之下, 如幽暗中一點白, 便是"小而辨"也. 聖人贊『易』而曰: '復見天地之心.' 今人多言惟是復卦可以見天地之心, 非也. 六十四卦无[134]非天地之心, 但於復卦忽見一陽來復, 故卽此而贊之爾. 論此者當知有動靜之心, 有善惡之心, 各隨事而看. 今人乍見孺子將入於井, 因發動而見其惻隱之心, 未有孺子將入井之時, 此心未動, 只靜而已. 衆人物欲昏蔽, 便是惡底心, 及其復也, 然後本然之善心可見. 聖人之心純於善而已, 所以謂'未嘗見其心'者, 只是言不見其有昏蔽忽明之心, 如所謂幽暗中一點白者而已. 但此等語話, 只可就此一路看去, 纔轉入別處, 便不分明, 也不可不知."【謨】

71:62 ▲[135]問: "'鼓舞萬物而不與聖人同憂.' 天地則任其自然, 聖人贊化育, 則不能无[136]憂." 曰: "聖人也安得无[137]憂? 但聖人之憂憂得恰好, 不過憂耳."【夔孫】

71:63 ▲[138]聖人因贊『易』而言一陽來復, 於此見天地之心尤切, 正是大黑暗中有一點明."【可學】

71:64 ▲[139]問: "▲[140] 先生說▲[141] '靜極而動, 聖人之復, 惡極而

---

134) 无: 英祖刊本・成化本・賀本에서는 無로 되어 있다.
135) ▲: 問: "'聖人無復, 未嘗見其心.' 天地之氣, 有消長進退, 故有復, 聖人之心純乎天理, 故無復." 曰: "固是." 又
136) 无: 英祖刊本・成化本・賀本에서는 無로 되어 있다.
137) 无: 英祖刊本・成化本・賀本에서는 無로 되어 있다.
138) ▲: 擧"聖人無復, 故不見其心"一節, 語學者曰: "聖人天地心, 無時不見. 此是
139) ▲ 國秀
140) ▲: 舊見蔡元思說,
141) ▲: 復卦處:

善, 常人之復.' 是否?" 曰: 固是. 但常人也有靜極而動底時節, 聖人則不復有惡極而善之復矣."【僩】

71:65 ▲142)

71:66 ▲143)

71:67 ▲144) "以善言之, 是善端方萌處, 以惡言之, 昏迷中有悔悟向善意, 便是復. 如睡到忽然醒覺處, 亦是復氣象. 又如人之沉滯, 道不得行, 到極處, 忽小亨, 道雖未大行, 已有可行之兆, 亦是復. 底145)道理千變萬化, 隨所在无146)不渾淪."【淳】

○147) 淳擧伊川以動之端爲天地之心. 曰: "動亦不是天地之心, 只是見天地之心. 如十月豈得无148)天地之心? 天地之心流行只自若. '元亨利貞', 元是萌芽初出時, 亨是長枝葉時, 利是成遂時, 貞是結實歸宿處. 下梢若無這歸宿處, 便也无149)這元了. 惟有這歸宿處, 元又從此起. 元了又貞, 貞了又元, 萬古只如此, 循環无150)窮, 所謂'維天之命, 於穆不已', 說已盡了. 十月萬物收斂, 寂无151)蹤跡, 到一陽動處, 生物之心始可見." 曰: "一陽之復, 在人言之, 只是善端萌處▲152)" 曰:

142) ▲: 上云"見天地之心", 以動靜言也, 下云"未嘗見聖人之心", 以善惡言也.【道夫】

143) ▲: 復雖一陽方生, 然而與衆陰不相亂. 如人之善端方萌, 雖小而不爲衆惡所遏底意思相似.【學履 ○饒錄作: "雖小而衆惡卻遏他不得."】

144) ▲: 問: "'一陽復', 在人言之, 只是善端萌處否?" 曰:

145) 底: 英祖刊本・成化本・賀本에서는 這로 되어 있다.【附箋紙】"底", 刊本作"這."

146) 无: 成化本・賀本에서는 無로 되어 있다.

147) ○: 『朱子語類』 62:133의 일부이다.

148) 无: 賀本에서는 無로 되어 있다.

149) 无: 賀本에서는 無로 되어 있다.

150) 无: 賀本에서는 無로 되어 있다.

151) 无: 賀本에서는 無로 되어 있다.

"以善言之, 是善端方萌處, 以惡[153]言之, 昏迷中有悔悟向善意, 便是復. 如睡到忽然醒[154]▲[155]處, 亦是復底氣象. 又如人之沉滯, 道不得行, 到極處, 忽少亨遠[156], 雖未大行, 已有可行之兆, 亦是復. 這道理千變萬化, 隨所在無不渾淪."【淳】

71:68 ▲[157]問: "今寂然至靜在此, 若一念之動, 此便是復否?" 曰: "恁地說不盡. 復有兩樣, 有善惡之復, 有動靜之復, 兩樣復自不相須, 須各看得分曉. 終日營營, 與萬物並馳, 忽然有惻隱・是非・羞惡之心發見, 此善惡爲陰陽也. 若寂然至靜之中, 有一念之動, 此動靜爲陰陽也. 二者各不同, 須推教子細."【僩】

71:69 "伊川與濂溪說'復'字亦差不同." 用之云: "濂溪說得'復'字就歸處說, 伊川就動處說." 曰: "然. 濂溪就坤上說, 就回來處說. 如云'利貞者誠之復', '誠心, 復其不善之動而已矣', 皆是就歸來處說. 伊川卻正就動處說. 如'元亨利貞', 濂溪就'利貞'上說'復'字, 伊川就'元'字頭說'復'字. 以『周易』卦爻之義推之, 則伊川之說爲正. 然濂溪・伊川之說, 道理只一般, 非有所異, 只是所指地頭不同. 以復卦言之, 下面一畫便是動處. 伊川云'下面一爻, 正是動, 如何說靜得? 雷在地中, 復'云云. 看來伊川說得較好. 王弼之說與濂溪同."【僩】

○[158] 復雖一陽方生, 然而與衆陰不相亂. 如人之善端方萌, 雖小而不爲衆惡所遏底意思相似.【學履 ○饒錄作"雖小而衆惡卻遏他不得."】

---

152) ▲: 否?
153) 惡: 賀本에서는 德으로 되어 있다.
154) 醒:【附箋紙】"醒"下脫"覺"字.
155) ▲: 覺
156) 遠: 賀本에서는 達로 되어 있다.
157) ▲: 敬子
158) ○:『朱子語類』71:66이다.

71:70 ▲[159] 人於迷途之復，其善端之萌亦甚微，故須莊敬持養，然後能大. 不然，復亡之矣." 曰: "然." 又曰: "古人所以四十强而仕者，前面許多年亦且養其善端. 若一下便出來與事物羇[160]了，豈不壞事!"【賀孫】

71:71 ▲[161]

71:72 ▲[162] "要說得'見'字親切，蓋此時天地之間無物可見天地之心. 只有一陽初生，淨淨潔潔，見得天地之心在此. 若見三陽發生萬物之後，則天地之心散在萬物，則不能見得如此端的."【雉】

71:73 掩身事齋戒，【「月令」夏至·冬至，君子皆"齋戒，處必掩身."】 及此防未然.【此二句兼冬至·夏至說[163].】 閉關息商旅，【所以養陽氣也.】 絶彼柔道牽.【所以絶陰氣.『易』姤之初六'繫于金柅'是也. ○銖】

71:74 ▲[164]

71:75 ▲[165]

---

159) ▲: 問: "'陽始生甚微，安靜而後能長.' 故復之象曰: '先王以至日閉關.'

160) 羇: 英祖刊本에서는 滾으로 되어 있고, 成化本·賀本에서는 袞으로 되어 있다.

161) ▲: "陽氣始生甚微，必安靜而後能長." 問曰: "此是靜而後能動之理，如何? 如人之天理亦甚微，須是無私欲撓之，則順發出來." 曰: "且如此看." 又問: "'安靜'二字，還有分別否?" 曰: "作一字看."【端蒙】

162) ▲: 叔重問: "'先生以至日閉關'，程『傳』謂陽之始生至微，當安靜以養之，恐是十月純坤之卦，陽已養於至靜之中，至是方成體爾." 曰: "非也. 養於旣復之後." 又問"復見天地之心." 曰:

163) 說: 賀本에는 없다.

164) ▲: 問: "'無祇悔'，'祇'字何訓?" 曰: "書中'祇'字，只有這'祇'字使得來別. 看來只得解做'至'字. 又有訓'多'爲'祇'者，如'多見其不知量也'，'多，祇也.' '祇'與'只'同."【僩】

165) ▲: 先生擧『易傳』語"惟其知不善，則速改以從善而已"，曰: "這般說話好簡當."

71:76 ▲[166)]

「無妄」

71:77 无妄本是“无[167)]望.” 這是沒理會時節, 忽然如此得來面前, 朱英所謂“无[168)]望之福”是也. 桑樹中箭, 柳樹出汁[169)].【淵】

71:78 ▲[170)] 問: “若以爲‘无望’, 卽是願望之‘望’, 非誠望[171)]之‘妄.’” 曰: “有所願望, 卽是妄. 但‘望’字說得淺, ‘妄’字說得深.”【必大】

71:79 “剛自外來”, 說卦變, “動而健”, 說卦德, “剛中而應”, 說卦體, “大亨以正”, 說“元亨利貞.” 自文王以來說做希望之“望.” 這事只得倚閣在這裡[172)], 難爲斷殺他.【淵】

71:80 伊川『易傳』似不是本意. “剛自外來”, 是所以做造无妄, “動而健”, 是有卦後說底.【淵】

71:81 “往”字說得不同.【淵】

71:82 問: “‘雖無邪心, 苟不合正理則妄也.’ 旣無邪, 何以不合

【文蔚】

166) ▲: 問: “上六‘迷復’, 至下‘十年不克征’, 如何?” 曰: “過而能改, 則亦可以進善. 迷而不復, 自是無說, 所以無往而不凶. 凡言‘三年’·‘十年’·‘三歲’, 皆是有箇象, 方說. 若三歲猶是有箇期限, 到十年, 便是無說了.”【礪】

167) 无: 英祖刊本·成化本·賀本에서는 無로 되어 있다.

168) 无: 英祖刊本·成化本·賀本에서는 無로 되어 있다.

169) 出汁: 英祖刊本·成化本에서는 汁出로 되어 있다.

170) ▲: “『史記』, ‘無妄’作‘無望.’”

171) 望:【附箋紙】“誠望”之“望”當作“妄.”

172) 裡: 『朱子語類』에서는 裏로 되어 있다.

理[173)]?" 曰: "有人自是其心全無邪, 而卻不合於正理, 如賢智者過之. 他其心豈曾有邪? 卻不合正理. 佛氏亦豈有邪心者!"【夔孫】

71:83 ▲[174)] 或以"子路使門人爲臣"事爲證. 先生曰: "如鬻拳强諫之類是也." 或云: "王荊公亦然." 曰: "溫公忠厚, 故稱荊公'無姦邪, 只不曉事.' ▲[175)]【僩】

71:84 或問: "'物與无妄', ▲[176)]." 文蔚曰: "是'各正性命'之意." 先生曰: "然. 一物與他一箇无妄."【文蔚】

71:85 ▲[177)] "卦中未便有許多道理. 聖人只是說有許多爻象如此, 占著此爻則有此象. 『无妄』是箇不指望偶然底卦, 忽然而有福, 忽然而有秋[178)]. 如人方病, 忽然勿藥而愈[179)], 是所謂'无妄'也. 據諸爻名義, 合作'无[180)]望', 不知孔子何故說歸'无[181)]妄.' 人之卜筮, 如決杯珓, 如此則吉, 如此則凶, 杯珓又何嘗有許多道理! 如程子之說, 說得道理儘好, 儘開闊, 只是不如此, 未有許多道理在." 又曰: "无妄一卦雖云秋[182)]福之來也无[183)]常, 然自家所守者, 不可不利於正. 不可以彼之

---

173) 理:【附箋紙】下"理"當作"正."

174) ▲: 因論『易傳』"雖無邪心, 苟不合正理則妄也, 乃邪心也",

175) ▲: 看來荊公亦有邪心夾雜, 他卻將『周禮』來賣弄, 有利底事便行之. 意欲富國强兵, 然後行禮義, 不知未富强, 人才風俗已先壞了! 向見何一之有一小論, 稱荊公所以辦得盡行許多事, 緣李文靖爲相日, 四方言利害者盡皆報罷, 積得許多弊事, 所以激得荊公出來一齊要整頓過. 荊公此意便是慶曆·范文正公諸人要做事底規模. 然范文正公等行得尊重, 其人才亦忠厚. 荊公所用之人, 一切相反."

176) ▲: 衆說不同

177) ▲: 或說無妄. 曰:

178) 秋: 『朱子語類』에서는 禍로 되어 있다.

179) 愈: 孝宗刊本·英祖刊本·成化本에서는 瘉로 되어 있다.

180) 无: 英祖刊本·成化本·賀本에서는 無로 되어 있다.

181) 无: 賀本에서는 無로 되어 있다.

182) 秋: 『朱子語類』에서는 禍로 되어 있다.

无[184]常，而吾之所守亦爲之无[185]常也，故曰'无妄，元亨利貞，其匪正，有眚.' 若所守非[186]正，則有眚矣. 眚卽災也." 問: "伊川言'災自外來，眚自內作，是否?" 曰: "看來只一般，微有不同耳. 災，是秋[187]偶然生於彼者，眚，是過誤致然. 書曰'眚災肆赦'，『春秋』曰'肆大眚'，皆以其過誤而赦之也."【僩】

71:86 問"'不耕穫，不菑畬'，伊川說爻辭[188]與「小象」卻不同，如何?" 曰: "便是曉不得. 爻下說'不耕而獲'，到「小象」又卻說耕而不必求穫，都不相應. 某所以不敢如此說. 他爻辭分明說道'不耕穫'了，自是有一樣時節都不須得作爲." 又曰: "看來无妄合是'无[189]望'之義，不知孔子何故使此'妄'字. 如'无妄之災'，'无妄之疾'，都是沒巴鼻恁地." ▲[190]【礪】

71:87 "不耕穫"一句，伊川作三意說，不耕而穫，耕而不穫，耕而不[191]必穫. 看來只是也不耕，也不穫，只見成領會他物事.【淵】

71:88 ▲[192] "言不耕不穫，不菑不畬，无[193]所爲於前，无[194]所冀於

183) 无: 英祖刊本・成化本・賀本에서는 無로 되어 있다.
184) 无: 英祖刊本・成化本・賀本에서는 無로 되어 있다.
185) 无: 英祖刊本・成化本・賀本에서는 無로 되어 있다.
186) 非:『朱子語類』에서는 匪로 되어 있다.
187) 秋:『朱子語類』에서는 禍로 되어 있다.
188) 辭: 孝宗刊本・英祖刊本・成化本에서는 詞로 되어 있다.
189) 无: 英祖刊本・成化本・賀本에서는 無로 되어 있다.
190) ▲: 又曰: "無妄自是大亨了，又卻須是貞正始得. 若些子不正，則'行有眚'，'眚'卽與'災'字同. 不是自家做得，只有些子不是，他那裏便有災來." 問: "'眚'與'災'如何分?" 曰: "也只一般.『尙書』云'眚災肆赦'，『春秋』'肆大眚'，眚似是過誤，災便直自是外來." 又曰: "此不可大段做道理看，只就逐象上說，見有此象，便有此義，少間自有一時築著磕著. 如今人問杯珓，杯珓上豈曾有道理! 自是有許多吉凶."
191) 不: 成化本・徽州本에는 없다.
192) ▲: 問"不耕穫，不菑畬." 曰:

後, 未嘗略起私意以作爲, 唯因時順理而已. 程『傳』作'不耕而穫, 不菑而畬', 不惟[195]添了'而'字, 又文勢牽强, 恐不如此." ▲[196]問"无妄之災." 曰: "此卦六爻皆是无妄, 但六三地頭不正, 故有'无妄之災', 言无[197]故而有災也. 如行人牽牛以去, 而居人反遭捕詰之擾, 此正'无妄之災'之象." ▲[198]問: "九五▲[199] 何爲而有疾?" 曰: "此是不期而有此, 但聽其自爾, 久則自定, 所以'勿藥有喜'而无[200]疾也. 大抵无妄一卦固是无妄, 但亦有无[201]故非意之事, 故聖人因象示戒." 又問: "『史記』作'无[202]妄[203]', 謂无[204]▲[205]期望而有得, 疑有'不耕穫, 不菑畬'之意." 曰: "此出『史記』「春信[206]君傳」, 正說李園事. 正是說无[207]巴鼻, 而有一事正合'无妄之災'·'无妄之疾.' 亦見得古人相傳, 尙識得當時此意也."【銖】

71:89 ▲[208] 六二在无妄之時, 居中得正, 故吉. 其曰'不耕穫, 不菑畬', 是四字[209]都不做, 謂雖事事都不動作, 亦自'利有攸往.' ▲[210] 六

---

193) 无: 英祖刊本·成化本·賀本에서는 無로 되어 있다.
194) 无: 英祖刊本·成化本·賀本에서는 無로 되어 있다.
195) 惟: 『朱子語類』에서는 唯로 되어 있다.
196) ▲: 又
197) 无: 英祖刊本·成化本·賀本에서는 無로 되어 있다.
198) ▲: 又
199) ▲: 陽剛中正以居尊位, 無妄之至,
200) 无: 英祖刊本·成化本·賀本에서는 無로 되어 있다.
201) 无: 英祖刊本·成化本·賀本에서는 無로 되어 있다.
202) 无: 英祖刊本·成化本·賀本에서는 無로 되어 있다.
203) 妄: 英祖刊本·成化本·賀本에서는 望으로 되어 있다.【附箋紙】"妄"當作"望."
204) 无: 英祖刊本·成化本·賀本에서는 無로 되어 있다.
205) ▲: 所
206) 信: 英祖刊本·成化本·賀本에서는 申으로 되어 있다.【附箋紙】"信"當作"申."
207) 无: 英祖刊本·成化本·賀本에서는 無로 되어 있다.
208) ▲: "'不耕穫, 不菑畬', 如『易傳』所解, 則當言'不耕而穫, 不菑而畬'方可. 又如云'極言無妄之義', 是要去義理上說, 故如此解. 『易』之六爻, 只是占吉凶之辭, 至「彖」「象」方說義理.

三▲[211]'无望[212]之災, ▲[213] 如諺曰: '閉門屋裡[214]坐, 禍從天上來', 是也. 此是占辭. ▲[215] 然吉凶以正勝, 有雖得凶而不可避者, 縱貧賤窮困死亡, 卻无[216]悔吝. 故橫渠云'不可避凶趨吉, 一以正勝', 是也. 又如占得坤六二爻, 須是自己'直方大', 方與爻辭相應, 便'不習无不利.' 若不直方大, 卻反凶也."【▲[217] ○螢】

71:90 問"▲[218] 未富"之義. 曰: "此有不可曉. 然旣不耕穫, 不菑畬, 自是未富. 只是聖人說占得此爻, 雖是未富, 但'利有攸往'耳. 雖是占爻, 然義理亦包在其中. 『易傳』中說'未'字, 多費辭."【螢】

「大畜」

71:91 "能止健", 都不說健而止, 見得是艮來止這乾.【淵】

71:92 "篤實"便有"光輝[219]", 艮止便能篤實.【淵】

71:93 "九三一爻, 不爲所畜, 而欲進與上九合志同進, 俱爲畜極而通之時, 故有'良馬逐', '何天之衢亨'之象. 但上九已通達无[220]礙, 只是

---

209) 字: 孝宗刊本・英祖刊本・成化本에서는 事로 되어 있다.
210) ▲: 『史記』'無妄'作'無望', 是此意.
211) ▲: 便是
212) 望: 成化本・徽州本에서는 妄으로 되어 있다.
213) ▲: 或繫之牛, 行人之得', 何與邑人事? 而'邑人之災.'
214) 裡: 『朱子語類』에서는 裏로 되어 있다.
215) ▲: 如'飛龍在天, 利見大人', 若庶人占得此爻, 只是利去見大人也.
216) 无: 英祖刊本・成化本・賀本에서는 無로 되어 있다.
217) ▲: 必大錄此下云: "如春秋時, 南蒯占得坤六五爻, 以爲大吉, 示子服惠伯. 惠伯曰'忠信之事則可, 不然必敗'一段, 說得極好. 蓋南蒯所占雖得吉爻, 然所爲卻不黃裳, 卽是大凶."
218) ▲: 不耕穫, 不菑畬,
219) 光輝: 英祖刊本・成化本・賀本에서는 輝光으로 되어 있다.
220) 无: 英祖刊本・成化本・賀本에서는 無로 되어 있다.

滔滔去. 九三過剛銳進, 故戒以艱貞閑習. 蓋初・二兩爻皆爲所畜, 獨九三一爻自進耳." ▲[221]問: "九六爲正應, 皆陰皆陽則爲无[222]應, 獨畜卦不爾, 何也?" 曰: "陽遇陰, 則爲陰所畜. 九三與上九皆陽, 皆欲上進, 故但以同類相求也. 小畜亦然." 先生因言: "某作『本義』, 欲將文王卦辭只大綱依文王『本義』略說, 至其所以然之故, 卻於孔子「彖辭」中發之. 且如大畜'利貞, 不家食吉, 利涉大川', 只是占得大畜者爲利貞[223], 不家食而吉, 利於涉大川. 至於剛上尙賢等處, 乃孔子發明, 各有所主, 爻象亦然. 如此, 則不失文王本義[224], 又可見孔子之意, 但今未眠[225]整頓耳." 又曰: "大畜下三爻取其能自畜而不進, 上三爻取其能畜彼而不使進. 然四能止之於初, 故爲力易. 五則陽已進而止之則難, 但以柔居尊, 得其機會可制, 故亦吉, 但不能如四之元吉耳." 【銖】

71:94 "何天之衢亨", 或如伊川說, 衍一"何"字, 亦不可知. 【礪】

「頤」

71:95 頤, 須是正則吉. 何以觀其正不正? 蓋"觀頤"是觀其養德是正不正, "自求口實"是又觀其養身是正不正, 未說到養人處. "觀其所養", 亦只是說君子之所養, 養浩然之氣模樣. 【淵】

71:96 "自養"則如爵祿下至於飮食之類, 是說"自求口實." 【淵】

71:97 ▲[226] "所養之道, 如學聖賢之道則爲正, 黃・老・申・商則

221) ▲: 子善
222) 无: 英祖刊本・成化本・賀本에서는 無로 되어 있다.
223) 貞: 成化本・賀本에서는 正으로 되어 있다.
224) 義: 【附箋紙】"義"當作"意."
225) 眠: 【附箋紙】"眠"當作"暇."

爲非, 凡見於修身行義, 皆是也. 所養之術, 則飮食起居皆是也." 又問: "伊川把'觀其所養'作觀人之養, 如何?" 曰: "這兩句是解'養正則吉.' 所養之道與養生之術正, 則吉, 不正, 則不吉. 如何是觀人之養! 不曉程說是如何."【學履】

71:98 ▲[227]問: "『本義』言'〈觀頤〉, 謂觀其所養之道. 〈自求口實〉, 謂觀其所養之術', 與程『傳』以'觀頤'爲所以養人之道, '求口實'爲[228]所以自養之道, 如何?" 先生沉吟良久, 曰: "程『傳』似勝. 蓋下體三爻皆是▲[229]養人. 不能自求所養, 而求人以養己則凶, 故下[230]三爻皆凶, 求於人以養其下, 雖不免於顚拂, 畢竟皆好, 故上[231]三爻皆吉." 又問: "'虎視眈眈', 『本義』以爲'下而專也.' 蓋'賴其養以施於下', 必有下專之誠, 方能无咎. 程『傳』作欲立威嚴, 恐未必然." 曰: "頤卦難看, 正謂此等. 且'虎視眈眈', 必有此象, 但今未曉耳." 銖曰: "『音辯』載馬氏云: '眈眈, 虎▲[232]視貌.' 則當爲'下而專'矣." 曰: "然." 又問: "'其欲逐逐', 如何?" 曰: "求養於下以養人, 必當繼繼求之, 不厭乎數, 然後可以養人而不窮. 不然, 則所以養人者必无[233]繼矣. 以四而賴養於初, 亦是顚倒. 但是求養以養人, 所以雖顚而吉." ▲[234] "六五'居貞吉', 猶「洪範」'用靜吉, 用作凶', 所以'不可涉大川.' 六五不能養人, 反賴上九之養, 是已拂其常矣, 故守常則吉, 而涉險阻則不可也." 直卿因云: "頤之六爻, 只是'顚拂'二字. 求養於下則爲顚, 求食於上則爲拂. 六二比初而求上, 故'顚頤'當爲句, '拂經于丘頤'【句】 '征凶'卽其占辭也. 六

226) ▲ 問: "'觀頤, 觀其所養', 作所養之道, '觀其自養', 作所以養生之術." 曰:
227) ▲: "頤卦最難看." 銖
228) 爲: 賀本에서는 謂로 되어 있다.
229) ▲: 自養, 上體三爻皆是
230) 下: 賀本에서는 上으로 되어 있다.
231) 上: 賀本에서는 下로 되어 있다.
232) ▲: 下
233) 无: 英祖刊本・成化本・賀本에서는 無로 되어 있다.
234) ▲: 先生又曰:

三'拂頤', 雖與上爲正應, 然畢竟是求於上以養己, 所以有'拂頤'之象, 故雖正亦凶也. 六四'顚頤', 固與初爲正應, 然是賴初之養以養人, 故雖顚亦吉. 六五'拂經', 卽是比于上, 所以有'拂經'之象, 然是賴上九之養以養人, 所以居正而吉. 但不能自養, 所以'不可涉大川'耳."【銖】

71:99 或云: "諺有'秋[235]從口出, 病從口入', 甚好." 曰: "此語, 前輩曾用以解頤之「象」: '愼言語, 節飮食.'"【廣】

71:100 問: "伊川解下三爻養口體, 上三爻養德義, 如何?" 曰: "看來下三爻是資人以爲養, 上三爻是養人也. 六四·六五雖是資初與上之養, 其實是他居尊位, 藉人以養, 而又推以養人, 故此三爻似都是養人之事. 伊川說亦得, 但失之疏也."【學履 ○義剛錄云: "下三爻是資人以養己, 養己所以養人也."】

71:101 ▲[236]

71:102 ▲[237] 六五陰柔之才, 但守正則吉, 故不可以涉患難. 六四"顚頤, 吉, 虎視眈眈, 其欲逐逐", 此爻不可曉.【僩】

「大過」

71:103 問: "大過旣'棟橈', 不是[238]好了, 又如何'利有攸往'?" 曰: "看「彖辭」可見. '棟橈'是以卦體'本末弱'而言, 卦體自不好了. 卻因'剛過而中, 巽而說行', 如此, 所以'利有攸往乃亨'也. 大抵「彖傳」解得卦辭,

235) 秋: 『朱子語類』에서는 禍로 되어 있다.
236) ▲: 頤六四一爻, 理會不得. 雖是恁地解, 畢竟曉不得如何是"施於下", 又如何是"虎."【礪】
237) ▲: 六五"拂經, 居貞, 吉, 不可涉大川."
238) 不是: 『小分』에서는 是不을 교정부호로 바로잡았다.

直是分明."【學履 ○洽同.】

71:104 問: "大過小過, 先生與伊川之說不同." 曰: "然. 伊川此論, 正如以反經合道爲非相似. 殊不知大過自有大過時節, 小過自有小過時節. 處大過之時, 則當爲大過之事, 處小過之時, 則當爲小過之事. 如堯・舜之禪受, 湯・武之放伐, 此便是大過之事, '喪過乎哀, 用過乎儉', 此便是小過之[239]事. ▲[240]雖是過, 然適當其時, 便是合當如此做, 便[241]是合義. 如堯・舜之有朱・均, 豈不能多擇賢輔而立其子, 且恁地平善過. 然道理去不得, 須是禪授方合義. 湯・武豈不能出師以恐嚇紂, 且使其悔悟脩省. 然道理去不得, 必須放伐而後已. 此所以事雖過, 而皆合理也."【僩】

71:105 『易傳』大過云: "道無不中, 無不常." 聖人有小過, 無大過, 看來亦不消如此說. 聖人旣說有"大過", 直是有此事. 雖云"大過", 亦是常理, 始得. 因擧晉 州蒲事云: "舊常不曉胡文定公意, 以問范伯達丈, 他亦不曉. 後來在都下, 見其孫伯逢, 問之. 渠云: '此處有意思, 但是難說出. 如左氏分明有"稱君無道"之說. 厲公雖有罪, 但合當廢之可也, 而欒書・中行偃弑之, 則不是. 然必[242]竟厲公有罪, 故難說, 後必有曉此意者.'"【賜】

71:106 "澤滅木." 澤在下而木在上, 今澤水高漲, 乃至浸沒了木, 是爲大過. 又曰: "木雖爲水浸, 而木未嘗動, 故君子觀之而'獨立不懼, 遯世無悶.'"【礪】

71:107 小過是收斂入來底, 大過▲[243]底, 如"獨立不懼, 遯世無[244]

---

239) 之:【附箋紙】上"之"下脫"只是在事"四字.
240) ▲: 只是在事
241) 做, 便:『小分』에서는 便做를 교정부호로 바로잡았다.
242) 必: 成化本・賀本에서는 畢로 되어 있다

悶"是也.【淵】

71:108 "藉用白茅", 亦有過愼之意. 此是大過之初, 所以其過尙小在.【淵】

71:109 問: "大過'棟橈', 是初・上二陰不能勝四陽之重, 故有此象. 九三是其重剛不中, 自不能勝其任, 亦有此象. 兩義自不同否?" 曰: "是如此. 九三又與上六正應, 亦皆不好, 不可以有輔, 自是過於剛强[245], 輔他不得. 九四'棟隆', ▲[246] 便'不橈乎下.' '過涉滅頂', '不可咎也', 恐是他做得是了, 不可以咎他, 不似伊川說.『易』中'无咎'有兩義, 如'不節之嗟'无咎, 王輔嗣云, 是他自做得, 又將誰咎? 至'出門同人'无咎, 又是他做得好了, 人咎他不得, 所以亦云'又誰咎也.' 此處恐不然." 又曰: "四陽居中, 如何是大過? 二陽在中, 又如何是小過? 這兩卦曉不得. 今且只逐爻略曉得, 便也可占."【礪】

71:110 大過陽剛過盛, 不相對値之義, 故六爻中无[247]全吉者. 除了初六是過於畏愼无咎外, 九二雖无[248]不利, 然老夫得女妻, 畢竟是不相當, 所以「象」言"過而[249]相與也." 九四雖吉, 而又有他則吝. 九五所謂"老婦"者, 乃是指客爻而言. 老婦而得士夫, 但能"无咎无[250]譽", 亦不爲全吉. 至於上六"過涉滅頂, 凶, 无咎", 則是事雖凶, 而義則无咎也.【銖】

---

243) ▲: 是行出來
244) 無: 成化本・賀本에서는 无로 되어 있다.
245) 剛强: 『小分』에서는 强剛을 교정부호로 바로잡았다.
246) ▲: 只是隆,
247) 无: 英祖刊本・成化本・賀本에서는 無로 되어 있다.
248) 无: 賀本에서는 無로 되어 있다.
249) 而: 『朱子語類』에서는 以로 되어 있다.
250) 无: 英祖刊本・成化本・賀本에서는 無로 되어 있다.

71:111 “過涉滅頂, 凶.” “不可咎也.” 東漢諸人不量深淺, 至於殺身亡家, 此是凶. 然而其心何罪? 故不可咎也.【夔孫】

「坎」

71:112 “水流不盈”, 纔是說一坎滿便流出去, 一坎又滿, 又流出去. “行險而不失其信”, 則是說決定如此.【淵】

71:113 坎水只是平, 不解滿, 盈是滿出來.【淵】

71:114 六三“險且枕”, 只是前後皆是枕, 便如枕頭之“枕.”【礪】

71:115 ▲[251] “經文中疊字如‘兢兢業業’之類, 是重字. 來之自是兩字, 各有所指, 謂下來亦坎, 上往亦坎,【之, 往也.】 進退皆險也.” 又問: “六四, 舊讀‘樽酒簋’,【句】 ‘貳用缶’,【句】 『本義』從之, 其說如何?” 曰: “既曰‘樽酒簋貳’, 又曰‘用缶’, 亦不成文理. 貳, 益之也. 六四近尊位而在險之時, 剛柔相際, 故有但用薄禮, 益以誠心, 進結自牖之象.” 問: “牖非所由之正, 乃室中受明之處, 豈險難之時, 不容由正以進耶?” 曰: “非是不可由正. 蓋事變不一, 勢有不容不自牖者. ‘終无[252]咎’者, 始雖不甚好, 然於義理無害, 故終亦无咎. ‘无咎者, 善補過’之謂也.” 又問: “上六‘徽纆’二字, 云: ‘三股曰徽, 兩股曰纆.’” 曰: “據「釋文」如此.”【銖】

71:116 ▲[253]

---

251) ▲: 問“來之坎坎.” 曰:
252) 无: 賀本에서는 無로 되어 있다.
253) ▲: “樽酒簋”做一句, 自是「說文」如此.【礪】

71:117 問"納約自牖." 曰: "不由戶而自牖, 以言艱險之時, 不可直致也."【季札】

71:118 ▲[254]

71:119 "坎不盈, 祗既平", "祗"字他无[255]說處, 看來只得作"抵"字解. 復卦亦然. 不盈未是平, 但將來必會平. 二與五雖是陷於[256]陰中, 必[257]竟是陽會動, 陷他不得. 如"有孚維心亨", 如"行有尙", 皆是也.【礪】

71:120 ▲[258] "水之爲物, 其在坎只能平, 自不能盈, 故曰'不盈.' 盈, 高之義. '中未大'者, 平則是得中, 不盈是未大也."【學履】

「離」

71:121 離便是麗, 附著之意. 『易』中多說做麗, 也有兼說明處, 也有單說明處. 明是離之體. 麗, 是麗著底意思. "離"字, 古人多用做麗[259]著說. 然而物相離去, 也只是這字. "富貴不離其身", 東坡說道剩箇"不"字, 便是這意. 古來自有這般兩用底字, 如"亂"字又喚做治.【淵】

71:122 "離"字不合單用.【淵】

71:123 火中虛暗, 則離中之陰也, 水中虛明, 則坎中之陽也.【道夫】

254) ▲: "納約自牖", 雖有向明之意, 然非是路之正.【淵】
255) 无: 英祖刊本・成化本・賀本에서는 無로 되어 있다.
256) 於: 英祖刊本・成化本・賀本에서는 于로 되어 있다.
257) 必: 成化本・賀本에서는 畢로 되어 있다.
258) ▲: "坎不盈, 中未大也." 曰:
259) 麗: 英祖刊本・成化本에서는 離로 되어 있다.

71:124 問: "離卦是陽包陰, 占利'畜牝牛', 便也是宜畜柔順之物." 曰: "然."【礪】

71:125 「彖辭」"重明", 自是五·二兩爻爲君臣重明之義. 「大象」又自說繼世重明之義, 不同.【同】[260)]

71:126 六二中正, 六五中而不正. 今言"麗乎正", "麗乎中正", 次第說六二分數多. 此卦唯這爻較好, 然亦未敢便恁地說, 只得且說"未詳."【淵 ○『本義』今無"未詳"字.】

71:127 問"明兩作, 離." 曰: "若做兩明, 則是有二箇日, 不可也, 故曰'明兩作, 離', 只是一箇日相繼之義. '明兩作', 如坎卦'水洊至', 非以'明兩'爲句也."【"明"字便是指日而言. ○學履】

71:128 ▲[261)]

71:129 "明兩作, ▲[262)] 非"明兩", 乃"兩作"也.【僩】

71:130 ▲[263)] 問: "'火體陰而用陽', 是如何?" 曰: "此言三畫卦中陰而外陽者也. 坎象爲陰, 水體陽而用陰, 蓋三畫卦中陽而外陰者也. 惟六二一爻, 柔麗乎中而得其正, 故'元吉.' 至六五, 雖是柔麗乎中, 而不得其正, 特借'中'字而包'正'字耳." 又問"日昃之離." 曰: "死生常理也, 若不能安常以自樂, 則不免有嗟戚." 曰: "生之有死, 猶晝之必夜, 故君

---

260)【同】: 徽州本에는【砥】로 되어 있다.
261) ▲: "明兩作", 猶言"水洊至." 今日明, 來日又明. 若說兩明, 卻是兩箇日頭!【淵】
262) ▲: 離." 作, 起也. 如日然, 今日出了, 明日又出, 是之謂"兩作." 蓋只是這一箇明, 兩番作,
263) ▲: 叔重說離卦,

子當觀日昃之象以自處." 曰: "人固知常理如此, 只是臨時自不能安耳." 又問"九四'突如其來如.'" 曰: "九四以剛迫柔, 故有突來之象. '焚'・'死'・'棄', 言无[264]所用也. '離爲火', 故有'焚如'之象." 或曰: "'突如其來如'與'焚如', 自當屬上句. '死如・棄如', 自當做一句." 曰: "說時亦少通, 但文勢恐不如此."【時擧】

71:131 九四有侵陵六五之象, 故曰"突如其來如." 火之象, 則有自焚之義, 故曰"焚如, 死如, 棄如", 言其焚死而棄也.【學履】

71:132 ▲[265]九四陽爻突出來逼拶上爻. "焚如"是"不戢自焚"之意. "棄"是死而棄之之意.【淵】

71:133 ▲[266]

71:134 六五介于兩陽之間, 憂懼如此, 然處得其中, 故不失其吉.【淵】

71:135 問:[267] "郭沖晦以爲「離」六五乃文明盛德之君, 知天下之治莫大於得賢, 故憂之如此. 如'堯以不得舜爲己憂, 舜以不得禹・皐▲[268]

71:136 ▲[269]

264) 无: 英祖刊本・成化本・賀本에서는 無로 되어 있다.
265) ▲: "焚"・"死"・"棄", 只是說
266) ▲: "焚如, 死如, 棄如", 自成一句, 恐不得如伊川之說.【礪】
267) 問: 成化本・徽州本에서는 이 뒤에 「離」六五'出涕沱若, 戚嗟若, 吉.' 「象」曰: "六五之吉, 離王公也."가 더 들어 있다.
268) ▲: 陶爲己憂.' 是否?" 曰: "「離」六五陷於二剛之中, 故其憂如此. 只爲孟子說得此二句, 便取以爲說,【金錄云: "恐不是如此, 於上下爻不相通."】 所以有牽合之病. 解釋經義, 最怕如此."【謨 ○去僞同.】
269) ▲: "有嘉折首"是句.【淵】

『朱子語類』卷第七十二

「易八」

「咸」

72:1 "否·泰·咸·恒·損·益·旣濟·未濟, 此八卦首尾皆是一義. 如咸皆是感動之義之類. 咸內卦艮[1], 止也[2], 何以皆說動?" 曰: "艮雖是止, 然咸有交感之義, 都是要動, 所以都說動. 卦體雖是動, 然纔[3]動便不吉. 動之所以不吉者, 以內卦屬艮也."【僩】

72:2 咸就人身取象, 看來便也是有些取象說. 咸上一畫如人口, 中三畫有腹背之象, 下有人脚之象. 艮就人身取象, 便也似如此. 上一陽畫有頭之象, 中二陰有口之象, 所以"艮其輔", 於五爻言之. 內卦以下亦▲[4]足象.【礪】

72:3 問: "『本義』以爲柔上剛下, 乃自旅來. 旅之六五, 上而爲咸之上六, 旅之上九, 下而爲咸之九五, 此謂'柔上剛下', 與程『傳』不同." 先生問: "所以不同, 何也?" 銖曰: "『易』中自有卦變耳." 曰: "須知程子說有不通處, 必著如卦變說, 方見得下落. ▲[5]【銖】

72:4 "山上有澤, 咸", 當如伊川說, 水潤土燥, 有受之義. 又曰: "土[6]

---

1) 咸內卦艮: 成化本에서는 이 앞에 問이 더 들어 있다.
2) 止也: 成化本에서는 이 앞에 艮이 더 들어 있다.
3) 纔: 賀本에서는 才로 되어 있다.
4) ▲: 有
5) ▲: 此等處, 當錄出看."

若不虛, 如何受得?" 又曰: "上兌下艮, 兌上缺, 有澤口之象, 兌下二陽畫, 有澤底之象, 艮上一陽畫[7], 有土之象, 下二陰畫中虛, 便是滲水之象."【礪】

72:5 問: "'君子以虛受人', 伊川注云: '以量而容之, 擇交[8]而受之.' 以量, 莫是要著意容之否?" 曰: "非也. 以量者, 乃是隨我量之大小以容人, 便是不虛了." 又問: "'貞吉悔亡', 『易傳』云: '貞者, 虛中無我之謂', 『本義』云: '貞者, 正而固.' 不同, 何也?" 曰: "某尋常解經, 只要依訓詁說字. 如'貞'字作'正而固', 子[9]細玩索, 自有滋味. 若曉得正而固, 則虛中無我亦在裏面." 又問: "'憧憧往來, 朋從爾思', 莫是此感彼應, 憧憧是添一箇心否?" 曰: "往來固是感應. 憧憧, 是一心方欲感他, 一心又欲他來應. 如正其義, 便欲謀其利, 明其道, 便欲計其功. 又如赤子入井之時, 此心方怵惕要去救他, 又欲他父母道我好, 這便是憧憧底病."【僩】

72:6 厚之問"憧憧往來, 朋從爾思." 曰: "往來自不妨, 天地間自是往來不絕. 只不合著憧憧了, 便是私意." ▲[10] 又問: "明道云: '莫若廓然而大公, 物來而順應', 如何?" 曰: "'廓然大公', 便不是'憧憧', '物來順應', 便不是'朋從爾思.' 此只是'比而不周, 周而不比'之意. ▲[11]【可學】

72:7 ▲[12]

6) 土: 賀本에서는 上으로 되어 있다.
7) 陽畫: 『朱子語類』에서는 畫陽으로 되어 있다.
8) 交: 賀本에서는 合으로 되어 있다.
9) 子: 賀本에서는 仔로 되어 있다.
10) ▲: 【德明錄云: "如暑往寒來, 日往月來, 皆是常理. 只著個'憧憧'字, 便鬧了."】
11) ▲: 這一段, 舊看易惑人, 近來看得節目極分明."
12) ▲: 往來是感應合當底, 憧憧是私. 感應自是當有, 只是不當私感應耳.【淵】

72:8 ▲[13] 聖人未嘗不教人思, 只是不可憧憧, 這便是私了. 感應自有箇自然底道理, 何必思他? 若是義理, 卻不可不思.【淵】

72:9 問: "咸「傳」之九四, 說虛心貞一處, 全似敬." 曰: "蓋嘗有語曰: '敬, 心之貞也.'"【方】

72:10『易傳』言感應之理, 咸九四盡矣.【方】

72:11 問: "伊川解屈伸往來一段, 以屈伸爲感應. 屈伸之與感應若不相似, 何也?" ▲[14] "屈則感伸, 伸則感屈, 自然之理也. 今以鼻息觀之, 出則必入, 出感入也, 入則必出, 入感出也, 故曰: '感則有應, 應復爲感, 所感復有應.' 屈伸非感應而何?"【洽】

72:12 或問『易傳』說感應之理, 曰: "如日往則感得那月來, 月往則感得那日來, 寒往則感得那暑來, 暑往則感得那寒來. 一感一應, 一往一來, 其理無窮. 感應之理是如此." 曰: "此以感應之理言之, 非有情者." 云: "'有動皆爲感', 似以有情者言." 曰: "父慈, 則感得那子愈孝, 子孝, 則感得那父愈慈, 其理亦只一般."【文蔚】

72:13 "問[15]『易傳』言[16]'有感必有應', 是如何?[17]" 曰: "凡在天地間, 無非感應之理, 造化與人事皆是. 且如雨暘, 雨不成只管雨, 便感得箇暘出來, 暘不成只管暘, 暘已是應處, 又感得雨來. 是'感則必有應, 所應復爲感.' 寒暑晝夜, 無非此理. 如人夜睡, 不成只管睡至曉, 須著起

13) ▲: "憧憧往來, 朋從爾思."
14) ▲: 曰:
15) 問: 賀本에서는 周로 되어 있다.
16) 言: 成化本에서는 言 앞에 咸之九四가 더 들어 있다.
17) 是如何?: 成化本에서는 이 앞에 凡有動, 皆爲感, 感則必有應, 所應復爲感이 더 들어 있다.

來, 一日運動, 向晦亦須當[18]息. 凡一死一生, 一出一入, 一往一來, 一語一默, 皆是感應. ▲[19] 又問: "感應之理, 於學者工夫有用處否?" 曰: "此理無乎不在, 如何學者用不得? '精義入神, 以致用也, 利用安身, 以崇德也', 亦是這道理. 硏精義理於內, 所以致用於外, 利用安身於外, 所以崇德於內. 橫渠此處說得更好: '〈精義入神〉, 事豫吾內, 求利吾外, 〈利用安身〉, 素利吾外, 致養吾內.' 此幾句親切, 正學者用功處."【寓】

72:14 林一之問[20]"凡有動皆爲感, 感則必有應." 曰: "如風來是感, 樹▲[21]便是應, 樹拽又是感, 下面物動又是應. 如晝極必感得夜來, 夜極又便感得晝來." 曰: "感便有善惡否?" 曰: "自是有善惡." 曰: "何謂'心無私主, 則有感皆通'?" 曰: "心無私主, 不是溟涬沒理會, 也只是公. 善則好之, 惡則惡之, 善則賞之, 惡則刑之, 此是聖人之[22]至神之化. 心無私主, 如天地一般, 寒則徧天下皆寒, 熱則徧天下皆熱, 便是'有感皆通.'" 曰: "心無私主最難." ▲[23] "只是克去己私, 便心無私主. 若心有私主, 只是相契者應, 不相契者則不應. 如好讀書人, 見讀書便愛, 不好讀書人, 見書便不愛."【淳】

72:15 器之問程子說感通之理. 曰: "如晝而夜, 夜而復晝, 循理[24]不

---

18) 當: 成化本・賀本에서는 常으로 되어 있다.

19) ▲: 中人之性, 半善半惡, 有善則有惡. 古今天下, 一盛必有一衰. 聖人在上, 兢兢業業, 必日保治. 及到衰廢, 自是整頓不起, 終不成一向如此, 必有興起時節. 唐貞觀之治, 可謂甚盛. 至中間武后出來作壞一番, 自恁地塌塌底去. 至五代, 衰微極矣! 國之紀綱, 國之人才, 擧無一足恃. 一旦聖人勃興, 轉動一世, 天地爲之豁開! 仁宗時, 天下稱太平, 眼雖不得見, 想見是太平. 然當時災異亦數有之, 所以馴至後來之變, 亦是感應之常如此."

20) 林一之問: 徽州本에서는 之 아래에 名易簡, 邵人이라는 注가 있다.

21) ▲: 動

22) 之: 賀本에는 없다.

23) ▲: 曰:

24) 理: 『朱子語類』에서는 環으로 되어 있다.

窮. 所謂'一動一靜, 互爲其根', 皆是感通之理." 木之問: "所謂'天下之理, 無獨必有對', 便是這話否?" 曰: "便是. 天下事那件無對來? 陰與陽對, 動與靜對, 一物便與一理對. 君可謂尊矣, 便與民爲對. 人說碁[25]盤中間一路無對, 某說道, 便與許多路爲對." 因擧"寒往則暑來, 暑往則寒來"與屈伸消長之說. ▲[26] 【木之】

72:16 ▲[27] "感, 是事來感我, 通, 是自家受他感處之意." 【時擧】

72:17 問: "程子說'感應', 在學者日用言之, 則如何[28]?" 曰: "只因這一件事, 又生出一件事, 便是感與應. 因第二件事, 又生出第三件事, 第二件事又是感, 第三件事又是應. 如王文正公平生儉約, 家無姬妾. 自東封後, 眞宗以太平宜共享, 令直省官爲買妾, 公不樂. 有沈倫家鬻銀器花籃火筒之屬, 公嚬蹙曰: '吾家安用此!' 其後姬妾旣具, 乃復呼直省官, 求前日沈氏銀器而用之. 此買妾底便是感, 買銀器底便是應." 【淳】

72:18 「繫辭」解咸九四, 據爻義看, 上文說"貞吉悔亡", "貞"字甚重. 程子謂: "聖人感天下, 如雨暘寒暑, 無不通, 無不應者, 貞而已矣." 所以感人者果貞矣, 則吉而悔亡. 蓋天下本無二理, 果同歸矣, 何患乎殊塗! 果一致矣, 何患乎百慮! 所以重言"何思何慮"也. 如日月寒暑之往來, 皆是自然感應如此. 日不往則月不來, 月不往則日不來, 寒暑亦然. 往來只是一般往來, 但憧憧之往來者, 患得患失, 旣要感這箇, 又

---

25) 碁: 成化本에서는 棋로 되어 있다.

26) ▲: 邵氏『擊壤集』云: "上下四方謂之宇, 古往今來謂之宙." 因說: "易咸感處, 伊川說得未備. 往來, 自還他有自然之理. 惟正靜爲主, 則吉而悔亡. 至於憧憧則私爲主, 而思慮之所及者朋從, 所不及者不朋從矣. 是以事未至則迎之, 事已過則將之, 全掉脫不下. 今人皆病於無公平之心, 所以事物之來, 少有私意雜焉, 則陷於所偏重矣."

27) ▲: 趙致道問感通之理. 曰:

28) 則如何: 成化本·徽州本에서는 이 뒤에 是感應이 더 들어 있다.

要感那箇, 便自憧憧忙亂, 用其私心而已. “屈伸相感, 而利生焉”者, 有晝必有夜, 設使長長爲晝而不夜, 則何以息? 夜而不晝, 安得有此光明? 春氣固是和好, 只有春夏而無秋冬, 則物何以成? 一向秋冬而無春夏, 又何以生? 屈伸往來之理, 所以必待迭相爲用, 而後利所由生. 春秋冬夏, 只是一箇感應, 所應復爲感, 所感復爲應也. ▲[29)]【謨】

72:19 或▲[30)]問: “‘往來’, 是心中憧憧然往來, 猶言所[31)]來于[32)]懷否?” 曰: “非也. 下文分明說‘日往則月來, 月往則日來’, ‘寒往則暑來, 暑往則寒來’, 安得爲心中之往來? 伊川說微倒了, 所以致人疑. 一往一來, 感應之常理也, 自然如此.” 又問: “是憧憧於往來之間否?” 曰: “亦非也. 這箇只是對那日往則月來底說. 那箇是自然之往來, 此憧憧者是加私意, 不好底往來. ‘憧憧’, 只是加一箇忙迫底心, 不能順自然之理, 猶言‘助長’·‘正心’, 與計獲相似. 方往時, 又便要來, 方來時, 又便要往, 只是一箇忙.” 又曰: “方做去時是往, 後面來底是來. 如人耕種, 下種是往, 少間禾生是來.” 問: “‘憧憧往來’, 如霸者, 以私心感人, 便要人應. 自然往來, 如王者, 我感之也, 無心而感, 其應我也, 無心而應, 周徧公溥, 無所私繫[33)]. 是如此否?” 曰: “也是如此.” 又問: “此以私而感, 恐彼之應者非以私而應, 只是應之者有限量否?” 曰: “也是以私而應. 如自家以私惠及人, 少間被我之惠者則以我爲恩, 不被我

---

29) ▲: 春夏是一箇大感, 秋冬則必應之, 而秋冬又爲春夏之感. 以細言之, 則春爲夏之感, 夏則應春而又爲秋之感, 秋爲冬之感, 冬則應秋而又爲春之感, 所以不窮也. 尺蠖不屈, 則不可以伸, 龍蛇不蟄, 則不可以藏身. 今山林冬暖, 而蛇出者往往多死, 此卽屈伸往來感應必然之理. 夫子因“往來”兩字, 說得許多大. 又推以言學, 所以內外交相養, 亦只是此理而已. 橫渠曰: “事豫吾內, 求利吾外, 素利吾外, 致養吾內.” 此下學所當致力處. 過此以上, 則不容計功. 所謂“窮神知化”, 乃養盛自至, 非思勉所及, 此則聖人事矣.

30) ▲: 說“貞吉悔亡, 憧憧往來, 朋從爾思”, 云: “一往一來, 皆感應之常理也. 加憧憧焉, 則私矣. 此以私感, 彼以私應, 所謂‘朋從爾思’, 非有感必通之道矣.” 先生然之. 又

31) 所: 英祖刊本·成化本·賀本에서는 往으로 되어 있다.

32) 于: 賀本에서는 於로 되어 있다.

33) 繫: 英祖刊本·成化本·賀本에서는 係로 되어 있다.

之惠者則不以我爲恩矣. 王者之感, 如云: ‘王用三驅失前禽.’ 去者不以爲恩, 獲者不以爲怨, 如此方是公正無私心.” 又問: “‘天下何思何慮’? 人固不能無思慮, 只是不可加私心欲其如此否?” 曰: “也不曾敎人不得思慮, 只是道理自然如此. 感應之理, 本不消思慮. 空費思量, 空費計較, 空費安排, 都是枉了, 無益於事, 只順其自然而已.” ▲34)

---

34) ▲: 因問: “某人在位, 當日之失便是如此, 不能公平其心, ‘翕, 受敷施.’ 每廣坐中見有這邊人, 即加敬與語, 其他皆不顧, 以至差遣之屬, 亦有所偏重, 此其所以收怨而召禍也.” 曰: “這事便是難說. 今只是以成敗論人, 不知當日事勢有難處者. 若論大勢, 則九分九釐, 須還時節. 或其人見識之深淺, 力量之廣狹, 病卻在此. 以此而論, 卻不是. 前輩有云: ‘牢籠之事, 吾不爲也.’ 若必欲人人面分上說一般話, 或慮其人不好, 他日或爲吾患, 遂委曲牢籠之, 此卻是憧憧往來之心. 與人說話, 或偶然與這人話未終, 因而不暇及其他, 如何逐人面分問勞他得! 李文靖爲相, 嚴毅端重, 每見人不交一談. 或有諫之者, 公曰: ‘吾見豪俊跅弛之士, 其議論尙不足以起發人意. 今所謂通家子弟, 每見我, 語言進退之間, 尙周章失措. 此等有何識見, 而足與語, 徒亂人意耳!’ 王文正・李文穆皆如此, 不害爲賢相, 豈必人人皆與之語耶? 宰相只是一箇進賢退不肖, 若著一毫私心便不得. 前輩嘗言: ‘做宰相只要辦一片心, 辦一雙眼. 心公則能進賢退不肖, 眼明則能識得那箇是賢, 那箇是不肖.’ 此兩言說盡做宰相之道. 只怕其所好者未必眞賢, 其所惡者未必眞不肖耳. 若眞箇知得, 更何用牢籠! 且天下之大, 人才之衆, 可人人牢籠之耶?” 或問: “如一樣小人, 涉歷既多, 又未有過失, 自家明知其不肖, 將安所措之?” 曰: “只恐居其位不久. 若久, 少間此等小人自然退聽, 不容他出來也. 今之爲相者, 朝夕疲精神於應接書簡之間, 更何暇理會國事! 世俗之論, 遂以此爲相業. 然只是牢籠人住在那裏, 今日一見, 明日一請, 或住半年・周歲, 或住數月, 必不得已而後與之. 其人亦以爲宰相之顧我厚, 令我得好差遣而去. 賢愚同滯, 擧世以爲當然. 有一人焉, 略欲分別善惡, 杜絶干請, 分諸闕於部中, 己得以免應接之煩, 稍留心國事, 則人爭非之矣! 且以當日所用之才觀之, 固未能皆賢, 然比之今日爲如何? 今日之謗議者, 皆昔之遭擯棄之人也. 其論固何足信! 此下逸兩句. 若牢籠得一人, 則所謂小人者, 豈止此一人! 與一人, 則千百皆怨矣. 且吾欲牢籠之, 能保其終不畔己否? 已往之事, 可以鑒矣. 如公之言, 卻是憧憧往來之心也. 其人之失處, 卻不在此, 卻是他未能眞知賢不肖之分耳.” 或曰: “如某人者, 也有文采, 也廉潔, 豈可棄之耶?” 曰: “公欲取賢才耶? 取文采耶? 且其廉, 一己之事耳, 何足以救其利口覆邦家之禍哉? 今世之人, 見識一例低矮, 所論皆卑. 某嘗說, 須是盡吐瀉出那肚裏許多鏖糟惡濁底見識, 方略有進處. 譬如人病傷寒, 在上則吐, 在下則瀉, 如此方得病除.” 或曰: “近日諸公多有爲持平之說者, 如何?” 曰: “所謂近時惡濁之論此是也, 不成議! 論某嘗說, 此所謂平者, 乃大不平也, 不知怎生平得.” 僩問: “胡文定說, 元祐某人建議, 欲爲調停之說者云: ‘但能內君子而外小人, 天下自治, 何必深治之哉?’ 此能體天理人欲者也. 此語亦似持平之論, 如何?” 曰: “文定未必有此論. 然小人亦有數般樣, 若一樣可用底, 也須用. 或有事勢危急, 翻轉後, 其禍不

【僩】

72:20 問: "咸之九五「傳」曰: '感非其所見而說者.' 此是任貞一之理則如此?" 曰: "'武王不泄邇, 不忘遠', 是其心量該遍, 故周流如此, 是此義也."【方】

測. 或只得隱忍, 權以濟一時之急耳, 然終非常法也. 明道當初之意便是如此, 欲使諸公用熙豐執政之人, 與之共事, 令變熙豐之法. 或他日事翻, 則其罪不獨在我. 他正是要使術, 然亦拙謀. 諺所謂'掩目捕雀', 我卻不見雀, 不知雀卻看見我. 你欲以此術制他, 不知他之術更高你在. 所以後來溫公留章子厚, 欲與之共變新法, 卒至簾前悖詈, 得罪而去. 章忿叫曰: '他日不能陪相公喫劍得!' 便至如此, 無可平之理, 盡是拙謀. 某嘗說, 今世之士, 所謂巧者, 是大拙, 無有能以巧而濟者, 都是枉了, 空費心力. 只有一箇公平正大行將去, 其濟不濟, 天也. 古人間有如此用術而成者, 都是偶然, 不是他有意智. 要之, 都不消如此, 決定無益. 張子房號爲有意智者, 以今觀之, 可謂甚疏. 如勸帝與項羽和而反兵伐之, 此成甚意智! 只是他命好, 使一番了, 第二番又被他使得勝." 又曰: "古人做得成者, 不是他有智, 只是偶然. 只有一箇'正其誼不謀其利, 明其道不計其功.' 其他費心費力, 用智用數, 牢籠計較, 都不濟事, 都是枉了." 又曰: "本朝以前, 宰相見百官, 皆以班見. 國忌拈香歸來, 回班以見. 宰相見時有刻數, 不知過幾刻, 便喝'相公尊重'! 用屏風攔斷. 也是省事, 攔截了幾多干請私曲底事. 某舊見陳魏公·湯進之爲相時, 那時猶無甚人相見, 每見不過五六人, 十數人, 他也隨官之崇卑做兩番請. 今則不勝其多, 爲宰相者每日只了得應接, 更無心理會國事. 如此者謂之有相業有精神. 秦會之也是會做, 嚴毅尊重, 不妄發一談. 其答人書, 只是數字. 今宰相答人書, 刬地委曲詳盡, 人皆翕然稱之. 只是不曾見已前事, 只見後來習俗, 遂以爲例. 其有不然者, 便群起非之矣! 溫公作相日, 有一客位榜, 分作三項云: '訪及諸君, 若睹朝政闕遺, 庶民疾苦, 欲進忠言, 請以奏牘聞於朝廷, 某得與同僚商議, 擇可行者取旨行之. 若但以私書寵喩, 終無所益. 若光身有過失, 欲賜規正, 則可以『通書』簡, 分付吏人傳入, 光得內自省訟, 佩服改行. 至於理會官職差遣, 理雪罪名, 凡于身計, 並請一面進狀, 光得與朝省衆官公議施行. 若在私第垂訪, 不請語及.' 此皆前輩做處." 又曰: "伊川云: '狥俗雷同, 不喚做〈隨時〉, 惟嚴毅特立, 乃〈隨時〉也.' 而今人見識低, 只是狥流俗之論, 流俗之論便以爲是, 是可歎也! 公們只是見那向時不得差遣底人說他, 自是怨他, 若教公去做看, 方見得難. 且如有兩人焉, 自家平日以一人爲賢, 一人爲不肖. 若自家執政, 定不肯捨其賢而擧其不肖, 定是擧其賢而捨其不肖. 若擧此一人, 則彼一人怨, 必矣, 如何盡要他說好得! 只怕自家自認不破, 賢者卻以爲不肖, 不肖者卻以爲賢, 如此則乖. 若認得定, 何害? 又有一樣人底, 半間不界, 可進可退, 自家卻以此爲賢, 以彼爲不肖, 此尤難認, 便是難." 又曰: "'舜有大功二十', '以其擧十六相而去四凶也.' 若如公言, 卻是舜有大罪二十矣!"

「恒」

72:21 恒是箇一條物事, 徹頭徹尾, 不是尋常字. 古字作"恆", 其說象一隻船兩頭靠岸, 可見徹頭徹尾.【僩】

72:22 履之問: "常非一定之謂, '一定則不能恒矣.'" 曰: "物理之始終變易, 所以爲恒而不窮. 然所謂不易者, 亦須有以變通, 乃能不窮. 如君尊臣卑, 分固不易, 然上下不交也不得. 父子固是親親, 然所謂'命士以上, 父子皆異宮', 則又有變焉. 惟其如此, 所以爲恒. 論其體則終始[35]恒. 然體之常, 所以爲用之變, 用之變, 乃所以爲體之恒."【道夫】

72:23 恒, 非一定之謂, 故晝則必夜, 夜而復晝, 寒則必暑, 暑而復寒, 若一定, 則不能恒[36]也. ▲[37]【道夫】

72:24 能恒[38]而後能變, 能恒[39]而不已, 所以能變, 及其變也, 恒[40]亦只在其中. 伊川卻說變而後能恒[41], 非是.【僩】

72:25 貞[42]便能久. "天地之道, 恒久而不已", 這箇只是說久.【淵】

72:26 ▲[43]

---

35) 始: 成化本・賀本에서는 是로 되어 있다.
36) 恒: 成化本・賀本에서는 常으로 되어 있다.
37) ▲: 其在人, "冬日則飮湯, 夏日則飮水", "可以仕則仕, 可以止則止", 今日道合便從, 明日不合則去. 又如孟子辭齊王之金而受薛宋之餽, 皆隨時變易, 故可以爲常也.
38) 恒: 成化本・賀本에서는 常으로 되어 있다.
39) 恒: 成化本・賀本에서는 常으로 되어 있다.
40) 恒: 成化本・賀本에서는 常으로 되어 있다.
41) 恒: 成化本・賀本에서는 常으로 되어 있다.
42) 貞: 成化本・賀本에서는 正으로 되어 있다.
43) ▲: 物各有箇情. 有箇人在此, 決定是有那羞惡・惻隱・是非・辭讓之情. 性只是

72:27 叔重說: "'浚恒貞凶', 恐是不安其常, 而深以常理求人之象, 程氏所謂'守常而不能度勢'之意." 曰: "未見有不安其常之象, 只是欲深以常理求人耳." 【時擧】

72:28 問: "'恒其德貞, 婦人吉, 夫子凶.' 德, 指六, 謂常其柔順之德, 固貞矣. 然此婦人之道, 非夫子之義. 蓋婦人從一而終, 以順爲正, 夫子則制義者也. 若從婦道, 則凶." 曰: "固是如此. 然須看得象占分明. 六五有'恒其德貞'之象, 占者若婦人則吉, 夫子則凶. 大底看易, 須是曉得象占分明. 所謂吉凶者, 非爻之能吉凶, 爻有此象, 而占者視其德而有吉凶耳. 且如此爻, 不是旣爲婦人, 又爲夫子, 只是有'恒其德貞'之象, 而以占者之德爲吉凶耳. 又如恒固能亨而无[44]咎, 然必占者能久於其道, 方亨而无[45]咎. 又如九三'不恒其德', 非是九三能'不恒其德', 乃九三有此象耳. 占者遇此, 雖正亦吝. 若占者能常[46]其德, 則無羞吝. 【銖】

「遯」

72:29 問: "遯卦'遯'字, 雖是逃隱, 大抵亦取遠去之意. 天上山下, 相去甚遼絶, 象之以君子遠小人, 則君子如天, 小人如山. 相絶之義, 須如此方得. 所以六爻在上, 漸遠者愈善也." 曰: "恁地推亦好. 此六爻皆是君子之事." 【學履】

72:30 問: "'遯亨, 遯而亨也', 分明是說能遯便亨. 下更說'剛當位而應, 與時行也', 是如何?" 曰: "此其所以遯而亨也. 陰方微, 爲他剛當

箇物事, 情卻多般, 或起或滅, 然而頭面卻只一般. 長長恁地, 這便是"觀其所恒, 而天地萬物之情可見"之義. "乃若其情", 只是去情上面看. 【淵】

44) 无: 賀本에서는 無로 되어 있다.

45) 无: 賀本에서는 無로 되어 있다.

46) 常: 賀本에서는 恒으로 되어 있다.

位而應, 所以能知時而遯, 是能'與時行.' 不然, 便是與時背也."【礪】

72:31 ▲[47)]

72:32 問: "'小利貞', 以「彖辭」'小利貞, 浸而長也'之語觀之, 則小當爲陰柔小人.【如"小往大來"·"小過"·"小畜"之"小."】言君子能遯則亨, 小人則利於守正, 不可以浸長之故, 而浸迫於陽也. 此與程『傳』'遯者, 陰之始長, 君子知微, 故當深戒. 而聖人之意未遽已, 故有"與時行, 小利貞"之敎'之意不同." 曰: "若如程『傳』所言[48)], 則於'剛當位而應, 與時行也'之下, 當云'止而健, 陰進而長, 故小利貞.' 今但言'小利貞, 浸而長也', 而不言陰進而長, 則小指'陰小'之'小'可知. 況當遯去之時, 事勢已有不容正之者, 程說雖善, 而有不通矣." 又問: "'遯尾厲, 勿用有攸往'者, 言不可有所往, 但當晦處靜俟耳. 此意如何?" 曰: 程『傳』作'不可往', 謂不可去也. 言'遯已後矣, 不可往, 往則危. 往旣危, 不若不往之爲無災.' 某竊[49)]以爲不然. 遯而在後,【尾也.】 旣已危矣, 豈可更不往乎! 若作占辭看, 尤分明." 先生又言: "'執之用黃牛之革, 莫之勝說.' 此言象而占在其中, 六二亦有此德也. 說,【吐活反[50)]】 九四: '君子吉, 小人否.' ▲[51)]【方九反[52)]】"【銖】

72:33 伊川說"小利貞"云, 尙可以有爲. 陰已浸長, 如何可以有爲? 所說王允·謝安之於漢·晉, 恐也不然. 王允是算殺了董卓, 謝安是乘桓溫[53)]之老病, 皆是他衰微時節, 不是浸長之時也. 兼他是大臣, 亦

---

47) ▲: 問: "'小利貞, 浸而長也', 是見其浸長, 故設戒令其貞正, 且以寬君子之患, 然亦是他之福." 曰: "是如此. 此與否初·二兩爻義相似."【同】

48) 言: 賀本에서는 云으로 되어 있다.

49) 竊: 成化本에서는 切로 되어 있다.

50) 吐活反: 成化本·賀本에서는 본문으로 되어 있다.

51) ▲: 否,

52) 方九反: 成化本·賀本에서는 본문으로 되어 있다.

53) 桓溫: 成化本·賀本에서는 王敦으로 되어 있다.

如何去! 此爲在下位有爲之兆者, 則可以去. 大臣任國安危, 君在與在, 君亡與亡, 如何去! 又曰: "王允不合要盡殺梁州兵, 所以致敗." 【礪】

72:34 ▲[54)]

72:35 問: "'畜臣妾吉', 伊川云, 待臣妾之道. 君子之待小人, 亦不如是. 如何?" 曰: "君子小人, 更不可相對, 更不可與相接. 若臣妾, 是終日在自家脚手頭, 若無以繫[55)]之, 則望望然去矣." ▲[56)] 【礪】

72:36 問: "九五'嘉遯', 以陽剛中正, 漸向遯極, 故爲嘉美. 未是極處, 故戒以貞正則吉." 曰: "是如此. 便是'剛當位而應'處, 是去得恰好時節. 小人亦未嫌自家, 只是自家合去, 莫見小人不嫌, 卻與相接而不去, 便是不好, 所以戒他貞正." 【礪】

「大壯」

72:37 問: "大壯'大者正'與'正大'不同. 上'大'字是指陽, 下'正大'是說理." 曰: "亦緣上面有'大者正'二[57)]句, 方說此." 【學履】

72:38 大壯"利貞", 利於正也. 所以大者, 以其正也. 旣正且大, 則天地之情不過於此. 【燾】

---

54) ▲: "遯尾厲", 到這時節去不迭了, 所以危厲, 不可有所往, 只得看他如何. 賢人君子有這般底多. 【淵】

55) 繫: 『朱子語類』에서는 係로 되어 있다.

56) ▲: 又曰: "『易』中詳識物情, 備極人事, 都是實有此事. 今學者平日只在燈窗下習讀, 不曾應接世變, 一旦讀此, 皆看不得. 某舊時也如此, 卽管讀得不相入, 所以常說『易』難讀."

57) 二: 成化本・賀本에서는 一로 되어 있다.

72:39 問: "'雷在天上, 大壯, 君子以非禮弗履', 伊川云云, 其義是否?" 曰: "固是. 君子之自治, 須是如雷在天上, 恁地威嚴猛烈, 方得. 若半上落下, 不如此猛烈果決, 濟得甚事!" 【僩】

72:40 ▲[58)]

72:41 ▲[59)]"九二貞吉", ▲[60)]是自守而不進, 九四"藩決不羸, 壯于[61)]大輿之輹", 卻是有可進之象, 此卦爻之好者. 蓋以陽居陰, 不極其剛, 而前遇二陰, 有藩決之象, 所以爲進, 非如九二前有三・四二陽隔之, 不得進也. 又曰: "'喪羊于易', 不若作'疆埸'之'易.' 漢『食貨志』'疆埸'之'埸'正作'易.' 蓋後面有'喪羊[62)]于易', 亦同此義. 今『本義』所注, 只是從前所說如此, 只且仍舊耳. 上六取喻甚巧, 蓋壯終▲[63)]極, 無可去處, 如羝羊之角掛于[64)]藩上, 不能退・遂. 然'艱則吉'者, 畢竟有可進之理, 但必艱治[65)]吉耳." 【銖】

72:42 問: "大壯本好, 爻中所取卻不好, 睽本不好, 爻中所取卻好. 如六五對九二, 處非其位, 九四對上九, 本非相應, 都成好爻. 不知何故?" 曰: "大壯便是過了, 纔過便不好. 如睽卦之類, 卻是. 易之取爻, 多爲占者而言. 占法取變爻, 便是到此處變了. 所以困卦雖是不好, 然其間利用祭祀之屬, 卻好." 問: "此正與'群龍无首'・'利水[66)]貞'一般."

---

58) ▲: 或問: "伊川'自勝者爲强'之說如何?" 曰: "雷在天上, 是甚威嚴! 人之克己能如雷在天上, 則威嚴果決以去其惡, 而必於爲善. 若半上落下, 則不濟事, 何以爲君子. 須是如雷在天上, 方能克去非禮." 【燾】

59) ▲: 此卦如

60) ▲: 只

61) 于: 賀本에서는 於로 되어 있다.

62) 羊: 成化本에서는 牛로 되어 있다.

63) ▲: 動

64) 于: 賀本에서는 於로 되어 있다.

65) 治: 『朱子語類』에서는 始로 되어 있다.

66) 水: 孝宗刊本・英祖刊本・成化本에서는 永으로 되어 있다.

曰: "▲67) 卻是變了, 故如此." 【榦】

72:43 此卦多說羊, 羊是兌之屬. 季通說, 這箇是夾住底兌卦, 兩畫當一畫. 【淵】

「晉」

72:44 "康侯", 似說"寧侯"相似. "用錫馬"之"用", 只是箇虛字, 說他得這箇物事. 【淵】

72:45 "晝日", 是那上卦離也. 晝日爲之是此意. 【淵】

72:46 問: "初六'晉如·摧如', 象也, '貞吉', 占辭." 曰: "'罔孚裕无咎', 又是解上兩句. 恐'貞吉'說不明, 故又曉之." 又問: "'受茲介福于68)其王母', '指六五69)', 以爲'享先妣之吉占', 何也?" 曰: '恐是如此. 蓋『周禮』有享先妣之禮." 又問"衆允悔亡." 曰: "'衆允', 象也, '悔亡', 占也." 又問: "'晉其角, 維用伐邑', 『本義』作'伐其私邑', 程『傳』以爲'自治', 如何?" 曰: "便是程『傳』多不肯說實事, 皆以爲取喩. 伐邑, 如墮費·墮郈之類是也. 大抵今人說『易』, 多是見『易』中有此一語, 便以爲通體事當如此. 不知當其時節地頭, 其人所占得者, 其象如何. 若果如今人所說, 則『易』之說有窮矣! ▲70) 【銖】

72:47 "晉六三, 如何見得爲衆所信處? 旣不中正, 衆方不信. 雖能信之, 又安能'悔亡'?" 曰: "晉之時, 二陰皆欲上進, 三處地較近, 故二陰從之以進." 問: "如何得'悔亡'?" 曰: "居非其位, 本當有悔. 以其得衆,

67) ▲: 然.
68) 于: 賀本에서는 於로 되어 있다.
69) 指六五: 成化本에서는 이 앞에 王母가 더 들어 있다.
70) ▲: 又如'摧如'·'愁如', 『易』中少有此字. 疑此爻必有此象, 但今不可曉耳."

故悔可亡."【榦】

72:48 問: "六五'悔亡, 失得勿恤, 往吉, 無不利.' 伊川以爲: '六以柔居尊位, 本當有悔. 以大明而下皆順附, 故其悔亡. 下旣同德順附, 當推誠委任, 盡衆人之才, 通天下之志, 勿復自任其明, 恤其得失[71][72]. 如此而往, 則吉而無不利.' 此說是否?" 曰: "便是伊川說得太深. 據此爻, 只是占者占得此爻, 則不必恤其失得, 而自亦無所不利耳. 如何說得人君旣說[73]得同德之人而委任之, 不復恤其失得! 如此, 則蕩然無復是非, 而天下之事亂矣! 假使其所任之人或有作亂者, 亦將不恤之乎? 雖以堯·舜之聖, 皐·夔·益·稷之賢, 猶云'屢省乃成', 如何說旣得同心同德之人而任之, 則在上▲[74]一切不管, 而任其所爲! 豈有此理! 且彼所爲旣失矣, 爲上者如何不恤得? 聖人無此等說話. 聖人所說卦爻, 只是略略說過. 以爲人當著此爻, 則大勢已好, 雖有所失得, 亦不必慮而自無所不利也. 聖人說得甚淺, 伊川說得太深, 聖人所謂[75]短, 伊川解得長." 久之, 又云: "'失得勿恤', 只是自家自作敎是, 莫管他得失. 如士人發解做官, 這箇卻必不得, 只得盡其所當爲者而已. 如仁人'正其誼不謀其利, 明其道不計其功'相似."【僩】

72:49 "失得勿恤", 此說失也不須問他, 得也不須問他, 自是好, 猶言"勝負兵家之常"云爾. 此卦六爻, 無如此爻吉.【淵】

72:50 "晉上九, 剛進之極, 以伐私邑, 安能吉而无咎?" 曰: "以其剛, 故可伐邑. 若不剛, 則不能伐邑矣. 但『易』中言'伐邑', 皆是用之於小,

---

71) 失: 孝宗刊本에서는 夫라고 되어 있다.
72) 得失: 孝宗刊本에서는 夫得으로 되어 있고, 英祖刊本·成化本·賀本에서는 失得으로 되어 있다.
73) 說: 『朱子語類』에는 없다.
74) ▲: 者
75) 謂: 『朱子語類』에서는 說로 되어 있다.

若伐國, 則其用大矣.【如"高宗伐鬼方"之類.】'維用伐邑', 則不可用之於大可知. 雖用以伐邑, 然亦必能自危厲, 乃可以吉而无咎. 過剛而能危厲, 則不至於過剛矣."【榦】

72:51 ▲[76]

「明夷」

72:52 明夷, 未是說闇之主, 只是說明而被傷者, 乃君子也. 上六方是說闇. 君子出門庭, 言君子去闇尙遠, 可以得其本心而遠去. 文王·箕子大概皆是"晦其明." 然文王"外柔順", 是本分自然做底. 箕子"晦其明", 又云"艱", 是他那佯狂底意思, 便是艱難底氣象. 爻說"貞"而不言"艱"者, 蓋言箕子, 則艱可見, 不必更言之.【淵】

72:53 君子"用晦而明", 晦, 地象, 明, 日象. 晦則是不察▲[77]. 若晦而不明, 則晦得沒理會了. 故外晦而內必明, 乃好.【學履】

72:54 "明夷初·二二爻不取爻義." 曰: "初爻所傷地遠, 故雖傷而尙能飛." 問: "初爻比二爻, 似二爻傷得淺, 初爻傷得深." 曰: "非也. 初尙能飛, 但垂翼耳."【榦】

72:55 問明夷. 曰: "下三爻皆說明夷是明而見傷者. 六四爻, 說者卻以爲姦邪之臣先蠱惑其君心, 而後肆行於外. 殊不知上六是暗主, 六五卻不作君說. 六四之與上六旣非正應, 又不相比. 又況下三爻皆說明夷是好底, 何獨此爻卻作不好說? 故某於此爻之義未詳. 但以意觀

76) ▲: 看伯豐與廬陵問答內晉卦伐邑說, 曰: "晉上九'貞吝', 吝不在克治. 正以其克治之難, 而言其合下有此吝耳. '貞吝'之義, 諸義只云貞固守此則吝, 不應於此獨云於正道爲吝也."【螢】

77) ▲: 察

之, 六四居暗地尚淺, 猶可以得意而遠去, 故雖入於幽隱之處, 猶能'獲明夷之心, 于[78]出門庭也', 故「小象」曰: '獲心意也.' 上六'不明晦', 則是合下已是不明, '初登于[79]天'可以'照四國', 而不免'後入于[80]地', 則是始於傷人之明, 而終於自傷以墜其命矣. 呂原明以爲唐 明皇可以當之, 蓋言始明而終暗也."【銖】

「家人」

72:56 問: "家人「彖辭」, 不盡取象." 曰: "注中所以但取二・五, 不及他象者, 但只因「彖傳」而言▲[81]. 大抵「彖傳」取義最精. 象中所取, 卻恐有假合處."【榦】

72:57 問"風自火出." 曰: "謂如一爐[82]火, 必有氣衝上去, 便是'風自火出.' 然此只是言自內及外之意."【燾 ○學履錄云: "是火中有風, 如一堆火在此, 氣自薰蒸上出."】

72:58 "王假有家", 言到這裏, 方且得許多物事. 有妻有妾, 方始成箇家.【淵】

72:59 問"王假有家." 曰: "'有家'之'有', 只是如'夙夜浚明有家'・'亮采有邦'之'有.' 謂有三德者, 則夙夜浚明於其家, 有六德者, 則亮采於其邦. '有'是虛字, 非如'奄有四方'之'有'也."【銖】

72:60 或問: "『易傳』云, 正家之道在於'正倫理, 篤恩義.' 今欲正倫

78) 于: 賀本에서는 於로 되어 있다.
79) 于: 賀本에서는 於로 되어 있다.
80) 于: 賀本에서는 於로 되어 있다.
81) ▲: 耳
82) 爐: 孝宗刊本・英祖刊本・成化本에서는 鑪로 되어 있다.

理, 則有傷恩義, 欲篤恩義, 又有乖於倫理, 如何?" 曰: "須是於正倫理處篤恩義, 篤恩義而不失倫理, 方可." 【柄】

「睽」

72:61 睽, 皆言始異終同之理. 【淵】

72:62 問"君子以同而異." 曰: "此是取兩象合體爲同, 而其性各異, 在人則是'和而不同'之意. 蓋其趨則同, 而所以爲同則異. 如伯夷·柳下惠·伊尹三子所趨不同, 而其歸則一. 「彖辭」言睽而同, 「大象」言'同而異.' 在人則出處語默雖不同, 而同歸於理, 講論文字爲說不同, 而同於求合義理, 立朝論事所見不同, 而同於忠君. 『本義』所謂'二卦合體'者, 言同也, '而性不同'者, 言異也. '以同而異'語意與'用晦而明'相似. ▲83) 又問: "睽卦無正應, 而同德相應者何?" 曰: "無正應, 所以爲睽, 當睽之時, 當合者旣離, 其離者卻合也." 【銖】

72:63 問: "'君子以同而異', 作'理一分殊'看, 如何?" 曰: "'理一分殊', 是理之自然如此, 這處又就人事之異上說. 蓋君子有同處, 有異處, 如所謂'周而不比', '群而不黨', 是也. 大抵『易』中六十四象, 下句皆是就人事之近處說, 不必深去求他. 此處伊川說得甚好." 【學履】

72:64 過學程子睽之象"君子以同而異", 解曰: "不能大同者, 亂常咈理之人也, 不能獨異者, 隨俗習非之人也. 要在同而能異爾." "又如今之言地理者, 必欲擇地之吉, 是同也, 不似世俗專以求富貴爲事, 惑亂此心, 則異矣. 如士人應科擧, 則同也, 不曲學以阿世, 則異矣. 事事推去, 斯得其旨." 【過】

---

83) ▲: 大凡讀『易』到精熟後, 顚倒說來皆合, 不然, 則是死說耳."

72:65 馬是行底物, 初間行不得, 後來卻行得. 大率睽之諸爻都如此, 多說先異而後同.【淵】

72:66 問: “睽‘見惡人’, 其義何取?” 曰: “以其當睽之時, 故須見惡人, 乃能无咎.”【榦】

72:67 “天”, 合作“而”, 剃鬚也. 篆文“天”作“[illegible]”, “而”作“[illegible].”【淵】

72:68 “宗”, 如“同人于宗”之“宗.”【淵】

72:69 “載鬼一車”等語所以差異者, 爲他這般事是差異底事, 所以卻把世間差異底明之. 世間自有這般差異底事.【淵】

「蹇」

72:70 “蹇, 利西南”, 是說坤卦分曉. 但不知從何插入這坤卦來, 此須是箇變例. 聖人到這裏, 看見得有箇做坤底道理. 大率陽卦多自陰來, 陰卦多自陽來. 震是坤第一畫變, 坎是第二畫變, 艮是第三畫變. 易之取象, 不曾確定了他.【淵】

72:71 蹇無坤體, 只取坎中爻變, 如沈存中論五姓一般. “蹇利西南”, 謂地也. 據卦體艮下坎上, 無坤, 而繇辭言地者, 往往只取坎中爻變, 變則爲坤矣. 沈存中論五姓, 自古無之, 後人旣如此呼喚, 卽便有義可推.【淵】

72:72 潘謙之書曰: “蹇與困相似. ‘君子致命遂志’, ‘君子反身修德’, 亦一般.” 殊不知不然. 象曰: “澤無水, 困.” 是盡乾燥, 處困之極, 事無可爲者, 故只得“致命遂志”, 若“山上有水, 蹇”, 則猶可進步, 如山下之泉曲折多艱阻, 然猶可行, 故教人以"反身修德", 豈可以困爲比? 只觀"澤無水, 困", 與"山上有水, 蹇", 二句便全不同.【學履 ○僩同.】

72:73 問: "往蹇來譽." 曰: "'來往'二字, 唯程『傳』言'上進則爲往, 不進則爲來', 說得極好. 今人或謂六四'往蹇來連', 是來就三, 九三'往蹇來反', 是來就二, 上六'往蹇來碩', 是來就五, 亦說得通. 但初六'來譽', 則位居最下, 無可來之地, 其說不得通矣. 故不若程『傳』好, 只是不往爲佳耳.【不往者, 守而不進. 故不進則爲來.】 諸爻皆不言吉, 蓋未離乎蹇中也. 至上六'往蹇來碩, 吉', 卻是蹇極有可濟之理. 旣是不往, 惟守於蹇, 則必得見九五之大人與共濟, 蹇而有碩大之功矣."【銖】

72:74 問: "蹇九五, 何故爲'大蹇'?" 曰: "五是爲蹇主. 凡人臣之蹇, 只是一事. 至大蹇, 須人主當之."【礪】

72:75 問: "大蹇朋來"之義. 曰: "處九五尊位, 而居蹇之中, 所以爲'大蹇', 所謂'遺大投艱于[84]朕身.' 人君當此, 則須屈群策, 用群力, 乃可濟也."【學履 ○僩同.】

「解」

72:76 先生擧"無所往, 其來復吉." 程『傳』以爲"天下之難已解, 而安平無事, 則當修復治道, 正紀綱, 明法度, 復先代明王之治." "夫禍亂旣平, 正合修明治道, 求復三代之規模, 卻只便休了! 兩漢以來, 人主還有理會正心・誠意否? 須得人主如窮閻陋巷之士, 治心修[85]身, 講明義理, 以此應天下之務, 用天下之才, 方見次第." 因言: "神廟, 大有爲之主, 勵精治道, 事事要理會過, 是時卻有許多人才. 若專用明道爲

84) 于: 賀本에서는 於로 되어 있다.
85) 修: 成化本에서는 脩로 되어 있다.

大臣, 當大段有可觀. 明道天資高, 又加以學, 誠意感格, 聲色不動, 而事至立斷. 當時用人參差如此, 亦是氣數舛逆."【德明】

72:77 "天地解而雷雨作." 陰陽之氣閉結之極, 忽然迸散出做這雷雨. 只管閉結了, 若不解散, 如何會有雷雨作. 小畜所以不能成雷雨者, 畜不極也. 雷便是如今一箇爆杖.【淵】

72:78 六居三, 大率少有好底. "負且乘", 聖人到這裏, 又見得有箇小人乘君子之器底象, 故又於此發出這箇道理來.【淵】

72:79 問"解而拇, 朋至斯孚." 曰: "四與初皆不得正. 四能'解而拇'者, 以四雖陰位而才則陽, 與初六陰柔則爲有間, 所以能解去其拇, 故得陽剛之朋類至而相信矣."【銖】

72:80 ▲[86]

「損」

72:81 "二簋"與"簋貳"字不同, 可見其義亦不同.【淵】

72:82 "懲忿"如救火, "窒慾[87]"如防水.【大雅】

72:83 問: "'懲忿·窒慾', ▲[88]怒[89]易發難制, 故曰'懲', 懲是戒於後. 慾之起則甚微, 漸漸到熾處, 故曰'窒', 窒謂塞於初. 古人說'情竇', 竇

---

86) ▲: "射隼于高墉", 聖人說『易』, 大概是如此, 不似今人說底. 向來欽夫書與林艾軒云: "聖人說『易』, 卻則恁地." 此卻似說得易了.【淵】

87) 慾: 『朱子語類』에서는 欲으로 되어 있다.

88) ▲: 忿

89) 怒: 【附箋紙】"怒"上脫"忿"字.

是罅隙, 須是塞其罅隙." 曰: "懲也不專是戒於後, 若是怒時, 也須去懲治他始得. 所謂懲者, 懲於今而戒於後耳. 窒亦非是眞有箇孔穴去塞了, 但遏絶之使不行耳." 又曰: "'山下有澤, 損, 君子以懲忿·窒慾', '風雷, 益, 君子以見善則遷, 有過則改.' 觀山之象以懲忿, 觀澤之象以窒慾. 慾如汙澤然, 其中穢濁解汙染人, 須當塡塞了. 如風之迅速以遷善, 如雷之奮發以改過." 廣云: "觀山之象以懲忿, 是如何?" 曰: "人怒時, 自是恁突兀起來. 故孫權曰: '令人氣湧如山!'" 【廣】

72:84 ▲[90]

72:85 "酌損之", 在損之初下, 猶可以斟酌也. 【淵】

72:86 問: "損卦三陽皆能益陰, 而二與上二爻, 則曰: '弗損, 益之.' 初則曰: '酌損之.' 何邪?" 曰: "這一爻難解, 只得用伊川說." 又云: "『易』解得處少, 難解處多, 今且恁地說去. 到那占時, 又自別消詳有應處, 難立[91]爲定說也." 【學履】

72:87 "三人行, 損一人", 三陽損一. "一人行, 得其友", 一陽上去換得一陰來." 【淵】

72:88 "或益之十朋之龜"爲句. 【淵】

72:89 "得臣无家", 猶言化家爲國相似. 得臣有家, 其所得也小矣,

90) ▲: 問: "'山下有澤, 損, 君子以懲忿·窒慾', '風雷, 益, 君子以見善則遷, 有過則改.'" 曰: "伊川將來相牽合說, 某不曉. 看來人自有遷善時節, 自有改過時節, 不必只是一件事. 某看來, 只是懲忿如摧山, 窒慾如塡壑, 遷善如風之迅, 改過如雷之烈." 又曰: "聖人取象, 亦只是箇大約彷彿意思如此. 若纔著言語窮他, 便有說不去時. 如後面「小象」, 若更教孔子添幾句, 也添不去." 【僩】

91) 立: 徽州本에서는 與로 되어 있다.

无[92]家則可見其大.【淵】

72:90 問: "損卦下三爻皆損己益人, 四五兩爻是損己從人, 上爻有爲人上之象, 不待損己而自有以益人." 曰: "下三爻無損己益人底意, 只是盛到極處, 去不得, 自是損了. 四爻'損其疾', 只是損了那不好了, 便自好. 五爻是受益, 也無損己從人底意."【礪】

「益」

72:91 問: "'木道乃行', 程『傳』以爲'木'字本'益'字之誤, 如何?" 曰: "看來只是'木'字. 渙卦說'乘木有功', 中孚說'乘木舟虛', 以此見得只是'木'字." 又問"或擊之." 曰: "'或'字, 衆無定主之辭, 言非但一人擊之也. '立心勿恒', '勿'字只是'不'字, 非禁止之辭. 此處亦可疑, 且闕之."【銖】

72:92 "木道乃行", 不須改"木"字爲"益"字, 只"木"字亦得. 見一朋友說, 有八卦之金木水火土, 有五行之金木水火土. 如"乾爲金",『易』卦之金也, 兌之金, 五行之金也. "巽爲木", 是卦中取象. 震爲木, 乃東方屬木, 五行之木也, 五行取四維故也.【去僞】

72:93 ▲[93] 祖道曰: "莫是才遷善, 便是改過否?" 曰, "不然, '遷善'字輕, '改過'字重. 遷善如慘淡之物, 要使之白, 改過如黑之物, 要使之白, 用力自是不同. 遷善者, 但見是人做得一事强似我, 心有所未安, 卽便遷之.【儒用錄云: "只消當下遷過就他底."】若改過, 須是大段勇猛始得." 又曰: "公所說蒙與蠱二象, 卻有意思. 如'山下有澤, 損, 君子以懲忿・窒慾', 必是降山下[94]以塞其澤, 便是此象. 六十四卦象皆如

---

92) 无: 賀本에서는 無로 되어 있다.
93) ▲: "某昨日思'風雷, 益, 君子以遷善・改過.' 遷善如風之速, 改過如雷之猛!"

此."【祖道 ○儒用同.】

72:94 問"遷善・改過." 曰: "風是一箇急底物, 見人之善, 己所不及, 遷之如風之急, 雷是一箇勇決底物, 己有過, 便斷然改之, 如雷之勇, 決不容有些子遲緩!"【賜】

72:95 "元吉无咎", 吉凶是事, 咎是道理. 蓋有事則吉, 而理則過差者, 是之謂吉而有咎.【淵】

72:96 "享于帝吉"是"祭則受福"底道理.【淵】

72:97 "益之, 用凶事", 猶『書』言"用降我凶德, 嘉績于[95]朕邦."【淵】

72:98 伊川說『易』亦有不分曉處甚多. 如"益之, 用凶事", 說作凶荒之"凶", 直指刺史郡守而言. 在當時未見有這守令, 恐難以此說. 某謂"益之, 用凶事"者, 言人臣之益君甚難, 必以危言鯁論恐動其君而益之. 雖以中而行, 然必用圭以通其信. 若不用圭以通之, 又非忠以益於君者也.

72:99 ▲[96]

72:100 "利用遷國", 程昌寓守壽春, 虜人來, 占得此爻, 遷來鼎州.【後平楊么有功.[97] ○淵 ○方子錄云"守蔡州."】

72:101 益損二卦說龜, 一在二, 一在五, 是顚倒說去. 未濟與既濟說

---

94) 山下: 『朱子語類』에서는 下山으로 되어 있다.
95) 于: 賀本에서는 於로 되어 있다.
96) ▲: "中行"與"依", 見不得是指誰.【淵】
97) 後平楊么有功: 賀本에서는 본문으로 되어 있다.

“伐, 鬼方”, 亦然. 不知如何. 未濟, 看來只陽爻便好, 陰爻便不好. 但六五・上九二爻不知是如何. 蓋六五以得中故吉, 上九有可濟之才, 又當未濟之極, 可以濟矣. 卻云不吉, 更不可曉.【學蒙】

72:102 “大抵損益二卦, 諸爻皆互換. 損好, 益卻不好. 如損六五卻成益六二. 損上九好, 益上九卻不好.【淵】

「夬」

72:103 用之說夬卦云: “聖人於陰消陽長之時亦如此戒懼, 其警戒之意深矣!”98) 曰: “不用如此說, 自是無時不戒愼99)恐懼, 不是到這時方戒懼. 不成說天下已平治, 可以安意肆志! 只纔100)有些放肆, 便弄得靡所不至!”【僩】

72:104 “揚于王庭, 孚號有厲.” 若合開口處, 便雖有劍從自家頭上落, 也須著說. 但使功罪各當, 是非顯白, 於吾何慊!【道夫】

72:105 夬卦中“號”字, 皆當作“戶羔反.” 唯“孚號”, 古來作去聲, 看來亦只當作平聲.【僩】

72:106 “壯于前趾”, 與大壯初爻同. 此卦大率似大壯, 只爭一畫.【淵】

72:107 王子獻卜, 遇夬之九二, 曰“惕號, 莫夜有戎, 勿恤”, 吉. 卜者

98) “聖人於陰消陽長之時亦如此戒懼, 其警戒之意深矣!”: 徽州本에서는 聖人於君子道消之時, 固欲人戒謹恐懼以復天理, 然於陽長小人道消之時, 亦必如此戒懼.로 되어 있다.
99) 愼: 成化本에서는 謹으로 되어 있다.
100) 纔: 賀本에서는 才로 되어 있다.

告之曰: "必夜有驚恐, 後有兵權." 未幾果夜遇寇, 旋得洪帥. 【淵】

72:108 問九三"壯于頄." 曰: "君子之去小人, 不必悻悻然見於面目, 至於遇雨而爲所濡濕, 雖爲衆陽所慍, 然志在決陰, 必能終去小人, 故亦可得无咎也. 蓋九三雖與上六爲應, 而實以剛居剛, 有能決之象, 故'壯于頄'則有凶, 而和柔以去之, 乃无咎. 如王允之於董卓, 溫嶠之於王敦是也." 又曰: "「彖」云'利有攸往, 剛長乃終', 今人以爲陽不能無陰, 中國不能無夷狄, 君子不能無小人, 故小人不可盡去. 今觀'剛長乃終'之言, 則聖人豈不欲小人之盡去耶? 但所以決之者自有道耳." 又問: "夬卦辭言'孚號', 九二言'惕號', 上九言'無號', 取象之義如何?" 曰: "卦有兌體, '兌爲口', 故多言'號'也." 又問: "以五陽決一陰, 君子盛而小人衰之勢, 而卦辭則曰'告自邑, 不利卽戎', 初九'壯于前趾', 則'往不勝', 九二'惕號', 則'有戎勿恤', '壯于頄'則凶, '牽牛[101]'則'悔亡', '中行无咎.' 豈去小人之道, 須先自治而嚴厲戒懼, 不可安肆耶?" 曰: "觀上六一爻, 則小人勢窮, 無號有凶之時, 而君子去之之道, 猶當如此嚴謹, 自做手脚, 蓋不可以其勢衰而安意自肆也, 其爲戒深矣!" 【銖】

72:109 九三"壯于頄", 看來舊文本義自順, 不知程氏何故欲易之. "有慍"也是自不能堪. 正如顏杲卿使安祿山, 受其衣服, 至道間與其徒曰: "吾輩何以[102]服此?" 歸而借兵伐之, 正類此也. 卦中與復卦六四有"獨"字. 此卦諸爻皆欲去陰, 獨此一爻與六爲應, 也是惡模樣. 【礪】

72:110 伊川改九三爻次序, 看來不必改. 【淵】

72:111 ▲[103]

---

101) 牛: 成化本・賀本에서는 羊으로 되어 있다.
102) 以: 英祖刊本・成化本・賀本에서는 爲로 되어 있다.
103) ▲: 這幾卦都說那臀, 不可曉. 【淵】

72:112 ▲[104)]

72:113 莧・陸是兩物. 莧者, 馬齒莧, 陸者, 章陸, 一名商陸, 皆感陰氣多之物. 藥中用商陸治水腫, 其子紅.【淵錄云: "其物難乾." ○學履】

72:114 "中行无咎", 言人能剛決自勝其私, 合乎中行, 則得无咎. 无咎, 但能"補過"而已, 未是極至處. 這是說那微茫間有些箇意思斷未得, 釋氏所謂"流注想", ▲[105)]荀子所謂"偸則自行", 便是這意思. 照管不著, 便走將去那裏去. 爻雖無此意, 孔子作「象」, 所以裨爻辭之不足. 如"自我致寇"・"敬愼不敗"之類甚多. "中行无咎", 『易』中卻不恁地看. 言人占得此爻者, 能中行則无咎, 不然則有咎.【淵】

72:115 "中行无咎, 中未光也." 事雖正而意潛有所係吝, ▲[106)]荀子所謂"偸則自行", 佛家所謂"流注不斷", 皆意不誠之本也.【淵】

「姤」

72:116 不是說陰漸長爲"女壯", 乃是一陰遇五陽.【淵】

72:117 ▲[107)]

72:118 姤是不好底卦, 然"天地相遇, 品物咸章, 剛遇中正, 天下大行", 卻又甚好. 蓋"天地相遇", 又是別取一義. "剛遇中正", 只取九五, 或謂亦以九二言, 非也.【銖】

---

104) ▲: "牽羊悔亡", 其說得於許愼之.【淵】
105) ▲: 孔
106) ▲: 孔
107) ▲: 大率姤是一箇女遇五陽, 是箇不正當底, 如"人盡夫也"之事. 聖人去這裏, 又看見得那天地相遇底道理出來.【淵】

72:119 問: "'姤之時義大矣哉!'『本義』云: '幾微之際, 聖人所謹.' 與伊川之說不同, 何也?" 曰: "上面說'天地相遇', 至'天下大行也', 正是好時節, 而不好之漸已生於微矣, 故當謹於此."【學履】

72:120 ▲[108]

72:121 ▲[109]

72:122 "包無魚", 又去這裏見得箇君民底道理. 陽在上爲君, 陰在下爲民.【淵】

72:123 "有隕自天", 言能回造化, 則陽氣復自天而隕, 復生上來, 都換了這時節.【淵】

「萃」

72:124 大率人之精神萃於己, 祖考之精神萃於廟.【淵】

72:125 "順天命", 說道理時, 彷彿如伊川說, 也去得, 只是文勢不如此. 他是說豐萃之時, 若不"用大牲", 則便是那"以天下儉其親"相似. 也有此理, 這時節比不得那"利用禴"之事. 他這「彖辭」散漫說, 說了"王假有廟", 又說"利見大人", 又說"用大牲, 吉." 大率是聖人觀象, 節節地看見許多道理, 看到這裏見有這箇象, 便說出這一句來, 又看見那箇象, 又說出那一箇理來. 然而觀象, 則今不可得見是如何地觀矣.【淵】

108) ▲: "金柅", 或以爲止車物, 或以爲絲羇, 不可曉.【廣】
109) ▲: 又不知此卦如何有魚象. 或說: "'離爲鱉, 爲蟹, 爲蠃, 爲蚌, 爲龜', 魚便在裏面了." 不知是不是. 此條未詳.【淵】

72:126 問"澤上於地, 萃, 君子以除戎器, 戒不虞." 曰: "大凡物聚衆盛處, 必有爭, 故當預爲之備. 又澤本當在地中, 今卻上出於地上, 則是水盛長, 有潰決奔突之憂, 故取象如此."【僩】

72:127 ▲[110)]

72:128 "孚乃利用禴"說, 如伊川固好. 但若如此, 卻是聖人說箇影子, 卻恐不恁地, 想只是說祭. 升卦同.【淵】

72:129 問: "九五'萃有位.' 以陽剛居中正, 當萃之時而居尊位, 安得又有'匪孚'?" 曰: "此言有位而無德, 則雖萃而不能使人信. 故▲[111)]有不信, 當修其'元永貞'之德, 而後'悔亡'也." 又曰: "'王假有廟', 是祖考精神聚於廟. 又爲人必能聚己之精神, 然後可以至於廟而承祖考. 今人擇日祀神, 多取神在日, 亦取聚意也."【銖】

72:130 ▲[112)]

「升」

72:131 升, "南征吉." 巽坤二卦拱得箇南, 如看命人"虛拱"底說話.【礪】

72:132 "地中生木, 升, 君子以順德, 積小以高大." 木之生也, 無日不長, 一日不長, 則木死矣! 人之學也, 一日不可已, 不日而已, 則心必死矣!【人傑】

---

110) ▲: 不知如何地說箇"一握"底句出來.【淵】
111) ▲: 人
112) ▲: 問: "九五一爻亦似甚好, 而反云'未光也', 是如何?" 曰: "見不得. 讀易, 似這樣且恁地解去, 若强說, 便至鑿了."【學履】

72:133 ▲[113]

72:134 問: "升萃二卦, 多是言祭享. 萃固取聚義, 不知升何取義?" 曰: "人積其誠意以事鬼神, 有升而上通之義." 又曰: "六五'貞吉升階', 與萃九五'萃有位', '匪孚, 元永貞, 悔亡', 皆謂有其位必當有其德, 若無其德, 則萃雖有位而人不信, 雖有升階之象, 而不足以升矣."【銖】

72:135 元德問"王用享[114]于岐山." 云: "只是'享'字. 古文無'享'字. 所謂亨・享・烹, 只是通用." 又曰: "'乾, 元亨利貞', 屯之'元亨利貞', 只一般. 聖人借此四字論乾之德, 本非四件事也."【時擧】

72:136 "享[115]于岐山"▲[116]"享[117]于西山", 只是說祭山川, 想不到得如伊川說.【淵】

---

113) ▲: "'地中生木, 升.' 汪丈嘗云: '曾考究得樹木之生, 日日滋長, 若一日不長, 便將枯瘁, 便是生理不接. 學者之於學, 不可一日少懈.'" "大抵德須日日要進, 若一日不進便退. 近日學者才相疏, 便都休了."【螢】

114) 享: 『朱子語類』에서는 亨으로 되어 있다.

115) 享: 『朱子語類』에서는 亨으로 되어 있다.

116) ▲: 與

117) 享: 『朱子語類』에서는 亨으로 되어 있다.

『朱子語類』卷第七十三

「易九」

「困」

73:1 “困卦難理會, 不可曉. 『易』中有數卦如此. 「繫辭」云: ‘卦有大小[1], 辭有險易. 辭也者, 各指其所之.’ 困是箇極不好底卦, 所以卦辭也做得如此難曉. 如蹇剝否睽皆是不好卦, 【林錄云: “卻不好得分明, 故易曉.”】 只有剝卦分明是剝, 所以分曉. 困卦 【林云: “雖是極不到[2]卦.”】 是箇進退不得·窮極底卦, 所以難曉. 【林錄云: “所以卦辭亦恁地不好, 難曉.”】 其大意亦可見.” 又曰: “看『易』, 不當更去卦爻中尋求道理當如何處置這箇. 與人卜筮以決疑惑[3], 若道理當爲, 固是便爲之, 若道理不當爲, 自是不可做, 何用更占? 卻是有一樣事, 或吉或凶, 成兩岐道理, 處置不得, 所以用占. 若是放火殺人, 此等事終不可爲, 不成也去占! 又如做官贓污邪僻, 由徑求進, 不成也去占!” 【僩 ○學履錄略.】

73:2 “不失其所亨”, 這句自是說得好. 【淵】

73:3 李敬子問“致命遂志.” 曰: “‘致命’, 如『論語』‘見危授命’與‘士見危致命’之義一般, 是送這命與他. 自家但遂志循義, 都不管生死, 不顧身命, 猶[4]▲[5]死生於度外也.” 【僩 ○▲[6]】

---

1) 大小: 『朱子語類』에서는 小大로 되어 있다.
2) 到: 賀本에서는 好로 되어 있다.
3) 與人卜筮以決疑惑: 成化本·徽州本에서는 只是與人卜筮以決疑惑으로 되어 있다.
4) 猶: 【附箋紙】 “猶”下脫“言置”二字.

73:4 問: "'臀困於株木', 如何?" 曰: "在困之下, 至困者也. 株木不可坐, 臀在株木上, 其不安可知." 又問: "伊川將株木作初之正應, 不能庇他, 如何?" 曰: "恐說'臀'字不去."【學履】

73:5 問: "'困於酒食',『本義』作'饜飫於所欲'如何?" 曰: "此是困於好底事. 在困之時, 有困於好事者, 有困於不好事者. 此爻是好爻, 當困時, 則爲困於好事. 如'感時花濺淚, 恨別鳥驚心', 花鳥好娛戲底物, 這時卻發人不好底意思, 是因好物而困也. 酒食饜飫亦如此." 又問: "「象」云'中有慶也', 是如何?" 曰: "他下面有許多好事在."【學履】

73:6 問: "朱紱方來, 利用享祀." 曰: "以之事君, 則君應之, 以之事神, 則神應之."【燾】

73:7 "朱紱, 赤紱." 若如伊川說, 使書傳中說臣下皆是赤紱則可.『詩』中卻有'朱芾斯皇'一句是說方叔, 於理又似不通. 某之精力只推得到這裏.【淵】

73:8 問: "困二五皆'利用祭祀', 是如何?" 曰: "他得中正, 又似取无[7]應而心專一底意思."【學履】

73:9 "祭祀・享祀", 想只說箇祭祀, 無那自家活人卻享他人祭之說!【淵】

---

5) ▲: 言致

6) ▲: 池本云: "'澤無水, 困', 君子道窮之時, 但當委致其命, 以遂吾之志而已. 致命, 猶送這命與他, 不復爲我之有. 雖委致其命, 而志則自遂, 無所回屈. 伊川解作'推致其命', 雖說得通, 然『論語』中'致命'字, 都是委致之'致'. '事君能致其身', 與'士見危致命', '見危授命', 皆是此意. '授'亦'致'字之意, 言將這命授與之也."

7) 无: 賀本에서는 無로 되어 있다.

73:10 六三陽之陰, 上六陰之陰, 故將六三言之, 則上六爲妻.【淵】

「井」

73:11 井象只取巽入之義, 不取木義.【淵】

73:12 井是那掇不動底物事, 所以"改邑不改井."【淵】

73:13 "汔至, ▲[8]未[9]繘井羸其瓶, 凶." "汔至"作一句. "亦未繘井羸其瓶"是一句. 意謂幾至而止, 如綆未及井而瓶敗, 言功不成也.【學履】

73:14 "'木上有水, 井.' 說者以爲木是汲器, 則後面卻有瓶, 瓶自是瓦器, 此不可曉. 怕只是說水之津潤上行, 至那木之抄[10], 這便是井水上行之象." 問: "恐是桔槔之類?" 曰: "亦恐是如此." 又云: "禾上露珠, 便是下面水上去. 大率[11]裏面水氣上, 則外面底也上."【淵】

73:15 用之問"木上有水, 井." 曰: "巽在坎下, 便是木在下面, 漲得水上上來. 如桶中盛得兩斗水, 若將大一斗之木沈在水底, 則木上之水亦長一斗, 便是此義. 如草木之生, 津潤皆上行, 直至樹末, 便是'木上有水'之義. 雖至小之物亦然. 如菖蒲葉, 每晨葉葉尾皆有水,【池本作"皆潮水珠."】 如珠顆, 雖藏之密室亦然, 非露水也."【池本云: "或云: '嘗見野老說, 芋葉尾每早亦含水珠, 須日出照乾則無害. 若太陽木[12]照, 爲物所挨落, 則芋實焦枯無味, 或生蟲. 此亦菖蒲潮水之類爾.' 曰: '然.'"】 問: "如此,

---

8) ▲: 亦
9) 未:【附箋紙】"未"上脫"亦"字.
10) 抄:『朱子語類』에서는 杪로 되어 있다.
11) 率: 賀本에서는 抵로 되어 있다.
12) 木:『朱子語類』에서는 未로 되어 있다.

則'井'字之義與'木上有水'何預?" 曰: "'木上有水'便如井中之水. 水本在井底, 却能汲上來給人之食, 故取象如此." 用之又問: "程子汲水桶之說, 是否?" 曰: "不然. '木上有水', 是木穿水中, 漲上那水. 若作汲桶, 則解不通矣, 且與後面'羸其瓶凶'之說不相合也."【僩 ○學履同而略. 又注云: "履[13]親[14]問先生. 先生云: '不曾說木在下面漲得水來. 這箇說[15]是別人說, 不是義理如此.'"】

73:16 鮒, 程沙隨以爲蝸牛, 如今廢井中多有之.【淵】

73:17 九三"可用汲"以上三句是象, 下兩句是占. 大概是說理, 決不是說汲井.【淵】

73:18 若非王明, 則無以收拾[16]人才.【淵】

73:19 "收", 雖作去聲讀, 義只是收也.【淵】

「革」

73:20 問: "革二女'志不相得', 與睽'不同行'有異否?" 曰: "意則一, 但變韻而叶之爾."【學履】

73:21 『易』言"順乎天而應乎人", 後來人盡說"應天順人", 非也.【佐】

73:22 問: "革之象不曰'澤在火上', 而曰'澤中有火.' 蓋水在火上, 則

13) 履: 『朱子語類』에서는 後로 되어 있다.
14) 親: 成化本에서는 就로 되어 있다.
15) 說: 『朱子語類』에서는 話로 되어 있다.
16) 拾: 『朱子語類』에서는 拾으로 되어 있다.

水滅了火, 不見得水決則火滅, 火炎則水涸之義. 曰'中有火', 則二物並在, 有相息之象否?" 曰: "亦是恁地."【學履】

73:23 "澤中有火." 水能滅火, 此只是說陰盛陽衰. 火盛則克水, 水盛則克火. 此是"澤中有火"之象, 便有那四時改革底意思. 君子觀這象, 便去"治曆明時." 林艾軒說因革卦得曆法, 云: "曆須年年改革, 不改革, 便差了天度." 此說不然. 天度之差, 蓋緣不曾推得那曆元定, 卻不因不改而然. 曆豈是那年年改革底物? "治曆明時", 非謂曆當改革. 蓋四時變革中, 便有箇"治曆明時"底道理.【淵】

73:24 ▲[17]

73:25 "澤中有火"自與"治曆明時"不甚相干. 聖人取象處, 只是依稀地說, 不曾確定指殺, 只是見得這些意思便說.【淵】

73:26 "革言三就", 言二[18]番結裹成就, 如第一番商量這箇是當革不當革, 說成一番, 又更如此商量一番, 至于[19]三番然後說成了, 卻不是三人來說.【淵】

73:27 問: "革下三爻, 有謹重難改之意, 上三爻則革而善. 蓋事有新故, 革者, 變故而爲新也. 下三爻則故事也. 未變之時, 必當謹審於其先, 上三爻則變而爲新事矣, 故漸漸好." 曰: "然." 又云: "乾卦到九四爻謂'乾道乃革', 也是到這裏[20]處方變了."【學履】

---

17) ▲: "澤中有火, 革", 蓋言陰陽相勝復, 故聖人"治曆明時." 向林艾軒嘗言聖人於革著治曆者, 蓋曆必有差, 須時改革方得. 此不然. 天度固必有差, 須在吾術中始得. 如度幾年當差一分, 便就此添一分去, 乃是. 又云: "曆數微眇, 如今下漏一般. 漏管稍澀, 則必後天, 稍闊, 則必先天, 未子而子, 未午而午."【淵】

18) 二: 孝宗刊本·成化本·賀本에서는 三으로 되어 있다.

19) 于: 賀本에서는 於로 되어 있다.

20) 裏: 『朱子語類』에는 없고, 『小分』에서는 옆에 점을 찍어 표시하였다.

73:28 “未占有孚”, 伊川於爻中“占”字, 皆不把做“卜筮尙其占”說. 【淵】

73:29 或問: “‘大人虎變’是就事上變, ‘君子豹變’是就身上變?” 曰: “豈止是是[21]事上? 也從裏面做出來. 這箇事卻不只是空殼子做得. 文王‘其命維新’, 也是他自新後如此. 堯‘克明峻[22]德’, 然後‘黎民於變.’ ‘大人虎變’, 正▲[23]孟子所謂‘所過者化, 所存者神, 上下與天地同流, 豈曰小補之哉!’ 補, 只是箇裏破[24], 補這一些. 如世人些小功, 只是補. 如聖人直是渾淪都換過了. 如爐[25]鞴相似, 補底只是錮露, 聖人卻是渾淪鑄過.” 或曰: “孟子說得恁地, 想見做出來, 應是新人耳目.” 曰: “想亦只是從‘五畝之宅樹之以桑’起. 看他三四次, 只恁地說.” 又曰: “如那‘如其禮樂, 以俟君子’意思, 孟子都無, 這便是氣麤處.” 又曰: “未見得做得與做不得, 只著說[26], 教人歡喜!” 【胡泳 ○▲[27]】

73:30 鄭少梅解革卦以爲風爐, 亦解得好. 初爻爲爐底, 二爻爲爐眼, 三・四・五爻是爐腰處, 上爻是爐口.

「鼎」

---

21) 是: 『朱子語類』에는 없고, 『小分』에서는 옆에 점을 찍어 표시하였다.
22) 峻: 賀本에서는 俊으로 되어 있다.
23) ▲: 如
24) 只是箇裏破: 成化本에서는 只是這箇裏破로 되어 있다.
25) 爐: 『朱子語類』에서는 鑪로 되어 있다.
26) 著說: 『朱子語類』에서는 說著로 되어 있다.
27) ▲: 僩錄云: “因說革卦, 曰: ‘革是更革之謂. 到這裏, 須盡翻轉更變一番, 所謂〈上下與天地同流, 豈曰小補之哉?〉〈小補之〉者, 謂扶衰救弊, 逐些補緝, 如錮鑑家事相似. 若是更革, 則須徹底重新鑄造一番, 非止補其罅漏而已. 湯武順天應人, 便是如此. 孟子所說王政, 其效之速如此, 想見做出來好看. 只是太麤些, 又少些〈如其禮樂以俟君子〉底意思.’ 或曰: ‘不知他如何做?’ 曰: ‘須是從五畝之宅, 百畝之田, 雞豚桑麻處做起. 兩三番如此說, 想不過只是如此做.’”

73:31 “正位凝命”, 恐伊川說得未然. 此言人君臨朝, 也須端莊安重, 一似那鼎相似, 安在這裏不動, 然後可以凝住那天之命, 如所謂“協于[28]上下, 以承天休”. 【淵】

73:32 用之解“鼎顚趾, 利出否, 无咎.” 或曰: “據此爻, 是凡事須用與他翻轉了, 却能致福.” 曰: “不然. 只是偶然如此. 此本是不好底爻, 却因禍致福, 所謂不幸中之幸. 蓋‘鼎顚趾’, 本是不好, 却因顚仆而傾出鼎中惡穢之物, 所以反得利而无[29]咎, 非是故意欲翻轉鼎趾而求利也.” 或言: “浙中諸公議論多是如此, 云凡事須是與他轉一轉了, 却因轉處與他做敎好.” 曰: “便是浙中近來有一般議論如此. 若只管如此存心, 未必眞有益, 先和自家心術壞了! 聖賢做事, 只說箇‘正其誼[30]不謀其利, 明其道不計其功.’ 凡事只如此做, 何嘗先要安排扭[31]捏, 須要著些權變機械, 方喚做做事? 又況自家一布衣, 天下事那裏便敎自家做? 知他臨事做出時如何? 却無故平日將此心▲[32]扭[33]捏揣摩, 先弄壞了! 聖人所說底話, 光明正大, 須是先理會箇光明正大底綱領條目. 且令自家心先正了, 然後於天下之事先後緩急, 自有次第, 逐旋理會, 道理自分明. ▲[34] 【僩】

---

28) 于: 賀本에서는 於로 되어 있다.
29) 无: 賀本에서는 無로 되어 있다.
30) 誼: 孝宗刊本・英祖刊本・成化本에서는 義로 되어 있다.
31) 紐: 賀本에서는 扭로 되어 있다.
32) ▲: 去
33) 紐: 賀本에서는 扭로 되어 있다.
34) ▲: 今於‘在明明德’未曾理會得, 便要先理會‘新民’工夫, 及至‘新民’, 又無那‘親其親・長其長’底事, 却便先萌箇計功計獲底心, 要如何濟他, 如何有益, 少間盡落入功利窠窟裏去! 固是此理無外, 然亦自有先後緩急之序. 今未曾理會得正心・修身, 便先要治國・平天下, 未曾理會自己上事業, 便先要‘開物成務’, 都倒了. 孔子曰‘可與立, 未可與權’, 亦是甚不得已, 方說此話. 然須是聖人, 方可與權. 若以顏子之賢, 恐也不敢議此‘磨而不磷, 涅而不緇.’ 而今人纔磨便磷, 纔涅便緇, 如何更說權變功利? 所謂‘未學行, 先學走’也. 而今諸公只管講財貨源流是如何, 兵又如何, 民又如何, 陳法又如何. 此等事, 固當理會. 只是須識箇先後緩急之序, 先其大者急者, 而後其小者緩者, 今都倒了這工夫. ‘子路問君子. 子曰: 〈修己以

73:33 "得妾以其子." 得妾是無緊要, 其重卻在以其子處. "顚趾利出否", 伊川說是. "得妾以其子, 无咎." 彼謂子爲王公在喪之稱者, 恐不然. 【淵】

73:34 問: "'鼎耳革'是如何?" 曰: "他與五不相應. 五是▲[35], 鼎無耳, 則移動[36]不得. 革, 是換變之義. 他在上下之間, 與五不相當, 是鼎耳變革了, 不可擧移, 雖有雉膏而不食. 此是陽爻, 陰陽終必和, 故有'方雨'之吉." 【學履】

73:35 "刑剭", 班固使來. 若作"形渥", 卻只是澆濕渾身. 【淵】

73:36 六五"金鉉", 只爲上已當玉鉉了, 卻下取九二之應來當金鉉. 蓋推排到這裏, 無去處了. 【淵】

「震」

73:37 "震亨"止"不喪匕鬯", 作一項看. 後面"出可以爲宗廟社稷", 又做一項看. 震便自是亨. "震來虩虩", 是恐懼顧慮而後, 便"笑言啞啞." "震驚百里", 便"不喪匕鬯", 文王語已是解"震亨"了. 孔子又自說長子事. 文王之語簡重精切, 孔子之言方始條暢. 須拆開看, 方得. 【礪】

73:38 言人常似那震來時虩虩地, 便能"笑言啞啞", 到得"震驚百里"

敬〉. 曰: 〈如斯而已乎?〉 曰: 〈修己以安人〉.' '顔淵問仁. 子曰: 〈克己復禮〉.' '仲弓問仁. 子曰: 〈出門如見大賓, 使民如承大祭. 己所不欲勿施於人〉.' 曾子將死, 宜有切要之言. 及孟敬子問之, 惟在於辭氣容貌之間. 此數子者, 皆聖門之高第, 及夫子告之, 與其所以告人者, 乃皆在於此. 是豈遺其遠者大者, 而徒告以近者小者耶? 是必有在矣. 某今病得一生九死, 已前數年見浙中一般議論如此, 亦嘗竭其區區之力, 欲障其末流, 而徒勤無益. 不知瞑目以後, 又作麽生. 可畏! 可歎!"

35) ▲: 鼎耳

36) 移動: 賀本에서는 動移로 되어 있다.

時, 也“不喪匕鬯.” 這箇相連做一串說下來.【淵】

73:39 震, 未便▲[37]到誠敬處, 只是說臨大震懼而不失其常. 主器之事, 未必彖辭便有此意, 看來只是「傳」中方說.

73:40 “震來虩虩”, 是震之初, 震得來如此.【淵】

73:41 “億喪貝”, 有以“億”作“噫”字解底.【淵】

73:42 震六二不甚可曉. 大概是喪了貨貝, 又被人趕上高處去, 只當固守便好. 六五是“生於憂患, 而死於安樂.” 上六不全好, 但能恐懼於未及身之時, 可得无咎, 然亦不免他人語言.【厲】

「艮」

73:43 “艮其背”, “背”字是“止”字. 「彖」中分明言“艮其止, 止其所也.”【從周錄云: “極[38]解得好.”】 又言: “‘艮其背’一句是腦, 故「彖」中言‘是以不獲其身, 行其庭, 不見其人’, 四句只略對.”【方子】

73:44 “艮其背”, 背只是言止也. 人之四體皆能動, 惟背不動, 取止之義. 各止其所, 則廓然而大公.【德明】

73:45 “艮其背”便“不獲其身”, “不獲其身”便“不見其人.” “行其庭”, 對“艮其背”, 只是對得輕. 身是動物, 不道動都是妄, 然而動斯妄矣, 不動自无妄.【淵】

---

37) ▲: 說
38) 極: 成化本에서는 程으로 되어 있다.

73:46 因說"不獲其身", 曰: "如君止於仁, 臣止於忠, 但見得事之當止, 不見此身之爲利爲害[39]. ▲[40]將此身預其間, 則道理便壞了! 古人所以殺身[41]成仁・舍生取義者, 只爲不見身, 方能如此."【學履】

73:47 "艮其背[42]", 渾只見得道理合當如此, 人[43]自家一分不得, 著一些私意不得. "不獲其身", 不干自家事. 這四句須是說, 艮其背了, 靜時不獲其身, 動時不見其人. 所以「彖辭傳」中說"是以不獲其身", 至"无咎也." 周先生所以說"定之以仁義中正而主靜." 這依舊只是就"艮其背"邊說下來, 不是內不見己, 外不見人. 這兩卦各自是一箇物, 不相偢倸[44].【淵】

73:48 ▲[45]

73:49 "時止則止, 時行則行." 止固是止,【池本: "行固非止."】 然行而不失其正,【池本作"理."】 乃所以爲止也.【僩】

73:50 問: "「艮」之象, 何以爲光明?" 曰: "定則明. 凡人胸次煩擾, 則愈見昏昧, 中有定止, 則自然光明. 莊子所謂'泰宇[46]▲[47]而天光發'是也."【學履】

---

39) 不見此身之爲利爲害: 英祖刊本・成化本에서는 不見得此身之爲利爲害으로 되어 있다.
40) ▲: 才
41) 身: 『小分』에서는 生을 身으로 고쳤다.
42) 背: 『小分』에서는 輩를 背로 고쳤다.
43) 人: 英祖刊本・賀本에서는 入으로 되어 있다.
44) 偢倸: 成化本・賀本에서는 秋采로 되어 있다.
45) ▲: 趙共甫問"艮其背, 不獲其身." 曰: "不見有身也." "行其庭, 不見其人." 曰: "不見有人也." 曰: "不見有身, 不見有人, 所見者何物?" 曰: "只是此理."【過】
46) 泰宇: 成化本에서는 宇泰로 되어 있다.
47) ▲: 定

73:51 艮卦是箇最好底卦. "動靜不失其時, 其道光明." 又, "剛健篤實輝光, 日新其德", 皆「艮」之象[48]也. 艮居外卦者八, 而皆吉. 【厲錄云: "居八卦之上, 凡上九爻, 皆好."】 惟蒙卦半吉半凶. 如賁之上九"曰[49]賁无咎, 上得志也", 大畜上九"何天之衢, 道大行也", 蠱上九"不事王侯, 志可則也", 頤上九"由頤厲吉, 大有慶也", 損上九"弗損益之, 大得志也", 艮卦"敦艮之吉, 以厚終也." 蒙卦上九"擊蒙, 不利爲寇, 利禦寇", 雖小不利, 然卦爻亦自好. 蓋上九以剛陽居上, 擊去蒙蔽, 只要恰好, 不要太過. 大[50]過則於彼有傷, 而我亦失其所以擊蒙之道. 如人合喫十五棒, 若只決他十五棒, 則彼亦無辭, 而足以御寇. 若再加五棒, 則太過而反害人矣. 爲寇者, 爲人之害也, 禦寇者, 止人之害也. 如人有疾病, 醫者用藥對病, 則彼足以袪病, 而我亦得爲醫之道. 若藥不對病, 則反害他人, 而我亦◇[51]爲醫之道矣. 所以「象」曰"利用禦寇, 上下順也." 惟如此, 則上下兩順而無害也. 【僩】

73:52 八純卦都不相與, 只是艮卦是▲[52], 尤不相與. 內不見己, 是內卦, 外不見人, 是外卦, 兩卦各自去. 【淵】

73:53 ▲[53]

73:54 "『易傳』云: '能使天下順治, 非能爲物作則也, 惟止之各於其所而已.' 此說甚當. 至謂'艮其背'爲'止於所不見', 竊恐未然. 據「彖辭」, 自解得分曉." 曰: "'艮其止, 止其所也.' 上句'止'字, 便是'背'字,

---

48) 「象」: 英祖刊本・成化本에서는 「彖」으로 되어 있다.
49) 曰: 賀本에서는 白으로 되어 있다.
50) 大: 『朱子語類』에서는 太로 되어 있다.
51) ◇: 失
52) ▲: 止
53) ▲: 守約問『易傳』"艮其背"之義. 曰: "此說似差了, 不可曉. 若據夫子說'止其所也', 只是物各有所止之意. 伊川又卻於解'艮其止, 止其所也', 又自說得分明. 恐上面是失點檢." 【木之】

故下文便繼之云'是以不獲其身', 更不再言'艮其背'也. '止', 是當止之處. 下句'止'字是解'艮'字, '所'字是解'背'字, 蓋云止於所當止也. '所', 卽至善之地, 如君之仁, 臣之敬之類. '不獲其身'是無與於己, '不見其人'是亦不見人. 無己無人, 但見是[54]此道理, 各止其所也. '艮其背'是止於止, '行其庭不見其人'是止於動. 故曰: '時止則止, 時行則行.'" 伯豐問: "▲[55]舜・禹不與如何?" ▲[56] "亦近之." 繼曰: "未似. 若「遺書」中所謂'百官萬務, 金革百萬之衆, 飮水曲肱, 樂在其中. 萬變皆在人, 其實無一事', 是此氣象. 大槪看『易』, 須謹守「彖」「象」之言, 聖人自解得精密平易. 後人看得不子細, 好自用[57]己意, 解得不是. 若是虛心去熟看, 便自見. 如乾九五「文言」'同聲相應, 同氣相求, 水流濕, 火就燥, 雲從龍, 風從虎, 聖人作而萬物覩.' 夫子因何於此說此數句? 只是解'飛龍在天, 利見大人.' '覩'字分明解出'見'字. '聖人作', 便是'飛龍在天', '萬物覩', 便是人見之. 如占得此爻, 則利於▲[58]大人也. 九二'見龍在田', 亦是在下賢德已著之人, 雖未爲世用, 然天下已知其文明. 亦是他人利見之, 非是此兩爻自利相見. 凡『易』中'利'者, 多爲占得者設. 蓋活人方有利不利, 若是卦畫, 何利之有? 屯卦言'利建侯', 屯只是卦, 如何去[59]'利建侯'? 蓋是占得此卦者之利耳. 晉文公占得豫屯[60], 皆得此辭, 後果能得國. 若常人占得, 亦隨高下自有箇主宰道理. 但古者占卜立君, 卜大遷, 是事體重▲[61], 故爻辭以其重者言之." 又問: "屯何以'利建侯'?" 曰: "屯之初爻, 以貴下賤, 有得民之象, 故其爻辭復云'利建侯.'" 又問: "如何便是爻辭與所占之事相應?" 曰: "自有此道理. 如世之抽籤者, 尙多有與所占之事相契." 又曰: "何以見得『易』專爲占

54) 是: 徽州本에서는 得으로 되어 있다.
55) ▲: 如
56) ▲: 曰:
57) 自用: 賀本에서는 用自로 되어 있다.
58) ▲: 見
59) 去: 【附箋紙】"去", 恐"云."
60) 豫屯: 『朱子語類』에서는 屯豫로 되어 있다.
61) ▲: 者

筮之用? ▲[62]亨于岐山', '于西山', 皆是'亨'字. 古字多通用. 若卜人君欲祭山川, 占得此卽吉. '公用亨于[63]天子', 若諸侯占得此卦, 則利於近天子耳. 凡占, 若爻辭與所占之事相應, 卽用爻辭斷之. 萬一占病, 卻得'利建侯', 又須別於卦象上討義." 正淳謂: "二五相應, 二五不相應, 如何?" 曰: "若得應爻, 則所祈望之人, 所指望之事, 皆相應, 如人臣卽有得君之義. 不相應, 則亦然. 昔敬夫爲魏公占得睽之蹇, 六爻俱變. 此二卦名義自是不好. 李壽翁斷其占云: '用兵之人, 亦不得用兵, 講和之人, 亦不成講和. 睽上卦是離, 〈離爲甲冑, 爲戈兵〉, 有用兵之象, 卻變爲坎, 坎有[64]險阻有[65]前, 是兵不得用也. 〈兌爲口舌〉又〈悅也〉, 是講和之象, 卻變爲艮. 艮, 止也, 是議和者亦無所成.' 未幾魏公旣敗, 湯思退亦敗, 皆皆[66]如所占."【螢 ○人傑錄見下.】

73:55 ▲[67]

73:56 "不獲其身", 不得其身也, 猶言討自家身己不得. 又曰: "欲出

---

62) ▲: 如'王用

63) 于: 賀本에서는 於로 되어 있다.

64) 有: 賀本에는 없다.

65) 有: 『朱子語類』에서는 在로 되어 있다.

66) 皆皆: 『朱子語類』에서는 皆가 하나이고, 『小分』에서는 皆 하나에 점을 찍어 표시하였다.

67) ▲: 伯豐問: "兼山所得於程門者云: '艮內外皆止, 是內止天理, 外止人欲. 又如門限然, 在外者不得入, 在內者不得出.' 此意如何?" 曰: "何故恁地說?" 因論: "'艮其背', 「象」云'止其所', 便是解'艮其背.' 蓋人之四肢皆能運轉, 惟背不動, '止其所'之義也. 程『傳』解作'止於所不見', 恐未安. 若是天下之事皆止其所, 己何與焉? 人亦何與焉? 此所謂'不獲其身, 行其庭不見其人也.'" 問: "莫是舜'有天下而不與'之意否?" 曰: "不相似. 如所謂'百官萬務, 金革百萬之衆, 飲水曲肱, 樂在其中. 萬變皆在人, 其實無一事', 是也." 又云: "'艮其背', 靜而止也, '行其庭', 動而止也. 萬物皆止其所, 只有理而已. '不獲其身', 不見其人也." 因論: "「彖」「象」「文言」解得『易』直是分曉精密, 但學者虛心讀之, 便自可見. 如'利見大人', 「文言」分明解'聖人作而萬物睹'之類是也. 爻辭只是占得此卦爻之辭, 看作何用. 謂如屯卦之'利建侯', 屯自是卦畫, 何嘗有建侯意思? 如晉文公占之, 便有用也. 又如'王用亨于岐山', '亨'字合作'享'字, 是王者有事於山川之卦. 以此推之, 皆可見矣."【人傑】

於身. 人才要一件物事, 便須以身己去對副他. 若無所欲, 則只恁地平平過, 便似無此身一般." 又曰: "伊川解'艮其背'一段, 若別做一段看, 卻好. 只是移放『易』上說, 便難通. 須費心力口舌, 方是[68]說得出." 又曰: "'上下適[69]應不相與', 猶言各不相管, 只是各止其所." 又曰: "明道曰: '與其非外而是內, 不若內外之兩忘也.' 說得最好. 便是'不獲其身, 行其庭不見其人', 不見有物, 不見有我, 只見其所當止也. ▲[70] 【賀孫】

73:57 ▲[71] 問: "『易傳』說, '艮其背'是'止於所不見.'" 曰: "伊川之意, 如說'閑邪存誠', 如所謂'制之於外, 以安其內', 如所謂'姦聲亂色, 不留聰明, 淫樂慝禮, 不接心術.' 【襲錄云: "凡可欲者, 皆置在背後之意. '外物不接, 內欲不萌之際.' 欽夫謂當去'之際'二字." ○今按『易傳』已無"之際"二字.】 此意亦自好, 但『易』之本意未必是如此. 伯恭又錯會伊川之意, 謂'止於所不見'者, 眼雖見而心不見, 恐無此理, 伊川之意卻不如此." 劉公度問: "老子所謂'不見可欲, 使心不亂', 是程子之意否?" 曰: 【李錄有"不然"字.】 "老子之意, 是要得使人不見, 故溫公解此一段, 認得老子本意. 【李錄云: "溫公解云: '〈不見可欲〉, 是防閑民使之不見, 與上文〈不貴難得之貨〉相似.'"】 '聖人之治虛其心', 是要得人無思無欲, 【李錄云: "是使之無思算, 無計較."】 '實其腹'是要得人充飽, 【李錄云: "是使之充飽無餒."】 '弱其志'

---

68) 是: 『朱子語類』에서는 始로 되어 있다.

69) 適: 『朱子語類』에서는 敵으로 되어 있다.

70) ▲: 如'爲人君止於仁', 不知下面道如何, 只是我當止於仁, '爲人臣止於敬', 不知上面道如何, 只是我當止於敬, 只認我所當止也. 以至父子兄弟夫婦朋友, 大事小事, 莫不皆然. 從伊川之說, 到'不獲其身'處, 便說不來, 至'行其庭不見其人', 越難說. 只做止其所止, 更不費力."

71) ▲: "'艮其背不獲其身', 只是道理所當止處, 不見自家身己. 【李錄云: "也不知是疼, 不知是痛, 不知是利, 不知是害."】 不見利, 不見害, 不見痛痒, 只見道理. 如古人殺身成仁, 舍生取義, 皆是見道理所當止處, 故不見其身. '行其庭不見其人', 只是見得道理合當恁地處置, 【李錄云: "只見道理, 不見那人."】 皆不見是張三與是李四." 【襲錄云: "但見義理之當止, 不見吾之身. 但見義理之當爲, 不知爲張三李四."】

是要得人不爭, 【李錄, "要得"並作"使之."】 '强其骨'是要得人作勞, 後人解得皆是[72]過高了." 【從周 ○李錄云: "溫公之說, 止於如此, 後人推得太高. 此皆是言聖人治▲[73]事, 與『易傳』之言不同." 夔錄云: "『通書』云: '背非見也', 亦似伊川說. '止非爲也', 亦不是『易』本意. 『語錄」』中有云: '周茂叔謂: "看一部『華嚴經』, 不如看一艮卦." 下面注云: "各止其所." 他這裏卻看得"止"字好.'" ○方子·淵·蓋卿錄互有詳略.】

73:58 "『易傳』'艮其背'一段, 只是非禮勿視聽言動, 則止於所不見, 無欲以亂其心. '不獲其身'者, 蓋外旣無非禮之視聽言動, 則內自不見有私己之欲矣. '外物不接'便是'姦聲亂色, 不留聰明, 淫樂慝禮, 不接心術, 惰慢[74]邪僻之氣, 不設於身體'之意." ▲[75] 【賀孫 ○▲[76]】

73:59 問: "'艮其背, 不獲其身', 是靜中之止, '行其庭, 不見其人', 是動中之止. 伊川云: '內欲不萌, 外物不接, 如是而止, 乃得其正.' 似只說得靜中之止否?" 曰: "然. 此段分作兩截, '艮其背, 不獲其身', 爲靜之止, '行其庭, 不見其人', 爲動之止. 總說則'艮其背'是止之時, 當其所而止矣, 所以止時自不獲其身, 行時自不見其人. 此三句乃'艮其背'之效驗, 所以「彖辭」先說'止其所也, 上下敵應, 不相與也', 卻云'是以

---

72) 是: 『朱子語類』에는 없다.

73) ▲: 天下

74) 惰慢: 賀本에서는 慢惰로 되어 있다.

75) ▲: 又曰: "'艮其背, 不獲其身, 行其庭, 不見其人', 『易』中只是說'艮其止, 止其所.' 人之四肢百骸皆能動作, 惟背不能動, 止於背, 是止得其當止之所. 明道答橫渠「定性書」擧其語, 是此意. 伊川說卻不同, 又是一說. 不知伊川解'艮其止, 止其所也', 又說得分曉, 卻解'艮其背', 又自有異, 想是照顧不到. 周先生『通書』之說, 卻與伊川同也." 或問: "'不見可欲, 此心不亂', 與'艮其背'之說何如?" 曰: "老氏之說, 非爲自家不見可欲, 看他上文, 皆是使民人如此. 如'虛其心', 亦是使他無思無欲, '實其腹', 亦是使他飽滿." 溫公注如此解, 蔡丈說不然. 又曰: "'艮其背', 看伊川說, 只是非禮勿視聽言動. 今人又說得深, 少間恐便走作, 如釋·老氏之說屛去外物也." 又因說"止於所不見", 曰: "非禮之事物, 須是常去防閑他. 不成道我恁地了, 便一向去事物裏面羇!"

76) ▲: 亦與上條同聞.

不獲其身, 行其庭, 不見其人也.'" 又問: "止有兩義, '得所止'之'止', 是指義理之極, '行止'之'止', 則就人事所爲而言." 曰: "然. '時止'之'止', '止'字小, '得其所止'之'止', '止'字大. 此段工夫全在'艮其背'上. 人多是將'行其庭'對此句說, 便不是了. '行其庭'是輕說過. 緣'艮其背'旣盡得了, 則'不獲其身, 行其庭不見其人'矣."【學履】

73:60 問: "伊川解'外物不接[77], 內欲不萌', 此說如何?" 曰: "只'外物不接', 意思亦難理會. 尋常如何說這句?" "某詳伊川之意, 當與人交之時, 只見道理合當止處, 外物之私意不接於我." 曰: "某嘗問伯恭來, 伯恭之意亦如此. 然據某所見, 伊川之說只是非禮勿視聽言動底意思." 問: "先生如何解'行其庭不見其人'?" 曰: "如在此坐, 只見道理, 不見許多人, 是也." 曰: "如此, 則與非禮勿視聽言動之意不協." 曰: "固是不協. 伊川此處說, 恐有可疑處. 看「彖辭」'艮其止, 止其所也', 此便是釋'艮其背'之文.【"艮其止"便是引"艮其背"經文. 或"背"字誤作"止"字, 或"止"字誤作"背"字, 或以"止"字解"背"字, 不可知.】 伊川於此下解云: '聖人所以能使天下順治, 非能爲物作則也, 惟止之各於其所而已.' 此意卻最解得分明. '艮其背'恐當只如此說. 萬物各有所止, 著自家私意不得. '艮其背, 不獲其身', 只見道理, 不見自家, '行其庭, 不見其人', 只見道理, 不見他人也."【治】

73:61 ▲[78]

73:62 問: "『易傳』云: '止於其所不見, 則無欲以亂其心.' 又云: '外物

77) 伊川解'外物不接: 成化本·徽州本에서는 伊川解'曰外物不接로 되어 있다.

78) ▲: 問: "伊川'艮其背'傳, 看來所謂止者, 正謂應事接物之時, 各得其所也. 今云'止於所不見', 又云'不交於物', 則是無所見, 無所交, 方得其所止而安. 若有所見, 有所交時, 是全無可止之處矣." 曰: "這處無不見底意思. 周先生也恁地說, 是它偶看這一處錯了, 相傳如此. 但看孔子釋彖之辭云: '艮其止, 止其所也.' 蓋此一句即是說'艮其背.' 人身皆動, 惟背不動, 這便是所當止處. 此句, 伊川卻說得好. 若移此處說它腦子, 便無許多勞攘."【夔孫】

不接, 內欲不萌. 如是而止, 乃得止之道.' 竊[79]恐外物無有絶而不接之理, 若拘拘然務絶乎物, 而求以不亂其心, 是在我都無所守, 而外爲物所動, 則奈何?" 曰: "此一段亦有可疑, 外物豈能不接. 但當於非禮勿視・勿聽・勿言・勿動四者用力." 【佐】

73:63 ▲[80]

73:64 問: "伊川曰'止於所不見', 則須遺外事物, 使其心如寒灰槁木而後可, 得無與釋氏所謂'面壁工夫'者類乎? 竊謂背者, 不動也. '艮其背'字[81], 謂止於不動之地也. 心能不爲事物所動, 則雖處紛拏之地, 事物在前, 此心淡然不爲之累, 雖見猶不見. ▲[82]好色美物, 人固有觀之而若無者, 非以其心不爲之動乎? 『易』所謂'行其庭不見其人'▲[83], 意或以此." 先生批云: "'艮其背', 下面「彖傳」云: '艮其止, 止其所也. 上下敵應, 不相與也.' 解得已[84]極分明. 程『傳』於此說亦已得之, 不知前面何故卻如此說. 今移其所解傳文之意上解經文, 則自無可疑矣. 經作'背', 傳作'止', 蓋以'止'解'背'義, 或是一處有誤字也." 【枅】

73:65 咸艮皆以人身爲象, 但艮卦又差一位. 【榦】

73:66 "艮其腓", "咸其腓", 二卦皆就人身上取義, 而皆主靜. 如"艮其趾", 能止其動, 便無[85]咎. "艮其腓", 腓亦是動物, 故止之. "不拯其隨", 是不能拯止其隨限而動也, 所以"其心不快." 限, 卽腰所在. 初六

---

79) 竊: 成化本에서는 切로 되어 있다.
80) ▲: "艮云: '外物不接, 內欲不萌.'" 【始須如此. 「視箴」中. 『知言』說督而養之, 終"耳順"・"從心", 此亦是始終之道. ○方】
81) 字: 『朱子語類』에서는 者로 되어 있다.
82) ▲: 如
83) ▲: 者
84) 已: 賀本에서는 也로 되어 있다.
85) 無: 『朱子語類』에서는 无로 되어 있다.

“咸其拇”, 自是不合動. 六二“咸其腓”, 亦是欲隨股而動, 動則凶, 若不動則吉. 【螢】

73:67 ▲[86)]

「漸」

73:68 “山上有木”, 木漸長則山漸高, 所以爲漸. 【學履】

73:69 漸九三爻雖不好, “夫征不復, 婦孕不育”, 卻“利禦寇.” 今術家擇日, 利婚姻底日, 不宜用兵, 利相戰底日, 不宜婚嫁, 正是此意. 蓋用兵則要相殺相勝, 婚姻則要和合, 故用不同也. 【學履 ○僩同.】

73:70 卦中有兩箇“孕婦”字, 不知如何取象, 不可曉. 【淵】

73:71 “順相保也”, 言須是上下同心協力相保聚, 方足以禦寇. 【僩】

「歸妹」

73:72 歸妹未有不好, 只是說以動帶累他. 【淵】

73:73 兩“終”字, 伊川說未安. 【淵】

73:74 “月幾望”, 是說陰盛. 【淵】

「豐」

86) ▲: “艮其限”, 是截做兩段去. 【淵】

73:75 "豐, 亨, 王假之." 須是王假之了, 方且"勿憂, 宜曰[87]日中." 若未到這箇田地, 更憂甚底? 王亦未有可憂. "宜照天下", 是貼底閑句. 【淵】

73:76 或問: "豐'宜日中', '宜照天下', 人君之德如日之中, 乃能盡照天下否?" 曰: "『易』, 如此看不得. 只是如日之中, 則自然照天下, 不可將作道理解他. '日中則昃, 月盈則食, 天地盈虛, 與時消息. 而況於人乎? ▲[88]於鬼神乎'? 自是如此. 物事到盛時必衰, 雖鬼神有所不能違也." 問: "此卦後面諸爻不甚好." 曰: "是他忒豐大了. 這物事盛極, 去不得了, 必衰也. 人君於此之時, 當如奉盤水, 戰兢自持, 方無傾側滿溢之患. 若才有纖毫驕矜自滿之心, 卽敗矣. 所以此處極難. 崇寧中[89]群臣創爲'豐亨豫大'之說. 當時某論某人曰: '當豐亨豫大之時, 而爲因陋就簡之說. 君臣上下動以此藉口, 於是安意肆志, 無所不爲, 而大禍起矣!"【僩】

73:77 "'天地盈虛, 與時消息. 而況於人乎? 況於鬼神乎?' 天地是擧其大體而言, 鬼神是擧其中運動變化者, 通上徹下而言. 如雨風露雷草木之類, 皆是." 曰: "'驟雨不終朝', 自不能久, 而況其小者乎?" 又曰: "豐卦「象」許多言語, 其實只在'日中則昃, 月盈則食, 天地盈虛, 與時消息'數語上. 這盛得極, 常須謹謹保守得日中時候方得, 不然, 便是偃仆傾壞了." 又曰: "這處去危亡只是一間耳. 須是兢兢如奉盤水, 方得." 又曰: "須是謙抑貶損, 方可保得." 又曰: "這便是康節所謂'酩酊離披時候', 如何不憂危謹畏! 宣・政間有以奢侈爲言者, 小人卻云, 當'豐亨豫大'之時, 須是恁地侈泰方▲[90], 所以一向[91]放肆, 如何得不

87) 曰: 成化本에서는 日로 되어 있고, 英祖刊本・賀本에는 없다.
88) ▲: 況
89) 崇寧中: 徽州本에서는 紹聖中으로 되어 있다.
90) ▲: 得
91) 向: 成化本・賀本에서는 面으로 되어 있다.

亂? '王假之, 尙大也', 只是王者至此一箇極大底時節, 所尙者大事耳."

73:78 仲思問"動非明, 則無所之, 明非動, 則無所用." 曰: "徒明不行, 則明無所用, 空明而已, 徒行不明, 則行無所向, 冥行而已."【伯羽】

73:79 問: "豐九四近幽暗之君, 所以有'豐其蔀, 日中見斗'之象. 亦是他本身不中正所致, 故「象」云: '位不當也.'" 曰: "也是如此."【學蒙】

73:80 "豐其屋, 天際翔也", 似說"如翬斯飛"樣. 言其屋高大, 到於天際, 卻只是自蔽障得[92]闊.【或作"自是自障礙." ○學蒙 ○淵同.】

73:81 九三爻解得便順. 九四・上六二爻不可曉. 看來聖人不[93]會得[94]九四・上六爻文義, 又與三爻不同.

「旅」

73:82 不知聖人特地做一箇卦說這旅則甚.【淵】

73:83 "明愼用刑而不留獄", 卻只是火在山上之象, 又不干旅事.【淵】

73:84 "資斧"有做"齎斧"說底. 這資斧在▲[95]上說, 也自分曉. 然而旅中亦豈可無備禦底物事? 次第這便是.【淵】

---

92) 得: 賀本에는 없다.
93) 不: 賀本에는 없다.
94) 得: 孝宗刊本・英祖刊本・成化本에는 없다.
95) ▲: 巽

73:85 旅六五“▲[96]逮也”, 不得如伊川說. “一矢亡”之“亡”字, 如“秦無亡矢遺鏃”之“亡”, 不是如伊川之說. 『易』中凡言“終吉”者, 皆是初不甚好也. 又曰: “而今只如這小小文義, 亦無人去解析得.”【學蒙】

「巽」

73:86 巽卦是於“重巽”上取義. “重巽”所以爲“申命.”【淵】

73:87 問“重巽”“重”字之義. 曰: “只是重卦. 八卦之象皆是如此.” 問: “‘申’字是兩番降命令否?” 曰: “非也. 只是丁寧反復說, 便是‘申命.’ 巽, 風也. 風之吹物, 無處不入, 無物不鼓動. 詔令之入人, 淪肌浹髓, 亦如風之動物▲[97].”【僩 ○學履錄云: “如命令之丁寧告戒, 無所不至也.”】

73:88 問: “巽順以入於物, 必極乎下, 有命令之象. 而風之爲物, 又能鼓舞萬類, 所以君子觀其象而申命令.” 曰: “風, 便也是會入物事.” 因言丘墓中棺木能翻[98]動, 皆是風▲[99]. 蓋風在地中氣聚, 出地面, 又散了.

73:89 九二得中, 所以過於巽爲善. “用史巫紛若, 吉.” 看來是箇盡誠以祭祀之吉占.

73:90 九三“頻巽”, 不比“頻復.” 復是好事, 所以頻復爲无咎. 巽不是甚好底事. 九三別無伎倆, 只管今日巽了明日巽, 自是可吝.

73:91 六四“田獲三品”, 伊川主張作“巽於上下”說, 說得較牽强.

---

96) ▲: 上
97) ▲: 也
98) 翻: 成化本에서는 番으로 되어 있다.
99) ▲: 吹

73:92 “无初有終”, 也彷彿是伊川說. 始未善是“无初”, 更之而善是“有終.” 自“貞吉悔亡”以下, 都是這一箇意思. 一如坤卦“先迷後得”以下, 都只是一箇意思.【淵】

73:93 九五“先庚三日, 後庚三日”, 不知是如何. 看來又似設此爲卜日之占模樣. 蠱之“先甲三日”是辛, “後甲三日”是丁. 此卦“先庚三日”亦是丁, “後庚三日”是癸. 據丁與辛, 皆是古人祭祀之日. 但癸日不見用處.

73:94 “先庚・後庚”, 是說那後面變了底一截.【淵】

「兌」

73:95 “兌說”, 若不是“剛中”, 便成邪媚. 下面許多道理, 都從這箇“剛中柔外”來. “說以先民”, 如“利之而不庸.” “順天應人”, 革卦就革命上說, 兌卦就說上說, 後人都做“應天順人”說了. 到了“順天應人”, 是言順天理, 應人心. 胡致堂「管見」中辨這箇也好.【淵】

73:96 說若不“剛中”, 便是違道干譽.【淵】

73:97 兌巽卦「爻辭」皆不端的, 可以移上移下. 如剝卦之類, 皆確定移不得, 不知是如何. 如“和兌”・“商兌”之類, 皆不甚親切. 爲復是解書到末梢, 會懶了看不子細, 爲復聖人別有意義? 但先儒解亦皆如此無理會.

73:98 九五只是上比於陰, 故有此戒.

「渙」

73:99 問: “萃言‘王假有廟’, 是卦中有萃聚之象, 故可以爲聚祖考之精神, 而爲享祭之吉占. 渙卦旣散而不聚, 本象不知何處有可立廟之義? 將是卦外立義, 謂渙散之時, 當聚祖考之精神邪? 爲復是下卦是坎, 有幽隱之義, 因此象而設立廟之義邪?” 曰: “坎固是有鬼神之義. 然此卦未必是因此爲義, 且作因渙散而立廟說. 大抵這處都見不得.” 【學履】

73:100 此卦只是卜祭吉, 又更宜涉川. “王乃在中”, 是指廟中, 言宜在廟祭祀, 伊川說得那道理多了. 他見得許多道理了, 不肯自做他說, 須要寄搭放在經上. 【淵】

73:101 渙是散底意思. 物事有當散底, 號令當散, 積聚當散, 群隊當散. 【淵】

73:102 渙卦亦不可曉. 只以大意看, 則人之所當渙者莫甚於己私, 其次須便渙散其小小群隊, 合成其大, 其次便渙散其號令與其居積, 以用於人, 其次便渙去患害. 但六四一爻未見其大好處, 今爻辭卻說得恁地浩大, 皆不可曉.

73:103 “剛來不窮”, 是九三來做二, “柔得位而上同”, 是六二上做三. 此說有些不穩, 卻爲是六三不喚做得位. 然而某這箇例, 只是一爻互換轉移, 無那隔驀兩爻底. 【淵】

73:104 問: “‘剛來而不窮’, 窮是窮極. 來處乎中, 不至窮極否?” 曰: “是居二爲中. 若在下, 則是窮矣.” 【學履】

73:105 “渙奔其机”, 以卦變言之, 九二, 自四[100]來居二, 得中而不

100) 四: 賀本에서는 三으로 되어 있다.

窮, 所以爲安, 如机之安也. 六四[101], 是自二往居四[102], 未爲得位, 以其上同於五[103], 所以爲得位. 「象辭」如此說, 未密. 若云六三[104]上應上九爲上同, 恐如此跳過了不得. 此亦是依文解義說. 終是不見得四[105]來居二之爲安, 二之於四[106]爲得位, 是如何. 【學蒙】

73:106 "奔其机", 也只是九來做二. 人事上說時, 是來就那安處. 【淵】

73:107 "渙其躬, 志在外也", 是舍己從人意思.

73:108 老蘇云: "「渙」之六[107]四曰: '渙其群, 元吉.' 夫群者, 聖人之所欲渙以混一天下者也." 此說, 雖程『傳』有所不及. 如程『傳』之說, 則是群其渙, 非"渙其群"也. 蓋當人心渙散之時, 各相朋黨, 不能混一. 惟九[108]四能渙小人之私群, 成天下之公道, 此所以元吉也. 老蘇天資高, 又善爲文章, 故此等說話皆達其意. 大抵渙卦上三爻是以渙濟渙也. 【道夫】

73:109 "渙其群", 乃取老蘇之說, 是散了小小底群隊, 併做一箇. 東坡所謂"合小以爲大, 合大以爲一." 又曰: "如太祖之取蜀, 取江南, 皆是'渙其群'·'渙有丘'之義. 但不知四爻如何當得此義."

73:110 ▲[109]

---

101) 四: 賀本에서는 三으로 되어 있다.
102) 四: 賀本에서는 三으로 되어 있다.
103) 五: 賀本에서는 四로 되어 있다.
104) 三: 成化本에서는 四로 되어 있다.
105) 四: 賀本에서는 九로 되어 있다.
106) 四: 賀本에서는 三으로 되어 있다.
107) 六: 賀本에서는 九로 되어 있다.
108) 九: 成化本에서는 六으로 되어 있다.

73:111 ▲[110)]

73:112 "渙汗其大號", 聖人當初就人身上說一"汗"字爲象, 不爲無意. 蓋人君之號令, 當出乎人君之中心, 由中而外, 由近而遠, 雖至幽至遠之處, 無不被而及之. 亦猶人身之汗, 出於中而浹於四體也.【道夫】

73:113 散居積, 須是在他正位方可.【淵】

73:114 "渙王居, 无咎."「象」只是節做四字句, 伊川泥其句, 所以說得"王居无咎"差了. 上九「象」亦自節了字, 則此何疑!

「節」

73:115 "說以行險", 伊川之說是也. 說則欲進, 而有險在前, 進去不得, 故有止節之義. 又曰: "節, 便是阻節之意."

73:116 "天地節而四時成." 天地轉來, 到這裏相節了, 更沒去處. 今年冬盡了, 明年又是春夏秋冬, 到這裏厮[111)]匝了, 更去不得. 這箇折做兩截, 兩截又折做四截, 便是春夏秋冬. 他是自然之節, 初無人使他. 聖人則因其自然之節而節之, 如"修道之謂敎", "天秩有禮"之類, 皆是. 天地則和這箇都無, 只是自然如此. 聖人法天, 做這許多節, 指出來.【淵】

---

109) ▲: "渙其群", 言散小群做大群, 如將小物事幾把解來合做一大把. 東坡說這一爻最好, 緣他會做文字, 理會得文勢, 故說得合.【淵】

110) ▲: "渙汗其大號." 號令當散, 如汗之出, 千毛百竅中, 迸散出來. 這箇物出不會反, 卻不是說那號令不當反, 只是取其如汗之散出, 自有不反底意思.【淵】

111) 厮: 成化本에서는 冢으로 되어 있다.

73:117 “戶庭”是初爻之象, “門庭”是第二爻之象. 戶庭, 未出去, 在門庭, 則已稍去矣. 就爻位上推, 戶庭主心, 門庭主事.【淵】

73:118 問: “君子之道, 貴乎得中. 節之過雖非中道, 然愈於不節者, 如何便會凶? 九二‘不出門庭’, 雖是失時, 亦未失爲恬退守節者, 乃以爲凶, 何也?” 先生沉思良久, 曰: “這處便使局定不得. 若以占言之, 且只寫下, 少間自有應處, 眼下皆未見得. 若以道理言之, 則有可爲之時, 乃不出而爲之, 這便是凶之道, 不是別更有凶.” 又曰: “‘時乎時, 不再來!’ 如何可失!”

73:119 “安節”是安穩自在, “甘節”是不辛苦喫力底意思. 甘便對那苦. “甘節”與“禮之用, 和爲貴”相似. 不成人臣得“甘節吉”時, 也要節天下! 大率人一身上, 各自有箇當節底.【淵】

73:120 “節卦大抵以當而通爲善. 觀九五中正而通,『本義』云: ‘坎爲通.’ 豈水在中間, 必流而不止邪?” 曰: “然.” 又問: “觀節六爻, 上三爻在險中, 是處節者也. 故四在險初, 而節則亨, 五在險中, 而節則甘, 上在險終, 雖苦而无悔, 蓋節之時當然也. 下三爻在險外, 是未至於節, 而預知所節之義. 初知通塞, 故无咎, 二可行而反節, 三見險在前當節, 而又以陰居剛, 不中正而不能節, 所以二[112]爻凶而有咎. 不知是如此否?” 曰: “恁地說也說得. 然九二一爻看來甚好, 而反云凶, 終是解不穩.”【學履】

「中孚」

73:121 問: “中孚, ‘孚’字與‘信’字恐亦有別?” 曰: “伊川云: ‘存於中爲孚, 見於事爲信.’ 說得極好.” 因擧「字說」: “‘孚’字從‘爪’, 從‘子’, 如鳥

112) 二: 賀本에서는 三으로 되어 있다.

抱子之象. 今之'乳'字一邊從'孚', 蓋中所抱者實有物也. 中間實有物, 所以人自信之."【學履】

73:122 ▲[113)]

73:123 中孚與小過都是有飛鳥之象. 中孚是箇卵象, 是鳥之未出殼底. 孚, 亦是那孚膜意思. 所以卦中都說"鳴鶴"·"翰音"之類. "翰音登天", 言不知變者, 蓋說一向恁麽去, 不知道去不得. 這兩卦十分解不得, 且只依稀地說. "豚魚吉", 這卦中, 他須見得有豚魚之象, 今不可考. 占法則莫須是見豚魚則吉, 如鳥占之意象. 若十分理會著, 便須穿鑿.【淵】

73:124 "柔在內, 剛得中", 這箇是就全體看, 則中虛, 就二體看, 則中實. 他都見得有孚信之意, 故喚作"中孚." 伊川這二句說得好. 他只遇著這般齊整底, 便恁地說去. 若遇不齊整底, 便說不去.【淵】

73:125 問: "'澤上有風, 中孚.' 風之性善入, 水虛而能順承, 波浪洶湧, 惟其所感, 有相信從之義, 故爲中孚." 曰: "也是如此. 風去感他, 他便相順, 有相孚之象." 又曰: "'澤上有風, 中孚.' 須是澤中之水, 海卽澤之大者, 方能信從乎風. 若溪湍之水, 則其性急流就下, 風又不奈他何."

73:126 "議獄緩死", 只是以誠意求之. "澤上有風", 感得水動. "議獄緩死", 則能感人心.【淵】

73:127 ▲[114)]

---

113) ▲: 中孚小過兩卦, 鶻突不可曉. 小過尤甚. 如云"弗過防之", 則是不能過防之也, 四字只是一句. 至"弗過, 遇之"與"弗遇, 過之", 皆是兩字爲絶句, 意義更不可曉.【學蒙】

73:128 “九二爻自不可曉. 看來‘我有好爵, 吾與爾靡之’, 是兩箇都要這物事. 所以‘鶴鳴子和’, 是兩箇中心都愛, 所以相應如此.” ▲115) ○學履】

73:129 ▲116)

73:130 問: “中孚六三, 大義是如何?” 曰: “某所以說中孚小過皆不可曉, 便是如此. 依文解字看來, 只是不中不正, 所以歌泣喜樂都無常也.” 【學履】

「小過」

73:131 中孚有卵之象. 小過中間二畫是鳥腹, 上下四陰爲鳥翼之象. 鳥出乎卵, 此小過所以次中孚也. 【學蒙】

73:132 小過大率是過得不多. 如大過便說“獨立不懼”, 小過只說這“行”·“喪”·“用”, 都只是這般小事. 伊川說那禪讓征伐, 也未說到這箇. 大概都是那過低過小底. “飛鳥遺音”, 雖不見得遺音是如何, 大概且恁地說. 【淵】

73:133 小過是過於慈惠之類, 大過則是剛嚴果毅底氣象. 【淵】

---

114) ▲: 問: “中孚是誠信之義, ‘議獄緩死’, 亦誠信之事, 故君子盡心於是.” 曰: “聖人取象有不端確處. 如此之類, 今也只得恁地解, 但是不甚親切.”

115) ▲: 因云: “‘潔淨精微’之謂『易』, 自是懸空說箇物在這裏, 初不惹著那實事. 某嘗謂, 說『易』如水上打毬, 這頭打來, 那頭又打去, 都不惹著水方得. 今人說, 都打入水裏去了!” 【胡泳錄云: “讀『易』, 如水面打毬, 不沾著水, 方得. 若著水, 便不活了. 今人都要按從泥裏去, 如何看得!”

116) ▲: “鶴鳴子和”, 亦不可曉. “好爵爾靡”, 亦不知是說甚底. 「繫辭」中又說從別處去. 【淵】

73:134 ▲[117)]

73:135 "'飛鳥遺之音',『本義』謂'致飛鳥遺音之應', 如何?" 曰: "看這象, 似有羽蟲之孼之意, 如賈誼'鵩鳥'之類." 【學履】

73:136 "山上有雷, 小過", 是聲在高處下來, 是小過之義. "飛鳥遺之音", 也是自高處放下聲[118)]來[119)]. 【學履】

73:137 小過是小事, 又是過於小. 如"行過乎恭, 喪過乎哀, 用過乎儉", 皆是過於小, 退後一步, 自貶底意思. 【燾】

73:138 "行過恭, 用過儉", 皆是宜下之意. 【學履】

73:139 初六"飛鳥以凶", 只是取其飛過高了, 不是取"遺音"之義. 【學蒙】

73:140 三父, 四祖, 五便當妣. 過祖而遇妣, 是過陽而遇陰. 然而陽不可過, 則不能及六五, 卻反回來六二上面. 【淵】

73:141 九四"不[120)]過遇之", 過遇, 猶言加意待之也. 上六"弗遇過之", 疑亦當作"弗過遇之", 與九三"弗過防之", 文體正同. 【淵】

73:142 九四"弗過遇之"一句曉不得, 所以下兩句都沒討頭處. 又曰: "此爻「小象」恐不得如伊川說, 以'長'字爲上聲. '▲[121)]用永貞', 便是不

---

117) ▲: "小過, 小者過而亨", 不知"小者"是指甚物事? 【學蒙】
118) 下聲: 成化本·賀本에서는 聲下로 되어 있다.
119) 來: 徽州本에서는 來 아래에 爲小過가 더 들어 있다.
120) 不: 『朱子語類』에서는 弗로 되어 있다.
121) ▲: 勿

可長久. '勿用永貞', 是莫常常恁地." 又曰: "莫一向要進底意[122]."

73:143 ▲[123]

73:144 "密雲不雨", 大概是做不得事底意思.【淵】

73:145 "弋"是俊壯底意, 卻只弋得這般物事.【淵】

73:146 問叶韻. 曰: "小過初六'不可如何也', 六二'臣不可過也', 九三'凶如何也'! 自是叶了. 九四又轉韻. 若仍從平聲, '位不當也', '終不可長也', 便是叶了. 六五'已上也', '上'字作平聲, 上六'已亢也', 便也是平聲.【疑▲[124] 蓋十一「唐」中, "上"字無平聲.】 若從側聲, 但'終不可長也', '長'字作音'仗', 則'當'字・'上'字・'亢'字皆叶矣."【皆在四十一「漾」[125]韻中.】

「旣濟」

73:147 "亨小"當作"小亨." 大率到那旣濟了時, 便有不好去, 所以說"小亨." 如唐時貞觀之盛, 便向那不好去.【淵】

73:148 旣濟是已濟了, 大事都亨[126], 只小小底正在亨通, 若能戒懼得常似今日便好, 不然, 便一向不好去. 伊川意亦是如此, 但要說做"亨小", 所以不分曉. 又曰: "若將濟, 便是好, 今已濟, 便只是不好去了."【學蒙】

---

122) 底意: 成化本・賀本에는 없다.
123) ▲: "終不可長也", 爻義未明, 此亦當闕.【僴】
124) ▲: 自"當"字以下不然,
125) 漾: 孝宗刊本・英祖刊本・成化本에서는 樣으로 되어 있다.
126) 大事都亨: 成化本에서는 大事都已亨過了로 되어 있다.

73:149 "初吉終亂", 便有不好在末後底意思.【淵】

73:150 "高宗伐鬼方", 疑是高宗舊日占得此爻, 故聖人引之, 以證此爻之吉凶. 如"箕子之明夷利貞", "帝乙歸妹", 皆恐是如此. 又曰: "漢去古未遠, 想見卜筮之書皆存. 如漢文帝之占'大橫庚庚', 都似『左傳』時人說話." 又曰: "'夏啓以光', 想是夏啓曾占得此卦."【學蒙】

73:151 問: "'三年克之, 憊也', 言用兵是不得已. 以高宗之賢, 三年而克鬼方, 亦不勝其憊矣!" 曰: "言兵不可輕用也."【學履】

73:152 問: "旣濟上三爻皆漸漸不好去, 蓋出明而入險, 四有衣袽之象." 而[127]曰: "'有所疑也', 便是不好底端倪自此已露." "五'殺牛', 則已自過盛, 上'濡'首, 則極而亂矣. 不知如何?" 曰: "然. 是[128]時運到那裏都過了, 康節所謂'飮酒酩酊, 開花離披'時節, 所以有這樣不好底意思出來."【學履】

73:153 六四以柔居柔, 能慮患豫防, 蓋是心低小底人, 便能慮事. 柔善底人心不麤, 慮事細密. 剛果之人心麤, 不解如此.【淵】

73:154 旣濟初九"義无咎也", "咎"字上聲. 六二"以中道也", "道"亦上聲, 音"斗." 九三換平聲, "憊"字通入"憊[129]"字, 改作平聲, 則音"皮." 六四"有所疑", 九五"不如西鄰之時", 又"吉大來也", "來"字音"黎." 上六"何可久也"? 久與"已"通, "已"字, 平聲爲朞[130].

「未濟」

127) 而: 成化本・賀本에는 없다.
128) 是: 『朱子語類』에는 없고, 『小分』에서는 점을 찍어 표시하였다.
129) 憊: 『朱子語類』에서는 備로 되어 있다.
130) 朞: 成化本에서는 期로 되어 있다.

73:155 取狐爲象, 上象頭, 下象尾.【淵】

73:156 問: "未濟所以亨者, 謂之'未濟', 便是有濟之理. 但尚遲遲, 故謂之'未濟', 而'柔得中', 又自有亨之道." 曰: "然. '小狐汔濟', '汔'字訓'幾', 與井卦同. 旣曰'幾', 便是未濟. 未出坎中, 不獨是說九二爻, 通一卦之體, 皆是未出乎坎險, 所以未濟."【學履 ○本注云: "士毅本記此段尤詳, 但今未見黃本."】

73:157 "不續終也", 是首濟而尾濡, 不能濟. 蓋不相接續去, 故曰: "不續終也." 狐尾大, "濡其尾", 則濟不得矣.【學履】

73:158 『易』不是說殺底物事, 只可輕輕地說. 若是確定一爻吉, 一爻凶, 便是揚子雲「太玄」了, 『易』不恁地. 兩卦各自說"濡尾"·"濡首", 不必拘說在此言首, 在彼言尾. 大概旣濟是那日中衙晡時候, 盛了, 只是向衰去. 未濟是五更初時, 只是向明去. 聖人當初見這箇爻裏有這箇意思, 便說出這一爻來, 或是從陰陽上說, 或是從卦位上說. 他這箇說得散漫, 不恁地逼拶他, 他這箇說得疏. 到他密時, 盛水不漏, 到他疏時, 疏得無理會. 若只要就名義上求他, 便是▲131)【淵】

73:159 未濟與旣濟諸爻頭尾相似. 中間三四兩爻, 如損益模樣, 顚倒了他. "曳輪濡尾", 在旣濟爲无咎, 在此卦則或吝, 或貞吉, 這便是不同了.【淵】

73:160 "曳輪濡尾", 是只爭些子時候, 是欲到與未到之間. 不是不欲濟, 是要濟而未敢輕濟. 如曹操臨敵, 意思安閑, 如不欲戰. 老子所謂

131) ▲: 今人說『易』了, 大失他『易』底本意. 周公做這爻辭, 只依稀地見這箇意, 便說這箇事出來, 大段散漫. 趙子欽尚自嫌某說得疏, 不知如今煞有退削了處. 譬如箇燈籠安四箇柱, 這柱已是礙了明. 若更剔去得, 豈不更是明亮! 所以說"不可爲典要", 可見得他散漫.

“豫[132]猶若冬涉川”之象. 涉則必[133]竟涉, 只是畏那寒了, 未敢便涉. 【淵】

73:161 初六“亦不知極也”, “極”字猶言“極則.” 又曰: “猶言‘界至’也.”

73:162 ▲[134]

73:163 未濟九四與上九, “有”字皆不可曉, 只得且依稀如此說. 又曰: “益損二卦說龜, 一卦在二爻, 一卦在五爻, 是顚倒. 此卦與旣濟說‘伐鬼方’, 亦顚倒, 不知是如何.” 【學蒙】

73:164 看來未濟只陽爻便好, 陰爻便不好. 但六五・上九兩爻不如此. 六五謂其得中, 故以爲吉. 上九有可濟▲[135]之才, 又當未濟之極, 可以濟矣, 亦云不吉, 更曉不得. 【學蒙】

73:165 問: “未濟上九, 以陽居未濟之極, 宜可以濟, 而反不善者, 竊謂未濟則當寬靜以待. 九二・九四以陽居陰, 皆當靜守. 上九則極陽不中, 所以如此.” 曰: “也未見得是如此. 大抵時運旣當未濟, 雖有陽剛之才亦無所用. 況又不得位, 所以如此.” 【學履】

73:166 問: “居未濟之時, 未可動作, 初六柔不能固守而輕進, 故有‘濡尾’之吝. 九二陽剛得中得正, 曳其輪而不進, 所以王[136]吉.” 曰: “也是如此, 大概難曉. 某[137]解也且備禮, 依衆人解說.” 又曰: “坎有輪象,

132) 豫: 成化本・賀本에는 없다.
133) 必: 成化本에서는 畢로 되어 있다.
134) ▲: “亦不知極也”, “極”字未詳, 考上下韻亦不協, 或恐是“敬”字, 今且闕之. 【僩】
135) ▲: 時
136) 王: 成化本・賀本에서는 貞으로 되어 있다.
137) 某: 成化本에는 없다.

所以說輪. 大概未濟之下卦, 皆是未可進用. '濡尾曳輪', 皆是此意. 六三未離坎體, 也不好. 到四・五已出乎險, 方好. 上九又不好." 又曰: "'濡首'分明是狐過水而濡其首. 今「象」卻云: '飮酒濡首', 皆不可曉. 嘗有人著書以「象」「象」「文言」爲非聖人之書. 只是而今也著與孔子分疏."【二[138]本云: "只是似這處費[139]分疏, 所以有是說."】

73:167 旣濟未濟所謂"濡尾"・"濡首", 分明是說野狐過水. 今孔子解云"飮酒濡首", 亦不知是如何. 只是孔子說, 人便不敢議, 他人便恁地不得.【厲】

138) 二: 成化本에서는 一로 되어 있고, 賀本에는 없다.
139) 費: 成化本에서는 須貴로 되어 있고, 英祖刊本・賀本에서는 貴로 되어 있다.

『朱子語類』 卷第七十四

「易十」

「上繫上」

74:1 「繫辭」, 或言造化以及『易』, 或言『易』以及造化, 不出此理.

74:2 上・下「繫辭」說那許多爻, 直如此分明. 他人說得分明, 便淺近. 聖人說來卻不淺近, 有含蓄. 所以分在上・下「繫」, 也無甚意義. 聖人偶然去這處說, 又去那處說. 嘗說道, 看▲[1]底不去理會道理, 卻只去理會這般底, 譬如讀『詩』者不去理會那四字句押韻底, 卻去理會十五「國風」次序相似. 【淵】

74:3 問: "第一章第一節, 蓋言聖人因造化之自然以作『易』." 曰: "論其初, 則聖人是因天理之自然而著之於書. 此是後來人說話, 又是見天地之實體, 而知『易』之書如此. 如見天之尊, 地之卑, 卻知得『易』之所謂乾坤者如此, 如見天之高, 地之下, 卻知得『易』所分貴賤者如此." 又曰: "此是因至著之象以見至微之理."

74:4 "天尊地卑"至"變化見矣", 是擧天地事理以明『易』. 自"是故"以下, 卻擧『易』以明天地間事. 【人傑】

74:5 ▲[2] 觀天地則見『易』也. 【僩】

---

1) ▲: 『易』

74:6 "天尊地卑", 上一截皆說面前道理, 下一截是說『易』書. 聖人做這箇『易』, 與天地準處如此. 如今看面前, 天地便是他那乾坤, 卑高便是貴賤. 聖人只是見成說這箇, 見得『易』是準這箇. 只[3]把下面一句說做未畫之易也不妨. 然聖人是從那有『易』後說來.【淵】

74:7 ▲[4] 上句是說天地造化實體, 以明下句是說『易』中之事. "天尊地卑", 故『易』中之乾坤定矣." 楊氏說得深了. 易中固有屈伸往來之乾坤處, 然只是說乾坤之掛[5]. 在『易』則有乾坤, 非是因有天地而始定乾坤.【螢】

74:8 ▲[6] 如貴賤是『易』之位, 剛柔是『易』之變化, 類皆是『易』, 不必專主乾坤二卦而言. "方以類聚, 物以群分." 方只是事, 訓"術", 訓"道." 善有善之類, 惡有惡之類, 各以其類而聚也.【謨】

74:9 "卑高以陳, 貴賤位矣", 此只是上句說天地間有卑有高, 故『易』之六爻有貴賤之位也, 故曰: "列貴賤者存乎位."【螢】

74:10 ▲[7]

74:11 "方以類聚, 物以群分", 楊氏之說爲"方"字所拘, 此只是"物有本末, 事有終始"之意. 隨其善惡而類聚群分, 善者吉, 惡者凶, 而吉凶亦由是而生耳. 伊川說是. 亦是言天下事物各以[8]類分, 故存乎『易』

---

2) ▲: "天尊地卑, 乾坤定矣",
3) 只: 【附簽紙】下"只"字, "若"字之誤.
4) ▲: "天尊地卑, 乾坤定矣",
5) 掛: 成化本・賀本에서는 卦로 되어 있다.
6) ▲: "天尊地卑"章, 上一句皆說天地, 下一句皆說『易』.
7) ▲: 問"方以類聚, 物以群分." 曰: "物各有類, 善有善類, 惡有惡類, 吉凶於是乎出." 又曰: "方以事言, 物以物言."【礪 ○人傑錄云: "方, 猶事也."】
8) 以: 賀本에서는 有로 되어 있다.

者, 吉有吉類, 凶有凶類.【甇】

74:12 ▲[9] “方, 向也. 所向善, 則善底人皆來聚, 所向惡, 則惡底人皆來聚. 物, 又是通天下之物而言. 是箇好物事, 則所聚者皆好物事也, 若是箇不好底物事, 則所聚者皆不好底物事也.”【燾】

74:13 “在天成象, 在地成形, 變化見矣.” 上是天地之變化, 下是『易』之變化. 蓋變化是『易』中陰陽二爻之變化, 故曰: “變化者, 進退之象也.” 變化, 只進退便是. 如自坤而乾則爲進, 自乾而坤則爲退. 進退在已變未定之間, 若已定, 則便是剛柔▲[10]【甇】

74:14 問: “不知‘變化’二字以成象・成形者分言之, 不知是衮同說?”【學履錄云: “問: ‘不知是變以成象, 化以成形, 爲將是〈變化〉二字同在象形之間?’ 曰: ‘不必如此分.’”】 曰: “莫分不得. ‘變化’二字, 下章說得最分曉.” 文蔚曰: “下章云: ‘變化者, 進退之象.’ 如此則變是自微而著, 化是自盛而衰.” 曰: “固是. 變是自陰而陽, 化是自陽而陰. 『易』中說變化, 惟此處最親切. 如言‘剛柔者, 立本者也, 變通者, 趨時者也.’ 剛柔是體, 變通不過是二者盈虛消息而已, 此所謂‘變化.’ 故此章亦云: ‘剛柔者, 晝夜之象也, 變化者, 進退之象也.’ ‘剛柔者晝夜之象’, 所謂‘立本’, ‘變化者進退之象’, 所謂‘趨時.’ 又如言: ‘吉凶者, 失得之象, 悔吝者, 憂虞之象.’ 悔吝便是吉凶底交互處, 悔是吉之漸, 吝是凶之端.”【文蔚】

74:15 問: “變化是分在天地上說否?” 曰: “難爲分說. 變是自陰而陽, 自靜而動, 化是自陽而陰, 自動而靜. 漸漸化將去, 不見其迹.” 又曰: “橫渠云: ‘變是倏忽之變, 化是逐旋不覺化將去.’ 恐『易』之意不如此說.” 旣而曰: “適間說‘類聚群分’, 也未見說到物處. 『易』只是說一箇陰

---

9) ▲: 問“方以類聚, 物以群分.” 曰:

10) ▲: 也.

陽變化, 陰陽變化, 便自有吉凶. 下篇說得變化極分曉. '剛柔者, 晝夜之象也.' 剛柔便是箇骨子, 只管恁地變化."【礪】

74:16 "摩", 是那兩箇物事相摩戛, "盪", 則是圜轉推盪將出來. "摩", 是八卦以前事, "盪", 是八卦以後爲六十四卦底事. "盪", 是有那八卦了, 團旋推盪那六十四卦出來. 『漢書』所謂"盪軍", 是團轉去殺他・磨轉他底意思.【淵】

74:17 問: "'剛柔相摩, 八卦相盪.' 竊謂六十四卦之初, 剛柔兩畫而已. 兩而四, 四而八, 八而十六, 十六而三十二, 三十二而六十四, 皆是自然生生不已, 而謂之'摩・盪', 何也?" 曰: "摩如物在一物上面摩旋底意思, 亦是相交意思. 如今人磨子相似, 下面一片不動, 上面一片只管摩旋推盪不曾住. 自兩儀生四象, 則老陽老陰不動, 而少陰少陽則交, 自四象生八卦, 則乾坤震巽不動, 而兌離坎艮則交, 自八卦而生六十四卦, 皆是從上加去. 下體不動, 每一卦生八卦, 故謂之'摩・盪.'"【銖】

74:18 "剛柔相摩, 八卦相盪", 方是說做這卦. 做這卦了, 那"鼓之以雷霆", 與風雨日月寒暑之變化, 皆在這卦中, 那成男成女之變化, 也在這卦中. 見造化關捩子才動, 那許多物事都出來. 『易』只是模寫他這箇.【淵】

74:19 "鼓之以雷霆, 潤之以風雨", 此已上是將造化之實體對『易』中之理. 此下便是說『易』中卻有許多物事.【螢】

74:20 "乾道成男, 坤道成女", 通人物言之, 在動物[11]如牡馬之類. 在植物亦有男女, 如有牡麻, 及竹有雌雄之類, 皆離陰陽剛柔不得.

11) 在動物: 成化本・賀本에는 없다.

【螢】

74:21 ▲[12]

74:22 或問: "'乾知大[13]始, 坤作成物, 乾以易知, 坤以簡能.' 如何是知?" 曰: "此'知'字訓'管'字, 不當解作知見之'知.' 大[14]始是'萬物資始', 乾以易, 故管之, 成物是'萬物資生', 坤以簡, 故能之. 大抵談經只要自在, 不必泥於一字之間." 【蓋卿】

74:23 "乾知大[15]始", 知, 主之意也, 如知縣・知州. 乾爲其初, 爲其萌芽. "坤作成物", 坤管下面一截, 有所作爲. "乾以易知", "乾, 陽物也", 陽剛健, 故作爲易成. "坤以簡能", 坤因乾先發得有頭腦, 特因而爲之, 故簡. 【節】

74:24 "'乾以易知, 坤以簡能.' 他是從上面'乾知大[16]始, 坤作成物'處說來." 文蔚曰: "『本義』以'知'字作'當'字解, 其義如何?" 曰: "此如說'樂著大[17]始', 大[18]始就當體而言. 言乾當此大[19]始, 然亦自有知覺之義." 文蔚曰: "此是那性分一邊事." 曰: "便是他屬陽. '坤作成物', 卻是作那成物, 乃是順乾. '乾以易知, 坤以簡能', 易簡在乾坤. '易則易知, 簡則易從', 卻是以人事言之. 兩箇'易'字又自不同, 一箇是簡易之'易', 一箇是難易之'易.' 要之, 只是一箇字, 但微有毫釐之間." 因論[20]: "天

12) ▲: "乾知大始, 坤作成物." 知者, 管也. 乾管卻大始, 大始卽物生之始. 乾始物而坤成之也. 【謨】
13) 大: 成化本에서는 太로 되어 있다.
14) 大: 成化本에서는 太로 되어 있다.
15) 大: 成化本에서는 太로 되어 있다.
16) 大: 成化本에서는 太로 되어 있다.
17) 大: 成化本에서는 太로 되어 있다.
18) 大: 成化本에서는 太로 되어 있다.
19) 大: 成化本에서는 太로 되어 있다.
20) 因論: 徽州本에서는 因極論으로 되어 있다.

地間只有一箇陰陽, 故程先生云: ‘只有一箇感與應.’ 所謂陰與陽, 無處不是. 且如前後, 前便是陽, 後便是陰, 又如左右, 左便是陽, 右便是陰, 又如上下, 上面一截便是陽, 下面一截便是陰.” 文蔚曰: “先生『易說』中謂‘伏羲作『易』, 驗陰陽消息兩端而已.’ 此語最盡.” 曰: “‘陰陽’雖是兩箇字, 然卻只是一氣之消息, 一進一退, 一消一長. 進處便是陽, 退處便是陰, 長處便是陽, 消處便是陰. 只是這一氣之消長, 做出古今天地間無限事來. 所以陰陽做一箇說亦得, 做兩箇說亦得.”【文蔚】

74:25 問“‘乾知’是知, ‘坤作’是行否?” 曰: “是.” 又問: “通乾坤言之, 有此理否?” 曰: “有.” “如何是‘易簡’[21)]?” 曰: “他行健, 所以易, 易是知阻難之謂, 人有私意便難. 簡, 只是順從而已, 若外更生出一分, 如何得簡? 今人多是私意, 所以不能簡易. 易, 故知之者易, 簡, 故從之者易. ‘有親’者, 惟知之者易, 故人得而親之. 此一段通天人而言.”【祖道】

74:26 “乾以易知.” 乾惟行健, 其所施爲自是容易, 觀造化生長則可見. 只是這氣一過時, 萬物皆生了, 可見其易. 要生便生, 更無凝滯, 要做便做, 更無等待, 非健不能也.【僩】

74:27 乾德剛健, 他做時便通透徹達, 攔截障蔽他不住. 人剛健者亦如此. “乾以易知”, 只是說他恁地做時, 不費力.【淵】

74:28 “坤以簡能”, 坤最省事, 更無勞攘, 他只承受那乾底生將出來. 他生將物出來, 便見得是能. 陰只是一箇順, 若不順, 如何配陽而生物!【淵】

---

21) “如何是‘易簡’: 成化本・徽州本에서는 이 앞에 又問이 더 들어 있다.

74:29 “易簡”, 一畫是易, 兩畫是簡.【泳】

74:30 問▲[22]簡', 只看‘健順’可見.” 又曰: “且以人論之, 如健底人則遇事時便做得去, 自然覺易, 易只是不難. 又如人, 稟得性順底人, 及其作事便自省事, 自然是簡, 簡只是不繁. 然乾之易, 只管得上一截事, 到下一截卻屬坤, 故易. 坤只是承乾, 故不著做上一截事, 只做下面一截, 故簡. 如‘乾以易知, 坤以簡能’, 知便是做起頭, 能便是做了. 只觀‘隤然’·‘確然’, 亦可見得易簡之理.”【螢】

74:31 ▲[23]

74:32 伯謨問“乾坤易簡[24].” 曰: “易只是要做便做, 簡是都不入自家思惟意思, 惟順他乾道做將去.” 又問: “乾健, ‘德行常易以知險’, 坤順, ‘德行常簡以知阻.’” 曰: “自上臨下爲險, 自下升上爲阻. 故乾無自下升上之義, 坤無自上降下之理.”【賀孫】

74:33 ▲[25] “‘簡’字易曉, ‘易’字難曉. 他是健了,【饒本云: “逐日被他健了.”】 自然恁地不勞氣力. 才從這裏過, 要生便生, 所謂‘因行不妨掉臂’, 是這樣說話. 「繫辭」有數處說‘易簡’, 皆是這意, 子細看便見.” ▲[26]【學蒙】

---

22) ▲: “乾坤易簡.” 曰: “‘易

23) ▲: 伯豐問“簡易.” 曰: “只是‘健順.’ 如人之健者, 做事自易, 順承者, 自簡靜而不繁. 只看下繫‘確然’·‘隤然’, 自分曉. 易者只做得一半, 簡者承之. 又如乾‘恒易以知險’, 坤‘恒簡以知阻’, 因登山而知之. 高者視下, 可見其險, 有阻在前, 簡靜者不以爲難.”【人傑】

24) 易簡: 『朱子語類』에서는 簡易로 되어 있다.

25) ▲: 問“乾坤易簡.” 曰:

26) ▲: 又問: “健, 不是他要恁地, 是實理自然如此. 在人, 則順理而行便自容易, 不須安排.” 曰: “順理自是簡底事. 所謂易, 便只是健, 健自是易.”

74:34 “乾以易知, 坤以簡能”以上, 是言乾坤之德. “易則易知”以下, 是就人而言, 言人兼體乾坤之德也. “乾以易知”者, 乾健不息, 惟主於生物, 都無許多艱深險阻, 故能以易而知大[27]始. 坤順承天, 惟以成物, 都無許多繁擾作爲, 故能以簡而作成物. 大抵陽施陰受, 乾之生物, 如甁施水, 其道至易, 坤惟承天以成物, 別無作爲, 故其理至簡. 其在人, 則無難[28]阻而白直, 故人易知, 順理而不繁擾, 故人易從. 易知, 則人皆同心親之, 易從, 則人皆恊[29]力而有功矣. “有親”, “可久”, 則爲賢人之德, 是就存主處言“有功”, “可大”, 則爲賢人之業, 是就做事處言. 蓋自“乾以易知”, 便是指存主處, “坤以簡能”, 便是指做事處. 故“易簡而天下之理得”, 則“與天地參矣.”【銖】

74:35 ▲[30)]『本義』云: ‘乾健而動, 故以易而知大[31]始, 坤順而靜, 故以簡而作成物.’ 若以學者分上言之, 則‘廓然大公’者, 易也, ‘物來順應’者, 簡也. 不知是否?” 曰: “然. 乾之易, 致知之事也, 坤之簡, 力行之事▲[32]).” 問: “恐是下文‘易則易知, 簡則易從’, 故知其所分如此否?” 曰: “他以是而能知, 故人亦以是而知之. 所以坤之六二, 便只言力行底事.”【榦】

74:36 “天行健”, 故易, 地承乎天, 柔順, 故簡. 簡易, 故無艱難.【敬仲】

74:37 問“易則易知, 簡則易從.” 曰: “乾坤只是健順之理, 非可指乾坤爲天地, 亦不可指乾坤爲二卦, 在天地與卦中皆是此理. ‘易知’・‘易從’, 不必皆指聖人. 但易時人[33]自然易知, 簡時人[34]自然易從.”【謨 ○

---

27) 大: 成化本에서는 太로 되어 있다.
28) 難: 英祖刊本・成化本・賀本에서는 艱으로 되어 있다.
29) 恊: 成化本・賀本에서는 協으로 되어 있다.
30) ▲: 問: “‘乾以易知, 坤以簡能.’
31) 大: 成化本에서는 太로 되어 있다.
32) ▲: 也

去僞同.】

74:38 問: "如何是'易知'?" 曰: "且從上一箇'易'字看, 看得'易'字分曉, 自然易知." 久之, 又曰: "簡則有箇睹當底意思. 看這事可行不可行, 可行則行, 不可行則止, 所以謂之順. 易則都無睹當, 無如何・若何, 只是容易行將去. 如口之欲語, 如足之欲行, 更無因依. 口須是說話, 足須是行履. 如虎嘯風冽, 龍興致雲, 自然如此, 更無▲[35]等待, 非至健何以如此? 這箇只就'健'字上看. 惟其健, 所以易. 雖天下之至險, 亦安然行之, 如履平地, 此所以爲至健. 坤則行到前面, 遇著有阻處便不行了, 此其所以爲順."【僩】

74:39 問: "'易則易知', 先作樂易看, 今又作容易, 如何?" 曰: "未到樂易處." 礪曰: "容易, 如何便易知?" 曰: "不須得理會'易知', 且理會得'易'字了, 下面自然如破竹." 又曰: "這處便無言可解說, 只是易." 又曰: "只怕不健, 若健則自易, 易則是易知. 這是[36]龍興而雲從, 虎嘯而風生相似." 又曰: "這如'鴻毛之遇順風, 巨魚之縱大壑', 初不費氣力." 又曰: "簡便如順道理而行, 卻有商量."

74:40 "易知則有親, 易從則有功." 惟易則人自親之, 簡則人自從之. 蓋艱阻則自是人不親, 繁碎則自是人不從. 人旣親附, 則自然可以久長, 人旣順從, 則所爲之事自然廣大. 若其中險深不可測, 則誰親之? 做事不繁碎, 人所易從, 有人從之, 功便可成. 若是頭項多, 做得事來艱難底, 必無人從之.【螢】

74:41 ▲[37]

33) 人: 成化本・賀本에는 없다.
34) 人: 成化本・賀本에는 없다.
35) ▲: 所
36) 是: 『朱子語類』에서는 如로 되어 있다.

74:42 “『易繫』, 解‘易知・易從’云知則同心, 從則恊[38]力, 一於內故可久, 兼於外故可大, 如何?” 曰: “旣易知, 則人皆可以同心, 旣易從, 則人皆可以叶力. ‘一於內’者[39], 謂可久是賢人之德, 德則得於己者, ‘兼於外’者[40], 謂可大是賢人之業, 事業則見於外者故爾.”【謨】

74:43 蕭兄問“德・業.” 曰: “德者, 得也, 得之於心謂之德. 如得這箇孝, 則爲孝之德業, 是做得成頭緖, 有次第了. 不然, 汎汎[41]做, 只是俗事, 更無可守.”【蓋卿】

74:44 德是得之於心, 業是事之有頭緖次第▲[42]【方子】

74:45 黃子功問[43]: “何以不言聖人之德業, 而言‘賢人之德業’?” 曰: “未消理會這箇得. 若恁地理會, 亦只是理會得一段文字.” 良久, 乃曰: “乾坤只是一箇健順之理, 人之性無不具此. ‘雖千萬人, 吾往矣’, 便是健. ‘雖褐寬博, 吾不惴焉’, 便是順. 如剛果奮發, 謙遜退讓亦是. 所以君子‘富貴不能淫, 貧賤不能移, 威武不能屈’, 非是剛强, 健之理如此. 至於‘出門如見大賓, 使民如承大祭’, 非是巽懦, 順之理如此. 但要施之得其當, 施之不當, 便不是乾・坤之理. 且如孝子事親, 須是下氣怡色, 起敬起孝, 若用健, 便是悖逆不孝之子. 事君, 須是立朝正色, 犯顏敢諫, 若用順, 便是阿諛順旨. 『中庸』說‘君子而時中’, 時中之道, 施之得其宜便是.” 文蔚曰: “『通書』云: ‘性者, 剛柔善惡中而已.’ 此一句

---

37) ▲: 只爲“易知・易從”, 故“可親・可久.” 如人不可測度者, 自是難親, 亦豈能久? 煩碎者自是難從, 何緣得有功也?【謨】
38) 恊: 英祖刊本・成化本・賀本에서는 協으로 되어 있다.
39) ‘一於內’者: 成化本・徽州本에서는 ‘一於內’故可久者로 되어 있다.
40) ‘兼於外’者: 成化本・徽州本에서는 ‘兼於外’故可大者로 되어 있다.
41) 汎汎: 成化本에서는 泛泛으로 되어 있다.
42) ▲: 者.
43) 黃子功問: 徽州本에서는 問 아래에 繫辭乾坤易簡之理繼之以久大賢人之德業이 더 들어 있다.

說得亦好." 先生點頭曰: "古人自是說得好了, 後人說出來又好." 徐子融曰: "上蔡嘗云: '一部『論語』, 只是[44]如此看.' 今聽先生所論, 一部『周易』, 亦只消如此看." 先生默然. 【文蔚】

74:46 "'可久則賢人之德, 可大則賢人之業', 楊氏'可而已'之說亦善." 又問: "不言聖人, 是未及聖人事否?" 曰: "'成位乎其中', 便是說抵著聖人. 張子所謂'盡人道, 並立乎天地以成三才', 則盡人道, 非聖人不能. 程子之說不可曉." 【按: 楊氏曰: "可而已, 非其至也, 故爲賢人之德・業." 『本義』謂: "法乾坤之事, 賢於人之'賢.'" ○䓯】

74:47 "易簡理得", 只是淨淨潔潔, 無許多勞攘委曲. 【端蒙】

74:48 ▲[45]

「右第一章」

74:49 "聖人設卦觀象" 【至】[46] "生變化"三句, 是題目, 下面是解說這箇. 吉凶悔吝, 自大說去小處, ▲[47] 自小說去大處. 吉凶悔吝說人事變化, 剛柔說卦畫. 從剛柔而爲變化, 又自變化而爲剛柔. 所以下箇"變化之極"者, 未到極處時, 未成這箇物事. 變似那一物變時, 從萌芽變來, 成枝成葉. 化時, 是那消化了底意思. 【淵】

74:50 "剛柔相推", 是說陰陽二氣相推, "八卦相盪", 是說奇耦雜而爲八卦. 在天則"剛柔相推", 在易則"八卦相盪." 然皆自『易』言. 一說則

---

44) 是: 英祖刊本・成化本에는 없다.
45) ▲: 伯豐問: "'成位乎其中', 程子・張子二說孰是?" 曰: "此只是說聖人. 程子說不可曉." 【䓯】
46) 【至】: 賀本에서는 본문으로 되어 있다.
47) ▲: 變化剛柔,

“剛柔相推”而成八卦, “八卦相盪”而成六十四卦.【營】

74:51 “吉凶者, 得失[48]之象, 悔吝者, 憂虞之象, 變化者, 進退之象, 剛柔者, 晝夜之象.” 四句皆互換往來, 乍讀似不貫穿. 細看來, 不勝其密. 吉凶與悔吝相貫, 悔自凶而趨吉, 吝自吉而趨凶, 進退與晝夜相貫, 進自柔[49]而趨乎剛[50], 退自剛[51]而趨乎柔[52].【謨】

74:52 「繫辭」一字不胡亂下, 只人不子細看. 如“吉凶者失得之象”四句, 中間兩句, 悔是自凶而向乎吉, 吝是自吉而趨乎凶, 進是自柔而向乎剛, 退是自剛而趨乎柔. 又如“乾知險, 坤知阻”, 何故乾言險? 坤言阻? 舊因登山, 曉得自上而下來方見險處, 故以乾言, 自下而上去, 方見阻處, 故以坤言.【淳】

74:53 吉凶悔吝四者, 正如剛柔變化相似. 四者循環, 周而復始, 悔了便吉, 吉了便吝, 吝了▲[53]便悔. 正如“生於憂患, 死於安樂”相似. 蓋憂苦患難中必悔, 悔便是吉之漸, 及至吉了, 少間便安意肆志, 必至做出不好・可羞吝底事出來, 吝便是凶之漸矣[54], 及至凶矣, 又卻悔, 只管循環不已. 正如剛柔變化, 剛了化, 化便是[55]柔, 柔了變, 變便是剛, 亦循環不已. 吉似夏, 吝似秋, 凶似冬, 悔似春.【僩】

74:54 問: “『本義』說‘悔吝者憂虞之象’, 以爲‘悔自凶而趨吉, 吝自吉而向凶.’ 竊疑[56]人心本善, 物各有理. 若心之所發鄙吝而不知悔, 這

---

48) 得失: 『朱子語類』에서는 失得으로 되어 있다.
49) 柔: 徽州本에서는 陰으로 되어 있다.
50) 剛: 徽州本에서는 陽으로 되어 있다.
51) 剛: 徽州本에서는 陽으로 되어 있다.
52) 柔: 徽州本에서는 陰으로 되어 있다.
53) ▲: 便凶, 凶了
54) 吝便是凶之漸矣: 成化本・徽州本에서는 이 앞에 這便是吝이 더 들어 있다.
55) 便是: 成化本・賀本에서는 了로 되어 있다.

便是自吉而向凶.” 曰: “不然. 吉凶悔吝, 正是對那剛柔變化說. 剛極便柔, 柔極便剛. 這四箇循環, 如春夏秋冬相似, 凶便是冬, 悔便是春, 吉便是夏, 吝便是秋. 秋又是冬去.” 又問: “此以配陰陽, 則其屬當如此. 於人事上說, 則如何?” 曰: “天下事未嘗不‘生於憂患, 而死於安樂.’ 若這吉處不知戒懼, 自是生出吝來, 雖未至於凶, 畢竟是向那凶路上去.” 又曰: “‘日中則昃, 月盈則食’, 自古極亂未嘗不生於極治.” 【學蒙】

74:55 ▲[57)]

74:56 “悔吝”, 悔是做得過, 便有悔, 吝是做得這事軟了, 下梢無收殺, 不及, 故有吝. 【端蒙】

74:57 悔者將自惡而入善, 吝者將自善而入惡. 【節】

74:58 剛過當爲悔, 柔過當爲吝. 【節】

74:59 過便悔, 不及便吝. 【瑩】

74:60 “‘變化者, 進退之象’, 是剛柔之未定者, ‘剛柔者, 晝夜之象’, 是剛柔之已成者. 蓋‘柔變而趨於剛, 是退極而進, 剛化而趨於柔, 是進極而退. 既變而剛, 則晝而陰[58)], 既化而柔, 則夜而陰.’ 猶言子午卯酉, 卯酉是陰陽之未定, 子午是陰陽之已定. 又如四象之有老少. 故此兩句惟以子午卯酉言之, 則明矣. 然陽化爲柔, 只恁地消縮去, 無痕迹, 故曰化, 陰變爲剛, 是其勢浸長, 有頭面, 故曰變. 此亦見陰半陽全, 陽先陰後, 陽之輕淸無形, 而陰之重濁有迹也.” 銖曰: “陰陽以氣

---

56) 疑: 『朱子語類』에서는 意로 되어 있다.
57) ▲: 吉凶悔吝之象, 吉凶是兩頭, 悔吝在中間. 悔自凶而趨吉, 吝自吉而趨凶. 【夔孫】
58) 陰: 『朱子語類』에서는 陽으로 되어 있다.

言, 剛柔以質言. 既有卦爻可見, 則當以質言, 而不得以陰陽言矣. 故「彖辭」多言剛柔, 不言陰陽, 不知是否?" 曰: "是."【銖】

74:61 問"'變化者進退之象', 與'化而裁之存乎變.'" 曰: "這'變化'字又相對說. 那'化而裁之存乎變'底'變'字, 又說得來重. 如云'幽則有鬼神', 鬼神本皆屬幽, 然以'鬼神'二字相對說, 則鬼又屬幽, 神又自屬明. '變化'相對說, 則變是長, 化是消." 問: "消長皆是化否?" 曰: "然. 也都是變.【更問: "此兩句疑以統體言, 則皆是化, 到換頭處, 便是變. 若相對言, 則變屬長, 化屬消."】 化則漸漸化盡, 以至於無, 變則驟然而長. 變是自無而有, 化是自有而無." 問: "頃見先生說: '變是自陰而陽, 化是自陽而陰.' 亦此意否?" 曰: "然. 只觀出入息, 便見." 又問: "氣之發散者爲陽, 收斂者爲陰否?" 曰: "也是如此. 如鼻氣之出入, 出者爲陽, 收回者爲陰. 入息, 如螺螄出殼了縮入相似, 是收入那出不盡底. 若只管出去不收, 便死矣." 問: "出入息, 畢竟出去時漸漸消, 到得出盡時便死否?" 曰: "固是如此, 然那氣又只管生."【僩】

74:62 ▲[59)]

74:63 問: "變者, 化之漸, 化者, 變之成. 如昨日是夏, 今日是秋, 爲變到那全然天涼, 沒一些熱時, 是化否?" 曰: "然." 又問: "這箇'變化'字, 卻與'變化者進退之象'不同, 如何?" 曰: "這又別有些意思, 是言剛化爲柔, 柔變爲剛. 蓋變是自無而有, 化是自有而無也."【燾】

74:64 問: "『本義』解'吉凶者失得之象也'一段, 下云: '剛柔相推而生變化, 變化之極復爲剛柔, 流行乎一卦六爻之中, 而占者得因其所值以爲吉凶之決.' 竊[60)]意在天地之中, 陰陽變化無窮, 而萬物得因之以

59) ▲: 或問"變化"二字. 曰: "變是自陰之陽, 忽然而變, 故謂之變, 化是自陽之陰, 漸漸消磨將去, 故謂之化. 自陰而陽, 自是長得猛, 故謂之變. 自陽而之陰, 是漸漸消磨將去."

生生, 在卦爻之中, 九六變化無窮, 而人始得因其變以占吉凶." 曰: "『易』自是占其變. 若都變了, 只一爻不變, 則反以不變者爲主. 或都全不變, 則不變者又反是變也."【學蒙】

74:65 ▲[61)]

74:66 問: "'所居而安者, 『易』之序也', 與'居則觀其象'之'居'不同. 上'居'字是總就身之所處而言, 下'居'字是靜對動而言." 曰: "然."【學履】

74:67 問"所居而安者, 『易』之序也." 曰: "序是次序, 謂卦及爻之初終, 如'潛・見・飛・躍', 循其序則安." 又問"所樂而玩者, 爻之辭." 曰: "橫渠謂: '每讀每有益, 所以可樂.' 蓋有契於心, 則自然樂."【螢】

74:68 "'居則觀其象, 玩其辭, 動則觀其變, 玩其占', 如何?" 曰: "若是理會不得, 卻如何占得? 必是閒常理會得此道理, 到用時便占."【螢】

「右第二章」

74:69 "悔吝二義, 悔者, 將趨於吉而未至於吉, 吝者, 將趨於凶而未至於凶." 又問: "所謂'小疵'者, 只是以其未便至於吉凶否?" 曰: "悔是漸好, 知道是錯了, 便有進善之理. 悔便到无咎. 吝者, 喑嗚說不出, 心下不足[62)], 沒分曉, 然未至大過, 故曰'小疵.' 然小疵畢竟是小過."【螢】

---

60) 竊: 成化本에서는 切로 되어 있다.

61) ▲: "「繫辭」中如'吉凶者失得之象'一段, 解得自有功, 恐聖人本意未必不如此." 問: "'聖人以此洗心'一段, 亦恐非先儒所及." 曰: "也且得如此說, 不知畢竟是如何."【榦】

62) 足: 徽州本에서는 定으로 되어 있다.

74:70 "齊小大者存乎卦." 齊, 猶分辨之意, 一云, 猶斷也. 小, 謂否睽之類, 大, 謂泰謙之類. 如泰謙之辭便平易, 睽困之辭便艱險, 故曰: "卦有大小[63], 辭有險易."【此說與『本義』異. ○人傑】

74:71 ▲[64]

74:72 問: "'憂悔吝者存乎介.' 悔吝未至於吉凶, 是那初萌動, 可以向吉凶之微處. ▲[65] 於此憂之, 則不至悔吝矣." 曰: "然."【學蒙】

74:73 "憂悔吝者存乎介, 震无咎者存乎悔." 悔吝固是吉凶之小者, 介又是幾微之間. 慮悔吝之來, 當察於幾微之際. 无咎者, 本是有咎, 善補過則爲无咎. 震, 動也, 欲動而无咎, 當存乎悔爾. 悔吝在吉凶之間, 悔是自凶而趨吉, 吝是自吉而之凶. 悔吝, 小於吉凶, 而將至於吉凶者也.【謨】

74:74 問: "'卦有小大', 舊說謂大畜小畜大過小過, 如此, 則只說得四卦." 曰: "看來只是好底卦, 便是大, 不好底卦, 便是小. 如復, 如泰, 如大有, 如夬之類, 是好底卦[66], ▲[67] 如困, 如小過底, 盡不好底. 譬如人, 光明磊落底便是好人, 昏昧迷暗底便是不好人. 所以謂'卦有小大, 辭有險易.' 大卦辭易, 小卦辭險, 卽此可見."【學履】

74:75 ▲[68]

---

63) 大小: 『朱子語類』에서는 小大로 되어 있다.

64) ▲: "齊小大者存乎卦." 曰: "'齊'字又不是整齊, 自有箇如準如協字, 是分辨字. 泰爲大, 否爲小. '辭有險易', 直是吉卦易, 凶卦險. 泰謙之類說得平易, 睽蹇之類說得艱險."【㽦】

65) ▲: 介又是悔吝之微處. '介'字如界至・界限之'界', 是善惡初分界處.

66) 是好底卦: 成化本에서는 盡是好底卦로 되어 있다.

67) ▲: 如睽,

68) ▲: 問: "'卦有小大, 辭有險易.' 陽卦爲大, 陰卦爲小. 觀其爻之所向而爲之辭, 如

「右第三章」【分章今依『本義』】[69]

74:76 問"『易』與天地準, 故能彌▲[70]天地之道." 曰: "『易』道本與天地齊準, 所以能彌綸之. 凡天地間之物, 無非『易』之道, 故『易』能'彌綸天地之道', 而聖人用之也. '彌'如封彌之'彌', 糊合便無縫罅, '綸'如綸絲之'綸', 自有條理. 言雖是彌得外面無縫罅, 而中則事事物物各有條理. 彌, 如'大德敦化', 綸, 如'小德川流.' 彌而非綸, 則空疏無物, 綸而非彌, 則判然不相干. 此二字, 見得聖人下字甚密▲[71]." 【學履】

74:77 ▲[72] "凡天地有許多道理, 『易』上都有, 所以與天地齊準, 而能'彌綸天地之道.' '彌'字, 若今所謂封彌試卷之'彌', 又若'彌縫'之'彌', 是恁地都無縫底意思. 解作徧滿[73], 也不甚似." 又曰: "天地有不了處, 『易』卻彌縫得他." 【學蒙】

74:78 ▲[74]

74:79 "'仰以觀天文, 俯以察地理, 是故知幽明之故.' 注云: '天文則有晝夜上下, 地理則有南北高深.' 不知如何?" 曰: "晝明夜幽, 上明下幽, 觀晝夜之運, 日月星辰之上下, 可見此天文幽明之所以然. 南明北幽, 高明深幽, 觀之南北高深, 可見此地理幽明之所以然." 又云: "始

'休復吉'底辭, 自是平易, 如'困於葛藟'底辭, 自是險." 曰: "這般處依約看, 也是恁地. 自是不曾見得他底透, 只得隨衆說. 如所謂'吉凶者失得之象'一段, 卻是徹底見得聖人當初作『易』時意, 似這處更移易一字不得. 其他處不能盡見得如此, 所以不能盡見得聖人之心." 【學蒙】

69) 【分章今依『本義』】: 成化本・賀本에는 없다.

70) ▲: 綸

71) ▲: 也

72) ▲: 問"易與天地準, 故能彌綸天地之道." 曰:

73) 解作徧滿: 賀本에는 없다.

74) ▲: "彌綸天地之道", "彌"字如封彌之義. 惟其封彌得無縫罅, 所以能遍滿也. 【僩】

終死生, 是以循環言, 精氣鬼神, 是以聚散言, 其實不過陰陽兩端而已."【學履】

74:80 ▲[75] 天文是陽, 地理是陰, 然各有陰陽. 天之晝是陽, 夜是陰, 日是陽, 月是陰. 地如高屬陽, 下屬陰, 平坦屬陽, 險阻屬陰, 東南屬陽, 西北屬陰. 幽明便是陰陽.【螢】

74:81 問: "'似以觀於天文, 俯以察於地理', ▲[76] 是故知幽明之故.' 幽明便是陰陽剛柔. 凡許多說話, 只是說一箇陰陽. 南便是明, 北便是幽, 日出地上便是明, 日入地下便是幽. 仰觀俯察, 便皆知其故."

74:82 觀文・察變[77], 以至"知鬼神之情狀", 皆是言窮理之事. 直是要知得許多, 然後謂之窮理.【謨】

74:83 正卿問"原始反終, 故知死生之說." 曰: "人未死, 如何知得死之說? 只是原其始之理, 將後面摺轉來看, 便見得. 以此之有, 知彼之無."

74:84 問: "'反'字如何?" 曰: "推原其始, 而反其終. 謂如方推原其始初[78], 卻摺轉一摺來, 如回頭之義, 是反回來觀其終也."【螢 ○人傑錄云: "卻回頭轉來看其終."】

74:85 "精氣爲物", 是合精與氣而成物, 精魄魂[79]而氣魄[80]也. 變則

75) ▲: "仰以觀於天文, 俯以察於地理",
76) ▲: 是以此『易』書之理仰觀俯察否?" 曰: "所以'仰以觀天文, 俯以察地理,
77) 變: 賀本에서는 理로 되어 있다.
78) 謂如方推原其始初: 徽州本에서는 如 아래에 人心이 더 들어 있다.
79) 魂: 賀本에서는 魄으로 되어 있다.
80) 魄: 賀本에서는 魂으로 되어 있다.

是魂魄相離. 雖獨說"遊魂", 而不言魄, 而離魄之意自可見矣.【學蒙】

74:86 林安卿問"精氣爲物, 遊魂爲變." 曰: "此是兩箇合, 一箇離. 精氣合, 則魂魄凝結而爲物, 離, 則陽已散而陰無所歸, 故爲變. '精氣爲物', 精, 陰也, 氣, 陽也. '仁者見之謂之仁, 智者見之謂之智.' 仁, 陽也, 智, 陰也."【人傑 ○義剛同.】

74:87 問: "尹子解'遊魂'一句爲鬼神, 如何?" 曰: "此只是聚散. 聚而爲物者, 神也, 散而爲變者, 鬼也. 鬼神便有陰陽之分, 只於屈伸往來觀之. 橫渠說'精氣自無而有, 遊魂自有而無', 其說亦分曉. 然精屬陰, 氣屬陽, 然又自有錯綜底道理. 然就一人之身將來橫看, 生便帶著箇死底道理. 人身雖是屬陽, 而體魄便屬陰, 及其死而屬陰, 又卻是此氣, 便亦屬陽. 蓋死則魂氣上升, 而魄形下降. 古人說'徂落'二字極有義理, 便是謂魂魄. 徂者, 魂升于[81]天, 落者, 魄降于[82]地. 只就人身, 便亦是鬼神. 如祭祀'求諸陽', 便是求其魂, '求諸陰', 便是求其魄. 「祭義」中宰我問鬼神一段說得好, 注解得亦好."【螢】

74:88 問"與天地相似故不違." 曰: "上面是說'與天地準', 這處是說聖人'與天地相似.'" 又曰: "'與天地相似', 方且無外, 凡事都不出這天地範圍之內, 所以方始得知周乎萬物, 而道又能濟天下, 旁行也不走作."

74:89 ▲[83] 上「文言」易之道"與天地相似", 此言聖人之道"與天地準"也. 惟其人不違, 所以"與天地相似." 若此心有外, 則與天地不相似矣. 此下數句, 皆是"與天地相似"之事也. 上文"『易』與天地準"下數句, 皆"『易』與天地準"之事也. "旁行而不流", 言其道旁行而不流於偏也. "範

81) 于: 賀本에서는 於로 되어 있다.
82) 于: 賀本에서는 於로 되어 있다.
83) ▲: "與天地相似故不違."

圍天地之化而不過", 自有大底範圍, 又自有小底範圍. 而今且就身上看, 一事有一箇範圍. "通乎晝夜之道而知", "通"訓兼, 言兼晝與夜皆知也.【僩】

74:90 "與天地相似"是說聖人. 第一句汎[84]說. "知周乎萬物"至[85]"道濟天下", 是細密底工夫. 知便直要周乎萬物, 無一物之遺, 道直要濟天下.【螢】

74:91 "知周乎萬物", 便是知幽明死生鬼神之理.

74:92 問: "「注」云: '〈知周萬物〉者, 天也, 〈道濟天下〉者, 地也.' 是如何?" 曰: "此與後段'仁者見之謂之仁, 知者見之謂之知', 又自不同. 此以淸濁言, 彼以動靜言. 智是先知得較虛, 故屬之天, '道濟天下', 則普濟萬物, 實惠及民, 故屬之地. '旁行不流, 樂天知命故不憂', 此兩句本皆是知之事, 蓋不流便是貞也. 不流是本, 旁行是應. 變處無本, 則不能應變. 能應變而無其本, 則流而入變詐矣. 細分之, 則旁行是知, 不流屬仁. 其實皆是知之事, 對下文'安土敦乎仁故能愛'一句, 專說仁也."【學履】

74:93 "知周萬物"是體, "旁行"是"可與權", 乃推行處, "樂天知命"是自處. 三節各說一理.【淵】

74:94 "旁行而不流." 曰: "此'小變而不失其大常.' 然前後卻有'故'字, 又相對. 此一句突然, 『易』中自時有恁地處, 頗難曉."【螢】

74:95 問: "'樂天知命', 云'通上下言之.' 又曰: '聖人之知天命, 則異

---

84) 汎: 成化本에서는 泛으로 되어 있다.
85) 至: 賀本에서는 而로 되어 있다.

於此.' 某竊謂'樂天知命'便是說聖人." 曰: "此一段亦未安. '樂天知命'便是與[86]聖人. 異者, 謂與'不知命無以爲君子'自別."【可學】

74:96 "安土敦乎仁", 對"樂天知命"言之. 所寓而安, 篤厚於仁, 更無夾雜, 純是天理. 自"『易』與天地準"而下, 皆發明陰陽之理.【人傑】

74:97 問"安土敦乎仁, 故能愛." 曰: "此是與上文'樂天知命'對說. '樂天知命'是'知崇', '安土敦仁'是'禮卑.' 安, 是隨所居而安, 在在處處皆安. 若自家不安, 何以能愛? 敦, 只是篤厚. 去盡己私, 全是天理, 更無夾雜, 充足盈滿, 方有箇敦厚之意, 只是仁而又仁. 敦厚於仁, 故能愛. 惟'安土敦仁', 則其愛自廣."【螢】

74:98 ▲[87]

74:99 ▲[88] 聖人說仁, 是恁地說, 不似江西人說知覺相似. 此句說仁最密.【淵】

74:100 "範圍天地之化." 範是鑄金作範, 圍是圍裹. 如天地之化都沒箇遮攔, 聖人便將天地之道一如用範來範成箇物, 包裹了. 試舉一端, 如在天, 便做成四時・十二月・二十四氣・七十二候之類, 以此做箇塗轍, 更無過差. 此特其小[89]爾.【螢】

74:101 問"範圍天地之化而不過." 曰: "天地之化, 滔滔無窮, 如一爐金汁, 鎔化不息. 聖人則爲之鑄瀉成器, 使入[90]模範匡郭, 不使過於中

---

86) 與: 成化本・賀本에는 없다.

87) ▲: "安土"者, 隨所寓而安. 若自擇安處, 便只知有己, 不知有物也. 此厚於仁者之事, 故能愛也.【去僞】

88) ▲: "安土敦乎仁, 故能愛."

89) 小: 孝宗刊本・英祖刊本・徽州本에서는 一로 되어 있다.

道也. '曲成萬物而不遺', 此又是就事物之分量形質, 隨其大小闊狹・長短方圓, 無不各成就此物之理, 無有遺闕. ▲[91] '範圍', 如'大德敦化', '曲成', 如'小德川流.'" 【學履】

74:102 問: "'範圍天地之化而不過', 如天之生物至秋而成, 聖人則爲之斂藏. 人之生也, 欲動情勝, 聖人則爲之敎化防範. 此皆是範圍而使之不過之事否?" 曰: "範圍之事闊大, 此亦其一事也. 今且就身上看如何." 或曰: "如視聽言動, 皆當存養使不過差, 此便是否?" 曰: "事事物物, 無非天地之化, 皆當有以範圍之. 就喜怒哀樂而言, 喜所當喜, 怒所當怒之類, 皆範圍也. 能範圍之不過, 曲成之不遺, 方始見得這'神無方, 易無體.' 若範圍有不盡, 曲成有所遺, 則[92]神便有方, 易便有體矣!" 【學蒙】

74:103 "通乎晝夜之道而知." 旣曰"通", 又曰"知", 似不可曉. 然通是兼通, 若▲[93]晝不通夜, 通生不通死[94], 便是不知, 便是神有方, 易有體了! 【學蒙】

74:104 "'通乎晝夜之道而知', '通'字只是兼乎晝夜之道而知其所以然. 大抵此一章自'『易』與天地準'以下, 只是言箇陰陽. '仁者見之謂之仁', 仁亦屬陽, '知者見之謂之知', 知亦屬陰, 此就人氣質有偏處分陰陽. 如'繼之者善, 成之者性', 便於造化流行處分陰陽." 因問: "尹子'〈鬼神情狀〉, 只是解〈遊魂爲變〉一句', 即是將'神'字亦作'鬼'字看了. 程・張說得甚明白, 尹子親見伊川, 何以不知此意[95]?" 曰: "尹子見伊

---

90) 入: 賀本에서는 人으로 되어 있다.
91) ▲: '範圍天地'是極其大而言, '曲成萬物'是極其小而言.
92) 則: 『朱子語類』에는 없다.
93) ▲: 通
94) 似不可曉. 然通是兼通, 若▲晝不通夜, 通生不通死然通是兼通: 【附箋紙】"乎晝夜之道, 若通晝不通夜, 通生不通死,"
95) 意: 『朱子語類』에서는 義로 되어 있다.

川晚, 又性質朴鈍, 想伊川亦不曾與他說."【螢】

74:105 "神無方而易無體", 神便是忽然在陰, 又忽然在陽底. 易便是或爲陽[96], 或爲陰[97], 如爲春, 又爲夏, 爲秋, 又爲冬. 交錯代換, 而不可以形體拘也.【學履】

74:106 ▲[98] 神自是無方, 易自是無體. 方是四方上下, 神卻或在此, 或在彼, 故云"無方." "易無體"者, 或自陰而陽, 或自陽而陰, 無確定底, 故云"無體." 自與那"其體則謂之易"不同, 各自是說一箇道理. 若恁地袞[99]將來說, 少間都說不去. 他那箇是說"上天之載, 無聲無臭." "其體則謂之易", 這只是說箇陰陽・動靜・闢闔・剛柔・消長, 不著這七八箇字, 說不了. 若喚做"易", 只一字便了. 易是變易[100], 陰陽無一日不變, 無一時不變. 莊子分明說"『易』以道陰陽." 要看『易』, 須當恁地看, 事物都是那陰陽做出來.【淵】

74:107 "易無體", 這箇物事逐日各自是箇頭面, 日異而時不同.【淵】

「右第四章」【▲[101]】

74:108 "'一陰一陽之謂道', 陰陽何以謂之道?" 曰: "當離合看."【可學】

74:109 ▲[102] 陰陽是氣, 不是道, 所以爲陰陽者, 乃道也. 若只言"陰

96) 陽: 『朱子語類』에서는 陰으로 되어 있다.
97) 陰: 『朱子語類』에서는 陽으로 되어 있다.
98) ▲: "神無方, 易無體."
99) 袞: 賀本에서는 滾으로 되어 있다.
100) 易是變易: 【挾書】自此止"出來", 當刪.
101) ▲: 分章今依本義.

陽之謂道", 則陰陽是道. 今曰"一陰一陽", 則是所以循環者乃道也. "一闔一闢謂之變", 亦然. 【驤】

74:110 問"一陰一陽之謂道." 曰: "此與'一闔一闢謂之變'相似. 陰陽非道也, 一陰又一陽, 循環不已, 乃道也. 只說'一陰一陽', 便見得陰陽往來循環不已之意, 此理卽道也." 又問: "若爾, 則屈伸往來非道也, 所以屈伸往來循環不已, 乃道也." 先生頷之. 【銖】

74:111 道, 須是合理與氣看. 理是虛底物事, 無那氣質, 則此理無安頓處. 『易』說"一陰一陽之謂道", 這便兼理與氣而言. 陰陽, 氣也, "一陰一陽", 則是理矣. 猶言"一闔一闢謂之變." 闔闢, 非變也, "一闔一闢", 則是變也. 蓋陰陽非道, 所以陰陽者道也. 橫渠言: "由氣化, 有'道'之名, 合虛與氣, 有'性'之名." 意亦以虛爲理. 然虛卻不可謂之理, 理則虛爾. 亦猶"敬則虛靜, 不可把虛靜喚作敬." 【端蒙】

74:112 問: "『本義』云: '道具於陰而行乎陽.' 竊意'道之大體'云云, 是則'動靜無端, 陰陽無始.' 要之, 造化之初, 必始於靜." 曰: "旣曰'無端無始', 如何又始於靜? 看來只是一箇實理, 動則爲陽, 靜則爲陰云云. 今之所謂動者, 便是前面靜底末梢. 其實靜前又動, 動前又靜, 只管推上去, 更無了期, 所以只得從這處說起."

74:113 ▲[103] "以一日言之, 則晝陽而夜陰, 以一月言之, 則望前爲陽, 望後爲陰, 以一歲言之, 則春夏爲陽, 秋冬爲陰. 從古至今, 恁地衮[104]將去, 只是箇陰陽, 是孰使之然哉? 乃道也. 從此句下, 文[105]分兩脚. 此氣之動爲人爲[106]物, 渾是一箇道理. 故人未生以前, 此理本

102) ▲: "一陰一陽之謂道."
103) ▲: 或問"一陰一陽之謂道." 曰:
104) 衮: 賀本에서는 滾으로 되어 있다.
105) 文: 成化本·賀本에서는 又로 되어 있다.

善, 所以謂'繼之者善', 此則屬陽, 氣質旣定, 爲人爲物, 所以謂'成之者性', 此則屬陰."【學蒙】

74:114 ▲[107] "一陰一陽, 此是天地之理. 如'大哉乾元, 萬物資始', 乃'繼之者善也', '乾道變化, 各正性命', 此'成之者性也.' 這一段是說天地生成萬物之意, 不是說人性上事."【謨 ○去僞同.】

74:115 "一陰一陽之謂道", 太極也. "繼之者善", 生生不已之意, 屬陽, "成之者性", "各正性命"之意, 屬陰. 『通書』第一章可見. 如說"純粹至善", 卻是統言道理.【人傑】

74:116 ▲[108] 就人身言之, 道是吾心. "繼之者善", 是吾心發見惻隱·羞惡之類, "成之者性", 是吾心之理, 所以爲仁義禮智是也.【人傑】

74:117 問: "孟子只言'性善', 『易』「繫辭」卻云: '一陰一陽之謂道, 繼之者善也, 成之者性也.' 如此, 則性與善卻是二事?" 曰: "一陰一陽是總名. '繼之者善', 是二氣五行事, '成之者性', 是氣化以[109]後事."【去僞】

74:118 流行造化處是善, 凝成於我者卽是性. 繼是接續綿綿不息之意, 成是凝成有主之意.【大雅】

74:119 造化所以發育萬物者, 爲"繼之者善", "各正其性命"者, 爲"成之者性."【榦】

---

106) 爲: 成化本·賀本에는 없다.
107) ▲: 問"一陰一陽之謂道." 曰:
108) ▲: "一陰一陽之謂道."
109) 以: 『朱子語類』에서는 已로 되어 있다.

74:120 “繼之者善也.” 元亨是氣之方行, 而未著於物也, 是上一截事. “成之者性也.” 利貞是氣之結成一物也, 是下一截事.【節】

74:121 “繼之者善”, 方是天理流行之初, 人物所資以始. “成之者性”, 則此理各自有箇安頓處, 故爲人爲物, 或昏或明, 方是定. 若是未有形質, 則此性是天地之理, 如何把做人物之性得!【端蒙】

74:122 “繼之者善, 成之者性”, 性便是善.【可學】

74:123 “繼之者善”, 如水之流行, “成之者性”, 如水之止而成潭也.【椿】

74:124 問: “‘繼之者善, 成之者性’, 是道, 是器?” 曰: “繼之成之是器, 善與性是道.”【人傑】

74:125『易』「大傳」言“繼善”, 是指未生之前, 孟子言“性善”, 是指已生之後. 雖曰已生, 然其本體初不相離也.【銖】

74:126 或問“成之者性.” 曰: “性如寶珠, 氣質如水. 水有淸有汙, 故珠或全見, 或半見, 或不見.” 又問: “先生嘗說性是理, 本無是物. 若譬之寶珠, 則卻有是物.” 曰: “譬喩無十分親切底.”【蓋卿】

74:127 問“仁者見之”【至】[110]“鮮矣.” 曰: “此言萬物各具是性, 但氣稟不同, 各以其性之所近者窺之. 故仁者只見得他發生流動處, 便以爲仁, 知者只見得他貞靜處, 便以爲知. 下此一等, 百姓日用之間‘習矣而不察’, 所以‘君子之道鮮矣’!”【學蒙】

110)【至】: 賀本에서는 본문으로 되어 있다.

74:128 ▲[111]

74:129 "'顯諸仁, 藏諸用', 二句本只是一事. '藏諸用', 便在那'顯諸仁'裏面, 正如昨夜說'一故神, 兩[112]故化'相似, 只是一事. '顯諸仁'是可見底, '藏諸用'是不可見底, '顯諸仁'是流行發用處, '藏諸用'是流行發見底物, '顯諸仁'是千頭萬緒, '藏諸用'只是一箇物事. '藏諸用'是'顯諸仁'底骨子, 譬如一樹花, 皆是'顯諸仁', 及至此花結實, 則一花自成一實. 方衆花開時, 共此一樹, 共一箇性命, 及至結實成熟後, 一實又自成一箇性命. 如子在母[113]腹中時, 與母共是一箇性命, 及子旣成, 則一子自成一性命. '顯諸仁', 千變萬化, '藏諸用', 則只是一箇物事, 一定而不可易. 張乖崖說'公事未判時屬陽, 已判後屬陰', 便是這意. 公事未判, 生殺輕重皆未定, 及已判了, 更不可易. '顯諸仁'便是'繼之者善也', '藏諸用'便是'成之者性也.' 天下之事, 其燦然發見處, 皆是顯然者, 然一事自是一事, 一物自是一物. 如'元亨利貞', 元亨是發用流行處, ◇[114]貞便是流行底骨子. 流行箇甚麽? 只是流行那[115]貞而已." 或曰: "正如'乾道變化, 各正性命'否?" 曰: "'顯諸仁'似恕, '藏諸用'似忠, '顯諸仁'似貫, '藏諸用'似一. 如水流而爲川, 止而爲淵, 激而爲波浪, 雖所居不同, 然皆是水也. 水便是骨子, 其流處·激處, 皆顯者也. '顯諸仁'如惻隱之心, '藏諸用'似仁也. 惻隱·羞惡·辭遜·是非, '顯諸

---

111) ▲: "顯諸仁, 藏諸用", 二句只是一事. "顯諸仁"是可見底, 便是"繼之者善也", "藏諸用"是不可見底, 便是"成之者性也." "藏諸用"是"顯諸仁"底骨子, 正如說"一而二, 二而一"者也. 張文定公說"事未判屬陽, 已判屬陰", 亦是此意. "顯諸仁, 藏諸用", 亦如"元亨利貞."【罃錄云: "是'元亨誠之通, 利貞誠之復.'"】 元亨是發用流行處, 利貞便是流行底骨子. 又曰: '顯諸仁', 德之所以盛, '藏諸用', 業之所以成. 譬如一樹, 一根生許多枝葉花實, 此是'顯諸仁'處, 及至結實, 一核成一箇種子, 此是'藏諸用'處. 生生不已, 所謂'日新'也, 萬物無不具此理, 所謂'富有'也."【僩】

112) 兩: 賀本에서는 雨로 되어 있다.

113) 母: 成化本·賀本에서는 魚로 되어 있다.

114) ◇:【頭註】 利

115) 那:【頭註】 底

仁'也, 仁義禮智, '藏諸用'也. 只是這箇惻隱隨事發見, 及至成那事時, 一事各成一仁, 此便是'藏諸用.' 其發見時, 在這道理中發去, 及至成這事時, 又只是這箇道理. 一事既各成一道理, 此便是業. 業是事之已成處, 事未成時不得謂之業. 盛德便是'顯諸仁'處. '顯諸仁'者, 德之所以盛, '藏諸用'者, 業之所以成. '鼓萬物而不與聖人同憂', 此正是'顯諸仁・藏諸用'底時節. '盛德大業', 便是'顯仁・藏用'成就處也." 又曰: "耳之能聽, 目之能視, 口之能言, 手之能執, 足之能履, 皆是發處也. 畢竟怎生會恁地發用? 釋氏便將這些子來瞞人. 秀才不識, 便被他瞞." 又云: "一叢禾, 他初生時共這一株, 結成許多苗葉花實, 共成一箇性命, 及至收成結實, 則一粒各成一箇性命. 只管生生不已, 所謂'日新'也. '富有之謂大業', 言萬物萬事無非得此理, 所謂'富有'也. 日新是只管運用流行, 生生不已. 道家修養有納甲之法, 皆只用乾坤艮巽震兌六卦流行運用, 而不用坎離, 便是那六卦流行底骨子. 所以流行運用者, 只流行此坎離而已. 便是'顯諸仁, 藏諸用'之說, '顯諸仁'是流行發見處, '藏諸用'是流行發見底物. 正如以穀喻[116]仁, 是'藏諸用'也, 及發爲親親仁民愛物, 一事又各自成一仁. '顯諸仁'是用底迹, '藏諸用'是仁底心."

74:130 問: "『本義』云: '顯者, 陽之仁也, 德之發也, 藏者, 陰之知也, 業之成也.'【按: 此問是據未定本.】 竊意以爲, 天地之理, 動而陽, 則萬物之發生者皆其仁之顯著, 靜而陰, 則其用藏而不可見. 其'顯諸仁', 則是德之發見, 其'藏諸用', 則萬物各得以爲性, 是業之成也." 曰: "不如此. 這處極微, 難說." 又曰: "'顯諸仁'易說, '藏諸用'極難說. 這'用'字, 如橫渠說'一故神.' '神'字・'用'字一樣. '顯諸仁', 如春生夏長, 發生彰露, ▲[117]可見者. '藏諸用', 是所以生長者, 藏在裏面而不可見. 又這箇有作先後說處, 如'元亨利貞'之類, 有作表裏說處, 便是這裏."

---

116) 喻: 孝宗刊本・英祖刊本・成化本에서는 諭로 되어 있다.
117) ▲: 所

又曰: "'元亨利貞', 也可作表裏說. 所謂流行者, 別無物事, 只是流行這箇." 又曰: "譬之仁, 發出來便是惻隱之心, 便是'顯諸仁', 仁便是'藏諸用.'" 又曰: "仁便藏在惻隱之心裏面, 仁便是那骨子. 到得成就得數件事了, 一件事上自是一箇仁, 便是那業處." 又曰: "流行時, 便是公共一箇, 到得成就處, 便是各具一箇." 又曰: "惻隱之心方是流行處, 到得親親・仁民・愛物, 方是成就處. 但'盛德'便屬之'顯諸仁', '大業'便屬之'藏諸用.'" 又曰: "如此一穗禾, 其始只用一箇母子, 少間成穀, 一箇各自成得一箇. 將去種植, 一箇又自成一穗, 又開枝開葉去, 所以下文謂'富有之謂大業.'" 又曰: "須是去靜坐體認, 方可見得四時運行, 萬物終始. 若道有箇物行, 又無形影, 若道無箇物, 又怎生會恁地?"

74:131 "鼓萬物而不與聖人同憂", 此言造化之理. 如聖人則只是人, 安得而無憂!【謨】

74:132 天地造化是自然, 聖人雖生知安行, 然畢竟是有心去做, 所以說"不與聖人同憂."【淵】

74:133 ▲118) '天地無心而成化, 聖人有心而無爲.' 無心便是不憂, 成化便是鼓萬物. 天地鼓萬物, 亦何嘗有心來!"【去僞】

74:134 "盛德大業至矣哉!" 是贊歎上面"顯諸仁, 藏諸用."【淵】

74:135 "盛德大業"以下, 都是說『易』之理, 非指聖人而言.【礱】

74:136 ▲119) "旣說'盛德大業', 又說他只管恁地生去, 所以接之以'生生之謂易', 是漸漸說入『易』上去. 乾只略成一箇形象, 坤便都呈見

118) ▲: 問"鼓萬物而不與聖人同憂." 曰: "明道兩句最好,

119) ▲: "盛德大業"一章. 曰:

出許多法來. 到坤處都細了, 萬法一齊出見. '效'字如效順・效忠・效力之'效.' '極數知來之謂占', 占出這事, 人便依他這箇做, 便是'通變之謂事.' 看來聖人到這處, 便說在占上去, 則此書分明是要做[120]占用[121]矣. '陰陽不測之謂神', 是總結這一段. 不測者, 是在這裏, 又在那裏, 便是這一箇物事走來走去[122], 無處不在. 六十四卦都只是[123]說了, 這又說三百八十四爻. 許多變化, 只是這一箇物事周流其間." 【學蒙】

74:137 先說箇"富有", 方始說"日新", 此與說宇宙相似. 先是有這物事了, 方始相連相續去. 自"富有"至"效法", 是說其理如此, 用處卻在那"極數知來"與"通變"上面. 蓋說上面許多道理要做這般[124]用. 【淵】

74:138 問: "'〈日新之謂盛德, 生生之謂易〉, 〈陰陽不測之謂神〉, 要思而得之.' 明道提此三句說, 意是如何?" 曰: "此三句也是緊要. 須是看得本文, 方得." 問: "德是得於己底, 業是發出來底. 德便是本. '生生之謂易', 便是體, '成象之謂乾, 效法之謂坤', 便只是裏面交錯底." 曰: "'乾坤其易之蘊', 易是一塊, 乾坤是在裏面往來底. 聖人作『易』, 便是如此." 又問: "'陰陽不測之謂神', 便是妙用處." 曰: "便是包括許多道理." 【夔孫】

74:139 "成象之謂乾", 此造化方有些顯露處. "效法之謂坤", 以"法"言之, 則大段詳密矣. "效"字難看, 如效力・效誠之"效", 有陳獻底意思. 乾坤只是理. 理本無心, 自人而觀, 猶必待乾之成象, 而後坤能效法. 然理自如此, 本無相待. 且▲[125]四時, 亦只是自然迭運. 春夏生

120) 做: 成化本・賀本에는 없다.
121) 用: 成化本・賀本에는 없다.
122) 便是這一箇物事走來走去: 成化本・徽州本에서는 便 뒤에 只가 더 들어 있다.
123) 只是: 成化本・賀本에는 없다.
124) 般: 成化本・賀本에는 없다.

物, 初不道要秋冬成之, 秋冬成物, 又不道成就春夏之所生, 皆是理之所必然者爾. 【謨】

74:140 ▲[126] 凡屬陽底, 便是只有箇象而已. 象是方做未成形之意, 已成形[127]便屬陰. "成象", 謂如日月星辰在天, 亦無箇實形, 只是箇懸象如此. 乾便略, 坤便詳. 效如陳效之效, 若今人言效力之類. 法是有一成已定之物, 可以形狀見者. 如條法, 亦是實有已成之法. 【罃】

74:141 "效法之謂坤", 到這箇坤時, 都子[128]細詳密[129]了, 一箇是一箇模樣. 效猶呈, 一似說"效犬"・"效羊"・"效牛"・"效馬", 言呈出許多物. 大概乾底只是做得箇形象, 到得坤底, 則漸次詳密. "資始"・"資生", 於此可見. 【淵】

74:142 ▲[130]

74:143 ▲[131]

「右第五章」

74:144 "夫易, 廣矣, 大矣"【止】[132]"靜而正", 是無大無小, 無物不

---

125) ▲: 如
126) ▲: "成象之謂乾, 效法之謂坤", 依舊只是陰陽.
127) 形: 成化本・賀本에는 없다.
128) 子: 賀本에서는 仔로 되어 있다.
129) 密: 賀本에서는 審로 되어 있다.
130) ▲: 效, 呈也, 如『曲禮』"效犬者左牽之"之"效", 猶言效順・效忠・效力也. 蓋乾只是成得箇大象, 坤便呈出那法來.
131) ▲: "成象之謂乾", 謂風霆雨露日星, 只是箇象. 效者, 效力之"效." "效法", 則效其形法而可見也. 【人傑】
132) 【止】: 賀本에서는 본문으로 되어 있다.

包, 然當體便各具此道理. 所謂[133]"靜而正"者[134], 須著工夫看. 徐又曰: "未動時, 便都有此道理, 都是眞實, 所以下箇'正'字." 【䇊】

74:145 "以言乎邇, 則靜而正, 以言乎天地之間, 則備矣." "靜而正", 謂觸處皆見有此道, 不待安排, 不待措置, 雖至小・至近・至鄙・至陋之事, 無不見▲[135]. 隨處皆見足, 無所欠闕, 只觀之人身便見. 【"見有"・"見足"之"見", 賢遍反. ○僩】

74:146 "其動也闢." 大抵陰是兩件, 如陰爻兩畫. 闢是兩開去, 翕是兩合. 如地皮上生出物來, 地皮須開. 今論天道, 包著地在. 然天之氣却貫在地中, 地却虛, 有以受天之氣. 下文有"大生""廣生"云者, 大, 是一箇大底物事, 廣, 便是容得許多物事. "大"字實, "廣"字虛. 【䇊】

74:147 "其靜也翕, 其動也闢." 地到冬間, 氣都翕聚不開, 至春, 則天氣下入地, 地氣開以迎之. 又曰: "陰陽與天地, 自是兩件物事. 陰陽是二氣, 天地是兩箇有形質底物事, 如何做一物說得! 不成說動爲天而靜爲地! 無此理, 正如鬼神之說." 【僩】

74:148 乾靜專動直而大生, 坤靜翕動闢而廣生. 這說陰陽體性如此, 卦畫也髣髴似恁地. 【淵】

74:149 以[136]乾坤二卦觀之亦可見. 乾畫奇, 便見得"其靜也專, 其動也直", 坤畫耦, 便見得"其靜也翕, 其動也闢." 【直卿 ○端蒙】

74:150 天體大, "是以大生焉", 地體虛, "是以廣生焉." 廣有虛之義,

133) 所謂: 成化本・賀本에는 없다.
134) 者: 賀本에는 없다.
135) ▲: 有
136) 以: 成化本・賀本에는 없다.

如河廣・漢廣之廣.【敬仲】

74:151 『本義』云: “乾一而實, 故以質言而曰大, 坤二而虛, 故以量言而曰廣.” 學者請問. 曰, “此兩句解得極分曉[137]. 蓋曰以形言之, 則天包地外, 地在天中, 所以說天之質大. 以理與氣言之, 則地卻包著天, 天之氣卻盡在地之中, 地盡承受得那天之氣, 所以說地之量廣. 天只是一箇物事, 一故實, 從裏面便實, 出來流行發生, 只是一箇物事, 所以說‘乾一而實.’ 地形[138]雖是堅實, 然卻虛, 所以天之氣流行乎地之中, 皆從地裏發出來, 所以說‘坤二而虛.’” 用之云: “地形如肺, 形質雖硬, 而中本虛, 故陽氣升降乎其中, 無所障礙, 雖金石也透過去. 地便承受得這氣, 發育萬物.” 曰: “然. 要之天形如一箇鼓鞴, 天便是那鼓鞴外面皮殼子, 中間包得許多氣, 開闔消長, 所以說‘乾一而實.’ 地只是一箇物事, 中間盡是這氣升降來往, 緣中間虛, 故容得這氣升降來往. 以其包得地, 所以說其質之大, 以其容得天之氣, 所以說其量之廣. 非▲[139]說地之形有盡, 故以量言也. 只是說地盡容得天之氣, 所以說其量之廣耳. 今治曆家用律呂候氣, 其法最精. 氣之至也, 分寸不差, 便是這氣都在地中透上來. 如十一月冬至, 黃鐘管距[140]地九寸, 以葭灰實其中, 至之日, 氣至灰去, 晷刻不差.” 又云: “看來天地中間, 此氣升降上下, 當分爲六層. 十一月冬至自下面第一層生起, 直到第六層上, 極至天, 是爲四月. 陽氣旣生足, 便消, 下面陰氣便生. 只是這一氣升降循環不已, 往來乎六層之中也.” 問: “「月令」中‘天氣下降, 地氣上騰’, 此又似天地各有氣相交合?” 曰: “只是這一氣, 只是陽極則消而陰生, 陰極則消而陽生. ‘天氣下降’, 便只是冬至. 復卦之時, 陽氣在下面生起, 故云: ‘天氣下降.’” 或曰: “據此, 則卻是陰消於上, 而陽生於下, 卻見不得‘天氣下降.’” 曰: “也須是天運一轉, 則陽氣在下, 故

137) 曉: 賀本에서는 明으로 되어 있다.
138) 形: 成化本・賀本에는 없다.
139) ▲: 是
140) 距: 【附箋紙】距.

從下生也. 今以天運言之, 則一日自轉一匝. 然又有那大轉底時候, 須是大着心腸看, 始得, 不可拘一不通也. 蓋天本是箇大底物事, 以偏滯求他不得."【僩】

74:152 問: "陰耦[141]陽奇, 就天地之實形上看, 如何見得?" 曰: "天是一箇渾淪底物, 雖包乎地之外, 而氣則迸出乎地之中. 地雖一塊物在天之中, 其中實虛, 容得天之氣迸上來. 「繫辭」云: '乾, 靜也專, 動也直, 是以大生焉, 坤, 靜也翕, 動也闢, 是以廣生焉.' '大生'是渾淪無所不包, '廣生'是廣闊, 能容受得那天之氣. '專・直'則只是一物直去, '翕・闢'則是兩箇, 翕則闔, 闢則開, 此奇耦[142]之形也." 又曰: "陰偏[143]只是[144]一半, 兩箇方做得一箇."【學履】

74:153 『易』不是象乾坤, 乾坤乃是『易』之子目. 下面一壁子是乾, 一壁子是坤. 蓋說『易』之廣大, 是這乾便做他那大, 坤便做他那廣. 乾所以說大時, 塞了他中心, 所以大, 坤所以說廣時, 中間虛, 容得物, 所以廣. 廣是說他廣闊, 著得物. 常說道地對天不得, 天便包得地在中心. 然而地卻是中虛, 容得氣過, 容得物, 便是他廣. 天是一直大底物事, 坤[145]是廣闊底物, 有坳處, 有陷處, 所以說廣. 這箇只是說理, 然也是說書. 有這理, 便有這書. 書是載那道理底, 若死分不得. 大概上面幾句是虛說底, 這箇配天地・四時・日月・至德, 是說他實處.【淵】

74:154 陰陽雖便是天地, 然畢竟天地自是天地. "廣大配天地"時, 這箇理與他一般廣大.【淵】

---

141) 耦: 孝宗刊本・英祖刊本・成化本에서는 偶로 되어 있다.
142) 耦: 孝宗刊本・英祖刊本・成化本에서는 偶로 되어 있다.
143) 陰偏: 徽州本에서는 陰陽으로 되어 있다.
144) 是: 徽州本에서는 得으로 되어 있다.
145) 坤: 『朱子語類』에서는 地로 되어 있다.

74:155 “廣大配天地, 變通配四時, 陰陽之義配日月”, 以『易』配天. “易簡之善配至德”, 以『易』配人之至德. 【人傑】

74:156 問“易簡之善配至德.” 曰: “此是以『易』中之理, 取外面一事來對. 謂『易』之廣大, 故可配天地, 『易』之變通, 如老陽變陰, 老陰變陽, 往來變化, 故可配四時, ‘陰陽之義’, 便是日月相似. ‘易簡之善’, 便如在人之至德.” 【螢】

74:157 ▲[146]

74:158 林安卿問: “‘廣大配天地’, 配, 莫是配合否?” 曰: “配, 只是似. 且如下句云‘變通配四時’, 四時如何配合? 四時自是流行不息, 所謂‘變通’者如此.” 又問“易簡之善配至德.” 曰: “‘易簡’是常行之理, ‘至德’是自家所得者.” 又問: “伊川解‘知微知彰, 知柔知剛’, 云: ‘知微則知彰, 知柔則知剛.’ 如何?” 曰: “只作四截看, 較闊, 言君子無所不知.” 良久, 笑云: “向時有箇人出此語, 令楊大年對, 楊應聲云: ‘小人不恥不仁, 不畏不義.’ 無如此恰好!” 【義剛】

74:159 問: “‘廣大’·‘變通’, 是『易』上自有底道理, 是『易』上所說造化與聖人底?” 曰: “都是他『易』上說底.” 又曰: “配, 是分配之義, 是分這一半在那上面.” 問曰: “如此, 便全無配之底意.” 曰: “也有些子分此以合彼意思. 欲見其廣大, 則於天地乎觀之, 欲見其變通, 則於四時乎觀之, 欲知其陰陽之義, 則▲[147]於日用可見, 欲知其簡易, 則觀於聖人之至德可見.”

146) ▲: 問: “‘廣大配天地, 變通配四時’, 這‘配’字是配合底意思否?” 曰: “只是相似之意.” 又問“易簡之善配至德.” 曰: “也是『易』上有這道理, 如人心之至德也.” 【學履】

147) ▲: 觀

「右第六章」

74:160 “崇德廣業.” “知崇”, 天也, 是致知事, 要得高明. “禮卑”, 地也, 是踐履事. 卑, 是事事都要踐履過. 凡事踐履將去, 業自然廣.【罃】

74:161 “禮卑”, 是卑順之意. 卑便廣, 地卑便廣, 高則狹了. 人若只揀取高底做, 便狹. 兩脚踏地做, 方得. 若是著件物事, 塡敎一二尺高, 便不穩了, 如何會廣! 地卑, 便會廣. 世上更無卑似地底. 又曰: “地卑, 是從貼底謹細處做將去, 所以能廣.”【淵】

74:162 ▲148) “地至卑, 無物不載在地上. 縱開井百尺, 依舊在地上, 是無物更卑得似地. 所謂‘德言盛, 禮言恭’, 禮是要極卑, 故無物事無箇禮. 至於至微至細底事, 皆當畏懼戒愼149), 戰戰兢兢, 惟恐失之, 這便是禮之卑處. 『曲禮』曰‘毋不敬’, 自‘上東階先左150)足, 上西階先右151)足’, “羹之有菜者用梜, 無菜者不用梜’, 無所不致其謹, 這便都是卑處.” 又曰: “似這處, 不是他特地要恁地, 是他天理合如此. 知識日多則知日高, 這事也合理, 那事也合理. 積累得多, 業便廣.”【學蒙 ○或錄詳, 見下.】

74:163 ▲152)

148) ▲: “知崇・禮卑”一段. 云:
149) 愼: 成化本・賀本에서는 謹으로 되어 있다.
150) 左: 成化本・賀本에서는 右로 되어 있다.
151) 右: 成化本・賀本에서는 左로 되어 있다.
152) ▲: 禮, 極是卑底物事, 如地相似, 無有出其下者, 看甚麼物事, 他盡載了. 縱穿地數十丈深, 亦只在地之上, 無緣更有卑於地者也. 知卻要極其高明, 而禮則要極於卑順. 如“禮儀三百, 威儀三千”, 纖悉委曲, 無非至卑之事. 如“羹之有菜者用梜, 其無菜者不用梜”, 主人升東階, 客上西階, 皆不可亂. 然不是强安排, 皆是天理之自然. 如“上東階, 則先右足, 上西階, 則先左足.” 蓋上西階而先右足, 則背卻主人, 上東階而先左足, 則背卻客, 自是理合如此. 又曰: “‘知崇’者, 德之

74:164 ▲153)

74:165 知識貴乎高明, 踐履貴乎著實. 知旣高明, 須放低著實做去.【銖】

74:166 學只是知與禮, 他這意思卻好. 禮便細密. 『中庸』"致廣大, 盡精微"等語, 皆只是說知・禮.【淵】

74:167 ▲154) "知崇"是智識超邁, "禮卑"是須就切實處行. 若知不高, 則識見淺陋, 若履不切, 則所行不實. 知識高便是象天, 所行實便是法地. 識見高於上, 所行實於下, 中間便生生而不窮, 故說"易行乎其中. 成性存存, 道義之門." 『大學』所說格物・致知, 是"知崇"之事, 所說誠意・正心・修身・齊家・治國・平天下, 是"禮卑"之事.【賀孫】

74:168 ▲155) "天地設位"一句, 只是引起, 要說"知崇・禮卑." 人之知・禮能如天地, 便能成其性, 存其存, 道義便自此出. 所謂道義, 便是易也. "成性存存", 不必專主聖人言.【去僞】

74:169 "成性", 猶言見成底性. 這性元是好了, 但"知崇・禮卑", 則成性便存存.【學蒙】

74:170 "成性"只是本來性.【節】

所以崇, '禮卑'者, 業之所以廣. 蓋禮纔有些不到處, 這便有所欠闕, 業便不廣矣. 惟是極卑無所欠闕, 所以廣."

153) ▲: "知崇・禮卑." 知是知處, 禮是行處, 知儘要高, 行卻自近起.【可學】

154) ▲: "知崇・禮卑", 這是兩截.

155) ▲: 上「文言」"知崇・禮卑, 崇效天, 卑法地." 人崇其知, 須是如天之高, 卑其禮, 須如地之廣.

74:171 "成性"不曾作壞底. "存", 謂常在這裏, 存之又存. 【泳】

74:172 "成性"如名, "明德"如表德相似. "天命"都一般. 【泳】

74:173 或問: "'成性存存', 是不忘其所存." 曰: "衆人多是說到聖人處, 方是性之成, 看來不如此. '成性', 只是一箇渾淪之性, 存而不失, 便是'道義之門', 便是生生不已處." 【卓】

74:174 "成性"與"成之者性也", 止爭些子不同. "成之者性", 便從上說來, 言成這一箇物. "成性", 是說已成底性, 如"成德"・"成說"之"成." 然亦只爭些子也, 如"正心・心正", "誠意・意誠"相似. 【賀孫】

74:175 ▲[156]此性萬善完[157]具, 無▲[158]欠闕, 故曰"成性." 成對虧而言. "成之者性", 則是成就處無非性, 猶曰: "誠斯立焉." 橫渠・伊川說"成性", 似都就人爲處說, 恐不如此. 橫渠有習以成性底意思, 伊川則言成其性, 存其所存. 【端蒙】

74:176 橫渠謂"成其性[159], 存其存." 伊川『易傳』中亦是"存其存", 卻是「遺書」中說作"生生之謂易", 意思好. 【必大錄云: "'成性'如言成就, '存存'是生生不已之意." ○𠎝】

74:177 "知禮成性而道義出." 程子說, "成性"謂是萬物自有成性, "存存"便是生生不已, 這是『語錄」』中說, 此意卻好. 及他解『易』, 卻說"成其性, 存其存", 又似不恁地. 前面說"成性", 謂如成事・成法之類, 是見成底性. 橫渠說"成性"別. 且如"堯・舜性之", 是其性本渾成, 學

156) ▲ "成性存存, 道義之門", 只是
157) 完: 賀本에서는 畢로 되어 있다.
158) ▲: 有
159) 橫渠謂"成其性: 成化本・徽州本에서는 이 앞에 成性存存이 더 들어 있다.

者學之, 須是以知・禮做, 也到得它成性處. "道義出"謂這裏流行. 道, 體也, 義, 用也. 又曰: "性是自家所以得於天底道, 義是衆人公共底." 【夔孫】

74:178 橫渠言"成性", 與古人不同. 他所說性, 雖是那箇性, 然曰: "成性", 則猶言"踐形"也. 又曰: "他是說去氣稟物欲之私160), 以成其性."【道夫】

74:179 "'知崇禮卑'則性自存, 橫渠之說非是. 如云'性未成則善惡混, 當亹亹而繼之以善'云云." 又云: "'纖惡必除, 善斯成性矣', 皆是此病." "知禮成性則道義出", 先生『本義』中引此, 而改"成"爲"存." 又曰: "橫渠言: '〈成性〉, 猶孟子云〈踐形〉.' 此說不是. 夫性是本然▲161)之性, 豈待習而後成邪! 他從上文'繼之者善也, 成之者性也', 便是如此說來, 與孔子之意不相似."【僩】

74:180 橫渠"知崇, 天也"一段, 言知識高明如天, 形而上, 指此理. "通乎晝夜而知", 通, 猶兼也, 兼陰陽晝夜之道而知. 知晝而不知夜, 知夜不知晝, 則知皆未盡也. 合知・禮而成性, 則道義出矣. 知・禮, 行處也.【端蒙】

74:181 問橫渠"知禮成性"之說. 曰: "橫渠說'成性', 謂是渾成底性. '知禮成性', 如'習與性成'之意同." 又問"不以禮成162)之." 曰: "如'堯・舜性之'相似. 但它言語艱, 意是如此."【夔孫】

「右第七章」

160) 他是說去氣稟物欲之私: 徽州本에서는 是 위에 只가 더 들어 있다.
161) ▲: 已成
162) 成: 成化本・賀本에서는 性으로 되어 있다.

『朱子語類』 卷之七十五

「易十一」

「上繫下」

75:1 “聖人有以見天下之賾”, “賾”字在『說文』曰: “雜亂也.” 古無此字, 只是“嘖”字. 今從“賾”, 亦是口之義. “言天下之至賾而不可惡”, 雖是雜亂, 聖人卻於雜亂中見其不雜亂之理, 便與下句“天下之至動而不可亂”相對. 【螢】

75:2 “▲[1]賾”與『左傳』“嘖有煩言”之“嘖”同. 那箇從“口”, 這箇從“臣”, 是箇口裏說話多・雜亂底意思, 所以下面說“不可惡.” 若喚做好字, 不應說箇“可惡”字也. “探賾索隱”, 若與人說話時, 也須聽他雜亂說將出來底, 方可索他那隱底. 【淵 ○淳錄云: “本從‘口’, 是喧鬧意. 從‘臣’旁亦然.”】

75:3 “▲[2]賾”, 正是說畫卦之初, 聖人見陰陽變化, 便畫出一畫, 有一箇象, 只管生去, 自不同. 六十四卦各是一樣, 更生到千以上卦, 亦自各一樣. 【學蒙】

75:4 “擬諸其形容”, 未便是說那水火風雷之形容. 方擬這卦, 看是甚形容, 始去象那物之宜而名之. 一陽在二陰之下, 則象以雷, 一陰在二陽之下, 則象以風. 擬, 是比度之意. 【學蒙】

---

1) ▲: 天下之至
2) ▲: 聖人有以見天下之

75:5 聞[3]: "▲[4]聖人見陰陽變化雜亂, 於是比度其形容而象其物宜, 是故謂之象." 曰: "也是如此, 嘗得郭子和書云, 其先人云: '不獨是天地風雷水火山澤謂之象, 只是畫卦便是象', 也說得好."【學蒙】

75:6 ▲[5] '會通'者, 觀衆理之會, 而擇其通者而行. 且如有一事關着許多道理, 也有父子之倫, 也有君臣之倫, 也有夫婦之倫. 若是父子重, 則就父子行將去, 而他有不暇計, 若君臣重, 則行君臣之義, 而他不暇計. 若父子之恩重, 則便得'身體髮膚, 受之父母, 不敢毁傷'之義, 而'委致其身'之說不可行. 若君臣之義重, 則當委致其身, 而'不敢毁傷'之說不可[6]顧. 此之謂'觀會通.'"【僩】

75:7 問: "'聖人有以見天下之動', 是說文王・周公否?" 曰: "不知伏羲畫卦之初, 與『連山』・『歸藏』有「繫辭」否, 爲復一卦只是六畫?"【學蒙】

75:8 ▲[7] 會, 是觀衆理之會聚處. 如這一項君臣之道也有, 父子兄弟之道也有, 須是看得周遍, 始得通, 便是一箇通行底路, 都無窒礙. 典禮, 猶言常禮常法." 又曰: "禮便是節文, 升降揖遜, 是也[8]. 但這箇'禮'字又說得闊, 凡事物之常理皆是."【學蒙】

75:9 "一卦之中自有會通, 六爻又有[9]各有會通. 且如屯卦, 初九在

---

3) 聞: 『朱子語類』에서는 問으로 되어 있다.
4) ▲: '擬諸其形容'者, 比度陰陽之形容. 蓋
5) ▲: 問: "聖人有以見天下之賾, 而擬諸其形容, 象其物宜, 是故謂之'象', 聖人有以見天下之動, 而觀其會通, 以行其典禮, 繫辭焉以斷其吉凶, 是故謂之'爻.'" 曰: "'象', 言卦也, 下截, 言'爻'也.
6) 可: 『朱子語類』에서는 暇로 되어 있다.
7) ▲: 問: "'觀會通, 行其典禮', 是就會聚處尋一箇通路行將去否?" 曰: "此是兩件.
8) 是也: 徽州本에서는 是禮之節文으로 되어 있다.
9) 有: 『朱子語類』에서는 自로 되어 있다.

卦之下, 未可以進, 爲屯之義, 乾坤始交而遇險陷, 亦屯之義, 似草穿地而未甲[10], 亦屯之義. 凡此數義, 皆是屯之會聚處. 若'盤桓利居貞', 便是一箇合行底, 便是他通處也." 【學蒙】

75:10 ▲[11] 會是衆理聚處, 雖覺得有許多難易窒礙, 必於其中卻得箇通底道理, 乃可行爾▲[12]. 謂如庖丁解牛, 於族處卻'批大郤, 導大窾', 此是於其筋骨叢聚之所, 得其可通之理, 故十九年[13]而刃若新發於硎. 且如事理間, 若不於會處理會, 卻只見得一偏, 便如何行得通? 須是於會處都理會, 其間卻自有箇通處, 便如脈理相似. 到得多處, 自然通貫得, 所以可'行其典禮.' 蓋會而不通, 便窒塞而不可行, 通而不會, 便不知許多曲直錯雜處." 【罃】

75:11 問"'▲[14]至賾而不可惡', 此是說天下之事物如此, 不是說卦上否?" 曰: "卦亦如此, 三百八十四爻是多少雜亂!" 【學蒙】

75:12 ▲[15]雜亂處, 人易得厭惡. 然而這都是道理中合有底事, 自合理會, 故不可惡. ▲[16]動亦是合有底, 然上面各自有道理, 故自不可亂. 【學蒙】

75:13 ▲[17]

---

10) 甲: 英祖刊本 · 成化本 · 賀本에서는 申으로 되어 있다.
11) ▲: "觀會通以行其典禮."
12) 乃可行爾: 成化本 · 賀本에는 없다.
13) 年: 孝宗刊本 · 英祖刊本에서는 牛로 되어 있다.
14) ▲: 言天下之
15) ▲: "言天下之至賾而不可惡也." 蓋
16) ▲: "言天下之至動而不可亂也." 蓋
17) ▲: 先生命二三子說書畢, 召蔡仲默及義剛語, 小子侍立. 先生顧義剛曰: "勞公教之, 不廢公讀書否?" 曰: "不廢." 因借先生所點『六經』. 先生曰: "被人將去, 都無本了. 看公於句讀音訓, 也大段子細. 那'言天下之至賾而不可惡也', 是音作去聲字? 是公以意讀作去聲?" 曰: "只據東萊『音訓』讀. 此字有三音, 或音作入聲."

75:14 ▲[18] 事若未動時, 不見得道理是如何. 人平不語, 水平不流, 須是動, 方見得. 他那道[19]"會通", 是會聚處, "典禮", 是借這般字來說. 觀他會通處. 卻求箇道理來區處他. 所謂卦爻之動, 便是法象這箇, ▲[20] 動, 亦未說便[21]事之動, 只是事到面前, 自家一念之動, 要求處置他, 便是動.【淵】

75:15 問: "▲[22]一言一動皆於『易』而擬議之否?" 曰: "然."【螢】

75:16 ▲[23]變化只就人事說. 擬議, 只是裁度自家言動, 使合此理, "變易以從道"之意. 如擬議得是便吉, 擬議未善則爲凶矣.【謨】

75:17 ▲[24]變化, 就人動作處說, 如下所舉七爻, 皆變化也."【學履】

75:18 "鳴鶴在陰, 其子和之. 我有好爵, 吾與爾縻之." 此本是說誠信感通之理, 夫子卻專以言行論之. 蓋誠信感通, 莫大於言行. ▲[25] "鶴鳴"·"好爵", 皆卦中有此象. 諸爻立象, 聖人必有所據, 非是白撰,

---

【池錄云: "或音亞, 或如字, 或烏路反."】 先生笑曰: "便是他們好恁地强說." 仲默曰: "作去聲, 也似是." 先生曰: "據某看, 只作入聲亦是.【池錄云: "烏路切於義爲近."】 說雖是如此勞攘事多, 然也不可以爲惡.【池錄云: "也不可厭惡."】 而今『音訓』有全不可曉底. 若有兩三音底, 便著去裏面揀一箇較近底來解."【義剛○池錄略而異.】

18) ▲: "天下之至動",
19) 他那道: 成化本·賀本에는 없다.
20) ▲: 故曰"爻也者, 效天下之動者也."
21) 便: 成化本·賀本에는 없다.
22) ▲: '擬之而後言, 議之而後動', 凡
23) ▲: "擬之而後言, 議之而後動, 擬議以成其變化." 此
24) ▲: 問"擬議以成其變化." 曰: "這
25) ▲: 上文"言天下之賾而不敢惡也, 言天下之動而不敢亂也", 先儒多以"賾"字爲至妙之意. 若如此說, 則何以謂之"不敢惡"? 賾, 只是一箇雜亂冗鬧底意思. 言之而不惡者, 精粗本末無不盡也. "賾"字與"頤"字相似, 此有互體之意. 此間連說互體, 失記.

但今不可考耳. 到孔子方不說象. 如"見豕負塗, 載鬼一車"之類, 孔子只說"群疑亡也", 便見得上面許多皆是狐惑可疑之事而已. 到後人解說, 便多牽强. 如十三卦中"重門擊柝, 以待暴客", 只是豫備之意, 卻須待用互體, 推艮爲門闕, 雷震乎外之意. "剡木爲矢, 弦木爲弧", 只爲睽乖, 故有威天下之象, 亦必待穿鑿附會, 就卦中推出制器之義. 殊不知卦中但有此理而已, 故孔子各以"蓋取諸某卦"言之, 亦曰其大意云爾. 『漢書』所謂"獲一角獸, 蓋獜[26]云", 皆疑辭也. 【謨】

75:19 問: "'言行, 君子之樞機', 是言所發者至近, 而所應者甚遠否?" 曰: "樞機, 便是'鳴鶴在陰.' 下面大槩只說這意, 都不解著'我有好爵'二句." 【學蒙】

75:20 ▲[27]

「右第八章」

75:21 卦雖八而數須十. 八是陰陽數, 十是五行數. 一陰一陽便是二, 以二乘二便是四, 以四乘四便是八. 五行本只是五而有是十者, 蓋一箇便包兩箇, 如木便包甲乙, 火便包丙丁, 土便包戊己, 金便包庚辛, 水便包壬癸, 所以爲十. 【學履】

75:22 "五位相得而各有合", 是兩箇意. 一與二, 三與四, 五與六, 七與八, 九與十, 是奇耦以類"相得", 一與六合, 二與七合, 三與八合, 四與九合, 五與十合, 是"各有合." 在十干, 甲乙木, 丙丁火, 戊己土, 庚辛金, 壬癸水, 便是"相得." 甲與己合, 乙與庚合, 丙與辛合, 丁與壬

---

26) 獜: 『朱子語類』에서는 麟으로 되어 있다.
27) ▲: "其利斷金." 斷, 是斷做兩段. 又曰: "'同人先號咷而後笑', 聖人卻恁地解." 【學蒙】

合, 戊與癸合, 是"各有合."【學履】

75:23 "所以成變化而行鬼神也." 先生擧程子云: "變化言功, 鬼神言用." 張子曰: "成行, 鬼神之氣而已." "數只是氣[28], 變化鬼神亦只是氣. '天地之數五十有五', 變化鬼神皆不越於其間."【螢】

75:24 "大衍之數五十." 蓍之數五十. 蓍之籌, 乃其策也. 策中乘除之數, 則直謂之數耳.【淵】

75:25 "大衍之數五十", 以"天地之數五十有五", 除出金木水火土五數幷天一, 便用四十九, 此一說也. 數家之說雖多不同, 某自謂此說卻分曉. 三天兩地, 則是已虛了天一之數, 便只用天三對地二. 又五是生數之極, 十是成數之極, 以五乘十, 亦是五十. 以十乘五, 亦是五十, 此一說也. 又, 數始於一, 成於五, 小衍之而成十, 大衍之而成五十, 此又是一說.【螢】

75:26 「繫辭」言蓍法, 大抵只是解其大略, 想別有文字, 今不可見. 但如"天數五, 地數五", 此是舊文, "五位相得而各有合", 是孔子解文. "天數二十有五, 地數三十, 凡天地之數五十有五." 此是舊文, "此所以成變化而行鬼神", 此是孔子解文. "分而爲二"是本文, "以象兩"是解"掛一." "楪[29]之以四", "歸奇於扐", 皆是本文, "以象三", "以象四時", "以象閏"之類, 皆解文也. "乾之策二百一十有六, 坤之策百四十有四", 孔子則斷之以"當期之日", "二篇之策萬有一千五百二十", 孔子則斷之以"當萬物之數", 於此可見.【謨】

75:27 蓍卦, 當初聖人用之, 亦須有箇見成圖筭. 後失其傳, 所僅存

28) 是氣: 『小分』에서는 氣是를 교정부호로 바로잡았다.
29) 楪: 『朱子語類』에서는 揲로 되어 있다.

者只有這幾句. "大衍之數五十, 其用四十有九. 分而爲二. 掛一. 揲之以四. 歸奇於扐." 只有這幾句. 如"以象兩", "以象三", "以象四時", "以象閏", 已是添入許多字說他了. 又曰: "元亨利貞, 仁義禮智, 金木水火, 春夏秋冬, 將這四箇只管涵泳玩味, 儘好." 【賀孫】

75:28 揲蓍法, 不得見古人全文. 如今底, 一半是解, 一半是說. 如"分而爲二"是說, "以象兩"便是解. 想得古人無這許多解, 須別有箇全文說. 【淵】

75:29 掛, 一歲, 右揲, 二歲, 扐, 三歲一閏也. 楪左[30], 四歲, 扐, 五歲再閏也. 【人傑】

75:30 楪[31]蓍雖是一小事, 自孔子來千五百年, 人都理會不得. 唐時人說得雖有病痛, 大體理會得是. 近來說得太乖, 自郭子和始. 奇者, 揲之餘爲奇, 扐者, 歸其餘扐於二指之中. 今子和反以掛一爲奇, 而以揲之餘爲扐, 又不用老少, 只用三十六・三十二・二十八・二十四爲策數, 以爲聖人從來只說陰陽, 不曾說老少. 不知他旣無老少, 則七八九六皆無用, 又何以爲掛[32]? 又曰: "龜爲卜, 策爲筮. 策, 是餘數【礪[33]錄云: "筴是條數."】 謂之策. 他只胡亂說'策'字." 【礪[34]錄云: "只鶻突說了."】 或問: "他旣如此說, 則'再扐而後掛'之說何如?" 曰: "他以第一揲扐爲扐, 第二第三揲不掛爲扐, 第四揲又掛. 然如此, 則無五年再閏. 【礪[35]錄云: "則是六年再閏也."】 如某已前排, 眞箇是五年再閏. 聖人下字皆有義. 排[36]者, 挂也, 扐者, 勒於二指之中也." 【賀孫 ○礪[37]錄小

---

30) 楪左: 成化本・賀本에서는 左揲으로 되어 있다.
31) 楪: 『朱子語類』에서는 揲로 되어 있다.
32) 掛: 【附箋紙】 "掛"當作"卦."
33) 礪: 賀本에서는 厲로 되어 있다.
34) 礪: 賀本에서는 厲로 되어 있다.
35) 礪: 賀本에서는 厲로 되어 있다.
36) 排: 【附箋紙】 '排者'之'排', 當作'掛.'

異.】

75:31 ▲[38]萬物之數. 不是萬物盡於此數, 只是取象自一而萬, 以萬數來當萬物之數耳.【瑩】

75:32 "策教[39]"云者, 凡手中之數皆是. 如"散策於君前有誅", "龜策弊則埋之", 不可以既揲餘數不爲策數也.【瑩】

75:33 "四營而成易", "易"字只是箇"變"字. 四度經營, 方成一變. 若說易之一變, 卻不可. 這處未下得"卦"字, 亦未下得"爻"字, 只下得"易"字.【淵】

75:34 "引而伸之, 觸類而長之", 是占得一卦, 則就上面推看. 如乾, 則推其"爲圜・爲君・爲父"之類是也.【學履】

75:35 ▲[40] "道較微妙, 無形影, 因卦詞[41]說出來, 道這是吉, 這是凶, 這可爲, 這不可爲. 德行是人做底事, 因數推出來, 方知得這不是人硬恁地做, 都是神之所爲也." 又曰: "須知得是天理合如此."【學蒙】

75:36 ▲[42]人事, 那粗做底, ▲[43] 若決之於鬼神, 德行便神.【淵】

75:37 易, 惟其"顯道, 神德行", 故能與人酬酢, 而佑助夫神化之功也.【學履】

---

37) 礪: 賀本에서는 厲로 되어 있다.
38) ▲: 二篇之策, 當
39) 教:【附箋紙】'教'當作'數.'
40) ▲: 問"顯道, 神德行." 曰:
41) 詞: 賀本에서는 辭로 되어 있다.
42) ▲: "神德行", 是說
43) ▲: 只是人爲.

75:38 ▲[44] 德行是人事, 卻由取決於蓍. 旣知吉凶, 便可以酬酢事變. 神又豈能自說吉凶與人! 因有易後方著見, 便是易來佑助神也. 【䕫】

「右第九章」

75:39 "易有聖人之道四." "至精"·"至變", 則合做兩箇, 是他裏面各有這箇. 【淵】

75:40 問: "'以言者尙其辭', 以言, 是取其言以明理斷事, 如『論語』上擧'不恒其德, 或承之羞'否?" 曰: "是." 【學履】

75:41 問: "'以言', '以動', '以制器', '以卜筮', 這'以'字是指以易而言否?" 曰: "然." 又問: "辭·占是一類, 變·象是一類. 所以下文'至精'合辭·占說, '至變'合變·象說?" 曰: "然. 占與辭是一類者, 曉得辭, 方能知得占. 若與人說話, 曉得他言語, 方見得他胸中底蘊. 變是事之始, 象是事之已形者, 故亦是一類也." 【學履】

75:42 ▲[45] '蓋取諸離', '蓋'字便是一箇半間半界底字. 如'取諸離', '取諸益', 不是先有見乎離, 而後爲網罟, 先有見乎益, 而後爲耒耜. 聖人亦只是見魚鱉之屬, 欲有以取之, 遂做一箇物事去欄[46]截他. 欲得耕種, 見地土硬, 遂做一箇物事去剔起他, 卻合於離之象, 合於益之意." 又曰: "有取其象者, 有取其意者." 【賀孫】

75:43 ▲[47]

---

44) ▲: "顯道, 神德行, 是故可與酬酢, 可與佑神矣." 此是說蓍卦之用, 道理因此顯著.

45) ▲: 用之問"以制器者尙其象." 曰: "這都難說.

46) 欄: 英祖刊本·成化本·賀本에서는 攔으로 되어 있다.

75:44 問: “▲[48] 問焉而以言, 其受命也如響.” 曰: “此是說君子作事, 問於蓍龜也. ‘問焉以言’, 人以蓍問『易』, 求其卦爻之辭, 而以之發言處事. ‘受命如響’, 則易受人之命, 如響之應聲, 以決未來吉凶也.” 【去僞】

75:45 ▲[49]

75:46 “參伍以變, 錯綜其數.” 參, 謂三數之, 伍, 謂伍數之. 揲蓍本無三數五數之法, 只言交互參考皆有自然之數. 如三三爲九・五六三十之類, 雖不用以揲蓍, 而推筭變通, 未嘗不用. 錯者, 有迭相爲用之意, 綜, 又有總而挈之之意, 如織者之綜絲也. 【謨】

75:47 “參伍”, 是相牽連之意. 如參[50]要做伍[51], 須用添二, 五要做六, 須著添一, 做三, 須着減二. ▲[52] 錯, 是往來交錯之義, 綜, 如織底綜, 一箇上去, 一箇下來. 陽上去做陰, 陰下來做陽, 如綜相似. 【淵】

75:48 ▲[53] 大抵陰陽奇耦, 變化無窮, 天下之事不出諸此. ‘成天下之文’者, 若卦爻之陳列變態者是也. ‘定天下之象’者, 物象皆有定理,

---

47) ▲: 問: “‘以卜筮者尙其占’, 卜用龜, 亦使『易』占否?” 曰: “不用. 則是文勢如此.” 【學履】

48) ▲: 君子將有爲也, 將有行也,

49) ▲: “問焉而以言.” 曰: “若以上下文推之, ‘以言’卻是命筮之詞. 古人亦大段重這命筮之辭, ‘而以言’三字義若拗. 若作‘以易言之’, 如所謂‘不恒其德, 或承之羞’, 則‘不占’只是以其言之義, 又於上下文不順.” 【學蒙 ○謨錄云: “言是命龜. 受命, 龜受命也.”】

50) 參: 成化本・賀本에서는 三으로 되어 있다.

51) 伍: 『朱子語類』에서는 五로 되어 있다.

52) ▲: 錯綜是兩樣,

53) ▲: 問“參伍以變, 錯綜其數.” 曰: “荀子說‘參伍’處, 楊倞解之爲詳. 『漢書』所謂‘欲問馬, 先問牛, 參伍之以得其實.’ 綜, 如織綜之綜.

只以經綸天下之事也."【人傑】

75:49 ▲[54] 譬之三十錢, 以三數之, 看得幾箇三了, 又以五數之, 看得幾箇五. 兩數相合, 方可看得箇成數." 曰: "是如此." 又問: "不獨是以數筭, 大概只是參合底意思. 如趙廣漢欲問馬, ▲[55]問牛, 便只是以彼數來參此數否?" 曰: "是. 卻是恁地數了, 又恁地數, 也是將這箇去比那箇." 又曰: "若是他數, 猶可湊. 參[56]與五兩數, 自是參差不齊, 所以舉以爲言. 如這箇是三箇, 將五來比, 又多兩箇. 這箇是五箇, 將三來比, 又少兩箇. 兵家謂'窺敵制變, 欲伍以參.' 今欲窺敵人之事, 教一人探來恁地說, 又差一箇探來. 若說得不同, 便將這兩說相參看如何, 以求其實, 所以謂之'欲伍以參.'"【學履】

75:50 ▲[57] "參"字音"曹參"之"參", 猶言參互底意思. 譬猶幾箇物事在這邊, 逐三箇數, 看是幾箇, 又逐五箇數, 看是幾箇. 又曰: "若三箇兩是六箇, 便多了一箇, 三箇三是九箇, ▲[58]少[59]一箇, 三箇四又是十二箇, 也未是, 三箇五方是十五箇. 大略如此, 更須仔細去看."【學蒙】

75:51 "'錯綜▲[60] 莫是▲[61]以左揲右, 右揲左否?" 曰: "不特如此. 乾對坤, 坎對離, 自是交錯." 又問: "'綜者, ▲[62] 莫是合掛扐之數否?" 曰: "且以七八九六明之. 六七八九便是次序, 然而七是陽, 六壓他不得, 便當挨上. 七生八, 八生九, 九又須挨上, 便是一低一昂."【學蒙】

---

54) ▲: 問: "'參伍以變', 先生云: '旣三以數之, 又五以數之.'
55) ▲: 先
56) 參: 賀本에서는 三으로 되어 있다.
57) ▲: "參伍以變."
58) ▲: 又
59) 少: 【附箋紙】'少'上脫'又'字.
60) ▲: 其數', 『本義』云: '錯者, 交而互之, 一左一右之謂也.'
61) ▲: 揲蓍
62) ▲: 總而挈之',

手指畫		六	五指
	七		四指
		八	三指
	九		二指

75:52 ▲[63] "錯, 是往來底, 綜, 是上下底. 綜, 便是織機上底. 古人下這字極子細, 但看他那單用處, 都有箇道理. 如'經綸'底字, 綸是兩條絲相合, 各有條理. 凡用'綸'處, 便是倫理底義. '統'字是上面垂一箇物事下來, 下面有一箇人接着, 便謂之'統', 但着[64]'垂'字便可見." 又曰: "'錯綜其數', 便只是七八九六. 六對九, 七對八, 便是東西相錯. 六上生七爲陽, 九下生八爲陰,【元本云: "七下生八爲陰, 八上生九又爲陽."】便是上下爲綜." 又曰: "古人做『易』, 其巧不可言! 太陽數九, 少陰數八, 少陽數七, 太陰數六, 初亦不知其數如何恁地. 元來只是十數, 太陽居一, 除了本身便是九箇, 少陰居二, 除了本身便是八箇, 少陽居三, 除了本身便是七箇, 太陰居四, 除了本身便是六箇. 這處, 古來都不曾有人見得."【義剛】

75:53 "寂然不動, 感而遂通天下之故", 與"窮理盡性以至於命", 本是說『易』, 不是說人. 諸家皆是借來就人上說, 亦通.【閎祖】

75:54 ▲[65] 感着他卦, 卦便應他. 如人來問底善, 便與說善, 來問底惡, 便與說惡. 所以先儒說道"潔靜[66]精微", 這般句說得有些意思.【淵】

75:55 ▲[67] "寂然是體, 感是用. 當其寂然時, 理固在此, 必感而後

63) ▲: 或問"經緯錯綜"之義. 曰:
64) 着: 『朱子語類』에서는 看으로 되어 있다.
65) ▲: "感而遂通",
66) 靜: 英祖刊本・賀本에서는 淨으로 되어 있다.

發. 如仁感爲惻隱, 未感時只是仁, 義感爲羞惡, 未感時只是義." 某問: "胡氏說此, 多指心作已發." 曰: "便是錯了. 縱使已發, 感之體固在, 所謂'動中未嘗不靜.' 如此則流行發見, 而常卓然不可移. 今只指作已發, 一齊無本了, 終日只得奔波急迫, 大錯了!"【可學】

75:56 易便有那"深", 有那"幾", 聖人用這底來極出那深, 研出那幾. 研, 是研摩到底之意. 『詩』·『書』·『禮』·『樂』皆是說那已有底事, 惟是『易』說那未有這事. "研幾"是不待他顯著, 只在那茫昧時都處置了. 深, 是幽深, 通是開通. 所以閉塞, 只爲他淺. 若是深後, 便能開通人志. 道理若淺, 如何開通得人? 所謂"通天下之志", 亦只似說"開物"相似, 所以下一句也說箇"成務."『易』是說那未有底. 六十四卦皆是如此.【淵】

75:57 "深"就心上說, "幾"就事上說. 幾, 便是有那事了, 雖是微, 畢竟有件事. 深在心, 甚玄奥, 幾在事, 半微半顯, "通天下之志", 猶言"開物",【開通其閉塞.】 故其下對"成務."【淵】

75:58 ▲[68]

75:59 問: "▲[69] 此是說聖人如此否?" 曰: "是說聖人, 亦是『易』如此. 若不深, 如何能通得天下之志!" 又曰: "他恁黑窣窣地深, 疑若不可測, 然其中卻事事有." 又曰: "事事都有箇端緒可尋." 又曰: "各[70]有箇[71]路脈線索在裏面, 所以曰: '惟幾也, 故能成天下之務.' 研者, 便是研窮他." 或問"幾." 曰: "便是周子所謂'動而未形有無之間者'也."【學蒙】

---

67) ▲: 陳厚之問"寂然不動, 感而遂通." 曰:
68) ▲: 極出那深, 故能"通天下之志", 研出那幾, 故能"成天下之務."【淵】
69) ▲: '惟深也', '惟幾', '惟神也',
70) 各: 成化本·賀本에는 없다.
71) 箇: 成化本·賀本에는 없다.

75:60 問: "▲72)能通▲73) '以通▲74).' ▲75)二'通'字, 乃所以通達天下之心志, 使之通曉, 如所謂'開物'之意." 曰: "然. ▲76)." 問: "▲77) '深幾'二字如何?" 曰: "▲78) 且如一箇卦▲79) 便有吉有凶, 有悔有吝, 幾微毫釐處, 都研磨出來." 問: "如何是'極深'?" 曰: "要人都曉得至深難見底道理, 都就『易』中見得." 問: "如所謂'幽明之故', '死生之說', '鬼神之情狀'之類否?" 曰: "然." 問: "如此說, 則正與『本義』所謂'所以極深者, 至情80)也, 所以研幾者, 至變也', 正相發明." 曰: "然."【榦】

○81) "明於天之道"以下, 方說蓍龜, 乃是發用處. "是興神物, 以前民用", 聖人旣具此理, 又將此理復就蓍龜上發明出來, 使民亦得前知而用之也. "聖人以此齋戎82), 以神明其德." 德卽聖人之德, 又卽卜筮齋戎83)以神明之. 聖人自有此理. 亦用蓍龜之理以神明之.【螢】

○84) "▲85) 蓍與卦以德言, 爻以義言, 只是具這道理在此而已, ▲86)"神以知來", 便是以蓍之德知來, "知以藏往", 便是以卦之德藏往. "洗心退藏"言體, "知來藏往"言用. 然亦只言體用具矣, 而未及使出來

72) ▲: 「繫辭」言: '惟深也, 故
73) ▲: 天下之志.' 又言:
74) ▲: 天下之志
75) ▲: 此
76) ▲: 這般些小道理, 更無窮
77) ▲: '極深研幾',
78) ▲: '研幾', 是研磨出那幾微處.
79) ▲: 在這裏,
80) 情: 『朱子語類』에서는 精으로 되어 있다.
81) ○: 『朱子語類』75:63의 일부이다.
82) 戎: 【附箋紙】二'戎'字, 皆當作'戒.'
83) 戎: 【附箋紙】二'戎'字, 皆當作'戒.'
84) ○: 『朱子語類』75:64이다.
85) ▲: 蓍之德圓而神, 卦之德方以知, 六爻之義易以貢."
86) ▲: 故"聖人以此洗心退藏於密." "以此洗心"者, 心中渾然此理, 別無他物, "退藏於密", 只是未見於用, 所謂"寂然不動"也. 下文說

處. 到下文"是興神物, 以前民用", 方發揮許多道理, 以盡見於用也. 然前段必結之以"聰明睿知神武而未[87]殺者", 只是譬喻蓍龜雖未用, 而神靈之理具在, 猶武是殺人底事, 聖人卻存此神武而不殺也.【謨】

○[88] ▲[89]"貢"字, 只得以告人說. 但"神"·"知"字重, "貢"字輕, 卻曉不得.【學蒙】

○[90] "易以貢", 是變易以告人. "聖人以此洗心退藏於密", 是以那『易』之理[91]來洗濯自家心了, 更沒些私意小智在裏許, ▲[92]

「右第十章」

75:61 問: "'『易』, 開物成務, 冒天下之道', 是『易』之理能恁地, 而人以之卜筮又能'開物成務'否?" 曰: "然."【學蒙】

75:62 "開物成務, 冒天下之道." 讀「繫辭」, 須見得如何是"開物", 如何是"成務", 又如何是"冒天下之道." 須要就卦中一一見得許多道理. 然後可讀「繫辭」也. 蓋『易』之爲書, 因卜筮以設敎, 逐爻開示吉凶, 包括無遺, 如將天下許多道理包藏在其中, 故曰"冒天下之道." ▲[93]

---

87) 未:【附箋紙】'未', 當作'不.'

88) ○:『朱子語類』75:65이다.

89) ▲: "六爻之義易以貢." 今解

90) ○:『朱子語類』75:66의 일부이다.

91) 之理: 成化本·賀本에는 없다.

92) ▲: 聖人便似那『易』了. 不假蓍龜而知卜筮, 所以說"神武而不殺." 這是他有那"神以知來, 知以藏往", 又說箇"齋戒以神明其德", 皆是得其理, 不假其物.【淵】

93) ▲: 如"利用爲大作"一爻, 「象」只曰"下不厚事也." 自此推之, 則凡居下者不當厚事. 如子於父, 臣之於君, 僚屬之於官長, 皆不可以踰分越職. 縱可爲, 亦須是盡善, 方能無過, 所以有"元吉無咎"之戒. 「繫辭」自大衍數以下, 皆是說卜筮事. 若不曉他盡是說爻變中道理, 則如所謂"動靜不居, 周流六虛"之類, 有何憑著? 今人說『易』, 所以不將卜筮爲主者, 只是慊怕小卻這道理, 故憑虛失實, 茫昧臆度而

【謨】

75:63 ▲94) 此只是說蓍龜. 若不是蓍龜, 如何通之, 定之, 斷之? 到"蓍之德圓而神"以下, 卻是從源頭說, 而未是說卜筮. 蓋聖人之心具此『易』之95)三德, 故渾然是此道理, 不勞作用一毫之私, 便是"洗心", 卽"退藏於密." 所謂密者, 只是他人自無可捉摸他處. 便是"寂然不動", "吉凶與民同患", "神以知來, 知以藏往", 皆具此道理, 但未用之蓍龜, 故曰"古之聰明睿知, 神武而不殺者夫"! 此言只是譬喩, 如聖人已具此理, 卻不犯手耳. ▲96)

75:64 ▲97)

已. 殊不知由卜筮而推, 則上通鬼神, 下通事物, 精及於無形, 粗及於有象, 如包罩在此, 隨取隨得. "居則觀其象而玩其辭, 動則觀其變而玩其占"者, 又不待卜而後見, 只是體察, 便自見吉凶之理. 聖人作『易』, 無不示戒. 乾卦纔說"元亨", 便說"利貞." 坤卦纔說"元亨", 便說"利牝馬之貞." 大畜乾陽在下, 爲艮所畜, 三得上應, 又畜極必通, 故曰"良馬逐", 可謂通快矣, 然必艱難貞正, 又且曰"閑輿衛", 然後"利有攸往." 設若恃良馬之壯, 而忘"艱貞"之戒, 則必不利矣. 乾之九三, "君子終日乾乾", 固是好事, 然必曰"夕惕若厲", 然後"無咎"也. 凡讀易而能句句體驗, 每存兢慄戒愼之意, 則於己爲有益, 不然, 亦空言爾.

94) ▲: "是故聖人以通天下之志, 以定天下之業, 以斷天下之疑",

95) 之: 成化本・賀本에는 없다.

96) ▲: "明於天之道"以下, 方說蓍龜, 乃是發用處. "是興神物, 以前民用", 聖人旣具此理, 又將此理復就蓍龜上發明出來, 使民亦得前知而用之也. "聖人以此齋戒, 以神明其德." 德卽聖人之德, 又卽卜筮齋戒以神明之. 聖人自有此理. 亦用蓍龜之理以神明之.【罃】

97) ▲: "蓍之德圓而神, 卦之德方以知, 六爻之義易以貢." 蓍與卦以德言, 爻以義言, 只是具這道理在此而已, 故"聖人以此洗心退藏於密." "以此洗心"者, 心中渾然此理, 別無他物. "退藏於密", 只是未見於用, 所謂"寂然不動"也. 下文說"神以知來", 便是以蓍之德知來. "知以藏往", 便是以卦之德藏往. "洗心退藏"言體, "知來藏往"言用. 然亦只言體用具矣, 而未及使出來處. 到下文"是興神物, 以前民用", 方發揮許多道理, 以盡見於用也. 然前段必結之以"聰明睿知神武而不殺者", 只是譬喩蓍龜雖未用, 而神靈之理具在. 猶武是殺人底事, 聖人卻存此神武而不殺也.【謨】

75:65 ▲[98]

75:66 ▲[99] 聖人便似那『易』了. 不暇[100]蓍龜而知卜筮, 所以說"神武而不殺." 這是他有那"神以知來, 知以藏往", 又說箇"齋戒以神明其德", 皆是得其理, 不假其物.【淵】

75:67 前面一截說『易』之理, 未是說到蓍卦卜筮處, 後面方說卜筮. 聖人之心渾只是圓神・方知・易貢三箇物事, 更無別物, 一似洗得來淨潔了. 前面"此"字, 指『易』之理言. 武是殺底物事, 神武卻不殺. 便如『易』是卜筮底物事, 這箇卻方是說他理, 未到那用處. 到下面"是以明於天之道", 方是說卜筮.【淵】

75:68 "以此洗心", 都只是道理. 聖人此心虛明, 自然具衆理. "潔靜精微", 只是不犯手. 卦爻許多, 不是安排對副與人, 看是甚人來, 自然撞着. 『易』如此, 聖人也如此, 所以說箇"蓍之德", "卦之德", "神明其德."【淵】

75:69 ▲[101]

75:70 ▲[102]

---

98) ▲: "六爻之義易以貢." 今解"貢"字, 只得以告人說. 但"神"・"知"字重, "貢"字輕, 卻曉不得.【學蒙】

99) ▲: "易以貢", 是變易以告人. "聖人以此洗心退藏於密", 是以那易來洗濯自家心了, 更沒些私意小智在裏許,

100) 暇:【附箋紙】'暇', 當作'假.'

101) ▲: "聖人以此洗心", 注云: "洗萬物之心." 若聖人之意果如此, 何不直言以此洗萬物之心乎? 大抵觀聖賢之言, 只作自己作文看. 如本說洗萬物之心, 卻止云"洗心", 於心安乎?【人傑】

102) ▲: "退藏於密"時, 固是不用這物事. "吉凶與民同患", 也不用這物事. 用神而不用蓍, 用知而不用卦, 全不犯手. "退藏於密", 是不用事時. 到他用事, 也不犯手. 事未到時, 先安排在這裏了, 事到時, 恁地來, 恁地應.【淵】

75:71 ▲[103] 密是主靜處. "萬化出焉"者, 動中之靜固是靜. 又有大靜, 萬化森然者. 【方】

75:72 ▲[104] 凡爻卦所載・聖人所已言者, 皆具已見底道理, 便是"藏往." 占得此卦, 因此道理以推未來之事, 便是"知來." 【螢】

75:73 "聖人以此洗心"一段. 聖人胸中都無纖毫私意, 都不假卜筮, 只是以『易』之理洗心. 其未感物也, 湛然純一, 都無一毫之累, 更無些跡, 所謂"退藏於密"也. 及其"吉凶與民同患", 卻"神以知來, 知以藏往." ▲[105] 非古人"聰明睿知・神武而不殺者"不能如此. "神武不殺者", 聖人於天下自是所當者推[106], 所向者伏, 然而他到[107]不費手脚. 又曰: "他都不犯手, 這便是'神武不殺.'" 又曰: "'神以知來', 如明鏡然, 物事來都看見, '知以藏往', 只是見在有底事, 他都識得." ▲[108] 又曰: "如揲蓍然. 當其未揲, 也都不知揲下來底是陰是陽, 是老是少, 便是'知來'底意思. 及其成卦了, 則事都絣定在上面了, 便是'藏往.' 下文所以云'是以明於天之道, 察於民之故.' 設爲卜筮, 以爲民之鄉導. '故', 只是事. 聖人於此, 又以卜筮而'齋戒以神明其德.' '顯道, 神德行'之'神'字, 便似這'神'字, 猶言吉凶陰若有神明之相相似. 這都不是自家做得, 卻若神之所爲." 又曰: "這都只退聽於鬼神." 又曰: "聖人於卜筮, 其齋戒之心, 虛靜純一, 戒愼恐懼, 只退聽於鬼神." 【學蒙】

75:74 ▲[109]

---

103) ▲: "退藏於密",
104) ▲: "神以知來, 知以藏往." 一卦之中,
105) ▲: 是誰人會恁地?
106) 推: 『朱子語類』에서는 摧로 되어 있다.
107) 到: 『朱子語類』에서는 都로 되어 있다.
108) ▲: 又曰: "都藏得在這裏."
109) ▲: "古之聰明睿知, 神武而不殺者夫!" 如譬喩說相似. 【人傑】

75:75 ▲[110]

75:76 問: "▲[111] '天之道'便是'民之故'否?" 曰: "論得到極處, 固只是一箇道理, 看時, 須做兩處看, 方看得周匝無虧欠處." 問: "天之道, 只是福善禍淫之類否?" 曰: "如陰陽變化, 春何爲而生? 秋何爲而殺? 夏何爲而暑? 冬何爲而寒? 皆要理會得." 問: "民之故, 如君臣父子之類是否?" 曰: "凡民生日用皆是. 若只理會得民之故, 卻理會不得天之道, 便卽民之故亦未是在. 到得極時, 固只是一理. 要之, 須是都看得周匝, 始得."【榦】

75:77 "▲[112] 以前民用." 此言有以開民[113], 使民皆知. 前時民皆昏塞, 吉凶利害是非都不知. 因這箇開了, 便能如神明然, 此便是"神明其德." 又云: "民用之, 則神明民德, 聖人用之, 則自神明其德. '蓍之德'以下三句, 是未涉於用. '聖人以此洗心', 是得此三者之理, 而不假其物. 這箇是有那'神以知來, 知以藏往.'"【淵】

75:78 "明道愛擧'聖人以此齋戒, 以神明其德夫'一句, 雖不是本文意思, 要之意思自好." ▲[114] 榦問: "此恐是'君子篤恭而天下平'之意?" 曰: "◇[115] 只如上蔡所謂'敬是常惺惺法.'" ▲[116]【榦】

75:79 ▲[117]

---

110) ▲: "聖人明於天之道, 而察於民之故. 是興神物, 以前民用." 蓋聖人見得天道・人事, 都是這道理, 蓍龜之靈都包得盡, 於是作爲卜筮, 使人因卜筮知得道理都在這裏面.

111) ▲: '明於天之道, 而察於民之故',

112) ▲: 是興神物,

113) 開民: 『小分』에서는 民開를 교정부호로 바로잡았다.

114) ▲: 因再擧之.

115) ◇: 否.

116) ▲: 又問: "此恐非是聖人分上事." 曰: "便是說道不是本文意思. 要之自好." 言畢, 再三誦之.

75:80 ▲[118]

○[119] 先生語至此, 整容而誦"聖人以此齊[120]戒, 以神明其德夫"? 曰: "便是聖人也要神明. 這箇本是一箇靈聖底物事, 自家齊[121]戒, 便會靈聖, 不齊[122]戒, 便不靈聖. 古人所以七日戒, 三日齊[123]." 胡叔器[124]▲[125]: "齊[126]戒只是敬." 曰: "固是敬, 但齊[127]較謹於戒. 湛然純一之謂齊[128], 肅然警惕之謂戒. 到湛然純一時, 那肅然警惕也無了."【義剛】

75:81 問: "'闔戶之謂坤'一段, 只是這一箇物. 以其闔, 謂之坤, 以其闢, 謂之乾, 以其闔闢, 謂之變, 以其不窮, 謂之通. 發見而未成形謂之▲[129], 成形謂之器. 聖人修禮立敎謂之法, 百姓日用則謂之神." 曰: "是如此." 又曰: "'利用出入'者, 便是人生日用都離他不得." 又曰: "民之於『易』, 隨取而各足,『易』之於民, 周遍而不窮, 所以謂之神. 所謂'活潑潑地', 便是這處."【學蒙】

75:82 太極中, 全是具一箇善. 若三百八十四爻中, 有善有惡, 皆陰陽變化以後方有【賀孫】

---

117) ▲: "神明其德", 言卜筮. 尊敬也, 精明也.【方】
118) ▲: 闔闢乾坤, 理與事皆如此, 書亦如此. 這箇只說理底意思多. "知禮成性", 橫渠說得別. 他道是聖人成得箇性, 衆人性而未成.【淵】
119) ○:『朱子語類』97:9의 일부이다.
120) 齊: 成化本·賀本에서는 齋로 되어 있다.
121) 齊: 成化本·賀本에서는 齋로 되어 있다.
122) 齊: 成化本·賀本에서는 齋로 되어 있다.
123) 齊: 成化本·賀本에서는 齋로 되어 있다.
124) 器:【附箋紙】'器'下有'曰'字.
125) ▲: 曰
126) 齊: 成化本·賀本에서는 齋로 되어 있다.
127) 齊: 成化本·賀本에서는 齋로 되어 있다.
128) 齊: 成化本·賀本에서는 齋로 되어 있다.
129) ▲: 象

75:83 周子・康節說太極, 和陰陽袞[130]說. 『易』中便擡起說. 周子言"太極動而生陽, 靜而生陰." 如言太極動是陽, 動極而靜, 靜便是陰, 動時便▲[131]陽之太極, 靜時便是陰之太極, 蓋太極卽在陰陽裡[132]. 如"易有太極, 是生兩儀", 則先從實理處說. 若論其生則俱生, 太極依舊在陰陽裏. 但言其次序, 須有這實理, 方始有陰陽也. 其理則一. 雖然, 自見在事物而觀之, 則陰陽函太極, 推其本, 則太極生陰陽.【學履】

75:84 ▲[133]

75:85 ▲[134] "'易有太極', 便有箇陰陽出來, 陰陽便是兩儀. 儀, 匹也[135]. '兩儀生四象', 便是一箇陰又生出一箇陽, ⚍是一象也, 一箇陽又生一箇陰, ⚎是一象也, 一箇陰又生一箇陰, ⚏是一象也, 一箇陽又生一箇陽, ⚌是一象也, 此謂四象. '四象'生八卦, 是這四箇象生四陰時, 便成坎震坤兌四卦, 生四箇陽時, 便成巽離艮乾四卦.【震】

130) 袞: 賀本에서는 滾으로 되어 있다.
131) ▲: 是
132) 裡: 『朱子語類』에서는 裏로 되어 있다.
133) ▲: 問"易有太極, 是生兩儀, 兩儀生四象, 四象生八卦." 曰: "此太極卻是爲畫卦說. 當未畫卦前, 太極只是一箇渾淪底道理, 裏面包含陰陽・剛柔・奇耦, 無所不有. 及各畫一奇一耦, 便是生兩儀. 再於一奇畫上加一耦, 此是陽中之陰, 又於一奇畫上加一奇, 此是陽中之陽, 又於一耦畫上加一奇, 此是陰中之陽, 又於一耦畫上加一耦, 此是陰中之陰, 是謂四象. 所謂八卦者, 一象上有兩卦, 每象各添一奇一耦, 便是八卦. 嘗聞一朋友說, 一爲儀, 二爲象, 三爲卦, 四爲象, 如春夏秋冬, 金木水火, 東西南北, 無不可推矣."【謨 ○去僞同.】
134) ▲: 明之問"易有太極, 是生兩儀, 兩儀生四象, 四象生八卦." 曰:
135) 匹也: 『小分』에서는 也匹을 교정부호로 바로잡았다.

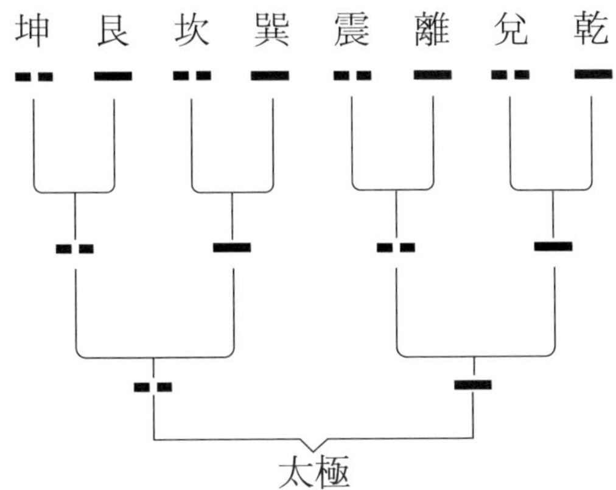

75:86 "每卦變八卦, 爲六十四卦."【端蒙】

75:87 ▲136) 自三百八十四爻總爲六十四, 自六十四總爲八卦, 自八卦總爲四象, 自四象總爲兩儀, 自兩儀總爲太極. 以物論之, 易之有太極, 如木之有根, 浮屠之有頂. 但木之根, 浮圖之頂, 是有形之極, 太極卻不是一物, 無方所頓放, 是無形之極. 故周子曰: "無極而太極." 是他說得有功處. 夫太極之所以爲太極, 卻不離乎兩儀・四象・八卦, 如"一陰一陽之謂道", 指一陰一陽爲道則不可, 而道則不離乎陰陽也.【螢】

75:88 太極如一木生上, 分而爲枝幹, 又分而生花生葉, 生生不窮. 到得成果子, 裏面又有生生不窮之理, 生將出去, 又是無限箇太極, 更無停息. 只是到成果實時, 又卻少歇, 不是止. 到這裏自合少止, 正所謂"終始萬物莫盛乎艮." 艮止, 是生息之意.【賀孫】

75:89 "▲137)亹亹, ▲138)." 人到疑而不能自明處, 往往便放倒, 不復

136) ▲: "易有太極", 便是下面兩儀・四象・八卦.
137) ▲: 以定天下之吉凶, 成天下之

能向前, 動有疑阻. 旣有卜筮, 知是吉是凶, 便自勉勉住不得. 其所以勉勉者, 是卜筮成之也.【罃】

「右第十一章」

75:90 ▲[139] "'立象盡意', 是觀奇偶[140]兩畫, 包含變化, 無有窮盡. '設卦以盡情僞', 謂有一奇一偶[141], 設之於卦, 自是盡得天下情僞. 「繫辭」便斷其吉凶. '變而通之以盡利', 此言占得此卦, 陰陽老少交變, 因其變, 便有通之之理. '鼓之舞之以盡神', 未占得則有所疑, 旣占則無所疑, 自然使得人脚輕手快, 行得順便. 如'大衍'之後, 言'顯道, 神德行, 是故可與酬酢, 可與佑神', '定天下之吉凶, 成天下之亹亹', 皆是'鼓之舞之'之意. '乾坤其易之縕邪! 乾坤成列, 而易立乎其中.' 這又是言'立象以盡意, 設象[142]以盡情僞.'『易』不過只是一箇陰陽奇偶[143], 千變萬變, 則易之體立. 若奇偶[144]不交變, 奇純是奇, 偶[145]純是偶[146], 去那裏見『易』? 『易』不可見, 則陰陽奇耦之用, 亦何自而辨?" ▲[147] '化而裁之謂之變, 推而行之謂之通', 這是兩截, 不相干. '化而裁之', 屬前項事, 謂漸漸化去, 裁制成變, 則謂之變, '推而行之', 屬後項事, 謂推而爲別一卦了, 則通行無礙, 故爲通. '擧而措之天下謂之事業', 便只是'定天下之吉凶, 成天下之亹亹者.' '極天下之賾者存乎卦', 謂卦體之中備陰陽變易之形容, '鼓天下之動者在[148]乎辭', 是說

---

138) ▲: 莫大乎著龜
139) ▲: 問"書不盡言, 言不盡意"一章. 曰:
140) 偶: 英祖刊本·賀本에서는 耦로 되어 있다.
141) 偶: 賀本에서는 耦로 되어 있다.
142) 象:『朱子語類』에서는 卦로 되어 있다.
143) 偶: 賀本에서는 耦로 되어 있다.
144) 偶: 賀本에서는 耦로 되어 있다.
145) 偶: 賀本에서는 耦로 되어 있다.
146) 偶: 賀本에서는 耦로 되어 있다.
147) ▲: 問: "在天地上如何?" 曰: "關天地甚麽事? 此是說易不外奇耦兩物而已.
148) 在:『朱子語類』에서는 存으로 되어 있다.

出這天下之動如‘鼓之舞之’相似. 卦卽象也, 辭卽爻也. ▲[149] ‘神而明之’一段, 卻是與形而上之道相對說. 自‘形而上謂之道’, 說至於‘變・通・事・業’, 卻是自至約處說入至粗處去, 自‘極天下之賾者存乎卦’, 說至於‘神而明之’, 則又是由至粗說入至約處. ‘黙而成之, 不言而信’, 則說得又微矣.”【學履】

75:91 問: “‘書不盡言, 言不盡意’, 是聖人設問之辭?” 曰: “也是如此. 亦是言不足以盡意, 故立象以盡意, 書不足以盡言, 故因「繫辭」以盡言.” 又曰: “‘書不盡言, 言不盡意’, 是元舊有此語.” 又曰: “‘立象以盡意’, 不獨見聖人有這意思寫出來, 自是他象上有這意. ‘設卦以盡情僞’, 不成聖人有情又有僞! 自是卦上有這情僞, 但今曉不得他那處是僞. 如下云: ‘中心疑者其辭支, 誣善之人其辭游’, 也不知如▲[150]是支是游? 不知那卦上見得?” 沈思久之, 曰: “看來‘情僞’只是箇好不好. 如剝五陰, 只是要害一箇陽, 這是不好底情, 便是僞. 如復, 如臨, 便是好底卦, 便是眞情.”【學蒙】

75:92 問: “‘立象’・‘設卦’・‘繫辭’, 是聖人發其精意見於書? ‘變・通・鼓・舞’, 是聖人推而見於事否?” 曰: “是.”【學蒙】

75:93 ▲[151] 卜筮之用, ▲[152]天下之人方知所以避凶趨吉, 奮然有所興作, 不知手之舞之, 足之蹈之之意, 故曰: “定天下之吉凶, 成天下之亹亹者, 莫大乎蓍龜.” 猶催迫天下之人, 勉之爲善相似.【謨】

75:94 問: “‘變而通之’, 如禮樂刑政, 皆天理之自然, 聖人但因而爲之品節防範, 以爲教於天下, ‘鼓之舞之’, 蓋有以作興振起之, 使之遷

149) ▲: 大抵『易』只是一箇陰陽奇耦而已, 此外更有何物?
150) ▲: 何
151) ▲: “變而通之以盡利, 鼓之舞之以盡神”, “立象”・“設卦”・“繫辭”, 皆爲
152) ▲: 而

善而不自知否?" 曰: "'鼓之舞之', 便無所用力, 自是聖人敎化如此." ▲[153] "政敎皆有鼓舞, 但樂占得分數較多, 自是樂會如此而不自知." 因擧橫渠云云. "巫, 其舞之盡神者. '巫', 從'工', 兩邊'人'字是取象其舞. 巫者託神, 如舞雩之類, 皆須舞. 蓋以通暢其和氣, 達於神明." 75:95[154] 問: "▲[155] 鼓舞, 恐只是振揚發明底意思否?" 曰: "然. 蓋提撕警覺, 使人各爲其所當爲也. 如初九當潛, 則鼓之以'勿用', 九二當見, 則鼓之以'利見大人.' 若無辭, 則都發不出了."【榦】

75:96 ▲[156] "鼓天下之動者存乎辭", 是固[157]『易』之辭而知吉凶後如此.【㽦】

75:97 ▲[158] 緼是綿絮胎, 今看此"緼"字, 正是如此取義. 『易』是包著此理, 乾坤卽是『易』之體骨耳.【㽦 ○人傑錄云: "緼, 如'緼袍'之'緼', 是箇胎骨子."】

75:98 ▲[159] "'『易』有太極', 則以『易』爲主, 此一段文意, 則以乾坤爲主."【學蒙】

75:99 ▲[160] 此『易』, 只是說『易』之書, 與"▲[161] 易行乎其中"之"易"

---

153) ▲: 又曰:
154) 75:95: 『小分』에서는 75:94에 이어져 한 항목으로 편집되어 있다.
155) ▲: '鼓之舞之以盡神', 又言: '鼓天下之動者存乎辭.'
156) ▲: "鼓之舞之以盡神", 鼓舞有發動之意, 亦只如"成天下之亹亹"之義.
157) 固: 【附箋紙】'固', 當作'因.'
158) ▲: "乾坤其『易』之緼." 向論"衣敝緼袍",
159) ▲: 問"乾坤其『易』之緼." 曰: "緼是袍中之胎骨子. '乾坤成列', 便是乾一, 兌二·離三·震四·巽五·坎六·艮七·坤八都成列了, 其變易方立其中. 若只是一陰一陽, 則未有變易在." 又曰: "有這卦, 則有變易, 無這卦, 便無這易了." 又曰:
160) ▲: "乾坤成列, 『易』立乎其中矣." 乾坤只是說二卦,
161) ▲: 天地定位,

不同. 行乎其中者, 卻是說易之道理. 【螢】

75:100 問: "'▲[162]成列▲[163]', 是說兩畫之列? 是說八卦之列?" 曰: "兩畫也是列, 八卦也是列, 六十四卦也是列." 【學蒙】

75:101 ▲[164]

75:102 ▲[165]

75:103 ▲[166] 『易』只是陰陽卦畫, 沒這幾箇卦畫, 憑箇甚寫出那陰陽造化? ▲[167] 這只是反覆說"『易』不可見, 則乾坤或幾乎息." 只是說揲蓍求卦, 更推不去, 說做造化之理息也得. 不若前說較平. 【淵】

75:104 ▲[168]

75:105 ▲[169]

75:106 ▲[170]

---

162) ▲: 乾坤
163) ▲: 而『易』立乎其中
164) ▲: 問: "'天地設位, 而『易』行乎其中', '乾坤成列而『易』立乎其中.' 如'『易』行乎其中', 此固易曉. 至如'『易』立乎其中', 豈非乾坤旣成列之後, 道體始有所寓而形見? 其立也, 有似'如有所立卓爾'之'立'乎?" 曰: "大抵『易』之言乾坤者, 多以卦言. '『易』立乎其中', 只是乾坤之卦旣成, 而『易』立矣. 況所謂'如有所立卓爾', 亦只是不可及之意. 後世之論多是說得太高, 不必如此說." 【蓋卿】
165) ▲: "乾坤毁", 此乾坤只言卦. 【方】
166) ▲: "乾坤毁則無以見『易』."
167) ▲: 何處更得『易』來?
168) ▲: "『易』不可見則乾坤或幾乎息矣!" 易, 體也, 乾坤健順, 用也. 【方】
169) ▲: 形是這形質, 以上便爲道, 以下便爲器, 這箇分別得最親切, 故明道云: "惟此語截得上下最分明." 又曰: "形以上底虛, 渾是道理, 形以下底實, 便是器." 【淵】

75:107 ▲171) 道是道理, 事事物物皆有箇道理, 器是形跡, 事事物物亦皆有箇形跡. 有道須有器, 有器須有道. 物必有則. 【賀孫】

○172) 且如這箇扇子, 此物也, 便有箇扇子底道理. 扇子是如此做, 做173)合當如此用, 此便是形而上之理. 天地中間, 上是天, 下是地, 中間有許多日月星辰, 山川草木, 人物禽獸, 此皆形而下之器也. 然這形而下之器之中, 便各自有箇道理, 此便是形而上之道. 所謂格物, 便是要就這形而下之器, 窮得那形而上之道理而已, 如何便將形而下之器作形而上之道理得! 飢而食, 渴而飮, '日出而作, 日入而息', 其所以飮食作息者, 皆道之所在也. 若便謂食飮作息者是道, 則不可.

75:108 ▲174) 指器爲道, 固不得, 離器於道, 亦不得. 且如此火是器, 自有道在裏. 【夔孫】

75:109 ▲175)

75:110 ▲176)

---

170) ▲: 問: "'形而上下', 如何以形言?" 曰: "此言最的當. 設若以'有形・無形'言之, 便是物與理相間斷了. 所以謂'截得分明'者, 只是上下之間, 分別得一箇界止分明. 器亦道, 道亦器, 有分別而不相離也." 【謨】

171) ▲: "形而上者謂之道, 形而下者謂之器."

172) ○: 『朱子語類』 62:72의 일부이다.

173) 做: 【附箋紙】 '做'恐衍.

174) ▲: "形而上謂道, 形而下謂器." 這箇在人看始得.

175) ▲: "形而上者"指理而言, "形而下者"指事物而言. 事事物物, 皆有其理, 事物可見, 而其理難知. 卽事卽物, 便要見得此理, 只是如此看. 但要眞實於事物上見得這箇道理, 然後於己有益. "爲人君, 止於仁, 爲人子, 止於孝." 必須就君臣父子上見得此理. 『大學』之道不曰"窮理", 而謂之"格物", 只是使人就實處窮竟. 事事物物上有許多道理, 窮之不可不盡也. 【謨】

176) ▲: "伊川云: '〈形而上者謂之道, 形而下者謂之器〉, 須著如此說.'" 曰: "這是伊川見得分明, 故云'須著如此說.' '形而上者'是理, '形而下者'是物. 如此開說, 方見分明. 如此了, 方說得道不離乎器, 器不遺乎道處. 如爲君, 須止於仁, 這是道

75:111 問: "如何分形・器?" 曰: "'形而上者'是理, 才有作用, 便是'形而下者.'" 問: "陰陽如何是'形而下者'?" 曰: "一物便有陰陽. 寒暖生殺皆見得, 是'形而下者.' ▲[177]." 【祖道】

75:112 "▲[178] 裁也, 行也, 措也, 都只是裁行措這箇道." 曰: "是."

75:113 問"化而裁之謂之變." 曰: "化, 是漸漸移將去, 截斷處便是變. 且如一日是化, 三十日截斷做一月, 便是變." 又曰: "最是律管長短可見." 【胡泳】

75:114 "化而裁之." 化是因其自然而化, 裁是人爲, 變是變了他. 且如一年三百六十日, 須待一日日漸次進去, 到那滿時, 這便是化. 自春而夏, 夏而秋, 秋而冬, 聖人去這裏截做四時, 這便是變. 化不是一日內便頓然恁地底事. 人之進德亦如此. "三十而立", 不是到那三十時便立, 須從十五志學漸漸化去, 方到. 橫渠去這裏說做"化而裁之", 便是這意. 柔變而趨於剛, 剛變[179]而趨於柔, 與這箇意思也只一般. 自陰來做陽, 其勢浸長, 便覺突兀有頭面. 自陽去做陰, 這只是漸漸消化去. 這變化之義, 亦如[180]鬼神屈伸意相似. 【淵 ○▲[181]】

75:115 ▲[182]

理合如此. '爲人臣, 止於敬, 爲人子, 止於孝, 爲人父, 止於慈', 這是道理合如此. 今人不解恁地說, 便不索性. 兩邊說, 怎生說得通?" 【賀孫】

177) ▲: 事物雖大, 皆'形而下者', 堯・舜之事業是也. 理雖小, 皆'形而上者'

178) ▲: '形而上者謂之道'一段, 只是這一箇道理. 但卽形器之本體而離乎形器, 則謂之道, 就形器而言, 則謂之器. 聖人因其自然, 化而裁之, 則謂之變, 推而行之, 則謂之通, 擧而措之, 則謂之事業.

179) 變: 賀本에서는 化로 되어 있다.

180) 如: 『朱子語類』에서는 與로 되어 있다.

181) ▲: 方子錄云: "陽化而爲陰, 只恁消縮去, 無痕跡, 故謂之化. 陰變而爲陽, 其勢浸長, 便覺突兀有頭面, 故謂之變."

182) ▲: 變・化二者不同, 化是漸化, 如自子至亥, 漸漸消化, 以至於無. 如自今日至

75:116 ▲183)如自初九之潛，而爲九二之見，這便是化，就他化處截斷，便是變?” 曰: “然. 化是箇亹亹地去，有漸底意思. 且如而今天氣漸漸地涼將去，到得立秋，便截斷，這已後是秋，便是變.” 問: “如此，則‘裁之’乃人事也.” 曰: “然.” 【榦】

75:117 ▲184)

75:118 ▲185)

75:119 ▲186)如一歲裁爲四時，一時裁爲三月，一月裁爲三十日，一日裁爲十二時，此是變也. 又如陰陽兩爻，自此之彼，自彼之此，若不截斷，則豈有定體? 通，是“通其變.” 將已裁定者而推行之，卽是通. 謂如占得乾之履，便是九三乾乾不息，則是我所行者. 以此而措之於民，則謂之事業也. 【瑩】

75:120 ▲187) 如「堯典」分命羲・和許多事，便是“化而裁之”，到“敬授人時”，便是“推而行之.” 【學履】

75:121 ▲188) “處得恰好處便是通.” 問: “‘往來不窮謂之通’，如何?” 曰: “處得好，便不窮. 通便不窮，不通便窮.” 問: “‘推而行之謂之通’，

來日，則謂之變，變是頓斷有可見處. 橫渠說“化而裁之”一段好. 【瑩】

183) ▲: “橫渠說‘化而裁之謂之變’一句，說得好. 不知『本義』中有否?” 曰: “無.” “但尋常看此一句，只

184) ▲: 問: “‘化而裁之謂之變’，又云‘存乎變’，是如何?” 曰: “上文‘化而裁之’，便喚做變. 下文是說變處見得‘化而裁之.’ 如自初一至三十日便是化，到這三十日裁斷做一月，明日便屬後月，便是變. 此便是‘化而裁之’，到這處方見得.” 【學履】

185) ▲: “化而裁之存乎變”，只在那化中裁截取便是變，如子丑寅卯十二時皆以漸而化，不見其化之之跡. 及亥後子時，便截取是屬明日，所謂變也. 【僩】

186) ▲: “化而裁之存乎變，推而行之存乎通.” 裁，是裁截之義. 謂

187) ▲: “化而裁之”，方是分下頭項，“推而行之”，便是見於事.

188) ▲: 問: “『易』中多言‘變通’，‘通’字之意如何?” 曰:

如何?" 曰: "'推而行之', 便就這上行將去. 且如'亢龍有悔', 是不通▲[189], 處▲[190]無悔, 便是通. 變是就時・就事上說, 通是就上面處得行處說, 故曰'通其變.' 只要常教流通不窮." 問: "如'貧賤・富貴・夷狄・患難', 這是變, '行乎富貴, 行乎貧賤, 行乎夷狄, 行乎患難', 至於'無入而不自得', 便是通否?" 曰: "然."【榦】

「右第十二章」

189) ▲: 了
190) ▲: 得來

『朱子語類』 卷之七十六

「易十二」

「繫辭下」

76:1 問: "'八卦成列', 只是說乾兌離震巽坎艮坤. 先生解云'之類', 如何?" 曰: "所謂'成列'者, 不止只論此橫圖. 若乾南坤北, 又是一列, 所以云'之類.'" 【學履】

76:2 問: "'八卦成列, 象在其中矣', 象, 只是乾兌離震之象, 未說到天地雷風處否?" 曰: "是. 然八卦是一項看, '象在其中', 又是逐箇看." 又問: "成列是自一奇一偶, 畫到三畫處, 其中逐一分, 便有乾兌離震之象否?" 曰: "是." 【學履】

76:3 ▲[1] "變是就剛柔交錯而成卦爻上言, 動是專主當占之爻言. 如二爻變, 則占者以上爻爲言[2], 這上爻便是動處. 如五爻變, 一爻不變, 則占者以不變之爻爲主, 則這不變者便是動處也." 【學履】

76:4 ▲[3] 剛柔者, 陰陽之質, 是移易不得之定體, 故謂之本. 若剛變爲柔, 柔變爲剛, 便是變通之用. 【螢】

---

1) ▲: 問: "'剛柔相推, 變在其中矣. 繫辭焉而命之, 動在其中矣.' '變'字是總卦爻之有往來交錯者言? '動'字是專指占者所值, 當動底爻象而言否?" 曰:

2) 言: 【附箋紙】 '言', 當作'主.'

3) ▲: "剛柔者, 立本者也, 變通者, 趨時者也." 此兩句亦相對說.

76:5 ▲[4] 便與“變化者, 進退之象也, 剛柔者, 晝夜之象也”, 是一樣. 剛柔兩箇是本, 變通只是其往來者.【學履】

76:6 “吉凶者, 貞勝者也.” 這一句最好看. 這箇物事, 常在這裏相勝. 一箇吉, 便有一箇凶在後面來. 這兩箇物事, 不是一定住在這裏底物, 各以其所正爲常. 正, 是說他當然之理, 蓋言其本相如此, 與“利貞”之“貞”一般, 所以說“利貞者, 性情也.” 横渠說得別. 他說道, 貞便能勝得他. 如此, 則下文三箇“貞”字說不通. 這箇只是說吉凶相勝. 天地間一陰一陽, 如環無端, 便是相勝底道理.『陰符經』說“天地之道浸, 故[5]陰陽勝.” “浸”字最下得妙, 天地間不陡頓恁地陰陽勝. 又說那五箇物事在這裏相生相剋, 曰: “五賊在心, 施行於天.” 用不好心去看他, 便都是賊了. “五賊”乃言五性之德, “施行於天”, 言五行之氣. 陳子昂「感遇詩」亦略見得這般意思. 大槩說相勝, 是說他常底. 他以本相爲常.【淵】

76:7 ▲[6] “貞是常恁地, 便是他本相如此.【猶言附子者, 貞熱者也, 龍腦者, 貞寒者也.】 天下只有箇吉凶常相往來.『陰符』云: ‘自然之道靜, 故萬物生, 天地之道浸, 故陰陽勝’, 極說得妙. 靜能生動. ‘浸’是漸漸恁地消去, 又漸漸恁地長. 天地之道, 便是常恁地示人.” ▲[7]【學蒙】

76:8 ▲[8] 如子以前便是夜勝晝, 子以後便是晝勝夜. 觀, 是示人不窮. “貞夫一者也”, 天下常只是有一箇道理. ▲[9]【礪】

---

4) ▲: “剛柔者, 立本者也, 變通者, 趨時者也.”
5) 浸, 故:『小分』에서는 故浸을 교정부호로 바로잡았다.
6) ▲: 問: “‘吉凶者, 貞勝者也’, ‘貞’字便是性之骨.” 曰:
7) ▲:『陰符經』云: “天地萬物之道浸, 故陰陽勝. 陰陽相推, 而變化順矣.”
8) ▲: 貞, 常也. 陰陽常只是相勝.
9) ▲: 又曰: “須是看教字義分明, 方看得下落. 說也只說得到偏傍近處. 貞便是他體處, 常常如此, 所以說‘利貞者, 性情也.’”

76:9 ▲10)

76:10 問: "▲11) 橫渠說如何12)?" 曰: "說貞勝處, 巧矣, 卻恐不如此. 只伊川說作'常'字, 甚佳. 『易傳』解此字多云'正固', 固乃常也, 但不曾發出貞勝之理. 蓋吉凶二義無兩立之理, 迭相爲勝, 非吉勝凶, 則凶勝吉矣, 故吉凶常相勝. 【人傑錄云: "理自如此."】 所以訓'貞'字作'常'者, 貞是正固. 只一'正'字盡'貞'字義不得, 故又著一'固'字. 謂此雖是正, 又須常固守之, 然後爲貞. 在五常屬智, 孟子所謂'知之實, 知斯二者, 弗去是也.' 正, 是知之, 固, 是守之. 徒知之而不能守之, 則不可. 須是知之, 又固守之. 蓋貞屬冬, 大抵北方必有兩件事, 皆如此, 莫非自然, 言之可笑. 如朱雀・青龍・白虎, 只一物, 至玄武, 便龜・蛇二物. 謂如冬至前四十五日, 屬今年, 後四十五日, 便屬明年, 夜分子時前四刻屬今日, 後四刻卽屬來日耳." 【螢 ○人傑錄略.】

76:11 ▲13)

76:12 ▲14) "爻是兩箇交, 又15)看來只是交變之義. 卦, 分明是將一

---

10) ▲: 貞, 只是常. 吉凶常相勝, 不是吉勝凶, 便是凶勝吉. 二者常相勝, 故曰"貞勝." 天地之道則常示, 日月之道則常明. "天下之動貞夫一者也", 天下之動雖不齊, 常有一箇是底, 故曰"貞夫一." 『陰符經』云: "自然之道靜, 故天地萬物生, 天地之道浸, 故剛柔勝." 若不是極靜, 則天地萬物不生. 浸者, 漸也. 天地之道漸漸消長, 故剛柔勝, 此便是"吉凶貞勝"之理. 這必是一箇識道理人說, 其他多不可曉, 似此等處特然好. 【文蔚】

11) ▲: '吉凶貞勝'一段,

12) 如何: 賀本에서는 何如로 되어 있다.

13) ▲: 問張子"貞勝"之說. 曰: "此雖非經意, 然其說自好, 便只行得他底說, 有甚不可? 大凡看人解經, 雖一時有與經意稍遠, 然其說底自是一說, 自有用處, 不可廢也. 不特後人, 古來已如此. 如'元亨利貞', 文王重卦, 只是大亨利於守正而已. 到夫子, 卻自解分作四德看. 文王卦辭, 當看文王意思, 到孔子文言, 當看孔子意思. 豈可以一說爲是, 一說爲非!" 【螢】

14) ▲: 問: "爻者, 效此者也." 曰:

15) 又: 賀本에서는 叉로 되어 있다.

片木畫卦[16]於壁上, 所以爲卦."

76:13 ▲[17] "'像此'·'效此', 此便是乾坤, 象只是像其奇偶."【學蒙】

76:14 ▲[18] 或曰: "陰陽老少在分著楪[19]卦之時, 而吉凶乃見於成卦之後." 曰: "也是如此. 然'內外'字, 猶言先後徵[20]顯."【學履】

76:15 ▲[21]就那動底爻見得. 這"功業"字, 似"吉凶生大業"之業, 猶言事變·庶事相似.【學履】

76:16 "聖人之情見乎辭", 下連接說"天地大德曰生", 此不是相連, 乃各自說去. "聖人之大寶曰位", 後世只爲這兩箇不相對, 有位底無德, 有德底無位, 有位則事事做得.【淵】

76:17 ▲[22]

76:18 問: "人君臨天下, 大小大事, 只言'理財正辭', 如何?" 曰: "是因上文而言. 聚得許多人, 無財何以養之? 有財不能理, 又不得. '正辭', 便只是分別是非." 又曰: "敎化便在'正辭'裏面."【學履】

76:19 "理財·正辭·禁非"是三事. 大槩是別辨[23]是非, 理財, 言你

---

16) 卦: 『朱子語類』에서는 掛로 되어 있다.
17) ▲: 問: "'爻也者, 效此者也', 是效乾坤之變化而分六爻, '象也者, 像此者也', 是象乾坤之虛實而爲奇偶." 曰:
18) ▲: 先生問: "如何是'爻象動乎內, 吉凶見乎外'?"
19) 楪: 『朱子語類』에서는 揲로 되어 있다.
20) 徵: 【附箋紙】"徵"當作"微."
21) ▲: "功業見乎變", 是
22) ▲: "守位曰仁", 釋文"仁"作"人." 伯恭尙欲擔當此, 以爲當從釋文.【淵】
23) 別辨: 『朱子語類』에서는 辨別로 되어 있다.

底還你, 我底還我, 正辭, 言是底說是, 不是底說不是, 猶所謂"正名." 【淵】

「右第一章」

76:20 "仰則觀象於天"一段, 只是陰陽奇偶.【閎祖】

76:21 "觀鳥獸之文, 與地之宜", "近取身, 遠取物", "仰觀天, 俯察地", 只是一箇陰陽. 聖人看這許多般事物, 都不出"陰陽"兩字. 便是「河圖」·「洛書」, 也則是陰陽, 粗說時卽是奇偶. 聖人卻看見這箇上面都有那陰陽底道理, 故說道讀『易』不可恁逼拶他. 歐公只是執定那"仰觀俯察"之說, 便與「河圖」相礙, 遂至不信他.【淵】

76:22 "伏羲'觀鳥獸之文, 與地之宜.' 那時未有文字, 只是仰觀[24]俯察而已. 想得聖人心細, 雖以鳥獸羽毛之微, 也盡察得有陰陽. 今人心粗, 如何察得?" 或曰: "伊川見兔, 曰: '察此亦可以畫卦', 便是此義." 曰: "就這一端上, 亦可以見. 凡草木禽獸, 無不有陰陽. 鯉魚脊上有三千[25]六鱗,【陰數.】 龍脊上有八十一鱗.【陽數.】 龍不曾見, 鯉魚必有之. 又龜背上文, 中間一簇成五段文, 兩邊各挿四段, 共成八段子, 八段之外, 兩邊周圍共有二十四段. 中間五段者, 五行也, 兩邊挿八段者, 八卦也, 周圍二十四段者, 二十四氣也. 箇箇如此. 又如草木之有雌雄, 銀杏·桐·楮·牝牡麻·竹之類皆然. 又樹木向陽處則堅實, 其背陰處必虛軟. 男生必伏, 女生必偃, 其死於水也亦然. 蓋男陽氣在背, 女陽氣在腹也."【楊[26]子雲『太玄』▲[27] 與龜鳥之象." 謂二十八宿也[28].

---

24) 仰觀: 『小分』에서는 觀仰을 교정부호로 바로잡았다.
25) 千: 『朱子語類』에서는 十으로 되어 있다.
26) 楊: 英祖刊本·賀本에서는 揚으로 되어 있다.
27) ▲: 云觀龍虎之文
28) 楊子雲『太玄』▲ 與龜鳥之象." 謂二十八宿也:【附箋紙】云"'觀龍虎之文', 謂二

○僩】

76:23 "以通神明之德, 以類萬物之情", 盡於八卦, 而震巽坎離艮兌又總於乾坤. 曰"動", 曰"陷", 曰"止", 皆健底意思, 曰"入", 曰"麗", 曰"說[29]", 皆順底意思. 聖人下此八字, 極狀得八卦性情盡.【營】

76:24 "蓋取諸益"等, "蓋"字乃模樣是恁地.【淳 ○可學錄云: "'蓋'字有義."】

76:25 "黃帝・堯・舜氏作", 到這時候, 合當如此變. "易窮則變", 道理亦如此. "垂衣裳而天下治", 是大變他以前底事了. 十三卦是大槩說, 則這箇幾卦也是難曉.【淵】

76:26 使民不倦, 須是得一箇人"通其變." 若聽其自變, 如何得?【賀孫】

76:27 "上古結繩而治, 後世聖人易之以書契." 天下事有古未之爲而後人爲之, 因不可無者, 此類是也. 如年號一事, 古所未有. 後來旣置, 便不可廢. 胡文定卻以後世建年號爲非, 以爲年號之美, 有時而窮, 不若只作元年二年. 此殊不然. 三代以前事跡多有不可攷者, 王[30]緣無年號, 所以事無統紀, 難記. 如云某年, 王某月, 箇箇相似, 無理會處. 及漢旣建年號, 於是事乃各有紀屬而可記. 今有年號, 猶自姦僞百出. 若只寫一年二年三年, 則官司詞訟簿曆, 憑何而決? 少間都無理會處. 嘗見前輩說, 有兩家爭田地. 甲家買在元祐幾年, 乙家買在前. 甲家遂將"元"字改擦作"嘉"字, 乙家則將出文字又在嘉祐之先, 甲家遂又將嘉祐字塗擦作皇祐. 有年號了, 猶自被人如此, 無後如何!【僩】

十八宿也."

29) 說: 成化本・賀本에서는 悅로 되어 있다.

30) 王: 『朱子語類』에서는 正으로 되어 있다.

76:28 結繩, 今溪洞諸蠻猶有此俗. 又有刻板者, 凡年月日時, 以至人馬糧草之數, 皆刻板爲記, 都不相亂.【僩】

「右第二章」

76:29 ▲[31)]

76:30 "『易』也者, 象也, 象也者, 像也." 只是髣髴說, 不可求得太深. 程先生只是見得道理多後, 卻須將來寄搭在上面說.【淵】

76:31 "『易』者, 象也", 是總說起, 言『易』不過只是陰陽之象. 下云: "像也", "材也", "天下之動也", 則皆是說那上面"象"字.【學履】

「右第三章」

76:32 "二君一民", 試教一箇民有兩箇君, 看是甚模樣!【淵】

「右第四章」

76:33 "天下何思何慮"一句, 便是先打破那箇"思"字, 卻說"同歸殊塗, 一致百慮." 又再說"天下何思何慮", 謂何用如此"幢幢[32)]往來", 而爲此朋從之思也. 日月寒暑之往來, 尺蠖龍蛇之屈伸, 皆是自然底道理, 不往則不來, 不屈則亦不能伸也. 今之爲學, 亦只是如此. "精義入神", 用力於內, 乃所以"致用"乎外, "利用安身", 求利於外, 乃所以"崇德"乎

31) ▲: 林安卿問: "'『易』者, 象也, 象也者, 像也.' 四句莫只是解箇'象'字否?" 曰: "'象'是解'易'字, '像'又是解'象'字, '材'又是解'象'字. 末句意亦然."【義剛】
32) 幢幢: 【附箋紙】'幢'作'憧.'

內. 只是如此做將去. 雖至於"窮神知化"地位, 亦只是德盛仁熟之所致, 何思何慮之有!【謨】

76:34 ▲33) 何不云'殊塗而同歸, 百慮而一致'?" 曰: "也只一般. 但他是從上說下, 自合如此."【學蒙】

76:35 乾乾不息者體, 日往月來, 寒來暑往者用. 有體則有用, 有用則有體, 不可分先後說.【僩】

76:36 ▲34) 此是言自然而然. 如"精義入神", 自然"致用", "利用安身", 自然"崇德."【節】

76:37 ▲35) "此只說得一頭. 尺蠖若不屈, 則不信得身, 龍蛇若不蟄, 則不伏得氣, 如何存得身? '精義入神', 疑與行處不相關, 然而見得道理通徹, 乃所以'致用.' '利用安身'亦疑與'崇德'不相關, 然而動作得其理, 則德自崇. 天下萬事萬變, 無不有感通往來之理." 又曰: "'日往則月來'一段, 乃承上文'憧憧往來'而言. 往來皆人所不能無者, 但憧憧則不可."【學蒙】

76:38 ▲36) 大底有大底闔闢消息, 小底有小底闔闢消息, 皆只是這道理.【砥】

76:39 或問: "'尺蠖之屈, 以求信也', 伊川說是感應, 如何?" 曰: "屈

---

33) ▲: 問: "'天下同歸殊塗, 一致百慮',

34) ▲: "天下何思何慮"一段,

35) ▲: 問: "'天下同歸而殊塗'一章, 言萬變雖不同, 然皆是一理之中所自有底, 不用安排." 曰:

36) ▲: "尺蠖之屈以求信, 龍蛇之蟄以藏身, 精義入神以致用, 利用安身以崇德." 大凡這箇, 都是一屈一信, 一消一息, 一往一來, 一闔一闢.

一屈便感得那信底, 信又感得那屈底, 如呼吸・出入・往來皆是."

76:40 ▲[37] 精研義理, 無毫釐絲忽之差, 入那神妙處, 這便是要出來致用, 外面用得利而身安, 乃所以入來自崇己德. "致用"之"用", 卽是"利用"之"用." 所以橫渠云: "'精義入神', 事豫吾內, 求利吾外, '利用安身', 素利吾外, 致養吾內." "事豫吾內", 言曾到這裏面來.【淵 ○至錄略.】

76:41 且如"精義入神", 如何不思? 那致用底卻不必思. 致用底是事功, 是效驗.【淵】

76:42 "入神", 是到那微妙人不知得處.【一事一理上. ○淵】

76:43 "利用安身." 今人循理, 則自然安利, 不循理, 則自然不安利.【升卿】

76:44 "未之或知", 是到這裏不可奈何. "窮神知化", 雖不從這裏面出來, 然也有▲[38]箇[39]意思.【淵】

76:45 ▲[40] 這"德"字, 只是上面"崇德"之"德." 德盛後, 便能"窮神知化", 便如"聰明睿知皆由此出", "自誠而明"相似.【淵】

76:46 ▲[41] 化, 是逐些子挨將去底. 一日復一日, 一月復一月, 節節挨將去, 便成一年, 這是化. 神, 是一箇物事, 或在彼, 或在此. 當在陰

37) ▲: 尺蠖屈, 便要求伸, 龍蛇蟄, 便要存身.
38) ▲: 這
39) 箇:【附箋紙】'箇'上脫'這'字.
40) ▲: "窮神知化, 德之盛也."
41) ▲: "窮神知化",

時, 全體在陰, 在陽時, 全體在陽. 都只是這一物, 兩處都在, 不可測, 故謂之神. 橫渠云: "一故神, 兩故化." 又注云: "兩在, 故不測." 這說得甚分曉.【淵】

76:47 ▲42)石不能動底物, ▲43) 自是不須去動他. 若只管去用力, 徒自困耳."【學蒙錄云: "'且以事言, 有着力不得處. 若只管着力去做, 少間做不成, 他人卻道自家無能, 便是辱了.' 或曰: '若在其位, 則只得做', 曰: '自是如此.'"】 曰: "爻意, 謂不可做底, 便不可入頭去做."【學履 ○學蒙錄詳.】

76:48 "公用射隼", 孔子是發出言外意.【學蒙】

76:49 問: "危者以其位爲可安而不知戒懼, 故危, 亡者以其存爲可常保, 是以亡, 亂者是自有其治, 如'有其善'之'有', 是以亂." 曰: "某舊也如此說. 看來'保'字說得較牽强, 只是常有危亡與亂之意, 則可以'安其位, 保其存, 有其治.'"

76:50 ▲44)

76:51 "▲45)'幾'字, 只爭些子. 凡事未至而空說, 道理易見, 事已至而顯然, 道理也易見. 惟事之方萌, 而動之微處, 此最難見." 或問: "'幾者動之微', 何以獨於上交下交言之?" 曰: "上交要恭遜, 才恭遜, 便不知不覺有箇諂底意思在裏, '下交不瀆', 亦是如此. 所謂'幾'者, 只才

---

42) ▲: 問: "'非所困而困焉, 名必辱', 大意謂

43) ▲:【學蒙錄作: "挨動不得底物事."】

44) ▲:『易』曰: "知幾其神乎!" 便是這事難. 如"邦有道, 危言危行, 邦無道, 危行言孫." 今有一樣人, 其不畏者, 又言過於直, 其畏謹者, 又縮做一團, 更不敢說一句話, 此便是不曉得那幾. 若知幾, 則自中節, 無此病矣. "君子上交不諂, 下交不瀆." 蓋上交貴於恭, 恭則便近於諂, 下交貴和易, 和則便近於瀆. 蓋恭與諂相近, 和與瀆相近, 只爭些子, 便至於流也.【僩】

45) ▲: "'君子上交不諂, 下交不瀆', 下面說'幾.' 最要看箇

覺得近諂近瀆, 便勿令如此, 此便是'知幾.' '幾者, 動之微, 吉之先見者也.' 『漢書』引此句, '吉'下有'凶'字. 當有'凶'字." 【僩】

76:52 蓋人之情, 上交必諂, 下交必瀆, 所爭只是些子. 能於此而察之, 非'知幾'者莫能. 【上交著些取奉之心, 下交便有傲慢之心, 皆是也.】

76:53 "幾者動之微", 是欲動未動之間, 便有善惡, 便須就這處理會. 若到發出處, 更怎生奈何得! 所以聖賢說愼獨, 便是要就幾微處理會. 【賀孫】

○[46] 又問: "伊川解'知微知彰, 知柔知剛', 云: '知微則知彰, 知柔則知剛', 如何?" 曰"只作四截看, 較闊, 言君子無所不知." 良久, 笑云: "向時有箇人出此語, 令楊大年對, 楊應聲云: '小人不恥不仁, 不畏不義. 【義剛】

76:54 ▲[47]

76:55 ▲[48]

76:56 問: "伊川作'見微則知彰矣, 見柔則知剛矣', 其說如何?" 曰: "也好. 看來只作四件事, 亦自好. 旣知微, 又知彰, 旣知柔, 又知剛, 言其無所不知, 以爲萬民之望也." 【學蒙】

---

46) ○: 『朱子語類』 74:158의 일부이다.

47) ▲: 魏問"幾者, 動之微, 吉之先見者也." 曰: "似是漏字. 『漢書』說: '幾者, 動之微, 吉凶之先見者也.' 似說得是. 幾自是有善有惡. 君子見幾, 亦是見得, 方舍惡從善, 不能無惡." 又曰: "『漢書』上添字, 如'豈若匹夫匹婦之爲諒, 自經於溝瀆, 而人莫之知也!' 添箇'人'字, 似是." 【賀孫】

48) ▲: "知微, 知彰, 知柔, 知剛", 是四件事. 【學履】

76:57 ▲[49]

76:58 ▲[50] 今人只知"知之未嘗復行"爲難, 殊不知"有不善未嘗不知"是難處. 今人亦有說道知得這箇道理, 及事到面前, 又卻只隨私欲做將去, 前所知者都自忘了, 只爲是不曾知.【銖】

76:59 ▲[51]顏子天資好, 如至情[52]之水, 纖芥必見.【蓋卿】

76:60 ▲[53]

76:61 ▲[54] "致一", 專▲[55]也. 惟專一, 所以能絪縕, 若不專一, 則各自相離矣. ▲[56]

76:62 ▲[57] 天地男女, 都是兩箇方得專一, 若三箇便亂了. 三人行, 減了一箇, 則是兩箇, 便專一. 一人行, 得其友, 成兩箇, 便專一. 程先生說初與二, 三與上, 四與五, 皆兩相與. 自說得好. ▲[58]【學蒙】

76:63 橫渠云: "'艮三索而得男', 乾道之所成, '兌三索而得女', 坤道之所成, 所以損有男女構精之義." 亦有此理.

---

49) ▲: "其殆庶幾乎!" 殆, 是幾乎之義. 又曰: "是近." 又曰: "殆是危殆者, 是爭些子底意思." 又曰: "或以'幾'字爲因上文'幾'字而言. 但『左傳』與『孟子』'庶幾'兩字, 都只做'近'字說."

50) ▲: 顏子'有不善未嘗不知, 知之未嘗復行."

51) ▲: "有不善未嘗不知, 知之未嘗復行." 直是

52) 情:【附箋紙】'情'當作'淸.'

53) ▲: "天地絪縕", 言氣化也, "男女構精", 言形化也.【端蒙】

54) ▲: "天地絪縕, 萬物化醇."

55) ▲: 一

56) ▲: 化醇, 是已化後. 化生, 指氣化而言, 草木是也.【僩】

57) ▲: "致一", 是專一之義, 程先生言之詳矣.

58) ▲: "初・二二陽, 四・五二陰, 同德相比, 三與上應, 皆兩相與."

「右第五章」

76:64 “乾坤,『易』之門”, 不是乾坤外別有『易』, 只『易』便是乾坤, 乾坤便是『易』. 似那兩扇門相似, 一扇開, 便一扇閉. 只是一箇陰陽做底, ▲59) 【淵】

76:65 ▲60) 六十四卦, 只是這一箇陰陽闔闢而成. 但看他下文云: ‘乾, 陽物也, 坤, 陰物也, 陰陽合德, 而剛柔有體’, 便見得只是這兩箇.” 【學蒙】

76:66 “乾, 陽物, 坤, 陰物.” 陰陽, 形而下者, 乾坤, 形而上者. 【道夫】

76:67 “天地之撰”, 撰, 卽是說他做處. 【淵 ○營錄云: “撰是所爲.”】

76:68 問“‘其稱名▲61) 是指「繫辭」而言? 是指卦名而言?” 曰: “他後面兩三番說名後, 又擧九卦說, 看來只是謂卦名.” 又曰: “「繫辭」自此以後皆難曉.” 【學蒙】

76:69 “‘於稽其類’, 一本作‘於稽【音啓.】其𩔗’, 又一本‘於’作‘烏62)’, 不知如何.” 曰: “但不過是說稽考其事類.” 【淵】

76:70 “其衰世之意邪?” 伏羲畫卦時, 這般事都已有了, 只是未曾經曆63). 到文王時, 世變不好, 古來未曾有底事都有了, 他一一經曆64)這

---

59) ▲: 如“闔戶謂之坤, 闢戶謂之乾.”
60) ▲: 問: “‘乾坤, 易之門’, 門者, 是六十四卦皆由是出, 如‘兩儀生四象’, 只管生出邪? 爲是取闔闢之義邪?” 曰: “只是取闔闢之義.
61) ▲: 也雜而不越’,
62) 烏: 【附箋紙】‘烏’當作‘烏.’

崎嶇萬變過來, 所以說出那卦辭. 如"箕子之明夷", 如"入於左腹, 獲明夷之心於出門庭." 此若不是經曆[65], 如何說得!【淵】

76:71 "彰往察來." 往者如陰陽消長, 來者事之未來吉凶.【僩】

76:72 問: "▲[66] 如'神以知來, 知以藏往'相似. 往, 是已定底, 如天地陰陽之變, 皆已見在這卦上了, 來, 謂方來之變, 亦皆在這上." 曰: "是."【學蒙】

76:73 ▲[67] 幽來[68]不可見, 便就這顯處說出來, 顯者便就上面尋其不可見底, 教人知得. 又曰: "如'顯道, 神德行'相似."【學蒙】

76:74 ▲[69] 便是"顯道, 神德行." 德行顯然可見者, 道不可見者. "微顯闡幽", 是將道來事上看, 言那箇雖是麤底, 然皆出於道義之蘊.【"潛龍勿用", 顯也. "陽在下也", 只是就兩頭說.】 微顯所以闡幽, 闡▲[70]所以微顯[71], 只是一箇物事.【僩】

76:75 將那道理來事物上與人看, 就那事物上推出那裏面有這道理.【"微顯闡幽" ○僩】

「右第六章」

---

63) 曆:【附箋紙】'曆'作'歷.'
64) 曆:【附箋紙】'曆'作'歷.'
65) 曆:【附箋紙】'曆'作'歷.'
66) ▲: '彰往察來',
67) ▲: "微顯闡幽."
68) 來:『朱子語類』에서는 者로 되어 있다.
69) ▲: "微顯闡幽",
70) ▲: 幽
71) 所以微顯:【附箋紙】'所以微顯'上脫'幽'字.

76:76 因論『易』九卦, 云: "聖人道理, 只在口邊, 不是安排來. 如九卦, 只是偶然說到此, 而今人便要說, 如何不說十卦? 又如何不說八卦? 便從九卦上起義, 皆是胡說. 且如'履, 德之基', 只是要以踐履爲本. '謙, 德之柄', 只是要謙退, 若處患難而矯亢自高, 取福[72)]必矣. '履[73)], 德之本', 如孟子所謂'自反.' '困, 德之辨', 困而通, 則可辨其是, 困而不通, 則可辨其非. 損是'懲忿窒慾.' 益是修德益令廣大. '巽, 德之制', '巽以行權', 巽只是低心下意. 要制事, 須是將心入那事裏面去, 順他道理方能制事, 方能行權. 若心麤, 只從事皮膚上綽過, 如此行權, 便就錯了. 巽, 伏也, 入也." 【學蒙】

76:77 三陳九卦, 初無他意. 觀上面"其有憂患"一句, 便見得是聖人說處憂患之道. 聖人去這裏偶然看見這幾卦有這箇道理, 所以就這箇說去. 若論到底, 睽蹇皆是憂禍患底事, 何故卻不說? 以此知只是聖人偶然去這裏見得有此理, 便就這裏說出. 聖人視『易』, 如雲行水流, 初無定相, 不可確定他. 在『易』之序, 履卦當在第十, 上面又自不說乾・坤. 【淵】

76:78 ▲[74)] 天下道理只在聖人口頭, 開口便是道理, 偶說此九卦, 意思自足. 若更添一卦也不防[75)], 更不說一卦也不防[76)]. 只就此九卦中, 亦自儘有道理. 且『易』中儘有處憂患底卦, 非謂九卦之外皆非所以處憂患也. 若以困爲處憂患底卦, 則屯蹇非處憂患而何? 觀聖人之經, 正不當如此. 後世拘於象數之學者, 乃以爲九陽數, 聖人之擧九卦, 合此數也, 尤泥而不通矣!" 旣論九卦之後, 因言: "今之談經者, 往

72) 福: 【附箋紙】'福'當作'禍.'
73) 履: 英祖刊本・成化本・賀本에서는 復으로 되어 있다.
74) ▲: 鄭仲履問: "『易』「繫」云: '作『易』者, 其有憂患乎!' 如何止取九卦?" 曰: "聖人論處憂患, 偶然說此九卦耳.
75) 防: 【附箋紙】二"防"字, 皆當作"妨."
76) 防: 【附箋紙】二"防"字, 皆當作"妨."

往有四者之病, 本卑也, 而抗之使高, 本淺也, 而鑿[77]之使深, 本近也, 而推之使遠, 本明也, 而必使至於晦, 此今日談經之大患也!"【蓋卿】

76:79 ▲[78]

76:80 問: "巽何以爲'德之制'?" 曰: "巽爲資斧, 巽多作斷制之象. 蓋'巽'字之義, 非順所能盡, 乃順而能入之義. 謂巽一陰入在二陽之下, 是入細直徹到底, 不只是到皮子上, 如此方能斷得殺. 若不見得盡, 如何可以'行權'!"【罃】

76:81 ▲[79] "井有本, 故澤及於物, 而井未嘗動, 故曰'居其所而遷.' 如人有德, 而後能施以及人, 然其德性未嘗動也. '井以辨義', 如人有德, 而其施見於物, 自有斟酌裁度."【礪】

76:82 "損先難而後易", 如子産爲政, 鄭人歌之曰: "孰殺子産, 吾其與之!" 及三年, 人復歌而誦之. 蓋事之初, 在我亦有所勉强, 在人亦有所難堪, 久之當事理, 順人心, 這裏方易. 便如"利者, 義之和"一般. ▲[80] 其難者, 乃所以爲易也. "益, 長裕而不設", 長裕只是一事, 但充長自家物事敎寬裕而已. "困窮而通", 此因困卦說"澤無水, 困, 君子以

---

77) 鑿: 英祖刊本・成化本・賀本에서는 鑿으로 되어 있다.

78) ▲: 三說九卦, 是聖人因上面說憂患, 故發明此一項道理, 不必深泥. 如"困, 德之辨", 若說蹇屯亦可, 蓋偶然如此說. 大抵『易』之書, 如雲行水流, 本無定相, 確定說不得. 揚子雲『太玄』一爻吉, 一爻凶, 相間排將去, 七百三十贊乃三百六十五日之晝夜, 晝爻吉, 夜爻凶, 又以五行參之, 故吉凶有深淺, 毫髮不可移, 此可爲典要之書也. 聖人之『易』, 則有變通. 如此卦以陽居陽則吉, 他卦以陽居陽或不爲吉, 此卦以陰居陰則凶, 他卦以陰居陰或不爲凶. 此"不可爲典要"之書也.【方子】

79) ▲: 問"井, 德之地." 曰:

80) ▲: 義是一箇斷制物事, 恰似不和, 久之事得其宜, 乃所以爲和. 如萬物到秋, 許多嚴凝肅殺之氣似可畏. 然萬物到這裏, 若不得此氣收斂凝結許多生意, 又無所成就.

致命遂志", 蓋此是"致命遂志"之時, 所以困之[81]象曰: "險以說, 困而不失其所亨, 其惟君子乎!" 蓋處困而能說也. 困而寡怨, 是得其處困之道, 故無所怨於天, 無所尤於人, 若不得其道, 則有所怨尤矣. "井居其所而遷", 井是不動之物, 然其水卻流行出去利物. "井以辨義", 辨義謂安[82]而能慮, 蓋守得自家先定, 方能辨事之是非. 若自家心不定, 事到面前, 安能辨其義也? '巽稱而隱', 巽是箇卑巽底物事, 如"兌見而巽伏也", 自是箇隱伏底物事. 蓋巽一陰在下, 二陽在上, 陰初生時, 已自稱量得箇道理了, 不待顯而後見. 如事到面前, 自家便有一箇道理處置他, 不待發露出來. 如云: "尊者於己踰等, 不敢問其年." 蓋才見箇尊長底人, 便自不用問其年, 不待更計其年, 然後方稱量合問與不合問也. "稱而隱", 是巽順恰好底道理. 有隱而不能稱量者, 有能稱量而不能隱伏不露形跡者, 皆非巽之道也. "巽, 德之制也", "巽以行權", 都是此意. 【僩】

76:83 ▲[83]'稱'字宜音去聲, 爲稱物之義." ▲[84]問: "巽有優游巽入之義, 權是仁精義熟, 於事能優游以入之意." 曰: "是." ▲[85]曰: "巽是入細底意, 說在九卦之後, 是八卦事了, 方可以行權. 某前時以稱揚爲說, 錯了." 【學蒙】

76:84 ▲[86] "隱, 不見也. 如風之動物, 無物不入, 但見其動而不見其形. 權之用, 亦猶是也. 昨得潘恭叔書, 說滕文公問'間於齊・楚', 與'竭力以事大國'兩段, 『注』云'蓋遷國以圖存者, 權也, 效死勿去者, 義也', '義'字當改作'經.' 思之誠是. 蓋義便近權, 如或可如此, 或可如彼,

81) 之: 成化本・賀本에서는 之가 없다.
82) 謂安: 『小分』에서는 安謂를 교정부호로 바로잡았다.
83) ▲: 問"巽稱而隱." 曰: "以'巽以行權'觀之, 則
84) ▲: 又
85) ▲: 又
86) ▲: 問: "'巽稱而隱', '隱'字何訓?" 曰:

皆義也, 經則一定而不易. 旣對'權'字, 須著用'經'字."【僩】

76:85 ▲[87)]

76:86 ▲[88)]有定體不動, 然水卻流行出去不窮, 猶人心有持守不動, 而應變則不窮也. '德之地也', 地是那不動底地頭." ▲[89)] 又曰: "佛家有函蓋乾坤句, 有隨波逐流句, 有截斷衆流句. 聖人言語亦然. 如'以言其遠則不禦, 以言其邇則靜而正', 此函蓋乾坤句也. 如'井以辨義'等句, 只是隨道理說將去, 此隨波逐流句也. 如'復其見天地之心', '神者妙萬物而爲言', 此截斷衆流句也."【僩】

76:87 ▲[90)]見得道理精熟後, 於物之精微委曲處無處不入, 所以說'巽以行權'[91)]."【僩】

76:88 ▲[92)]

76:89 ▲[93)]

76:90 ▲[94)] 權是隱然做底物事, 若顯然底做, 卻不成行權.【淵】

---

87) ▲: 問"井以辨義." 曰: "只是'井居其所而遷', 大小多寡, 施之各當."【罃】
88) ▲: 或問"井以辨義"之義. 曰: "'井居其所而遷.'" 又云: "'井, 德之地也', 蓋井
89) ▲: 一本云: "是指那不動之處."
90) ▲: 才卿問"巽以行權." 曰: "權之用, 便是如此.
91) 所以說'巽以行權': 徽州本에서는 이 뒤에 巽, 風也. 猶風之動物, 無處不入. 但見其動而不見其形. 權之用亦猶是也가 더 들어 있다.
92) ▲: 問: "'巽以行權', 權, 是逶迤曲折以順理否?" 曰: "然. 巽有入之義. '巽爲風', 如風之入物. 只爲巽, 便能入義理之中, 無細不入." 又問: "'巽稱而隱', 隱亦是入物否?" 曰: "隱便是不見處."【文蔚】
93) ▲: 鄭仲履問: "'巽以行權', 恐是神道?" 曰: "不須如此說. 巽只是柔順, 低心下意底氣象. 人至行權處, 不少巽順, 如何行得? 此外八卦各有所主, 皆是處憂患之道."【蓋卿】
94) ▲: "巽以行權." "兌見而巽伏."

「右第七章」

76:91 問: "『易』之所言, 無非天地自然之理, 人生日用之所不能須臾離者, 故曰'不可遠.'" 曰: "是." 【學蒙】

76:92 "旣有典常", 是一定了. 占得這爻了, 吉凶自定, 便是"有典常." 【淵】

76:93 『易』"不可爲典要." 『易』不是確定硬本子. 楊[95]雄『太玄』却是可爲典要. 他排定三百五十四贊當晝, 三百五十四贊當夜, 晝底吉, 夜底凶, 吉之中又自分輕重, 凶之中又自分輕重. 『易』卻不然. 有陽居陽爻而吉底, 又有凶底, 有陰居陰爻而吉底, 又有凶底, 有有應而吉底, 有有應而凶底, 是"不可爲典要"之書也. 是有那許多變, 所以如此. 【淵】

76:94 問: "據文勢, 則'內外使知懼'合作'使內外知懼', 始得." 曰: "是如此. 不知這兩句是如何. 硬解時也解得去, 但不曉其意是說甚底, 上下文意都不相屬." 又曰: "上文說'不可爲典要', 下文又說'旣有典常', 這都不可曉. 常, 猶言常理." 【學蒙】

76:95 使"知懼", 便是使人有戒懼之意. 『易』中說如此則吉, 如此則凶, 是也. 旣知懼, 則雖無師保, 一似臨父母相似, 常恁地戒懼. 【淵】

「右第八章」

76:96 "其初難知", 至"非其中爻不備", 若解, 也硬解了, 但都曉他意

95) 楊: 英祖刊本・成化本・賀本에서는 揚으로 되어 있다.

不得. 這下面卻說一箇"噫"字, 都不成文章, 不知是如何. 後面說"二與四同功", "三與五同功", 卻說得好. 但"不利遠者", 也曉不得.【學蒙】

76:97 問"雜物撰德, 辨是與非, 則非其中爻不備." 曰: "這樣處曉不得, 某常疑有闕文. 先儒解此多以爲互體, 如屯卦震下坎上, 就中間四爻觀之, 自二至四則爲坤, 自三至五則爲艮, 故曰'非其中爻不備.' 互體說, 漢儒多用之. 『左傳』中一處說占得觀卦處亦舉得分明. 看來此說亦不可廢."【學履】

76:98 問: "'其要無咎, 其用柔中也.' 近君則當柔和, 遠去則當有強毅剛果之象始得, 此二之所以不利, 然而居中, 所以無咎." 曰: "也是恁地說."

76:99 ▲[96] "四二, 則四貴而二賤, 五三, 則五貴而三賤, 上初, 則上貴而初賤. 上雖無位, 然本是貴重, 所謂'貴而無位, 高而無民.' 在人君則爲天子父, 天子師, 在他人則淸高而在物外, 不與事者, 此所以爲貴也."【銖】

「右第九章」

76:100 ▲[97] "'道有變動', 不是指那陰陽老少之變, 是說卦中變動. 如乾卦六畫, 初潛, 二見, 三惕, 四躍[98], 這箇便是有變動, 所以謂之爻. 爻中自有等差, 或高, 或低, 或遠, 或近, 或貴, 或賤, 皆謂之等, ▲[99] 如說'遠近相取, 而悔吝生', '近而不相得, 則凶', '二與四同功而異位, 二多譽, 四多懼, 近也', '三與五同功而異位, 三多凶, 五多功,

96) ▲: 問: "上下貴賤之位, 何也?" 曰:
97) ▲: 問: "道有變動, 故曰'爻', 爻有等, 故曰'物', 物相雜, 故曰'文.'" 曰:
98) 雖: 【附箋紙】'雖'當作'躍.'
99) ▲: 『易』中便可見.

貴賤之等也.'" 又曰: "'列貴賤者存乎位', 皆是等也. 物者, 想見古人占卦, 必有箇物事名爲'物', 而今亡矣. 這箇物, 是那列貴賤, 辨尊卑底. '物相雜故曰〈文〉', 如有君又有臣, 便有[100]君臣之文. 是兩物相對待在這裏, 故有文, 若相離去不相干, 便不成文矣. 卦中有陰爻, 又有陽爻相間錯, 則爲文. 若有陰無陽, 有陽無陰, 如何得有[101]文?" 【學履】

「右第十章」

76:101 "'其辭危', 是有危懼之意, 故危懼者能使之安平, 慢易者能使之傾覆. 『易』之書, 於萬物之理無所不具, 故曰'百物不廢.' '其要', 是約要之義. 若作平聲, 則是要其歸之意." 又曰: "'要'去聲, 是要恁地, '要'平聲, 是這裏取那裏意思." 又曰: "其要只欲無咎."

「右第十一章」

76:102 ▲[102] 正要人知險而不進, 不說是恃[103]我至健順了, 凡有險阻, 只認冒進而無難. 如此, 大非聖人作『易』之意. 觀上文云: '『易』之興也, 其當殷之末世, 周之盛德邪!'至'此之謂『易』之道也', 看他此語, 但是恐懼危險, 不敢輕進之意. 乾之道便是如此. 卦中皆然, 所以多說'見險而能止', 如需卦之類可見. 『易』之道, 正是要人知進退存亡之道. 若是[104]冒險前進, 必陷於險, 是'知進而不知退, 知存而不知亡', 豈乾之道邪! 惟其至健而知險, 故止於險而不陷於險也." 又曰: "此是就人

---

100) 有: 【附箋紙】第三'有'字, 當作'爲.'

101) 得有: 『小分』에서는 有得을 교정부호로 바로잡았다.

102) ▲: 或問: "乾是至健不息之物, 經歷艱險處多. 雖有險處, 皆不足爲其病, 自然足以進之而無難否?" 曰: "不然. 舊亦嘗如此說, 覺得終是硬說. 『易』之書本意不如此,

103) 恃: 賀本에는 없다.

104) 是: 賀本에서는 如로 되어 있다.

事上說." 又曰: "險與阻不同, 險是自上視下, 見下之險, 故不敢行, 阻是自下觀上, 爲上所阻, 故不敢進."【僩 ○學履錄少異.】

76:103 ▲[105] 恰如良馬, 他才遇險阻處, 便自不去了. 如人臨懸崖之上, 若說不怕險, 要跳下來, 必跌殺." 良久, 又曰: "此段專是以憂患之際而言. 且如健當憂患之際, 則知險之不可乘, 順當憂患之際, 便知阻之不可越. 這都是當憂患之際, 處憂患之道當如此. 因憂患, 方生那知險知阻. 若只就健順上看, 便不相似. 如下文說'危者使平, 易者使傾', '能說諸心, 能研諸慮', 皆因憂患說. 大要乾坤只是循理而已. 他若知得前有險之不可乘而不去, 則不陷於險, 知得前有阻之不可冒而不去, 則不困於阻. 若人不循理, 以私意行乎其間, 其過乎剛者, 雖知險之不可乘, 卻硬要乘, 則陷於險矣, 雖知阻之不可越, 卻硬要越, 則困於阻矣. 只是順理, 便無事." 又問: "在人固是如此. 以天地言之, 則如何?" 曰: "在天地自是無險阻, 這只是大綱說箇乾坤底意思如此." 又曰: "順自是畏謹, 宜其不越夫阻. 如健, 卻宜其不畏險, 然卻知險而不去, 蓋他當憂患之際故也." 又問"簡易." 曰: "若長是易時, 更有甚麼險? 他便不知險矣. 若長是簡時, 更有甚麼阻? 他便不知阻矣. 只是當憂患之際方見得."【僩】

76:104 ▲[106]聖人無冒險之事, 須是知險, 便不進向前去. 又曰: "他只是不直撞向前, 自別有一箇路去. 如舜之知子不肖, 則以天下授禹相似." 又曰: "這只是說剛健之理如此, 莫硬去天地上說."

76:105 ▲[107] 非是說那定位底險阻. 乾是箇至健底物, 自是見那物事皆低, 坤是至順底物, 自是見那物事都大." 敬子云: "如云'能勝物之

---

105) ▲: 問"夫乾, 天下之至健也, 德行"至"知阻." 曰: "不消先說健順. 好底物事, 自是知險阻.
106) ▲: "乾, 天下之至健", 更著思量. 看來
107) ▲: 因說: "乾坤知險阻,

謂剛, 故常伸[108]於萬物之上'相似." 曰: "然. 如云'膽欲大而心欲小.' 至健'恒易以知險', 如'彼[109]欲大', 至順'恒簡以知阻', 如'心欲小.' 又如云'大心則天而道, 小心則畏義而節'相似." 李云: "如人欲渡, 若風濤洶湧, 未有要緊, 不渡也不妨. 萬一有君父之急, 也只得渡." 曰: "固是如此, 只是未說到這裏在. 這箇又是說處那險阻, 聖人固自[110]有道以處之. 這裏方說知險阻, 知得了方去處他." 問: "如此, 則乾之所見無非險, 坤之所見無非阻矣." 曰: "不然. 他是至健底物, 自是見那物事底. 如人下山坂, 自上而下, 但見其險, 而其行也易. 坤是至順底物, 則自下而上, 但見其阻. 險阻只是一箇物事, 一是自上而視下, 一是自下而視上. 若見些小險便止了, 不敢去, 安足爲健? 若不顧萬仞之險, 只認[111]從上面擂將下, 此又非所以爲乾. 若見些小阻便止了, 不敢上去, 固不是坤. 若不顧萬仞之阻, 必欲上去, 又非所以爲坤."【所說險阻, 與『本義』異. ○僩】

76:106 ▲[112]

76:107 ▲[113] 惟其簡易, 所以知險阻而不去." 敬子云: "今行險僥倖之人, 雖知險阻, 而猶冒昧以進. 惟乾坤德行本自簡易, 所以知險阻."【僩】

76:108 ▲[114] "乾健, 則看什麼物都剌【音悚[115].】 將過去. 坤則有

---

108) 伸: 成化本・賀本에서는 信으로 되어 있다.
109) 彼: 【附箋紙】'彼', 當作'膽.'
110) 自: 賀本에서는 是로 되어 있다.
111) 認: 英祖刊本・賀本에서는 恁으로 되어 있다.
112) ▲: 乾健而以易臨下, 故知下之險, 險底意思在下. 坤順而以簡承上, 故知上之阻, 阻是自家低, 他卻高底意思. 自上面下來, 到那去不得處, 便是險, 自下而上, 上到那去不得處, 便是阻.『易』只是這兩箇物事. 自東而西, 也是這箇, 自西而東, 也是這箇. 左而右, 右而左, 皆然.【淵】
113) ▲: 因言乾坤簡易, "知險知阻", 而曰: "知險阻, 便不去了.
114) ▲: 問"乾常易以知險, 坤常簡以知阻." 曰:

阻處便不能進, 故只[116]是順, 如上壁相似, 上不得, 自是住了." ▲[117]【或錄云: "乾到險處便止不行, 所以爲常易." ○學蒙】

76:109 ▲[118] 健則遇險亦易, 順則還阻亦簡. 然易則可以濟險, 而簡亦有可涉阻之理."【螢】

○[119] 如"乾知險, 坤知阻", 何故乾言險? 坤言阻? 舊因登山, 曉得自上而下來方見險處, 故以乾言, 自下而上去, 方見阻處, 故以坤言.【淳】

76:110 ▲[120]自高而下, 愈覺其險, 乾以險言者如此, 自下而升, 自是阻礙在前, 坤以阻言者如此.【謨】

76:111 ▲[121]

76:112 ▲[122] "夫乾, 夫坤"一段, 也似上面"知大始, 作成物"意思. "說諸心", 只是見過了便說, 這箇屬陽, "研諸慮", 是硏窮到底, 似那"安而能慮", 直是子細, 這箇屬陰. "定吉凶"是陽, "成亹亹"是陰, 便是上面作成物. 且以做事言之, 吉凶未定時, 人自意思懶散, 不肯做去. 吉凶定了, 他自勉勉做將去, 所以屬陰. 大率陽是輕淸底, 物事之輕淸底屬陽, 陰是重濁底, 物事之重濁者屬陰. "成亹亹", 是做將去.【淵】

---

115) 悚: 『朱子語類』에서는 辣로 되어 있다.
116) 只: 賀本에서는 又로 되어 있다.
117) ▲: 後復云: "前說差了. 乾雖至健, 知得險了, 卻不下去, 坤雖至順, 知得阻了, 更不上去. 以人事言之, 若健了一向進去, 做甚收殺!"
118) ▲: 又說"知險知阻", 曰: "舊因登山而知之. 自上而下, 則所見爲險, 自下而上, 則所向爲阻. 蓋乾則自上而下, 坤則自下而上,
119) ○: 『朱子語類』 74:52의 일부이다.
120) ▲: 因登山, 而得乾坤險阻之說. 尋常將險阻作一箇意思. 其實
121) ▲: 自山下上山爲阻, 故指坤而言, 自山上觀山下爲險, 故指乾而言.【敬仲】
122) ▲: 『易』只是一陰一陽, 做出許多樣事.

76:113 "能說諸心", 乾也, "能研諸慮[123]", ▲[124] 有作爲意思, 故屬陰. "定吉凶", 乾也, "成亹亹", 坤也. 事之未定者屬乎陽, "定吉凶"所以爲乾, 事之已爲者屬乎[125]陰, "成亹亹"所以爲坤. 大抵言語兩端處, 皆有陰陽. 如"開物成務", "開物"是陽, "成務"是陰. 如"致知力行", "致知"是陽, "力行"是陰. 周子之書屢發此意, 推之可見. 【謨】

76:114 "能說諸心, 能研諸慮", 方始能"定天下之吉凶, 成天下之亹亹." 凡事見得通透了, 自然歡說. 旣說諸心, 是理會得[126]了, 於事上更[127]審一審, 便是研諸慮. 研, 是更去研磨. "定天下之吉凶", 是剖判得這事, "成天下之亹亹", 是做得這事業. 【學蒙】

76:115 問"變化云爲, 吉事有祥. 象事知器, 占事知來." 曰: "上兩句只說理如此, 下兩句是人就理上知得. 在陰陽則爲變化, 在人事則爲云爲. 吉事自有祥兆. 惟其理如此, 故於'變化云爲', 則象之而知已有之器, 於'吉事有祥', 則占之而知未然之事也." 又問: "'器'字, 是凡見於有形之實事者皆爲器否?" 曰: "『易』中'器'字是恁地說." 【學履】

76:116 "變化云爲"是明, "吉事有祥"是幽. "象事知器"是人事, "占事知來"是筮. "象事知器"是人做這事去, "占事知來"是他方有箇禎祥, 這便占得他. 如『中庸』言"必有禎祥", "見乎蓍龜"之類. "吉事有祥", 凶事亦有. 【淵】

76:117 問: "『易』書之中有許多'變化云爲', 又吉事皆有休祥之應, 所

123) 能研諸慮: 【附箋紙】"'能說諸心', 乾也. '能研諸慮'"下, 脫"坤也. '說諸心', 有自然底意思, 故屬陽, '研諸慮'"十七字.
124) ▲: 坤也. "說諸心", 有自然底意思, 故屬陽, "研諸慮",
125) 乎: 成化本·賀本에서는 乎가 없다.
126) 會得: 『小分』에서는 得會를 교정부호로 바로잡았다.
127) 更: 賀本에서는 便으로 되어 있다.

以象事者於此而知器, 占事者於此而知來.” 曰: “是.”

76:118 “天地設位”四句, 說天人合處. “天地設位”, 便聖人成其功能, “人謀鬼謀”, 則雖百姓亦可以與其能. “成能”與“與能”, 雖大小不同, 然亦是小小底造化之功用. ▲[128] 【淵】

76:119 ▲[129] “與”字去聲. 他無知, 因卜筮便會做得事, 便是“與能.” “人謀鬼謀”, 猶「洪範」之謀及卜筮·卿士·庶人相似. 【學蒙】

76:120 “八卦以象告”以後, 說得叢雜, 不知如何. 【學蒙】

76:121 ▲[130] 自‘吉凶可見矣’而上, 只是總說『易』書所載如此. 自‘變動以利言’而下, 則專就人占時上疏[131].” 曰: “然.” 又問: “‘『易』之情, 近而不相得則凶, 或害之, 悔且吝’, 是如何?” 曰: “此疑是指占法而言. 想古人占法更多, 今不見得. 蓋遠而不相得, 則安能爲害? 惟切近不相得, 則凶害便能相及. 如一箇凶人在五湖四海之外, 安能害自家? 若與之爲鄰近, 則有害矣.” 又問: “此如今人占火珠林課底, 若是凶神, 動與世不相干, 則不能爲害. 惟是克是[132]應世, 則能爲害否?” 曰: “恐是這樣意思.” 【學履】

76:122 “▲[133] ‘中心疑’, 故不敢說殺. ‘其辭支’者, 如木之有枝, 開兩岐去.” 德輔云: “‘思曰睿’, ‘學而不思則罔’, 蓋亦弗思而已矣, 豈有不可思惟[134]之理?” 曰: “固是. 若不可思維, 則聖人著書立言, 於後世何

---

128) ▲: 然“百姓與能”, 卻須因蓍龜而方知得. “人謀鬼謀”, 如“謀及乃心·庶人·卜筮”相似.
129) ▲: “百姓與能”,
130) ▲: 問: “‘八卦以象告’至‘失其守者其辭屈’一段, 竊疑
131) 疏: 【附箋紙】 ‘疏’當作‘說.’
132) 是: 『朱子語類』에서는 世로 되어 있다.
133) ▲: ‘中心疑者其辭支’,

用!"【德輔】

右第十二章

134) 惟: 賀本에서는 維로 되어 있다.

『朱子語類』卷之七十七

「易十三」

「說卦」

77:1 “贊於神明”, 猶言“治於人”相似, 謂爲人所治也. “贊於神明”, 神明所贊也. 聖人用“於”字, 恁地用. 不然, 只當說“幽贊神明.” 此卻是說見助於神明. 【淵】

77:2 “贊[1]”, 只是“贊化育”之“贊”, 不解便說那贊命於神明. 這只說[2]道他爲神明所贊, 所以生出這般物事來, 與人做卦. 【淵】

77:3 “生蓍”, 便是“大衍之數五十”, 如何恰限生出百莖物事, 教人做筮用? 到那“三[3]天兩地”, 方是取數處. 看得來“陰陽剛柔”四字, “陰陽”指二老, “剛柔”指二少. 【淵】

77:4 ▲[4] ‘參天’者, 參之以三[5], ‘兩地’者, 兩之以二也. 以方員而言, 則七八九六之數, 都自此而起.” 問: “以方員而言, ‘參兩’, 如天之圓[6], 徑一, 則以圍三而參之, 地之方, 徑一, 則以圍四而兩之否?” 曰: “然.”

---

1) 贊: 英祖刊本에는 없다.
2) 說: 賀本에서는 就로 되어 있다.
3) 三: 成化本・賀本에서는 參으로 되어 있다.
4) ▲: 問: “‘參天兩地’, 舊說以爲五生數中, 天參地兩, 不知其說如何?” 曰: “如此只是三天兩地, 不見參兩之意.
5) 參之以三: 成化本・賀本에서는 參而三之로 되어 있다.
6) 圓: 成化本・賀本에서는 員으로 되어 있다.

【榦】

77:5 ▲[7] "天圓, 得數之三, 地方, 得數之四. 一畫中有三畫, 三畫中參之則爲九, 此天數[8]也. 陽道常饒, 陰道常乏. 地之數不能爲三, 止於兩而已. 三而兩之爲六, 故六爲坤." 【去僞】

77:6 ▲[9]天[10], 參之爲三, 一箇地, 兩之爲二. 三三爲九, 三二爲六. 兩其三, 一其二, 爲八. 兩其二, 一其三, 爲七. 二老爲陰陽, 二少爲柔剛. 【參, 不是三之數, 是"無[11]往參焉"之"參."】 "兼三才而兩之." 初剛而二柔, 【按: 下二爻於三極爲地.】 三仁而四義, 【按: 中◇[12]爻於三極爲人.】 五陽而上陰. 【按: 上二爻於二[13]極爲天.】 陽化爲陰, 只恁地消縮去無痕迹, 故謂之化. 陰變爲陽, 其勢浸長, 便較突兀, 有頭面, 故謂之變. 陰少於陽, 氣理數皆如此, 用全用半, 所以不同. 【至】

77:7 ▲[14] 參者, 元是箇三數底物事, 自家從而三之, 兩者, 元是箇兩數底物事, 自家從而兩之. 雖然, 卻只是說得箇參兩[15], 未見得成何數. "倚數"云者, 似把幾件物事挨放這裏. 如已有三數, 更把箇三數倚在這裏成六, 又把箇三數物事倚在此成九. 兩亦如之. 【淵】

77:8 一箇天, 參之則三, 一箇地, 兩之則二. 數便從此起. 此與[16] "大衍之數五十", 各自說一箇道理, 不須合來看. 然要合也合得. 一箇

---

7) ▲: 問"參天兩地而倚數." 曰:
8) 天數: 賀本에서는 天之數로 되어 있다.
9) ▲: "參天兩地而倚數." 一箇
10) 天: 【附箋紙】脫"一箇"二字.
11) 無: 成化本・賀本에서는 無가 없다.
12) ◇: 二
13) 二: 英祖刊本・成化本・賀本에서는 三으로 되어 있다.
14) ▲: "參天兩地而倚數", 此在揲蓍上說.
15) 參兩: 成化本・賀本에서는 三在로 되어 있다.
16) 此與: 『小分』에서는 與此를 교정부호로 바로잡았다.

三, 一箇二, 成五[17]衍之則成十, 便是五十.【淵】

77:9 天下之數, 都只始於三・二. 謂如陽數九, 只是三三而九之, 陰數六, 只是三二而六之. 故孔子云"三[18]天兩地而倚數", 此數之本也. 康節卻云"非天地之正數", 是他見得不盡. 康節卻以四爲數.【端蒙】

77:10 "倚數", 倚, 是靠在那裏. 且如先得箇三, 又得箇三, 只成六, 更得箇三, 方成九. 若得箇二, 卻成八. 恁地倚得數出來. 有人說"參"作"三", 謂一・三・五, "兩", 謂二・四. 一・三・五固是[19]天數, 二・四固是地數. 然而這卻是積數, 不是倚數.【淵】

77:11 問: "▲[20] 觀變是就蓍數上觀否?" 曰: "恐只是就陰陽上觀, 未用說到蓍數處."【學履】

77:12 "觀變於陰陽", 且統說道有幾畫陰, 幾畫陽, 成箇甚卦. "發揮剛柔", 卻是就七八九六上說. 初間做這卦時, 未曉得是變與不變. 及至發揮出剛柔了, 方知這是老陰・少陰, 那是老陽・少陽.【淵】

77:13 問: "▲[21] 先言卦, 而後言爻, 何也?" 曰: "自作『易』言之, 則有爻而後有卦. 此卻似自後人觀聖人作『易』而言. 方其立卦時, 只見是卦, 及細別之, 則有六爻." 問: "陰陽・剛柔, 一也, 而別言之, 何也?" 曰: "'觀變於陰陽', 近於造化而言, '發揮剛柔', 近於人事而言. 且如泰卦, 以卦言之, 只見得'小往大來'・陰陽消長之意, 爻裏面便有'包荒'之類."【榦】

---

17) 成五: 成化本・賀本에는 없다.
18) 三: 賀本에서는 參으로 되어 있다.
19) 固是: 『小分』에서는 是固를 교정부호로 바로잡았다.
20) ▲: '觀變於陰陽而立卦',
21) ▲: '觀變於陰陽而立卦, 發揮於剛柔而生爻.' 旣有卦, 則有爻矣,

77:14 問: “▲[22]先生『易』詩云: ‘立卦生爻自有因, 兩儀四象已前陳’, ‘因’字之義如何?” 曰: “卦爻[23]因儀象而生. 立, 卽‘兩儀生四象, 四象生八卦’之意.” 又問: “‘生爻’指言重卦否?” 曰: “然.”【銖】

77:15 問: “‘和順道德而理於義’, 是就聖人上說? 是就『易』上說?” 曰: “是說『易』.” 又問: “和順[24], 是聖人和順否?” 曰: “是『易』去‘和順道德而理於義.’ 如吉凶消長之道順而無逆, 是‘和順道德’也. ‘理於義’, 則又極其細而言, 隨事各得其宜之謂也. ‘和順道德’如‘極高明’, ‘理於義’如‘道中庸.’”【學履】

77:16 “和順道德而理於義”, 是統說底, “窮理・盡性・至命”, 是分說底. 上一句是離合言之, 下一句以淺深言之. 凡卦中所說, 莫非和順那道德, 不悖了他. “理於義”, 是細分他, 逐事上各有箇義理. “和順”字・“理”字, 最好看. 聖人下這般字, 改移不得. 不似今時, 抹了卻添幾字, 都不妨.【淵】

77:17 聖人作『易』時, 其中固是具得許多道理, 人能體之而盡, 則便似那『易』. 他說那吉凶悔吝處, 莫非“和順道德理於義, 窮理盡性”之事. 這一句本是說『易』之書如此, 後人說去學問上, 卻是借他底. 然這上也有意思, 皆是自淺至深.【淵】

77:18 道理須是與自家心相契, 方是得他, 所以要窮理. 忠信進德之類, 皆窮理之事. 『易』中自具得許多道理, 便是教人窮理・循[25]▲[26].【淵】

---

22) ▲: 近見
23) 卦爻: 『小分』에서는 爻卦를 교정부호로 바로잡았다.
24) 和順: 『小分』에서는 順和를 교정부호로 바로잡았다.
25) 循: 【附箋紙】“循”下脫“理”字.
26) ▲: 理

77:19 “窮理”, 是理會得道理窮盡, “盡性”, 是做到盡處. 如能事父, 然後盡令[27]之性, 能事君, 然後盡義之性.【閎祖】

77:20 “窮理”是窮得物, 盡得人性, 到得那天命, 所以說道[28]“性命之源.”【淵】

77:21 “窮理”, 是“知”字上說, “盡性”, 是“仁”字上說, 言能造其極也. 至於“範圍天地”, 是“至命”, 言與造化一般.【淵】

77:22 “窮理盡性以至於命.” 這物事齊整不亂, 其所從來一也.【人傑】

77:23 ▲[29]『易』上皆說物理, 便是“窮理盡性”, 卽此便是“至命.” 諸先生把來就人上說, 能“窮理盡性”了, 方“至於命.”【淳】

77:24 ▲[30] “此言作『易』者如此, ▲[31]不合將做學者事看. 如孟子‘盡心・知性・知天’之說, 豈與此是一串? 卻是學者事, 只於窮理上着工夫. 窮得理時, 性與命在其中矣. 橫渠之說未當.”【去僞】

77:25 或問: “▲[32] 程子之說如何?” 曰: “理・性・命, 只是一物, 故知則皆知, 盡則皆盡, 不可以次序言. 但知與盡, 卻有次第耳.”

77:26 伯豐問: “▲[33] 程・張之說孰是?” 曰: “各是一說. 程子皆以見

27) 令:【附箋紙】“令”當作“仁.”
28) 說道: 『小分』에서는 道說을 교정부호로 바로잡았다.
29) ▲: “窮理盡性至於命”, 本是就『易』上說.
30) ▲: 問“窮理盡性以至於命.” 曰:
31) ▲: 後來
32) ▲: ‘窮理盡性以至於命’,
33) ▲: ‘窮理盡性以至於命’,

言, 不如張子有作用. 窮理是知[34], 盡性是行, 覺得程子是說得快了. 如爲子知所以孝, 爲臣知所以忠, 此窮理也, 爲子能孝, 爲臣能忠, 此盡性也. 能窮此理, 充其性之所有, 方謂之'盡.' '以至於命', 是拖脚, 卻說得於天者. 盡性, 是我之所至也, 至命, 是說天之所以予我者耳. 昔嘗與人論舜事, "'舜盡事親之道而瞽瞍底豫, 瞽瞍底豫而天下化, 瞽瞍底豫而天下之爲人父子者定." 知此者, 是窮理▲[35]也, 能此者, 盡性者也.'"【罃】[36]

77:27 ▲[37] 聖人作『易』, 只是要發揮性命之理, 模寫那箇物事. 下文所說"陰陽"・"剛柔"・"仁義", 便是性中有這箇物事.【"順性◇[38]之理", 只是要發揮性命之理. ○淵】

77:28 問: "'將以順性命之理'而下, 言立天・地・人之道, 乃繼之以'兼三才而兩之', 此是[39]恐言聖人作『易』之由, 如'觀鳥獸之文, 與地之宜, 始作八卦'相似. 蓋聖人見得見[40]三才之理, 只是陰陽・剛柔・仁義, 故爲兩儀・四象. 八卦, 也只是這道理, 六畫而成卦, 也只是這道理." 曰: "聖人見得天下只是這兩箇物事, 故作『易』只是模寫出這底." 問: "模寫出來, 便所謂'順性命之理.' '性命之理', 便是陰陽・剛柔・仁義否?" 曰: "▲[41]是▲[42]." 問: "'兼三才'如何分?" 曰: "以一卦言之, 上兩畫是天, 中兩畫是人, 下兩畫是地, 兩卦各自看, 則上與三是天, 五與二爲人, 四與初爲地." 問: "以八卦言之, 則九三者天之陽, 六三者

---

34) 知: 成化本・賀本에서는 見으로 되어 있다.
35) ▲: 者
36)【罃】: 賀本에는 없다.
37) ▲: "昔者聖人之作『易』, 將以順性命之理."
38) ◇: 命
39) 是: 成化本・賀本에는 없다.
40) 見:【附箋紙】第二"見"字, 衍.
41) ▲: 便
42) ▲: '順性命之理'

天之陰, 九二者人之仁, 六二者人之義, 初九者地之剛, 初六者地之柔, 不知是否?" 曰: "恁地看也得. 如上便是天之陰, 三便是天之陽, 五便是人之仁, 二便是人之義, 四便是地之柔, 初便是地之剛." 【榦】

77:29 問: "▲[43] 道, 理也, 陰陽, 氣也. 何故以陰陽爲道?" 曰: "'形而上者謂之道, 形而下者謂之器', 明道以爲須著如此說. 然器亦道, 道亦器也. 道未嘗離乎器, 道亦只是器之理. 如這交椅是器, 可坐便是交椅之理, 人身是器, 語言動作便是人之理. 理只在器上, 理與器未嘗相離, 所以'一陰一陽之謂道.'" 曰: "何謂'一'?" 曰: "一, 如一闔一闢謂之變. 只是一陰了, 又一陽, 此便是道. 寒了又暑, 暑了又寒, 這道理只循環不已. '維天之命, 於穆不已', 萬古只如此." 【淳】

77:30 "立天之道, 曰陰與陽", 是以氣言, "立地之道, 曰柔與剛", 是以質言, '立人之道, 曰仁與義', 是以理言. 【端蒙】

77:31 陰陽, 是陽中之陰陽, 剛柔, 是陰中之陰陽. 剛柔以質言, 是有箇物了, 見得是剛底, 柔底. 陰陽以氣言. 【淵】

77:32 問: "仁是柔, 如何卻屬乎剛? 義是剛, 如何卻屬乎柔?" 曰: "蓋仁本是柔底物事, 發出來卻剛. 但看萬物發生時, 便▲[44]恁地奮迅出來, 有剛底意思. 義本是剛底物事, 發出來卻柔. 但看萬物肅殺時, 便恁地收斂憔悴, 有柔[45]◇[46]意思. 如人春夏間陽勝, 卻有懈怠處, 秋冬間陰勝, 卻有健實處." 又問: "揚子雲: '君子於仁也柔, 於義也剛', 如何?" 曰: "仁體柔而用剛, 義體剛而用柔." 銖曰: "此豈所謂'陽根陰, 陰根陽'耶?" 曰: "然." 【銖】

---

43) ▲: '立天之道曰陰陽',

44) ▲: 自

45) 柔: 【附箋紙】"柔"下脫"底"字.

46) ◇: 底

77:33 "陰陽"·"剛柔"·"仁義", 看來當曰"義與仁", 當以仁對陽. 仁若不是陽剛, 如何做得許多造化? 義雖剛, 卻主於收斂, 仁卻主發舒. 這也是陽中之陰, 陰中之陽. 互藏其根之意. 且如今人用賞罰, 到賜與人, 自是無疑, 便做將去, 若是刑殺時, 便遲疑不肯果決. 這見得陽舒陰斂, 仁屬陽, 義屬陰處.【淵】

77:34 ▲47) "人施恩惠時, 心自是直, 無疑憚心. 行刑罰時, 心自是疑畏, 萬有一失則奈何? 且如春生則氣舒, 自是剛, 秋則氣收而漸衰, 自是柔."【學蒙】

77:35 "兼三才而兩之", 兼, 貫通也. 通貫是理本如此. "兩之"者, 陰陽·剛柔·仁義也.【方子】

77:36 "兼三才而兩之", 初剛而二柔, 三仁而四義, 五陽而六陰. "兩之", 如言加一倍. 本是一箇, 又各加一箇爲兩.【方子】

77:37 問: "'分陰分陽, 迭用柔剛', 陰陽·剛柔只是一理, 兼而舉之否?" 曰: "然."【榦】

77:38 ▲48) "澤氣升於山, 爲雲, 爲雨, 是山通澤之氣, 山之泉脈流於澤, 爲泉, 爲水, 是澤通山之氣. 是兩箇之氣相通."【學蒙】

77:39 ▲49) 山澤一高一下, 而水脈相爲灌輸也, 水火下然上沸, 而不相滅息也. ▲50)【僩】

---

47) ▲: 㬊問: "如何以仁比剛?" 曰:
48) ▲: 問: "'山澤通氣', 只爲兩卦相對, 所以氣通." 曰:
49) ▲: "山澤通氣, 水火不相射."
50) ▲: 或曰: "'射'音'亦', 與'斁'同, 言相爲用而不相厭也."

77:40 射, 猶犯也.【人傑】

77:41 "射", 一音"亦", 是不相厭之意, 一音"食", 是不相害. 水火本相殺滅, 用一物隔着, 卻相爲用. 此二義皆通.【學蒙】

77:42 ▲[51] "音'石'是[52]水火與風雷山澤不相類, 本是相剋底物事, 今卻相應而不相害." 問: "若以不相厭射而言, 則與上文'通氣'·'相薄'之文相類, ▲[53]" 曰: "'不相射', 乃下文'不相悖'之意, '不相悖', 乃不相害也. 水火本相害之物, 便如未濟之水火, 亦是中間有物隔之, 若無物隔之, 則相害矣. 此乃以其不害, 而明其相應也."【榦】

77:43 "數往者順", 這一段, 是從卦氣上看來, 也是從卦畫生處看來. 恁地方交錯成六十四.【淵】

77:44 "易逆數也", 似康節說方可通. 但方圖則一向皆逆, 若以圓圖看, 又只一半逆, 不知如何.【學蒙】

77:45 "雷以動之"以下四句, 取象義多, 故以象言. "艮以止之"以下四句, 取卦義多, 故以卦言. 又曰: "喚山以止之, 以下[54]又不得, 只得云'艮以止之.'"【學蒙】

77:46 後四卦不言象, 也只是偶然. ▲[55]【淵】

77:47 ▲[56]

---

51) ▲: 問: "'射', 或音'石', 或音'亦', 孰是?" 曰:
52) 是: 成化本·賀本에서는 是가 없다.
53) ▲: 不知如何?
54) 以下: 『朱子語類』에는 없다.
55) ▲: 到後兩句說"乾以君之, 坤以藏之", 卻恁地說得好!

77:48 "帝出乎震", 萬物發生, 便是他主宰, 從這裡[57]出. "齊乎巽", 曉不得. 離中虛明, 可以爲南方之卦. 坤安在西南, 不成西北方無地! 西方肅殺之地, 如何云"萬物之所說"? 乾西北, 也不可曉, 如何陰陽只來這裏相薄? "勞乎坎", "勞"字去聲, 似乎慰勞之意, 言萬物皆歸藏於此, 去安存慰勞他.【學蒙】

77:49 問: "'戰乎乾', 何也?" 曰: "此處大抵難曉. 恐是箇肅殺收成底時節, 故曰'戰[58]乎乾.'" 問: "何以謂之'陰陽相薄'?" 曰: "乾, 陽也, 乃居西北, 故曰'陰陽相薄.' 恐是如此, 也見端的未得."【榦】

77:50 問"勞乎坎." 曰: "恐是萬物有所歸, 有箇勞徠安定他之意."【榦】

77:51 ▲[59)]【是上恐添"勞乎坎"】萬物休息底意. "成言乎艮", 艮在東北, 是說萬物終始處.【淵】

77:52 艮也者, "萬物之所以成終而成始也", 猶春冬之交, 故其位在東北.【方子】

77:53 "'帝出乎震'以下, 何以知其爲文王之卦位?" 曰: "康節之說如此." 問: "子細看此數段, 前兩段說伏羲卦位, 後兩段自'帝出乎震'以下說文王卦位. 自'神者妙萬物而爲言'下有兩段, 前一段乃文王卦位, 後段乃伏羲底. 恐夫子之意, 以爲伏羲・文王所定方位不同如此. 然生育萬物旣如文王所次, 則其方位非如伏羲所定, 亦不能變化. 旣成萬物, 無伏羲底, 則做文王底不出. 竊恐文義如此說, 較分明." 曰: "如

---

56) ▲: "帝出乎震"與"萬物出乎震", 只這兩段說文王卦.【淵】
57) 裡: 『朱子語類』에서는 裏로 되어 있다.
58) 戰: 【附箋紙】二"戰"字, 皆當作"戰."
59) ▲: "勞乎坎", 是說

是, 則其歸卻主在伏羲上. 恁地說也好. 但後兩段卻除了乾坤, 何也?" 曰: "竊恐着一句'神者妙萬物而爲言'引起, 則乾坤在其中矣." 曰: "恐是如此." 問: "且如雷風·水火·山澤, 自不可喚做神." 曰: "神者, 乃其所以動, 所以撓[60]者是也."【榦】

77:54 文王八卦, 坎艮震在東北, 離坤兌在西南, 所以分陰方·陽方.【淵】

77:55 文王八卦, 不可曉處多, 如離南坎北, 離坎卻不應在南北, 且做水火居南北. 兌也不屬金. 如今只是見他底慣了, 一似合當恁地相似.【淵】

77:56 文王八卦, 有些似京房卦氣, 不取卦畫, 只取卦名. 京房卦氣, 以復中孚屯爲次. 復, 陽氣之始也, 中孚, 陽實在內而未發也, 屯, 始發而艱難也. 只取名義. 文王八卦配四方四時, 離南坎北, 震東兌西. 若卦畫, 則不可移換.【方子】

77:57 "水火相逮"一段, 又似與上面"水火不相射"同, 又自是伏羲卦.【淵】

77:58 八卦次序, 是伏羲底, 此時未有文王次序. 三索而爲六子, 這自是文王底. 各自有箇道理.【淵】

77:59 "震一索而得男"一段, 看來不當專作揲蓍看. 揲蓍有不依這序時, 便說不通. 大概只是乾求於坤而得震坎艮, 坤求於乾而得巽離兌. 一二三者, 以其畫之次序言也.【淵】

60) 撓: 成化本·賀本에서는 橈로 되어 있다.

77:60 ▲61) "非'震一索而得男', 乃是一索得陽爻而後成震." 又曰: "一說, 是就變體上說, 謂就坤上求得一陽爻而成震卦. 一說乃是揲蓍求卦, 求得一陽, 後面二陰便是震, 求得一陰, 後面二陽便是巽."【學蒙】

77:61 乾坤三索, 則七八固有六子之象, 然不可謂之六子之策. 若謂少陰陽爲六子之策, 則乾坤爲無少陰陽乎?【淵】

77:62 卦象指文王卦言, 所以乾言"爲寒, 爲冰."【淵】

77:63 爲乾卦62). "其究爲躁卦." 此卦是巽下一爻變則爲乾, 便是純陽而躁動. 此蓋言巽反爲震, 震爲決躁, 故爲躁卦. 此亦不繫大綱領處, 無得工夫去點檢他這般處. 若恁地逐段理會得來, 也無意思.【淵】

77:64 ▲63)問: "艮何以爲手?" 曰: "手去捉定那物, 便是艮." 又問: "捉物乃手之用, 不見取象正意." 曰: "也只是大概略恁地." 安卿說: "「麻衣」以艮爲鼻." 曰: "鼻者, 面之山, 晉 管輅已如此說, 亦各有取象." 又問: "「麻衣」以巽爲手, 取義於風之舞, 非是爲股." 先生蹙眉曰: "亂道如此之甚!"【義剛】

「序卦」

77:65 問: "序卦, 或以爲非聖人之書, 信乎?" 曰: "此沙隨 程氏之說也. 先儒以爲非聖人之蘊, 某以爲謂之非聖人之精則可, 謂非『易』之蘊則不可. 周子分'精'與'蘊'字甚分明. 「序卦」卻正是『易』之蘊, 事事夾

61) ▲: "'震一索而得男', '索'字訓'求'字否?" 曰: "是." 又曰:
62) 爲乾卦: 徽州本에서는 이 뒤에【乾卦音干】이 더 들어 있다.
63) ▲: 至之

雜, 都有在裏面.” 問: “如何謂『易』之精?” 曰: “如何[64]‘『易』有太極, 是生兩儀, 兩儀生四象, 四象生八卦’, 這是『易』之精.” 問: “如序卦中亦見消長進退之義, 喚作不是精不得.” 曰: “此正是事事夾雜, 有在裏面, 正是蘊. 須是自一箇生出來以至於無窮, 便是精.”【榦】

77:66 序卦首[65]言天地萬物男女夫婦, 是因咸恒爲夫婦之道說起, 非如舊人分天道人事之說. 大率上經用乾坤坎離爲始終, 下經便當用艮兌巽震爲始終.【淵】

77:67 問: “序卦中有一二處不可曉處. 如六十四卦獨不言咸卦, 何也?” 曰: “‘夫婦之道’, 卽咸也.” 問: “恐亦如上經不言乾坤, 但言天地, 則乾坤可見否?” 曰: “然.” 問: “‘不養則不可以動, 故受之以大過’, 何也?” 曰: “動則過矣. 故小過亦曰‘有其信者必行之, 故受之以小過.’” 問: “‘物不可終壯, 故受之以晉’, 壯與晉何別?” 曰: “不但如此壯而已, 又更須進一步也.”【榦】

77:68 ▲[66] ‘錯’字, 陸氏兩音, 如何?” 曰: “只是作‘措’字, 謂禮義有所施設耳.”【罃】

77:69 問: “▲[67]‘緩必有所失’, 似此等事, 恐後人道不到.” 曰: “然.” 問: “‘緩’字, 恐不是遲緩之‘緩’, 乃是懈怠之意, 故曰‘解, 緩也.’” 曰: “緩, 是散漫意.” 問: “如縱弛之類?” 曰: “然.”【榦】

「雜卦」

64) 何:【附箋紙】下“何”字, 衍.
65) 首: 成化本·賀本에서는 自로 되어 있다.
66) ▲: 問: “‘禮義有所錯’,
67) ▲: 序卦中如所謂

77:70 「序卦」·「雜卦」, 聖人去這裏見有那無緊要底道理, 也說則箇了過去. 然雜卦中亦有說得極精處.【淵】

77:71 "雜卦反對之義, 只是反覆, 則其吉凶禍福, 動靜剛柔, 皆相反了." 曰: "是如此. 不知如何數卦又不對了. '大畜, 時也', 也曉不得. 又與無妄不相反, 是如何? 臨觀更有'與求'之義. 臨以二陽言之, 則二陽可以臨上四陰, 以卦爻言之, 則六五·上六又以上而臨下. 觀自下而觀上則爲'觀', 是平聲, 自上而爲物之觀, 是去聲. '噬嗑, 食也, 賁, 無色也', 義雖可通, 但不相反[68]. '謙輕', 是以謙抑不自尊重. 女待男而行, 所以爲漸."

77:72 "謙輕而豫怠." 輕是卑小之義. 豫是悅之極, 便放倒了, 如上六"冥[69]豫"是也.【去僞】

77:73 伊川說"未濟男之窮", 爲"三陽失位", 以爲斯義得之. 成都隱者見張欽夫說: "伊川之在涪也, 方讀『易』, 有箍桶人以此問伊川, 伊川不能答. 其人云: '三陽失位.'『火珠林』上已有. 伊川不曾看雜書, 所以被他說動了."

---

68) 反: 『小分』에서는 返을 反으로 고쳤다.【附箋紙】"返"當作"反."
69) 六"冥: 『小分』에서는 冥六을 교정부호로 바로잡았다.

『朱子語類』 卷之七十八

「尙書一」

「綱領」

78:1 ▲[1]問: "『書』斷自唐・虞以下, 須是孔子意?" 曰: "也不可知. 且如三皇之書言大道[2], 有何不可! 便刪去. 五帝之書言常道[3], 有何不可! 便刪去. 皆未可曉."【道夫 ○以下論三皇・五帝.】

78:2 ▲[4]問: "'三皇', 所說甚多, 當以何者爲是?" 曰: "無理會, 且依孔安國之說[5]. 五峰以爲天皇・地皇・人皇, 而伏羲・神農・皇[6]帝・堯・舜爲五帝, 卻無高辛・顓頊. 要之, 也不可便如此說. 且如歐陽公說: '文王未嘗稱王.' 不知'九年大統未集', 是自甚年數起. 且如武王初伐紂之時, 曰'惟有道曾孫周王 發', 又未知如何便稱'王'? 假謂史筆之記, 何爲未卽位之前便書爲'王'? 且如太祖未卽位之前, 史官只書'殿前都點檢', 安得便稱'帝'耶! 是皆不可曉." 又問: "歐公所作『帝王[7]▲[8]次序』, 闢『史記』之誤, 果是否?" 曰: "是皆不可曉. ▲[9]『世本』, 向時大人亦有此書, 後因兵火失了, 今亦少有人收得. 『史記』又皆本此爲之.

---

1) ▲: 至之
2) 且如三皇之書言大道: 徽州本에서는 且如三皇之書言大道, 言大道로 되어 있다.
3) 五帝之書言常道: 徽州本에서는 五帝之書言常道, 言常道로 되어 있다.
4) ▲: 陳仲蔚
5) 且依孔安國之說: 徽州本에서는 當且依孔安國之說로 되어 있다.
6) 皇: 【附箋紙】"神農"下"皇"字, 恐作"黃."
7) 王: 【附箋紙】"王"下脫"世"字.
8) ▲: 世
9) ▲: 昨日得鞏仲至書, 潘叔昌託討

且如『孟子』有滕定公, 及『世本』所載, 則有滕成公・滕考公, 又與『孟子』異, 皆不可得而攷. 前人之誤旣不可攷, 則後人之論又以何爲據耶! 此事已釐革了, 亦無理會處.”【義剛 ○▲[10]】

78:3 孔壁所出『尙書』, 如「禹謨[11]」・「五子之歌」・「胤征」・「泰誓」・「武成」・「冏命」・「微子之命」・「蔡仲之命」・「君牙」等篇皆平易, 伏生所傳皆難讀. 如何伏生偏記得難底, 至於易底全記不得? 此不可曉. 如當時誥命出於史官, 屬辭須說得平易. 若「盤庚」之類再三告戒者, 或是方言, 或是當時曲折說話, 所以難曉.【人傑 ○以下論古・今文.】

78:4 ▲[12] 或者謂伏生口授女子, 故多錯誤, 此不然. 今古書傳中所引『書』語, 已皆如此, ▲[13].” ▲[14]問: “如『史記』引『周書』‘將欲取之, 必固與之’之類, 此必非聖賢語.” 曰: “此出於老子. 疑當時自有一般書如此, 故老子五千言皆緝綴其言, 取其與己意合者則入之耳.”【僩】

78:5 ▲[15] 凡易讀者皆古文. 況又是科斗書, 以伏生書字文攷之, 方讀得. 豈有數百年壁中之物, 安得不訛損一字? 又卻是伏生記得者難

---

10) ▲: 一本云: “問: ‘三皇當從何說?’ 曰: ‘只依孔安國之說. 然五峰又將天地人作三皇, 羲・農・黃・唐・虞作五帝, 云是據『易』「繫」說當如此. 要之不必如此. 且如歐公作『泰誓論』, 言文王不稱王, 歷破史遷之說. 此亦未見得史遷全不是, 歐公全是. 蓋『泰誓』有“惟九年大統未集”之說. 若以文王在位五十年之說推之, 不知九年當從何數起. 又有“曾孫周王 發”之說, 到這裏便是難理會, 不若只兩存之. 又如『世本』所載帝王世系, 但有滕考公・成公, 而無文公・定公, 此自與『孟子』不合. 理會到此, 便是難曉, 亦不須枉費精神.’”

11) 禹謨: 成化本에서는 大禹謨로 되어 있다.

12) ▲: 伏生書多艱澀難曉, 孔安國壁中書卻平易易曉.

13) ▲: 不可曉

14) ▲: 僩

15) ▲: 問: “林少穎說: ‘「盤」・「誥」之類皆出伏生’, 如何?” 曰: “此亦可疑. 蓋『書』有古文, 有今文. 今文乃伏生口傳, 古文乃壁中之書. 「禹謨」・「說命」・「高宗肜日」・「西伯戡黎」・「泰誓」等篇,

讀? 此尤可疑. 今人作全書解, 必不是."【大雅】

78:6 伯豐再問: "『尙書』古文・今文有優劣否?" 曰: "孔壁之傳, 漢時卻不傳, 只是司馬遷曾師授. 如伏生『尙書』, 漢世卻多傳者, 鼂錯以伏生不曾出, 其女口授, 有齊音不可曉者, 以意屬成, 此載於史者. 及觀經傳, 及孟子引'享多儀'出自「洛誥」, 卻無差. 只疑伏生偏記得難底, 卻不記得易底. 然有一說可論難易. 古人文字, 有一般如今人書簡說話, 雜以方言, 一時記錄者, 有一般是做出告戒之命者. 疑「盤」・「誥」之類是一時告語百姓, 盤庚勸論百姓遷都之類, 是出於記錄. 至於「蔡仲之命」・「微子之命」・「冏命」之屬, 或出當時做成底詔告文字, 如後世朝廷詞臣所爲者. 然更有脫簡可疑處. 蘇氏『傳』中於'乃洪大誥治'之下, 略考得些小. 胡氏『皇王大紀』考究得「康誥」非周公・成王時, 乃武王時. 蓋有'孟侯朕其弟, 小子封'之語. 若成王, 則康叔爲叔父矣. 又其中首尾只稱'文考', 成王・周公必不只稱'文王.' 又有'寡兄'之語, 亦是武王與康叔無疑, 如今人稱'劣兄'之類. 又唐叔得禾, 傳記所載, 成王先封唐叔, 後封康叔, 決無姪先叔之理. 吳才老又考究「梓材」只前面是告戒, 其後都稱'王', 恐自是一篇. 不應王告臣下, 不稱'朕'而自稱'王'耳. 兼「酒誥」亦時[16]武王之時. 如此, 則是斨[17]簡殘編, 不無遺漏. 今亦無從考正, 只得於言語句讀中有不可曉者闕之." 又問: "壁中之書, 不及伏生書否?" 曰: "如「大禹謨」, 又卻明白條暢. 雖然如此, 其間大體義[18]◇[19]固可推索. 但於不可曉處闕之, 而意義深遠處, 自當推究玩索之也. 然亦疑孔壁中或只是畏秦焚坑之禍, 故藏之壁間. 大概皆不可考矣."【按『家◇[20]』後云: "孔騰字子襄, 畏秦法峻急, 乃藏『尙書』於孔子舊堂壁中." 又『漢記』「尹敏傳」云: "孔鮒所載[21]." ○營】

16) 時: 『朱子語類』에서는 是로 되어 있다.
17) 斨: 『朱子語類』에서는 斷으로 되어 있다.
18) 理: 【附箋紙】"義"下脫"理"字.
19) ◇: 理
20) ◇: 語

78:7 伯豐問“『尙書』未有解.” 曰: “便是有費力處. 其間用字亦有不可曉處. ▲[22).]” 【𦳝】

78:8 包顯道擧所看『尙書』數條. 先生曰: “諸誥多是長句. 如「君奭」‘弗永遠念天威, 越我民, 罔尤違’, 只是一句. ‘越’只是‘及’, ‘罔尤違’是總說上天與民之意. 『漢』「藝文志」注謂誥是曉諭民, 若不速曉, 則約束不行. 便是誥辭如此, 只是欲民易曉.” 顯道曰: “『商書』又卻較分明.” 曰: “『商書』亦只有數篇如此. 「盤」依舊難曉.” 曰: “「盤」卻好.” 曰: “不知怎生地, 盤庚抵死要恁地遷那都. 若曰有水患, 也不曾見大故爲害.” 曰: “他不復更說那事頭. 只是當時小民被害, 而大姓之屬安於土而不肯遷, 故說得如此.” ▲[23)] 顯道問: “先儒將‘十一年’·‘十三年’等合‘九年’說, 以爲文王稱王, 不知有何據.” 曰: “自太史公以來皆如此說了. 但歐公力以爲非, 東坡亦有一說. 但『書』說‘惟九年大統未集, 予小子其承厥志’, 卻有這一箇痕瑕. 或推「泰誓」諸篇皆只稱‘文考’, 至「武成」方稱‘王’, 只是當初‘三分天下有其二, 以服事殷’, 也只是羈縻, 那事體自是不同了.” 【義剛】

78:9 ▲[24)]

---

21) 載: 【附箋紙】小註“載”字當作“藏.”

22) ▲: 當時爲伏生是濟南人, 鼂錯卻潁川人, 止得於其女口授, 有不曉其言, 以意屬讀. 然而傳記所引, 卻與『尙書』所載又無不同. 只是孔壁所藏者皆易曉, 伏生所記者皆難曉. 如「堯典」」·「舜典」·「皐陶謨」·「益稷」出於伏生, 便有難曉處, 如‘載采采’之類. 「大禹謨」便易曉. 如「五子之歌」·「胤征」, 有甚難記? 卻記不得. 至如「泰誓」·「武成」皆易曉. 只「牧誓」中便難曉, 如‘五步·六步’之類. 如「大誥」·「康誥」, 夾著「微子之命」. 穆王之時, 「冏命」·「君牙」易曉, 到「呂刑」亦難曉. 因甚只記得難底, 卻不記得易底? 便是未易理會

23) ▲: 曰: “大概伏生所傳許多, 皆聱牙難曉, 分明底他又卻不曾記得, 不知怎生地.”

24) ▲: 『書』有兩體, 有極分曉者, 有極難曉者. 某恐如「盤庚」·「周誥」·「多方」·「多士」之類, 是當時召之來而面命之, 而敎告之, 自是當時一類說話. 至於「旅獒」·「畢命」·「微子之命」·「君陳」·「君牙」·「冏命」之屬, 則是當時修其詞命, 所以當時百姓都曉得者, 有今時老師宿儒之所不曉. 今人之所不曉者, 未必不當時之人卻識其詞義也. 【道夫】

78:10 『書』有易[25]曉者, 恐是當時做底文字, 或是曾經修飾潤色來. 其難曉者, 恐只是當時說話. 蓋當時人說話自是如此, 當時人自曉得, 後人乃以爲難曉爾. 若使古人見今之俗語, 卻理會不得也. 以其間頭緒多, 若去做文字時, 說不盡, 故只直記其言語而已.【廣】

78:11『尙書』諸命皆分曉, 蓋如今制誥, 是朝廷做底文字, 諸誥皆難曉, 蓋是時與民下說話, 後來追錄而成之.

78:12「典」·「謨」之書, 恐是曾經史官潤色來. 如「周誥」等篇, 恐只似如今榜文曉諭俗人者, 方言俚語, 隨地隨時各自不同. 林少穎嘗曰: "如今人'卽日伏惟尊候萬福', 使古人聞之, 亦不知是何等說話."【人傑】

○[26] ▲[27] 又曰: "『尙書』前五篇大概易曉. 後如「甘誓」·「胤征」·「伊訓」·「太甲」·「咸有一德」·「說命」, 此皆易曉, 亦好. 此是孔氏壁中所藏之書." 又曰: "看『尙書』, 漸漸覺曉不得, 便是有長進. 若從頭至尾解得, 便是亂道. 「高宗肜日」是最不可曉者, 「西伯戡黎」是稍稍不可曉者. 「太甲」大故亂道, 故伊尹之言緊切, 高宗稍稍聰明, 故「說命」之言細膩." ▲[28] ○[29] ▲[30]『書』中間亦極有難考處, 只如「禹

---

25) 有易: 『小分』에서는 易有를 교정부호로 바로잡았다.
26) ○: 『朱子語類』 79:77의 일부이다.
27) ▲: 凡數自一至五, 五居中, 自九至五, 五亦居中. 戴九履一, 左三右七, 五亦居中. 又曰: "若有前四者, 則方可以建極. 一五行, 二五事, 三八政, 四五紀是也. 後四者卻自皇極中出. 三德是皇極之權, 人君所嚮用五福, 所威用六極, 此曾南豐所說. 諸儒所說, 惟此說好." 又曰: "皇, 君也, 極, 標準也. 皇極之君, 常滴水滴凍, 無一些不善. 人卻不齊, 故曰'不協于極, 不罹于咎.' '天子作民父母, 以爲天下王', 此便是'皇建其有極.'"
28) ▲: 又曰: "讀『尙書』有一箇法, 半截曉得, 半截曉不得. 曉得底看, 曉不得底且闕之, 不可强通, 强通則穿鑿." 又曰: "'敬敷五教在寬', 只是不急迫, 慢慢地養他."【節】
29) ○: 『朱子語類』 83:132의 일부이다.
30) ▲: 問: "先生於二『禮』·『書』·『春秋』未有說, 何也?" 曰: "『春秋』是當時實事,

貢」說三江及荊・揚間地理, 是吾輩親目見者, 皆有疑, 至北方卽無疑, 此無他, 是不曾見耳. 「康誥」以下三篇, 更難理會. 如「酒誥」卻是戒飮酒, 乃曰'肇牽車牛遠服賈', 何也? 「梓材」又自是臣告君之辭, 更不可曉. 其他諸篇亦多▲[31] ○[32] ▲[33] 又書中點句, 如'天降割於我家不少延', '用寧王遺我大寶龜', '圻父薄違農父, 若保宏父定辟', 與古注點句不同. 又舊讀'罔或耆壽俊在厥服'作一句. 今觀古記款識中多云'俊在位', 則當於'壽'字絶句矣." 又問: "「盤庚」如何?" 曰: "不可曉. 如'古我

孔子書在冊子上. 後世諸儒學未至, 而各以己意猜博, 正橫渠所謂'非理明義精而治之, 故其說多鑿', 是也. 唯伊川以爲'經世之大法', 得其旨矣. 然其間極有無定當・難處置處, 今不若且存取胡文定本子與後來看, 縱未能盡得之, 然不中不遠矣.

31) ▲: 可疑處. 解將去固易, 豈免有疑? 禮經要須編成門類, 如冠・昏・喪・祭, 及他雜碎禮數, 皆須分門類編出, 考其異同, 而訂其當否, 方見得. 然今精力已不逮矣, 姑存與後人." 趙幾道又問: "『禮』合如何修?" 曰: "『禮』非全書, 而『禮記』尤雜. 今合取『儀禮』爲正, 然後取『禮記』諸書之說以類相從, 更取諸儒剖擊之說各附其下, 庶便搜閱." 又曰: "前此三禮同爲一經, 故有三禮學究. 王介甫廢了『儀禮』, 取『禮記』, 某以此知其無識?" 【大雅】

32) ○: 『朱子語類』 78:246의 일부이다.

33) ▲: 張元德問: "'惟幾惟康, 其弼直', 東萊解'幾'作'動', '康'作'靜', 如何?" 曰: "理會不得. 伯恭說經多巧." 良久, 云: "恐難如此說." 問元德: "尋常看'予克厥宅心', 作存其心否?" 曰: "然." 曰: "若說'三有俊心, 三有宅心', 曰'三有宅, 三有俊', 則又當如何? 此等處皆理會不得. 解得這一處, 礙了那一處. 若逐處自立說解之, 何書不可通!" 良久, 云: "宅者, 恐是所居之位, 是已用之賢, 俊者, 是未用之賢也." 元德問"予欲聞六律五聲八音, 在治忽, 以出納五言, 汝聽." 曰: "亦不可曉. 『漢書』'在治忽'作'七始詠', 七始, 如七均之類. 又如'工以納言, 時而颺之, 格則承之庸之, 否則威之'一段, 上文說: '欽四鄰, 庶頑讒說, 若不在時, 侯以明之, 撻以記之, 書用識哉! 欲並生哉!', 皆不可曉. 如命龍之辭亦曰: '朕聖讒說殄行, 震驚朕師. 命汝作納言, 夙夜出納朕命惟允', 皆言讒說. 此須是當時有此制度, 今不能知, 又不當杜撰胡說, 只得置之." 元德謂"侯以明之, 撻以記之", 乃是賞罰. 曰: "旣是賞罰, 當別有施設, 如何只靠射? 豈有無狀之人, 纔射得中, 便爲好人乎?" 元德問: "'五言', 東萊釋作君臣民事物之言." 曰: "君臣民事物是五聲所屬, 如'宮亂則荒, 其君驕.' 宮屬君, 最大, 羽屬物, 最小, 此是論聲. 若商, 放緩便似宮聲. 尋常琴家最取廣陵操, 以某觀之, 其聲最不和平, 有臣陵其君之意. '出納五言', 卻恐是審樂知政之類. 如此作五言說, 亦頗通." 又云: "納言之官, 如漢侍中, 今給事中, 朝廷誥令, 先過後省, 可以封駁." 元德問: "孔壁所傳本科斗書, 孔安國以伏生所傳爲隸古定, 如何?" 曰: "孔壁所傳平易, 伏生書多難曉. 如「堯典」・「舜典」・「皐陶謨」・「益稷」是伏生所傳, 有'方鳩僝功', '載采采'等語, 不可曉. 「大禹謨」一篇卻平易.

先王將多於前功, 適於山, 用降我凶德, 嘉績於朕邦', 全無意義. 又當時遷都, 更不明說[34]遷之爲利, 不遷之爲害. 如「中篇」又說神說鬼. 若使如今誥令如此, 好一場大鶻突! 尋常讀『尙書』, 讀了「太甲」·「伊訓」·「咸有一德」, 便着輓過「盤庚」, 卻看「說命」. 然「高宗肜日」亦自難看. 要之, 讀『尙書』, 可通則通, 不可通, 姑置之."【謨】[35]

78:13 ▲[36]

78:14 安卿問: "何緣無宣王書?" 曰: "是當時偶然不曾載得." ▲[37]【義剛】

78:15 道夫請先生點『尙書』以幸[38]後學. 曰: "某今無工夫." 曰: "先生於『書』既無解, 若更不點, 則句讀不分, 後人承舛聽訛, 率[39]不足以見帝王之淵懿." 曰: "公豈可如此說? 焉知後來無人!" 道夫再三請之. 曰: "『書』亦難點. 如「大誥」語句甚長, 今人卻都碎讀了, 所以曉不得. 某嘗欲作『書說』, 竟不曾成. 如制度之屬, 祇以疏文爲本. 若其他未穩處, 更與桃[40]剔令分明, 便得." 又曰: "『書疏』載'在璇璣玉衡'處, 先說箇天. 今人讀着, 亦無甚緊要. 以某觀之, 若看得此, 則亦可以粗想象天之與日月星辰之運, 進退疾遲之度皆有分數, 而曆數大概亦可知矣."【道夫 ○讀『尙書』法.】

---

34) 明說: 『朱子語類』에서는 說明으로 되어 있다.
35) 【謨】: 『朱子語類』에는 【人傑】로 되어 있다.
36) ▲: 『尙書』中「盤庚」·五誥之類, 實是難曉. 若要添減字硬說將去, 儘得. 然只是穿鑿, 終恐無益耳.【時擧】
37) ▲: 又問: "康王何緣無詩?" 曰: "某竊以'昊天有成命'之類, 便是康王詩. 而今人只是要解那成王做王業後, 便不可曉. 且如『左傳』不明說作成王詩. 後韋昭又且費盡氣力, 要解從那王業上去, 不知怎生地!"
38) 幸: 【附箋紙】"辛", 恐作"幸." 此而下无印本只依.
39) 率: 【附箋紙】"率"當作"卒." 草本之似誤處, 敢自付表.
40) 桃: 【附箋紙】"桃", 恐作"挑."

78:16 ▲[41)]

78:17 問致知讀書之序. 曰: "須先看『大學』. 然六經亦皆難看, 所謂'聖人有郢書, 後世多燕說'是也. 如[42)]『尙書』收拾於殘闕之餘, 卻必要句句義理相通, 必至穿鑿. 不若且看他分明處, 其他難曉者姑闕之可也. 程先生謂讀書之法'當平其心, 易其氣, 闕其疑'是也. 且先看聖人大意, 未須便以己意參之. 如伊尹告太甲, 便與傅說告高宗不同. 伊尹之言諄切懇到, 蓋太甲資質低, 不得不然. 若高宗則無許多病痛, 所謂'黷於祭祀, 時謂不[43)]欽'之類, 不過此等小事爾. 學者亦然. 看得自家病痛大, 則如伊尹之言正用得着. 蓋有這般病, 須用[44)]這般藥. 讀聖賢書, 皆要體之於己, 每如此."【謨】

78:18 問: "'『尙書』難讀, 蓋無許大心胸', 他書亦須大心胸, 方讀得. 如何程子只說『尙書』?" 曰: "他書卻有次第. 且如『大學』自'格物・致知'以地[45)]'平天下', 有多少節次,『尙書』只合下便大. 如「堯典」自'克明峻德, 以親九族', 至'黎民於變時雍', 展開是大小大! 分命四時成歲, 便是心中包一箇三百六十五度四分度之一底天, 方見得恁地. 若不得一箇大底心胸, 如何了得?."【賀孫】

78:19 某嘗患『尙書』難讀, 後來先將文義分明者讀之, 聱訛者且未讀. 如二典・三謨等篇, 義理明白, 句句是實理. 堯之所以爲君, 舜之所以爲臣, 皐陶・稷・契・伊・傅輩所言所行, 最好紬繹玩味, 體貼向自家身上來, 其味自別. ▲[46)]

---

41) ▲: 或問讀『尙書』. 曰: "不如且讀『大學』. 若『尙書』, 卻只說治國平天下許多事較詳. 如「「堯典」」'克明俊德, 以親九族'至'黎民於變', 這展開是多少!「舜典」又詳." 【賀孫】

42) 如: 賀本에서는 知로 되어 있다.

43) 不:『朱子語類』에서는 弗로 되어 있다.

44) 用: 成化本・賀本에서는 是로 되어 있다.

45) 地:【附箋紙】"地"當作"至."

78:20 ▲[47] 如"朞[48]三百▲[49]", 此模[50]雖未曉, 亦不緊要. 【節】

78:21 "▲[51]伊尹告太甲五篇, 說得極切[52]. 其所以治心修身處, 雖爲人主言, 然初無貴[53]賤之別, 宜取細讀, 極好. 今人不於此等處理會, 卻只理會「小序」. 某看得『書』「小序」不是孔子▲[54]作, 只是周·秦間低手人作. 然後人亦自理會他本義未得. 且如'皐陶矢厥謨, 禹成厥功, 帝舜申之.' 申, 重也. 序者本意先說皐[55]▲[56], 後說禹, 謂舜欲令禹重說, 故將'申'字係'禹'字. 蓋伏生書以「益稷」合於「皐陶謨」, 而'思曰贊贊襄哉'與'帝曰: 〈來, 禹, 汝亦昌言!〉 禹拜曰: 〈兪[57], 帝, 予何言? 予思日孜孜〉'相連. '申之'二字, 便見是舜令禹重言之意. 此是序者本意. 今人都不如此說, 說得雖多, 皆非其本意也." 又曰: "'以義制事, 以禮制心', 此是內外交相養法. 事在外, 義由內制, 心在內, 禮由外作." 銖問: "禮莫是攝心之規矩否?" 曰: "禮只是這箇禮, 如顏子非禮勿視聽言動之類, 皆是也." 又曰: "今學者別無事, 只要以心觀衆理. 理是心中所有, 常存此心以觀衆理, 只是此兩事耳." 【銖】

78:22 問可學: ▲[58] "『尙書』如何看?" 曰: "須要考歷代之變." 曰:

---

46) ▲: 【謨】
47) ▲: 讀『尙書』, 只揀其中易曉底讀.
48) 朞: 成化本·賀本에서는 期로 되어 있다.
49) ▲: 有六旬有六日, 以閏月定四時成歲
50) 模: 【附箋紙】"模", 草本作"樣."
51) ▲: 二典·三謨, 其言奧雅, 學者未遽曉會, 後面「盤」·「誥」等篇又難看. 且如『商書』中
52) 說得極切: 徽州本에서는 說得極切【「伊訓」·「太甲」三篇, 「咸有一德」】으로 되어 있다.
53) 無貴: 『小分』에서는 貴無를 교정부호로 바로잡았다.
54) ▲: 自
55) 皐: 【附箋紙】"皐"下脫"陶"字.
56) ▲: 陶
57) 兪: 成化本·賀本에서는 都로 되어 있다.
58) ▲: "近讀何書?" 曰: "讀『尙書』." 曰:

“世變難看. 唐・虞三代事, 浩大闊遠, 何處測度? 不若求聖人之心. 如堯, 則考其所以治民, 舜, 則考其所以事君. 且如「湯誓」, 湯曰: ‘予畏上帝, 不敢不正’, 熟讀豈不見湯之心? 大抵『尙書』有不必解者, 有須著意解者. 不必解者, 如「仲虺之誥」・「太甲」諸篇, 只是熟讀, 義理自分明, 何俟於解? 如「洪範」則須著意解. 如典・謨諸篇, 辭稍雅奥, 亦須略解. 若如「盤庚」諸篇已難解, 而「康誥」之屬, 則已不可解矣. 昔日伯恭相見, 語之以此. 渠云: ‘亦無可闕處’, 因語之云: ‘若如此, 則是讀之未熟.’ 後二年相見, 云, ‘誠如所說.’” 【可學】

78:23 問: “讀『尙書』, 欲裒諸家說觀之, 如何?” 先生歷擧王・蘇・程・陳・林少穎・李叔易十餘家解訖, 卻云: “便將衆說看未得. 且讀正文, 見箇意思了, 方可如此將衆說看. 『書』中易曉處直易曉, 其不可曉處, 且闕之. 如「盤庚」之類, 非特不可曉, 便曉了, 亦要何用? 如「周誥」諸篇, 周公不過是說周所以合代商之意. 是他當時說話, 其間多有不可解者, 亦且觀其大意所在而已.” 又曰: “有功夫時, 更宜觀史.” 【必大】

○[59] ▲[60] 又曰: “讀『尙書』有一箇法, 半截曉得, 半截曉不得. 曉得底看, 曉不得底且闕之, 不可强通, 强通則穿鑿.” 78:24[61] ▲[62] 如「微

59) ○: 『朱子語類』 79:77의 일부이다.

60) ▲: 凡數自一至五, 五居中, 自九至五, 五亦居中. 戴九履一, 左三右七, 五亦居中. 又曰: “若有前四者, 則方可以建極. 一五行, 二五事, 三八政, 四五紀是也. 後四者卻自皇極中出. 三德是皇極之權, 人君所嚮用五福, 所威用六極, 此曾南豐所說. 諸儒所說, 惟此說好.” 又曰: “皇, 君也, 極, 標準也. 皇極之君, 常滴水滴凍, 無一些不善. 人卻不齊, 故曰‘不協于極, 不罹于咎.’ ‘天子作民父母, 以爲天下王’, 此便是‘皇建其有極.’” 又曰: “『尙書』前五篇大概易曉. 後如「甘誓」・「胤征」・「伊訓」・「太甲」・「咸有一德」・「說命」, 此皆易曉, 亦好. 此是孔氏壁中所藏之書.” 又曰: “看『尙書』, 漸漸覺曉不得, 便是有長進. 若從頭至尾解得, 便是亂道. 「高宗肜日」是最不可曉者, 「西伯戡黎」是稍稍不可曉者. 「太甲」大故亂道, 故伊尹之言緊切, 高宗稍稍聰明, 故「說命」之言細膩.”

61) 78:24: 『小分』에서는 79:77의 일부와 합쳐서 하나의 항목으로 편집되어 있다.

62) ▲: 語德粹云: “『尙書』亦有難看者.

子」等篇[63], 讀至此, 且認微子與父師・少師哀商之淪喪, 已將如何. 其他皆然. ▲[64]【可學】

78:25『書』序恐不是孔安國做. 漢文麤枝大葉, 今『書』序細膩, 只似六朝時文字. 「小序」斷不是孔子做!【義剛 ○論孔序.】

78:26 ▲[65]

78:27 "『尚書』注幷序, 某疑非孔安國所作. 蓋文字困善[66], 不類西漢人文章, 亦非後漢之文." ▲[67]【僩】

78:28 ▲[68]

78:29 ▲[69]

78:30 ▲[70]

---

63) 如「微子」等篇: 徽州本에서는 如「微子」等篇, 「洛誥」로 되어 있다.
64) ▲: 若其文義, 知他當時言語如何, 自有不能曉矣."
65) ▲: 漢人文字也不喚做好, 卻是麤枝大葉. 『書』序細弱, 只是魏・晉人文字. 陳同父亦如此說.
66) 困善: 成化本・賀本에서는 善困으로 되어 있다.
67) ▲: 或言: "趙岐『孟子』序卻自好." 曰: "文字絮, 氣悶人. 東漢文章皆然."
68) ▲: 『尚書』決非孔安國所注, 蓋文字困善, 不是西漢人文章. 安國, 漢 武帝時, 文章豈如此! 但有太麤處, 決不如此困善也. 如『書』序做得善弱, 亦非西漢人文章也.【卓】
69) ▲: 『尚書』孔安國『傳』, 此恐是魏・晉間人所作, 托安國爲名, 與毛公『詩傳』大段不同. 今觀序文亦不類漢文章.【漢時文字粗, 魏・晉間文字細.】 如『孔叢子』亦然, 皆是那一時人所爲.【廣】
70) ▲: 孔安國『尚書』序, 只是唐人文字. 前漢文字甚次第. 司馬遷亦不曾從安國受『尚書』, 不應有一文字軟郎當地. 後漢人作『孔叢子』者, 好作僞書. 然此序亦非後漢時文字, 後漢文字亦好.【揚】

78:31 "孔氏『書』序▲71) 似李陵答蘇武書." ▲72) 【必大】

78:32 "傳之子孫, 以貽後代." 漢時無這般文章. 【義剛】

78:33 孔安國解經, 最難73)道, 看得只是『孔叢子』等做出來. 【泳 ○論孔傳.】

78:34 ▲74) 漢儒訓釋文字, 多是如此, 有疑則闕. 今此卻盡釋之, 豈有百千75)年前人說底話, 收拾於灰燼屋壁中與口傳之餘, 更無一字訛舛, 理會不得. 兼「小序」皆可疑. 「堯典」一篇自說堯一代爲治之次序, 至讓於舜方止. 今卻說是讓於舜後方作. 「舜典」亦是見一代政事之終始, 卻說"歷試諸難76)", 是爲要受讓時作也. 至後諸篇皆然. ▲77) 況孔『書』至東晉方出, 前此諸儒皆不曾見, 可疑之甚! 【大雅】

78:35 ▲78)「小序」不知何人作. ▲79) 【夔孫 ○論「小序」.】

78:36 ▲80)

78:37 『書』序▲81)想是孔家人自做底. 如『孝經』序亂道, 那時也有

---

71) ▲: 不類漢文,
72) ▲: 因問: "董仲舒三策文氣亦弱, 與晁・賈諸人文章殊不同, 何也?" 曰: "仲舒爲人寬緩, 其文亦如其人. 大抵漢自武帝後, 文字要入細, 皆與漢初不同."
73) 難: 『朱子語類』에서는 亂으로 되어 있다.
74) ▲: 某嘗疑孔安國書是假書. 比毛公『詩』如此高簡, 大段爭事.
75) 百千: 賀本에서는 千百으로 되어 있다.
76) 難: 賀本에서는 艱으로 되어 있다.
77) ▲: 況先漢文章, 重厚有力量. 今「大序」格致極輕, 疑是晉・宋間文章.
78) ▲: 『尙書』
79) ▲: 「大序」亦不是孔安國作, 怕只是撰『孔叢子』底人作. 文字軟善, 西漢文字則麤大.
80) ▲: 『書』「小序」亦非孔子作, 與『詩』「小序」同. 【廣】
81) ▲: 是得『書』於屋壁, 已有了,

了.【燾】

78:38 ▲[82]

78:39 ▲[83]問[84]: "▲[85]殷地, 武王旣以封武庚, 而使三叔監之矣, 又以何處封康叔?" 曰: "旣言'以殷餘民封康叔', 豈非封武庚之外, 將以封之乎? 又曾見吳才老辨「梓材」一篇云, 後半截不是「梓材」, 緣其中多是勉君, 乃臣告君之詞, 未嘗如前一截稱'王曰', 又稱'汝', 爲上告下之詞. 亦自有理."【壯祖】

○[86] ▲[87]『書』「小序」亦未是. 只如「堯典」·「舜典」便不能通貫一

82) ▲: 『書』序不可信, 伏生時無之. 其文甚弱, 亦不是前漢人文字, 只似後漢末人. 又『書』亦多可疑者, 如「康誥」·「酒誥」二篇, 必是武王時書. 人只被作洛事在前惑之. 如武王稱"寡兄"·"朕其弟", 卻甚正. 「梓材」一篇又不知何處錄得來, 此與他人言皆不領. 嘗與陳同甫言. 陳曰: "每常讀, 亦不覺. 今思之誠然."

83) ▲: 徐彦章問: "先生卻除『書』序, 不以冠篇首者, 豈非有所疑於其間耶?" 曰: "誠有可疑. 且如「康誥」第述文王, 不曾說及武王, 只有'乃寡兄'是說武王, 又是自稱之詞. 然則「康誥」是武王誥康叔明矣. 但緣其中有錯說'周公初基'處, 遂使序者以爲成王時事, 此豈可信?" 徐

84) 問: 『朱子語類』에서는 曰로 되어 있다.

85) ▲: 然則

86) ○: 『朱子語類』 80:39의 일부이다.

87) ▲: 因論『詩』, 歷言「小序」大無義理, 皆是後人杜撰, 先後增益湊合而作. 多就『詩』中採摭言語, 更不能發明『詩』之大旨. 纔見有"漢之廣矣"之句, 便以爲德廣所及, 才見有"命彼後車"之言, 便以爲不能飮食敎載. 「行葦」之序, 但見"牛羊勿踐", 便謂"仁及草木", 但見"戚戚兄弟", 便爲"親睦九族", 見"黃耇鮐背", 便謂"養老", 見"以祈黃耇", 便謂"乞言", 見"介爾景福", 便謂"成其福祿." 隨文生義, 無復理論. 「卷耳」之序以"求賢審官, 知臣下之勤勞", 爲后妃之志事, 固不倫矣! 況詩中所謂"嗟我懷人", 其言親暱太甚, 寧后妃所得施於使臣者哉! 「桃夭」之詩謂"婚姻以時, 國無鰥民"爲"后妃之所致", 而不知其爲文王刑家及國, 其化固如此, 豈專后妃所能致耶? 其他變風諸詩, 未必是刺者皆以爲刺, 未必是言此人, 必傅會以爲此人. 「桑中」之詩放蕩留連, 止是淫者相戲之辭, 豈有刺人之惡, 而反自陷於流蕩之中! 「子衿」詞意輕儇, 亦豈刺學校之辭! 「有女同車」等, 皆以爲刺忽而作. 鄭忽不娶齊女, 其初亦是好底意思, 但見後來失國, 便將許多詩盡爲刺忽而作. 考之於忽, 所謂淫昏暴虐之類, 皆無其實. 至遂目爲"狡童", 豈詩人愛君之意? 況其所以失國,

篇之意. 「堯典」不獨爲遜舜一事. 「舜典」到"歷試諸難[88]"之外, 便不該通了, 其他『書』序亦然. 至如『書』「大序」亦疑不是孔安國文字. 大抵西漢文章渾厚近古, 雖董仲舒・劉向之徒, 言語自別. 讀『書』「大序」, 便覺軟慢無氣, 未必不是後人所作也. 【謨】

78:40 ▲[89]問: "『書』解▲[90]東坡『書』爲上否?" 曰: "然." 又問: "但若失之簡." 曰: "亦有只消如此解者." 【廣 ○諸家解.】

78:41 東坡▲[91]看得文勢好. 【學蒙】

78:42 東坡▲[92] 尙有粘滯, 是未盡透徹. 【振】

78:43 諸家▲[93]雖有亂道, 若内只有一說是時, 亦須還它底是. 『尙書』句讀, 王介甫・蘇子瞻整頓得數處甚是, 見得古注全然錯. ▲[94] 【螢】

78:44 ▲[95] "介甫解亦不可不看. 『書』中不可曉處, 先儒旣如此解, 且只得從他說. 但一段訓詁如此說得通, 至別一段如此訓詁, 便說不

正坐柔懦闊疏, 亦何狡之有! 幽・厲之刺, 亦有不然. 「甫田」諸篇, 凡詩中無詆譏之意者, 皆以爲傷今思古而作. 其他謬誤, 不可勝說. 後世但見『詩』序巍然冠於篇首, 不敢復議其非, 至有解說不通, 多爲飾辭以曲護之者, 其誤後學多矣! 「大序」卻好, 或者謂補湊而成, 亦有此理.

88) 難: 賀本에서는 艱으로 되어 있다.
89) ▲: 或
90) ▲: 誰者最好? 莫是
91) ▲: 書解卻好, 他
92) ▲: 『書』解文義得處較多.
93) ▲: 注解, 其說
94) ▲: 然舊看郭象解『莊子』, 有不可曉處. 後得呂吉甫解看, 卻有說得文義的當者.
95) ▲: 因論『書』解, 必大曰: "舊聞一士人說, 注疏外, 當看蘇氏・陳氏解." 曰:

通, 不知如何.” 【必大】

78:45 “荊公不解「洛誥」, 但云: ‘其間煞有不可强通處, 今姑擇其可曉者釋之.’ 今人多說荊公穿鑿, 他卻有如此處. 若後來人解『書』, 又卻須要解盡.” 【廣】

78:46 “『易』是荊公舊作, 卻自好. 『三經義』【『詩』·『書』·『周禮』】是後來作底, 卻不好. 如『書』說‘聰明文思’, 便要牽就五事上說, 此類不同.” 銖因問: “世所傳張綱『書解』, 只是祖述荊公所說. 或云是閩中林子和作, 果否?” 曰: “或者說如此, 但其家子孫自認是他作. 張綱後來作參政, 不知自認與否?” 【子孫自認之說, 當時失於再扣[96]. 後因見汪玉山駁張綱謚文定奏狀, 略云: “一, 行狀云: ‘公講論經旨, 尤精於『書』. 著爲論說, 探微索隱, 無一不與聖人契, 世號『張氏書解』.’ 臣竊以王安石訓釋[97]經義, 穿鑿傅會, 專以濟其刑名法術之說. 如『書義』中所謂‘敢於殄戮, 乃以乂民, 忍威不可訖, 凶德不可忌’之類, 皆害理教, 不可以訓. 綱作『書解』, 掇拾安石緒餘, 敷衍而潤飾之, 今乃謂其言‘無一不與聖人契’, 此豈不厚誣聖人, 疑誤學者!” ○銖】

78:47 先生因說, 古人說話皆有源流, 不是胡亂. 荊公解“聰明文思”處, 牽合「洪範」之五事, 此卻是穿鑿. 如「小旻」詩云“國雖靡止, 或聖或否, 民雖靡膴, 或哲或謀, 或肅或艾”, 卻合「洪範」五事. 此人往往曾傳箕子之學. 劉文公云“人受天地之中以生”等語, 亦是有所師承. 不然, 亦必曾見上世聖人之遺書. ▲[98] 【燾】

78:48 胡安定『書解』未必是安定所注, 『行實』之類不載. 但『言行

---

96) 扣: 賀本에서는 叩로 되어 있다.

97) 釋: 賀本에서는 識으로 되어 있다.

98) ▲: 大抵成周時於王都建學, 盡收得上世許多遺書, 故其時人得以觀覽而剽聞其議論. 當時諸國, 想亦有書. 若韓宣子適魯, 見『易象』與魯『春秋』, 但比王都差少耳. 故孔子看了魯國書, 猶有不足, 得孟僖子以車馬送至周, 入王城, 見老子, 因得遍觀上世帝王之書.

錄』上有少許, 不多, 不見有全部. 專破古說, 似不是胡平日意. 又間引東坡說. 東坡不及見安定, 必是僞書.

78:49 曾彦和, 熙·豐後人, 解「禹貢」. 林少穎·吳才老甚取之.【振】

78:50 林書儘有好處. 但自「洛誥」已後, 非他所解.【祖道】

78:51 胡氏闢得吳才老解經, 亦過當. 才老於考究上極有功夫, 只是義理上自是看得有不子細. 其『書解』, 徽州刻之.【營】

78:52 李經·叔易, 伯紀丞相弟, 解『書』甚好, 亦善考證.【振】

78:53 呂伯恭解『書』▲99)却是傷於巧.【道夫】

78:54 ▲100)

78:55 ▲101)

78:56 先生云: "曾見史丞相『書』否?" 劉云: "見了. 看他說'昔在'二字, 其說甚乖." 曰: "亦有好處." 劉問: "好在甚處?" 曰: "如'命公後', 衆說皆云, 命伯禽爲周公之後. 史云, 成王旣歸, 命周公在後. 看'公定,

---

99) ▲: 自「洛誥」始. 某問之曰: "有解不去處否?" 曰: "也無." 及數日後, 謂某曰: "『書』也是有難說處, 今只是强解將去爾." 要之, 伯恭

100) ▲: 向在鵝湖, 見伯恭欲解『書』, 云: "且自後面解起, 今解至「洛誥」." 有印本, 是也. 其文甚鬧熱. 某嘗問伯恭: "『書』有難通處否?" 伯恭初云: "亦無甚難通處." 數日問, 卻云: "果是有難通處."【營】

101) ▲: 問: "『書』當如何看?" 曰: "且看易曉處. 其他不可曉者, 不要强說, 縱說得出, 恐未必是當時本意. 近世解『書』者甚衆, 往往皆是穿鑿. 如呂伯恭, 亦未免此也."【時擧】

予往矣'一言, 便見得是周公且在後之意."【卓】

78:57 薛士龍『書解』, 其學問多於地名上有功夫.【㽦】

○[102] ▲[103] 因說: "東萊改本『書解』, 無闕疑處, 只據意說去." 木之問: "『書解』誰底好看?" 曰: "東坡『解』, 大綱也好, 只有失. 如說'人心惟危'這般處, 便說得差了. 如今看他底, 須是識他是與不是處, 始得."【木之】

「堯典」

78:58 問: "「序」云: '聰明文思', 經作'欽明文思', 如何?" 曰: "「小序」不可信." 問: "恐是作序者見經中有'欽明文思', 遂改換'欽'字作'聰'字否?" 曰: "然."

78:59 "若稽古帝堯", 作書者敘起.【振】

78:60 林少穎解"放勳"之"放", 作"推而放之四海"之"放", 比之程氏說爲優.【廣】

78:61 ▲[104]

78:62 "安安", 若云止其所當止. 上"安"字是用. 下"安"字是體. "成性存存"亦然. 又恐只是重字, 若"小心翼翼." "安安"·"存存"亦然. 皆得.

---

102) ○: 『朱子語類』 80:89의 일부이다.

103) ▲: 子由『詩解』好處多, 歐公『詩本義』亦好.

104) ▲: "安安", 只是箇重疊字, 言堯之"聰明文思", 皆本於自然, 不出於勉强也. "允", 則是信實, "克", 則是能.【廣】

【振】

78:63 "允恭克讓", 從張綱說, 謂"信恭能讓." 作『書』者贊詠堯德如此. 【德明】

78:64 "允恭克讓", 程先生說得義理亦好, 只恐『書』意不如此. ▲[105)]【振】

78:65 ▲[106)]

78:66 "克明峻[107)]德", 是"明明德"之意. 【德明】

78:67 "克明峻[108)]德", ▲[109)] 與文王"克明德"同. 【廣】

78:68 ▲[110)]

78:69 ▲[111)]問: "▲[112)]'克明俊德'者, 古注作'能明俊德之人', 似有理." 曰: "且看文勢, 不見有用人意." ▲[113)] 【人傑】

78:70 ▲[114)]九族', 說者謂上至高祖, 下至玄孫. 林少穎謂若如此, 只

---

105) ▲: 程先生說多如此, 『詩』尤甚, 然卻得許多義理在其中.
106) ▲: "格", 至也. "格於上下", 上至天, 下至地也. 【廣】
107) 峻: 成化本・賀本에서는 俊으로 되어 있다.
108) 峻: 成化本・賀本에서는 俊으로 되어 있다.
109) ▲: 只是說堯之德,
110) ▲: "克明峻德", 只是明己之德, 詞意不是明峻德之士. 【振】
111) ▲: 顯道
112) ▲: 「堯典」自'欽明文思'以下皆說堯之德. 則所謂
113) ▲: 又問: "'納于大麓, 烈風雷雨弗迷', 說者或謂大錄萬機之政, 或謂登封太山, 二說如何?" 曰: "『史記』載'使舜入山林, 烈風雷雨, 弗迷其道.' 當從『史記』."
114) ▲: 任道問: "「堯典」'以親

是一族. 所謂'九族'者, 父族四, 母族三, 妻族二. 是否?" 曰: "父族, 謂本族, 姑之夫, 娣[115]妹之夫, 女子之夫家, 母族, 謂母之本族, 母族與姨母之家, 妻族, 則妻之本族, 與其母族是也. 上殺, 下殺, 旁殺, 只看所畫宗族圖可見." 【人傑】

78:71 ▲[116] "克明德", 是再提起堯德來說. "百姓", 或以爲民, 或以爲百官族姓, 亦不可攷, 姑存二說可也. ▲[117] 【廣】

78:72 "九族", 以三族言者較大. 然亦不必▲[118]泥, 但其所親者皆是. ▲[119] 鯀殛而禹爲之用. 聖人大公, 無毫髮之私. 禹亦自知父罪當然. 【振】

78:73 "平章百姓", 只是近處百姓, "黎民", 則合天下之民言之矣. 典・謨中"百姓", 只是說民, 如"罔咈百姓"之類. 若是『國語』中說"百姓", 則多是指百官族姓. 【廣】

78:74 ▲[120] 此"家齊而後國治"之意. "百姓昭明", 乃三綱五常皆分曉, 不鶻突也. 【人傑】

78:75 ▲[121]

78:76 ▲[122]

---

115) 娣: 【附箋紙】"娣"當作"姊."
116) ▲: "九族", 且從古注.
117) ▲: "釐"則訓治, "釐降"只是他經理二女下降時事爾.
118) ▲: 如此
119) ▲: "胤子朱", 做丹朱說, 甚好. 然古有胤國, 堯所舉, 又不知是誰.
120) ▲: "百姓", 畿內之民, 非百官族姓也.
121) ▲: "百姓昭明", "百姓"只是畿內之民, "昭明", 只是與它分別善惡, 辨是與非. 以上下文言之, 即齊家・治國・平天下之事. 【辯】

78:77 堯・舜之道, 如“平章百姓”, “黎民於變時雍”之類, 皆是. 幾時只是安坐而無所作爲!【履孫】

78:78 羲・和卽是那四字[123]. 或云有羲伯・和伯, 共六人, 未必是.【義剛】

78:79 羲・和主曆象. 授時而已, 非是各行其方之事.【德明】

78:80 曆是古時一件大事, 故炎帝以鳥名官, 首曰鳳鳥氏, 曆正也. 歲月日時旣定, 則百工之事可攷其成. 程氏・王氏兩說相兼, 其義始備.【廣】

78:81 曆是書, 象是器. 無曆, 則無以知三辰之所在. 無璣衡, 則無以見三辰之所在.【廣】

78:82 古字“宅”・“度”通用. “宅嵎夷”之類, 恐只是四方度其日景以作曆耳. 如唐時尙使人去四方觀望.【廣】

78:83 問: “‘寅賓出日’, ‘寅錢[124]納日’, 如何?” 曰: “恐當從林少穎解: ‘寅賓出日’, 是推測日出時候, ‘寅錢[125]納日’, 是推測日入時候, 如士[126]圭之法是也. 暘谷・南交・昧谷・幽都, 是測日景之處. 宅, 度也. 古書‘度’字有作‘宅’字者. ‘東作・南訛・西成・朔易’皆節候也. ‘東

---

122) ▲: 問: “孔『傳』云: ‘百官族姓’, 程子謂古無此說. 『呂刑』只言‘官伯族姓.’ 後有‘百姓不親’, ‘干百姓’, ‘咈百姓’, 皆言民, 豈可指爲百官族姓?” “『後漢書』亦云部刺史職在‘辨章百姓, 宣美風俗.’ 辨章卽平章也.” 過又云: “族姓亦不可不明.” 先生只曰: “未曾如此思量.”【過】

123) 字: 『朱子語類』에서는 子로 되어 있다.

124) 錢: 『朱子語類』에서는 餞으로 되어 있다.

125) 錢: 『朱子語類』에서는 餞으로 되어 있다.

126) 士: 『朱子語類』에서는 土로 되어 있다.

作', 如立春至雨水節之類. '寅賓', 則求之於日, '星鳥', 則求之於夜. '厥民析·因·夷·隩', 非是使民如此, 民自是如此. 因者, 因其析後之事, 夷者, 萬物收成, 民皆優逸之意. '孳尾'至'氄毛', 亦是鳥獸自然如此, 如今曆書記鳴鳩·拂羽等事. 程泰之解暘谷·南交·昧谷·幽都, 以爲築一臺而分爲四處, 非也. 古注以爲羲仲居治東方之官, 非也. 若如此, 只是東方之民得東作, 他處更不耕種矣, 西方之民享西成, 他方皆不斂獲[127]矣! 大抵羲·和四子皆是掌曆之官, 觀於'咨汝羲暨和'之辭, 可見. '敬致'乃'冬夏[128]▲[129]日, 春秋致月'是也. 春·秋分無日景, 夏至景短, 冬至景長."【人傑】

78:84 "平秩東作"之類, 只是如今穀雨·芒種之節候爾. 林少穎作"萬物作"之"作"說, 卽是此意.【廣】

78:85 "東作", ▲[130] 與"南訛·西成"爲一類, 非是令民耕作. 羲仲一人, 東方甚廣, 如何管得許多!【德明】

78:86 "敬致", 只是"冬夏致日"之"致." "寅賓"是賓其出, "寅餞"是餞[131]其入, "敬致"是致其中. 北方不說者, 北方無日故也.【廣】

78:87 "朔易", 亦是時侯[132]. 歲亦改易於此, 有終而復始之意. ▲[133]【廣】

78:88 「堯典」云"期三百六旬有六日", 而今一歲三百五十四日者, 積

127) 獲: 『朱子語類』에서는 穫으로 되어 있다.
128) 夏: 【附箋紙】上"夏"字下, 脫"致"字.
129) ▲: 致
130) ▲: 只是言萬物皆作. 當春之時, 萬物皆有發動之意,
131) 餞: 【附箋紙】兩"錢"字當作"餞."
132) 侯: 『朱子語類』에서는 候로 되어 있다.
133) ▲: 在, 察也.

朔空餘分以爲閏. 朔空者, 六小月也, 餘分者, 五日四分度之一也.【大雅】

78:89 自"疇咨若時登庸"到篇末, 只是一事, 皆是爲禪位設也. 一擧而放齊擧胤子, 再擧而驩兜擧共工, 三擧而四岳擧鯀, 皆不得其人, 故卒以天下授舜.【廣】

78:90 伯恭說"子朱啓明"之事不是. 此乃爲放齊翻款. 堯問"疇咨若時登庸?" 放齊不應擧一箇明於爲惡之人. 此只是放齊不知子朱之惡, 失於薦揚耳.【德明】

78:91 包顯道問: "朱先稱'啓明', 後又說他'嚚訟', 恐不相協?" 曰: "便是放齊以白爲黑,【夔孫錄云: "問: '〈啓明〉與〈嚚訟〉相反, 〈靜言庸違〉則不能成功, 卻曰〈方鳩僝[134]功〉', 曰[135]: '便是驩兜以白爲黑'云云."】 以非爲是, 所以舜治他. 但那人也是崎嶢. ▲[136] 惟其啓明後, 方解嚚訟." 又問: "堯旣知鯀, 如何尙用之?" 曰: "鯀也[137]是有才智, 想見只是狠拗自是, 所以弄得恁地郎當. 所以『楚辭』說'鯀倖直以亡身', 必是他去治水有不依道理處, 壞了人多, 弄八九年無收殺, 故舜殛之."【義剛 ○夔孫錄略.】

78:92 共工·驩兜, 看得來其過惡甚於放齊·胤子朱.【廣】

78:93 "僝功", 亦非灼然知是爲見功, 亦且是依古注說. ▲[138]

134) 僝: 孝宗刊本·英祖刊本·成化本에서는 孱으로 되어 있다.
135) 曰: 賀本에서는 此로 되어 있다.
136) ▲: 且說而今暗昧底人, 解與人健訟不解?
137) 鯀也: 『小分』에서는 흐려서 보이지 않으나 『朱子語類』에 따라 보충하였다.
138) ▲: "亦厥君先敬勞", "肆徂厥敬勞", "肆往姦宄殺人歷人宥", "肆亦見厥君事, 戕敗人宥"之類, 都不成文理, 不可曉.

78:94 ▲[139)]

78:95 ▲[140)]

78:96 ▲[141)]

78:97 ▲[142)] "四岳是總在外諸侯之官, 百揆則總在內百官者." 又問: "四岳是一人? 是四人?" 曰: "'汝能庸命巽朕位', 不成讓與四人! 又如'咨二十有二人', 乃四岳・九官・十二牧, 尤見得四岳只是一人." ▲[143)]【必大】

78:98 "异哉", 是不用亦可. "試可乃已", 言試而可, 則用之, 亦可已

---

139) ▲: "象恭滔天." "滔天"二字羨, 因下文而誤.【廣】

140) ▲: 四岳只是一人. 四岳是總十二牧者, 百揆是總九官者.【義剛】

141) ▲: 問: "四岳是十二牧之長否?" 曰: "「周官」言'內有百揆・四岳', 則百揆是朝廷官之長, 四岳乃管領十二牧者. 四岳通九官・十二牧爲二十有二人, 則四岳爲一人矣. 又, 堯咨四岳以'汝能庸命巽朕位', 不成堯欲以天下與四人也! 又, 「周官」一篇說三公・六卿甚分曉. 漢儒如揚雄・鄭康成之徒, 以至晉 杜元凱, 皆不曾見. 直至東晉, 此書方出. 伏生書多說司馬・司空, 乃是諸候三卿之制, 故其誥諸侯多引此. 「顧命」排列六卿甚整齊, 太保奭【冢宰】・芮伯【宗伯】・彤伯【司馬】・畢公【司徒】・衛侯【司寇】・毛公【司空】. 疏中言之甚詳. 「康誥」多言刑罰事, 爲司寇也. 太保・畢公・毛公, 乃以三公下行六卿之職. 三公本無職事, 亦無官屬, 但以道義輔導天子而已. 漢卻以司徒・司馬・司空爲三公, 失其制矣."【人傑 ○必大錄別出.】

142) ▲: 正淳問"四岳・百揆." 曰:

143) ▲: 因言: "孔壁『尙書』, 漢 武帝時方出, 又不行於世, 至東晉時方顯, 故揚雄・趙岐・杜預諸儒悉不曾見. 如「周官」乃孔氏書, 說得三公・三孤・六卿極分明. 漢儒皆不知, 只見伏生書多說司徒・司馬・司空, 遂以此爲三公. 不知此只是六卿之半. 武王初是諸侯, 故只有此三官. 又其他篇說此三官者, 皆是訓誥諸侯之詞. 如三郊三遂, 亦是用天子之半. 伏生書只「顧命」排得三公・三孤・六卿齊整. 如曰: '太保奭・芮伯・彤伯・畢公・衛侯・毛公', 召公與畢公・毛公是三公, 芮伯・彤伯・衛侯是三孤. 太保是冢宰, 芮伯是司徒, 衛侯是康叔爲司寇, 所以「康誥」中多說刑. 三公只是以道義傅保王者, 無職事官屬, 卻下行六卿事."【漢時太傅亦無官屬.】

而已之也.【廣】

78:99 ▲[144]滔天之水滿天下, 如何用工! 如一處有, 一處無, 尙可. 旣“洪水滔天”, 不知如何掘地注海? 今水深三尺, 便不可下工. 如水甚大, 則流得幾時, 便自然成道, 亦不用治. 不知禹當時治水之事如何.【揚】

78:100 ▲[145]

78:101 先儒多疑舜乃[146]前世帝王之後, 在堯時不應在側陋. 此恐不然. 若漢 光武只是景帝七世孫, 已在民間耕稼了. 況上古人壽長, 傳數世後, 經歷之遠, 自然有微而在下者.【廣】

78:102 “烝烝”, 東萊說亦好. 曾氏是曾彦和. 自有一本孫・曾『書解』, 孫是孫懲.【廣】

78:103 “女于時觀厥刑于二女”, 皆堯之言. “釐降二女于潙汭, 嬪于虞”, 乃史官之詞. 言堯以女下降於舜爾. “帝曰: ‘欽哉!’” 是堯戒其二女之詞, 如所謂“往之女家, 必敬必戒”▲[147] 若如此說, 不解亦自分明. 但今解者便添入許多字了說.【廣】

78:104 ▲[148]

---

144) ▲: 堯知鯀不可用而尙用, 此等事皆不可曉. 當時治水事, 甚不可曉. 且如

145) ▲: “庸命”・“方命”之“命”, 皆謂命令也. 庸命者, 言能用我之命以巽朕位也. 方命者, 言止其命令而不行也. 王氏曰: “圓則行, 方則止, 猶今言廢閣詔令也.” 蓋鯀之爲人, 悻戾自用, 不聽人言語, 不受人教令也.【廣】

146) 疑舜乃: 『小分』에서는 흐려서 보이지 않으나 『朱子語類』에 따라 보충하였다.

147) ▲: 也.

148) ▲: “帝曰: ‘我其試哉! 女于時觀厥刑于二女.’”【此堯之言.】 “釐降二女于潙汭, 嬪于虞.”【此史官所記.】 釐, 治也. “帝曰: ‘欽哉!’”【堯之言. 乃“往之女家, 必

78:105 ▲[149]

「舜典」

78:106 東萊謂「舜典」止載舜元年事, 則是[150]. 若說此是作史之妙, 則不然, 焉知當時別無文字在?【廣】

78:107 "「舜典」自'虞舜側微'至'乃命以位', 一本無之. 直自「堯典」'帝曰欽哉'而下, 接起'愼徽五典', 所謂'伏生以「舜典」合於「堯典」[151]▲[152].' '玄德'難曉, 『書傳』中亦無言玄者. 今人避諱, 多以'玄'爲'元', 甚非也. 如'玄黃'之'玄', 本黑色. 若云'元黃', 是'子畏於正'之類也. 舊來頒降避諱, 多以'玄'爲'眞'字, 如'玄冥'作[153]'▲[154]冥', '玄武'作'眞武.'" 伯豐問: "旣諱黃帝名, 又諱聖祖名, 如何?" 曰: "舊以聖祖爲人皇中之一, 黃帝自是天降而生, 非少典[155]之子. 其說虛誕, 蓋難憑信也."【人傑】

78:108 "濬哲文明, 溫恭允塞", 細分是八字, 合而言之, 卻只是四字[156]. 濬, 是明之發處, 哲, 則見於事也, 文, 是文章, 明, 是明著.

敬必戒"之意.】 "輯五瑞."【是方呼喚來.】 "乃日覲四岳・群牧."【隨其到者, 先後見之.】 "肆覲東后, 五玉・三帛, 二生・一死・贄. 協時月, 正日. 同律度量衡. 修五禮, 如五器. 卒乃復."【文當次第如此. 復, 只是同.】 "象以典刑,【是正刑: 墨・劓・剕・宮・大辟. 象, 猶"縣象魏"之"象", 畫之令人知.】 流宥五刑,【正刑有疑似及可憫者, 隨其重輕以流罪宥之.】 鞭作官刑, 扑作教刑,【鞭・扑, 皆刑之小者.】 金作贖刑.【鞭扑小刑之可憫者, 令以金贖之. 正刑則只是流, 無贖法.】 眚災肆赦.【過誤可憫, 雖正刑亦赦.】 怙終賊刑."【怙終者, 則賊刑.】【必大】

149) ▲: "嬪于虞. 帝曰: '欽哉!'" 堯戒女也.【振】
150) 則是: 『小分』에서는 흐려서 보이지 않으나 『朱子語類』에 따라 보충하였다.
151) 合於「堯典」:【附箋紙】"合於「堯典」"下, 脫"也"字.
152) ▲: 也
153) 冥作:【附箋紙】"冥作"下脫"眞"字.
154) ▲: 眞
155) 典: 賀本에서는 昊로 되어 있다.

『易』中多言"文明." 允, 是就事上說, 塞, 是其中實處.【廣】

78:109 ▲[157)]

78:110 "納于大麓", 當以『史記』爲據, 謂如治水之類. "弗迷", 謂舜不迷於風雨也. 若主祭之說, 某不敢信. 且雷雨在天, 如何解迷? 若[158)]是舜在主祭, 而乃有風雷之變, 豈得爲好!【義剛】

78:111 "烈風雷雨不迷", 只當如太史公說. 若從主祭說, 則"弗迷"二字說不得. 弗迷, 乃指人而言也.【廣】

78:112 ▲[159)]

78:113 舜居攝時, 不知稱號謂何. 觀"受終"・"受命", 則是已將天下分付他了.【廣】

78:114 堯・舜之廟雖不可考, 然以義理推之, 堯之廟當立於丹朱之國, 所謂"修其禮物, 作賓於王家." 蓋"神不歆非類, 民不祀非族", 故『禮記』"有虞氏禘黃帝而郊嚳, 祖顓頊而宗堯", 伊川以爲可疑.【方子】

78:115 『書正義』"璿璣玉衡"處, 說天體極好.【閎祖】

---

156) 字: 『朱子語類』에서는 事로 되어 있다.

157) ▲: "'濬哲文明, 溫恭允塞', 是八德." 問: "'徽五典', 是使之掌敎, '納於百揆', 是使之宅百揆, '賓於四門', 是使之爲行人之官, '納大麓', 恐是爲山虞之官." 曰: "若爲山虞, 則其職益卑. 且合從『史記』說, 使之入山, 雖遇風雨弗迷其道也."【人傑】

158) 若: 成化本・賀本에서는 仍으로 되어 있다.

159) ▲: 堯命舜曰: "三載汝陟帝位." "舜讓於德, 弗嗣", 則是不居其位也. 其曰"受終於文祖", 只是攝行其事也. 故舜之攝, 不居其位, 不稱其號, 只是攝行其職事爾. 到得後來舜遜於禹, 不復言位, 止曰"總朕師"爾. 其曰"汝終陟元后", 則今不陟也. "率百官若帝之初"者, 但率百官如舜之初爾.【廣】

78:116 在"璿璣玉衡, 以齊七政", 注謂"察天文, 審己當天心否", 未必然. 只是從新整理起, 此是最當先理會者, 故從此理會去.【廣】

78:117 類, 只是祭天之名, 其義則不可曉. 與所謂"旅上帝"同, 皆不可曉, 然決非是常[160]祭.【廣】

78:118 問"六宗." 曰: "古注說得自好. 鄭氏'宗'讀爲'禜', 即祭法中所謂'祭時・祭寒暑・祭日・祭月・祭星・祭水旱'者. 如此說, 則先祭上帝, 次禋六宗, 次望山川, 然後徧及群神, 次序皆順." 問: "五峰取張髦昭穆之說, 如何?" 曰: "非唯用改易經文, 兼之古者昭穆不盡稱'宗.' 唯祖有功, 宗有德, 故云'祖文王而宗武王. 且如西漢之廟, 唯文帝稱'太宗', 武帝稱'世宗', 至唐廟[161]乃盡稱'宗', 此不可以爲據."【雉】

○[162] ▲[163] "輯五瑞."【是方呼喚來.】 "乃日覲四岳・群牧."【隨其到者, 先後見之.】 "肆覲東后, 五玉・三帛, 二生・一死・贄. 協時月, 正日. 同律度量衡. 修五禮, 如五器. 卒乃復."【文當次第如此. 復, 只是回[164].】 "象以典刑,【是正刑, 墨・劓・剕・宮・大辟. 象, 猶"縣象魏"之"象", 畫之令人知.】 流有五刑,【正刑有疑似及可憫者, 隨其輕重[165]以流罪宥之.】 鞭作官刑, 朴[166]作敎刑,【鞭・朴, 皆刑之小者.】 金作贖刑.【鞭・朴, 小刑之可憫者, 令以金贖之. 正刑則只是流, 無贖法.】 眚災[167]肆赦.【過誤可憫, 雖正刑亦赦.】 怙終賊刑."【怙終者, 則賊刑. ○必大】

---

160) 是常:『小分』에서는 常是를 교정부호로 바로잡았다.
161) 廟: 賀本에서는 朝로 되어 있다.
162) ○:『朱子語類』78:104의 일부이다.
163) ▲: 帝曰: '我其試哉! 女于時觀厥刑于二女.'"【此堯之言.】 "釐降二女于嬀汭, 嬪于虞."【此史官所記.】 釐, 治也. "帝曰: '欽哉!'"【堯之言. 乃"往之女家, 必敬必戒"之意.】
164) 回: 賀本에서는 同으로 되어 있다.
165) 輕重:『朱子語類』에서는 重輕으로 되어 있다.
166) 朴:【附箋紙】"朴"當作"扑." 草本亦作"朴", 非是.
167) 災: 賀本에서는 灾로 되어 있다.

78:119 問: "'輯五瑞, ▲[168]', 恐只是王畿之諸侯, ▲[169]" 曰: "不當指殺王畿. 如「顧命」, 太保率東方諸侯, 畢公率西方諸侯, 不數日間, 諸侯皆至, 如此之速." 【人傑】

○[170] ▲[171] 又問: "'納于大麓, 烈風雷雨不[172]迷', 說者或謂大錄萬機之政, 或謂登封太山, 二說如何?" 曰: "『史記』載'使舜入山林, 烈風雷雨, 弗迷其道.' 當從『史記』." 【人傑】

78:120 ▲[173] "注以'至于岱宗柴'爲句. 某謂當以'柴望秩于山川'爲一句." 【道夫】

78:121 "協時月, 正日", 只是去合同其時日月爾, 非謂作歷[174]也. 每遇巡狩, 凡事理會一遍, 如文字之類. 【廣】

78:122 "▲[175] 五器, 五禮之器也. ▲[176] 凶禮之器, 卽是衰絰之類, 軍禮之器, 卽是兵戈之類, 吉禮之究[177], 卽是簠簋之類. ▲[178] 【子

---

168) ▲: 旣月, 乃日覲四岳群牧, 班瑞于群后

169) ▲: 輯斂瑞玉, 是命圭合信, 如點檢牌印之屬, 如何?

170) ○: 『朱子語類』 78:69의 일부이다.

171) ▲: 顯道問: "「堯典」自'欽明文思'以下皆說堯之德. 則所謂'克明俊德'者, 古注作'能明俊德之人', 似有理." 曰: "且看文勢, 不見有用人意."

172) 不: 『朱子語類』에서는 弗로 되어 있다.

173) ▲: 汪季良問"望・禋"之說. 曰:

174) 歷: 【附箋紙】"歷"當作"曆."

175) ▲: 同律度量衡, 修五禮・五玉・三帛, 二生・一死贄. 如五器, 卒乃復." 舊說皆云"如五器", 謂卽是諸侯五玉之器. 初旣輯之, 至此, 禮旣畢, 乃復還之. 看來似不如此, 恐書之文顚倒了.

176) ▲: 五禮者, 乃吉凶軍賓嘉之五禮.

177) 究: 『朱子語類』에서는 器로 되어 있다.

178) ▲: 如者, 亦同之義. 言有以同之, 使天下禮器皆歸於一. 其文當作"五玉・三帛, 二生・一死贄. 同律度量衡, 修五禮, 如五器, 卒乃復." 言諸侯旣朝之後, 方始同其律度量衡, 修其五禮, 如其五器, 其事旣卒而乃復還也.

蒙】

78:123 問: “▲179) 吳才老以爲▲180)‘吉凶軍賓嘉’之名, 至周時方有之, 然否?” 曰: “▲181) 如何見得唐・虞時無此?” ▲182)【銖】

78:124 ▲183) 如『周禮』大行人十一年“同數器”之謂, ▲184)【廣】

78:125 問: “贄用生物, 恐有飛走.” 曰: “以物束縛之, ▲185)【義剛】

78:126 ▲186)

78:127 ▲187) “古之巡狩, 不至如後世之千騎萬乘否?” 曰: “今以『左氏』觀之, 如所謂‘國君以乘, 卿以旅’, 國君則以千五百人衛, 正卿則以五百人從, 則天子亦可見矣.” 可幾曰: “春秋之世, 與茆茨土階之時莫不同否?” 曰: “也不然. 如黃帝以師爲衛, 則天子衛從亦不應大段寡弱也.”【道夫】

---

179) ▲: ‘修五禮’,
180) ▲: 只是五典之禮, 唐・虞時未有
181) ▲: 不然. 五禮, 只是吉凶軍賓嘉,
182) ▲: 因說: “「舜典」此段疑有錯簡. 當云‘肆覲東后. 五玉・三帛, 二生・一死贄. 協時月, 正日, 同律度量衡. 修五禮, 如五器, 卒乃復.’ 如者, 齊一之義. ‘卒乃復’者, 事畢復歸也, 非謂復歸京師, 只是事畢復歸, 故亦曰‘復.’ 前說‘班瑞於群后’, 卽是還之也.” 此二句本橫渠說.
183) ▲: “五玉・三帛, 二生・一死贄”, 乃倒文. 當云: “肆覲東后. 五玉・三帛, 二生・一死贄. 協時月, 正日, 同律度量衡. 修五禮, 如五器, 卒乃復.” 五器, 謂五禮之器也.
184) ▲: 如卽同也. “卒乃復”, 言事畢則回之南岳去也. 又曰: “旣見東后, 必先有贄見了, 然後與他整齊這許多事一遍.”
185) ▲: 故不至飛走.”
186) ▲: “卒乃復”, 是事畢而歸, 非是以贄爲復也.【義剛】
187) ▲: 汪季良問: “‘五載一巡狩’, 還是一年遍歷四方, 還是止於一方?” 曰: “恐亦不能遍.” 問: “卒乃復.” 曰: “說者多以爲‘如五器’, ‘輯五瑞’, 而卒復以還之, 某恐不然. 只是事卒則還復爾.” 魯可幾問:

78:128 ▲[188] 問: "四岳惟衡山最遠. 先儒以爲非今之衡山, 別自有衡山, 不知在甚處?" 曰"恐在嵩山之南. 若如此, 則四岳相去甚近矣. 然古之天子[189]一歲不能遍及四岳, 則到一方境上會諸侯亦可. 『周禮』有此禮."【廣 ○銖錄云: "唐·虞時以灊山爲南岳. 五岳[190]亦近, 非是一年只往一處."】

78:129 ▲[191]『周禮』▲[192]"十有二歲, 巡狩殷國", 殷國, 卽是會一方之諸侯, 使來朝也. 又云: "巡狩, 亦非是舜時創立此制, 蓋亦循襲將來, 故『黃帝紀』亦云: '披山通道, 未嘗寧居.'"【廣】

78:130 舜巡狩, 恐不解一年周遍得, 四岳皆至遠也.【揚】

78:131 巡守, 只是去回禮一番.【義剛】

78:132 "肇十有二州." 冀州, 堯所都, 北去地已狹. 若又分而爲幽·幷二州, 則三州疆界[193]極不多了. 靑州分爲營州, 亦然. 葉氏曰: "分冀州西爲幷州, 北爲幽[194]州. 靑[195]州又在帝都之東, 分其東北爲營州."【廣】

78:133 仲默集注『尙書』, 至"肇十有二州", 因云: "禹卽位後, 又幷作九州." 曰: "也見不得. 但後面皆只說'帝命式于九圍', '以有九有之師.'

---

188) ▲: 或問: "舜之巡狩, 是一年中遍四岳否?" 曰: "觀其末後載'歸格於藝祖, 用特'一句, 則是一年遍巡四岳矣."
189) 之天子: 『小分』에서는 흐려서 보이지 않으나 『朱子語類』에 따라 보충하였다.
190) 岳: 『朱子語類』에서는 嶽으로 되어 있다.
191) ▲: "五載一巡狩", 此是立法如此. 若一歲間行一遍, 則去一方近處會一方之諸侯. 如
192) ▲: 所謂
193) 疆界: 『小分』에서는 흐려서 보이지 않으나 『朱子語類』에 따라 보충하였다.
194) 幽: 『小分』에서는 흐려서 보이지 않으나 『朱子語類』에 따라 보충하였다.
195) 靑: 『小分』에서는 흐려서 보이지 않으나 『朱子語類』에 따라 보충하였다.

不知是甚時, 又復并作九州."【義剛】

78:134 "'象以典刑, ▲[196] 象其人所犯之罪, 而加之以所犯之刑. 典, 常也, 卽墨・劓・剕・宮・大辟之常刑也. '象以典刑', 此一句乃五句之綱領, 諸刑之總括, 猶今之刑皆結於笞・杖・徒・流・絞・斬也. 凡人所犯罪各不同, 而爲刑固亦不一, 然皆不出此五者之刑. 但象其罪而以此刑加之, 所犯合墨, 則加以墨刑, 所犯合劓, 則加以劓刑, 剕・宮・大辟, 皆然. 猶夷虜之法, 傷人者償創, 折人手者亦折其手, 傷人目者亦傷其目之類. '流宥五刑'者, 其人所犯合此五刑, 而情輕可恕, 或因過誤, 則全其肌體, 不加刀鋸, 但流以宥之, 屛之遠方不與民齒, 如'五流有宅, 五宅三居'之類是也. '鞭作官刑'者, 此官府之刑, 猶今之鞭撻吏人, 蓋自有一項刑專以治官府之胥吏, 如『周禮』治胥吏鞭五百・鞭三百之類. '扑作敎刑', 此一項學官之刑, 猶今之學舍榎[197]楚, 如習射・習藝, '春秋敎以禮樂, 冬夏敎以『詩』・『書』.' 凡敎人之事有不率者, 則用此刑扑之, 如侯明・撻記之類是也. '金作贖刑', 謂鞭扑二刑之可恕者, 則許用金以贖其罪. 如此解釋, 則五句之義, 豈不粲然明白. '象以典刑'之輕者, 有流以宥之, 鞭扑之刑之輕者, 有金以贖之. 流宥所以寬五刑, 贖刑所以寬鞭扑. 聖人斟酌損益, 低昂輕重, 莫不合天理人心之自然, 而無毫釐杪[198]忽之差, 所謂'旣竭心思焉, 繼之以不忍人之政'者. 如何說聖人專意只在敎化, 刑[199]非所急? 聖人固以敎化爲急. 若有犯者, 須以此刑治之, 豈得置而不用!" 問: "贖刑非古法?" 曰: "然. 贖刑起周 穆王. 古之所謂'贖刑'者, 贖鞭扑耳. 夫旣已殺人傷人矣, 又使之得以金贖, 則有財者皆可以殺人傷人, 而無事[200]被害者, 何其大不幸也! 且殺之者安然居乎鄕里, 彼孝子順孫之欲報其親者,

196) ▲: 流宥五刑, 鞭作官刑, 扑作敎刑, 金作贖刑.' 象者,
197) 榎: 賀本에서는 夏로 되어 있다.
198) 杪: 賀本에서는 秒로 되어 있다.
199) 化, 刑: 『小分』에서는 刑化를 교정부호로 바로잡았다.
200) 事: 英祖刊本・成化本・賀本에서는 辜로 되어 있다.

豈肯安於此乎! 所以屛之四裔, 流之遠方, 彼此兩全之也."【僩】

78:135 ▲201) 象, 如'懸象魏'之'象.' 或謂畫爲五刑之狀, 亦可. ▲202) 蕭望之『贖刑議』有云: '如此, 則富者得生, 貧者獨死, 恐開利路以傷治化', 其說極當. 大率聖人作事, 一看義理當然, 不爲苟且姑息也."【銖】

78:136 問: "▲203) 吳才老亦說是五典之刑, 如所謂不孝之刑, 不悌之刑." 曰: "此是亂說. ▲204)『荀子』有一篇專論此意, 說得甚好.『荀子』固有不好處, 然此篇卻說得儘好."【銖】

78:137 ▲205)

78:138 ▲206)

78:139 ▲207)問"▲208) 惟刑之恤哉!" 曰: "多有人解書做寬恤之'恤',

---

201) ▲: 問: "'象以典刑', 如何爲象?" 曰: "此言正法.

202) ▲: 此段「舜典」載得極好, 有條理, 又輕重平實. '象以典刑', 謂正法, 蓋畫象而示民以墨・劓・剕・宮・大辟五等肉刑之常法也. '流宥五刑', 爲流法, 以宥犯此肉刑之正法者. 蓋其爲惡害及平人, 故雖不用正法, 亦必須遷移於外. '鞭作官刑, 扑作敎刑', 此二者若可憫, 則又爲贖刑以贖之. 蓋鞭・扑是罪之小者, 故特爲贖法, 俾聽贖, 而不及於犯正法者. 蓋流以宥五刑, 贖以宥鞭・扑, 如此乃平正精詳, 眞舜之法也. 至穆王一例令出金以贖, 便不是. 不成殺人者亦止令出金而免! 故

203) ▲: 五刑,

204) ▲: 凡人有罪, 合用五刑, 如何不用?

205) ▲: 五流所以寬五刑, 贖刑又所以寬鞭扑之刑. 石林說亦曾入思量. 鄭氏說則據他意胡說將去爾.【廣】

206) ▲: 古人贖金, 只是用於鞭・扑之小刑而已, 重刑無贖. 到穆王好巡幸, 無錢, 便遂造贖法, 五刑皆有贖, 墨百鍰, 劓惟倍, 剕倍差, 宮六百鍰, 大辟千鍰. 聖人存此篇, 所以記法之變. 然其間亦多好語, 有不輕於用刑底意.【淳】

207) ▲: 或

208) ▲: 欽哉! 欽哉!

某之意不然. 若做寬恤, 如被殺者不令償命, 死者何辜! 大率是說刑者民之司命, 不可不謹, 如斷者不可續, 乃矜恤之'恤'耳."【友仁】[209]

78:140 "放驩兜於崇山", 或云在今澧州 慈利縣.【義剛】

78:141 "殛鯀於羽山", 想是偶然在彼而殛之. 程子謂"時適在彼"是也. 若曰罪之彰著, 或害功敗事於彼, 則未可知也. 大抵此等隔涉遙遠, 又無證據, 只說得▲[210]大剛[211]如此便了, 不必說殺了. 才說殺了, 便受折難.【廣】

78:142 "四凶"只緣堯擧舜而讓[212]之位, 故不服而抵于[213]罪. 在堯時則其罪未彰, 又他畢竟是箇世家大族, ▲[214]未有過惡, 故動他未得.【廣】

78:143 流・放・竄不是死刑. 殛, 伊川言, 亦不是死.【未見其說. ○振】

78:144 問: "舜不惟德盛, 又且才高. 嗣位未幾, 如'齊七政, 覲四岳, 協時月, 正日, 同律度量衡, 肇十二州, 封十二山, 及四罪而天下服', 一齊做了, 其功用神速如此!" 曰: "聖人作處自別, 故『書』稱'三載底可績.'"【德明】

78:145 ▲[215]

---

209)【友仁】: 賀本에는【人傑】로 되어 있다.
210) ▲: 箇
211) 剛:【附箋紙】"剛"當作"綱."
212) 讓: 成化本・賀本에서는 遜으로 되어 있다.
213) 于: 賀本에서는 於로 되어 있다.
214) ▲: 又
215) ▲: 林少穎解"徂落"云, "魂殂而魄落", 說得好. 便是魂升於天, 魄降於地底意思.

78:146 "堯崩, '百姓如喪考妣', 此是本分. '四海遏密八音', 以禮論之, 則爲過. 爲天子服三年之喪, 只是畿內, 諸侯之國則不然. ▲[216]【文蔚】

78:147 ▲[217]

78:148 ▲[218] 柔遠, 卻說得輕, 能邇, 是奈何得他, 使之帖服之意. ▲[219]【人傑】

78:149 "惇德允元", 只是說自己德. 使之厚其德, 信其仁. "難"字只作平聲. "任", 如字. "難任人", 言不可輕易任用人也.【廣】

78:150 ▲[220]

78:151 ▲[221]

如"明則有禮樂, 幽則有鬼神", 禮樂是可見底, 鬼神是不可見底. 禮是節約收縮底, 便是鬼, 樂是發揚舒暢底, 便是神.【夔孫】

216) ▲: 爲君爲父, 皆服斬衰. 君, 謂天子・諸侯及大夫之有地者. 大夫之邑以大夫爲君, 大夫以諸侯爲君, 諸侯以天子爲君, 各爲其君服斬衰. 諸侯之大夫卻爲天子服齊衰三月, 禮無二斬故也. '公之喪, 諸達官之長, 杖', 達官, 謂通於君得奏事者. 各有其長, 杖, 其下者不杖可知." 文蔚問: "後世不封建諸侯, 天下一統, 百姓當爲天子何服?" 曰: "三月. 天下服地雖有遠近, 聞喪雖有先後, 然亦不過三月."

217) ▲: 問: "'明四目, 達四聰', 是達天下之聰明否?" 曰: "固是." 曰: "孔安國言'廣視聽於四方', 如何?" 曰: "亦是以天下之目爲目, 以天下之耳爲耳之意."【人傑】

218) ▲: "柔遠能邇."

219) ▲: "三就", 只當從古注. "五宅三居", 宅, 只訓居.

220) ▲: 問"亮采惠疇." 曰: "疇, 類也, 與儔同. 惠疇, 順衆也. '疇咨若予采', 擧其類而咨詢也."【人傑】

221) ▲: 禹以司空行宰相事. "汝平水土", 則是司空之職. "惟時懋哉!" 則又勉以行百揆之事.【廣】

78:152 禹以司空宅百揆, 猶周以六卿兼三公, 今以戶部侍郎兼平章事模樣.【義剛】

78:153 問: "堯德化如此久, 何故至舜猶曰'百姓不親, 五品不遜'?" 曰[222]: "也只是怕恁地." 又向[223]: "'蠻夷猾夏', 是有苗否?" 曰: "也不專指此. 但此官爲此而設."【義剛】

○[224] ▲[225] 又曰: "'敬敷五敎在寬', 只是不急迫, 慢慢地養他."【節】

78:154 ▲[226]

78:155 ▲[227]

---

222) 遜'?" 曰: 『小分』에서는 曰遜을 교정부호로 바로잡았다.
223) 向: 『朱子語類』에서는 問으로 되어 있다.
224) ○: 『朱子語類』 79:77의 일부이다.
225) ▲: 凡數自一至五, 五居中, 自九至五, 五亦居中. 戴九履一, 左三右七, 五亦居中. 又曰: "若有前四者, 則方可以建極, 一五行, 二五事, 三八政, 四五紀是也. 後四者卻自皇極中出. 三德是皇極之權, 人君所嚮用五福, 所威用六極, 此曾南豐所說. 諸儒所說, 惟此說好." 又曰: "皇, 君也, 極, 標準也. 皇極之君, 常滴水滴凍, 無一些不善. 人卻不齊, 故曰'不協于極, 不罹于咎.' '天子作民父母, 以爲天下王', 此便是'皇建其有極.'" 又曰: "『尙書』前五篇大概易曉. 後如「甘誓」·「胤征」·「伊訓」·「太甲」·「咸有一德」·「說命」, 此皆易曉, 亦好. 此是孔氏壁中所藏之書." 又曰: "看『尙書』, 漸漸覺曉不得, 便是有長進. 若從頭至尾解得, 便是亂道.「高宗肜日」是最不可曉者,「西伯戡黎」是稍稍不可曉者.「太甲」大故亂道, 故伊尹之言緊切, 高宗稍稍聰明, 故「說命」之言細膩." 又曰: "讀『尙書』有一箇法, 半截曉得, 半截曉不得. 曉得底看, 曉不得底且闕之, 不可强通, 强通則穿鑿."
226) ▲: "敬敷五敎在寬." 聖賢於事無不敬, 而此又其大者, 故特以敬言之. "在寬", 是欲其優游浸漬以漸而入也.【夔孫】
227) ▲: "五服三就." 若大辟則就市, 宮刑, 則如漢時就蠶室. 在墨·劓·剕三刑, 度亦必有一所在刑之. 旣非死刑, 則傷人之肌體, 不可不擇一深密之所, 但不至如蠶室爾.【廣】

78:156 ▲[228)]

78:157 ▲[229)]

78:158 孟子說"益烈山澤而焚之", 是使[230)]▲[231)]除去障翳, 驅逐禽獸耳, 未必使之爲虞官也. 至舜命作虞, 然後使之養育其草木禽獸耳. 【廣】

78:159 ▲[232)] "禮是見成制度. '夙夜惟寅, 直哉惟淸', 乃所以行其禮也. 今太常有直淸堂." 【人傑】

78:160 ▲[233)] "人能敬, 則內自直, 內直, 則看得那禮文分明, 不糊塗也." 【廣】

78:161 惟寅, 故直, 惟直, 故淸. 【義剛】

78:162 古者敎人多以樂, 如舜命夔之類. 蓋終日以聲音養其情性, 亦須理會得樂, 方能聽. 【璘】

78:163 古人以樂敎胄子, 緣平和中正. ▲[234)] 古人詩只一兩句, 歌便

228) ▲: "五刑三就", 用五刑就三處. 故大辟棄於市, 宮刑下蠶室, 其他底刑, 也是就箇隱風處. 不然, 牽去當風處割了耳鼻, 豈不割殺了他! 【夔孫】

229) ▲: 問"五流有宅, 五宅三居." 曰: "五刑各有流法, 然亦分作三項, 如居四海之外, 九州之內, 或近甸, 皆以輕重爲差. '五服三就', 是作三處就刑. 如斬人於市, 腐刑下蠶室, 劓・刖就僻處. 蓋劓・刖若在當風處, 必致殺人. 聖人旣全其生, 不忍如此." 【銖】

230) 使: 【附箋紙】上"使"下脫"之"字.

231) ▲: 之

232) ▲: 問: "命伯夷典禮, 而曰'夙夜惟寅, 直哉惟淸', 何也?" 曰:

233) ▲: 問"夙夜惟寅, 直哉惟淸." 曰:

234) ▲: "詩言志, 歌永言, 聲依永, 律和聲. 八音克諧, 無相奪倫."

衍得來長. 聲是宮・商・角・徵・羽, 是聲依所歌而發, 卻用律以和之. 如黃鐘爲宮, 則太簇爲商[235]之類, 不可亂其倫序也. 【永】[236]

78:164 "直而溫", 只是說所敎胄子要得如此. 若說做敎者事, 則於敎胄子上都無益了. 【廣】

78:165 ▲[237] "古人作詩, 只是說他心下所存事. 說出來, 人便將他詩來歌. 其聲之淸濁長短, 各依他詩之語言, 卻將律來調和其聲. 今人卻先安排下腔調了, 然後做言語[238]▲[239]合腔子, 豈不是倒了! 卻是永依聲也. 古人是以樂去就他詩, 後世是以詩去就他樂, 如何解興起得人." 【祖道】

78:166 "聲依永, 律和聲." 以五聲依永, 以律和聲之高下. 【節】

78:167 "聲依永, 律和聲", 此皆有自然之調. 沈存中以爲"臣與民不要大, 事與物大不妨." 若合得自然, 二者亦自大不得. 【可學】

78:168 ▲[240]

78:169 ▲[241]

78:170 ▲[242]

---

235) 商: 成化本・賀本에서는 羽로 되어 있다.
236) 【永】: 英祖刊本・賀本에서는 【泳】으로 되어 있다.
237) ▲: 或問"詩言志, 聲依永, 律和聲." 曰:
238) 言語: 『朱子語類』에서는 語言으로 되어 있다.
239) ▲: 去
240) ▲: 聲只有五, 并二變聲. 律只有十二, 已上推不去. 【"聲依永, 律和聲." ○螢】
241) ▲: "堲", 只訓疾, 較好. 【廣】
242) ▲: "殄行", 是傷人之行. 『書』曰"亦敢殄戮用乂民", "殄殲乃讎", 皆傷殘之義.

78:171 ▲[243)]

78:172 ▲[244)]

78:173 "稷·契·皐陶·夔·龍, 這五官, 秀才底官. 所以教他掌教, 掌刑, 掌禮樂, 都是那秀才做底事. 如那垂與益之類, 便皆是箇麤啬底. 聖賢所以只教他治虞·治工之屬, 便是他只會做這般事.【義剛】

78:174 "舜生三十徵庸"數語, 只依古注點似好.【廣】

78:175 ▲[245)]

78:176 "方設居方", 逐方各設其居方之道. 「九共」九篇, 劉侍讀以"共"爲"丘", 言九丘也.【人傑】

「大禹謨」

78:177 「大禹謨」序: "帝舜申之." 序者之意, 見『書』中皐陶陳謨了, "帝曰: '來! 禹, 汝亦昌言", 故先說"皐陶矢厥謨, 禹成厥功." 帝又使禹亦陳昌言耳. 今『書』序固不能得『書』意, 後來說『書』者又不曉序者之意, 只管穿鑿求巧妙爾.【廣】

【廣】

243) ▲: "納言", 似今中書門下省.【義剛】

244) ▲: 問"夙夜出納朕命惟允." 曰: "納言之官, 如今之門下審覆. 自外而進入者旣審之, 自內而宣出者亦審之, 恐'讒說殄行'之'震驚朕師'也."【人傑】

245) ▲: 問: "張子以別生分類爲'明庶物, 察人倫', 恐未安." 曰: "『書』序本是無證據, 今引來解說, 更無理會了." 又問: "如以'明庶物, 察人倫'爲窮理, 不知於聖人分上著得'窮理'字否?" 曰: "這也是窮理之事, 但聖人於理自然窮爾."【道夫】

78:178　自“后克艱厥后”至“四夷來王”，只是一時說話，後面則不可知.【廣】

78:179『書』中“迪”字或解爲蹈，或解爲行，疑只是訓“順”字.『書』曰：“惠迪吉，從逆凶，惟影響.” 逆，對順，恐只當訓順也. 兼『書』中“迪”字，用得本皆輕也[246). ▲[247)

78:180 ▲[248)

78:181 “儆戒無虞”【至】“從己之欲”，聖賢言語，自有箇血脈貫在裏. 如此一段，他先說“儆戒無虞”，蓋“制治未亂，保邦未危”，自其未有可虞之時，必儆必戒. 能如此，則不至失法度・淫於逸・遊於樂矣. 若無箇儆戒底心，欲不至於失法度・不淫逸・不遊樂，不可得也. 既能如此，然後可以知得賢者・邪者・正者・謀可疑者・無可疑者. 若是自家身心顚倒，便會以不賢爲賢，以邪爲正，所當疑者亦不知矣. 何以任之，去之，勿成之哉? 蓋此三句，便是從上面有三句了，方會恁地. 又如此，然後能“岡[249)違道以干百姓之譽，罔咈百姓以從己之欲.” 蓋於賢否・邪正・疑審，有所未明，則何者爲道，何者爲非道，何者是百姓所欲，何者非百姓之所欲哉?【夔孫】

---

246) 也：成化本・賀本에는 없다.

247) ▲：“棐”字只與“匪”同，被人錯解作“輔”字，至今謬用. 只顏師古注『漢書』曰：“‘棐’與‘匪’同.” 某疑得之.『尙書』傳是後來人做，非漢人文章，解得不成文字. 但後漢張衡已將“棐”字作“輔”字使，不知如何. “王若曰”，“周公若曰”，只是一似如此說底意思. 若『漢書』“皇帝若曰”之類，蓋是宣導德意者敷演其語，或錄者失其語而退記其意如此也. “忱”・“諶”並訓信，如云天不可信.

248) ▲：當無虞時，須是儆戒. 所儆戒者何? “罔失法度，罔游於逸，罔淫於樂.” 人當無虞時，易至於失法度，游逸淫樂，故當戒其如此. 既知戒此，則當“任賢勿貳，去邪勿疑，疑謀勿成.” 如此，方能“罔違道以干百姓之譽，罔咈百姓以從己之欲.”【義剛】

249) 岡：【附箋紙】“岡”當作“罔.”

78:182 ▲[250] 水, 如隄防灌溉, 金, 如五兵田器, 火, 如出火・內火・禁焚萊之類, 木, 如斧斤以時之類." 良久, 云: "古人設官掌此六府, 蓋爲民惜此物, 不使之妄用. 非如今[251]出之民, 用財無節也. '戒之用休', 言戒諭以休美之事. '勸之以九歌', 感動之意. 但不知所謂'九歌'者如何. 「周官」有九德之歌. 大抵禹只說綱目, 其詳不可攷矣."【人傑】

78:183 "地平天成", 是包得下面六府・三事在.【義剛】

78:184 ▲[252] 林少穎云: '六府本乎天, 三事行乎人', 吳才老說'上是施, 下是功.' 未知孰是?" 曰: "林說是." 又問"戒之用休, 董之用戒[253]", 幷九歌. 曰: "正是'匡之, 直之, 輔之, 翼之'之意. 九歌, 只是九功之敘可歌, 想那時田野自有此歌, 今不可得見."【賀孫】

78:185 "念茲在茲, 釋茲在茲", 用捨皆在於此人. "名言茲在茲, 允出茲在茲", 語默皆在此人. 名言, 則名言之, 允出, 則誠實之所發見者也.【人傑】

78:186 法家者流, 往往常患其過於慘刻. 今之士大夫恥爲法官, 更相循襲, 以寬大爲事, 於法之當死者, 反求以生之. 殊不知"明於五刑以弼五敎", 雖舜亦不免. 敎之不從, 刑以督之, 懲一人而天下人知所勸戒, 所謂"辟以止辟", 雖曰殺之, 而仁愛之實已行乎中. 今非法以求其生, 則人無所懲懼, 陷於法者愈衆, 雖曰仁之, 適以害之.【道夫】

78:187 聖人亦不曾徒用政刑, 到德禮旣行, 天下旣治, 亦不曾不用

250) ▲: 問: "'水・火・金・木・土・穀惟修, 正德・利用・厚生惟和', 正德, 是正民之德否?" 曰: "固是.
251) 如今: 『小分』에서는 今如를 교정부호로 바로잡았다.
252) ▲: 劉潛夫問: "'六府三事',
253) 戒: 『朱子語類』에서는 威로 되어 있다.

政刑. 故▲[254]"刑[255]期于[256]無刑", 只是存心期於無, 而刑初非可廢. 又曰: "欽哉! 惟刑之恤哉!" 只是說"恤刑."【賀孫】

78:188 "罪疑惟輕", 豈有不疑而强欲輕之之理乎? 王季海當國, 好出人死罪[257]以積陰德, 至於奴與佃客殺主, 亦不至死.【▲[258] ○人傑】

78:189 或問"人心・道心"之別. 曰: "只是這一箇心, 知覺從耳目之欲上去, 便是人心, 知覺從義理上去, 便是人[259]心. 道[260]心則危而易陷, 道心則微而難著. 微, 亦微妙之義."【學蒙】

78:190 ▲[261] "人心亦不是全不好底, 故不言凶咎, 只言危. 蓋從形體上去, 泛泛無定向, 或是或非不可知, 故言其危. 故聖人不以人心爲主, 而以道心爲主. 蓋人心倚靠不得. 人心如舡[262], 道心如柁. 任舡[263]之所在, 無所向, 若執定柁, 則去住在我."【璘】

78:191 人心亦未是十分不好底. 人欲只是飢[264]欲食・寒欲衣之心爾, 如何謂之危? 旣無義理, 如何不危?【士毅】

78:192 ▲[265]危者, 危險, 欲墮未[266]墮之間, 若無道心以御之, 則一

---

254) ▲: 『書』說
255) 故▲"刑: 『小分』에서는 흐려서 보이지 않으나 『朱子語類』따라 보충하였다.
256) 于: 賀本에서는 於로 되어 있다.
257) 死罪: 『小分』에서는 罪死를 교정부호로 바로잡았다.
258) ▲: 廣錄云: "豈有此理! 某嘗謂, 雖堯・舜之仁, 亦只是'罪疑惟輕'而已."
259) 人: 【附箋紙】"人"■字, 恐是"道"字.
260) 道: 『朱子語類』에서는 人으로 되어 있다.
261) ▲: 舜功問"人心惟危." 曰:
262) 舡: 『朱子語類』에서는 船으로 되어 있다.
263) 舡: 『朱子語類』에서는 船으로 되어 있다.
264) 飢: 賀本에서는 饑로 되어 있다.
265) ▲: 問: "'人心惟危', 程子曰: '人心, 人欲也', 恐未便是人欲." 曰: "人欲也未便是不好. 謂之

向入於邪惡, 又不止於危也." ▲[267]問: "聖人亦有人心, 不知亦危否?" 曰: "聖人全是道心主宰, ▲[268] 故其人心自是不危. 若只是人心, 也危. 故曰: '惟聖罔念作狂.' 又問: "此'聖'字, 尋常只作通明字看, 說得輕." 曰: "畢竟是聖而罔念, 便狂."【銖 ○時擧錄同.】 78:193[269] ▲[270] "人心, 人欲也", 此語有病. 雖上智不能無此, 豈可謂▲[271]不是? 陸子靜亦以此語人. 非有兩箇心. ▲[272] "惟精・惟一", 是兩截工夫, 精, 是辨別得這箇物事, 一, 是辨別了, 又須固守他. 若不辨別得時, 更固守箇甚麽? 若辨別得了又不固守, 則不長遠. 惟能如此, 所以能合於中道. 又曰: "'惟精惟一', 猶'擇善而固執之.'"【佐】

78:194 ▲[273] 微者難明. 有時發見些子, 使自家見得, 有時又不見了. 惟聖▲[274]便辨之精, 守得徹頭徹尾, 學者則須是'擇善而固執之.'"【方子】 78:195 ▲[275] 78:196[276] ▲[277]無故而喜, 喜至於過而不能禁,

---

266) 墮未:『小分』에서는 흐려서 보이지 않으나『朱子語類』에 따라 보충하였다.

267) ▲:【方子錄云: "危者, 欲陷而未陷之辭. 子靜說得是."】 又

268) ▲:【時擧錄云: "聖人純是道心."】

269) 78:193:『小分』에서는 78:192에 이어져 한 항목으로 편집되어 있다.

270) ▲: 道心是知覺得道理底, 人心是知覺得聲色臭味底, 人心不全是不好, 若人心是全不好底, 不應只下箇"危"字. 蓋爲人心易得走從惡處去, 所以下箇"危"字. 若全不好, 則是都倒了, 何止於危? 危, 是危殆. "道心惟微", 是微妙, 亦是微昧. 若說道心天理, 人心人欲, 卻是有兩箇心! 人只有一箇心, 但知覺得道理底是道心, 知覺得聲色臭味底是人心, 不爭得多.

271) ▲: 全

272) ▲: 道心・人心, 本只是一箇物事, 但所知覺不同.

273) ▲: 人心亦只是一箇. 知覺從饑食渴飮, 便是人心, 知覺從君臣父子處, 便是道心. 微, 是微妙, 亦是微晦. 又曰: "形骸上起底見識,【或作"從形體上生出來底見識."】 便是人心, 義理上起底見識,【或作"就道理上生出來底見識."】 便是道心. 心則一也,

274) ▲: 人

275) ▲: "道心是義理上發出來底, 人心是人身上發出來底. 雖聖人不能無人心, 如饑食渴飮之類, 雖小人不能無道心, 如惻隱之心是. 但聖人於此, 擇之也精, 守得徹頭徹尾." 問: "如何是'惟微'?" 曰: "是道心略瞥見些子, 便失了底意思. '惟危', 是人心旣從形骸上發出來, 易得流於惡."【蓋卿】

276) 78:196:『小分』에서는 78:194에 이어져 한 항목으로 편집되어 있다.

無故而怒, 怒至於甚而不能遏, 是皆爲人心所使也. 須是喜其所當喜, 怒其所當怒, 乃是道心." 問: "飢[278]食渴飮, 此人心否?" 曰: "然. 須是食其所當食, 飮其所當飮, 乃不失所謂'道心.' 若飮盜泉之水, 食嗟來之食, 則人心勝而道心亡矣!" 問: "人心可以無否?" 曰: "如何無得! 但以道心爲主, 而人心每聽命焉耳." 【僩】

78:197 ▲[279] 人心較切近於人. 道心雖先得之, 然被人心隔了一重, 故難見. 道心如淸水之在濁水, 惟見其濁, 不見其淸, 故微而難見. ▲[280] 有道心, 則人心爲所節制, 人心皆道心也. 【伯羽】

78:198 ▲[281]

78:199 ▲[282] 須是一心只在道上, 少間那人心自降伏得不見了. 人心與道心爲一, 恰似無了那人心相似. 只是要得道心純一, 道心都發見在那人心上.

78:200 ▲[283]

78:201 問: "▲[284]飮食男女之欲, 出於其正, 卽道心矣. 又如何分

277) ▲: 問"人心・道心." 曰: "如喜怒, 人心也. 然
278) 飢: 賀本에서는 饑로 되어 있다.
279) ▲: 饑食渴飮, 人心也, 如是而飮食, 如是而不飮食, 道心也. 喚做人, 便有形氣,
280) ▲: 人心如孟子言"耳目之官不思", 道心如言"心之官則思", 故貴"先立乎其大者." 人心只見那邊利害情欲之私, 道心只見這邊道理之公.
281) ▲: 呂德明問"人心・道心." 曰: "且如人知饑渴寒煖, 此人心也, 惻隱羞惡, 道心也. 只是一箇心, 卻有兩樣. 須將道心去用那人心, 方得. 且如人知饑之可食, 而不知當食與不當食, 知寒之欲衣, 而不知當衣與不當衣, 此其所以危也." 【義剛】
282) ▲: 饑欲食, 渴欲飮者, 人心也, 得飮食之正者, 道心也.
283) ▲: 問"人心・道心." 曰: "飮食, 人心也, 非其道非其義, 萬鍾不取, 道心也. 若是道心爲主, 則人心聽命於道心耳." 【夔孫】
284) ▲: 人心・道心, 如

別?" 曰: "這箇畢竟是生於血氣."【文蔚】

78:202 問: "▲[285]當去了人心否?" 曰: "從道心而不從人心."【節】

78:203 道心, 人心之理.【節】

78:204 ▲[286] 精, 是辨之明, 一, 是守之固.【卓作"專."】

○[287] 既能辨之明, 又能守之固, 斯得其中矣. 這中是無過不及之中.【賀孫】

78:205 自人心而收之, 則是道心, 自道心▲[288]放[289]之, 便是人心. "惟聖罔念作狂, 惟狂克念作聖", 近之.【驤】

78:206 人心如率[290]徒, 道[291]心如將.【伯羽】

78:207 ▲[292]

78:208 ▲[293]

---

285) ▲: '人心惟危', 則
286) ▲: 心, 只是一箇心,【卓錄云: "人心・道心, 元來只是一箇."】 只是分別兩邊說, 人心便成一邊, 道心便成一邊.
287) ○: 『朱子語類』의 78:204를 『小分』에서 별도의 항목으로 나누었다.
288) ▲: 而
289) 放:【附箋紙】"放"上脫"而"字.
290) 率:【附箋紙】"率"當作"卒."
291) 徒, 道: 『小分』에서는 道徒를 교정부호로 바로잡았다.
292) ▲: 問: "動於人心之微, 則天理固已發見, 而人欲亦已萌. 天理便是道心, 人欲便是人心." 曰: "然."【可學】
293) ▲: 問"道心惟微." 曰: "義理精微難見. 且如利害最易見, 是粗底, 然鳥獸已有不知之者." 又曰: "人心・道心, 只是爭些子. 孟子曰: '人之所以異於禽獸者幾希!'"【夔孫 ○義剛錄見下.】

78:209 ▲294) "天下之物, 精細底便難見, 麤底便易見. 飢295)濁296)寒煖是至麤底297), 雖至愚之人亦知得. 若以較細者言之, 如利害, 則禽獸已有不能知者. 若是義理, 則愈是難知. 這只有些子, 不多. 所以說'人之所以異於禽獸者幾希'! 言所爭也不多."【義剛】

78:210 ▲298)

78:211 ▲299)

78:212 問: "▲300) 危, 是危動難安否?" ▲301): "不止是危動難安. 大凡徇302)人欲, 自是危險. 其心忽然在此, 忽然在彼, 又忽然在四方萬里之外. 莊子所謂'其熱焦火, 其寒凝冰.' 凡苟免者, 皆幸也. 動不動便是墮坑落塹, 危孰甚焉!" 文蔚曰: "徐子融嘗有一詩, 末句云: '精一危微共一心', 文蔚答之曰: '固知妙旨存精一, 須別人心與道心.'" 曰: "他底未是, 但只是答他底亦慢, 下一句救得少緊. 當云: '須知妙旨存精一, 正爲人心與道心.'" ▲303) 如顏子擇中庸處, 便是精, 得一善拳

---

294) ▲: 林武子問: "道心是先得, 人心是形氣所有, 但地步較闊. 道心卻在形氣中, 所以人心易得陷了道心也. 是如此否?" 曰:

295) 飢: 賀本에서는 饑로 되어 있다.

296) 濁: 【附箋紙】"濁"當作"渴."

297) 饑濁寒煖是至麤底: 徽州本에서는 那人心便是粗底且如饑渴寒煖便是至麤底로 되어 있다.

298) ▲: 人心者, 氣質之心也, 可爲善, 可爲不善. 道心者, 兼得理在裏面. "惟精"是無雜, "惟一"是終始不變, 乃能"允執厥中."【節】

299) ▲: 人心是知覺, 口之於味, 目之於色, 耳之於聲底, 未是不好, 只是危. 若便說做人欲, 則屬惡了, 何用說危? 道心是知覺義理底, "惟微"是微妙, 亦是微隱. "惟精"是要別得不雜, "惟一"是要守得不離. "惟精惟一", 所以能"允執厥中."【至】

300) ▲: 微, 是微妙難體,

301) ▲: 曰

302) 徇: 賀本에서는 狥으로 되어 있다.

303) ▲: 又問"精一." 曰: "精是精別此二者, 一是守之固.

拳拳服膺弗失處, 便是一. 伊川云: '〈惟精惟一〉, 所以至之, 〈允執厥中〉, 所以行之', 此語甚好."【文蔚】

78:213 ▲[304] 此自堯・舜以來所傳, 未有▲[305]議論, 先有此言. 聖人心法, 無以易此. 經中此意極多, 所謂"擇善而固執之", 擇善, 卽惟精也, 固執, 卽惟一也. 又如"博學之, 審問之, 愼[306]思之, 明辨之", 皆惟精也, "篤行", 又是惟一也. 又如"明善", 是惟精也, "誠身[307]", 便是惟一也.『大學』致知・格物, 非惟精不可能, 誠意, 則惟一矣. 學只[308]是學此道理. 孟子以後失其傳, 亦只是失此.【洽】

78:214 ▲[309]

78:215 ▲[310] "虛明安靜, 乃能精粹而不雜, 誠篤確固, 乃能純一而無間."【僩】

78:216 ▲[311]

78:217 ▲[312] 允執, 只是箇眞知.【道夫】

---

304) ▲: 程子曰: "人心人欲, 故危殆, 道心天理, 故精微. 惟精以致之, 惟一以守之, 如此方能執中." 此言盡之矣. 惟精者, 精審之而勿雜也, 惟一者, 有首有尾, 專一也.

305) ▲: 他

306) 愼: 成化本・賀本에서는 謹으로 되어 있다.

307) 身: 成化本・賀本에서는 之로 되어 있다.

308) 只: 賀本에서는 則으로 되어 있다.

309) ▲: 問: "惟精惟一." 曰: "人心直是危, 道心直是微. 且說道心微妙, 有甚準則? 直是要擇之精! 直是要守之一!"【揚】

310) ▲: 因論"惟精惟一"曰:

311) ▲: "惟精惟一", 舜告禹, 所以且說行, 不似學者而今當理會精也.【方】

312) ▲: 精, 是識別得人心道心, 一, 是常守得定.

78:218 ▲[313)]

78:219 ▲[314)]

78:220 問: "堯·舜·禹, 大聖人也. ▲[315)] '執'字似亦大段喫力, 如何?" 曰: "聖人固不思不勉. 然使聖人自有不思不勉之意, 則罔念而作狂矣! 經言此類非一, 更細思之."【人傑】

78:221 ▲[316)]問: "學者當先防人欲, 正如未上舡[317)], 先作下水計. 不如只於天理上做功夫, 人欲自消." 曰: "堯·舜說便不如此, 只云: '人心惟危, 道心惟微', 渠只於兩者交界處理會. ▲[318)] 五峰云'天理人欲, 同行異情', 說得最好. 及至理會了精底·一底, 只是一箇人." 又曰: "'執中'是無執之'執.' 如云: '以堯·舜之道要湯', 何曾'要'來?"【璘 ○可學錄別出.】

78:222 ▲[319)] 舜功云: "陸子靜說人心混混未別." 曰: "此說亦不妨. ▲[320)]問: "旣曰'精一', 何必云'執中'?" 曰: "'允'字有道理. 惟精一, 則信

313) ▲: 問"精一執中"之說. 曰: "惟精, 是精察分明, 惟一, 是行處不雜, 執中, 是執守不失."【大雅】

314) ▲: 漢卿問"惟精惟一, 允執厥中"一段. 曰: "凡事有一半是, 一半不是, 須要精辨其是非. 惟一者, 旣辨得是非, 卻要守得徹頭徹尾. 惟其如此, 故於應事接物之際, 頭頭捉著中. 惟精是致知, 惟一是力行, 不可偏廢."【杞】

315) ▲: '允執厥中',

316) ▲: 符舜功

317) 舡:『朱子語類』에서는 船으로 되어 있다.

318) ▲: 堯·舜時未有文字, 其相授受口訣只如此." 方伯謨云: "人心道心, 伊川說, 天理人欲便是." 曰: "固是. 但此不是有兩物, 如兩箇石頭樣, 相挨相打. 只是一人之心, 合道理底是天理, 徇情欲底是人欲, 正當於其分界處理會.

319) ▲: 舜功問: "人多要去人欲, 不若於天理上理會. 理會得天理, 人欲自退." 曰: "堯·舜說不如此. 天理人欲是交界處, 不是兩箇. 人心不成都流, 只是占得多, 道心不成十全, 亦是占得多. 須是在天理則存天理, 在人欲則去人欲. 嘗愛五峰云'天理人欲, 同行而異情', 此語甚好."

320) ▲: 大抵人心·道心只是交界, 不是兩箇物, 觀下文'惟精惟一'可見." 德粹

乎其能執中也." ▲321)【可學】

78:223 ▲322) "惟皇上帝降衷于323)下民", "天敘有典", "天秩有禮", 天便是這箇道理, 這箇道理324)便在日用間. 存養, 是要養這許多道理在中間, 這裏正好着力.【寓】

78:224 ▲325) 堯當時告舜▲326), 只說這一句. ▲327) 是時舜已曉得那箇了, 所以不復更說. 舜告禹時, 便是怕禹尚未曉得, 故恁地說.『論語』後面說'謹權量, 審法度, 修廢官, 擧逸民'之類, 皆是328)恰好當做底事, 這便是執中處. 堯·舜·禹·湯·文·武治天下, 只是這箇道理. 聖門所說, 也只是這箇. 雖是隨他所問說得不同, 然卻只是一箇道理. 如屋相似, 進來處雖不同, 入到裏面, 只是共這屋. ▲329) 聖人時那人心也不能無, 但聖人是常合著那道心, 不教人心勝了道心. 道心便只是要安頓教是, 莫隨那人心去. 這兩者也須子細辨別, ▲330) 今

321) ▲: 因擧子靜說話多反伊川. 如"君子喻於義, 小人喻於利", 解云: "'惟其深喻, 是以篤好', 渠卻云'好而後喻', 此語亦無害, 終不如伊川." 通老云: "伊川云: '敬則無己可克.'" 曰: "孔門只有箇顏子, 孔子且使之克己, 如何便會不克? 此語意味長!"

322) ▲: 舜·禹相傳, 只是說"人心惟危, 道心惟微, 惟精惟一, 允執厥中." 只就這心上理會, 也只在日用動靜之間求之, 不是去虛中討一箇物事來.

323) 于: 賀本에서는 於로 되어 있다.

324) 這箇道理:【附箋紙】■四字, 衍.

325) ▲: 林恭甫說"允執厥中", 未明. 先生曰: "中, 只是箇恰好底道理. 允, 信也, 是眞箇執得.

326) ▲: 時

327) ▲: 後來舜告禹, 又添得'人心惟危, 道心惟微, 惟精惟一'三句, 是舜說得又較子細. 這三句是'允執厥中'以前事, 是舜敎禹做工夫處. 說道'人心惟危, 道心惟微', 須是'惟精惟一', 方能'允執厥中.' 堯當時告舜, 只說一句.

328) 是:『小分』에서는 흐려서 보이지 않으나『朱子語類』에 따라 보충하였다.

329) ▲: 大概此篇所載, 便是堯·舜·禹·湯·文·武相傳治天下之大法. 雖其纖悉不止此, 然大要卻不出此, 大要卻於此可見." 次日, 恭甫又問: "道心, 只是仁義禮智否?" 曰: "人心便是饑而思食, 寒而思衣底心. 饑而思食後, 思量當食與不當食, 寒而思衣後, 思量當著與不當著, 這便是道心.

330) ▲: 所以道'人心惟危, 道心惟微.' 這箇便須是常常戒愼恐懼, 精去揀擇. 若揀得

人固有其初揀[331]得精，後▲[332]被物欲引從人心去，所以貴於'惟一.' ▲[333] 且如'仁者先難而後獲'，那'先難'便是道心，'後獲'便是人心. 又如'未有仁而遺其親，未有義而後其君'，說仁義時，那不遺親而後君自在裏面了. 若是先去計較那不遺親，不後君，便是人心，便不是天理之公." 義剛問: "'惟精惟一'，也是就[334]心上說否?" 曰: "也[335]便是就事說. 不成是心裏如此，臨事又別是箇道理. 有這箇心，便有這箇事，因有這箇事後，方生這箇心. 那有一事不是心裏做出來底? 如口說話，便是心裏要說. 如'紾兄之臂'，你心裏若思量道不是時，定是不肯爲."【義剛】

78:225 ▲[336] 物物上有箇天理人欲." 因指書几云: "如墨上亦有箇天理人欲，硯上也有箇天理人欲. 分明與他劈做兩片，自然分曉. 堯・舜・禹所傳心法，只此四句."【從周 ○德明錄別出.】

78:226 賨▲[337]舉張無垢"人心道心"解云: "'精者，深入而不已，一者，專志而無二'，亦自有力." 曰: "人心道心，且要分別得界限分明. 彼所

不精，又便只是人心. 大概這兩句，只是箇公與私，只是一箇天理，一箇人欲. 那'惟精'，便是要揀教精，'惟一'，便是要常守得恁地.

331) 揀: 成化本・賀本에서는 揀으로 되어 있다.

332) ▲: 來

333) ▲: 這'惟精惟一'，便是舜教禹做工夫處. 它當時傳一箇大物事與他，更無他說，只有這四句.

334) 是就: 『小分』에서는 흐려서 보이지 않으나 『朱子語類』에 따라 보충하였다.

335) 曰: "也: 『小分』에서는 也曰을 교정부호로 바로잡았다.

336) ▲: 問: "曾看無垢文字否?" 某說: "亦曾看." 問: "如何?" 某說: "如他說: '〈動心忍性〉，學者當驚惕其心，抑遏其性.' 如說'〈惟精惟一〉，精者深入而不已，一者專致而不二.'" 曰: "'深入'之說卻未是. 深入從何處去? 公且說人心・道心如何?" 某說: "道心者，喜怒哀樂未發之時，所謂'寂然不動'者也，人心者，喜怒哀樂已發之時，所謂'感而遂通'者也. 人當精審專一，無過不及，則中矣." 曰: "恁地，則人心・道心不明白. 人心者，人欲也，危者，危殆也. 道心者，天理也，微者，精微也.

337) ▲: 初見先生，先生問前此所見如何，對以"欲察見私心"云云. 因

謂'深入'者, 若不察見, 將入從何處去?" 寶曰: "人心者, 喜怒哀[338]樂之已發, 未發者, 道心也." 曰: "然則已發者不謂之道心乎?" 寶曰: "了翁[339]言: '人心卽道心, 道心卽人心.'" 曰: "然則人心何以謂之'危'? 道心何以謂之'微'?" 寶曰: "未發隱於內, 故微, 發不中節, 故危. 是以聖人欲其精一, 求合夫中." 曰: "不然. ▲[340] 所謂人心者, 是氣血和合做成, 【先生以手指身.】 嗜欲之類, 皆從此出, 故危. 道心是本來稟受得仁義禮智之心. 聖人以此二者對待而言, 正欲其察之精而守之一也. ▲[341] 譬如一物, 判作兩片, 便知得[342]一箇[343]好, 一箇惡. 堯・舜所以授受之妙, 不過如此." 【德明】

78:227 ▲[344]

78:228 ▲[345]

78:229 因言舜・禹揖遜事[346], 云: "本是箇不好底事. 被他一轉, 轉作一大好事!" 【文蔚】

78:230 舞干羽之事, 想只是置三苗於度外, 而示以閒暇之意. 【廣】

「皐陶謨」

---

338) 怒哀: 『小分』에서는 흐려서 보이지 않으나 『朱子語類』에 따라 보충하였다.
339) 曰: "了翁: 『小分』에서는 흐려서 보이지 않으나 『朱子語類』에 따라 보충하였다.
340) ▲: 程子曰: '人心, 人欲也, 道心, 天理也', 此處擧語錄前段.
341) ▲: 察之精, 則兩箇界限分明, 專一守著一箇道心, 不令人欲得以干犯.
342) 知得: 『小分』에서는 흐려서 보이지 않으나 『朱子語類』에 따라 보충하였다.
343) 箇: 『小分』에서는 흐려서 보이지 않으나 『朱子語類』에 따라 보충하였다.
344) ▲: 問"允執厥中." 曰: "『書』傳所載多是說無過・不及之中. 只如『中庸』之'中', 亦只說無過・不及. 但'喜怒哀樂之未發謂之中'一處, 卻說得重也." 【人傑】
345) ▲: 旣"惟精惟一, 允執厥中", 又曰"無稽之言勿聽, 弗詢之謀勿庸." 【節】
346) 揖遜事: 『小分』에서는 흐려서 보이지 않으나 『朱子語類』에 따라 보충하였다.

78:231 問: "'允迪厥德, 謨明弼諧', 說者云, 是形容皐陶之德, 或以爲是皐陶之言." 曰: "下文說'愼厥身修, 思永', 是'允迪厥德'意, '庶明勵翼', 是'謨明弼諧'意. 恐不是形容皐陶底語." 問: "然則此三句是就人君身上說否?" 曰: "是就人主身上說. 謨, 是人主謀謨, 弼, 是人臣輔翼, 與之和合, 如'同寅協恭'之[347]意."【銖】

78:232 ▲[348]

78:233 ▲[349]

78:234 九德分得細密.【閎祖】

78:235 皐陶九德, 只是好底氣質. 然須兩件揍[350]合將來, 方成一德, 凡十八種.【必大】

78:236 ▲[351] "'寬而栗, 柔而立, 剛而無虐', 這便是教人變化氣質處." 又曰: "有人生下來便自少物欲者, 看來私欲是氣質中一事."【義剛】

78:237 "簡而廉", 廉者, 偶[352]也, 簡者, 混而不分明也.【『論語集注』: "廉, 謂稜角陗[353]厲", 與此'簡者, 混而不分明'相發." ○壽昌】

---

347) 恭'之: 『小分』에서는 흐려서 보이지 않으나 『朱子語類』에 따라 보충하였다.
348) ▲: "庶明勵翼", 庶明, 是衆賢樣, 言賴衆明者勉勵輔翼.【義剛】
349) ▲: 問"亦行有九德, 亦言其人有德." 曰: "此亦難曉. 若且據文勢解之, 當云: '亦言其人有德. 乃言曰: 〈載采采〉', 言其人之有德, 當以事實言之. 古注謂'必言其所行某事某事以爲驗', 是也."【人傑】
350) 揍: 賀本에서는 湊로 되어 있다.
351) ▲: 或問: "聖賢敎人, 如'克己復禮'等語, 多只是敎人克去私欲, 不見有敎人變化氣質處, 如何?" 曰:
352) 偶: 【附箋紙】"偶"當作"隅."
353) 陗: 成化本·賀本에서는 峭로 되어 있다.

78:238 因其生而第之[354]▲[355]其所當處者, 謂之敘, 因其敘而與之以其所當得者, 謂之秩. 天敘便是自然底次序, 君便教他居君之位, 臣便教他居臣之位, 父便教他居父之位, 子便教他居子之位. 秩, 便是那天敘裏面物事, 如天子祭天地, 諸侯祭山川, 大夫祭五祀, 士庶人祭其先, 天子八, 諸侯六, 大夫四, 士二[356], 皆是有這箇敘, 便是他這箇自然之秩. 【義剛】

78:239 "天工人其代之." "天秩·天敘·天命·天討", 旣曰"天", 便自有許多般在其中. 天人一理, 只有一箇分不同. 【方】

78:240 "同寅協恭", 是君臣[357]上下一於敬. 【方】

78:241 "同寅協恭", 是言君臣. "政事懋哉! 懋哉!" 卽指上文"五禮·五刑"之類. 【螢】

78:242 要"五禮有庸", "五典五惇", 須是"同寅協恭和衷." 要"五服五章", "五刑五用", 須是"政事懋哉! 懋哉!" 【義剛】

78:243 ▲[358] 若德之大者, 則賞以服之大者, 德之小者, 則賞[359]以服之小者, 罪之大者, 則罪以大底刑, 罪之小者, 則罪以小底刑, 盡是"天命·天討", 聖人未嘗加一毫私意於其間, 只是奉行天法而已. ▲[360]許多典禮, 都是天敘天秩下了, 聖人只是因而敕正之, 因而用出去而已. 凡其所謂冠昏喪祭之禮, 與夫典章制度, 文物禮樂, 車輿衣服, 無

354) 第之: 【附箋紙】"第之"下脫"以"字.
355) ▲: 以
356) 士二: 成化本·賀本에는 없다.
357) 君臣: 成化本·賀本에는 없다.
358) ▲: "天命有德, 五服五章哉! 天討有罪, 五刑五用哉!"
359) 賞: 『小分』에서는 흐려서 보이지 않으나 『朱子語類』에 따라 보충하였다.
360) ▲: "天敘有典, 敕我五典五惇哉! 天秩有禮, 自我五禮有庸哉!"

一件是聖人自做底. 都是天做下了, 聖人只是依傍他天理行將去. 如推箇車子, 本自轉將去, 我這裏只是略扶助之而已.【僴】

「益稷」

78:244 問: "「益稷篇」, 禹與皐陶只管自敘其功, 是如何?" 曰: "不知是怎生地. ▲361) 只是說他無可言, 但'予思日孜孜.' 皐陶問他如何, 他便說也要恁地孜孜362), 卻不知後面一段是怎生地." 良久, 云: "他上面也是說那丹朱後, 故恁地說. 丹朱363)緣如此, 故不得爲天子, 我如此勤苦, 故有功. 以此相戒其君, 敎莫如丹朱而如我. 便是古人直, 不似今人便要瞻前顧後."【義剛】

78:245 "止", 守也. "惟幾", 當審萬事之幾, "惟康", 求箇安穩處. "弼直", 以直道輔之應之. 非惟人應之, 天亦應之.【節】

78:246 張元德問: "▲364) 東萊解'幾'作'動', '康'作'靜', 如何?" 曰: "▲365) 伯恭說經多巧." ▲366): "恐難如此說." ▲367)問"予欲聞六律五聲八音, 在治忽, 以出納五言, 汝聽." 曰: "亦不可曉. 『漢書』'在治忽'作'七始詠', 七始, 如七均之類. 又如'工以納言, 時而颺之, 格則承之庸之, 否則威之'一段, 上文說: '欽四鄰, 庶頑讒說, 若不在時, 侯以明

---

361) ▲: 那夔前面且做是脫簡, 後面卻又有一段. 那禹前面時,

362) 他便說也要恁地孜孜: 徽州本에서는 他便說他要恁地孜孜로 되어 있다.

363) 丹朱: 『小分』에서는 흐려서 보이지 않으나 『朱子語類』에 따라 보충하였다.

364) ▲: '惟幾惟康, 其弼直',

365) ▲: 理會不得.

366) ▲: 良久, 云

367) ▲: 問元德: "尋常看'予克厥宅心', 作存其心否?" 曰: "然." 曰: "若說'三有俊心, 三有宅心', 曰'三有宅, 三有俊', 則又當如何? 此等處皆理會不得. 解得這一處, 礙了那一處. 若逐處自立說解之, 何書不可通!" 良久, 云: "宅者, 恐是所居之位, 是已用之賢, 俊者, 是未用之賢也." 元德

之, 撻以記之, 書用識哉! 欲並生哉!', 皆不可曉. 如命龍之辭亦曰: '朕聖讒說殄行, 震驚朕師. 命汝作納言, 夙夜出納朕命惟允', 皆言讒說. 此須是當時有此制度, 今不能知, 又不當杜撰胡說, 只得置之." 元德謂"侯以明之, 撻以記之", 乃是賞罰. 曰: "旣是賞罰, 當別有施設, 如何只靠射? 豈有無狀之人, 纔射得中, 便爲好人乎?" 元德問: "'五言', 東萊釋作君臣民事物之言." 曰: "君臣民事物是五聲所屬, 如'宮亂則荒, 其君驕.' 宮屬君, 最大, 羽屬物, 最小, 此是論聲. 若商, 放緩便似宮聲. 尋常琴家[368]最取廣陵操, 以[369]某觀之, 其聲最不和平, 有臣陵其君之意. '出納五言', 卻恐是審樂知政之類. 如此作五言說, 亦[370]頗通." ▲[371) 【人傑】

78:247 義剛點『尚書』"作會"作一句. 先生曰: "公點得是." 【義剛】

78:248 "明庶以功", ▲[372)"庶"字▲[373), 只是"試"字. 【廣】

368) 尋常琴家: 『小分』에서는 흐려서 보이지 않으나 『朱子語類』에 따라 보충하였다.

369) 陵操, 以: 『小分』에서는 흐려서 보이지 않으나 『朱子語類』에 따라 보충하였다.

370) 五言', 卻恐是審樂知政之類. 如此作五言說, 亦: 『小分』에서는 흐려서 보이지 않으나 『朱子語類』에 따라 보충하였다.

371) ▲: 又云: "納言之官, 如漢侍中, 今給事中, 朝廷誥令, 先過後省, 可以封駁." 元德問: "孔壁所傳本科斗書, 孔安國以伏生所傳爲隸古定, 如何?" 曰: "孔壁所傳平易, 伏生書多難曉. 如「堯典」·「舜典」·「皐陶謨」·「益稷」是伏生所傳, 有'方鳩僝功', '載采采'等語, 不可曉. 「大禹謨」一篇卻平易. 又書中點句, 如'天降割於我家不少延', '用寧王遺我大寶龜', '圻父薄違農父, 若保宏父定辟', 與古注點句不同. 又舊讀'罔或耆壽俊在厥服'作一句. 今觀古記款識中多云'俊在位', 則當於'壽'字絶句矣." 又問: "「盤庚」如何?" 曰: "不可曉. 如'古我先王將多於前功, 適於山, 用降我凶德, 嘉績於朕邦', 全無意義. 又當時遷都, 更不說明遷之爲利, 不遷之爲害. 如「中篇」又說神說鬼. 若使如今誥令如此, 好一場大鶻突! 尋常讀『尚書』, 讀了「太甲」·「伊訓」·「咸有一德」, 便著輓過「盤庚」, 卻看「說命」. 然「高宗肜日」亦自難看. 要之, 讀『尚書』, 可通則通, 不可通, 姑置之."

372) ▲: 恐

373) ▲: 誤

78:249 "苗頑弗即工", 此是禹治水時, 調役他國人夫不動也. 後方征之. 今說者謂苗[374]既格而服, 則治其前日之罪而竄之, 竄之而後分北之. 今說者謂苗既格而又叛, 恐無此事. 又曰: "三苗, 想只是如今之溪洞相似. 溪洞有數種, 一種謂之'猫', 未必非三苗之後也. 史中說三苗之國, 左洞庭, 右彭蠡, 在今湖北・江西之界, 其地亦甚闊矣."

【廣 ○猫, 一本作媌[375].】

374) 今說者謂苗: 『朱子語類』에는 없다
375) 猫, 一本作媌: 英祖刊本・成化本・賀本에는 없다

『朱子語類』 卷之七十九

「尙書二」

「禹貢」

79:1 「禹貢」一書所記地理治水曲折, 多不甚可曉. 竊意當時治水事畢, 卻總作此一書, 故自冀州王都始. 如今人方量畢, 總作一門單耳. 禹自言"予決九川, 距四海, 濬畎澮距川." 一篇「禹貢」不過此數語, 極好細看. 今人說禹治水, 始于壺口, 鑿龍門, 某未敢深信. 方河水洶湧, 其勢迅激, 縱使鑿下龍門, 恐這石仍舊壅塞. 又, 下面水未有分殺, 必且潰決四出. 蓋禹先決九川之水, 使各通于海, 又濬畎澮之水, 使各通于川, 使大水有所入, 小水有所歸. 禹只是先從低處下手, 若下面之水盡殺, 則上面之水漸淺, 方可下手. 九川盡通, 則導河之功已及八分. 故某嘗謂禹治水, 必當始于碣石・九河. 蓋河患惟兗爲甚, 兗州是河曲處, 其曲處兩岸無山, 皆是平地, 所以潰決常必在此. 故禹自其決處導之, 用工尤難. 孟子亦云: "禹疏九河, 瀹濟・漯而注之海." 蓋皆自下流疏殺其勢耳. 若鯀, 則只是築堙之, 所以九載而功弗成也. 【銖】

79:2 "禹當時治水, 也只理會河患, 餘處亦不大段用工夫. 河水之行不得其所, 故汎濫浸及他處. 觀禹用功, 初只在冀以及兗・靑・徐・雍, 卻不甚來東南. 積石・龍門, 所謂'作十三載乃同'者, 正在此處. 龍門至今橫石斷流, 水自上而下, 其勢極可畏. 向未經鑿治時, 龍門正道不甚泄, 故一派西滾[1]入關・陝, 一派東滾[2]往河東, 故此爲患最甚.

---

1) 滾: 孝宗刊本・賀本에서는 兗으로 되어 있다.
2) 滾: 孝宗刊本・賀本에서는 兗으로 되어 있다.

禹自積石至龍門, 著工夫最多. 又其上散從西域去, 往往亦不甚爲患. 行河東者, 多流黃泥地中, 故只管推洗, 泥汁只管凝滯淤塞, 故道漸狹. 値上流下來纔急, 故道不泄, 便致橫湍他處. 先朝亦多造鐵爲治河器, 竟亦何濟?" 或問: "齊桓[3]塞九河以富國, 事果然否?" 曰: "當時葵丘之會, 申五禁, 且曰'無曲防', 是令人不得私自防遏水流, 他終不成自去塞了最利害處. 便是這般說話亦難憑." 問: "河患何爲至漢方甚?" 曰: "『史記』「表」中亦自有'河決'之文. 禹只是理河水, 餘處亦因河溢有些患. 看治江不見甚用力. 『書』載'岷山導江, 東別爲沱, 東至于澧, 過九江, 至于東陵, 東迤北會爲[4]匯, 東爲中江, 入于海.' 若中間便用工夫, 如何載得恁略?" 又云: "禹治水, 先就土低處用工." 【賀孫】

79:3 禹治水, 大率多是用工於河. "治梁及岐", 是鑿龍門等處. 冀州三面邊河, 兗州亦邊河, 故先冀即兗. 【揚】

79:4 禹治水, 乃是自下而上了, 又自上而下. 後人以爲自上而下, 此大不然. 不先從下泄水, 卻先從上理會, 下水泄未得, 下當愈甚, 是甚治水如此?[5]

79:5 『禹貢集義』今當分解. 如"冀州既載壺口, 治梁及岐", 當分作三段, 逐段下注地名, 漢爲甚郡縣, 唐爲甚郡縣, 今爲甚郡縣. 下文"既修太原, 至于岳陽, 覃懷底績, 至于衡・漳", 當爲一段, "厥土白壤"云云. 又爲一段, "碣石"云云. 又爲一段, 方得子細. 且先分細段解了, 有解得成片者, 方成片寫于後. 黑水・弱水諸處皆須細分, 不可作大段寫.[6]

---

3) 桓: 成化本・賀本에서는 威로 되어 있다.
4) 爲: 成化本・賀本에서는 于로 되어 있다.
5) 是甚治水如此?: 徽州本에서는 是甚治水如此?【庚】으로 되어 있다.
6) 不可作大段寫.: 徽州本에서는 不可作大段寫.【庚】으로 되어 있다.

79:6 「禹貢」地理, 不須大段用心, 以今山川都不同了. 理會「禹貢」, 不如理會如今地理. 如「禹貢」濟水, 今皆變盡了. 又江水無沱[7], 又不至澧. 九江亦無尋處. 後人只白捉江州. 又上數十[8]里不說一句, 及到江州, 數十[9]里間, 連說數處, 此皆不可曉者. 「禹貢」但不可不知之. 今地理亦不必過用心. 今人說中原山川者, 亦是貌[10]說, 不可見, 無考處. 舊鄭樵好說, 後識中原者見之云, 全不是.【振】

79:7 因說"三江"之說多不同, 銖問: "東坡之說如何?" 曰: "東坡不曾親見東南水勢, 只是意想硬說. 且江·漢之水到漢陽軍已合爲一, 不應至楊州[11]復言'三江.' 薛士龍說震澤下有三江入海. 疑它曾見東南水勢, 說得恐是." 因問: "'味別地脈'之說如何?" 曰: "禹治水, 不知是要水有所歸不爲民害? 還是只要辨味點茶如陸羽之流, 尋脈踏地如後世風水之流耶? 且太行山自西北發脈來爲天下之脊, 此是中國大形勢. 其底柱·王屋等山皆是太行山脚. 今說者分陰陽列, 言'導[12]岍及岐, 至于荊山', 荊山[13]山脈逾河而過, 爲壺口·雷首·底柱·析城·王屋·碣石, 則是荊山地脈卻來做太行山脚, 其所謂地脈尚說不通, 況「禹貢」本非理會地脈耶?"【銖】

79:8 「禹貢」西方南方殊不見禹施工處. 緣是山高, 少水患. 當時只分遣官屬, 而不了事底記述得文字不整齊耳. 某作『九江·彭蠡辯』, 「禹貢」大概可見於此. 「禹貢」只載九江, 無洞庭, 今以其地驗之, 有洞庭, 無九江, 則洞庭之爲九江無疑矣. 洞庭·彭蠡冬月亦涸, 只有數條江水在其中.【義剛】

---

7) 沱: 成化本·賀本에서는 沲로 되어 있다.
8) 十: 成化本·賀本에서는 千으로 되어 있다.
9) 十: 成化本·賀本에서는 千으로 되어 있다.
10) 貌: 孝宗刊本·成化本·賀本에서는 皃로 되어 있다.
11) 楊州: 英祖刊本·成化本·賀本에서는 揚州로 되어 있다.
12) 導: 孝宗刊本·成化本·賀本에서는 道로 되어 있다.
13) 荊山: 成化本·賀本에는 없다.

79:9 江陵之水[14], 岳州之上是雲夢. 又曰: "江陵之下, 連岳州是雲夢." 【節】

79:10 問: "岷山之分支, 何以見?" 曰: "只是以水驗之. 大凡兩山夾行, 中間必有水, 兩水夾行, 中間必有山. 江出於岷山. 岷山夾江兩岸而行, 那邊一支去爲隴, 【他本云: "那邊一支去爲江北許多去處."】 這邊一支爲湖南, 又一支爲建康, 又一支爲兩浙, 而餘氣爲福建・二廣." 【義剛】

79:11 問「禹貢」地理. 曰: "「禹貢」'過'字有三義: 有山過, 水過, 人過. 如'過九江, 至于敷淺原', 只是禹過此處去也. 若曰山過, 水過, 便不通." 【時舉】

79:12 因說「禹貢」, 曰: "此最難說, 蓋他本文自有繆誤處. 且如漢水自是從今漢陽軍入江, 下至江州, 然後江西一帶江水流出, 合爲[15]大江. 兩江下水相淤, 故江西水出不得, 溢爲彭蠡. 上取漢水入江處有多少路. 今言漢水'過三澨, 至于大別, 南入于江, 東匯澤爲彭蠡', 全然不合. 又如何去强解釋得? 蓋禹當時只治得雍・冀數州爲詳, 南方諸水皆不親見. 恐只是得之傳聞, 故多遺闕, 又差誤如此. 今又不成說他聖人之經不是, 所以難說. 然自古解釋者紛紛, 終是與他地上水不合." 又言: "孟子說'瀹濟・漯而注諸海, 決汝・漢, 排淮・泗而注諸江.' 據今水路及「禹貢」所載, 惟漢入江, 汝・泗自入淮, 而淮自入海, 分明是誤. 蓋一時牵於文勢, 而不暇考其實耳. 今人從而强爲之解釋, 終是可笑." 【雉】

79:13 "東匯澤爲彭蠡", 多此一句. 【節】

---

14) 水: 徽州本에서는 下로 되어 있다.
15) 爲: 成化本・賀本에는 없다.

79:14 問銖: "理會得彭蠡否?" 銖曰: "向來只據傳注, 終未透達." 曰: "細看來, 經文疑有差誤[16]. 恐禹當初必是不曾親到江東西, 或遣官屬往視. 又是時三苗頑, 弗卽工, 據彭蠡・洞庭之地, 往往看得亦不子細." 因出『三江說』幷『山海經』二條云: "此載得甚實." 又云: "浙江源疑出今婺源 折嶺下."【銖】

79:15 問: "先生說鄭漁仲以'東爲北江入于海'爲羨文, 是否?" 曰: "然. 今考之, 不見北江所在." 問: "鄭說見之何書?" 曰: "家中舊有之, 是川本, 今不知所在矣." 又云: "洪水之患, 意者只是如今河決之類, 故禹之用功處多在河, 所以於兗州下記'作十有三載乃同', 此言專爲治河也. 兗州是河患甚處, 正今之澶・衛州也. 若其他江水, 兩岸多是山石, 想亦無汎濫之患, 禹自不須大段去理會." 又云: "禹治水時, 想亦不曾遍歷天下. 如荊州乃三苗之國, 不成禹一一皆到. 往往是使官屬去彼, 相視其山川, 具其圖說以歸, 然後作此一書爾. 故今「禹貢」所載南方山川, 多與今地面上所有不同."【廣】

79:16 地理最難理會, 全合「禹貢」不著了. 且如"岷山導江, 東別爲沱", 今已不知沱所在. 或云蜀中李冰所鑿一所, 灌蔭蜀中數百里之田, 恐是沱, 則地勢又太上了. 澧水下有一支江, 或云是, 又在澧下, 太下了. 又如"東匯澤爲彭蠡", 江亦不至此澤. 敷淺原今又在德安, 或恐在湖口左右. 晁以道謂九江在湖口, 謂有九江來此合. 今以大江數之, 則無許多, 小數之, 則又甚多, 亦不知如何.【揚】

79:17 問[17]: 薛常州作地志, 不載揚・豫二州. 先生曰: "此二州所經歷, 見古今不同, 難下手, 故不作. 諸葛誠之要補之, 以其只見冊子上底故也."【揚】

---

16) 誤: 賀本에서는 悞로 되어 있다.
17) 問: 成化本・賀本에는 없다.

79:18 李得之問薛常州『九域圖』. 曰: “其書細碎, 不是著書手段. ‘予決九川, 距四海, 濬畎澮距川.’聖人做事, 便有大綱領. 先決九川, 距四海了, 卻逐旋爬疏小水, 令至川. 學者亦先識箇大形勢, 如江·河·淮先合識得. 渭水入河, 上面漆·沮·涇等又入渭, 皆是第二重事. 桑欽·酈道元『水經』亦細碎.” 因言: “天下惟三水最大: 江·河與混同江. 混同江不知其所出, 虜舊巢正臨此江, 斜迤東南流入海. 其下爲遼海. 遼東·遼西, 指此水而分也.” 又言: “河東奧區, 堯·禹所居, 後世德薄不能有. 混同江猶自是來裏遼東[18].” 又言: “長安山生過鄜·延, 然長安卻低, 鄜·延是山尾, 卻高.” 又言: “收復燕·雲時, 不曾得居庸關, 門卻開在, 所以不能守. 然正使得之, 亦必不能有也.”【方子 ○學蒙錄云: “因說薛氏『九域志』, 曰: ‘也不成文字, 細碎了. 禹“決九川, 距四海, 濬畎澮距川”, 這便是聖人做事綱領處. 先決九川而距海, 然後理會畎澮. 論形勢, 須先識大綱. 如水則中國莫大於河, 南方莫大於江, 涇·渭則入河者也. 先定箇大者, 則小者便易考.’ 又曰: ‘天下有三大水: 江·河·混同江是也. 混同江在虜中, 虜人之都, 見濱此江.’”】

「胤征」

79:19 問: “東坡疑「胤征」.” 曰: “袁道潔考得是. 太康失河北, 至相方失江南[19]. 然亦疑羲·和是箇曆官, 曠職, 廢之誅之, 可也, 何至誓師如此? 大抵古書之不可考, 皆此類也.”【大雅】

「湯誓」

79:20 問: “‘升自陑’, 先儒以爲出其不意, 如何?” 曰: “此乃「序」說, 經無明文. 要之今不的見陑是何地, 何以辨其正道·奇道? 湯·武之

---

18) 遼東: 成化本·賀本에서는 河東으로 되어 있다.
19) 江南: 『朱子語類』에서는 河南으로 되어 있다.

興, 決不爲後世之譎詐. 若陋是取道近, 亦何必迂路? 大抵讀書須求其要處, 如人食肉, 畢竟肉中有滋味. 有人卻要於骨頭上咀嚼, 縱得些肉, 亦能得多少? 古人所謂'味道之腴', 最有理." 可學因問: "凡『書傳』中如此者, 皆可且置之?" 曰: "固當然."【可學】

「仲虺之誥」

79:21 問: "「仲虺之誥」似未見其釋湯慚德處." 曰: "正是解他. 云: '若苗之有莠, 若粟之有秕[20]', 他緣何道這幾句? 蓋謂湯若不除桀, 則桀必殺湯. 如說'推亡固存處', 自是說伐桀. 至'德日新'以下, 乃是勉湯. 又如'天乃錫王勇智', 他特地說'勇智'兩字, 便可見. 『尙書』多不可曉, 固難理會. 然這般處, 古人如何說得恁地好? 如今人做時文相似."【夔孫】

79:22 問: "禮義本諸人心, 惟中人以下爲氣稟物欲所拘蔽, 所以反著求禮義自治. 若成湯, 尙何須'以義制事, 以禮制心'"? 曰: "'湯・武反之也', 便也是有些子不那底了. 但他能恁地, 所以爲湯. 若不恁地, 便是'惟聖罔念作狂.' 聖人雖則說是'生知安行', 便只是常常恁地不已, 所以不可及. 若有一息不恁地, 便也是凡人了." 問: "舜'由仁義行', 便是不操而自存否?" 曰: "這都難說. 舜只是不得似衆人恁地著心, 自是操."【賀孫】

「湯誥」

79:23 湯・武征伐, 皆先自說一段義理.【必大】

---

20) 秕: 賀本에서는 粃로 되어 있다.

79:24 蔡懇問『書』所謂“降衷”. 曰: “古之聖賢, 才說出便是這般話. 成湯當放桀之初, 便說‘惟皇上帝, 降衷于下民, 若有恒[21]性, 克綏厥猷惟后.’ 武王伐紂時便說: ‘惟天地萬物父母, 惟人萬物之靈. 亶聰明, 作元后. 元后作民父母.’ 傅說告高宗便說: ‘明王奉若天道, 建邦設都, 樹后王君公, 承以大夫師長, 不惟逸豫, 惟以亂民. 惟天聰明, 惟聖時憲.’ 見古聖賢朝夕只見那天在眼前.”【賀孫】

79:25 孔安國以“衷”爲“善”, 便無意思. “衷”只是“中”, 便與“民受天地之中”一般.【泳】

79:26 問: “‘天道福善禍淫’, 此理定否?” 曰: “如何不定? 自是道理當如此. 賞善罰惡, 亦是理當如此. 不如此, 便是失其常理.” 又問: “或有不如此者, 何也?” 曰: “福善禍淫, 其常理也. 若不如此, 便是天也把捉不定了.” 又曰: “天莫之爲而爲, 它亦何嘗有意? 只是理自如此. 且如冬寒夏熱, 此是常理當如此. 若冬熱夏寒, 便是失其常理.” 又問: “失其常者, 皆人事有以致之耶? 抑偶然耶?” 曰: “也是人事有以致之, 也有是偶然如此時.” 又曰: “大底物事也不會變,【如日月之類.】 只是小小底物事會變.”【如冬寒夏熱之類. 如冬間大熱, 六月降雪是也. 近年徑山嘗六七月大雪. ○僩】

「總說伊訓·太甲·說命」

79:27『商書』幾篇最分曉可玩. 「伊訓」·「太甲」[22]等篇又好看似「說命」. 蓋高宗資質高, 傅說所說底細了, 難看. 若是伊尹與太甲說, 雖是麤, 卻切於學者之身. 太甲也不是箇昏愚底人, 但“欲敗度, 縱敗禮”爾.【廣】

---

21) 恒: 成化本·賀本에서는 常으로 되어 있다.
22) 「伊訓」·「太甲」: 成化本·賀本에서는 「太甲」·「伊訓」으로 되어 있다.

79:28 伊尹書及「說命」三篇, 大抵分明易曉. 今人觀『書』, 且看他那分明底, 其難曉者, 且置之. 政使曉得, 亦不濟事.【廣】

「伊訓」

79:29 "伊尹祠于先王", 若有服, 不可入廟. 必有"外丙二年, 仲壬四年."【節】

79:30 問: "「伊訓」'伊尹祠于先王, 奉嗣王祗見厥祖.' 是時湯方在殯宮, 太甲於朝夕奠常在, 如何伊尹因祠而見之?" 曰: "此與「顧命」·「康王之誥」所載冕服事同. 意者, 古人自有一件人君居喪之禮, 但今不存, 無以考據. 蓋天子諸侯旣有天下國家事體, 恐難與常人一般行喪禮."【廣】

79:31 古書錯繆甚多, 如『史記』載「伊訓」有"方明"二字, 諸家遂解如"反祀方明"之類. 某考之, 只是"方"字之誤. "方"當作"乃", 卽『尙書』所謂"乃明言烈祖之成德"也.【雉】

79:32 "與人不求備, 檢身若不及", 大概是湯急己緩人, 所以引爲"日新"之實.【泳】

79:33 "具訓于蒙士", 吳斗南謂古者墨刑人, 以蒙蒙其首, 恐不然.【廣】

「太甲」

79:34 近日蔡行之送得鄭景望文集來, 略看數篇, 見得學者讀書不去子細看正意, 卻便從外面說是與非. 如鄭文亦平和純正, 氣象雖好,然所說文字處, 卻是先立箇己見, 便都說從那上去, 所以昏了正意. 如說伊尹放太甲, 三五板只說箇"放"字. 謂「小序」所謂"放"者, 正伊尹之罪, "思庸"二字, 所以雪伊尹之過, 此皆是閑說. 正是伊尹至誠懇惻告戒太甲處, 卻都不說, 此不可謂善讀書, 學者不可不知也.【時擧】

79:35 伊尹之言極痛切, 文字亦只有許多, 只是重, 遂感發得太甲如此. 「君陳」後亦好, 然皆寬了, 多是代言, 如今代王言者做耳.

79:36 "並其有邦, 厥鄰乃曰'徯我后, 后來無罰.'" 言湯與彼皆有土諸侯, 而鄰國之人乃以湯爲我后, 而徯其來. 此可見湯得民心處.【閎祖】

79:37 視不爲惡色所蔽爲明, 聽不爲姦人所欺爲聰.【節】

「咸有一德」

79:38 "'爰革夏正', 只是'正朔'之'正.'" 賀孫因問: "伊尹說話自分明, 間有數語難曉, 如'爲上爲德, 爲下爲民'之類." 曰: "伯恭四箇[23]'爲'字都從去聲, 覺得□□順[24]." 賀孫因說: "如'逢君之惡', 也是爲上, 而非是爲德, '爲宮室妻妾之奉', 也是爲下, 而非是爲民." 曰: "然. 伊尹告太甲, 卻是與尋常人說話, 便恁地分曉·恁地切身. 至今看時, 通上下皆使得. 至傅說告高宗, 語意卻深. 緣高宗賢明, 可以說這般話, 故傅說輔之, 說得較精微. 伊尹告太甲, 前一篇許多說話, 都從天理窟中抉出許多話, 分明說與他, 今看來句句是天理." 又云: "非獨此, 看得道理透, 見得聖賢許多說話, 都是天理." 又云: "伊尹說得極懇切, 許多說話重重疊疊, 說了又說."【賀孫】

---

23) 箇: 孝宗刊本·成化本에서는 字로 되어 있다.

24) 覺得□□順: 賀本에서는 覺得順으로 되어 있고 徽州本에서는 覺不順으로 되어 있다.

79:39 問: "'左右惟其人', 何所指?" 曰: "只是指親近之臣. '任官'是指任事底人也. '任官惟賢材', 多是'爲下爲民'底意思. '左右惟其人', 多是'爲上爲德'底意思. '其難其愼', 言人君任官須是賢材, 左右須是得人, 當難之愼之也. '惟和惟一', 言人臣爲上爲下, 須是爲德爲民, 必和必一, 爲此事也." 【銖】

79:40 ▲[25)]臣之所以爲上者[26)], 蓋爲君德也, 臣之所以爲下者, 蓋爲民也. '爲上', 猶言爲君." 【銖】

79:41 論"其難其愼", 曰: "君臣上下, 相與其難." 【節】

79:42 問: "'德無常師, 主善爲師, 善無常主, 協于克一.' 或言主善人而爲師, 若仲尼無常師之意, 如何?" 曰: "非也. 橫渠說'德主天下之善, 善原天下之一', 最好. 此四句三段, 一段緊似一段. 德且是大體說, 有吉德, 有凶德, 然必主於善始爲吉爾. 善亦且是大體說, 或在此爲善, 在彼爲不善, 或在彼爲善, 在此爲不善, 或在前日則爲善, 而今日則爲不善, 或在前日則不善, 而今日則爲善. 惟須'協于克一', 是乃爲善, 謂以此心揆度彼善爾. 故橫渠言'原', 則若善定於一耳, 蓋善因一而後定也. 德以事言, 善以理言, 一以心言. 大抵此篇只是幾箇'一'字上有精神, 須與細看. 此心纔一, 便終始不變而有常也. '協'字雖訓'合'字, 卻是如'以此合彼'之'合', 非'已相合'之'合', 與『禮記』'協於分藝', 『書』'協時月正日'之'協'同義, 蓋若揆度參驗之意耳. ▲[27)]

79:43 ▲[28)] 上兩句是教人以其所從師, 下兩句是教人以其所擇善而

---

25) ▲: 至之問四"爲"字當作何音. 曰: "四字皆作去聲. 言
26) 者: 賀本에는 없다.
27) ▲: 張敬夫謂「虞書」'精一'四句與此爲『尙書』語之最精密者, 而「虞書」爲尤精." 【大雅】
28) ▲: "'德無常師, 主善爲師, 善無常主, 協于克一.'

爲之師." 道夫問: "'協于克一', 莫是能主一則自默契于善否?" 曰: "'協'字難說, 只是箇比對裁斷之義. 蓋如何知得這善不善, 須是自心主宰得定, 始得. 蓋有主宰, 則是是非非, 善善惡惡, 瞭然於心目間, 合乎此者便是, 不合者便不是. 橫渠云: '德主天下之善, 善原天下之一.' 這見得它說得極好處. 蓋從一中流出者, 無有不善. 所以他伊尹從前面說來, 便有此意, 曰'常厥德', 曰'庸德', 曰'一德', 常・庸・一, 只是一箇." 蜚卿謂: "一, 恐只是專一之'一'?" 曰: "如此則絶說不來." 道夫曰: "上文自謂'德惟一, 動罔不吉, 德二三, 動罔不凶.'" 曰: "纔尺度不定, 今日長些子, 明日短些子, 便二三." 道夫曰: "到底說得來, 只是箇定則明, 明則事理見, 不定則擾, 擾則事理昏雜而不可識矣." 曰: "只是如此." 又曰: "看得道理多後, 於這般所在, 都寬平開出, 都無礙塞. 如蜚卿恁地理會數日, 卻只恁地, 這便是看得不多, 多少被他這箇十六字礙." 又曰: "今若理會不得, 且只看自家每日一與不一時, 便見. 要之, 今卻正要人恁地理會, 不得, 又思量. 但只當如橫渠所謂'濯去舊見, 以來新意.' 且放下著許多說話, 只將這四句來平看, 便自見." 又曰: "這四句極好看. 南軒云: '自〈人心惟危, 道心惟微〉數語外, 惟此四句好. 但舜大聖人, 言語渾淪, 伊尹之言, 較露鋒鋩得些.' 說得也好." 頃之, 又曰: "舜之語如春生, 伊尹之言如秋殺."【道夫】

79:44 問: "橫渠言'德主天下之善, 善原天下之一', 如何?" 曰: "言一故善. 一者, 善之原也. '善無常主', 如言'前日之不[29]受, 是, 今日之受, 非也', '協于克一', 如言'皆是也.' 蓋均是善, 但易地有不同者, 故無常主. 必是合于一, 乃爲至善. 一者, 純一於理而無二三之謂. 一, 則無私欲, 而純乎義理矣."【銖】

79:45 "協于克一", 協, 猶齊也.【升卿】

---

29) 不: 孝宗刊本・成化本에는 없다.

「說命」

79:46 高宗夢傅說, 據此, 則是眞有箇天帝與高宗對答, 曰: "吾賚汝以良弼." 今人但以主宰說帝, 謂無形象, 恐也不得. 若如世間所謂"玉皇大帝", 恐亦不可. 畢竟此理如何, 學者皆莫能答.【僩】

79:47 夢之事, 只說到感應處. 高宗夢帝賚良弼之事, 必是夢中有帝賚之說之類. 只是夢中事, 說是帝眞賚, 不得, 說無此事, 只是天理, 亦不得.【揚】

79:48 問: "高宗夢說, 如伊川言, 是有箇傅說便能感得高宗之夢. 琮謂高宗'舊學于甘盤', 旣乃'遯于荒野, 入宅于河, 自河徂亳[30]', 其在民間久矣. 當時天下有箇傅說, 豈不知名? 當'恭默思道'之時, 往往形于夢寐, 於是審象而求之. 不然, 賢否初不相聞, 但據一時夢寐, 便取來做宰相, 或者於理未安." 曰: "'遯于荒野, 入宅于河, 自河徂亳', 是說高宗, 是說甘盤?" 衆未應. 曰: "據來'曁厥終罔顯', 只是尋甘盤不見. 然高宗'舊勞于外, 爰曁小人', 亦嘗是在民間來."【琮】

79:49 "惟天聰明"至"惟干戈省厥躬", 八句各一義, 不可牽連. 天自是聰明. 君自是用時憲. 臣自是用欽順. 民自是用從乂. 口則能起羞. 甲冑, 所以禦戎也, 然亦能興戎, 如秦築長城以禦胡, 而致勝・廣之亂. 衣裳者, 賞也, 在笥, 猶云在箱篋中, 甚言其取之易. 如云爵者上之所擅, 出於口而無窮, 惟其予之之易, 故必審其人果賢耶? 果有功耶? 則賞不妄矣. 干戈, 刑人之具, 然須省察自家眞箇是否, 恐或因怒而妄刑人, 或慮施之不審而無辜者被禍, 則刑之施當矣. 蓋衣裳之予在我[31], 而必審其人之賢否, 干戈施之於人, 而必審自己之是非也.

---

30) 亳: 成化本에서는 豪로 되어 있다.
31) 蓋衣裳之予在我: 萬曆本에서는 蓋衣裳之予雖在我로 되어 있다.

【僩】

79:50 "惟[32]口起羞"以下四句, 皆是審底意[33]. 【節】

79:51 口[34]非欲起羞, 而出言不當, 則反足以起羞. 甲冑本所以禦戎, 而出謀不當, 則反足以◇[35]戎. 衣裳在笥, 易以與人, 不可不謹[36]. 干戈討有罪, 則因以省身.

79:52 "惟甲冑起戎", 蓋不可有關防伦底意. 【節】

79:53 "惟甲冑起戎", 如"歸與石郎謀反"是也. 【節】

79:54 "惟厥攸居", 所居, 所在也. 【節】

79:55 南軒云: "'非知之艱, 行之艱', 此特傅說告高宗爾. 蓋高宗舊學甘盤, 於義理知之亦多, 故使得這說. 若常人, 則須以致知爲先也." 此等議論儘好. 【道夫】

79:56 "予[37]小子舊學于甘盤, 既乃遯于荒野"云云. 東坡解作甘盤遯于荒野. 據某看, 恐只是高宗自言. 觀上文曰"予[38]小子", 可見. 但不知當初高宗因甚遯于荒野? 不知甘盤是甚樣人? 是學箇甚麽? 今亦不敢斷. 但據文義, 疑是如此. 兼「無逸」云"高宗舊勞于外", 亦與此相應. 想見高宗三年不言, "恭默思道", 未知所發, 又見世間未有箇人强得甘

32) 惟: 成化本에는 없다.
33) 底意: 成化本・賀本에는 없다.
34) 口: 成化本에는 없다.
35) ◇: 起
36) 不可不謹: 徽州本에서는 則不可不謹으로 되어 있다.
37) 予: 賀本에서는 台로 되어 있다.
38) 予: 賀本에서는 台로 되어 있다.

盤, 所以思得一大賢如傳說. 高宗若非傳說, 想不能致當日之治, 傳說若非高宗, 亦不能有所爲, 故曰"惟后非賢不乂, 惟賢非后不食", 言必相須也.【僩】

79:57 經籍古人言"學"字, 方自「說命」始有.

79:58 "'惟學遜志, 務時敏'【至】[39]'厥德修罔覺.' 遜志者, 遜順其志, 捺下這志, 入那事中, 子細低心下意, 與它理會. 若高氣不伏, 以爲無緊要, 不能入細理會得, 則其修亦不來矣. 旣遜其志, 又須時敏, 若似做不做, 或作或輟, 亦不濟事. 須是'遜志又[40]務時敏', 則'厥修乃來.' 爲學之道, 只此二端而已. 又戒以'允懷于茲'二者, 則道乃積于厥躬. 積者, 來得件數多也. '惟斅學半', 蓋已學旣成, 居于人上, 則須敎人. 自學者, 學也, 而敎人者亦學也[41]. 蓋初學得者是半, 旣學而推以敎人, 與之講說, 己亦因此溫得此段文義, 是斅之功亦半也. '念終始典于學', 始之所學者, 學也, 終之所以敎人者, 亦學也. 自學, 敎人, 無非是學. 自始至終, 日日如此, 忽不自知其德之修矣." ▲[42] 又曰: "傳說此段說爲學工夫極精密, 伊尹告太甲者極痛切."【僩】

79:59 "遜志", 則無所墜落. 志不低, 則必有漏落在下面.【節】

79:60 問爲學"遜志"·"以意逆志"之分. 曰: "'遜志'是小著這心, 去順那事理, 自然見得出. '逆志'是將自家底意去推迎等候佗志, 不似今人硬將此意去捉那志."【僩】

---

39)【至】: 賀本에서는 본문으로 되어 있다.
40) 又: 成化本·賀本에는 없다.
41) 也: 成化本·賀本에는 없다.
42) ▲: 或擧葛氏解云: "傳說與王說'我敎你者, 只是一半事, 那一半要你自去行取', 故謂之終始." 曰: "某舊爲同安簿時, 學中一士子作書義如此說. 某見它說得新巧, 大喜之. 後見兪子才跋某人『說命解』後, 亦引此說."

79:61 因說“斅[43]學半”, 曰: “近見俞子才[44]跋「說命」云[45]: ‘敎只斅得一半, 學只學得一半, 那一半敎人自理會.’ 伯恭亦如此說. 某舊在同安時, 見士人作『書』義如此說, 【夔孫錄云: “某看見古人說話, 不如此險.”】 先說‘王, 人求多聞, 時惟建事[46]’, 此是人君且學且斅, 一面理會敎人, 一面窮義理. 後面說‘監于成憲, 其永無愆’數語, 是平正實語, 不應中間翻空一句, 如此深險. 【夔孫錄云: “言語皆平正, 皆是實語, 不應得中間翻一箇筋斗去.”】 如說斅只得一半, 不成那一半掉放冷處, 敎佗自得. 此語全似禪語, 只當依古注.” 【夔孫錄云: “此卻似禪語. 五通仙人問佛六通, ‘如何是那一通?’ 那一通便是妙處. 且如「學記」引此, 亦只是依古注說.”】 【賜】

「西伯戡黎」

79:62 “西伯戡黎”, 便是這箇事難判斷. 觀戡黎, 大故逼近紂都, 豈有諸侯臣子[47]而敢稱兵於天子之都乎? 看來文王只是不伐紂耳, 其佗事亦都做了, 如伐崇·戡黎之類. 韓退之「拘幽操」云: “臣罪當誅兮, 天王聖明!” 伊川以爲此說出文王意中事. 嘗疑這箇說得來太過. 據當日事勢觀之, 恐不如此. 若文王終守臣節, 何故伐崇? 只是後人因孔子“以服事殷”一句, 遂委曲回護箇文王, 說敎好看, 殊不知孔子只是說文王不伐紂耳. 嘗見雜說云: “紂殺九侯, 鄂侯爭之强, 辨[48]之疾, 幷醢鄂侯. 西伯聞之, 竊歎, 崇侯虎譖之曰: ‘西伯欲叛.’ 紂怒, 囚之羑里. 西伯歎曰: ‘父有不慈, 子不可以不孝, 君有不明, 臣不可以不忠. 豈有君而可叛者乎?’ 於是諸侯聞之, 以西伯能敬上而恤下也, 遂相率而歸

43) 斅: 賀本에서는 效로 되어 있다.
44) 俞子才: 英祖刊本·萬曆本에서는 喩로 되어 있다.
45) 近見俞子才跋「說命」云: 徽州本에서는 近見俞子才跋「說命」寫本云으로 되어 있다.
46) 事: 成化本에서는 時로 되어 있다.
47) 臣子: 成化本·賀本에는 없다.
48) 辨: 成化本·賀本에서는 辯으로 되어 있다.

之.” 看來只這段說得平.【僩】

「泰誓」

79:63 ▲[49]

79:64 同安士人杜君言: “「泰誓」十一年, 只是悞[50]了. 經十三年爲正, 「洪範」亦是十三祀訪箕子.” 先生云: “恐無觀兵之事. 然文王爲之, 恐不似武王, 只待天下自歸了. 紂無人與佗, 只自休了. 東坡「武王論」亦有此意. 武王則行[51]不得也.”【揚】

79:65 石洪慶問: “尙父年八十方遇西伯, 及武王伐商, 乃卽位之十三年, 又其後就國, 高年如此.” 曰: “此不可考.” 因云, 「泰誓」序“十有一年, 武王伐殷”, 經云“十有三年春, 大會于孟津”, 「序」必差悞[52]. 說者乃以十一年爲觀兵, 尤無義理. 舊有人引「洪範」“十有三祀, 王訪于箕子”, 則十一年之誤可知矣.【人傑 ○高錄云: “見得釋箕子囚了, 問佗. 若十一年釋了, 十三年方問佗, 恐不應如此遲.”[53]】

79:66 “亶聰明作元后, 元后作民父母.” 須是剛健中正出人意表之君, 方能立天下之事. 如創業之君能定禍亂者, 皆是智勇過人.【人傑】

79:67 ▲[54]

---

49) ▲: 柯國材言: “「序」稱‘十有一年’, 史辭稱十有三年. 『書』序不足憑. 至「洪範」謂‘十有三祀’, 則是十三年明矣. 使武王十一年伐殷, 到十三年方訪箕子, 不應如是之緩.” 此說有理.【伯羽 ○高錄云: “見得釋箕子囚了, 問他. 若十一年釋了, 十三年方問他, 恐不應如此遲.”】

50) 悞: 成化本에서는 誤로 되어 있다.

51) 行: 賀本에서는 待로 되어 있다.

52) 悞: 成化本에서는 誤로 되어 있다.

53) ○高錄云: … 恐不應如此遲.”: 『朱子語類』 79:63의 일부이다.

79:68 莊仲問: "'天視自我民視, 天聽自我民聽', 謂天卽理也." 曰: "天固是理, 然蒼蒼者亦是天, 在上而有主宰者亦是天, 各隨佗所說. 今旣曰視聽, 卽[55]理又如何會視聽? 雖說不同, 又卻只是一箇. 知其同, 不妨其爲異, 知其異, 不害其爲同. 嘗有一人題分水嶺, 謂水不曾分. 某和其詩曰: '水流無彼此, 地勢有西東. 若識分時異, 方知合處同.'"【文蔚 ▲[56]】

「武成」

79:69 問: "「武成」一篇, 編簡錯亂." 曰: "新有定本, 以程先生・王介甫・劉貢父・李叔易[57]諸本, 推究甚詳."【僩】

○[58] 雉問先生近定「武成」新本. 曰: "前輩定本更差一節. '王若曰'一段, 或接於'征伐商'之下, 以爲誓師之辭, 或連'受命于周'之下, 以爲命諸侯之辭. 以爲誓師之辭者, 固是錯連下文說了, 以爲命諸侯之辭者, 此去祭日只爭一兩日, 無緣有先誥命諸侯之理. 某看, 卻是諸侯來, 便教佗助祭, 此是祭畢臨遣之辭, 當在'大告武成'之下, 比前輩只差此一節."【雉】

79:70 顯道問: "紂若改過遷善, 則武王當何以處之?" 曰: "他別自從那一邊去做. 他旣稱王, 無倒殺, 只著自去做."【義剛】

「洪範」

54) ▲: 或問: "'天視自我民視, 天聽自我民聽', 天便是理否?" 曰: "若全做理, 又如何說自我民視聽? 這裏有些主宰底意思."

55) 卽: 成化本・賀本에는 없다.

56) ▲: ○疑與上條同聞.

57) 李叔易: 孝宗刊本・成化本・萬曆本・徽州本에서는 李□□로 되어 있다.

58) ○: 『朱子語類』79:140의 일부이다.

79:71 江彝叟疇問: "「洪範」載武王勝殷殺紂, 不知有這事否?" 曰: "據『史記』所載, 雖不是武王自殺, 然說斬其頭懸之, 亦是有這事." 又問"血流漂杵." 曰: "孟子所引雖如此, 然以『書』考之, '前徒倒戈, 攻于後以北', 是殷人自相攻, 以致血流如此之盛. 觀武王興兵, 初無意於殺人, 所謂'今日之事, 不愆于[59]六伐・七伐, 乃止齊焉', 是也. 武王之言, 非好殺也."【卓】

79:72 問: "'勝殷殺受'之文是如何?" 曰: "看『史記』載紂赴火死, 武王斬其首以懸于旌, 恐未必如此. 『書』序, 某看來煞有疑. 相傳都說道夫子作[60], 未知如何."【賀孫】

79:73 問: "'鯀則殛死, 禹乃嗣興.' 禹爲鯀之子, 當舜用禹時, 何不逃走以全父子之義?" 曰: "伊川[61]說, 殛死只是貶死之類."【德明】

79:74 問: "鯀既被誅, 禹又出而委質, 不知如何?" 曰: "蓋前人之愆." 又問: "禹以鯀爲有罪, 而欲蓋其愆, 非顯父之惡否?" 曰: "且如而今人, 其父打碎了箇人一件家事, 其子買來填還, 此豈是顯父之過?"【自修】

79:75 說「洪範」: "看來古人文字, 也不被人牽强說得出. 只自恁地熟讀, 少間字字都自會著實." 又云: "今人只管要說治道, 這是治道最緊切處. 這箇若理會不通, 又去理會甚麽零零碎碎?"【道夫】

79:76 問「洪範」諸事. 曰: "此是箇大綱目, 天下之事, 其大者大槩備於此矣." 問"皇極." 曰: "此是人君爲治之心法. 如『周禮』[62]一書, 只是箇八政而已."【僩】

---

59) 于: 賀本에서는 於로 되어 있다.
60) 相傳都說道夫子作: 徽州本에서는 相傳都說道孔子作으로 되어 있다.
61) 伊川: 成化本에서는 伊尹으로 되어 있다.
62)『周禮』: 成化本・賀本에서는 周公으로 되어 있다.

79:77 凡數自一至五, 五居[63]中, 自九至五, 五亦居[64]中. 戴九履一, 左三右七, 五亦居[65]中. 又曰: "若有前四者, 則方可以建極. 一五行, 二五事, 三八政, 四五紀是也. 後四者卻自皇極中出. 三德是皇極之權, 人君所嚮用五福, 所威用六極, 此曾南豐所說. 諸儒所說, 惟此說好." 又曰: "皇, 君也, 極, 標準也. 皇極之君, 常滴水滴凍, 無一些不善. 人卻不齊, 故曰'不協于極, 不罹于咎[66].' '天子作民父母, 以爲天下王', 此便是'皇建其有極.'" ▲[67) 【節】

79:78 「洛書」本文只有四十五點. 班固云六十五字, 皆「洛書」本文. 古字畫少, 恐或有模樣, 但今無所考. 漢儒說此未是, 恐只是以義起之, 不是數如此. 蓋皆以天道人事參互言之. 五行最急, 故第一, 五事又參之於身, 故第二, 身旣修, 可推之於政, 故八政次之, 政旣成, 又驗之於天道, 故五紀次之, 又繼之皇極居五, 蓋能推五行, 敬[68]五事, 厚[69]八政, 修五紀, 乃可以建極也, 六三德, 乃是權衡此皇極者也, 德旣修矣, 稽疑庶徵繼之者, 著其驗也, 又繼之以福極, 則善惡之效, 至是不可加矣. 皇極非大中, 皇乃天子, 極乃極至, 言皇建此極也. 東西南北, 到此恰好, 乃中之極, 非中也[70]. 但漢儒雖說作"中"字, 亦與今不同, 如云"五事之中"是也. 今人說"中", 只是含胡依違, 善不必盡賞,

63) 居: 成化本・賀本에서는 在로 되어 있다.
64) 居: 成化本・賀本에서는 在로 되어 있다.
65) 居: 成化本・賀本에서는 在로 되어 있다.
66) 不罹于咎: 徽州本에서는 不罹于咎之類로 되어 있다.
67) ▲: 又曰: "『尙書』前五篇大概易曉. 後如「甘誓」・「胤征」・「伊訓」・「太甲」・「咸有一德」・「說命」, 此皆易曉, 亦好. 此是孔氏壁中所藏之書." 又曰: "看『尙書』, 漸漸覺曉不得, 便是有長進. 若從頭至尾解得, 便是亂道. 「高宗肜日」是最不可曉者, 「西伯戡黎」是稍稍不可曉者. 「太甲」大故亂道, 故伊尹之言緊切, 高宗稍稍聰明, 故「說命」之言細膩." 又曰: "讀『尙書』有一箇法, 半截曉得, 半截曉不得. 曉得底看, 曉不得底且闕之, 不可强通, 强通則穿鑿." 又曰: "'敬敷五敎在寬', 只是不急迫, 慢慢地養他."
68) 敬: 孝宗刊本・成化本・賀本에서는 正으로 되어 있다.
69) 厚: 孝宗刊本・成化本・賀本에서는 用으로 되어 있다.
70) 乃中之極, 非中也: 徽州本에서는 又云極, 非中也으로 되어 있다.

惡不必盡罰. 如此, 豈得謂之中? 【可學】

79:79 ▲[71)]

79:80 箕子爲武王陳「洪範」, 首言五行, 次便及五事. 蓋在天則是五行, 在人則是五事. 【儒用】

79:81 自"水曰潤下", 至"稼穡作甘", 皆是二意. 水能潤, 能下, 火能炎, 能上, 金曰"從", 曰"革", 從而又能革也. 【德明】

79:82 忽問: "如何是'金曰從革'?" 對曰: "是從己之革[72)]." 曰: "不然, 是或從或革耳. 從者, 從所鍛制, 革者, 又可革而之他, 而其堅剛之質, 依舊自存, 故與'曲直'・'稼穡'皆成雙字. '炎上'者, 上字當作上聲, '潤下'者, 下字當作去聲, 亦此意." 【大雅】

79:83 ▲[73)] 一從一革, 互相變而體不變. 且如銀, 打一隻盞, 便是從, 更要別打作一件家事, 便是革. 依舊只是這物事, 所以云體不變. 【僴】

79:84 "從革作辛", 是其氣辛[74)]辣. "曲直作酸", 今以兩片木相擦則齒酸, 是其驗也. 【夔孫】

---

71) ▲: 天下道理, 只是一箇包兩箇. 『易』便只說到八箇處住. 「洪範」說得十數住. 五行五箇, 便有十箇. 甲乙便是兩箇木, 丙丁便是兩箇火, 戊己便是兩箇土, 金・水亦然. 所謂"兼三才而兩之", 便都是如此. 『大學』中"明明德", 便包得"格物・致知・誠意・正心・修身"五箇, "新民", 便包得"齊家・治國・平天下"三箇. 自暗室屋漏處做去, 到得無所不周, 無所不徧, 都是這道理. 自一心之微, 以至於四方之遠, 天下之大, 也都只是這箇. 【義剛】

72) 是從己之革: 徽州本에서는 是從人之革으로 되어 있다.

73) ▲: "金曰從革",

74) 辛: 孝宗刊本・成化本・賀本에서는 割로 되어 있다.

79:85 問: “視聽言動, 比之「洪範」五事, 動是‘貌’字否? 如‘動容貌’之謂.” 曰: “思也在這裏了. ‘動容貌’是外面底, 心之動便是思.” 又問五行比五事. 曰: “曾見吳仁傑說得也順. 它云, 貌是水, 言是火, 視是木, 聽是金, 思是土. 將八[75]庶徵來說, 便都順.” 問: “貌如何是水?” 曰: “它云, 貌是濕潤底, 便是水, 故其徵便是‘肅, 時雨若.’ 「洪範」乃是五行之書, 看得它都是以類配得. 到五福・六極, 也是配得, 但是略有不齊.” 問: “皇極五福, 卽是此五福否?” 曰: “便只是這五福. 如‘斂時五福, 用敷錫厥庶民’, 斂底, 卽是盡得這五事. 以此錫庶民, 便是使民也盡得此五事. 盡得五事, 便有五福.” 【夔孫】

79:86 問五行所屬. 曰: 【僩錄云: “問: ‘形質屬土?’ 曰: ‘從前如此說.’”】 “舊本謂雨屬木, 暘屬金, 燠屬火, 寒屬水[76], 及與五事相配, 皆錯亂了. 吳斗南說雨屬水, 暘屬火, 燠屬木, 寒屬金, 風屬土. 看來雨只得屬水自分曉, 如何屬木?” 問: “寒如何屬金?” 曰: “他討得證據甚好. 『左傳』云: ‘金寒玦離.’ 又, 貌言視聽思, 皆是以次相屬.” 問: “貌如何屬水?” 曰: “容貌須光澤, 故屬水, 言發於氣, 故屬火, 眼主肝, 故屬木, 金聲淸亮, 故聽屬金.” 問: “凡上四事, 皆原於思, 亦猶水火木金皆出於土也.” 曰: “然.” 又問: “禮如何屬火?” 曰: “以其光明.” 問: “義之屬金, 以其嚴否?” 曰: “然.” 【胡泳】

79:87 “視曰明”, 是視而便見謂之[77]明, “聽曰聰”, 是聽而便聞謂之[78]聰, “思曰睿”, 是思而便通謂之[79]睿. 【道夫】

79:88 伯模云: “老蘇著『洪範論』, 不取『五行傳』, 而東坡以爲漢儒

75) 八: 成化本・賀本에는 없다.
76) 燠屬火, 寒屬水: 孝宗刊本・成化本・賀本에는 없다.
77) 謂之: 成化本・賀本에서는 之謂로 되어 있다.
78) 謂之: 成化本・賀本에서는 之謂로 되어 있다.
79) 謂之: 成化本・賀本에서는 之謂로 되어 있다.

『五行傳』不可廢. 此亦自是. 旣廢, 則後世有忽天之心." 先生曰: "漢儒也穿鑿. 如五事, 一事錯, 則皆錯, 如何卻云聽之不聰, 則某事應? 貌之不恭, 則某事應."【道夫】

79:89 "五皇極", 只是說人君之身, 端本示儀於上, 使天下之人則而效之. 聖人固不可及, 然約天下而使之歸于正者, 如"皇則受之", "則錫之福"也. 所謂"遵王之義", "遵王之道"者, 天下之所取法也. 人君端本, 豈有他哉? 修於己而已. 一五行, 是發原處, 二五事, 是總持處, 八政, 則治民事, 五紀, 則協天運也, 六三德, 則施爲之撙節處, 七稽疑, 則人事已至, 而神明其德處, 庶徵, 則天時之徵驗也, 五福・六極, 則人事之徵驗也. 其本皆在人君之心, 其責亦甚重矣. "皇極", 非說大中之道. 若說大中, 則皇極都了, 五行・五事等皆無歸著處. 又云: "便是'篤恭而天下平'之道. 天下只是一理, 聖賢語言雖多, 皆是此理. 如『尙書』中「洛誥」之類, 有不可曉處多. 然間有說道理分曉處, 不須訓釋, 自然分明. 如云'王敬作所不可不敬德', '肆惟王其疾敬德', '不敢替厥義德'等語是也."【人傑 十九[80] ○謨錄詳見下.】

79:90 "皇極"二字, 皇是指人君, 極便是指其身爲天下做箇樣子, 使天下視之以爲標準. "無偏無黨"以下數語, 皆是皇之所建, 皆無偏黨好惡之私. 天下之人亦當無作好作惡, 便是"遵王之道", "遵王之路", 皆會歸于其極, 皆是視人君以爲歸. 下文"是彝是訓, 于帝其訓", "是訓是行, 以近天子之光", 說得自分曉. "天子作民父母, 以爲天下王", 則許多道理盡在此矣. 但緣聖人做得樣子高大, 人所難及, 而不可以此盡律天下之人, 雖"不協于極"者[81], 但"不罹于咎"者, 皇亦受之. 至於"而康而色", 自言"好德"者, 亦錫之福. 皇極[82], 不可以"大中"訓之, 只是

---

80) 十九: 孝宗刊本・英祖刊本・成化本에서는 卜九로 되어 있고, 賀本・徽州本에는 없다.
81) 者: 成化本・賀本에는 없다.
82) 皇極: 成化本・賀本에서는 極으로 되어 있다.

前面五行・五事・八政・五紀是已, 卻都載在人君之身, 包括盡了. 五行是發源處, 五事是操持處, 八政是修人事, 五紀是順天道, 就中以五事爲主. 視明聽聰, 便是建極, 如明如聰, 只是合恁地. 三德, 亦只是就此道理上爲之權衡, 或放高[83], 或捺低, 是人事盡了. 稽疑, 又以卜筮參之. 若能建極, 則推之於人, 使天下皆享五福, 驗之於天, 則爲休徵. 若是不能建極, 則其在人事便爲六極, 在天亦爲咎徵. 其實都在人君身上, 又不過"敬用五事"而已, 此即"篤恭而天下平"之意. 以是觀之, 人君之所任者, 豈不重哉? 如此則九疇方貫通爲一. 若以"大中"言之, 則九疇散而無統. 大抵諸書初看其言, 若不勝其異, 無理會處, 究其指歸, 皆只是此理. 如「召誥」中, 其初說許多言語艱深難曉, 卻緊要處, 只是"惟王不可不敬德"而已. 【罃】

79:91 問: "先生言'皇極'之'極'不訓中, 只是標準之義. 然'無偏無黨', '無反無側', 亦有中意." 曰: "只是箇無私意." 問: "'標準[84]之義'如何?" 曰: "此是聖人正身以作民之準則." 問: "何以能斂五福?" 曰: "當就五行・五事上推究. 人君修身, 使貌恭, 言從, 視明, 聽聰, 思睿, 則身自正. 五者得其正, 則五行得其序, 以之稽疑, 則'龜從, 筮從, 卿士從, 庶民從', 在庶徵, 則有休徵而[85]無咎徵. 和氣致祥, 有仁壽而無鄙夭, 便是五福, 反是則福轉爲極. 陸子靜「荊門軍曉諭」乃是斂六極也." 【德明】

79:92 先生問曹: "尋常說'皇極'如何?" 曹云: "只說作'大中.'" 曰: "某謂不是'大中.' 皇者, 王也, 極, 如屋之極, 言王者之身可以爲下民之標準也. 貌之恭, 言之從, 視明聽聰, 則民觀而化之, 故能使天下之民'無有作好, 而遵王之道, 無有作惡, 而遵王之路', 王者又從而斂五者之福, 而錫之於庶民. 斂者, 非取之於外[86], 亦自吾身先得其正, 然後可

83) 放高: 『小分』에서는 高放을 교정부호로 바로잡았다.
84) 標準: 賀本에서는 準標로 되어 있다.
85) 而: 成化本・賀本에는 없다.

以率天下之民以歸于正, 此, 錫福之道也."【卓】

79:93 ▲[87] 極無中意, 只是在中, 乃至極之所, 爲四向所標準, 故因以爲中. 如屋極, 亦只是在中, 爲四向所準. 如建邦設都以爲民極, 亦只是中天下而立, 爲四方所標準. 如"粒我蒸民, 莫非[88]爾極", 來牟豈有中意? 亦只是使人皆以此爲準. 如北極, 如宸極, 皆然. 若只說中, 則殊不見極之義矣.【淳】

79:94 ▲[89]

79:95 "極, 盡也." 先生指前面香桌. "四邊盡處是極, 所以謂之四極. 四邊視中央, 中央卽是極也. 堯都平陽, 舜都蒲阪, 四邊望之, 一齊看著平陽・蒲阪. 如屋之極, 極高之處, 四邊到此盡了, 去不得, 故謂之'極.' 宸極亦然. 至善亦如此. 應于事到至善, 是極盡了, 更無去處. '故君子無所不用其極.'『書』之'皇極', 亦是四方所瞻仰者. 皇, 有訓大處, 惟'皇極'之'皇'不可訓大. 皇, 只當作君, 所以說'遵王之義, 遵王之路', 直說到後面'以爲天下王', 其意可見. 蓋'皇'字下從'王'."【泳】

79:96 ▲[90] "皇建其有極"不成是大建其有中, "時人斯其惟皇之極", 不成是時人斯其惟大之中. 皇, 須是君, 極, 須是人君建一箇表儀於上. 且如北極是在天中, 喚作北中不可, 屋極是在屋中, 喚作屋中不可. 人君建一箇表儀於上, 便有肅・乂・哲・謀・聖之應. 五福備具, 推以與民, 民皆從其表儀, 又相與保其表儀. 下文"凡厥庶民"以下, 言

86) 非取之於外: 徽州本에서는 非有取之於外로 되어 있다.
87) ▲: 中, 不可解做極.
88) 非:『朱子語類』에서는 匪로 되어 있다.
89) ▲: "皇極", 如"以爲民極." 標準立於此, 四方皆面內而取法. 皇, 謂君也, 極, 如屋極, 陰陽造化之總會樞紐. 極之爲義, 窮極極至, 以上更無去處.【閎祖】
90) ▲: 今人將"皇極"字作"大中"解了, 都不是.

人君建此表儀, 又須知天下有許多名色人, 須逐一做道理區[91]處著始得. 於是有“念之”, “受之”, “錫之福”之類, 隨其人而區處之. 大抵“皇極”是建立一箇表儀後, 又有廣大含容, 區處周備底意思. 嘗疑“正人”“正”字, 只是中常之人, 此等人須是富, 方可與爲善, 與“無恒[92]產有恒[93]心”者有異. “有能・有爲”, 是有才之人, “有猷・有爲・有守”, 是有德之人. “無偏無陂”以下, 只是反復歌詠. 若細碎解, 都不成道理. 【璘】

79:97 東坡『書傳』中說得“極”字亦好. 【螢】

79:98 “無有作好”, “無有作惡”, 謂好所當好, 惡所當惡, 不可作爲耳. 【必大】

79:99 問: “箕子陳「洪範」, 言‘彝倫攸敍.’ 見事事物物中, 得其倫理, 則無非此道. 非道便無倫理.” 曰: “固是. 曰‘王道蕩蕩’, 又曰‘王道平平’, 曰‘無黨無偏’, 又曰‘無偏無黨’, 只是一箇道, 如何如此反復說? 只是要得人反覆思量入心來, 則自有所見矣.” 【大雅】

79:100 “會其有極, 歸其有極”, “會”・“歸”字無異義, 只是重疊言之. 與既言“無偏無黨”, 又言“無黨無偏”, 無別說也.

79:101 符敍 舜功云: “象山在荊門, 上元須作醮, 象山罷之. 勸諭邦人以福不在外, 但當求之內心. 於是日入道觀, 設講座, 說‘皇極’, 令邦人聚聽之. 次日, 又畫爲一圖以示之.” 先生曰: “人君建極, 如箇標準. 如東方望也如此, 西方望也如此, 南方望也如此, 北方望也如此. 莫不取則於此, 如『周禮』‘以爲民極’, 『詩』‘維民之極’, ‘四方之極’, 都是此

91) 區: 成化本・賀本에는 없다.
92) 恒: 成化本・賀本에서는 常으로 되어 있다.
93) 恒: 成化本・賀本에서는 常으로 되어 있다.

意. 中固在其間, 而極不可以訓中. 漢儒注說'中'字, 只說'五事之中', 猶未爲害, 最是近世說'中'字, 不是. 近日之說只要含胡苟且, 不分是非, 不辨黑白, 遇當做底事, 只略略做些, 不要做盡. 此豈聖人之意?" 又云: "「洪範」一篇, 首尾都是歸從'皇極'上去. 蓋人君以一身爲至極之標準, 最是不易. 又須'斂是五福', 所以斂聚五福, 以爲建極之本. 又須是敬五事, 順五行, 厚八政, 協五紀, 以結裏箇'皇極.' 又須乂三德, 使事物之接, 剛柔之辨, 須區處敎合宜. 稽疑便是考之於神, 庶徵是驗之於天, 五福是體之於人. 這下許多, 是維持這'皇極.' '正人', 猶言中人, 是平平底人, 是有恒[94]產方有恒[95]心底人." 又云: "今人讀書麤心大膽, 如何看得古人意思? 如說'八庶徵', 這若不細心體識, 如何會見得? '肅, 時雨若', 肅是恭肅, 便自有滋潤底意思, 所以便說時雨順應之. '乂, 時暘若', 乂是整治, 便自有開明底意思, 所以便說時暘順應之. '哲, 時燠若', 哲是普照, 便自有和暖底意思. '謀, 時寒若', 謀是藏密, 便▲[96]有寒結底意思. '聖, 時風若', 聖則通明, 便自有爽快底意思." 符云: "謀自有顯然著見之謀, 聖是不可知之妙, 不知於寒於風, 果相關否?" 曰: "凡看文字, 且就地頭看, 不可將大底便來壓了. 箕子所指'謀'字, 只是且說密謀意思, '聖', 只是說通明意思, 如何將大底來壓了便休? 如說喫棗, 固是有大如瓜者, 且就眼下說, 只是常常底棗. 如煎藥合用棗子幾箇, 自家須要說棗如瓜大, 如何用得許多? 人若心下不細, 如何讀古人書? 「洪範」庶徵固不是必[97]定如漢儒之說, 必以爲有是應必有是事. 多雨之徵, 必推說道是某時做某事不肅, 所以致此. 爲此必然之說, 所以敎人難盡信. 但古人意精密, 只於五事上體察是有此理. 如王荊公[98], 又卻要一齊都不消說感應, 但把'若'字做'如似'字義說了[99], 做譬喩說了, 也不得. 荊公固是也說道此事不足驗, 然而人主

94) 恒: 成化本・賀本에서는 常으로 되어 있다.
95) 恒: 成化本・賀本에서는 常으로 되어 있다.
96) ▲: 自
97) 必: 成化本・賀本에는 없다.
98) 王荊公: 成化本・賀本에서는 荊公으로 되어 있다.

自當謹戒. 如漢儒必然之說固不可, 如荊公全不相關之說, 亦不可. 古人意思精密, 恐後世見未到耳." 因云: "古人意思精密, 如『易』中八字'剛柔・終始・動靜・往來', 只這七八字, 移換上下添助語, 是[100]多少精微有意味? 見得「彖」・「象」極分明."【賀孫】

79:102 三衢 夏唐老作『九疇圖』, 因執以問. 讀未竟, 至所謂"皆天也, 非人之所能爲也", 遂指前圖子云: "此乃人爲, 安得而皆天也?「洪範」文字最難作, 向來亦將天道人事分配爲之, 後來覺未盡, 遂已之. 直是難以私意安排. 若只管外邊出意推將去, 何所不可? 只是理不如此. 蘇氏以皇極之建, 爲雨・暘・寒・燠・風之時, 皇極不建則反此. 漢儒之說尤疏, 如以五般皇極配庶徵, 卻外邊添出一箇皇極, 或此邊減卻一箇庶徵. 自增自損, 皆出己意. 然此一篇文字極是不齊整, 不可曉解. 如'五福'對'六極.' '一曰壽', 正對'凶短折', '二曰富', 正對'貧', '三曰康寧'對'疾與弱', 皆其類也. '攸好德'卻對'惡', 參差不齊, 不容布置. 如曰'斂時五福, 錫厥庶民', 不知如何斂? 又復如何錫? 此只是順五行, 不違五事, 自己立標準以示天下, 使天下之人得以觀感而復其善爾. 今人皆以'皇極'爲'大中', 最無義理. 如漢儒說'五事之中', 固未是, 猶似勝此. 蓋皇者, 君之稱也. 如'皇則受之', '皇建其極'之類, 皆不可以'大'字訓'皇'字. '中'亦不可以訓'極.' '極'雖有'中'底意思, 但不可便以爲'中', 只訓得'至'字. 如'北極'之'極', '以爲民極'之'極', 正是'中天下而立'之意. 謂四面湊合, 至此更無去處. 今卽以'皇極'爲'大中'者, 更不賞善, 亦不罰惡, 好善惡惡之理, 都無分別, 豈理也哉?"【謨】

79:103 "彊弗友", 以剛克之, "燮友", 以[101]柔克之, 此, 治人也. 資質沈潛, 以剛克之, 資質高明, 以柔克之, 此, 治己也.【燾】

---

99) 了: 成化本・賀本에는 없다.
100) 是: 賀本에서는 此로 되어 있다.
101) 以: 成化本・賀本에는 없다.

79:104 "沈潛剛克, 高明柔克." 克, 治也. 言人資質沈潛者, 當以剛克之[102], 資質高明者, 當以柔治之. 此說爲勝.【僩】

79:105 "衍忒." 衍, 疑是過多剩底意思, 忒, 是差錯了.【僩】

79:106 「洪範」卻可理會天人相感. 庶徵可驗, 以類而應也. 秦時六月皆凍死人.

79:107 "一極備凶, 一極無凶." 多些子不得, 無些子不得.【泳】

79:108 "王省惟歲", 言王之所當省者, 一歲之事, 卿士所省者, 一月之事. 以下皆然.【僩】

79:109 問"王省惟歲, 卿士惟月, 師尹[103]惟日." 曰: "此但言職任之大小如此." 又問: "'庶民惟星'一句解不通, 幷下文'星有好風, 星有好雨', 意亦不貫." 曰: "'家用不寧'以上, 自結上文了, 下文卻又說起星, 文意似是兩段"云云. 又問"箕星好風, 畢星好雨." 曰: "箕, 只是簸箕. 以其簸揚而鼓風, 故月宿之則風. 古語云: '月宿箕, 風揚沙.' 畢是叉網, 漉魚底叉子, 又, 鼎中漉肉叉子, 亦謂之畢. 凡以畢漉魚肉, 其汁水淋漓而下若雨然, 畢星名義蓋取此. 今畢星上有一柄, 下開兩叉, 形狀亦類畢, 故月宿之則雨. 『漢書』謂月行東北入軫, 若東南入箕則風. 所以風者, 蓋箕是東南方[104], 屬「巽」, 「巽」爲風, 所以好風. 恐未必然."【僩】

79:110 "庶民惟星", 庶民猶星也.【燾】

102) 當以剛克之: 徽州本에서는 當以剛治之로 되어 있다.
103) 尹: 成化本에서는 君으로 되어 있다.
104) 蓋箕是東南方: 成化本에서는 蓋箕是南方으로 되어 있다.

79:111 問“五福・六極.” 曰: “民之五福, 人君當嚮之, 民之六極, 人君當畏之.”【燾】

79:112 “五福・六極”, 曾子固說得極好. 「洪範」, 大槩曾子固說得勝如諸人.【僩】

79:113 凶, 短折.【兩事.】 惡・弱.【惡是自暴, 弱是自棄. ○燾】

「旅獒」

79:114 “近諸孫將「旅獒」來讀. 是時武王已八十餘歲矣. 太保此書諄諄如教小兒相似. 若自後世言之, 則爲非所宣言, 不尊君矣.” 銖問: “‘人不易物’之‘易’, 合如字? 合作去聲?” 曰: “看上文意, 則當作如字讀. 但‘德盛不狎侮’又難說.” 又問: “‘志以道寧, 言以道接’, ‘接’字如何?” 曰: “接者, 酬應之謂, 言當以道酬應也.”【志, 我之志, 言, 人之言. ○銖】

79:115 “人不易物, 惟德其物”, 易, 改易也. 言人不足以易物, 惟德足以易物, 德重而人輕也. 人, 猶言位也, 謂居其位者. 如寶玉雖貴, 若有人君之德, 則所錫賚之物斯足貴, 若無其德, 則雖有至寶以錫諸侯, 亦不足貴也.【僩】

「金縢」

79:116 林聞一問: “周公代武王之死, 不知亦有此理否?” 曰: “聖人爲之, 亦須有此理.”【木之】

○105) 或問: “「金縢」, 前輩謂非全書.” 曰: “周公以身代武王之說, 只緣人看錯了. 此乃周公誠意篤切, 以庶幾其萬一. ‘丕子之責于天’,

只是以武王受事天之責任, 如今人說話, 他要箇▲[106]來服事. 周公便說是它不能服事天, 不似我多才多藝, 自能服事天."【賀孫】

79:117 "是有丕子之責于天[107]." 責, 如"責侍子"之"責." 周公之意云, 設若三王欲得其子服事於彼, 則我多才多藝, 可以備使令, 且留武王以鎭天下也.【人傑】

79:118 成王方疑周公, 二年之間, 二公何不爲周公辨明? 若天不雷電以風, 二公終不進說矣. 當是時, 成王欲誚周公而未敢. 蓋周公東征, 其勢亦難誚他. 此成王雖深疑之, 而未敢誚之也. 若成王終不悟, 周公須有所處矣.【人傑】

79:119 問: "周公作「鴟鴞」之詩以遺成王, 其辭艱苦深奧, 不知成王當時如何理會得?" 曰: "當時事變在眼前, 故讀其詩者便知其用意所在. 自今讀之, 旣不及見當時事, 所以謂其詩難曉. 然成王雖得此詩, 亦只是未敢誚公, 其心未必能遂無疑. 及至雷風之變, 啓「金縢」之書後, 方始釋然開悟." 先生卻問必大曰: "成王因何知有「金縢」後去啓之?" 必大曰: "此二公贊之也." 又問: "二公何故許時不說? 若雷不響, 風不起時, 又如何?" 必大曰: "聞之呂大著云: '此見二公功夫處. 二公在裏面調護, 非一日矣, 但他人不得而知耳.'" 曰: "伯恭愛說一般如此道理." 必大問: "其說畢竟如何?" 曰: "是時周公握了大權, 成王自是轉動周公未得. 便假無風雷之變, 周公亦須別有道理."【李懷光反, 其子璀告德宗曰: "臣父能危陛下, 陛下不能制臣父." 借此可見當時事勢. 然在周公之事, 則不過使成王終於省悟耳. ○必大】

105) ○:『朱子語類』83:63의 일부이다.
106) ▲: 人
107) 是有丕子之責于天: 徽州本에서는 若爾三王是有丕子之責于天以旦代某之身으로 되어 있다.

79:120 ▲[108)]

「大誥」

○[109)] 問: "「周誥」辭語艱澁, 如何看?" 曰: "此等是不可曉." "林丈說, 艾軒以爲方言." 曰: "只是古語如此. 竊意當時風俗恁地說話, 人便都曉得. 如這物事喚做這物事, 今風俗不喚做這物事, 便曉他不得. 如「蔡仲之命」·「君牙」等篇, 乃當時與士大夫語, 似今翰林所作制誥之文, 故甚易曉. 如誥, 是與民語, 乃今官司行移曉諭文字, 有帶時語在其中. 今但曉其可曉者, 不可曉處則闕之, 可也. 如『詩』'景員維河', 上下文皆易曉, 卻此一句不可曉. 又如'三壽作朋', 三壽是何物? 歐陽公記古語亦有'三壽'之說, 想當時自有此般說話, 人都曉得, 只是今不可曉." 問: "東萊『書說』如何?" 曰: "說得巧了. 向嘗問佗有疑處否? 曰: '都解得通', 到兩三年後再相見, 曰: '儘有可疑者.'" 【淳 ○義剛錄云: "問: '五誥辭語恁地短促, 如何?' 曰: '這般底不可曉.' 林擇之云: '艾軒以爲方言.' 曰: '亦不是方言, 只是古語如此'云云."】

79:121 「大誥」一篇不可曉. 據周公在當時, 外則有武庚·管·蔡之叛, 內則有成王之疑, 周室方且岌岌然. 他作此書, 決不是備禮苟且爲之, 必欲以此聳動天下也, 而今「大誥」大意, 不過說周家辛苦做得這基業在此, 我後人不可不有以成就之而已. 其後又卻專歸在卜上, 其

---

108) ▲: 『書』中可疑諸篇, 若一齊不信, 恐倒了六經. 如「金縢」亦有非人情者, "雨, 反風, 禾盡起", 也是差異. 成王如何又恰限去啓「金縢」之書? 然當周公納策於匱中, 豈但二公知之? 「盤庚」更沒道理. 從古相傳來, 如經傳所引用, 皆此書之文, 但不知是何故說得都無頭. 且如今告諭民間一二事, 做得幾句如此, 他曉得曉不得? 只說道要遷, 更不說道自家如何要遷, 如何不可以不遷. 萬民因甚不要遷? 要得人遷, 也須說出利害, 今更不說. 「呂刑」一篇, 如何穆王說得散漫, 直從苗民蚩尤爲始作亂說起? 若說道都是古人元文, 如何出於孔氏者多分明易曉, 出於伏生者都難理會? 【賀孫】

109) ○: 『朱子語類』79:138이다.

意思緩而不切，殊不可曉.【廣】

79:122 因言武王既克紂，武庚・三監及商民畔，曰: "當初紂之暴虐，天下之人胥怨，無不欲誅之. 及武王旣順天下之心以誅紂，於是天下之怨皆解，而歸德於[110]周矣. 然商之遺民及與紂同事之臣，一旦見故主遭人殺戮，宗社爲墟，寧不動心? 茲固畔心之所由生也. 蓋始苦於紂之暴而欲其亡，固人之心. 及紂旣死，則怨已解，而人心復有所不忍，亦事勢人情之必然者. 又況商之流風善政，畢竟尚有在人心者. 及其頑民感紂恩意之深，此其所以畔也. 云云. 後來樂毅伐齊，亦是如此."【僩】

79:123 "王若曰", "周公若曰", "若"字只是一似如此說底意思，如『漢書』中"帝意若曰"之類. 蓋或宣道德意者敷演其語，或紀錄者失其語而追記其意如此也.【僩】

79:124『書』中"弗弔"字，只如字讀. 解[111]欲訓[112]爲至，故音的，非也. 其義正如『詩』中所謂"不弔昊天"耳，言不見憫弔於上帝也.【僩】

79:125 ▲[113]

79:126 "忱", "諶"字，只訓"信." "天棐忱", 如云天不可信.【僩】

「總論康誥・梓材」

79:127「康誥」・「梓材」・「洛誥」諸篇，煞有不可曉處，今人都自强

110) 德於: 成化本・賀本에는 없다.
111) 解: 成化本・賀本에서는 解者로 되어 있다.
112) 訓: 徽州本에서는 訓吊로 되어 있다.
113) ▲: "棐"字與"匪"字同.【據『漢書』. ○敬仲】

解說去. 伯恭亦自如此看. 伯恭說,『書』自首至尾, 皆無一字理會不得. 且如『書』中注家所說, 錯處極多. 如“棐”字, 並作“輔”字訓, 更曉不得. 後讀『漢書』, 顏師古注云: “匪”・“棐”通用. 如『書』中有“棐”字, 止合作“匪”字義. 如“率乂于民棐彝”, 乃是率治于民非常之事.【賀孫】

79:128 “「康誥」三篇, 此是武王書, 無疑. 其中分明說: ‘王若曰: 〈孟侯, 朕其弟, 小子封〉.’ 豈有周公方以成王之命命康叔, 而遽述己意而告之乎? 決不解如此. 五峰・吳才老皆說是武王書. 只緣誤以「洛誥」書首一段置在「康誥」之前, 故敍其書於「大誥」・「微子之命」之後.” 問: “如此則封康叔在武庚未叛之前矣.” 曰: “想是同時. 商畿千里, 紂之地亦甚大, 所封必不止三兩國. 周公使三叔監殷, 他卻與武庚叛, 此是一件大疏脫事. 若當時不便平息, 模樣做出西晉初年時事. 想見武庚日夜去說誘三叔, 以爲周公, 弟也, 卻在周作宰相, 管叔, 兄也, 卻出監商, 故管叔生起不肖之心如此.”【廣】

79:129 「康誥」・「酒誥」是武王命康叔之詞, 非成王也.【如[114]“朕其弟, 小子封.” 又曰: “乃寡兄勗.” 猶今人言“劣兄”也.】 故五峰編此書於「皇王大紀」, 不屬成王而載於「武王紀」也. 至若所謂“惟三月哉生魄, 周公初基, 作新大邑于東國洛”, 至“乃洪「大誥」治”, 自東坡看出, 以爲非「康誥」之詞, 而「梓材」一篇則又有可疑者. 如“稽田垣墉”之喩, 卻與“無相[115]戕, 無胥虐”之類不相似. 以至於“欲至于萬年, 惟王子子孫孫永保民”, 卻又似「洛誥」之文, 乃臣戒君之詞, 非「酒誥」語也.【道夫】

「康誥」

79:130 “惟三月哉生魄”一段, 自是脫落分曉[116]. 且如“朕弟”・“寡

114) 如: 成化本에서는 知로 되어 있다.
115) 相: 徽州本・『書經』「梓材」에서는 胥로 되어 있다.

兄", 是武王自告康叔之辭, 無疑. 蓋武王・周公・康叔同叫作兄. 豈應周公對康叔一家人說話, 安得叫武王作"寡兄", 以告其弟乎? 蓋"寡"者, 是向人稱我家・我國長上之辭也. 只被其中有"作新大邑于周"數句, 遂牽引得「序」來作成王時書. 不知此是脫簡. 且如「梓材」是君戒臣之辭, 而後截又皆是臣戒君之辭. 要之, 此三篇斷然是武王時書. 若是成王, 不應所引多文王而不及武王. 且如今人才說太祖, 便須及太宗也. 又曰: "某嘗疑『書注』非孔安國作. 蓋此傳不應是東晉方出, 其文又皆不甚好, 不似西漢時文."【義剛】

79:131 ▲[117)]

79:132 "庸庸祗祗, 威威顯民", 此等語既不可曉, 只得且用古注. 古注既是杜撰, 如今便別求說, 又杜撰不如他矣.【罃】

79:133 "非汝封刑人殺人, 無或刑人殺人. 非汝封又曰劓刵人, 無或劓刵人." 康叔爲周司寇, 故一篇多說用刑. 此但言"非汝封刑人殺人",

---

116) 自是脫落分曉: 徽州本에서는 自是脫落不曉로 되어 있다.

117) ▲: 問: "'生明'・'生魄'如何?" 曰: "日爲魂, 月爲魄. 魄是黯處. 魄死則明生,『書』所謂'哉生明'是也. 老子所謂'載營魄', 載, 如車載人之載. 月受日之光, 魂加於魄, 魄載魂也. 明之生時, 大盡則初二, 小盡則初三. 月受日之光常全, 人在下望之, 卻見側邊了, 故見其盈虧不同. 或云月形如餅, 非也.『筆談』云, 月形如彈圓, 其受光如粉塗一半, 月去日近則光露一眉, 漸遠則光漸大. 且如日在午, 月在酉, 則是近一遠三, 謂之弦. 至日月相望, 則去日十矣. 既謂之'既望', 日在西而月在東, 人在下面, 得以望見其光之全. 月之中有影者, 蓋天包地外, 地形小, 日在地下, 則月在天中, 日甚大, 從地四面光起,【他本作"衝上".】 其影則地影也. 地礙日之光, 世所謂'山河大地影'是也. 如星亦受日光. 凡天地之光, 皆日光也. 自十六日生魄之後, 其光之遠近如前之弦, 謂之下弦. 至晦, 則月與日相沓, 月在日後, 光盡體伏矣. 魄加日之上, 則日食, 在日之後, 則無食, 謂之晦. 朔則日月相並." 又問: "『步里客談』所載如何?" 曰: "非." 又問: "月蝕如何?" 曰: "至明中有暗處,【他本作"暗虛", 下同.】 其暗至微. 望之時, 月與之正對, 無分毫相差. 月爲暗處所射, 故蝕. 雖是陽勝陰, 畢竟不好. 若陰有退避之意, 則不至相敵而成蝕也."【義剛】

則無或敢有刑人殺人者. 蓋言用刑之權正118)在康叔, 不可不愼119)之意耳.【廣】

「酒誥」

79:134 徐孟寶問: "楊子雲120)言: '「酒誥」之篇俄空焉.'" 曰: "孔『書』以巫蠱事不曾傳, 漢儒不曾見者多, 如鄭康成・晉 杜預皆然. 想揚子雲121)亦不曾見."【大雅】

79:135 因論點書, 曰: "人說荊公穿鑿, 只是好處亦用還佗. 且如'矧惟若疇圻父薄違, 農父若保, 宏父定辟', 古注從'父'字絶句, 荊公則就'違'・'保'・'辟'絶句, 夐出諸儒之表." 道夫曰: "更如先儒點'天降割于我家不少延', '用甯王遺我大寶龜', 皆非注家所及." 曰: "然."【道夫】

「梓材」

79:136 吳才老說,「梓材」是「洛誥」中書, 甚好. 其他文字亦有錯亂, 而移易得出人意表者, 然無如才老此樣處, 恰恰好好.

79:137 『尙書』句讀有長者, 如"皇天旣付中國民越厥疆土于先王", 是一句.【㽦】

「召誥・洛誥」

118) 正: 成化本・賀本에서는 止로 되어 있다.
119) 愼: 成化本・賀本에서는 謹으로 되어 있다.
120) 楊子雲: 英祖刊本・成化本・賀本에서는 揚子雲으로 되어 있다.
121) 揚子雲: 孝宗刊本에서는 楊子雲으로 되어 있다.

79:138 ▲122)

79:139 "王敬作所不可不敬德", 只是一句.【道夫】

79:140 因讀『尙書』, 曰: "其間錯誤解不得處煞多. 昔伯恭解『書』, 因問之云: '『尙書』還有解不通處否?' 曰: '無有.' 因擧「洛誥」問之云: '據成王只使周公往營洛, 故伻來獻圖及卜. 成王未嘗一日居洛, 後面如何卻與周公有許多答對? 又云"王在新邑", 此如何解?' 伯恭遂無以答. 後得書云: '誠有解不得處.'" ▲123)【雉】

79:141 "周公曰: 王肇稱殷禮."以後, 皆是論祭祀, 然其中又雜得別說在.【振】

「無逸」

79:142 萍鄕124) 柳兄言: "東萊解「無逸」一篇極好." 曰: "伯恭如何解

---

122) ▲: 問: "「周誥」辭語艱澁, 如何看?" 曰: "此等是不可曉." "林丈說, 艾軒以爲方言." 曰: "只是古語如此. 竊意當時風俗恁地說話, 人便都曉得. 如這物事喚做這物事, 今風俗不喚做這物事, 便曉他不得. 如「蔡仲之命」·「君牙」等篇, 乃當時與士大夫語, 似今翰林所作制誥之文, 故甚易曉. 如誥, 是與民語, 乃今官司行移曉諭文字, 有帶時語在其中. 今但曉其可曉者, 不可曉處則闕之, 可也. 如『詩』'景員維河', 上下文皆易曉, 卻此一句不可曉. 又如'三壽作朋', 三壽是何物? 歐陽公記古語亦有'三壽'之說, 想當時自有此般說話, 人都曉得, 只是今不可曉." 問: "東萊『書說』如何?" 曰: "說得巧了. 向嘗問他有疑處否? 曰: '都解得通', 到兩三年後再相見, 曰: '儘有可疑者.'"【淳 ○義剛錄云: "問: '五誥辭語恁地短促, 如何?' 曰: '這般底不可曉.' 林擇之云: '艾軒以爲方言.' 曰: '亦不是方言, 只是古語如此'云云."】

123) ▲: 雉問先生近定「武成」新本. 曰: "前輩定本更差一節. '王若曰'一段, 或接於'征伐商'之下, 以爲誓師之辭, 或連'受命于周'之下, 以爲命諸侯之辭. 以爲誓師之辭者, 固是錯連下文說了, 以爲命諸侯之辭者, 此去祭日只爭一兩日, 無緣有先誥命諸侯之理. 某看, 卻是諸侯來, 便教他助祭, 此是祭畢臨遣之辭, 當在'大告武成'之下, 比前輩只差此一節."

124) 萍鄕: 成化本·賀本에는 없다.

‘君子所其無逸’?” 柳曰: “東萊解‘所’字爲‘居’字.” 曰: “若某則不敢如此說.” 諸友問: “先生如何說?” 曰: “恐有脫字, 則不可知. 若說不行而必强立一說, 雖若可觀, 只恐道理不如此.”【蓋卿】

79:143 舜功問: “‘徽柔懿恭’, 是一字? 是二字?” 曰: “二字, 上輕下重. 柔者須徽, 恭者須懿. 柔而不徽則姑息, 恭而不懿則非由中出.”【可學 ○璘錄云: “柔易於暗弱, 徽有發揚之意, 恭形於外, 懿則有蘊藏之意.”】

「君奭」

79:144 顯道問“召公不悅”之意. 曰: “召公不悅, 只是「小序」恁地說, 裏面卻無此意. 這只是召公要去後, 周公留佗, 說道朝廷不可無老臣.” 又問: “‘又曰’等語不可曉.” 曰: “這箇只是大綱綽得箇意脈子, 便恁地說. 不要逐箇字去討, 便無理會[125]. 這箇物事難理會.” 又曰: “‘弗弔’, 只當作去聲讀.”【義剛】

79:145 “召公不悅”, 這意思曉不得. 若論事了, 儘未在. 看來是見成王已臨政, 便也小定了, 許多事周公自可當得, 所以求去.

「多方」

79:146 艾軒云: “文字只看易曉處, 如『尙書』‘惟聖罔念作狂, 惟狂克念作聖.’ 下面便不可曉, 只看這兩句.”【節 ○或錄云: “此兩句不與上下文相似. 上下文多不可曉.”】

「立政」

125) 便無理會: 徽州本에서는 便無理會處로 되어 있다.

79:147 “文王惟克厥宅心”, 人皆以“宅心”爲處心, 非也, 卽前面所說“三有宅心”爾. 若處心, 則當云“克宅厥心.”【方子】

「周官」

79:148 漢人亦不見今文『尙書』, 如以太尉・司徒・司空爲三公. 當時只見「牧誓」有所謂“司馬・司空・司徒・亞旅”, 遂以爲古之三公, 不知此乃爲諸侯時制. 古者諸侯只建三卿, 如「周官」所謂“三太・三少・六卿.” 及『周禮』書, 乃天子之制, 漢皆不及見. 又如『中庸』“一戎衣”, 解作“殪戎殷”, 亦是不見今「武成」“一戎衣”之文.【義剛】

「顧命・康王之誥」

○[126] 成王崩後十餘日, 此自是成服了, 然「顧命」卻說麻冕・黼裳・彤裳之屬, 如此便是脫了那麻衣, 更來著色衣. 文定便說道是攝行踐阼之禮. 某道, 政事便可攝而行, 阼豈可攝而踐? 如何恁地硬說?【義剛】

79:149「康王之誥」, 釋斬衰而服袞冕, 於禮爲非. 孔子取之, 又不知如何? 設使制禮作樂, 當此之職, 只得除之.

79:150 伏生以「康王之誥」合於「顧命」. 今除著「序」文讀著, 則文勢自相連接.【道夫】

79:151 銖問: “太保稱成王, 獨言‘畢協賞罰’, 何也?” 曰: “只爲賞不當功, 罰不當[127]罪, 故事事差錯. 若‘畢協賞罰’, 至公至明, 何以及此?”

---

126) ○:『朱子語類』90:34의 일부이다.
127) 當: 成化本・賀本에서는 及으로 되어 있다.

又問“張皇六師.” 曰: “古者兵藏於農, 故六軍皆寓於農. ‘張皇六師’, 則是整頓民衆底意思.” 【至】

「君牙」

79:152 安卿問: “「君牙」·「冏命[128]」等篇, 見得穆王氣象甚好, 而後來乃有車轍馬跡馳天下之事, 如何?” 曰: “此篇乃內史·太史之屬所作, 猶今之翰林作制誥然. 如「君陳」·「周官」·「蔡仲之命」·「微子之命」等篇, 亦是當時此等文字自有箇格子, 首呼其名而告之, 末又爲‘嗚呼’之辭以戒之. 篇篇皆然, 觀之可見. 如「大誥」·「梓材」·「多方」·「多士」等篇, 乃當時編人君告其民之辭, 多是方言. 如‘卬’字卽‘我’字, 沈存中以爲秦語平音, 而謂之‘卬.’ 故諸誥等篇, 當時下民曉得, 而今士人不曉得. 如‘尙書’·‘尙衣’·‘尙食’, ‘尙’乃守主之意, 而秦語作平音, 與‘常’字同. 諸命等篇, 今士人以爲易曉, 而當時下民卻曉不得.” 【義剛】

「冏命」

79:153 問: “‘格其非心’之‘格’, 訓正, 是如‘格式’之‘格’, 以律人之不正者否?” 曰: “如今人言合格, 是將此一物格其不正者. 【人傑錄云: “如合格之‘格’, 謂使之歸于正也.”】 如‘格其非心’, 是說得深者, ‘格君心之非’, 是說得淺者.” 子善因問: “溫公以‘格物’爲扞格之‘格’, 不知‘格’字有訓扞義否?” 曰: “亦有之, 如格鬪之‘格’是也.” 【深淺之說, 未詳. ○銖】

「呂刑」

128) 冏命: 成化本에서는 景命으로 되어 있는데, 이는 宋太宗의 避諱(즉위 후 趙匡義에서 趙炅으로 개명하였음.)와 관련이 있다.

79:154 東坡解「呂刑」"王享國百年耄", 作一句, "荒度作刑", 作一句, 甚有理. 如「洛誥」等篇不可曉[129], 只合闕疑.【德明】

79:155 問: "贖刑所以寬鞭扑之刑, 則「呂刑」之贖刑如何?" 曰: "「呂刑」蓋非先王之法也. 故程子有一策問云: '商之「盤庚」, 周之「呂刑」, 聖人載之於書, 其取之乎? 抑將垂戒後世乎?"【廣】

79:156 問: "鄭敷文所論「甫刑」之意, 是否?" 曰: "便是他們都不去考那贖刑. 如古之'金作贖刑', 只是刑之輕者. 如'流宥五刑'之屬, 皆是流竄. 但有'鞭作官刑, 扑作敎刑', 便是法之輕者, 故贖. 想見穆王胡做亂做, 到晚年無錢使, 撰出這般法來. 聖人也是志法之變處. 但是他其中論不可輕於用刑之類, 也有許多好說話, 不可不知." 又問: "本朝之刑與古雖相遠, 然也較近厚." 曰: "何以見得?" 義剛曰: "如不甚輕殺人之類." 曰: "也是. 但律較輕, 勅較重. 律是古來底, 勅是本朝底, 而今用時, 勅之所無, 方用律. 本朝自徒以下罪輕. 古時流罪不刺面, 只如今白面編管樣. 是唐・五代方是黥面. 決脊, 如折杖, 卻是太祖方創起, 這卻較寬." 安卿[130]問: "律起於何時?" 曰: "律是從古來底, 逐代相承修過, 今也無理會了. 但是而今刑統, 便是古律, 下面注底, 便是周 世宗者. 如宋 莒公所謂'律應從而違, 堪供而闕, 此六經之亞文也.' 所謂'律'者, 『漢書』所引律便是, 但其辭古, 難曉. 如當時數大獄引許多詞, 便如而今款樣, 引某罪引某法爲斷. 本朝便多[131]是用唐法." 義剛曰: "漢法較重於唐, 當時多以語辭獲罪." 曰: "只是他用得如此, 當時之法卻不曾恁地. 他只見前世輕殺人, 便恁地. 且如[132]楊惲一書, 看得來[133]有甚大段違法處? 謂之不怨不可, 但也無謗朝政之辭, 卻便謂之

129) 曉: 徽州本에서는 曉處로 되어 있다.
130) 卿: 賀本에서는 師로 되어 있다.
131) 多: 徽州本에서는 都로 되어 있다.
132) 如: 孝宗刊本 본문에서는 知로 되어 있고 頭註에서 "知, 疑作如."로 되어 있다. 『考異』에서는 "如, 一誤知."로 되어 있다.

'腹誹'而腰斬."【義剛】

79:157 仲默論五刑不贖之意. 曰: "是穆王方有贖刑. 嘗見蕭望之言古不贖刑, 某甚疑之, 後來方省得贖刑不是古." 因取「望之傳」看畢, 曰: "說得也無引證." 因論望之云: "想見望之也是拗." 義剛問: "望之學術不知是如何, 又似好樣, 又卻也有那差異處." 先生徐應曰: "他說底也是正." 義剛曰: "如殺韓延壽, 分明是他不是." 曰: "望之道理短." 義剛曰: "看來他也是暗於事機, 被那兩箇小人恁地弄後, 都不知." 先生但應之而已.【義剛】

79:158 國秀問: "穆王去文·武·成·康時未遠, 風俗人心何緣如此不好?" 曰: "天下自有一般不好底氣象[134]. 聖人有那禮樂刑政在此維持, 不好底也能革面. 至維持之具一有廢弛處, 那不好氣質便自各出來, 和那革面底都無了, 所以恁地不好. 人之學問, 逐日恁地恐懼修省得[135]恰好, 纔一日放倒, 便都壞了."【恪】

「秦誓·費誓」

79:159 「秦誓」·「費誓」亦皆有說不行·不可曉處. "民訖自若是多盤", 想只是說人情多要安逸之意.【廣】

133) 來: 徽州本에서는 未로 되어 있다.
134) 氣象: 徽州本에서는 氣質로 되어 있다.
135) 得: 徽州本에서는 只得으로 되어 있다.

『朱子語類』 卷之八十

「詩[1]一」

「綱領」

80:1 只是“思無邪”一句好, 不是一部『詩』皆“思無邪”. 【振】

80:2 “溫柔敦厚”, 『詩』之教也. 使篇篇皆是譏刺人, 安得“溫柔敦厚?” 【璘】

80:3 因論『詩』, 曰: “孔子取『詩』只取大意. 三百篇, 也有會做底, 有不會做底. 如「君子偕老」‘子之不淑, 云如之何?’ 此是顯然譏刺佗. 到第二章已下, 又全然放寬, 豈不是亂道? 如「載馳」詩煞有首尾, 委曲詳盡, 非大段會底說不得. 又如「鶴鳴」做得極巧, 更含蓄意思, 全然不露. 如「淸廟」一倡三歎者, 人多理會不得. 注下分明說: ‘一人倡之, 三人和之’, 譬如今人挽歌之類. 今人解者又須要胡說亂說.” 【祖道】

80:4 問刪『詩』. 曰: “那曾見得聖人執筆刪那箇, 存這箇? 也只得就相傳上說去.” 【賀孫】

80:5 問: “『詩』次序是當如此否?” 曰: “不見得. 只是「楚茨」·「信南山」·「甫田」·「大田」諸詩, 元初卻當作一片.” 又曰: “如「卷阿」說‘豈弟君子’, 自作賢者, 如「泂酌」說‘豈弟君子’, 自作人君. 大抵『詩』中有

---

1) 詩: 徽州本에서는 毛詩로 되어 있다.

可以比並看底, 有不可如此看, 自有這般樣子."【賀孫 ○說「卷阿」與『詩傳』不同. ○以下論『詩』次序章句.】

80:6 "『詩』, 人只見他恁地重三疊兩[2]說, 將謂是無倫理次序, 不知他一句不胡亂下." 文蔚曰: "今日偶看「棫樸」, 一篇凡有五章. 前三章是說人歸附文王之德, 後二章乃言文王有作人之功, 及紀綱四方之德, 致得人歸附者在此. 一篇之意, 次第甚明." 曰: "然. '遐不作人', 卻是說他鼓舞作興底事. 功夫細密處, 又在後一章. 如曰'勉勉我王, 綱紀四方', 四方便都在他線索內, 牽著都動." 文蔚曰: "'勉勉', 即是'純亦不已'否?" 曰: "然. '追琢其章[3], 金玉其相', 是那工夫到後, 文章眞箇是盛美, 資質眞箇是堅實."【文蔚】

80:7 恭父問: "『詩』章起於誰?" 曰: "有'故言'者, 是指毛公, 無'故言'者, 皆是鄭康成. 有全章換一韻處, 有全押韻處. 如頌中有全篇句句是韻. 如「殷武」之類無兩句不是韻, 到'稼穡匪解', 自欠了一句. 前輩分章都曉不得, 某細讀, 方知是欠了一句."【賀孫】

80:8 李善注『文選』, 其中多有『韓詩』章句, 常欲寫出. "易直子諒", 『韓詩』作"慈良."【方子】

80:9 問: "「王風」是他風如此, 不是降爲「國風」." 曰: "其辭語可見. 風多出於在下之人, 雅乃士夫所作. 雅雖有刺, 而其辭莊重, 與風異."【可學 ○以下論風·雅·頌.】

80:10 "「大序」言: '一國之事, 係一人之本, 謂之風', 所以析衛爲邶·鄘·衛." 曰: "『詩』, 古之樂也, 亦如今之歌曲, 音各不同. 衛有衛音, 鄘有鄘音, 邶有邶音. 故『詩』有鄘音者係之鄘, 有邶音者係之邶.

---

2) 兩: 賀本에서는 四로 되어 있다.
3) 追琢其章: 徽州本에서는 如追琢其章으로 되어 있다.

若「大雅」·「小雅」, 則亦如今之商調·宮調, 作歌曲者, 亦按其腔調而作爾. 「大雅」·「小雅」亦古作樂之體格, 按「大雅」體格作「大雅」, 按「小雅」體格作「小雅」, 非是做成詩後, 旋相度其辭目爲「大雅」·「小雅」也. 大抵「國風」是民庶所作, 雅是朝廷之詩, 頌是宗廟之詩." ▲[4)] 【去僞】[5)]

80:11 器之問"風·雅", 與無天子之風之義. 先生擧鄭漁仲之說言: "出於朝廷者爲雅, 出於民俗者爲風. 文·武之時, 周·召之作者謂之周·召之風. 東遷之後, 王畿之民作者謂之「王風」. 似乎大約是如此, 亦不敢爲斷然之說. 但古人作詩, 體自不同, 雅自是雅之體, 風自是風之體. 如今人做詩曲, 亦自有體製不同者, 自不可亂, 不必說雅之降爲風. 今且就『詩』上理會意義, 其不可曉處, 不必反倒." 因說, "嘗見蔡行之擧陳君擧說『春秋』云: '須先看聖人所不書處, 方見所書之義', 見成所書者更自理會不得, 卻又取不書者來理會, 少間只是說得奇巧." 【木之】

80:12 "『詩』[6)], 有是當時朝廷作者, 雅·頌是也. 若「國風」乃採詩者[7)]採之民間, 以見四方民情之美惡, 二南亦是採民言而被樂章爾. 程先生必要說是周公作以敎人, 不知是如何? 某不敢從. 若變風, 又多是淫亂之詩, 故班固言'男女相與歌詠以言其傷'是也. 聖人存此, 亦以見上失其敎, 則民欲動情勝, 其弊至此, 故曰'『詩』可以觀'也. 且'『詩』有六義', 先儒更不曾說得明. 卻因『周禮』說豳詩有豳雅·豳頌, 卽於一詩之中要見六義, 思之皆不然. 蓋所謂'六義'者, 風·雅·頌乃是樂章之腔調, 如言仲呂調, 大石調, 越調之類, 至比·興·賦, 又別. 直指其名[8)], 直敘其事者, 賦也, 本要言其事, 而虛用兩句釣起, 因而接續

---

4) ▲: 又云: "「小序」漢儒所作, 有可信處絶少. 「大序」好處多, 然亦有不滿人意處."
5) 【去僞】: 徽州本에서는 【謨 ○去僞·人傑錄同.】으로 되어 있다.
6) 『詩』: 徽州本에서는 因說『詩』, 答曰: 『詩』로 되어 있다.
7) 者: 賀本에서는 有로 되어 있다.

去者, 興也, 引物爲況者, 比也. 立此六義, 非特使人知其聲音之所當, 又欲使歌者知作詩之法度也." 問: "「豳」之所以爲雅爲頌者, 恐是可以用雅底腔調, 又可用頌底腔調否?" 曰: "恐是如此, 某亦不敢如此斷, 今只說恐是亡其二."【大雅】

80:13 問二雅所以分. 曰: "「小雅」是所係者小, 「大雅」是所係者大. '呦呦鹿鳴', 其義小, '文王在上, 於昭于天', 其義大." 問變雅. 曰: "亦是變用他腔調爾. 大抵今人說『詩』, 多去辨他「序」文, 要求著落. 至其正文'關關雎鳩'之義, 卻不與理會." ▲[9]【大雅】

80:14 林子武問"『詩』者, 中聲之所止[10]." 曰: "這只是正風·雅·頌是中聲, 那變風不是. 伯恭堅要牽合說是, 然恐無此理. 今但去讀看, 便自有那輕薄底意思在了. 如韓愈說數句, '其聲浮且淫'之類, 這正是如此."【義剛】

80:15 問"比·興." 曰: "說出那物事來是興, 不說出那物事是比. 如'南有喬木', 只是說箇'漢有游女', '奕奕寢廟, 君子作之', 只說箇'他人

---

8) 直指其名: 徽州本에서는 如直指其名으로 되어 있다.

9) ▲: 王德修云: "『詩』序只是'國史'一句可信, 如'「關雎」, 后妃之德也.' 此下卽講師說, 如「蕩」詩自是說'蕩蕩上帝', 「序」卻言是'天下蕩蕩', 「賚」詩自是說'文王旣勤止, 我應受之', 是說後世子孫賴其祖宗基業之意, 他「序」卻說'賚, 予也', 豈不是後人多被講師瞞耶?" 曰: "此是蘇子由曾說來, 然亦有不通處. 如「漢廣」, '德廣所及也', 有何義理? 卻是下面'無思犯禮, 求而不可得'幾句卻有理. 若某, 只上一句亦不敢信他. 舊曾有一老儒鄭漁仲更不信「小序」, 只依古本與疊在後面. 某今亦只如此, 令人虛心看正文, 久之其義自見. 蓋所謂「序」者, 類多世儒之誤, 不解詩人本意處甚多. 且如'止乎禮義', 果能止禮義否? 「桑中」之詩, 禮義在何處?" 王曰: "他要存戒." 曰: "此正文中無戒意, 只是直述他淫亂事爾. 若「鶉之奔奔」·「相鼠」等詩, 卻是譏罵可以爲戒, 此則不然. 某今看得「鄭詩」自「叔于田」等詩之外, 如「狡童」·「子衿」等篇, 皆淫亂之詩, 而說『詩』者誤以爲刺昭公, 刺學校廢耳. 「衛詩」尙可, 猶是男子戲婦人. 「鄭詩」則不然, 多是婦人戲男子, 所以聖人尤惡鄭聲也. 「出其東門」卻是箇識道理底人做."

10) 中聲之所止: 徽州本에서는 中聲之所止如何로 되어 있다.

有心, 予忖度之', 「關雎」亦然, 皆是興體. 比底只是從頭比下來, 不說破. 興・比相近, 卻不同. 『周禮』說'以六詩教國子', 其實只是這賦・比・興三箇物事. 風・雅・頌, 詩之標名. 理會得那興・比・賦詩11), 裏面全不大段費解. 今人要細解, 不道此說爲是. 如'奕奕寢廟', 不認得意在那'他人有心'處, 只管解那'奕奕寢廟.'"【植 ○以下賦・比・興.】

80:16 問: "『詩』中說興處, 多近比." 曰: "然. 如「關雎」・「麟趾」相似, 皆是興而兼比. 然雖近比, 其體卻只是興. 且如'關關雎鳩'本是興起, 到得下面說'窈窕淑女', 此方是入題說那實事. 蓋興是以一箇物事貼一箇物事說, 上文興而起, 下文便接說實事. 如'麟之趾', 下文便接'振振公子', 一箇對一箇說. 蓋公本是箇好底人, 子也好, 孫也好, 族人也好. 譬如「麟趾」也好, 定也好, 角也好. 及比則卻不入題了. 如比那一物說, 便是說實事. 如'螽斯羽詵詵兮, 宜爾子孫振振兮!' '螽斯羽'一句, 便是說那人了, 下面'宜爾子孫', 依舊是就'螽斯羽'上說, 更不用說實事, 此所以謂之比. 大率『詩』中比・興皆類此."【僩】

80:17 比雖是較切, 然興卻意較深遠. 也有興而不甚深遠者, 比而深遠者, 又係人之高下, 有做得好底, 有拙底. 常看後世如魏 文帝之徒作詩, 皆只是說風景. 獨曹操愛說周公, 其詩中屢說. 便是那曹操意思也是較別, 也是乖.【義剛】

80:18 比是以一物比一物, 而所指之事常在言外. 興是借彼一物以引起此事, 而其事常在下句. 但比意雖切而卻淺, 興意雖闊而味長.【賀孫】

80:19 『詩』之興, 全無巴鼻,【振錄云: "多是假他物擧起, 全不取其義."】後人詩猶有此體. 如"青青陵上柏, 磊磊澗中石, 人生天地間, 忽如遠

11) 詩: 孝宗刊本・成化本・賀本에서는 時로 되어 있다.

行客", 又如"高山有涯, 林木有枝, 憂來無端, 人莫之知[12]", "青靑河畔草, 綿綿思遠道", 皆是此體. 【方子 ○振錄同.】

80:20 六義自鄭氏以來失之, 后妃自程先生以來失之. 后妃安知當時之稱如何? 【可學 ○以下六義.】

80:21 或問『詩』六義, 注"三經・三緯"之說. 曰: "'三經'是賦・比・興, 是做詩底骨子, 無詩不有, 才無, 則不成詩. 蓋不是賦, 便是比, 不是比, 便是興. 如風・雅・頌卻是裏面橫弗底, 都有賦・比・興, 故謂之'三緯.'" 【燾】

80:22 ▲[13]

○[14] "讀『詩』須得他六義之體, 如風・雅・頌則是詩人之格. 後人說『詩』以爲雜雅・頌者, 緣釋「七月」之詩者以爲備風・雅・頌三體, 所以啓後人之說如此." 又曰: "'興'之爲言, 起也, 言興物而起其意. 如'靑靑陵上柏', '靑靑河畔草', 皆是興物詩也. 如'藁砧今何在?', '何當大刀頭?' 皆是比詩體也." 【卓】

80:23 問: "『詩傳』說六義, 以'託物興辭'爲興, 與舊說不同." 曰: "覺舊說費力, 失本指. 如興體不一, 或借眼前物事說將起, 或別自將一物

---

12) 之知: 『小分』에서는 知之를 교정부호로 바로잡았다.

13) ▲: 器之問: "『詩傳』分別六義, 有未備處." 曰: "不必又只管滯卻許多, 且看『詩』意義如何. 古人一篇詩, 必有一篇意思, 且要理會得這箇. 如「柏舟」之詩, 只說到'靜言思之, 不能奮飛', 「綠衣」之詩說'我思古人, 實獲我心', 此可謂'止乎禮義.' 所謂'可以怨', 便是'喜怒哀樂發而皆中節'處. 推此以觀, 則子之不得於父, 臣之不得於君, 朋友之不相信, 皆當以此意處之. 如屈原之懷沙赴水, 賈誼言: '歷九州而相其君, 何必懷此都也?' 便都過常了. 古人胸中發出意思自好, 看着三百篇『詩』, 則後世之詩多不足觀矣." 【木之】

14) ○: 『朱子語類』 81:4의 일부이다.

說起, 大抵只是將三四句引起, 如唐時尙有此等詩體. 如'青青河畔草', '青青水中蒲', 皆是別借此物, 興起其辭, 非必有感有見於此物也. 有將物之無, 興起自家之所有, 將物之有, 興起自家之所無. 前輩都理會這箇不分明, 如何說得『詩』本指? 只伊川也自未見得. 看所說有甚廣大處, 子細看, 本指卻不如此. 若上蔡怕曉得『詩』, 如云'讀『詩』, 須先要識得六義體面', 這是他識得要領處." ▲[15) 【賀孫】

80:24 『詩』序起"「關雎」, 后妃之德也", 【止】[16) "教以化之." 「大序」起"詩者, 志之所之也", 【止】[17) "詩之至也." 【敬仲 ○以下「大序」.】

80:25 聲發出於口, 成文而節宣和暢謂之音, 乃合於音調. 如今之唱曲, 合宮調・商調之類. 【敬仲】

80:26 『詩』「大序」亦只是後人作, 其間有病句. 【「國史」 ○方子】

80:27 『詩』, 纔說得密, 便說他不著. "國史明乎得失之跡"這一句也

15) ▲: 問: "『詩』雖是吟詠, 使人自有興起, 固不專在文辭, 然亦須是篇篇句句理會着實, 見得古人所以作此詩之意, 方始於吟詠上有得." 曰: "固是. 若不得其眞實, 吟詠箇甚麽? 然古人已多不曉其意, 如『左傳』所載歌詩, 多與本意元不相關." 問: "「我將」'維天其右之', '旣右享之', 今所解都作左右之'右', 與舊不同." 曰: "『周禮』有'享右祭祀'之文. 如『詩』中此例亦多, 如'旣右烈考, 亦右文母'之類. 如「我將」所云, 作保祐說, 更難. 方說'維羊維牛', 如何便說保祐? 到'伊嘏文王, 旣右享之', 也說未得右助之'右.'" 問: "「振鷺」詩不是正祭之樂歌, 乃獻助祭之臣, 未審如何?" 曰: "看此文意, 都無告神之語, 恐是獻助祭之臣. 古者祭祀每一受胙, 主與賓尸皆有獻酬之禮, 旣畢, 然後亞獻, 至獻畢, 復受胙. 如此, 禮意甚好, 有接續意思. 到唐時尙然. 今併受胙於諸獻旣畢之後, 主與賓尸意思皆隔了. 古者一祭之中所以多事, 如'季氏祭, 逮闇而祭, 日不足, 繼之以燭. 雖有强力之容, 肅敬之心, 皆倦怠矣. 有司跛倚以臨祭, 其爲不敬大矣. 他日祭, 子路與, 室事交乎戶, 堂事交乎階, 質明而始行事, 晏朝而退. 孔子聞之曰: 〈誰謂由也而不知禮乎?〉'. 古人祭禮, 是大段有節奏."
16) 【止】: 成化本・賀本에서는 본문으로 되어 있다.
17) 【止】: 成化本・賀本에서는 본문으로 되어 있다.

有病. 『周禮』·『禮記』中, 史並不掌詩, 『左傳』說自分曉. 以此見得「大序」亦未必是聖人做. 「小序」更不須說. 他做「小序」, 不會寬說, 每篇便求一箇實事塡塞了. 他有尋得著底, 猶自可通, 不然, 便與『詩』相礙. 那解底, 要就『詩』, 卻礙▲[18]『詩』, 『詩』之興, 是劈頭說那沒由來[19]底兩句, 下面方說那事, 這箇如何通解? "鄭聲淫", 所以鄭詩多是淫佚之辭, 「狡童」·「將仲子」之類是也. 今喚做忽與祭仲, 與『詩』辭全不相似. 這箇只似而今閑潑曲子. 「南山有臺」等數篇, 是燕享時常用底, 敍賓主相好之意, 一似今人致語. ▲[20]

○[21] 王德修云: "『詩』序只是'國史'一句可信, 如'「關雎」, 后妃之德也.' 此下卽講師說, 如「蕩」詩自是說'蕩蕩上帝', 「序」卻言是'天下蕩蕩', 「賚」詩自是說'文王旣勤止, 我應受之', 是說後世子孫賴其祖宗基業之意, 他「序」卻說'賚, 予也', 豈不是後人多被講師瞞耶?" 曰: "此是蘇子由曾說來, 然亦有不通處. 如「漢廣」, '德廣所及也', 有何義理? 卻是下面'無思犯禮, 求而不可得'幾句卻有理. 若某, 只上一句亦不敢信他. 舊曾有一老儒鄭漁仲更不信「小序」, 只依古本與疊在後面. 某今亦只如此, 令人虛心看正文, 久之其義自見. 蓋所謂「序」者, 類多世儒之誤, 不解詩人本意處甚多. 且如'止乎禮義', 果能止禮義否? 「桑中」之詩, 禮義在何處?" 王曰: "他要存戒." 曰: "此正文中無戒意, 只是直述他淫亂事爾. 若「鶉之奔奔」·「相鼠」等詩, 卻是譏罵可以爲戒, 此則不然. 某今看得鄭詩自「叔于田」等詩之外, 如「狡童」·「子衿」等篇, 皆淫亂之詩, 而說『詩』者誤以爲刺昭公, 刺學校廢耳. 衛詩尙可, 猶是男子戲婦人. 鄭詩則不然, 多是婦人戲男子, 所以聖人尤惡鄭聲

18) ▲: 「序」, 要就「序」, 卻礙 【附箋紙】「序」, 要就「序」, 卻礙.
19) 由來: 成化本·賀本에서는 來由로 되어 있다.
20) ▲: 又曰: "『詩』「小序」不可信, 而今看『詩』, 有詩中分明說是某人某事者, 則可知. 其他不曾說者, 而今但可知其說此等事而已. 韓退之詩曰: '『春秋』書王法, 不誅其人身.'" 【高】
21) ○: 『朱子語類』 80:13의 일부이다.

也.「出其東門」卻是箇識道理底人做."

80:28 「大序」亦有未盡. 如"發乎情, 止乎禮義", 又只是說正『詩』, 變風何嘗止乎禮義?【振】

80:29 問"止乎禮義." 曰: "如變風「柏舟」等詩, 謂之'止乎禮義', 可也.「桑中」諸篇曰'止乎禮義', 則不可. 蓋大綱有'止乎禮義'者."【螢】

80:30 ▲[22]

80:31 『詩』「大序」只有"六義"之說是, 而程先生不知如何, 又卻說從別處去. 如「小序」亦間有說得好處, 只是杜撰處多. 不知先儒何故不虛心子細看這道理, 便只恁說卻. 後人又只依他那箇說出, 亦不看『詩』是有此意無. 若說不去處, 又須穿鑿說將去. 又詩人當時多有唱和之詞, 如是者有十數篇,「序」中都說從別處去. 且如「蟋蟀」一篇, 本其風俗勤儉, 其民終歲勤勞, 不得少休, 及歲之暮, 方且相與燕樂, 而又遽相戒曰: "日月其除, 無已太康." 蓋謂今雖不可以不爲樂, 然不已過於樂乎? 其憂深思遠固如此. 至「山有樞」一詩, 特以和答其意而解其憂爾, 故說山則有樞矣, 隰則有榆矣. 子有衣裳, 弗曳弗婁, 子有車馬, 弗馳弗驅. 一旦宛然以死, 則他人藉之以爲樂爾, 所以解勸他及時而樂也, 而序「蟋蟀」者則曰: "刺晉 僖公儉不中禮." 蓋風俗之變, 必由上以及下. 今謂君之儉反過於禮, 而民之俗猶知用禮, 則必無是理也. 至「山有樞」則以爲"刺晉 昭公", 又大不然矣. 若「魚藻」, 則天子燕諸侯, 而諸侯美天子之詩也.「采菽」, 則天子所以答「魚藻」矣. 至「鹿鳴」, 則燕享賓客也,「序」頗得其意.「四牡」, 則勞使臣也, 而『詩』序下文則妄矣.「皇皇者華」, 則遣使臣之詩也,「棠棣」, 則燕兄弟之詩

---

22) ▲: "止乎禮義", 如「泉水」·「載馳」固"止乎禮義", 如「桑中」有甚禮義?「大序」只是揀好底說, 亦未盡.【淳】

也,「序」固得其意.「伐木」, 則燕朋友故舊之詩也. 人君以「鹿鳴」而下五詩燕其臣, 故臣受君之賜者, 則歌「天保」之詩以答其上.「天保」之「序」雖略得此意, 而古注言「鹿鳴」至「伐木」"皆君所以下其臣, 臣亦歸美於上, 崇君之尊, 而福祿之, 以答其歌", 卻說得尤分明. 又如「行葦」, 自是祭畢而燕父兄耆老之詩. 首章言開燕設席之初, 而慇懃篤厚之意, 已見於言語之外. 二章言侍御獻酬飮食歌樂之盛.三章言旣燕而射以爲懽樂, 末章祝頌其旣飮此酒, 皆得享夫長壽. 今序者不知本旨, 見有"勿踐履"之說, 則便謂"仁及草木", 見"戚戚兄弟", 便謂"親睦九族", 見"黃耇鮐[23)]背", 便謂"養老", 見"以祈黃耇", 便謂"乞言", 見"介爾景福", 便謂"成其福祿": 細細碎碎, 殊無倫理, 其失爲尤甚.「旣醉」, 則父兄所以答「行葦」之詩也,「鳧鷖」, 則祭之明日繹而賓尸之詩也. 古者宗廟之祭皆有尸, 旣祭之明日, 則煖[24)]其祭食, 以燕爲尸之人, 故有此詩.「假樂」則公尸之所以答「鳧鷖」也. 今「序」篇皆失之. 又曰: "『詩』, 卽所謂樂章. 雖有唱和之意, 祇是樂工代歌, 亦非是君臣自歌也."【道夫】

80:32『詩』·『書』「序」, 當開在後面.【升卿 ○以下「小序」.】

80:33 敬之問『詩』·『書』序. 曰: "古本自是別作一處. 如『易大傳』·班固「序傳」並在後. 京師舊本『揚子』注, 其「序」亦總在後."【德明】

80:34 王德修曰: "六經惟『詩』最分明." 曰: "『詩』本易明, 只被前面「序」作梗.「序」出於漢儒, 反亂『詩』本意. 且只將四字成句底詩讀, 卻自分曉. 見作『詩集傳』, 待取『詩』令編排放前面, 驅逐過後面, 自作一處."【文蔚】

---

23) 鮐: 成化本·賀本에서는 台로 되어 있다.
24) 煖: 成化本에서는 暖으로 되어 있다.

80:35『詩』序作, 而觀『詩』者不知『詩』意.【節】

80:36『詩』序, 東漢「儒林傳」分明說道是衛宏作. 後來經意不明, 都是被他壞了. 某又看得亦不是衛宏一手作, 多是兩三手合成一「序」, 愈說愈疏." 浩云: "蘇子由卻不取「小序」." 曰: "他雖不取下面言語, 留了上一句, 便是病根. 伯恭專信「序」, 又不免牽合. 伯恭凡百長厚, 不肯非毁前輩, 要出脫回護. 不知道只爲得箇解經人, 卻不曾爲得聖人本意. 是便道是, 不是便道不是, 方得."【浩】

○[25] "『詩』「小序」不可信, 而今看『詩』, 有詩中分明說是某人某事者, 則可知. 其他不曾說者, 而今但可知其說此等事而已. 韓退之詩曰: '『春秋』書王法, 不誅其人身.'"【高】

80:37 『詩』「小序」全不可信. 如何定知是美刺那人? 詩人亦有意思偶然而作者. 又, 其「序」與『詩』全不相合. 『詩』詞理甚順, 平易易看, 不如「序」所云. 且如「葛覃」一篇, 只是見葛而思歸寧, 「序」得卻如此. 毛公全無「序」解, 鄭間見之. 「序」是衛宏作.

80:38『詩』「序」[26]極有難曉處, 多是附會. 如「魚藻」詩見有"王在鎬"之言, 便以爲君子思古之武王. 似此類甚多.【可學】

80:39 因論『詩』, 歷言「小序」大無義理, 皆是後人杜撰, 先後增益湊合而作. 多就『詩』中採摭言語, 更不能發明『詩』之大旨. 纔見有"漢之廣矣"之句, 便以爲德廣所及, 才見有"命彼後車"之言, 便以爲不能飲食教載. 「行葦」之「序」, 但見"牛羊勿踐", 便謂"仁及草木", 但見"戚戚兄弟", 便爲"親睦九族", 見"黃耈鮐[27]背", 便謂"養老", 見"以祈黃耈",

---

25) ○: 『朱子語類』 80:27의 일부이다.
26) 『詩』序: 成化本에서는 「序」로 되어 있고, 賀本에서는 「小序」로 되어 있으며 徽州本에서는 『詩』「小序」로 되어 있다.

便謂“乞言”, 見“介爾景福”, 便謂“成其福祿”[28]. 隨文生義, 無復理論. 「卷耳」之「序」以“求賢審官, 知臣下之勤勞”, 爲后妃之志事, 固不倫矣. 況『詩』中所謂“嗟我懷人”, 其言親暱太甚, 寧后妃所得施於使臣者哉? 「桃夭」之詩謂“婚姻以時, 國無鰥民”爲“后妃之所致”, 而不知其爲文王刑家及國, 其化固如此, 豈專后妃所能致耶? 其他變風諸詩, 未必是刺者皆以爲刺, 未必是言此人, 必傅會以爲此人. 「桑中」之詩放蕩留連, 止是淫者相戲之辭, 豈有刺人之惡, 而反自陷於流蕩之中? 「子衿」詞意輕儇, 亦豈刺學校之辭? 「有女同車」等, 皆以爲刺忽而作. 鄭忽不娶齊女, 其初亦是好底意思, 但見後來失國, 便將許多詩盡爲刺忽而作. 考之於忽, 所謂淫昏暴虐之類, 皆無其實. 至遂目爲“狡童”, 豈詩人愛君之意? 況其所以失國, 正坐柔懦闊疏, 亦何狡之有? 幽・厲之刺, 亦有不然. 「甫田」諸篇, 凡詩中無詆譏之意者, 皆以爲傷今思古而作. 其他謬誤, 不可勝說. 後世但見『詩』序巍然冠於篇首, 不敢復議其非, 至有解說不通, 多爲飾辭以曲護之者, 其誤後學多矣. 「大序」卻好, 或者謂補湊而成, 亦有此理. 『書』「小序」亦未是. 只如「堯典」・「舜典」便不能通貫一篇之意. 「堯典」不獨爲讓[29]舜一事. 「舜典」到“歷試諸艱”之外, 便不該通了, 其他『書』序亦然. 至如『書』「大序」亦疑不是孔安國文字. 大抵西漢文章渾厚近古, 雖董仲舒・劉向之徒, 言語自別. 讀『書』「大序」, 便覺軟慢無氣, 未必不是後人所作也. 【謨】

80:40 『詩』序實不足信. 向見鄭漁仲有『詩辨妄』, 力詆『詩』序, 其間言語太甚, 以爲皆是村野妄人所作. 始亦疑之, 後來子細看一兩篇, 因質之『史記』・『國語』, 然後知『詩』序之果不足信. 因是看「行葦」・「賓之初筵」・「抑」數篇, 「序」與『詩』全不相似. 以此看其他『詩』序, 其不足信者煞多. 以此知人不可亂說話, 便都被人看破了. 詩人假物興辭,

---

27) 紿: 成化本・賀本에서는 台로 되어 있다.

28) 纔見有“漢之廣矣”之句, … 便謂“成其福祿” : 【附箋紙】 自“纔見”至“成其福祿”, 當刪.

29) 讓: 成化本・賀本에서는 遜으로 되어 있다.

大率將上句引下句. 如「行葦」"勿踐履", "戚戚兄弟, 莫遠具爾", "行葦"是比兄弟, "勿"字乃興"莫"字. 此詩自是飮酒會賓之意, 序者卻牽合作周家忠厚之詩, 遂以行葦爲"仁及草木." 如云"酌以大斗, 以祈黃耈", 亦是歡合之時祝壽之意, 序者遂以爲"養老乞言", 豈知"祈"字本只是祝頌其高壽, 無乞言意也. 「抑」詩中間煞有好語, 亦非刺厲王. 如"於乎小子", 豈是以此指其君? 兼厲王是暴虐大惡之主, 詩人不應不述其事實, 只說謹言節語. 況厲王無道, 謗訕者必不容, 武公如何恁地指斥曰"小子"? 『國語』以爲武公自警之詩, 卻是可信. 大率古人作詩, 與今人作詩一般, 其間亦自有感物道情, 吟詠情性, 幾時盡是譏刺他人? 只緣序者立例, 篇篇要作美刺說, 將詩人意思盡穿鑿壞了. 且如今人見人纔做事, 便作一詩歌美之, 或譏刺之, 是甚麼道理? 如此, 一[30]似里巷無知之人, 胡亂稱頌諛說, 把持放彫[31], 何以見先王之澤? 何以爲情性之正? 『詩』中數處皆應答之詩, 如「天保」乃與「鹿鳴」爲唱答, 「行葦」與「既醉」爲唱答, 「蟋蟀」與「山有樞」爲唱答. 唐自是晉未改號時國名, 自序者以爲刺僖公, 便牽合謂此晉也, 而謂之唐, 乃有堯之遺風. 本意豈因此而謂之唐? 是皆鑿說. 但「唐風」自是尙有勤儉之意, 作詩者是一箇不敢放懷底人, 說"今我不樂, 日月其除", 便又說"無已太康, 職思其居." 到「山有樞」是答者, 便謂"子有衣裳, 弗曳弗婁, 宛其死矣, 他人是愉", "子有鐘鼓, 弗鼓弗考, 宛其死矣, 他人是保", 這是答他不能享些快活, 徒恁地苦澁. 『詩』序亦有一二有憑據, 如「淸人」·「碩人」·「載馳」諸詩是也. 「昊天有成命」中說"成王不敢康", '成王'只是成王, 何須牽合作成王業之王? 自序者恁地附會, 便謂周公作此以告成功. 他既作周公告成功, 便將"成王"字穿鑿說了, 又幾曾是郊祀天地? 被序者如此說, 後來遂生一場事端, 有南北郊之事. 此詩自說"昊天有成命", 又不曾說著地, 如何說道祭天地之詩? 設使合祭, 亦須幾句說及后土. 如漢諸郊祀詩, 祭某神便說某事. 若用以祭地, 不應只說天, 不說地.

---

30) 一: 賀本에서는 亦으로 되어 있다.
31) 彫: 孝宗刊本·成化本·賀本에서는 鵰로 되어 있고 英祖刊本에서는 雕로 되어 있다.

東萊『詩記』卻編得子細, 只是大本已失了, 更說甚麽? 向嘗與之論此, 如「淸人」·「載馳」一二詩可信. 渠卻云: "安得許多文字證據?" 某云: "無證而可疑者, 只當闕之, 不可據「序」作證." 渠又云: "只此「序」便是證." 某因云: "今人不以『詩』說『詩』, 卻以「序」解『詩』, 是以委曲牽合, 必欲如序者之意, 寧失詩人之本意不恤也. 此是序者大害處."【賀孫 ○ 振錄云: 伯恭黨得「小序」不好, 使人看着轉可惡.[32]】

80:41 『詩』序多是後人妄意推想詩人之美刺, 非古人之所作也. 古人之詩雖存, 而意不可得[33]. 序『詩』者妄誕其說, 但疑見其人如此, 便以爲是詩之美刺者, 必若人也. 如莊姜之詩, 卻以爲刺衛 頃公. 今觀『史記』所述, 頃公竟無一事可紀, 但言某公卒, 子某公立而已, 都無其事. 頃公固亦是衛一不美之君. 序『詩』者但見其詩有不美之跡, 便指爲刺頃公之詩. 此類甚多, 皆是妄生美刺, 初無其實. 至有不能考者, 則但言"刺詩也", "思賢妃也." 然此是汎汎而言. 如「漢廣」之「序」言"德廣所及", 此語最亂道. 詩人言"漢之廣矣", 其言已分曉. 至如下面「小序」卻說得是謂"文王之化被于南國, 美化行乎江·漢之域, 無思犯禮, 求而不可得也", 此數語卻好. 又云: "看來『詩』序當時只是箇山東學究等人做, 不是箇老師宿儒之言, 故所言都無一事是當. 如「行葦」之「序」雖皆是詩人之言, 但卻不得詩人之意. 不知而今做義人到這處將如何做, 於理決不順. 某謂此詩本是四章, 章八句, 他不知, 作八章·章四句讀了. 如'敦彼行葦, 牛羊勿踐履. 方苞方體, 惟葉泥泥. 戚戚兄弟, 莫遠具爾, 或肆之筵, 或授之几.' 此詩本是興詩, 卽是興起下四句言. 以'行葦'興兄, '勿踐履'是莫遠意也." 又云: "鄭·衛詩多是淫奔之詩. 鄭詩如「將仲子」以下, 皆鄙俚之言, 只是一時男女淫奔相誘之語. 如「桑中」之詩云: '衆散民流, 而不可止.' 故「樂記」云: '桑間 濮上之音, 亡國之音也. 其政[34]散, 其民流, 誣上行私而不可止也.' 鄭詩自「緇

32) 振錄云: … 使人看着轉可惡.: 『朱子語類』 80:45이다.

33) 古人之詩雖存, 而意不可得: 孝宗刊本·成化本에서는 古人之詩雖而, 存意不可得으로 되어 있다. 『考異』에서는 "一誤而存"으로 되어 있다.

衣」之外，亦皆鄙俚，如'采蕭'·'采艾'·'靑衿'之類是也. 故夫子'放鄭聲.' 如「抑」之詩，非詩人作以刺君，乃武公爲之以自警. 又有稱'小子'之言，此必非臣下告君之語，乃自謂之言，無疑也."【卓】

80:42 問: "『詩傳[35]』盡撤去「小序」，何也?" 曰: "「小序」如「碩人」·「定之方中」等，見於『左傳』者，自可無疑. 若其他刺詩無所據，多是世儒將他謚號不美者，挨就立名爾. 今只考一篇見是如此，故其他皆不敢信. 且如蘇公刺暴公，固是姓暴者多，萬一不見得是暴公則'惟暴之云'者，只作一箇狂暴底人說，亦可. 又如「將仲子」，如何便見得是祭仲? 某由此見得「小序」大故是後世陋儒所作. 但旣是千百年已往之詩，今只見得大意便了，又何必要指實得其人姓名? 於看『詩』有何益也?"【大雅】

80:43 ▲[36] "某自二十歲時讀『詩』，便覺「小序」無意義. 及去了「小序」，只玩味『詩』詞，卻又覺得道理貫徹. 當初亦嘗質問諸鄉先生，皆云，「序」不可廢，而某之疑終不能釋. 後到三十歲，斷然知「小序」之出於漢儒所作，其爲繆戾，有不可勝言. 東萊不合只因「序」講解，便有許多牽强處. 某嘗與之言[37]，終不肯信. 『讀詩記』中雖多說「序」，然亦有說不行處，亦廢之. 某因作『詩傳』，遂成『詩序辨說』一冊，其他繆戾，辨之頗詳."【燀】[38]

80:44 ▲[39]

34) 政: 成化本·賀本에서는 衆으로 되어 있다.
35) 詩傳: 成化本에서는 語傳으로 되어 있다.
36) ▲: 問: "『詩傳』多不解『詩』序，何也?" 曰:
37) 與之言: 賀本에서는 與言之로 되어 있다.
38)【燀】: 徽州本에서는【方子】로 되어 있다.
39) ▲: 鄭漁仲謂『詩』「小序」只是後人將史傳去揀，幷看謚，卻附會作「小序」美刺.【振】

80:45 ▲40)

80:46 器之問『詩』叶韻之義. 曰: "只要音韻相叶, 好吟哦諷誦, 易見道理, 亦無甚要緊. 今且要將七分工夫理會義理, 三二分工夫理會這般去處. 若只管留心此處, 而於『詩』之義卻見不得, 亦何益也?" ▲41) 【木之 ○以下論『詩』韻.】

80:47 問: "『詩』叶韻, 是當時如此作? 是樂歌當如此?" 曰: "當時如此作. 古人文字多有如此者, 如正考父「鼎銘」之類." 【可學】

80:48 問: "先生說『詩』, 率皆叶韻, 得非『詩』本樂章, 播諸聲詩, 自然叶韻, 方諧律呂, 其音節本如是耶?" 曰: "固是如此. 然古人文章亦多是叶韻." 因擧「王制」及『老子』叶韻處數段. 又曰: "「周頌」多不叶韻, 疑自有和底篇相叶. '「淸廟」之瑟, 朱弦而疏越, 一唱而三歎', 歎, 卽和聲也." 【僩用】

80:49 詩之音韻, 是自然如此, 這箇與天通. 古人音韻寬, 後人分得密後, 隔開了. 『離騷注』中發兩箇例在前: "朕皇考曰伯庸." "庚寅吾以降", 【洪】 "又重之以脩能", 【耐】 "紉秋蘭◇42)爲佩." 後人不曉, 卻謂只此兩韻如此. 某有『楚辭叶韻』, 作"子厚"名字, 刻在漳州. 【方子】

80:50 叶韻, 恐當以頭一韻爲準. 且如"華"字叶音"敷", 如"有女同車"是第一句, 則第二句"顔如舜華", 當讀作"敷"字, 然後與下文"佩玉瓊琚", "洵美且都", 皆叶. 至如"何彼穠矣, 唐棣之華", 是第一韻, 則當依本音讀, 而下文"王姬之車"卻當作尺奢反, 如此方是. 今只從吳才老舊說, 不能又創得此例. 然『楚詞43)』"紛余旣有此內美兮, 又重之以修

40) ▲: 伯恭黨得「小序」不好, 使人看着轉可惡. 【振】
41) ▲: 又曰: "叶韻多用吳才老本, 或自以意補入."
42) ◇: 以

能”, “能”音“耐”, 然後下文“紉秋蘭以爲佩”叶. 若“能”字只從本音, 則“佩”字遂無音. 如此則又未可以頭一韻爲定也.【閎祖】 80:51 ▲[44] ○饒 何氏錄云: “『中庸』‘奏格無言’, 奏, 音族, 平聲音騣, 所以『毛詩』作‘鬷’字.”】[45]

80:52 或問: “吳氏『叶韻』何據?” 曰: “他皆有據. 泉州有其書, 每一字多者引十餘證, 少者亦兩三證. 他說, 元初更多, 後刪去, 姑存此耳. 然猶有未盡.” 因言: “「商頌」‘天命降監, 下民有嚴, 不僭不濫, 不敢怠遑.’ 吳氏云: ‘“嚴”字, 恐是“莊”字, 漢人避諱, 改作“嚴”字.’ 某後來因讀『楚辭』「天問」, 見‘嚴’字都押入‘剛’字・‘方’字去. 又此間鄉音‘嚴’作戶剛反, 乃知‘嚴’字自與‘皇’字叶. 然吳氏豈不曾看『楚詞[46]』? 想是偶然失之. 又如‘兄弟鬩于牆, 外禦其務, 每有良朋, 烝也無戎’[47]. 吳氏復疑‘侮’[48]當作‘雺[49]’, 以叶‘戎’字. 某卻疑古人訓‘戎’爲汝, 如‘以佐戎辟’, ‘戎雖小子’, 則‘戎・女’音或通. 後來讀「常武」詩有云: ‘南仲太祖, 太師皇父, 整我六師, 以修我戎’, 則與‘汝’叶, 明矣.” 因言: “古之謠諺皆押韻, 如夏諺之類. 散文亦有押韻者, 如「曲禮」‘安民哉’叶音‘玆’, 則與上面‘思・辭’二字叶矣. 又如‘將上堂, 聲必揚, 將入戶, 視必下’, 下, 叶音護. 「禮運」・「孔子閒居」亦多押韻. 『莊子』中尤多. 至於『易』「彖辭」, 皆韻語也.”【又云: “『禮記』‘五至’・‘三無’處皆協.”[50] ○廣】

---

43) 詞: 賀本에서는 辭로 되어 있다.

44) ▲: 吳才老『補韻』甚詳, 然亦有推不去者. 某煞尋得, 當時不曾記, 今皆忘之矣. 如“外禦其務”叶“烝也無戎”, 才老無尋處, 卻云“務”字古人讀做“蒙”, 不知“戎”, 汝也, “汝・戎”二字, 古人通用, 是協音汝也. 如“南仲太祖, 太師皇父, 整我六師, 以修我戎”, 亦是協音汝也. “下民有嚴”, 叶“不敢怠遑.” 才老欲音“嚴”爲“莊”, 云避漢諱, 卻無道理. 某後來讀『楚辭』「天問」見一“嚴”字乃押從“莊”字, 乃知是叶韻, “嚴”讀作“昂”也. 「天問」, 才老豈不讀? 往往無甚意義, 只恁打過去也.【義剛

45) ○饒 何氏錄云 … 所以『毛詩』作‘鬷’字.”】: 80:51의 일부인데 『小分』에서는 80:50에 이어져 한 항목으로 편집되어 있다.

46) 詞: 賀本에서는 辭로 되어 있다.

47) ‘兄弟鬩于牆, 外禦其務, 每有良朋, 烝也無戎’: 『詩經』「小雅・鹿鳴之什・常棣」

48) 侮: 동일항목 내의 인용문과 賀本・徽州本에서는 務로 되어 있다. 『詩經』에 따르면 務가 되어야 한다.

49) 雺: 成化本에서는 霧로 되어 있고 賀本・徽州本에서는 蒙으로 되어 있다.

○51) 龔實之云, 嘗官於泉, 一日問陳宜中云: "古詩有平仄否?" 陳云: "無平仄." 龔云: "有." 辨之久不決, 遂共往決之於李漢老. 陳問: "古詩有平仄否?" 李云: "無平仄, 只是有音韻." 龔大然之. 謂之無有, 皆不是, 謂之音韻乃是.【揚】

80:53 "知子之來【扐】之, 雜佩以贈【入】之"52), 此例甚多. "作"字作"做", "保"字作"補". "往近王舅", 近, 音"旣", 『說文』作䟢53), 誤寫作"近."【螢】

80:54 ▲54)

80:55 "『詩』音韻間有不可曉處." 因說: "如今所在方言, 亦自有音韻與古合處." 子升因問: "今'陽'字卻與'唐'字通, '淸'字卻與'靑'字分之類, 亦自不可曉." 曰: "古人韻疏, 後世韻方嚴密. 見某人好考古字, 卻說'靑'字音自是'親', 如此類極多."【木之】

80:56 器之問『詩』. 曰: "古人情意溫厚寬和, 道得言語自恁地好. 當時叶韻, 只是要便於諷詠而已. 到得後來, 一向於字韻上嚴切, 卻無意思. 漢不如周, 魏・晉不如漢, 唐不如魏・晉, 本朝又不如唐. 如元微之・劉禹錫之徒, 和詩猶自有韻相重密. 本朝和詩便定不要一字相同, 不知卻愈壞了詩."【木之】

「論讀詩」

50) 又云: "『禮記』'五至'・'三無'處皆協.": 成化本・賀本에서는 본문으로 되어 있다.

51) ○: 『朱子語類』87:14의 일부이다.

52) "知子之來【扐】之, 雜佩以贈【入】之": 『詩經』「鄭風・女曰鷄鳴」

53) 䟢: 賀本에서는 䢃로 되어 있다.

54) ▲: 問: "『詩叶韻』, 有何所據而言?" 曰: "『叶韻』乃吳才老所作, 某又續添減之. 蓋古人作詩皆押韻, 與今人歌曲一般. 今人信口讀之, 全失古人詠歌之意."【煇】

80:57 『詩』中頭項多，一項是音韻，一項是訓詁名件，一項是文體. 若逐一根究，然後討得些道理，則殊不濟事，須是通悟者方看得.【方子 ○以下總論讀『詩』之方.】

80:58 聖人有法度之言，如『春秋』·『書』·『禮』是也，一字皆有理. 如『詩』亦要逐字將理去讀，便都礙了.【淳】

80:59 ▲[55] 問: "變風·變雅如何?" 曰: "也是後人恁地說，今也只依他恁地說. 如「漢廣」·「汝墳」皆是說婦人. 如此則是文王之化只及婦人，不及男子. 只看他大意，恁地拘不得."【寓】

80:60 公不會看『詩』. 須是看他詩人意思好處是如何，不好處是如何. 看他風土，看他風俗，又看他人情·物態. 只看「伐檀」詩，便見得他一箇清高底意思，看「碩鼠」詩，便見他一箇暴歛底意思. 好底意思是如此，不好底是如彼. 好底意思，令自家善意油然感動而興起. 看他不好底，自家心下如著槍相似. 如此看，方得『詩』意.【僩】

80:61 『詩』有說得曲折後好底，有只恁平直說後自好底[56]. 如「燕燕」末後一章，這不要看上文，考下章，便知得是恁地，意思自是高遠，自是說得那人著.【義剛】

80:62 林子武說『詩』. 曰: "不消得恁地求之太深. 他當初只是平說，橫看也好，豎看也好. 今若要討箇路頭去裏面，尋卻怕迫窄了."【義剛】

---

55) ▲: 問: "聖人有法度之言，如『春秋』·『書』與『周禮』，字較實. 『詩』無理會，只是看大意. 若要將理去讀，便礙了."

56) 有只恁平直說後自好底: 徽州本에서는 有只恁地去平直處說後自好底로 되어 있다.

80:63 讀『詩』之法, 且如"白華菅兮, 白茅束兮, 之子之遠, 俾我獨兮"[57], 蓋言白華與茅尙能相依, 而我與子乃相去如此之遠, 何哉? 又如"倬彼雲漢, 爲章于天, 周王壽考, 遐不作人"[58], 只是說雲漢恁地爲章于天, 周王壽考, 豈不能作人也? 上兩句皆是引起下面說, 略有些意思傍著, 不須深求, 只此讀過便得.【僩】

80:64 看『詩』, 且看他大意. 如衛諸詩, 其中有說時事者, 固當細考. 如鄭之淫亂底詩, 苦[59]苦搜求他, 有甚意思? 一日看五六篇, 可也.【僩】

80:65 看『詩』, 義理外更好看他文章. 且如「谷風」, 他只是如此說出來, 然而敍得事曲折先後, 皆有次序, 而今人費盡氣力去做後, 尙做得不好.【義剛】

80:66 讀『詩』, 且只將做今人做底詩看. 或每日令人誦讀, 卻從旁聽之. 訓詁[60]有未通者, 略檢注解看, 卻時時誦其本文, 便見其語脈所在. 又曰: "念此一詩, 旣已記得其語, 卻逐箇字將前後一樣字通訓之. 今注解中有一字而兩三義者, 如'假'字, 有云'大'者, 有云'至'者, 只是隨處旋扭捏耳, 非通訓也."【螢】

○[61] 又曰: "解『詩』, 多是推類得之."【方】[62]

80:67 先生因言, 看『詩』, 須幷叶韻讀, 便見得他語自整齊. 又更略

---

57) "白華菅兮, 白茅束兮, 之子之遠, 俾我獨兮": 『詩經』「小雅・魚藻之什・白華」
58) "倬彼雲漢, 爲章于天, 周王壽考, 遐不作人": 『詩經』「大雅・文王之什・棫樸」
59) 苦: 賀本에서는 若으로 되어 있다.
60) 訓詁: 成化本에서는 其詁로 되어 있고, 賀本에서는 其話로 되어 있다.
61) ○: 『朱子語類』 81:142의 일부이다.
62) 【方】: 『朱子語類』에서는 【方子】로 되어 있다.

知叶韻所由來, 甚善. 又曰: “伊川有『詩解』數篇, 說到「小雅」以後極好. 蓋是王公大人好生地做, 都是識道理人言語, 故它裏面說得儘有道理, 好子細看. 非如「國風」或出於婦人小夫之口, 但可觀其大概也.”【銖】

80:68 問: “以『詩』觀之, 雖千百載之遠, 人之情僞只此而已, 更無兩般.” 曰: “以某看來, 須是別換過天地, 方別換一樣人情. 釋氏之說固不足據, 然其書說盡百千萬劫, 其事情亦只如此而已, 況天地無終窮, 人情安得有異?”【必大】

80:69 看『詩』, 不要死殺看了, 見得無所不包. 今人看『詩』, 無興底意思.【節 ○以下論讀『詩』在興起.】

80:70 讀『詩』便長人一格. 如今人讀『詩』, 何緣會長一格? 『詩』之興, 最不緊要. 然興起人意處, 正在興. 會得『詩』人之興, 便有一格長. “豐水有芑, 武王豈不仕?”[63] 蓋曰, 豐水且有芑, 武王豈不有事乎? 此亦興之一體, 不必更注解. 如龜山說「關雎」處意亦好, 然終是說死了, 如此便詩眼不活.【必大】

80:71 ▲[64] 程子謂: ‘〈興於『詩』〉, 便知有著力處.’ 今讀之, 止見其善可爲法, 惡可爲戒而已, 不知其他如何著力?” 曰: “善可爲法, 惡可爲戒, 不特『詩』也, 他書皆然. 古人獨以爲‘興於『詩』’者, 『詩』便有感發人底意思. 今讀之無所感發者, 正是被諸儒解殺了, 死著『詩』義, 興起人善意不得. 如「南山有臺序」云: ‘得賢, 則能爲邦家立太平之基’, 蓋爲見『詩』中有‘邦家之基’字, 故如此解. 此「序」自是好句, 但纔如此說定, 便局了一詩之意. 若果先得其本意, 雖如此說亦不妨. 正如『易』

63) “豐水有芑, 武王豈不仕?”: 『詩經』「大雅・文王之什・文王有聲」

64) ▲: 問: “向見呂丈, 問讀『詩』之法. 呂丈擧橫渠‘置心平易’之說見教. 某遵用其說去誦味來, 固有箇涵泳情性底道理, 然終不能有所啓發.

解, 若得聖人「繫辭」之意, 便橫說竪說都得. 今斷以一義解定,『易』便不活.『詩』所以能興起人處, 全在興. 如'山有樞, 隰有楡', 別無意義, 只是興起下面'子有車馬', '子有衣裳'耳. 「小雅」諸篇皆君臣燕飮之詩, 道主人之意以譽賓, 如今人宴飮有'致語'之類, 亦間有敍賓客答辭者.『漢書』載客歌「驪駒」, 主人歌「客毋庸歸」, 亦是此意. 古人以魚爲重, 故「魚麗」·「南有嘉魚」, 皆特擧以歌之.『儀禮』載'乃間歌「魚麗」, 笙「由庚」, 歌「南有嘉魚」, 笙「崇丘」, 歌「南山有臺」, 笙「由儀」', 本一套事. 後人移「魚麗」附於「鹿鳴之什」, 截以「嘉魚」以下爲成王詩, 遂失當時用詩之意, 故胡亂解. 今觀「魚麗」·「嘉魚」·「南山有臺」等篇, 辭意皆同. 「菁莪」·「湛露」·「蓼蕭」皆燕飮之詩.『詩』中所謂'君子', 皆稱賓客, 後人卻以言人君, 正顚倒了. 如以湛露爲恩澤, 皆非詩義. 故'野有蔓草, 零露湑[65]兮', 亦以爲君之澤不下流, 皆局於一箇死例, 所以如此.『周禮』以六詩敎國子, 當時未有注解, 不過敎之曰, 此, 興也, 此, 比也, 此, 賦也. 興者, 人便自作興看, 比者, 人便自作比看. 興只是興起, 謂下句直說不起, 故將上句帶起來說, 如何去上[66]討義理? 今欲觀『詩』, 不若且置「小序」及舊說, 只將元詩虛心熟讀, 徐徐玩味. 候彷彿見箇詩人本意, 卻從此推尋將去, 方有感發. 如人拾得一箇無題目詩, 再三熟看, 亦須辨得出來. 若被舊說一局局定, 便看不出. 今雖說不用舊說, 終被他先入在內, 不期依舊從他去. 某向作『詩解』, 文字初用「小序」, 至解不行處, 亦曲爲之說. 後來覺得不安, 第二次解者, 雖存「小序」, 間爲辨破, 然終是不見詩人本意. 後來方知, 只盡去「小序」, 便自可通. 於是盡滌舊說,『詩』意方活." 又曰: "變風中固多好詩』 雖其間有沒意思者, 然亦須得其命辭遣意處, 方可觀. 後人便自做箇道理解說, 於其造意下語處, 元不及究. 只後代文集中詩, 亦多不解其辭意者. 樂府中「羅敷行」, 羅敷卽使[67]君之妻, 使[68]君卽羅敷

65) 湑: 徽州本·『詩經』「野有蔓草」에서는 漙으로 되어 있다.
66) 上: 徽州本에서는 上頭로 되어 있다.
67) 使: 孝宗刊本·成化本에서는 史로 되어 있다.
68) 使: 成化本에서는 史로 되어 있다.

之夫. 其曰'使[69]君自有婦, 羅敷自有夫', 正相戲之辭." 又曰: "'夫婿從東來, 千騎居上頭', 觀其氣象, 卽使[70]君也. 後人亦錯解了. 須得其辭意, 方見好笑處."【必大】[71]

80:72 學者當"興於『詩』." 須先去了「小序」, 只將本文熟讀玩味, 仍不可先看諸家注解. 看得久之, 自然認得此詩是說箇甚事. 謂如拾得箇無題目詩, 說此花旣白又香, 是盛寒開, 必是梅花詩也. 「卷阿」, 召康公戒成王, 其始只說箇好意思, 如"豈弟君子", 皆指成王. "純嘏"·"爾壽"之類, 皆說優游享福之事, 至"有馮有翼"以下, 方說用賢. 大抵告人之法亦當如此, 須◇[72]令人歆慕此事, 則其肯從[73]吾言, 必樂爲之矣.【人傑】

80:73 讀『詩』正在於吟詠諷誦, 觀其委曲折旋之意, 如吾自作此詩, 自然足以感發善心. 今公讀『詩』, 只是將己意去包籠他, 如做時文相似. 中間委曲周旋之意, 盡不曾理會得, 濟得甚事? 若如此看, 只一日便可看盡, 何用逐日只睚[74]得數章, 而又不曾透徹耶? 且如人入城郭, 須是逐街坊里巷, 屋廬臺榭, 車馬人物, 一一看過, 方是. 今公等只是外面望見城是如此, 便說我都知得了. 如鄭詩雖淫亂, 然「出其東門」一詩, 卻如此好. 「女曰雞鳴」一詩[75], 意思亦好. 讀之, 眞箇有不知手之舞·足之蹈者.【僩 ○以下論『詩』在熟讀玩味.】

○[76] 問: "『詩』雖是吟詠, 使人自有興起, 固不專在文辭, 然亦須是

---

69) 使: 孝宗刊本·成化本에서는 史로 되어 있다.
70) 使: 成化本에서는 史로 되어 있다.
71)【必大】: 徽州本에서는【伯豐】으로 되어 있다.
72) ◇: 先
73) 肯從: 『小分』에서는 從肯을 교정부호로 바로잡았다.
74) 睚: 賀本에서는 捱로 되어 있다.
75)「女曰雞鳴」一詩: 徽州本에서는 又如「女曰雞鳴」一詩로 되어 있다.
76) ○: 『朱子語類』 80:23의 일부이다.

篇篇句句理會著實, 見得古人所以作此『詩』之意, 方始於吟詠上有得." 曰: "固是. 若不得其眞實, 吟詠箇甚麽? 然古人已多不曉其意, 如『左傳』所載歌詩, 多與本意元不相關."【賀孫】

80:74 『詩』, 如今恁地注解了, 自是分曉, 易理會. 但須是沈潛諷誦, 玩味義理, 咀嚼滋味, 方有所益. 若只[77]草草看過一部『詩』, 只三兩[78]日可了. 但不得滋味, 也記不得, 全不濟事. 古人說"『詩』可以興", 須是讀了有興起處, 方是讀『詩』. 若不能興起, 便不是讀『詩』. 因說, 永嘉之學, 只是要立新巧之說, 少間指摘東西, 鬬湊零碎, 便立說去. 縱說得是, 也只無益, 莫道又未是.【木之】

80:75 讀『詩』之法, 只是熟讀涵詠[79], 自然和氣從胸中流出, 其妙處不可得而言. 不待安排措置, 務自立說, 只恁平讀著, 意思自足. 須是打疊得這心光蕩蕩地, 不立一箇字, 只管虛心讀他, 少間推來推去, 自然推出那箇道理. 所以說"以此洗心", 便是以這道理盡洗出那心裏物事, 渾然都是道理. 上蔡曰: "學『詩』, 須先識得六義體面, 而諷味以得之." 此是讀『詩』之要法. 看來書只是要讀, 讀得熟時, 道理自見, 切忌先自布置立說.【僩】

80:76 問學者: "誦『詩』, 每篇誦得幾遍?" 曰: "也不曾記, 只覺得熟便止." 曰: "便是不得. 須是讀熟了, 文義都曉得了, 涵泳讀取百來遍, 方見得那好處, 那好處方出, 方見得精怪. 見公每日說得來乾燥, 元來不曾熟讀. 若讀到精熟時, 意思自說不得. 如人下種子, 既下得種了, 須是討水去灌溉他, 討糞去培壅[80]他, 與他耘鋤, 方是下工夫養他處.

77) 只: 賀本에서는 是로 되어 있다.
78) 三兩: 賀本에서는 兩三으로 되어 있다.
79) 咏: 孝宗刊本·英祖刊本·成化本·賀本에서는 味로 되어 있고 徽州本에서는 泳으로 되어 있다.
80) 壅: 孝宗刊本·成化本·賀本에서는 擁으로 되어 있다.

今卻只下得箇種子了便休, 都無耘治培養工夫. 如人相見, 纔見了, 便散去, 都不曾交一談, 如此何益? 所以意思都不生, 與自家都不相入, 都恁地乾燥. 這箇貪多不得. 讀得這一篇, 恨不得常熟讀此篇, 如無那第二篇方好, 而今只是貪多, 讀第一篇了, 便要讀第二篇, 讀第二篇了, 便要讀第三篇. 恁地不成讀書, 此便是大不敬! 【此句厲聲說.】 須是殺了那走作底心, 方可讀書." 【僩】

80:77 "大凡讀書, 先曉得文義了, 只是常常熟讀. 如看『詩』, 不須得著意去裏面訓解, 但只平平地涵泳自好." 因舉"池之竭矣, 不云自頻, 泉之竭矣, 不云自中"[81]四句, 吟詠者久之. 又曰: "「大雅」中如「烝民」·「板」·「抑」等詩, 自有好底. 董氏舉侯苞言, 衛 武公作「抑」詩, 使人日[82]誦於其側, 不知此出在何處. 他讀書多, 想見是如此." ▲[83] 【夔孫】

80:78 先生問林武子: "看『詩』何處?" 曰: "至「大雅」." 大聲曰: "公前日方看「節南山」, 如何恁地快? 恁地不得? 而今人看文字, 敏底一揭開板便曉, 但於意味卻不曾得. 便只管看時, 也只是恁地. 但百遍自是强五十遍時, 二百遍自是强一百遍時. '題彼脊鴒[84], 載飛載鳴, 我日斯邁, 而月斯征. 夙興夜寐, 無忝爾所生!' 這箇看時, 也只是恁地, 但裏面意思卻有說不得底. 解不得底意思, 卻在說不得底裏面." ▲[85] 【義剛】

80:79 問時舉: "看文字如何?" 曰: "『詩傳』今日方看得綱領. 要之, 緊要是要識得六義頭面分明, 則『詩』亦無難看者." 曰: "讀『詩』全在諷

81) "池之竭矣, 不云自頻, 泉之竭矣, 不云自中": 『詩經』「大雅·蕩之什·召旻」
82) 日: 成化本에서는 自로 되어 있다.
83) ▲: 又曰: "如孟子, 也大故分曉, 也不用解他, 熟讀滋味自出."
84) 鴒: 英祖刊本에서는 領으로 되어 있고, 成化本에서는 令으로 되어 있다.
85) ▲: 又曰: "「生民」等篇, 也可見祭祀次第, 此與『儀禮』正相合."

詠得熟，則六義將自分明. 須使篇篇有箇下落，始得. 且如子善向看『易傳』，往往畢竟不曾熟. 如此則何緣會浹洽? 橫渠云: '書須成誦，精思多在夜中, 或靜坐得之. 不記, 則思不起.' 今學者看文字, 若記不得, 則何緣貫通?" 時擧曰: "緣資性魯鈍，全記不起." 曰: "只是貪多，故記不得. 福州 陳正之[86]極魯鈍，每讀書，只讀五十字，必三二百遍而後能熟, 積[87]習讀去, 後來卻赴賢良. 要知人只是不會耐苦耳. 凡學者要須做得人難做底事，方好. 若見做不得，便不去做，要任其自然，何緣做得事成? 切宜勉之."【時擧】

80:80 問: "看『詩』如何?" 曰: "方看得「關雎」一篇，未有疑處." 曰: "未要去討疑處，只熟看. 某注得訓詁字字分明，卻便玩索涵泳，方有所得. 若便要立議論，往往裏面曲折，其實未曉，只髣佛見得，便自虛說耳，恐不濟事. 此是三百篇之首，可更熟看."【時擧】

80:81 先生謂學者曰: "公看『詩』，只看『集傳』，全不看古注." 曰: "某意欲先看了先生『集傳』, 卻看諸家解." 曰: "便是不如此, 無卻看底道理. 才說卻理會，便是悠悠語. 今見看『詩』, 不從頭看一過，云，且等我看了一箇了, 卻看那箇, 幾時得再看? 如廝殺相似, 只是殺一陣便了. 不成說今夜且如此廝殺，明日又重新殺[88]一番[89]?"【僩】

80:82 文蔚泛看諸家『詩』說. 先生曰: "某有『集傳』." 後只看『集傳』，先生又曰: "曾參看諸家否?" 曰: "不曾." 曰: "卻不可."【文蔚】

「解詩」

---

86) 陳正之: 賀本에서는 陳止之로 되어 있다.
87) 積: 賀本에서는 精으로 되어 있다.
88) 新殺: 『小分』에서는 殺新을 교정부호로 바로잡았다.
89) 明日又重新殺一番: 賀本에서는 明日重新又殺一番으로 되어 있다.

80:83 『漢書』傳訓皆與經別行. 三傳之文不與經連, 故石經書『公羊傳』皆無經文. 「藝文志」云: "『毛詩經』二十九卷, 『毛詩詁訓傳』三十卷." 是毛爲詁訓, 亦不與經連也. 馬融爲『周禮注』, 乃云, 欲省學者兩讀, 故具載本文, 然則後漢以來始就經爲注. 未審此『詩』引經附傳, 是誰爲之? 其『毛詩』二十九卷, 不知倂何卷也.

80:84 毛・鄭, 所謂山東老學究. 歐陽會文章, 故『詩』意得之亦多. 但是不合以今人文章如他底意思去看, 故皆局促了『詩』意. 古人文章有五七十里不回頭者. 蘇黃門『詩說』疏放, 覺得好.【振】

80:85 歐陽公有『詩本義』二十餘篇, 煞說得有好處. 有『詩本末論[90]』. 又有論云: "何者爲『詩』之本? 何者爲『詩』之末? 『詩』之本, 不可不理會, 『詩』之末, 不理會得也無妨." 其論甚好. 近世自集注文字出, 此等文字都不見了, 也害事. 如呂伯恭『讀詩記』, 人只是看這箇. 它上面有底便看, 無底更不知看了.【僩】

80:86 因言歐陽永叔『本義』, 而曰: "理義大本復明於世, 固自周・程, 然先此諸儒亦多有助. 舊來儒者不越注疏而已, 至永叔・原父・孫明復諸公, 始自出議論, 如李泰伯文字亦自好. 此是運數將開, 理義漸欲復明於世故也. 蘇明允說歐陽之文處, 形容得極好. 近見其奏議文字, 如「回河」等箚子, 皆說得盡, 誠如老蘇所言. 便如『詩本義』中辨毛・鄭處, 文辭舒緩, 而其說直到底, 不可移易."【營】

80:87 二[91]程先生『詩傳』取義太多. 詩人平易, 恐不如此.

80:88 橫渠云: "置心平易始知『詩』." 然橫渠解『詩』多不平易. 程子

---

90) 論: 賀本에서는 篇으로 되어 있다.【附箋紙】"論"當作"篇."
91) 二: 成化本・賀本에는 없다.

說胡安定解九四作太子事, 云: "若一爻作一事, 只做得三百八十四事." 此眞看『易』之法. 然『易傳』中亦有偏解作一事者.[92] 林艾軒嘗云: "伊川解經, 有說得未的當處. 此文義間事, 安能一一皆是? 若大頭項則伊川底, 卻是." 此善觀伊川者. 陸子靜看得二程低, 此恐子靜看其說未透耳. 譬如一塊精金, 卻道不是金, 非金之不好, 蓋是不識金也." 【人傑 ○必大錄云: "橫渠解'悠悠蒼天, 此何人哉?' 卻不平易."】

80:89 ▲[93]

80:90 問: "『讀詩記』序中'雅・鄭, 邪・正'之說未明." 曰: "向來看『詩』中鄭詩, 邶・鄘・衛詩, 便是鄭・衛之音, 其詩大段邪淫. 伯恭直以謂『詩』皆賢人所作, 皆可歌之宗廟, 用之賓客, 此甚不然. 如「國風」中亦多有邪淫者." 又問"思無邪"之義. 曰: "此只是三百篇可蔽以『詩』中此言. 所謂'無邪'者, 讀『詩』之大體, 善者可以勸, 而惡者可以戒. 若以爲皆賢人所作, 賢人決不肯爲此. 若只一鄉一里中有箇恁地人, 專一作此怨刺, 恐亦不靜. 至於皆欲被之絃歌, 用之宗廟, 如鄭・衛之詩, 豈不褻瀆? 用以祭幽・厲・褒姒, 可也. 施之賓客燕享, 亦待好賓客不得, 須衛靈・陳幽乃可耳. 所謂'『詩』可以興'者, 使人興起有所感發, 有所懲創. '可以觀'者, 見一時之習俗如此, 所以聖人存之不盡删去, 便盡見當時風俗媺[94]惡, 非謂皆賢人所作耳. 「大序」說'止乎禮義', 亦可疑, 「小序」尤不可信, 皆是後人託之, 仍是不識義理, 不曉事. 如山東學究者, 皆是取之『左傳』・『史記』中所不取之君, 隨其諡之美惡, 有得惡諡, 及『傳』中載其人之事者, 凡一時惡詩, 盡以歸之. 最是

---

92) 程子說胡安定解九四作太子事, … 然『易傳』中亦有偏解作一事者.: 【附箋紙】 自"程子"至"一事者", 當刪.

93) ▲: 子由『詩解』好處多, 歐公『詩本義』亦好. 因說: "東萊改本『書解』, 無闕疑處, 只據意說去." 木之問: "『書解』誰底好看?" 曰: "東坡『解』, 大綱也好, 只有失. 如說'人心惟危'這般處, 便說得差了. 如今看他底, 須是識他是與不是處, 始得." 【木之】

94) 媺: 賀本에서는 美로 되어 있다.

鄭 忽可憐, 凡「鄭風」中惡詩皆以爲刺之. 伯恭又欲主張「小序」, 煅[95] 煉得鄭 忽罪不勝誅. 鄭 忽卻不是狡, 若是狡時, 它卻須結齊國之援, 有以鉗制祭仲之徒, 決不至於失國也. 「謚法」中如'墮覆社稷曰頃', 便將「柏舟」一詩, 硬差排爲衛 頃公, 便云'賢人不遇, 小人在側', 更無分疏處. '愿而無立曰僖', 「衡門」之詩便以譏[96]陳僖'愿而無立志'言之. 如「子衿」只是淫奔之詩, 豈是學校中氣象? 「褰裳」詩中'子惠思我, 褰裳涉溱', 至'狂童之狂也且', 豈不是淫奔之辭? 只緣『左傳』中韓 宣子引'豈無他人', 便將做國人思大國之正己. 不知古人引『詩』, 但借其言以寓己意, 初不理會上下文義, 偶一時引之耳. 伯恭只『詩綱領』第一條, 便載上蔡之說. 上蔡費盡辭說, 只解得箇'怨而不怒.' 纔先引此, 便是先瞎了一部文字眼目."【晉】

80:91 問: "今人自做一詩, 其所寓之意, 亦只自曉得, 前輩『詩』如何可盡解?" 曰: "何況三百篇, 後人不肯道不會, 須要字字句句解得麽?"

80:92 當時解『詩』時, 且讀本文四五十遍, 已得六七分. 卻看諸人說與我意如何, 大綱都得之, 又讀三四十遍, 則道理流通自得矣.

80:93 或問『詩』. 曰: "『詩』幾年埋沒, 被某取得出來做[97], 公們看得恁地搭滯. 看十年, 仍舊死了那一部『詩』. 今若有會讀書底人, 看某『詩傳』, 有不活絡處都塗了, 方好, 而今『詩傳』只堪減, 不堪添."【胡泳】[98]

80:94 伯恭說『詩』太巧, 亦未必然, 古人直不如此. 今某說, 皆直靠直說.【揚】

---

95) 煅: 成化本에서는 鍛으로 되어 있다.
96) 譏: 成化本·賀本에서는 誘로 되어 있다.
97) 做: 賀本에서는 被로 되어 있다.
98)【胡泳】: 賀本에서는【胡末】로 되어 있다.

80:95 李茂欽問: "先生曾與東萊辨論淫奔之詩. 東萊謂詩人所作, 先生謂淫奔者之言, 至今未曉其說." 曰: "若是詩人所作譏刺淫奔, 則婺州人如有淫奔, 東萊何不作一詩刺之?" 茂欽又引他事問難. 先生曰: "未須別說, 只爲我答此一句來." 茂欽辭窮. 先生曰: "若人家有隱僻事, 便作詩訐其短譏刺, 此乃今之輕薄子, 好作謔詞嘲鄉里之類, 爲一鄉所疾害者. 詩人溫醇, 必不如此. 如『詩』中所言有善有惡, 聖人兩存之, 善可勸, 惡可戒."【杞】

80:96 某解『詩』, 多不依他「序」. 縱解得不好, 也不過只是得罪於作「序」之人. 只依「序」解, 而不考本詩上下文意, 則得罪於聖賢也.【揚】

80:97 因說學者解『詩』, 曰: "某舊時看『詩』, 數十家之說一一都從頭記得, 初間那裏敢便判斷那說是, 那說不是. 看熟久之, 方見得這說似是, 那說似不是, 或頭邊是, 尾說不相應, 或中間數句是, 兩頭不是, 或尾頭是, 頭邊不是. 然也未敢便判斷, 疑恐是如此. 又看久之, 方審得這說是, 那說不是. 又熟看久之, 方敢決定斷說這說是, 那說不是. 這一部『詩』, 並諸家解都包在肚裏. 公而今只是見已前人解『詩』, 便也要注解, 更不問道理. 只認捉著, 便據自家意思說, 於己無益, 於經有害, 濟得甚事? 凡先儒解經, 雖未知道[99], 然其盡一生之力, 縱未說得七八分, 也有三四分. 且須熟讀詳究, 以審其是非而爲吾之益. 今公纔看著便妄生[100]去取, 肆以己意, 是發明得箇甚麼道理? 公且說, 人之讀書, 是要將作甚麼用? 所貴乎讀書者, 是要理會這箇道理, 以反之於身, 爲我之益而已."【僩】

80:98 『詩傳』中或云"姑從", 或云"且從其說"之類, 皆未有所考, 不免且用其說.【拱壽】[101]

---

99) 雖未知道: 『小分』에서는 未知雖道를 교정부호로 바로잡았다.
100) 妄生: 『小分』에서는 生妄을 교정부호로 바로잡았다.
101) 【拱壽】: 賀本에서는 【拱燾】로 되어 있고 徽州本에서는 【銖】로 되어 있

80:99『詩傳』只得如此說, 不容更著語, 工夫卻在讀者.【必大】[102]

80:100 問: "分'『詩』之經,『詩』之傳', 何也?" 曰: "此得之於呂伯恭. 風・雅之正則爲經, 風・雅之變則爲傳. 如屈平之作「離騷」, 卽經也. 如後人作「反騷」與夫[103]「九辯」之類則爲傳耳."【㷇】

다.

102)【必大】: 徽州本에서는【伯豐】으로 되어 있다.

103) 夫: 賀本에는 없다.

『朱子語類』卷之八十一

「詩[1]二」

「周南・關雎」【兼論二南】

81:1 『詩』未論音律, 且如讀二南, 與鄭・衛之詩相去多少?

81:2 問: "程氏云: '『詩』有二南, 猶『易』有「乾」・「坤」', ◇[2]只是以功化淺深言之?" 曰: "不然." 問: "莫是王者諸侯之分不同?" 曰: "今只看「大序」中說, 便可見. 「大序」云: '「關雎」・「麟趾」之化, 王者之風, 故繫之周公, 「鵲巢」・「騶虞」之德, 諸侯之風, 先王之所以教, 故繫之召公.' 只看那'化'字與'德'字及'所以教'字, 便見二南猶「乾」・「坤」也." 【文蔚】

81:3 "前輩謂二南猶『易』之「乾」・「坤」, 其詩粹然無非道理, 與他詩不同." 曰: "須是寬中看緊底意思." 因言: "匡衡, 漢儒, 幾語亦自說得好." 曰: "便是他做處卻不如此." 【炎】

81:4 「關雎」一詩文理深奥, 如「乾」・「坤」卦一般, 只可熟讀詳味, 不可說. 至如「葛覃」・「卷耳」, 其言迫切, 主於一事, 便不如此了. ▲[3] 【卓】

---

1) 詩: 徽州本에서는 毛詩로 되어 있다.

2) ◇: 莫

3) ▲: 又曰: "讀『詩』須得他六義之體, 如風・雅・頌則是詩人之格. 後人說『詩』以爲雜雅・頌者, 緣釋「七月」之詩者以爲備風・雅・頌三體, 所以啓後人之說如此." 又曰: "'興'之爲言, 起也, 言興物而起其意. 如'青青陵上柏', '青青河畔草', 皆是興

81:5 敬子說『詩』「周南」. 曰: "他大綱領處只在戒愼恐懼上. 只自'關關雎鳩'便從這裏做起, 後面只是漸漸推得闊."【僴】

81:6 讀「關雎」之詩, 便使人有齊莊中正意思, 所以冠于三百篇, 與『禮』首言"無[4]不敬", 『書』首言"欽明文思", 皆同.【螢】

81:7 問: "二南之詩, 眞是以此風化天下否?" 曰: "亦不須問是要風化天下與不風化天下, 且要從'關關雎鳩, 在河之洲'云云. 裏面看義理是如何. 今人讀書, 只是說向外面去, 卻於本文全不識."【木之】

81:8 "「關雎」之詩, 非民俗所可言, 度是宮闈中所作." 問: "程子云是周公作." 曰: "也未見得是."【木之】

81:9 「關雎」, 看來是妾媵做, 所以形容得寤寐反側之事, 外人做不到此.【明作】

81:10 樂得淑女以配君子. 憂在進賢, 不淫其色.【天理・人欲. ○方】

81:11 說后妃多, 失卻文王了. 今以"君子"爲文王. 伊川『詩說』多未是.【璘】[5]

81:12 問器遠: "君擧所說『詩』, 謂「關雎」如何?" 曰: "謂后妃自謙, 不敢當君子. 謂如此之淑女, 方可爲君子之仇匹, 這便是后妃之德." 曰: "這是鄭氏也如此說了. 某看來, 恁地說也得. 只是覺得偏主一事, 無正大之意. 「關雎」如『易』之「乾」・「坤」意思, 如何得恁地無方際? 如下面諸篇, 卻多就一事說. 這只反覆形容后妃之德, 而不可指說道

物詩也. 如'藁砧今何在?', '何當大刀頭?', 皆是比詩體也."

4) 無: 『朱子語類』에서는 毋로 되어 있다.

5) 說后妃多 …【璘】:【附箋紙】此條刪.

甚麽是德. 只恁地渾淪說, 這便見后妃德盛難言處."【賀孫】

81:13 問曹兄云[6]: "陳丈說「關雎」如何?" 曹云: "言「關雎」以美夫人, 有謙退不敢自當君子之德." 曰: "如此則淑女又別是一箇人也." 曹云: "是如此." 先生笑曰: "今人說經, 多是恁地回互說去. 如史丞相說『書』, 多是如此. 說'祖伊恐奔告于受'◇[7], 亦以紂爲好人而不殺祖伊, 若他人, 則殺之矣." 先生乃云: "讀書且虛心去看, 未要自去取舍. 且依古人書恁地讀去, 久後自然見得義理."【卓】

81:14 魏兄問"左右芼之". 曰: "芼, 是擇也, 左右擇而取之也."【卓】

81:15 解『詩』, 如抱橋柱浴水一般, 終是離脫不得鳥獸草木. 今在眼前識得底, 便可窮究. 且如雎鳩, 不知是箇甚物? 亦只得從他古說, 道是"摯[8]而有別"之類.

81:16 魏才仲問: "▲[9]「關雎」注: '摯, 至也.' 至先生作'切至'說, 似形容其美, 何如?" 曰: "也只是恁地." 問"芼"字. 曰: "擇也. 讀『詩』, 只是將意思想像[10]去看, 不如他書字字要捉縛敎定. 『詩』意只是疊疊推上去, 因一事上有一事, 一事上又有一事. 如「關雎」形容后妃之德如此, 又當知君子之德如此, 又當知詩人形容得意味深長如此, 必不是以下底人, 又當知所以齊家, 所以治國, 所以平天下, 人君則必當如文王, 后妃則必當如太姒, 其源[11]如此."【賀孫】

---

6) 問曹兄云: 徽州本에서는 先生問曹兄云: "陳先生說詩如何?", 曹未答, 先生云으로 되어 있다.
7) ◇: 處
8) 摯: 成化本·賀本에서는 鷙로 되어 있다.
9) ▲: 『詩』
10) 像: 成化本·賀本에서는 象으로 되어 있다.
11) 源: 『朱子語類』에서는 原으로 되어 있다.

81:17 雎鳩, 毛氏以爲“摯而有別.” 一家作“猛摯”說, 謂雎鳩是鶚之屬. 鶚自是沈摯之物, 恐無和樂之意. 蓋“摯”與“至”同, 言其情意相與深至, 而未嘗狎, 便見其樂而不淫之意. 此是興詩. 興, 起也, 引物以起吾意. 如雎鳩是摯而有別之物, 荇菜是潔淨和柔之物, 引此起興, 猶不甚遠. 其它亦有全不相類, 只借他物而起吾意者, 雖皆是興, 與「關雎」又略不同也. 【時擧】

81:18 ▲[12)]

81:19 王鳩, 嘗見淮上人說, 淮上有之, 狀如此間之鳩, 差小而長, 常是雌雄二箇不相失. 雖然二箇不相失, 亦不曾相近而立處, 須是隔丈來地, 所謂“摯而有別”是[13)]也. “人未嘗見其四居而乘處.” 乘處, 謂四箇同處也. 只是二箇相隨, 既不失其偶, 又未嘗近而相狎, 所以爲貴也. 余正甫云: “‘宵行’, 自是夜光之蟲, 夜行於地. ‘熠耀’, 言其光耳, 非螢也. 苢, 今之苦馬[14)].” 【賀孫】

「卷耳」

81:20 問: “「卷耳」與前篇「葛覃」同是賦體, 又似略不同. 蓋「葛覃」直敍其所嘗經歷之事, 「卷耳」則是託言也.” 曰: “亦安知后妃之不自采卷耳? 設使不曾經歷, 而自言我之所懷者如此, 則亦是賦體也. 若「螽斯」則只是比, 蓋借螽斯以比后妃之子孫衆多. ‘宜爾子孫振振兮!’ 卻自是說螽斯之子孫, 不是說后妃之子孫也. 蓋比詩多不說破這意, 然亦有說破者. 此前數篇, 賦・比・興皆已備矣. 自此推之, 令篇篇各有

---

12) ▲: 古說關雎爲王雎, 摯而有別, 居水中, 善捕魚. 說得來可畏, 當是鷹鸇之類, 做得勇武氣象, 恐后妃不然. 某見人說, 淮上有一般水禽名王雎, 雖兩兩相隨, 然相離每遠, 此說卻與『列女傳』所引義合. 【浩】

13) 是: 成化本・賀本에는 없다.

14) 苦馬: 賀本에서는 苦蕒로 되어 있다.

著落, 乃好.” 時學因云: “螽, 只是『春秋』所書之螽. 竊疑‘斯’字只是語辭, 恐不可把‘螽斯’爲名.” 曰: “『詩』中固有以‘斯’爲語者, 如‘鹿斯之奔’, ‘湛湛露斯’之類是也. 然「七月」詩乃云‘斯螽動股’, 則恐‘螽斯’卽便是名也.” 【時學】

「樛木」

81:21 問: “「樛木」詩‘樂只君子’, 作后妃, 亦無害否?” 曰: “以文義推之, 不得不作后妃. 若作文王, 恐太隔越了. 某所著『詩傳』, 蓋皆推尋其脈理, 以平易求之, 不敢用一毫私意. 大抵古人道言語, 自是不泥著.” 某云: “詩人道言語, 皆發乎情, 又不比他書.” 曰: “然.” 【可學】

「螽斯」

81:22 不妬忌, 是后妃之一節. 「關雎」所論是全體. 【方子】

「兔罝」

81:23 問: “「兔罝」詩作賦看, 得否?” 曰: “亦可作賦看. 但其辭上下相應, 恐當爲興. 然亦是興之賦也[15].” 【可學】

「漢廣」

81:24 問: “文王時, 紂在河北, 政化只行於江·漢?” 曰: “然. 西方亦有玁狁.” 【可學】

15) 也: 成化本·賀本에는 없다.

81:25 「漢廣」游女, 求而不可得. 「行露」之男[16], 不能侵陵貞[17]女. 豈當時婦人蒙化, 而男子則非? 亦是偶有此樣詩說得一邊.【淳】

81:26 問: "'漢之廣矣, 不可泳思, 江之永矣, 不可方思.' 此是興, 何如?" 曰: "主意只說'漢有游女, 不可求思'兩句. 餘[18]六句是反覆說. 如'奕奕寢廟, 君子作之, 秩秩大猷, 聖人莫之. 他人有心, 予忖度之, 躍躍毚兔, 遇犬獲◇[19].' 上下六句, 亦只興出'他人有心'兩句."【賀孫 ○『詩傳』今作"興而比."】

「汝墳」

81:27 君擧『詩』言, 「汝墳」是已被文王之化者, 『江』·『漢』是聞文王之化而未被其澤者. 各[20]有意思[21].

「麟趾」

81:28 問: "「麟趾」·「騶虞」之詩, 莫是當時有此二物出來否?" 曰: "不是, 只是取以爲比, 云卽此便是麟, 便是騶虞." 又問: "『詩』序說'「麟趾」之時', 無義理." 曰: "此語有病."【木之】

81:29 時擧說: "'雖衰世之公子[22], 皆信厚如「麟趾」之時', 似亦不成

---

16) 男: 成化本에서는 勇으로 되어 있다. 『詩經·召南·行露』에서는 男으로 되어 있다.
17) 貞: 成化本·賀本에서는 正으로 되어 있다.
18) 餘: 成化本·賀本에는 없다.
19) ◇: 之
20) 各: 『朱子語類』에서는 卻으로 되어 있다.
21) 卻有意思: 徽州本에서는 이 뒤에 【大雅】가 더 있다.
22) 雖衰世之公子: 徽州本에서는 『詩』至「麟之趾」, 因言「小序」云: "雖衰世之公子로

文理.” 曰: “是.”【時擧】

「召南・鵲巢」

81:30 問: “「召南」之有「鵲巢」, 猶「周南」之有「關雎」. 「關雎」言‘窈窕淑女’, 則是明言后妃之德也. 惟鵲巢三章皆不言夫人之德, 如何?” 曰: “鳩之爲物, 其性專靜無比, 可借以見夫人之德也.”【時擧】

「采蘩」

81:31 問: “采蘋蘩以供祭祀, 采枲耳以備酒漿, 后妃夫人恐未必親爲之.” 曰: “詩人且是如此說.”【德明】

81:32 器之問: “「采蘩」何故存兩◇[23]?” 曰: “如今不見得果是如何, 且與兩存. 從來說蘩所以生蠶, 可以供蠶事. 何必底死說道只爲奉祭事, 不爲蠶事?”【木之】

81:33 問: “「采蘩」詩, 若只作祭事說, 自是曉然. 若作蠶事說, 雖與「葛覃」同類而恐實非也. 葛覃是女功, 采蘩是婦職, 以爲同類, 亦無不可, 何必以蠶事而後同耶?” 曰: “此說亦姑存之而已.”【時擧】

「殷其雷」

81:34 問: “「殷其雷」, 比「君子于役」之類, 莫是寬緩和平, 故入正風?” 曰: “固然. 但正・變風亦是後人如此分別, 當時亦只是大約如此取之. 聖人之言, 在『春秋』・『易』・『書』無一字虛. 至於『詩』, 則發乎

되어 있다.

23) ◇: 說

情, 不同."【可學】

「摽有梅」

81:35 問: "「摽有梅」何以入於正風?" 曰: "此乃當文王與紂之世, 方變惡入善, 未可全責備."【可學】

81:36 問: "「摽有梅」之詩固出於正, 只是如此急迫, 何耶?" 曰: "此亦是人之情. 嘗見晉·宋閒有怨父母之詩. 讀『詩』者於此, 亦欲達男女之情."【文蔚】

「小星」

○[24] "古人作詩, 多有用意不相連續. 如'嘒彼小星, 三五在東', 釋者皆云: '小星者, 是在天至小之星也, 三五在東者, 是五緯之星應在於東也.' 其言全不相貫."【卓】

「江有汜」

81:37 器之問「江有汜」「序」"勤而無怨"之說. 曰: "便是「序」不可信如此. 『詩』序自是兩三人作. 今但信『詩』, 不必信「序」. 只看『詩』中說'不我而[25]', '不我過', '不我與', 便自見得不與同去之意, 安得'勤而無怨'之意?" 因問器之: "此詩, 「召南」詩. 如何公方看「周南」, 便又說「召南」? 讀書且要逐處沈潛, 次第理會, 不要班班剝剝, 指東摘西, 都不濟事. 若能沈潛專一看得文字, 只此便是治心養性之法."【木之】

---

24) ○: 『朱子語類』 81:64의 일부이다.
25) 而: 『朱子語類』에서는 以로 되어 있다.

「何彼穠矣」

81:38 問: "「何彼穠矣」之詩, 何以錄於「召南」?" 曰: "也是有些不穩當. 但先儒相傳如此說, 也只得恁地就他說. 如定要分箇正經及變詩, 也自◇[26]考據. 如頌中儘多周公說話, 而風・雅又未知如何." 【賀孫】

81:39 "雖則王姬, 亦下嫁於諸侯, 車服不繫其夫, 下王后一等." 只是一句, 其語拙耳. 【璘】

「騶虞」

81:40 「騶虞」之詩, 蓋於田獵之際, 見動植之蕃庶, 因以贊詠文王平昔仁澤之所及, 而非指田獵之事爲仁也. 『禮』曰: "無事而不田曰不敬." 故此詩"彼茁者葭", 仁也, "一發五豝", 義也. 【必大】

81:41 ▲[27]

81:42 ▲[28]

「邶柏舟」

81:43 問: "'汎彼柏舟, 亦汎其流', 注作比義. 看來與'關關雎鳩, 在河之洲', 亦無異, 彼何以爲興?" 曰: "他下面便說淑女, 見得是因彼興此. 此詩纔說柏舟, 下面更無貼意, 見得其義是比." 【時擧】

---

26) ◇: 難

27) ▲: 仁在一發之前. 使庶類蕃殖者, 仁也, "一發五豝"者, 義也. 【人傑】

28) ▲: "于嗟乎騶虞!" 看來只可解做獸名. 以"于嗟麟兮"類之, 可見. 若解做騶虞官, 終無甚意思. 【僩】

81:44 陳器之疑「柏舟」詩解“日居月諸, 胡迭而微”太深. 又屢辨賦・比・興之體. 曰: “賦・比・興固不可以不辨. 然讀『詩』者須當諷味, 看他詩人之意是在甚處. 如「柏舟」, 婦人不得於其夫, 宜其怨之深矣, 而其言曰: ‘我思古人, 實獲我心’, 又曰: ‘靜言思之, 不能奮飛.’ 其詞氣忠厚惻怛, 怨而不過如此, 所謂‘止乎禮義’而中喜怒哀樂之節者. 所以雖爲變風, 而繼二南之後者以此. 臣之不得於其君, 子之不得於其父, 弟之不得於其兄, 朋友之不相信, 處之皆當以此爲法. 如屈原不忍其憤, 懷沙赴水, 此賢者過之也. 賈誼云: ‘歷九州而相其君兮, 何必懷此都也?’ 則又失之遠矣. 讀『詩』須合如此看. 所謂‘『詩』可以興, 可以觀, 可以群, 可以怨’, 是『詩』中一箇大義, 不可不理會得也.”【閎祖】

81:45 器之問: “‘靜言思之, 不能奮飛’, 似猶未有和平意.” 曰: “也只是如此說, 無過當處. 旣有可怨之事, 亦須還他有些[29]怨底意思, 終不成只如平時, 卻與土木相似. 只看舜之號泣于[30]旻天, 更有甚於此者. 喜怒哀樂, 但發之不過其則耳, 亦豈可無? 聖賢處憂患, 只要不失其正. 如「綠衣」言‘我思古人, 實獲我心’, 這般意思卻又分外好.”【木之】

「綠衣」

81:46 或問「綠衣」卒章“我思古人, 實獲我心”二句. 曰: “言◇[31]人所爲, 恰與我合, 只此便是至善. 前乎千百世之已往, 後乎千百世之未來, 只是此箇道理. 孟子所謂‘得志行乎中國, 若合符節’, 正謂是爾.”【胡泳】

「燕燕」

29) 些: 成化本・賀本에는 없다.
30) 于: 成化本・賀本에는 없다.
31) ◇: 古

81:47 或問: "「燕燕」卒章, 戴嬀不以莊公之已死, 而勉莊姜以思之, 可見溫和惠順而能終也. 亦緣他之心塞實淵深, 所稟之厚, 故能如此." 曰: "不知古人文字之美, 詞氣溫和, 義理精密如此. 秦·漢以後無此等語. 某讀『詩』, 於此數句, 讀『書』, 至'先王肇修人紀, 從諫弗咈, 先民時若, 居上克明, 爲下克忠, 與人不求備, 檢身若不及, 以至于有萬邦, 茲惟艱哉!' 深誦嘆之."【胡泳】

81:48 時擧說: "「燕燕」詩前三章, 但見莊姜拳拳於戴嬀, 有不能已者. 及四章, 乃見莊姜於戴嬀非是情愛之私, 由其有塞淵溫惠之德, 能自淑愼其身, 又能以先君之思而勉己以不忘, 則見戴嬀平日於莊姜相勸勉以善者多矣. 故於其歸而愛之若此, 無非情性之正也." 先生頷之.【時擧】

「日月」·「終風」

81:49 又說: "「日月」·「終風」二篇, 據『集注』云, 當在「燕燕」之前. 以某觀之, 「終風」當在先, 「日月」當次之, 「燕燕」是莊公死後之詩, 當居最後. 蓋詳「終風」之辭, 莊公於莊姜猶有往來之時, 但不暴則狎, 莊姜不能堪耳. 至「日月」, 則見莊公已絶不顧莊姜, 而莊姜不免微怨矣. 以此觀之, 則「終風」當先, 而「日月」當次." 曰: "恐或如此."【時擧】

「式微」

81:50 器之問: "「式微」詩以爲勸耶? 戒耶?" 曰: "亦不必如此看, 只是隨它當時所作之意如此, 便與存在, 也可以見得有羈旅狼狽之君如此, 而方伯連師[32]無救卹[33]之意. 今人多被'止乎禮義'一句泥了, 只管

32) 師: 『朱子語類』에서는 帥로 되어 있다.
33) 卹: 成化本에서는 恤로 되어 있다.

去曲說. 且要平心看詩人之意. 如「北門」只是說官卑祿薄, 無可如何. 又如「標[34]有梅」, 女子自言婚姻之意如此. 看來自非正理, 但人情亦自有如此者, 不可不知. 向見伯恭「麗澤詩」, 有唐人女, 言兄嫂不以嫁之詩, 亦自鄙俚可惡. 後來思之, 亦自是見得人之情處. 爲父母者能於是而察之, 則必使之及時矣, 此所謂『詩』可以觀." 子升問: "「麗澤詩」編得如何?" 曰: "大綱亦好, 但自據他之意揀擇. 大率多喜深巧有意者, 若平淡底詩, 則多不取." 問: "此亦有接續三百篇之意否?" 曰: "不知. 他亦須有此意."【木之】

「簡兮」

81:51 問: "「簡兮」詩, 張子謂'其跡如此, 而其中固有以過人者.' 夫能卷而懷之, 是固可以爲賢. 然以聖賢出處律之, 恐未可以爲盡善." 曰: "古之伶官, 亦非甚賤, 其所執者, 猶是先王之正樂. 故獻工之禮, 亦與之交酢. 但賢者而爲此, 則自不得志耳."【時舉】

「泉水」

81:52 問: "'駕言出遊, 以寫我憂', 注云: '安得出遊於彼, 而寫其憂哉?' 恐只是因思歸不得, 故欲出遊於國, 以寫其憂否?" 曰: "夫人之遊, 亦不可輕出, 只是思遊於彼地耳."【時舉】

「北門」

81:53 問: "「北門」詩, 只作賦說, 如何?" 曰: "當作賦而比. 當時必因出北門而後作此詩, 亦有比意思."【可學】

---

34) 標: 英祖刊本·成化本·賀本에서는 摽로 되어 있다. 孝宗刊本은 標/摽의 자형이 다소 불분명하다.

81:54 問[35]: "'莫赤匪狐, 莫黑匪烏', 狐與烏, 不知詩人以比何物?" 曰: "不但指一物而言. 當國將危亂時, 凡所見者無非不好底景象也." 【時擧】

「靜女」

81:55 問: "「靜女」, 注以爲淫奔期會之詩, 以靜爲閒雅之意. 不知淫奔之人方相與狎暱[36], 又何取乎閒雅?" 曰: "淫奔之人不知其爲可醜, 但見其爲可愛耳. 以女而俟人於城隅, 安得謂之閒雅? 而此曰'靜女'者, 猶「日月」詩所謂'德音無良'也. 無良, 則不足以爲德音矣, 而此曰'德音', 亦愛之之辭也." 【時擧】

「二子乘舟」

81:56 問: "「二子乘舟」, 注取太史公語, 謂二子與申生不明驪姬之過同. 其意似取之, 未知如何?" 曰: "太史公之言有所抑揚, 謂三人皆惡傷父之志, 而終於死亡[37], 其情則可取. 雖於理爲未當, 然視夫父子相殺, 兄弟相戮者, 則大相遠矣." 【時擧】

81:57 因說, 宣姜生衛 文公・宋 桓夫人・許 穆夫人・衛 伋・壽. 以此觀之, 則人生自有秉彝, 不係氣類. 【燾】

「干旄」

81:58 問文蔚: "'彼姝者子', 指誰而言?" 文蔚曰: "『集傳』言大夫乘此

---

35) 問: 徽州本에서는 時擧問「北風」末章謂로 되어 있다.
36) 暱: 成化本・賀本에서는 溺으로 되어 있다.
37) 亡: 成化本・賀本에서는 之로 되어 있다.

車馬, 以見賢者. 賢者言: '車中之人, 德美如此, 我將何以告之?'" 曰: "此依舊是用「小序」說." "此只是傍人見此人有好善之誠." 曰: "'彼姝者子, 何以告之?' 蓋指賢者而言也. 如此說, 方不費力. 今若如『集傳』說, 是說斷了再起, 覺得費力."【文蔚】

「淇奧」[38]

81:59 文蔚曰: "「淇奧」一篇, 衛 武公進德成德之序, 始終可見. 一章言切磋琢磨, 則學文[39]自修之功精密如此. 二章言威儀服飾之盛, 有諸中有形諸外者也. 三章言如金錫圭璧則煅[40]煉以精, 溫純深粹, 而德器成矣. 前二章皆有'瑟·僩·赫·咺'之詞, 三章但言'寬·綽·戲·謔'而已. 於此可見不事矜持, 而周旋自然中禮之意." 曰: "說得甚善. 衛 武公學問之功甚不苟, 年九十五歲, 猶命群臣使進規諫. 至如「抑」詩是他自警之詩, 後人不知, 遂以爲戒厲王. 畢竟周之卿士去聖人近, 氣象自是不同. 且如劉 康公謂'民受天地之中以生'[41], 便說得這般言語出."【文蔚】

「君子陽陽」

81:60 "'君子陽陽', 先生不作淫亂說, 何如?" 曰: "有箇'君子于役', 如何別將這箇做一樣說? '由房', 只是人出入處. 古人屋, 於房處前有壁, 後無壁, 所以通內. 所謂'焉得諼草, 言樹之背', 蓋房之北也."【賀孫】

---

38) 「淇奧」: 徽州本에서는 「衛·淇奧」로 되어 있다. 徽州本에서는 國風에 속하는 시들은 「衛·淇奧」, 「王·君子陽陽」처럼 각 편명 앞에 해당 風名을 밝히고 있다.

39) 文: 『朱子語類』에서는 問으로 되어 있다.【附箋紙】"文", 恐"問"之誤.

40) 煅: 成化本에서는 鍛으로 되어 있다.

41) '民受天地之中以生': 『春秋左氏傳』「成公13年」

「狡童」【兼論衛[42]詩.】

81:61 鄭·衛皆淫奔之詩,「風雨」·「狡童」皆是. 又豈是思君子, 刺忽? 忽愚, 何以爲狡?【振】

81:62 經書都被人說壞了, 前後相仍不覺. 且如「狡童」詩是「序」之妄. 安得當時人民敢指其君爲"狡童"? 況忽之所爲, 可謂之愚, 何狡之有? 當是男女相怨之詩.【浩】

81:63 問: "'「狡童」, 刺忽也.' 古注謂詩人以'狡童'指忽而言. 前輩嘗擧『春秋』書忽之法, 且引「碩鼠」以況其義. 先生『詩解』取程子之言, 謂作詩未必皆聖賢, 則其言豈免小疵? 孔子刪詩而不去之者, 特取其可以爲後戒耳. 琮謂, 鄭之詩人果若指斥其君, 目以'狡童', 其疵大矣, 孔子自應刪去." 曰: "如何見得?" 曰: "似不曾以'狡童'指忽. 且今所謂'彼'者, 它人之義也, 所謂'子'者, 爾之義也. 他與爾似非共指一人而言. 今詩人以'維子之故, 使我不能餐兮', 爲憂忽之辭, 則'彼狡童兮', 自應別有所指矣." 曰: "卻是指誰?" 曰: "必是當時擅命之臣." 曰: "'不與我言兮', 卻是如何?" 曰: "如祭仲賣國受盟之事, 國人何嘗與知? 琮因是以求「碩鼠」之義, 烏知必指其君, 而非指其任事之臣哉?" 曰: "如此解經, 盡是『詩』序悞[43]人. 鄭忽如何做得狡童? 若是狡童, 自會託婚大國, 而借其助矣. 謂之頑童, 可也. 許多鄭風, 只是孔子一言斷了曰: '鄭聲淫.' 如「將仲子」, 自是男女相與之辭, 卻干祭仲·共叔段甚事? 如「褰裳」, 自是男女相咎之辭, 卻干忽與突爭國甚事? 但以意推看狡童, 便見所指是何人矣. 不特「鄭風」,『詩』序大率皆然." 問: "每篇詩名下一句恐不可無, 自一句而下卻似無用." 曰: "蘇氏有此說. 且如「卷耳」, 如何是后妃之志? 「南山有臺」, 如何是樂得賢? 甚至「漢廣」

---

42) 衛:『朱子語類』에서는 鄭으로 되어 있다.
43) 悞: 成化本에서는 誤로 되어 있다.

之詩, 寧是'文王之道'以下至'求而不可得也', 尙自不妨, 卻與[44]'德廣所及也'一句成甚說話?" 又問: "「大序」如何?" 曰: "其間亦自有鑿說處, 如言'國史明乎得失之跡.' 按『周禮』史官如太史・小史・內史・外史, 其職不過掌書, 無掌詩者. 不知'明得失之跡'卻看[45]國史甚事?" 曰: "舊聞先生不取『詩』序之說, 未能領受. 今聽一言之下, 遂活卻一部『毛詩』." 【琮】

81:64 ▲[46]

81:65 問: "「碩鼠」・「狡童」之刺其君, 不已甚乎?" 曰: "「碩鼠」刺君重斂, 蓋暴取虐民, 民怨之極, 則將視君如寇仇, 故發爲怨上之辭至此. 若「狡童」詩, 本非是刺忽. 纔做刺忽, 便費得無恨[47]杜撰說話. 鄭忽之罪不至已甚. 往往如宋襄這般人, 大言無當, 有甚狡處? 「狡童」刺忽, 全不近傍些子, 若鄭突卻是狡. 『詩』意本不如此. 聖人云: '鄭聲淫.' 蓋周衰, 惟鄭國最爲淫俗, 故諸詩多是此事. 東萊將鄭忽深文詆斥得可畏." 【賀孫】

---

44) 與: 『朱子語類』에서는 如로 되어 있다.

45) 看: 『朱子語類』에서는 干으로 되어 있다.

46) ▲: 江疇問: "'「狡童」刺忽也', 言其疾之太重." 曰: "若以當時之暴斂於民觀之, 爲言亦不爲重. 蓋民之於君, 聚則爲君臣, 散則爲仇讎. 如孟子所謂'君之視臣如草芥, 則臣視君如寇仇', 是也. 然詩人之意, 本不如此, 何曾言'狡童'是刺忽? 而序『詩』者妄意言之, 致得人如此說. 聖人言'鄭聲淫'者, 蓋鄭人之詩, 多是言當時風俗男女淫奔, 故有此等語. 「狡童」, 想說當時之人, 非刺其君也." 又曰: "『詩』辭多是出於當時鄉談鄙俚之語, 雜而爲之. 如「鴟鴞」云'拮据'・'捋荼'之語, 皆此類也." 又曰: "此言乃周公爲之. 周公, 不知其人如何, 然其言皆聱牙難考. 如『書』中周公之言便難讀, 如「立政」・「君奭」之篇是也. 最好者惟「無逸」一書, 中間用字亦有'譸張爲幻'之語. 至若「周官」・「蔡仲」等篇, 卻是官樣文字, 必出於當時有司潤色之文, 非純周公語也." 又曰: "古人作詩, 多有用意不相連續. 如'嘒彼小星, 三五在東', 釋者皆云: '小星者, 是在天至小之星也, 三五在東者, 是五緯之星應在於東也.' 其言全不相貫." 【卓】

47) 恨: 『朱子語類』에서는 限으로 되어 있다.

81:66 曹云[48]: "陳先生以此詩不是刺忽, 但詩人說他人之言. 如'彼狡童兮, 不與我言兮, 維[49]子之故, 使我不能餐兮', 言狡童不與我言, 則已之." 曰: "又去裏面添一箇'休'字也. 這只是鄭[50]人當時淫奔, 故其言鄙俚如此, 非是爲君言也."【卓】

「雞鳴」

81:67 問: "「雞鳴」詩序卻似不妨, 詩中卻要理會. 其曰: '雞旣鳴矣, 朝旣盈矣. 匪雞則鳴, 蒼蠅之聲.' 舊注謂夫人以蠅聲爲雞聲, 所以警戒其君使夙起耳. 先生『詩解』亦取此說. 然以琮觀之, 賢妃貞女[51]所恃[52]以感君聽者, 言有誠實而已. 今雞本未鳴, 乃借蠅聲以紿之, 一夕偶然, 其君尙以爲非信, 它夕其復敢言乎?" "是." 曰: "莫是要作推託不肯起之意在否? 鄙見政謂是酬答之辭." 曰: "如此說, 亦可."【琮】

「著」

81:68 問: "「著」是刺何人?" 曰: "不知所刺, 但覺是親迎底詩. 古者五等之爵, 朝會[53]・祭祀似皆以充耳, 亦不知是說何人親迎. 所說'尙之以靑・黃・素・瓊・瑤・瑛', 大抵只是押韻. 如衛詩說'良馬六', 此是天子禮, 衛安得而有之? 看來只是押韻. 不知古人充耳以瑱, 或用玉, 或用象, 不知是塞於耳中, 爲復是塞在耳外? 看來恐只是以線穿垂在當耳處."【子蒙】

---

48) 曹云: 徽州本에서는 又問「狡童」詩如何說, 曹云으로 되어 있다.
49) 維: 成化本・賀本에서는 微로 되어 있다.
50) 鄭: 『朱子語類』에서는 衛로 되어 있다.
51) 其君使夙起耳 … 賢妃貞女: 賀本에는 없다.
52) 恃: 成化本에서는 侍로 되어 있다.
53) 會: 成化本・賀本에는 없다.

「甫田」[54]

81:69 子善問: "「甫田」詩'志大心勞.'" 曰: "「小序」說'志大心勞', 已是說他不好. 人若能循序而進, 求之以道, 則志不爲徒大, 心亦何勞之有? 人之所期, 固不可不遠大. 然下手做時, 也須一步斂一步, 著實做始得. 若徒然心務高遠, 而不下著實之功, 亦何益哉?" 【銖】

81:70 "驕驕", 張王之意, 猶曰暢茂桀敖耳. "桀桀"與"驕驕"之義同, 今田畝間莠最硬搶. 【必大】

「園有桃」

81:71 「園有桃」, 似比詩. 【升卿】

「蟋蟀」

81:72 問: "如「蟋蟀」之序, 全然鑿說, 固不在[55]言. 然詩作於晉, 而風係於唐, 卻須有說." 曰: "本是唐, 及居晉水, 方改號晉." 琮曰: "莫是周之班籍只有唐而無晉否?" 曰: "「文侯之命」, 『書』序固稱'晉'矣." 曰: "『書』序想是紀事之詞. 若如『春秋』書'晉'之法, 乃在曲沃旣命之後, 豈亦係『詩』之意乎?" 曰: "恁地說忒緊, 恰似擧子做時文去." 【琮】

81:73 「蟋蟀」自做起底詩, 「山有樞」自做到底詩, 皆人所自作. 【升卿】

---

54) 「甫田」: 孝宗刊本 · 英祖刊本 · 成化本에서는 소제목 「甫田」과 이에 해당하는 항목인 81:69와 81:70이 81:124와 81:125 사이에 있다. 「齊風 · 甫田」에 대한 내용이므로 이들 항목은 『小分』 · 賀本의 항목의 위치가 옳다.

55) 在: 賀本에서는 待로 되어 있다.

「豳・七月」

81:74 問: "豳詩本風, 而『周禮』籥章氏祈年於田祖, 則吹豳雅, 蜡祭息老物, 則吹豳頌. 不知就豳詩觀之, 其孰爲雅? 孰爲頌?" 曰: "先儒因此說, 而謂風中自有雅, 自有頌, 雖程子亦謂然, 似都壞了『詩』之六義. 然有三說, 一說謂豳之詩, 吹之, 其調可以爲風, 可爲雅, 可爲頌, 一說謂「楚茨」・「大田」・「甫田」是豳之雅, 「噫嘻」・「載芟」・「豐年」諸篇是豳之頌, 謂其言田之事如「七月」也. 如王介甫則謂豳之詩自有雅・頌, 今皆亡矣. 數說皆通, 恐其或然, 未敢必也."【道夫】

81:75 問: "古者改正朔, 如以建子月爲首, 則謂之正月? 抑只謂之十一月?" 曰: "此亦不可考. 如『詩』之月數, 卽今之月. 『孟子』'七八月之間旱', 乃今之五六月, '十一月徒杠成, 十二月輿梁成', 乃今之九十月. 『國語』夏令曰'九月成杠, 十月成梁', 卽『孟子』之十一月・十二月. 若以爲改月, 則與『孟子』・『春秋』相合, 而與『詩』・『書』不相合. 若以爲不改月, 則與『詩』・『書』相合, 而與『孟子』・『春秋』不相合. 如秦元年以十月爲[56]首, 末又有正月, 又似不改月."【義剛】[57]

81:76 問: "東萊曰: '十月而曰"改歲", 三正之通, 于[58]民俗尙矣, 周特擧而迭用之耳.' 據『詩』, 如'七月流火'之類, 是用夏正, '一之日觱發'之類, 是周正, 卽不見其用商正, 而呂氏以爲'擧而迭用之', 何也?" 曰: "◇[59]歷夏・商, 其未有天下之時, 固用夏・商之正朔. 然其國僻遠, 無純臣之義, 又自有私紀其時月者, 故三正皆會[60]用之也."【時擧▲[61]】

---

56) 爲: 『小分』에서는 이 뒤에 세로줄이 있다.
57)【義剛】: 徽州本에서는【淳・義剛錄同.】으로 되어 있다.
58) 于: 賀本에서는 於로 되어 있다.
59) ◇: 周
60) 會: 『朱子語類』에서는 曾으로 되어 있다.

81:77 問: "'躋彼公堂, 稱彼兕觥', 民何以得升君之堂?" 曰: "周初國小, 君民相親, 其禮樂法制未必盡備, 而民事之艱難, 君則盡得以知之. 成王之[62]時禮樂備, 法制立, 然但知爲君之尊, 而未必知爲國之初此等意思也[63]. 故周公特作此詩, 使之因是以知民事也." 【時擧】

「鴟鴞」

81:78 因論「鴟鴞」詩, 問: "周公使管叔監殷, 豈非以愛兄之心勝, 故不敢疑之耶?" 曰: "若說不敢疑, 則已是有可疑者矣. 蓋周公以管叔是吾之兄, 事同一體, 今旣克商, 使之監殷, 又何疑焉? 非是不敢疑, 乃是卽無可疑之事也. 不知他自差異, 造出一件事, 周公爲之柰何哉?" 叔重因云: "孟子所謂'周公之過, 不亦宜乎?'者, 正謂此也." 曰: "然." 【可學】

81:79 或問: "'旣取我子, 無毁我室', 解者以爲武庚旣殺我管・蔡, 不可復亂我王室, 不知是如此否? 畢竟是當初[64]管・蔡挾武庚爲亂. 武庚是紂子, 豈有父爲人所殺, 而其子安然視之不報讎者?" 曰: "詩人之言, 只得如此, 不成歸怨管・蔡. 周公愛兄, 只得如此說, 自是人情是如此. 不知當初何故忽然使管・蔡去監他, 做出一場大疏脫? 合天下之力以誅紂了, 卻使出屋裏人自做出這一場大疏脫. 這是周公之過, 無可疑者. 然當初周公使管・蔡者, 想見那時好在[65], 必不疑他. 後來有這樣事, 管・蔡必是被武庚與商之頑民每日將酒去灌啗它, 乘醉以語言離間之曰: '你是兄, 卻出來在此, 周公是弟, 反執大權以臨天下.' 管・蔡獃, 想被這幾箇唆動了, 所以流言說: '公將不利於[66]孺子.' 這

---

61) ▲: ○"無純臣"語, 恐記誤.
62) 之: 成化本・賀本에는 없다.
63) 也: 成化本・賀本에는 없다.
64) 是當初: 成化本・賀本에서는 當初是로 되어 있다.
65) 想見那時好在: 徽州本에서는 想見那時是好在로 되어 있다.

都是武庚與商之頑民教他, 使得管・蔡如此. 後來周公所以做「酒誥」, 丁寧如此, 必是當日因酒做出許多事. 其中間想煞有說話, 而今『書』・『傳』只載得大概, 其中更有幾多機變曲折在."【僩】

○[67] "『詩』辭多是出於當時鄉談鄙俚之語, 雜而爲之. 如「鴟鴞」云'拮据'・'捋荼'之語, 皆此類也." 又曰: "此言乃周公爲之. 周公, 不知其人如何, 然其言皆聱牙難考. 如『書』中周公之言便難讀, 如「立政」・「君奭」之篇是也. 最好者惟「無逸」一書, 中間用字亦有'譸張爲幻'之語. 至若「周官」・「蔡仲」等篇, 卻是官樣文字, 必出於當時有司潤色之文, 非純周公語也."

「東山」

81:80 問: "「東山」詩序, 前後都是, 只中間插'大夫美之'一句, 便知不是周公作矣." 曰: "「小序」非出一手, 是後人旋旋添續, 往往失了前人本意, 如此類者多矣."【時舉】

81:81 『詩』曲盡人情. 方其盛時, 則作之於上, 「東山」是也, 及其衰世, 則作之於下, 「伯兮」是也.【燾】

「破斧」

81:82 「破斧」詩, 看聖人這般心下, 詩人直是形容得出. 這是答「東山」之詩. 古人做事, 苟利國家, 雖殺身爲之而不辭. 如今人箇箇計較利害, 看他[68]四國如何不安也得, 不寧也得, 只是護了我斨・我斧, 莫

---

66) 於: 賀本에서는 于로 되어 있다.
67) ○: 『朱子語類』 81:64의 일부이다.
68) 他: 成化本・賀本에서는 你로 되어 있다.

得缺[69]壞了. 此詩說出極分明. 毛注卻云四國是管·蔡·商·奄. 『詩』裏多少處說"四國", 如正是"四國"之類, 猶言四海. 他卻不照這例, 自恁地說.【賀孫】

81:83 「破斧」詩, 須看那"周公東征, 四國是皇", 見得周公用心始得. 這箇卻是箇好話頭.【義剛】

81:84 問: "「破斧」, 『詩傳』何以謂'被堅執銳, 皆聖人之徒'?" 曰: "不是聖人之徒, 便是盜賊之徒. 此語大概是如此, 不必恁粘皮帶骨看, 不成說聖人之徒便是聖人. 且如'孳孳爲善'是舜之徒, 然'孳孳爲善'亦有多少淺深."【淳 ○義剛錄詳, 別出.】

81:85 安卿問: "「破斧」, 『詩傳』云: '被堅執銳, 皆聖人之徒.' 似未可謂聖人之徒." 曰: "不是聖人之徒時, 便是賊徒. 公多年不相見, 意此來必有大題目可商量, 今卻恁地, 如何做得工夫恁地細碎?" 安卿因呈問目. 先生曰: "程子言: '有讀了後全然無事者, 有得一二句喜者.' 到這一二句喜處, 便是入頭處. 如此讀將去, 將久自解踏著他關捩了, 倏然悟時, 聖賢格言自是句句好. 須知道那一句有契於心, 著實理會得那一句透. 如此推來推去, 方解有得. 今只恁地包罩說道好. 如喫物事相似, 事事道好, 若問那般較好, 其好是如何, 卻又不知. 如此, 濟得甚事?" 因云: "如「破斧」詩, 卻是一箇好話頭, 而今卻只去理會那'聖人之徒', 便是不曉."【義剛】

81:86 先生謂淳曰: "公當初說「破斧」詩, 某不合截得緊了, 不知更有甚疑?" 曰: "當初只是疑'被堅執銳'是麤人, 如何謂之'聖人之徒?'" 曰: "有麤底聖人之徒, 亦有讀書識文理底盜賊之徒."【淳】[70]

---

69) 缺: 孝宗刊本·成化本·賀本에서는 闕로 되어 있다.
70)【淳】: 徽州本에서는【淳·義剛錄同.】으로 되어 있다.

81:87 “「破斧」詩最是箇好題目, 大有好理會處, 安卿適來只說那一句沒緊要底.” 淳曰: “此詩見得周公之心, 分明天地正大之情, 只被那一句礙了.” 曰: “只泥一句, 便是未見得他意味.” 【淳】

「九罭」

81:88 寬厚溫柔, 『詩』敎也. 若如今人說「九罭」之詩, 乃責其君之辭, 何處討寬厚溫柔之意? 【賀孫】

81:89 「九罭」詩分明是東人願其來[71], 故致願留之意. 公歸豈無所? 於汝但暫寓信宿耳. 公歸將不復來, 於汝但暫寓信處耳. “是以有衮衣兮”, “是以”兩字如今都不說. 蓋本謂緣公暫至於此, 是以此間有被衮衣之人. “無以我公歸兮, 無使我心悲兮”, 其爲東人願留之詩, 豈不甚明白? 止緣「序」有“刺朝廷不知”之句, 故後之說『詩』者, 悉委曲附會之, 費多少辭語, 到底鶻突? 某嘗謂死後千百年須有人知此意. 自看來, 直是盡得聖人之心. 【賀孫】

81:90 “鴻飛遵渚, 公歸無所”, “鴻飛遵陸, 公歸不復.” “飛”・“歸”叶, 是句腰亦用韻. 『詩』中亦有此體. 【方子】

「狼跋」

81:91 “狼跋其胡, 載疐其尾”, 此興是反說, 亦有些意義, 略似程子之說. 但程子說得深, 如云狼性貪之類. “公孫碩膚”, 如言“幸虜營”及“北狩”之意. 言公之被毁, 非四國之流言, 乃[72]公自遜此大美爾, 此古人善於辭命處. 【必大】

---

71) 來: 成化本・賀本에서는 東으로 되어 있다.
72) 流言, 乃: 『小分』에서는 流乃言을 교정부호로 바로잡았다.

81:92 ▲[73)]

81:93 問: "'公孫碩膚', 『集傳』之說如何?" 曰: "魯 昭公分[74)]明是爲季氏所逐, 春秋卻書云'公孫于齊', 如其自出云耳, 是此意." 【必大】

「二雅」

81:94 「小雅」恐是燕禮用之, 「大雅」須饗禮方用. 「小雅」施之君臣之間, 「大雅」則止人君可歌. 【必大】

81:95 「大雅」氣象宏闊. 「小雅」雖各指一事, 然[75)]說得精切至到. 嘗見古人工歌「宵雅」之三, 將作重事. 近嘗令孫子誦之, 則見其詩果是懇至. 如「鹿鳴」之詩, 見得賓主之間相好之誠, 如"德音孔昭", "以燕樂嘉賓之心", 情意懇切, 而不失義理之正. 「四牡」之詩, 古注云: "無公義, 非忠臣也, 無私情, 非孝子也." 此語甚切當. 如既云"王事靡盬", 又云"不遑將父[76)]母", 皆是人情少不得底, 說得懇切. 如「皇皇者華」, 卽首云"每懷靡及", 其後便云[77)]"咨詢", "咨謀." 看此等[78)]詩不用「小序」, 意義自然明白. 【營】

「鹿鳴」諸篇

---

73) ▲: 問: "'公孫碩膚', 注以爲此乃詩人之意, 言'此非四國之所爲, 乃公自讓其大美而不居耳. 蓋不使讒邪之口, 得以加乎公之忠聖. 此可見其愛公之深, 敬公之至'云云. 看來詩人此意, 也回互委曲, 卻大傷巧得來不好." 曰: "自是作詩之體當如此, 詩人只得如此說. 如『春秋』'公孫于齊', 不成說昭公出奔. 聖人也只得如此書, 自是體當如此." 【僩】

74) 分: 成化本・賀本에는 없다.

75) 然: 成化本・賀本에는 없다.

76) 父: 成化本・賀本에는 없다. 『詩經』「四牡」에서는 '王事靡盬, 不遑將父'와 '王事靡盬, 不遑將母'라는 구절이 있다.

77) 云: 成化本・賀本에서 須로 되어 있다.

78) 等: 成化本・賀本에는 없다.

81:96 問: "「鹿鳴」·「四牡」·「皇皇者華」三詩, 『儀禮』皆以爲上下通用之樂. 不知如[79]君勞使臣, 謂'王事靡盬'之類, 庶人安得而用之?" 曰: "鄉飮酒亦用, 而'大學始敎, 「宵雅」肄三, 官其始也', 正謂習此. 蓋入學之始, 須敎他便知有君臣之義, 始得." 又曰: "上下常用之樂, 「小雅」如「鹿鳴」以下三篇, 及「南有嘉魚」·「魚麗」·「南山有臺」三篇, 風則是「關雎」·「卷耳」·「采蘩」·「采蘋」等篇, 皆是. 然不知當初何故獨取此◇[80]篇也." 【時擧】

「常棣」

81:97 "雖有兄弟, 不如友生[81]", 未必其人實以兄弟爲不如友生也. 猶言喪亂旣平之後, 乃謂反不如友生乎? 蓋疑而問之辭也. 【時擧】

81:98 蘇宜又[82]問: "「常棣」詩, 一章言兄弟之大略, 二章言其死亡相收, 三章言其患難相救, 四章言不幸而兄弟有鬩, 猶能外禦其侮[83], 一節輕一節, 而其所以諸[84]夫兄弟之義者愈重. 到得喪亂旣平, 便謂兄弟不如友生, 其'於所厚者薄'如此, 則亦不足道也. 六章·七章, 就他逸樂時良心發處指出, 謂酒食備而兄弟有不具, 則無以共其樂, 妻子合而兄弟有不翕, 則無以久其樂. 蓋居患難則人情不期而相親, 故天理常易復, 處逸樂則多爲物欲所轉移, 故天理常隱而難尋. 所以詩之卒章有'是究是圖, 亶其然乎'之句. 反復玩味, 眞能使人孝友之心油然而生也." 曰: "所謂'生於憂患, 死於安樂.' 那二章, 正是遏人欲而存

---

79) 如: 賀本에서는 爲로 되어 있다.
80) ◇: 數
81) 雖有兄弟, 不如友生: 徽州本에서는 時擧說「常棣」詩, 先生曰: "雖有兄弟, 不如友生處로 되어 있다.
82) 蘇宜又: 英祖刊本에서는 蘇宜久로 되어 있다. 『考異』에서는 "久, 一誤又"로 되어 있다.
83) 侮: 孝宗刊本·成化本에서는 務로 되어 있다.
84) 諸: 『朱子語類』에서는 著로 되어 있다. 【附箋紙】 "諸", 當攷.

天理也[85], 須是恁地看."【胡泳】

81:99 聖人之言, 自是精粗輕重得宜. 呂伯恭「常棣詩」章」說: "聖人之言大小高下皆宜, 而左右前後不相悖." 此句說得極好.【銖】

「伐木」

81:100 問: "「伐木」, 大意皆自言待朋友不可不加厚之意, 所以感發之也." 曰: "然." 又問: "'釃酒', 云'縮酌用茅', 是此意否? 恐茅乃以酹." 曰: "某亦嘗疑今人用茅縮酒, 古人芻狗乃酹酒之物. 則用[86]茅▲[87]縮酒, 乃今[88]醡酒也. 想古人不肯用絹帛, 故以茅縮酒也."【榦】

81:101 問"神之聽之, 終和且平." 曰: "若能盡其道於朋友, 雖鬼神亦必聽之相之, 而錫之以和平之福."【燾】

「天保」

81:102 "何福不除", 義如"除戎器"之"除".【必大】

81:103 問: "'如松柏之茂, 無不爾或承.' 承是繼承相接續之謂, 如何?" 曰: "松柏非是葉不凋, 但舊葉凋時, 新葉已生. 木犀亦然."【燾】

81:104 問: "「天保」上三章, 天以福錫人君, 四章乃言其先君先王亦錫爾以福, 五章言民亦'徧[89]爲爾德', 則福莫大於此矣. 故卒章畢言

---

85) 也: 成化本・賀本에는 없다.
86) 用: 『朱子語類』에는 없다.
87) ▲: 之
88) 今: 孝宗刊本・英祖刊本에서는 今人으로 되어 있고, 成化本・賀本에서는 今以로 되어 있다.

之.” 曰: “然.”【榦】

81:105 時擧說: “第一章至第三章, 皆人臣頌祝其君之言. 然辭繁而不殺者, 以其愛君之心無已也. 至四章則以祭祀先公爲言, 五章則以‘徧[90]爲爾德’爲言. 蓋謂人君之德必上無媿[91]於祖考, 下無媿[92]於斯民, 然後福祿愈遠而愈新也. 故末章終之以‘無不爾或承.’” 先生頷之. 叔重因云: “「蓼蕭」詩云‘令德壽豈’, 亦是此意. 蓋人君必有此德, 而後可以稱是福也.” 曰: “然.”【時擧】

「采薇」

81:106 又說: “「采薇」首章, 略言征夫之出, 蓋以玁狁不可不征, 故舍其室家而不遑寧處, 二章則旣出而不能不念其家, 三章則竭力致死而無還心, 不復念其家矣, 四章五章則惟勉於王事, 而欲成其戰伐之功也, 卒章則言其事成之後, 極陳其勞苦憂傷之情而念之也. 其序恐如此.” 曰: “雅者, 正也, 乃王公大人所作之詩, 皆有次序, 而文意不苟, 極可玩味. 風則或出於婦人小子之口, 故但可觀其大略耳.”【時擧】

「出車」

81:107 問: “先生『詩傳』舊取此詩與「關雎」詩, 論‘非天下之至靜, 不足以配天下之至健’處, 今皆削之, 豈亦以其太精巧耶?” 曰: “正爲後來看得如此, 故削去.” 曰: “「關雎」詩今引匡衡說甚好.” 曰: “呂氏亦引,

89) 徧: 成化本에서는 遍으로 되어 있다.
90) 徧: 成化本에서는 遍으로 되어 있다.
91) 媿: 成化本에서는 愧로 되어 있다.
92) 媿: 成化本에서는 愧로 되어 있다.

但不如此詳. 便見古人看文字, 亦寬博如此."【銖】

81:108 子善問: "『詩』'畏此簡書.' 簡書, 有二說[93]. 一說, 簡書, 戒命也, 鄰國有急, 則以簡書相戒命. 一說, 策命臨遣之詞." 曰: "後說爲長, 當以後說載前. 前說只據『左氏』'簡書, 同惡相恤之謂.' 然此是天子戒命, 不得謂之鄰國也." 又問: "'胡不旆旆', 東萊以爲初出軍時, 旌旗未展, 爲卷而建之,【引『左氏』"建而不旆".】 故曰此旗何不旆旆而飛揚乎? 蓋以命下之初, 我方憂心悄悄, 而僕夫憔悴, 亦若人意之不舒也." 曰: "此說雖精巧, 然'胡不旆旆'一句, 語勢似不如此. '胡不', 猶言'遐不作人?' 言豈不旆旆乎? 但我自'憂心悄悄', 而僕夫又況瘁耳, 如此卻自平正. 伯恭說[94]『詩』太巧[95], 『詩』正怕如此看. 古人意思自寬平, 何嘗如此纖細拘迫?"【銖】

「魚麗」

81:109 "文·武以「天保」以上治內, 「采薇」以下治外, 始於憂勤, 終於逸樂." 這四句儘說得好.【道夫】

「南有嘉魚」

81:110 子善問「南有嘉魚」詩中"汕汕"字. 曰: "是以木葉捕魚, 今所謂'魚花園[96]'是也." ▲[97]枸. 曰: "是機枸子, 建陽謂之'皆拱子', 俗謂之'癩漢指頭', 味甘而解酒毒. 有◇[98]家酒房一柱是此木, 而醞酒不成.

---

93) 有二說: 徽州本에서는 『集傳』有二說로 되어 있다.
94) 說: 賀本에는 없다.
95) 伯恭說『詩』太巧: 徽州本에서는 又曰東萊說『詩』忒煞巧로 되어 있다.
96) 圍: 成化本·賀本에서는 園으로 되어 있다.
97) ▲: 問
98) ◇: 人

左右前後有此, 則亦醞酒不成."【節】

「蓼蕭」

81:111 時學說「蓼蕭」·「湛露」二詩. 曰: "文義也只如此. 卻更須要諷詠, 實見他至誠和樂之意, 乃好."【時學】

「六月」

81:112 「六月」詩"旣成我服",【不失機.】 "于三十里."【常度 ○律 ○方】[99]

「采芑」

81:113 時學說「采芑」詩. 曰: "宣王南征蠻荊, 想不甚費力, 不曾大段戰鬥, 故只極稱其軍容之盛而已."【時學】

「車攻」

81:114 時學說「車攻」·「吉日」二詩. 先生曰: "好田獵之事, 古人亦多刺之. 然宣王之田, 乃是因此見得其車馬之盛, 紀律之嚴, 所以爲中興之勢者在此. 其所謂田者[100], 異乎尋常之田矣."【時學】

「庭燎」

---

99)【常度 ○律 ○方】: 賀本에서는【常度紀律. ○方】으로 되어 있다.
100) 者: 成化本·賀本에는 없다.

81:115 時擧說"庭燎有煇". 曰: "煇, 火氣也, 天欲明而見其煙光相雜. 此是吳才老之說, 說此一字極有功也."【時擧】

「斯干」

81:116 揚[101]問: "橫渠說「斯干」'兄弟宜相好, 不要相學', 指何事而言?" 曰: "不要相學不好處. 且如兄能友其弟[102], 弟卻不能恭其兄, 兄豈可學弟之不恭, 而遂亦不友爲兄者? 但當盡其友, 可也. 爲弟能恭其兄, 兄乃不友其弟, 爲弟者豈可亦學兄之不友, 而遂忘其恭? 爲弟者但當知其盡恭而已. 如寇萊公撻倒用印事, 王文正公謂他底既不是, 則不可學他不是, 亦是此意. 然詩之本意, '猶'字作相圖謀說."【寓】[103]

81:117 "載弄之瓦[104]." 瓦, 紡塼[105]也, 紡時所用之物. 舊見人畫『列女傳』, 漆室乃女[106]手執一物, 如今銀子樣者[107]. 意其爲紡塼[108]也, 然未可必.【時擧】

「節南山」

81:118 自古小人, 其初只是它自竊國柄, 少間又自不柰何, 引得別人來, 一齊不好了. 如尹氏太師, 只是它一箇不好, 少間到那"瑣瑣姻婭"處, 是幾箇人不好了.【義剛】

---

101) 揚: 孝宗刊本・成化本에서는 楊으로 되어 있다.
102) 能友其弟: 成化本・賀本에서는 去友弟로 되어 있다.
103)【寓】: 徽州本에서는【淳 ○寓錄同】으로 되어 있다.
104) 載弄之瓦: 徽州本에서는 時擧說「斯干」詩至「載弄」之瓦處, 先生云으로 되어 있다.
105) 塼: 成化本・賀本에서는 磚으로 되어 있다.
106) 女: 成化本・賀本에서는 乃로 되어 있다.
107) 者; 成化本・賀本에는 없다.
108) 塼: 成化本・賀本에서는 磚으로 되어 있다.

81:119 "'秉國之均.' 均, 本當從'金', 如[109]所謂如泥之在鈞者, 不知鈞是何物." 時擧曰: "恐只是爲瓦器者, 所謂'車盤'是也. 蓋運得愈急, 則其成器愈快, 恐此卽是鈞." 曰: "'秉國之鈞', 只是此義. 今『集傳』訓'平'者, 此物亦惟平乃能運也." 【時擧】

「小弁」

81:120 問: "「小弁」詩, 古今說者皆以爲此詩之意, 與舜怨慕之意同. 竊以爲只'我罪伊何'一句, 如[110]舜'於我何哉'之意同. 至後面'君子秉心, 維其忍之', 與'君子不惠, 不舒究之', 分明是怨其親, 卻與舜怨慕之意似不同." 曰: "作「小弁」者自是未到得舜地位, 蓋亦常人之情耳. 只'我罪伊何'上面說'何辜于天', 亦似[111]自以爲無罪相似, 未可與舜同日而語也." 問: "'莫高匪山, 莫浚匪泉, 君子無易由言, 耳屬于垣', 『集傳』作賦體, 是以上兩句與下兩句耶?" 曰: "此只是賦. 蓋以爲莫高如山, 莫浚如泉, 而君子亦不可易其言, 亦恐有人聞之也." 又曰: "看「小雅」雖未畢, 且併看「大雅」. 「小雅」後數篇大概相似, 只消兼看." 因言: "詩人所見極大, 如「巧言」詩'奕奕寢廟, 君子作之, 秩秩大猷, 聖人莫之. 他人有心, 予忖度之, 躍躍毚兔, 遇犬獲之.' 此一章本意, 只是惡巧言讒譖之人, 卻以'奕奕寢廟'與'秩秩大猷'起興. 蓋以其大者興其小者, 便見其所見極大, 形於言者, 無非理義[112]之極致也." 時擧云: "此亦是先王之澤未泯, 禮義[113]根於[114]其心, 故其形於言者, 自無非義理." 先生頷之. 【時擧】

---

109) 如: 成化本・賀本에는 없다.
110) 如: 『朱子語類』에서는 與로 되어 있다.
111) 似: 成化本・賀本에서는 一似로 되어 있다.
112) 理義; 賀本에서는 義理로 되어 있다.
113) 禮義; 賀本에서는 理義로 되어 있다.
114) 於: 賀本에서는 于로 되어 있다.

「大東」

81:121 “有饛簋飧, 有捄棘匕”, 『詩傳』云: “興也.” 問: “似此等例, 卻全無義理.” 曰: “興有二義, 有一樣全無義理.” 【炎】

81:122 “東有啓明, 西有長庚.” 庚, 續也. 啓明, 金星, 長庚, 水星. 金在日西, 故日將出則東見, 水在日東, 故日將[115]沒則西見. 【泳】

「楚茨」

81:123 「楚茨」一詩, 精深弘[116]博, 如何做得變雅? 【方子】

81:124 問: “‘神保是饗’, 『詩傳』謂神保是鬼神之嘉號, 引『楚詞[117]』語‘思靈保兮賢姱.’ 但詩中旣說‘先祖是皇’, 又說‘神保是饗’, 似語意重複, 如何?” 曰: “近見洪慶善說, 靈保是巫. 今詩中不說巫, 當便是尸也[118]. 卻是向來解錯了此兩字.” 【文蔚】[119]

「瞻彼洛矣」

81:125 問: “「瞻彼洛矣」, 洛水或云兩處.” 曰: “只是這一洛, 有統言之, 有說小地名. 東·西京共千里, 東京六百里, 西京四百里.” 【賀

---

115) 將: 『考異』에서는 “將, 恐旣.”로 되어 있다.
116) 弘: 孝宗刊本·成化本·賀本에서는 宏으로 되어 있다.
117) 詞: 賀本에서는 辭로 되어 있다.
118) 也: 成化本·賀本에는 없다.
119) 81:124 問: “‘神保是饗’ … 【文蔚】: 孝宗刊本·英祖刊本·成化本에서는 이 뒤에 『小分』·賀本의 80:69, 80:70 항목이 있다. 내용상 『小分』·賀本의 배열이 옳다. 『詩經』에서는 「齊風·甫田」·「小雅·甫田之什·甫田」이 있으며 해당 항목들은 「齊風·甫田」에 관련된 내용이다.

孫】[120]

81:126 問: "'韎韐有奭.' 韎韐, 毛・鄭以爲祭服, 王氏以爲戎服." 曰: "只是戎服. 『左傳』云'有韎韋之跗注'是也." 又曰: "『詩』多有酬酢應答之篇. 「瞻彼洛矣」, 是臣歸美其君, 君子指君也. 當時朝會於洛水之上, 而臣祝其君如此. 「裳裳者華」又是君報其臣, 「桑扈」・「鴛鴦」皆然."【賀孫】[121]

「車舝」

81:127 問: "『列女傳』引『詩』'辰彼碩女', 作'展彼碩女.'" 先生以爲然, 且云: "向來煞尋得."【方子】

「賓之初筵」

81:128 或問: "「賓之初筵」詩是自作否?" 曰: "有時亦[122]是因飮酒之後作此自戒, 也未可知."【卓】

「漸漸之石」

81:129 周家初興時, "周原膴膴, 菫荼如飴", 苦底物事亦甜. 及其衰也, "牂羊墳首, 三星在罶, 人可以食, 鮮可以飽", 直恁地蕭索.【文蔚】

---

120) 【賀孫】: 徽州本에서는【賀孫 ○此洛只就洛邑言之, 非指豳洛】으로 되어 있다.

121) 81:127 問 …【賀孫】: 孝宗刊本・英祖刊本・成化本에서는 이 항목이「賓之初筵」에 속하며 81:128의 앞에 있다.『小分』・賀本의 배열이 옳다.

122) 亦:『小分』에서는 이 뒤에 세로줄이 있다.

「大雅・文王」

81:130 「大雅」非聖賢不能爲, 其間[123]平易明白, 正大光明.【營】

81:131 問: "周受命如何?" 曰: "命如何受於天? 只是人與天同. 然觀周自后稷以來, 積仁累義, 到此時人心奔赴, 自有不可已." 又問: "大王[124]翦商,『左氏』云'太伯[125]不從, 是以不嗣', 莫是此意?" 曰: "此事難明. 但大王[126]居於夷狄之邦, 强大已久, 商之政令, 亦未必行於周. 大要天下公器, 所謂'有德者易以興, 無德者易以亡.' 使紂無道, 大王[127]取之何害? 今必言大王[128]不取, 則是武王爲亂臣賊子. 若文▲[129]之事, 則分明是盛德過人處. 孔子於泰伯亦云'至德'."【可學】

81:132 「文王」詩, 直說出道理.【振】

81:133 "帝命文王", 豈天諄諄然命之耶? 只文王要恁地, 便是理合如此, 便是帝命之也.【礪】

81:134 問: "先生解'文王陟降, 在帝左右', 文王旣沒, 精神上與天合. 看來聖人稟得淸明純粹之氣, 其生也旣有以異於人, 則其散也, 其死與天爲一, 則其聚也, 其精神上與天合. 一陟一降, 在帝左右. 此又別是一理, 與衆人不同." 曰: "理是如此. 若道眞有箇文王上上下下, 則不可. 若道詩人只胡亂恁地說, 也不可."【子蒙】

---

123) 間: 孝宗刊本에서는 頭註에서 '其間間字恐誤'라고 되어 있고『考異』에서는 '間, 恐言'으로 되어 있다.
124) 大王: 孝宗刊本・賀本에서는 太王으로 되어 있다.
125) 太伯: 成化本에서는 大伯으로 되어 있다.
126) 大王: 賀本에서는 太王으로 되어 있다.
127) 大王: 賀本에서는 太王으로 되어 있다.
128) 大王: 賀本에서는 太王으로 되어 있다.
129) ▲: 王

81:135 "在帝左右", 察天理而左右也. 古注亦如此. 『左氏傳』"天子所右, 寡君亦右之, 所左, 亦左之"之意. 【人傑】

81:136 甘節之[130]問"無遏爾躬." 曰: "無自遏絶於爾躬, 如家自毁, 國自伐." 【蓋卿】

「緜」

81:137 "虞・芮質厥成, 文王蹶厥生." 蹶, 動也, 生, 是興起之意. 當時一日之間, 虞・芮質成, 而來歸者四十餘國, 其勢張盛, 一時見之, 如忽然跳起. 又曰: "麤說時, 如今人言軍勢益張." 【義剛】

81:138 舊嘗見橫渠『詩傳』中說, 周至大王[131]辟國已甚大, 其所據有之地, 皆是中國與夷狄夾界所空不耕之地, 今亦不復見此書矣. 意者, 周之興與元魏相似. 初自極北起來, 漸漸强大, 到得後來中原無主, 遂被他取了. 【廣】

「棫樸」

81:139 問: "「棫樸」何以見文王之能官人?" 曰: "「小序」不可信, 類如此. 此篇與前後數詩, 同爲稱揚之辭. 作「序」者爲見棫樸近箇人材底意思, 故云'能官人'也. 「行葦」「序」尤可笑. 第一章只是起興, 何與人及草木? '以祈黃耇'是願頌之詞, 如今人舉酒稱壽底言語. 只見有'祈'字, 便說是乞言." 【螢】

81:140 「棫樸」序只下"能官人"三字, 便晦[132]了一篇之意. 「楚茨」等

130) 甘節之: 成化本・賀本에서는 馬節之로 되어 있다.
131) 大王: 賀本에서는 太王으로 되어 있다.

十來篇, 皆是好詩, 如何見得是傷今思古? 只被亂在變雅中, 便被後人如此想像. 如東坡說某處猪肉, 衆客稱美之意. 【䕫】

81:141 "倬彼雲漢, 爲章于天, 周王壽考, 遐不作人?" 先生以爲無甚義理之興. 或解云云. 先生曰: "解書之法, 只是不要添字. '追琢其章'者, 以'金玉▲[133]相'故也, '勉勉我王'者, 以'綱紀四方'故也. '瑟彼玉瓚, 黃流在中, 豈弟君子, 福祿攸降', 此是比得齊整好者也." 【璘】

81:142 ▲[134]

81:143 "遐不作人", 古注幷諸家皆作"遠"字, 甚無道理. 『禮記注』訓"胡"字, 甚好. 【人傑 ○去僞錄注云: "道隨事著也."】

「皇矣」

81:144 周人詠文王伐崇·伐密事, 皆以"帝謂文王"言之, 若曰, 此蓋天意云爾. 文王旣戡黎, 又伐崇·伐密. 已做得事勢如此, 只是尙不肯伐紂, 故曰"至德." 【必大】

81:145 "時學說「皇矣」詩. 先生謂此詩稱文王德處, 是從'無然畔援, 無然歆羨'上說起, 後面卻說'不識不知, 順帝之則.' 見得文王先有這箇工夫, 此心無一毫之私, 故見於伐崇·伐密, 皆是道理合著恁地, 初非聖人之私怒也." 問: "'無然畔援, 無然歆羨', 竊恐是說文王生知之資, 得於天之所命, 自然無畔援歆羨之意. 後面'不識不知, 順帝之則', 乃是文王做工夫處." 曰: "然." 【時學】

---

132) 誨: 『朱子語類』에서는 晦로 되어 있다.

133) ▲: 其

134) ▲: 『詩』無許多事. 「大雅」精密. "遐"是"何"字. 【以彙推得之.】 又曰: "解『詩』, 多是推類得之." 【方子】

「下武」

81:146 "昭茲來許", 漢碑作"昭哉". 洪氏「隸釋」"茲"·"哉"叶韻. 「柏梁臺詩」末句韻亦同. 【方子】

「文王有聲」

81:147 問: "鎬至豐邑止二十五里, 武王何故自豐遷鎬?" 曰: "此只以後來事推之, 可見. 秦 始皇營朝宮渭南, 史以爲咸陽人多, 先王之宮庭小, 故作之. 想得遷鎬之意亦是如此. 周得天下, 諸侯盡來朝覲, 豐之故宮不足以容之爾." 【廣】

「生民」

81:148 「生民」詩是敍事詩, 只得恁地. 蓋是敍, 那首尾要盡, 「下武」·「文王有聲」等詩, 卻有反覆歌詠底意思. 【義剛】

81:149 問"履帝武敏." 曰: "此亦不知其何如. 但詩中有此語, 自歐公不信祥瑞, 故後人纔見說祥瑞, 皆闢之. 若如後▲[135]所謂祥瑞, 固多僞妄. 然豈可因後世之僞妄, 而併眞實者皆以爲無乎? '鳳鳥不至, 河不出圖', 孔子之言[136], 不成亦以爲非." 【廣】

81:150 時舉說"履帝武敏歆, 攸介攸止"處. 曰: "'敏'字當爲絶句. 蓋作母鄙反, 叶上韻耳. 履巨跡之事, 有此理. 且如契之生, 『詩』中亦云: '天命玄鳥, 降而生商.' 蓋以爲稷·契皆天生之爾[137], 非有人道之感,

135) ▲: 世
136) 孔子之言: 賀本에는 없다.
137) 爾: 賀本에서는 耳로 되어 있다.

非可以常理論也. 漢 高祖之生亦類此, 此等不可以言盡, 當意會之可也."【時學】

○[138] "「生民」等篇, 也可見祭祀次第, 此與『儀禮』正相合."【義剛】

「旣醉」

81:151 時擧說「旣醉」詩: "古人祝頌, 多以壽考及子孫衆多爲言. 如華封人祝堯: '願聖人壽, 願聖人多男子', 亦此意." 曰: "此兩事, 孰有大於此者乎?" 曰: "觀「行葦」及「旣醉」二詩, 見古之人君盡其誠敬於祭祀之時, 極其恩義於燕飮之際. 凡父兄耆老所以祝望之者如此, 則其獲福也宜矣, ▲[139]所謂'禍福無不自己求之者'也." 先生頷之.【時擧】

81:152 子善問"釐爾女士." 曰: "女之有士行者." 銖曰: "荊公作「向后冊」云: '唯昔先王, 釐厥士女.' '士女'與'女士', 義自不同. 蘇子由曾論及, 曰: '恐它只是倒用了一字耳.'" 因言荊公誥詞中, 唯此冊做得極好, 後人皆學之不能及. 銖曰: "曾子固作「皇太子冊」, 亦放此." 曰: "子固誠是學它, 只是不及耳. 子固卻是後面幾箇誥詞好. 國朝之制, 外而三公三少, 內而皇后・太子・貴妃皆有冊. 但外自三公而下, 內自嬪妃而下, 皆聽其辭免.【一辭卽免.】 惟皇后・太子用冊."【銖】

○[140] 繹, 祭之明日也. 賓尸, 以賓客之禮燕爲尸者.【敬仲】

「假樂」

138) ○:『朱子語類』80:78의 일부이다.
139) ▲: 此
140) ○:『朱子語類』의 81:178이다.

81:153 “干[141]祿百福, 子孫千億”, 是願其子孫之衆多. “穆穆皇皇, 宜君宜王. 不愆不忘, 率由舊章.” 是願其子孫之賢.【道夫】

81:154 舜功問: “‘不愆不忘, 率由舊章’, 是‘勿忘・勿助長’之意?” 曰: “不必如此說. 不愆是不得過, 不忘是不得忘. 能如此, 則能‘率由舊章’.”【可學】

81:155 此詩末章則承上章之意, 故上章云“四方之綱”, 而下章卽繼之曰“之綱之紀.” 蓋張之爲綱, 理之爲紀. 下面“百辟鄕[142]士”, 至於庶民, 皆是賴君以爲綱. 所謂“不解于位”者, 蓋欲綱常張而不弛也.【時舉】

「公劉」

81:156 問: “第二章說‘旣庶旣繁, 旣順乃宣’, 而第四章方言居邑之成. 不知未成邑之時, 何以得民居之繁庶也?” 曰: “公劉始於草創, 而人從之者已若是其盛, 是以居邑由是而成也.” 問[143]第四章“君之宗之”處. 曰: “東萊以爲爲之立君立宗, 恐未必是如此, 只是公劉自爲群臣[144]之君宗耳. 蓋此章言其一時燕饗, 恐未說及立宗事也.” 問“徹田爲糧”處. 先生以爲“徹, 通也”之說, 乃是橫渠說. 然以『孟子』考之, 只曰“八家皆私百畝, 同養公田.” 又『公羊』云“公田不治, 則非民, 私田不治, 則非吏”, 似又與橫渠之說不同, 蓋未必是計畝而分也. 曰: “亦不可詳知. 但因洛陽議論中通徹而耕之說, 推之耳. 或但耕則通力而耕收, 則各得其畝, 亦未可知也.”[145] 又問: “此詩與「豳・七月」詩皆言公

141) 干: 成化本・賀本에서는 千으로 되어 있다.
142) 鄕: 『朱子語類』에서는 卿으로 되어 있다.
143) 問: 成化本에서는 門으로 되어 있다.
144) 臣: 賀本에서는 君으로 되어 있다.
145) 曰: “亦不可詳知 … 亦未可知也.”: 成化本・賀本에는 없다.

劉得民之盛. 想周家自后稷以來, 至公劉始稍盛耳.” 曰: “自后稷之後, 至于不窋, 蓋已失其官守, 故云‘文·武不先不窋.’ 至於公劉乃始復修其業, 故周室由是而興也.”【時學】

81:157 時學說: “「公劉」詩‘鞞琫容刀’, 注云: ‘或曰: 〈容刀, 如言容臭, 謂鞞琫之中, 容此刀也〉.’ 如何謂之容臭?” 曰: “如今香囊是也.”【時學】

「卷阿」

81:158 時學說「卷阿」詩畢, 以爲『詩』中凡稱頌人君之壽考福祿者, 必歸於得人之盛. 故「旣醉」詩云: “君子萬年, 介爾景福”, 而必曰: “朋友攸攝, 攝以威儀.” 「假樂」詩言“受天之祿”, 與“干[146]祿百福”, 而必曰“率由群匹”, 與“百辟鄕[147]士, 媚于天子.” 蓋人君所以致福祿者, 未有不自得人始也. 先生頷之.【時學】

「民勞」

81:159 “時學竊謂, 每章上四句是刺厲王, 下六句是戒其同列.” 曰: “皆只是戒其同列. 鋪敍如此, 便自可見. 故某以爲古人非是直作一詩以刺其王, 只陳其政事之失, 自可以爲戒.” 時學因謂: “第二章末謂: ‘無棄爾勞, 以爲王休’, 蓋以爲王者之休, 莫大於得人, 惟群臣無棄其功, 然後可以爲王之休美. 至第三章[148]後二句謂‘敬愼威儀, 以近有德’, 蓋以爲旣能拒絶小人, 必須自反於己, 又不可以不親有德之人. 不然則雖欲絶去小人, 未必有以服其心也. 後二章‘無俾▲[149]正反’, 尤

146) 干: 成化本·賀本에서는 千으로 되어 있다.
147) 鄕: 『朱子語類』에서는 卿으로 되어 있다.
148) 章: 成化本에서는 句로 되어 있다.

見詩人憂慮之深. 蓋'正敗', 則惟敗壞吾之正道, 而'正反', 則全然反乎正矣. 其憂慮之意, 蓋一章切於一章也." 先生頷之.【時舉】

「板」

81:160 "'昊天曰明, 及爾出王, 昊天曰旦, 及爾游衍.' 旦與明祇一意. 這箇豈是人自如此? 皆有來處. 纔有些放肆, 他便知.【賀孫錄云: "這裏若有些違理, 恰似天知得一般."】 所以曰: '日監在茲.'" 又曰: "'敬天之怒, 無敢戲豫. 敬天之渝, 無敢馳驅.'" 問: "'渝'字如何?" 曰: "變也. 如'迅雷風烈必變'之'變', 但未至怒耳150)."【道夫 ○賀孫錄同.】

81:161 道夫言: "昨來所論'昊天曰明'云云. 至'游衍', 此意莫祇是言人之所以爲人者, 皆天之所爲, 故雖起居動作之頃, 而所謂天者未嘗不在也." 曰: "公說'天體物而151)不遺', 旣說得是, 則所謂'仁體事而無不在'者, 亦不過如此. 今所以理會不透, 祇是以天與仁爲有二也. 今須將聖賢言仁處, 就自家身上思量, 久之自見.『記』曰: '兩君相見, 揖讓而入門152), 入門而縣興, 揖讓而升陞153)堂, 陞154)堂而樂闋. 下管象武, 夏籥序興, 陳其薦俎, 序其禮樂, 備其百官, 如此而後君子知仁焉.' 又曰: '賓入大門而奏「肆夏」, 示易以敬也. 卒爵而樂闋, 孔子屢嘆155)之.'" 道夫曰: "如此則是合正理而不紊其序, 便是仁." 曰: "恁地精156), 終是血脈不貫, 且反復熟看."【道夫】

---

149) ▲: 正敗', '無俾
150) 耳: 賀本에는 없다.
151) 而: 成化本·賀本에는 없다.
152) 門: 孝宗刊本에서는 問으로 되어 있다.『考異』에서는 '門, 一誤問'으로 되어 있다.
153) 陞: 賀本에서는 升으로 되어 있다.
154) 陞: 賀本에서는 升으로 되어 있다.
155) 嘆: 賀本에서는 歎으로 되어 있다.
156) 精: 成化本·賀本에서는 猜로 되어 있다.

81:162 時學說「板」詩, 問: "'天體物而不遺', 是指理而言, '仁體事而無不在', 是指人而言否?" 曰: "'體事而無不在', 是指心而言也. 天下一切事, 皆此心發見爾." 因言: "讀書窮理, 當體之於身. 凡平日所講貫窮究者, 不知逐日常見得在吾心目間否? 不然則隨文逐義, 趕趁期限, 不見悅處, 恐終無益."【時學 ○餘見張子書類.】

「蕩」

81:163 時學說: "首章前四句, 有怨天之辭. 後四句乃解前四句, 謂天之降命, 本無不善, 惟人不以善道自終, 故天命亦不克終, 如疾威而多邪僻也. 此章之意旣如此, 故自次章以下託文王言紂之辭, 而皆就人君身上說, 使知其非天之過. 如'女興是力', '爾德不明', 與'天不湎爾以酒', '匪上帝不時'之類, 皆自發明首章之意." 先生頷之.【時學】

「抑」

81:164 「抑」非刺厲王, 只是自警. 嘗考衛 武公生於宣王末年, 安得有刺厲王之詩? 据『國語』, 只是自警. 詩中辭氣, 若作自警, 甚有理, 若作刺厲王, 全然不順. 伯恭卻謂『國語』非是.【浩】

81:165 「抑」「小序」: "衛 武公刺厲王, 亦以自警." 不應一詩旣刺人, 又自警之理. 且厲王無道, 一旦被人"言提其耳", 以"小子"呼之, 必不索休. 且厲王監謗, 暴虐無所不至. 此詩無限大過, 都不問著, 卻只點檢威儀之末, 此決不然. 以『史記』考之, 武公卽位, 在厲王死之後, 宣王之時. 說者謂是追刺, 尤不是. 伯恭主張「小序」, 又云『史記』不可信, 恐是武公必曾事厲王. 若以爲武公自警之詩, 則其意味甚長. 『國語』云, 武公九十餘歲作此詩. 其間"匪我言耄"157), 可以爲據. 又如"謹爾侯度", 注家云, 所以制侯國之度, 只是侯國之度耳. "曰喪厥國", 則是諸侯自謂無疑. 蓋武公作此詩, 使人日夕諷誦以警己耳, 所以有"小子"·"告爾"之類, 皆是箴戒作文之體自指耳.【後漢 侯芭亦有此說. ○ 罃】

81:166 先生說: "「抑」詩煞好." 鄭謂: "東萊硬要做刺厲王, 緣以'爾'·'汝'字礙." 曰: "如幕中之辯[158], 人反以汝爲叛, 臺中之評, 人反以汝爲傾等類, 亦是自謂. 古人此樣多. 大抵他說『詩』, 其原生於不敢異先儒, 將『詩』去就那「序」. 被這些子礙, 便轉來穿鑿胡說, 更不向前來廣大處去. 或有兩三說, 則俱要存之. 如一句或爲興, 或爲比, 或爲賦, 則曰『詩』兼備此體. 某謂旣取興體, 則更不應又取比體, 旣取比體, 則更不應又取賦體. 說「狡童」, 便引石虎事證, 且要有字不曳白. 南軒不解『詩』, 道『詩』不用解, 諸先生說好了. 南軒卻易曉, 說與他便轉."【淳】

81:167 衛 武公「抑」詩, 自作懿戒也. 中間有"嗚呼小子"等語, 自呼而告之也. 其警戒指[159]循如是, 所以詩人美其"如切如磋."【方】

「雲漢」

81:168 問: "「雲漢」詩乃他人述宣王之意, 然責己處太少." 曰: "然."【可學】

「崧高」

81:169 問: "「崧高」·「烝民」二詩, 是皆遣大臣出爲諸侯築城." 曰:

---

157) 匪我言耄: 『詩經』「大雅·生民之什·抑」에서는 亦聿旣耄으로 되어 있다. '匪我言耄'는 「大雅·生民之什·板」에서 보인다.

158) 辯: 成化本·賀本에서는 辨으로 되어 있다.

159) 指: 『朱子語類』에서는 持로 되어 있다.

“此也曉不得. 封諸侯固是大事. 看「黍苗」詩, 當初召伯帶領許多車徒[160]人馬去, 也自勞攘. 古人做事有不可曉者, 如漢築長安城, 都是去別處調發人來, 又只是數日便休. 『詩』云: ‘溥彼韓城, 燕師所完.’ 注家多說是燕安之衆, 某說即召公所封燕國之師. 不知當初何故不只敎本土人築, 又須去別處去[161]發人來, 豈不大勞攘? 古人重勞民, 如此等事, 又卻不然, 更不可曉, 强說便成穿鑿.” 又曰: “看「烝民」詩, 及『左傳』·『國語』周人說底話, 多有好處. 也是文·武·周公立學校, 敎養得許多人, 所以傳得這些言語, 如「烝民」詩大故細膩. 劉子曰: ‘人受天地之中以生.’ 皆說得好.”【夔孫 ○義剛錄小異.】

「烝民」

81:170 問: “「烝民」詩解云‘仲山甫蓋以冢宰兼太保’, 何以知之?” 曰: “其言‘式是百辟’, 則是爲宰相可知. 其曰‘保茲天子’, ‘王躬是保’, 則是爲太保可知, 此正召康公之舊職.”【廣】

81:171 “仲山甫之德, 柔嘉維則”, 『詩傳』中用東萊 呂氏說. 先生曰: “記得他甚主張那‘柔’字.” 文蔚曰: “他後一章云: ‘柔亦不茹, 剛亦不吐.’ 此言仲山甫之德剛柔不偏也, 而二章首擧‘仲山甫之德’, 獨以‘柔嘉維則’蔽之. 「崧高」稱‘申伯番番’, 終論其德, 亦曰‘柔惠且直’, 然則入德之方其可知矣.” 曰: “如此則乾卦不用得了. 人之資稟自有柔德勝者, 自有剛德勝者. 如本朝范文正公·富鄭公輩, 是以剛德勝, 如范忠宣·范淳夫·趙淸獻·蘇子容輩, 是以柔德勝. 只是他柔, 卻柔得好. 今仲山甫‘令儀令色, 小心翼翼’, 卻是柔. 但其中自有骨子, 不是一向如此柔去. 便是人看文字, 要得言外之意. 若以仲山甫‘柔嘉維則’, 必要以此爲入德之方, 則不可. 人之進德, 須用剛健不息.”【文蔚】

160) 徒: 賀本에서는 從으로 되어 있다.
161) 去: 成化本·賀本에는 없다.

81:172 "旣明且哲, 以保其身." ▲[162] "只是上文'肅肅王命, 仲山甫將之, 邦國若否, 仲山甫明之', 便是明哲. 所謂'明哲'者, 只是曉天下事理, 順理而行, 自然災害不及其身, 可以保其祿位. 今人以邪心讀『詩』, 謂明哲是見幾知微, 先去占取便宜. 如揚子雲[163]說'明哲煌煌, 旁燭無疆, 遜于不虞, 以保天命', 便是占便宜底說話, 所以它一生被這幾句誤. 然'明哲保身', 亦只是常法. 若到那舍[164]生取義處, 又不如此論."【文蔚】

81:173 問: "'旣明且哲, 以保其身', 有些小委曲不正處否?" 曰: "安得此? 只是見得道理分明, 事事處之得其理, 有可全之道. 便有委曲處, 亦是道理可以如此, 元不失正, 特不直犯之耳. 若到殺身成仁處, 亦只得死. 古人只是平說中庸, 無一理不明, 卽是明哲. 若只見得一偏, 便有蔽, 便不能見得理盡, 便不可謂之明哲. 學至明哲, 只是依本分行去, 無一事不當理, 卽是保身之道. 今人皆將私看了, 必至於孔光之徒而後已."

「周頌・淸廟」

81:174 "假以溢我?" 當從『左氏』, 作"何以恤我." "何"・"遐"通轉而爲"假"也.【方子】

「昊天有成命」

81:175 「昊天有成命」詩: "成王不敢康." 『詩傳』皆斷以爲成王誦[165].

162) ▲: 曰:
163) 揚: 孝宗刊本에서는 楊으로 되어 있다.
164) 舍: 成化本에서는 捨로 되어 있다.
165) 誦: 賀本에서는 詩로 되어 있다.

某問: "「下武」言'成王之孚', 如何?" 曰: "這箇且只得做武王說."【炎】

「我將」

81:176 問: "「我將」乃祀文王於明堂之樂章. 『詩傳』以謂'物成形於帝, 人成形於父, 故季秋祀帝於明堂, 而以父配之, 取其成物之時也. 此乃周公以義起之, 非古禮也.' 不知周公以後, 將以文王配耶? 以時王之父配耶?" 曰: "諸儒正持此二議, 至今不決, 看來只得以文王配. 且周公所制之禮, 不知在武王之時, 在成王之時. 若在成王, 則文王乃其祖也, 亦自可見." 又問: "繼周公[166]者如何?" 曰: "只得以有功[167]之祖配之."【僩】

○[168] 問: "「我將」'維天其右之', '旣右享之', 今所解都作左右之'右', 與舊不同." 曰: "『周禮』有'享右祭祀'之文. 如『詩』中此例亦多, 如'旣右烈考, 亦右文母'之類. 如「我將」所云, 作保祐說, 更難. 方說'維羊維牛', 如何便說保祐? 到'伊嘏文王, 旣右享之', 也說未得右助之'右.'"【賀孫】

○[169] 問: "「振鷺」詩不是正祭之樂歌, 乃獻助祭之臣, 未審如何?" 曰: "看此文意, 都無告神之語, 恐是獻助祭之臣. 古者祭祀每一受胙, 主與賓尸皆有獻酬之禮, 旣畢, 然後亞獻, 至獻畢, 復受胙. 如此, 禮意甚好, 有接續意思. 到唐時尙然. 今併受胙於諸獻旣畢之後, 主與賓尸意思皆隔了. 古者一祭之中所以多事, 如'季氏祭, 逮闇而祭, 日不足, 繼之以燭. 雖有强力之容, 肅敬之心, 皆倦怠矣. 有司跛倚以臨祭, 其爲不敬大矣. 他日祭, 子路與, 室事交乎戶, 堂事交乎階, 質明而始行事, 晏朝而退. 孔子聞之曰: 〈誰謂由也而不◇[170]禮乎?〉.' 古人祭

166) 周公: 成化本・賀本에서는 周로 되어 있다.
167) 功: 賀本에서는 功德으로 되어 있다.
168) ○: 『朱子語類』 80:23의 일부이다.
169) ○: 『朱子語類』 80:23의 일부이다.

禮, 是大段有節奏."【賀孫】

「敬之」

81:177 "日就月將", 是日成月長. 就, 成也, 將, 大也.【節】

▲171)

81:178 ▲172)

「魯頌・泮水」

81:179「泮宮」「小序」,『詩傳』不取. 或言『詩』中"旣作泮宮", 則未必非修也. 直卿云: "此落成之詩."【佐】

「閟宮」

81:180 太王173)翦商, 武王所言.『中庸』言"武王纘太王174)・王季・文王之緒", 是其事素定矣. 橫渠亦言周之於商, 有不純臣之義. 蓋自其祖宗遷豳, 遷邰, 皆其僻遠自居, 非商之所封土也.【揚】

○175) 又問: "頌是告于神明, 卻「魯頌」中多是頌當時之君. 如'戎狄是膺, 荊・舒是懲', 僖公豈有此事?" 曰: "是頌願之辭." 又問: "'戎狄是

---

170) ◇: 知
171)「緇衣」
172) ▲: 繹, 祭之明日也. 賓尸, 以賓客之禮燕爲尸者.【敬仲】
173) 太王: 成化本에서는 大王으로 되어 있다.
174) 太王: 成化本에서는 大王으로 되어 있다.
175) ○:『朱子語類』81:182의 일부이다.

膺, 荊・舒是懲', 孟子引以爲周公, 如何?" 曰: "孟子引經自是不子細." 又問: "或謂「魯頌」非三百篇之類, 夫子姑附於此耳." 曰: "'思無邪'一句, 正出「魯頌」."【螢】

「商頌」

81:181 「商頌」簡奧.【方子】[176)]

81:182 伯豐問: "「商頌」恐是宋作?" 曰: "宋 襄一伐楚而已, 其事可考, 安有'莫敢不來王'等事?" 又問: "恐是宋人作之, 追述往事, 以祀其先代. 若是商時所作, 商尙質, 不應「商頌」反多於「周頌」." 曰: "「商頌」雖多如「周頌」, 覺得文勢自別. 「周頌」雖簡, 文自平易. 「商頌」之辭, 自是奧古, 非宋人所能作[177)]." ▲[178)]【螢】

「玄鳥」

81:183 問: "「玄鳥」詩呑卵事, 亦有此否?" 曰: "當時恁地說, 必是有此. 今不可以聞見不及, 定其爲必無."【淳】

「長發」

81:184 "湯降不遲, 聖敬日躋." 天之生湯, 恰好到合生時節. 湯之修德, 又無一日間斷.【螢】

---

176) 【方子】: 徽州本에서는 【公謹】으로 되어 있다.

177) 非宋人所能作: 成化本・賀本에서는 非宋襄可作으로 되어 있다.

178) ▲: 又問: "頌是告于神明, 卻「魯頌」中多是頌當時之君. 如'戎狄是膺, 荊舒是懲', 僖公豈有此事?" 曰: "是頌願之辭." 又問: "'戎狄是膺, 荊舒是懲', 孟子引以爲周公, 如何?" 曰: "孟子引經自是不子細." 又問: "或謂「魯頌」非三百篇之類, 夫子姑附於此耳." 曰: "'思無邪'一句, 正出「魯頌」."

『朱子語類』 卷之八十二

「孝經」

82:1 因說『孝經』是後人綴緝, 問: "此與『尚書』同出孔壁?" 曰: "自古如此說. 且要理會道理是與不是. 適有問重卦并「彖象」者, 某答以且理會重卦之理, 不必問此是誰作, 彼是誰作." 【因言: "學者卻好聚『語』·『孟』·禮書言孝處, 附之於後."[1] ○士毅】

82:2 問: "『孝經』一書, 文字不多, 先生何故不爲理會過?" 曰: "此亦難說. 據此書, 只是前面一段[2]是當時曾子聞於孔子者, 後面皆是後人綴緝而成." 問: "如'天地之性[3], 人爲貴', '人之行莫大於孝', 恐非聖人不能言此." 曰: "此兩句固好. 如下面說'孝莫大於嚴父, 嚴父莫大於配天', 則豈不害理? 儻如此, 則須是如武王·周公方能盡孝道, 尋常人都無分盡孝道也, 豈不啓人僭亂之心? 其中煞有『左傳』及『國語』中言語." 或問: "莫是『左氏』引『孝經』中言語否?" 曰: "不然. 其言在『左氏傳』·『國語』中, 卽上下句文理相接, 在『孝經』中卻不成文理. 見程沙隨說, 向時汪端明亦嘗疑此書是後人僞爲者." 【廣】

82:3 古文『孝經』亦有可疑處. 自「天子章」到"孝無終始而患不及者, 未之有也", 便是合下與曾子說底通爲一段. 只逐章除了後人所添前面"子曰"及後面引『詩』, 便有首尾, 一段文義都活. 自此後卻似不曉事人

---

1) 因言 … 附之於後.": 成化本·賀本에서는 본문으로 되어 있다.

2) 只是前面一段: 徽州本에서는 只是前面一段【自"仲尼居"至"未之有也"】로 되어 있다.

3) 性: 成化本에서는 姓으로 되어 있다.

寫出來, 多是『左傳』中語. 如"以順則逆, 民無則焉, 不在於善, 而皆在於凶德", 是季文子之辭. 卻云"雖得之, 君子所不貴", 不知論孝卻得箇甚底, 全無交涉. 如"言斯可道, 行期可樂"一段, 是北宮文子論令尹之威儀, 在『左傳』中自有首尾, 載入『孝經』, 都不接續, 全無意思. 只是雜史傳中胡亂寫出來, 全無義理. 疑是戰國時人鬥湊出者. 又曰: "胡氏疑是樂正子 春所作. 樂正子 春自細膩, 卻不如此說."【㽦】

82:4 古文『孝經』卻有不似今文順者. 如"父母生之, 續莫大焉", 又著一箇"子曰"字, 方說"不愛其親而愛他人者, 謂之悖德." 兼上更有箇"子曰", 亦覺無意思. 此本是一段, 以"子曰"分爲二[4], 恐不是. 溫公『家範』以父子・兄弟・夫婦等分門, 卻成一箇文字, 但其間有欠商量未通行者耳. 本作一段聯寫去, 今印者分作小段, 無意思. 伯恭「閫範」無倫序, 其所編書多是如此.【賀孫】

82:5 『孝經』, 疑非聖人之言. 且如"先王有至德要道", 此是說得好處. 然下面都不曾說得切要處著, 但說得孝之效如此. 如『論語』中說孝, 皆親切有味, 都不如此. '士庶人'章說得更好, 只是下面都不親切.【賜】

82:6 問: "向見先生說'孝莫大於嚴父, 嚴父莫大於配天', 非聖人之言. 必若此而後可以爲孝, 豈不啓人僭亂之心? 而『中庸』說舜・武王之孝, 亦以'尊爲天子, 富有四海之內'言之, 如何?" 曰: "『中庸』是著舜・武王言之, 何害? 若汎言人之孝, 而必以此爲說, 則不可."【廣】

82:7 器之問"嚴父配天". 曰: "'嚴父', 只是周公於文王如此稱纔是, 成王便是祖. 此等處, 儘有理會不得處. 大約必是郊時是后稷配天, 明堂則以文王配帝. 『孝經』亦是湊合之書, 不可盡信. 但以義起, 亦是如

4) 二: 孝宗刊本・成化本에서는 三으로 되어 있다.

此.” 因說: “『孝經』只有前一段, 後皆云‘廣至德’, ‘廣要道’, 都是湊合來, 演說前意, 但其文多不全. 只是「諫諍」·「五刑」·「喪親」三篇, 稍是全文. 如‘配天’等說, 亦不是聖人說孝來歷, 豈有人人皆可以配天? 豈有必配天斯可以爲孝? 如『禮記』煞有好處, 可附於『孝經』.” 賀孫問: “恐後人湊合成『孝經』時, 亦未必見『禮記』. 如「曲禮」·「少儀」之類, 猶是說禮節. 若「祭義」後面許多說孝處, 說得極好, 豈不可爲『孝經』?” 曰: “然. 今看『孝經』中有得一段似這箇否?” 【賀孫】

82:8 問: “‘郊祀后稷以配天[5], 宗祀文王於明堂以配上帝’, 此說如何?” 曰: “此自是周公創立一箇法如此, 將文王配明堂, 永爲定例. 以后稷郊推之, 自可見. 後來妄將‘嚴父’之說亂了.” 【賜】

82:9 問: “配天, 配上帝[6], 帝只是天, 天只是帝, 卻分祭何也?” 曰: “爲壇而祭, 故謂之天, 祭於屋下而以神祇祭之, 故謂之帝.” 【寓】

82:10 “明·察”, 是彰著之義. 能事父孝, 則事天之理自然明, 能事母孝, 則事地之理自然察. 【道夫】

---

5) 郊祀后稷以配天: 徽州本에서는 周公郊祀后稷以配天으로 되어 있다.
6) 配天, 配上帝: 徽州本에서는 郊祀后稷以配天, 宗祀文王以配上帝로 되어 있다.

『朱子語類』 卷之八十三

「春秋」

「綱領」

83:1 『春秋』煞有不可曉處. 【泳】

83:2 人道『春秋』難曉, 據某理會來, 無難曉處. 只是據它有這箇事在, 據它載得恁地. 但是看今年有甚麽事, 明年有甚麽事, 禮樂征伐不知是自天子出, 自諸侯出, 自大夫出, 只是恁地, 而今卻要去一字半字上理會褒貶, 卻要去求聖人之意, 你如何知得它肚裏事? 【義剛】

83:3 『春秋』大旨, 其可見者, 誅亂臣, 討賊子, 內中國, 外夷狄, 貴王賤伯而已. 未必如先儒所言, 字字有義也. 想孔子當時只是要備二三百年之事, 故取史文寫在這裏, 何嘗云某事用某法? 某[1]事用某例邪? 且如書會盟侵伐, 大意不過見諸侯檀[2]興自肆耳. 書郊禘, 大意不過見魯僭禮耳. 至如三卜四卜, 牛傷牛死, 是失禮之中又失禮也. 如"不郊, 猶三望", 是不必望而猶望也. 如書"仲遂卒, 猶繹", 是不必繹而猶繹也. 如此等義, 卻自分明. 近世如蘇子由・呂居仁, 卻看得平. 【閎祖】

83:4 『春秋』只是直載當時之事, 要見當時治亂興衰, 非是於一字上

---

1) 某: 孝宗刊本・成化本에서는 甚으로 되어 있다.
2) 檀: 『朱子語類』에서는 擅으로 되어 있다.

定褒貶. 初間王政不行, 天下都無統屬, 及五伯出來扶持, 方有統屬, "禮樂政[3]伐, 自諸侯出." 到後來五伯又衰, 政自大夫出. 到孔子時, 皇・帝・王[4]・伯之道埽地, 故孔子作『春秋』, 據它事實寫在那裏, 敎人見得當時事是如此, 安知用舊史與不用舊史? 今硬說那箇字是孔子文, 那箇字是舊史文, 如何驗得? 更聖人所書, 好惡自易見. 如葵丘之會, 召陵之師, 踐土之盟, 自是好, 本末自是別. 及後來五伯旣衰, 溴梁之盟, 大夫亦出與諸侯之會, 這箇自是差異不好. 今要去一字兩字上討意思, 甚至以日月・爵氏・名字上皆寓褒貶. 如"王人子突救衛", 自是衛當救. 當時是有箇子突, 孔子因存它名字. 今諸公解卻道王人本不書字, 緣其救衛, 故書字[5]. 孟子說: "臣弑其君者有之, 子弑其父者有之. 孔子懼, 作『春秋』." 說得極是了. 又曰: "『春秋』無義戰, 彼善於此則有之矣." 此等皆看得地步闊. 聖人之意只是如此, 不解恁地細碎. 【淳　○義剛錄云[6]: "某不敢似諸公道聖人是於一字半字上定去取. 聖人只是存得那事在, 要見當時治亂興衰[7], 見得其初王政不行, 天下皆無統屬, 及五伯出來如此扶持, 方有統屬. 恁地, 便見得天王都做主不起." 後同.】

83:5 問『春秋』. 曰: "此是聖人據魯史以書其事, 使人自觀之以爲鑒戒爾. 其事則齊 桓[8]・晉 文有足稱, 其義則誅亂臣賊子. 若欲推求一字之間, 以爲聖人褒善貶惡專在於是, 竊恐不是聖人之意. 如書卽位者, 是魯君行卽位之禮, 繼故不書卽位者, 是不行卽位之禮. 若桓公[9]之書卽位, 則是桓公[10]自正其卽位之禮耳. 其它崩・薨・卒・葬, 亦

---

3) 政: 『朱子語類』에서는 征으로 되어 있다.
4) 王: 『考異』에서는 王, 一作五. 로 되어 있다.
5) 故書字: 徽州本에서는 이 뒤에 又如季子來歸, 諸解多做好看. 某看季子之罪與慶父不爭, 多只是他歸來會平了難. 故魯人如此說. 更是他家世執魯之大權, 史官怕他, 自是恁地書. 孔子因而存之, 以見季氏之專萌芽於此. 如가 더 들어 있다.
6) 義剛錄云: 徽州本에서는 義剛錄少異云으로 되어 있다.
7) 要見當時治亂興衰: 徽州本에서는 이 뒤에 如那一部『左傳』, 載得許多事, 也未知是與不是, 但是道理也是恁地, 今且把來參考가 더 들어 있다.
8) 桓: 成化本・賀本에서는 威로 되어 있다.
9) 桓公: 成化本・賀本에서는 威公으로 되어 있다.

無意義."【人傑】

83:6 『春秋』有書"天王"者, 有書"王"者, 此皆難曉. 或以爲王不稱"天", 貶之. 某謂, 若書"天王", 其罪自見. 宰咺以爲冢宰, 亦未敢信. 其它如莒 去疾・莒 展輿・齊 陽生, 恐只據舊史文. 若謂添一箇字, 減一箇字, 便是褒貶, 某不敢信. 桓公[11]不書秋冬, 史闕文也. 或謂貶天王之失刑, 不成議論, 可謂亂道. 夫子平時稱顔子"不遷怒, 不貳過", 至作『春秋』, 卻因惡魯 桓[12]而及天子, 可謂"桑樹著刀, 榖樹汁出"者. 魯 桓[13]之弑, 天王之不能討, 罪惡自著, 何待於去秋冬而後見乎? 又如貶滕稱"子", 而滕遂至於終『春秋』稱"子", 豈有此理? 今朝廷立法, 降官者猶經赦敍復, 豈有因滕子之朝桓[14], 遂倂其子孫而降爵乎?【人傑】

83:7 『春秋』所書, 如某人爲某事, 本據魯史舊文筆削而成. 今人看『春秋』, 必要謂某字譏某人. 如此則是孔子專任私意, 妄爲褒貶. 孔子但據直書而善惡自著. 今若必要如此推說, 須是得魯史舊文, 參校筆削異同, 然後爲可見, 而亦豈復可得也?【謨】

83:8 書"人", 恐只是微者. 然朝非微者之禮, 而有書"人"者, 此類亦不可曉.【閎祖】

83:9 或有解『春秋』者, 專以日月爲褒貶, 書時月則以爲貶, 書日則以爲褒, 穿鑿得全無義理. 若胡文定公所解, 乃是以義理穿鑿, 故可觀.【人傑】

10) 桓公: 成化本・賀本에서는 威公으로 되어 있다.
11) 桓公: 成化本・賀本에서는 威公으로 되어 있다.
12) 桓: 成化本・賀本에서는 威로 되어 있다.
13) 桓: 成化本・賀本에서는 威로 되어 있다.
14) 桓: 成化本・賀本에서는 威로 되어 있다.

83:10 “世間人解經, 多是杜撰. 且如『春秋』只據赴告而書之[15], 孔子只因舊史而作『春秋』, 非有許多曲折. 且如書鄭忽與突事, 才書‘忽’, 又書‘鄭忽’, 又書‘鄭伯突’, 胡文定便要說突有君國之德, 須要因‘鄭伯’兩字上求它是處, 似此皆是杜撰. 大概自成・襄[16]已前, 舊史不全, 有舛逸, 故所記各有不同. 若昭・哀已後, 皆聖人親見其事, 故記得其實, 不至於有遺處. 如何卻說聖人予其爵, 削其爵, 賞其功, 罰其罪? 是甚說話?” 祖道問: “孟子說‘『春秋』, 天子之事’, 如何?” 曰: “只是被孔子寫取在此, 人見者自有所畏懼耳. 若要說孔子去褒貶它, 去其爵, 與其爵, 賞其功, 罰其罪, 豈不是謬也? 其爵之有無與人之有功有罪[17], 孔子也予奪它不得.”【祖道 ○人傑錄云: “蘇子由解『春秋』, 謂其從赴告, 此說亦是. 旣書‘鄭伯突’, 又書‘鄭世子忽’, 據史文而書耳. 定・哀之時, 聖人親見, 據實而書. 隱・桓[18]之世, 時旣遠, 史冊亦有簡略處, 夫子亦但據史冊而寫出耳.”】

83:11 或說: “沈卿說『春秋』, 云: ‘不當以褒貶看. 聖人只備錄是非, 使人自見. 如“克段”之書, 而兄弟之義自見, 如蔑之書, 而私盟之罪自見, 來賵仲子, 便自見得以天王之尊下賵諸侯之妾. 聖人以公平正大之心, 何嘗規規於褒貶?’” 曰[19]: “只是中間不可以一例說, 自有曉不得處. 公且道如‘翬帥師’之類, 是如何?” 曰: “未賜族, 如挾・柔[20]・無駭之類. 無駭, 魯卿, 隱二年書‘無駭’, 九年書‘挾卒’, 莊十一年書‘柔’[21],

---

15) 且如『春秋』只據赴告而書之: 徽州本에서는 且如『春秋』只據赴告而後書之로 되어 있다.

16) 襄: 孝宗刊本・成化本에서는 哀로 되어 있다. 『春秋』의 내용을 고려하면 襄이 옳다.

17) 罪: 孝宗刊本에서는 罰로 되어 있다.

18) 桓: 成化本・賀本에서는 威로 되어 있다.

19) 曰: 徽州本에서는 先生曰로 되어 있다.

20) 柔: 『春秋』의 내용을 고려하면 溺이 옳다. 주)21 참조.

21) 莊十一年書‘柔’: 『春秋』「莊公11」에서는 柔에 관련된 내용이 없다. 『春秋』「莊公3」에 ‘溺會齊師伐衛’으로 되어 있고 『公羊傳』에 ‘溺者何? 吾大夫之未命者也.’로 되어 있다. 따라서 『春秋』의 내용을 고려한다면 十一年은 三年이 되어야 하고 柔는 溺이 되어야 한다.

皆未命也. 到莊以後, 卻不待賜, 而諸侯自予之." 曰: "便是這般所在, 那裏見得這箇是賜? 那箇是未賜? 三傳唯『左氏』近之. 或云左氏是楚左史倚相之後, 故載楚史較詳. 『國語』與『左傳』似出一手, 然『國語』使人厭看, 如齊·楚·吳·越諸處又精采. 如紀周·魯自是無可說, 將虛文敷衍, 如說籍田等處, 令人厭看. 左氏必不解是丘明, 如聖人所稱, 煞是正直底人. 如『左傳』之文, 自有縱橫意思. 『史記』卻說: '左丘失明, 厥有『國語』.' 或云, 左丘明, 左丘, 其姓也. 『左傳』自是左姓人作. 又如秦始有臘祭, 而左氏謂'虞不臘矣', 是秦時文字分明." 【賀孫 ○ 義剛錄云: "左氏敍至韓·魏·趙殺智伯事, 去孔子六七十年, 決非丘明."[22] 】

83:12 『春秋傳』例多不可信. 聖人記事, 安有許多義例? 如書伐國, 惡諸侯之檀[23]興, 書山崩·地震·螽·蝗之類, 知災異有所自致也. 【德明】

83:13 或論及『春秋』之凡例. 先生曰: "『春秋』之有例固矣, 柰何非夫子之爲也. 昔嘗有人言及命格, 予曰: '命格, 誰之所爲乎[24]?' 曰: '善談五行者爲之也.' 予曰: '然則何貴? 設若自天而降, 具言其爲美爲惡, 則誠可信矣. 今特出於人爲, 烏可信也?' 知此, 則知『春秋』之例矣." ▲[25] 【壯祖】

83:14 或人論『春秋』, 以爲多有變例, 所以前後所書之法多有不同. 曰: "此烏可信? 聖人作『春秋』, 正欲褒善貶惡, 示萬世不易之法. 今乃忽用此說以誅人, 未幾又用此說以賞人, 使天下後世皆求之而莫識其

22) 義剛錄云 … 決非丘明: 『朱子語類』 83:67의 일부인데, 『小分』에서는 83:11 항목에 편입하여 한 항목으로 편집되어 있다.

23) 檀: 『朱子語類』에서는 擅으로 되어 있다.

24) 誰之所爲乎: 徽州本에서는 果誰之所爲乎로 되어 있다.

25) ▲: 又曰: "'季子來歸', 以爲季子之在魯, 不過有立僖之私恩耳, 初何有大功於魯? 又況通於成風, 與慶父之徒何異? 然則其歸也, 何足喜? 蓋以啓季氏之事而書之乎!"

意, 是乃後世弄法舞文之吏之所爲也, 曾謂大中至正之道而如此乎!”【壯祖】

83:15 張元德問『春秋』·『周禮』疑難. 曰: “此等皆無佐證, 强說不得. 若穿鑿說出來, 便是侮聖言. 不如且研窮義理, 義理明, 則皆可遍通矣.” 因曰: “看文字且先看明白易曉者. 此語是某發出來, 諸公可記取.”【時擧 ○以下看『春秋』法.】

83:16 問: “『春秋』當如何看?” 曰: “只如看史樣看.” 曰: “程子所謂‘以傳考經之事跡, 以經別傳之眞僞’, 如何?” 曰: “便是亦有不可考處.” 曰: “其間不知是聖人果有褒貶否?” 曰: “也見不得.” “如許世子止嘗藥之類如何?”[26] 曰: “聖人亦只因國史所載而錄[27]之耳. 聖人光明正大, 不應以一二字加褒貶於人. 若如此屑屑求之, 恐非聖人之本意.”【時擧】

83:17 看『春秋』, 且須看得一部『左傳』首尾意思通貫, 方能略見聖人筆削, 與當時事之大意.【道夫】[28]

83:18 叔器問讀『左傳』法. 曰: “也只是平心看那事理·事情·事勢. 『春秋』十二公時各不同. 如隱·桓[29]之時, 王室新東遷, 號令不行, 天下都星散無主. 莊·僖之時, 桓[30]·文迭伯, 政自諸侯出, 天下始有統一. 宣公之時, 楚莊王盛强, 夷狄主盟, 中國諸侯服齊者亦皆朝楚, 服晉者亦皆朝楚. 及成公之世, 悼公出來整頓一番, 楚始退去, 繼而吳·

---

26) 如許世子止嘗藥之類如何? : 徽州本에서는 時擧云: “如許世子止嘗藥之類如何?”로 되어 있다.
27) 錄: 賀本에서는 立으로 되어 있다.
28)【道夫】: 賀本에서는【時擧】로 되어 있다.
29) 桓: 賀本에서는 威로 되어 있다.
30) 桓: 成化本·賀本에서는 威로 되어 있다.

越又强入來爭伯. 定・哀之時, 政皆自大夫出, 魯有三家, 晉有六卿, 齊有田氏, 宋有華向, 被它肆意做, 終春秋之世, 更沒奈何. 但是某嘗說, 春秋之末, 與初年大不同. 然是時諸侯征戰, 只如戲樣, 亦無甚大殺戮. 及戰國七國爭雄, 那時便多是胡相殺. 如鴈門斬首四萬, 不知怎生[31]殺了許多, 長平之戰, 四十萬人坑死, 不知如何有許多人? 後來項羽也坑十五[32]萬, 不知它如何地掘那坑後, 那死底都不知, 當時不知如何地對副許多人." 安卿曰: "恐非掘坑." 曰: "是掘坑. 嘗見鄧艾伐蜀, 坑許多人, 載說是掘坑."【義剛】

83:19『春秋』之書, 且据『左氏』. 當時天下大亂, 聖人且據實而書之, 其是非得失, 付諸後世公論, 蓋有言外之意. 若必於一字一辭之間求褒貶所在, 竊恐不然. 齊桓・晉文所以有功於王室者, 蓋當時楚最强大, 時復加兵于[33]鄭, 鄭則在王畿之內, 又伐陸渾之戎, 觀兵周疆, 其勢與六國不同. 蓋六國勢均力敵, 不敢先動. 楚在春秋時, 它國皆不及其强, 向非桓[34]・文有以遏之, 則周室爲其所幷矣. 又, 諸侯不朝聘於周, 而周反下聘於列國, 是甚道理?"【廣 ○以下論左氏.】

83:20 左氏之病, 是以成敗論是非, 而不本於義理之正. 嘗謂左氏是箇猾頭熟事, 趨炎附勢之人.

83:21 元城說, 左氏不識大體, 只是時時見得小可底事, 便以爲是.【義剛】

83:22 因學陳君擧說『左傳』, 曰: "左氏是一箇審利害之幾, 善避就

---

31) 生: 徽州本에서는 生地로 되어 있다.

32) 十五: 孝宗刊本에서는 頭註에 "十五當作二十"이라고 되어 있고『考異』에서는 "恐二十"이라고 되어 있다.

33) 于: 賀本에서는 於로 되어 있다.

34) 桓: 成化本・賀本에서는 威로 되어 있다.

底人, 所以其書有貶死節等事. 其間議論有極不是處. 如周·鄭交質之類, 是何議論? 其曰: '宋 宣公可謂知人矣, 立穆公, 其子饗之, 命以義夫!' 只知有利害, 不知有義理. 此段不如『穀梁』[35]說'君子大居正', 卻是儒者議論. 某平生不敢說『春秋』. 若說時, 只是將胡文定說扶持說去. 畢竟去聖人千百年後, 如何知得聖人之心? 且如先蔑奔秦, 書, 則是貶先蔑, 不書時, 又不見得此事. 若如今人說, 教聖人如何書則是? 呂伯恭愛教人看『左傳』, 某謂不如教人看『論』·『孟』. 伯恭云, 恐人去外面走. 某謂, 看『論』·『孟』未走得三步, 看『左傳』底已走十百步了. 人若讀得『左傳』熟, 直是會趨利避害. 然世間利害, 如何被人趨避了. 君子只看道理合如何, 可則行, 不可則止, 禍福自有天命. 且如一箇善擇利害底人, 有一事, 自謂擇得十分利處了, 畢竟也須帶二三分害來, 自沒奈何. 仲舒云: '仁人正其義[36]不謀其利, 明其道不計其功.' 一部『左傳』無此一句. 若人人擇利害後, 到得臨難死節底事, 更有誰做? 其間有爲國殺身底人, 只是枉死了, 始得." 因舉"可憐石頭城, 寧爲袁粲死, 不作褚淵生." "蓋'民之秉彝', 又自有不可埋沒, 自然發出來處."【璘 ○可學錄云: "天下事, 不可顧利害. 凡人做事多要趨利避害, 不知纔有利, 必有害, 吾雖處得十分利, 有害隨在背後, 不如且就理上求之. 孟子曰: '如以利, 則枉尋直尺而利, 亦可爲歟?' 且如臨難致死, 義也. 若不明其理而顧利害, 則見危致命者反不如偸生苟免之人. '可憐石頭城, 寧爲袁粲死, 不作褚淵生', '民之秉彝'不可磨滅如此, 豈不是自然?"】

83:23 林黃中謂: "『左傳』'君子曰', 是劉歆之辭. 胡先生謂『周禮』是劉歆所作, 不知是如何." "『左傳』'君子曰', 最無意思." 因舉"芟夷蘊崇之"一段: "是關上文甚事"?【賀孫】

83:24 左氏見識甚卑, 如言趙盾弑君之事, 卻云: "孔子聞之, 曰: '惜

---

35) 『穀梁』: 『考異』에서는 '恐公羊'이라고 되어 있다. 내용상 『公羊』이 되어야 한다. 『公羊傳』「隱公3」조에 '故君子大居正. 宋之禍, 宣公爲之也.' 가 있다.
36) 義: 賀本에서는 誼로 되어 있다.

哉, 越境乃免!" 如此則專是回避占便宜者得計, 聖人豈有是意? 聖人"作『春秋』而亂臣賊子懼", 豈反爲之解免耶?【端蒙】

83:25 問: "『左傳』載卜筮, 有能先知數世後事, 有此理否?" 曰: "此恐不然. 只當時子孫欲僭竊, 故爲此以欺上罔下爾. 如漢高帝蛇, 也只是脫空. 陳勝王凡六月, 便只是它做不成, 故人以爲非, 高帝做得成, 故人以爲符▲37)."

83:26 『左傳』·『國語』惟是周室一種士大夫說得道理大故細密. 這便是文·武·周·召在王國立學校, 教得人恁地. 惟是周室人會恁地說. 且如「烝民」詩大故說得好, "人受天地之中以生"之類, 大故說得細密.【義剛 ○兼論『國語』.】

83:27 『左氏』所傳『春秋』事, 恐八九分是. 『公』·『穀』專解經, 事則多出揣度.【必大 ○以下三傳.】

83:28 『春秋』制度大綱, 『左傳』較可據, 『公』·『穀』較難憑. 胡文定義理正當, 然此樣處, 多是臆度說.

83:29 李丈問: "『左傳』如何?" 曰: "『左傳』一部載許多事, 未知是與不是. 但道理亦是如此, 今且把來參考." 問: "『公』·『穀』如何?" 曰: "據他說亦是有那道理, 但恐聖人當初無此等意. 如孫明復·趙啖·陸淳·胡文定, 皆說得好, 道理皆是如此. 但後世因『春秋』去考時, 當如此區處. 若論聖人當初作『春秋』時, 其意不解有許多說話." 擇之說: "文定說得理太多, 盡堆在裏面." 曰: "不是如此底, 亦壓從這理上來."【淳 ○義剛錄少異.】

37) ▲: 瑞

83:30 『左氏傳』是箇博記人做, 只是以世俗見識斷當它事, 皆功利之說. 『公』·『穀』雖陋, 亦有是處, 但皆得於傳聞, 多訛謬.【德明】

83:31 國秀問三傳優劣. 曰: "左氏曾見國史, 考事頗精, 只是不知大義, 專去小處理會, 往往不曾講學. 『公』·『穀』考事甚疏, 然義理卻精. 二人38)乃是經生, 傳得許多說話, 往往都不曾見國史."【時擧】

83:32 『左傳』是後來人做, 爲見陳氏有齊, 所以言"八世之後, 莫之與京", 見三家分晉, 所以言"公侯子孫, 必復其始." 以三傳言之,『左氏』是史學, 『公』·『穀』是經學. 史學者記得事卻詳, 於道理上便差, 經學者於義理上有功, 然記事多誤. 如遷·固之史, 大概只是計較利害. 范曄更低, 只主張做賊底, 後來他自做卻敗. 溫公『通鑑』, 凡涉智數險詐底事, 往往不載, 卻不見得當時風俗. 如陳平說高祖間楚事, 亦不載上一段, 不若全載了, 可以見當時事情, 卻於其下論破, 乃佳. 又如亞夫得劇孟事, 『通鑑』亦節去, 意謂得劇孟不足道, 不知當時風俗事勢, 劇孟輩亦係輕重. 如39)周休40)且能一夜得三萬人, 只緣吳王敗後各自散去, 其事無成. 溫公於此事卻不知不覺載之, 蓋以周休名不甚顯, 不若劇孟耳. 想溫公平日叵耐劇孟. 不知溫公爲將, 設遇此人, 柰得它何否? 又如論唐 太宗事, 亦殊未是. 呂氏『大事記』周 赧後便繫秦, 亦未當. 當如記楚·漢事, 並書之, 項籍死後, 方可專書漢也.【螢】

83:33 "孔子作『春秋』, 當時亦須與門人講說, 所以『公』·『穀』·『左氏』得一箇源流, 只是漸漸訛舛. 當初若是全無傳授, 如何鑿空撰得?" 問: "今欲看『春秋』, 且將胡文定說爲正, 如何?" 曰: "便是它亦有太過

---

38) 二人: 徽州本에서는 此二人으로 되어 있다.
39) 如: 賀本에서는 知로 되어 있다.
40) 周休: 孝宗刊本에서는 頭註에서 '周休當作周丘'라고 되어 있고 『考異』에서는 '休, 恐丘'라고 되어 있다.

處. 蘇子由教人只讀『左傳』, 只是它『春秋』亦自分曉. 且如'公與夫人如齊', 必竟是理會甚事, 自可見. 又如季氏逐昭公, 畢竟因甚如此? 今理會得一箇義理後, 將它事來處置, 合於義理者爲是, 不合於義理者爲非. 亦有喚做是而未盡善者, 亦有謂之不是而彼善於此者. 且如讀『史記』, 便見得秦之所以亡, 漢之所以興, 及至後來劉・項事, 又知劉之所以得, 項之所以失, 不難判斷. 只是『春秋』卻精細, 也都不說破, 教後人自將義理去折衷."【文蔚】

83:34 問: "『公』・『穀傳』大概皆同?" 曰: "所以林黃中說, 只是一人, 只是看它文字疑若非一手者." 或曰: "疑當時皆有所傳授, 其後門人弟子始筆之於書爾." 曰: "想得皆是齊・魯間儒, 其所著之書, 恐有所傳授, 但皆雜以己意, 所以多差舛. 其有合道理者, 疑是聖人之舊."【僩○以下『公』・『穀』】

83:35 『春秋』難理會. 『公』・『穀』甚不好, 然又有甚好處. 如序隱公讓[41]國, 宣公[42]讓[43]其姪處, 甚好. 何休注甚謬.

83:36 『公羊』說得宏大, 如"君子大居正"之類. 『穀梁』雖精細, 但有些鄒[44]搜狹窄.【謨】

83:37 『公羊』是箇村樸秀才, 『穀梁』又較黠得些.【椒】[45]

83:38 "『春秋』難看, 三家皆非親見[46]孔子. 或以'左丘明恥之', 是姓

41) 讓: 成化本・賀本에서는 遜으로 되어 있다.
42) 宣公: 孝宗刊本에서는 頭註에서 '宣公當作穆公'이라고 되어 있고 『考異』에서는 '宣, 恐穆'이라고 되어 있다.
43) 讓: 成化本・賀本에서는 遜으로 되어 있다.
44) 鄒: 孝宗刊本에서는 頭註에 '鄒, 當作搊'라고 되어 있고 『考異』에서는 '鄒, 恐搊'라고 되어 있다.
45) 【椒】: 『朱子語類』에서는 【振】으로 되어 있다.

左丘, 左氏乃楚左史倚相之後, 故載楚事極詳. 呂舍人『春秋』不甚主張胡氏, 要是此書難看. 如劉原父『春秋』亦好." 可學云: "文定解'宋災故'一段, 乃是原父說." 曰: "林黃中『春秋』又怪異, 云, 隱公簒桓公[47]." 可學云: "黃中說, '歸仲子之賵', 乃是周王以此爲正其分." 曰: "要正分, 更有多少般, 卻如此不契勘?" 可學云: "杜預每到不通處. 多云[48]告辭略. 經傳互異, 不云傳誤, 云經誤." 曰: "可怪? 是何識見?" 【可學 ○以下諸家解『春秋』.】

83:39 問: "「春秋傳序」引夫子答顏子爲邦之語, 爲顏子嘗聞『春秋』大法, 何也?" 曰: "此不是孔子將『春秋』大法向顏子說. 蓋三代制作極備矣, 孔子更不可復作, 故告以四代禮樂, 只是集百王不易之大法. 其作『春秋』, 善者則取之, 惡者則誅之, 意亦只是如此, 故伊川引以爲據耳." 【淳】

83:40 程子所謂"『春秋』大義數十, 炳如日星"者, 如"成宋亂", "宋災故"之類, 乃是聖人直著誅貶, 自是分明. 如胡氏謂書"晉侯"爲以常情待晉 襄, 書"秦人"爲以王事責秦 穆處, 卻恐未必如此. 須是己之心果與聖人之心神交心契, 始可斷它所書之旨, 不然則未易言也. 程子所謂"微辭隱義, 時措從宜者爲難知"耳. 【人傑】

83:41 或問伊川[49]『春秋』序後條. 曰: "四代之禮樂, 此是經世之大法也. 『春秋』之書, 亦經世之大法也. 然四代之禮樂是以善者爲法, 『春秋』是以不善者爲戒." 又問: "孔子有取乎五霸, 豈非時措從宜?" 曰: "是." 又曰: "觀其予五霸, 其中便有一箇奪底意思." 【賀孫】

---

46) 親見: 『小分』에서는 見親으로 보아야 한다는 교정부호가 있으나, 교정을 반영하지 않고 그대로 親見을 본문에 반영했다.
47) 桓公: 成化本・賀本에서는 威公로 되어 있다.
48) 多云: 賀本에서는 杜預로 되어 있다.
49) 伊川: 徽州本에서는 伊川先生으로 되어 있다.

83:42 『春秋』「序」云: "雖德非湯・武, 亦可以法三王之治." 如是則無本者亦可以措之治乎? 語有欠. 因云: "伊川甚麼樣子細, 尙如此. 難! 難!"【楊】[50)]

83:43 今日得程『春秋解』, 中間有說好處, 如難理會處, 它亦不爲決然之論. 向見沙隨[51)]『春秋解』, 只有說滕子來朝一處最好. 隱[52)]十一年方書"滕侯・薛侯"來朝, 如何桓二年便書"滕子來朝"? 先輩爲說甚多, 或以爲時王所黜, 故降而書"子", 不知是時時王已不能行黜陟之典, 就使能黜陟諸侯, 當時亦不止一滕之可黜. 或以『春秋』惡其朝桓, 特削而書"子", 自此之後, 滕一向書"子", 豈『春秋』惡其朝桓, 而幷後代子孫削之乎? 或以爲當喪未君, 前又不見滕侯卒. 皆不通之論. 沙隨[53)]謂此見得春秋時小國事大國, 其朝聘貢賦之多寡, 隨其爵之崇卑. 滕子之事魯, 以侯禮見, 則所供者多, 故自貶降而以子禮見, 庶得貢賦省少易供. 此說卻恐是. 何故? 緣後面鄭朝晉云: "鄭伯, 男也, 而使從公侯之賦." 見得鄭本是男爵, 後襲用侯伯之禮, 以交於大國, 初焉不覺其貢賦之難辦, 後來益困於此, 方說出此等話. 非獨是鄭伯, 當[54)]時小國多是如此. 今程公『春秋』亦如此說滕子. 程是紹興以前文字. 不知沙隨見此而爲之說? 還是自見得此意?【賀孫】

83:44 問: "諸家『春秋』解如何?" 曰: "某盡信不及. 如胡文定『春秋』, 某也信不及, 知得聖人意裏是如此說否? 今只眼前朝報差除, 尙未知朝廷[55)]意思如何, 況生乎千百載之下, 欲[56)]逆推乎千百載上聖人之心? 況自家之心, 又未得如[57)]聖人, 如何知得聖人肚裏事? 某所以都不敢

50)【楊】:『朱子語類』에서는【揚】으로 되어 있다.
51) 沙隨: 徽州本에서는 沙隨作으로 되어 있다.
52) 隱: 徽州本에서는 如隱으로 되어 있다.
53) 沙隨: 徽州本에서는 沙隨則으로 되어 있다.
54) 當: 徽州本에서는 想當으로 되어 있다.
55) 朝廷: 徽州本에서는 他朝廷으로 되어 있다.
56) 欲: 徽州本에서는 而欲으로 되어 있다.

信諸家解, 除非是得孔子還魂親說出, 不知如何[58]."【僩】

83:45　胡文定[59]『春秋』非不好,　卻不合這件事聖人意是如何下字, 那件事聖人意又如何下字. 要之, 聖人只是直筆據見在而書, 豈有許多忉怛?【友仁】

83:46 問: "胡『春秋』如何?" 曰: "胡『春秋』大義正, 但『春秋』自難理會. 如『左氏』尤有淺陋處, 如'君子曰'之類, 病處甚多. 林黃中嘗疑之, 卻見得是."【時擧】

83:47 胡『春秋傳』有牽强處. 然議論有開合精神.【閎祖】

83:48 ▲[60]

83:49 問: "胡文定據『孟子』'『春秋』, 天子之事', 一句作骨. 如此則是聖人有意誅賞." 曰: "文定是如此說, 道理也是恁地. 但聖人只是書放那裏, 使後世因此去考見道理如何便爲是, 如何便爲不是. 若說道聖人當時之意, 說它當如此, 我便書這一字,【淳錄云: "以褒之."】 它當如彼, 我便書那一字,【淳錄云: "以貶之." 別本云: "如此便爲予, 如彼便爲奪."】 則恐聖人不解恁地. 聖人當初只直寫那事在上面, 如說張三打李四, 李四打張三, 未嘗斷它罪, 某人杖六十, 某人杖八十. 如孟子便是說得那地步闊. 聖人之意, 只是如此, 不解恁地細碎. 且如'季子來歸', 諸公說得恁地好. 據某看來, 季友之罪與慶父也不爭多. 但是它歸來後, 會平了難, 魯人歸之, 故如此說. 況它世執魯之大權, 人自是怕它. 史官書得恁地, 孔子因而存此, 蓋以見它執權之漸耳."【義剛 ○

57) 得如: 成化本・賀本에서는 如得으로 되어 있다.
58) 不知如何: 徽州本에서는 不知如何也로 되어 있다.
59) 胡文定: 徽州本에서는 胡文定公으로 되어 있다.
60) ▲: 問胡『春秋』. 曰: "亦有過當處."【文蔚】

淳錄略.】

83:50 『春秋』今來大綱是從胡文定說, 但中間也[61]自有難穩處. 如叔孫婼祈死事[62], 把它做死節, 本自無據, 後卻將"至自晉"一項說, 又因『穀梁』"公孫舍"[63]云云. 它若是到歸來, 也須問我屋裏人, 如何同去弒君? 也須誅討斯得. 自死是如何? 『春秋』難說. 若只消輕看過, 不知是如何. 如孟子說道"『春秋』無義戰, 彼善於此", 只將這意看如何. 左氏是三晉之後, 不知是甚麼人. 看它說魏 畢萬之後必大, 如說陳氏代齊之類, 皆是後來設爲豫定之言. 『春秋』分明處, 只是如"晉 士匄侵齊, 至聞齊侯卒, 乃還", 這分明是與它.【賀孫】

83:51 問: "胡氏傳『春秋』盟誓處, 以爲『春秋』皆惡之, 楊龜山亦嘗議之矣. 自今觀之, 豈不可因其言盟之能守與否而褒貶之乎? 今民'泯泯棼棼, 罔中于信, 以覆詛盟'之時, 而遽責以未施信而民信之事, 恐非化俗以漸之意[64]." 曰: "不然. 盟詛, 畢竟非君之所爲, 故曰: '君子屢盟, 亂是用長.' 將欲變之, 非去盟崇信, 俗不可得而善也. 故伊川有言: '凡委靡隨俗者不能隨時, 惟剛毅特立乃所以隨時[65].' 斯言可見矣." 問洽[66]: "尋常如何理會是'胥[67]命?'" 曰: "嘗考之矣. 當從劉侍讀之說. 自王命不行, 則諸侯上僭之事, 由階而升. 然必與勢力之不相上下者【池錄作: "如歷階而升, 以至於極. 蓋旣無王命, 必擇勢力之相敵者."】 共爲之, 所以布於衆而成其僭也. 齊・衛當時勢敵, 故齊 僖自以爲小伯, 而黎人責衛以方伯之事. 當時王不敢命伯, 而欲自爲伯, 故於此彼此

61) 也: 賀本에서는 亦으로 되어 있다.
62) 如叔孫婼祈死事: 徽州本에서는 如叔孫婼祈死事【昭公二十五年】으로 되어 있다.
63) 『穀梁』"公孫舍": 成化本에서는 『公羊』"叔孫舍"로 되어 있다.
64) 恐非化俗以漸之意: 徽州本에서는 恐非化俗以漸之意也, 先生으로 되어 있다.
65) 所以隨時: 徽州本에서는 所以隨時也로 되어 있다.
66) 問洽: 徽州本에서는 先生問洽으로 되어 있다.
67) 胥: 成化本・賀本에서는 自로 되어 있다.

相命以成其私也. 及其久也, 則力之能爲者專之矣, 故威公遂自稱伯. 以至戰國諸侯各有稱王之意, 不敢獨稱於國, 必與勢力之相侔者共約而爲之, 齊・衛會于苴澤以相王, 是也. 其後七國皆王, 秦人思有以勝之, 於是使人致帝于[68]齊, 約共稱帝, 豈非相帝? 自相命而至於相王, 自相王而至於相帝, 僭竊之漸, 勢必至此,【池錄云: "『春秋』於此, 蓋紀王命不行而諸侯僭竊之端也."】 豈非其明證乎?" 曰[69]: "然則『左傳』所謂'胥命于弭', 何也?" 曰[70]: "此以納王之事相讓[71]相先也." 曰: "說亦有理."【洽 ○池錄少異.】

83:52 問: "『春秋』, 胡文定之說如何?" 曰: "尋常亦不滿於胡說. 且如解經不使道理明白, 卻就其中多使故事, 大與做時文答策相似. 近見一相知說, 傅守見某說云, 固是好, 但其中無一故事可用. 某作此書, 又豈欲多使事也?" 問: "先生旣不解『春秋』, 合亦作一篇文字, 略說大意, 使後學知所指歸." 曰: "也不消如此. 但聖人作經, 直述其事, 固是有所抑揚, 然亦非故意增減一二字, 使後人就一二字上推尋, 以爲吾意旨之所在也." ▲[72]

83:53 胡文定說『春秋』, 高而不曉事情. 說"元年"不要年號. 且如今中興以來更七箇元年, 若無號, 則契券能無欺弊者乎?【淳】

83:54 呂居仁『春秋』亦甚明白, 正如某『詩傳』相似.【道夫】

83:55 東萊有『左氏說』, 亦好. 是人記錄它語言.【義剛】[73]

---

68) 于: 賀本에서는 於로 되어 있다.
69) 曰: 徽州本에서는 先生曰로 되어 있다.
70) 曰: 徽州本에서는 某曰로 되어 있다.
71) 讓: 成化本・賀本에서는 遜으로 되어 있다.
72) ▲: 問: "胡文定說'元'字, 某不能無疑. 元者, 始也, 正所謂'辭之所謂"太"也.' 今胡乃訓'元'爲'仁', 訓'仁'爲'心', 得無太支離乎?" 曰: "楊龜山亦嘗以此議之. 胡氏說經, 大抵有此病."

83:56 薛常州解『春秋』, 不知如何率意如此, 只是幾日成此文字. 如何說諸侯無史? 「內則」尙有"閭史." 又如趙盾事, 初靈公要殺盾, 盾所以走出, 趙穿便弑公, 想是它本意如此, 這箇罪首合是誰做?【賀孫】

83:57 薛士龍曰: "魯隱初僭史." 殊不知「周官」所謂"外史合四方之志", 便是四方諸侯皆有史. 諸侯若無史, 外史何所稽考而爲史? 如古人生子, 則"閭史"書之. 且二十五家爲閭, 閭尙有史, 況一國乎?【學蒙】[74)]

83:58 昔楚相作燕相書, 其暗燭[75)]而不明. 楚相曰: "擧燭." 書者不察, 遂書"擧燭"字于[76)]書中. 燕相得之, 曰: "擧燭"者, 欲我之明於擧賢也. 於是擧賢退不肖, 而燕國大治. 故曰: "不是郢書, 乃成燕說." 今之說『春秋』者, 正此類也.【人傑 ○揚錄少異.】

83:59 學『春秋』者多鑿說. 『後漢』「五行志」注載[77)], 漢末有發范明友奴冢[78)], 奴猶活. 明友, 霍光女婿, 說光家事及廢立之際, 多與『漢書』相應. 某嘗說與學『春秋』者曰: "今如此穿鑿說, 亦不妨. 只恐一旦有於地中得夫子家奴出來, 說夫子當時之意不如此爾."【廣】

「經」【傳附】

83:60 問: "'春王正月', 是用周正? 用夏正?" 曰: "兩邊都有證據, 將何從?【義剛錄云: "這箇難稽考, 莫去理會這箇."】 某向來只管理會此, 不

---

73)【義剛】: 徽州本에서는【淳】으로 되어 있다.
74)【學蒙】: 徽州本에서는【正卿 ○隱元年】으로 되어 있다.
75) 暗燭: 『朱子語類』에서는 燭暗으로 되어 있다.
76) 于: 賀本에서는 於로 되어 있다.
77) 注載: 徽州本에서는 注中載로 되어 있다.
78) 冢: 孝宗刊本・成化本에서는 家로 되어 있다.

放下, 竟擔閣了. 吾友讀書不多, 不見得此等處. 某讀書多後, 有時此字也不敢喚做此字. 如『家語』周公祝成王冠辭'近爾民, 遠爾年, 嗇爾時, 惠爾財, 親賢任能.' 近爾民, 言得民之親愛也, 遠爾年, 言壽也. '年'與'民'叶, 音紉, '能'與'財'叶, 囊來反, 與'時'叶, 音尼. '財'音慈."【義剛錄云: "'能'字通得三音, 若作十五[79]灰韻, 則與'才'字叶, 與'時'字又不叶. 今更不可理會. 據今本[80]'時'字, 則當作'尼'字讀." ○淳】

83:61 某親見文定公家說, 文定『春秋』說夫子以夏時冠月, 以周正紀事. 謂如"公卽位", 依舊是十一月, 只是◇[81]改正作"春正月." 某便不敢信. 恁地時, 二百四十二年, 夫子只證得箇"行夏之時"四箇字. 據今『周禮』有正月, 有正歲, 則周實是元改作"春正月." 夫子所謂"行夏之時", 只是爲他不順, 欲改從建寅. 如孟子說"七八月之間旱", 這斷然是五六月, "十一月徒杠成, 十二月輿梁成", 這分明是九月十月. 若眞是十一月十二月時, 寒自過了, 何用更造橋梁? 古人只是寒時造橋度人, 若暖時又只時教它自從水裏過. 看來古時橋也只是小橋子, 不似如今石橋浮橋恁地好.【義剛】

83:62『春秋傳』言: "元者, 仁也, 仁, 人心也." 固有此理, 然不知仁如何卻喚做"元"? 如程子曰: "天子之理, 原其所自, 未有不善."『易傳』曰: "成而後有敗, 敗非先成者也, 得而後有失, 非得, 何以有失也?" 便說得有根源.【閎祖】

○[82] 問: "胡文定說'元'字, 某不能無疑. 元者, 始也, 正所謂'辭之所謂"太"也.' 今胡乃訓'元'爲'仁', 訓'仁'爲'心', 得無太支離乎?" 曰: "楊龜山亦嘗以此議之. 胡氏說經, 大抵有此病."

---

79) 五: 賀本에는 없다.
80) 本: 成化本・賀本에서는 叶으로 되어 있다.
81) ◇: 孔子它
82) ○:『朱子語類』83:52의 일부이다.

83:63 "胡文定說『春秋』'公卽位', 終是不通. 且踰年卽位, 凶服如何入廟? 胡文定卻說是冢宰攝行. 它事可攝, 卽位豈可攝? 且如'十二[83]月乙丑, 伊尹以冕服奉嗣王', '惟▲[84]三祀', 卻是除服了. 「康王之誥」, 東坡道是召公失禮處. 想古時是這般大事, 必有箇權宜, 如借吉之例." ▲[85) 【賀孫】

83:64 『春秋』一發首不書卽位, 卽君臣之事也, 書仲子嫡庶之分, 卽夫婦之事也, 書及邾盟, 朋友之事也, 書"鄭伯克段", 卽兄弟之事也. 一開首, 人倫便盡在.

83:65 惠公 仲子, 恐是惠公之妾. 僖公 成風, 卻是僖公之母, 不可一例看, 不必如孫明復之說. 【閎祖 ○孫明復云: "文九年冬, 秦人來歸僖公 成風之襚, 與此不稱夫人義同, 譏其不及事, 而又兼之貶也."】

83:66 義剛曰: "莊公見潁考叔而告之悔, 此是它天理已漸漸明了. 考叔當時聞莊公之事而欲見之, 此是欲撥動它機. 及其旣動, 卻好開明義理之說, 使其心豁然知有天倫之親. 今卻教恁地做, 則母子全恩, 依舊不出於眞理. 此其母子之間雖能如此, 而其私欲固未能瑩然消釋. 其所以略能保全, 而不復開其隙者, 特幸耳." 曰: "恁地看得細碎, 不消如此. 某便是不喜伯恭『博議』時, 它便都是這般議論. 恁地忒細碎, 不濟得事. 且如這樣, 它是且欲全它母子之恩. 以它重那盟誓未肯變, 故且教它恁地做. 這且得它全得大義, 未暇計較這箇, 又何必如此去論它?" 【義剛】

---

83) 十二: 『朱子語類』에서는 十一로 되어 있다. 【附箋紙】"十二"之二, 本作一. "三祀"上本有"十有"二字. 今輒依『尚書』, 改之如此.

84) ▲: 十有

85) ▲: 或問: "「金縢」, 前輩謂非全書." 曰: "周公以身代武王之說, 只緣人看錯了. 此乃周公誠意篤切, 以庶幾其萬一. '丕子之責于天', 只是以武王受事天之責任, 如今人說話, 他要箇人來服事. 周公便說是他不能服事天, 不似我多才多藝, 自能服事天."

83:67 陳仲蔚問: "東萊論潁考叔之說是否?" 曰: "古人也是重那盟誓." 又問: "『左傳』於釋經處但略過, 如何?" 曰: "它釋經也有好處. 如說'段不弟, 故不言弟. 稱"鄭伯", 譏失教也.' 這樣處, 說得也好, 蓋說得闊." 又問: "'宋 宣公可謂知人矣, 立穆公, 其子享之.' 這也不可謂知人." 曰: "這樣處, 卻說得無巴鼻. 如『公羊』說, 宣公卻是宋之罪腦. 左氏有一箇大病, 是它好以成敗論人, 遇它做得來好時, 便說它好, 做得來不好時, 便說它不是, 卻都不折之以理之是非, 這是他大病. 敍事時, 左氏卻多是,『公』·『穀』卻都是胡撰. 它去聖人遠了, 只是想象[86] 胡說." ▲[87) 【義剛】

83:68 "夫人子氏薨", 只是仲子. 左氏"豫凶事"之說, 亦有此理. "考仲子之宮", 是別立廟. 【人傑 ○二年】

83:69 問: "石碏諫得已自好了, 如何更要那'將立州吁'四句?" 曰: "也是要得不殺那桓公." 又問: "如何不禁其子與州吁遊?" 曰: "次第是石碏老後, 柰兒子不何." 又問: "殺之, 如何要引它從陳去? 忽然陳不殺, 卻如何?" 曰: "如喫飯樣, 不成說道喫不得後, 便不喫, 也只得喫." 【義剛 ○四[88]年】

83:70 陳仲蔚說"公矢魚于棠", 云: "或謂'矢', 如'皐陶[89]矢厥謨'之'矢'." 曰: "便是亂說. 今據『傳』曰: "'則君不射', 則'矢魚'是將弓矢去射之, 如漢 武帝親射江中蛟之類. 何以見得? 夫子作『春秋』, 征只書征, 伐只書伐, 不曾恁地下一字. 如何平白無事, 陳魚不只寫作'陳'字, 卻要下箇'矢'字則麽? '遂往陳魚而觀之'這幾句, 卻是左氏自說. 據它上

---

86) 象: 賀本에서는 像으로 되어 있다.
87) ▲: 或問: "左氏果丘明否?" 曰: "左氏敍至韓·魏·趙殺智伯事, 去孔子六七十年, 決非丘明."
88) 四:『朱子語類』에서는 二로 되어 있다.
89) 皐陶 :成化本에서는 皐陶로 되어 있다.

文, 則無此意."【義剛 ○五年】

83:71 "鄭人來渝平." 渝, 變也. 蓋魯先與宋好, 鄭人卻來渝平, 謂變渝舊盟, 以從新好也. 『公』·『穀』作"輸平." 胡文定謂以物而求平也, 恐不然. 但言"輸", 則渝之義自在其中. 如秦『詛楚文』云: "變輸盟刺." 若字義則是如此, 其文意則只是"渝"字也.【銖 ○六年】

83:72 因言勇而無剛, 曰: "剛與勇不同. 勇只是敢爲, 剛有堅强之意."【閎祖 ○九年】

○[90] 問: "魯君弑而書'薨', 如何?" 曰: "如晉史書趙盾弑君, 齊史書崔杼弑君, 魯卻不然, 蓋恐是周公之垂法, 史書之舊章. 韓宣子所謂周禮在魯者, 亦其一事也." 問諸侯書"卒." 曰: "劉道原嘗言之, 此固當書'卒.'" 問: "魯君書'薨', 而諸侯書'卒', 內大夫卒, 而略外大夫, 只是別內外之辭." 曰: "固是. 且如今虜主死, 其國必來告哀, 史官必書虜主之死. 若虜中宰相大臣, 彼亦不告, 此亦必不書之也. 但書'王猛', 又書'王子猛', 皆不可曉. 所謂'天子未除喪曰〈予小子〉, 生名之, 死亦名之', 此乃據『春秋』例以爲之說耳."【人傑 ○十一年[91]】

83:73 桓公有兩年不書秋冬, 說者謂, 以喩時王不能賞罰. 若如是, 孔子亦可謂大迂闊矣. 某嘗謂, 說『春秋』者只好獨自說, 不可與人論難. 蓋自說, 則橫說豎說皆可, 論難著便說不行.【必大 ○桓四年·七年】

83:74 『春秋』書"蔡人殺陳佗", 此是夫子據魯史書之. 佗之弑君, 初不見於經者, 亦是魯史無之耳.【廣 ○六年】

---

90) ○: 『朱子語類』 83:81의 일부이다.
91) 十一年: 『朱子語類』에는 없다.

83:75 問: "書蔡 桓侯[92], 文定以爲蔡季之賢, 知請謚, 如何?" 曰: "此只是文誤." 【人傑 ○十七年】

83:76 問: "魯 桓公爲齊 襄公所殺, 其子莊公與桓公會而不復讎, 先儒謂『春秋』不譏, 是否?" 曰: "它當初只是據事如此寫在, 如何見它譏與不譏? 當桓公被殺之初, 便合與它理會. 使上有明天子, 下有賢方伯, 便合上告天子, 下告方伯, 興復讎之師. 只緣周家衰弱, 無赴愬處[93], 莊公又無理會, 便自與之主婚, 以王姬嫁齊. 及到桓公時, 又自隔一重了, 況到此事體又別? 桓公率諸侯以尊周室, 莊公安得不去? 若是不去, 卻不是叛齊, 乃是叛周." 曰: "使莊公當初自能擧兵殺了襄公, 還可更赴桓公之會否?" 曰: "它若是能殺襄公, 它卻自會做霸[94]主, 不用去隨桓公. 若是如此, 便是這事結絶了." 【文蔚 ○僩錄詳見本朝六.】

83:77 荊楚初書國, 後進稱"人", 稱爵, 乃自是它初間不敢驟交於中國, 故從卑稱. 後漸大, 故稱爵. 【賀孫 ○莊十年】

83:78 "成風事季友, 與敬嬴事襄仲一般, 『春秋』何故褒季友? 如書'季子來歸', 是也." 人傑謂: "季子旣歸, 而閔公被弑, 慶父出奔. 季子不能討賊, 是其意在於立僖公也." 先生曰: "縱失慶父之罪小, 而季子自有大惡. 今『春秋』不貶之, 而反褒之, 殆不可曉. 蓋如高子・仲孫之徒, 只是舊史書之, 聖人因其文而不革. 所以書之者, 欲見當時事跡, 付諸後人之公議耳. 若謂季子爲命大夫, 則叔孫婼嘗受命服, 何爲書名乎?" 【人傑 ○閔元年】

83:79 "『春秋』書'季子來歸', 恐只是因舊史之文書之, 如此寬看尙

---

92) 桓侯: 成化本・賀本에서는 威侯로 되어 있다.
93) 無赴愬處: 徽州本에서는 無告愬處로 되어 있다.
94) 霸: 賀本에서는 伯으로 되어 있다.

可. 若謂'『春秋』謹嚴', 便沒理會. 或只是魯亂已甚, 後來季友立得僖公, 再整頓得箇社稷起, 有此大功, 故取之, 與取管仲意同. 然季子罪惡與慶父一般, 『春秋』若褒之, 則此一經乃淪三綱·斁九法之書爾. 當時公子牙無罪, 又用藥毒殺了. 季子賜族, 此亦只是時君恩意, 如秦呼呂不韋作'尙父[95]'耳." 正淳曰: "季子雖來歸, 亦有放走慶父之罪." 曰: "放走慶父罪小, 它自身上罪大, 亦治慶父不得."【必大 ○㽦錄云: "'『春秋』書"季子來歸", 不知夫子何故取季友? 恐只是如取管仲之意, 但以其後來有功社稷, 所以更不論其已前罪過.' 正淳曰: '說者◇[96]是國人喜季子之來, 望其討慶父之罪, 故『春秋』因如此書之. 及後來不能治慶父, 則季子之可貶者亦可見矣.' 曰: '季子之罪, 不在放走了慶父, 先已自有罪過了.'"】

83:80 ▲[97] '成風聞季氏之繇, 乃事之.' 左氏記此數句, 亦有說話. 成風沒巴鼻, 事它則甚? 據某看, 此等人皆魯國之賊耳." ▲[98]【僩】

83:81 ▲[99]

---

95) 尙父: 孝宗刊本에서는 頭註에 '尙, 當作仲'이라고 되어 있고『考異』에서는 '尙, 恐仲'이라고 되어 있다.

96) ◇: 謂

97) ▲: 問季友之爲人. 曰: "此人亦多可疑. 諸家都言季友'來歸', 爲聖人美之之辭. 據某看此一句, 正是聖人著季氏所以專國爲禍之基. 又,

98) ▲: 又問子家子. 曰: "它卻是忠於昭公. 只是也無計畫, 不過只欲勸昭公且泯默含垢受辱, 因季氏之來請而歸魯耳. 昭公所以不歸, 必是要逐季氏而后歸也. 當時列國之大夫, 如晉之欒, 魯之季氏, 鄭之伯有之徒, 國國皆然. 二百四十二年, 眞所謂五濁惡世, 不成世界. 孔子說: '有用我者, 吾其爲東周乎!' 不知如何地做? 從何處做起? 某實曉不得." 或曰: "相魯可見." 曰: "他合下只說得季威子透, 威子事事信之, 所以做得. 及後來被公斂 處父一說破了, 威子便不信之, 孔子遂做不得矣. 孟子說五年七年可'爲政於天下', 不知如何做, 孔子不甚說出來. 孟子自擔負不淺, 不知怎生做也."

99) ▲: "'季子來歸', 如'高子來盟'·'齊 仲孫來'之類. 當時魯國內亂, 得一季子歸國, 則國人皆有慰望之意, 故魯史喜而書之. 夫子直書史家之辭. 其實季子無狀, 觀於成風事之可見. 一書'季子來歸', 而季氏得政, 權去公室之漸, 皆由此起矣." 問: "魯君弒而書'薨', 如何?" 曰: "如晉史書趙盾弒君, 齊史書崔杼弒君, 魯卻不然, 蓋恐是周公之垂法, 史書之舊章. 韓 宣子所謂周禮在魯者, 亦其一事也." 問諸侯書"卒." 曰: "劉道原嘗言之, 此固當書'卒.'" 問: "魯君書'薨', 而諸侯書'卒', 內大夫

83:82 “齊 桓公較正當, 只得一番出伐. 管仲亦不見出, 有事時只是遣人出整頓. 『春秋』每稱‘齊人.’ 『左傳』上全不曾載許多事, 卻載之於『國語』, 及出『孟子』. 呂丈言, 『左傳』不欲見桓公許多不美處, 要爲桓公・管仲全之. 『孟子』所載桓公, 亦自犯了, 故皆不載.” 曰: “『左氏』有許多意思時, 卻是『春秋』. 『左氏』亦不如此回互, 只是有便載, 無便不載. 說得意思回互如此, 豈不教壞了人? 晉 文公詭譎, 如侵曹, 伐衛, 皆是當時出時不禮之私, 卻只名謂‘治其從楚.’ 如書‘晉侯伐衛’, 辭意可見. 又書‘楚人救衛’, 如書‘救’, 皆是美意. 中國之諸侯, 晉以私伐之, 乃反使楚人來救. 如‘晉侯侵曹’, ‘晉侯伐衛’, ‘楚人救衛’, 其辭皆聖人筆削, 要來此處看義理. 今人作『春秋』義, 都只是論利害. 晉侯侵伐皆自出.”【楊[100] ○僖四年】

83:83 問: “齊侯侵蔡, 亦以私, 如何?” 曰: “齊謀伐楚已在前. 本是伐楚, 特因以侵蔡耳, 非素謀也.” 問: “『國語』・『左傳』皆是左氏編, 何故載齊 桓公於『國語』, 而不載於『左傳』?” 曰: “不知二書作之先後. 溫公言先作『國語』, 次作『傳』. 又有一相識言, 先『左傳』, 次『國語』, 『國語』較老如『左傳』. 後看之, 似然.”【揚】

83:84 昔嘗聞長上言, 齊 桓公[101]伐楚, 不責以僭王之罪者, 蓋桓公[102]每事持重, 不是一箇率然不思後手者. 當時楚甚强大, 僭王已非一日. 桓公[103]若以此問之, 只宜楚即服罪, 不然, 齊豈遽保其必勝楚哉? 及聞先生言及, 亦以爲然.【壯祖】

卒, 而略外大夫, 只是別內外之辭.” 曰: “固是. 且如今虜主死, 其國必來告哀, 史官必書虜主之死. 若虜中宰相大臣, 彼亦不告, 此亦必不書之也. 但書‘王猛’, 又書‘王子猛’, 皆不可曉. 所謂‘天子未除喪曰〈予小子〉, 生名之, 死亦名之’, 此乃據『春秋』例以爲之說耳.”【人傑】

100) 楊: 『朱子語類』에서는 揚으로 되어 있다.
101) 桓公: 成化本・賀本에서는 威公으로 되어 있다.
102) 桓公: 成化本・賀本에서는 威公으로 되어 있다.
103) 桓公: 成化本・賀本에서는 威公으로 되어 있다.

83:85 『春秋』書“會王世子”, 與齊 桓公[104]也.【廣 ○五年】

83:86 晉 里克事, 只以『春秋』所書, 未見其是非. 『國語』載驪姬陰託里克之妻, 其後里克守不定, 遂有中立之說. 它當時只難里克, 里克若不變, 太子可安. 由是觀之, 里克之罪明矣. 後來殺奚齊·卓子, 亦自快國人之意, 且與申生伸冤. 如『春秋』所書, 多有不可曉. 如里克等事, 只當時人已自不知孰是孰非, 況後世乎? 如蔡人殺陳佗, 都不曾有陳佗弑君蹤跡. “會王世子”, 卻是桓公[105]做得好.【賀孫 ○九年】

83:87 或問: “『春秋』書‘晉殺其大夫荀息’, 是取它否?” 曰: “荀息亦未見有可取者, 但始終一節, 死君之難, 亦可取耳. 後又書‘晉殺其大夫里克’者, 不以弑君之罪討之也. 然克之罪則在中立. 今『左傳』中卻不見其事, 『國語』中所載甚詳.”【廣 ○十年】

83:88 問: “里克·丕鄭[106]·荀息三人, 當初晉 獻公欲廢太子申生, 立奚齊, 荀息便謂‘君命立之, 臣安敢貳?’ 略不能諫君以義, 此大段不是. 里克·丕鄭謂‘從君之義, 不從君之惑’, 所見甚正, 只是後來卻做不徹.” 曰: “它倒了處, 便在那中立上. 天下無中立之事, 自家若排得它退, 便用排退它, 若柰何它不得, 便用自死. 今驪姬一許它中立, 它事便了, 便是它只要求生避禍. 正如隋 高祖篡周, 韋孝寬初甚不能平, 一見衆人被殺, 便去降它, 反教它添做幾件不好底事. 看史到此, 使人氣悶.” 或曰: “看[107]荀息亦有不是處.” 曰: “全然不是, 豈止有不是處? 只是辦得一死, 亦是難事.” 文蔚曰: “里克當獻公在時, 不能極力理會, 及獻公死後, 卻殺奚齊, 此亦未是.” 曰: “這般事便是難說. 獻公在日, 與它說不聽, 又怎生柰何得它? 後來亦用理會, 只是不合殺了它.”【文蔚】

104) 桓公: 成化本·賀本에서는 威公으로 되어 있다.
105) 桓公: 成化本·賀本에서는 威公으로 되어 있다.
106) 丕鄭: 『小分』·孝宗刊本·英祖刊本에서는 이체자인 “丕”를 사용하고 있다.
107) 看: 徽州本에서는 晉으로 되어 있다.

83:89 吳·楚盟會不書王, 恐是吳·楚當時雖自稱王於其國, 至與諸侯盟會, 則未必稱也.【閎祖 ○二十一年】

83:90 諸侯滅國, 未嘗書名. "衛侯燬滅邢", 說者以爲滅同姓之故. 今經文只隔"夏四月癸酉"一句, 便書"衛侯燬"卒, 恐是因而傳寫之誤, 亦未可知. 又曰: "魯君書'薨', 外諸侯書'卒.' 劉原父答溫公書, 謂'薨'者, 臣子之詞. 溫公亦以爲然. 以'卒'爲貶詞者, 恐亦非是."【人傑[108] ○二十五年】

83:91 臧文仲廢六關, 若以爲不知利害而輕廢, 則但可言不知. 所以言"不仁"者, 必有私意害民之事. 但古事旣遠, 不可攷耳.【有言: "臧文仲知征之爲害而去之, 遂幷無以譏察姦僞, 故先生云然." ○方子 ○文一[109]年】

83:92 僖公 成風, 與東晉 簡文帝·鄭太后一也, 皆所以著妾母之義. 至本朝眞宗旣崩, 始以王后並配. 當時群臣亦嘗爭之, 爲其創見也. 後來遂以爲常, 此禮於是乎紊矣.【人傑 ○四年】

83:93 胡氏『春秋』, 文八年記公孫敖事云: "色出於性, 淫出於氣." 其說原於上蔡, 此殊分得不是. 大凡出於人身上道理, 固皆是性. 色固性也, 然不能節之以禮, 制之以義, 便是惡. 故孟子於此只云"君子不謂性也", 其語便自無病. 又曰: "李先生嘗論公孫敖事, 只如京師不至而復, 便是大不恭. 魯亦不再使人往, 便是罪. 如此解之, 於經文甚當, 蓋經初無從己氏之說."【䓣 ○人傑錄云: "胡氏只貶它從己氏之過. 經文元不及此事." ○八年】

83:94 "遂以夫人姜氏至自齊", 恐是當時史官所書如此. 蓋爲如今魯史不存, 無以知何者是舊文, 何者是聖人筆削, 怎見得聖人之意?【閎

108) 人傑: 徽州本에서는【儒用 ○人傑錄同】으로 되어 있다.
109) 一: 『朱子語類』에서는 二로 되어 있다.

祖 ○宣元年】

83:95 晉“驪姬之亂，詛無畜群公子，自是晉無公族”，而以卿爲公室大夫，這箇便是六卿分晉之漸．始驪姬謀逐群公子，欲立奚齊・卓子爾．後來遂以爲例，則疑六卿之陰謀也，然亦不可曉．【僩 ○二[110]年】

83:96 植因擧楚人“卒偏之兩”，乃一百七十五人．曰[111]：“一廣有百七十五人，二廣計三百五十．楚分爲左・右廣，前後更番[112]．”【植 ○十二年】

83:97 宣公十五年，“公孫歸父會楚子于宋．夏五月，宋人及楚人平．”『春秋』之責宋・鄭，正以其叛中國而從夷狄爾．中間諱言此事，故學者不敢正言，今猶守之而不變，此不知時務之過也．罪其貳霸，亦非是．『春秋』豈率天下諸侯以從三王之罪人哉？特罪其◇[113]中國耳．【此章，先生親詣[114]章浦縣學課簿．○道夫】

83:98 先生問人傑：“記『左傳』分謗事否？”人傑以韓獻子將殺人，郤獻子馳救不及，使速以徇對．先生曰：“近世士大夫多是如此，只要徇人情．如荀林父邲之役，先縠違命而濟，乃謂‘與其專罪，六人同之’，是何等見識？當時爲林父者，只合按兵不動，召先縠而誅之．”人傑曰：“若如此，豈止全軍，雖進而救鄭，可也．”因問：“韓厥殺人事，在郤克只得如此．”曰：“旣欲馳救，則殺之未得爲是．然這事卻且莫管．”因云：“當時楚孫叔敖不欲戰，伍參爭之．若事有合爭處，須當力爭，不可苟徇人情也．”【人傑 ○成二年】

---

110) 二：『朱子語類』에서는 三으로 되어 있다. 『左傳』「宣公2」의 내용을 참조하면 二가 맞다.

111) 曰：徽州本에서는 先生曰로 되어 있다.

112) 前後更番：徽州本에서는 前後更番次擧額牒으로 되어 있다.

113) ◇：叛

114) 詣：成化本에서는 批로 되어 있고, 賀本에서는 具로 되어 있다.

83:99 ▲[115]

83:100 ▲[116]

83:101 因問: "胡氏傳欒書弑晉厲公事, 其意若許欒書之弑, 何也?" 曰: "舊亦嘗疑之, 後見文定之甥范伯達而問焉. 伯達曰: '文定之意, 蓋以爲欒書執國之政, 而厲公無道如此, 亦不得坐視. 爲書之計, 厲公可廢而不可殺也.'" 洽言: "『傳』中全不見此意." 曰: "文定旣以爲當如此作傳, 雖不可明言, 豈不可微示其意乎? 今累數百言, 而其意絶不可曉, 是亦拙於傳經者也."【洽 ○閎祖錄云: "曾問胡伯逢, 伯逢曰: '厲公無道, 但當廢之.'" ○十八年[117]】

83:102 楊至之問晉悼公. 曰: "甚次第. 它才大段高, 觀當初人去周迎它時, 只十四歲, 它說幾句話便乖, 便有操有縱. 才歸晉, 做得便別. 當時厲公恁地弄得郎[118]當, 被人擸掇, 胡亂殺了, 晉室大段費力. 及悼公歸來, 不知如何便被它做得恁地好. 恰如久雨積陰, 忽遇天晴, 光景便別, 赫然爲之一新." 又問: "勝桓[119]・文否?" 曰: "儘勝. 但桓[120]

115) ▲: 問: "'民受天地之中以生', 中是氣否?" 曰: "中是理, 理便是仁・義・禮・智, 曷常有形象來? 凡無形者謂之理, 若氣, 則謂之生也. 淸者是氣, 濁者是形. 氣是魂, 謂之精, 血是魄, 謂之質. 所謂'精氣爲物', 須是此兩箇相交感, 便能成物, '遊魂爲變', 所稟之氣至此已盡, 魂升於天, 魄降於地. 陽者, 氣也, 魂也, 歸於天, 陰者, 質也, 魄也, 降於地, 謂之死也. 知生則便知死, 只是此理. 夫子告子路, 非是拒之, 是先後節次如此也." 因說: "鬼神者, 造化之跡. 且如起風做雨, 震雷閃電, 花生花結, 非有神而何? 自不察耳. 才見說鬼事, 便以爲怪. 世間自有箇道理如此, 不可謂無, 特非造化之正耳. 此得陰陽不正之氣, 不須驚惑. 所以夫子'不語怪', 以其明有此事, 特不語耳. 南軒說無, 便不是了."【明作 ○成十三年】

116) ▲: 胡解"晉弑其君州蒲"一段, 意不分明, 似是爲欒書出脫. 曾問胡伯逢, 伯逢曰: "厲公無道, 但當廢之."【閎祖 ○十八年】

117) ○閎祖錄云 … ○十八年: 『朱子語類』 83:100의 일부인데, 『小分』에서는 83:101 항목에 편입되어 한 항목으로 편집되어 있다.

118) 郎: 成化本・賀本에서는 狼으로 되어 있다.

119) 桓: 成化本・賀本에서는 威로 되어 있다.

・文是白地做起來, 悼公是見成基址. 某嘗謂, 晉 悼公・宇文周 武帝・周 世宗, 三人之才一般, 都做得事. 都是一做便成, 及才成又便死了, 不知怎生地."【義剛】121)

83:103 楊至之問: "『左傳』'元者體之長'等句, 是左氏引孔子語? 抑古有此語?" 曰: "或是古已有此語, 孔子引它, 也未可知. 『左傳』又云'克己復禮, 仁也.' '克己復禮'四字, 亦是古已有此語."【淳 ○襄122)九年】

83:104 子上問: "鄭伯以女樂賂晉 悼公, 如何有歌鍾二肆?" 曰: "鄭・衛之音, 與先王之樂, 其器同, 止是其音異."【璘 ○十一年】

83:105 問: "『左氏』駒支之辨123), 劉侍讀以爲無是事." 曰: "某亦疑之. 旣曰'言語衣服, 不與華同', 又卻能賦「靑蠅」, 何也? 又, 太子申生伐東山 皐落氏, 擸掇申生之死, 乃數公也. 申生以閔二年十二月出師, 衣之偏衣, 佩之金玦, 數公議論如此, 獻公更擧事不得, 便有'逆詐・億不信'底意思. 『左氏』一部書都是這意思, 文章浮艶, 更無事實. 蓋周衰時, 自有這一等迂闊人. 觀『國語』之文, 可見周之衰也. 某嘗讀宣王欲籍千畝事, 便心煩. 及戰國時人, 卻尙事實, 觀太史公『史記』可見. 公子 成與趙 武靈王爭胡服, 甘龍與衛鞅爭變法, 其它如蘇・張之辯, 莫不皆然. 衛鞅之在魏, 其相公孫座勸魏君用之, 不然, 須殺之. 魏君不從, 則又與鞅明言之. 鞅以爲不能用我, 焉能殺我? 及秦 孝公下令, 鞅西入秦. 然觀孝公下令數語, 如此氣勢, 乃是呑六國規模. 鞅之初見孝公, 說以帝道王道, 想見好笑, 其實乃是霸道. 鞅之如此, 所以堅孝公之心, 後來迂闊之說, 更不能入. 使當時無衛鞅, 必須別有人出來. 觀孝公之意, 定是不用孟子. 『史記』所載事實, 左氏安得有此?"【人傑

120) 桓: 成化本・賀本에서는 威로 되어 있다.
121)【義剛】: 徽州本에서는【陳・淳・傑錄同】으로 되어 있다.
122) 襄: 成化本에는 없다.
123) 辨: 成化本・賀本에서는 辯으로 되어 있다.

○十四年】

83:106 季札辭國, 不爲盡是.【揚 ○十四年[124)]】

83:107 問: "季札, 胡文定公言其辭國以生亂, 溫公又言其明君臣之大分." 曰: "可以受, 可以無受."【燾】[125)]

83:108 問: "季札觀樂, 如何知得如此之審?" 曰: "此是左氏粧[126)]點出來, 亦自難信. 如聞齊樂而曰'國未可量', 然一再傳而爲田氏, 烏在其爲未可量也? 此處皆是難信處."【時擧 ○二十九年】

83:109 或問: "子産相鄭, 鑄『刑書』, 作丘賦, 時人不以爲然. 是它不達'爲國以禮'底道理, 徒恃法制以爲國, 故鄭國日以衰削." 曰: "是它力量只到得這裏. 觀它與韓 宣子爭時, 似守得定. 及到伯有・子晳之徒撓它時, 則度其可治者治之, 若治它不得, 便只含胡過[127)]. 亦緣當時列國世卿, 每國須有三兩族强大, 根株盤互, 勢力相依倚, 卒急動它不得, 不比如今大臣, 才被人論, 便可逐去. 故當時自有一般議論, 如韓獻子'分謗'之說, 只是要大家含胡過[128)], 不要見得我是, 你不是. 又如魯以相忍爲國, 意思都如此. 後來張文潛深取之, 故其所著雖連篇累牘, 不過只是這一意."【廣 ○昭六年】

83:110 『左傳』"形民之力, 而無醉飽之心", 杜預煞費力去解. 後王肅只解作刑罰之"刑", 甚易曉, 便是杜預不及它. 李百藥也有兩處說, 皆

124) 十四年: 『朱子語類』에는 없다.
125) 【燾】: 賀本에는 없다.
126) 粧: 成化本에서는 妝으로 되어 있다.
127) 胡過: 孝宗刊本・成化本・賀本에서는 糊過로 되어 있고 徽州本에서는 糊過了로 되어 있다.
128) 胡過: 孝宗刊本・成化本・賀本에서는 糊過로 되어 있고 徽州本에서는 糊過了로 되어 있다.

作"刑罰"字說.【義剛 ○十二年】

83:111 "形民▲[129] 今『家語』作"刑民", 注云"傷也", 極分曉. 蓋言傷民之力以爲養, 而無饜足之心也. ▲[130] 王肅所引證, 也有好處. 後漢鄭玄與王肅之學互相詆訾, 王肅固多非是, 然亦有考援得好處.【僩】

○[131] 問子家子. 曰: "它卻是忠於昭公. 只是也無計畫, 不過只欲勸昭公且泯默含垢受辱, 因季氏之來請而歸魯耳. 昭公所以不歸, 必是要逐季氏而后歸也. 當時列國之大夫, 如晉之欒, 魯之季氏, 鄭之伯有之徒, 國國皆然. 二百四十二年, 眞所謂五濁惡世, 不成世界. 孔子說: '有用我者, 吾其爲東周乎!' 不知如何地做? 從何處做起? 某實曉不得." 或曰: "相魯可見." 曰: "它合下只說得季桓子[132]透, 桓子[133]事事信之, 所以做得. 及後來被公斂處父一說破了, 桓子[134]便不信之, 孔子遂做不得矣. 孟子說五年七年可'爲政於天下', 不知如何做, 孔子不甚說出來. 孟子自擔負不淺, 不知怎生做也."【僩 ○二十五年[135]】

83:112 齊田氏之事, 晏平仲言"惟禮可以已之", 不知它當時所謂禮, 如何可以已之? 想它必有一主張.【燾 ○二十六年】

83:113 『春秋』權臣得政者, 皆是厚施於民. 故晏子對景公之辭曰: "在禮, 家施不及國." 乃先王防閑之意.【人傑】

---

129) ▲: 之力, 而無醉飽之心", 『左傳』作"形"字解者, 胡說.

130) ▲: 又如『禮記』中說"耆慾將至, 有開必先", 『家語』作"有物將至, 其兆必先"爲是. 蓋"有"字似"耆"字, "物"字似"慾"字, "其"字似"有"字, "兆"字篆文似"開"字之"門", 必誤無疑. 今欲作"有開"解, 亦可, 但無意思爾.

131) ○: 『朱子語類』 83:80의 일부이다.

132) 桓子: 成化本・賀本에서는 威子로 되어 있다.

133) 桓子: 成化本・賀本에서는 威子로 되어 있다.

134) 桓子: 成化本・賀本에서는 威子로 되어 있다.

135) ○二十五年: 『朱子語類』에는 없다.

83:114 或問: "申包胥如秦乞師, 哀公爲之賦「無衣」, 不知是作此詩, 還只是歌此詩?" 曰: "賦詩在它書無所見, 只是『國語』與『左傳』說, 皆出左氏一手, 不知如何. 『左傳』前面說許 穆夫人賦「載馳」, 高克賦「淸人」, 皆是說作此詩. 到晉 文公賦「河水」以後, 如賦「鹿鳴」·「四牡」之類, 皆只是歌誦其詩, 不知如何." ▲136) 【胡泳 ○定四年】

83:115 問: "夾谷之會, 孔子數語, 何以能卻萊人之兵?" 曰: "畢竟齊常常欺魯, 魯常常不能與之爭, 卻忽然被一箇人來以禮問它, 它如何不動? 如藺相如. 秦王擊缶, 亦是秦常欺得趙過, 忽然被一箇人恁地硬振, 它如何不動?" 【燾 ○十年】

83:116 聖人隳三都, 亦是因季氏厭其强也. 正似唐末五代 羅紹威, 其兵强於諸鎭者, 以牙兵五千人也. 然此牙兵又不馴於其主, 羅甚惡之, 一日盡殺之, 其鎭遂弱, 爲鄰鎭所欺, 乃方大悔." 【揚 ○十二年】

83:117 『春秋』獲麟, 某不敢指定是書成感麟, 亦不敢指定是感麟作. 大槪出非其時, 被人殺了, 是不祥. 【淳】

○137) 問: "'志一則動氣', 是'先天而天弗違', '氣一則動志', 是'後天而奉天時', 其意如何?" 曰: "它是說『春秋』成後致麟, 先儒固亦有此說. 然亦安知是作起獲麟, 與文成致麟? 但某意恐不恁地, 這似乎不祥. 若是一箇麟出後, 被人打殺了, 也揜采." 因言: "馬子莊道, 兖州曾有一麟." 胡叔器云: "但是古老相傳, 舊日開江有一白駒." 先生曰: "馬說是二十年間事. 若白駒等說, 是起於禹. 如顔師古注'啓母石'之說, 政如此. 近時廣德軍 張大王分明是倣這一說." 【義剛】

---

136) ▲: 因言: "左氏說多難信. 如晉 范 宣子責姜戎不與會, 姜戎曰: '我諸戎贄幣不通, 言語不同, 不與於會, 亦無瞢焉.' 賦「靑蠅」而退. 旣說言語不同, 又卻會恁地說, 又會誦詩, 此不可曉."

137) ○: 『朱子語類』 90:34의 일부이다.

83:118 陳仲亨[138]問: "晉三卿爲諸侯, 司馬・胡氏之說孰正?" 曰: "胡氏說也是如此. 但它也只從『春秋』中間說起, 這卻不特如此. 蓋自平王以來, 便恁地無理會了. 緣是如此日降一日, 到下梢自是沒柰它何, 而今看『春秋』初時, 天王尙略略有戰伐之屬, 到後來都無事. 及到定・哀之後, 更不敢說著它. 然其初只是諸侯出來抗衡, 到後來諸侯才不柰何, 便又被大夫出來做. 及大夫稍做得沒柰何, 又被倍臣出來做. 這便似唐之藩鎭樣, 其初是節度抗衡, 後來牙將・孔目官・虞候之屬, 皆殺了節度使後出來做. 當時被它出來握天下之權, 恣意恁地做後, 更沒柰它何, 這箇自是其勢必如此. 如夫子說'禮樂征伐自天子出'一段, 這箇說得極分曉."【義剛 ○附此.】

83:119 問: "'自陝以東, 周公主之, 自陝以西, 召公主之.' 周・召旣爲左右相, 如何又主二伯事?" 曰: "此『春秋』說所未詳, 如「顧命」說召公率西方諸侯入應門左, 畢公率東方諸侯入應門右, 所可見者, 其略如此."【『公羊』隱五年】

83:120 『春秋傳』毁廟之道, 改塗易檐, 言不是盡除, 只改其灰節, 易其屋簷[139]而已."【義剛】

83:121 天子之廟, "複[140]廟重擔[141]." "擔[142]", 音簷. ▲[143]【銖】

83:122 問: "『穀梁』釋'夫人孫于齊', 其文義如何?" 曰: "'始人之也', 猶言始以人道治莊公也. 命, 猶名也, 猶曰'若於道', '若於言', 天人皆

138) 亨: 徽州本에서는 卿으로 되어 있다.
139) 簷: 成化本에서는 檐으로 되어 있다.
140) 複: 成化本・賀本에서는 復으로 되어 있다.
141) 擔: 『朱子語類』에서는 檐으로 되어 있다.
142) 擔: 『朱子語類』에서는 檐으로 되어 있다.
143) ▲: 又曰: "毁廟之制, 改塗可也, 易檐可也."

以爲然, 則是吾受是名也. '臣子大受命', 謹其所受命之名而已. 大抵齊·魯之儒多質實, 當時或傳誦師說, 見理不明, 故其言多不倫. 『禮記』中亦然, 如云: '仁者右也, 義者左也', 道它不是, 不得."【人傑 ○『穀梁』莊元年.】

83:123 ▲[144]

83:124 『春秋』本是明道正誼之書, 今人只較齊·晉伯業優劣, 反成謀利, 大義都晦了. 今人做義, 且做得齊 桓[145]·晉 文優劣論.【淳 ○論治經之弊.[146]】

83:125 『春秋』之作不爲晉國伯業之盛衰, 此篇大意失之, 亦近歲言『春秋』者之通病也. 正誼不謀利, 明道不計功, 尊王賤伯, 內諸夏, 外夷狄, 此『春秋』之大旨, 不可不知也.【此亦先生親筆. ○道夫】

83:126 問: "今科擧習『春秋』學, 只將伯者事業纏在心胸, 則『春秋』, 先儒謂尊王之書, 其然邪?" 曰: "公莫道這箇物事, 是取士弊如此, 免不得應之. 今將六經做時文, 最說得無道理是『易』與『春秋』. 它經猶自可."【容】

83:127 今之治『春秋』者, 都只將許多權謀變詐爲說, 氣像[147]局促,

144) ▲: 林問: "先生論『春秋』一經, 本是明道正誼·權衡萬世典刑之書. 如朝聘·會盟·侵伐等事, 皆是因人心之敬肆爲之詳略, 或書字, 或書名, 皆就其事而爲之義理, 最是斟酌毫忽不差. 後之學『春秋』, 多是較量齊·魯長短. 自此以後, 如宋 襄·晉 悼等事, 皆是論伯事業. 不知當時爲王道作耶? 爲伯者作耶? 若是爲伯者作, 則此書豈足爲義理之書?" 曰: "大率本爲王道正其紀綱. 看已前『春秋』文字雖觕, 尙知有聖人明道正誼道理, 尙可看. 近來止說得伯業權譎底意思, 更開眼不得. 此義不可不知."【寓 ○論合經之弊.】

145) 桓: 成化本·賀本에서는 威로 되어 있다.

146) ○論治經之弊.: 『朱子語類』의 80:123의 일부이다. 賀本에서는 論合經之弊.로 되어 있다.

不識聖人之意, 不論王道之得失, 而言伯業之盛衰, 失其旨遠矣. "公卽位", 要必當時別有卽位禮數, 不書卽位者, 此禮不備故也. 今不可考, 其義難見. 諸家之說, 所以紛紛. "晉侯侵曹", "晉侯伐衛", 皆是文公譎處, 考之『左氏』可見, 皆所以致楚師也. 【謨】

83:128 "今之做『春秋』義, 都是一般巧說, 專是計較利害, 將聖人之經做一箇權謀機變之書. 如此, 不是聖經, 卻成一箇百將傳." 因說: "前輩做『春秋』義, 言辭雖麤率, 卻說得聖人大意出. 年來一味巧曲, 但將『孟子』'何以利吾國'句說盡一部『春秋』. 這文字不是今時方恁地. 自秦 師垣主和議, 一時去趨媚它, 『春秋』義才出會夷狄處. 此最是『春秋』誅絶底事, 人卻都做好說. 看來此書自將來做文字不得, 才說出, 便有忌諱. 常勸人不必做此經, 它經皆可做, 何必去做『春秋』? 這處也是世變. 如二程未出時, 便有胡安定・孫泰山・石徂徠, 它們說經雖是甚有疏略處, 觀其推明治道, 直是凜凜然可畏. 『春秋』本是嚴底文字, 聖人此書之作, 遏人欲於橫流, 遂以二百四十二年行事寓其褒貶. 恰如大辟罪人, 事在款司, 極是嚴緊, 一字不敢胡亂下. 使聖人作經, 有今人巧曲意思, 聖人亦不解作得." 因問文定『春秋』. 曰: "某相識中多有不取其說者. '正其義148), 不謀其利, 明其道, 不計其功', 『春秋』大法正是如此. 今人卻不正其義149)而謀其利, 不明其道而計其功. 不知聖人將死, 作一部書如此, 感麟涕泣, 雨淚沾襟, 這般意思是豈徒然?" 問: "『春秋繁露』如何?" 曰: "尤延之以此書爲僞, 某看來不是董子書." 又言: "呂舍人『春秋』卻好, 白直說去, 卷首與末梢又好, 中間不似. 伯恭以爲此書只粧150)點爲說." 【寓 ○道夫錄云: "近時言『春秋』者, 皆是計較利害, 大義卻不曾見. 如唐之陸淳, 本朝孫明復之徒, 它雖未能深於聖經, 然觀其推言治道, 凜凜然可畏, 終是得聖人箇意思. 『春秋』之作, 蓋以當時人欲橫

147) 像: 成化本・賀本에서는 象으로 되어 있다.
148) 義: 賀本에서는 誼로 되어 있다.
149) 義: 賀本에서는 誼로 되어 있다.
150) 粧: 成化本에서는 妝으로 되어 있다.

流, 遂以二百四十二年行事寓其褒貶. 恰如今之事送在法司相似, 極是嚴緊, 一字不輕易. 若如今之說, 只是箇權謀智略兵機譎詐之書爾. 聖人晚年痛哭流涕, 筆爲此書, 豈肯恁地纖巧? 豈至恁地不濟事?"】

83:129 『春秋』固是尊諸夏, 外夷狄. 然聖人當初作經, 豈是要率天下諸侯而尊齊·晉? 自秦檜和戎之後, 士人諱言內外, 而『春秋』大義晦矣.【淳】

83:130 問: "『春秋』一經, 夫子親筆, 先生不可使此一經不明於天下後世." 曰: "某實看不得." 問: "以先生之高明, 看如何難?" 曰: "劈頭一箇'王正月', 便說不去." 劉曰: "六經無建子月, 惟是『禮記』「雜記」中有箇'正月日至, 可以有事于上帝, 七月日至, 可以有事于先王', 其它不見說建子月." 曰: "惟是孟子出來作鬧: '七八月之間旱, 則苗槁矣', 便是而今五六月, 此句又可鶻突. '歲十一月徒杠成, 十二月輿梁成', 是而今九月十月. 若作今十一月十二月, 此去天氣較煖[151], 便可涉過, 唯是九月十月不可涉過. 止有此處說, 其它便不可說." 劉云: "若看『春秋』, 要信『傳』不可." 曰: "如何見得?" 曰: "'天王使宰咺來歸仲子之賵', 『傳』謂'預凶事', 此非人情. 天王歸賵於魯, 正要得牢籠魯. 這人未死, 卻歸之賵, 正所以怒魯也." 曰: "天王正以此厚魯. 古人卻不諱死." 擧漢 梁王事云云, 又"季 武子成寢, 杜氏之葬在西階之下, 請合葬焉"一段. 先生擧此大笑, 云: "以一箇人家, 一火人扛箇棺櫬入來哭, 豈不可笑? 古者大夫入國, 以棺隨其後, 使人擡扛箇棺櫬隨行, 死便要用, 看古人不諱凶事."【砥 ○寓錄略. ○以下自言不解『春秋』.】

83:131 『春秋』, 某煞有不可曉處, 不知是聖人眞箇說底話否.【泳】

83:132 問: "先生於二禮·『書』·『春秋』未有說, 何也?" 曰: "『春秋』

151) 煖: 成化本에서는 暖으로 되어 있다.

是當時實事, 孔子書在冊子上. 後世諸儒學未至, 而各以己意猜博[152], 正橫渠所謂'非理明義精而治之, 故其說多鑿'是也. 唯伊川以爲'經世之大法', 得其旨矣. 然其間極有無定當・難處置處, 今不若且存取胡文定本子與後來看, 縱未能盡得之, 然不中不遠矣. 『書』中間亦極有難考處, 只如「禹貢」說三江及荊・揚間地理, 是吾輩親目見者, 皆有疑, 至北方即無疑, 此無它, 是不曾見耳. 「康誥」以下三篇, 更難理會. 如「酒誥」卻是戒飮酒, 乃曰'肇牽車牛遠服賈', 何也? 「梓材」又自是臣告君之辭, 更不可曉. 其它諸篇亦多可疑處. 解將去固易, 豈免有疑? 『禮經』要須編成門類, 如冠・昏・喪・祭, 及它雜碎禮數, 皆須分門類編出, 考其異同, 而訂其當否, 方見得. 然今精力已不逮矣, 姑存與後人." ▲[153] 【大雅】

83:133 『春秋』難看, 此生不敢問. 如鄭伯 髡頑之事, 傳家甚異. 【可學】

152) 博: 孝宗刊本・英祖刊本에서는 搏으로 되어 있도 成化本・賀本에서는 傳으로 되어 있다.

153) ▲: 趙幾道又問: "『禮』合如何修?" 曰: "『禮』非全書, 而『禮記』尤雜. 今合取『儀禮』爲正, 然後取『禮記』諸書之說以類相從, 更取諸儒剖擊之說各附其下, 庶便搜閱." 又曰: "前此『三禮』同爲一經, 故有『三禮』學究. 王介甫廢了『儀禮』, 取『禮記』, 某以此知其無識."

『朱子語類』 卷之八十四

「禮一」

「論考禮綱領」

84:1 禮樂廢壞二千餘年, 若以大數觀之, 亦未爲遠, 然已都無稽古[1]處. 後來須有一箇大大底人出來, 盡數拆洗一番, 但未知遠近在幾時. 今世變日下, 恐必有箇"碩果不食"之理. 【必大】

84:2 禮學多不可考, 蓋其爲書不全, 考來考去, 考得更沒下梢, 故學禮者多迂闊. 一緣讀書不廣, 兼亦無書可讀. 如『周禮』"仲春教振旅, 如戰之陳", 只此一句, 其間有多少事. 其陳是如何安排, 皆無處可考究. 其它禮制皆然. 大抵存於今者, 只是箇題目在爾. 【必大】

84:3 古禮繁縟, 後人於禮日益疏略. 然居今而欲行古禮, 亦恐情文不相稱, 不若只就今人所行禮中刪修, 令有節文・制數・等威足矣. 古樂亦難遽復, 且於今樂中去其噍殺促數之音, 并考其律呂, 令得其正, 更令掌詞命之官製撰樂章, 其間略述教化訓戒及賓主相與之情, 及如人主待臣下恩意之類, 令人歌之, 亦足以養人心之和平. 『周禮』歲時屬民讀法, 其當時所讀者, 不知云何. 今若將孝悌[2]忠信等事撰一文字, 或半歲, 或三月一次, 或於城市, 或於鄉村聚民而讀之, 就爲解說, 令其通曉, 及所在立粉壁書寫, 亦須有益. 【必大】

---

1) 古: 『朱子語類』에서는 考로 되어 있다.
2) 悌: 賀本에서는 弟로 되어 있다.

84:4 ▲[3)]

84:5 古禮難行. 後世苟有作者, 必須酌古今之宜. 若是古人如此繁縟, 如何教今人要行得? 古人上下習熟, 不待家至戶曉, 皆如飢食而渴飮, 略不見其爲難. 本朝陸農師之徒, 大抵說禮都要先求其義. 豈知古人所以講明其義者, 蓋緣其儀皆在, 其具並存, 耳聞目見, 無非是禮, 所謂"三千三百"者, 較然可知, 故於此論說其義, 皆有據依. 若是如今古禮散失, 百無一二存者, 如何懸空於上面說義? 是說得甚麽義? 須是且將散失諸禮錯綜參考, 令節文度數一一著實, 方可推明其義. 若錯綜得實, 其義亦不待說而自明矣. 【賀孫】

84:6 ▲[4)] 或曰: "禮之所以亡, 正以其太繁而難行耳." 曰: "然. 蘇子由『古史』說'忠・質・文'處, 亦有此意, 只是發揮不出, 首尾不相照應, 不知文字何故如此. 其說云'自夏・商・周以來, 人情日趨於文', 其終卻云'今須復行夏・商之質, 乃可.' 夫人情既[5)]日趨於文矣, 安能復行夏・商之質乎? 其意本欲如'先進'之說, 但辭不足以達之耳." 【僩】

○[6)] 孔子曰: '如用之, 則吾從先進.' 已是厭周之文了. 又曰: '行夏之時, 乘殷之輅.' 此意皆可見. 使聖賢者作, 必不盡如古禮, 必裁酌從今之宜而爲之也. 又如士相見禮・鄕飮酒禮・射禮之屬, 而今去那裏行? 只是當存它大概, 使人不可不知. 方周之盛時, 禮又全體皆備, 所以不可有纖毫之差. 今世盡不見, 徒掇拾編緝於殘編斷簡之餘, 如何必欲盡倣古之禮得?" 或曰: "'郁郁乎, 文哉! 吾從周.' 聖人又欲從周之

---

3) ▲: 古禮於今實難行. 嘗謂後世有大聖人者作, 與它整理一番, 令人甦醒, 必不一一盡如古人之繁, 但放古之大意. 【義剛】

4) ▲: 胡兄問禮. 曰: "'禮, 時爲大.' 有聖人者作, 必將因今之禮而裁酌其中, 取其簡易易曉而可行, 必不至復取古人繁縟之禮而施之於今也. 古禮如此零碎繁冗, 今豈可行? 亦且得隨時裁損爾. 孔子從先進, 恐已有此意."

5) 既: 賀本에는 없다.

6) ○: 『朱子語類』의 89:67의 일부이다.

文, 何也?" 曰: "聖人之言, 固非一端. 蓋聖人生於周之世. 周之一代, 禮文皆備, 誠是整齊, 聖人如何不從得? 只是'如用之則吾從先進', 謂自爲邦則從先進耳." 【僩】

84:7 凶服古而吉服今, 不相抵接. 釋奠惟三獻法服, 其餘皆今服. 【至錄云: "文・質之變相生."】 百世以下有聖賢出, 必不踏舊本子, 必須斬新別做. 如周禮如此繁密, 必不可行. 且以「明堂位」觀之, 周人每事皆添四重虞黻, 不過是一水檐[7]相似. 夏火, 殷藻, 周龍章, 皆重添去. 若聖賢有作, 必須簡易疏通, 使見之而易知, 推之而易行. 蓋文・質相生, 秦・漢初已自趣於質了[8]. 太史公・董仲舒每欲改用夏之忠, 不知其初蓋已是質也. 國朝文德殿正衙常朝, 升朝官已上皆排班, 宰相押班, 再拜而出. 時歸班官甚苦之, 其後遂廢, 致王樂道以此攻魏公, 蓋以人情趨於簡便故也. 【方子】

84:8 "聖人有作[9], 古禮未必盡用. 須別有箇措置, 視許多瑣細制度, 皆若具文, 且是要理會大本大原. 曾子臨死丁寧說: '君子所貴乎道者三. 動容貌, 斯遠暴慢矣, 正顏色, 斯近信矣, 出辭氣, 斯遠鄙倍矣. 籩豆之事, 則有司存.' 上許多正是大本大原. 如今所理會許多, 正是籩豆之事. 曾子臨死, 敎人不要去理會這箇. '夫子焉不學, 而亦何常師之有?' 非是孔子, 如何盡做這事? 到孟子已是不說到細碎上, 只說[10] '諸侯之禮, 吾未之學也. 吾嘗聞之矣, 三年之喪, 齊疏之服, 飦粥之食, 自天子達於庶人.' 這三項便是大原大本. 又如說井田, 也不曾見『周禮』, 只據『詩』裏說'雨我公田, 遂及我私', '由此觀之, 雖周亦助也.' 只用『詩』意帶將去. 後面卻說'鄉田同井, 出入相友, 守望相助, 疾病相扶持', '八家皆私百畝, 同養公田.' 只說這幾句, 是多少好? 這也是大

7) 檐: 賀本에서는 擔으로 되어 있다.
8) 了: 成化本에서는 子로 되어 있다.
9) 聖人有作: 徽州本에서는 若聖人有作으로 되어 있다.
10) 只說: 徽州本에서는 答滕文公喪禮, 只說로 되어 있다.

原大本處. 看『孟子』不去理會許多細碎, 只理會許多大原大本.” 又曰: “理會周禮, 非位至宰相, 不能行其事. 自一介論之, 更自遠在, 且要就切實理會受用處. 若做到宰相, 亦須上遇文・武之君, 始可得行其志.”

▲11) 問: “封建, 『周禮』說公五百里, 『孟子』說百里, 如何不同?” 曰: “看漢儒注書, 於不通處, 卽說道這是夏・商之制, 大抵且要賴將去. 若將這說來看二項, 卻怕孟子說是. 夏・商之制, 孟子不詳考, 亦只說‘嘗聞其略也.’ 若夏・商時諸處廣闊, 人各自聚爲一國, 其大者止百里, 故禹合諸侯, 執玉帛者萬國. 到周時, 漸漸呑幷, 地里只管添, 國數只管少. 到周時只千八百國, 較之萬國, 五分已滅了四分已上, 此時諸國已自大了. 到得封諸公, 非五百里不得. 如周公封魯七百里, 蓋欲優於

---

11) ▲: 又曰: “且如孫・吳專說用兵, 如它說也有箇本原. 如說‘一曰道: 道者, 與上同意, 可與之死, 可與之生. 有道之主, 將用其民, 先和而後造大事.’ 若使不合於道理, 不和於人神, 雖有必勝之法, 無所用之.” 問器遠: “昨日又得書, 說得大綱也是如此. 只是某看仙鄕爲學, 一言以蔽之, 只是說得都似. 須是理會到十分是, 始得. 如人射一般, 須是要中紅心. 如今直要中的, 少間猶且不會中的, 若只要中帖, 只會中垜, 少間都是胡亂發, 枉了氣力. 三百步外, 若不曾中的, 只是枉矢. 知今且要分別是非, 是底直是是, 非底直是非, 少間做出便會是. 若依稀底也喚作是便了, 下梢只是非. 須是要做第一等人. 若決是要做第一等人, 若才力不逮, 也只做得第四五等人. 今合下便要做第四五等人, 說道就它才地如此, 下梢成甚麼物事?” 又曰: “須是先理會本領端正, 其餘事物漸漸理會到上面. 若不理會本領了, 假饒你百靈百會, 若有些子私意, 便粉碎了. 只是這私意如何卒急除得? 如顏子天資如此, 孔子也只教它‘克己復禮.’ 其餘弟子, 告之雖不同, 莫不以此意望之. 公書所說冉求・仲由, 當初它是只要做到如此. 聖人教由・求之徒, 莫不以曾・顏望之, 無柰何它才質只做到這裏. 如‘可使治其賦’, ‘可使爲之宰’, 它當初也不止是要恁地.” 又曰: “胡氏開治道齋, 亦非獨只理會這些. 如所謂‘頭容直, 足容重, 手容恭’, 許多說話都是本原.” 又曰: “君舉所說, 某非謂其理會不是, 只不是次序. 如莊子云‘語道非其序, 則非道也’, 自說得好. 如今人須是理會身心. 如一片地相似, 須是用力仔細開墾. 未能如此, 只管說種東種西, 其實種得甚麽物事?” 又曰: “某嘗說佛・老也自有快活得人處, 是那裏? 只緣它打併得心下淨潔. 所以本朝如李文靖・王文正・楊文公・劉元城・呂申公都是恁麼地人, 也都去學它.” 又曰: “論來那樣事不著理會? 若本領是了, 少間如兩漢之所以盛是如何, 所以衰是如何, 三國分併是如何, 唐初間如何興起, 後來如何衰, 以至於本朝大綱, 自可理會. 若有工夫, 更就裏面看. 若更有工夫, 就裏面討些光采, 更好. 某之諸生, 度得它脚手, 也未可與拈盡許多, 只是且教它就切身處理會. 如讀虞・夏・商・周之書, 許多聖人亦有說賞罰, 亦有說兵刑, 只是這箇不是本領.”

其它諸公. 如『左氏』說云, 大國多兼數圻, 也是如此. 後來只管併來併去, 到周衰, 便制它不得, 也是尾大了. 到孟子時, 只有七國, 這是事勢必到這裏, 雖有大聖大智, 亦不能遏其衝. 今人只說漢封諸侯王土地太過, 看來不如此不得. 初間高祖定天下, 不能得韓・彭・英・盧許多人來使, 所得地又未定是我底. 當時要殺項羽, 若有人說道: '中分天下與我, 我便與你殺項羽.' 也沒柰何與它. 到少間封自子弟, 也自要狹少[12]不得, 須是教當得許多異姓過." ▲[13] 【賀孫】

○[14] 安卿問: "孟子何故不甚與古合?" 曰: "它只是據自家發放做, 相那箇時勢做." 又問: "鄭康成注「王制」, 以爲諸侯封國, 與『周禮』小大不同, 蓋「王制」是說夏・商以前之制. 如何?" 曰: "某便是不甚信此說, 恐不解有此理. 且如孟子說: '夏后氏五十而貢, 殷人七十而助, 周人百畝而徹.' 某自不敢十分信了. 且如一家有五十畝田, 忽然說我要添與你作七十畝, 則要多少心力? 蓋人家[15]▲[16]爲定業, 東阡西陌, 已自定了. 這五十畝中, 有溝洫, 有廬舍, 而今忽然變更, 又著分疆界, 制溝洫, 毁廬舍, 東邊住底移過西邊, 這裏住底遷過那裏, 一家添得二十畝田, 卻勞動多少?" 語至此, 大聲云: "恁地天下騷然不寧, 把幾多心力去做? 據某看來, 自古皆是百畝, 不解得恁地, 而今解時, 只得就它下面說放那裏. 【淳錄云: "向解『孟子』, 且隨文如此解."】 若理會著實行時, 大不如此." 義剛問井田: "今使一家得百畝, 而民生生無已, 後來者當如何給之?" 先生笑田[17]: "今且據見在人數給. 如封建, 夏・商以

---

12) 少: 『朱子語類』에서는 小로 되어 있다.
13) ▲: 又曰: "公今且收拾這心下, 勿爲事物所勝. 且如一日全不得去講明道理, 不得讀書, 只去應事, 也須使這心常常在這裏. 若不先去理會得這本領, 只要去就事上理會, 雖是理會得許多骨董, 只是添得許多雜亂, 只是添得許多驕吝. 某這說的, 定是恁地, 雖孔子復生, 不能易其說, 這道理只一而已."
14) ○: 『朱子語類』 90:42의 일부이다.
15) 家: 【附箋紙】 "家"下脫字.
16) ▲: 各
17) 田: 『朱子語類』에서는 曰로 되어 있다. 『小分』의 오류이다. 【附箋紙】 "田", "曰"之誤.

前只是百里，到周方是諸公方五百里，諸侯方四百里，諸伯方三百里，諸子方二百里，諸男方百里．恁地卻取四國地來，方添成一國．那四國又要恁地，卻何處討那地來?" 安卿曰："或言夏・商只有三千里，周時乃是七千里." 曰："便是亂說．且當時在在是國，自王畿至要荒，皆然．今若要封得較大似夏・商時，便著每國皆添地，卻於何處頓放？此須是武王有縮地脈法始得．恁地時，便煞改徙著．許多國元在這裏底，今又著徙去那裏，宗廟社稷皆著改易．如此，天下騷然．它人各有定分土地，便肯舍著從別處去討？君擧說封疆方五百里，只是周圍五百里，徑只百二十五里，四百里者徑百里，三百里者徑七十五里，二[18]百里者只五十里．如[19]此看時，向[20]似相合．若是諸男之地方百里時，以此法推之，則止二十五里．如此，卻只是一箇耆長．某便道它說只是謾人．它向來進此書，甚爲得意．【淳錄云："自奇其說與「王制」等合."】 某嘗作一篇文以闢之，逐項破其說．且當時說侯六伯[21]九[22]，【淳錄云："本文：'方千里之地，以封侯則六侯，以封伯則七伯，以封子則二十五子，以封男則百男，其地已有定數.' 此說如何可通?"】 如此則所封大國自少．若是只皆百里而止，便是一千里地，只將三十同來封了，那七十同卻空放那裏，卻綿亘數百里皆無國." 又問："'三分去一'之說如何?" 曰："便是不是．它們只是不曉事，解不行後，便胡說．且如川中有六七百里中置數州者，那裏地平坦，寸寸是地．如這一路，某嘗登雲谷望之，密密皆山．其中間有些子罅隙中黃白底，方是田．恁地卻如何去？【淳錄云："蓋百分之二，又如何三分去一?"】 注疏多是如此，有時到那解不行處，便說從別處去." 義剛問："先生向時說齊・魯始封時皆七百里，然孟子卻說只是百里." 曰："便是不如此．今只據齊地是'東至于[23]海，西至於河，南至于[24]穆

18) 二: 賀本에서는 一로 되어 있다.
19) 如: 賀本에서는 加로 되어 있다.
20) 向: 成化本・賀本에서는 尙으로 되어 있다.
21) 伯: 孝宗刊本・英祖刊本에서는 百으로 되어 있다.
22) 九: 賀本에서는 七로 되어 있다.
23) 于: 賀本에서는 於로 되어 있다.
24) 于: 賀本에서는 於로 되어 있다.

陵，北至于[25]無棣'，魯地是跨許・宋之境，是有五七百里闊，時勢也是著恁地．且'禹會諸侯于[26]塗山，執玉帛者萬國．' 到周，只有千八百國，便是相并呑後，那國都大了．你卻要只將百里地封它，教它入那大國罅中去．武王不柰何，只得就封它．當時也自無那閑地．緣是滅了許多國，如孟子說'驅飛廉於海隅而戮之，滅國者五十'，便是得許多空地來封許多功臣同姓之屬．孟子謂'一不朝，則貶其爵，再不朝，則削其地．' 如齊，先是爽鳩氏居之，後又是某氏居之，如書所謂某氏徙于[27]齊．這便見得當時諸侯有過，便削其地，方始得那地來封後來底．若不恁地時，那太公・周公也自無安頓處．你若不恁地，後要去取斂那地來，封我功臣與同姓時，它便敢起兵，如漢 晁錯時樣子．且如孟子當時也自理會那古制不甚得．如曰'諸侯之禮，吾未之學，然而軻也嘗聞其略也．' 恁地便是不曾知得子細，它當時說諸國許多事，也只是大概說如此．雖說'湯以七十里，文王以百里'，然及滕 文公恁地時，又卻只說'有王者作，必來取法，是爲王者師也．' 元不曾說道便可王．'以齊王，猶反手也'，便是也要那國大底方做得，小底也柰何不得，而今且說道將百里地與你，教你行王政，看你◇[28]從何處起？便是某道，古時聖賢易做，後世聖賢難做．古時只是順那自然做將去，而今大故費手．"【淳錄此下云："漢 高祖與項羽紛爭五年之間，可謂甚窘，欲殺它不能，欲住又不得，費多少心力？想不似當初做亭長時較快活．" ▲[29] ○義剛 ▲[30]】[31]

---

25) 于: 賀本에서는 於로 되어 있다.

26) 于: 賀本에서는 於로 되어 있다.

27) 于: 賀本에서는 於로 되어 있다.

28) ◇: 做

29) ▲: 良久，問諸生曰："當劉・項恁地紛爭時，設使堯・舜・湯・武居其時，當如何？是戰好，是不戰好？" 安卿曰："湯・武是仁義素孚於民，人自然歸服，不待戰．" 曰："他而今不待你素孚．秦當時收盡天下，尺地一民，皆爲己有，你仁義如何地得素孚？【淳錄云：'何處討地來行仁政？如何得素孚於民？'】 如高祖之徒，皆是起於田里．若使湯・武居之，當如何地勝得秦？" 安卿曰："'以至仁伐至不仁'，以至義伐至不義，自是勝．" 曰："固是如此．如秦，可謂不仁不義．當時所謂'更遣長者扶義而西'，也是做這意思做．但當時諸侯入關，皆被那章邯連併敗了．及高祖入去，緣路教無得鹵掠，如此之屬，也是恁地做了．然他入去後，又尙要設許多詭計，誘那秦將之屬，後方入得．設使湯・武居之，還是恁地做，不恁地做？今且做秦是不仁

84:9　今日百事無人理會. 姑以禮言之, 古禮既莫之考, 至於後世之沿革因襲者, 亦浸失其意而莫之知矣. 非止浸失其意, 以至名物度數, 亦莫有曉者. 差舛訛謬, 不堪著眼. 三代之禮, 今固難以盡見. 其略幸散見於它書, 如『儀禮』十七篇多是士禮, 邦國人君者僅存一二. 遭秦人焚滅之後, 至河間獻王始得邦國禮五十八篇獻之, 惜乎, 不行! 至唐, 此書尚在, 諸儒注疏猶時有引爲說者. 及後來無人說著, 則書亡矣, 豈不大可惜? 叔孫通所制漢儀, 及曹褒所修, 固已非古, 然今亦不存. 唐有開元・顯慶二禮, 顯慶已亡, 開元襲隋舊爲之. 本朝修『開寶禮』, 多本開元, 而頗加詳備. 及政和間修『五禮』, 一時姦邪以私智損益, 疏略牴牾, 更沒理會, 又不如『開寶禮』.【僩】

84:10　漢儒說禮制, 有不合者, 皆推之以爲商禮, 此便是沒理會處.

不義, 可以勝. 那項籍出來紛爭許多時, 卻如何對他? 還是與他厮殺? 若不與厮殺, 便被他殺了. 若與他厮殺時, 還是不殺人麽? 當此時是天理, 是人欲? 恁地看來, 是未有箇道理. 湯・武在那時, 也須著百端去思量, 與他區處. 但而今看來, 也未有箇道理." 胡叔器問: "太公・呂后當時若被項羽殺了, 如何?" 曰: "不特此一事, 當時皆是如此, 便是太費調護." 徐顧林擇之云: "項羽恁地粗暴, 當時捉得太公, 如何不殺了?" 擇之曰: "羽也有斟酌, 他怕殺了反重其怨." 曰: "便是項羽也有商量, 高祖也知他必不殺, 故放得心下. 項羽也是團量了高祖, 故不敢殺. 若是高祖軟弱, 當時若敵他不過時, 他從頭殺來是定." 義剛曰: "孔明誘奪劉璋地, 也似不義. 或者因言渠雜學伯道, 所以後將申・商之說教劉禪." 曰: "便是適間說後世聖賢難做, 動著便是恁地粘手惹脚." 次日言: "某夜來思量那高祖其初入關後, 恁地鎭撫那人民. 及到灞上, 又不入秦府庫取財貨美女之屬, 皆是. 後來被項羽王他巴蜀・漢中, 他也入去, 這箇也是. 未幾, 便出來定三秦, 已自侵占别人田地了. 但是那三降王不足以王秦, 卻也是定. 若是奪得那關中便也好住, 便且關了關門, 守得那裏面底也得. 又不肯休, 又去尋得弒義帝說話出來, 這箇尋得也是, 若湯・武也不肯放過. 但既尋得這箇說話, 便只依傍這箇做便是. 卻又率五諸侯, 合得五十六萬兵走去彭城, 日日去喫酒, 取那美人, 更不理會, 卻被項羽來殺得狼當走, 湯・武便不肯恁地. 自此後, 名義壞盡了. 從此去, 便只是胡做胡殺了. 文定謂'惜乎假之未久而遽歸'者, 此也. 這若把與湯・武做時, 須做得好, 定是不肯恁地." 義剛問: "高祖因閉關後, 引得項羽怒. 若不閉時, 卻如何?" 先生笑曰: "只是見他頭勢來得惡後, 且權時關閉著, 看他如何地."

30) ▲: ○淳錄少異, 作數條.

31)【淳錄此下云: … 想不似當初做亭長時較快活." ▲ ○義剛 ▲】: 『朱子語類』90:42의 일부이다.

【必大】

84:11 南北朝是甚時節, 而士大夫間禮學不廢. 有考禮者, 說得亦自好.【義剛】

○[32] "前此三禮同爲一經, 故有三禮學究. 王介甫廢了『儀禮』, 取『禮記』, 某以此知其無識."【大雅】

84:12『通典』, 好一般書. 向來朝廷理會制度, 某道卻是一件事, 後來只恁休了. 又曰: "『通典』亦自好設一科." 又曰: "『通典』中間【一作後面.】數卷, 議亦好."【義剛】

84:13 嘗見劉昭信云: "禮之趨翔・登降・揖讓[33], 皆須習." 也是如此. 漢時如甚大射等禮, 雖不行, 卻依舊令人習, 人自傳得一般. 今雖是不能行, 亦須是立科, 令人習得, 也是一事.

「論後世禮書」

84:14『開寶禮』全體是『開元禮』, 但略改動.『五禮新儀』, 其間有難定者, 皆稱"御製"以決之. 如禱山川者, 又只『開元禮』內有.【方子】

84:15 祖宗時有開寶通禮科, 學究試默義, 須是念得『禮』熟, 始得, 禮官用此等人爲之. 介甫一切罷去, 盡令做大義. 故今之禮官, 不問是甚人皆可做. 某嘗謂, 朝廷須留此等專科, 如史科亦當有.【方子】

84:16 問『五禮新儀』. 曰: "古人於禮, 直如今人相揖相似, 終日周回

32) ○: 『朱子語類』 83:132의 일부이다.
33) 讓: 成化本・賀本에서는 遜으로 되어 있다.

於其間, 自然使人有感它處. 後世安得如此?"【可學】

84:17 橫渠所制禮, 多不本諸『儀禮』, 有自杜撰處. 如溫公, 卻是本諸『儀禮』, 最爲適古今之宜.【義剛】

84:18 叔器問四先生禮. 曰: "二程與橫渠多是古禮, 溫公則大概本『儀禮』, 而參以今之可行者. 要之, 溫公較穩, 其中與古不甚遠, 是七八分好. 若伊川禮, 則祭祀可用. 婚禮, 惟溫公者好. 大抵古禮不可全用, 如古服古器, 今皆難用." 又問: "向見人設主, 有父在子死, 而主牌書'父主祀'字, 如何?" 曰: "便是禮書中說得不甚分曉, 此類只得不寫, 若向上尊長則寫." 又問: "溫公所作主牌甚大, 闊四寸, 厚五寸八分, 不知大小當以何者爲是?" 曰: "便是溫公錯了, 它卻本荀勗禮."【義剛】

84:19 呂與叔集諸家之說補『儀禮』, 以『儀禮』爲骨.【方子】

84:20 福州有前輩三人, 皆以明禮稱. 王普, 字伯照, 劉藻, 字昭信, 任文薦, 字希純. 某不及見王伯照, 而觀其書, 其學似最優, 說得皆有徵[34]據, 儘有議論, 卻不似今人杜撰胡說. 廝沙有王伯照文字三件, 合爲一書.【廣】

84:21 "王侍郎普[35], 禮學律歷皆極精深. 蓋其所著皆據本而言, 非出私臆. 某細考其書, 皆有來歷, 可行. 考訂精確, 極不易得. 林黃中屢稱王伯照, 它何嘗得其髣髴? 都是杜撰." 或言: "福州 黃繼道樞密【祖舜】 與伯照齊名." 曰: "不同. 黃只是讀書, 不曾理會這工夫. 是時福州以禮學齊名者三人, 王伯照·任希純·劉昭信. 某識任·劉二公. 任搭乾不曉事, 問東答西, 不可曉. 劉說話極仔細, 有來歷, 可聽.

34) 徵: 成化本·賀本에서는 證으로 되어 있다.
35) 王侍郎普: 徽州本에서는 福州 王侍郎普로 되어 있다.

某嘗問以『易說』, 其解亦有好處. 如云'見險而止爲「需」, 見險而不止爲「訟」, ▲36) 能通其變爲「隨」, 不能通其變爲「蠱」'之類. 想有成書, 近來解『易』者多引之."【僩】

84:22 "古者禮學是專門名家, 始終理會此事, 故學者有所傳授, 終身守而行之. 凡欲行禮有疑者, 輒就質問. 所以上自宗廟朝廷, 下至士庶鄕黨典禮, 各各分明. 漢・唐時猶有此意. 如今直是無人如前者. 某人丁所生繼母憂, 『禮經』必有明文. 當時滿朝更無一人知道合當是如何, 大家打鬨一場, 後來只說莫若從厚. 恰似無柰37)何, 本不當如此, 姑徇人情從厚爲之. 是何所爲如此? 豈有堂堂中國, 朝廷之上以至天下儒生, 無一人識此禮者? 然而也是無此人. 州州縣縣秀才與太學秀才, 治『周禮』者不曾理會得『周禮』, 治『禮記』者不曾理會得『禮記』, 治『周易』者不曾理會得『周易』, 以至『春秋』・『詩』都恁地, 國家何賴焉?" 因問張舅,【淳】 聞其已死, 再三稱歎, 且詢其子孫能守其家學否? 且云: "可惜, 朝廷不擧用之, 使典禮儀! '天敍有典, 自我五典五敦哉38)! 天秩有禮, 自我五禮有39)庸哉!' 這箇典禮, 自是天理之當然, 欠它一毫不得, 添它一毫不得. 惟是聖人之心與天合一, 故行出這禮, 無一不與天合. 其間曲折厚薄淺深, 莫不恰好. 這都不是聖人白撰出, 都是天理決定合著如此. 後之人此心未得似聖人之心, 只得將聖人已行底, 聖人所傳於後世底, 依這樣子做. 做得合時, 便是合天理之自然."【賀孫】

84:23 劉原父好古, 在長安, 偶得一周敦. 其中刻云"弡中", 原父遂以爲周 張仲之器. 後又得一枚, 刻云"弡伯", 遂以爲張伯. 曰: "『詩』言'張仲孝友', 則仲必有兄矣, 遂作銘述其事. 後來趙明誠『金石錄』辨之

---

36) ▲: 【「需」・「訟」下卦皆坎.】
37) 柰: 成化本에서는 祭로 되어 있다.
38) 自我五典五敦哉: 『尙書』「皐陶謨」에서는 勅我五典五惇哉로 되어 있다.
39) 有: 賀本에서는 五로 되어 있다.

云, '弡'非'張', 乃某字也. 今之說禮無所據而杜撰者, 此類也."【廣】

「論修禮書」[40)]

84:24 問: "所編禮, 今可一一遵行否?" 曰: "人不可不知此源流, 豈能一一盡行? 後世有聖人出, 亦須著變. 夏・商・周之禮已自不同, 今只得且把周之禮文行."【賀孫 ○以下論修書大指.】

84:25 "'禮, 時爲大.' 使聖賢有禮[41)], 必不一切從古之禮. 疑只是以古禮減殺, 從今世俗之禮, 令稍有防範節文, 不至太簡而已. 觀孔子欲從先進, 又曰: '行夏之時, 乘殷之輅.' 便是有意於損周之文, 從古之朴矣. 今所集禮書, 也只是略存古之制度, 使後人自去減殺, 求其可行者而已. 若必欲一一盡如古人衣服冠屨之纖悉畢備, 其勢也行不得." 問: "溫公所集禮如何?" 曰: "早是詳了. 又, 喪服一節也太詳. 爲人子者方遭喪禍, 使其一一欲纖悉盡如古人制度, 有甚麽心情去理會? 古人此等衣服冠屨, 每日接熟於耳目, 所以一朝[42)]喪禍, 不待講究, 便可以如禮. 今卻閑時不曾理會, 一旦荒迷之際, 欲旋講究, 勢必難行. 必不得已, 且得從俗之禮而已. 若有識禮者, 相之, 可也."【僩】

84:26 問[43)]賀孫所編禮書. 曰: "某嘗說, 使有聖王復興, 爲今日禮, 怕必不能悉如古制. 今且要得大綱, 是, 若其小處亦難盡用. 且如喪禮冠服斬衰如此, 而吉服全不相似, 卻到遭喪時, 方做一副當如此著, 也是吒異." 賀孫問: "今齊斬尚存此意, 而齊衰期便太輕, 大功小功以下又輕, 且無降殺. 今若得斟酌古今之儀制爲一式, 庶幾行之無礙, 方始

40) 「論修禮書」: 徽州本에서는 「論儀禮經傳通解」로 되어 있다.
41) 有禮: 成化本에서는 有作으로 되어 있고, 賀本에서는 用禮로 되어 있다.
42) 朝: 『朱子語類』에서는 旦으로 되어 있다.
43) 問: 徽州本에서는 先生問으로 되어 있다.

立得住." 曰: "上面旣如此, 下面如何盡整頓得? 這須是一齊都整頓過, 方好. 未說其它瑣細處, 且如冠, 便須於祭祀當用如何底, 於軍旅當用如何底, 於平居當用如何底, 於見長上當用如何底, 於朝廷治事當用如何底, 天子之制當如何, 卿大夫之制當如何, 士當如何, 庶人當如何, 這是許多冠都定了. 更須理會衣服等差, 須用上衣下裳. 若佩玉之類, 只於大朝會大祭祀用之. 五服亦各用上衣下裳. 齊斬用麤布, 期功以下又各爲降殺, 如上紐[44]衫一等紕繆鄙陋服色都除了, 如此便得大綱正. 今若只去零零碎碎理會些小不濟事. 如今若考究禮經, 須是一一自著考究敎定[45]." ▲[46]

84:27 楊通老問禮書. 曰: "看禮書, 見古人極有精密處, 事無微細, 各各有義理. 然又須自家工夫到, 方看得古人意思出. 若自家工夫未到, 只見得度數文爲之末, 如此豈能識得深意? 如將一碗乾硬底飯來喫, 有甚滋味? 若白地將自家所見揣摸它本來意思不如此, 也不濟事. 兼自家工夫未到, 只去理會這箇, 下梢溺於器數, 一齊都昏倒了. 如今度得未可盡曉其意, 且要識得大綱."【賀孫】

84:28 問[47]: "聞郡中近已開六經." 曰: "已開『詩』·『書』·『易』·『春秋』, 惟二『禮』未暇及. 『詩』·『書』「序」各置於後, 以還其舊. 『易』用伯恭所定本. 『周禮』自是一書. 惟『禮記』尙有說話. 『儀禮』, 禮之根本, 而『禮記』乃其枝葉. 『禮記』乃秦·漢上下諸儒解釋『儀禮』之書, 又有它說附益於其間. 今欲定作一書, 先以『儀禮』篇目置於前, 而附『禮記』於後. 如「射禮」, 則附以「射義」, 似此類已得二十餘篇. 若其餘「曲禮」·「少儀」, 又自作一項, 而以類相從. 若疏中有說制度處, 亦當采取以益之. 舊嘗以此例授潘恭叔, 渠亦曾整理數篇來. 今居喪無事,

44) 紐: 賀本에서는 組로 되어 있다.
45) 定: 孝宗刊本에는 없다. 『考異』에서는 "一無定."이라고 되어 있다.
46) ▲:【賀孫】
47) 問: 徽州本에서는 語次問으로 되어 있다.

想必下手.『儀禮』舊與六經·三傳並行, 至王介甫始罷去. 其後雖復『春秋』, 而『儀禮』卒廢. 今士人讀『禮記』, 而不讀『儀禮』, 故不能見其本末. 場屋中『禮記』義, 格調皆凡下. 蓋『禮記』解行於世者, 如方·馬之屬, 源流出於熙·豐. 士人作義者多讀此, 故然."【可學 ○以下修書綱目.】

○[48] 趙幾道▲[49]問: "『禮』合如何修?" 曰: "『禮』非全書, 而『禮記』尤雜. 今合取『儀禮』爲正, 然後取『禮記』諸書之說以類相從, 更取諸儒剖擊之說各附其下, 庶便搜閱."

84:29 問禮書. 曰: "惟『儀禮』是古全書. 若「曲禮」·「玉藻」諸篇, 皆戰國士人及漢儒所裒集. 「王制」·「月令」·「內則」是成書. 要好, 自將說禮物處, 如「內則」·「王制」·「月令」諸篇附『儀禮』成一書, 如中間卻將「曲禮」·「玉藻」又附在末後, 不說禮物處, 如「孔子閒居」·「孔子燕居」·「表記」·「緇衣」·「儒行」諸篇, 卻自成一書. 「樂記」文章頗粹, 怕不是漢儒做, 自與『史記』·『荀子』是一套, 怕只是荀子作. 『家語』中說話猶得, 『孔叢子』分明是後來文字, 弱甚. 天下多少是僞書, 開眼看得透, 自無多書可讀."【賀孫】

84:30 "『周禮』自是全書. 如今禮書欲編入, 又恐分拆了『周禮』, 殊未有所處." 因說: "『周禮』只是說禮之條目, 其間煞有文字, 如'八法'·'八則'·'三易'·'三兆'之類, 須各自別有書." 子升問: "『儀禮□『傳』·『記』是誰作?" 曰: "『傳』是子夏作, 『記』是子夏以後人作." 子升云: "今禮書更附入後世變禮亦好." 曰: "有此意."【木之】

84:31 "余正父欲用『國語』而不用『周禮』, 然『周禮』豈可不入? 『國

---

48) ○:『朱子語類』83:132의 일부이다.
49) ▲: 又

語』辭多理寡, 乃衰世之書, 支離蔓衍, 大不及『左傳』. 看此時文章若此, 如何會興起國家?" 坐間朋友問是誰做. 曰: "見說是左丘明做."【賀孫】50)

84:32 因理會所編禮書, 分經分傳, 而言曰: "經文精確峻潔, 傳文則詞語泛濫. 『國語』所載事跡多如此. 如今人作文, 因一件事, 便要泛濫成章."【人傑】

84:33 賀孫因問: "祭禮附「祭義」, 如說孝許多, 如何來得?" 曰: "便是祭禮難附. 兼「祭義」前所說多是天子禮, 若『儀禮』所存, 唯「少牢饋食」·「特牲饋食禮」是諸侯大夫禮. 兼又只是有饋食. 若天子祭, 便合有初間祭腥等事, 如所謂'建設朝事, 燔燎羶薌.' 若附『儀禮』, 此等皆無入頭處. 意間欲將『周禮』中天子祭禮逐項作一總腦, 卻以『禮記』附. 如疏中有說天子處, 皆編出." 因云: "某已衰老, 其間合要理會文字, 皆起得箇頭在. 及見其成與不見其成, 皆未可知. 萬一不及見此書之成, 諸公千萬勉力整理. 得成此書, 所係甚大." 問: "前日承教, 喻以五服之制, 乃上有制作之君, 其等差如此. 今在下有志之士, 欲依古禮行之既不可, 若一向徇俗之鄙陋, 又覺大不經, 於心極不安, 如何?" 曰: "'非天子不議禮, 不制度, 不考文.' 這事要整頓, 便著從頭整頓, 吉凶皆相稱. 今吉服既不如古, 獨於喪服欲如古, 也不可. 古禮也須一一考究著所在在這裏, 卻始酌今之宜而損益之. 若今便要理會一二項小小去處, 不濟事, 須大看世間都得其宜方好." 問: "如今父母喪, 且如古服, 如齊衰期, 乃兄弟·祖父母·伯叔父母, 此豈可從俗輕薄如此?" 曰: "自聖賢不得位, 此事終無由正." 又云: "使鄭康成之徒51)制作, 也須略成箇模樣, 未說待周公出制作. 如今全然沒理會, 柰何? 若有考禮之人, 又須得上之人信得及這事, 行之天下亦不難. 且如冠制尊卑, 且

50)【賀孫】: 徽州本에서는【此條以編禮書以言. ○賀孫】으로 되어 있다.
51) 徒: 成化本에서는 待로 되어 있다.

以中梁爲等差. 如今天子者用二十四, 如何安頓? 所以甚大而不宜. 要好, 天子以十二, 一品以九, 陞朝以七, 選人以五, 士以三, 庶人只用紗帛裹髻, 如今道人. 這自有些意思." 問: "且如權宜期喪當如何?" 曰: "且依四脚帽子加絰. 此帽本只是巾, 前二脚縛於後, 後二脚反前縛於上, 今硬帽·幞頭皆是. 後來漸變重遲, 不便於事. 如初用冠帶, 一時似好. 某必知其易廢, 今果如此. 若一箇紫衫涼衫, 便可懷袖間去見人, 又費輕. 如帽帶皂衫, 是多少費? 窮秀才如何得許多錢? 是應必廢也." 居父問: "期之服合如何? 用上領衫而加衰可乎?" 曰: "上領衫已不是." 曰: "用深衣制, 而麤布加衰可乎?" 曰: "深衣於古便服. '朝玄端, 夕深衣', 深衣是簡便之衣. 吉服依玄端制, 卻於凶服亦倣爲之, 則宜矣." 問: "士禮如喪祭等, 可通行否? 古有命士, 有不命士, 今如之何?" 曰: "喪祭禮節繁多, 今士人亦難行. 但古今士不同. 古時諸侯大夫皆可以用士, 如今簿·尉之類, 乃邑宰之士, 節推·判官之屬, 則是太守之士. 只一縣一州之中有人才, 自家便可取將來使, 便是士. 如藩鎭之制, 尙存此意. 無柰何, 是如今將下面一齊都截了, 盡教做一門入, 盡教由科擧而得, 是將柰何?" 歎息久之. 器之問: "國初衙前役用鄕戶?" 曰: "客將次於太守, 其權甚重, 一州之兵皆其將之, 凡教閱出入皆主其事. 當時旣是大戶做, 亦自愛惜家產, 上下相體悉. 若做得好底, 且教它做. 更次一等戶, 便爲公人, 各管逐項職事. 更次一等戶爲吏人, 掌文書簡牘. 極下戶爲胥徒, 是今弓手節級奔走之屬. 其終各各有弊. 英宗時有詔, 韓縫等要變不成. 王荊公做參政, 一變變了."【賀孫】

84:34 問: "禮書學禮, 首引舜命契爲司徒, 敷五教, 命夔典樂, 教冑子兩條. 文蔚竊謂, 古人教學不出此兩者. 契敷五教, 是欲使人明於人倫, 曉得這道理, 夔典樂教冑子, 是欲使人養其德性, 而實有諸己, 此是一篇綱領." 曰: "固是如此. 後面只是明此一意. 如大司徒之教, 卽是契敷教事, 大司樂之教, 卽是夔樂事." 因曰: "'直而溫, 寬而栗', 直與寬本自是好, 但濟之以溫與栗, 則盡善. 至如'剛'·'簡'二字, 則微覺有弊, 故戒之以'無虐'·'無傲', 蓋所以防其失也. 某所以特與分開, 欲見防其失者, 專爲剛·簡而設, 不蒙上直·寬二句. '直'·'寬', 但曰'而溫'·'而栗', 至'剛'·'簡', 則曰'無虐'·'無傲', 觀其言, 意自可見." 文蔚曰: "教以人倫者, 固是又欲養其德性. 要養德性, 便只是下面'詩言志, 歌永言, 聲依永, 律和聲'四句上." 曰: "然. 諷誦歌詠之間, 足以和其心氣, 但上面三句抑揚高下, 尙且由人, 到'律和聲'處, 直是不可走作. 所以詠歌之際, 深足養人情性. 至如播之金石, 被之管絃, 非是不和, 終是不若人聲自然. 故晉人孟嘉有言'絲不如竹, 竹不如肉', 謂'漸近自然.' 至'八音克諧, 無相奪倫, 神人以和', 此是言祭祀燕享時事, 又是一節."【文蔚】

84:35 或問: "禮書所引伊川言'古者養士, 其公卿大夫士之子弟, 固不患於無養, 而庶人子弟之入學者, 亦皆有以養之', 不知是否?" 曰: "恐不然. 此段明州諸公添入, 當刪. 不然則注其下云: '今按, 程子之言, 未知何所據也. 古者敎士, 其比閭之學, 則鄕老坐于[52]門而察其出入. 其來學也有時, 旣受學, 則退而習於其家. 及其升而上也, 則亦有時. 春夏耕耘, 餘時肄業, 未聞上之人復有以養之也. 夫旣給之以百畝之田矣, 又給之以學糧, 亦安得許多糧給之耶? 『周禮』自有士田可攷. 『史記』言孔子養弟子三千人, 而子由『古史』亦遽信而取之, 恐不然也.' 想得弟子來從學者, 則自齎糧, 而從孔子出遊列國者, 則食孔子之食耳. 然孔子亦安得許多糧? 想亦取之列國之餽餉. 孔子居衛最久, 所以於靈公·孝公有交際·公養之仕, 其所以奉孔子者必厚, 至它國則不然矣. 故晏子諫齊 景公勿用孔子之言曰: '游說丐貸, 不可以爲國.' 孟子之時, 徒衆尤盛. 當時諸侯重士, 又非孔子之時之比. 春秋時人淳, 未甚有事, 故齊·晉皆累世爲伯主, 人莫敢爭. 戰國之時人多姦詐, 列國紛爭, 急於收拾人才以爲用, 故不得不厚待士." 又曰: "古者

52) 于: 賀本에서는 於로 되어 있다.

三年大比, 興其賢者能者而進于[53]天子, 大國三人, 中國二人, 小國一人, 不進則有罰. 看來數年後所進極多. 然天子之國亦小, 其員數亦有限, 不知如何用得許多人? 今以天下之大, 三年一番進士, 猶無安頓處, 何況當時?『白虎通』曰: '古者諸侯進士, 一不當則有罰, 再不當則削其地, 三不當則罷之廢之, 而託於諸侯爲寓公.' 恐無此理, 蓋出後世儒者之傅會. 進士不當, 有甚大過? 而遂廢其君, 絶其社稷耶?" 或曰: "想得周家此法, 行之殊不能久. 成・康數世之後, 諸侯擅政, 天子諸侯之公卿大夫, 皆爲世臣盤據, 豈復容外人爲之耶?" 曰: "然. 兼當時諸侯國中, 亦自要人才用, 必不會再貢之於天子. 天子亦自擁虛器, 無用它處. 當時天子威令不行, 公卿大夫世襲, 諸侯之國猶寬, 古人才之窮而在下者, 多仕於諸侯之國. 及公室又弱, 而人才復多仕於列國之大夫. 當時爲大夫之陪臣者, 其權甚重. 大夫執一國之權, 而陪臣復執大夫之權. 所以說'祿去公室', '陪臣執國命.'" 又曰: "以爵位言之, 則大夫亦未甚尊, 以權勢言之, 則甚重. 自天子而下, 三等便至大夫." 又曰: "再命爲士, 三命爲大夫, 天子之大夫四命, 小國之大夫再命, 或一命. 一樣小小官職, 皆無命. 它命禮極重." 又問: "當時庶民之秀者, 其進而上之, 不過爲大夫極矣. 至於公卿之貴, 皆世臣世襲, 非若今之可以更進而代爲也. 則士之生於斯時者, 亦可謂不幸矣." 曰: "然. 然當時之大夫宰臣, 其權甚重. 如晉・楚・齊諸國, 其大夫皆握天下之權, 操縱指[54]麾, 天下莫不從之. 其宰臣復握大夫之權, 蓋當時其重在下, 其輕在上. 今日則其重在內, 其輕在外, 故不同也."【僩】

84:36 禮編, 纔到長沙, 卽欲招諸公來同理會. 後見彼事叢, 且不爲久留計[55], 遂止. 後至都下, 庶幾事體稍定, 做箇規模, 盡喚天下識禮者修書, 如余正父諸人, 皆教來, 今日休矣.【賀孫】

---

53) 于: 賀本에서는 於로 되어 있다.
54) 指: 成化本에서는 旨로 되어 있다.
55) 計:『小分』에서는 자형의 計/討 여부가 명확하지 않으며 孝宗刊本・成化本에서는 討로 되어 있다.『考異』에서는 '計, 一誤討'라고 되어 있다.

84:37 或問: “禮書修得有次第否?” 曰: “散在諸處, 收拾不聚. 最苦每日應酬多, 工夫不得專一. 若得數月閑[56], 更一兩朋友相助, 則可畢矣. 頃在朝, 欲奏乞專創一局, 召四方朋友習禮者數人[57]編修. 俟書成將上, 然後乞朝廷命之以官, 以酬其勞, 亦以小助朝廷蒐用遺才之意. 事未及擧, 而某去國矣.”【僩】

84:38 泳居喪時, 嘗編次『喪禮』, 自始死以至終喪, 各立門目. 嘗以門目呈先生. 臨歸, 敎以“編禮亦不可中輟.” 泳曰: “考禮無味, 故且放下.” 先生曰: “橫渠敎人學禮, 呂與叔言如嚼木札. 今以半日看義理文字, 半日類禮書, 亦不妨.” 後蒙賜書云: “所定禮編, 恨未之見. 此間所編『喪禮』一門, 福州尙未送來. 將來若得賢者持彼成書, 復來參訂, 庶幾詳審, 不至差互. 但恐相去之遠, 難遂此期耳.” 福州, 謂黃直卿也. 庚申二月旣望, 先生有書與黃寺丞商伯云: “伯量依舊在門館否? 禮書近得黃直卿與長樂一朋友在此, 方得下手整頓. 但疾病昏倦時多, 又爲人事書尺妨癈[58], 不能得就緖. 直卿又許了鄕人館, 未知如何. 若不能留, 尤覺失助. 甚恨鄕時不曾留得伯量相與協力. 若渠今年不作書會, 則煩爲道意, 得其一來爲數月留, 千萬幸也.”【作書時, 去易簀只二十有三[59]日, 故得書不及往. 後來黃直卿屬李敬子招往成禮編, 又以昏嫁不得行. 昨寓二山[60], 楊志仁反復所成禮書, 具有本末, 若未卽死, 尙幾有以遂此志也. ○胡泳】

---

56) 若得數月閑: 徽州本에서는 若得數月之閑으로 되어 있다.
57) 數人: 孝宗刊本에서는 頭註에 ‘數人, 據文集, 當作數十人’이라고 되어 있다. 『考異』에서는 ‘數下恐有十’이라고 되어 있다.
58) 癈: 『朱子語類』에서는 廢로 되어 있다.
59) 三: 成化本・賀本에서는 二로 되어 있다.
60) 二山: 『朱子語類』에서는 三山으로 되어 있다.

『朱子語類』 卷之八十五

「禮二」

「儀禮」

「總論」

85:1 河間獻王得古禮五十六篇, 想必有可觀. 但當時君臣間有所不曉, 遂至無傳. 故先儒謂聖經不亡於秦火, 而壞於漢儒, 其說亦好. 溫公論景帝太子旣亡, 當時若立獻王爲嗣, 則漢之禮樂制度必有可觀. 又: "致堂謂: '武帝若使董仲舒爲相, 汲黯爲御史大夫, 則漢治必盛.' 某嘗謂: '若如此差除, 那裏得來?'" 【廣[1] ○賀孫錄云[2]: 是當時儒者專門名家, 自一經之外, 都不暇講, 況在上又無典禮樂之主. 故胡氏說道, 使河間獻王爲君, 董仲舒爲相[3]云云[4]】

85:2 ▲[5]

---

1) 廣: 徽州本에서는 廣·人傑錄同으로 되어 있다.
2) 賀孫錄云: 『朱子語類』에는 없다.
3) 是當時儒者專門名家 … 豈不甚盛?: 『朱子語類』 85:2의 일부인데, 『小分』에서는 85:1의 소주에 편입되어 한 항목으로 편집되어 있다.
4) 云云: 『朱子語類』에는 없다.
5) ▲: 先王之禮, 今存者無幾. 漢初自有文字, 都無人收拾. 河間獻王旣得雅樂, 又有禮書五十六篇, 惜乎, 不見於後世! 是當時儒者專門名家, 自一經之外, 都不暇講, 況在上又無典禮樂之主. 故胡氏說道, 使河間獻王爲君, 董仲舒爲相, 汲黯爲御史, 則漢之禮樂必興. 這三箇差除, 豈不甚盛? 【賀孫】

85:3 今『儀禮』多是士禮, 天子諸侯喪祭之禮皆不存, 其中不過有些小朝聘燕饗之禮. 自漢以來, 凡天子之禮, 皆是將士禮來增加爲之. 河間獻王所得禮五十六篇, 卻有天子・諸侯之禮, 故班固謂"愈於推士禮以爲天子・諸侯之禮者." 班固作『漢書』時, 此禮猶在, 不知何代何年失了. 可惜可惜!【廣 ○賀孫錄略.】

85:4 禮書如『儀禮』, 尙完備如它書.【僩用】

85:5『儀禮』, 不是古人預作一書如此. 初間只以義起, 漸漸相襲, 行得好, 只管巧, 至於情文極細密, 極周緻[6]處. 聖人見此意思好, 故錄成書. 只看古人君臣之際, 如公前日所畫圖子, 君臨臣喪, 坐撫當心要經[7]而踊. 今日之事, 至於死生之際, 恝然不相關, 不啻如路人? 所謂君臣之恩義安在? 祖宗時, 於舊執政喪亦親臨. 渡江以來, 一向廢此. 只秦檜之死, 高宗臨之, 後來不復舉. 如陳 福公, 壽皇眷之如此隆至, 其死亦不親臨. 祖宗凡大臣死, 遠地不及臨者, 必遣郎官往弔. 壽皇凡百提掇得意思, 這般處卻恁地不覺. 今日便一向廢卻.【賀孫】

85:6 禮有經, 有變. 經者, 常也, 變者, 常之變也. 先儒以「曲禮」爲變禮, 看來全以爲變禮, 亦不可. 蓋曲者, 委曲之義, 故以「曲禮」爲變禮. 然"毋不敬, 安定辭, 安民哉!", 此三句, 豈可謂之變禮? 先儒以『儀禮』爲經禮. 然『儀禮』中亦自有變, 變禮中又自有經, 不可一律看也. 『禮記』, 聖人說禮及學者問答處, 多是說禮之變. 上古禮書極多, 如河間獻王收拾得五十六篇, 後來藏在秘府, 鄭玄輩尙及見之. 今注疏中有引援處, 後來遂失不傳, 可惜可惜! 『儀禮』古亦多有, 今所餘十七篇, 但多士禮耳.【僩】

---

6) 緻: 成化本・賀本에서는 經으로 되어 있다.
7) 經: 成化本에서는 緻로 되어 있고 徽州本에서는 經으로 되어 있다.

85:7 “『儀禮』是經, 『禮記』是解『儀禮』. 如『儀禮』有「冠禮」, 『禮記』便有「冠義」, 『儀禮』有「昏禮」, 『禮記』便有「昏義」, 以至燕・射之類, 莫不皆然. 只是『儀禮』有「士相見禮」, 『禮記』卻無士相見義. 後來劉原父補成一篇.” 文蔚問: “補得如何?” 曰: “它亦學『禮記』下言語, 只是解它『儀禮』.” 【文蔚】

85:8 魯 共王壞孔子宅, 得古文『儀禮』五十六篇, 其中十七篇與高堂生所傳十七篇同. 鄭康成注此十七篇, 多擧古文作某, 則是它當時亦見此壁中之書. 不知如何只解此十七篇, 而三十九篇不解, 竟無傳焉. 【義剛】[8]

85:9 『儀禮疏』說得不甚分明. 溫公『禮』有疏漏處, 高氏送終禮勝得溫公『禮』. 【義剛】[9]

85:10 劉原父補亡『記』, 如「士相見義」・「公食大夫義」儘好. 蓋偏會學人文字, 如今人善爲百家書者. 又如學古樂府, 皆好. 『意林』是專學『公羊』, 亦似『公羊』. 其它所自爲文章如雜著等, 卻不甚佳. 【人傑】

85:11 永嘉 張忠甫所校『儀禮』甚仔細, 然卻於目錄中「冠禮」玄端處便錯了. 但此本較它本爲最勝. 【賀孫】

85:12 陳振叔亦儘得. 其[10]說『儀禮』云: “此乃是儀, 更須有禮書. 『儀禮』只載行禮之威儀, 所謂‘威儀三千’是也. 禮書如云‘天子七廟, 諸侯五, 大夫三, 士二’之類, 是說大經處. 這是禮, 須自有箇文字.” 【賀孫】

---

8) 【義剛】: 徽州本에서는 【淳】으로 되어 있다.
9) 【義剛】: 徽州本에서는 【撫州學有板本淳】으로 되어 있다.
10) 其: 徽州本에서는 見其로 되어 있다.

「士冠」

85:13 問: “「士冠禮」‘筮于廟門’, 其禮甚詳, 而「昏禮」止云: ‘將加諸卜’, ‘占曰吉.’ 旣無筮, 而卜禮略, 何也?” 曰: “恐卜筮通言之.” 又問: “禮家之意, 莫是冠禮旣詳其筮, 則於昏禮不必更詳, 且從省文之義如何?” 曰: “亦恐如此. 然『儀禮』中亦自有不備處, 如父母戒女, 止有其辭, 而不言於某處之類.” 【人傑】

85:14 問“宿賓.” 曰: “是戒肅賓也. 是隔宿戒之.” 【燾】

85:15 古朝服用布, 祭則用絲. 『詩』「絲衣」: “繹賓尸也.” “皮弁素積”, 皮弁, 以白鹿皮爲之, 素積, 白布爲裙. 【泳】

85:16 問: “「士冠禮」有所謂‘始加’·‘再加’·‘三加’, 如何?” 曰: “所謂‘三加彌尊’, 只是三次加. 初是緇布冠, 以麤布爲之, 次皮弁, 次爵弁, 諸家皆作畫爵, 看來亦只是皮弁模樣, 皆以白皮爲之. 緇布冠古來有之, 初是緇布冠, 齊則緇之. 次皮弁者, 只是朝服, 爵弁, 士之祭服. 『周禮』, 爵弁居五冕之下.” 又問: “‘致美乎黻冕’, 注言: ‘皆祭服也.’ 黻冕恐不全是祭服否?” 曰: “祭服謂之‘黻冕’, 朝服謂之‘韠’, 如『詩』‘鞸琫有珌’, 「內則」‘端韠紳’, 皆是.” 問: “「士冠禮」‘一加’·‘再加’, 言‘吉月’·‘令月’, 至‘三加’, 言‘以歲之正’, 不知是同時否?” 曰: “只是一時節行此文, 自如此說. 加緇布冠, 少頃又更加皮弁, 少頃又更加爵弁, 然後成禮. 如溫公冠禮亦倣此. 初裹布[11], 次帽, 次幞頭.” 又問: “黻冕, 黻, 蔽膝也, 以韋爲之. 舜之畫衣裳, 有黼黻絺繡, 不知又如何畫於服上?” 曰: “亦有不可曉. 黻在裳之前, 亦畫黻於其上.” 【寓】

---

11) 布: 『朱子語類』에서는 巾으로 되어 있다.

85:17 陳仲蔚問冠儀[12]. 曰: "凡婦人見男子, 每先一拜, 男拜, 則又答拜, 再拜亦然. 若子冠, 則見母亦如之, 重成人也. 尋常則不如此. 但古人無受拜禮, 雖兄亦答拜, 君亦然. 但諸侯見君, 則兩拜還一拜." 【義剛】

85:18 冠者見母與兄弟, 而母與兄弟皆先拜, 此一節亦差異. 昏禮亦然. 婦始見舅姑, 舅姑亦拜. 【義剛】[13]

85:19 「士冠禮」: "始冠緇布冠, 冠而弊之." 弊是不用也. 【義剛】

「士婚[14]」

85:20 『儀禮』「昏禮」: "下達用鴈." 注謂"在下之人, 達二家之好而用鴈", 非也. 此只是公卿大夫下達庶人, 皆用鴈. 後得陸農師解, 亦如此說[15]. 陸解多杜撰, 亦煞有好處, 但簡略難看. 陳祥道『禮書』考得亦穩. 【淳 ○義剛錄云: "▲[16] '自『通典』後, 無人理會禮. 本朝但有陳祥道·陸佃略理會來.' 曰: '陳祥道理會得也穩, 陸農師也有好處, 但杜撰處多, 如『儀禮』'云云."】

85:21 問: "昏禮用鴈, '婿執鴈', 或謂取其不再偶, 或謂取其順陰陽往來之義." 曰: "「士昏禮」謂之'攝乘[17]', 蓋以士而服大夫之服, 【爵弁】 乘大夫之車, 【墨車】 則當執大夫之贄. 前說恐傅會." 又曰: "重其禮而盛其服." 【賜】[18]

---

12) 冠儀: 徽州本에서는 冠時威儀로 되어 있다.
13) 【義剛】: 徽州本에서는 【義剛·陳淳錄同】으로 되어 있다.
14) 婚: 成化本·賀本에서는 昏으로 되어 있다.
15) 亦如此說: 徽州本에서는 亦如此說【陸名佃】으로 되어 있다.
16) ▲: 擇之云:
17) 乘: 賀本·『儀禮』「士昏禮」의 注에서는 盛으로 되어 있다.

85:22 或問: "『禮經』, 婦三月而後廟見, 與『左氏』不同." 曰: "『左氏』說禮處, 多與『禮經』不同, 恐是當時俗禮, 非必合於『禮經』." 又問: "旣爲婦, 便當廟見, 必三月之久, 何邪?" 曰: "三月而後事定. 三月以前, 恐更有可去等事, 至三月不可去, 則爲婦定矣, 故必待三月而後廟見." 或曰: "未廟見而死, 則以妾禮葬之." 曰: "歸葬於婦氏之黨."【文蔚】

「鄕飮酒」

85:23 「鄕飮酒」云: "笙入, 樂「南陔」·「白華」·「華黍」." 想是笙入吹[19]此詩, 而樂亦奏此詩. 樂, 便是衆樂皆奏之也[20].

「聘禮」

85:24 問「聘禮」所言"君行一, 臣行二"之義. 曰: "君行步闊而遲[21], 臣行步狹而疾, 故君行一步, 而臣行兩步, 蓋不敢同君之行而踐其跡也. 『國語』齊君·晏子行, 子貢怪之, 問孔子君臣交際之禮一段, 說得甚分曉."【僩】

「公食大夫禮」

---

18) 【賜】: 徽州本에서는 【僩用】賜錄同而略云: "昏禮用雁禮, 謂之攝乘. 蓋以士而服大夫之服【雀弁】, 乘大夫之車【墨車】, 執大夫之摯. 蓋重其禮, 故盛其服." 으로 되어 있다.
19) 吹: 成化本에서는 吸으로 되어 있다.
20) 便是衆樂皆奏之也: 徽州本에서는 便是衆樂皆奏之也【賡】으로 되어 있다.
21) 闊而遲: 『小分』에서는 遲而闊을 교정부호로 바로잡았다.

85:25 「公食大夫禮」, 乃是專饗大夫. 爲主人者時出勸賓, 賓辭而獨饗. 【人傑】

「覲禮」

85:26 天子常服皮弁. 惟諸侯來朝見於廟中, 服冕服, 用鬱鬯之酒灌神. 【文蔚】[22]

85:27 覲, 是正君臣之禮, 較嚴. 天子當扆[23]而立, 不下堂而見諸侯. 朝, 是講賓主之儀, 天子當宁而立, 在路寢門之外, 相與揖讓[24]而入. 【義剛】[25]

「喪服經傳」

85:28 今人齊衰用布太細, 又大功・小功皆用苧布, 恐皆非禮. 大功須用市中所賣火麻布稍細者, 或熟麻布亦可. 小功須用虔布之屬, 古者布帛精粗, 皆有升數, 所以說"布帛精麤不中度, 不鬻於市." 今更無此制, 聽民之所爲. 所以倉卒難得中度者, 只得買來自以意擇製之爾. 【僩】

85:29 喪服葛布極粗, 非若今之細也. 【僩】

85:30 "緦十五升, 抽其半"者, 是一箴只用一經. 如今廣中有一種疏

---

22) 【文蔚】: 賀本에서는 【人傑】로 되어 있다.
23) 扆: 成化本・賀本에서는 依로 되어 있다.
24) 讓: 成化本・賀本에서는 遜으로 되어 있다.
25) 【義剛】: 徽州本에서는 【義剛・陳淳錄同】으로 되어 있다.

布, 又如單經黃草布, 皆只一經也. 然小功十二升, 則其縷反多於緦矣, 又不知是如何.【閎祖】

85:31 問: "溫公『儀』, 首絰綴於冠, 而『儀禮疏』說別材而不相綴." 曰: "綴也得, 不綴也得, 無緊要."【淳】

85:32 堯卿問絰帶之制. 曰: "首絰大一搤, 只是拇指與第二指一圍. 腰絰較小, 絞帶又小於腰絰. 腰絰象大帶, 兩頭長垂下. 絞帶象革帶, 一頭有扣子[26], 以一頭串於中而束之. 總, 如今之髻巾. 括髮, 是束髮爲髻." 安卿問: "鄭氏『儀禮注』及『疏』, 以男子括髮與免, 及婦人髽, 皆云'如著幓頭然.' 所謂幓頭, 何也?" 曰: "幓頭只如今之掠頭編子, 自項而前交於額上, 卻繞髻也. '免', 或讀如字, 謂去冠." 又問婦人首絰之制. 曰: "亦只是大麻索作一環耳."【"幓", 音驂. ○義剛】

85:33 或問服制. 曰: "『儀禮』事事都載在裏面, 其間曲折難行處, 它都有箇措置得恰好." 因擧一項: "父卒, 繼母嫁, 後[27]爲之服報. 傳曰: '何以期也? 貴終也.'" "嘗爲母子, 貴終其恩, 此爲繼母服之義."【賀孫】

85:34 沈存中說, 喪服中, 曾祖齊衰服, 曾祖以上皆謂之曾祖, 恐是如此. 如此則皆合有齊衰三月服. 看來高祖死, 豈有不爲服之理? 須合行齊衰三月也. 伊川頃言祖父母喪, 須是不赴擧, 後來不曾行. 法令雖無明文, 看來爲士者爲祖父母期服內, 不當赴擧.【僩】

85:35 沈存中云, 高祖齊衰三月, 不特四世祖爲然, 自四世以上, 凡逮[28]事, 皆當服衰麻三月, 高祖皆[29]通稱耳.【閎祖】

26) 一頭有扣子: 徽州本에서는 一頭有圈子로 되어 있다.
27) 後: 『儀禮』「喪服」에서는 從으로 되어 있다.
28) 逮: 成化本·賀本에서는 建으로 되어 있다.

85:36 問: “某人不肯丁所生母憂.” 曰: “禮爲所生父母齊衰杖期, 律文許申心喪[30]. 若所生父再娶, 亦當從律, 某人是也.” 又問: “若所生父與所繼父俱再娶, 當持六喪乎?” 曰: “固是.” 又問先儒爭濮議事. 曰: “此只是理會稱親. 當時蓋有引戾園事, 欲稱‘皇考’者.” 又問: “稱‘皇考’是否?” 曰: “不是. 然近世儒者亦有多言合稱‘皇考’者.” 【人傑】

85:37 “『儀禮』‘期喪[31]’條內, 注說: ‘國君有疾, 不能爲祖父母・曾祖父母服, 則世子斬.’ 又曰: ‘君喪皆斬.’ 說已分明. 天子無期喪. 凡有服, 則必斬三年.” 【淳】

85:38 因言, 孫爲人君, 爲祖承重. 頃在朝, 檢此條不見. 後歸家檢『儀禮疏』, 說得甚詳, 正與今日之事一般. 乃知書多看不辦. 舊來有明經科, 便有人去讀這般書, 『注』・『疏』都讀過. 自王介甫新經出, 廢明經學究科, 人更不讀書. 卒有禮文之變, 更無人曉得, 爲害不細. 如今秀才, 和那本經也有不看底. 朝廷更要將[32]經義・賦・論・策頒行印下教人在. 【僩】

85:39 無大功尊. 父母本是期, 加成三年. 祖父母・世父母・叔父母, 本是大功, 加成期. 其曾祖父母小功, 及從祖・伯父母・叔父母小功者, 乃正服之不加者耳. 【閎祖】

85:40 母之姊妹服反重於母之兄弟, 緣於兄弟旣嫁則降服, 而於姊妹之服則未嘗降. 故爲子者於舅服緦, 於姨母服小功也. 【賀孫】

85:41 舅於甥之妻有服, 甥之妻於夫之舅卻無服, 也可疑. 恐是舅則

---

29) 皆: 『朱子語類』에서는 蓋로 되어 있다.
30) 律文許申心喪: 徽州本에서는 律文許其申心喪으로 되어 있다.
31) 期喪: 賀本에서는 稽顙으로 되어 있다.
32) 將: 成化本에서는 時로 되어 있다.

從父身上推將來, 故廣, 甥之妻則從夫[33]身上推將來, 故狹. 【義剛】

85:42 "禮, 妻之父曰舅, '謂我舅者, 吾謂之甥.' 古禮'甥'字用處極多, 如婿謂之'甥', 姑之子亦曰'甥.'" 或問: "'姪'字, 本非兄弟之子所當稱?" 曰: "然. 伊川嘗言之. 胡文定家子弟稱'猶子', 『禮』'兄弟之子, 猶子也', 亦不成稱呼. 嘗見文定家將伊川『語錄』凡家書說'姪'處, 皆作'猶子', 私嘗怪之. 後見它本只作'姪'字, 乃知'猶子'字文定所改, 以伊川嘗非之故也. 殊不知伊川雖非之, 然未有一字替得, 亦且只得從俗. 若改爲'猶子', 豈不駭俗? 據禮, 兄弟之子當稱'從子'爲是. 自曾祖而下三代稱'從子', 自高祖四世而上稱'族子'." 【僩】

85:43 始封之君不臣其兄弟, 封君之子不臣其諸父, 不忘其舊也. 【公謹】

85:44 喪服, 五服皆用蔴. 朋友麻, 是加麻於弔服之上. 麻, 謂絰也. 【閎祖】

85:45 問: "'改葬, 緦', 鄭玄以爲終緦之月數而除服, 王肅以爲葬畢便除, 如何?" 曰: "如今不可考. 禮宜從厚, 當如鄭氏." 問: "王肅以爲旣虞而除之. 若是改葬, 神已在廟久矣, 何得虞乎?" 曰: "便是如此, 而今都不可考. 看來也須當反哭於廟." 問: "鄭氏以爲只是有三年服者, 改葬服緦三月, 非三年服者, 弔服加麻, 葬畢除之否?" 曰: "然. 子思曰: '禮, 父母改葬, 緦而除.' 則非父母不服緦也." 【賀孫】

「旣夕」

33) 夫: 賀本에서는 父로 되어 있다. 賀本의 오류이다.

85:46 問: “朝祖時有遷祖奠, 恐在祖廟之前. 祖無奠而亡者難獨享否?” 曰: “不須如此理會. 禮說有奠處便是合有奠, 無奠處便合無奠, 更何用疑? 其它可疑處卻多. 如溫公『儀』[34]斬・齊古制, 而功・緦又卻不古制, 是何說也? 古者五服皆用麻, 但有等差, 皆有冠絰, 但功・緦之絰小耳. 今人吉服不古而凶服古, 亦無謂也. 今俗喪服之制, 下用橫布作欄, 惟斬衰用不得.”【淳 ○義剛同.】

「少牢饋食」

85:47『儀禮』[35]: “日用丁・巳[36].” 按注家說, 則當作“丁・己[37]”, 蓋十干中柔日也.【雉】

85:48『儀禮』饋食之詞曰: “適爾皇祖伯某父.” 伯, 伯仲叔季也, 某, 字也, 父, 美稱, 助辭也.【振】

34)『儀』: 賀本에서는 疑로 되어 있다.
35)『儀禮』: 徽州本에서는 先生曰:『儀禮』로 되어 있다.
36) 巳: 현존『十三經注疏』에서는 “己”로 되어 있으며, 이는 각종 주석과 교감을 반영한 결과로 보인다.
37) 己:『小分』・孝宗刊本・英祖刊本・成化本에서는 자형이 “巳”로 되어 있으나 “己”의 이체자로 보아야 한다.

『朱子語類』 卷之八十六

「禮三」

「周禮」

「總論」

86:1 曹問『周禮』. 曰: "不敢教人學. 非是不可學, 亦非是不當學, 只爲學有先後, 先須理會自家身心合做底, 學『周禮』卻是後一截事, 而今且把來說看, 還有一句干涉吾人身心上事否?[1]"

86:2 ▲[2] "『周禮』只疑有行未盡處[3]. 看來『周禮』規模皆是周公做, 但其言語是它人做. 今時宰相提擧勅令, 豈是宰相一一下筆? 有不是處, 周公須與改. 至小可處, 或未及改, 或是周公晩年作此[4]."

86:3 大抵說制度之書, 惟『周禮』·『儀禮』可信, 『禮記』便不可深信. 『周禮』畢竟出於一家. 謂是周公親筆做成, 固不可, 然大綱卻是周公意思. 某所疑者, 但恐周公立下此法, 卻不曾行得盡."【文蔚 ○僩錄云[5]: "『周禮』是一箇草本, 尙未曾行."】

---

1) 還有一句干涉吾人身心上事否?: 徽州本에서는 還有一句干涉吾人身心上事否?【賡】으로 되어 있다.
2) ▲: 今只有『周禮』·『儀禮』可全信. 『禮記』有信不得處. 又曰:
3) 『周禮』只疑有行未盡處: 徽州本에서는 『周禮』只疑得有行未盡處로 되어 있다.
4) 作此: 徽州本에서는 作此書【賡】으로 되어 있다.
5) 僩錄云: 徽州本에서는 僩錄云同而沈又注로 되어 있다.

86:4 問『周禮』. 曰: “未必是周公自作, 恐是當時如今日編修官之類爲之. 又官名與它書所見, 多有不同. 恐是當時作此書成, 見設官太多, 遂不用. 亦如『唐六典』今存, 唐時元不曾用.” 又笑曰: “禁治蝦蟆, 也[6]專設一官, 豈不酷耶?”【浩】

86:5 『周禮』, 胡氏父子以爲是王莽令劉歆撰, 此恐不然. 『周禮』是周公遺典也.【德明】[7]

86:6 『周禮』一書好看, 廣大精密, 周家法度在裏, 但未敢令學者看.【方子】

86:7 『周禮』一書, 也是做得縝密, 眞箇盛水不漏.【廣】

86:8 子升問: “『周禮』如何看?” 曰: “也且循注疏看去. 第一要見得聖人是箇公平底意思. 如[8]陳君擧說, 天官之職, 如膳羞衣服之官, 皆屬之, 此是治人主之身, 此說自是. 到得中間有官屬相錯綜處, 皆謂聖人有使之相防察之意, 這便不是. 天官是正人主之身, 兼統百官, 地官主敎民之事, 大綱已具矣. 春夏秋冬之官, 各有所掌, 如太史等官屬之宗伯, 蓋以祝・史之事用之祭祀之故, 職方氏等屬之司馬, 蓋司馬掌封疆之政. 最是大行人等官屬之司寇, 難曉. 蓋『儀禮』「覲禮」, 諸侯行禮旣畢, 出, ‘乃右肉袒于[9]廟門之東.’ 王曰: ‘伯父無事, 歸寧乃邦.’ 然後再拜稽首, 出自屛. 此所謂‘懷諸侯則天下畏之’是也, 所以屬之司寇. 如此等處, 皆是合著如此, 初非聖人私意. 大綱要得如此看. 其間節目有不可曉處, 如官職之多, 與子由所疑三處之類, 只得且缺之, 所謂‘其詳不可得而聞也.’ 或謂周公作此書, 有未及盡行之者, 恐亦有此理.

6) 也: 賀本에서는 已로 되어 있다.
7)【德明】: 賀本에서는【德】으로 되어 있다.
8) 如: 成化本에서는 知로 되어 있다.
9) 于: 賀本에서는 於로 되어 있다.

只如今時法令, 其間頗有不曾行者.” 木之因說: “舊時妄意看此書, 大綱是要人主正心・修身・齊家・治國・平天下, 使天下之民無不被其澤, 又推而至於鳥獸草木無一不得其所而後已. 不如是, 不足以謂之裁成輔相, 參贊天地耳.” 曰: “是恁地, 須要識公平意思.” 因說: “如今學問, 不考古固不得. 若一向去採摭故事, 零碎湊合說出來, 也無甚益. 孟子慨然以天下自任, 曰: ‘當今之世, 舍我其誰?’ 到說制度處, 只說‘諸侯之禮, 吾未之學, 嘗聞其略也.’ 要之, 後世若有聖賢出來, 如『儀禮』等書, 也不應便行得. 如封建諸侯, 柳子厚之說, 自是. 當時卻是它各自推戴爲主, 聖人從而定之耳. 如今若要將一州一縣封某人爲諸侯, 人亦未必安之. 兼數世之後, 其弊非一. 如鄉飮酒之禮, 若要教天下之人都如此行, 也未必能. 只後世太無制度. 若有聖賢, 爲之就中定其尊卑隆殺之數, 使人可以通行, 這便是禮, 爲之去其哇淫鄙俚之辭, 使之不失中和歡悅之意, 這便是樂.”【木之】

86:9 『周禮』中多有說事之綱目者. 如屬民讀法, 其法不可知, 司馬職, “乃陳車徒, 如戰之陳”, 其陳法亦不可見矣.【人傑】

86:10 “周都豐・鎬, 則王畿之內當有西北▲[10]戎. 如此則稍・甸・縣・都, 如之何可爲也?” 曰: “『周禮』一書, 聖人姑爲一代之法爾. 到不可用法處, 聖人須別有通變之道.”【去僞】[11]

86:11 今人不信「周官」. 若據某言, 卻不恁地. 蓋古人立法無所不有, 天下有是事, 它便立此一官, 但只是要不失正耳. 且如女巫之職, 掌宮中巫・祝之事, 凡宮中所祝皆在此人. 如此[12]則便無後世巫蠱之事矣.【道夫】

---

10) ▲: 之
11)【去僞】: 徽州本에서는【謨・去僞・人傑錄並同.】으로 되어 있다.
12) 如此: 徽州本에서는 次第如此로 되어 있다.

86:12 五峰以『周禮』爲非周公致太平之書, 謂如天官冢宰, 卻管甚宮閫之事? 其意只是見後世宰相請託宮闈, 交結近習, 以爲不可. 殊不知, 此正人君治國·平天下之本, 豈可以後世之弊而併廢聖人之良法美意哉? 又如王后不當交通外朝之說, 它亦是懲後世之弊. 要之, 『儀禮』中亦分明自載此禮[13]. ▲[14) 【道夫】

86:13 『五經』[15]中, 『周禮疏』最好, 『詩』與『禮記』次之, 『書』·『易』疏亂道. 『易疏』只是將王輔嗣注來虛說一片. 【䕫】

「論近世諸儒說」

86:14 於丘子服處見陳·徐二先生『周禮制度菁華』. 下半冊, 徐元德作, 上半冊, 卽陳君擧所奏『周官說』. 先生云: "孝宗嘗問君擧: '聞卿博學, 不知讀書之法當如何?' 陳奏云: "臣生平於「周官」粗嘗用心推考. 今「周官」數篇已屬藁, 容臣退, 繕寫進呈." 遂寫進御. 大概推「周官」制度亦稍詳, 然亦有杜撰錯說處. 【儒用錄云: "但說官屬. 不悉以類聚, 錯綜[16]互見. 事必相關處, 卻多含胡[17]. 或者又爲[18]有互相檢制之意, 此尤不然."】 如云冢宰之職, 不特朝廷之事, 凡內而天子飮食·服御·宮掖之事無不畢管. 蓋冢宰以道詔王, 格君[19]心之非, 所以如此. 此說固是. 但云, 主客行人之官, 合屬春官宗伯, 而乃掌於司寇, 【儒用錄云:

13) 『儀禮』中亦分明自載此禮: 徽州本에서는 『儀禮』中亦分明自載此禮在로 되어 있다.

14) ▲: 至若所謂"女祝·掌凡內禱·祠·禬·禳之事", 使後世有此官, 則巫蠱之事安從有哉?

15) 『五經』: 孔穎達의 『五經正義』를 가리킨다.

16) 綜: 成化本에서는 總으로 되어 있다.

17) 胡: 孝宗刊本·成化本·賀本에서는 糊로 되어 있다.

18) 爲: 『朱子語類』에서는 謂로 되어 있다.

19) 君: 成化本에서는 群으로 되어 있다.

“大行人司儀掌賓客之事, 當屬春官, 而乃領於司寇.”】 土地疆域之事, 合掌於司徒, 乃掌於司馬.【儒用錄云: “懷方氏辨正封疆之事, 當屬地官, 而乃領於司馬.”】 蓋周家設六官互相檢制之意. 此大不然. 何聖人不以君子長者之道待其臣, 旣任之而復疑之邪?” 或問: “如何?” 曰: “賓客屬秋官者, 蓋諸侯朝覲・會同之禮旣畢, 則降而肉袒請刑, 司寇主刑, 所以屬之, 有威懷諸侯之意. 夏官掌諸侯土地封疆, 如職方氏皆屬夏官. 蓋諸侯有變, 則六師移之,【儒用錄云: “不得有其土地. 司馬主兵, 有威懷諸侯之義故也.”】 所以屬司馬也.” 又問: “冬官司空掌何事?” 曰: “次第是管土田之事. 蓋司馬職方氏存【儒用錄作“正”.】 其疆域之定制, 至於申畫井田, 創置纖悉, 必屬於司空, 而今亡矣.” 又云: “陳・徐『周禮制度』, 講三公宰相處甚詳, 然皆是自秦・漢[20]以下說起. 云漢承秦舊, 置三公之官. 若仍秦舊, 何不只倣秦爲丞相・太尉・御史大夫? 卻置司馬・司徒・司空者, 何故? 蓋它不知前漢諸儒未見孔壁古文『尙書』有「周官」一篇, 說太師・太傅・太保爲三公爾. 孔安國古文『尙書』藏之祕府, 諸儒專門伏生二十五篇, 一向不取孔氏所藏古文者. 及至魏・晉間, 古文者始出而行于[21]世. 漢初亦只仍秦舊, 置丞相・御史・太尉爲三公. 及武帝始改太尉爲大司馬. 然武帝亦非是有意於復古, 但以衛・霍功高官大, 上面去不得, 故於驃騎大將軍之上, 加大司馬以寵異之, 如加階官‘冠軍’之號爾, 其職無以異於大將軍也. 及何武欲改三公, 它見是時大司馬已典兵, 兼名號已正, 故但去大字, 而以丞相爲司徒, 御史大夫爲司空. 後漢仍舊改司馬爲太尉, 而司徒・司空之官如故. 然政事歸於臺閣, 三公備員. 後來三公之職遂廢, 而侍中・中書・尙書之權獨重, 以至今日.”【○[22]儒用略.】[23]

86:15 君擧說井田, 道是『周禮』・「王制」[24]・『孟子』三處說皆通[25].

---

20) 是自秦・漢: 『小分』에서는 自秦是漢을 교정부호로 바로잡았다.
21) 于: 賀本에서는 於로 되어 있다.
22) ○: 成化本・賀本에서는 기호 ○이 없다.
23) 【○儒用略.】: 徽州本에서는 【庚】으로 되어 있다.

它說千里不平直量四邊, 又突出圓算, 則是有千二百五十里. 說出亦自好看, 今考來乃不然. 『周禮』鄭氏自於「匠人」[26]注內說得極仔細. 前面正說處卻未見, 卻於後面僻處說. 先儒這般極仔細. 君擧於『周禮』甚熟, 不是不知, 只是做箇新樣好話謾人. 本文自說"百里之國", "五十里之國."【賀孫】

86:16 ▲[27]

86:17 溝洫以十爲數, 井田以九爲數, 決不可合, 永嘉必欲合之. 「王制」·『孟子』·「武成」分土皆言三等, 『周禮』乃有五等, 決不合, 永嘉必欲合之.【閎祖】

86:18 "諸公之地, 封疆方五百里." 又云: "凡千里, 以方五百里封四公." 則是每箇方五百里, 甚是分明. 陳乃云, 方一[28]百二十五里, 又以爲合加地·賞田·附庸而言之, 何欺誑之甚?【閎祖】

86:19 先生以『禮鑰』授直卿, 令誦一遍畢. 先生曰: "它論封國, 將『孟子』說在前, 而後又引『周禮』'諸公之地封疆方五百里'說, 非是." 直卿問: "孟子所論五等之地, 是如何與『周禮』不合?" 曰: "先儒說孟子所論乃夏·商以前之制, 『周禮』是成王之制, 此說, 是了. 但又說是周斥大封域而封之, 其說, 又不是. 若是恁地, 每一國添了許多地, 便著移了許多人家社稷, 恐無此理. 這只是夏·商[29]以來, 漸漸相呑倂, 至周自恁地大了. 周公也是不柰它何, 就見在封它. 且如當初許多國, 也不

---

24) 「王制」: 『禮記』「王制」편을 가리킨다.
25) 三處說皆通: 『小分』에서는 三處皆通說을 교정부호로 바로잡았다.
26) 「匠人」: 『周禮』「冬官·匠人」
27) ▲: 『周禮』有井田之制, 有溝洫之制. 井田是四數, 溝洫是十數. 今永嘉諸儒論田制, 乃欲混井田·溝洫爲一, 則不可行. 鄭氏注解分作兩項, 卻是.【人傑】
28) 一: 賀本에서는 空格으로 되어 있다.
29) 夏·商: 『小分』에서는 商·夏를 교정부호로 바로잡았다.

是先王要恁地封. 便如柳子厚說樣, 它是各人占得這些子地, 先王[30]從而命之以爵, 不意到後來相呑併得恁大了. 且如孟子說: '周公之封於魯也, 地非不足, 而儉於百里, 太公之封於齊也, 地非不足, 而儉於百里.' 這, 也不是. 當時封許多功臣親戚, 也是要他因而藩衛王室. 它那舊時國都恁大了, 卻封得恁地小, 敎他與那大國雜居, 也於理勢不順. 據[31]『左傳』所說'東至於海, 西至於河, 南至於穆陵, 北至于[32]無棣', 齊是恁地闊. 『詩』'復周公之宇', 魯是恁地闊. 這箇也是勢著恁地. 陳君擧卻說只是封疆方五百里, 四維每一面只百二十五里, 以徑言, 則只百二十五里. 某說, 若恁地, 則男國不過似一耆長, 如何建國? 「職方氏」[33]說一千里封四伯, 一千里封六侯之類, 極分明. 這一千里, 縱橫是四箇五百里, 便是破開可以封四箇伯. 它那算得國數極定, 更無可疑. 君擧又卻云, 一千里地封四伯外, 餘地只存留在那裏[34]. 某說, 不知存留[35]作甚麼? 恁地, 則一千里只將三十來同封了四伯, 那七十來同卻不知留[36]作何用?" 直卿曰: "武王'分土惟三', 則百里・七十里・五十里似是周制." 曰: "武王是初得天下, 事勢未定, 且大概恁地. 如文王治岐, 那制度也自不同." 先生論至此, 蹙眉曰: "這箇也且大概恁地說, 不知當時子[37]細是如何." 義剛問: "孟子想不見『周禮』[38]?" 曰: "孟子是不見『周禮』." 直卿曰: "觀子產責晉之辭, 則也恐不解封得恁地大." 曰: "子產是應急之說. 它一時急後, 且恁地放鵰, 云, 何故侵小? 這非是至論." 直卿曰: "府・史・胥・徒, 則是庶人在官者, 不知如何有許多?" 曰: "嘗看子由『古史』, 它疑三事, 其一, 謂府・史・胥

30) 先王: 徽州本에서는 在, 故先王으로 되어 있다.
31) 據: 徽州本에서는 今看으로 되어 있다.
32) 于: 成化本・賀本에서는 於로 되어 있다.
33) 「職方氏」: 徽州本에서는 他那「職方氏」로 되어 있다.
34) 餘地只存留在那裏: 徽州本에서는 餘地只存留得在那裏로 되어 있다.
35) 留: 徽州本에서는 留得으로 되어 있다.
36) 留: 徽州本에서는 留得으로 되어 있다.
37) 子: 賀本에서는 仔로 되어 있다.
38) 想不見『周禮』: 徽州本에서는 想是不見『周禮』로 되어 있다.

・徒太多. 這箇當時卻都是兼官, 其實府・史・胥・徒無許多." 直卿曰: "那司市一官, 更動誕不得, 法可謂甚嚴." 曰: "周公當時做得法大段齊整. 如市, 便不放教人四散去買賣, 它只立得一市在那裏, 要買物事, 便入那市中去. 不似而今要買物, 只於門首, 自有人擔來賣. 更是一日三次會合, 亦通人情. 看它所立法極是齊整, 但不知周公此書行得幾時耳." 【義剛】[39)]

「天官」

86:20 天官之職, 是總五官者. 若其心不大, 如何包得許多事? 且冢宰內自王之飮食衣服, 外至五官庶事, 自大至小, 自本至末, 千頭萬緖, 若不是大其心者區處應副, 事到面前, 便且區處不下. 況於先事措置, 思患預防, 是著多少精神? 所以記得此, 復忘彼. 佛氏只合下將那心頓在無用處, 纔動步便疏脫. 所以吾儒貴窮理致知, 便須事事物物理會過. "舜明於庶物", 物卽是物, 只是明, 便見皆有其則. 今文字在面前, 尙且看不得, 況許多事到面前, 如何柰得它? 須襟懷大底人, 始得. 又云: "後人皆以『周禮』非聖人書. 其間細碎處雖可疑, 其大體直是非聖人做不得." 【賀孫】[40)]

86:21 "周之天官, 統六卿之職, 亦是其大綱[41)]. 至其它卿, 則一人理一事. 然天官之職, 至於閽寺・宮嬪・醯醬・魚鹽之屬, 無不領之." 道夫問: "古人命官之意, 莫是以其切於君身, 故使之領否?" 曰: "然." 【道夫】

---

39) 【義剛】: 徽州本에서는 【義剛 ○按池本無自若是恁地至留作何用一節】로 되어 있다.

40) 【賀孫】: 徽州本에서는 【賀孫 ○以下「冢宰」】로 되어 있다.

41) 亦是其大綱: 徽州本에서는 爾, 是提其大綱으로 되어 있다.

86:22 『周禮』天官兼嬪御宦官飮食之人，皆總之. 則其於飮食男女之欲，所以制其君而成其德者至矣，豈復有後世宦官之弊? 古者宰相之任如此.

86:23 問: "宮伯・宮正所率之屬五百人皆入宮中，似不便否?" 曰: "此只是宿衛在外，不是入宮，皆公卿王族之子弟爲之，不是兵卒."【淳 ○「宮伯」・「宮正」.】

「地官」

86:24 問: "司徒職在'敬敷五敎'，而地官言敎者甚略，而言山林陵[42]麓之事卻甚詳." 曰: "也須是敎它有飯喫，有衣著，五方之民各得其所，方可去敎它. 若不恁地，敎如何施? 但是其中言敎也不略，如閭胥書其孝弟婣[43]卹[44]，屬民讀法之類，皆是."【義剛 ○淳錄云: "民無住處，無物喫，亦如何敎得? 所以辨五方之宜以定民居，使之各得其所，而後敎可行也."】

86:25 直卿問[45]: "司徒所謂敎，只是十二敎否?" 曰: "非也. 只如[46]敎民以六德・六行・六藝，及歲時讀法之類."【淳】

86:26『周禮』中說敎民處，止及於畿內之民，都不及畿外之民，不知如何. 豈應如此?【廣】

42) 陵: 孝宗刊本에서는 陸으로 되어 있다. 『考異』에서는 '陵，一作陸'이라고 되어 있다.
43) 婣: 본문에서는 대표자인 婣으로 입력하였으나 실제 『小分』・『朱子語類』에서는 嫺으로 되어 있다.
44) 卹: 成化本에서는 恤로 되어 있다.
45) 問: 賀本에서는 謂로 되어 있다.
46) 如: 賀本에서는 爲로 되어 있다.

86:27 或問『周禮』: “以土圭之法測土深, 正日景以求地中. 日南則景短, 多暑, 日北則景長, 多寒, 日東則景夕, 多風, 日西則景朝, 多陰.” 鄭『注』云: “日南, 謂立表處太南, 近日也, 日北, 謂立表處太北, 遠日也, 景夕, 謂日昳景乃中, 立表處太東, 近日也, 景朝, 謂日未中而景已中, 立表處太西, 遠日也.” 曰: “‘景夕多風, 景朝多陰’, 此二句, 鄭『注』不可曉, 疑說倒了. 看來景夕者, 景晚也, 謂日未中而景已中, 蓋立表近南, 則取日近, 午前景短而午後景長也. 景朝者, 謂日已過午而景猶未中, 蓋立表近北, 則取日遠, 午前長而午後短也.” 問多風多陰之說. 曰: “今近東之地, 自是多風. 如海邊諸郡風極多, 每如期而至, 如春必東風, 夏必南風, 不如此間之無定. 蓋土地廣[47]闊, 無高山之限, 故風各以方至. 某舊在漳・泉驗之, 早間則風已生, 到午而盛, 午後則風力漸微, 至晚則更無一點風色, 未嘗少差. 蓋風隨陽氣生, 日方升則陽氣生, 至午則陽氣盛, 午後則陽氣微, 故風亦隨而盛衰. 如西北邊多陰, 非特山高障蔽之故, 自是陽氣到彼處衰謝. 蓋日到彼方午, 則彼已甚晚, 不久則落, 故西邊不甚見日. 古語云: ‘蜀之日, 越之雪.’ 言見日少也. 所以蜀有‘漏天.’ 古語云: ‘巫峽多漏天.’ 老杜云: ‘鼓角漏天東.’ 言其地常雨, 如天漏然. 以此觀之, 天地亦不甚闊. 以日月所照, 及寒暑風陰觀之, 可以驗矣.” 用之問: “天竺國去處又卻極闊?” 曰: “以崑崙山言之, 天竺直崑崙之正南, 所以土地闊, 而其所生亦多異人. 『水經』云, 崑崙取嵩高五萬里, 看來不會如此遠. 蓋中國至于闐二萬里, 于闐去崑崙, 無緣更有三萬里. 『文昌雜錄』記于闐遣使來貢獻, 使者自言其國之西千三百餘里卽崑崙山. 今中國在崑崙之東南, 而天竺諸國在其正南. 『水經』又云, 黃河自崑崙東北流入中國, 如此則崑崙當在西南上, 或又云西北, 不知如何. 恐河流曲折多, 入中國後, 方見其東□[48]爾. 佛經所說阿耨山, 卽崑崙也, 云山頂有阿耨大池, 池水分流四面去, 爲四大水, 入中國者爲黃河, 入東海, 其三面各入南西北

47) 廣: 『朱子語類』에서는 曠으로 되어 있다.
48) □: 『朱子語類』에서는 北流로 되어 있다.

海, 如弱水・黑水之類. 大抵地之形如饅頭, 其撚尖處則崑崙也.” 問: “佛家‘天地四洲’之說, 果有之否?” 曰: “佛經有之. 中國爲南潬部洲, 天竺諸國皆在南潬部內, 東弗于逮, 西瞿耶尼, 北鬱單越. 亦如鄒衍所說‘赤縣’之類. 四洲統名‘娑婆世界.’ 如是世界凡有幾所, 而娑婆世界獨居其中, 其形正圓, 故所生人物亦獨圓, 正象其地形, 蓋得天地之中氣. 其它世界則形皆偏側尖缺, 而環處娑婆世界之外, 緣不得天地之正氣, 故所生人物亦多不正. 此說便是‘蓋天’之說. 橫渠亦主蓋天, 不知如何. 但其言日初生時, 先照娑婆世界, 故其氣和, 其它世界則日之所照或正或昃49), 故氣不和, 只它此說, 便自可破. 彼言日之所照必經歷諸世界了, 然後入地, 則一日之中, 須歷照四處, 方得周匝. 今纔照得娑婆一處, 即已曛矣, 若更照其它三處, 經多少時節? 如此則夜須極長. 何故今中國晝夜有均停時, 而冬夏漏刻長短, 相去亦不甚遠? 其說於是不通矣.”【僩】

86:28 “大司徒以土圭求地中, 今人都不識土圭, 鄭康成解亦誤. 圭, 只是量表影底尺, 長一尺五寸, 以玉爲之. 夏至後立表, 視表影長短, 以玉圭量之. 若表影恰長一尺五寸, 此便是地之中.【晷長則表影短, 晷短則表影長. 冬至後, 表影長一丈三尺餘.】 今之地中, 與古已不同. 漢時陽城是地之中, 本朝嶽臺是地之中,【嶽臺在浚儀, 屬開封府.】 已自差許多.” 問: “地何故有差?” 曰: “想是天運有差, 地隨天轉而差. 今坐於此, 但知地之不動耳, 安知天運於外, 而地不隨之以轉耶? 天運之差, 如古今昏旦中星之不同, 是也.” ▲50)【僩】

---

49) 昃: 孝宗刊本에서는 是로 되어 있다. 『考異』에서는 “昃, 一誤是.”라고 되어 있다.

50) ▲: 又問: “曆所以數差, 古今豈無人考得精者?” 曰: “便是無人考得精細而不易, 所以數差. 若考得精密, 有箇定數, 永不會差. 伊川說康節曆不會差.” 或問: “康節何以不造曆?” 曰: “它安肯爲此? 古人曆法疏闊而差少, 今曆愈密而愈差.” 因以兩手量桌邊云: “且如這許多闊, 分作四段, 被它界限闊, 便有差. 不過只在一段界限之內, 縱使極差出第二三段, 亦只在此四界之內, 所以容易推測, 便有差, 容易見. 今之曆法於這四界內分作八界, 於這八界內又分作十六界, 界限愈密, 則差數

86:29 "『周禮注』云, 土圭一寸折一千里. 天地四遊升降不過三萬里. 土圭之影尺有五寸, 折一萬五千里, 以其在地之中, 故南北東西相去各三萬里." 問: "何謂'四遊?'" 曰: "謂地之四遊升降不過三萬里, 非謂天地中間相去止三萬里也. 春遊過東三萬里, 夏遊過南三萬里, 秋遊過西三萬里, 冬遊過北三萬里. 今曆家算數如此, 以土圭測之, 皆合." 僩曰: "譬以大盆盛水, 而以虛器浮其中, 四邊定四方. 若器浮過東三寸, 以一寸折萬里, 則去西三寸. 亦如地之浮於水上, 蹉[51]過東方三萬里, 則遠去西方三萬里矣. 南北亦然. 然則冬夏晝夜之長短, 非日晷出沒之所爲, 乃地之遊轉四方而然爾." 曰: "然." 用之曰: "人如何測得如此? 恐無此理." 曰: "雖不可知, 然曆家推算, 其數皆合, 恐有此理." 【僩】 86:30[52] "土圭之法, 立八尺之表, 以尺五寸之圭橫於地下, 日中則景蔽於圭, 此乃地中爲然, 如浚儀是也. 今又不知浚儀果爲地中否?" 問: "何故以八尺爲表?" 曰: "此須用勾股法算之, 南北無定中, 必以日中爲中, 北極則萬古不易者也. 北方地形尖斜, 日長而夜短. 骨里幹國煮羊胛適熟[53], 日已出矣. 至鐵勒, 則又北矣. 極北之地, 人甚少. 所傳有二千里松木, 禁人斫伐. 此外龍蛇交雜, 不可去. 女眞起處有鴨

愈遠. 何故? 以界限密而踰越多也. 其差則一, 而古今曆法疏密不同故爾. 看來都只是不曾推得定, 只是移來湊合天之運行, 所以當年合得不差, 明後年便差. 元不曾推得天運定, 只是旋將曆去合那天之行, 不及則添些, 過則減些, 以合之, 所以一二年又差. 如唐 一行『大衍曆』, 當時最謂精密, 只一二年後便差. 只有季通說得好, 當初造曆, 便合并天運所差之度都算在裏. 幾年後差幾分, 幾年後差幾度, 將這差數都算做正數, 直推到盡頭, 如此庶幾曆可以正而不差. 今人都不曾得箇大統正, 只管說天之運行有差, 造曆以求合乎天, 而曆愈差. 元不知天如何會有差, 自是天之運行合當如此. 此說, 極是, 不知當初因甚不曾算在裏. 但堯・舜以來曆, 至漢都喪失了, 不可考. 緣如今是這大總紀不正, 所以都無是處. 季通算得康節曆. 康節曆十二萬九千六百分, 大故密. 今曆家所用只是萬分曆, 萬分曆已自是多了, 它如何肯用十二萬分? 只是今之曆家又說季通底用不得, 不知如何." 又曰: "一行『大衍曆』比以前曆, 它只是做得箇頭勢大, 敷衍得闊, 其實差數只一般. 正如百貫錢修一料藥, 與十文修一料藥, 其不能治病一也."

51) 蹉: 賀本에서는 差로 되어 있다.
52) 86:30: 『小分』에서는 86:29 항목에 이어져 한 항목으로 편집되어 있다.
53) 適熟: 成化本・賀本에서는 骨熟으로 되어 있다.

綠江. 傳云, 天下有三處大水: 曰黃河, 曰長江, 幷鴨綠是也. 若以浚儀與潁川爲中, 則今之襄・漢・淮西等處爲近中."【人傑】 86:31[54] 嘗見季通云, 日晷有差, 如去一千里, 則差一寸, 到得極星卻無差. 其初亦自曉不得, 後來子[55]細思之, 日之中各自不同. 如極東處, 日午以前須短, 日午以後須長, 極西處, 日午以前須長, 日午以後須短, 所以有差. 故『周禮』以爲: "日北則景長, 多寒, 日南則景短, 多暑, 日東則景夕, 多風, 日西則景朝, 多陰." 此最分曉. 極星卻到處視之以爲南北之中了, 所以無差. 如涼傘然, 中心卻小, 四簷卻闊, 故如此. 某初疑其然, 及將『周禮』來檢看, 方見得決然是如此.【榦】

86:32 今謂「周官」非聖人之書. 至如比・閭・族・黨之法, 正周公建太平之基本. 它這箇一如棋盤相似, 枰布定後, 棋子方有放處.【因論保伍[56]法. ○道夫】

86:33 二十五家爲閭. 閭, 呂也, 如身之有脊呂骨. 蓋閭長之居當中, 而二十四家列於兩旁, 如身之脊呂骨當中, 而肋骨分布兩旁也.【僩】

86:34 問六德"智・聖." 曰: "智, 是知得事理, 聖, 便高似智, 蓋無所不通明底意思."【伯羽】

86:35 "五家爲比, 五比爲閭, 四閭爲族, 五族爲黨, 五黨爲州, 五州爲鄉", "五家爲鄰, 五鄰爲里, 四里爲酇, 五酇爲鄙, 五鄙爲縣, 五縣爲遂", 制田里之法也[57]. "五人爲伍, 五伍爲兩, 四兩爲卒, 五卒爲旅[58], 五旅爲師, 五師爲軍", 此鄉遂出兵之法也. 故曰: "凡起徒役, 無過家

---

54) 86:31 : 『小分』에서는 86:29, 86:30에 이어져 한 항목으로 편집되어 있다.
55) 子: 賀本에서는 仔로 되어 있다.
56) 伍: 賀本에서는 五로 되어 있다.
57) 制田里之法也: 徽州本에서는 此鄉遂制田里之法也로 되어 있다.
58) 旅: 成化本에서는 族으로 되어 있다.

一人.” 旣一家出一人, 則兵數宜甚多, 然只是擁衛王室, 如今禁衛相似, 不令征行也. 都鄙之法, 則“九夫爲井, 四井爲邑, 四邑爲丘, 四丘爲甸”, 然後出長轂一乘, 甲士三人, 步卒七十二人. 以五百一十二家, 而共只出七十五人, 則可謂甚少. 然有征行, 則發此都鄙之兵, 悉調者不用, 而用者不悉調. 此二法所以不同, 而貢・助之法亦異. 大率鄕遂以十爲數, 是長連排去, 井田以九爲數, 是一箇方底物事, 自是不同, 而永嘉必欲合之, 如何合得?【閎祖 ○以下「小司徒」.】

86:36 周制鄕遂用貢法, 故十夫治溝, 長底是十, 方底是百, 長底是千, 方底是萬. 都鄙用助法, 故八家同溝共井. 鄕遂則以五爲數, 家出一人爲兵, 以守衛王畿, 役次必簡. 如『周禮』, 惟挽柩則用之, 此役之最輕者. 都鄙則以四爲數, 六七家始出一人, 故甸出甲士三人, 步卒七十二人, 馬四匹, 牛三頭. 鄕遂所以必爲溝洫而不爲井者, 以欲起兵數故也. 五比・五鄰・五伍之後, 變五爲四閭・四里・四兩者, 用四, 則成百之數, 復用五, 則自此奇零不整齊矣. 如曰周制皆井者, 此欺人之說, 不可行也.【因言永嘉之說, 受田則用溝洫, 起賦斂則依井.[59] ○方子 ○下條聞同.】

86:37 問: “周制都鄙用助法, 八家同井, 鄕遂用貢法, 十夫有溝. 鄕遂所以不爲井者何故?” 曰: “都鄙以四起數, 五六家始出一人, 故甸出甲士三人, 步卒七十二人. 鄕遂以五起數, 家出一人爲兵, 以守衛王畿, 役次必簡. 故『周禮』惟挽柩則用之, 此役之最輕者.【近郊之民, 王之內地也. 共輦之事, 職無虛月. 追胥之比, 無時無之. 其受廛爲民者, 固與畿外之民異也. 七尺之征, 六十之舍, 王非姑息於邇民也. 遠郊之民, 王之外地也. 其溝洫之治, 各有司存. 野役之起, 不及其羡. 其受廛爲氓者, 固與內地之民異也. 六尺之征, 六十五之舍, 王非荼毒於遐民也. 園田[60]二十而一, 若輕於近郊也, 而草木之毓, 夫家之聚, 不可以擾, 擾則不能以寧居, 是故二十而稅一. 漆林二十而

59) 因言永嘉之說 … 起賦斂則依井.: 成化本에서는 본문으로 되어 있다.
60) 田: 『朱子語類』에서는 廛으로 되어 있다.

五, 若重於遠郊也, 而器用之末作, 商賈之資利, 不可以□, □[61]則必至於忘本, 是故二十而五. 係近郊·遠郊勞逸所繫.】

86:38 天子六卿[62], 故有六軍, 諸侯三卿[63], 故有三軍. 所謂"五家爲比", 比卽伍也, "五比爲閭", 閭卽兩也, "四閭爲族", 族卽卒也, 則是夫人爲兵矣. 至於"九夫爲井, 四井爲邑, 四邑爲丘, 四丘爲甸", 甸出兵車一乘. 且以九夫言之, 中爲公田, 只是八夫甸, 則五百一十二夫, 何其少於鄕遂也? 便是難曉. 以某觀之, 鄕遂之民以衛王畿, 凡有征討, □[64]用丘甸之民. 又, 學校之制所以取士者, 但見於鄕遂, 鄕遂之外不聞敎養之制, 亦可疑也.【人傑】

86:39 問: "都鄙四丘爲甸, 甸六十四井, 出車一乘, 甲士三人, 步卒七十二人. 不審鄕遂車賦則如何?" 曰: "鄕遂亦有車, 但不可見其制. 六鄕一家出一人, 排門是兵. 都鄙七家而出一兵, 在內者役重而賦輕, 在外者役輕而賦重. 六軍只是六鄕之衆, 六遂不與. 六遂亦有軍, 但不可見其數. 侯國三軍, 亦只是三郊之衆, 三遂不與. 大國三郊, 次國二郊, 小國一郊. 蔡季通說, 車一乘不止甲士三人, 步卒七十二人. 此是輕車用馬馳者, 更有二十五人將重車在後, 用牛載糗糧戈甲衣裝, 見『七書』. 如「魯頌」'公徒三萬', 亦具其說矣."【淳】

86:40 問: "鄭氏'旁加一里'之說是否?" 曰: "如此方得數相合, 亦不見所憑據處, 今且大槪依它如此看."【淳 ○以下「小司徒」注.】

86:41 直卿問: "古以百步爲畝, 今如何?" 曰: "今以二百四十步爲畝. 百畝當今四十一畝."【賀孫】

---

61) □, □: 賀本에서는 輕, 輕으로 되어 있다.
62) 卿: 賀本에서는 鄕으로 되어 있다.
63) 卿: 賀本에서는 鄕으로 되어 있다.
64) □: 『朱子語類』에서는 止로 되어 있다.

86:42 問: "「司馬法」車乘士徒之數, 與『周禮』不同, 如何?" 曰: "古制不明, 皆不可考, 此只見於鄭氏『注』. 『七書』中「司馬法」又不是, 此林勳『本政書』錯說, 以爲文王治岐之政." 曰: "或以『周禮』乃常數, 「司馬法」乃調發時數, 是否?" 曰: "不通處, 如何硬要通? 不須恁思量, 枉費心力." 【淳】

86:43 先生與曹兄論井田, 曰: "當時須別有箇道理. 天下安得有箇王畿千里之地, 將鄭康成圖來安頓於上? 今看古人地制, 如豐·鎬皆在山谷之間, 洛邑·伊闕之地, 亦多是小溪澗, 不知如何措置." 【卓】

86:44 豐·鎬去洛邑三百里, 長安所管六百里. 王畿千里, 亦有橫長處, 非若今世之爲圖畫方也. 恐井田之制亦是類此, 不可執畫方之圖以定之. 【人傑】

86:45 古者百畝之地, 收皆畝一鍾, 爲米四石六㪷[65]. 以今量較之, 爲米一石五㪷[66]爾." 【僩】

86:46 周家每年一推排, 十六歲受田, 六十者歸田. 其後想亦不能無弊, 故蔡澤言商君決裂井田, 廢壞阡陌, 以靜百姓之業, 而一其志. 唐制, 每歲十月一日, 應受田者皆集於縣令廷中, 而升降之. 若縣令非才, 則是日乃胥吏之利耳. 【方子】

86:47 古人學校敎養, 德行道藝, 選擧爵祿, 宿衛征伐, 師旅田獵, 皆只是一項事. 【皆一理也. ○僩 ○「鄕大夫」】

86:48 問: "『周禮』'德行道藝.' 德·行·藝三者, 猶有可指名者. '道'

65) 㪷: 成化本·賀本에서는 斗로 되어 있다.
66) 㪷: 成化本·賀本에서는 斗로 되어 있다.

字當[67]如何解?” 曰: “舊嘗思之, 未甚曉. 看來‘道’字, 只是曉得那道理而已. 大而天地事物之理, 以至古今治亂興亡事變, 聖賢之典策, 一事一物之理, 皆曉得所以然, 謂之道. 且如‘禮・樂・射・御・書・數’, 禮樂之文, 卻是祝史所掌, 至於禮樂之理, 則須是知道者方知得. 如所謂‘天高地下, 萬物散殊, 而禮制行矣, 流而不息, 合同而化, 而樂興焉’之謂. 又, 德是有德, 行是有行, 藝是有藝, 道則知得那德・行・藝之理所以然也. 『注』云: ‘德行是賢者, 道藝是能者.’ 蓋曉得許多事物之理, 所以屬能.” 【僩】

86:49 “內史掌策命諸侯及群臣者, 鄉[68]大夫旣獻賢能之書, 王拜受, 登于[69]天府, 其副本則內史掌之, 以內史掌策命諸侯及群臣故也. 古之王者封建諸侯, 王坐, 使內史讀策命之. 非特命諸侯, 亦欲在廷詢其可否. 且如後世除拜百官, 亦合有策, 只是辭免了.” 問: “祖宗之制, 亦如此否?” 曰: “自唐以上皆如此. 今除宰相宣麻, 是其遺意. 立后以上用玉策, 其次皆用竹策. 漢常用策, 緣它近古. 其初亦不曾用, 自武帝立三王始用起.” 【文蔚】

86:50 問: “「黨正」: ‘一命齒于[70]鄉里, 再命齒于[71]父族, 三命不齒.’ 若據如此, 雖說‘鄉黨莫如齒’, 到得爵尊後, 又不復序齒.” 曰: “古人貴貴長長, 並行而不悖. 它雖說不序, 亦不相壓. 自別設一位, 如今之掛位然.” 【燾錄云: “猶而今別設桌也.” ○文蔚 ○「黨正」】

86:51 古制微細處, 今不可曉, 但觀其大概. 如“宅田・士田・賈田”・“官田・牛田・賞田・牧田”, 鄭康成作一說, 鄭司農又作一說, 憑何

67) 當: 孝宗刊本에서는 常으로 되어 있다. 『考異』에서는 ‘當, 一誤常’으로 되어 있다.
68) 鄉: 賀本에서는 卿으로 되어 있다.
69) 于: 賀本에서는 於로 되어 있다.
70) 于: 賀本에서는 於로 되어 있다.
71) 于: 賀本에서는 於로 되어 있다.

者爲是?【淳 ○以下「載師」.】

86:52 問: "商賈是官司令民爲之? 抑民自爲之邪?" 曰: "民自爲之, 亦受田, 但少耳, 如「載師」所謂'賈田'者是也."【淳】

86:53 問: "士人受田如何?" 曰: "上士・中士・下士, 是有名[72]之士, 已有祿. 如『管子』'士鄉十五', 是未命之士. 若民皆爲士, 則無農矣, 故鄉止十五. 亦受田, 但不多, 所謂'士田'者是也."【義剛】[73]

86:54 "近郊十一, 遠郊二十而三, 甸・稍・縣・都皆無過十二", 此卽是田稅. 然遠近輕重不等者, 蓋近處如六鄉, 排門皆兵, 其役多, 故稅輕, 遠處如都鄙, 井法七家而賦一兵, 其役少, 故稅重. 所謂"十二"者, 是并雜稅皆無過此數也. 都鄙稅亦只納在采邑.【淳】

86:55 ▲[74] 直卿曰: "鄉遂用貢法, 都鄙用助法, 則是都鄙卻成九一. 但鄭『注』'二十而一'等及九賦之類, 皆云是計口出泉[75], 如此又近於太重." 曰: "便是難曉, 這箇今且理會得大概. 若要盡依它行時, 也難. 似而今時節去封建井田, 尙煞爭.【淳錄云: "因論封建井田, 曰: '大概是如此, 今只看箇大意. 若要行時, 須別立法制, 使簡易明白. 取於民者足以供上之用, 上不至於乏, 而下不至於苦, 則可矣. 今世取封建井田, 大段遠.'"】 恰如某病後要思量白日上昇, 如何得? 今且醫得無事時, 已是好了. 如浙間除了和買丁錢, 重處減些, 使一家但納百十錢, 只依而今稅賦放敎寬, 無大故害民處.【淳錄云: "如漳之鹽錢罷了."】 如此時, 便是小太平了. 前輩云, 本朝稅輕於什一, 也只是向時可恁地說, 今何啻數倍? 緣上面自要許

72) 名: 『朱子語類』에서는 命으로 되어 있다.
73) 【義剛】: 徽州本에서는 【淳】으로 되어 있다.
74) ▲: 安卿問: "'二十而一, 十一, 十二, 二十而三, 二十而五', 如何?" 曰: "近處役重, 遠處役輕. 且如六鄉, 自是家家爲兵. 至如稍・縣・都, 卻是七家只出一兵."
75) 泉: 『考異』에서는 '泉, 恐帛'이라고 되어 있다.

多用, 而今縣中若省解些月春[76], 看州府不來打罵麽? 某在漳州解發銀子, 折了星兩, 運司來取, 被某不能管得, 判一箇'可付一笑'字, 聽它門[77]自去理會. 似恁時節, 卻要行井田, 如何行得? 伊川常言, 要必復井田封建, 及晚年又卻言不必封建井田, 便也是看破了.【淳錄云: "見暢潛道錄. 想是它經歷世故之多, 見得事勢不可行."】 且如封建, 自柳子厚之屬, 論得來也是太過, 但也是行不得.【淳錄云: "柳子厚說得世變也是. 但它只見得後來不好處, 不見得古人封建底好意."】 如漢當初要封建, 後來便恁地狼狽. 若如主父偃之說, '天子使吏治其國而納其貢稅', 如此, 便不必封建也得.【淳錄云: "若論主父偃後底封建, 則皆是王族貴驕之子, 不足以君國子民, 天子使吏治其國而已."】 今且做把一百里地封一箇親戚或功臣, 教它去做, 其初一箇未必便不好, 但子孫決不能皆賢. 若有一箇在那裏無稽時, 不成教百姓論罷了一箇國君? 若只坐視它害民, 又不得, 卻如何區處?【淳錄云: "封建以大體言之, 卻是聖人公共爲民底意思, 是爲正理. 以利害計之: 第一世所封之功臣, 猶做得好在. 第二[78]世繼而立者, 箇箇定是不曉事, 則害民之事靡所不爲. 百姓被苦[79]來訴國君, 因而罷了, 也不是, 不與它理會, 亦不是. 未論別處如何, 只這一處利少而害多, 便自行不得."】 更是人也自不肯去. 今且教一箇錢塘縣尉, 封它作靜江國王, 鬱林國王,【淳錄作"桂國之君".】 它定是不肯去,【淳錄作: "它定以荒僻不樂於行."】 寧肯作錢塘縣尉. 唐時理會一番襲封刺史, 人都不肯去.【淳錄作: "一時功臣皆樂於在京, 而不肯行."】 符秦也曾如此來, 人皆是戀京師快活, 都不肯去, 卻要遣人押起.【淳錄作: "符堅封功臣於數國, 不肯去, 迫之使去."】 這箇決是不可行. 若是以大概論之, 聖人封建卻是正理. 但以利害言之, 則利少而害多. 子由『古史』論得也忒煩, 前後都不相照.【淳錄作: "子由論封

76) 春: 孝宗刊本에서는 椿으로 되어 있고, 成化本·賀本에서는 椿으로 되어 있다. 英祖刊本은 椿/椿의 구별이 힘들다.
77) 門: 賀本에서는 們으로 되어 있다.
78) 二: 成化本에서는 空格으로 되어 있다.
79) 苦: 孝宗刊本에서는 若으로 되어 있다. 『考異』에서는 '苦, 一誤若'이라고 되어 있다.

建, 引證又都不著."】 想是子由老後昏眩, 說得恁地. 某嘗作說辨之, 得四五段, 不曾終了. 若東坡時, 便不如此. 它每每兩牢籠說. 它若是主這一邊說時, 那一邊害處都藏著不敢說破. 如子由便是只管說後, 說得更無理會." 因曰: "蘇氏之學, 喜於縱恣疏蕩. 東坡嘗作某州學記, 言井田封建皆非古, 但有學校尚有古意. 其間言舜遠矣, 不可及矣, 但有子產尚可稱. 它便是敢恁地說, 千古萬古後, 你如何知得無一箇人似舜?"【義剛 ○淳錄作數條.】

86:56 「載師」云: "凡宅不毛者有里布, 凡田不耕者出屋粟, 凡民無職事者出夫家之征." 「閭師」又云: "凡民無職者出夫布." 前重後輕者, 前以待士大夫之有土者, 後方是待庶民. 宅不毛, 爲其爲亭臺也, 田不耕, 爲其爲池沼也. 凡民無職事者, 此是大夫家所養浮泛之人也.【賀孫】

86:57 "師氏'居虎門, 司王朝.' 虎門, 路寢門也. 『正義』謂路寢庭朝, 庫門外朝, 非常朝, 此是常朝, 故知在路門外." 文蔚問: "路寢庭朝, 庫門外朝, 如何不是常朝?" 曰: "路寢庭在門之裏, 議政事則在此朝. 庫門外, 是國有大事, 詢及衆庶, 則在此處, 非每日常朝之所. 若每日常朝, 王但立於寢門外, 與群臣相揖而已. 然王卻先揖, 揖群臣就位, 王便入. 只是揖亦不同, 如'土揖庶姓, 時揖異姓, 天揖同姓'之類, 各有高下. 胡明仲嘗云, 近世朝禮每日拜跪, 乃是秦法, 周人之制元不如此."【文蔚 ○「師氏」】

86:58 古者教法, "禮・樂・射・御・書・數", 不可闕一. 就中樂之教尤親切. 夔教胄子只用樂, 大司徒之職也是用樂. 蓋是教人朝夕從事於此, 拘束得心長在這上面. 蓋爲樂有節奏, 學它底, 急也不得, 慢也不得, 久之, 都換了它一副當情性.【植 ○以下「保氏」.】

86:59 『周禮』"六書", 制字固有從形者. 然爲義各不同, 卻如何▲[80]欲說義理得? 龜山有辨[81]荊公『字說』三十餘字. 荊公『字說』, 其說多矣, 止辯三十字, 何益哉? 又不去頂門上下一轉[82]語, 而隨其後屑屑與之辯. 使其說轉, 則吾之說不行矣.【僩】

86:60 "泉府掌以市之征布, 斂貨[83]之不售者", 或買, 或賖, 或貸. 貸者以國服爲息, 此能幾何? 而云"凡國[84]之財用取具焉", 何也?【閎祖 ○「泉府」】

86:61 問: "遂, 何以上地特加萊五十畝?" 曰: "古制不明, 亦不可曉. 鄉之田制亦如此, 但此見於遂耳. 大抵鄉吏專主教, 遂吏專主耕."【淳 ○以下「遂人」.】

86:62 問: "鄉遂爲溝洫, 用貢法, 都鄙爲井田, 行助法. 何以如此分別?" 曰: "古制不明, 亦不曉古人是如何. 遂人溝洫之法, 田不井授, 而以夫數制之, '歲時登其夫家之衆寡', 以令貢賦, 便是用貢法."【淳】

86:63 子約疑井田之法, 一鄉一遂爲一萬有餘夫, 多溝洫川澮, 而「匠人」一同爲九萬夫, 川澮溝洫反少者, 此以地有遠近, 故治有詳略也. 鄉遂近王都, 人衆稠密, 家家勝兵, 不如此則不足以盡地利而養民, 且又縱橫爲溝洫川澮, 所以寓設險之意, 而限車馬之衝突也, 故治近爲甚詳. 若鄉遂之外, 則民少而地多, 欲盡開治, 則民力不足, 故其治甚略. 晉 郤克帥諸國伐齊, 齊求[85]盟, 晉人曰: "必以蕭同叔子爲質,

---

80) ▲: 必
81) 辨: 『朱子語類』에서는 辯으로 되어 있다.
82) 一轉: 『小分』에서는 轉一을 교정부호로 바로잡았다.
83) 貨: 『周禮』「地官・泉府」에서는 市로 되어 있다.
84) 國: 孝宗刊本・英祖刊本에서는 國家로 되어 있고 成化本에서는 空格으로 되어 있으며 徽州本에서는 國事로 되어 있다.
85) 求: 賀本에서는 來로 되어 있다.

而盡東其畝." 齊人曰: "唯吾子戎車是利, 無顧土宜"云云, 晉謀遂塞. 蓋鄕遂之畝, 如中間是田, 兩邊是溝, 向東直去, 而前復有橫畝向南, 溝復南流. 一東一南, 十字相交在此, 所以險阻多, 而非車馬之利也. 晉欲使齊盡東其畝, 欲爲侵伐之利耳, 而齊覺之. 若盡東其畝, 則無縱橫相御[86], 但一直向東, 戎馬可以長驅而來矣. 次日又曰: "昨夜說「匠人」九夫之制, 無許多溝洫, 其實不然. 適間檢看許多溝洫川澮, 與鄕遂之地一般, 乃是子約看不子細耳."【僩】

86:64 田制須先正溝洫, 方定.【必大】

86:65 "稍"者, 稍稍之義, 言逐旋給與之也. 不特待使者, 凡百官廩祿皆然, 猶今官中給俸米.【僩 ○「稍人」】

86:66 鄕遂雖用貢法, 然"巡野觀稼, 以年之上中下出斂法", 則亦未嘗拘也.【閎祖 ○「司稼」】

「春官」

86:67 『周禮』載用赤璋・白璧等斂, 此豈長策? 要是周公未思量耳. 觀季孫斯死用玉, 而孔子歷階言其不可, 則是孔子方思量到, 而周公思量未到也.【義剛 ○「典瑞」】

86:68 黃問: "『周禮』祀天神・地祇[87]・人鬼之樂, 何以無商音?" 曰: "五音無一, 則不成樂. 非是無商音, 只是無商調. 先儒謂商調是殺聲, 鬼神畏商調."【淳 ○以下「大司樂」.】

---

86) 御: 孝宗刊本・成化本・賀本에서는 銜으로 되어 있다. 『考異』에서는 '御, 一作銜'으로 되어 있다.
87) 祇: 成化本・賀本에서는 示로 되어 있다.

86:69 『周禮』不言祭地, 止於「大司樂」一處言之. 舊見陳君擧亦云, 社稷之祭, 乃是祭地. 卻不曾問大司樂祭地祇之事.【人傑】

86:70 因說及夢, 曰: "聖人無所不用其敬, 雖至小沒緊要底物事, 也用其敬. 到得後世儒者方說得如此闊大, 沒收殺. 如『周禮』, 夢亦有官掌之, 此有甚緊要? 然聖人亦將做一件事. 某平生每夢見故舊親戚, 次日若不接其書信及見之, 則必有人說及. 看來惟此等是正夢, 其它皆非正."【僩 ○「占夢」】

「夏官」

86:71 路門外有鼓, 謂之路鼓, 王崩則擊此鼓, 用以宣傳四方. 肺石, 其形若肺, 擊之有聲, 冤民許擊此石, 如今登聞鼓. 唐人亦有肺石.【文蔚 ○「太僕」】

「秋官」

86:72 人謂周公不言刑. 秋官有許多刑, 如何是不言刑?【淳】

86:73 問: "『周禮』五服之貢, 限以定名, 不問其地之有無, 與「禹貢」不合, 何故?" 曰: "一代自有一代之制. 它大槪是近處貢重底物事, 遠處貢輕底物事, 恰如「禹貢」所謂'納銍・納秸'之類."【義剛 ○「大行人」】

「冬官」

86:74 車所以揉木, 又以圍計者, 蓋是用生成圓木揉而爲之, 故堅耐,

堪馳騁.【閎祖 ○「輪人」】

86:75 問: “侯國亦倣鄉遂都鄙之制否?” 曰: “鄭氏說, 侯國用都鄙法. 然觀‘魯人三郊三遂’, 及『孟子』‘請野九一而助, 國中什一使自賦’, 則亦是如此.”【義剛錄作: “當亦是鄉遂.” ○淳 ○「匠人」注】

『朱子語類』 卷第八十七

「禮四」

「小戴禮」

「總論」

87:1 問: "看『禮記』·『語』·『孟』, 孰先?" 曰: "『禮記』有說宗廟朝廷, 說得遠後[1], 雜亂不切於日用. 若欲觀禮, 須將『禮記』節出切於日用常行者看, 節出「玉藻」·「內則」·「曲禮」·「少儀」看."【節】

87:2 問讀『禮記』. 曰: "『禮記』要兼『儀禮』讀, 如冠禮·喪禮·鄕飮酒禮之類, 『儀禮』皆載其事, 『禮記』只發明其理. 讀『禮記』而不讀『儀禮』, 許多理皆無安著處."

87:3 "讀『禮記』, 須先讀『儀禮』. 嘗欲編『禮記』附於『儀禮』, 但須著和注寫." 德輔云: "如「曲禮」·「檀弓」之類, 如何附?" 曰: "此類自編作一處." 又云: "祖宗時有三禮科學究, 是也. 雖不曉義理, 卻尙自記得. 自荊公廢了學究科, 後來人都不知有『儀禮』." 又云: "荊公廢『儀禮』而取『禮記』, 舍本而取末也."【德輔】

87:4 學禮, 先看『儀禮』. ◇[2]是全書, 其他皆是講說. 如『周禮』·

---

1) 遠後: 『小分』에서는 後遠을 교정부호로 바로잡았다.
2) ◇: 『儀禮』

「王制」是制度之書,『大學』·『中庸』是說理之書.「儒行」·「樂記」非聖人之書, 乃戰國賢士爲之. 又云: "人不可以不莊嚴, 所謂'君子莊敬日强, 安肆日偷.'" 又曰: "'智崇禮卑.' 人之智識不可以不高明, 而行之在乎小心. 如『大學』之格物·致知, 是智崇處, 正心·修身, 是禮卑處."【卓】

87:5 『禮記』只是解『儀禮[3]』, 如「喪服小記」便是解「喪服傳」,【推之每篇皆然.】 惟「大傳」是總解.【德明】

87:6 許順之說, 人謂『禮記』是漢儒說, 恐不然. 漢儒最純者莫如董仲舒, 仲舒之文最純者莫如三策, 何嘗有『禮記』中說話來? 如「樂記」所謂"天高地下, 萬物散殊, 而禮制行矣, 流而不息, 合同而化, 而樂興焉." 仲舒如何說得到這裏? 想必是古來流傳得此箇文字如此[4].【廣 ○方子錄云:[5] "以是知『禮記』亦[6]出於孔門之徒無疑. 順之此言極是[7]."】

87:7 問: "『禮記正義』載五養老·七養老之禮." 曰: "漢儒說制度有不合者, 多推從殷禮去. 大抵古人制度恐不便於今. 如鄉飮酒禮, 節文甚繁, 今强行之, 畢竟無益, 不若取今之禮酌而行之."【人傑】

87:8 問: "『禮記』古注外, 無以加否?" 曰: "鄭注自好. 看注看疏, 自可了."【大雅. ▲[8]】

87:9 鄭康成是箇好人, 考禮名數大有功, 事事都理會得. 如漢『律令』亦皆有注, 儘有許多精力. 東漢諸儒煞好. 盧植也好.【淳 ○義剛錄

3) 儀禮:『小分』에서는 禮儀를 교정부호로 바로잡았다.
4) 此:『小分』에서는 字를 此로 고쳤다.
5) 方子錄云: 徽州本에서는 李本作으로 되어 있다.
6) 亦: 徽州本에서는 必로 되어 있다.
7) 是: 徽州本에서는 이 뒤에 方子同而小異가 더 있다.
8) ▲: ○文蔚錄云: "問二『禮』制度如何可了?" 曰: "只『注疏』自了得."

云: "康成也可謂大儒."】

87:10 王肅議禮, 必反鄭玄.【賀孫】

87:11 『禮記』有王肅注, 煞好. 太[9]史公「樂書」載「樂記」全文, 注家兼存得王肅. 又, 鄭玄說[10]覺見好. 禮書, 如陸農師『禮象』, 陳用之『禮書』, 亦該博, 陳底似勝陸底. 後[11]世禮樂全不足錄[12]. 但諸儒議禮頗有好處, 此不可廢, 當別類作一書, 方好看. 六朝人多是精於此. 畢竟當時此學自專門名家, 朝廷有禮事, 便用此等人議之. 如今刑法官, 只用試大法人做. 如本生父母事, 卻在『隋書』「劉子翼傳」. 江西有士人方庭堅引起, 今言者得以引用.【賜 ○夔孫同.】

87:12 或曰: "經文不可輕改." 曰: "改經文, 固啓學者不敬之心. 然舊有一人, 專攻鄭康成解『禮記』不合改其文. 如'蛾子時術之', 亦不改, 只[13]作蠶蛾子, 云, 如蠶種之生, 循環不息, 是何義也? 且如『大學』云: '學而不能先, 命也.' 若不改, 成甚義理?"【大雅】

87:13 方·馬二解, 合當參考, 儘有說好處, 不可以其新學而黜之. 如"君賜衣服, 服以◇[14]賜."【絶句是.】 "以辟之命, 銘爲烝彝鼎", 舊點"以辟之"爲一句, 極無義. 辟, 乃君也. 以君之命銘彝鼎, 最是. 又如陸農師點"人生十年曰幼"作一句, "學"作一句, 下放此, 亦有理. "聖人作"作一句, "爲禮以教人." 「學記」"大學之教也"作一句, "時教必有正業, 退息必有居學." "乃言底可績三載", 皆當如此. "不在此位也", 呂與叔作"豈不在此位也", 是. 後看『家語』乃無"不"字, 當從之.【賀孫】

---

9) 太: 賀本에서는 이 앞에 又가 더 있다.
10) 鄭玄說: 徽州本에서는 鄭氏注로 되어 있다.
11) 後: 徽州本에서는 이 앞에 如가 더 있다.
12) 錄: 徽州本에서는 取로 되어 있다.
13) 只: 徽州本에서는 이 뒤에 改가 더 있다.
14) ◇: 拜

87:14『禮記』·『荀』·『莊』有韻處多. ▲[15)]【揚】

「曲禮」

87:15「曲禮」必須別有一書協韻, 如「弟子職」之類. 如今篇首"若思"·"定辭"·"民哉",【玆】 及"上堂聲必楊[16)]", "入戶視[17)]必下", ▲[18)]皆是韻. 今上下二篇卻是後人補湊而成, 不是全篇做底. "若夫"等處, 文意都不接. 「內則」卻是全篇做底, 但"曾子曰"一段不是.【方子】

87:16 問: "「曲禮」首三句是從源頭說來, 此三句固是一篇綱領. 要之, '儼若思, 安定辭', 又以'毋不敬'爲本." 曰: "然." 又曰: "只是下面兩句, 便是'無[19)]不敬.' 今人身上大節目, 只是一箇容貌言語, 便如'君子所貴乎道者三.' 這裏只是不曾說'正顏色.' 要之, 顏色容貌亦不爭多, 只是顏色有箇誠與僞."【僩[20)]錄云: "箕子'九疇', 其要只在'五事.'" ○文蔚】

87:17 問: "艾軒解[21)]'儼若思[22)]', 訓'思'字作助語, 然否?" 曰: "訓'思'字作助語, 尙庶幾, 至以'辭'字亦爲助語, 則全非也. 他門[23)]大率偏枯, 把心都在邊角上用."【煇】[24)]

---

15) ▲: 龔實之云, 嘗官於泉, 一日問陳宜中云: "古詩有平仄否?" 陳云: "無平仄." 龔云: "有." 辨之久不決, 遂共往決之於李漢老. 陳問: "古詩有平仄否?" 李云: "無平仄, 只是有音韻." 龔大然之. 謂之無有, 皆不是, 謂之音韻乃是.【揚】
16) 楊:『朱子語類』에서는 揚으로 되어 있다.
17) 視: 孝宗刊本·英祖刊本·成化本에는 없다.
18) ▲: 戶
19) 無:『朱子語類』에서는 毋로 되어 있다.
20) 僩: 賀本에서는 簡으로 되어 있다.
21) 解: 徽州本에서는 이 뒤에 毋不敬이 더 있다.
22) 思: 徽州本에서는 이 뒤에 安定辭安民哉가 더 있다.
23) 門: 英祖刊本·賀本에서는 們으로 되어 있다.
24)【煇】: 徽州本에는【方子】로 되어 있다.

87:18 "賢者狎而敬之", 狎是狎熟·狎愛. 如"晏平仲善與人交, 久而敬之", 旣愛之而又敬之也. "畏而愛之", 如"畏天命, 畏大人, 畏聖人之言"之"畏", 畏中有愛也. "很毋求勝", 很亦是兩家事.【注云: "鬥鬩也."】如與人爭鬥, 分辨曲直, 便令理明, 不必求勝在我也. "分毋求多", 分物無[25]多自與, 欲其平也.【僩】

87:19 "若夫坐如尸, 立如齊", 本『大戴禮』之文. 上言事親, 因假說此乃成人之儀, 非所以事親也. 記「曲禮」者撮其言, 反帶"若夫"二字, 不成文理. 而鄭康成又以"丈夫"解之, 益謬? 他也是解書多後, 更不暇子[26]細. 此亦猶"子曰好學近乎智, 力行近乎仁, 知恥近乎勇", 『家語』答問甚詳, 子思取入『中庸』, 而刪削不及, 反衍"子曰"兩字.【義剛】[27]

87:20 問: "'禮聞取於人, 不聞取人, 禮聞來學, 不聞往教.' 呂與叔謂上二句學者之道, 下二句教者之道. 取, 猶致也. 取於人者, 我爲人所取而教之, 在教者言之, 則來學者也. 取人者, 我致人以教己, 在教者言之, 則往教者也. 此說如何?" 曰: "道理亦大綱是如此, 只是說得不甚分曉. 據某所見, 都只就教者身上說. 取於人者, 是人來求我, 我因而教之, 取人者, 是我求人以教. 今欲下一轉語: 取於人者, 便是'有朋自遠方來', '童蒙求我', 取人者, 便是'好爲人師', '我求童蒙.'"【文蔚】

87:21 "班朝治軍, 涖官行法, 非禮, 威嚴不行, 禱祠祭祀, 供給鬼神, 非禮, 不誠不莊." 以"誠莊"對"威嚴", 則涖官當以威嚴爲本. 然恐其太嚴, 又當以寬濟之.【德明】

87:22 問: "'七十老而傳', 則嫡子·嫡孫主祭. 如此, 則廟中神主都用改換作嫡子嫡孫名奉祀. 然父母猶在, 於心安乎?" 曰: "然. 此等也

25) 無: 『朱子語類』에서는 毋로 되어 있다.
26) 子: 賀本에서는 仔로 되어 있다.
27)【義剛】: 徽州本에서는 이 뒤에【陳淳錄同】이 더 있다.

難行, 也且得躬親耳." 又問: "嫡孫主祭, 則便須祧六世・七世廟主. 自嫡孫言之, 則當祧. 若叔祖尙在, 則乃是祧其高曾祖, 於心安乎?" 曰: "也只得如此. 聖人立法, 一定而不可易. 兼當時人習慣, 亦不以爲異也." ▲[28) 【僩】

87:23 問: "'年長以倍, 則父事之', 這也[29)是同類則可[30)?" 曰: "他也是說得年輩當如此." 又問: "如此, 則不必問德之高下, 但一例如此否?" 曰: "德也隱微難見. 德行底人, 人也自是尊敬他." 又問: "如此, 則不必問年之高下, 但有德者皆尊敬之?" 曰: "若是師他, 則又不同. 若朋友中德行底, 也自是較尊敬他."【義剛】

87:24 "爲人子者, 居不主奧." 古人室在東南隅開門, 東北隅爲突, 西北隅爲屋漏, 西南隅[31)爲奧. 人纔進, 便先見東北隅, 卻到西北隅, 然後始到西南隅, 此是至深密之地.【銖】

87:25 尸用無父母者爲之, 故曰: "食饗不爲概, 祭祀不爲尸."【文蔚】

87:26 "父召無諾, 唯而起." 唯速於諾.【文蔚】

87:27 問: "『禮』云'父不祭子, 夫不祭妻', 何也?" 曰: "便是此一說, 被人解得都無理會了. 據某所見, 此二句承上面'餕餘不祭'說. 蓋謂餕餘之物, 雖父不可將去祭子, 夫不可將去祭妻. 且如孔子'君賜食, 必正席先嘗之, 君賜腥, 必熟而薦之.' 君賜腥, 則非餕餘矣, 雖熟之以薦

28) ▲: 又問: "先生舊時立春祭先祖, 冬至祭始祖, 後來廢之, 何故?" 曰: "覺得忒煞過當, 和禘・祫都包在裏面了. 恐太僭, 遂廢之."
29) 也: 徽州本에서는 이 뒤에 只가 더 있다.
30) 可: 徽州本에서는 이 뒤에 行此禮否가 더 있다.
31) 隅: 『朱子語類』에는 없다.【附箋紙】"西南隅爲奧", 印本・原本無"隅"字.

先祖可也. 賜食, 則或爲餕餘, 但可正席先嘗而已, 固是不可祭先祖, 雖妻子至卑, 亦不可祭也."【文蔚】

87:28 ▲[32]

87:29 ▲[33]

87:30 凡有一物必有一箇則, 如"羹之有菜者用梜."【祖道】

87:31[34] 問"君言, 不宿於家." 曰: "只是受命卽行, 不停留於家也. 那數句是說數項事."【燾】

87:32 凡御車, 皆御者居中, 乘者居左. 惟大將軍之車, 將自居中, 所謂"鼓下." 大將自擊此鼓, 爲三軍聽他節制. 雖王親征, 亦自擊鼓.【文蔚】

87:33 居喪, 初無不得讀書之文. "古人居喪不受業"者, 業, 謂簨虡上一片板, 不受業, 謂不敢作樂耳. 古人禮樂不離身, 惟居喪然後廢樂, 故曰: "喪復常, 讀樂章."『周禮』有司業者, 謂司樂也.【僩】

「檀弓[35]」

32) ▲: "餕餘不祭, 父不祭子, 夫不祭妻." 先儒自爲一說, 橫渠又自爲一說. 看來只是祭祀之"祭", 此因"餕餘"起文. 謂父不以是祭其子, 夫不以是祭其妻, 擧其輕者言, 則他可知矣.【雉】

33) ▲: "餕餘不祭, 父不祭子, 夫不祭妻", 古注說不是. 今思之, 只是不敢以餕餘又將去祭神. 雖以父之尊, 亦不可以祭其子之卑, 夫之尊, 亦不可以祭其妻之卑, 蓋不敢以鬼神之餘復以祭也. 祭, 非"飮食必有祭"之"祭."【賀孫】

34) 87:31:【附箋紙】此條又見下「居喪」篇, 恐一處刪爲是.

35) 弓: 成化本·賀本에서는 이 뒤에 上이 더 있다.

87:34 「檀弓」恐是子游門人作, 其間多推尊子游. 【必大 ○人傑錄云: "多說子游之知禮."】

○[36] 又"季武子成寢, 杜氏之葬在西階之下, 請合葬焉"一段. 先生擧此大笑, 云: "以一箇人家, 一火人扛箇棺櫬入來哭, 豈不可笑?

87:35 子思不使子上喪其出母. 以『儀禮』考之, 出妻之子爲父後者, 自是爲出母無服. 或人之問, 子思自可引此正條答之, 何故卻自費辭? 恐是古者出母本自無服, 逮德下衰, 時俗方制此服. 故曰"伋之先君子無所失道", 卽謂禮也. "道隆則從而隆, 道汙則從而汙", 是聖人固用古禮, 亦有隨時之義, 時如白魚[37]之喪出母是也. 子思自謂不能如此, 故但守古之禮而已. 然則『儀禮』出妻之子爲母齊衰杖期, 必是後世沿情而制者. 雖疑如此, 然終不[38]可如此斷定. 【必大】

87:36 孔子令伯魚喪出母, 而子上不喪者, 蓋猶子繼祖, 與祖爲體, 出母旣得罪於祖, 則不得入祖廟, 不喪出母, 禮也. 孔子時人喪之, 故亦令伯魚·子思喪之, 子上時人不喪之, 故子上守法, 亦不喪之. 其實子上是正禮, 孔子卻是變禮也. 故曰: "道隆則從而隆, 道汙則從而汙." 【方子】

87:37 ▲[39]

---

36) ○: 『朱子語類』 83:130의 일부이다. 【附箋紙】 不如仍存『春秋』類, 今上下語脈不斷.

37) 白魚: 『朱子語類』에서는 伯魚로 되어 있다.

38) 不: 『朱子語類』에서는 未로 되어 있다.

39) ▲: 問子上不喪出母. 曰: "今律文甚分明." 又問: "伯魚母死, 期而猶哭, 如何?" 曰: "旣期則當除矣, 而猶哭, 是以夫子非之." 又問"道隆則從而隆, 道汙則從而汙." 曰: "以文意觀之, 道隆者, 古人爲出母無服, 迨德下衰, 有爲出母制服者. 夫子之聽伯魚喪出母, 隨時之義也. 若子思之意, 則以爲我不能效先君子之所爲, 亦從古者無服之義耳." 【人傑】

87:38 問"不喪出母." 曰: "子思所答, 與喪禮都不相應, 不知何故. 據其問意, 則以孔子嘗令子思喪之, 卻不令子上喪之, 故疑而問之也.【子思之母死, 孔子令其哭於廟. 蓋伯魚死, 其妻再嫁於衛.】 子思答以道之汙隆, 則以孔子之時可以隨俗, 而今據正禮, 則爲伋妻者則爲白母, 不爲伋妻者, 是爲不[40]白母爾. 禮, 爲父後者, 爲出母無服. 只合以此答之."【僩】

87:39 問"稽顙而后拜, 拜而后稽顙." 曰: "兩手下地曰拜. '拜而后稽顙', 先以兩手伏地如常, 然後引首[41]向前扣地. '稽顙而后拜', 開兩手, 先以首扣地, 卻交手如常. 頓首, 亦是引首少扣地. 稽首, 是引首稍久在地, 稽者, 稽留之意."【胡泳】

87:40 ▲[42]

87:41 ▲[43] 稽顙者, 首觸地也. "拜"字從兩手下.【人傑】

87:42 申生不辨驪姬, 看來亦未是. 若辨而後走, 恐其他公子或可免於難.【方子】

87:43 脫驂於舊館人之喪, "惡其涕之無從也." 今且如此說, 萬一無驂可脫時, 又如何?【必大】

87:44 施問: "每疑夫子言'我非生而知之', '若聖與仁, 則吾豈敢', 及至夢奠兩楹之間, 則曰: "'太山其頹乎? 梁木其壞乎? 哲人其萎乎?' 由

---

40) 爲不: 『朱子語類』에서는 不爲로 되어 있다.
41) 首: 賀本에서는 手로 되어 있다.
42) ▲: "稽顙而后拜", 謂先以頭至地, 而後下手, 此喪拜也. 若"拜而後稽顙", 則今人常用之拜也.【人傑】
43) ▲: "稽顙而後拜",

前似太謙, 由後似太高." 曰: "「檀弓」出於漢儒之雜記, 恐未必得其眞也."【寓襄】[44]

87:45 "曾子襲裘而弔, 子游裼裘而弔." 裘, 似今之襖子, 裼衣, 似今背子, 襲衣, 似今涼衫公服. 襲裘者, 冒之不使外見, 裼裘者, 袒其半而以禪衣襯出之. "緇衣, 羔裘, 素衣, 麑裘, 黃衣, 狐裘." 緇衣・素衣・黃衣, 卽裼衣,【禪衣也.】 欲其相稱也.【僩】

87:46 "幼名, 冠字, 五十以伯仲, 死諡, 周道也." 所謂"以伯仲"者, 蓋古者初冠而字, 便有"伯某父"・"仲某父"三字了. 及到得五十, 卽除了下面兩字, 猶今人不敢斥尊者呼爲幾丈之類. 今日偶看『儀禮』疏中卻云, 旣冠之時, 卽是權以此三字加之, 實未嘗稱也, 到五十方才稱此三字. 某初疑其不然, 卻去取『禮記』看, 見其疏中正是如前說. 蓋當時疏是兩人做【孔穎達・賈公彥】, 故不相照管.【夔孫】

87:47 "死諡, 周道也." 史云, 夏・商以上無諡, 以其號爲諡, 如堯・舜・禹之類. 看來堯・舜・禹爲諡, 也無意義. "堯"字從三土, 如土之堯然而高, "舜"只是花名, 所謂"顏如舜華", "禹"者, 獸跡, 今篆文"禹"字如獸之跡. 若死而以此爲諡號, 也無意義. 況虞舜側微時, 已云"有鰥在下曰虞舜", 則不得爲死而後加之諡號矣. 看來堯・舜・禹只是名, 非號也.【僩】

87:48 "從母之夫, 舅之妻, 二夫人相爲服." 這恰似難曉. 往往是外甥在舅家, 見得嫐與姨夫相爲服. 其本來無服. 故異之.【賀孫】

87:49 ▲[45]

---

44)【寓襄】: 英祖刊本・成化本・賀本에는【寓】로 되어 있다.

45) ▲: 黃文問: "從母之夫, 舅之妻, 皆無服, 何也?" 曰: "先王制禮: 父族四, 故由父而上, 爲從曾祖服緦麻, 姑之子, 姊妹之子, 女子之子, 皆有服, 皆由父而推之故

87:50 姊妹呼兄弟之子爲姪, 兄弟相呼其子爲從子. 『禮』云: "喪服, 兄弟之子猶子也." 以爲己之子與爲兄之子其喪服一也. 爲己之次子期, 兄弟之子亦期也. ▲[46]

87:51 姪對姑而言. 今人於伯叔父前, 皆以爲"猶子." 【蓋『禮記』者, 主喪服言. 如夫子謂"回也視予猶父." 若以姪謂之"猶子", 則亦可以師爲"猶父"矣!】 漢人謂之"從子", 卻得其正, 蓋叔伯皆從父也. 【道夫】

87:52 問: "嫂・叔無服, 而程先生云: '後聖有作, 須爲制服.'" 曰: "守禮經[47]舊法, 此固是好. 纔說起, 定是那箇不穩. 然有禮之權處, 父道母道, 亦是無一節安排. 看'推而遠之', 便是合有服, 但安排不得, 故推而遠之. 若果是鞠養於嫂, 恩義不可已, 是他心自住不得, 又如何無服得?" 直卿云: "當如所謂'同爨緦'可也. 今法從小功." 居父問姨母重於舅服. 曰: "姊妹於兄弟未嫁期, 旣嫁則降爲大功, 姊妹之身卻不降也, 故姨母重於舅也." 【賀孫】

87:53 嫂・婦無類, 不當制他服. 皆以類從兄弟, 又太重. ▲[48], 嫂・婦於伯・叔亦無服, 今皆有之. 姪婦卻有服, 皆報服也. 【揚】

87:54 喪禮只二十五月, "是月禫, 徙月樂." 【文蔚】

「檀弓下」

也. 母族三, 母之父, 母之母, 母之兄弟. 恩止於舅, 故從母之夫, 舅之妻, 皆不爲服, 推不去故也. 妻族二, 妻之父, 妻之母. 乍看時, 似乎雜亂無紀. 仔細看, 則皆有義存焉." 又言: "呂與叔集中一婦人墓誌, 言凡遇功・緦之喪, 皆蔬食終其身. 此可爲法." 又言: "生布加碾治者爲功." 【方子】

46) ▲: 今人呼兄弟之子爲"猶子", 非是. 【揚】

47) 禮經: 『小分』에서는 經禮를 교정부호로 바로잡았다.

48) ▲: 弟婦亦無服

87:55 “反哭升堂, 反諸其所作也. 主婦入于[49]室, 反諸其所養也.” 須知得這意思, 則所謂“踐其位, 行其禮”等事, 行之自安, 方見得繼志述事之事.【銖】

87:56 延陵季子左袒而旋其封. 曰: “便有老·莊之意.”【端蒙】

87:57 問: “‘延陵季子之◇[50]禮也, 其合矣乎?’ 不知聖人何以取之?” 曰: “旅中之禮, 只得如此. 變禮也只得如此.”【燾】

87:58 問子貢·曾子入弔修容事. 曰: “未必恁地.”【夔孫 ○池本云: “不知又出來作箇甚觜斂[51].”】

「王制」

87:59 問: “一夫均受田百畝, 而有食九人·八人·七人·六人·五人多少之不等者, 何以能均?” 曰: “田均受百畝, 此等數乃言人勤惰之不齊耳. 上農夫勤於耕, 則可食得九人, 下不勤[52], 則可食得五人. 故庶人在官者之祿, 亦準是以爲差也.”【淳】

87:60 「王制」: “四海之內九州, 州方千里.” 及論建國之數, 恐只是諸儒做箇如此算法, 其實不然. 建國必因[53]其山川形勢, 無截然可方之理. 又, 冀州最闊, 今河東·河北數路, 都屬冀州. 雍州亦闊, 陝西·秦·鳳皆是. 至靑·徐·兗·豫四州皆相近做一處, 其疆界又自窄

49) 于: 賀本에서는 於로 되어 있다.
50) ◇: 於
51) 觜斂: 成化本·賀本에서는 嘴臉으로 되어 있다.
52) 勤: 賀本에서는 이 뒤에 底가 더 있다.
53) 因: 『小分』에서는 引을 因으로 고쳤다.

小. 其間山川險夷又自不同, 難槪以三分去一言之. 如三代封建其間, 若前代諸侯先所有之國土, 亦難爲無故去減削他. 所以周公之封魯, 太公之封齊, 去周室皆遠. 是近處難得空地, 偶有此處空隙, 故取以封二公. 不然, 何不只留封近地, 以夾輔王室? 『左氏』載齊本爽鳩氏之地, 其後蒲姑氏因之, 而後太公因之. 又, 『史記』載太公就封, 萊人與之爭國. 當時若不得蒲姑之地, 太公亦未有安頓處. 又如襄王以原田賜晉文公, 原是王畿地, 正以他無可取之處故也. 然原人尙不肯服, 直至用兵伐之, 然後能取. 蓋以世守其地, 不肯遽以予人. 若封建之初, 於諸侯有所減削, 奪彼予此, 豈不致亂? 聖人處事, 決不如此. 若▲[54]此, 則是王莽所爲也. 王莽變更郡國, 如以益歲以南付新平, 以雍丘以東付陳定, 以封丘以東付治亭, 以陳留以西付祈隧, 故當時陳留已無有郡矣. 其大尹・太尉皆詣行在所, 此尤可笑! 【必大 ○人傑錄云, "漢儒之說, 只是立下一箇算法, 非惟施之當今有不可行, 求之昔時, 亦有難曉"云云.】

87:61 「王制」說王畿采地, 只是內諸侯之祿. 後來如祭公・單父・劉子・尹氏亦皆是世嗣. 然其沾王敎細密, 人物皆好. 劉康公所謂"民受天地之中以生", 都是識這道理. 想當時識這道理者亦多, 所以孔子亦要行一遭, 問禮於老聃. 【淳】

87:62 問: "畿內采地, 只是仕於王朝而食祿, 退則無此否?" 曰: "采地不世襲, 所謂'外諸侯嗣也, 內諸侯祿也.' 然後來亦各占其地, 競相侵削, 天子只得鄕・遂而已." 【淳】

87:63 「王制」・「祭法」廟制不同. 以周制言之, 恐「王制」爲是. 【園祖】

87:64 「王制」"特禴[55], 祫禘, 祫嘗, 祫烝"之說, 此沒理會, 不知漢儒

---

54) ▲: 如
55) 特禴: 賀本에서는 犆礿으로 되어 있다.

何處得此說來. 禮家之說, 大抵自相矛盾. 如禘之義, 恐只趙伯循之說爲是.【必大】

87:65 問“天子犆礿, 祫禘, 祫嘗, 祫烝”, 『正義』所解數段. 曰: “此亦難曉. 礿祭以春物未成, 其禮稍輕, 須著逐廟各祭. 祫禘之類, 又卻合爲一處, 則犆反詳, 而祫反略矣. 又據『正義』, 禘禮是四處各序昭穆, 而「大傳」謂‘不王不禘. 王者禘其祖之所自出, 以其祖配之.’ 若周人禘嚳, 配以后稷, 是也. 如此, 則說禘又不可通矣.” 又云: “『春秋』書‘禘于太廟, 用致夫人’, 又不知禘于太廟其禮如何? 太廟是周公之廟. 先儒有謂魯亦有文王廟. 『左氏』載鄭祖厲王. 諸侯不敢祖天子, 而當時越禮如此. 故公廟設於私家, 皆無理會處.” 又問: “‘諸侯礿則不禘’一段, 注謂是歲朝天子, 廢一時祭.” 曰: “『春秋』朝會無節,【必大錄云: “若從征伐, 或經歲方歸.”】 豈止廢一時祭而已哉? 不然, 則或有世子, 或大臣居守, 豈不可以攝事?”【人傑 ○ 必大錄略.】

87:66 五方之民, 言語不通, 卻有暗合處. 蓋是風氣之中, 有自然之理[56], 便有自然之字, 非人力所能安排, 如“福”與“備”通.

「月令」

87:67 「月令」比堯之曆象已不同. 今之曆象, 又與「月令」不同.【人傑】

87:68 明堂, 想只是一箇三間九架屋子.【賀孫】

87:69 論明堂之制者非一. 某竊意當有九室, 如井田之制: 東之中爲

56) 然之理: 『小分』에서는 理之然을 교정부호로 바로잡았다.

青陽太廟，東之南爲青陽右箇，東之北爲青陽左箇，南之中爲明堂太廟，南之東【卽東之南】．爲明堂左箇，南之西【卽西之南】．爲明堂右箇，西之中爲總章太廟，西之南【卽南之西】．爲總章左箇，西之北【卽北之西】．爲總章右箇，北之中爲玄堂太廟，北之東【卽東之北】．爲玄堂右箇，北之西【卽西之北】．爲玄堂左箇，中央爲太廟太室．凡四方之太廟異方所．其左箇右箇：則靑陽之右箇，乃明堂之左箇，明堂之右箇，乃總章之左箇也，總章之右箇，乃玄堂之左箇，玄堂之右箇，乃靑陽之左箇也．但隨其時之方位開門耳．太廟太室則每季十八日，天子居焉．古人制事多用井田遺意，此恐也是．【砥】

青陽左個	青陽太廟	青陽右個
玄堂右個		明堂左個
門		門
玄堂太廟	太廟太室	明堂太廟
門		門
玄堂左個		明堂右個
總章右個	總章太廟	總章左個

87:70 曹問："春行秋令之類，不知是天行令？是人行令？"曰："是人行此令，則召天之災."

87:71 戊己土，"律中黃鍾之宮." 詹卿以爲陽生於子，至午而盡，到未又生出一黃鍾. 這箇只可說話, 某思量得不是恁地. 蓋似些元亨利貞. 黃鍾略略似箇"乾"字, 宮是在"中"字中間, 又似"是非"在"惻隱"之前. 其他春音角, 夏音徵, 秋音商, 冬音羽, 此惟說宮聲. 如京房律準十三絃, 中一絃爲黃鍾不動, 十二絃便拄起應十二月.【夔孫】

87:72 "庚"之言, 更也, "辛"之言, 新也. 見「月令」"孟秋之月, 其日庚辛"下注.【銖】

87:73 直卿云: "今仲冬中星, 乃東壁."【義剛】

87:74 問: "『禮』注疏中所說祀五帝神名, 如靈威仰・赤熛怒・白招炬・叶光紀之類, 果有之否?" 曰: "皆是妄說. 漢時已祀此神. 漢是火德, 故祀赤熛怒, 謂之'感生帝.' 本朝火德, 亦祀之." 問"感生"之義. 曰: "如玄鳥卵・大人跡之類耳." "漢赤帝子事, 果有之否?" 曰: "豈有此理! 盡是鄙俗相傳, 傅會之談." 又問: "五行相生相勝之說, 歷代建國皆不之廢, 有此理否?" 曰: "須也有此理, 只是他前代推得都沒理會. 如秦以水德, 漢卻黜秦爲閏, 而自以火德繼周. 如漢初張蒼自用水德, 後來賈誼・公孫臣輩皆云當用土德, 引黃龍見爲證, 遂用土德. 直至漢末, 方申火德之說. 及光武以有赤伏符之應, 遂用火德. 歷代相推去. 唐用土德, 後梁繼之以金. 及至後唐, 又自以爲唐之後, 復用土德, 而不繼梁. 後晉以金繼土, 後漢以水, 後周以木, 本朝以火. 是時諸公皆爭以爲本朝當用土德, 改正五代之序, 而去其一以承周. 至引太祖初生時, 胞衣如菡萏, 遍體如眞金色, 以爲此眞土德之瑞. 一時煞爭議, 後來卒用火德. 此等皆沒理會. 且如五代僅有三四年者, 亦占一德, 此何足以繫存亡之數? 若以五代爲當繫, 則豈應黜秦爲閏? 皆有不可曉者, 不知如何." 又曰: "五行之建, 於國家初無利害, 但臘日則用此推之耳. 如本朝用戌日爲臘, 是取此義." 又曰: "如秦以水德, 以爲水者刻深, 遂專尚殺罰, 此卻大害事!"【僩】

「文王世子」

87:75 “師保・疑丞.” “疑”字曉不得, 想只是有疑卽問他之意.

87:76 “公與公族燕, 則異姓爲賓.” 注曰: “同宗無相賓客之道.” 【銖】

87:77 “公族有罪無宮刑, 不翦其類也.” 纖剸於甸人, 特不以示衆耳. 刑固不可免. 今之法, 乃殺人不死. 祖宗時宗室至少, 又聚于[57]京師, 犯法絶寡, 故立此法. 今散于[58]四方萬里, 與常人無異, 乃縱之殺人, 是何法令? 不可不革! 【可學】

「禮運」

87:78 “「禮運」言, 三王不及上古事. 人皆謂其說似莊・老.” 先生曰: “「禮運」之說有理, 三王自是不及上古. 胡明仲言, 恐是子游撰.” 【以前有“言偃”云云. ○揚】

87:79 問: “「禮運」似與『老子』同?” 曰: “不是聖人書. 胡明仲云: ‘「禮運」是子游作, 「樂記」是子貢作.’ 計子游亦不至如此之淺.” 【可學】

87:80 孔子曰: “我欲觀夏道, 是故之杞而不足徵也, 吾得夏時焉, 我欲觀殷道, 是故之宋而不足徵也, 吾得「坤」・「乾」焉.” 說者謂『夏小正』與『歸藏』. 然聖人讀此二書, 必是大有發明處. 「歸藏」之書無傳. 然就使今人得二書讀之, 豈能有聖人意思也? 【人傑】

57) 于: 賀本에서는 於로 되어 있다.
58) 于: 賀本에서는 於로 되어 있다.

87:81 楊問: "「禮運」'故百姓則君以自治也'云云. 注, '則'字作'明'字, 不知可從否?" 曰: "只得作'明'字." 寓問: "六經中, 注家所更定字, 不知盡從之否?" 曰: "亦有不可依他處." 寓問: "『禮記』: '主人旣祖, 塡池.' 鄭氏作'奠徹', 恐只是'塡池', 是殯車所用者." 曰: "如'魚躍拂池[59]', 固是如此. 但見葬車用此, 恐殯車不用此, 此處亦有疑." 又問: "'其愼也, 蓋殯也.' '愼'改爲'引', 如何?" 曰: "若此處, 皆未可曉."【寓】

87:82 "'用人之知, 去其詐, 用人之勇, 去其怒, 用人之仁, 去其貪.' 知與詐, 勇與怒, 固相類. 仁卻如何貪?" "蓋是仁只是愛, 愛而無義以制之, 便事事都愛好. 物事也愛好, 官爵也愛, 錢也愛, 事事都愛, 所以貪. 諸家解都不曾恁地看得出." 又問: "雖是偏, 不是有一邊, 無一邊." 曰: "那一邊也是闕了."【胡泳】

87:83 ▲[60]仁卻與貪不相干. 蓋南方好也, 好行貪根[61], 北方惡也, 惡行廉貞. 蓋好便有貪底意思. 故仁屬愛, 愛便有箇貪底意思. 又云: "大率慈善底人, 多於財上不分曉. 能廉者, 多是峻刻・悍悻・聒噪人底人."【燾】

87:84 ▲[62]

87:85 問: "喜怒哀懼愛惡欲是七情, 論來亦自性發. 只是怒[63]自羞惡發出, 如喜怒哀[64]欲, 恰都自惻隱上發." 曰: "哀懼是那箇發? 看來

59) 池: 成化本에서는 地로 되어 있다.
60) ▲: 智與詐相近, 勇與怒相似, 然
61) 根: 孝宗刊本・英祖刊本에서는 狼으로 되어 있고 成化本에서는 狠으로 되어 있고 賀本에서는 很으로 되어 있다.
62) ▲: "用人之仁去其貪." 蓋人之性易得偏. 仁緣何貪? 蓋仁善底人, 便有好便宜底意思. 今之廉介者, 便多是那剛硬底人.【燾】
63) 怒: 賀本에서는 惡으로 되어 있다.
64) 哀: 賀本에서는 愛로 되어 있다.

也只是從惻隱發, 蓋懼亦是怵惕之甚者. 但七情不可分配四端, 七情自於四端橫貫過了."【賀孫】

87:86 問: "喜愛欲發於陽, 怒哀懼惡發於陰否?" 曰: "也是如此." 問: "怒如何屬陰?" 曰: "怒畢竟屬義, 義屬陰. 怒與惡, 皆羞惡之發, 所以屬陰. 愛與欲相似, 欲又較深. 愛是說這物事好可愛而已, 欲又是欲得之於己. 他這物事, 又自分屬五行." 問: "欲屬水, 喜屬火, 愛屬木, 惡與怒屬金, 哀與懼亦屬水否?" 曰: "然."【僩】

87:87 劉圻父問七情分配四端. 曰: "喜怒愛惡是仁義, 哀懼主禮, 欲屬水, 則是智. 且麤恁地說, 但也難分."【義剛】

87:88 問: "喜愛[65]欲▲[66], 如何分別?" 曰: "各就他地頭看. 如誠只是實, 就他本來說喚做誠, 就自家身己說誠, 又自與本來不同. 如信, 就本然之理說是信, 就自家身己說信, 又不同, 就物上說又不同. 要知也只是一箇實. 如曰'主忠信'之類, 皆是自家身上說也."【賀孫】

87:89 ▲[67]

87:90 問: "'欲'與'慾'字有何分別?" 曰: "無心'欲'字虛, 有心'慾'字實. 有心'慾'字是無心'慾[68]'字之母. 此兩字亦通用. 今人言滅天理而窮人慾, 亦使此'慾'字."【暖曰: "方動者慾, 行出來者欲." ○節】

87:91 問"慾"與"欲"之異. 曰: "也只一般. 只是這'慾'字指那物事而

---

65) 愛: 『小分』에서는 怒를 愛로 고쳤다.
66) ▲: 三者不同
67) ▲: 問: "愛與欲何以別?" 曰: "愛是汎愛那物, 欲則有意於必得, 便要挈將來."【淳】
68) 慾: 『朱子語類』에서는 欲으로 되어 있다.

言, 說得較重, 這'欲'字又較通用得. 凡有所愛, 皆是欲."【燾】

87:92 『記』云: "人者, 鬼神之會." 又云: "致愛則存, 致愨則著."【「祭義」】[69] 皆說得好.【夔孫】

87:93 "天秉陽, 垂日星, 地秉陰, 竅於山川. 播五行於四時, 和而後月生也." 陰陽變化, 一時撒出, 非今日生此, 明日生彼. 但論其先後之序, 則當如此耳. 橫渠云[70]: "神爲不測, 故緩辭不足以盡神, 化爲難知, 故急辭不足以體化." 因說雷斧, 擧橫渠云: "其來也, 幾微易簡, 其究也, 廣大堅固."【閎祖】

87:94 問"人者, 天地之心." 曰: "謂如'天道福善禍淫', 乃人所欲也. 善者人皆欲福之, 淫者人皆欲禍之." 又曰: "敎化皆是人做, 此所謂'人者天地之心也.'"【燾】

「禮器」

87:95 "經禮三百", 便是『儀禮』中士冠·諸侯冠·天子冠禮之類. 此是大節, 有三百條. 如始加, 再加, 三加, 又如"坐如尸, 立如齊"之類, 皆是其中之小目, 便有三千條. 或有變禮, 亦是小目. 呂與叔云: "經便是常行底, 緯便是變底." 恐不然. 經中自有常·有變, 緯中亦自有常·有變.

87:96 人只是讀書不多. 今人所疑, 古人都有說了, 只是不曾讀得. 鄭康成注"經禮三百", 云是『周禮』, "曲禮三千", 云是『儀禮』. 某嘗疑之. 近看臣瓚注『漢書』云, "經禮三百", 乃冠·昏·喪·祭, 『周官』只

---

69) 【「祭義」】: 하본에서는 본문으로 되어 있다.
70) 云: 『小分』에서는 曰을 云으로 고쳤다.

是官名云云. 乃知臣瓚之說, 已非康成之說矣. 蓋“經禮三百”, 只是冠·昏·喪·祭之類. 如冠禮之中, 便有天子冠·士冠禮, 他類皆然, 豈無三百事? 但『儀禮』五十六篇今皆亡闕, 只存十七篇, 故不全爾. “曲禮三千”, 乃其中之小目. 如冠禮中筮日·筮賓·三加之類, 又如“上於東階, 則先右足, 上於西階, 則先左足”, 皆是也. 【子蒙】

87:97 陳叔晉云: “經禮, 如天子七廟·士二廟之類, 當別有一書, 今亡矣. 曲禮, 如威儀之類, 【至錄云: “是威儀纖悉處.”】 今「曲禮」·『儀禮』是也.” 恨不及問之. 【方子】

87:98 禮器[71]出人情, 亦是人情用. 【可學】

87:99 天道至教, 聖人至德, 動靜語默之間, 無非教人處. 孔子於鄉黨便“恂恂”, 朝廷便“便便”, 到處皆是人樣, 更無精粗本末, 何嘗有隱! 【砥】

「郊特牲」

87:100 “諸侯不得祖天子.” 然魯有文王廟, 『左氏』亦云“鄭祖厲王”, 何也? 此必周衰, 諸侯僭肆, 做此違條礙法事, 故公廟設於私家. 【必大】

87:101 問: “蜡祭何以言‘仁之至, 義之盡’?” 曰: “如迎貓·虎等事, 雖至微至細處, 亦有所不違, 故曰‘仁之至, 義之盡.’” 【去僞】

87:102 問“昏禮不賀, 人之序也.” ◇[72] “婦既歸, 姑與之爲禮, 喜於

71) 器: 『小分』에서는 記를 器로 고쳤다.
72) ◇: 曰:

家事之有承替也.【僩錄作“有傳也.”】 姑反置酒一分, 以勸飮婦. 姑坐客位, 而婦坐主位.【僩錄云: “姑爲客, 婦爲主.”】 姑降自西階, 婦降自阼階.”【卓 ○僩同.】

87:103 商人求諸陽, 故尙聲, 周人求諸陰, 故尙臭灌, 用鬱鬯. 然周人亦求諸陽, 如「大司樂」言“圜鍾爲宮, 則天神可得而禮.” 可見古人察得義理精微, 用得樂, 便與他相感格.【夔孫錄云: “大抵天人無間. 如云‘聖人之道, 洋洋乎發育萬物, 峻于天.’ 聖人能全體得, 所以參天地贊化育, 只是有此理. 以粗底言, 如荀子”云云.】 此乃[73]降神之樂. 如舞「雲門」, 乃是獻神之樂. 荀子謂“伯牙鼓琴, 而六馬仰秣, 瓠巴鼓瑟, 而游[74]魚出聽.” 粗者亦有此理. 又如虞美人草, 聞人歌「虞美人」詞與[75]吳詞則自動.【夔孫錄云: “聞唱「虞美人」詞則自拍. 亦不特是「虞美人」詞, 凡吳調者皆然. 以手近之, 亦能如此.”】 雖草木亦如此. 又曰: “今有箇新立底神廟, 緣衆人心邪向他, 他便盛. 如狄仁傑廢了許多廟, 亦不能爲害, 只緣他見得無這物事了. 上蔡云: ‘可者欲人致生之, 故其鬼神, 不可者欲人致死之, 故其鬼不神.’”【先生每見人說世俗神廟可怪事, 必問其處形勢如何. ○賜 ○夔孫少異.】

87:104 安卿問: “『禮記』‘魂氣歸于天’, 與橫渠‘反原’之說, 何以別?” 曰: “魂氣歸于天, 是消散了, 正如火煙騰上去處何歸? 只是消散了, 論理大槪固如此. 然亦有死而未遽散者, 亦有冤恨而未散者. 然亦不皆如此, 亦有冤死而魂則[76]散者.” 叔器問: “聖人死如何?” 曰: “聖人安於死, 便[77]卽消散.”【義剛】

---

73) 乃:『朱子語類』에서는 迺로 되어 있다.
74) 游: 成化本 · 賀本에서는 流로 되어 있다.
75) 與: 賀本에서는 輿으로 되어 있다.
76) 則:『朱子語類』에서는 卽으로 되어 있다.
77) 便: 賀本에는 없다.

「內則」

87:105 "偪屨著綦." 綦, 鞋口帶也, 古人皆旋繫, 今人只從簡易, 綴之於上, 如假帶然.【僩】[78]

87:106 "不有敬事, 不敢袒裼. 不涉不撅." 看來此三句文義一樣, 古注誤作兩段解. 言尊長之前有敬事, 方敢袒裼. 敬事, 如習射之類. 射而袒裼, 乃爲敬. 若非敬事而以勞倦袒裼, 則是不敬. 惟涉水而後撅, 若不涉而撅, 則爲不敬. 如云"勞無[79]袒. 暑無[80]褰裳." 若非敬事, 雖勞亦不敢袒. 惟涉水乃可褰裳, 若非涉水. 雖盛暑亦不敢褰裳也.【僩】

「玉藻」

87:107 "君子登車有光"一節, 養出好意思來.【方】[81]

87:108 笏者, 忽也, 所以備忽忘也. 天子以球玉, 諸侯以象, 大夫以魚須・文竹, 士竹本・象可也. 漢書有秉笏奏事. 又曰: "執薄亦笏之類, 本只是爲備遺忘, 故手執, 眼觀, 口誦. 或於君前有所指畫, 不敢用手, 故以笏指畫, 今世遂用以爲常執之物. 『周禮典瑞』'王搢大圭, 執鎭圭.' 大圭不執, 只是搢於腰間, 卻執鎭圭, 用藻藉以朝日, 而今郊廟天子皆執大圭. 大圭長三尺, 且重, 執之甚難, 古者本非執大圭也."【僩】

---

78)【僩】: 賀本에는 없다.
79) 無: 『朱子語類』에서는 毋로 되어 있다.
80) 無: 賀本에서는 毋로 되어 있다.
81)【方】: 英祖刊本・賀本에는【方子】로 되어 있다.

87:109 問: "『禮記』九容, 與[82]『論語』九思, 一同本原之地, 固欲存養, 於容貌之間, 又欲隨事省察." 曰: "卽此便是涵養本原. 這裏不是存養, 更於甚處存養?"【文蔚】

「明堂位」

87:110 問: "「明堂位」一篇, 是有此否?" 曰: "看魯人有郊禘, 也是有此." 問: "當時周公制禮: '父爲大夫, 子爲士, 葬以大夫, 祭以士, 父爲士, 子爲大夫, 葬以士, 祭以大夫.' 不成周公制禮, 使其子亂之. 看來子思前如此說, 後卻說'郊社之禮, 禘嘗之義, 治國其如示諸掌乎.' 怕是子思以此譏魯之僭禮." 曰: "子思自是稱武王・周公之達孝, 不曾是譏魯." 劉曰: "孔子言: '魯之郊禘, 非禮也, 周公其衰矣!' 孔子尙有此說." 曰: "孔子後來是如此譏之." 先生因曰: "看文字, 最不可都要合作一處說." 又曰: "這箇自是周公死了, 成王賜伯禽, 不干周公事. 堯之有丹朱, 舜之有商均, 不肖子弟亦有之. 成王・伯禽猶似可." 問: "當時不曾封公, 只是封侯, 如何?" 曰: "天子之宰, 二王之後, 方封公. 伯禽勢不得封公." 楊問秦會之當時云云. 曰: "他當時有震主之勢, 出於己, 只是跳一步便是這物事. 如吳王 濞旣立丞相・御史大夫・百官, 與天子不相遠, 所以起不肖之心. 周公當時七年天子之位其勢, 成王所以賜之天子之禮樂."【砥 ○寓錄同. 無"楊問"以下.】

「喪服小記」

87:111 問: "'三年而後葬者, 必再祭.' 鄭玄注以爲只是練祥祭無禫." 曰: "不知[83]『禮經』上下文如何道, 看見也是如此."【賀孫】

---

82) 與: 賀本에서는 問으로 되어 있다.
83) 知: 賀本에서는 必로 되어 있다.

87:112 問: "大夫士不祔于[84]諸侯, 祔于[85]諸祖父之爲大夫[86]士者. 亡則中一而祔, 祔必以其昭穆." 曰: "中, 間也. 間而祔者, 以祖爲諸侯, 旣不可祔, 則間一而上祔於高祖, 只取昭穆之行同, 而不紊其昭穆之序也. 如魯昭公冠于[87]衛成公之廟, 亦只是取其行同耳." 因問: "卒哭而祔, 何義?" 曰: "只是祔于[88]其行, 相似告報祖考云."【銖】

87:113 問"妾母"之稱. 曰: "恐也只得稱母, 他無可稱. 在經只得云'妾母', 不然, 無以別於他母也." 又問: "弔人妾母之死, 合稱云何?" 曰: "恐也只得隨其子平日所稱而稱之." 或曰: "五峰稱妾母爲'少母', 南軒亦然. 據「爾雅」, 亦有'少姑'之文. 五峰想是本此." 先生又曰: "'爲人後者爲其父母服.' 本朝濮王之義[89], 欲加'皇考'字, 引此爲證. 當時雖是衆人爭得住, 然至今士大夫猶以爲未然. 蓋不知禮經中若不稱作爲其[90]父母, 別無箇稱號[91], 只得如此說也."【僩】

87:114 凡文字, 有一兩本參對, 則義理自明. 如『禮記』中「喪服小記」·「喪服大傳」都是解注『儀禮』. 「喪服小記」云: "庶子不祭禰, 明其宗也." 又曰: "庶子不祭祖, 明有宗也." 注謂不祭禰者, 父之庶子, 不祭祖者, 其父爲庶子, 說得繁碎. 「大傳」只說"庶子不祭", 則祖禰皆在其中矣, 某所以於禮書中只載「大傳」說.【僩】

「大傳」

84) 于: 賀本에서는 於로 되어 있다.
85) 于: 賀本에서는 於로 되어 있다.
86) 夫: 賀本에서는 大로 되어 있다.
87) 于: 賀本에서는 於로 되어 있다.
88) 于: 賀本에서는 於로 되어 있다.
89) 義: 『朱子語類』에서는 議로 되어 있다.
90) 其: 賀本에는 없다.
91) 號: 賀本에서는 呼로 되어 있다.

87:115 吳斗南說: "'禮, 不王不禘.' 王, 如'來王'之'王.' 四夷【黃錄作"要荒."】 之君, 世見中國. 一世王者立, 則彼一番來朝, 故王者行禘禮以接之. 彼本國之君一世繼立, 則亦一番來朝, 故歸國則亦行禘禮." 此說亦有理. 所謂"吉禘于[92]莊公"者, 亦此[93]類, 非五年之禘也.【淳○義剛同.】

87:116 諸侯奪宗, 大夫不可奪宗.【泳】

87:117 "別子爲祖, 繼別爲宗." 是諸侯之庶子, 與他國之人在此邦居者, 皆爲別子, 則其子孫各自以爲太祖. 如魯之三家: 季友, 季氏之太祖也, 慶父, 孟氏之太祖也, 公子牙, 叔孫▲[94]之太祖也.【僩】

87:118 問"有小宗而無大宗者, 有大宗而無小宗者, 有無宗亦莫之宗者." 曰: "此說公子之宗也. 謂如人君有三子, 一嫡而二庶, 則庶宗其嫡, 是謂'◇[95]大宗而無小宗', 皆庶, 則宗其庶長, 是謂'有小宗而無大宗', 止有一人, 則無人宗之, 己亦無所宗焉, 是謂'無宗亦莫之宗'也. 下云: '公子之公, 爲其士大夫之庶者, 宗其士大夫之嫡者.' 此正解'有大宗而無小宗'一句. '之公'之'公', 猶君也."【人傑】

「少儀」

87:119 "*毋*拔[96]來, *毋*報往."【報, 音赴.】 拔[97], 是急走倒從這邊來, 赴, 是又急再還倒向那邊去, 來往只是向背之意. 此二句文義猶云:

---

92) 于: 賀本에서는 於로 되어 있다.
93) 亦此: 『小分』에서는 此亦을 교정부호로 바로잡았다.
94) ▲: 氏
95) ◇: 有
96) 拔: 成化本・賀本에서는 跋로 되어 있다.
97) 拔: 賀本에서는 跋로 되어 있다.

“其就義若熱, 則其去義若渴.” 言人見有箇好事, 火急歡喜去做, 這樣人不耐久, 少間心懶意闌, 則速去之矣, 所謂“其進銳者, 其退速”也.【僩】

87:120 “不窺密”,【止】 “無測未至.” 曰: “許多事都是一箇心, 若見得此心誠實無欺僞, 方始能如此. 心苟渙散無主, 則心皆逐他去了, 更無一箇主. 觀此, 則求放心處, 全在許多事上. 將許多事去攔截此心敎定. ‘無測未至’, 未至之事, 自家不知, 不當先測, 今日未可便說道明日如何.”【子蒙】

「學記」

87:121 “九年知類通達”, 橫渠說得好: “學者至於能立, 則教者無遺恨矣. 此處方謂大成.” 蓋學者旣到立處, 則教者亦不消得管他, 自住不得. 故橫渠又云: “學者能立, 則自强不反, 而至於聖人之大成矣. 而今學者不能得扶持到立處.” 嘗謂此段是箇致知之要. 如云: “一年視離經辨志.” 古注云, 離經, 斷絶句也. 此且是讀得成句. 辨志, 是知得這箇是爲己, 那箇是爲人, 這箇是義, 那箇是利. “三年敬業樂群.” 敬業, 是知得此是合當如此做, 樂群, 是知得滋味, 好與朋友切磋. “五年博習親師.” 博習, 是無所不習, 親師, 是所見與其師相近了. “七年論學取友.” 論學, 是他論得有頭緖了, 取友, 是知賢者而取之, 此謂之小成. “九年知類通達”, 此謂之大成. 橫渠說得“推類”兩字最好, 如『荀子』“倫類不通, 不足謂之善學.” 而今學者只是不能推類, 到得“知類通達”, 是無所不曉, 便是自强不反. 這幾句都是上兩字說學, 下兩字說所得處, 如離經, 便是學, 辨志, 便是所得處. 他皆倣此.【賜 ○夔孫同.】

87:122 子武[98]問“「宵雅」肄三, 官其始也.” 曰: “聖人敎人, 合下便是要他用, 便要用賢以治不賢, 擧能以敎不能. 所以公卿大夫在下, 也思各擧其職. 不似而今上下都恁地了, 使窮困之民無所告訴. 聖賢生斯世, 若是見似而今都無理會, 他豈不爲之惻然思有以救之? '孔子三月無君, 則皇皇如也', 但不可枉尺直尋, 以利言之. 天生一人, 便須管得天地間事. 如人家有四五子, 父母養他, 豈不要他使? 但其間有不會底, 則會底豈可不出來爲他擔當一家事? 韓退之云: '蓋畏天命而悲人窮也.' 這也說得好, 說得聖賢心出."【義剛】[99)]

87:123 問: "'不學雜服, 不能安禮.' 鄭注謂, 服是皮弁・冕服, 橫渠謂, 服, 事也, 如洒掃應對沃盥之類." 曰: "恐只如鄭說. 古人服各有等降, 若理會得雜服, 則於禮亦思過半矣. 如冕服是天子祭服, 皮弁是天子朝服, 諸侯助祭於天子, 則服冕服, 自祭於其廟, 則服弁冕, 大夫助祭於諸侯, 則服玄冕, 自祭於其廟, 則服皮弁. 又如天子常朝, 則服皮弁, 朔旦則服玄冕,【無旒之冕也.】諸侯常朝則用玄端, 朔旦則服皮弁, 大夫私朝亦用玄端, 夕深衣, 士則玄端以祭, 上士玄裳, 中士黃裳, 下士雜裳,【前玄後黃也.】庶人深衣."【僩】

87:124 "呻其佔畢, 多其訊." 多其訊, 如『公』・『穀』[100)]所謂"何"者, 是也.【廣】

87:125 問: "'使人不由其誠', 莫只是敎他記誦, 而中心未嘗自得否?" 曰: "若是逼得他緊, 他便來厮瞞, 便是不由誠. 嘗見橫渠作簡與某人, 謂其子日來誦書不熟, 且敎他熟誦, 盡其誠與材." 文蔚曰: "便是他解此兩句, 只作一意解. 其言曰: '人之材足以有爲, 但以其不由於誠, 則不盡其材. 若曰勉率以爲之, 豈有由其誠也哉?'" 曰: "固是. 旣是他不由誠, 自是材不盡."【文蔚】

---

98) 子武: 徽州本에서는 이 앞에 林이 더 있다.
99)【義剛】: 徽州本에서는 이 뒤에 夔孫錄有詳略이 더 있다.
100) 公穀: 『小分』에서는 穀公을 교정부호로 바로잡았다.

87:126 "善問者如攻堅木, 先其易者", 而後其難. 今人多以難中有道理, 而不知通其易, 則難自通, 此不可不曉.【可學】

87:127 ▲[101] 若先其難者, 理會不得, 更進步不去. 須先其易者, 難處且放下, 少間見多了, 自然相證而解. ▲[102]

87:128 ▲[103] 非特善問, 讀書求義理之法皆然. 置其難處, 先理會其易處, 易處通, 則堅節自迎刃而解矣. 若先其難▲[104], 則刃頓斧傷, 而木終不可攻, 縱使能攻, 而費工竭力, 無自然相說而解之功, 終亦無益於事也." 問: "'相說而解', 古注'說'音悅, '解'音佳買反." 曰: "說, 只當如字, 而解音蟹. 蓋義理相說之久, 其難處自然觸發解散也."【僩】

「樂記」

87:129 看「樂記」, 大段形容得樂之氣象. 當時許多形[105]名度數, 是人人曉得, 不消說出, 故只說樂之理如此其妙. 今來許多度數都沒了, 卻只有許多樂之意思是好, 只是沒箇頓放處. 如有帽, 卻無頭, 有箇鞖, 卻無脚. 雖則是好, 自無頓放處. 司馬溫公舊與范蜀公事事爭到底, 這一項事卻不[106]思量着.【賀孫】

87:130 古者禮樂之書具在, 人皆識其器數,【至錄云: "人人誦習, 識其器數."】 卻怕他不曉其義, 故教之曰: "凡音之起, 由人心生也." 又曰:

101) ▲: 問"善問者如攻堅木"一段. 曰: "此說最好.
102) ▲: '說'字, 人以爲'悅', 恐只是'說'字. 說, 證之義也. '解物爲解, 自解釋爲解.' 恐是相證而曉解."
103) ▲: "'善問者如攻堅木, 先其易者, 後其節目.'
104) ▲: 者
105) 形: 賀本에서는 刑으로 되어 있다.
106) 不: 賀本에서는 이 뒤에 相이 더 있다.

“失其義, 陳其數者, 祝・史之徒也.” 今則禮樂之書皆亡, 學者卻但言其義, 至於[107]器數, 則不復曉, 蓋失其本矣.【方子 ○至同.】

87:131 “朱紘”, 練絲紘, “疏越”, 下面闊.【璘】

87:132 “一倡而三歎”, 謂一人唱而三人和也. 今之解者猶以爲三歎息, 非也.【僩】

87:133 “人生而靜, 天之性”, 未嘗不善, “感物而動, 性之欲”, 此亦未是不善. 至於“物至知知, 然後好惡形焉, 好惡無節於內, 知誘於外, 不能反躬, 天理滅矣”, 方是惡. 故聖賢說得“惡”字煞遲.【端蒙】

87:134 問: “‘人生而靜, 天之性也.’ 靜非是性, 是就所生指性而言.” 先生應. 問“知知”字. 曰: “上‘知’字是‘致知’之‘知.’” 又曰: “上‘知’字是體, 下‘知’字是用. 上‘知’字是知覺者.” 問“反躬.” 曰: “反躬是回頭省察.” 又曰: “反躬是事親孝, 事君忠, 這箇合恁地, 那箇合恁地, 這是反躬.”【節】

87:135 “物之感人無窮, 而人之好惡無節”, 此說得工夫極密, 兩邊都有些罪過. 物之誘人固無窮, 然亦是自家好惡無節, 所以被物誘去. 若自有箇主宰, 如何被他誘去? 此處極好玩味, 且是語意渾粹.【僩】

87:136 問: “‘禮勝則離, 樂勝則流’, 才是勝時, 不惟至於流與離, 卽禮樂便不在了.” 曰: “這正在‘勝’字緊要. 只才有些子差處, 則禮失其節, 樂失其和. 蓋這些子, 正是交加生死岸頭.” 又云: “禮樂者, 皆天理之自然. 節文也是天理自然有底, 和樂也是天理自然有底. 然這天理本是儱侗一直下來, 聖人就其中立箇界限, 分成段子, 其本如此, 其末

107) 於: 賀本에서는 以로 되어 있다.

亦如此, 其外如此, 其裏亦如此, 但不可差其界限耳. 才差其界限, 則便是不合天理. 所謂禮樂, 只要合得天理之自然, 則無不可行也." 又云: "無禮之節, 則無樂之和, 惟有節而後有和也."【燾】

87:137 問: ▲108) 既云離與流, 則不特謂之勝, 禮樂已亡矣." 又109) 曰: "不必如此說, 正好就'勝'字上看, 只爭這些子. 禮纔勝些子, 便是離了, 樂纔勝些子, 便是流了. 知其勝而歸之中, 卽是禮樂之正. 正好就'勝'字上看, 不可云禮樂已亡也."【僩】

87:138 此110)等禮, 古人目熟耳聞, 凡其周旋曲折, 升降揖遜, 無人不曉. 後世盡不得見其詳, 卻只有箇說禮處, 云"大禮與天地同節"云云. 又如樂盡亡了, 而今卻只空留得許多說樂處, 云"流而不息, 合同而化"云云. 只如『周易』, 許多占111)卦, 淺近底物事盡無了, 卻空有箇「繫辭」, 說得神出鬼沒.【僩】

87:139 問"明則有禮樂, 幽則有鬼神." 曰: "禮主減, 樂主盈. 鬼神亦只是屈伸之義. 禮樂鬼神一理."【德明】

87:140 ▲112) 禮樂是可見底, 鬼神是不可見底. 禮是收縮節約底, 便是鬼, 樂是發揚底, 便是神. 故云"人者鬼神之會", 說得自好. 又云"至愛則存, 至慤則著", 亦說得好.【賜】

87:141 ▲113) "此是一箇道理. 在聖人制作處, 便是禮樂, 在造化處,

---

108) ▲: "'禮勝則離, 樂勝則流.'
109) 又: 『朱子語類』에는 없다.
110) 此: 徽州本에서는 이 앞에 又曰이 더 있다.
111) 占: 成化本에서는 舌로 되어 있다.
112) ▲: "明則有禮樂, 幽則有鬼神."
113) ▲: 問"明則有禮樂, 幽則有鬼神." 曰:

便是鬼神." 或云: "'明道云: "天尊地卑, 乾坤定矣", "鼓之以雷霆, 潤之以風雨", 是也.' 不知'天地尊卑'是禮, '鼓之·潤之'是樂否?" 先生乃引「樂記」"天尊地卑"至"樂者天地之和也"一段, 云: "此意思極好." 再三歎息[114). 【又[115)云: "鬼神只是禮樂底骨子"[116). ○人傑 ○去僞錄略.】

87:142 "樂由天作", 屬陽, 故有運動底意, "禮以地制", 如由地出, 不可移易. 【升卿】

87:143 或問"天高地下, 萬物散殊"一段. 先生因歎此數句意思極好, 非孟子以下所能作, 其文如『中庸』, 必子思之辭. 『左傳』子太叔亦論此: "夫禮, 天之經, 地之義, 民之行, 天地之經, 而民實則之." 云: "舊見伯恭愛教人看. 只是說得麤, 文意不溜亮, 不如此說之純粹通暢. 他只是說人做這箇去合那天之度數. 如云'爲六畜·五牲·三犧, 以奉五味'云云之類, 都是做這箇去合那天, 都無那自然之理. 如云'天高地下, 萬物散殊, 而禮制行矣, 流而不息, 合同而化, 而樂興焉', 皆是自然合當如此." 【僩】

87:144 問: "'春作夏長, 仁也, 秋斂冬藏, 義也.' 此『易』所謂'人道天道'之立[117)歟?" 曰: "此則[118)『通書』所謂二氣·五行之說." 【去僞】[119)

87:145 問: "'禮樂極于[120)天而蟠乎地, 行乎陰陽而通乎鬼神, 窮高極[121)遠而測深厚', 此是言一氣之和無所不通否?" 曰: "此亦以理言.

---

114) 息: 徽州本에서는 이 뒤에 云: "退思, 是天尊地卑乾坤定矣, 如此則禮者天地之別也. 地氣上際, 天氣下降"云云. 如此則樂者天地之和也.가 더 있다.
115) 又: 徽州本에서는 己亥秋, 嘗見先生으로 되어 있다.
116) 又云: "鬼神只是禮樂底骨子.": 하본에서는 본문으로 되어 있다.
117) 立: 英祖刊本·賀本에서는 位로 되어 있다.
118) 則: 『朱子語類』에서는 卽으로 되어 있다.
119) 【去僞】: 徽州本에서는 이 뒤에 按徐寓錄同이 더 있다.
120) 于: 賀本에서는 於로 되어 있다.
121) 高極: 賀本에서는 極高로 되어 있다.

有是理, 卽有是氣. 亦如說'天高地下, 萬物散殊, 而禮制行矣.'" 文蔚曰: "『正義』卻有'甘露降, 醴泉出'等語." 曰: "大綱亦是如此. 緣先有此理, 末梢便有這徵驗."【文蔚】

87:146 "'樂, 樂其所自生, 禮, 反其所自始.' 亦如'樂由中出, 禮自外作.' 樂是和氣, 從中間直出, 無所待於外, 禮卻是始初有這意思, 外面卻做一箇節文抵當他, 卻是人做底. 雖說是人做, 元不曾杜撰, 因他本有這意思, 故下文云: '樂章德, 禮報情, 反始也.'" 文蔚問: "如何是章德?" 曰: "和順積諸中, 英華發諸外, 便是章著其內之德. 橫渠說: '樂則得其所樂, 卽是樂也, 更何所待? 是樂其所自成.' 說得亦好. 只是'樂其所自成', 與'樂其所自生', 用字不同爾."【文蔚】

87:147 問: "'禮樂偩天地之情', 如陰陽之闔闢升降, 天地萬物之高下散殊, '窮本知變, 樂之情', 如五音六律之相生無窮, '著誠去僞, 禮之經', 如品藻節文之不可淆亂否?" 曰: "也不消如此分. 這兩箇物事, 只是一件. 禮之誠, 便是樂之本, 樂之本, 便是禮之誠. 若細分之, 則樂只是一體周流底物, 禮則是兩箇相對, 著誠與去僞也. 禮則相刑相剋, 以此克彼, 樂則相生相長, 其變無窮. 樂如晝夜之循環, 陰陽之闔闢, 周流貫通, 而禮則有向背明暗. 論其本則皆出於一. 樂之和, 便是禮之誠, 禮之誠, 便是樂之和. 只是禮則有誠有僞, 須以誠克去僞, 則誠着. 所以「樂記」內外同異, 只管相對說, 翻來覆去, 只是這兩說." 又曰: "偩, 依象也. '窮本知變', 如樂窮極到本原處, 而其變生無窮." 問: "'降興上下之神', 是說樂, '凝是精粗之體', 是說禮否?" 曰: "不消如此分. 禮也有'降興上下之神'時節, 如祭肝祭心之類."【僩】

87:148 問"樂以治心, 禮以治躬." 曰: "心要平易, 無艱深險阻, 所以說: '不和不樂, 則鄙詐之心入之矣. 不莊不敬, 則慢易之心入之矣.'"【節】

87:149 ▲[122] "子諒", 從來說得無理會. 卻因見『韓詩外傳』"子諒"作"慈良"字, 則無可疑. 【木之】

87:150 ▲[123]問: "'天則不言而信', 莫只是實理, '神則不怒而威', 莫只是不可測知否?" 曰: "也是恁地. 神便是箇動底物事." 【義剛】

87:151 問: "「樂記」以樂爲先, 與濂溪異." 曰: "他卻將兩者分開了." 【可學】

「祭法」

87:152 李丈問: "四時之祫, 高祖有時而在穆." 曰: "某以意推之如此, 無甚緊要, 何必理會? 禮書大概差舛不可曉. 如「祭法」一篇, 卽『國語』柳下惠說祀爰居一段, 但文有先後. 如祀稷祀契之類, 只是祭祖宗耳. 末又說有功則祀之, 若然, 則祖宗無功, 不祀乎?" 【淳 ○義剛錄略.】

○[124] 『禮記』"祖文王, 宗武王"爲據, 上面又說"祖契而宗湯." 又引『詩』「小序」"禘太祖." 『詩』序有甚牢固?

87:153 或問: "「祭法」云: '鯀障洪水而殛死. 禹能修鯀之功.' 所以擧鯀, 莫是因言禹後, 倂[125]及之耶?" 曰: "不然." 【去僞】

87:154 官師, 【諸有司之長也.】[126] 官師[127]一廟止及禰, 卻於禰廟倂

122) ▲: 讀書自有可得參考處. 如"易直子諒之心"一句,
123) ▲: 子武
124) ○: 『朱子語類』 107:18의 일부이다.
125) 倂: 賀本에서는 幷으로 되어 있다.
126) 【諸有司之長也.】: 英祖刊本・賀本에서는 본문으로 되어 있다.

祭祖. 適士二廟, 卽祭祖, 祭禰, 皆不及高曾. 大夫三廟, 一昭一穆, 與太祖廟而三. 大夫亦有始封之君, 如魯 季氏, 則公子友, 仲孫氏, 則公子慶父, 叔孫氏, 則公子牙是也.【銖】

87:155　一廟者得祭祖・禰.　古今祭禮中, 『江都集禮』內有說.【時擧】

「祭義」

87:156 “春禘秋嘗. 霜露旣降, 君子履之, 必有悽愴之心, 非其寒之謂. 雨露旣濡, 君子履之, 必有怵惕之心, 如將見之. 樂以迎來, 哀以送往, 故禘有樂而嘗無樂.” 蓋春陽氣發來, 人之魂魄亦動, 故禘有樂以迎來, 如『楚辭』「大招」中亦有“魂來”之語, 秋陽氣退去, 乃鬼之屈, 故嘗不用樂以送往.【義剛】[128]

87:157 問: “‘孝子有終身之喪, 忌日之謂也’, 不知忌日合著如何服?” 曰: “唐時士大夫依舊孝服受弔. 五代時某人忌日受弔, 某人弔之, 遂於坐間刺殺之. 後來只是受人慰書, 而不接見, 須隔日預辦下謝書, 俟有來慰者, 卽以謝書授之, 不得過次日. 過次日, 謂之失禮. 服亦有數等, 考與祖・曾祖・高祖, 各有降殺, 妣與祖妣, 服亦不同. 大概都是黲衫・黲巾. 後來橫渠制度又別, 以爲男子重乎首, 女子重乎帶. 考之忌日, 則用白巾▲[129]類,【疑亦是黲巾.】 而不易帶, 妣之忌日, 則易帶而不改巾. 服亦隨親疏有隆殺.” 問: “先生忌日何服?” 曰: “某只[130]著白絹涼衫・黲巾, 不能做許多樣服得.” 問: “黲巾以何爲之?” 曰: “紗絹皆可. 某以紗.” 又問: “誕辰亦受子弟壽酒否?” 曰: “否.” “衣服易否?”

---

127) 師: 하본에서는 司로 되어 있다.
128)【義剛】: 賀本에는 없고, 徽州本에서는 이 뒤에 陳淳錄同이 더 있다.
129) ▲: 之
130) 只: 徽州本에서는 이 뒤에 是가 더 있다.

曰: "否. 一例不受人物事. 某家舊時常祭: 立春・冬至・季秋祭禰三祭. 後以立春・冬至二祭近禘・祫之祭, 覺得不安, 遂去之. 季秋依舊祭禰, 而用某生日祭之. 適値某生日在季秋, 遂用此日."【九月十五日.】 又問: "在官所, 還受人壽儀否?" 曰: "否. 然也有行不得處, 如作州則可以不受, 蓋可以自由. 若有監司所在, 只得按例與之受, 蓋他生日時, 又用還他. 某在潭州如此, 在南康・漳▲[131], 不受亦不送." 又問黲巾之制. 曰: "如帕複相似, 有四隻帶, 若當幞[132]頭然."【僩】

87:158 問"惟聖人惟[133]能饗帝." 曰: "惟聖方能與天合德." 又曰: "這也是難. 須是此心蕩蕩地, 方與天相契, 若有些黑暗, 便不能與天相契矣."【燾】

87:159 "夫子答宰我鬼神說處甚好: '氣者, 神之盛也, 魄者, 鬼之盛也.' 人死時, 魂氣歸于[134]天, 精魄歸于[135]地. 所以古人祭祀, 燎以求諸陽, 灌以求諸陰." 曰: "'其氣發揚于[136]上, 爲昭明・焄蒿・悽愴, 此百物之精, 神之著也', 何謂也?" 曰: "人氣本騰上, 這下面盡, 則只管騰上去. 如火之煙, 這下面薪盡, 則煙只管騰上去." 曰: "終久必消否?" 曰: "是."【淳】

87:160 問: "'氣也者, 神之盛也, 魄也者, 鬼之盛也.' 豈非以氣魄未足爲鬼神, 氣魄之盛者乃爲鬼神否?" 曰: "非也. 大凡說鬼神, 皆是通生死而言. 此言盛者, 則是指生人身上而言. 所以後面說'骨肉斃于[137]下, 陰爲野土', 但說體不說魄也." 問: "頃聞先生言, '耳目之精明者爲

131) ▲: 州
132) 幞: 賀本에서는 襆으로 되어 있다.
133) 惟: 賀本에서는 爲로 되어 있다.
134) 于: 賀本에서는 於로 되어 있다.
135) 于: 賀本에서는 於로 되어 있다.
136) 于: 賀本에서는 於로 되어 있다.
137) 于: 賀本에서는 於로 되어 있다.

魄, 口鼻之嘘吸者爲魂', 以此語是而未盡. 耳目之所以能精明者爲魄, 口鼻之所以能嘘吸者爲魂, 是否?" 曰: "然. 看來魄有箇物事形象在裏面, 恐如水晶相似, 所以發出來爲耳目之精明. 且如月, 其黑暈是魄也, 其光是魂也. 想見人身魂魄也是如此. 人生時魂魄相交, 死則離而各散去, 魂爲陽而散上, 魄爲陰而降下." 又曰: "陰主藏受, 陽主運用. 凡能記憶, 皆魄之所藏受也, 至於運用發出來是魂. 這兩箇物事本不相離. 他能記憶底是魄, 然發出來底便是魂, 能知覺底是魄, 然知覺發出來底又是魂. 雖各自分屬陰陽, 然陰陽中又各自有陰陽也." 或曰: "大率魄屬形體, 魂屬精神." 曰: "精又是魄, 神又是魂." 又曰: "魄盛, 則耳目聰明, 能記憶, 所以老人多目昏耳瞶, 記事不得, 便是魄衰而少也. 『老子』云: '載營魄.' 是以魂守魄. 蓋魂熱而魄冷, 魂動而魄靜. 能以魂守魄, 則魂以所守而亦靜, 魄以魂而有生意, 魂之熱而生凉, 魄之冷而生暖. 惟二者不相離, 故其陽不燥, 其陰不滯, 而得其和矣. 不然, 則魂愈動而魄愈靜, 魂愈熱而魄愈冷. 二者相離, 則不得其和而死矣." 又云: "水一也, 火二也. 以魂載魄[138], 以二守一, 則水火固濟而不相離, 所以能永年也. 養生家說盡千言萬語, 說龍說虎, 說鉛說汞, 說坎說離, 其術止是如此而已. 故云: '載魄抱魂, 能勿離乎? 專氣致柔, 能如嬰兒乎?' 今之道家, 只是馳騖於外, 安識所謂'載魄守一, 能勿離乎'? 康節云: '老子得『易』之體, 孟子得『易』之用.' 康節之學, 意思微似莊·老." 或曰: "老子以其不能發用否?" 曰: "老子只是要收藏, 不放散." 【燾】

87:161 問: "陽魂爲神, 陰魄爲鬼. 「祭義」曰: '氣也者, 神之盛也, 魄也者, 鬼之盛也.' 而鄭氏曰: '氣, 嘘吸出入者也. 耳目之聰明爲魄.' 然則陰陽未可言鬼神, 陰陽之靈乃鬼神也, 如何?" 曰: "魄者, 形之神, 魂者, 氣之神. 魂魄是形[139]氣之精英, 謂之靈. 故張子曰: '二氣之良能.'"

---

138) 魂載魄: 賀本에서는 魄載魂으로 되어 있다.
139) 形: 賀本에서는 神으로 되어 있다.

【二氣, 卽陰陽也. 良能, 是其靈處.】 問: "眼體也, 眼之光爲魄. 耳體也, 何以爲耳之魄?" 曰: "能聽者便是. 如鼻之知臭, 舌之知味, 皆是. 但不可以'知'字爲魄, 纔說知, 便是主於心也. 心但能知, 若甘苦鹹淡, 要從舌上過. 如老人耳重目昏, 便是魄漸要散." 潘問: "魄附於體, 氣附於魂, 可作如此看否?" 曰: "也不是附. 魂魄是形氣之精英." 銖問: "陽主伸, 陰主屈. 鬼神陰陽之靈, 不過指一氣之屈伸往來者◇[140]言耳. 天地之間, 陰陽合散, 何物不有? 所以錯綜看得." 曰: "固是. 今且說大界限, 則『周禮』言'天曰神, 地曰祇, 人曰鬼.' 三者皆▲[141]神, 而天獨曰神者, 以其常常流動不息, 故專以神言之. 若人亦自有神, 但在人身上則謂之神, 散則謂之鬼耳. 鬼是散而靜了, 更無形, 故曰'往而不返.'" 又問: "子思只擧'齊明盛服'以下數語發明'體物而不可遺'之驗, 只是擧神之著者而言, 何以不言鬼?" 曰: "鬼是[142]散而靜, 更無形, 故不必言. 神是發見, 此是鬼之神. 如人祖考氣散爲鬼矣, 子孫精誠以格之, 則'洋洋如在其上, 如在其左右', 豈非鬼之神耶?"【銖】

87:162 魂魄,『禮記』古注甚明, 云: "魂, 氣之所出入者是, 魄, 精明所寓者是."

87:163 ▲[143] 鄭◇[144]云: '氣, 謂噓吸出入者也. 耳目之聰明爲魄.' 竊謂人之精神知覺與夫運用云爲皆是神. 但氣是充盛發於外者, 故謂◇[145]之盛', 四肢九竅與夫精血之類皆是魄, 但耳目能視能聽而精明, 故謂之'鬼之盛.'" 曰: "是如此. 這箇只是就身上說." 又曰: "燈似魂, 鏡似魄. 燈有光焰, 物來便燒, 鏡雖照見, 只在裏面. 又, 火日外影, 金水

---

140) ◇: 而
141) ▲: 有
142) 鬼是:『小分』에서는 是鬼를 교정부호로 바로잡았다.
143) ▲: 問: "孔子答宰我鬼神一段,
144) ◇: 注
145) ◇: 之'神

內影, 火日是魂, 金水是魄." 又曰: "運用動作底是魂, 不運用動作底是魄." 又曰[146]: "動是魂, 靜是魄."【胡泳】

87:164 問"其氣發揚于[147]上, 爲昭明・焄蒿・悽愴[148]." 曰: "此是陰陽乍離之際, 髣髴如有所見, 有這箇聲氣. 昭明・焄蒿是氣之升騰, 悽愴是感傷之意."【文蔚】

87:165 ▲[149]"昭明是所謂光景者, 想像其如此, 焄蒿是升騰[150]底氣象, 悽愴是能令人感動模樣, '墟墓之間[151]未施哀而民哀', 是也. '洋洋乎如在其上, 如在其左右', 正謂此."【德明】

87:166 "昭明"是光耀底, "焄蒿"是袞[152]上底, "悽愴"是凜然底. 今或有人死, 氣盛者亦如此.【賜】

87:167 曾見人說, 有人死, 其室中皆溫暖, 便是氣之散. ▲[153] ○[154] 昭明是精光, 焄蒿是暖氣, 悽愴是慘栗者. 如『漢書』李少君招魂, 云: "其氣肅然?"

87:168 "焄蒿是鬼神精氣交感處, 注家一處說升騰. 悽愴則漢 武「郊祀記」所謂'其風肅然'?" 或問: "今人聚數百人去祭廟, 必有些影響, 是如何?" 曰: "衆心輻湊處, 這些便熱." 又問: "'郊焉而天神假, 廟焉而人

---

146) 曰: 孝宗刊本에서는 旦으로 되어 있다.
147) 于: 賀本에서는 於로 되어 있다.
148) 愴: 徽州本에서는 이 뒤에 此百物之精神之著也如何가 더 있다.
149) ▲: 問"其氣發揚於上, 爲昭明・焄蒿・悽愴." 曰:
150) 升騰: 『朱子語類』에서는 騰升으로 되어 있다.
151) 間: 賀本에서는 閒으로 되어 있다.
152) 袞: 英祖刊本・賀本에서는 滾으로 되어 있다.
153) ▲: 『禮記』云: "其氣發揚於上, 爲昭明・焄蒿・悽愴, 此百物之精也."
154) ○: 『朱子語類』의 87:167을 별도의 항목으로 나누었다.【附箋紙】"昭明是精光", 印本此條與上條爲一條, 中間有刪去處, 故誤作別條.

鬼享', 如何?" 曰: "古時祭祀都是正, 無許多邪誕. 古人只臨時爲壇以祭, 此心發處, 則彼以氣感, 纔了便散. 今人不合做許多神像只兀兀在這裏坐, 又有許多夫妻子母之屬. 如今神道必有一名, 謂之'張太保''李太保', 甚可笑!" 【自修 ○賀孫同.】

87:169 ▲[155] 廣問: "『中庸或問』取鄭氏說云: '口鼻之噓吸者爲魂, 耳目之精明者爲魄.' 先生謂: '此蓋指血氣之類言之. 口鼻之噓吸是以氣言之, 耳目之精明是以血言之.' 目之精明以血言, 可也. 耳之精明, 何故亦以血言?" 曰: "醫家以耳屬腎, 精血盛則聽聰, 精血耗則耳聵矣. 氣爲魂, 血爲魄, 故'骨肉歸于[156]地, 陰爲野土', '若夫魂氣則無不之也.'" 廣云: "是以『易』中說'遊魂爲變.'" 曰: "『易』中又卻只說一邊: '精氣爲物.' 精氣聚則成物, 精氣散則氣爲魂, 精爲魄. 魂升爲神, 魄降爲鬼. 易只說那升者." 廣云: "如徂落之義, 則是兼言之." 曰: "然." 廣云: "今愚民於村落杜撰立一神祠, 合衆以禱之, 其神便靈." 曰: "可知衆心之所輻湊處, 便自暖, 故便有一箇靈底道理. 所以祭神[157]多用血肉者, 蓋要得藉他之生氣耳. 聞蜀中灌口廟一年嘗殺數萬頭羊, 州府亦賴此一項稅羊錢用. 又如古人釁鍾・釁龜之意, 皆是如此." 廣云: "人心聚處便有神, 故古人'郊則天神格, 廟則人鬼享', 亦是此理." 曰: "固是. 但古人之意正, 故其神亦正, 後世人心先不正了, 故所感無由得正." 因言: "古人祭山川, 只是設壇位以祭之, 祭時便有, 祭了便無, 故不褻瀆. 後世卻先立箇廟貌如此, 所以反致惑亂人心, 倖求非望, 無所不至." 廣因言今日淫祠之非禮, 與釋氏之所以能服鬼神之類. 曰: "人心苟正, 表裏洞達無纖毫私意, 可以對越上帝, 則鬼神焉得不服? 故曰: '思慮未起, 鬼神莫知.' 又曰: '一心定而鬼神服.'" 【廣】

---

155) ▲: 問: "'昭明・焄蒿・悽愴'之義如何?" 曰: "此言鬼神之氣所以感觸人者. 昭明, 乃光景之屬, 焄蒿, 氣之感觸人者, 悽愴, 如漢書所謂'神君至, 其風颯然'之意."
156) 于: 賀本에서는 於로 되어 있다.
157) 祭神: 『小分』에서는 神祭를 교정부호로 바로잡았다.

87:170 ▲[158] "神氣屬陽, 故謂之人, 精魄屬陰, 故謂之鬼. 然方其生也, 而陰▲[159]之理已附其中矣." 又曰: "今且未要理會到鬼神處. 大凡理只在人心, 此心一定, 則萬理畢見, 亦非能自見也. 心苟是矣, 試一察之, 則是是非非, 自然別得. ▲[160] 【道夫】

87:171 問: "▲[161]凡言鬼神, 皆只是以理之屈伸[162]者言也. 至言鬼神禍福凶吉[163]等事, 亦只是以理言. 蓋人與鬼神天地同此一理, 而理則無有不善. 人能順理則吉, 逆理則凶, 其於[164]禍福亦然. 豈謂天地鬼神一一下降於人哉? 如『書』稱'天道福善禍淫', 『易』言'鬼神害盈而福謙', 亦只是這意思. ▲[165] 及觀「禮運」論祭祀則曰[166]: '以嘉魂魄, 是謂合莫.' 注謂, 莫, 無也. 又曰: '上通無莫.' 此說又似與「祭義」不合." 曰: "如子所論, 是無鬼神也. 鬼神固是以理言, 然亦不可謂無氣. 所以先王祭祀, 或以燔燎, 或以鬱鬯. 以其有氣, 故以類求之爾. 至如禍福吉凶之事, 則子言是也." 【謨】

---

158) ▲: 問: "'其氣發揚於上, 爲昭明・焄蒿・悽愴, 此百物之精也, 神之著也.' 如何?" 曰:

159) ▲: 陽

160) ▲: 且如惻隱・羞惡・辭遜・是非, 固是良心. 苟不存養, 則發不中節, 顚倒錯亂, 便是私心." 又問: "既加存養, 則未發之際不知如何?" 曰: "未發之際, 便是中, 便是'敬以直內', 便是心之本體." 又問: "於未發之際, 欲加識別, 使四者各有著落, 如何?" 曰: "如何識別? 也只存得這物事在這裏, 便恁地涵養將去. 既熟, 則其發見自不差. 所以伊川說: '德無常師, 主善爲師, 善無常主, 協於克一.' 須是協一, 方得." 問: "'善'字不知主何而言?" 曰: "這只主良心."

161) ▲: 聖人

162) 伸: 孝宗刊本・成化本에서는 神으로 되어 있다.

163) 凶吉: 『小分』에서는 吉凶을 교정부호로 바로잡았다.

164) 其於: 『小分』에서는 於其를 교정부호로 바로잡았다.

165) ▲: 「祭義」: '宰我曰: 〈吾聞鬼神之名, 不知其所謂〉. 孔子曰: 〈神也者, 氣之盛也, 魄也者, 鬼之盛也〉. 又曰: 〈衆生必死, 死必歸土, 是之謂鬼. 骨肉斃於下, 陰爲野土. 其氣發揚於上, 爲昭明・焄蒿・悽愴, 百物之精, 神之著也〉.' 魄既歸土, 此則不問. 其曰氣, 曰精, 曰昭明, 又似有物矣. 既只是理, 則安得有所謂氣與昭明者哉? 及觀「禮運」論祭祀則曰:

166) 亦只是這意思 … 祭祀則曰 : 【附箋紙】此間有「祭義」一段語而刪之, 使下文無頭緒, 恐宜商.

「哀公問」

87:172 「哀公問」中"訪"字, 去聲讀, 只是"方"字. 山東人呼"方"字去聲. 『漢書』中說文帝舅駟鈞167)處, 上文云: "訪高后時", 卽山東音也, 其義只是"方"字. 【按: 此篇無"訪"字, 乃錄誤, 當攷. ○僩】

「仲尼燕居」

87:173 "領惡全好." 楊至之記云: "領, 管領, 使之不得動." 又云: "領, 治也, 治去其惡也." 【節】

「孔子間168)居」

87:174 ▲169)"耆欲將至, 有開必先", 『家語』作"有物將至, 其兆必先", 卻是. 疑"有物"訛爲"耆欲", "其兆"訛爲"有開." 故"耆"下"日"亦似"有", "開"上"門"亦似"兆." 若說"耆欲", 則又成不好底意. 【義剛】

○170) 又如『禮記』中說"耆慾將至, 有開必先", 『家語』作"有物將至, 其兆必先"爲是. 蓋"有"字似"耆"字, "物"字似"慾"字, "其"字似"有"字, "兆"字篆文似"開"字之"門", 必誤無疑. 今欲作"有開"解, 亦可, 但無意思爾.

「表記」

---

167) 鈞: 하본에서는 鈞로 되어 있다.
168) 間: 英祖刊本・成化本・賀本에서는 閒으로 되어 있다.
169) ▲: 『禮記』
170) ○: 『朱子語類』 83:111의 일부이다.

87:175 "朝極辨, ▲[171] 辨, 治也.【泳】

87:176 問: "'君子莊敬日強', 是志强否?" 曰: "志也强, 體力也强. 今人放肆, 則日怠惰一日, 那得强? 伊川云: '人莊敬則日就規矩.' 莊敬自是耐得辛苦, 自不覺其日就規矩也."【寓】

87:177 ▲[172]"與仁同過"之言, 說得太巧, 失於迫切.【人傑】

87:178 問: "「表[173]記」, 伊川曰: '『禮記』多有不純處. 如"至孝近乎王, 至弟近乎霸", 直是可疑. 如此, 則王無弟[174], 霸無父也.'" 曰: "「表記」言'仁有數, 義有長短小大', 此亦有未安處. 今且只得如注說."【去僞】

87:179 問: "'鄉道而行, 中道而廢[175]', 其意安在?" 曰: "古人只恁地學將去, 有時到【方子錄作"倒."】 了, 也不定. 今人便算時度日, 去計功效." 又問: "『詩』之正意, '仰'字當重看, 夫子之言, '行'字當重看." 曰: "不是高山景行, 又仰箇什[176]麽? ◇[177] 高山景行, 便是那仁."【至○方子同.】

「深衣」

87:180 "具父母, 衣純以靑." 偏親旣無明文[178], 亦當用靑也. 績者,

171) ▲: 不繼之以倦."
172) ▲: 『禮記』
173) 表: 孝宗刊本・英祖刊本・成化本에서는 喪으로 되어 있다.
174) 弟: 英祖刊本・賀本에서는 兄으로 되어 있다.
175) 廢: 徽州本에서는 이 뒤에 忘身之老也가 더 있다.
176) 什: 賀本에서는 甚으로 되어 있다.
177) ◇: 又行箇什麽?
178) 明文: 『小分』에서는 文明을 교정부호로 바로잡았다.

可以青純畫雲. "雲"字, 見沈存中『筆談』. 【必大】

87:181 深衣用虔布, 但而今虔布亦未依法. 當先有事其縷, 無事其布. 方未經布時, 先砑其縷, 非織了後砑也. 衣服當適於體. 康節向溫公說: "某今人, 著今之服." 亦未是. 【泳】

「鄉飲酒」

87:182 「鄉飲酒義」"三讓"之義, 注疏以爲"月三日而成魄, 魄三月而成時"之義, 不成文理, 說倒了. 他和『書』"哉生魄", 也不曾曉得, 然亦不成譬喻. 或云, 當作"月三日而成明", 乃是. 【僩】[179)]

87:183 鄉飲酒禮[180)]: 堂上主客列兩邊, 主人一拜, 客又答一拜, 又拜一拜, 又答一拜, 卻不交拜. 又也皆北向拜, 不相對. 不知是如何. 某赴省試[181)]時, 衆[182)]士人拜知擧. 知擧受拜了, 卻在堂上令衆人少立, 使人大喝云: "知擧答拜!" 方拜二拜. 是古拜禮猶有存者. 近年問人則便已交拜, 是二三十年間此禮又失了. 【賀孫】

87:184 明州行鄉飲酒禮, 其儀乃是高抑崇撰. 如何不曾看『儀禮』, 只將『禮記』「鄉飲酒義」做這文字. 似乎編入『國史』·『實錄』, 果然是貽笑千古者也. ▲[183)] 禮, 旣飮, "左執爵, 祭脯醢." 所以左執爵者, 謂欲用右手取脯醢, 從其便也. 他卻改"祭脯醢"作"薦脯醢", 自教一人在邊進脯醢. 右手自無用, 卻將左手只管把了爵, 將右順便手卻縮了? 是

179) 【僩】: 賀本에는 【泳】으로 되어 있다.
180) 酒禮: 『小分』에서는 禮酒를 교정부호로 바로잡았다.
181) 省試: 『小分』에서는 試省를 교정부호로 바로잡았다.
182) 衆: 徽州本에서는 이 앞에 當時가 더 있다.
183) ▲: 『儀禮』有"拜迎"·"拜至"·"拜送"·"拜旣." 拜迎, 謂迎賓, 拜至, 謂至階, 拜送, 謂旣酌酒送酒也, 拜旣, 卒爵而拜也. 此禮中四節如此. 今其所定拜送, 乃是送客拜兩拜, 客去又拜兩拜, 謂之"拜旣", 豈非大可笑.

可笑否?【賀孫】

87:185 紹興初, 爲鄕飮酒禮, 朝廷行下一議[184]制極乖陋. 此時乃高抑崇爲禮官. 看他爲愼終喪禮, 是煞看許多文字, 如『儀禮』一齊都考得子[185]細. 如何定鄕飮酒禮乃如此疏繆? 更不識著『儀禮』, 只把「禮記鄕飮酒義」鋪排敎人行. 且試擧一項, 如「鄕飮酒」文云: "拜至, 拜洗, 拜受, 拜送, 拜旣." 拜至, 乃是賓升, 主人阼階上當楣北面再拜, 謝賓至堂, 是爲拜至. 主人旣洗酌, 卒洗, 升, 賓拜洗, 是爲拜洗. 主人取爵實之獻賓, 賓西階上拜, 是爲拜受. 若拜送, 乃是賓進受爵, 主人阼階上拜, 如今云送酒, 是爲拜送爵. 賓復西階上位, 方有拜告旨・拜旣爵, 及酢主人之禮. 他乃將拜送, 作送之門外再拜爲拜送, 門外兩拜了, 又兩拜, 爲拜旣. 不知如何恁地不子細. 拜旣爵, 亦只是堂上禮. 又曰: "古禮看說許多節目, 若甚煩[186]縟, 到得行時節, 只頃刻可了. 以舊時所行鄕飮◇[187]看之, 煞見得不費時節." 又曰: "『開元禮』煞可看. 唯是『五禮新儀』全然不是! 當時做這文字時, 不曾用得識禮底人, 只是胡亂變易古文白撰, 全不考究. ▲[188]【賀孫】

---

184) 議: 英祖刊本・成化本・賀本에서는 儀로 되어 있다.
185) 子: 賀本에서는 仔로 되어 있다.
186) 煩: 賀本에서는 繁으로 되어 있다.
187) ◇: 酒
188) ▲: 天子乘車, 古者君車將駕, 則僕御執策立於馬前. 旣效駕, 君雖未升, 僕御者先升, 則奮衣由右上. 以君位在左, 故避君空位. 『五禮新儀』卻漏了僕人登車一項, 至駐車處, 卻有僕人下車之文. 這是一處錯. 他處都錯了." 又云: "『五禮新儀』固未是, 至如今又皆不理會. 如『朝報』上云'執綏官', 則是無僕人之禮. 古者執綏自是執綏, 僕人乃是授綏, 如何今卻以執綏官代僕人? 兼古者有敬事, 則必式. 蓋緣立於車上, 故憑衡, 式則是磬折, 是爲致敬. 今卻在車上用椅子坐, 則首與前衡高下不多, 若憑手, 則是傲慢. 這般所在, 都不是. 如所謂'僕人乃立於車柱之外後角', 又恐立不住, 卻以采帛繫於柱上, 都不成模樣. 兼前面乃以內侍二人立於兩旁, 是大非禮. '同子參乘, 爰絲變色', 豈有以內侍同載, 而前後皆安之? 眼前事, 纔拈一件起來勘當著所在, 便不成模樣. 神宗嘗欲正此禮數, 王安石答以先理會得學問了, 這般事自有人出理會, 遂止. 如荊公門人陸農師自是煞能考禮, 渠後來卻自不曾用他." 又曰: "婦人之拜, 據『古樂府』云: '出門長跪問故夫.' 又云: '直身長跪.' 余正父云: '『周禮』有肅拜, 恐只是如今之俯首加敬而已.' 不知

「鄕射」

87:186 “與爲人後者不入.” “與爲人後者”, 謂大宗已有後, 而小宗復爲之後, 卻無意思. 因言, 李光祖嘗爲人後, 其家甚富, 其父母死, 竭家貲以葬之, 而光祖遂至於貧. 雖不中節, 然意思卻好. 【人傑】

87:187 “射中則得爲諸侯, 不中則不得爲諸侯.” 此等語皆難信. 『書』謂“庶頑讒說, 侯以明之.” 然中間若有羿之能, 又如何以此分別? 恐大意略以射審定, 非專以此去取也. 【賀孫】

87:188 射觀德擇人, 是凡與射者皆賢者可以助祭之類, 但更以射擇之. 如卜筮決事然, 其人賢不肖, 不是全用射擇之也. 小人更是會射. 今俗射有許多法, 與古法多小[189]別, 小人儘會學. 後之說者說得太過了, 謂全用此射以擇諸侯幷助祭之人, 非也. 大率禮家說話, 多過了, 無殺合. 【揚】

「拾遺」

87:189 古人祭酒於地, 祭食於豆間, 有版盛之, 卒食撤去. 【人傑】

87:190 “有體, 有俎.” 【祭享: 體, 半邊也. 俎以骨爲斷. ○卓】

87:191 木豆爲豆, 銅豆爲登. 【登本作“鐙[190].” ○道夫】

夫人如何. 喪禮, 婦人唯舅之喪則跪拜, 於他人又不知其拜如何. 古禮殘闕, 這般所在皆無可考.”

189) 小: 『朱子語類』에서는 少로 되어 있다.
190) 鐙: 賀本에서는 證으로 되어 있다.

87:192 几是坐物, 有可以按手者, 如今之三淸椅.【明作】

87:193 門是外門, 雙扇. 戶是室中之戶, 隻扇. 觀『儀禮』中可見.【義剛】[191)]

87:194 王出戶, 則宗祀[192)]隨之, 出門, 則巫覡隨之.【文蔚】

87:195 "天子視學以齒, 嘗爲臣者弗臣." 或疑此句未純, 恐其終使人不臣, 如蔡卞之扶植王安石也. 曰: "天子自有尊師重道之意, 亦豈可遏? 只爲蔡卞是小人, 王安石未爲大賢, 蔡卞只是扶他以證其邪說, 故喫人議論. 如了翁論他也是. 若眞有[193)]伊・周之德, 雖是故臣, 稍加尊敬, 亦何害? 天子入學, 父事三老, 兄事五更, 便是以齒不臣之也. 如或人之論, 則廢此禮可也."

191)【義剛】: 徽州本에는【淳 ○義剛錄略同】으로 되어 있다.
192) 祀: 賀本에서는 祝으로 되어 있다.
193) 有:『小分』에서는 儒를 有로 고쳤다.

『朱子語類』 卷第八十八

「禮五」

「大戴禮」

88:1 『大戴禮』無頭, 其篇目闕處, 皆是元無, 非小戴所去取. 其間多雜僞, 亦有最好處. 然多誤, 難讀. 【義剛】[1]

88:2 『大戴禮』冗雜, 其好處已被小戴採摘來做『禮記』了, 然尙有零碎好處在. 【廣】

88:3 『大戴禮』【賀孫錄云: "或有注, 或無注, 皆不可曉."】 本文多錯, 注尤舛誤. 武王諸銘有直做得巧了切題者, 如「鑑銘」是也. 亦有絶不可曉者. 【賀孫錄云: "有煞著題處, 有全不著題[2]處."】 想古人只是述戒懼之意, 而隨所在寫記以自警省爾, 不似今人爲此銘, 便要就此物上說得親切. 【賀孫錄云: "須要倣象本色."】 然其間亦有切題者, 如湯「盤銘」之類. 至於武王「盥盤銘」, 則又似箇船銘, 【賀孫錄云: "因學問數銘可疑. 曰: '便是, 如「盥盤銘」似可做船銘.'"】 想只是因水起意, 然恐亦有錯雜處. 【廣 ○賀孫錄少異.】

88:4 太公銘几杖之屬, 有不可曉・不着題之語. 古人文字只是有箇意思便說, 不似今人區區就一物上說.[3]

---

1) 【義剛】: 徽州本에는 【淳 ○義剛錄略同】 으로 되어 있다.
2) 著題: 소분에서는 題著를 교정부호로 바로잡았다.
3) 說.: 徽州本에서는 이 뒤에 【庚】 이 더 있다.

88:5 安卿[4]問: "『大戴』「保傅」篇, 多與賈誼策同, 如何?" 曰: "「保傅」中說'秦無道之暴', 此等語必非古書, 乃後人采賈誼策爲之, 亦有「孝昭冠辭」." 【義剛】[5]

88:6 「明堂」篇說, 其制度有"二九四七五三六一八", 鄭注云, "法龜文"也. 此又九數爲洛書之一驗也. 【賀孫錄云: "他那時已自把九疇作洛書看了." ○廣】

---

4) 安卿: 徽州本에서는 淳으로 되어 있다.
5) 【義剛】: 徽州本에는 【淳 ○義剛錄略同】으로 되어 있다.

『朱子語類』 卷第八十九

「禮六」

「冠・昏・喪」

「總論」

89:1 冠禮・昏禮, 不知起於何時. 如『禮記』疏說得恁地, 不知如何未暇辨得.【義剛】

89:2 問: "冠・昏・喪・祭,[1] 何書可用?" 曰: "只溫公『書儀』略可行, 亦不備." 又曰: "只是『儀禮』." 問: "伊川亦有書?" 曰: "只有些子."【節】

89:3 欽夫嘗定諸禮可行者,【淳錄云: "在廣西刊三家禮."】 乃除冠禮不載. 問之, 云: "難行." 某答之云: "古禮惟冠禮最易行.【淳錄云: "只一家事."】 如昏禮須兩家皆好禮,【淳錄云: "礙兩家, 如五兩之儀, 須兩家是一樣人, 始得."】 方得行. 喪禮臨時哀痛中, 少有心力及之. 祭禮則終獻之儀, 煩多長久, 皆是難行. 看冠禮比他禮卻最易行."【賀孫 ○淳錄少異.】

89:4 問: "喪・祭之禮, 今之士固難行, 而冠・昏自行, 可乎?" 曰: "亦自可行. 某今所定者, 前一截依溫公, 後一截依伊川. 昏禮事屬兩

1) 冠・昏・喪・祭: 『小分』에서는 昏・喪・祭・冠을 교정부호로 바로잡았다.

家, 恐未必信禮, 恐或難行. 若冠, 是自家屋裏事, 卻易行. 向見南軒說冠禮難行. 某云, 是自家屋裏事, 關了門, 將巾[2]冠與子弟戴, 有甚難?" 又云: "昏禮廟見舅姑之亡者而不及祖, 蓋古者宗子法行, 非宗子之家不可別立祖廟, 故但有禰廟. 今只共廟, 如何只見禰而不見祖? 此當以義起, 亦見祖可也." 問: "必待三月, 如何?" 曰: "今若既歸來, 直待三月, 又似太久. 古人直是至此方見可以爲婦, 及不可爲婦, 此後方反馬. 馬是婦初歸時所乘車, 至此方送還母家."【賀孫】

89:5 問冠·昏·喪·祭禮. 曰: "今日行之正要簡, 簡則人易從. 如溫公『書儀』, 人已以爲難行, 其殽饌十五味, 亦難辦." 舜功云: "隨家豐儉." 曰: "然." 問: "唐人立廟, 不知當用何器?" 曰: "本朝只文潞公立廟, 不知用何器. 呂與叔亦曾立廟, 用古器. 然其祭以古玄服, 乃作大袖皂衫, 亦怪, 不如著公服. 今『五禮新儀』亦簡, 唐人祭禮極詳."【可學[3]】

89:6 問: "冠·昏之禮, 如欲行之, 當須使冠·昏之人易曉其言, 乃爲有益. 如三加之辭, 出門之戒, 若只以古語告之, 彼將謂何?" 曰: "只以今之俗語告之, 使之易曉, 乃佳."【時學】

「冠[4]」

89:7 因言冠禮, 或曰: "邾隱公將冠, 使孟懿子問於孔子, 孔子對他一段好." 曰: "似這樣事, 孔子肚裏有多, 但今所載於方冊上者, 亦無幾爾."【廣】

2) 巾: 成化本에서는 由로 되어 있다.
3) 學: 成化本에는 없다.
4) 冠: 徽州本에서는 冠禮로 되어 있다.

「昏[5]」

89:8 天子諸侯不再娶, 亡了后妃, 只是以一娶十二女・九女者推上. 魯・齊破了此法再娶. 大夫娶三, 士二, 卻得再娶.【揚】

89:9 因論今之士大夫多是死於慾, 曰: "古人法度好. 天子一娶十二女, 諸侯一娶九女, 老則一齊老了, 都無許多患."【揚】

89:10 親迎之禮, 從伊川之說爲是, 近則迎於其國, 遠則迎於其館.【閎祖】

89:11 問: ▲[6] "廟見當以何日?" 曰: "古人三月而後見." 曰: "何必待三月?" 曰: "未知得婦人性行如何. 三月之久, 則婦儀亦熟, 方成婦矣. 然今也不能到三月, 只做箇節次如此." 曰: "古人納采後, 又納吉. 若卜不吉, 則如何?" 曰: "便休也." 曰: "古人納幣五兩, 只五匹耳. 恐太簡, 難行否?" 曰: "計繁簡, 則是以利言矣. 且吾儕無望於復古, 則風俗更教誰變?" 曰: "溫公用鹿皮, 如何?" 曰: "大節是了, 小小不能皆然, 亦沒緊要." 曰: "溫公婦見舅姑, 及舅姑享婦儀, 是否?" 曰: "亦是古人有此禮."【淳】

89:12 ▲[7]問: "古者婦三月廟見, 而溫公禮用次日. 今有當日卽廟見者, 如何?" 曰: "古人是從下做上, 其初且是行夫婦禮, 次日方見舅姑, 服事舅姑已及三月, 不得罪於舅姑, 方得奉祭祀."【義剛】[8]

---

5) 昏: 徽州本에서는 婚禮로 되어 있다.

6) ▲: "程氏『昏儀』與溫公『儀』如何?" 曰: "互有得失." 曰: "當以何爲主?" 曰: "迎婦以前, 溫公底是, 婦入門以後, 程『儀』是. 溫公『儀』, 親迎只拜妻之父兩拜, 便受婦以行, 卻是, 程『儀』遍見妻之黨, 則不是. 溫公『儀』入門便廟見, 不是, 程『儀』未廟見卻是. 大概只此兩條, 以此爲準, 去子細看." 曰:

7) ▲: 或

89:13 問: "婦當日廟見[9][10], 非禮否?" 曰: "固然. 溫公如此[11], 他是取『左氏』'先配後祖'之說. 不知『左氏』之語何足憑? 豈可取不足憑之『左氏』, 而棄可信之『儀禮』乎?" 【卓】

89:14 人[12]着書, 只是自入些己意, 便做病痛. 司馬與伊川定昏禮, 都是依『儀禮』, 只是各改了一處, 便不是古人意. 司馬禮云: "親迎, 奠雁, 見主昏者卽出." 【不先見妻父母者, 以婦未見舅姑也.】 是古禮如此. 伊川卻教拜了, 又入堂拜大男小女, 這不是. 伊川云: "婿迎婦既至, 卽揖入內, 次日見舅姑, 三月而廟見." 是古禮. 司馬禮卻說, 婦入門卽拜影堂, 這又不是. 古人初未成婦, 次日方見舅姑. 蓋先得於夫, 方可見舅姑, 到兩三月得舅姑意了, 舅姑方令見祖廟. 某思量, 今亦不能三月之久, 亦須第二日見舅姑, 第三日廟見, 乃安. 亦當行親迎之禮. 古者天子必無親至后家之禮. 今妻家遠, 要行禮, 一則令妻家就近處設一處, 卻就彼往迎歸館成禮, 一則妻家出至一處, 婿卽就彼迎歸自家[13]成禮. 【賀孫】

89:15 叔器問: "昏禮, 溫公『儀』, 婦先拜夫, 程『儀』, 夫先拜婦. 或以爲妻者齊也, 當齊拜. 何者爲是?" 曰: "古者婦人與男子爲禮, 皆俠拜, 每拜以二爲禮. 昏禮, 婦先二拜, 夫答一拜, 婦又二拜, 夫又答一拜. 冠禮, 雖見母, 母亦俠拜." 【淳】

89:16 問: "今有士人對俗人結姻, 欲行昏禮, 而彼俗人不從, 卻如何?" 先生微笑, 顧義剛久之, 乃曰: "這也是費力, 只得宛轉使人去與

---

8) 【義剛】: 徽州本에는 【夔孫】으로 되어 있다.
9) 婦當日廟見: 徽州本에서는 人家娶婦有當日便令廟見者로 되어 있다.
10) 廟見: 『小分』에서는 見廟를 교정부호로 바로잡았다.
11) 此: 徽州本에서는 이 뒤에 令見溫公『書儀』, 何故如此溫公有不可曉處가 더 있다.
12) 人: 孝宗刊本에서는 空格으로 되어 있다.
13) 家: 賀本에는 없다.

他商量. 古禮也省徑, 人也何苦不行?" 直卿曰: "若古禮有甚難明[14]者, 也不必拘. 如三周御輪, 不成是硬要扛定轎子旋三匝?" 先生亦笑而應. 義剛曰: "如俗禮若不大段害理者, 些小不必盡去也得." 曰: "是." 久之, 云: "古人也有不可曉. 古人於男女之際甚嚴, 卻如何地親迎乃用男子御車, 但只令略偏些子? 不知怎生地." 直卿擧今人結髮之說爲笑. 先生曰: "若娶用結髮, 則結髮從軍, 皆先用結了頭髮後, 方與番人廝殺耶?"【義剛】[15]

89:17 堯卿問姑舅之子爲昏. 曰: "據律中不許. 然自仁宗之女嫁李瑋[16]家, 乃是姑舅之子, 故歐陽公曰: '公私皆已通行.' 此句最是把嵩.【去聲】 這事又如魯初間與宋世爲昏, 後又與齊世爲昏, 其間皆有姑舅之子者, 從古已然. 只怕位不是."【義剛】[17]

「喪[18]」

89:18 問喪禮制度節目. 曰: "恐怕『儀禮』也難行. 如朝夕奠與葬時事尙可. 未殯以前, 如何得一一恁地子細? 只如含飯一節, 敎人從那裏轉? 那裏安頓? 一一各有定所, 須是有人相, 方得. 孔子曰'行夏之時, 乘殷之輅', 已是厭[19]周文之類了. 某怕聖人出來, 也只隨今風俗立一箇限制, 須從寬簡. 而今考得禮子細, 一一如古, 固是好, 如考不得, 也只得隨俗不礙理底行去."【胡泳】

89:19 因論喪服, 曰: "今人吉服皆已變古, 獨喪服必欲[20]◇[21]古制,

---

14) 明: 英祖刊本·成化本·賀本에서는 行으로 되어 있다.
15)【義剛】: 徽州本에서는 이 뒤에 陳淳錄同이 더 있다.
16) 瑋: 賀本에서는 瑋로 되어 있다.
17)【義剛】: 徽州本에서는 이 뒤에 陳淳錄同而略이 더 있다.
18) 喪: 徽州本에서는 喪禮로 되어 있다.
19) 是厭: 『小分』에서는 厭是를 교정부호로 바로잡았다.

不猶愈於俱亡乎?" 直卿亦以爲然. 先生曰: "'禮時爲大.' 某嘗謂, 衣冠本以便身, 古人亦未必一一有義. 又是逐時增添, 名物愈繁. 若要可行, 須是酌古之制, 去其重複, 使之簡易, 然後可." 又云: "一人自在下面做, 不濟事. 須是朝廷理會, 一齊與整頓過." 又云: "康節說'某今人, 須著今時衣服', 忒煞不理會也."【閎祖 ○以下喪服.】

89:20 問子升: "向見考祔禮, 煞子細. 不知其他禮數, 都考得如此否?" 曰: "未能及其他." 曰: "今古不同. 如殯禮, 今已自不可行." 子升因問: "喪禮, 如溫公『儀』, 今人平時旣不用古服, 卻獨於喪禮服之, 恐亦非宜, 兼非禮不足哀有餘之意. 故向來斟酌, 只以今服加衰經." 曰: "論來固是如此. 只如今因喪服尙存古制, 後世有願治君臣, 或可因此擧而行之. 若一向廢了, 恐後來者愈不復識矣."【木之】

89:21 問: "▲[22]吉服旣用今制, 而◇[23]喪服用古制, 恐徒駭俗. 不知當如何?" 曰: "駭俗猶些小事, 但恐考之未必是耳. 若果考得是, 用之亦無害."【時擧】

89:22 喪禮衣服之類, 逐時換去.【如葬後換葛衫, 小祥後換練[24]布之類.[25] ○揚】

89:23 問喪服之制. 曰: "'衣帶下尺.' 鄭注云: '要也廣尺, 足以掩裳上際.' 廖西仲云, 以布半幅, 其長隨衣之圍, 橫綴於衣下而謂之要.'"

○[26] 如溫公儀[27]斬・齊古制, 而功・緦又卻不古制, 是何說也? 古

---

20) 必欲: 『小分』에서는 而有를 必欲으로 고쳤다.
21) ◇: 從古, 恐不相稱." 閎祖云: "雖是如此, 但古禮已廢, 幸此喪服尙有
22) ▲: 喪服, 今人亦有欲用古制者. 時擧以爲
23) ◇: 獨
24) 練: 賀本에서는 紳으로 되어 있다.
25) 如葬後換葛衫, 小祥後換練布之類.: 賀本에서는 본문으로 되어 있다.

者五服皆用麻, 但有等差, 皆有冠絰, 但功・緦之絰小耳. 今人吉服不古而凶服古, 亦無謂也. 今俗喪服之制, 下用橫布作欄."【淳. ○義剛同.】

89:24 問: "喪服, 如至尊之喪, 小官及士庶等服, 於古皆差.『儀禮』, 諸侯爲天子斬衰三年.『傳』曰: '君, 至尊也.' 注: '天子諸侯及卿大夫有地者皆曰君.' 庶人爲國君齊衰三月. 注: '不言民, 而言庶人, 庶人或有在官者. 天子畿內之民, 服天子亦如之.' 以是觀之, 自古無通天下爲天子三年之制, 前輩恐未之考." 曰: "今士庶人旣無本國之君服, 又無至尊服, 則是無君, 亦不可不示其變. 如今涼衫亦不害, 此亦只存得些影子." 問: "士庶亦不可久." "庶人爲國君亦止齊衰三月, 諸侯之大夫爲天子, 亦止小功繐衰." 或問: "有官人嫁娶在附[28]廟後." 曰: "只不可帶花用樂, 少示其變." 又曰: "至尊之服, 要好, 初來三日用古冠服, 上衣下裳, 以後卻用今所制服, 四脚幞頭等. 自京官以上是一等服, 京官以下是一等服, 士人又一等服, 庶人又一等服. 如此等級分明, 也好." 器之問: "壽皇行三年之喪, 是誰建議?" 曰: "自是要行, 這是甚次第? 可惜無好宰相將順成此一大事. 若能因擧行盛典及於天下, 一整數千百年之陋, 垂數千百年之成憲, 是甚次第? 時相自用紫衫皂帶, 入臨用白衫, 待退歸便不著. 某前日在上前說及三年之喪, 亦自感動, 次日卽付出與禮官集議, 意甚好. 不知後來如何忽又住了, 卻對宰相說: '也似乇異.' 不知壽皇旣已行了, 又有甚乇異? 只是亦無人助成此事. 因檢『儀禮注疏』說嫡孫承重甚詳. 君之喪服, 士庶亦可聚哭, 但不可設位. 某在潭州時, 亦多有民衆欲入衙來哭, 某初不知, 外面[29]被門子止納[30]了. 待兩三日方知, 遂出榜告示, 亦有來哭者."【賀孫 ○以下君喪.】

26) ○:『朱子語類』85:46의 일부이다.
27) 儀: 賀本에서는 疑로 되어 있다.
28) 附:『朱子語類』에서는 祔로 되어 있다.
29) 面: 徽州本에서는 이 뒤에 自가 더 있다.
30) 納: 成化本・賀本에서는 約으로 되어 있다.

89:25 因說: "天子之喪, 自太子宰執以下, 漸降其服, 至於四海, 則盡三月. 服, 謂凶服. 訃所至, 不問地之遠近, 但盡於三月而止. 天子初死, 近地先聞, 則盡三月, 遠地或後聞之, 亦止於三月之內也." 又云: "古者次第, 公卿大夫與列國之諸侯, 各爲天子三年之喪, 而列國之卿大夫, 又各爲其君三年之服, 蓋止是自服其君. 與[31]諸侯之大夫, 爲本國諸侯服三年之喪, 則不復爲天子服. 百姓則畿內之民, 自爲天子服本國之君服三年之喪也. 故禮曰'百姓爲天子・諸侯有土者, 服三年之喪', 爲此也." 又云: "'君之喪, 諸達官之長, 杖.' 達官, 謂得自通於君者, 如內則公卿・宰執・六曹之長, 九寺・五監之長, 外則監司・郡守, 皆自得通章奏於君者. 凡此者皆杖, 以次則不杖. 如太常卿杖, 太常少卿則不杖. 若無太常卿, 則少卿代之杖也. 只不知王畿之內, 公卿之有采地者, 其民當如何[32]服, 當檢看." 【卓】

○[33] 爲君爲父, 皆服斬衰. 君, 謂天子・諸侯及大夫之有地者. 大夫之邑以大夫爲君, 大夫以諸侯爲君, 諸侯以天子爲君, 各爲其君服斬衰. 諸侯之大夫卻爲天子服齊衰三月, 禮無二斬故也. '公之喪, 諸達官之長, 杖.' 達官, 謂通於君得奏事者. 各有其長, 其長[34]杖, 其下者不杖可知." 文蔚問: "後世不封建諸侯, 天下一統, 百姓當爲天子何服?" 曰: "三月. 天下服地雖有遠近, 聞喪雖有先後, 然亦不▲[35]" 【文蔚】

89:26 徽廟訃至, 胡明仲知嚴州, 衆議欲以日易月. 張晉彦爲司理, 爲明仲言: "前世以日易月, 皆是有遺詔. 今太上在遠, 無遺詔, 豈可行?" 胡曰: "然則如之何?" 曰: "盍請之於朝?" 胡如其說, 不報. 【可學】

---

31) 與: 『朱子語類』에서는 如로 되어 있다.
32) 如何: 賀本에서는 何如로 되어 있다.
33) ○: 『朱子語類』 78:146의 일부이다.
34) 其長: 成化本・賀本에는 없다.
35) ▲: 過三月.

89:27 高宗登遐, 壽皇麻衣不離身, 而臣子晏然朝服如常, 只於朝見時, 略換皂帶, 以爲服至尊之服. 冠有數樣, 衣有數樣, 所以當來如此者, 乃是甚麽時, 便著甚麽樣冠服. 昨聞朝廷無所折衷, 將許多衣服一齊重疊著了. 古禮恐難行, 如今來卻自有古人做未到處. 如古者以[36]皮束棺, 如何會彌縫? 又, 設熬黍稷於棺旁以惑蚍蜉, 可見少智. 然三日便殯了, 又見得防慮之深遠. 今棺以用漆爲固, 要拘三日便殯, 亦難. 喪最要不失大本. 如不用浮屠, 送葬不用樂, 這也須除卻[37]. 所謂古禮難行者, 非是道[38]不當行, 只怕少間止了得要合那邊, 要合這邊, 到這裏一重大利害處, 卻沒理會, 卻便成易了. 古人已自有箇活法, 如身執事者面垢而已之類. 【賀孫】

89:28 器遠問: "'安常習故', 是如何?" 曰: "云云. 如親生父母, 子合當安之. 到得立爲伯叔後, 疑於伯叔父有不安者, 這也是理合當如此. 然而自古卻有太[39]宗無子, 則小宗之子爲之後. 這道理又卻重. 只得安於伯叔父母, 而不可安於所生父母. 喪服則爲爲後父母服三年, 所生父母只齊衰, 不杖, 期." 【賀孫 ○以下服制.】

89:29 問: "'天下事易至於安常習故', 如何?" 曰: "且如今人爲所生父母齊衰, 不杖, 期, 爲所養父母斬衰三年, 以理觀之, 自是不安. 然聖人有箇存亡繼絶底道理, 又不容不安. 且如濮安懿王事, 當時皆以司馬公爲是. 今則濮安懿王下卻有主祀, 朝廷卻未嘗正其號." 【卓】

89:30 祖在父亡, 祖母死, 亦承重. 【揚】[40]

---

36) 以: 『小分』에서는 如를 以로 고쳤다.
37) 除卻: 『小分』에서는 卻除를 교정부호로 바로잡았다.
38) 道: 徽州本에서는 禮로 되어 있다.
39) 太: 『朱子語類』에서는 大로 되어 있다.
40) 【揚】: 賀本에는 【畢】로 되어 있다.

89:31 嫡孫承重, 庶孫是長亦不承重.【揚】[41]

89:32 庶子之長子死, 亦服三年.【揚】

89:33 禮只有父母服, 他服並無, 故今長幼服都無考. 妻服朞[42], 子以父在, 服亦朞[43], 故哭祭之類同. 今律則不然, 故其禮皆齟齬.【揚】

89:34 顯道問服制. 曰: "唐時添那服制, 添得也有差異處. 且如親叔伯是期, 堂叔須是[44]大功, 乃便降爲小功, 不知是怎生地."【義剛】

○[45] 黃丈[46]問: "從母之夫, 舅之妻, 皆無服, 何也?" 曰: "先王制禮: 父族四, 故由父而上, 爲從曾祖服緦麻; 姑之◇[47], 姊妹之子, 女子之子, 皆有服, 皆由父而推之故也. 母族三: 母之父, 母之母, 母之兄弟. 恩止於舅, 故從母之夫, 舅之妻, 皆不爲服, 推不去故也. 妻族二: 妻之父, 妻之母. 乍看時, 似乎雜亂無紀. 子[48]細看, 則皆有義存焉." 又曰[49]: "呂與叔集中一婦人墓誌, 言凡遇功・緦之喪, 皆蔬食終其月[50]. 此可以[51]爲法." 又言: "生布加碾治者爲功."【方子】

89:35 服議, 漢儒自爲一家之學, 以『儀禮』「喪服」篇爲宗. 『禮記』中「小記」・「大傳」則皆申其說者, 詳密之至, 如理絲櫛髮. 可試考之, 晝

---

41) 重.【揚】: 賀本에는 없다.
42) 朞: 成化本・賀本에서는 期로 되어 있다.
43) 朞: 成化本・賀本에서는 期로 되어 있다.
44) 須是: 『小分』에서는 是須를 교정부호로 바로잡았다.
45) ○: 『朱子語類』의 87:49이다.
46) 丈: 賀本에서는 文으로 되어 있다.
47) ◇: 子
48) 子: 賀本에서는 仔로 되어 있다.
49) 曰: 『朱子語類』에서는 言으로 되어 있다.
50) 月: 賀本에서는 身으로 되어 있다.
51) 以: 『朱子語類』에는 없다.

作圖子,更參以『通典』及今律令,當有以見古人之義[52)]不苟然也.【灝】

89:36 問: "孝子於尸柩之前, 在喪禮都不拜, 如何?" 曰: "想只是父母在生時, 子弟欲拜, 亦須俟父母起而衣服. 今恐未忍以神事之, 故亦不拜."【胡泳 ○以下居喪.】

89:37 或問: "哀慕之情, 易得間斷, 如何?" 曰: "此如何問得人? 孝子喪親, 哀慕之情, 自是心有所不能已, 豈待抑勒, 亦豈待問人? 只是時時思慕, 自哀感. 所以說'祭思敬, 喪思哀.' 只是思著自是敬, 自是哀. 若是不哀, 別人如何抑勒得他?" 因舉"宰我問三年之喪"云云, 曰: "女安則爲之! 聖人也只得如此說, 不當抑勒他, 教他須用哀. 只是從心上說, 教他自感悟."【僩錄略.】

89:38[53)] 問"居喪以來, 惟看喪禮, 不欲讀他書, 恐妨哀. 然又覺精神元自荒迷, 更專一用心去考索制度名物, 愈覺枯燥. 今欲讀『語』·『孟』, 不知如何?" 曰"居喪初無不得讀書之文. 古人居喪廢業, 業是簨簴上板[54)]子, 廢業, 謂不作樂耳. 古人禮樂不去身, 惟居喪然後廢樂. 故'喪復常, 讀樂章.'『周禮』司業者, 亦司樂也."

89:39 叔器問: "今之墨衰便於出入, 而不合禮經, 如何?" 曰: "若能不[55)]出, 則不服之亦好. 但◇[56)]出入治事, 則只得服之. 「喪服四制」說: '百官備, 百物具. 不言而事行者, 扶而起, 言而後事行者, 杖而起, 身執事而後行者, 面垢而已.' 蓋惟天子諸侯始得全伸其禮, 庶人皆是自執事, 不得伸其禮."【淳 ○義剛同.】

---

52) 義: 賀本에서는 意로 되어 있다.
53) 89:38 :【附箋紙】己見上「曲禮」篇, 但有詳略.
54) 板: 『朱子語類』에서는 版으로 되어 있다.
55) 能不: 賀本에서는 不能으로 되어 있다.
56) ◇: 有

89:40 親喪，兄弟先滿者先除服，後滿者後除，以在外聞喪有先後者.【揚】

89:41 喪妻者，木主要作妻名，不可作母名. 若是婦，須作婦名，翁主之. 卒哭卽祔. 更立木主於靈坐，朝夕奠就之，三年除之.【揚】

89:42 長子死，則主父喪，用次子，不用姪，今法如此. 宗子法立，則[57]用長子之子. 此法已壞，只從今法.【揚】

89:43 問: "喪之五服皆有制，不知飮食起居，亦當終其制否?" 曰: "合當盡其制. 但今人不能行，然在人斟酌行之."【寓】

89:44 問: "喪禮不飮酒，不食肉. 若朝夕奠，及親朋來奠之饌，則如之何?" 曰: "與無服之親[58]可也."【淳】

89:45 喪葬之時，只當以素食待客. 祭饌[59]葷食，只可分與僕役.【賀孫】

89:46 問: "居喪，爲尊長强之以酒，當如何?" 曰: "若不得辭，則勉徇其意，亦無害. 但不可至沾醉，食已復初可也." 問: "坐客有歌唱者如之何?" 曰: "當起避."【僩】

89:47 或問: "親死遺囑敎用僧道，則如何?" ◇[60]"便是難處." 或曰: "也可以不用否?" 曰: "人子之心有所不忍. 這事，須子細商量."【胡泳】

57) 立，則:『小分』에서는 則立을 교정부호로 바로잡았다.
58) 親: 徽州本에서는 이 뒤에 喫之가 더 있다.
59) 饌: 徽州本에서는 餘로 되어 있다.
60) ◇: 曰:

89:48 或問: "設如母卒, 父在, 父要循俗制喪服, 用僧道火化, 則如何?" 曰: "公如何?" 曰: "只得不從." 曰: "其他都是皮毛外事, 若決如此做, 從之也無妨, 若火化則不可." 泳曰: "火化, 則是殘父母之遺骸." 曰: "此話若將與喪服浮屠一道說, 便是未識輕重在."【胡泳】

89:49 "喪三年不祭." 蓋孝子居倚廬堊室, 只是思慕哭泣, 百事皆廢, 故不祭耳. 然亦疑[61]當令宗人攝祭, 但無明文, 不可考耳.【閎祖 ○以下喪廢祭.】

89:50 "伊川謂, 三年喪, 古人盡廢事, 故併祭祀都廢. 今人事都不廢, 如何獨廢祭祀? 故祭祀可行." 先生曰: "然. 亦須百日外方可. 然奠獻之禮, 亦行不得. 只是鋪排酒食儀物之▲[62]後, 主祭者去拜. 若是百日之內要祭, 或從伯叔兄弟之類, 有人可以行." 或問: "今人以孫行之, 如何?" 曰: "亦得." 又曰: "期・大小功・緦麻之類服, 今法上日子甚少, 便可以入家廟燒香拜."【揚】

89:51 問"喪三年不祭." 曰: "程先生謂, 今人居喪, 都不能如古禮, 卻於祭祀祖先獨以古禮不行, 恐不得. 橫渠曰: '如此, 則是不以禮祀其親也.' 某嘗謂, 如今人居喪時, 行三二分居喪底道理, 則亦當行三二分祭先底禮數."【今按: 此語非謂只可行三二分, 但既不得盡如古, 則喪祭亦皆當存古耳. ○廣】

89:52 古人緦麻已廢祭祀, 恐今人行不得.【揚】

89:53 問: "三年喪中, 得做祭文祭故舊否?" 曰: "古人全不弔祭, 今不奈何. 胡籍溪言, 只散句做, 不押韻."【揚】

---

61) 疑: 『小分』에서는 依를 疑로 고쳤다.
62) ▲: 類

89:54 先生以子喪, 不擧盛祭, 就影堂前致薦, 用深衣幅巾. 薦畢, 反喪服, 哭奠于[63]靈, 至慟.【賀孫】

89:55 問: "練而祔, 是否?" 曰: "此是殷禮, 而今人都從周禮. 若只此一件卻行殷禮, 亦無意思. 若如陸子靜說, 祔了便除去几筵, 則須練而祔. 若鄭氏說祔畢復移主出於寢, 則當如周制, 祔亦何害?"【賀孫 ○以下祔.】

89:56 今不立昭穆, 卽所謂"祔于[64]曾祖·曾祖姑"者, 無情理也.【德明】

89:57 古人所以祔於祖者, 以有廟制昭穆相對, 將來祧廟, 則以新死者安於祖廟. 所以設祔祭豫告, 使死者知其將來安於此位, 亦令其祖知是將來移上去, 其孫來居此位. 今不異廟, 只共一堂排作一列, 以西爲上, 則將來祧其高祖了, 只趲得一位, 死者當移在禰處. 如此則只當祔禰, 今祔於祖, 全無義理. 但古人本是祔于[65]祖, 今又難改他底, 若卒改它底, 將來後世或有重立廟制, 則又著改也. 神宗朝欲議立朝廷廟制, 當時張虎則以爲祧廟祔廟只移一位, 陸農師則以爲祔廟祧廟皆移一匝. 如農師之說, 則是世爲昭穆不定, 豈得如此? 文王卻是穆, 武王卻是昭. 如曰"我穆考文王", 又曰"我昭考武王." 又如『左傳』說: "管·蔡·郕·霍·魯·衛·毛·郙·郜·雍·曹·滕·畢·原·酆·郇, 文之昭也." 這十六國是文王之子, 文王是穆, 故其子曰"文之昭也." "邘·晉·應·韓, 武之穆也", 這四國是武王之子, 武王是昭, 故其子曰"武之穆也." 則昭穆是萬世不可易, 豈得如陸氏之說? 陸氏『禮象圖』中多有杜撰處. 不知當時廟制, 後來如何不行?【賀孫】

---

63) 于: 賀本에서는 於로 되어 있다.
64) 于: 賀本에서는 於로 되어 있다.
65) 于: 賀本에서는 於로 되어 있다.

89:58 祔新主而遷舊主, 亦合告祭舊主, 古書無▲[66]載, 兼不說遷於何所. 天子則有始祖之廟, 而藏之夾室, 大夫亦自有始祖之廟. 今皆無此[67], 更無頓處. 古人埋桑主於兩階間, 蓋古者階間人不甚行, 今則混雜, 亦難埋於此, 看來只得埋於墓所. 『大戴禮』說得遷祔一條, 又不分曉.[68] 【分, 一作可.[69]】

89:59 先生以長子大祥, 先十日朝暮哭, 諸子不赴酒食會. 近祥則擧家蔬食, 此日除祔. 先生累日顏色憂戚. 【賀孫】

89:60 二十五月祥後便禫, 看來當如王肅之說, 於'是月禫, 徙月樂'之說爲順. 而今從鄭氏之說, 雖是禮宜[70]從厚, 然未爲當. 看來而今喪禮須當從『儀禮』爲正. 如父在爲母期, 非是薄於母, 只爲尊在其父, 不可復尊在母, 然亦須心喪三年. 及嫂叔無服, 這般處皆是大項事, 不是小節目, 後來都失了. 而今國家法爲所生父母皆心喪三年, 此意甚好. 【賀孫 ○以下禫.】

89:61 先是旦日, 吳兄不講禮. 先生問何故. 曰: "爲祖母承重, 方在禫, 故不敢講賀禮." 或問: "爲祖母承重, 有禫制否?" 曰: "禮惟於父母與長子有禫. 【賀孫錄云: "卻於祖母未聞."】 今旣承重, 則便與父母一般了, 當服禫." 【廣 ○賀孫同.】

89:62 或問: "女子已嫁, 爲父母禫否?" 曰: 【賀孫錄云: "想是無此禮."】 "據禮云父在爲母禫, 止是主男子而言." 【廣 ○賀孫同.】

---

66) ▲: 所
67) 此: 徽州本에서는 이 뒤에 始祖之廟가 더 있다.
68) 曉: 徽州本에서는 이 뒤에 【賡】 이 더 있다.
69) 分, 一作可: 『小分』에서는 一分作可를 교정부호로 바로잡았다. 英祖刊本・賀本에는 없다.
70) 宜: 『小分』에서는 疑를 宜로 고쳤다. 『朱子語類』에서는 疑로 되어 있다.

89:63 問: "今弔[71]者用橫烏, 如何?" 曰: "此[72]正與'羔裘玄冠不以弔'相反, 亦不知起於何時. 想見當官者旣不欲易服去弔人, 故杜撰成箇禮數. 若間[73]居時, 只當易服用涼衫."【廣 ○弔.】

89:64 "本朝於大臣之喪, 待之甚哀." 賀孫擧哲宗哀臨溫公事. 曰: "溫公固是如此, 至於嘗爲執政, 已告老而死, 祖宗亦必爲之親臨罷樂. 看古禮, 君於大夫, 小斂往焉, 大斂往焉, 於士, 旣殯往焉, 何其誠愛之至? 今乃恝然. 這也只是自渡江後, 君臣之勢方一向懸絶, 無相親之意, 故如此. 古之君臣所以事事做得成, 緣是親愛一體. 因說虜人初起時, 其酋長與部落都無分別, 同坐同飮, 相爲戲舞, 所以做得事. 如後來兀朮犯中國, 虜掠得中國士類, 因有敎之以分等陛立制度者, 於是上下位勢漸隔, 做事漸難."【賀孫 ○君臨臣喪.】

89:65 某舊爲先人飾棺, 考制度作帷幌, 李先生以爲不切. 而今禮文覺繁多, 使人難行. 後聖有作, 必是裁減了, 方始行得[74].【賀孫 ○飾棺.】

89:66 先生殯其長子, 諸生具香燭之奠. 先生留寒泉殯所受弔, 望見客至, 必涕泣遠接之, 客去, 必遠送之. 就寒泉菴西向殯. 掘地深二尺, 闊三四尺, 內以火磚鋪砌, 用石灰重重徧[75]塗之, 棺木[76]及外[77]用土磚夾砌. 將下棺, 以食五味奠亡人, 次子以下皆哭拜. 諸客拜奠, 次子代亡人答拜. 蓋兄死子[78]幼, 禮然也.【賀孫 ○以下殯.】

---

71) 弔: 徽州本에서는 이 뒤에 人이 더 있다.
72) 此: 徽州本에서는 이 앞에 此正是'玄冠以弔'로 되어 있다.
73) 間: 英祖刊本·成化本·賀本에서는 閒으로 되어 있다.
74) 行得: 『小分』에서는 得行을 교정부호로 바로잡았다.
75) 徧: 成化本에서는 遍으로 되어 있다.
76) 木: 徽州本에서는 下로 되어 있다.
77) 外: 徽州本에서는 四圍로 되어 있다.
78) 死子: 『小分』에서는 子死를 교정부호로 바로잡았다.

89:67 伯量問: "殯禮可行否?" 曰: "此不用問人, 當自觀其宜. 今以不漆不灰之棺, 而欲以甎土圍之, 此可不可耶? 必不可矣. 數日見公說喪禮太繁絮, 禮不如此看, 說得人都心悶. 須討箇活物事弄, 如弄活蛇相似, 方好. 公今只是弄得一條死蛇, 不濟事. 某嘗說, 古者之禮, 今只是存他一箇大概, 令勿散失, 使人知其意義, 要之必不可盡行. 如始喪一段, 必若欲盡行, 則必無哀戚哭泣之情. 何者? 方哀苦荒迷之際, 有何心情一一如古禮之繁細委曲? 古者有相禮者, 所以導孝子爲之. 若欲孝子一一盡依古禮, 必躬必親, 則必無哀戚之情矣. 況只依今世俗之禮, 亦未爲失, 但使哀戚之情盡耳. 有虞氏瓦棺而葬, 夏后氏堲周, 必無周人之繁文委曲也. 又禮, 壙中用生體之屬, 久之必潰爛, 卻引蟲蟻, 非所以爲亡者慮久遠也. 古人壙中置物甚多. 以某觀之, 禮文之意太備, 則防患之意反不足. 要之, 只當防慮久遠, '毋使土親膚'而◇[79], 其他禮文皆可略也. 又如古者棺不釘, 不用漆粘. 而今灰漆如此堅密, 猶有蟻子入去, 何況不使釘漆? 此皆不可行. [80] ▲【僩】

89:68 伯謨問: "某人家欲除服而未葬, 除之則魂帛[81]無所依, 不可祔廟." 曰: "不可, 如何不早葬? 葬何所費? 只是悠悠." 因語: "莆人葬, 只是於馬鬣上, 大可憂. 須是懸棺而葬."【可學 ○以下葬.】

89:69 喪事都不用冥器糧瓶之類, 無益有損. ▲[82]槨中都不着世俗

---

79) ◇: 已

80) ▲: 孔子曰: '如用之, 則吾從先進.' 已是厭周之文了. 又曰: '行夏之時, 乘殷之輅.' 此意皆可見. 使聖賢者作, 必不盡如古禮, 必裁酌從今之宜而爲之也. 又如士相見禮・鄉飮酒禮・射禮之屬, 而今去那裏行? 只是當存他大概, 使人不可不知. 方周之盛時, 禮又全體皆備, 所以不可有纖毫之差. 今世盡不見, 徒掇拾編緝於殘編斷簡之餘, 如何必欲盡倣古之禮得?" 或曰: "'郁郁乎文哉? 吾從周.' 聖人又欲從周之文, 何也?" 曰: "聖人之言, 固非一端. 蓋聖人生於周之世. 周之一代, 禮文皆備, 誠是整齊, 聖人如何不從得? 只是'如用之則吾從先進', 謂自爲邦則從先進耳."

81) 帛: 賀本에서는 魄으로 되어 있다.

82) ▲: 棺

所用者一物.【揚】

89:70 因說地理, 曰: “程先生亦揀草木茂盛處, 便不是不擇. 伯恭卻只胡亂平地上便葬. 若是不知此理, 亦不是. 若是知有此道理, 故意不理會, 尤不是!”【螢】

89:71 堯卿問合葬夫婦之位. 曰: “某當初葬亡室, 只存東畔一位, 亦不曾考禮是如何.” 安卿[83]云: “地道以右爲尊, 恐男當居右.” 曰: “祭以西爲上, 則葬時亦當如此, 方是.”【義剛】[84]

89:72 先生葬長子喪儀: 銘旌, 埋銘, 魂轎, 柩止用紫蓋. 盡去繁文. 埋銘石二片, 各長四尺, 闊二尺許, 止記姓名歲月居里. 刻訖, 以字面相合, 以鐵束之, 置於壙上. 其壙用石, 上蓋厚一尺許, 五六段橫湊之, 兩旁及底五寸許. 內外皆用石灰・雜炭末・細沙・黃泥築之.【賀孫】

89:73 問改葬. 曰: “須告廟而後告墓, 方啓墓以葬, 葬畢, 奠而歸, 又告廟, 哭, 而後畢事, 方穩. 行葬更不必出主, 祭告時卻出主於寢.”【賀孫】

89:74 “人家墓壙棺槨, 切不可太大, 當使壙僅能容槨, 槨僅能容棺, 乃善. 去年此間陳家墳墓遭發掘者, 皆緣壙中太闊, 其不能發者, 皆是壙中狹小無着脚手處, 此不可不知也.【又, 此間墳墓山脚低卸, 做[85]盜易入.】[86].” 問: “墳與墓何別?” 曰: “墓想是塋域, 墳卽土封隆起者.「光武紀」云, 爲墳但取其稍高, 四邊能走水足矣. 古人墳極高大, 壙中容得人行, 也沒意思. 法令, 一品以上墳得一丈二尺, 亦自儘高矣.” 守約

---

83) 安卿: 徽州本에서는 淳으로 되어 있다.
84)【義剛】: 徽州本에는【淳】으로 되어 있다.
85) 做: 成化本・賀本에서는 故로 되어 있다.
86)【又, 此間墳墓山脚低卸, 做盜易入.】: 賀本에서는 본문으로 되어 있다.

云: "墳墓所以遭發掘者, 亦陰陽家之說有以啓之. 蓋凡發掘者, 皆以葬淺之故. 若深一二丈, 自無此患. 古禮葬亦許深." 曰: "不然, 深葬有水. 嘗見興化·漳·泉間墳墓甚高. 問之, 則曰, 棺只浮在土上, 深者僅有一半入地, 半在地上, 所以不得不高其封. 後來見福州人擧移舊墳稍深者, 無不有水, 方知興化·漳·泉淺葬者, 蓋防水爾. 北方地土深厚, 深葬不妨. 豈可同也?" 問: "槨外可用炭灰雜沙土否?" 曰: "只純用炭末置之槨外, 槨內實以和沙石灰." 或曰: "可純用灰否?" 曰: "純灰恐不實, 須雜以篩過沙, 久之灰沙[87]相乳入, 其堅如石. 槨外四圍上下, 一切實以炭末, 約厚七八寸許, 旣辟濕氣, 免水患, 又截樹根不入. 樹根遇[88]炭, 皆生轉去, 以此見炭灰之妙. 蓋炭是死物, 無情, 故樹根不入也. 『抱朴子』曰: '炭入地, 千年不變.'" 問: "范家用黃泥拌石炭實槨外, 如何?" 曰: "不可. 黃泥久之亦能引樹根." 又問: "古人用瀝靑, 恐地氣蒸熱, 瀝靑溶化, 棺有偏陷, 卻不便." 曰: "不曾親見用瀝靑利害. 但書傳間多言用者, 不知如何."【僩】

89:75 "風之爲物, 無物不入.【因解"巽爲風."】 今人棺木葬在地中, 少間都吹喎了, 或吹翻了." 問: "今地上安一物, 雖烈風, 未必能吹動. 何故地如此堅厚, 卻吹得動?" 曰: "想得在地中蘊蓄欲發, 其力盛猛, 及出平地, 則其氣渙散矣." 或云: "恐無此理." 曰: "政和縣有一人家, 葬其親於某位. 葬了, 但時聞壙中響聲. 其家以爲地之善, 故有此響. 父[89]之家業漸替, 子孫貧窮, 以爲地之不利, 遂發視之. 見棺木一邊擊觸皆損壞, 其所擊觸處正當壙前之籠壙, 今捲塼爲之, 棺木所入之處也." 或云: "恐是水浸致然." 曰: "非也. 若水浸, 則安能擊觸有聲? 不知此理如何."

89:76 古人惟冢[90]廟有碑, 廟中者以繫牲. 冢[91]上四角四箇, 以繫索

87) 灰沙: 賀本에서는 沙灰로 되어 있다.
88) 遇: 孝宗刊本에서는 過로 되어 있다.
89) 父: 賀本에서는 久로 되어 있다.

下棺, 棺旣下, 則埋於四角, 所謂"豐碑"是也. 或因而刻字於其上. 後人▲[92]碑刻無不用之, 且於中間穴孔, 不知欲何用也. 今會稽 大禹廟有一碑, 下廣銳而上小薄, 形製不方不圓, 尙用以繫牲, 云是當時葬禹之物. 上有隸字, 蓋後人刻之也.【僩 ○碑】

90) 冢: 英祖刊本·賀本에서는 家로 되어 있다.
91) 冢: 孝宗刊本에서는 家로 되어 있고 英祖刊本·賀本에서는 塚으로 되어 있다.
92) ▲: 凡

『朱子語類』卷第九十

「禮七」

「祭」

90:1 如今士大夫家都要理會古禮. 今天下有二件極大底事, 恁地循襲: 其一是天地同祭於南郊, 其一是太祖不特立廟, 而與諸祖同一廟. 自東漢以來如此.【又錄云: "千五六百年無人整理."】 "子謂爲芻靈也[1]善, 謂爲俑者不仁." 雖是前代已用物事, 到不是處, 也須改用教是, 始得."【賀孫 ○以下天地之祭.】

90:2 古時天地定是不合祭, 日月山川百神亦無合共一時祭享之禮. 當時禮數也簡, 儀從也省, 必是天子躬親行事. 豈有祭天便將下許多百神一齊排作一堆都祭? 只看郊臺階級, 兩邊是踏過處, 中間自上排下, 都是神位, 更不通看.【賀孫】

90:3 問先朝南・北郊之辯[2]. 曰: "如『禮』說'郊特牲, 而社稷太牢', 『書』謂'用牲于[3]郊牛二', 及'社于新邑', 此其明驗也. 故本朝後來亦嘗分南・北郊. 至徽宗時, 又不知何故卻合爲一." 又曰: "但『周禮』亦只是說祀昊天上帝, 不說祀后土, 故先儒說祭社便是." 又問: "『周禮』, 大司樂, 冬至奏樂於圜丘以禮天, 夏至奏樂于[4]方丘以禮地." 曰: "『周禮』中止有此說. 更有'禮大神, 享大鬼, 祭大祇'之說, 餘皆無明文."

---

1) 也: 賀本에서는 者로 되어 잇다.
2) 辯: 英祖刊本・賀本에서는 辨으로 되어 있다.
3) 于: 賀本에서는 於로 되어 있다.
4) 于: 賀本에서는 於로 되어 있다.

【廣】

90:4 “天地, 本朝只是郊時合祭. 神宗嘗南郊祭天矣, 未及次年祭地而上仙. 元祐間, 嘗議分祭. 東坡議只合祭, 引『詩』郊祀天地爲證, 劉元城逐件駁之. 秋冬祈穀之類, 亦是二祭而合言之. 東坡只是謂祖宗幾年合祭, 一旦分之, 恐致禍, 其說甚無道理. 元城謂子由在政府, 見其論無道理, 遂且罷議. 後張耒輩以衆說易當時文字. 徽宗時分祭, 祀后土皇地示, 漢時謂之‘媪神.’ 漢武 明皇以南郊祭天爲未足, 遂祭于[5]泰山, 以北郊祭地爲未足, 遂祭于[6]汾陰, 立一后土廟. 眞宗亦皆[7]卽泰山・汾陰而祭焉.” 先生曰: “分祭是.” 【揚】

90:5 先生因泛說祭祀, 以社祭爲祀地. “諸儒云, 立大社・王社, 諸侯國社・侯社. 五峰有此說, 謂此卽祭地之禮. 【道夫錄云: “五峰言無北郊, 只社便是祭地, 卻說得好.”】 『周禮』他處不說, 只「宗伯」‘以黃琮禮地.’ 注謂夏至地神在崑崙. 「典瑞」‘兩圭有邸以祀地.’ 注謂祀於北郊. 「大司樂」‘夏日至, 於澤中方丘奏之八變, 則地示可得而禮矣.’ 他書亦無所考. 『書』云: ‘乃社于新邑, 牛一・羊一.’ 然禮云諸侯社稷皆少牢, 此處或不可曉.” 【賀孫】

90:6 如今郊禮合祭天地. 『周禮』有“圜丘・方澤”之說, 後來人卻只說地便是后土, 見於書傳, 言郊社多矣. 某看來不要如此, 也自還有方澤之祭. 但『周禮』其他處又都不說, 亦未可曉. 【木之】

90:7 如今祀天地山川神, 塑貌像以祭, 極無義理. 【木之】

90:8 ▲[8]問: “社主, 平時藏在何處?” 曰: “向來沙隨說, 以所宜木刻

---

5) 于: 賀本에서는 於로 되어 있다.
6) 于: 賀本에서는 於로 되어 있다.
7) 亦皆: 『小分』에서는 皆亦을 교정부호로 바로잡았다.

而爲主. 某嘗辨之, 後來覺得卻是. 但以所宜木爲主. 如今世俗神樹模樣, 非是將木來截作主也. 以木名社, 如櫟社・枌榆社之類." 又問社稷神. 曰: "說得不同. 或云, 稷是山林原隰之神, 或云是穀神. 看來穀神較是, 社是土神." 又問: "社何以有神?" 曰: "能生物, 便是神也." 又曰: "『周禮』, 亡國之社[9], 卻用刑人爲尸. 一部周禮卻是看得天理都[10]爛熟也."【夔孫 ○以下社.】

90:9 程沙隨云: "古者社以木爲主, 今以石爲主, 非古也."【方子】

90:10 五祀: 行是道路之神, 伊川云是宇廊, 未必然, 門是門神, 戶是戶神, 與中霤・ 竈, 凡五. 古聖人爲之祭祀, 亦必有其神. 如孔子說: "祭如在, 祭神如神在." 是有這祭, 便有這神, 不是聖人若有◇[11]亡, 見得一半, 便自恁地. 但不如後世門神, 便畫一箇神象如此.【賀孫 ○以下五祀.】

90:11 ▲[12]問五祀祭行之義. 曰: "行, 堂塗也. 古人無廊屋, 只於堂階下取兩條路. 五祀雖分四時祭, 然出則獨祭行. 及出門, 又有一祭. 作兩小山於門前, 烹狗置之山上, 祭畢, 卻就山邊喫, 卻推車從兩山間過, 蓋取跋履山川之義." 舜功問: "祭五祀, 想也只是當如此致敬, 未必有此神." 曰: "神也者, 妙萬物而言者也. 盈天地之間皆神. 若說五祀無神, 則是有有神處, 有無神[13]處, 是甚麽道理?" 叔器問: "天子祭天地, 諸侯祭山川, 大夫祭五祀, 士庶人祭其先, 此是分當如此否?" 曰: "也是氣與他相關. 如天子則是天地之主, 便祭得那天地. 若似其他人, 與他人不相關後, 祭箇甚麽? 如諸侯祭山川, 也只祭得境內底.

---

8) ▲: 堯卿
9) 社: 賀本에서는 神으로 되어 있다.
10) 都: 賀本에는 없다.
11) ◇: 若
12) ▲: 叔器
13) 則是有有神處, 有無神: 賀本에는 없다.

如楚 昭王病後卜云: '河爲祟.' 諸[14]大夫欲祭河, 昭王自言楚之分地不及於河, 河非所以爲祟. 孔子所以美之云, 昭王之不失國也宜哉? 這便見得境外山川與我不相關, 自不當祭." 又問: "如殺孝婦, 天爲之旱, 如何?" 曰: "這自是他一人足以感動天地. 若祭祀, 則[15]分與他不相干[16], 如何祭得?" 又問: "人而今去燒香拜天之類, 恐也不是." 曰: "天只在我, 更禱箇甚麽? 一身之中, 凡所思慮運動, 無非是天. 一身在天裏行, 如魚在水裏, 滿肚裏都是水. 某說人家還醮無意思,【一作"最可笑."】 豈有斟一盞[17]酒, 盛兩箇餅, 便[18]要享上帝? 且說有此理無此理? 某在南康祈雨, 每日去天慶觀燒香. 某說, 且謾去.【一作"且慢."】今若有箇◇[19]不經州懸[20], 便去天子那裏下狀時, 你嫌他不嫌他? 你須捉來打, 不合越訴. 而今祈雨, 卻如何不祭境內山川? 如何更去告上帝?"【義剛】

90:12 問: "竈可祭否?" 曰: "人家飮食所繫, 亦可祭." 問竈尸. 曰: "想是以庖人爲之." 問祭竈之儀. 曰: "亦略如祭宗廟儀."【淳】[21]

90:13 問: "「月令」, 竈在廟門之外, 如何?" 曰: ▲[22]五祀, 皆設席於奧, 而設主奠俎於其所祭之處. 已乃設饌迎尸於奧."【銖】

90:14 因說: "五祀, 伊川疑不祭井. 古人恐是同井." 曰: "然."【可學】

---

14) 諸: 徽州本에서는 이 앞에 時가 더 있다.
15) 若祭祀, 則: 徽州本에서는 若是로 되어 있다.
16) 干: 賀本에서는 關으로 되어 있다.
17) 盞: 賀本에서는 盃로 되어 있다.
18) 便: 賀本에는 없다.
19) ◇: 人
20) 懸: 『朱子語類』에서는 縣으로 되어 있다.
21)【淳】: : 徽州本에서는 이 뒤에 義剛錄同, 但止於庖人爲之自問以下無가 더 있다.
22) ▲: "五祀皆在廟中, 灶在廟門之東. 凡祭

90:15 古者人有遠行者, 就路間祭所謂“行神”者. 用牲爲兩斷, 車過其中, 祭了卻將喫, 謂之“餞禮.” 用兵時, 用犯軍法當死底人斬於路, 卻兵過其中.【揚】

90:16 祖道之祭, 是作一土堆[23], 置犬羊於其上, 祭畢而以車碾從上過, 象行者無險阻之患也, 如『周禮』“犯軷”是也. 此是門外事. 門內又有行祭, 乃祀中之一也.【燾】

90:17 祈雨之類, 亦是以誠感其氣. 如祈神佛之類, 亦是其所居山川之氣可感. 今之神佛所居, 皆是山川之勝而靈者. 雨亦近山者易至, 以多陰也.【揚】

90:18 古人神位皆西坐東向, 故獻官皆西向拜. 而今皆南向了, 釋奠時, 獻官猶西向拜, 不知是如何?【以下祀先聖.】

90:19 室中西南隅乃主位. 室中西牖東戶. 若宣聖廟室, 則先聖當東向, 先師南向. 如周人禘嚳郊稷, 嚳東[24]向, 稷南向. 今朝庭宗廟之禮, 情文都自相悖, 不曉得. 古者主位東向, 配位南向, 故拜卽[25]望西. 今旣一列皆南向, 到拜時亦卻望西拜, 都自相背. 古者用籩豆簠簋等陳於地, 當時只席地而坐, 故如此飮食爲便. 今塑像高高在上, 而祭饌反陳於地, 情文全不相稱. 曩者某人來問白鹿[26]塑像, 某答以州縣學是天子所立, 旣元用像, 不可更. 書院自不宜如此, 不如不塑像. 某處有列子廟, 卻塑列子膝坐于[27]地, 這必有古像. 行古禮, 須是參用今來日用常禮, 庶或饗之. 如太祖祭, 用簠簋籩豆之外, 又設牙盤食用椀楪之

23) 土堆: 賀本에서는 堆土로 되어 있다.
24) 嚳東: 『小分』에서는 東嚳을 교정부호로 바로잡았다.
25) 卽: 『小分』에서는 馴을 卽으로 고쳤다.
26) 白鹿: 徽州本에서는 이 뒤에 洞書院夫子廟欲이 더 있다.
27) 于: 賀本에서는 於로 되어 있다.

類陳於床, 這也有意思, 到神宗時廢了. 元祐初, 復用. 後來變元祐之政, 故此亦遂廢.【賀孫】

90:20 夫子像設置於椅上, 已不是, 又復置在臺座上, 到春秋釋奠卻乃陳簠簋籩豆於地, 是甚義理? 某幾番說要塑宣聖坐于[28]地上, 如設席模樣, 祭時卻自席地. 此有甚不可處? 每說與人, 都道差異, 不知如何. 某記在南康, 欲於學中整頓宣聖, 不能得. 後說與交代云云, 宣聖本不當設像, 春秋祭時, 只設主祭可也. 今不可行, 只得設像坐于[29]地, 方始是禮.【寓】

90:21 先聖冕服之制殊不同. 詹卿云: "袞冕畫龍於胸." 然則驚冕之雉, 毳冕之宗彝, 皆畫於胸.【銖】

90:22 釋奠, 據『開元禮』, 只是臨時設位, 後來方有塑像. 顏・孟配饗, 始亦分位于[30]先聖左右, 後來方並坐于[31]先聖之東西嚮. 當來所降指揮, 今亦無處尋討.【必大】

90:23 孔子居中, 顏・孟當列東坐西向. 七十二人先是排東廡三十六人了, 卻方自西頭排起, 當初如此. 自升曾子於殿上, 下面趲一位, 次序都亂了.【此言漳州, 未知他處如何.】[32] 又云: "某經歷諸處州縣學, 都無一箇合禮序."【賀孫】

90:24 高宗御製「七十二子贊」, 曾見他處所附封爵姓名, 多用唐封官號. 本朝已經兩番加封, 如何恁地?【賀孫】

---

28) 于: 賀本에서는 於로 되어 있다.
29) 于: 賀本에서는 於로 되어 있다.
30) 于: 賀本에서는 於로 되어 있다.
31) 于: 賀本에서는 於로 되어 있다.
32)【此言漳州, 未知他處如何.】: 賀本에서는 본문으로 되어 있다.

90:25 謁宣聖焚香, 不是古禮. 拜進將捻香, 不當叩首. 只直上捻香了, 卻出笏叩首而降拜.【賀孫】

90:26 釋奠散齋, 因云: "陳膚仲以書問釋奠之儀. 今學中儀, 乃禮院所班, 多參差不可用. 唐『開元禮』卻好. 『開寶禮』只是全錄『開元禮』, 易去帝號耳. 若『政和五禮』則甚錯. 今釋奠有伯魚而無子思, 又'十哲'亦皆差互, 仲弓反在上. ▲[33)]【可學】

90:27 因論程沙隨辨『五禮新儀』下丁釋奠之說, 而曰: "政和中編此書時, 多非其人, 所以差誤如此. 續已有旨[34)]揮改正. 唐『開元禮』既失煩縟, 『新儀』又多脫略. 如親祠一項, 『開元禮』中自先說將升車, 執某物立車右, 到某處, 方說自車而降. 今『新儀』只載降車一節, 卻無其先升車事前一段. 既如此載後, 凡親祠處段段皆然."【今行禮時, 又俱無此升降之儀. ○必大】

90:28 孟子配享, 乃荊公請之. 配享只當論傳道, 合以顏子・曾子・子思・孟子配. 嘗欲於雲谷左立先聖四賢配, 右立二程諸先生, 後不曾及. 在南康時, 嘗要入文字從祀伯魚. 以漸去任, 不欲入文字理會事, 但封與劉淳叟, 以其爲學官, 可以言之.【揚】

90:29 "在漳州日, 陳請釋奠禮儀, 到如今只恁地白休了. 子約爲藉田令, 多少用意主張, 諸禮官都沒理會了, 遂休." 坐客云: "想是從來不曾理會得, 故怕理會." 曰: "東坡曾云, 今爲禮官者, 皆是自牛背上拖將來. 今看來是如此." 因問張舅 忠甫家須更[35)]別有禮書, 令還鄉日詢求之. 致道云: "今以時文取官, 下梢這般所在, 全理會不得." 曰:

33) ▲: 且如紹興中作「七十二子贊」, 只據唐爵號, 不知後來已經加封矣. 近嘗申明之."
34) 旨: 成化本・賀本에서는 指로 되어 있다.
35) 更: 賀本에서는 臾로 되어 있다.

“向時尙有『開寶通禮』科, 令其熟讀此書, 試時挑問. 後來又做出『通禮』, 如注釋一般. 如人要治此, 必須連此都記得. 如問云, 籩起於何時? 逐一說了後, 又反覆[36]論議一段, 如此亦自好. 漳州煞有文字, 皆不得寫. 如今朝廷頒行許多禮書, 如『五禮新儀』, 未是. 若是不識禮, 便做不識禮, 且只依本寫在也又. 得[37]去杜撰, 將古人處改了.” 是日因看「薛直老行狀」中有述其初爲敎官, 陳請改上丁釋奠事. “蓋其見當時用下丁, 故請改之. 舊看古禮中有一處注云: ‘春用二月上丁, 秋用八月下丁.’ 今忘記出處. 向亦欲[38]檢問象先, 及漳州陳請釋奠儀, 欲乞委象先, 又思量渠不是要理會這般事人, 故已之.”【賀孫】

90:30 新書院告成, 明日欲祀先聖先師, 古有釋菜之禮, 約而可行, 遂檢『五禮新儀』, 令具其要者以呈. 先生終日董役, 夜歸卽與諸生斟酌禮儀. 雞鳴起, 平明[39]往書院, 以廳事未備, 就講堂行[40]禮. 宣聖[41]像居中, 兗國公 顔氏·郕侯 曾氏·沂水侯 孔氏·鄒國公 孟氏西向配北上.【並紙牌子.】 濂溪 周先生【東一】·明道 程先生【西一】·伊川 程先生【東二】·康節 邵先生【西二】·司馬 溫國文正公【東三】·橫渠 張先生【西三】·延平 李先生【東四】 從祀.【亦紙牌子.】 並設於地. 祭儀別錄. 祝文別錄. 先生爲獻官, 命賀孫爲贊, 直卿·居甫分奠, 叔蒙贊, 敬之掌儀. 堂狹地潤, 頗有失儀. 但獻官極其誠意[42], 如或享之, 鄰曲長幼並來陪. 禮畢, 先生揖賓坐, 賓再起, 請先生就中位開講. 先生以坐中多年老, 不敢居中位, 再辭不獲, 諸生復請, 遂就位, 說爲學之要. 午飯後, 集衆賓飮, 至暮散.【賀孫】

---

36) 覆: 賀本에서는 復으로 되어 있다.
37) 又. 得: 『小分』에서는 得又를 교정부호로 바로잡았다.
38) 欲: 『小分』에서는 有를 欲으로 고쳤다.
39) 明: 『小分』에서는 時를 明으로 고쳤다.
40) 行: 賀本에는 없다.
41) 聖: 『小分』에서는 先을 聖으로 고쳤다.
42) 意: 徽州本에서는 敬으로 되어 있다.

90:31 ▲:[43]問太廟堂室之制. 曰: "古制是不可曉. 禮說, 士堂後一架爲室, 蓋甚窄.【一架卽一桁[44]也[45].】 天子便待加得五七架, 亦窄狹. 不知周家三十以上神主位次相逼, 如何行禮? 室在堂後一間, 後堂內左角爲戶而入. 西壁如今之牆上爲龕, 太祖居之, 東向. 旁兩壁有牖, 群昭列於北牖下而南向, 群穆列於南牖下而北向. 堂又不爲神位, 而爲人所行禮之地. 天子設黼扆於中, 受諸侯之朝."【淳 ○義剛錄同. ○以下天子宗廟之制[46].】

90:32 "祖有功而宗有德", 是爲百王[47]不遷之廟. 商六百年, 只三宗, 皆◇[48]有功德當百世祀, 故其廟稱"宗." 至後世始不復問其功德之有無, ◇[49]例以"宗"稱之.【必大】

90:33 古人七廟, 恐是祖宗功德者不遷. 胡氏謂如此, 則是子孫得以去就[50]其祖宗. 然其論續謚法, 又謂謚乃天下之公義, 非子孫得以私之. 如此, 則廟亦然.【揚】

90:34 問: "漢諸儒所議[51]禮如何?" 曰: "劉歆說得較是. 他謂宗不在七廟中者, 謂恐有功德者多, 則占了那七廟數也." 問: "文定'七廟'之說如何?" 曰: "便是文定好如此硬說, 如何恁地說得? 且如商之三宗, 若不是別立廟, 後只是親廟時, 何不胡亂將三箇來立? 如何恰限[52]取祖甲太戊高宗爲之? '祖有功, 宗有德', 天下後世自有公論, 不以揀擇爲

---

43) ▲: 李丈
44) 桁: 成化本・賀本에서는 神으로 되어 있다.
45) 一架卽一桁也: 賀本에서는 架卽也로 되어 있다.
46) 制: 『朱子語類』에서는 祭로 되어 있다.
47) 王: 『朱子語類』에서는 世로 되어 있다.
48) ◇: 以
49) ◇: 一
50) 就: 『朱子語類』에서는 取로 되어 있다.
51) 議: 성화본에서는 儀로 되어 있다.
52) 限: 『小分』에서는 恨으로 되어 있다.

嫌. 所謂[53]'名之曰"幽"·"厲", 雖孝子慈孫, 百世不能改.' 那箇好底自是合當宗祀, 如何毁得? 如今若道三宗只是親廟, 則是少一箇親廟了. 便是『書』難理會. ▲[54]【義剛】

90:35 廟, 商七世, 周亦七世. 前漢初立三宗, 後王莽并後漢末, 又多加了◇[55] 唐十二廟. 本朝則韓持國本退之「禘祫說」祀僖祖, 又欲止起於太祖. 其議紛◇[56]典禮, 都只將人情處了, 無一人斷之以公. 自合只自僖祖起, 後世德薄者祧之. 周廟, 文王在豐, 武王又[57]在一處, 自合只同一處, 方是. 不知如何. 周廟: 后稷·文·武高曾祖考七廟.【揚】

90:36 今之廟制, 出於漢明帝, 歷代相承不改. 神宗嘗欲更張, 今見於陸農師集中, 史卻不載.【可學】

○[58] 禮類[59] "'王之爲都.' 『左傳』: '邑有先君之廟曰〈都〉.' 看得來古之王者嘗爲都處, 便自有廟.【賀孫錄云: "古人之廟不遷."】 如大[60]王

---

53) 謂: 徽州本에서는 以로 되어 있다.

54) ▲: 且如成王崩後十餘日, 此自是成服了, 然「顧命」卻說麻冕·黼裳·彤裳之屬, 如此便是脫了那麻衣, 更來著色衣. 文定便說道是攝行踐阼之禮. 某道, 政事便可攝而行, 阼豈可攝而踐? 如何恁地硬說? 且如元年, 他便硬道不要年號. 而今有年號, 人尙去揩改契書之屬, 若更無後, 當如何?" 又問: "'志一則動氣', 是'先天而天弗違', '氣一則動志', 是'後天而奉天時', 其意如何?" 曰: "他是說『春秋』成後致麟, 先儒固亦有此說. 然亦安知是作起獲麟, 與文成致麟? 但某意恐不恁地, 這似乎不祥. 若是一箇麟出後, 被人打殺了, 也揜采." 因言: "馬子莊道, 兗州曾有一麟." 胡叔器云: "但是古老相傳, 舊日開江有一白駒." 先生曰: "馬說是二十年間事. 若白駒等說, 是起於禹. 如顔師古注'啓母石'之說, 政如此. 近時廣德軍 張大王分明是倣這一說."

55) ◇: "宗"字, 又一齊亂了.

56) ◇: 紛, 合起僖祖

57) 又: 『小分』에서는 亦을 又로 고쳤다.

58) ○: 『朱子語類』의 54:5이다.

59) 禮類: 『朱子語類』에는 없다. 【附箋紙】 "禮類"二字, 原本付標, 而此乃連書之可疑.

廟在岐, 文王廟在豐. 武王祭太王則於岐, 祭文王則於豐. 【賀孫云: "鎬京卻無二王之廟."】 '王朝步自周, 至于豐', 是自鎬至豐, 以告文王廟也. 又如晉 獻公使申生祭于曲沃. 武王[61]雖自[62]曲沃入晉, 而其先君之廟▲[63]仍在曲沃而不徙也. 又如魯祖文王, 鄭祖厲王, 則諸侯祖天子矣; 三威[64]祖威[65]公, 則大夫祖諸侯矣. 故「禮運」曰: '諸侯不得祖天子, 大夫不得祖諸侯. 公廟之設私家, 非禮也, 自三桓始也.' 是三桓各立桓公廟於其邑也." 又問: "漢原廟如何?" 曰: "原, 再也, 如'原蠶'之'原.' 謂既有廟, 而再立一廟, 如本朝既有太廟, 又有景靈宮." 又問: "此於禮當否?" 曰: "非禮▲[66]. 【賀孫云: "問郡國有原廟否?" 曰: "行幸處有之, 然皆非禮▲[67]."】 然以洛邑有文武廟言之, 則似周亦有兩廟." 又問: "原廟之制如何?" 曰: "史記'月出衣冠遊之▲[68]', 【賀孫云: "漢之原廟, 是藏衣冠之所."】 謂藏高帝之衣冠於其中, ◇[69]▲[70]取其衣冠, 出遊於國中也. 古之廟制, 前廟後寢, 寢所以藏亡者之衣冠. 故『周禮』: '「守祧」, 掌守先王・先公之廟祧, 其遺衣服藏焉.' 至漢時卻移寢於陵, 所謂'陵寢', 故明帝於原陵見太后鏡奩中物而悲哀. 蔡邕因謂: '上陵亦古禮, 明帝猶有古之餘意.' 然此等議論, 皆是他講學不明之故, 他只是偶見明帝之事, 故爲是說. 然何不使人君移此意於宗廟中耶?" 又曰: "'王之爲都', 又恐是『周禮』所謂'都鄙'之'都.' 『周禮』: '四縣爲都.'" 【廣. ○賀孫錄同.[71] 】

---

60) 大: 『朱子語類』에서는 太로 되어 있다.
61) 武王: 『朱子語類』에서는 武公으로 되어 있다.
62) 武王雖自: 【附箋紙】 "武王雖自", "武王"二字, 疑誤矣. 有"武王"字而因誤矣.
63) ▲: 則
64) 威: 『朱子語類』에서는 桓으로 되어 있다.
65) 威: 『朱子語類』에서는 桓으로 되어 있다.
66) ▲: 也
67) ▲: 也
68) ▲: 所
69) ◇: 月
70) ▲: 一
71) 賀孫錄同: 『朱子語類』에서는 錄同賀孫으로 되어 있다.

90:37 問: “諸侯廟制, 太祖居北而南向, 昭廟二在其東南, 穆廟二在其西南, 皆南北相重. 不知當時每廟一處, 或共一室各爲位也.” 曰: “古廟制[72]自太祖以下各是一室, 陸農師『禮象圖』可考. 西漢時, 高帝廟・文帝顧成之廟, 猶各在一處. 但無法度, 不同一處. 至明帝謙貶, 不敢自當立廟, 祔於光武廟, 其後遂以爲例. 至唐, 太廟及群臣家廟, 悉如今制, 以西爲上也. 至禰處謂之‘東廟’, 只作一列. 今太廟之制亦然.”【德明】

90:38 ▲[73]

90:39 諸侯有四時之祫, 畢竟是祭有不及處, 方如此. 如『春秋』“有事於太廟.” 太廟, 便是群祧之主皆在其中.【義剛】[74]

90:40 ▲[75]周 文・武之廟不祧. 文爲穆, 則凡後之屬乎穆者皆歸於[76]文之廟, 武爲昭, 則凡後之屬乎昭者皆歸于[77]武之穆[78]也.”【時擧】

90:41 ▲[79] 昭常爲昭, 穆常爲穆. 中間始祖, 太廟門向南, 兩邊分昭・穆. 周家則自王季以上之主, 皆祧于[80]后稷始祖廟之夾室, 自成王・昭王以下則隨昭・穆遞遷于[81]昭・穆之首廟, ◇[82] 凡新崩者祔廟,

---

72) 制: 賀本에서는 則으로 되어 있다.
73) ▲: 鄧子禮問: “廟主自西而列, 何所據?” 曰: “此也不是古禮. 如古時一代, 只奉之於一廟. 如后稷爲始封之廟, 文王自有文王之廟, 武王自有武王之廟, 不曾混雜共一廟.”【賀孫】
74)【義剛】: 徽州本에서는 이 뒤에 陳淳錄同이 더 있다.
75) ▲: 或問: “‘遠廟爲祧’, 如何?” 曰: “天子七廟, 如
76) 於: 賀本에서는 于로 되어 있다.
77) 于: 『朱子語類』에서는 乎로 되어 있다.
78) 穆: 『朱子語類』에서는 廟로 되어 있다.
79) ▲: 昭・穆,
80) 于: 賀本에서는 於로 되어 있다.

則看昭・穆. 但昭則從昭, 穆則從穆, 不交互兩邊也. 又云: "諸廟皆有夾室."

90:42 堯卿問"高爲穆"之義. 曰: "新死之主, 新祔便在昭這一排. 且如諸侯五廟, 一是太祖, 便居中, 二昭二穆相對. 今新死者祔, 則高過穆這一排對空坐, 禰在昭一排, 亦對空坐. 以某意推之, 當是如此, 但禮經難考. 今若看得一兩般書, 猶自得, 若看上三四般去, 便無討頭處. 如孟子當時, 自無可尋處了. 今看孟子考禮亦疏, 理會古制亦不甚得. 他也[83]只是大概說. ▲[84) 【義剛 ▲[85)】

---

81) 于: 賀本에서는 於로 되어 있다.
82) ◇: 至首廟而止. 如周, 則文王爲穆之首廟, 武王爲昭之首廟.
83) 也: 賀本에는 없다.
84) ▲: 且如說井田後, 擧『詩』云: '雨我公田, 遂及我私.' '惟助爲有公田, 由此觀之, 雖周亦助也.' 似這般證驗, 也不大故切." 安卿問: "孟子何故不甚與古合?" 曰: "他只是據自家發放做, 相那箇時勢做." 又問: "鄭康成注「王制」, 以爲諸侯封國, 與『周禮』小大不同, 蓋「王制」是說夏・商以前之制. 如何?" 曰: "某便是不甚信此說, 恐不解有此理. 且如孟子說: '夏后氏五十而貢, 殷人七十而助, 周人百畝而徹.' 某自不敢十分信了. 且如一家有五十畝田, 忽然說我要添與你作七十畝, 則要多少心力? 蓋人家各爲定業, 東阡西陌, 已自定了. 這五十畝中, 有溝洫, 有廬舍. 而今忽然變更, 又著分疆界, 制溝洫, 毁廬舍, 東邊住底移過西邊, 這裏住底遷過那裏, 一家添得二十畝田, 卻勞動多少?" 語至此, 大聲云: "恁地天下騷然不寧, 把幾多心力去做? 據某看來, 自古皆是百畝, 不解得恁地. 而今解時, 只得就他下面說放那裏. 【淳錄云: "向解『孟子』, 且隨文如此解."】 若理會著實行時, 大不如此." 義剛問井田: "今使一家得百畝, 而民生生無已, 後來者當如何給之?" 先生笑曰: "今且據見在人數給. 如封建, 夏・商以前只是百里, 到周方是諸公方五百里, 諸侯方四百里, 諸伯方三百里, 諸子方二百里, 諸男方百里. 恁地卻取四國地來, 方添成一國. 那四國又要恁地, 卻何處討那地來?" 安卿曰: "或言夏・商只有三千里, 周時乃是七千里." 曰: "便是亂說. 且當時在在是國, 自王畿至要荒, 皆然. 今若要封得較大似夏・商時, 便著每國皆添地, 卻於何處頓放? 此須是武王有縮地脈法始得. 恁地時, 便煞改徙著. 許多國元在這裏底, 今又著徙去那裏, 宗廟社稷皆著改易. 如此, 天下騷然. 他人各有定分土地, 便肯舍著從別處去討? 君擧說封疆方五百里, 只是周圍五百里, 徑只百二十五里, 四百里者徑百里, 三百里者徑七十五里, 一百里者只五十里. 加此看時, 尙似相合. 若是諸男之地方百里時, 以此法推之, 則止二十五里. 如此, 卻只是一箇耆長. 某便道他說只是謾人. 他向來進此書, 甚爲得意. 【淳錄云: "自奇其說與「王制」等合."】 某嘗作一篇文以闢之, 逐項破其說. 且當時說侯六伯七, 【淳錄云: "本文: '方千里之地, 以封侯則六侯, 以封伯則七伯, 以封子則二十五子, 以封男則百男, 其地已有定數.' 此說如何可通?"】 如此則所封大國自少. 若是只皆百里而止, 便是一千里地, 只將三十同來封了, 那七十同卻空放那裏, 卻綿亘數百里皆無國?" 又問: "'三分去一'之說如何?" 曰: "便是不是. 他們只是不曉事, 解不行後, 便胡說. 且如川中有六七百里中置數州者, 那裏地平坦, 寸寸是地. 如這一路, 某嘗登雲谷望之, 密密皆山. 其中間有些子罅隙中黃白底, 方是田. 恁地卻如何去?【淳錄云: "蓋百分之二, 又如何三分去一?"】 注疏多是如此, 有時到那解不行處, 便說從別處去." 義剛問: "先生向時說齊·魯始封時皆七百里, 然孟子卻說只是百里." 曰: "便是不如此. 今只據齊地是'東至於海, 西至於河, 南至於穆陵, 北至於無棣', 魯地是跨許·宋之境, 是有五七百里闊, 時勢也是著恁地. 且'禹會諸侯於塗山, 執玉帛者萬國.' 到周, 只有千八百國, 便是相并吞後, 那國都大了. 你卻要只將百里地封他, 教他入那大國罅中去. 武王不柰何, 只得就封他. 當時也自無那閑地. 緣是滅了許多國, 如孟子說'驅飛廉於海隅而戮之, 滅國者五十', 便是得許多空地來封許多功臣同姓之屬. 孟子謂'一不朝, 則貶其爵, 再不朝, 則削其地.' 如齊, 先是爽鳩氏居之, 後又是某氏居之, 如『書』所謂某氏徙於齊. 這便見得當時諸侯有過, 便削其地, 方始得那地來封後來底. 若不恁地時, 那太公·周公也自無安頓處. 你若不恁地, 後要去取斂那地來, 封我功臣與同姓時, 他便敢起兵, 如漢 晁錯時樣子. 且如孟子當時也自理會那古制不甚得. 如曰'諸侯之禮, 吾未之學, 然而軻也嘗聞其略也.' 恁地便是不曾知得子細, 他當時說諸國許多事, 也只是大概說如此. 雖說'湯以七十里, 文王以百里', 然及滕文公恁地時, 又卻只說'有王者作, 必來取法, 是爲王者師也.' 元不曾說道便可王. '以齊王, 猶反手也', 便是也要那國大底方做得, 小底也柰何不得. 而今且說道將百里地與你, 教你行王政, 看你做從何處起? 便是某道, 古時聖賢易做, 後世聖賢難做. 古時只是順那自然做將去, 而今大故費手."【淳錄此下云: "漢高祖與項羽紛爭五年之間, 可謂甚窘, 欲殺他不能, 欲住又不得, 費多少心力! 想不似當初做亭長時較快活."】良久, 問諸生曰: "當劉·項恁地紛爭時, 設使堯·舜·湯·武居其時, 當如何? 是戰好, 是不戰好?" 安卿曰: "湯·武是仁義素孚於民, 人自然歸服, 不待戰." 曰: "他而今不待你素孚. 秦當時收盡天下, 尺地一民, 皆爲己有, 你仁義如何地得素孚?【淳錄云: "何處討地來行仁政? 如何得素孚於民?"】 如高祖之徒, 皆是起於田里. 若使湯·武居之, 當如何地勝得秦?" 安卿曰: "'以至仁伐至不仁', 以至義伐至不義, 自是勝." 曰: "固是如此. 如秦, 可謂不仁不義. 當時所謂'更遣長者扶義而西', 也是倣這意思做. 但當時諸侯入關, 皆被那章邯連併敗了. 及高祖入去, 緣路教無得鹵掠, 如此之屬, 也是恁地做了. 然他入去後, 又尙要設許多詭計, 誘那秦將之屬, 後方入得. 設使湯·武居之, 還是恁地做, 不恁地做? 今且做秦是不仁不義, 可以勝. 那項籍出來紛爭許多時, 卻如何對他? 還是與他厮殺? 若不與厮殺, 便被他殺了, 若與他厮殺時, 還是不殺人麽? 當此時是天理, 是人欲? 恁地看來, 是未有箇道理. 湯·武在那時, 也須著百端去思量, 與他區處. 但而今看來, 也未有箇道理." 胡叔器問: "太公·呂后當時若被項羽殺了, 如何?" 曰: "不特此一事, 當時皆是如此, 便是太費調護." 徐顧林擇之云: "項羽恁地粗暴, 當時捉得太公, 如何不殺了?" 擇之曰: "羽也有斟酌, 他怕殺了反重

90:43 禮, 宗廟只是一君一嫡后. 自錢惟演佞仁祖, 遂以一嫡同再立后, 更以仁祖[86]所生后配, 後遂以爲例而禮亂矣. 臣民禮亦只是一嫡配, 再正娶者亦尚可. 婢而生子者, 婢之子主祭[87], 只祭嫡正, 其所生當別祭.【揚】

90:44 古者各有始祖廟, 以藏祧主. 如適士二廟, 各有門・堂・寢, 各三間, 是十八間屋. 今士人如何要行得[88]【賀孫 ○以下士廟[89].】

90:45 古命士得立家廟. 家廟之制, 內立寢廟, 中立正廟, 外立門, 四面牆圍之. 非命士止祭於堂上, 只祭考妣. 伊川謂, 無貴賤皆祭自高祖而下, 但祭有豐殺疏數不同. 廟向南, 坐皆東嚮[90].【自天子以至于[91]士, 皆然.】 伊川於此不審, 乃云"廟皆東向, 祖先位面東",【自廳側直東

其怨." 曰: "便是項羽也有商量, 高祖也知他必不殺, 故放得心下. 項羽也是團量了高祖, 故不敢殺. 若是高祖軟弱, 當時若敵他不過時, 他從頭殺來是定." 義剛曰: "孔明誘奪劉璋地, 也似不義. 或者因言渠雜學伯道, 所以後將申・商之說教劉禪." 曰: "便是適間說後世聖賢難做, 動著便是恁地粘手惹脚." 次日言: "某夜來思量那高祖其初入關後, 恁地鎭撫那人民, 及到灞上, 又不入秦府庫取財貨美女之屬, 皆是. 後來被項羽王他巴・蜀・漢中, 他也入去, 這箇也是. 未幾, 便出來定三秦, 已自侵占別人田地了. 但是那三降王不足以王秦, 卻也是定. 若是奪得那關中便也好住, 便且關了關門, 守得那裏面底也得. 又不肯休, 又去尋得弒義帝說話出來, 這箇尋得也是, 若湯・武也不肯放過. 但旣尋得這箇說話, 便只依傍這箇做便是. 卻又率五諸侯, 合得五十六萬兵走去彭城, 日日去喫酒, 取那美人, 更不理會, 卻被項羽來殺得狼當走, 湯・武便不肯恁地. 自此後, 名義壞盡了. 從此去, 便只是胡做胡殺了. 文定謂'惜乎假之未久而遽歸'者, 此也. 這若把與湯・武做時, 須做得好, 定是不肯恁地." 義剛問: "高祖因閉關後, 引得項羽怒. 若不閉時, 卻如何?" 先生笑曰: "只是見他頭勢來得惡後, 且權時關閉著, 看他如何地."

85) ▲: ○淳錄少異, 作數條.

86) 祖: 賀本에서는 主로 되어 있다.

87) 婢而生子者, 婢之子主祭: 『小分』에서는 婢而生子之婢者子主祭를 교정부호로 바로잡았다.

88) 行得: 『小分』에서는 得行을 교정부호로 바로잡았다.

89) 廟: 賀本에는 없다.

90) 嚮: 賀本에서는 嚮으로 되어 있다.

91) 于: 賀本에서는 於로 되어 있다.

入其所, 反轉面西入廟中.】 其制非是. 古人所以廟面東向坐者, 蓋戶在東, 牖在西, 坐於一邊, 乃是奧處也.【揚】

90:46 唐大臣長安立廟, 後世子孫, 必其官至大臣, 乃得祭其廟, 此其法不善也. 只假一不理選限官與其子孫, 令祭其廟爲是.【揚】

90:47 唐大臣皆立廟於京師. 本朝惟文潞公法唐 杜佑制, 立一廟在西京. 雖如韓司馬家, 亦不曾立廟. 杜佑廟, 祖宗時尙在長安.【揚】

90:48 問: "家廟在東, 莫是親親之意否?" 曰: "此是人子不死其親之意." 問: "大成殿又卻在學之西, 莫是尊右之義否?" 曰: "未知初意如何. 本朝因仍舊制, 反更率略, 較之唐制, 尤沒理會. 唐制猶有近古處, 猶有條理可觀. ▲[92)]【賀孫】

90:49 問: "先生家廟, 只在廳事之側." 曰: "便是力不能辦. 古之家廟甚闊[93)], 所謂'寢不踰廟', 是也."[94)] "祭時移神主於正堂, 其位如何?" 曰: "只是排例以西爲上."[95)] "祫祭考妣之位如何?" 曰: "太祖東向, 則昭・穆之南向北向者, 當[96)]以西方爲上, 則昭之位次, 高祖西而妣東,

---

92) ▲: 且如古者王畿之內, 髣彿如井田規畫. 中間一圈便是宮殿, 前圈中左宗廟, 右社稷, 其他百官府以次列居, 是爲前朝. 後中圈爲市, 不似如今市中, 家家自各賣買, 乃是官中爲設一去處, 令凡民之賣買者就其處. 若今場務然, 無游民雜處其間. 更東西六圈, 以處六鄕六遂之民. 耕作則出就田中之廬, 農功畢則入此室處. 唐制頗放此, 最有條理. 城中幾坊, 每坊各有牆圍, 如子城然. 一坊共一門出入, 六街. 凡城門坊角, 有武候鋪, 衛士分守. 日暮門閉. 五更二點, 鼓自內發, 諸街鼓, 城振坊市門皆啓. 若有姦盜, 自無所容. 蓋坊內皆常居之民, 外面人來皆可知. 如殺宰相武元衡於靖安里門外, 分明宰元衡入朝, 出靖安里, 賊乘暗害之. 亦可見坊門不可胡亂入, 只在大官街上被殺了. 如那時措置得好, 官街邊都無閑雜賣買, 汙穢雜揉. 所以杜詩云: '我居巷南子巷北, 可恨鄰里間, 十日不見一顔色?' 亦見出一坊, 入一坊, 非特特往來不可."

93) 甚闊: 成化本에서는 □□로 되어 있다.

94) 是也.": 徽州本에서는 이 뒤에 又問이 더 있다.

95) 上.": 徽州本에서는 이 뒤에 又問이 더 있다.

◇[97] 是祖母與孫並列, 於體爲順. 若余正父之說, 則欲高祖東而妣西, 祖東而妣西, 則是祖與孫婦並列, 於體爲不順. 彼蓋據『漢儀』中有高祖南向, 呂后少西, 更不取證於經文, 而獨取傳注中之一二, 執以爲是, 斷不可回耳."【人傑】

90:50 先生云: "欲立一家廟, 小五架屋. 以後架作一長龕堂, 以板隔截作四龕堂, 堂置位牌, 堂外用簾子. 小小祭祀時, 亦可只就其處. 大祭祀則請出, 或堂或廳上皆可."【揚】

90:51 家廟要就人住居. 神依人, 不可離外做廟. 又在外時, 婦女遇雨時難出入.【揚】

90:52 問: "祧主當遷何地?" 曰: "便[98]是這事難處. 漢・唐人多瘞于[99]兩階之間. 然今人之[100]家廟亦無所謂兩階者. 兩階之間, 以其人跡不踏, 取其潔耳." 問: "各以昭・穆瘞於祖宗之墳, 如何?" 曰: "唐人亦有瘞於寢園者. 但今人墳墓又有太遠者, 恐難用耳. 頃在朝, 因僖祖之祧, 與諸公爭辯[101], 幾至喧忿. 後來因是去國, 不然, 亦必爲人論逐. 當時全不曾商議, 只是[102]劉智夫【崇之, 時爲太常卿.】 來言, 欲祧僖祖. 某問: '欲祧之何所?' 劉曰: '正未有以處, 因此方詔集議.' 某論卒不合. 後來竟爲別廟于太廟之側, 奉僖祖・宣祖祧主, 藏之於別廟. 不知禘祫[103]時如何. 這都行不得. 若禘祫太祖之廟, 不成教祖宗來就子孫之廟? 若移太祖之主合禘於別廟, 則太祖復不得正東向之位, 都

---

96) 當: 賀本에는 없다.
97) ◇: 祖西而妣東,
98) 便: 『小分』에서는 這를 便으로 고쳤다.
99) 于: 賀本에서는 於로 되어 있다.
100) 之: 『朱子語類』에는 없다.
101) 辯: 賀本에서는 辨으로 되어 있다.
102) 是: 『朱子語類』에서는 見으로 되어 있다.
103) 禘祫: 『朱子語類』에서는 祫禘로 되어 있다.

行不得. 治平間曾如此祧了. 及至熙寧, 章衡上疏論禧[104]祖不當祧, 想其論是主王介甫. 然其論甚正. 介甫嘗上疏云, 皇家僖祖, 正如周・商[105]之稷・契, 皆爲始祖百世不遷之廟. 今替其祀, 而使下祔於子孫之夾室, 非所謂'事亡如事存, 事死如事生', 而順祖宗之孝心也. 此論甚正, 後來復僖祖之廟. 某當時之論, 正用介甫之意. 某謂僖祖當爲始祖百世不遷之廟, 如周之后稷, 而太祖・太宗則比周之文・武, 有何不可? 而趙丞相一向不從. 當時如樓大防・陳君擧・謝深甫力主其說, 而彭子壽・孫從之之徒, 又從而和之. 或云: '太祖取天下, 何與僖祖事?' 某應之曰: '諸公身自取富貴, 致位通顯, 然則何用封贈父祖耶[106]?' 又, 許及之上疏云: '太祖皇帝開基, 而不得正東向之位, 雖三尺童子亦爲之不平?' 其鄙陋如此? 後來集議, 某度議必不合, 遂不曾與議, 卻上一疏論其事, 趙丞相又執之不下. 某數問之, 亦不從. 後來歸家, 亦數寫書去問之: '何故不降出?' 亦不從. 後已南遷, 而事定矣. 僖祖・翼祖・順祖・◇[107], 中間嘗祧去翼祖, 所以不諱'敬'字得幾時. 又[108]蔡京建立九廟, 遂復取還翼祖, 以足九廟之數. 後來渡江, 翼祖・順祖廟已祧去. 若論廟數, 則自祧僖[109]祖之外, 由宣祖以至孝廟, 方成九數, 乃併宣祖而祧之! 某嘗聞某人云: '快便難逢, 不如祧了, 且得一件事了.' 其不恭敢如此, 某爲之駭然!" 【以下祧.】

90:53 問祧禮. ▲[110] "有祭告否?" 曰: "橫渠說三年後祫祭於太廟, 因其祭畢還主之時, 遂奉祧主歸于[111]夾室, 遷主新主皆歸于[112]廟. 鄭

---

104) 禧: 『朱子語類』에서는 僖로 되어 있다.
105) 周・商: 賀本에서는 周家로 되어 있다.
106) 耶: 『朱子語類』에서는 邪로 되어 있다.
107) ◇: 宣祖
108) 又: 『朱子語類』에서는 及으로 되어 있다.
109) 祧僖: 『小分』에서는 僖祧를 교정부호로 바로잡았다.
110) ▲: 曰: "天子諸侯有太廟夾室, 則祧主藏於其中. 今士人家無此, 祧主無可置處. 『禮注』說藏於兩階間, 今不得已, 只埋於墓所." 問:
111) 于: 賀本에서는 於로 되어 있다.
112) 于: 賀本에서는 於로 되어 있다.

氏『周禮』注大宗[113]伯享先王處, 亦有此意, 今略放而行之." 問: "考妣入廟有先後, 則祧以何時?" 曰: "妣先未得入廟, 考入廟則祧."【『宗伯』注曰: "魯禮, 三年喪畢而祫於太祖. 明年春, 禘於群廟. 自爾以後, 率五年而再殷[114]祭, 一祫一禘."『王制』注亦然. ○義剛[115]】

90:54 ▲[116]問祧主置何處. 曰: "古者始祖之廟有夾室, 凡祧主皆藏之於夾室, 自天子至于[117]士庶皆然. 今士庶之家不敢僭立始祖之廟, 故祧主無安頓處. 只得如伊川說, 埋於兩階之間而已. 某家廟中亦如此. 兩階之間, 人跡不到, 取其潔爾. 今人家廟亦安有所謂兩階? 但擇淨處埋之可也. 思之, 不若埋于[118]始祖墓邊. 緣無箇始祖廟, 所以難處, 只得如此."【僩】

90:55 問: "祧主, 諸侯於祫祭時祧. 今士人家無祫祭, 只於四時祭祧, 仍用祝詞告之, 可否?" 曰: "默地祧, 又不是也. 古者適士二廟, 廟是箇大室[119]. 『特牲饋食禮』有宗・祝等許多官屬, 祭祀時禮數大. 今士人家無廟, 亦無許大禮數."【淳】

90:56 春秋時宗法未亡. 如滕文公云: "吾宗國魯先君." 蓋滕, 文之昭也. 文王之子武王旣爲天子, 以次則周公爲長, 故滕謂魯爲"宗國." 又如『左氏傳』載: "女喪而宗室, 於人何有?" 如三桓[120]之後, 公父文伯・公鉏・公爲之類, 乃季氏之小宗, 南宮适之類, 孟氏之小宗. 今宗室中多帶"皇兄"・"皇叔"・"皇伯"等冠於官職之上, 非古者不得◇[121]戚

---

113) 宗: 成化本에서는 完으로 되어 있다.
114) 殷: 孝宗刊本・英祖刊本・賀本에서는 幾로 되어 있다.
115) 義剛: 徽州本에서는 淳으로 되어 있다.
116) ▲: 胡兄
117) 于: 賀本에서는 於로 되어 있다.
118) 于: 賀本에서는 於로 되어 있다.
119) 室: 成化本에서는 屋으로 되어 있고 賀本에서는 臺로 되어 있다.
120) 桓: 成化本에서는 威로 되어 있다.

戚君之意. 本朝王定國嘗言之, 欲令稱"某王孫", 或"曾孫", 或"幾世孫." 有如越王派下, 則當云"越王幾世孫." 如此, 則族屬易識, 且無戚君之嫌, 亦自好. 後來定國得罪, 反以此論爲離間骨肉. 今宗室散無統紀, 名諱重疊, 字號都窮了, 更無安排處. 楊子直嘗欲用"季宗[122]", 趙丞相以爲季是叔·季, 意不好, 遂不用. 【賀孫 ○以下宗法.】

90:57 "宗子只得立適, 雖庶長, 立不得. 若無適子, 則亦立庶子, 所謂'世子之同母弟.' 世子是適, 若世子死, 則立世子之親弟, 亦是次適也, 是庶子不得立也. 本朝哲廟上仙, 哲廟弟有申王, 次端王, 次簡王, 乃哲廟親弟. 當時章惇[123]欲立簡王. 是時向后猶在, 乃曰'老身無子, 諸王皆'云云. 當以次立申王, 目眇不足以視天下, 乃立端王, 是爲徽宗. 章惇[124]殊不知禮意. 同母弟便須皆是適子, 方可言. 旣皆庶子, 安得不依次第? 今臣庶家要立宗也難. 只是宗室, 與襲封孔氏·柴氏, 當立宗. 今孔氏·柴氏襲封, 只是兄死弟繼, 只如而今門長一般, 大不是." 又曰: "今要立宗, 亦只在人, 有甚◇[125]處? 只是而今時節, 更做事不得, 柰何柰何! 如伊川當時要勿封孔氏, 要將朝廷所賜田五百頃一處給作一'奉聖鄕', 而呂原明便以爲不可, 不知如何. 漢世諸王無子國除, 不是都無子, 只是無適子, 便除其國. 不知是如何. 恐只是漢世不奈諸侯王何, 幸因他如此, 便除了國." 【賀孫】

90:58 余正甫前日堅說一國一宗. 某云: "一家有大宗, 有小宗, 如何一國卻一人?" 渠高聲抗爭. 某檢本與之看, 方得口合. 【賀孫】

90:59 大宗法旣立不得, 亦當立小宗法, 祭自高祖以下, 親盡則請出

---

121) ◇: 以
122) 宗: 徽州本에서는 字로 되어 있다.
123) 惇: 成化本·賀本에서는 厚로 되어 있다.
124) 惇: 成化本·賀本에서는 厚로 되어 있다.
125) ◇: 難

高祖就伯叔位, 服未盡者祭之. 娅[126]則別處, 後[127]其子私祭之. 今世禮全亂了.【揚】

90:60 祭祀, 須是用[128]宗子法, 方不亂. 不然, 前面必有不可處置[129]者.【揚】

90:61 呂與叔謂合族當立一空堂, 逐宗逐番祭. 亦杜撰也.【揚】

90:62 父在主祭, 子出仕宦不得祭. 父沒, 宗子主祭. 庶子出仕宦, 祭時其禮亦合減殺, 不得同宗子.【揚】

90:63 宗子法, 雖宗子庶子孫死, 亦許其子孫別立廟.【揚】

90:64 "古者宗法有南宮·北宮, 便是不分財, 也須異爨. 今若同爨, 固好, 只是小[130]間人多了, 又卻不齊整, 又不◇[131]異爨." 問: "陸子靜家有百餘人喫飯." 曰: "近得他書, 已自別架屋, 便也是許多人無頓著處." 又曰: "見宋子蜚說, 廣西 賀州有一人家共一大門, 門裏有兩廊, 皆是子房, 如學舍·僧房. 每私房有人客來, 則自辦飲食, 引上大廳, 請尊長伴五盞後, 卻回私房, 別置酒. 恁地卻有宗子意, 亦是異爨. 見說其族甚大." 又曰: "陸子靜始初理會家法, 亦齊整: 諸父自做一處喫飯, 諸母自做一處喫飯, 諸子自做一處, 諸婦自做一處, 諸孫自做一處, 孫婦自做一處, 卑幼自做一處." 或問: "父子須異食否?" 曰: "雖[132]是如此. 亦須待父母食畢, 然後可退而食." 問: "事母亦須然否?" 曰:

126) 娅: 英祖刊本·成化本에서는 嫂로 되어 있다.
127) 後: 賀本에서는 令으로 되어 있다.
128) 是用: 『小分』에서는 用是를 교정부호로 바로잡았다.
129) 處置: 『小分』에서는 置處를 교정부호로 바로잡았다.
130) 小: 成化本·賀本에서는 少로 되어 있다.
131) ◇: 如
132) 雖: 賀本에서는 須로 되어 있다.

“須如此.” 問: “有飮宴, 何如?” 曰: “這須同處. 如大饗, 君臣亦同坐.” 【賀孫】

90:65 用之問祭用尸之意. 曰: “古人祭祀無不用尸, 非惟祭祀家先用尸, 祭外神亦用尸. 不知祭天地如何, 想惟此不敢爲尸. 杜佑說, 古人用尸者, 蓋上古朴陋之禮, 至聖人時尙未改, 【文蔚錄云: “是上古朴野之俗, 先王制禮, 此133)是去不盡者.”】 相承用之. 至今世, 則風氣日開, 朴陋之禮已去, 不可復用, 去之方爲禮. 而世之迂儒必欲復尸, 可謂愚矣? 杜佑之說如此. 今蠻夷猺洞中有尸之遺意, 每遇祭祀鬼神時, 必請鄕之魁梧姿美者爲尸, 而一鄕之人相率以拜祭. 爲之尸者, ◇134)古之遺意. 嘗見崇安余宰, 邵武人, 說他之鄕里有一村名密溪, 去邵武數十里. 此村中有數十家, 事所謂‘中王’之神甚謹. 所謂‘中王’者, 每歲以序輪一家之長一人爲‘中王’, 周而復始. 凡祭祀所135)禱, 必請中王坐而祠之, 歲終則一鄕之父老合樂置酒, 請新舊中王者講交代之禮. 此人旣爲中王, 則一歲家居寡出, 恭謹畏愼, 略不敢爲非, 以副一村祈向之意. 若此村或有水旱災沴, 則人皆歸咎於中王, 以不善爲中王之所致. 此等意思, 皆古之遺聞. 近來數年, 此禮▲136)廢矣. 看來古人用尸自有深意, 非朴陋也.” 陳丈云: “蓋不敢死其親之意.” 曰: “然.” 用之云: “祭祀之禮, 酒肴豐潔, 必誠必敬, 所以望神之降臨, 乃歆饗137)其飮食也. 若立之尸, 則爲尸者旣已饗138)其飮食, 鬼神豈復來享之? 如此卻爲不誠矣.” 曰: “此所以爲盡其誠也. 蓋子孫旣是祖宗相傳一氣下來, 氣類固已感格. 而其語言飮食, 若其祖考之在焉, 則有以慰其孝子順孫之思, 而非恍惚無形想象不及之可比矣. 古人用尸之意, 所以深遠139)而盡誠, ◇140)爲是耳. 今人141)祭祀但能盡誠, 其祖考猶來格.

133) 此: 賀本에는 없다.
134) ◇: 語話醉飽. 每遇歲時, 爲尸者必連日醉飽. 此皆
135) 所: 『朱子語類』에서는 祈로 되어 있다.
136) ▲: 已
137) 饗: 賀本에서는 嚮으로 되어 있다.
138) 饗: 賀本에서는 享으로 되어 있다.

況旣是他親子孫, 則其來格也益速矣." 因言: "今世鬼神之附著生人而說話者甚多, 亦有祖先降神于[142]其子孫者. 又如今之師巫, 亦有降神者. 蓋皆其氣類之相感, 所以神附着之也. 周禮祭墓則以墓人爲尸, 亦是此意."【學[143]蒙 ○以下尸.】

90:66 古人用尸, 本與死者是一氣, 又以生人精神去交感他[144]那精神, 是會附着歆享. ▲[145]

90:67 李堯卿問: "今祭欲用尸, 如何?" 曰: "古者男女皆有尸. 自周以來不見說有女尸, 想是漸次廢了. 這箇也嶢崎. 古者君迎尸, 在廟門之外, 則全臣子之禮, 在廟門之內, 則君拜之. ▲[146] 今蠻洞中猶有此, ▲[147] 事見杜佑所作『理道要訣』末篇."【義剛】[148]

90:68 古者立尸必隔一位. 孫可以爲祖尸, 子不可以爲父尸, 以昭·穆不可亂也.【義剛】[149]

90:69 ▲[150]問: "古人祫祭時, 每位有尸否?" 曰: "固是. 周家旅酬六尸, 是每位皆有[151]尸[152]也. 古者主人獻尸, 尸酢主人. 『開元禮』猶如

---

139) 遠: 『小分』에서는 源을 遠으로 고쳤다.
140) ◇: 蓋
141) 人: 賀本에서는 子로 되어 있다.
142) 于: 賀本에서는 於로 되어 있다.
143) 學: 『小分』에서는 子를 學으로 고쳤다. 『朱子語類』에서는 子로 되어 있다.
144) 精神去交感他: 『小分』에서는 爲戶亦是此意를 精神去交感他로 고쳤다.
145) ▲: 杜佑說古人質朴, 立尸爲非禮. 今蠻夷中猶有用尸者.
146) ▲: 杜佑說, 上古時中國但與夷狄一般, 後出聖人改之有未盡者, 尸其一也. 蓋
147) ▲: 但擇美丈夫爲之, 不問族類.
148)【義剛】: 徽州本에는【夔孫】으로 되어 있다.
149)【義剛】: 徽州本에는【夔孫】으로 되어 있다.
150) ▲: 或
151) 有: 賀本에서는 一로 되어 있다.
152) 尸: 英祖刊本에서는 只로 되어 있다.

此, 每獻一位畢, 則尸便酢主人, 受酢已, 又獻第二位. 不知甚時緣甚事後廢了. 到本朝, 都把這樣禮數併省了."【廣】

90:70 問: "設尸法如何?" 曰: "每一神位是一尸. 但不知設尸時, 主頓在何處. 祭時尸自食其物. 若獻罷, 則尸復勸主人, 而凡行禮等人與祭事[153]者皆得食. 當初獻時, 尙自齊整. 至三獻後, 人皆醉了, 想見勞攘." 先生說至此, 笑曰: "便是古人之禮, 也不可曉. 所以夫子說禘自旣灌, 則不欲觀. 想[154]只是灌時有些誠意. 且如祭祖, 自始祖外皆旅酬. 如此, 自是不解嚴肅. 如大夫雖無灌禮, 然亦只是其初祭時齊整, 後面自是[155]勞攘."【今按: 此條亦爲後世言之耳. 若是古人[156]祭祀, 自始至終一於誠敬[157], 無不嚴肅, 讀者不可泥也. ○義剛】

90:71 或問: "妣有尸否?" 曰: "一處說◇[158]一處說有◇[159] 亦不知廢於甚時. 古者不用尸, 則有陰厭. 『書儀』中所謂'闔門垂簾'是也, 欲使神靈厭飫之也."【廣】

90:72 男用男尸, 女用女尸, 隨祖先數目列祭. 若其家止有一人, 全無骨肉子孫之類, 又不知如何. 程先生言: "古人之用尸也質." 意謂今不用亦得.【揚】

90:73 神主之位東向, 尸在神主之北.【銖】

90:74 問山川之尸. 曰: "『儀禮』, 周公祭太山, 以召公爲尸."【義剛】

---

153) 事: 『小分』에서는 祀를 事로 고쳤다.
154) 觀. 想: 『小分』에서는 想觀을 교정부호로 바로잡았다.
155) 是: 賀本에는 없다.
156) 人: 賀本에는 없다.
157) 誠敬: 『小分』에서는 敬誠을 교정부호로 바로잡았다.
158) ◇: 無尸, 又有
159) ◇: 男尸, 有女尸.

90:75 問: "祭五祀皆有尸. 祀竈, 則以誰爲尸?" 曰: "今亦無可考者. 但如墓祭, 則以冢[160]人爲尸. 以此推之, 則祀竈之尸, 恐是膳夫之類, 祀門之尸, 恐是閽人之類, 又如祀山川, 則是虞衡之類." 問尸之坐立. 曰: "夏立尸, 商坐尸, 周旅酬六尸. 后稷之尸不旅酬." 問祭妣之尸. 曰: "婦人不立尸, 卻有明文." 又曰: "古者以先王衣服藏之廟中, 臨祭則出而[161]衣尸. 如后稷之衣, 到周時恐已不在, 亦不可曉." 【儒用】

90:76 問: "程氏主式, 士人家可用否?" 曰: "他云[162], 已是殺諸侯之制. 士人家用牌子." 曰: "牌子式當如何?" 曰: "溫公用大板子. 今但依程氏主[163]式, 而勿陷其中, 可也." 【淳 ○以下主式.】

90:77 伊川木主制度, ◇[164]剡刻開竅處, 皆有陰陽之數存焉. 信乎其有制禮作樂之具也? 【方】

90:78 伊川制, 士庶不用主, 只用牌子. 看來牌子當如主制, 只不消做二片相合, 及竅其旁以通中. 【賀孫】

90:79 問: "庶人家亦可用主否?" 曰: "用亦不妨. 且如今人未仕, 只用牌子, 到仕後不中換了. 若是士人只用主, 亦無大利害." ▲[165] 【時舉】[166]

90:80 堯卿問士牌子式. 曰: "晉人制長一尺二分, 博四寸五分, 亦太

160) 冢: 賀本에서는 塚으로 되어 있다.
161) 而: 『朱子語類』에서는 以로 되어 있다.
162) 云: 『小分』에서는 曰을 云으로 고쳤다.
163) 主: 賀本에서는 古로 되어 있다.
164) ◇:其
165) ▲: 又問: "祧主當如何?" 曰: "當埋之於墓. 其餘祭儀, 諸家祭禮已備具矣. 如欲行之, 可自仔細考過."
166) 【時舉】: 賀本에는 없다.

大. 不如只依程主外式, 然其題則不能如陷中之多矣."【義剛】[167)]

90:81 ▲[168)]問: "神主牌, 先生夜來說荀勗禮未終." 曰: "溫公所製牌, 闊四寸, 厚五寸八分, 錯了. 據隋 煬帝所編禮書有一篇荀勗禮, 乃是云: '闊四寸, 厚五寸, 八分大書〈某人神座〉.' 不然, 只小楷書亦得. 後人相承誤了, 卻作'五寸八分'爲一句."【義剛】

90:82 無爵曰"府君・夫人", 漢人碑已有, 只是尊神之辭. 府君, 如官府之君, 或謂之"明府." 今人亦謂父爲"家府."【義剛 ○淳同.】

90:83 古人祭禮次喪禮, 蓋謂從那始作重時,【重用木, 司馬『儀』用帛.】便做那祭底道理來. 後來人卻移祭禮在喪之前, 不曉這箇意思.【植 ○以下論家祭.】

90:84 ▲[169)]問: "人於其親始死, 則復其魂魄, 又爲重, 爲主, 節次尊祭, 所以聚其精神, 使之不散. 若親死而其子幼稚, 或在他鄉, 不得盡其萃聚之事, 不知後日祭祀, 還更萃得他否?" 曰: "自家精神自在這裏."【義剛】

90:85 問: "祭禮, 古今事體不同, 行之多窒礙, 如何?" 曰: "有何難行? 但以誠敬爲主, 其他儀則, 隨家豐約. 如一羹一飯, 皆可自盡其誠. 若溫公『書儀』所說堂室等處, 貧家自無[170)]許多所在, 如何要行得? 據某看來, 苟有作者興禮樂, 必有簡而易行之理."【賀孫】

90:86 今之冠昏禮易行, 喪祭禮繁多, 所以難行. 使聖人復出, 亦必

---

167) 【義剛】: 徽州本에는 【淳 ○義剛錄同】 으로 되어 있다.
168) ▲: 直卿
169) ▲: 安卿:
170) 無: 『小分』에서는 有를 無로 고쳤다.

理會敎簡要易行. 今之祭禮, 豈得是古人禮? 唐世三獻官隨獻, 各自飮福受胙. 至本朝便都只三獻後, 方始飮福受胙, 也是覺見繁了, 故如此. 某之『祭禮』不成書, 只是將司馬公者減卻幾處. 如今人飮食, 如何得恁地多? 橫渠說"墓祭非古", 又自撰墓祭禮, 卽是『周禮』上自有了. 【賀孫】

90:87 古禮, 於今實是難行. 當祭之時獻神處少, 只祝酌奠. 卒祝・迎尸以後, 都是人自食了. 主人獻尸, 尸又酢主人, 酢主婦, 酢祝, 及佐食・宰・贊・衆賓等, 交相勸酬, 甚繁且久, 所以季氏之祭至於繼之以燭. 切[171]謂後世有大聖人者作, 與他整理一過, 令人蘇醒, 必不一一如古人之繁, 但放古人大意, 簡而易行耳. 溫公『儀』人所憚行者, 只爲閑辭多, 長篇浩瀚, 令人難讀, 其實行禮處無多. 某嘗修『祭儀』, 只就中間行禮處分作五六段, 甚簡易曉. 後被人竊去, 亡之矣. 【淳 ○ 李丈問: "『祭儀』更有修收否?" 曰: "大概只是溫公『儀』, 無修改處."】

90:88 ▲[172]如溫公所定者, 亦自費錢. 溫公『祭儀』, 庶羞麵食米食共十五品. 今須得一簡省之法, 方可." 【璘】

90:89 問: "舊嘗收得先生一本『祭儀』, 時祭皆是卜日. 今聞卻用二至・二分祭, 如何?" 曰: "卜日無定, 慮有不虔. 溫公亦云, 只用分・至亦可." 問[173]: "如此, 則冬至祭始祖, 立春祭先祖, 季秋祭禰, 此三祭如何?" 曰: "覺得此箇禮數太遠, 似有僭上之意." 又問: "禰祭如何?" 曰: "此卻不妨." 【廣】

90:90 問: "時祭用仲月淸明之類. 或是先世忌日, 則如之何?" 曰: "卻不思量到, 此[174]古人所以貴於卜日也." 【過】

171) 切: 成化本・賀本에서는 竊로 되어 있다.
172) ▲: 楊通老問祭禮. 曰: "極難. 且
173) 問: 孝宗刊本에서는 門으로 되어 있다.

90:91 家祭須致齊, 當官者只得在告一日. 若沿檄他出, 令以次人代祭, 可也.【必大】

90:92 遇大時節, 請祖先祭於堂或廳上, 坐次亦如在廟時排定. 祔祭旁親者, 右丈夫, 左婦女. 坐以就裏爲大. 凡祔於此者, 不從昭・穆了, 只以男女左右大小分排. 在廟, 卻各從昭・穆祔.【揚】

90:93 排祖先時, 以客位西邊爲上. 高祖第一, 高祖母次之,【只是正排看正面, 不曾對排.】 曾祖・祖・父皆然. 其中有伯叔・伯叔母・兄弟・嫂婦無人主祭而我爲祭者, 各以昭・穆論. 如祔祭伯叔, 則祔于[175]曾祖之傍一邊, 在位牌西邊安, 伯叔母則祔曾祖母東邊安, 兄弟・嫂・妻・婦, 則祔于[176]祖母之傍. 伊川云"曾祖兄弟無主者亦不祭", 不知何所據而云. 伊川云"只是以義起也."【揚】

90:94 古人祭祀, 只是席地. 今祭祀時, 須一椅一桌, 木主置椅上. 如一派排不足, 只相對坐亦得. 然對其前不得拜, 謂所在窄了. 須逐位取出, 酒就外酹.【揚】

90:95 祭只三獻: 主人初獻, 嫡子亞獻,【或主婦.】 庶子弟終獻.【或嫡孫.】 執祭人排列, 皆從溫公禮. 韓魏公禮不同.【揚 ○賀孫錄云: "未有主婦, 則弟爲亞獻, 弟婦得爲終獻."】

90:96 朔旦家廟用酒果[177], 望旦用茶. 重午・中元・九日之類, 皆名俗節. 大祭時, 每位用四味, 請出木主. 俗節小祭, 只就家廟, 止二味. 朔旦俗節, 酒止一上, 斟一盃.【揚】

---

174) 此: 賀本에는 없다.
175) 于: 賀本에서는 於로 되어 있다.
176) 于: 賀本에서는 於로 되어 있다.
177) 果: 『朱子語類』에서는 菓로 되어 있다.

90:97 問: “有田則祭, 無田則薦, 如何?” 曰: “溫公祭禮甚大, 今亦只是薦. 然古人薦用首月, 祭用仲月, 朝廷卻用首月.”【揚】

90:98 諸家禮皆云, 薦新用朔. 朔・新如何得合? 但有新卽薦于[178]廟.【揚】

90:99 溫公『書儀』以香代爇蕭. 楊子直不用, 以爲香只是佛家用之.【義剛】

90:100 問: “酹酒是少傾? 是盡傾?” 曰: “降神是盡傾. 然溫公『儀』降神一節, 亦似僭禮. 大夫無灌獻, 亦無爇蕭. 灌獻爇蕭, 乃天子諸侯禮. 爇蕭欲以通陽氣, 今太廟亦用之. 或以爲焚香可當爇蕭. 然焚香乃道家以此物氣味香而供養神明, 非爇蕭之比也.”【義剛】

90:101 飮福受胙[179], 卽尸酢主人之事. 無尸者, 則有陰厭・陽厭. 旅酬從下面勸上, 下至直罍洗者, 皆得與獻酬之數.【方子】

○[180] 受胙者, 古者“胙”字與“酢”字通. 受胙者, 猶神之酢己也. 『周禮』中“胙席”, 又作昨昔之“昨.” 謂初未▲[181], 只跪拜[182], 徹後方設席. 『周禮』王享先公亦如之. 又擧尸飮酢之禮. 其特祭, 每獻酬酢[183]甚詳, 不知合享如何. 『周禮』旅酬六尸. 古者男女皆有尸, 女尸不知廢於何代. 杜佑乃謂古無女尸, 女尸乃本夷虜之屬, 後來聖人革之. 賀孫因擧『儀禮』「士虞禮」云: “男, 男尸. 女, 女尸. 是古男女皆有尸也.” 先生因

178) 于: 賀本에서는 於로 되어 있다.
179) 胙: 賀本에서는 酢로 되어 있다.
180) ○: 『朱子語類』 63:150의 일부이다.
181) ▲: 設
182) 只跪拜 … 是也.【賀孫】: 『小分』에서는 원래 ○로 항목 표시하였던 것을 부전지를 붙여 덮고 위 항목과 이어 한 항목으로 편집하였다.
183) 酬酢: 『小分』에서는 酢酬를 교정부호로 바로잡았다.

擧陶侃廟【南昌·南康】 每年祭祀, 堂上設神位, 兩廂設生人位. 凡爲勸首者, 至祭時具公服, 設馬乘儀狀甚盛, 至于廟, 各就兩廂之位. 其奉祭者獻飮食, 一同神位之禮. 又某處擇一鄕長狀貌甚魁偉者爲之. 至諸處祭, 皆請與同享. 此人遇冬春祭多時節, 每日大醉[184]也. 厭祭, 是不用尸者. 古者必有爲而不用, 如祭殤, 陰厭·陽厭, 是也.【賀孫】

90:102 問: "生時男女異席, 祭祀亦合異席. 今夫婦同席, 如何?" 曰: "夫婦同牢而食."【文蔚】

90:103 夫祭妻, 亦當拜.【義剛】[185]

90:104 先生每祭不燒紙, 亦不曾用幣[186].【振】[187]

90:105 先生家祭享不用紙錢. 凡遇四仲時祭, 隔日滌椅桌, 嚴辦. 次日侵晨, 已行事畢.【過】

90:106 問: "祭祀焚幣如何?" 曰: "祀天神則焚幣, 祀人鬼則瘞幣. 人家祭祀之神[188]要焚幣, 亦無稽考處. 若是以尋常焚眞衣之類爲是, 便不當只焚眞衣, 著事事做去焚, 但無意義. 只是焚黃時[189], 若本無官, 方贈初品, 及贈到改服色處, 尋常人家做去焚, 然亦無義耳."【螢】

90:107 或問: "祖宗非士人, 而子孫欲變其家風以禮祭之, 祖宗不曉, 卻如何?" 曰: "如何議論得恁地差異? 公曉得不曉得?"【淳錄云: "公曉得,

184) 每日大醉:【附箋紙】"每曰大醉", "曰"字, 疑"日"字之誤.
185)【義剛】: 徽州本에서는 이 뒤에 陳淳錄同이 더 있다.
186) 幣: 賀本에서는 帛을 되어 있다.
187)【振】: 賀本에는 없다.
188) 神:『朱子語類』에서는 禮로 되어 있다.
189) 時: 賀本에는 없다.

祖先便曉得." ○義剛】

90:108 人家族衆▲[190], 或主祭者不可以祭及叔伯之類, 則須令其嗣子別得祭之. 今且說同居, 同出於曾祖[191], 便有從兄弟及再從兄弟了. 祭時主於主祭者, 其他或子不得祭其父母. 若恁地袞[192]做一處祭, 不得. 要好, 當主祭之嫡孫, 當一日祭其曾祖及祖及父, 餘子孫與祭. 次日, 卻令次位子孫自祭其祖及父. 又次日, 卻令又次位子孫自祭其祖及父. 此卻有古宗法意. 古今祭禮, 這般處皆有之.【某後來更討得幾家, 要入未得.】 如今要知宗法祭祀之禮, 須是在上之人先就宗室及世族家行了, 做箇樣子, 方可使以下士大夫行之.【賀孫 ○以下主祭】

90:109 某自十四歲而孤, 十六而免喪. 是時祭祀, 只依家中舊禮, 禮文雖未備, 卻甚齊整. 先妣執祭祀[193]甚虔. 及某年十七八, 方考訂得諸家禮, 禮文稍備. 是時因思古人有八十歲躬祭祀[194]拜跪如禮者. 常自期, 以爲年至此時, 當亦能如此. 在『禮』雖有"七十曰老, 而傳", 則祭祀不預之說, 然亦自期儻年至此, 必不敢不自親其事. 然自去年來, 拜跪已難, 至冬間益艱辛. 今年春間僅能立得住, 遂使人代拜, 今立亦不得了. 然七八十而不衰, 非特古人, 今人亦多有之, 不知某安得如此衰也?【僩】

90:110 問"支子不祭." 曰: "不當祭." 問: "橫渠有季父之喪, 三廢時祀, 卻令竹監弟爲之. 緣竹監在官, 無持喪之事, 如此則支子亦祭." 曰: "這便是橫渠有礙處, 只得不祭." 因說: "古人持喪, 端的是持喪, 如不食粥, 端的是不食粥[195]."【淳】

---

190) ▲: 不分合祭
191) 曾祖: 『小分』에서는 祖曾을 교정부호로 바로잡았다.
192) 袞: 賀本에서는 滾으로 되어 있다.
193) 祀: 『朱子語類』에서는 事로 되어 있다.
194) 祀: 『朱子語類』에서는 事로 되어 있다.

90:111 問士祭服. 曰: "應擧者用襴衫幞頭, 不應擧者用皀衫幞頭." 問: "皀衫帽子如何?" 曰: "亦可. ◇[196]亦只當涼衫. 中間朝廷一番行冠帶後, 卻自朝官先廢了. 崇·觀間, 莆人朱給事子入京, 父令過錢塘謁故人某大卿. 初見以衫帽. 及宴, 亦衫帽, 用大樂. 酒一行, 樂一作, 主人先酾, 遂兩手捧盞側勸客. 客亦酾, 主人捧盞不移,【義剛錄云: "依舊側盞不移."】 至樂罷而後下. 及五盞歇坐, 請解衫帶, 著背子, 不脫帽以終席. 來歸語其父. 父曰: '我所以令汝謁見者, 欲汝觀前輩禮儀也.' 此亦可見前輩風俗. 今士大夫殊無有衫帽者. 嘗有某人作郡, 作衫帽之禮, 監司不善[197], 以他故按之."【淳 ○義剛同. ○士祭服】

90:112 叔器問[198]: "士庶當祭幾代?" 曰: "古時一代卽有一廟, 其禮甚多. 今於禮制大段虧缺, 而士庶皆無廟. 但溫公禮祭三代, 伊川祭自高祖, 始疑其過. 要之, 旣無廟, 又於禮殺[199]缺, 祭四代亦無害." 義剛問: "東坡'小宗'之說如何?" 曰: "便是祭四代, 蓋自己成一代說起." 仲蔚問: "'郵表畷', 不知爲何神?" 曰: "卻不曾子細考. 東坡以爲猶如戲." 又問: "中霤是何處?" 曰: "上世人居土屋, 中間開一天窗, 此便是中霤. 後人易爲屋, 不忘古制, 相承亦有中霤之名. 今之中霤, 但當於室中祭之." 張以道問: "蜡便是臘否?" 曰: "模樣臘自是臘, 蜡自是蜡[200]." 義剛曰: "臘之名, 至秦方有."【義剛 ○以下論士祭世數.】

90:113 問: "天子七廟, 諸侯五廟, 大夫三廟, 士二廟, 官師一廟. 若只是一廟, 只祭得父母, 更不及祖矣, 無乃不盡人情?" 曰: "位卑則流澤淺, 其理自然如此." 文蔚曰: "今雖士庶人家亦祭三代, 如此, 卻是

---

195) 端的是不食粥: 賀本에는 없다.
196) ◇: 然
197) 善: 英祖刊本·成化本·賀本에서는 喜로 되어 있다.
198) 問: 徽州本에서는 이 뒤에 祭祖先이 더 있다.
199) 殺: 『朱子語類』에서는 煞로 되어 있다.
200) 蜡: 『小分』에서는 錯을 蜡로 고쳤다. 孝宗刊本에서는 錯으로 되어 있다.

違禮.” 曰: “雖祭三代, 卻無廟, 亦不可謂之僭. 古之所謂廟者, 其體面甚大, 皆是門・堂・寢・室, 勝如所居之宮, 非如今人但以一[201]室爲之.”【文蔚】

90:114 ▲[202] “古禮難行, 且依溫公, 擇其可行者行之. 祭土地, 只用韓公所編.【祇[203]一位.】祭祖, 自高祖而下, 如伊川所論. 古者祇祭考妣, 溫公祭自曾祖以[204]下. 伊川以高祖有服, 所當祭, 今見於『遺書』者甚詳. 此古禮所無, 創自伊川, 所以使人盡孝敬追遠之義.”【驤】[205]

90:115 問: “『遺書』云: ‘尋常祭及高祖.’” 曰: “天子則以周人言, 上有太祖二祧. 大夫則于[206]祫及其高祖.”【可學】

90:116 ▲[207]古者諸侯只得祭始封之君, 以上不敢祭. 大夫有大功, 則請於天子, 得祭其高祖, 然亦止得祭一番, 常時不敢祭. 程先生亦云, 人必祭高祖, 只是有疏數耳.” 又問: “今士庶亦有始基之祖, 莫亦只祭得四代, 但四代以上則可不祭否?” 曰: “如今祭四代已爲僭. 古者官師亦只得祭二代, 若是始基之祖, 莫亦只存得墓祭.”【義剛[208] ○以下祭始祖・先祖.】

○[209] 又問: “先生舊時立春祭先祖, 冬至祭始祖, 後來廢之, 何故?” 曰: “覺得忒殺[210]過當, 和禘・祫都包在裏面了. 恐太僭, 遂廢之.”

---

201) 一: 賀本에는 없다.
202) ▲: 問祭禮. 曰:
203) 祇: 孝宗刊本・英祖刊本에서는 秖로 되어 있다.
204) 以: 『朱子語類』에서는 而로 되어 있다.
205) 【驤】: 徽州本에는 【道夫】로 되어 있다.
206) 于: 賀本에서는 於로 되어 있다.
207) ▲: 堯卿問始祖之祭. 曰: “古無此. 伊川以義起. 某當初也祭, 後來覺得僭, 遂不敢祭.
208) 義剛: 徽州本에서는 夔孫으로 되어 있다.
209) ○: 『朱子語類』의 87:22의 일부이다.

【僩】

90:117 余正父謂: "士大夫不得祭始祖, 此天子諸侯之禮. 若士太[211]夫當祭, 則自古無明文." 又云: "大夫自無太祖." 先生因擧『春秋』如單氏・尹氏, 王朝之大夫, 自上世至後世, 皆不變其初來姓號, 則必有太祖. 又如季氏之徒, 世世不改其號, 則亦必有太祖. 余正父謂: "此春秋時, 自是世卿不由天子, 都沒理會." 先生云: "非獨是春秋時, 如『詩』裏說'南仲太祖, 太師皇父', 南仲是文王時人, 到宣王時爲太祖. 不知古者世祿不世官之說如何? 又如周[212]公之後[213], 伯禽已受封於魯, 而周家世有周公, 如『春秋』云: '宰周公.' 這般所在, 自曉未得."【賀孫】

90:118 問: "冬至祭始祖, 是何祖?" 曰: "或謂受姓之祖, 如蔡氏, 則蔡叔之類. 或謂厥初生民之祖, 如盤古之類." 曰: "立春祭先祖, 則何祖?" 曰: "自始祖下之第二世, 及◇[214]身以[215]上第六世之祖." 曰: "何以只設二位?" 曰: "此只是以意享之而已."【淳】

90:119 ▲[216]問至日始祖之祭初獻事. 曰: "家中尋常只作一番安排. 想古人也不恁地, 卻有三奠酒, 或有脯醢之屬, 因三奠中進." ◇[217]問: "始祖是隨一姓有一始祖? 或只是一始祖?" 曰: "此事亦不可得而見. 想開闢之時, 只是生一箇人出來."【淳略.】

---

210) 殺: 『朱子語類』에서는 煞로 되어 있다.
211) 太: 『朱子語類』에서는 大로 되어 있다.
212) 周: 『小分』에서는 用을 周로 고쳤다. 孝宗刊本에서는 用으로 되어 있다.
213) 後: 『小分』에서는 時를 後로 고쳤다.
214) ◇: 己
215) 以: 『小分』에서는 已를 以로 고쳤다.
216) ▲: 李
217) ◇: 遂

90:120 ▲[218]問: "先生祭禮, ◇[219]高祖而上, 只[220]設二位. 若古人祫祭, 須是逐位祭?" 曰: "某只是◇[221]伊川說. 伊川禮更略. 伊川所定, 不是成書. 溫公『儀』卻是做成了." 【賀孫】

90:121 伊川時祭止於高祖, 高祖而上, 則於立春設二位統祭之, 而不用主, 此說是也. 卻又云, 祖又豈可厭多? 苟其可知者, 無遠近多少, 須當盡祭之. 疑是初時未曾討論, 故有此說. 【道夫】

90:122 ▲[222]

90:123 家廟之制, 伊川只以元妃配享. 蓋古者只是以媵妾繼室, 故不容與嫡並配. 後世繼室, 乃是以禮聘娶, 自得爲正. 故『唐會要』中載顏魯公家祭, 有並配之儀. 【必大 ○以下配祭】

○[223] 問: "祭先祖, 用一分如何?" 曰: "只是一氣. 若影堂中各有牌子, 則不可." 【可學】

90:124 古人無再娶之禮, 娶時便有一副當人了, 嫡庶之分定矣, 故繼室於[224]正室不可並配. 今日[225]雖再娶, 然皆以禮聘, 皆正室也. 祭於別室, 恐未安. 如伊川云, 奉祀之人是再娶所生, 則以所生母配. 如此, 則是嫡母不得祭矣. 此尤恐未安. 大抵伊川考禮文, 卻不似橫渠考

---

218) ▲: 用之
219) ◇: 立春祭
220) 上, 只: 『小分』에서는 只上을 교정부호로 바로잡았다.
221) ◇: 依
222) ▲: 問: "祭先祖, 用一分如何?" 曰: "只是一氣. 若影堂中各有牌子, 則不可." 【可學】
223) ○: 『朱子語類』의 90:122이다. 【附箋紙】 "問祭先祖"條, 原本在"家廟之制"條上.
224) 故繼室於: 『小分』에서는 故於繼室를 교정부호로 바로잡았다.
225) 日: 『朱子語類』에서는 人으로 되어 있다.

得較子[226]細.【伯羽 ○砥[227]同.】

90:125 居父問祖妣配祭之禮. 先生檢『古今祭禮』唐 元和一段示之.【賀孫】

90:126 妣者, 媲也. 祭所生母, 只當稱母, 則略有別.【砥[228] ○祭生母.】

90:127 無後之祭, 伊川說在『古今家祭禮』中.【閎[229]祖 ○以下祭無后[230]者】

90:128 問無後祔食之位. 曰: "古人祭於東西廂. 今人家無東西廂, 某家[231]只位於堂之兩邊. 祭食則一. 但正位三獻畢, 然後使人分獻一酌而已, 如今學中從祀然."【義剛】

90:129 ▲[232]問: "祭殤, 幾代而止?" 曰: "禮經無所見. 只『程氏遺書』一段說此, 亦是以義起."【義剛 ○祭殤】

90:130 一之問: "長兄死, 有[233]嫂無子, 不持服, 歸父母. 未幾, 亦死于[234]父母家. 謂[235]嫂已去而無義, 欲[236]不祀其嫂之主. 又有次兄年

---

226) 子: 賀本에서는 仔로 되어 있다.
227) 砥: 賀本에는 없다.
228) 砥: 徽州本에서는 伯羽로 되어 있다.
229) 閎: 孝宗刊本에서는 閑으로 되어 있다.
230) 后: 成化本·賀本에서는 後로 되어 있다.
231) 家: 徽州本에서는 이 뒤에 每常이 더 있다.
232) ▲: 李守約
233) 有: 賀本에서는 이 뒤에 義가 더 있다.
234) 于: 賀本에서는 於로 되어 있다.
235) 謂: 賀本에는 없다.
236) 欲: 賀本에서는 亦으로 되어 있다.

少未娶而死. 欲以二兄之主同爲一櫝, 如何?" 曰: "兄在日不去嫂, 兄死後, 嫂雖歸父母家, 又不嫁, 未得爲絶, 不祀亦無謂. 若然, 是弟自去其嫂也. 兄弟亦何必同櫝乎?" 【淳 ○以下雜論】

90:131 堯卿問: "荊婦有所生母在家間養[237], 百歲後, 只歸祔于[238]外氏之塋, 如何?" 曰: "亦可." 又問: "神主歸於婦家, 則婦家凌替, 欲祀於家之別室, 如何?" 曰: "不便. 北人風俗如此. 上谷郡君謂伊川曰: '今日爲我祀父母, 明日不復祀矣.' 是亦祀其外家也. 然無禮經." 【義剛】

90:132 叔器問: "行正禮, 則俗節之祭如何?" 曰: "韓魏公處得好, 謂之節祠, 殺於正祭. 某家依而行之. 但七月十五素饌用浮屠, 某不用耳. 向南軒廢俗節之祭, 某問: '於端午能不食粽◇[239]? 重陽能不飮茱萸酒乎? 不祭而自享, 於汝安乎?'" 【淳 ○義剛同. ○以下俗祭】

90:133 問: "行時祭, 則俗節如何?" 曰: "某家且兩存之." 童問: "莫簡於時祭否?" 曰: "是. 要得不行, 須是自家亦不飮酒, 始得." 【淳】

90:134 先生依婺源舊俗: 歲暮二十六日, 烹豕一祭家先, 就中堂二鼓行禮. 次日, 召諸生餕. 李丈問曰: "夜來之祭, 飮福受胙否?" 曰: "亦不講此." 【婺源俗: 豕必方刀[240]大鬼[241][242]. 首蹄肝肺心腸肚尾腎等, 每件逐位皆均有. 亦炙肉, 及以魚佐之. 云, 是日甚忌有器皿之毀[243]. ○淳】

---

237) 在家間養: 徽州本에서는 取養於家로 되어 있다.
238) 于: 賀本에서는 於로 되어 있다.
239) ◇: 乎
240) 刀: 英祖刊本・成化本・賀本에서는 切로 되어 있다.
241) 鬼: 『朱子語類』에서는 塊로 되어 있다.
242) 方切大塊: 【附箋紙】小註"方刀大鬼"之"鬼", 疑"是"字誤, 而印本割, 不能辨晝.
243) 毁: 賀本에서는 設로 되어 있다.

90:135 先生以歲前二十六夜祭先. 云: "是家間從來如此. 這又不是新安舊俗. 某嘗在新安見祭享, 又不同. 只都安排了, 大男小女都不敢近. 夜[244]亦不擧燭, 只黑地, 主祭一人自去燒香禱祝了. 祭饌不徹, 閉戶以待◇[245]早, 方徹. 其祭不止一日, 從二十六日連日只祭去. 大綱如今俗所謂'喚福.'" 【賀孫】

90:136 問: "先生除夜有祭否?" 曰: "無祭." "先生有五祀之祭否?" 曰: "不祭." 因說五祀皆設主而後迎尸, 其詳見「月令」注, 與宗廟一般. 遂擧先生語解中"王孫賈[246]"一段. 先生曰: "當初因讀「月令」注, 方知王孫賈所問奧·竈之說." 【淳】

90:137 墓祭非古. 雖『周禮』有"墓人爲尸"之文, 或是初間祭后土, 亦未可知. 但今風俗皆然, 亦無大害. 國家不免亦十月上陵. 【淳 ○以下墓祭】

90:138 問: "墓祭有儀否?" ◇[247]: "也無儀, 大概略如家祭. 唐人亦不見有墓[248]祭, 但是拜掃而已." 林擇之云: "唐有墓祭, 『通典』載得在." 曰: "卻不曾考." 或問: "墓祭, 祭后土否?" 曰: "就墓外設位而祭." 【義剛 ○淳少異.】

90:139 問后土氏之祭. 曰: "極而言之, 亦似僭. 然此卽古人中霤之祭, 而今之所謂'土地'者. 「郊特牲」: '取財於地, 取法於天, 是以尊天而親地[249], 敎民美報焉. 故家主中霤, 而國主社.' 觀此, 則天不可祭,

---

244) 夜: 徽州本에서는 前으로 되어 있다.
245) ◇: 來
246) 孫賈: 『小分』에서는 賈孫을 교정부호로 바로잡았다.
247) ◇: 曰
248) 墓: 賀本에는 없다.
249) 地: 成化本에서는 也로 되어 있다.

而土神在民亦可祭. 蓋自上古陶爲土室, 其當中處上爲一竅以通明, 名之曰'中霤.' 及中古有宮室, 亦以室之中央爲中霤, 存古之舊, 示不忘本. 雖曰土神, 而只以小者言之, 非如天子所謂祭皇天后土之大者也."【義剛同.】250)

90:140 古無忌祭, 近日諸先生方考及此.【賀孫 ○以下忌祭】

90:141 問: "忌日當哭否?" 曰: "若是哀來時, 自當哭." 又問衣服之制. 曰: "某自有弔服, 絹衫絹巾, 忌日則服之."【廣】

90:142 忌日須用墨衣墨冠. 橫渠卻視祖先遠近爲等差, 墨布冠, 墨布縿衣.【銖】

90:143 先生母夫人忌日, 著縿墨布衫, 其巾亦然. 友仁問: "今日服色何謂?" 曰: "公豈不聞'君子有終身之喪'?"【友仁】

90:144 忌日祭, 只祭一位.【燾】

90:145 過每論士大夫家忌日用浮屠誦經追薦, 鄙俚可怪. 旣無此理, 是使其先不血食也? 乙卯年, 見先生家凡値遠諱, 早起出主於中堂, 行三獻之禮. 一家固自蔬食, 其祭祀食物, 則以待賓客. 考妣諱日祭罷, 裹生絹幓巾終日. 一日晚到閣下, 尙裹白巾未除. 因答問者云: "聞內弟程允夫之訃."【過】

90:146 先生爲無後叔祖忌祭, 未祭之前不見客.【賀孫】

90:147 "同人在旅中, 遇有私忌, 於所舍設桌炷香, 可否?" 曰: "這般

250)【義剛同.】: 徽州本에는【義剛 ○ 陳淳錄同.】으로 되어 있다.

微細處, 古人也不曾說. 若是無大礙於義理, 行之亦無害."【燾 ○同[251] 元德記[252).】

251) 同: 孝宗刊本・英祖刊本에서는 司로 되어 있다.
252) 同元德記: 賀本에서는 元德同으로 되어 있다.

『朱子語類』卷第九十一

「禮八」

「雜儀」

91:1 自三代後, 車服冠冕之制,『前漢』皆不說, 只『後漢志』內略載, 又多不可曉.【以[1]下服】

91:2 古者有祭服, 有朝服. 祭服所謂鷩冕之類, 朝服所謂皮弁・玄端之類. 天子諸侯各有等差. 自漢以來, 祭亦用冕服, 朝服則所謂進賢冠・絳紗袍. 隋 煬帝時始令百官戎服, 唐人謂之"便服", 又謂之"從省服", 乃今之公服也. 祖宗以來, 亦有冕服・車騎【黃綠作"旗"】[2]之類, 而不常用, 惟大典禮則用之. 然將用之時, 必先出許多物色於庭. 所持之人, 又須有賞賜.【黃錄云: "所付之人, 又須有以易之[3]."】 於是將用之前, 有司必先入文字, 取指揮, 例降旨權免.【夔孫 ○義剛同.】

91:3 今朝廷服色三等, 乃古間服, 此起於隋 煬帝時. 然當時亦只是做戎服. 當時以巡幸煩數, 欲就簡便, 故三品以上服紫, 五品服緋, 六品以下服綠. 他當時又自有朝服. 今亦自有朝服, 大祭祀▲[4]用之, 然不常以朝. 到臨祭時取用, 卻一齊都破損了. 要整理, 又須大費一巡, 只得恁地包在那裏.【賀孫】[5]

---

1) 以: 徽州本에서는 이 앞에 庚이 더 있다.
2)【黃綠作旗】: 賀本에서는 본문으로 되어 있다.
3) 之: 賀本에서는 也로 되어 있다.
4) ▲: 時
5)【賀孫】: 徽州本에는【淳】으로 되어 있다.

91:4 今之朝服乃戎服, 蓋自隋 煬帝數遊幸, 令百官以戎服從, 二品紫, 五品朱, 六品青, 皀靴乃上馬鞋也. 後世循襲, 遂爲朝服. 然自唐人朝服, 猶著禮服, 幞頭圓頂軟脚, 今之吏人所冠者是也. 桶頂帽子乃隱士之冠. 宣化[6]末, 京師士人行道間, 猶著衫帽. 至渡江戎馬中, 乃變爲白涼衫. 紹興二十年間, 士人猶是白涼衫, 至後來軍興又變爲紫衫, 皆戎服也. 【義剛】

91:5 唐人法服猶施之朝廷, 今日惟祭祀不得已乃用, 不復施之朝廷矣. 且如今之冕, 嵯峨而不安於首. 古者佩玉, 右徵角, 左宮羽, 今必不然. 【方子】

91:6 祖宗時有大朝會, 如元正・冬至有之. 天子被法服, 群臣皆有其服. 籍溪在某州爲解頭, 亦嘗預元正朝班. 又, 舊制: 在京升朝官以上, 每日赴班, 如上不御殿, 宰相押班. 所以韓魏公不押班, 爲臺諫所論. 籍溪云, 士服着白羅衫, 青褖[7], 有裙有佩. 紹興間, 韓勉之知某州, 於信州會樣來製士服, 正如此. 某後來看祖宗『實錄』, 乃是敎大晟樂時士人所服, 方知出處. 今朝廷所頒緋衫, 乃有司之服也. 【人傑 ○廣錄略.[8]】

91:7 "政和間, 嘗令天下州學生習大晟樂者皆著衣裳, 如古之制, 及漆紗帽, 但無頂爾. 及諸州得解舉首貢至京師, 皆若此赴元日朝." 或曰: "『蒼梧雜志』載'背子', 近年方有, 舊時無之. 只汗衫襖子上便著公服. 女人無背, 只是大衣. 命婦只有橫帔・直帔之異爾. 背子乃婢妾之服, 以其在背後, 故謂之'背子.'" 先生曰: "見說國初之時, 至尊常時禁

---

6) 化: 『朱子語類』에서는 和로 되어 있다.
7) 褖: 賀本에서는 緣으로 되어 있다.
8) 廣錄略: 徽州本에서는 按輔庚錄略. 今附云: "祖宗時元正冬至, 皆有大朝會, 君臣都著法服, 諸州解頭亦預. 籍溪先生在某州爲解元, 亦曾預元正朝會. 皆白羅衫・青緣, 有冠有佩."로 되어 있다.

中, 常只裹帽著背子, 不知是如何. 又見前輩說, 前輩子弟, 平時家居, 皆裹帽著背, 不裹帽便爲非禮. 出門皆須且冠帶. 今皆失了. 從來人主常朝, 君臣皆公服. 孝宗簡便, 平時著背, 常朝引見臣下, 只是涼衫. 今遂以爲常. 如講筵早朝是公服, 晚朝亦是涼衫."

91:8 問: "今冠帶起於何時?" 曰: "看「角抵圖」所畫觀戲者盡是冠帶. 立底·屋上坐底皆戴帽繫帶, 樹上坐底也如此. 那時猶只是軟帽, 搭在頭上, 帶只是一條小皮穿幾箇孔, 用那跨子縛住. 至賤之人皆用之. 今來帽子做得恁高, 硬帶做得恁地重大, 旣不便於從事, 又且是費錢. 皂衫更費重. 某從向時見此三物, 疑其必廢. 如今果是人罕用. 也是貧士如何要辦得? 自家竭力辦得, 著去那家, 那家自無了, 敎他出來相接也不得. 所以其弊必廢. 大凡事不商量, 後都是如此." 問: "古人制深衣, 正以爲士之貴服, 且謂'完且弗費', 極是好, 上至天子亦服之. 不知士可以常服否?" 曰: "'可以擯相, 可以治軍旅', 如此貴重, 恐[9]不可常服." 曰: "'朝玄端, 夕深衣', 已是從簡便了. 且如深衣有大帶了, 又有組以束之, 今人[10]已不用組了. 凡是物事, 纔是有兩件, 定是廢了一件." 又云: "薄太后以帽絮提文帝, 則帽已自此時有了. 從來也多喚做巾子·幞頭."【或云: "後[11]唐莊宗取伶官者用[12], 但長[13]有脚." 或云: "太祖朝[14]方用." 想此時方制得如此長脚. ○賀孫】

91:9 符舜功曰: "去年初得官, 欲冠帶參先生, 中以顯道言而止. 今思之, 亦是失禮." 先生曰: "畢竟是君命." 良久, 笑曰: "顯道是出世間法. 某初聞劉諫議初仕時, 冠帶乘涼轎還人事[15], 往往前輩皆如此. 今

9) 恐: 賀本에서는 怨으로 되어 있다.
10) 人: 『小分』에서는 日을 人으로 고쳤다.
11) 後: 賀本에는 없다.
12) 用: 賀本에서는 이 뒤에 之가 더 있다.
13) 長: 英祖刊本·賀本에서는 未로 되어 있다.
14) 朝: 賀本에서는 廟로 되어 있다.
15) 事: 徽州本에서는 이 뒤에 又聞李先生云: "楊龜山初得官時, 亦冠帶乘轎還人

人都不理會其間有如此者，遂哂之．要之，冠帶爲禮．某在同安作簿時，朝廷亦有文字令百官皆戴帽．某時坐轎有礙，後◇[16)]轎頂上添了一圈竹．"【義剛】

91:10　上領服非古服．看古賢如孔門弟子衣服，如今道服，卻有此意．古畫亦未有上領者．惟是唐[17)]時人便服此，蓋自唐初已雜五胡之服矣．【賀孫】

91:11　因言服制之變："前輩無著背子者，雖婦人亦無之．士大夫常居，常服紗帽・皂衫・革帶，無此則不敢出．背子起殊未久．"或問："婦人不著背子，則何服？"曰："大衣．"問："大衣，非命婦亦可服否？"曰："可．"僩因舉胡德輝『雜志』云："背子本婢妾之服．以其行直主母之背，故名"背子."後來習俗相承，遂爲男女辨貴賤之服．"曰："然．然嘗見前輩雜說中載，上御便殿，著紗帽・背子，則國初已有背子矣．皆不可曉．"又曰："後世禮服固未能猝復先王之舊，且得華夷稍有辨別，猶得．今世之服，大抵▲[18)]胡服，如上領衫・靴鞋之類，先王冠服掃地盡矣？中國衣冠之亂，自晉・五胡，後來遂相承襲．唐接隋，隋接周，周接元魏，大抵皆胡服．"▲[19)]問："公服何故如許闊？"曰："亦是積漸而然，初不知所起．嘗見唐人畫十八學士，裹幞頭，公服極窄，畫裴晉公諸人，則稍闊，及畫晚唐 王鐸輩，則又闊．相承至今，又益闊也．嘗見前輩說，紹興初，某人欲製公服，呼針匠計料，匠云少三尺許．某人遂寄往都下製造，及得之，以示針匠．匠曰：'此不中格式，某不敢爲也.'某人問其故．曰：'但看袖必短，據格式袖合與下襜齊至地[20)]，不然則

事."가 더 있다.

16) ◇: 於

17) 唐:『小分』에서는 當을 唐으로 고쳤다.

18) ▲: 皆

19) ▲: 問: "今公服起於何時?" 曰: "隋 煬帝游幸, 令群臣皆以戎服從, 三品以上服紫, 五品以上服緋, 六品以下服綠. 只從此起, 遂爲不易之制." 又

20) 地: 成化本에서는 也로 되어 있다.

不可以入閤門.' 彼時猶守得這意思, 今亦不復存矣. 唐人有官者, 公服·幞頭不離身, 以此爲常服. 又別有朝服, 如進賢冠·中單服之類. 其下又有省服, 服爲常服, 今之公服, 卽唐之省服服也." 又問幞頭所起. 曰: "亦不知所起. 但諸家小說中, 時班駁見一二. 如王彥輔『麈史』猶略言之. 某少時尙見唐時小說極多, 今皆不復存矣. 唐人幞頭, 初止以紗爲之, 後以其軟, 遂斫木作一山子在前襯起, 名曰'軍容頭.' 其說以爲起於魚朝恩, 一時人爭做[21]. 士大夫欲爲幞頭, 則曰: '爲我斫一軍容頭來.' 及朝恩被誅, 人以爲語讖. 其先幞頭四角有脚, 兩脚繫向前, 兩脚繫向後, 後來遂橫兩脚, 以鐵線張之. 然惟人主得裹此. 世所畫唐 明皇已裹兩脚者, 但比今甚短. 後來藩鎭遂亦僭用, 想得士大夫因此亦皆用之. 但不知幾時展得如此長? 嘗見禪家語錄載唐 莊宗問一僧云: '朕收中原得一寶, 未有人酬價.' 僧曰: '略借陛下寶看.' 莊宗以手展幞頭兩脚示之. 如此, 則五代時, 猶是惟人君得裹兩脚者, 然皆莫可考也. 桐木山子相承用, 至本朝, 遂易以藤織者, 而以紗帽[22]之. 近時方易以漆紗. 嘗見南劍 沙溪一士大[23]夫家, 尙收得上世所藏幞頭, 猶是藤織坯子. 唐製又有兩脚上下者, 亦莫可曉."【僩】

91:12 ▲[24]至唐有三等服: 有朝服, 又有公服, 治事時著, 便是法服, 有衣裳·佩玉等. 又有常時服, 便是今時公服, 則無時不服. ▲[25]【學蒙 ▲[26]】

---

21) 做: 英祖刊本·賀本에서는 傚로 되어 있고 成化本에서는 效로 되어 있다.

22) 帽: 孝宗刊本·成化本·賀本에서는 冒로 되어 있다.

23) 大:『朱子語類』에는 大가 없다.

24) ▲: 而今衣服未得復古, 且要辨得華夷. 今上領衫與靴皆胡服, 本朝因唐, 唐因隋, 隋因周, 周因元魏. 隋 煬帝有游幸, 遂令臣下服戎服, 三品以上服紫, 五品以上服緋, 六品以下服綠, 皆戎服也.

25) ▲: 唐初年服袖甚窄, 全是胡服, 中年漸寬, 末年又寬, 但看人家畫古賢可見. 唐初頭上裹四脚軟巾, 至魚朝恩以桐木爲冠, 如山形, 安於髻上, 方裹巾, 後人漸學他. 至本朝漸變爲幞頭, 方用漆紗做. 本來唐時四脚軟巾, 只人主後面二帶用物事穿得橫, 臣下不敢用. 後藩鎭之徒僭竊用, 今則朝廷一例如此.

26) ▲: ○與上條聞同.

91:13 "爵弁赤少黑多, 如今深紫色. 韠以皮爲之, 如今水檐相似. 蓋古人未有衣服時, 且取鳥獸之皮來遮前面後面, 後世聖人制服不去此者, 示不忘古也. 今則又以帛爲之耳. 韠中間有頸, 兩頭有肩, 肩以革帶穿之, 革帶今有胯子. 古人卻是環子釘於革帶, 其勢垂下, 如今人釘鉸串子樣. 鐫鏦之類, 結放上面. 今之胯子, 便是倣他形像. 古人帶甚輕, 卻帶得許多物. 今人帶枉做得恁地重. ▲[27] 【夔孫】

91:14 摯是初見君時, 用以獻君. 二生一死, 皆是抱羔・鴈・雉賫物以獻. 如今笏, 卻是古人記事手板, 【王逑倒執手板.】 揷之帶間. 今人笏, 卻是用行『禮記』事, 但其私記也. 今之公服, 皆古之戎服. 【古公服是法服, 朱衣・皂褖[28]冠. 則三公用貂蟬, 御史用獬. 在衣之上則係帶, 帶劍之類六七件.】 ▲[29] 今之成群成隊試進士詩賦, 亦煬帝法也. 金銀魚, 乃古人以合符. 臣之得魚符者, 用袋之腰間. 今無合符事, 卻尙用魚, 又不用袋魚. 魚袋事出『唐書』「輿服志」, 高・武・中・睿時. 【揚】

91:15 今衣服無章, 上下混淆. 某嘗謂縱未能大定經制, 且隨時略加整頓, 楢◇[30]於不爲. 如小衫令各從公衫之色, 服紫者小衫亦紫, 服緋綠者小衫亦緋綠, 服白則小衫亦白, 胥吏則皆烏衣. 餘皆放[31]此, 庶有

---

27) ▲: 如幞頭・靴之類亦然. 幞頭本是偃脚垂下, 要束得緊, 今卻做長帶." 問: "橫渠說唐 莊宗因取伶官幞頭帶之, 後遂成例." 曰: "不是恁地. 莊宗在位, 亦未能便變化風俗. 兼是伶人所帶, 士大夫亦未必肯帶之. 見畫本, 唐 明皇已帶長脚幞頭. 或云藩鎭僭禮爲之, 後遂皆爲此樣. 或云乃是唐宦官要得常似新幞頭, 故以鐵線揷帶中, 又恐壞, 其中以桐木爲一幞頭骨子, 常令幞頭高起如新, 謂之'軍容頭.' 後來士大夫學之, 令匠人'爲我斫箇軍容頭來.' 蓋以木爲之, 故謂之斫. 及唐末宦者之禍, 人皆以此語爲讖. 王彦輔『塵史』說如此, 說得有來歷, 恐是如此. 後人覺得不安, 到本朝太宗時, 又以藤做骨子, 以紗糊於上. 後又覺見不安, 到仁宗時, 方以漆紗爲之. 嘗見南劍 沙縣人家尙有藤骨子, 可見此事未久. 蓋此非一朝一夕之故, 其變必有漸."

28) 褖: 英祖刊本・賀本에서는 緣으로 되어 있고 孝宗刊本에서는 祿으로 되어 있다.

29) ▲: 隋 煬帝南遊, 命群臣以戎服從, 大臣紫, 中緋, 小綠.

30) ◇: 愈

辨別也.【閎祖】

91:16 古人戴冠, 郭林宗時戴巾, 溫公幅巾, 是其類也. 古人衣冠, 大率如今之道士. 道士以冠爲禮, 不戴巾. 婦人環髻, 今之特髻◇[32]

91:17 ◇[33]事, 恐事多, 須以紙粘笏上, 記其頭緖. 或在君前不可以手指人物, 須用笏指之. 此笏常揷在腰間, 不執在手中. 夫子"攝齊升堂", 何曾手中有笏? 攝齊者, 畏謹, 恐上階時踏著裳, 有顚仆之患. 執圭者, 圭自是贄見之物, 只是捧至君前, 不是如執笏. 所以執圭時便"足縮縮, 如有循." 緣手中有圭, 不得攝齊, 亦防顚仆.【明作】

91:18 古人言人跪坐. "雖有拱璧而先乘馬, 不如坐進此道", ◇[34]跪而獻之也. 如文帝不覺膝之前, 蓋亦是跪坐. 跪坐, 故兩手下爲拜.【"拜"字從兩手下.】 古者初冠, 母子相拜, 婦初見舅姑, 舅姑答拜, 不特君臣相答拜也.【方子 ○以下拜.】

91:19 古人坐於地, 未必是盤足, 必是跪. 以其慣了, 故脚不痛, 所以拜時易也. 古人之拜, 正如今道士拜, 二膝齊下. 唐人先下一膝, 謂之"雅拜", 似有罪, 是不恭也. 今人不然.【明作】

91:20 ▲[35]問: "古者天子拜其臣, 想亦是席地而坐, 只略爲之俛首, 便是拜否?" 曰: "太甲'拜手稽首', 成王'拜手稽首', 疏言稽留之意, 是首至地之久也, 蓋其尊師傅如此. 後來晉 元帝亦拜王導, 至其家, 亦拜其妻. 如法帖中, 元帝與王導帖皆稱'頓首', 不知如何."【義剛】[36]

---

31) 放: 英祖刊本・賀本에서는 倣으로 되어 있다.
32) ◇: 是其意也, 不戴冠.【揚】
33) ◇: 今官員執笏, 最無道理. 笏者, 只是君前記
34) ◇: 謂
35) ▲: 安卿:

91:21 問: "虞禮, 子爲尸, 父拜之." 曰: "古人大抵如此. ◇[37]子冠, 母先拜之, 子卻答拜, 而今這處都行不得. 看來古人上下之際雖是嚴, 而情意甚相通, 如'禹拜昌言''王拜手稽首'之類. 到漢以來, 皇帝見丞相, 在坐爲起, 在輿爲下. 贊者曰: '皇帝爲丞相起?' 尙有這意思. 到六朝以來, 君臣逐日相與說話. 如宋 文帝明日欲殺某人, 晩間更與他說話, 不能得他去. 其間有入朝去從人卽分散去, 到晩他方出. 到唐, 尙有坐說話底意思. 而今宰相終年立地, 不曾得一日坐, 人主或終日不曾得見面. 壽皇求治之初, 中間學士固是直宿, 又分講官亦直宿, 又令從官亦得入賜坐, 從容講論. 而今未論朝廷, 如古人州郡之間, 亦自如此. 如「羅池碑」云, 柳子厚與牙將歐陽翼共飮. 法帖中有顔眞卿「與蔡明遠帖」, 都書名. 牙將卽是客將, 蔡明遠亦是衙前・他卻[38]與之情意如此. ◇[39]今州郡與小官也不如此了." 【夔孫】

91:22 問: "看禮中說婦人吉拜, 雖君賜肅拜, 此則古人女子拜亦伏地也." 曰: "古有女子伏拜者. 乃太祖問范質之姪杲: '古者女子拜如何?' 他遂擧『古樂府』云'長跪問故夫', 以爲古婦女皆伏拜, 自則天欲爲自尊之計, 始不用伏拜. 今看來此說不然. 『樂府』只說'長跪問故夫', 不曾說伏拜. 古人坐也是跪, 一處云: '直身長跪.' 若拜時, 亦只低手祗揖, 便是肅拜. ◇[40]注云: '肅, 俯手也.' 蓋婦人首飾盛多, 如'副笄六珈'之類, 自難以俯伏地上. 古人所以有父母拜其子, 舅姑答婦拜者, 蓋古坐時只跪坐在地, 拜時亦容易[41], 又不曾相對, 拜各有向, 當答拜亦然. 大祝九拜: 稽首拜, 頭至地, 頓首拜, 頭叩地, 空首拜, 頭至手, 所謂'拜手'也, 振動, 戰栗變動之拜, 吉拜, 拜而後稽顙, 凶拜, 稽顙而後

---

36) 【義剛】: 徽州本에는 【淳 ○義剛錄同.】 으로 되어 있다.
37) ◇: 如
38) 卻: 『小分』에서는 各을 卻으로 고쳤다.
39) ◇: 而
40) ◇: 故『禮』肅拜
41) 容易: 『小分』에서는 易容을 교정부호로 바로잡았다.

拜也, 奇拜一拜, 褒拜再拜, '褒', 讀爲'報', 肅拜, '但俯下手, 今時拾', 傳云'介者不拜', '敢肅使者', 是也."【賀孫】

91:23 問: "古者婦人以肅拜爲正, 何謂'肅拜'?" 曰: "兩膝◇42)跪, 手至地, 而頭不下, 爲肅拜. 拜手亦然. 爲喪主, 則頭亦至地, 不肅拜. 南北朝有樂府詩說婦人云: '伸腰再拜跪, 問客今安否.' 伸腰, 亦是頭不下也. 周 宣帝令命婦朝見皆跪伏朝見, 如男子之儀. 但不知婦人膝不跪地而變爲今之拜者, 起於何時. 此等小小禮文, 皆無所稽考. 程泰之以爲始於武后, 亦非也. 古者男子拜, 亦兩膝齊屈, 如今之道士拜. 杜子春注『周禮』奇拜, 以爲先屈一膝, 如今之雅拜. 漢人雅拜, 即今之拜是也."【淳】

91:24 婦人有肅拜・拜手43)・稽顙.【肅拜者, 兩膝跪地, 斂手放低, 拜手者, 膝亦跪, 而手至地也, 稽顙, 頭至地也. 爲夫與長子喪, 亦如之. ○燾】

○44) 又曰: "婦人之拜, 據『古樂府』云: '出門長跪問故夫.' 又云: '直身長跪.' 余正父云: '『周禮』有肅拜, 恐只是如今之俯首加敬而已.' 不知夫人如何. 喪禮, 婦人唯舅之喪則跪拜, 於他人又不知其拜如何. 古禮殘闕, 這般所在皆無可考."【賀孫】

91:25 拜親時須合坐受, 叔伯母亦合坐受, 兄止45)立受. 嫂叔同一家, 不可不拜, 亦須對拜. 夫婦對拜.【揚】

91:26 團拜須打圈拜. 若分行相對, 則有拜不著處.【廣】

42) ◇: 齊
43) 拜手: 『小分』에서는 手拜를 교정부호로 바로잡았다.
44) ○: 『朱子語類』 87:185의 일부이다.
45) 止: 賀本에서는 只로 되어 있다.

91:27 今人契拜父母兄弟, 極害義理.【揚】

91:28 古人跪坐, 立乘.【方子 ○以下坐.】

91:29 問: "盤坐, 於理有害否?" 曰: "古人席地亦只是盤坐, 又有跪坐者.【寓錄云: "古人亦只跪坐, 未有盤坐."】 君前臣跪, 父前子跪, 兩膝頭屈前著地, 觀畫圖可見. 古人密處未見得, 其疏卽是如此.【寓錄云: "古人樽節處, 自如此密."】 管寧坐一木榻, 積五十年未嘗箕股, 其榻上當膝處皆穿. 今人有椅子, 若對賓客時, 合當垂足坐, 若獨居時, 垂足坐難久, 盤坐亦何害?"【淳 ○寓錄少異.】

91:30 族長至己之家, 必以族長坐主位, 無親疏皆然. 北人以姑夫之類, 外姓之人亦坐主位, 無此義.【揚】

91:31 燕居父子同坐亦得, 惟對客[46]不得.【揚】

91:32 古人屋【黃作"室"】. 無廊廡. 三公露立於槐下, 九卿露立於棘下. 當其朝會, 有雨則止. 「曾子問」: "諸侯見天子, 入門而雨霑服失容, 則廢."【淳 ○義剛錄略. ○以下朝廷之儀.】

91:33 因論朝禮, 云: "如『周禮』所說古之朝禮, 君臣皆立. 至漢時所謂'皇帝見丞相起', 尙有此禮, 不知後來如何廢了. 然所謂'朝不坐', 又也有坐底."【燾】

91:34 三代之君見大臣多立, 乘車亦立. 漢初猶立見大臣, 如贊者云: "天子爲丞相起?" 後世君太尊, 臣太卑.【德明】

---

46) 客: 『小分』에서는 賓을 客으로 고쳤다.

91:35 古者天子見群臣有禮: 先特揖三公, 次揖九卿, 又次揖左右, 然後泛揖百官, 所謂"天揖同姓"之類, 有許多等級.【義剛】[47)]

91:36 因問: "欲使士人爲宰相吏, 升降揖讓[48)]不佳否?" 曰: "古人皆有此禮, 本朝廢之." 又問: "古人何故受拜?" 曰: "不然. 孔子須拜衛靈公・魯哀公. 舊制, 宰相在堂上, 御史中丞爲班首, 與對拜於階下. 又聖節日, 百官盡揖宰相於何處."【揚】

91:37 "古時隔品則拜, 謂如八品見六品, 六品見四品, 則拜. 宰相禮[49)]絶百僚, 則皆拜之. 若存得此等舊禮, 亦好, 卻有等殺. 今著公令: 從事郎以下, 庭參不拜, 則以上者不庭參可知. 豈有京朝官復降階之禮? 今朝士見宰相, 只是客禮, 見監司・郡守, 如何卻降階?" 問: "若客司揖請降階, 則如何?" 曰: "平立不降可也. 同官雖皆降階, 吾獨不降, 可也."【是時將赴莆田, 問此. 先生又云: "古者庭參官・令錄以下, 往往皆拜, 惟職官不拜, 所以著令如此." ○德明】

91:38 子晦將赴莆陽, 請於先生: "今屬邑見郡守, 不問官序, 例階墀[50)], 如何?" 曰: "若欲自行其志, 勿從俗可也." 因云: "今多相尙如此. 以此去事人, 固是無見識. 且是爲官長者安受而不疑, 更是怪." 坐客云: "趙丞相帥某處, 經過某處, 而屬邑宰及同僚皆於船頭迎望拜接, 後卻指揮不要此般禮數. 這般所在, 須先戒飭客將." 或云: "今人見宰相, 欲有所言, 未及出口, 已爲客將按注[51)]云: '相公尊重' 至有要取覆, 而客將抗聲云'不得取覆'者." 先生曰: "若是有此等, 無奈何, 須叱之, 可也."【賀孫】

---

47)【義剛】: 徽州本에는【陳淳錄同】으로 되어 있다.
48) 讓: 成化本・賀本에서는 遜으로 되어 있다.
49) 禮: 『小分』에서는 拜를 禮로 고쳤다.
50) 例階墀: 徽州本에서는 有階墀之禮合當으로 되어 있다.
51) 注: 成化本・賀本에서는 住로 되어 있다.

91:39 『開元禮』有刺史弔吏民之禮, 略如古者國君弔臣禮. 本朝刪去此條.【方子】

91:40 問: "左右必竟孰爲尊?" 曰: "漢初右丞相居左丞相之上, 史中有言曰'朝廷無出其右者', 則是右爲尊也. 到後來又卻以左爲尊. 而『老子』有曰: '上將軍處右', 而'偏將軍處左.' 喪事尚右[52]. 兵, 凶器也, 故以喪禮處之. 如此, 則吉事尙左[53]矣. 漢初豈習於戰國與暴秦之所爲乎?"【廣 ○以下雜論.】

91:41 古父子異宮. 宮如今人四合屋, 雖各一宮[54], 然四面共牆圍.【揚】

91:42 古謂之"宮", 只是牆. 蓋古人無今廊屋.【燾】

91:43 因論戟: "古人戰爭出入部從用之, 今只置之於門. 唐時私家得用戟, 如官幾品得幾戟."【燾】

91:44 今之表啓是下諛其上, 今之制誥是君諛其臣.【道夫】

91:45 今之書簡使上覆, 以爲重於啓也. 然用"啓"字則有義理, 用"覆"字卻無義理. 啓, 乃開啓之"啓." "覆"爲審覆之"覆", 如"三覆奏", 謂已有指揮, 更爲再三審覆之也.【廣】

91:46 問: "今人書簡未嘗拜而言拜, 未嘗瞻仰而言瞻仰, 如何?" 曰: "'瞻仰'字去之無害. 但'拜'字承用之久, 若遽除去, 恐不免譏罵. 前輩只云'某啓', 啓是開白之義. 法帖中有'頓首', 韓文中有'再拜', 其來已久."

52) 右: 賀本에서는 左로 되어 있다.
53) 左: 賀本에서는 右로 되어 있다.
54) 宮: 賀本에서는 處로 되어 있다.:

問: "啓, 又訓跪. 如秦王問范雎, 有'跽而請之.'" 曰: "古人席地而坐, 有問于[55]人, 則略起身時, 其膝至地, 或謂之跪. 若婦人之拜, 在古亦跪. 『古樂府』云'伸腰拜手跪', 則婦人當跪而拜, 但首不至地耳. 不知婦人之◇[56]跪, 起於何代. 或謂唐 武后時方如此, 亦未可知. 周 天元令命婦爲男子之拜以稱賀. 及天元薨, 遂改其制. 想史官書之, 以表其異. 則古者婦人之拜, 其首不至地, 可知也. 然則婦人之拜, 當以深拜, 頗合於古." 【人傑】

91:47 有士大夫來謁, 各以坐次推讓[57]不已. 先生曰: "吾人年至五十後, 莫論官・休." 【自修】

91:48 大抵前輩禮數極周詳鄭重, 不若今人之苟簡. 以今人律之先王之禮, 則今人爲山鹿野麋矣? 然某◇[58]及見前輩禮數之周, 今又益薄矣. 【僩】

○[59] 天子乘車, 古者君車將駕, 則僕御執策立於馬前. 旣效駕, 君雖未升, 僕御者先升, 則奮衣由右上. 以君位在左, 故避君空位. 『五禮新儀』卻漏了僕人登車一項, 至駐車處, 卻有僕人下車之文? 這是一處錯. 他處都錯了." 又云: "『五禮新儀』固未是, 至如今又皆不理會. 如朝報上云'執綏官', 則是無僕人之禮. 古者執綏自是執綏, 僕人乃是受[60]綏, 如何今卻以執綏官代僕人? 兼古者有敬事, 則必式. 蓋緣立於車上, 故憑衡, 式則是磬折, 是爲致敬. 今卻在車上用椅子坐, 則首與前衡高下不多, 若憑手, 則是傲慢. 這般所在, 都不是. 如所謂'僕人

55) 于: 英祖刊本・成化本・賀本에서는 於로 되어 있다.
56) ◇: 不
57) 讓: 成化本・賀本에서는 遜으로 되어 있다.
58) ◇: 尙
59) ○: 『朱子語類』 87:185의 일부이다.
60) 受: 賀本에서는 授로 되어 있다.

乃立於車柱之外後角', 又恐立不住, 卻以采帛繫於柱上, 都不成模樣? 兼前面乃以內侍二人立於兩旁, 是大非禮? '同子參乘, 爰絲變色', 豈有以內侍同載, 而前後皆安之? 眼前事, 纔拈一件起來勘當著所在, 便不成模樣? 神宗嘗欲正此禮數, 王安石答以先理會得學問了, 這般事自有人出理會, 遂止. 如荊公門人陸農師自是煞能考禮, 渠後來卻自不曾用他."[61]

61) 用他:【附箋紙】"用他"下, 當有記錄者之名, 而原本亦無.【附箋紙】此條, 自"鄉飲酒"條來賀孫錄.

『朱子語類』 卷第九十二

「樂古今」

92:1 問: “古尺何所考?” 曰: “羊頭山黍今不可得, 只依溫公樣, 他考必子[1]細. 然尺亦多樣, 『隋書』載十六等尺, 說甚詳. 王莽貨泉錢, 古尺徑一寸.” 因出二尺, 曰: “短者周尺, 長者景表尺.” 【義剛】[2]

92:2 十二律皆在, 只起黃鍾之宮不得. 所以起不得者, 尺不定也. 【升卿】

92:3 “律管只吹得中聲爲定. 【季通嘗截小竹吹之, 可驗.】 若謂用周尺, 或羊頭山黍, 雖應準則, 不得中聲, 終不是. 大抵聲太高則焦殺, 低則盎緩.” 【“牛鳴盎中”, 謂此.】 又云: “此不可容易杜撰. 劉歆爲王莽造樂, 樂成而莽死, 後荀勗造於晉 武帝時, 卽有五胡之亂, 和峴造於周 世宗時, 世宗亦死. 惟本朝太祖神聖特異, 初不曾理會樂律[3], 但聽樂聲, 嫌其太高, 今[4]降一分, 其樂[5]遂和. 唐 太宗所定樂及本朝樂, 皆平和, 所以世祚久長.” 笑云: “如此議論, 又卻似在樂不在德也.” 【德明】

92:4 因論樂律, 云: “尺以三分爲增減, 蓋上生下生, 三分損一益一. 故須一寸作九分, 一分分九釐, 分九絲▲[6], 方如破竹, 都通得去. 【人

---

1) 子: 賀本에서는 仔로 되어 있다.
2) 【義剛】: 徽州本에는 【淳】으로 되어 있다.
3) 律: 賀本에는 없다.
4) 今: 『朱子語類』에서는 令으로 되어 있다. 【附箋紙】 “今”當作“令.”
5) 樂: 『朱子語類』에서는 聲으로 되어 있다.
6) ▲: 一釐

傑錄云: "律管只以九寸爲準, 則上生下生, 三分益一損一, 如破竹矣."】 其制作, 『通典』亦略備, 『史記』「律書」·『漢』「律歷志」所載亦詳. 范蜀公與溫公都枉了相爭, 只『通典』亦未嘗看. 蜀公之言旣疏, 溫公又在下."【螢】

92:5 無聲, 做管不成.【德明】

92:6 司馬遷說律, 只是推一箇通了, 十二箇皆通.[7)]

92:7 十二律自黃鍾而生. 黃鍾是最濁之聲, 其餘漸漸淸. 若定得黃鍾是, 便入得樂. 都是這裏纔差了些子, 其他都差. 只是寸難定, 所以易差.【道夫】

92:8 ▲[8)] 應鍾最淸, 淸聲則四寸半. 八十一·五十四·七十二·六十四, 至六十四, 則不齊而不容分矣.【人傑】

92:9 音律如尖塔樣, 闊者濁聲, 尖者淸聲. 宮以下則太濁, 羽以上則太輕, 皆不可爲樂, 惟五聲者中聲也.【人傑】

92:10 樂律: 自黃鍾至仲[9)]呂皆屬陽, 自蕤賓至應鍾皆屬陰, 此是一箇太[10)]陰[11)]陽. 黃鍾爲陽, 大呂爲陰, 太簇爲陽, 夾鍾爲陰, 每一陽間一陰, 又是一箇小陰陽.【閎祖】

92:11 自黃鍾至中呂皆下生, 自蕤賓至應鍾皆上生. 以上生下, 皆三

7) 通.: 徽州本에서는 이 뒤에 【賡】이 더 있다.
8) ▲: 樂聲, 黃鍾九寸最濁,
9) 仲: 成化本·賀本에서는 中으로 되어 있다.
10) 太: 英祖刊本·成化本·賀本에서는 大로 되어 있다.
11) 太陰: 【附箋紙】"太陰", 恐作"大陰."

生二, 以下生上, 皆三生四.【閎祖】

92:12 『禮記註[12]疏』說“五聲六律十二管還相爲宮”處, 分明.【人傑】

92:13 旋宮: 且如大呂爲宮, 則大呂用黃鍾八十一之數, 而三分損一, 下生夷則, 夷則又用林鍾五十四之數, 而三分益一, 上生夾鍾. 其餘皆然.【閎祖】

92:14 問: “先生所論樂, 今考之, 若以黃鍾爲宮, 便是太簇爲商, 姑洗爲角, 蕤賓爲變徵, 林鍾爲徵, 南呂爲羽, 應[13]鍾爲變宮. 若以大呂爲宮, 便是夾鍾爲商, 仲[14]呂[15]爲角, 林鍾爲變徵, 夷則爲徵, 無射爲羽, 黃鍾爲變宮. 其餘則旋相爲宮, 周而復始. 若言相生之法, 則以律生呂, 便是下生, 以呂生律, 則爲上生. 自黃鍾下生林鍾[16], ▲[17]上生太簇, 太簇下生南呂, 南呂上生姑洗, 姑洗下生應鍾, 應鍾上生蕤賓. ▲[18]本當下生, 今卻復上生大呂, 大呂下生夷則, 夷則上生夾鍾, 夾鍾下生無射, 無射上生仲[19]呂. 相生之道, 至是窮矣, 遂復變而上生黃鍾之宮.【再生之黃鍾不及九寸, 只是八寸有餘.】 然黃鍾君象也, 非諸宮之所能役, 故虛其正而不復用, 所用只再生之變者. 就再生之變又缺其半,【所謂缺其半者, 蓋若大呂爲宮, 黃鍾爲變宮時, 黃鍾管最長, 所以只得用其半聲.】 而餘宮亦皆倣此.” 曰: “然.” 又曰: “宮・商・角・徵・羽與變徵, 皆是數之相生, 自然如此, 非人力所加損, 此其所以爲妙.” 問: “旣有宮・商・角・徵・羽, 又有變宮・變徵, 何也?” 曰: “二者是樂之和,

---

12) 註: 『朱子語類』에서는 注로 되어 있다.
13) 羽, 應: 『小分』에서는 應羽 를 교정부호로 바로잡았다.
14) 仲: 成化本・賀本에서는 中으로 되어 있다.
15) 呂: 成化本에서는 宮으로 되어 있다.
16) 林鍾: 【附箋紙】“林鍾”下, 當復有“林鍾.”
17) ▲: 林鍾
18) ▲: 蕤賓
19) 仲: 成化本・賀本에서는 中으로 되어 있다.

【去聲.】 相接連[20]處."【道夫】

92:15 "'旋相爲宮', 若到應鍾[21]爲宮, 則下四聲都當低去, 所以有半聲, 亦謂之'子聲', 近時所謂淸聲是也. 大率樂家最忌臣民陵君, 故商聲不得過宮聲. 然近時卻[22]有四淸聲, 方響十六箇, 十二箇是律呂, 四片是四淸聲. 古來十二律卻都有半聲. 所謂'半聲'者, 如蕤賓之管當用六寸, 卻只用三寸. 雖用三寸, 聲卻只是大呂, 但愈重濁耳." 又問聲氣之元. 曰: "律曆家最重這元聲, 元聲一定, 向下都定, 元聲差, 向下都差."【植 ○饒本云: "因論樂, 云: '黃鍾之律最長, 應鍾之律最短, 長者聲濁, 短者聲淸. 十二律旋相爲宮, 宮爲君, 商爲臣. 樂中最忌臣陵君, 故有四淸聲. 如今方響有十六箇, 十二箇是正律, 四箇是四淸聲, 淸聲是減一律之半. 如應鍾爲宮, 其聲最短而淸. 或蕤賓爲之商, 則是商聲高似宮聲, 爲臣陵君, 不可用, 遂乃用蕤賓律減半爲淸聲以應之, 雖然減半, 只是此[23]律, 故亦自能相應也. 此是『通典』載此一項.' 又云: '樂聲不可太高, 又不可太低. 樂中上聲, 便是鄭·衛. 所以太祖英明不可及, 當王朴造樂, 聞其聲太急, 便令減下一律, 其聲遂平. 徽宗朝作『大晟樂』, 其聲一聲低似一聲, 故其音緩.' 又云: '賢君大槪屬意於雅樂, 所以仁宗晚年極力要理會雅樂, 終未理會得.'"】

92:16 律遞相爲宮, 到末後宮聲極淸, 則臣民之聲反重, 故作折半之聲, 然止於四者, 以爲臣民不可大於君也. 事物大於君不妨. 五聲分爲十二律, 添三分, 減三分, 至十二而止. 後世又增其四, 取四淸聲.【璘】

92:17 宮與羽, 角與徵, 相去獨遠. 故於其間製變宮·變徵二聲.【廣】

---

20) 接連: 『朱子語類』에서는 連接으로 되어 있다.
21) 鍾: 孝宗刊本·成化本에는 없다.
22) 卻: 徽州本에서는 이 뒤에 只가 더 있다.
23) 此: 賀本에서는 出로 되어 있다.

92:18 問: “『周禮』「大司樂」說宮・角・徵・羽, 與七聲不合, 如何?” 曰: “此是降神之樂, 如黃鍾爲宮, 大呂爲角, 太簇爲徵, 應鍾爲羽, 自是四樂各擧其一者而言之. 以大呂爲角, 則南呂爲宮, 太簇爲徵, 則林鍾爲宮, 應鍾爲羽, 則太簇爲宮. 以七聲推之合如此, 注家之說非也.” 【人傑】

92:19 律呂有十二, 用時只使七箇. 自黃鍾下生至七, 若更插▲[24]聲, 便拗了. 【淳】

92:20 七聲之說, 『國語』言之. 【人傑】

92:21 ▲[25]

92:22 問: “『國語』云: ‘律者立均出度.’ 韋昭注云: ‘均謂均鍾, 木▲[26]七尺, 係之以弦.’ 不知其制如何?” 曰: “韋昭是箇不分曉底人. 『國語』本自不分曉, 更着他不曉事, 愈見鶻突. 均, 只是七均. 如以黃鍾爲宮, 便用林鍾爲徵, 大[27]簇爲商, 南呂爲羽, 姑洗爲角, 應鍾爲變宮, 蕤賓爲變徵. 這七律自成一均, 其聲自相諧應. 古人要合聲, 先須吹律, 使衆聲皆合律, 方可用. 後來人想不解去逐律吹得. 京房始有律準, 乃是先做下一箇母子, 調得正了, 後來只依此爲準. 『國語』謂之‘均’, 梁武帝謂之‘通.’ 其制十三弦, 一弦是全律底黃鍾, 只是散聲. 又自黃鍾起至應鍾有十二弦, 要取甚聲, 用柱子來逐弦分寸上柱定取聲[28]. 立均之意, 本只是如此. 古人[29]來解書, 最有一箇韋昭無理會. 且如下文

24) ▲: 一
25) ▲: “律十有二, 作樂只用七聲. 惟宮聲筵席不可用, 用則賓主失歡.” 力行云: “今人揲卦得乾卦者, 多不爲吉. 故『左傳』言‘隨元・亨・利・貞’, 有是四德, 乃可以出.” 曰: “然.” 【力行】
26) ▲: 長
27) 大: 『朱子語類』에서는 太로 되어 있다.
28) 定取聲: 賀本에서는 取定聲으로 되어 있다.

‘六者中之色’, ‘六’字本只是‘黃’字闕卻上面一截, 他便就這‘六’字上解, 謂六聲天地之中. 六者, 天地之中, 自是數, 干色甚事.” 【文蔚】

92:23 水・火・木・金・土是五行[30]之序. 至五聲, 宮卻屬土, 至羽屬水. 宮聲最濁, 羽聲最淸. 一聲應七律, 共八十四調. 除二律是變宮, 止六十調. 【人傑】

92:24 樂聲是土・金・木・火・水, 「洪範」是水・火・木・金・土. 【人傑】

92:25 樂之六十聲, 便如六十甲子. 以五聲合十二律而成六十聲, 以十干合十二支而成六十甲子. 若不相屬, 而實相爲用. 『遺書』云“三命是律, 五星是歷”, 卽此說也. 只曉不得甲子・乙丑皆屬木, 而納音卻屬金. 前輩多論此, 皆無定說. 【僩】

92:26 絲宮而竹羽. 【人傑】

92:27 絲尙宮, 竹尙羽. 竹聲大, 故以羽聲濟之, 絲聲細, 故以宮聲濟之. 【廣】

92:28 『周禮』以十二律爲之度數, 如黃鍾九寸, 林鍾六寸之類, 以十二聲爲之劑量. 蓋磬材有剛柔淸濁. 音聲有輕重高低, 故復以十二聲, 劑量斟酌, 磨削厚薄, 令合節簇.[31][32] 如「磬氏」“已上則磨其旁, 已下則磨其端”之類. 【僩】

---

29) 人: 賀本에는 없다.

30) 行: 『小分』에서는 聲을 行으로 고쳤다.

31) 蓋磬材有剛柔淸濁 … 令合節簇.: 賀本에서는 劑量斟酌, 磨削剛柔淸濁. 音聲有輕重高低, 故復以十二聲劑量. 蓋磬材有厚薄, 令合節奏.로 되어 있다.

32) 簇: 英祖刊本・成化本에서는 族으로 되어 있고 賀本에서는 奏로 되어 있다. 【附箋紙】“簇”當作“族.”

92:29 先生偶言及律呂, 謂: “管有長短, 則聲有淸濁. 黃鍾最長, 則聲最濁, 應鍾最短, 則聲最淸.” 時擧云: “黃鍾本爲宮, 然『周禮』祭天神人鬼地示之時, 則其樂或以黃鍾爲宮, 或以林鍾爲宮, 未知如何.” 曰: “此不可曉. 先儒謂商是殺聲, 鬼神所畏, 故不用, 而只用四聲迭相爲宮. 未知其五聲不備, 又何以爲樂? 大抵古樂多淡, 十二律之外, 又有黃鍾・大呂・太簇・夾鍾四淸聲, 雜於正聲之間, 樂都可聽. 今古樂不可見矣. 長沙 南嶽廟每祭必用樂, 其節奏甚善, 祭者久立不勝其勞. 據『圖經』云, 是古樂. 然其樂器又亦用伏鼓之類, 如此, 則亦非古矣.” 時擧因云: “‘金聲玉振’是樂之始終. 不知只是首尾用之, 還中間亦用耶?” 曰: “樂有特鍾・特磬, 有編鐘・編磬. 編鐘・編磬是中間奏者, 特鐘・特磬是首尾用者.” 時擧云: “所謂‘玉振’者, 只是石耶? 還眞用玉?” 曰: “只是石耳. 但大樂亦有玉磬, 所謂‘天球’者是也.”【時擧】[33)]

92:30 問: “『周禮』祭不用商音, 或以爲是武王用厭勝之術. 切[34)]疑聖人恐無此意.” 曰: “這箇也難曉. 須是問樂家, 如何不用商. 嘗見樂家言, 是有殺伐之意, 故祭不用. 然也恐是無商調, 不是無商音. 他那奏起來, 五音依舊皆在.” 又問: “向見一樂書, 溫公言本朝無徵音. 切[35)]謂五音如四時代謝, 不可缺一. 若無徵音, 則本朝之樂, 大段不成說話.” 曰: “不特本朝, 從來無那徵, 不特徵無, 角亦無之. 然只是太常樂無, 那宴樂依舊有. 這箇也只是無徵調・角調, 不是無徵音・角音. 如今人曲子所謂‘黃鍾宮, 大呂羽’, 這便是調. 謂如頭一聲是宮聲, 尾後一聲亦是宮聲, 這便是宮調. 若是其中按拍處, 那五音依舊都用, 不只是全用宮. 如說無徵, 便只是頭聲與尾聲不是徵. 這卻不知是如何, 其中有箇甚麼欠缺處, 所以做那徵不成. 徽宗嘗令人硬去做, 然後來做得成, 卻只是頭一聲是徵, 尾後一聲依舊不是, 依舊走了, 不知是如何. 平日也不曾去理會, 這須是樂家辨得聲音底, 方理會得. 但是這箇

33)【時擧】: 賀本에는 없다.
34) 切: 英祖刊本・成化本・賀本에서는 竊로 되어 있다.
35) 切: 英祖刊本・成化本・賀本에서는 竊로 되어 있다.

別是一項, 未消得理會."【義剛】

92:31 古者太子生, 則大[36]師吹管以度其聲, 看合甚律. 及長, 其聲音高下皆要中律.[37]

92:32 南北之亂, 中華雅樂中絶. 隋文帝時, 鄭譯得之於蘇祇婆. 蘇祇婆乃自西域傳來, 故知律呂乃天地自然之聲氣, 非人之所能爲. 譯請用旋宮, 何妥[38]恥其不能, 遂止用黃鍾一均.【事見『隋志』.】 因言, 佛與吾道不合者, 蓋道乃無形之物, 所以有差. 至如樂律[39], 則有數器, 所以合也.【閎祖】

92:33 六朝彈箏鼓瑟皆歌.【節】

92:34 唐太宗不曉音律, 謂不在樂者, 只是胡說.【揚】[40]

92:35 唐祖孝孫說八十四調. 季通云, 只有六十調, 不以變宮・變徵爲調. 恐其說有理. 此『左傳』"中聲以降, 五降之後不容彈矣"之意也.【人傑】

92:36 "自唐以前, 樂律尙有制度可考, 唐以後, 都無可考. 如杜佑『通典』所算分數極精. 但『通典』用十分爲寸作算法, 頗難算. 蔡季通只以九分算. 本朝范馬諸公非惟不識古制, 自是於唐制▲[41]不曾詳看, 『通典』又不是隱僻底書, 不知當時諸公何故皆不看. 只如沈存中博覽,

36) 大: 『朱子語類』에서는 太로 되어 있다.
37) 律: 徽州本에서는 이 뒤에【庚】이 더 있다.
38) 妥: 成化本에서는 安으로 되어 있다.
39) 律: 成化本에서는 得으로 되어 있다.
40)【揚】: 孝宗刊本에는【楊】으로 되어 있고 賀本에는【易】으로 되어 있다.
41) ▲: 亦

『筆談』所考器數甚精, 亦不曾看此. 使其[42]見此, 則所論過於范・馬遠甚. 呂伯恭不喜『筆談』, 以爲皆是亂說. 某與[43]言: '未可恁地說, 恐老兄欺他未得在, 只是他做人不甚好耳.'" 因令將五音・十二律寫作圖子, 云: "且須曉得這箇, 其他卻又商量."【道夫】

92:37 問樂. 曰: "古聲只是和, 後來多以悲恨爲佳. 溫公與范蜀公, 胡安定與阮逸・李照爭辯[44], 其實都自理會不得, 卻不曾去看『通典』. 『通典』說得極分明, 蓋此事在唐猶有傳者, 至唐末遂失其傳. 王朴當五代之末杜撰得箇樂如此. 當時有幾鍾名爲'啞鍾', 不曾擊得, 蓋是八十四調. 朴調其聲, 令一一擊之. 其實那箇啞底卻是. 古人制此不擊, 以避宮聲. 若一例皆擊, 便有陵節之患. 『漢』「禮樂志」劉歆說樂處亦好. 唐人俗舞謂之'打令', 其狀有四: 曰招, 曰搖, 曰送, 其一記不得. 蓋招則邀之之意, 搖則搖手呼喚之意, 送者送酒之意. 舊嘗見深村父老爲余言, 其祖父嘗爲之收得譜子. 因[45]兵火失去. 舞時皆裹▲[46]頭, 列坐飲酒, 少刻起舞. 有四句號云: '送搖招搖, 三方一圓, 分成四片, 送[47]在搖前.' 人多不知, 皆以爲瓦[48]謎." 漢卿云: "張滋 約齊[49]亦是張家好子弟." 曰: "見君舉說, 其人大曉音律." 因言: "今日到詹元善處, 見其教樂, 又以管吹習古詩二「南」・「七月」之屬, 其歌調卻只用太常譜. 然亦只做得今樂, 若古樂必不恁地美. 人聽他在行在錄得譜子. 大凡壓入音律, 只以首尾二字, 章首一字是某調, 章尾卽[50]以某調終之, 如「關雎」'關'字合作無射調, 結尾亦着作無射聲應之, 「葛覃」'葛'

42) 其: 成化本에서는 甚으로 되어 있다.
43) 某與: 賀本에서는 與某로 되어 있다.
44) 辯: 『朱子語類』에서는 辨으로 되어 있다.
45) 因: 賀本에서는 曰로 되어 있다.
46) ▲: 幞
47) 送: 賀本에서는 得으로 되어 있다.
48) 瓦: 賀本에서는 啞로 되어 있다.
49) 齊: 賀本에서는 齋로 되어 있다.
50) 卽: 賀本에서는 只로 되어 있다.

字合作黃鍾調, 結尾亦着作黃鍾聲應之, 如'七月流火'三章皆'七'字起, '七'字則是淸聲調, 末亦以淸聲調▲[51]之, 如'五月斯螽動股', '二之日鑿冰沖沖', '五'字'二'字皆是濁聲, 黃鍾調, 末以濁聲結之. 元善理會事, 都不要理會箇是, 只信口胡亂說, 事事喚做曾經理會來. 如宮・商・角・徵・羽, 固是就喉・舌・脣・齒上分, 他便道只此便了, 元元[52]不知道喉・舌・脣・齒上亦各自有宮・商・角・徵・羽. 何者? 蓋自有箇疾徐高下."【賀孫】

92:38 ▲[53]廣云: "▲[54]杜佑想是理會得樂." 曰: "也[55]不知他會否, 但古樂在唐猶有存者, 故他因取而載之[56]於書. 至唐末黃巢亂後, 遂失其傳. ▲[57]【廣】

92:39 范蜀公謂今『漢書』言律處折了八字. 蜀中房庶有古本『漢書』有八字, 所以與溫公爭者, 只爭此. 范以古本爲正. 蜀公以上黨粟一千二百粒, 實今九寸爲準,【闊九寸】 溫公以一千二百粒排今一尺爲準. 『漢書』文不甚順, 又粟有大小, 遂取中者爲之. 然下粟時頓緊, 則粟又下了, 又不知如何爲正排, 又似非是. 今世無人曉音律, 只憑器論造器, 又紛紛如此. 古今[58]曉音律, 風角・鳥占皆能之. 太史公以律論兵, 意出於此. 仁宗時, 李照造樂, 蜀公謂差過子[59]一音, 每思之爲之

---

51) ▲: 結
52) 元: 『朱子語類』에는 없다. 【附箋紙】"元"當刪.
53) ▲: "溫公與范忠文, 胡安定與阮逸李照等議樂, 空自爭辯. 看得來, 都未是, 元不曾去看『通典』. 據『通典』中所說皆是, 又且分曉."
54) ▲: 如此則
55) 也: 賀本에서는 이 앞에 這가 더 있다.
56) 之: 賀本에는 없다.
57) ▲: 至周 世宗時, 王朴據他所見杜撰得箇樂出來. 『通鑑』中說, 王朴說, 當時鍾有幾箇不曾擊, 謂之'啞鍾', 朴乃調其聲, 便皆可擊. 看得來所以存而不擊者, 恐是避其陵慢之聲, 故不擊之耳, 非不知擊之也."
58) 今: 『朱子語類』에서는 人으로 되어 있다.
59) 子: 『朱子語類』에서는 了으로 되어 있다. 【附箋紙】"子", 恐作"了."

痛心. 劉羲叟謂聖上必得心疾, 後果然.【揚】

92:40 仁宗以胡安定・阮逸『樂書』, 令天下名山藏之, 意思甚好.【道夫】

92:41 問: "溫公論本朝樂無徵音, 如何?" 曰: "其中不能無徵音, 只是無徵調. 如首以徵音起, 而末復以徵音合殺者, 是徵調也. 徵調失其傳久矣. 徽宗令人作之, 作不成, 只能以60)徵音起, 而不能以徵音終. 如今俗樂, 亦只有宮・商・羽三調而已."【淳】

○61) 蔡又因說律管, 云: "伊川何不理會? 想亦不及理會? 還無人相共理會? 然康節所理會, 伊川亦不理會." 曰: "便是伊川不肯理會這般所在."【賀孫】

92:42 蔡京用事, 主張喩世淸作樂, ▲62)破63)前代之言樂者. 因作中聲正聲, 如正聲九寸, 中聲只八寸七分一. 按『史記』"七"字多錯, 乃是"十分一." 其樂只是杜撰, 至今用之.【人傑】

92:43 徽宗時, 一黥卒魏漢津造『雅樂』一部, 皆杜撰也. 今太學上丁用者是此樂.【揚】

92:44 季通『律書』, 分明是好, 卻不是臆說, 自有按據.【道夫】

92:45 問: "季通『律書』難曉." 曰: "甚分明, 但未細考耳." 問: "空圍九分, 便是徑三分?" 曰: "古者只說空圍九分, 不說徑三分, 蓋不啻三

60) 能以: 『小分』에서는 以能을 교정부호로 바로잡았다.
61) ○: 『朱子語類』 101:15의 일부이다.
62) ▲: 盡
63) 破: 【附箋紙】 "破"上脫"盡"字.

分猶有奇也." 問: "算到十七萬有餘之數, 當何用?" 曰: "以定管之長短而出是聲. 如太簇四寸, 惟用半聲方和. 大抵考究其法是如此, 又未知可用與否耳. 節五聲, 須是知音律之人與深[64]驗過, 方見得." 【德明】

92:46 季通理會樂律, 大段有心力, 看得許多書. 也是見成文字, 如『史記』「律・曆[65]書」, 自無人看到這裏. 他近日又成一『律要』, 盡合古法. 舊[66]時所作律, 逐節吹得, 卻和. 怕如今未必如此. 這箇若促些子, 聲便焦殺, 若長些子, 便慢蕩. 【賀孫】

92:47 陳淳[67]言: "琴只可彈黃鍾一均, 而不可旋相爲宮." 此說猶可. 至謂琴之泛聲爲六律, 又謂六律爲六同, 則妄矣. 今人彈琴都不知孰爲正聲, 若正得一弦, 則其餘皆可正. 今調弦者云, 如此爲宮聲, 如此爲商聲, 安知是正與不正? 此須審音人方曉得. 古人所以吹管, 聲傳在琴上. 如吹管起黃鍾之指, 則以琴之黃鍾聲合之, 聲合無差, 然後以次[68]徧[69]合諸聲. 五聲旣正, 然後不用管, 只以琴之五聲爲準, 而他樂皆取正焉. 季通書來說, 近已曉得, 但絣定七絃, 不用調絃, 皆可以彈十一宮. 【琴之體是黃鍾一均, 故可以彈十一宮.】 如此, 則大呂・大[70]簇・夾鍾以下, 聲聲皆用按徽, 都無散聲. 蓋纔不按, 卽是黃鍾聲矣, 亦安得許多指按耶? 兼如其說, 則大呂以下亦不可對徽, 須挨近第九徽裏按之. 此後愈挨下去, 方合大呂諸聲. 蓋按着正徽, 復是黃鍾聲矣. 渠云, 頃問之太常樂工, 工亦云然. 恐無此理. 古人彈琴, 隨月調絃[71], 如十一月調黃鍾, 十二月調大呂, 正月調大[72]簇, 二月調夾鍾. 但此後

64) 深:『朱子語類』에서는 審으로 되어 있다.
65) 曆: 英祖刊本・賀本에서는 歷으로 되어 있다. 【附箋紙】"曆"當從止.
66) 舊: 孝宗刊本・英祖刊本・賀本에서는 近으로 되어 있다.
67) 淳: 成化本에서는 墨丁으로 되어 있다.
68) 次: 賀本에서는 吹로 되어 있다.
69) 徧: 成化本에서는 遍으로 되어 있다.
70) 大: 英祖刊本・成化本・賀本에서는 太로 되어 있다.
71) 絃: 賀本에서는 弦으로 되어 있다.

聲愈緊, 至十月調應鍾, 則弦急甚, 恐絶矣. 不知古人如何. 季通不能琴, 他只是思量得, 不知彈出便不可行. 這便是無下學工夫, 吾人皆坐此病. 古人朝夕習於此, 故以之上達不難, 蓋下學中上達之理皆具矣. ▲[73)]【僩】

92:48 今朝廷樂章長短句者, 如「六州歌頭」, 皆是俗樂鼓吹之曲. 四言詩乃大樂中曲. 本朝『樂章會要』, 國史中只有數人做得好, 如王荊公做得全似『毛詩』, 甚好. 其他有全做不成文章. 橫渠只學『古樂府』做, 辭拗强不似, 亦多錯字[74)].

92:49 今之樂, 皆胡樂也, 雖古之鄭·衛, 亦不可見矣. 今「關雎」·「鹿鳴」等詩, 亦有人播之歌曲. 然聽之與俗樂無異, 不知古樂如何. 古之宮調與今之宮調無異, 但恐古者用濁聲處多, 今樂用淸聲處多. 季通謂今俗樂, 黃鍾及夾鍾淸, 如此則爭四律, 不見得如何. 「般涉調」▲[75)], 胡樂之名也. "般"如"般若"之"般." "子在齊聞「韶」", 據季札觀樂, 魯亦有之, 何必在齊而聞之也? 又, 夫子見小兒徐行恭謹, 曰: "「韻[76)]」樂作矣?"【人傑】

92:50 "詹卿家令樂工[77)]以俗樂譜吹「風」·「雅」篇章. 初聞吹二「南」詩, 尚可聽. 後吹「文王」詩, 則其聲都不成模樣." 因言: "古者「風」·「雅」·「頌」, 名旣不同, 其聲想亦各別."【廣】

---

72) 大: 英祖刊本·成化本·賀本에서는 太로 되어 있다.

73) ▲: 如今說古人兵法戰陣, 坐作進退, 斬射擊刺, 鼓行金止, 如何曉得他底? 莫說古人底曉不得, 只今之陣法也曉不得, 更說甚麽? 如古之兵法, 進則齊進, 退則齊退, 不令進而進, 猶不令退而退也. 如此則無人敢妄動. 然又卻有一人躍馬陷陣, 殺數十百人, 出入數四, 矢石不能傷者, 何也? 良久, 又曰: "據今之法, 只是兩軍相持住, 相射相刺, 立得脚住不退底便贏, 立不住退底便輸耳."

74) 字: 徽州本에서는 이 뒤에【庚】이 더 있다.

75) ▲: 者

76) 韻: 『朱子語類』에서는 韶로 되어 있다.【附箋紙】"韻"當作"韶."

77) 工: 賀本에서는 家로 되어 있다.

92:51 趙子敬送至「小雅」樂歌, 以黃鍾淸爲宮, 此便非古. 淸者, 半聲也. 唐末喪亂, 樂人散亡, 禮壞樂崩. 朴[78]自以私意撰四淸聲. 古者十二律外, 有十二子聲, 又有變聲六. 謂如黃鍾爲宮, 則他律用正律, 若他律爲宮, 則不用[79]黃鍾之正聲, 而用其子聲. 故『漢書』云"黃鍾不與他律爲役"者, 此也. 若用淸聲爲宮, 則本聲輕淸而高, 餘聲重濁而下, 禮書中刪去乃是. 樂律, 『通典』中蓋說得甚明. 本朝如胡安定及[80]范蜀公・司馬公・李照輩, 元不曾看, 徒自如如[81]此爭辨也.【『漢書』所載甚詳, 然不得其要. 太史公所載甚略, 然都是要緊處. 新修禮書中「樂律補」篇, 以一尺爲九寸, 一寸爲九分, 一分爲九豪[82], 一豪[83]爲九釐[84], 一釐[85]爲九忽[86]. ○方子】

92:52 樂律中所載『十二時[87]譜』, 乃趙子敬所傳, 云是唐 開元間鄕飮酒所歌也. 但卻以黃鍾淸爲宮, 此便是[88][89]可. 蓋黃鍾管九寸, 最長. 若以黃鍾爲宮, 則餘律皆順, 若以其他律爲宮, 便有相陵處. 今且只以黃鍾言之, 自第九宮後四宮, 則或[90]爲角, 或爲羽, 或爲商, 或爲徵. 若以爲角, 則是民陵其君矣, 若以爲商, 則是臣陵其君矣. 徵爲事, 羽爲物, 皆可類推.「樂記」曰: "五者皆亂, 迭相陵謂之慢. 如此, 則國之滅亡無日矣." 故製黃鍾四淸聲用之. 淸聲短其律之半, 是黃鍾淸長

78) 朴:【附籤紙】"朴"上, 恐脫"王"字. 不然, 則此條移上"問樂, 曰古聲"條下, 令有來歷, 似當.
79) 黃鍾爲宮, 則他律用正律, 若他律爲宮, 則不用: 賀本에는 없다.
80) 及: 英祖刊本・賀本에는 없고 成化本에서는 □으로 되어 있다.
81) 如: 『朱子語類』에는 없다.【附籤紙】"如"當刪.
82) 豪: 英祖刊本・成化本・賀本에서는 釐로 되어 있다.
83) 豪: 英祖刊本・成化本・賀本에서는 釐로 되어 있다.
84) 釐: 英祖刊本・成化本에서는 豪로 되어 있고 賀本에서는 毫로 되어 있다.
85) 釐: 英祖刊本・成化本에서는 豪로 되어 있고 賀本에서는 毫로 되어 있다.
86) 忽: 英祖刊本・成化本・賀本에서는 絲로 되어 있다.
87) 時: 『朱子語類』에서는 詩로 되어 있다.
88) 是: 『朱子語類』에서는 不로 되어 있다.
89) 便是:【附籤紙】"便是"當作"便不."
90) 或: 賀本에서는 後로 되어 있다.

四尺[91]半也. 若後四宮用黃鍾爲角·徵·商·羽, 則以四淸聲代之, 不可用黃鍾本律, 以避陵慢. 故漢志有云: “黃鍾不復爲他律所役.” 其他律亦皆有淸聲, 若遇相陵, 則以淸聲避之, 不然則否. 惟是黃鍾則不復爲他律所用. 然沈存中『續筆談』說云: “惟君臣民不可相陵, 事物則不必避.”【先生一日又說: “古人亦有時用黃鍾淸爲宮, 前說未是.”[92] ○廣】

92:53 音律只有氣. 人亦只是氣, 故相關.【揚】

92:54 今之士大夫, 問以五音·十二律, 無能曉者. 要之, 當立一樂學, 使[93]士大夫習之, 久後必有精通者出.【升卿】

92:55 今人[94]都不識樂器, 不聞其聲, 故不通其義. 如古人尙識鐘鼓, 然後以鐘鼓爲樂. 故孔子云: “樂云樂云, 鐘鼓云乎哉?” 今人鐘鼓已自不識.【揚】

92:56 鎛鐘甚大, 特懸鐘也. 衆樂未作, 先擊特鐘以發其聲, 衆樂旣闋, 乃擊特磬以收其韻.【僩】[95]

92:57 堂上樂, 金鐘玉磬. 今太常玉磬鎖在櫃裏, 更不曾設, 恐爲人破損, 無可陪[96]還. 尋常交割, 只據文書, 若要看, 旋開櫃取一二枚視之.【人傑】

92:58 今之簫管, 乃是古之笛. 雲簫方是古之簫.【廣】

91) 尺: 『朱子語類』에서는 寸으로 되어 있다.
92) 先生一日又說 … 前說未是.”: 賀本에서는 본문으로 되어 있다.
93) 使: 成化本에서는 生으로 되어 있다.
94) 今人: 孝宗刊本·英祖刊本·成化本에서는 人今으로 되어 있다.
95) 【僩】: 徽州本에서는 이 뒤에 卓錄同이 더 있다.
96) 陪: 賀本에서는 賠로 되어 있다.

92:59 觱篥, 本名悲栗, 言其聲之悲壯也.【廣】

92:60 俗樂中無徵聲, 蓋沒安排處, 及無黃鍾等四濁聲.【螢】

92:61 今之曲子, 亦各有某宮. 其宮云: "今樂起處, 差一位."【璘】

92:62 洛陽有帶花劉使, 名几, 於俗樂甚明, 蓋曉音律者. 范蜀公徒論鍾律, 其實不曉, 但守死法. 若以應鍾爲宮, 則君民事物皆亂矣. 司馬公比范公又低. 二公於『通典』尚不曾看, 『通典』自說得分曉. 『史記』「律書」說律數亦好. 此蓋自然之理, 與「先天圖」一般, 更無安排. 但數到窮處, 又須變而生之, 卻生變律.【人傑】

92:63 劉几與伶人花日新善, 其弟厭之, 令勿通. 几戒花吹笛於門外, 則出與相見. 其弟又令終日吹笛亂之. 然花笛一吹, 則劉識其音矣.【人傑】

92:64 向見一女童, 天然理會得音律, 其歌唱皆出於自然, 蓋是稟得這一氣之全者.【人傑】

92:65 胡問: "今俗妓樂不可用否?" 曰: "今州縣都用, 自家如何不用得? 亦在人斟酌."【淳】

○[97] 因曰: "'直而溫, 寬而栗', 直與寬本自是好, 但濟之以溫與栗, 則盡善. 至如'剛'·'簡'二字, 則微覺有弊, 故戒之以'無虐'·'無傲', 蓋所以防其失也. 某所以特與分開, 欲見防其失者, 專爲剛·簡而設, 不蒙上直·寬二句. '直'·'寬', 但曰'而溫'·'而栗', 至'剛'·'簡', 則曰'無

97) ○: 『朱子語類』의 84:34의 일부이다.【附箋紙】此條論樂無甚緊, 移諸「書傳」類, 似當. 如何?

虐’·‘無傲’, 觀其言, 意自可見.” 文蔚曰: “敎以人倫者, 固是又欲養其德性. 要養德性, 便只是下面‘詩言志, 歌永言, 聲依永, 律和聲’四句上.” 曰: “然. 諷誦歌詠之間, 足以和其心氣, 但上面三句抑揚高下, 尙且由人, 到‘律和聲’處, 直是不可走作. 所以詠歌之際, 深足養人情性. 至如播之金石, 被之管絃, 非是不和, 終是不若人聲自然. 故晉人孟嘉有言‘絲不如竹, 竹不▲[98]肉[99]’, 謂‘漸近自然.’ 至‘八音克諧, 無相奪倫, 神[100]▲[101] 【文蔚】

○[102] 且如樂, 今皆不可復考. 今人只會說得‘凡音之生, 由人心也, 人心之動, 物使之然也.’ 到得制度, 便都說不去.” 問: “『通書』注云: ‘而其制作之妙, 眞有以得乎聲氣之元.’ 不知而今尙可尋究否?” 曰: “今所爭, 祇是黃鍾一宮耳. 這裏高, 則都高, 這裏低, 則都低, 蓋難得其中耳.” 問: “胡安定樂如何?” 曰: “他亦是一家.”[103]

○[104] 古樂亦難遽復, 且於今樂中去其噍殺促數之音, 并考其律呂, 令得其正, 更令掌詞命之官製撰樂章, 其間略述敎化訓戒及賓主相與之情, 及如人主待臣下恩意之類, 令人歌之, 亦足以養人心之和平.

---

98) ▲: 如
99) 肉: 【附箋紙】“肉”上, 恐脫“如”字.
100) 神: 【附箋紙】“神”下, 疑脫字.
101) ▲: 人以和’, 此是言祭祀燕享時事, 又是一節.”
102) ○: 『朱子語類』 66:35의 일부이다.
103) 家: 賀本에서는 이 뒤에 【幹】 이 더 있다.
104) ○: 『朱子語類』의 84:3의 일부이다.

『朱子語類』 卷第九十三

「孔・孟・周・程[1]」

93:1 看聖賢代作, 未有孔子, 便無『論語』之書, 未有孟子, 便無『孟子』之書, 未有堯・舜, 便無「典」・「謨」, 未有商・周, 便無「風」・「雅」之[2]「頌」. 【賀孫】

93:2 此[3]道更前後聖賢, 其說始備. 自堯・舜以下, 若不生箇孔子, 後人去何處討分曉? 孔子後若無箇孟子, 也未有分曉. 孟子後數千載, 乃始得程先生兄弟發明此理. 今看來漢・唐以下諸儒說道理見在史策者, 便直是說夢! 只有箇韓文公依稀說得略似耳. 【賀孫】[4]

93:3 "天不生仲尼, 萬古長如夜!" 唐子西嘗於一郵亭梁間見此語. 季通云: "天先生伏羲・堯・舜・文王, 後不生孔子, 亦不得, 後又不生孟子, 亦不得, 二千年後又不生二程, 亦不得." 【方】

93:4 "孔子天地間甚事不理會過! 若非許大精神, 亦呑許多不得." 一日▲[5]話[6]又說: "今覺見朋友間, 都無大精神." 【文蔚】

93:5 問: "'定禮樂', 是『禮記』所載否?" 曰: "不見得." 節復問"贊『易』"

---

1) 程: 賀本에서는 이 뒤에 張子가 더 있다.
2) 之: 『朱子語類』에는 없다. 【附箋紙】 "之"當刪.
3) 此: 【附箋紙】 此下二條, 似當移入"龜山謂孔子"條下, 以照上下.
4) 【賀孫】: 賀本에는 【文蔚】로 되어 있다.
5) ▲: 因
6) 話: 【附箋紙】 "話"上脫"因"字.

之"贊." 曰: "秤[7]述其事, 如'大哉乾元'之類是贊."【節】

93:6 戰國・秦・漢間, 孔子言語存者尙多有之. 如孟子所引"人[8]不可爲衆", "爲此詩者, 其知道乎"? 又如劉向所引之類.

93:7 夫子度量極大, 與堯同. 門弟子中如某人輩, 皆不點檢他, 如堯容四凶在朝相似.【必大 ○人傑錄[9]云: "堯容四凶在朝. 夫子之門, 亦何所不容?"】

93:8 問: "孔子不是不欲仕, 只是時未可仕?" 曰: "聖人無求仕之義. 君不見用, 只得且恁地做."【銖】

93:9 或問: "孔子當衰周時, 可以有爲否?" 曰: "聖人無有不可爲之事, 只恐權柄不入手. 若得權柄在手, 則兵隨印轉, 將逐符行. 近溫『左氏傳』, 見定・哀時煞有可做底事." 問: "固是聖人無不可爲之事. 聖人有不可爲之時否?" 曰: "便是聖人無不可爲之時. 若時節變了, 聖人又自處之不同." 又問: "孔子當衰周, 豈不知時君必不能用己?" 曰: "聖人卻無此心. 豈有逆料人君能用我與否? 到得後來說'吾不復夢見周公', 與'鳳鳥不至, 河不出圖, 吾已矣夫'時, 聖人亦自知其不可爲矣. 但不知此等話是幾時說. 據'陳恒弑其君, 孔子沐浴而朝請討之'時, 是獲麟之季[10], 那時聖人猶欲有爲也."【廣】

93:10 問: "看聖人汲汲皇皇, 不肯沒身逃世, 只是急於救世, 不能廢君臣之義. 至於可與不可, 臨時依舊裁之以義." 曰: "固是. 但未須說急於救世, 自不可不仕." 又問: "若據'危邦不入, 亂邦不居', '有道則見,

---

7) 秤: 『朱子語類』에서는 稱으로 되어 있다.【附箋紙】"秤"當作"稱."
8) 人: 賀本에서는 仁으로 되어 있다.
9) 傑錄: 賀本에서는 之一로 되어 있다.
10) 季: 『朱子語類』에서는 年으로 되어 있다.

無道則隱'等語, 卻似長沮・桀溺之徒做得是?" 曰: "此爲學者言之. 聖人做作, 又自不同." 又問: "聖人亦明知世之不可爲否?" 曰: "也不是明知不可. 但天下無不可爲之時, 苟可以仕則仕, 至不可處便止. 如今時節, 臺諫固不可做, 州縣也自做得. 到得居位守職, 卻教自家枉道廢法, 雖一簿尉也做不得, 便着去位."【木之】

93:11 某嘗疑誅少正卯無此事, 出於齊・魯陋儒欲尊夫子之道, 而造爲之說. 若果有之, 則『左氏』記載當時人物甚詳, 何故有一人如許勞攘, 而略不及之? 史傳間不足信事如此者甚多.【僩】

○[11] 問: "墮三都, 季氏何以不怨?" 曰: "季氏是時自不奈陪臣何, 故假孔子之力以去之. 及既墮三都, 而三威[12]之勢遂衰. 所以威[13]子甚悔, 臨死謂康子曰: '使仲尼之去, 而魯不終治者, 由我故也.' 正如五代羅紹威, 不奈魏・博牙軍何, 假朱溫之勢以除之. 既除牙軍, 而魏・博之勢大弱, 紹威大悔, 正此類也. 孔子是時也失了這機會, 不曾做得成."【僩】

93:12 衛靈公無道如此, 夫子直欲扶持之, 戀戀其國, 久而不去. 不知是何意, 不可曉.【必大】

93:13 孔子在衛國居得甚久. 想是靈公有英雄之氣, 孔子見其可與有爲, 故久居而[14]欲輔之.【壽昌】

93:14 問: "自孔子後, 何故無聖人?" 曰: "公且看三代而下, 那件不薄? 文章・字・畫亦可見, 只緣氣自薄." 因問: "康節'一元開物閉物'之

---

11) ○: 『朱子語類』 58:60의 일부이다.
12) 威: 英祖刊本・成化本・賀本에서는 桓으로 되어 있다.
13) 威: 英祖刊本・成化本・賀本에서는 桓으로 되어 있다.
14) 而: 成化本에서는 可로 되어 있다.

說是否?" 曰: "有此理. 不易他窺測至此!"【浩 ○揚錄云: "自周▲[15]氣薄, 亦不生聖賢."】

93:15 或問: "孔子當孟子時如何?" 曰: "孔子自有作用, 然亦須稍加峻厲." 又問: "孔子若見用, 顏子還亦出否?" 曰: "孔子若用, 顏子亦須出來做他次[16]一等人. 如孔子做宰相, 顏子便做參政."【去僞】

93:16 龜山謂"孔子如知州, 孟子如通判權州", 也是如此. 通判權州, 畢竟是別人事, 須著些力去做, 始得.【廣】

93:17 問: "'顏子合下完具, 只是小, 要漸漸恢廓, 孟子合下大, 只是未粹, 要索學以充之.' 此莫是才具[17]有異?" 曰: "然. 孟子覺有動蕩底意思."【可學】

93:18 或問: "顏子比湯如何?" 曰: "顏子只據見在事業, 未必及湯. 使其成就, 則湯又不得比顏子. 前輩說禹與顏子雖是同道, 禹比顏子又麤些. 顏子比孟子, 則孟子當麤看, 磨稜合縫, 猶未有盡處, 若看諸葛亮, 只看他大體正當, 細看不得."【大雅】

93:19 才仲問顏子, 因擧先生舊語云: "顏子優於湯·武." "如何見得?" 曰: "公[18]且自做工夫, 這般處說不得. 據自看, 覺得顏子渾渾無痕迹."【賀孫】

93:20 問: "顏子之學, 莫是先於性情上着工夫否?" 曰: "然. 凡人爲學, 亦須先於性情上着工夫. 非獨於性情上著工夫行步坐立, 亦當着工夫."【煇[19] ○謨錄云: "學者固當存養性情. 然處事接物, 動止應酬, 皆是着工

15) ▲: 後
16) 次: 孝宗刊本·成化本에서는 欠으로 되어 있다.
17) 具: 孝宗刊本·成化本에서는 其로 되어 있다.
18) 公: 賀本에서는 이 뒤에 只가 더 있다.

夫處, 不獨性情也."】

93:21 邵漢臣問顔淵・仲弓[20]不同. 曰: "聖人之德, 自是無不[21]▲[22], 其次則自是易得不備. 如顔子已是煞周全▲[23], 只比之聖人, 更有些未完. 如仲弓則偏於淳篤, 而少顔子剛明之意. 若其他弟子, 未見得. 只如曾氏[24]則大抵偏於剛毅, 這終始[25]有立脚處. 所以其他諸子皆無傳, 惟曾子獨得其傳. 到子思也恁地剛毅, 孟子也恁地剛毅. 惟是有這般人, 方始湊合得着. 惟是這剛毅等人, 方始立得定. 子思別無可考, 只孟子所秤[26], 如'摽使者出諸大門之外, 北面再拜稽首而不受', 如云'事之云乎, 豈曰友之云乎'之類, 這是甚麽▲[27]剛毅?"【賀孫】

93:22 孔門只一箇顔子合下天資純粹. 到曾子便過於剛, 與孟子相似. 世衰道微, 人欲橫流, 不是剛勁有脚跟底人, 定立不住.【淳】

93:23 問: "若使曾子爲邦, 比顔子如何?" 曰: "想得不似顔子熟. 然曾子亦大故有力. 曾子・子思・孟子大略皆相似." 問: "明道比顔子如何?" 曰: "不要如此問, 且看他做工夫處."【德明】

93:24 曾點開闊, 漆雕開深穩.【振】

93:25 曾點父子爲學不同. 點有康節底意思, 將那一箇物玩弄.【道夫】

---

19) 煇: 徽州本에서는 方子로 되어 있다.
20) 弓: 賀本에서는 尼로 되어 있다.
21) 無不:【附箋紙】"無不"下, 疑脫字.
22) ▲: 備
23) ▲: 了
24) 氏:『朱子語類』에서는 子로 되어 있다.
25) 始:『朱子語類』에서는 是로 되어 있다.
26) 秤:『朱子語類』에서는 稱으로 되어 있다.【附箋紙】"秤"當作"稱."
27) ▲: 樣

93:26 曾子父子相反，參合下不曾見得，只從日用間應事接物上積累做去，及至透徹，那小處都是自家底了．點當下見得甚高，做處卻又欠闕．如一座大屋，只見廳堂大概，裏面房室元不曾經歷，所以夷考其行而有不掩，猝[28]歸於狂．【儒用】

93:27 曾子眞積力久．【若海】

93:28 曾子說話，盛水◇[29]漏．【敬仲】

93:29 曾子太深，壁立萬仞！【振】

93:30 孔門弟子，如子貢後來見識煞高，然終不及曾子．如一唯之傳，此是大體．畢竟他落脚下手立得定，壁立萬仞！觀其言，如"彼以其富，我以吾仁"，"可以托六尺之孤"，"士不可以不弘毅"之類，故後來有子思・孟子，其傳永遠[30]．孟子氣象尤可見．【士毅】

93:31 曾子本是魯拙，後來旣有所得，故守得夫子規矩定．其敎人有法，所以有傳．若子貢則甚敏，見得易，然又雜，往往敎人亦不似曾子守定規矩，故其後無傳．【因賓問子貢之學無傳．○德明】

93:32 子貢俊敏，子夏謹嚴．孔子門人自曾・顏而下，惟二子，後來想大故長進．【僩】

93:33 但將『論語』子夏之言看，甚嚴毅．【節】

93:34 子游是箇簡易人，於節文有未至處．【如譏子夏之門人，與"喪致乎

28) 猝: 『朱子語類』에서는 卒로 되어 있다.
29) ◇: 不
30) 遠: 賀本에는 없다.

哀"而至[31]. ○廣】

93:35 子張過高, 子夏窄狹.【端蒙】

93:36 子張是箇務外底人, 子游是箇高簡・虛曠・不屑細務底人, 子夏是箇謹守規矩・嚴毅底人. 因觀荀子論三子之賤儒, 亦是此意, 蓋其末流必至是也.【僩】

93:37 問: "孔門學者, 如子張全然務外, 不知如何地學卻如此." 曰: "也干他學甚事? 他在聖門, 亦豈不曉得爲學之要? 只是他資質是箇務外底人, 所以終身只是這意思. 子路是箇好勇底人, 終身只是說出那勇底話. 而今學者閑[32]時都會說道理當如何, 只是臨事時, 依前只是他那本來底面目出來, 都不如那閑[33]時所說者."【僩】

93:38 子路全義利[34], 管仲全功利.【振】

93:39 孟子極尊敬子路.

93:40 問: "韓子秤[35]'孔子之道大而能博.' 大是就渾淪, 博是就該貫處否?" 曰: "韓子亦未必有此意. 但如此看, 亦自好." 至問[36]: "如何是'學焉而皆得其性之所近'?" 曰: "政事者就政事上學得, 文學者就文學上學得, 德行言語者就德行言語上學得."【至】

93:41 "看來人全是資質. 韓退之謂[37]: '孔子之道大而能博, 門弟子

31) 止: 『朱子語類』에서는 止로 되어 있다.
32) 閑: 英祖刊本・賀本에서는 閒으로 되어 있다.
33) 閑: 英祖刊本・賀本에서는 閒으로 되어 있다.
34) 利: 『朱子語類』에서는 理로 되어 있다.
35) 秤: 『朱子語類』에서는 稱으로 되어 있다.【附箋紙】"秤"當作"稱."
36) 至問: 徽州本에서는 至旣問, 韓子謂門弟子, 不能偏觀而盡識, 故學焉而皆得其性之所近으로 되어 있다.

不能偏[38]觀而盡識也, 故學焉而皆得其性之所近.' 此說甚好. 看來資質定了, 其爲學也只就他資質所尙處, 添得些小好而已. 所以學貴公聽並觀, 求一箇是當處, 不貴徒執己自用. 今觀孔子諸弟子, 只除了曾・顔之外, 其他說話便皆有病. 程子諸門人, 上蔡有上蔡之病, 龜山有龜山▲[39]病, 和靖有和靖之病, 無有無病者." 或問: "也是後來做工夫不到, 故如此." 曰: "也是合下見得不周徧, 差了." 又曰: "而今假令親見聖人說話, 盡傳得聖人之言不差一字, 若不得聖人之心, 依舊差了, 何況猶不得其言? 若能得聖人之心, 則雖言語各別, 不害其爲同. 如曾子說話, 比之孔子又自不同. 子思傳曾子之學, 比之曾子, 其言語[40]亦自不同. 孟子比之子思又自不同. 然自孔子以後, 得孔子之心者, 惟曾子・子思・孟子而已. 後來非無能言之士, 如楊[41]子雲▲[42]模倣『論語』, 王仲淹『中說』亦模倣『論語[43]』, 言愈似而去道愈遠. 直至程子方略明得四五十年, 爲得聖人之心. 然一傳之門人, 則已皆失其眞矣. 云云. 其終卒歸於'擇善固執', '明善誠身', '博文約禮'而已, 只是要人自去理會."【僩】

93:42 孟子比之孔門原憲, 謹守必不似他. 然他不足以及人, 不足以任道, 孟子便擔當得事.【淳 ○孟子】

93:43 孟子不甚細膩, 如大匠把得繩墨定, 千門萬戶自在.【又記"千門"字上有"東南西北"字. ○節】】

93:44 鄧子禮問: "孟子恁地, 而公孫・萬章之徒皆無所得." 曰:

37) 謂: 『朱子語類』에서는 云으로 되어 있다.
38) 偏: 『朱子語類』에서는 徧으로 되어 있다.
39) ▲: 之
40) 言語: 『小分』에서는 語言을 교정부호로 바로잡았다.
41) 楊: 英祖刊本・成化本・賀本에서는 揚으로 되어 있다.
42) ▲: 『法言』
43) 論語: 『小分』에서는 語論을 교정부호로 바로잡았다.

"他[44]只是逐孟子上上下下, 不曾自去理會." 又曰: "孔子於門人恁地提撕警覺, 尚有多少病痛!"【賀孫】

93:45 問: "周子是從上面先見得?" 曰: "也未見得是恁地否. 但是周先生天資高, 想見下面工夫也不大故費力. 而今學者須是從下學理會, 若下學而不上達, 也不成箇學問. 須是尋到頂頭, 卻從上貫下來."【夔孫 ○周子】

93:46 季通云: "濂溪之學, 精慤深密."【端蒙】

93:47 濂溪清和. 孔經甫祭其文曰: "公年壯盛, 玉色金聲, 從容和毅, 一府皆傾." 墓碑亦謂其"精密嚴恕", 氣象可想矣.【道夫】

93:48 "周子看得這理熟, 縱橫妙用, 只是這數箇字都括盡了. 周子從理處看, 邵子從數處看, 都只是這理." 砥曰: "畢竟理較精粹." 曰: "從理上看則用處大, 數自是細碎."【砥】

93:49 "今人多疑濂溪出於希夷, 又云爲禪學, 其諸子皆[45]▲[46]佛." 可學云: "濂溪書具存, 如「太極圖」, 希夷如何有此說? 或是本學老・佛而自變了, 亦未可知." 曰: "嘗讀張忠定公『語錄』. 公問李畋云: '汝還知公事有陰陽否?' 云云. 此說全與濂溪同. 忠定見希夷, 蓋亦有些來歷. 但當時諸公知濂溪者, 未嘗言其[47]有道." 可學曰: "此無足怪. 程太中公[48]獨知之." 曰: "然." 又問: "明道之學, 後來固別. 但其本自濂溪發之, 只是此理推廣之耳. 但不如後來程門授業之多." 曰: "當時既未有人知, 無人往復, 只得如此."【可學】

---

44) 他: 賀本에서는 也로 되어 있다.
45) 皆:【附箋紙】"皆"下脫"學"字.
46) ▲: 學
47) 言其: 『小分』에서는 其言을 교정부호로 바로잡았다.
48) 公: 『朱子語類』에는 없다.

○[49] 因問: "周子之學, 是自得於心? 還有所傳授否?" 曰: "也須有所傳授. 渠是陸詵壻[50]. 溫公『涑水記聞』載陸詵事, 是箇篤實長厚底人." 【銖】

93:50 "濂溪在當時, 人見其政事精絶, 則以爲宦業過人, 見其有山林之志, 則以爲襟袖洒落, 有仙風道氣, 無有知其學者. 惟程太中獨知之. 這老子所見如此, 宜其生兩程子也. 只一時程氏, 類多好人." 擧橫渠祭太中弟云: "父子參・點." 又祭明道女兄云: "見伯淳言, 汝讀『孟子』有所見, 死生鬼神之蘊, 無不洞曉. 今人爲卿相大臣者, 尙不能知." 先生笑曰: "此事是譏富公." 賓問: "韓公一般[51]氣象如何?" 曰: "韓公天資高, 但學識淺, 故只做得到那田地, 然其大綱皆正." 又云: "明道當初想明得煞容易, 便無▲[52]査[53]滓. 只一再見濂溪, 當時又不似而今有許多言語出來. 不是他天資高, 見得易, 如何便明得?" 德明問: "『遺書』中載明道語, 便自然洒落明快." 曰: "自是他見得容易. 伊川『易傳』卻只管修改, 晩年方出其書. 若使明道作, 想無許多事. 嘗見門人有祭明道文云: '先生欲着樂書, 有志未就.' 不知其書要如何作." 【德明 ○周・程】

93:51 問: "明道・濂溪俱高, 不如伊川精切." 曰: "明道說話[54]超邁, 不如伊川說得的確. 濂溪也精密, 不知其他書如何, 但今所說這些子, 無一字差錯." 問明道不著書. 曰: "嘗見某人祭明道文說蹺蹊, 說明道要著樂書. 【"樂"音"洛"】. 樂, 如何著得書?" 【德輔】

93:52 汪端明嘗言二程之學, 非全資於周先生者. 蓋『通書』人多忽

49) ○: 『朱子語類』 94:152의 일부이다.
50) 壻: 孝宗刊本・英祖刊本・成化本에서는 婿로 되어 있다.
51) 般: 賀本에서는 家로 되어 있다.
52) ▲: 那
53) 査: 賀本에서는 渣로 되어 있다.
54) 說話: 『小分』에서는 話說을 교정부호로 바로잡았다.

略, 不曾考究. 今觀『通書』, 皆是發明太極. 書雖不多, 而統紀已盡. 二程蓋得其傳, 但二程之業廣耳.【罃】

93:53 二程不言太極者, 用劉絢記程言, 清虛一大, 恐人別處走. 今只說敬, 意只在所由, 只一理也. 一理者, 言"仁義[55]中正而主靜."【方】

93:54 濂溪靜一, 明道敬.【方】[56]

93:55 明道說話渾淪, 煞高, 學者難看.【淳 ○程子】

93:56 ▲[57]

93:57 明道語宏大, 伊川語親切.【方】

93:58 明道說話, 一看便好, 轉看轉好, 伊川說話, 初看未甚好, 久看方好.【義剛】

93:59 明道說話, 亦有說過處, 如說"舜有天下不與." 又其說闊, 人有難曉處, 如說"鳶飛魚躍", 謂"心勿忘勿助長"處. 伊川較子細, 說較無過, 然亦有不可理會處. 又曰: "明道所見甚俊偉, 故說得較快, 初看時便好, 子細看亦好, 伊川說, 初看時較拙, 子細看亦拙." 又曰: "明道說經處較遠, 不甚協注."【揚】

93:60 說明道言語儘寬平, 伊川言語初難看, 細讀有滋味. 又云: "某說大處自與伊川合, 小處卻持有所[58]見不同. 說南軒見處高, 如架屋

55) 仁義: 『小分』에서는 義仁을 교정부호로 바로잡았다.
56) 【方】: 英祖刊本・成化本・賀本에는 【方子】로 되어 있다.
57) ▲: 明道說底話, 恁地動彈流轉.【方子】
58) 所: 『朱子語類』에서는 意로 되어 있다.

相似, 大間架已就, 只中間少裝折."【寓】

93:61 "明道曾看釋·老書, 伊川則莊·列亦不曾看." 先生云: "後來須着看. 不看, 無緣知他道理."

93:62 伊川「好學論」, 十八時作. 明道十四五便學聖人, 二十及第, 出去做官, 一向長進. 「定性書」是二十二三時作[59]. ▲[60]時游[61]山, 許多[62]詩甚好.【義剛】

93:63 問: "明道可比顏子[63], ▲[64] 孟子才高, 恐伊川未到孟子處. 然伊川收束檢制處, 孟子卻不能到."【煇】[65]

93:64 賨問: "前輩多言伊川似孟子." 曰: "不然. 伊川謹嚴, 雖大故以天下自任, 其實不似孟子[66]放脚放手. 孟子不及顏子, 顏子常自以爲不足."【德明】

93:65 ▲[67] 明道到處響應, 伊川入朝成許多事, 此亦可見二人用處. 曰: "明道從容, 伊川都挨不行." 陳後之問: "伊川做時似孟子否?" 曰: "孟子較活絡." 問: "孟子做似伊尹否?" 先生首肯. 又曰: "孟子傳伊尹許多話, 當時必有一書該載."【淳】

---

59) 作:【附箋紙】"作"下, 脫"是"字.
60) ▲: 是
61) 游: 『朱子語類』에서는 遊로 되어 있다.
62) 許多: 『小分』에서는 多許를 교정부호로 바로잡았다.
63) 顏子:【附箋紙】"顏子"下, 脫十四字.
64) ▲: 伊川可比孟子否?" 曰: "明道可比顏子.
65)【煇】: 徽州本에는【晦夫】로 되어 있다.
66) 孟子: 徽州本에서는 이 뒤에 才高縱橫, 見得無礙, 然伊川却確實不似孟子가 더 있다.
67) ▲: 鄭問:

93:66 問: "學於明道, 恐易開發, 學於伊川, 恐易成就." 曰: "在人用力. 若不用力, 恐於伊川無向傍處. 明道卻有悟人處."【方】

93:67 伊川說話, 如今看來, 中間寧無小小不同? 只是大綱統體說得極善. 如"性卽理也"一語, 直自孔子後, 惟是伊川說得盡. 這一句便是千萬世說性之根基! 理是箇公共底物事, 不解會不善. 人做不是, 自是失了性, 卻不是壞了着修.【賀孫】

○[68] 人說話也難. 有說得響感動得人者, 如明道會說, 所以上蔡說, 才到明道處, 聽得他說話, 意思便不同. 蓋他說得響, 自是感發人. 伊川便不似他. 伊川說話方, 終是難感動人." 或曰: "如與東坡門[69]說話, 固是他門[70]不是, 然終是伊川說話有不相乳入處." 曰: "便是說話難. 只是這一樣說話, 只經一人口說, 便自不同. 有說得感動人者, 有說得不愛聽者. ▲[71]【僩】

93:68 明道詩云: "旁人不識予心樂, 將謂偸閑學少年." 此是後生時氣象眩露, 無含蓄.【學蒙】

93:69 或問明道五十年猶不忘遊獵之心. 曰: "人當以此自點檢. 須見得明道氣質如此, 至五十年猶不▲[72]忘. 在我者當益加操守方是[73], 不可以此自恕."【卓】

93:70 東坡見伊川主司馬公之喪, 譏其父在, 何以學▲[74]喪禮如此?

68) ○:『朱子語類』95:177의 일부이다.
69) 門: 英祖刊本·賀本에서는 們으로 되어 있다.
70) 門: 英祖刊本·賀本에서는 們으로 되어 있다.
71) ▲: 近世所見會說話, 說得響, 令人感動者, 無如陸子靜. 可惜如伯恭都不會說話, 更不可曉, 只通寒暄也聽不得. 自是他聲音難曉, 子約尤甚."
72) ▲: 能
73) 方是:『小分』에서는 是方을 교정부호로 바로잡았다.
74) ▲: 得

然後人遂爲伊川解說, 道伊川先丁母難[75]. 也不消如此. 人自少讀書, 如『禮記』·『儀禮』, 便都已理會了. 古人謂居喪讀喪禮, 亦平時理會了, 到這時更把來溫審, 不是方理會.【賀孫】

93:71　因論司馬·文·呂諸公, 當時尊伊川太高. 自宰相以下皆要來聽講, 遂致蘇·孔諸人紛紛. 曰: "宰相尊賢如此, 甚好. 自是諸人難與語. 只如今賭錢喫酒等人, 正在無禮, 你卻將『禮記』去他邊讀, 如何不致他惡!"【揚】

93:72　伊川令呂進伯去了韓安道. 李先生云: "此等事, 須是自信得及, 如何教人做得?"【揚】

93:73　至之問: "程先生當初進說, 只以'聖人之說爲可必信, 先王之道[76]爲可必行, 不狃滯於近規, 不遷惑於衆口, 必期致天下如三代之世', 何也?" 先生曰: "也不得不恁地說. 如今說與學者, 也只得教他依聖人言語恁地做去. 待他就裏面做工夫有見處, 便自知得聖人底是確然恁地. 荊公初時與神宗語亦如此, 曰: '願陛[77]下以堯·舜·禹·湯爲法. 今苟能爲堯·舜·禹·湯之君, 則自有臯·夔·稷·契·伊·傅之臣. 諸葛亮·魏徵, 有道者所羞道也.' 說得甚好, 只是他所學偏, 後來做得差了, 又在諸葛·魏徵之下."【義剛】[78]

93:74　有咎伊川著書不以示門人者, 再三誦之, 先生不以爲然也. 因坐復嘆[79]. 先生曰: "公恨伊川著書不以示人, 某獨恨當時提撕他不緊. 故當時門人弟子布在海內, 炳如日星, 自今觀之, 皆不滿人意. 只今『易傳』一書散滿天下, 家置而人有之, 且道誰曾看得他箇? 果有得其

---

75) 難: 賀本에서는 艱으로 되어 있다.
76) 道: 徽州本에서는 法【陳作道】로 되어 있다.
77) 陛: 成化本에서는 階로 되어 있다.
78)【義剛】: 徽州本에서는 이 뒤에 按陳淳錄同이 더 있다.
79) 嘆: 『朱子語類』에서는 歎으로 되어 있다.

意者否? 果曾有行得他箇否?"【道夫】

○[80] 程先生少年文字便好, 如「養魚記」·「顏子論」之類."【揚】

93:75 聞伯夷·柳下惠之風者, 頑廉薄敦, 皆有興起, 此孟子之善想像者也. "孔子, 元氣也, 顏子, 和風慶雲也, 孟子, 泰山巖巖之氣象也." 此程夫子之善想像者也. 今之想像大程夫子者, 當識其明快中和處, 小程夫子者, 當識其初年之嚴毅, 晚年又濟以寬平處. 豈徒想像而已哉? 必還以驗之吾身者如何也. 若言論風旨, 則誦其詩, 讀其書, 字字而證[81]之, 句句以[82]議之, 非惟求以得其所言之深旨, 將併與其風範氣象皆[83]得之矣.【大雅】

93:76 書無所不讀, 事無所不能, 若作强記多能觀之, 誠非所以形容有道之君子. 然在先生分上正不妨. 書之當讀者無所不讀, 欲其無不察也, 事之當能者無所不能, 以其無不通也. 觀其平日辨[84]異端, 闢邪說, 如此之詳, 是豈不讀其書而以耳剽決之耶? 至於鄙賤之事雖瑣屑, 然孰非天理之流行者? 但此理旣得, 自然不習而無不能耳. 故孔子自謂"多能鄙事", 但以爲學者不當自是以求之, 故又曰"不多"也. 今欲務於强記多能, 固非所以爲學. 然事物之間分別太甚, 則有修飭邊幅, 簡忽細故之病, 又非所以求盡心也.【鎬】

93:77 伊川快說禪病, 如後來湖南 龜山之弊, 皆先曾說過. 湖南正以爲善. 龜山求中於喜怒哀樂之前.【方】

93:78 居仁謂伊川顛頇語, 是親見▲[85]病叟書中說.【方】

---

80) ○:『朱子語類』101:74의 일부이다.
81) 證: 成化本·賀本에서는 訂으로 되어 있다.
82) 以:『朱子語類』에서는 而로 되어 있다.
83) 皆: 賀本에는 없다.
84) 辨: 成化本·賀本에서는 辯으로 되어 있다.

93:79 伊川「告詞」如此, 是紹興初年議論, 未免一褒一貶之雜也.【謨】

93:80「程先生傳」甚備, 見『徽廟實錄』, 呂伯恭撰.【振】

93:81 叔器問: "橫渠似孟子否?" 曰: "一人是一樣, 規模各不同. 橫渠嚴密, 孟子宏闊. 孟子是箇有規矩底康節." 安卿曰: "他宏闊中有縝密處, 每常於所謂'〈不見諸侯, 何也?〉 曰: 〈不敢也〉.' '〈賜之則不受, 何也?〉 曰: 〈不敢也〉.' 此兩處, 見得他存心甚畏謹, 守義甚縝密." 曰: "固是." 至之曰: "孟子平正, 橫渠高處太高, 僻處太僻." 曰: "是."【義剛 ○張子】

93:82 橫渠將這道理撞弄得來大, 後更奈何不下.【必大】

93:83 橫渠儘會做文章. 如「西銘」及應用之文, 如「百椀燈」詩, 甚敏. 到說話, 卻如此難曉, 怕關西人語言自如此.【賀孫】

93:84 橫渠之學是苦心得之, 乃是"致曲", 與伊川異. 以孔子爲非生知, 渠蓋執"好古敏以求之", 故有此說[86]. 不知"好古敏以求之", 非孔子做不得.【可學】

93:85 問: "橫渠之教, 以禮爲先. 浩恐謂之禮, 則有品節, 每遇事, 須用秤停當, 禮方可遵守. 初學者或未曾識禮, 恐無下手處. 敬則有一念之肅, 便已改容更貌, 不費安排, 事事上見得此意. 如何?" 先生曰: "古人自幼入小學, 便敎以禮, 及長, 自然在規矩之中. 橫渠卻是用官法敎人, 禮也易學. 今人乍見, 往往以爲難. 某嘗要取三禮編成一書, 事多蹉過. 若有朋友, 只兩年工夫可成."【浩】

85) ▲: 與
86) 說: 賀本에서는 語로 되어 있다.

93:86 「張橫渠傳」, 當時人推范純夫作, 見『神宗實錄』. 【揚】

93:87 明道之學, 從容涵泳之味洽, 橫渠之學, 苦心力索之功深. 【端蒙 ○程・張.】

93:88 橫渠之於程子, 猶伯夷伊尹之於孔子. 【若海】

93:89 問: "孔子六經之書, 盡是說道理內實事故, 便覺得此道大. 自孟子以下, 如程・張之門, 多指說道之精微, 學之要領, 與夫下手處, 雖甚親切易見, 然被他開了四至, 便覺規模狹了, 不如孔子六經氣象大." 曰: "後來緣急欲人曉得, 故不得不然, ▲[87]亦無他不得. 若無他說破, 則六經雖大, 學者從何處入頭? 橫渠最親切. 程氏規模廣大, 其後學者少有能如橫渠輩用工者. 近看得橫渠用工最親切, 直是可畏! 學者用工, 須是如此親切. 更有一說奉祝: 老兄言語更多些, 更須刪削見簡潔處, 方是." 【大雅】

93:90 閭丘次孟云: "諸先生說話, 皆不及小程先生, 雖大程亦不及." 曰: "不然. 明道說話儘高, 邵[88]・張說得端的處, 儘好. 且如伊川說'仁者天下之公, 善之本也', 大段寬而不切. 如橫渠說'心統性情', 這般所在, 說得的當. 又如伊川謂'鬼神者造化之迹[89]', 卻不如橫渠所謂'二氣之良能也.'" 直卿曰: "如何?" 曰: "程子之說固好, 但只渾淪在這裏. 張子之說, 分明便見有箇陰陽在." 曰: "如所謂'功用則謂之鬼神', 也與張子意同." 曰: "只爲他渾淪在那裏." 閭丘曰: "明則有禮樂, 幽則有鬼神." 曰: "只這數句便要理會. 明便如何說禮樂? 幽便如何說鬼神? 須知樂便屬神, 禮便屬鬼. 他此語落着, 主在鬼神." 因指甘蔗曰: "其香氣便喚做神, 其漿汁便喚做鬼." 直卿曰: "向讀『中庸』所謂'誠之不可

---

87) ▲: 然
88) 邵: 賀本에서는 那로 되어 있다.
89) 迹: 英祖刊本에서는 跡으로 되어 있다.

揜[90]'處, 竊疑謂鬼神爲陰陽屈伸, 則是形而下者. 若『中庸』之言, 則是形而上者矣." 曰: "今也且只就形而下者說來. 但只是他皆是實理處發見, 故未有此氣, 便有此理, 旣有此理, 必有此氣."【道夫】

93:91 今且須看孔·孟·程·張四家文字, 方始講究得着實, 其他諸子不能無過差也.【理.】

90) 揜: 賀本에서는 掩으로 되어 있다.

『朱子語類』 卷第九十四

「周子之書」

「太極圖」

94:1 「太極圖」"無極而太極." 上一圈卽是太極, 但挑出在上.【泳】

94:2 太極一圈, 便是一畫, 只是散[1]開了, 引教長一畫.【泳】

94:3 「太極圖」只是一箇實理, 一以貫之.【端蒙】

94:4 太極分開只是兩箇陰陽, 括盡了天下物事.

94:5 "『易』有太極, 是生兩儀." 四象八卦, 皆有形狀. 至於太極, 有何形狀? 故周子曰: "無極而太極." 蓋云無此形狀, 而有此道理耳.【螢】

94:6 "無極而太極", 只是一句. 如"沖漠無朕", 畢竟是上面無形象, 然卻實有此理. 圖上自分曉. 到說無極處, 便不言太極, 只言"無極之眞." 眞便是太極.【螢】

94:7 ▲[2] 蓋恐人將太極做一箇有形象底▲[3]看, 故又說"無極", 言只是此理也.【端蒙】

---

1) 散: 『朱子語類』에서는 撒로 되어 있다.
2) ▲: "無極而太極."
3) ▲: 物

94:8 ▲[4]只是說無形而有理. 所謂太極者, 只二氣五行之理, 非別有物爲太極也. 又云: "以理言之, 則不可[5]謂之有, 以物言之, 則不可謂之無."【僩】

94:9 ▲[6] 周子恐人於太極之外更尋太極, 故以無極言之. 旣謂之無極, 則不可以有底道理强搜尋也." 問: "太極始於陽動乎?" 曰: "陰靜是太極之本, 然陰靜又自陽動而生. 一靜一動, 便是一▲[7]闢闔. 自其闢闔之大者推而上之, 更無窮極, 不可以本始言."【謨】[8]

94:10 問: "'無極而太極', 固是一物, 有積漸否?" 曰: "無積漸." 曰: "上言無極, 下言太極. 竊疑上言無極無窮, 下言至此方極." 曰: ▲[9]周子恐人把作一物看, 故云無極." 曰: "太極旣無氣, 氣象如何?" 曰: "只是理."【可學】

94:11 ▲[10]非謂太極之上別有無極也, 但言太極非有物耳. ▲[11]旣言無極, 則不復別舉太極也. 若如今說, 則此處豈不欠一"太極"字耶?【端蒙】

94:12 原"極"之所以得名, 蓋取樞極之義. 聖人謂之"太極"者, 所以指夫天地萬物之根也, 周子因之而又謂之"無極"者, 所以大【一作"著夫】""無聲無臭"之妙也.【升卿】

94:13 問: ▲[12] '上天之載', 卽是太極否?" 曰: "蒼蒼者是上天, 理在

---

4) ▲: "無極而太極."
5) 不可: 『小分』에서는 可不을 교정부호로 바로잡았다.
6) ▲: "'無極而太極', 只是無形而有理.
7) ▲: 箇
8)【謨】: 賀本에는 없다.
9) ▲: "無極者無形, 太極者有理也.
10) ▲: 周子所謂"無極而太極",
11) ▲: 如云"上天之載, 無聲無臭." 故云"無極之眞, 二五之精",

'載'字上."【淳】

94:14 ▲[13] 問先生之▲[14], 莫[15]正是以無極太極爲理?" 曰: "此非某之說, 他道理自如此, 着自家私意不得. 太極無形象, 只是理. 他自有這箇道理, 自家私着一字不得." 問: "既曰太極, 又有箇無極, 如何?" 曰: "'太極本無極', 要去就中看得這箇意出方得. 公只要去討他不是處, 與他鬥. 而今只管去點[16]點古人不是處, 道自家底是, 便是識見不長." 劉曰: "要得理明, 不得不如此." 曰: "且可去放開胸懷讀書. 看得道理明徹, 自然無歉吝之病, 無物我之私, 自然快活."【寓】[17]

94:15 ▲[18]太極是五行陰陽之理皆有, 不是空底物事. 若是空時, 如釋氏說性相似. 又曰: "釋氏只見得箇皮殼, 裏面許多道理, 他卻不見. 他皆以君臣父子爲幻妄."【節】

94:16 ▲[19]無中自有此理. 又不可將無極便做太極. "無極而太極", 此"而"字輕, 無次序故也. "動而生陽, 靜而生陰", 動卽太極之動, 靜卽太極之靜. 動而後生陽, 靜而後生陰, 生此陰陽之氣. 謂之"動而生", "靜而生", 則有漸次也. "一動一靜, 互爲其根", 動而靜, 靜而動, 闢闔往來, 更無休息. "分陰分陽, 兩儀立焉", 兩儀是天地, 與畫卦兩儀意思又別. 動靜如晝夜, 陰陽如東西南北, 分從四方去. "一動一靜"以時言, "分陰分陽"以位言. 方渾淪未判, 陰陽之氣, 混合幽暗. 及其既分, 中間放得寬闊光朗, 而兩儀始立. 康節以十二萬九千六百年爲一元,

---

12) ▲: "『太極解』引'上天之載無聲無臭', 此
13) ▲: 問: "'無極而太極', 如何?" 曰: "子細看, 便見得."
14) ▲: 意
15) 莫: 賀本에서는 不로 되어 있다.【附箋紙】"莫"上, 脫"意"字.
16) 點: 『朱子語類』에서는 檢으로 되어 있다.
17)【寓】: 徽州本에는【砥·寓錄同】으로 되어 있다.
18) ▲: 無極是有理而無形. 如性, 何嘗有形?
19) ▲: "無極而太極", 不是太極之外別有無極,

則是十二萬九千六百年之前, 又是一箇大闢闔, 更以上亦復如此, 直是“動靜無端, 陰陽無始.” 小者大之影, 只晝夜便可見. 五峰所謂“一氣大息, 震蕩無垠, 海宇變動, 山勃川湮, 人物消盡, 舊迹[20]大滅, 是謂洪荒之世.” 常[21]見高山有螺蚌殼, 或生石中, 此石卽舊日之土, 螺蚌卽水中之物. 下者卻變而爲高, 柔者變而爲剛, 此事思之至深, 有可驗者. “陽變陰合而生水火木金土.” 陰陽氣也, 生此五行之質. 天地生物, 五行獨先. 地卽是土, ▲[22]便包合[23]許多金木之類. 天地之間, 何事而非五行? 五行陰陽, 七者衮[24]合, 便◇[25]生物底材料. “五行順布, 四時行焉.” 金木水火分屬春夏秋[26]冬, 土則寄旺四季. 如春屬木, 而淸明後十二日卽是土寄旺之時. 每季寄旺十八日, 共七十二日. 唯夏季十八日土氣爲最旺, 故能生秋金也. 以圖象考之, 木生火・金生水之類, 各有小畫相牽連, 而火生土, 土生金, 獨穿乎土之內, 餘則從旁而過, 爲可見矣. “五行一陰陽也, 陰陽一太極也, 太極本無極也.” 此當思無有陰陽而無太極底時節. 若以爲止是陰陽, 陰陽卻是形而下者, 若只專以理言, 則太極又不曾與陰陽相離. 正當沉潛玩索, 將圖象意思抽開細看, 又復合而觀之. 某解此云: “非有離乎陰陽也, 卽陰陽而指其本體, 不雜乎陰陽而爲言也.” 此句自有三節意思, 更宜深考. 『通書』云: “靜而無動, 動而無靜, 物也, 動而無靜[27], 靜而無動[28], 神也.” 當卽此兼看之.【謨 ○可學錄別出.】

94:17 ▲[29]問: “‘無極而太極’, 因‘而’字, 故生陸氏議論.” 曰: “‘而’字

---

20) 迹: 英祖刊本에서는 跡으로 되어 있다.
21) 常: 英祖刊本에서는 當으로 되어 있다.
22) ▲: 土
23) 合: 『朱子語類』에서는 含으로 되어 있다.
24) 衮: 英祖刊本・賀本에서는 滾으로 되어 있다.
25) ◇: 是
26) 夏秋: 『小分』에서는 秋夏를 교정부호로 바로잡았다.
27) 靜: 『朱子語類』에서는 動으로 되어 있다.
28) 動: 『朱子語類』에서는 靜으로 되어 있다.
29) ▲: 舜弼論太極云: “陰陽便是太極.” 曰: “某解云: ‘非有離乎陰陽也, 卽陰陽而指

自分明. 下云: '動而生陽, 靜而生陰.' 說一'生'字, 便是見其自太極來. 今曰'而', 則只是一理. '無極而太極', 言無能生有也." 某問: "自陽動以至於人物之生, 是一時俱生? 且如此說, 爲是節次如此?" 曰: "道先後不可, 然亦須有節次. 康節推至上十二萬八千云云, 不知已前又如何. 太極之前, 須有世界來, 正如昨日之夜, 今日之晝耳. 陰陽亦一大闔闢也. 但當其初開時須昏暗, 漸漸乃明, 故有此節次, 其實已一齊在其中." 又問: "▲30)推太極以前如此, 後去又須如此." 曰: "固然. 程子云: '動靜31)無端, 陰陽無始.' 此語見得分明. ▲32) 又問: "明道云: '陰陽亦形而下者, 而曰"道", 只此兩句截得上下分明.' '截'字, 莫是'斷'字誤?" 曰: "正是'截'字. 形而上・形而下, 只就形處離合分別, 此正是界至處. 若只33)說在上在下, 便成兩截矣?" 【可學】

94:18 李問: "'無極之眞'與'未發之中', 同否?" 曰: "無極之眞是包動靜而言, 未發之中只以靜言. 無極只是極至, 更無去處了. 至高至妙, 至精至神, 更沒去處. 濂溪恐人道太極有形, 故曰'無極而太極', 是無之中有箇至極之理. 如'皇極', 亦是中天下而立, 四方輻湊, 更沒去處, 移過這邊也不是, 移過那邊也不是, 只在中央, 四畔合湊到這裏." 又指屋極曰: "那裏更沒去處了." 問: "南軒說'無極而太極', 言'莫之爲而爲之', 如何?" 曰: "他設34)差. 道理不可將初見便把做定. 伊川解文字甚縝密, 也是他年高七十以上歲, 見得道理熟. 呂與叔言語多不縝密處, 是他不滿五十歲. 若使年高, 看道理必煞縝密." 【寓】35)

其本體, 不雜乎陰陽而言耳.' 此句當看. 今於某解說句尚未通, 如何論太極?" 又

30) ▲: 今

31) 動靜: 『小分』에서는 靜動을 교정부호로 바로잡았다.

32) ▲: 今高山上多有石上蠣殼之類, 是低處成高. 又蠣須生於泥沙中, 今乃在石上, 則是柔化爲剛. 天地變遷, 何常之有?"

33) 只: 賀本에서는 止로 되어 있다.

34) 設: 『朱子語類』에서는 說로 되어 있다. 【附箋紙】 "設"當作"說."

35) 【寓】: 徽州本에서는 이 뒤에 陳淳이 더 있다.

94:19 太極無方所, 無形體, 無地位可頓放. 若以未發時言之, 未發卻只是靜. 動靜陰陽, 皆只是形而下者. 然動亦太極之動, 靜亦太極之靜, 但動靜非太極耳,【或錄云: "動不是太極, 但動者太極之用耳, 靜不是太極, 但靜者太極之體耳."】 故周子只以"無極"言之.【無形而有理.】 未發固不可謂之太極, 然中含喜怒哀樂, 喜樂屬陽, 怒哀屬陰, 四者初未著, 而其理已具. 若對已發言之, 容或可謂之太極, 然終是難說. 此皆只說得箇髣髴形容, 當自體認.【螢】

94:20 問: "▲36)極是極至無餘之謂. 無極是無之至37), 至無之中乃至有存焉, 故云'無極而太極.'" 曰: "本只是箇太極, 只爲這本來都無物事, 故說'無極而太極.' 如公說無極, 恁地說卻好, 但太極說不去." 曰: "'有'字便是'太'字地位." 曰: "將'有'字訓'太'字不得. 太極只是箇理." 曰: "至無之中乃萬理38)之至有也." 曰: "亦得." 問: "▲39) 理不可以動靜言, 惟'動而生陽, 靜而生陰', 理寓於氣, 不能無動靜所乘之機. 乘, 如乘載之'乘', 其動靜者, 乃乘載在氣上, 不覺動了靜, 靜了又動." 曰: "然." 又問: "'動靜無端, 陰陽無始', 那箇動, 又從上面靜生下40), ▲41) 上面動生來. 今姑把這箇說起." 曰: "然." 又問: "'以質而語其生之序', 不是相生否? 只是陽變而助陰, 故生水, 陰合而陽盛, 故生火, 木金各從其類, 故在左右." 曰: "'水陰根陽, 火陽根陰.' 錯綜而生其端, 是'天一生水, 地二生火, 天三生木, 地四生金', 到得運行處, 便水生木, 木生火, 火生土, 土生金, 金又生水, 水又生木, 循環相生. 又如甲乙丙丁戊己庚辛壬癸, 都是這箇物事." 因曰: "這箇太極, 是箇大底物事.

---

36) ▲: '無極而太極',
37) 至: 徽州本에서는 이 뒤에 自吾身地外, 未可謂之無, 若耳目所及, 亦未可謂之無, 惟卽天地六合之外言之, 未有如這個是無之極, 雖是至無, 其中無所不具, 未有如這個是有之極.이 더 있다.
38) 理: 賀本에서는 物로 되어 있다.
39) ▲: '動而生陽, 靜而生陰', 注: '太極者本然之妙, 動靜者所乘之機.' 太極只是理,
40) 下:【附箋紙】"下"下, 脫五字.
41) ▲: 上面靜, 又是

'四方上下曰〈宇〉, 古往今來曰〈宙〉.' 無一箇物似宇樣大: 四方去無極, 上下去無極, 是多少大? 無一箇物似宙樣長遠: 亘古亘今, 往來不窮! 自家心下須常認得這意思." 問: "此是誰語?" 曰: "此是古人語. 象山常要說此語, 但他語[42]便只是這箇, 又不用裏面許多節拍, 卻只守得箇空蕩蕩底. ▲[43]問: "自其節目言之, 便是'各正性命', 充其量而言之, 便是'流行不息.'" 曰: "然." 又問: "聖人定之以中正仁義而主靜." 曰: "此是聖人'脩道之謂敎'處." ▲[44] 【賀孫】

94:21 ▲[45] "太極只是箇極好至善底道理. 人人有一太極, 物物有一太極. 周子所謂太極, 是天地人物萬善至好底表德." 【謙】

94:22 ▲[46]

94:23 才說太極, 便帶着陰陽, 才說性, 便帶着氣. 不帶着陰陽與氣, 太極與性那裏收附? 然要得分明, 又不可不拆開說. 【寓】

94:24 ▲[47]問: "▲[48]'太極', 莫便是性否?" 曰: "然. 此是理也." 問:

---

42) 語: 『朱子語類』에서는 說로 되어 있다.
43) ▲: 公更看橫渠「西銘」, 初看有許多節拍, 卻似狹, 充其量, 是甚麼樣大! 合下便有箇乾健·坤順意思. 自家身己便如此, 形體便是這箇物事, 性便是這箇物事. '同胞'是如此, '吾與'是如此, 主腦便是如此, '尊高年, 所以長其長, 慈孤弱, 所以幼其幼', 又是做工夫處. 後面節節如此. '于時保之, 子之翼也. 樂且不憂, 純乎孝者也.' 其品節次第又如此. 橫渠這般說話, 體用兼備, 豈似他人只說得一邊!"
44) ▲: 因云: "今且須涵養. 如今看道理未精進, 便須於尊德性上用功, 於德性上有不足處, 便須於講學上用功. 二者須相趲逼, 庶得互相振策出來. 若能德性常尊, 便恁地廣大, 便恁地光輝, 於講學上須更精密, 見處須更分曉. 若能常講學, 於本原上又須好. 覺得年來朋友於講學上卻說較多, 於尊德性上說較少, 所以講學處不甚明了."
45) ▲: 或問太極. 曰:
46) ▲: 太極非是別爲一物, 卽陰陽而在陰陽, 卽五行而在五行, 卽萬物而在萬物, 只是一箇理而已. 因其極至, 故名曰太極. 【廣】
47) ▲: 因

"此理在天地間, 則爲陰陽, 而生五行以化生萬物, 在人, 則爲動靜, 而生五常以應萬事." 曰: "動則此理行, 此動中之太極也, 靜則此理存, 此靜中之太極也."【洽】

94:25 問: "先生說太極'有是性則有陰陽五行'云云, 此說性是如何?" 曰: "想是某舊說, 近思量又不然. 此'性'字爲稟於天者言. 若太極, 只當說理, 自是移易不得. 『易』言'一陰一陽之謂道', 繼之者則謂之'善', 至於成之者方謂之'性.' 此謂天所賦於人物, 人物所受於天者也."【寓】

94:26 問: "'卽陰陽而指其本體, 不雜於陰陽而言之', 是於道有定位處指之." 曰: "然. '一陰一陽之謂道', 亦此意."【可學】

94:27 自太極至萬物化生, 只是一箇道理包括, 非是先有此而後有彼. 但統是一箇大源, 由體而達用, 從微而至着耳.【端蒙】

94:28 某常說: "太極是箇藏頭底, 動時屬陽, 未動時又屬陰了."【方子】[49]

94:29 太極自是涵動靜之理, 卻不可以動靜分體用. 蓋靜卽太極之體也, 動卽太極之用也. 譬如扇子, 只是一箇扇子, 動搖便是用, 放下便是體. 才放下時, 便只是這一箇道理, 及動搖[50]時, 亦只是這一箇道理.

94:30 梁文叔云: "太極兼動靜而言." 曰: "不是兼動靜, 太極有動靜[51]. 喜怒哀樂未發, 也有箇太極, 喜怒哀樂已發[52]▲[53]之時."

48) ▲: 「太極圖」所謂
49)【方子】: 徽州本에는【公晦】로 되어 있다.
50) 動搖: 『朱子語類』에서는 搖動로 되어 있다.
51) 靜: 徽州本에서는 이 뒤에 也【格】이 더 있다.

94:31 問: "'太極動而生陽, 靜而生陰', 見得理先而氣後." 曰: "雖是如此, 然▲[54]不須如此理會, 二者有則皆有." 問: "未有一物之時如何?" 曰: "是有天下公共之理, 未有一物所具之理."【德明】

94:32 ▲[55] 無靜不成動, 無動不成靜. 譬如鼻息, 無時不噓, 無時不吸, 噓盡則生吸, 吸盡則生噓, 理自如此."【德明】

94:33 ▲[56]

94:34 ▲[57]

94:35 ▲[58]非是動而後有陽, 靜而後有陰, 截然爲兩段, 先有此而後有彼也. 只太極之動便是陽, 靜便是陰. 方其動時, 則不見靜, 方其靜時, 則不見動. ▲[59]【端蒙】

94:36 ▲[60]

---

52) 發:【附箋紙】發下, 脫二十三字.
53) ▲: 也有箇太極. 只是一箇太極, 流行於已發之際, 斂藏於未發
54) ▲: 亦
55) ▲: 問: "太極之有動靜, 是靜先動後否?" 曰: "一動一靜, 循環無端.
56) ▲: 問: "太極動然後生陽, 則是以動爲主?" 曰: "纔動便生陽, 不是動了而後生. 這箇只得且從動上說起, 其實此之所以動, 又生於靜, 上面之靜, 又生於動. 此理只循環生去, '動靜無端, 陰陽無始.'"【賀孫】
57) ▲: "太極動而生陽, 靜而生陰", 不是動後方生陽, 蓋纔動便屬陽, 靜便屬陰. "動而生陽", 其初本是靜, 靜之上又須動矣. 所謂"動靜無端", 今且自"動而生陽"處看去.【時擧】
58) ▲: "太極動而生陽, 靜而生陰."
59) ▲: 然"動而生陽", 亦只是且從此說起. 陽動以上, 更有在. 程子所謂"動靜無端, 陰陽無始", 於此可見.
60) ▲: 國秀說太極. 曰: "公今夜說得卻似, 只是說太極是一箇物事, 不得. 說太極中便有陰陽, 也不得. 他只說'太極動而生陽, 動極而靜, 靜而生陰.' 公道未動以前如何?" 曰: "只是理." 曰: "固是理, 只不當對動言. 未動卽是靜, 未靜又卽是動, 未動又卽是靜. 伊川云: '動靜無端, 陰陽無始, 惟知道者識之.' 動極復靜, 靜極復

94:37 ▲[61] "有這動之理, 便能動而生陽, 有這靜之理, 便能靜而生陰. 旣動, 則理又在動之中, 旣靜, 則理又在靜之中." 曰: "動靜是氣也, 有此理爲氣之主, 氣便能如此否?" 曰: "是也. 旣有理, 便有氣, 旣有氣, 則理又在乎氣之中. 周子謂: '五殊二實, 二本則一. 一實萬分, 萬一各正, 小大有定.' 自下推而上去, 五行只是二氣, 二氣又只[62]是一理. 自上推而下來, 只是此一箇理, 萬物分之以爲體, 萬物之中又各具一理. 所謂'乾道變化, 各正性命', 然總又只是一箇理. 此理處處皆渾淪, 如一粒粟生爲苗, 苗便生花, 花便結實, 又成粟, 還復本形. 一穗有百粒, 每粒箇箇完全, 又將這百粒去種, 又各成百粒. 生生只管不已, 初間只是這一粒分去. 物物各有理, 總只是一箇理." 曰: "鳶飛魚躍, 皆理之流行發見處否?" 曰: "固是. 然此段更須將前後文通看."【淳】

94:38 ▲[63]

94:39 ▲[64]

94:40 "▲[65] 陽變陰合", 自有先後. 且以人之生觀之, 先有陽, 後有陰. 陽在內而陰包於外, 故心知思慮在內, 陽之爲也, 形體, 陰之爲.【更須錯綜看. 如臟腑[66]爲陰, 膚革爲陽, 此見『素問』.[67] ○端蒙】

動, 還當把那箇做擗初頭始得? 今說'太極動而生陽', 是且推眼前即今箇動斬截便說起. 其實那動以前又是靜, 靜以前又是動. 如今日一晝過了, 便是夜, 夜過了, 又只是明日晝. 即今晝以前又有夜了, 昨夜以前又有晝了. 即今要說時日起, 也只且把今日建子說起, 其實這箇子以前豈是無了?"【賀孫】

61) ▲: 問: "'太極動而生陽', 是有這動之理, 便能動而生陽否?" 曰:

62) 二氣又只: 『小分』에서는 又只是一를 二氣又只로 고쳤다.

63) ▲: 或問太極. 曰: "未發便是理, 已發便是情. 如動而生陽, 便是情."

64) ▲: 問: "'太極動而生陽', 是陽先動也. 今解云'必體立而用得以行', 如何?" 曰: "體自先有. 下言'靜而生陰', 只是說相生無窮耳."【可學】

65) ▲: 太極動而生陽,

66) 臟腑: 孝宗刊本에서는 臓脂로 되어 있다.

94:41 ▲[68] 非太極動靜, 只是理有動靜. 理不可見[69], 因陰陽而後知. 理搭在陰陽上, 如人跨馬相似. 才生五行, 便被氣質拘定, 各爲一物, 亦各有一性, 而太極無不在也. 統言陰陽, 只是兩端, 而陰中自分陰陽, 陽中亦有陰陽. "乾道成男, 坤道成女." 男雖屬陽, 而不可謂其無陰, 女雖屬陰, 亦不可謂其無陽. 人身氣屬陽, 而氣有陰陽, 血屬陰, 而血有陰陽. 至如五行, "天一生水", 陽生陰也, 而壬癸屬水, 壬是陽, 癸是陰. "地二生火", 陰生陽也, 而丙丁屬火, 丙是陽, 丁是陰. 『通書』「聖學章」, "一"便是太極, "靜虛動直"便是陰陽, "明通公溥", 便是五行. 大抵周子之書才說起, 便都貫穿太極許多道理. 【謨】

94:42 "'動而生陽', 元未有物, 且是如此動蕩, 所謂'化育流行'也. '靜而生陰', 陰主凝, 然後萬物'各正性命.'" 問: "'繼之者善'之時, 此所謂'性善', 至'成之者▲[70]', 然後氣質各異, 方說得善惡?" 曰: "旣謂之性, 則終是未可分善惡." 【德明】

94:43 問: "動靜, 是太極動靜? 是陰陽動靜?" 曰: "是理動靜." 問: "如此, 則太極有模樣?" 曰: "無." 問: "南軒云'太極之體至靜', 如何?" 曰: "不是." 問: "又云'所謂至靜者, 貫乎已發未發而言', 如何?" 曰: "如此, 則卻成一不正當尖斜太極!" 【可學】

94:44 ▲[71] 蔣元進曰: "如君之仁, 臣之敬, 便是極." 曰: "此是一事一物之極. 總天地萬物之理, 便是太極. 太極本無此名, 只是箇表德." 【蓋卿】

---

67) ▲: 更須錯綜看 … 此見『素問』.: 賀本에서는 본문으로 되어 있다.

68) ▲: 太極者, 如屋之有極, 天之有極, 到這裏更沒去處, 理之極至者也. 陽動陰靜,

69) 可見: 『小分』에서는 見可를 교정부호로 바로잡았다.

70) ▲: 性

71) ▲: 鄭仲履云: "吳仲方疑『太極說』'動極而靜, 靜極復動'之說, 大意謂動則俱動, 靜則俱靜." 曰: "他都是胡說." 仲履云: "太極便是人心之至理." 曰: "事事物物皆有箇極, 是道理之極至."

94:45 ▲72) "陰陽無處無之, 横看竪看皆可見. 横看則左陽而右陰, 竪看則上陽而下陰, 仰手則爲陽, 覆手則爲陰, 向明處爲陽, 背明處爲陰. 『正蒙』云: '陰陽之氣, 循環迭至, 聚散相盪, 升降相求, 絪緼相揉, 相兼相制, 欲一之不能.' 蓋謂是也."【德明】

94:46 ▲73) 動之所以必靜者, 根乎陰故也, 靜之所以必動者, 根乎陽故也.【謨】74)

94:47 ▲75)

94:48 問: "自太極一動而爲陰陽, 以至於爲五行, 爲萬物, 無有不善. 在人則才動便差, 是如何?" 曰: "造化亦有差處, 如冬熱夏寒, 所生人物有厚薄, 有善惡, 不知自甚處差將來, 便沒理會了." 又問: "惟人才動便有差, 故聖人主靜以立人極歟?" 曰: "然."【廣】

94:49 問"動靜者76), 所乘之機." 曰: "理搭於氣而行."【可學】

94:50 ▲77)氣行則理亦行, 二者常相依而未嘗相離也. 太極猶人, 動靜猶馬, 馬所以載人, 人所以乘馬. 馬之一出一入, 人亦與之一出一入. 蓋一動一靜, 而太極之妙未嘗不在焉. 此所謂'所乘之機', 無極·二五所以'妙合而凝'也."【銖】

---

72) ▲: 問: "陰陽動靜以大體言, 則春夏是動, 屬陽, 秋冬是靜, 屬陰. 就一日言之, 晝陽而動, 夜陰而靜. 就一時一刻言之, 無時而不動靜, 無時而無陰陽." 曰:

73) ▲: 太極未動之前便是陰, 陰靜之中, 自有陽動之根, 陽動之中, 又有陰靜之根.

74) 【謨】: 賀本에는 없다.

75) ▲: 問: "必至於'互爲其根', 方分陰陽." 曰: "從動靜便分." 曰: "'分陰分陽', 是帶上句?" 曰: "然."【可學】

76) 動靜者: 徽州本에서는 如何是로 되어 있다.

77) ▲: 問"動靜者, 所乘之機." 曰: "太極理也, 動靜氣也.

94:51 ▲[78] "機, 是關捩子. 踏着動底機, 便挑撥得那靜底, 踏着靜底機, 便挑撥得那動底."【義剛】

94:52 ▲[79] 機, 言氣機也.【詩云: "出入乘氣機."[80] ○端蒙】

94:53 ▲[81]

94:54 "動靜無端, 陰陽無始." 說道有, 有無底在前, 說道無, 有有底在前, 是循環物事.【敬仲】

94:55 ▲[82]

94:56 ▲[83] 一番天地▲[84], 壞[85]了後, 又恁地做起來, 那箇有甚窮盡? 某自五六歲, 便煩惱道: '天地四邊之外, 是什麽物事?' 見人說四方無邊, 某思量也須有箇盡處. 如這壁相似, 壁後也須有什麽物事. 其時思量得幾乎成病. 到而今也未知那壁後【他[86]本作"天外." 虁孫錄作"四邊."】 是何物." 或擧天地相依之說云: "只是氣." 曰: "亦是古如此說了. 『素問』中說: '黃帝曰: 〈地有憑乎?〉 岐伯曰: 〈火氣乘之〉.' 是說那氣浮得那地起來.【虁孫錄云: "謂地浮在氣上."】 這也說得好."【義剛 ○虁

---

78) ▲: 周貴卿問"動靜者, 所乘之機." 曰:

79) ▲: "動靜者, 所乘之機."

80) 詩云: "出入乘氣機.": 賀本에서는 본문으로 되어 있다.

81) ▲: "動靜無端, 陰陽無始." 今以太極觀之, 雖曰"動而生陽", 畢竟未動之前須靜, 靜之前又須是動. 推而上之, 何自見其端與始?【道夫】

82) ▲: 陰陽本無始, 但以陽動陰靜相對言, 則陽爲先, 陰爲後, 陽爲始, 陰爲終. 猶一歲以正月爲更端, 其實姑始於此耳. 歲首以前, 非截然別爲一段事, 則是其循環錯綜, 不可以先後始終言, 亦可見矣.【端蒙】

83) ▲: 問"動靜無端, 陰陽無始." 曰: "這不可說道有箇始. 他那有始之前, 畢竟是箇甚麽? 他自是做

84) ▲: 了

85) 壞: 孝宗刊本에서는 環으로 되어 있다.

86) 他: 『朱子語類』에서는 池로 되어 있다.

孫錄略[87).】

94:57 "陽變陰合", 初生水火. 水火氣也, 流動閃鑠, 其體尙虛, 其成形猶未定. 次生木金, 則確然有定形矣. 水火初是自生, 木金則資於土. 五金之屬, 皆從土中旋生出來.【德明】

94:58 ▲[88)問: "▲[89) 如何是合?" 曰: "陽行而陰隨之."【可學】

94:59 問: "▲[90)兩儀中有地, 五行中又有土, 如何分別?" 曰: "地言其大概,【閎祖錄作"全體."】 土是地之形質."

94:60 㬊[91)問▲[92) "'太極生兩儀, 兩儀生四象', 此如母生子, 子在母外之義. 若兩儀五行, 卻是子在母內." 曰: "是如此. ▲[93)【蓋卿】

94:61 太極・陰陽・五行, 只將元亨利貞看甚好. 太極是元亨利貞都在上面, ▲[94)利貞是陰, 元亨是陽, ▲[95)元是木, 亨是火, 利是金, 貞是水.【端蒙】

---

87) 略: 徽州本에서는 略 앞에 同而가 더 있고 略 뒤에 但作問太極, 今別見朱子爲學工夫가 더 있다.

88) ▲: 厚之

89) ▲: '陽變陰合',

90) ▲: 「太極圖」

91) 㬊: 徽州本에서는 이 뒤에 兄亞夫가 더 있다.

92) ▲: 太極・兩儀・五行. 曰: "兩儀卽陰陽, 陰陽是氣, 五行是質. '立天之道, 曰陰與陽, 立地之道, 曰柔與剛', 亦是質. 又如人, 魂是氣, 體魄是質." 㬊云:

93) ▲: 陰陽・五行・萬物各有一太極." 又云: "'太極動而生陽', 只是如一長物, 不免就中間截斷說起. 其實動之前未嘗無靜, 靜之前又未嘗無動. 如'繼之者善也', 亦是就此說起. 譬之俗語謂'自今日爲頭, 已前更不受理'意思."

94) ▲: 陰陽是

95) ▲: 五行是

94:62 ▲[96] "以人身言之: 呼吸之氣便是陰陽, 軀體血肉便是五行, 其性便是理." 又曰: "其氣便是春夏秋冬, 其物便是金木水火土, 其理便是仁義禮智信." 又曰: "氣自是氣, 質自是質, 不可袞[97]說." 【義剛】

94:63 問: "'五行之生, 各一其性', 理同否?" 曰: "同而氣質異." 曰: "旣說氣質異, 則理不相通." 曰: "固然. 仁作義不得, 義作仁不得." 【可學】

94:64 ▲[98] "氣質是陰陽五行所爲, 性則[99]太極之全體. 但論氣質之

96) ▲: 或問「太極圖」之說. 曰:
97) 袞: 賀本에서는 滾으로 되어 있다.

性, 則此全體在氣質之中耳, 非別有一性也."【銖】

94:65 或問: "▲[100]五行之中又各有五行, 如何?" 曰: "推去也有, 只是他圖未說到這處, 然而他圖也只得到這處住了."【義剛】

94:66 某許多說話, 是太極中說已盡. 太極便是性, 動靜陰陽是心, 金木水火土是仁義禮智信, 化生萬物是萬事. 又云: "'無極之眞, 二五之精, 妙合而凝', 此數句甚妙, 是氣與理合而成性也."【賀孫 ○或錄云: "眞, 理也, 精, 氣也. 理與氣合, 故能成形."】

94:67 ▲[101]凝只是此氣結聚, 自然生物. 若不如此結聚, 亦何由造化得萬物出來? 無極是理, 二五是氣. 無極之理便是性. 性爲之主, 而二氣・五行經緯錯綜於其間也. 得其氣之精英者爲人, 得其查[102]滓者爲物. 生氣流行, 一衮[103]而出, 初不道付其全氣與人, 減下一等與物也, 但稟受隨其所得. 物固昏塞矣, 而昏塞之中, 亦有輕重[104]. 昏塞尤甚者, 於氣之查[105]滓中又復稟得查[106]滓之甚者爾.【謨】

94:68 問: "'無極而太極', 先生謂▲[107]添減一字不得. 而周子言'無極之眞', 卻又不言太極?" 曰: "'無極之眞', 已該得太極在其中. '眞'字便是太極." 又問: "'太極動而生陽, 靜而生陰, 靜極復動', 則動復生陽,

---

98) ▲: 或問『圖解』云: "五行之生, 隨其氣質而所稟不同, 所謂'各一其性'也." 曰:
99) 則: 孝宗刊本・成化本에서는 質로 되어 있고 英祖刊本에서는 卽으로 되어 있다.
100) ▲: 「太極圖」
101) ▲: "無極二五, 妙合而凝."
102) 查: 賀本에서는 渣로 되어 있다.
103) 衮: 英祖刊本・賀本에서는 滾으로 되어 있다.
104) 重; 賀本에서는 이 뒤에 者가 더 있다.
105) 查: 賀本에서는 渣로 되어 있다.
106) 查: 賀本에서는 渣로 되어 있다.
107) ▲: 此五字

靜復生陰. 不知分陰陽以立兩儀, 在靜極復動之前, 爲復在後?" 曰: "'動而生陽, 靜而生陰', 則陰陽分而兩儀立矣. 靜極復動以後, 所以明混闢不窮之妙."【子蒙108)】

94:69 ▲109)問: "「太極圖」下二圈, 固是'乾道成男, 坤道成女', 是各有一太極也." 如110)曰: "'乾道成男, 坤道成女', 方始萬物化生." "『易』中卻云: '有天地然後有萬物, 有萬物然後有男女', 是如何?" 曰: "太極所說, 乃生物之初, 陰陽之精, 自凝結成兩箇, 後來方漸漸生去. 萬物皆然. 如牛羊草木, 皆有牝牡, 一爲陽, 一爲陰. 萬物有生之初, 亦各自有兩箇. ▲111)這箇陰陽, 更無休息. 形質屬陰, 其氣屬陽. 金銀坑有金礦銀礦, 便是陰, 其光氣爲陽."【賀孫】

94:70 天地之初, 如何討箇人種? 自是氣蒸【他112)作"凝"】. 結成兩箇人後, 方生許多萬物. 所以先說"乾道成男, 坤道成女", 後方說"化生萬物." 當初若無那兩箇人, 如今如何有許多人? 那兩113)人便似114)而今人身上蝨, 是自然變化出來.『楞嚴經』後面說, 大劫之後, 世上人都死了, 無復人類, 卻生一般禾穀, 長一尺餘, 天上有仙人下來喫, 見好後, 只管來喫, 喫得身重, 遂上去不得, 世間方又有人種. 此說固好笑, 但某因此知得世間卻是其初有箇人種如他樣說.【義剛】

94:71 氣化, 是當初一箇人無種後, 自生出來底. 形生, 卻是有此一

---

108) 蒙: 孝宗刊本・英祖刊本에서는 寰으로 되어 있다.
109) ▲: 或
110) 如: 賀本에는 없다.
111) ▲: 故曰'二五之精, 妙合而凝.' 陰陽二氣更無停息. 如金木水火土, 是五行分了, 又三屬陽, 二屬陰, 然而各又有一陰一陽. 如甲便是木之陽, 乙便是木之陰, 丙便是火之陽, 丁便是火之陰. 只
112) 他: 『朱子語類』에서는 池로 되어 있다.
113) 兩: 賀本에서는 이 뒤에 箇가 더 있다.
114) 似: 賀本에서는 如로 되어 있다.

箇人後, 乃生生不窮底.【義剛】

94:72 ▲115) 物物自有牝牡, 只是人不能察耳."

94:73 ▲116)

94:74 ▲117) 形體, 陰之爲也, ▲118) 神知, 陽之爲也. 蓋陰主翕, 凡斂聚成就者, 陰爲之也, 陽主闢, 凡發暢揮散者, 陽爲之也.【端蒙】

94:75 ▲119) "性離氣稟不得. 有氣稟, 性方存在裏面, 無氣稟, 性便無所寄搭了. 稟得氣淸者, 性便在淸氣之中, 這淸氣不隔蔽那善, 稟得氣濁者, 性在濁氣之中, 爲濁氣所蔽. '五行之生, 各一其性', 這又隨物各具去了."【淳】

94:76 ▲120)'得其性121)而最靈', 乃氣質以後事."【去僞】

94:77 ▲122)問: "「太極圖」何爲列五者於陰陽之下?" 曰: "五常是理, 陰陽是氣. 有理而無氣, 則理無所立, 有氣而後理方有所立, 故五行次陰陽." 又問: "如此, 則是有七?" 曰: "義知123)屬陰, 仁禮屬陽."【按:

115) ▲: 問"氣化·形化." 曰: "此是總言.
116) ▲: 或問: "'萬物各具一太極', 此是以理言? 以氣言?" 曰: "以理言?"【銖】
117) ▲: "形旣生矣",
118) ▲: "神發知矣",
119) ▲: 問: "'五行之生, 各一其性. 五性感動而善惡分.' 此'性'字是兼氣稟言之否?" 曰:
120) ▲: 問"五性感動而善惡分." 曰: "天地之性, 是理也. 才到有陰陽五行處, 便有氣質之性, 於此便有昏明厚薄之殊.
121) 性: 英祖刊本에서는 秀로 되어 있다.
122) ▲: 問: "如何謂之性?" 曰: "天命之謂性." 又問: "天之所命者, 果何物也?" 曰: "仁義禮智信." 又
123) 知: 成化本·賀本에서는 智로 되어 있다.

「太極圖」列金木水火土於陰陽之下, 非列仁義禮智信於陰陽之下也. 以氣言之, 曰陰陽五行, 以理言之, 曰健順五行之性. 此問似欠分別. ○節】

94:78 ▲124)

94:79 "中正仁義而已矣", 言生之序, 以配水火木金也. 又曰: "'仁義中正而已矣', 以聖人之心言之, 猶孟子言'仁義禮智'也."【直卿. ○端蒙】

94:80 ▲125)

94:81 問: "周子不言'禮智', 而言'中正', 如何?" 曰: "禮智說得猶寬, 中正則切而實矣. 且謂之禮, 尙或有不中節處. 若謂之中, 則無過不及, 無非禮之禮, 乃節文恰好處也. 謂之智, 尙或有有正不正, 若謂之正, 則是非端的分明, 乃智之實也."【銖】

94:82 ▲126)

94:83 ▲127)切128). 中是禮之得宜處, 正是智之正當處. 自氣化一節以下, 又節節應前面圖說. 仁義中正, 應五行也. 大抵天地生物, 先其輕129)清以及重濁. "天一生水, 地二生火", 二物在五行中最輕清, 金木

---

124) ▲: 問: "'聖人定之以中正仁義', 何不曰仁義中正?" 曰: "此亦是且恁地說. 當初某看時, 也疑此. 只要去强說, 又說不得. 後來子細看, 乃知中正卽是禮智, 無可疑者."【時擧】

125) ▲: 問: "「太極圖」何以不言'禮智', 而言'中正'? 莫是此圖本爲發明『易』道, 故但言'中正', 是否?" 曰: "亦不知是如何, 但'中正'二字較有力."【閎祖】

126) ▲: 問: "中正卽禮智, 何以不直言'禮智', 而曰'中正'?" 曰: "'禮智'字不似'中正'字, 卻實. 且中者, 禮之極, 正者, 智之體, 正是智親切處. 伊川解'貞'字, 謂'正而固'也. 一'正'字未盡, 必兼'固'字. 所謂'智之實, 知斯二者弗去是也.' 智是端的眞知, 恁地便是正. 弗去, 便是固. 所以'正'字較親切."【淳】

127) ▲: 聖人立人極, 不說仁義禮智, 卻說仁義中正者, 中正尤親

128) 切: 【附箋紙】"切"字疑誤.

復重於水火, 土又重於金木. 如論律呂, 則又重濁爲先, 宮最重濁, 商次之, 角次之, 徵又次之, 羽最後.【謨】

94:84 問: "▲[130] 正如何是智?" 曰: "於四德屬貞, 智要正."【可學】

94:85 知是非之正爲智, 故『通書』以正爲智.【節】

94:86 ▲[131]

94:87 ▲[132]

94:88 "中正仁義"一節, 仁義自分體用, 是一般說, 仁義中正分體用, 又是一般說. 偏言專言者, 只說仁, 便是體, 才說義, 便是就仁中分出一箇道理. 如人家有兄弟, 只說戶頭上, 言兄足矣, 才說弟, 便更別有一人. 仁義中正只屬五行, 爲其配元亨利貞也. 元是亨之始, 亨是元之盡, 利是貞之始, 貞是利之盡. 故曰: "元亨, 誠之通, 利貞, 誠之復."【謨】

94:89 "▲[133] '正'字・'義'字卻是體, '中'・'仁'卻是發用處." 問: "義是如何?" 曰: "義有箇斷制一定之體." 又問: "仁卻恐是體?" 曰: "隨這事上說在這裏, 仁卻是發用. 只是一箇仁, 都說得."【螢】

---

129) 輕: 成化本에서는 經으로 되어 있다.
130) ▲: '中卽禮, 正卽智.'
131) ▲: 問: "智與正何以相契?" 曰: "只是眞見得是非, 便是正, 不正便不喚做智了." 問: "只是眞見得是, 眞見得非. 若以是爲非, 以非爲是, 便不是正否?" 曰: "是."【淳 ○寓同.】
132) ▲: 問: "周子言仁義中正亦甚大, 今乃自偏言, 止是屬於陽動陰靜." 曰: "不可如此看, 反覆皆可." 問: "'仁爲用, 義爲體.' 若以體統論之, 仁卻是體, 義卻是用?" 曰: "是仁爲體, 義爲用. 大抵仁義中又各自有體用."【可學】
133) ▲: '聖人定之以中正仁義',

94:90 問: "'處之也正, ▲[134]曰: "'處'字作'居'字, 卽分曉."【必大】

94:91 ▲[135]主靜, ▲[136]以正與義爲體, 中與仁爲用. 聖人只是主靜, 自有動底道理. 譬如人說話, 也須是先沉默, 然後可以說話. 蓋沉默中便有箇言語底意思."【去僞】[137]

94:92 ▲[138] "中正仁義分屬動靜, 而聖人則主於靜. 蓋正所[139]以能中, 義所以能仁. '克己復禮', 義也, 義故能仁. 『易』言'利貞者, 性情也.' 元亨是發用處, 必至於利貞, 乃見「乾」之實體. 萬物到秋冬收斂成實, 方見得他本質, 故曰'性情.' 此亦主靜之說也."【銖】

94:93 ▲[140] 此四物常在這裏流轉, 然常靠着箇靜做本[141]. 若無夜, 則做得晝不分曉, 若無冬, 則做得春夏不長茂. 如人終日應接, 卻歸來這裏空處少歇, 便精神較健. 如生物而無冬, 只管一向生去, 元氣也會竭了. 中仁是動, 正義是靜. 『通書』都是恁地設[142], 如云"禮先而樂後."【義剛】

94:94 ▲[143]

---

134) ▲: 裁之也義.' '處'與'裁'字, 二義頗相近." 曰: "然. 處, 是居之, 裁, 是就此事上裁度." 又

135) ▲: 問"聖人定之以中正仁義." 曰: "本無先後. 此四字配金木水火而言, 中有禮底道理, 正有智底道理. 如「乾」之元亨利貞, 元卽仁, 亨卽中, 利卽義, 貞卽正, 皆是此理. 至於

136) ▲: 是

137)【去僞】: 徽州本에는【人傑·謨·去僞錄亦同】으로 되어 있다.

138) ▲: 問: "'聖人定之以中正仁義而主靜', 何也?" 曰:

139) 正所: 『小分』에서는 所正을 교정부호로 바로잡았다.

140) ▲: "聖人定之以中正仁義",

141) 本: 賀本에서는 主로 되어 있다.

142) 設: 『朱子語類』에서는 說로 되어 있다.【附箋紙】"設"當作"說."

143) ▲: 周貴卿說"定之以仁義中正而主靜." 先生曰: "如那克處, 便是義. 非禮勿視聽言動, 那禁止處便是義." 或曰: "正義方能靜, 謂正義便是靜, 卻不得." 曰: "如何恁地亂說? 今且粗解, 則分外有精神. 且如四時有秋冬收斂, 則春夏方能生長.

94:95 問: ▲144)今於此心寂然無欲而靜處欲見所謂145)正義者, 何以見?" 曰: "只理之定體便是." 又曰: "只是那一箇定理在此中, 截然不相侵犯. 雖然, 就其中又各有動靜: 只146)惻隱是動, 仁便是靜, 羞惡是動, 義便是靜." 【淳 ○義剛同.】

94:96 ▲147)

94:97 ▲148)人之動作及其成就, 卻只在靜. 便如渾淪未判之前, 亦須曾明盛一番來. 只是這道理層層流轉, 不可窮詰, 「太極圖」中盡之. 動極生靜, 亦非是又別有一箇靜來繼此動, 但動極則自然靜, 靜極則自然動. 推而上之, 沒理會處." 【營】

94:98 主靜, 看"夜氣"一章可見. 【德明】

94:99 問: "▲149)'無欲故靜', 他150)也?" 曰: "欲動情勝, 則不能靜." 【德明】 151).

若長長是春夏, 只管生長將去, 卻有甚了期, 便有許多元氣! 故'復, 其見天地之心乎!' 這便是靜後見得動恁地好. 這'中正', 只是將來替了那'禮智'字, 皆不離這四般, 但是主靜." 【義剛】

144) ▲: "'中正仁義而主靜.' 中仁是動, 正義是靜. 如先生解曰: '非此心無欲而靜, 則何以酬酢事物之變而一天下之動哉?'

145) 謂: 賀本에서는 以로 되어 있다.

146) 只: 『朱子語類』에서는 如로 되어 있다.

147) ▲: 問"聖人定之以中正仁義而主靜." 曰: "中正仁義皆謂發用處. 正者, 中之質, 義者, 仁之斷. 中則無過不及, 隨時以取中, 正則當然之定理. 仁則是惻隱慈愛之處, 義是裁制斷決之事. 主靜者, 主正與義也. 正義便是利貞, 中是亨, 仁是元." 【德明】 今於"皆謂發用"及"之處""之事"等語, 皆未曉, 更考.

148) ▲: 問: "「太極」'主靜'之說, 是先靜後動否?" 曰: "'動靜無端, 陰陽無始.' 雖是合下靜, 靜而後動, 若細推時, 未靜時須先動來, 所謂'如環無端, 互爲其根.' 謂如在人,

149) ▲: 又言

150) 他: 『朱子語類』에서는 何로 되어 있다. 【附箋紙】 "他"當作"何."

151) 【德明】: 賀本에는 【德】 으로 되어 있다.

94:100 濂溪言“主靜”, “靜”字只好作“敬”字看, 故又言“無欲故靜.” 若以爲虛靜, 則恐入釋・老去.【季通. ○端蒙】

94:101 ▲[152] 正是要人靜定其心, 自作主宰. 程子又恐只管靜去, 遂與事物不相交涉, 卻說箇“敬”, 云: “敬則自虛靜.” 須是如此做工夫.【德明】

94:102 問: “▲[153] 是聖人自定? 是定天下之人?” 曰: “此承上章‘惟人也得其秀而最靈’言之, 形生神發, 五性感動而善惡分, 故‘定之以中正仁義而主靜’, 以立人極.” 又問: “此恐非中人以下所可承當?” 曰: “二程教學者, 所以只說一箇‘敬’字, 正是欲無智愚賢不肖皆得力耳.” 久之, 又曰: “此一服藥, 人人皆可服, 服之便有效, 只是自不肯服耳.”【子寰】

94:103 ▲[154]

94:104「太極圖」首尾相因, 脈絡通貫[155]. 首言陰陽變化之原, 其後卽以人所稟受明之. 自“唯人也得其秀而最靈”, 所謂最靈, 純粹至善之性也, 是所謂太極也. “形生神發”, 則陽動陰靜之爲也. “五性感動”, 則“陽變陰合而生水火木金土”之性也. “善惡分”, 則“成男成女”之象也. “萬事出”, 則萬物化生之義也. 至“聖人定之以中正仁義而主靜, 立人極焉”, 則又有以得乎太極之全體, 而與天地混合而無間矣. 故下又言天地・日月・四時・鬼神四者, 無不合也.【端蒙】

---

152) ▲: “聖人定之以中正仁義而主靜”,
153) ▲: ‘聖人定之以中正仁義而主靜’,
154) ▲: 問: “周先生說靜, 與程先生說敬, 義則同, 而其意似有異?” 曰: “程子是怕人理會不得他‘靜’字意, 便似坐禪入定. 周子之說只是‘無欲故靜’, 其意大抵以靜爲主, 如‘禮先而樂後.’”【賀孫】
155) 通貫: 賀本에서는 貫通으로 되어 있다.

94:105 「太極」首言性命之源, 用力處卻在修吉・悖凶, 其本則主於靜.【端蒙】

94:106 ▲[156]問: "「太極」: '原始反終, 故知死生之說.' 南軒解與先生解不同, 如何?" 曰: "南軒說不然, 恐其偶思未到. 周子太極之書如『易』六十四卦, 一一有定理, 毫髮不差. 自首至尾, 只不出陰陽二端而已. 始處是生生之初, 終處是已定之理. 始有處說生, 已定處說死, 死則不復變動矣." 因擧張乖崖說: "斷公事, 以爲未判底事皆屬陽, 已判之事皆屬陰, 以爲不可改變. 『通書』無非發明此二端之理."【寓】[157]

94:107 問: "「太極圖」自一而二, 自二而五, 卽推至於萬物. 『易』則自一而二, 自二而四, 自四而八, 自八而十六, 自十六而三十二, 自三十二而六十四, 然後萬物之理備. 「西銘」則止言陰陽, 「洪範」則止言五行, 或略或詳皆不同, 何也?" 曰: "理一也, 人所見有詳略耳, 然道理亦未始不相值也."【閎祖】

94:108 或問「太極」・「西銘」. 曰: "自孟子已後, 方見有此兩篇文章."

94:109 問: "先生謂程子不以「太極圖」授門人, 蓋以未有能受之者. 然▲[158]孔門亦未嘗以此語顏・曾, 是如何?" 曰: "焉知其不曾說." 曰: "觀顏・曾做工夫處, 只是切己做將去." 曰: "此亦何嘗不切己? 皆非在外, 乃我所固有也." 曰: "然此恐徒長人臆[159]度料想之見." 曰: "理會不得者固如此. 若理會得者, 莫非在我, 便可受用, 何臆[160]度之有?"【廣】

156) ▲: 林
157)【寓】: 孝宗刊本・英祖刊本에는【萬】으로 되어 있다.
158) ▲: 而
159) 臆: 成化本・賀本에서는 億으로 되어 있다.
160) 臆: 成化本・賀本에서는 億으로 되어 있다.

94:110 濂溪著「太極圖」, 某若不分別出許多節次來, 如何看得? 未知後人果能如此子細去看否.【人傑】

94:111 ▲161) "'無極而太極', 不是說有箇物事光輝輝▲162) 在那裏. 只是說這裏當初皆無一物, 只有此理而已. 既有此理, 便有此氣, 既有此氣, 便分陰陽, 以此生許多物事. 惟其理有許多, 故物亦有許多. 以小而言之, 則【此下疑有脫句】. 無非是天地之事, 以大而言之, 則君臣父子夫婦朋友, 無非是天地之事. 只是這一箇道理, 所以'君子修之吉, 小人悖之凶.' 而今看他說這物事, 這機關一下撥轉後, 卒乍欄163)他不住. 聖人所以'一日二日萬幾, 兢兢業業', '如臨深淵, 如履薄冰', 只是大化恁地流行, 隨得是, 便好, 隨得不是, 便喝他不住. '存心養性, 所以事天也, 夭壽不貳, 脩身以俟之, 所以立命也.' 所以昨日說「西銘」都相穿透. 所以「太極圖」說, '五行一陰陽164)也, 陰陽一太極也', 二氣交感, 所以化生萬物, 這便是'天地之塞吾其體, 天地之帥吾其性.' 只是說得有詳略, 有急緩, 只是這一箇物事. 所以萬物到秋冬時, 各自收斂閉藏, 忽然一下春來, 各自發越條暢. 這只是一氣, 一箇消, 一箇息. 只如人相似, 方其黙時, 便是靜, 及其語時, 便是動. 那箇滿山青黃碧綠, 無非是這太極. 所以'仁者見之謂之仁, 智者見之謂之智, 百姓日用而不知, 故君子之道鮮矣', 皆是那'一陰一陽之謂道, 繼之者善也, 成之者性也.' 所以周先生「太極」·『通書』只是衮165)這許多句. ▲166)

---

161) ▲: 或求先生揀『近思錄』. 先生披數板, 云: "也揀不得." 久之, 乃曰:

162) ▲: 地

163) 欄: 英祖刊本·成化本·賀本에서는 攔으로 되어 있다.

164) 陰陽: 『小分』에서는 陽陰을 교정부호로 바로잡았다.

165) 衮: 英祖刊本·賀本에서는 滾으로 되어 있다.

166) ▲: '繼之者善'是動處, '成之者性'是靜處. '繼之者善'是流行出來, '成之者性'則各自成箇物事. '繼善'便是'元亨', '成性'便是'利貞.' 及至'成之者性', 各自成箇物事, 恰似造化都無可做了, 及至春來, 又流行出來, 又是'繼之者善.' 譬如禾穀一般, 到秋斂冬藏, 千條萬穟, 自各成一箇物事了, 及至春, 又各自發生出. 以至人物, 以至禽獸, 皆是如此. 且如人, 方其在胞胎中, 受父母之氣, 則是'繼之者善', 及其生出, 又自成一箇物事, '成之者性也.' 既成其性, 又自繼善, 只是這一箇物事,

【義剛】

94:112 時紫芝亦曾見尹和靖來, 嘗注「太極圖」. 不知何故, 渠當時所傳圖本, 第一箇圈子內誤有一點. 紫芝於是從此起意, 謂太極之妙皆在此一點. 亦有『通書解』, 無數凡167)百說話.【揚】

「通書」

94:113 周子留下「太極圖」, 若無『通書』, 卻教人如何曉得? 故「太極圖」得『通書』而始明.【大雅】

94:114『通書』一部, 皆是解太極說. 這道理, 自一而二, 二而五. 如"誠無爲, 幾善惡, 德"以下, 便配着太極陰陽五行, 須是子細看.【螢】

94:115 直卿云: "『通書』便可上接『語』·『孟』." 曰: "此『語』·『孟』較分曉精深, 結搆得密. 『語』·『孟』說得較闊."【方子】

94:116 ▲168)

今年一年生了, 明年又生出一副當物事來, 又'繼之者善', 又'成之者性', 只是這一箇物事滾將去. 所以'仁者見之謂之仁', 只是見那發生處, '智者見之謂之智', 只是見那成性處. 到得'百姓日用而不知', 則不知這事物矣. 所以『易』只是箇陰陽交錯, 千變萬化. 故曰: '『易』有太極, 是生兩儀, 兩儀生四象, 四象生八卦, 八卦定吉凶, 吉凶生大業.' 聖人所以說出來時, 只是使人不迷乎利害之途." 又曰: "『近思錄』第二段說'誠無爲, 幾善惡.' '誠無爲', 只是自然有實理恁地, 不是人做底, 都不犯手勢, 只是自然一箇道理恁地. '幾善惡', 則是善裏面便有五性, 所以爲聖, 所以爲賢, 只是這箇." 又曰: "下面說天下大本, 天下達道. 未發時便是靜, 已發時便是動. 方其未發, 便有一箇體在那裏了, 及其已發, 便有許多用出來. 少間一起一倒, 無有窮盡. 若靜而不失其體, 便是'天下之大本', 動而不失其用, 便是'天下之達道.' 然靜而失其體, 則'天下之大本'便錯了, 動而失其用, 則'天下之達道'便乖了. 說來說去, 只是這一箇道理."

167) 凡: 孝宗刊本·成化本에서는 九로 되어 있다.

168) ▲:『通書』覺細密分明,『論』·『孟』又闊.【高】

▲[169]

94:117 問“誠者聖人之本.” 曰: “此言本領之‘本.’ 聖人所以聖者, 誠而已.” 【銖】

94:118 “誠[170]者聖人之本”, 言太極. “‘大哉乾元! 萬物資始’, 誠之源”, 言陰陽五行. “‘乾道變化, 各正性命’, 誠斯立焉”, 言氣化. “純粹至善者”, 通繳上文. “故曰‘一陰一陽之謂道’”, 解“誠者聖人之本.” “繼之者善也”, 解“大哉乾元”以下, “成之者性也”, 解“乾道變化”以下. “元亨, 誠之通”, 言流行處, “利貞, 誠之復”, 言學者用力處. “大哉『易』也! 性命之源”, 又通繳上文. 【人傑】

94:119 “‘大哉乾元! 萬物資始’, 誠之源也.” 此統言一箇流行本原[171]. “「乾」道變化, 各正性命”, 誠之流行出來, 各自有箇安頓處. 如爲人也是這箇誠, 爲物也是這箇誠, 爲物也是這箇誠[172], 故曰“誠斯立焉.” 譬如水, 其出只一源, 及其流出來千派萬別, 也只是這箇水. 【端蒙】

94:120 ▲:[173] ‘一陰一陽之謂道’一句, 通證‘誠之源’·‘大哉乾元’至‘誠斯立焉’二節. ‘繼之者善’, 又證‘誠之源’一節, ‘成之者性’, 證‘誠斯立焉’一節.” 【植】

94:121 ▲[174] “‘繼·成’二字皆接[175]那氣底意思說. ‘性·善’二字皆只說理. 但‘繼之者善’方是天理流行處, ‘成之者性’便是已成形, 有分段

---

169) ▲: 「誠上」
170) 誠: 徽州本에서는 이 앞에 通書誠上一章이 더 있다.
171) 原: 英祖刊本·賀本에서는 源으로 되어 있다.
172) 爲物也是這箇誠: 『朱子語類』에는 없다. 【附箋紙】 ‘[/]’字疊出, 當刪.
173) ▲: 㬊問: “擧‘一陰一陽之謂道’以下三句, 是證上文否?” 曰: “固是.
174) ▲: 㬊問: “「誠上篇」擧『易』‘一陰一陽之謂道’三句.” 曰:
175) 接: 賀本에서는 節로 되어 있다.

了."【植】

94:122 ▲[176] "陰陽只是陰陽, 道是太極. 程子說: '所以一陰一陽者, 道也.'" ▲[177] 問: "'純粹至善者也'與'繼之者善'同否?" 曰: "是繳上三[178]句, 卻與'繼之者善'不同. '繼之者善'屬陽, '成之者性'屬陰." 問: "陽實陰虛. '繼之者善'是天命流行, '成之者性'是在人物. 疑人物是實." 曰: "陽實陰虛, 又不可執. 只是陽便實, 陰便虛, 各隨地步上說. 如楊[179]子說: '於仁也柔, 於義也剛.' 今周子卻以仁爲陽, 義爲陰. 要知二者說得都是. 且如造化周流, 未著形質, 便是形而上者, 屬陽, 才麗於形質, 爲人物, 爲金木水火土, 便轉動不得, 便是形而下者, 屬陰. 若是陽時, 自有多少流行變動在. 及至成物, 一成而不返. ▲[180]如人之初生屬陽, 只管有長, 及至長成, 便只有衰, 此氣逐旋衰減, 至於衰盡, 則死矣. 周子所謂'原始反終', 只於衰盡處, 可見反終之理." 又曰: "嘗見張乖崖云: '未押字時屬陽, 已押字屬陰.' 此語疑有得於希夷, 未可知."【榦】

94:123 問: "濂溪論性, 自氣稟言, 卻是上面已說'太極'·'誠', 不妨. 如孔子說'性相近, 習相遠', 不成是不識? 如荀·楊[181]便不可." 曰: "然. 他已說'純粹至善.'"【可學】

94:124 "繼之者善也", 周子是說生生之善. 程子說作天性之善, 用處各自不同. 若以此觀彼, 必有窒礙.【人傑】

---

176) ▲: 問: "'一陰一陽之謂道', 是太極否?" 曰:
177) ▲: 問: "『知言』云: '有一則有三, 自三而無窮矣.' 又云: '〈一陰一陽之謂道〉, 謂太極也. 陰陽剛柔顯極之幾, 至善以微, 孟子所謂〈可欲〉者也.' 如何?" 曰: "『知言』只是說得一段文字好, 皆不可曉."
178) 三: 孝宗刊本에서는 二로 되어 있다.
179) 楊: 英祖刊本·成化本·賀本에서는 揚으로 되어 있다.
180) ▲: 謂
181) 楊: 英祖刊本·成化本·賀本에서는 揚으로 되어 있다.

94:125 "元亨", "繼之者善也", 陽也, "利貞", "成之者性也", 陰也.【節】

94:126 問: "'繼之者善也, 成之者性也', 竊謂妙合之始, 便是繼. '乾道成男, 坤道成女', 便是成." 曰: "動而生陽之時, 便有繼底意, 及至靜而生陰, 方是成. 如六十四卦之序, 至「復」而繼."【德明】

○[182] '繼之者善'是動處, '成之者性'是靜處. '繼之者善'是流行出來, '成之者性'則各自成箇物事. '繼善'便是'元亨', '成性'便是'利貞.' 及至'成之者性', 各自成箇物事, 恰似造化都無可做了, 及至春來, 又流行出來, 又是'繼之者善.' 譬如禾穀一般, 到秋斂冬藏, 千條萬穟, 自各成一箇物事了, 及至春, 又各自發生出. 以至人物, 以至禽獸, 皆是如此. 且如人, 方其在胞胎中, 受父母之氣, 則是'繼之者善', 及其生出, 又自成一箇物事, '成之者性也.' 旣成其性, 又自繼善, 只是這一箇物事, 今年一年生了, 明年又生出一副當物事來, 又'繼之者善', 又'成之者性', 只是這一箇物事衮[183]將去. 所以'仁者見之謂之仁', 只是見那發生處, '智者見之謂之智', 只是見那成性處. 到得'百姓日用而不知', 則不知這物事[184]矣. 所以『易』只是箇陰陽交錯, 千變萬化. 故只[185]: '『易』有太極, 是生兩儀, 兩儀生四象, 四象生八卦, 八卦定吉凶, 吉凶生大業.' 聖人所以說出來時, 只是使人不迷乎利害之途." 又曰: "『近思錄』第二段說'誠無爲, 幾善惡.' '誠無爲', 只是自然有實理恁地, 不是人做底, 都不犯手勢, 只是自然一箇道理恁地. '幾善惡', 則是善裏面便有五性, 所以爲聖, 所以爲賢, 只是這箇." ▲[186] 已發時便是動. 方其未發, 便有一箇體在那裏了, 及其已發, 便有許多用出來. ▲[187]一起一倒, 無

182) ○: 『朱子語類』 94:111의 일부이다.
183) 衮: 英祖刊本·賀本에서는 滾으로 되어 있다.
184) 物事: 賀本에서는 事物로 되어 있다.
185) 只: 『朱子語類』에서는 曰로 되어 있다.
186) ▲: 又曰: "下面說天下大本, 天下達道. 未發時便是靜,
187) ▲: 少間

有窮盡. 若靜而不失其體, 便是'天下之大本', 動而不失其用, 便是'天下之達道.' 然靜而失其體, 則'天下之大本'便錯了, 動而失其用, 則'天下之達道'便乖了. 說來說去, 只是這一箇道理."【義剛】

94:127 問: "陽動是元亨, 陰靜是利貞. 但五行在陰陽之下, 人物又在五行之下, 如何說'繼善成性'?" 曰: "陰陽流於五行之中而出, 五行無非陰陽."【可學】

94:128 ▲[188] 性氣[189]兼理氣, 善則專指理." 又曰: "理受於太極, 氣受於二氣・五行."【植】

94:129 問: "▲[190] 秋冬生氣旣散, 何以謂之收斂?" 曰: "其氣已散, 收斂者乃其理耳." 曰: "冬間地下氣暖, 便也是氣收斂在內." 曰: "上面氣自散了, 下面暖底乃自是生來, 却不是已散之氣復爲生氣也."【時擧】

94:130 ▲[191] "'誠之通', 是造化流行, 未有成立之初, 所謂'繼之者善', '誠之復', 是萬物已得此理, 而皆有所歸藏之時, 所謂'成之者性.' 在人則'感而遂通'者, '誠之通', '寂然不動'者, '誠之復.'" 時擧因問: "明道謂: '今人說性, 只是說〈繼之者善〉.' 是如何?" 曰: "明道此言, 却只是就人上說耳."【時擧】[192]

94:131 ▲[193]"復只是回來, 這箇是周先生添這[194]一句. 孔子只說'乾

188) ▲: 問: "陰陽氣也, 何以謂形而下者?" 曰: "旣曰氣, 便是有箇物事, 此謂形而下者." 又問: "'繼之者善, 成之者性', 何以分繼善・成性爲四截?" 曰: "繼成屬氣, 善性屬理.
189) 氣: 『朱子語類』에서는 已로 되어 있다.
190) ▲: '元亨誠之通, 利貞誠之復.' 元亨是春夏, 利貞是秋冬.
191) ▲: 先生出示「答張元德書」, 問"通・復"二字. 先生謂:
192)【時擧】: 徽州本에서는 이 뒤에 銖錄同이 더 있다.
193) ▲: 直卿問: "'利貞誠之復', 如先生注下言, '復'如伏藏." 先生曰
194) 這: 賀本에서는 此로 되어 있다.

道變化, 各正性命.'" 又曰: "這箇物事【又記是"氣"字】. 流行到這裏來, 這裏住着, 卻又復從這裏做起." 又曰: "如母子相似. 未生之時, 母無氣不能生其子, 旣生之後, 子自是子, 母自是母." 又曰: "如樹上開一花, 結一子, 未到利貞處, 尙是運下面氣去蔭【又記是"養"字】. 他, 及他到利貞處, 自不用養."【又記是"恁地[195]"字】. 又問: "自一念之萌以至於事之得其所, 是一事之元亨利貞?" 先生應而[196]曰: "他又自這裏做起, 所謂'生生之謂易', 也是恁地." 又記曰: "氣行到這裏住着, 便立在這裏. 旣立在這裏, 則又從這裏做起."【節】

94:132 問: "'▲[197]誠之通', ▲[198]是陽▲[199]誠之復', ▲[200]是陰▲[201]. 注卻云: '此已是五行之性.' 如何?" 曰: "五行便是陰陽, 但此處已分作四."【可學】

94:133 "▲[202]復", 乃回復之"人[203]", 如人旣去而回, 在物歸根復命者也. "不遠而復", 乃反復之"復[204]", 反[205]而歸其元地頭也. 誠復, 就一物一草一木看得. 復善, 則如一物截然到上面窮了, 卻又反歸到元地頭. 誠復, 只是就去路尋得舊迹回來.【因論「復」卦說如此. 更詳之, 俟他日問. ○端蒙】

「誠下」

---

195) 地: 賀本에서는 他로 되어 있다.
196) 而: 英祖刊本·賀本에서는 之로 되어 있다.
197) ▲: 元亨
198) ▲: 便
199) ▲: 動, '利貞
200) ▲: 便
201) ▲: 靜
202) ▲: 利貞誠之
203) 人: 『朱子語類』에서는 復으로 되어 있다.【附箋紙】"人"當作"復."
204) 復: 孝宗刊本에서는 反으로 되어 있다.
205) 反: 孝宗刊本에서는 復으로 되어 있다.

94:134 ▲[206] "誠是通體地盤." 【方子】

94:135 "誠下"一章, 言太極之在人者. 【人傑】

94:136 問: "'誠, 五常之本.' 同此實理於其中, 又分此五者之用?" 曰: "然." 【可學】

94:137 問: "▲[207] 果者陽決, 確者陰守?" 曰: "此只是一事, 而首尾相應. 果而不確, 卽無所守, 確而不果, 則無決. 二者不可偏廢, 猶陰陽不可相無也." 【銖】

「誠幾德」

94:138 『通書』"誠無爲"章, 說聖・賢・神三種人. 【恐有記悟[208]. ○銖】

94:139 "誠無爲." 誠, 實理也, 無爲, 猶"寂然不動"也. 實理該貫動靜, 而其本體則無爲也. "幾善惡." "幾者, 動之微", 動則有爲, 而善惡形矣. "誠無爲", 則善而已. 動而有爲, 則有善有惡. 【端蒙】

94:140 ▲[209]

94:141 ▲[210] "誠是實理, 無所作爲, 便是'天命之謂性', '喜怒哀樂未發之謂中.' '幾者, 動之微.' 微, 動之初, 是非善惡於此可見, 一念之

---

206) ▲: 問誠是"五常之本." 曰:

207) ▲: '果而確',

208) 悞: 成化本에서는 誤로 되어 있다. 【附箋紙】"悞", 疑當作"誤."

209) ▲: 光祖問"誠無爲, 幾善惡." 曰: "誠是當然, 合有這實理, 所謂'寂然不動'者. 幾, 便是動了, 或向善, 或向惡." 【賀孫】

210) ▲: 曾問"誠無爲, 幾善惡." 曰:

生, 不是善, 便是樂[211]. 孟子曰: '道二: 仁與不仁而已矣.' 是也. 德者, 有此五者而已. 仁義禮智信者, 德之體, '曰愛', '曰宜', '曰理', '曰通', '曰守'者, 德之用."【卓】

94:142 ▲[212] 才誠, 便行其所無事, 而幾有善惡之分. 於此之時, 宜當窮察識得是非. 其初有毫忽之微, 至其[213]窮察之久, 漸見充越之大, 天然有箇道理開裂[214]在那裏. 此幾微之決, 善惡之分也. 若於此分明, 則物格而知至, 知至而意誠, 意誠而心正身, 修而家齊國治天下平, 如激湍水, 自已不得, 如田單火牛, 自止不住.【寓】

94:143 ▲[215]幾是動之微, 是欲動未動之間, 便有善惡, 便須就這處理會. 若至於發着之甚, 則亦不濟事矣, 更怎生理會? 所以聖賢說'戒愼乎其所不睹, 恐懼乎其所不聞.' 蓋幾微之際, 大是要切!" 又問: "以誠配太極, 以善惡配陰陽, 以五常配五行, 此固然. 但'陽變陰合, 而生水火木金土', 則五常必不可謂共出於善惡也. 此似祇是說得善之一脚." 曰: "『通書』從頭是配合, 但此處卻不甚似. 如所謂'剛善剛惡, 柔善柔惡', 則確然是也."【道夫】

94:144 問: ▲[216]"喜怒哀樂未發謂之中"一章, 及"心一也"一章. "程子承周子一派, 都是太極中發明." 曰: "然." 問: "此都是說這道理是如此, 工夫當養於未發." 曰: "未發有工夫, 旣發亦用工夫. 旣發若不照

---

211) 樂: 『朱子語類』에서는 惡으로 되어 있다.【附箋紙】"樂"當作"惡."
212) ▲: 濂溪言"誠無爲, 幾善惡."
213) 其: 賀本에서는 於로 되어 있다.
214) 裂:【附箋紙】"裂", 恐作"列."
215) ▲: 道夫言: "誠者, 自然之實理, 無俟營爲, 及幾之所動, 則善惡著矣. 善之所誠, 則爲五常之德. 聖人不假修爲, 安而全之, 賢者則有克復之功. 要之, 聖賢雖有等降, 然及其成功, 則一而已. 故曰: '發微不可見, 充周不可窮之謂神.'" 曰: "固是如此. 但
216) ▲: "'誠無爲, 幾善惡'一段, 看此與「太極圖」相表裏?" 曰: "然. 周子一書都是說這道理." 又擧

管, 也不得, 也會錯了. 但未發已發, 其工夫有箇先後, 有箇重輕[217)]." 【賀孫】

94:145 "或擧季通語: ▲[218)] 旣曰"無爲"矣, 如何又卻有善惡之幾? 恐是周子失照管處.' 如何?" 曰: "當'寂然不動'時, 便是'誠無爲', 有感而動, 卽有善惡. 幾是動處. 大凡人性不能不動, 但要頓放得是. 於其所動處頓放得是時, 便是'德: 愛曰仁, 宜曰義', 頓放得不是時, 便一切反是. 人性豈有不動? 但須於中分得天理人欲, 方是." 【祖道】

94:146 ▲[219)] "當其未感, 五情俱[220)]備, 豈有不善? 及其應事, 才有照顧不到處, 這便是惡. 古之聖賢戰戰兢兢過了一生, 正謂此也. 顔子'有不善未嘗不知', 亦是如此." 因言: "仲弓問'焉知賢才而擧之', 程子以爲'便見仲弓與聖人用心之大小[221)]. 推此義, 則一心可以興邦, 一心可以喪邦, 只在公私之間.' 且看仲弓之問, 未見其爲私意, 然其心淺狹欠闕處多, 其流弊便有喪邦之理. 凡事微有過差, 才有安頓不着處, 便是惡." 【人傑】

94:147 ▲[222)] "說幾時, 便不是未發. 幾, 正是那欲發未發時, 當來這裏致謹, 使教自慊, 莫教自欺." ▲[223)]問: "莫是說一毫不謹, 則所發流於惡而不爲善否?" 曰: "只是說心之所發, 要常常省察, 莫教他自欺耳.

217) 重輕: 賀本에서는 輕重으로 되어 있다.

218) ▲: '『通書』"誠無爲, 幾善惡"與「太極」"惟人也得其秀而最靈, 形旣生矣, 神發知矣, 五性感動而善惡分", 二說似乎相背.

219) ▲: 人傑問: "季通說: '〈誠無爲, 幾善惡. 德: 愛曰仁〉一段, 周子亦有照管不到處. 旣曰"誠無爲", 則其下未可便著"善・惡"字.' 如何?" 曰: "正淳如何看?" 人傑曰: "若旣誠而無爲, 則恐未有惡. 若學者之心, 其幾安得無惡?" 曰:

220) 情俱: 『朱子語類』에서는 性具로 되어 있다.

221) 大小: 孝宗刊本・成化本・賀本에서는 小大로 되어 있다.

222) ▲: 問: "若是未發, 便是都無事了, 如何更有幾? '二者之間, 其幾甚微', 莫是指此心未發而言否?" 曰:

223) ▲: 又

人心下自是有兩般, 所以要謹. 謹時便知得是自慊, 是自[224]欺, 而不至於自欺. 若▲[225]不謹, 則自慊也不知, 自欺也不知."【義剛】

94:148 ▲[226] 凡此兩件相對說者, 無非陰陽之理. 分陰陽而言之, 或說善惡, 或說男女, 看他如何使. 故善惡可以言陰陽, 亦可以言男女.【謨】

94:149 ▲[227]問: "有陰陽便有善惡." 曰: "陰陽五行皆善." 又曰: "陰陽之理皆善." 又曰: "合下只有善, 惡是後一截事." 又曰: "豎起看, 皆善, 横看, 後一截方有惡." 又曰: "有善惡, 理卻皆善."【又[228]記是"無惡"字. ○節】

94:150 ▲[229] 愛·宜·理·通·守者, 德之用, 仁·義·禮·智·信者, 德之體. 理, 謂有條理, 通, 謂通達, 守, 謂確實. 此三句就人身而言. 誠, 性也, 幾, 情也, 德, 兼性情而言也.【直卿. ○端蒙】

94:151 "性焉安焉之謂聖", 是就聖人性分上說. "發微不可見, 充周不可窮之謂神", 是他人見其不可測耳.【夔孫】

94:152 問: "'性者獨得於天', 如何言'獨得?'" 曰: "此言聖人合下清明完具, 無所虧失. 此是聖人所獨得者, 此對了'復'字說. 復者, 已失而反其初, 便與聖人獨得處不同. '安'自[230]對了'執'字說. 執是執持, 安是自然. 大率周子之言, 稱停[231]得輕重極是合宜." ▲[232]【銖】

---

224) 是自: 『小分』에서는 自是를 교정부호로 바로잡았다.
225) ▲: 是
226) ▲: 或以善惡爲男女之分, 或以爲陰陽之事.
227) ▲: 或
228) 又: 徽州本에서는 이 앞에 善惡二字가 더 있다.
229) ▲: "德: 愛曰仁"至"守曰信." 德者, 人之得於身者也.
230) 安自: 賀本에서는 安字로 되어 있다.【附箋紙】"安自", 恐作"安字."
231) 停: 『朱子語類』에서는 等으로 되어 있다.

94:153 ▲[233]"發"字·"充"字就人看. 如"性焉·安焉"·"執焉·復焉", 皆是人如此. "微不可見, 周不可窮", 卻是理如此. 神只是聖之事, 非聖外又有一箇神, 别是箇地位也.【端蒙】

94:154 ▲[234]

94:155 問: "『通書』言神者五,【三章·四章·九章·十一章·十六章】. 其義同否?" 曰: "當隨所在看." 曰: "神, 只是以妙言之否?" 曰: "是. 且說'感而遂通者, 神也', 橫渠謂: '一故神, 兩在故不測.'" 因指造化而言曰: "忽然在這裏, 又忽然在那裏, 便是神." 曰: "在人言之, 則如何?" 曰: "知覺便是神. 觸其手則手知痛, 觸其足則足知痛, 便是神. '神應故妙.'"【淳】

「聖」

94:156 "'寂然不動'者, 誠也." 又曰: "'大哉乾元! 萬物資始', 誠之源也. 須知此, '大哉乾元! 萬物資始'以上, 更有'寂然不動.'"【端蒙】

94:157 "幾善惡", 言衆人者也. "動而未形, 有無之間也", 言聖人毫釐發動處, 此理無不見. "'寂然不動'者誠也." 至其微動處, 卽是幾. 幾在誠神之間.【端蒙】

---

232) ▲: 因問: "周子之學, 是自得於心? 還有所傳授否?" 曰: "也須有所傳授. 渠是陸詵婿. 溫公『涑水記聞』載陸詵事, 是箇篤實長厚底人."

233) ▲: "發微不可見, 充周不可窮之謂神", 言其發也微妙而不可見, 其充也周遍而不可窮.

234) ▲: "發微不可見, 充周不可窮之謂神." 神卽聖人之德, 妙而不可測者, 非聖人之上復有所謂神也. 發, 動也, 微, 幽也, 言其"不疾而速." 一念方萌, 而至理已具, 所以微而不可見也. 充, 廣也, 周, 遍也, 言其"不行而至." 蓋隨其所寓, 而理無不到, 所以周而不可窮也. 此三句, 就人所到地位而言, 卽盡夫上三句之理而所到有淺深也.【端蒙】

94:158 ▲[235]問: "入德莫若以幾, 此最要否?" 曰: "然." 問: "『通書』說'幾'[236], 如何是動靜體用之間?" 曰: "似有而未有之時, 在人識之爾." 【寓】

94:159 幾雖已感, 卻是方感之初, 通, 則直到末梢皆是通也. 如推其極, 到"協和萬邦, 黎民於變時雍", 亦只是通也. 幾, 卻只在起頭一些子. 【閎祖】

94:160 "『通書』多說'幾.'「太極圖」上卻無此意." 曰: "'五性感動', 動而未分者, 便是." 【直卿云: "『通書』言主靜・審幾・謹[237]獨, 三者循環, 與『孟子』'夜氣'・'平旦之氣'・'晝旦所爲'相似." ○方子】

94:161 問: "'誠精故明', 先生引'淸明在躬, 志氣如神'釋之, 卻是自明而誠." 曰: "便是看得文字麤疏. 周子說'精'字最好. '誠精'者, 直是無些夾雜, 如一塊銀, 更無銅鉛, 便是通透好銀. 故只當以淸明釋之, '志氣如神', 卽是'至誠之道可以前知'之意也." ▲[238] 【人傑】

94:162 ▲[239]問: "'神・誠・幾', 學者當從何入?" 曰: "隨處做工夫. 【淳錄云: "本在誠, 着力在幾."】 誠是存主處, 發用處是神, 幾是決擇處. 【淳錄云: "在二者之間."】 然緊要處在幾." 【砥 ○淳同.】

「愼動」

94:163 問: "'動而正曰道, 用而和曰德', 卻是自動用言. '曰', 猶言合

---

235) ▲: 林
236) 說'幾': 徽州本에서는 中聖第四章解幾字云, 動靜體用之間으로 되어 있다.
237) 謹: 賀本에서는 愼으로 되어 있다.
238) ▲: 人傑因曰: "凡看文字, 緣理會未透, 所以有差. 若長得一格, 便又看得分明." 曰: "便是說倒了."
239) ▲: 安卿

也. 若看做道德題目, 卻難通." 曰: "然. 是自[240]人身上說."【可學】

94:164 "'動而正曰道', 言動而必正爲道, 否則非也. '用而和曰德', 德有熟而不喫力之意."【人傑】

「師」

94:165 問: "▲[241] 剛柔善惡, 皆是陰陽?" 曰: "然."【可學】

94:166 問"性者, 剛柔善惡中而已." 曰: "此性便是言氣質之性. 四者之中, 去卻兩件剛惡・柔惡, 卻又[242]剛柔二善中, 擇中而主【池作"立"】. 焉."【去僞】[243]

94:167 ▲[244]問『通書』注"中"字處, 引"允執厥中." 曰: "此只是無過不及之'中.' 書傳▲[245]所言皆如此, 只有'喜怒哀樂未發之中'一處是以體言. 到'中庸'字亦非專言體, 便有無過不及之意."【䕫】

94:168 問: "『解』[246]云: '剛柔, 卽『易』之兩儀, 各加善惡, 卽『易』之四象[247].' 疑'善惡'二字是虛字, 如『易』八卦之吉凶. 今以善惡配爲四象, 不知如何?" 曰: "更子細讀, 未好便疑. 凡物皆有兩端. 如此扇, 便有面有背[248]. 自一人之心言之, 則有善有惡在其中, 便是兩物. 周子

240) 是自: 賀本에서는 自是로 되어 있다.
241) ▲: 『通書』中四象,
242) 又: 徽州本에서는 於로 되어 있다.
243)【去僞】: 徽州本에는【人傑・謨・僞錄竝同】으로 되어 있다.
244) ▲: 正淳
245) ▲: 中
246)『解』: 徽州本에서는 이 앞에 通書四章이 더 있다.
247) 象: 徽州本에서는 이 뒤에 易又加倍以爲八卦, 而此書及圖則止於四象이 더 있다.
248) 背: 徽州本에서는 이 뒤에 凡物皆然善惡이 더 있다.

止說到五行住, 其理亦只消如此, 自多說不得. 包括萬有, 擧歸於此. ▲[249)]【寓】

94:169 問: "『通書解』論周子止於四象, 以爲水火金木, 如何?" 曰: "周子只推到五行. 如邵康節▲[250)]又從一分爲二, 極推之至於十二萬四十[251)], 縱橫變動, 無所不可? 如漢儒將十二辟卦分爲[252)]十二月. 康節推又別."【可學】

「幸」

94:170 "人之生, 不幸不聞過. 大不幸無恥." 此兩句只是一項事. 知恥是由內心以生, 聞過是得之於外. 人須知恥, 方能[253)]過而改, 故恥爲重.【僩】

「思」

94:171 問: "'無思, 本也, 思通, 用也, 無思而無不通爲聖人.' 不知聖人是有思耶? 無思耶?" 曰: "無思而無不通是聖人, 必思而後無不通是睿." 時擧云: "聖人'寂然不動', 是無思, 才感便通, 特應之耳." 曰: "聖人也不是塊然由人撥後方動, 如莊子云'推而行, 曳而止'之類. 只是才思便通, 不待大故地思索耳." 時擧因云: "如此, 則是無事時都無所思, 事至時才思而便通耳."【時擧】

---

249) ▲: 康節卻推到八卦. 太陽・太陰, 少陽・少陰. 太陽・太陰各有一陰一陽, 少陽・少陰亦有一陰一陽, 是分爲八卦也." 問: "前輩以老陰・老陽爲乾・坤, 又分六子以爲八卦, 是否?" 曰: "六子之說不然."

250) ▲: 不

251) 十: 英祖刊本・成化本・賀本에서는 千으로 되어 있다.

252) 爲: 『朱子語類』에는 없다.

253) 能: 徽州本에서는 이 뒤에 聞이 더 있다.

94:172 睿有思, 有不通, 聖無思, 無不通. 又曰: "聖人時思便通, 非是塊然無思, 撥著便轉. 恁地時, 聖人只是箇瓠子?"【言[254]"語[255]思本也." ○節】

94:173 "幾", 是事之端緒. 有端緒方有討頭處, 這方是用得意[256]. 【植】

94:174 "思"一章, "幾"·"機"二字無異義. 舉『易』一句者, 特斷章取義以解上文.【人傑】

94:175 舉『通書』, 言: "通微, 無不通." 舉李先生曰: "齊 宣王[257]說好色, 孟子便如此說, 說好貨, 便如此說, 說好勇, 便如此說, 皆有箇道理, 便說將去. 此是盡心道理." "當時不曉, 今乃知是'無不通'底道理."【方】

「志學」

94:176 問: "'聖希天.' 若論聖人, 自是與天相似了. 得非聖人未嘗自以爲聖, 雖已至聖處, 而猶戒愼恐懼, 未嘗頃刻忘所法則否?" 曰: "不消如此說. 天自是天, 人自是人, 終是如何得似天? 自是用法天. '明王奉若天道, 建邦設都', 無非法天者. 大事大法天, 小事小法天."【僩】

94:177 寶問: "'志伊尹之志, 學顏子之學', 所謂志者, 便是志於行道否?" 曰: "'志伊尹之所志', 不是志於私. 大抵古人之學, 本是欲行. '伊尹耕於有莘之野, 而樂堯·舜之道', 凡所以治國平天下者, 無一不理

254) 言: 『朱子語類』에서는 說로 되어 있다.
255) 語: 『朱子語類』에서는 無로 되어 있다.【附箋紙】"語"當作"無."
256) 意: 『朱子語類』에서는 思로 되어 있다.【附箋紙】"意"恐作"思."
257) 齊 宣王: 成化本·賀本에서는 梁 惠王으로 되어 있다.

會. 但方處畎畝之時, 不敢言必於用耳. 及三聘幡然, 便一258)向如此做去, 此是堯·舜事業. 看二「典」之書, 堯·舜所以卷舒作用, 直如此熟." 因說: "耿守向曾說: '〈用之則行, 舍之則藏, 惟我與爾有是夫!〉此非專爲用舍行藏, 凡所謂治國平天下之具, 惟夫子·顔子有之, 用之則抱持而往, 不用則卷而懷之.'" 曰: "某不敢如此說. 若如此說, 卽是孔·顔胸次全無些洒落底氣象, 只是學得許多骨董, 將去治天下. 又如龜山說, 伊尹樂堯·舜之道, 只是出作入息, 飢食渴飮而已. 卽是伊尹在莘郊時, 全無些能解, 及至伐夏救民, 逐旋叫喚起來, 皆說得一邊事. 今世又有一般人, 只道飽食暖衣無外慕, 便如此涵養去, 亦不是, 須是一一理會去."【德明 ○耿名秉.】

94:178 ▲259) 今人仕宦只爲祿, 伊尹卻'祿之天下弗顧, 繫馬千駟弗視也.'" 又云: "雖志於行道, 若自家所學元未有本領, 如何便能擧而措之天下? 又須有那地260)位. 若身處貧賤, 又如何行? 然亦必自脩身始, 脩身齊家, 然後達諸天下也." 又曰: "此箇道理, 緣爲家家分得一分, 不是一人所獨得而專者. 經世濟物, 古人有這箇心. 若只是我自會得, 自卷而懷之, 卻是私."【德明】

94:179 "▲261) 志固是要立得大, 然其中又自有先後緩急之序, '致廣大而盡精微.' 若曰未到伊尹田地做未得, 不成塊然喫飯, 都不思量天下之事! 若是見州縣262)所行事有不可人意, 或百姓遭酷虐, 自家寧不惻然動心? 若是朝夕憂慮, 以天下國家爲念, 又那裏教你恁地來?" 或曰: "聖賢憂世之志, 樂天之誠, 蓋有並行而不相悖者, 如此方得." 曰: "然. 便是怕人倒向一邊去. 今人若不塊然不以天下爲志, 便又切切然

258) 一: 賀本에는 없다.
259) ▲: 寶又問: "'志伊尹之志', 乃是志於行." 曰: "只是不志於私.
260) 地: 孝宗刊本에서는 也로 되어 있다.
261) ▲: '志伊尹之所志, 學顔子之所學.'
262) 縣: 『朱子語類』에서는 郡으로 되어 있다.

理會不干己事. 如世間一樣學問, 專理會與[263]故世務, 便是如此. '古之欲明明德於天下者', 合下學, 便是學此事. 旣曰'欲明明德於天下', 不成只恁地空說! 裏面有幾多工夫."【僩】

94:180 問: "'過則聖, 及則賢.' 若過於顏子, 則工夫又更絶細, 此固易見. 不知過伊尹時如何說?" 曰: "只是更加些從容而已, 過之, 似便[264]孔子. 伊尹終是有擔當底意思多."【僩】

「動靜」

94:181 "動而無靜, 靜而無動者, 物也." 此言形而下之器也. 形而下者, 則不能通, 故方其動時, 則無了那靜, 方其靜時, 則無了那動. 如水只是水, 火只是火. 就人言之, 語則不默, 默則不語, 以物言之, 飛則[265]不植, 植則不飛是也. "動而無動, 靜而無靜", 非不動不靜, 此言形而上之理也. 理則神而莫測, 方其動時, 未嘗不靜, 故曰: "無動", 方其靜時, 未嘗不動, 故曰"無靜." 靜中有動, 動中有靜, 靜而能動, 動而能靜, 陽中有陰, 陰中有陽, 錯綜無窮是也. 下[266]曰: "'水陰根陽, 火陽根陰.' 水陰火陽, 物也, 形而下者也, 所以根陰根陽, 理也, 形而上者也." 直卿云: "兼兩意言之, 方備. 言理之動靜, 則靜中有動, 動中有靜, 其體也, 靜而能動, 動而能靜, 其用也. 言物之動靜, 則動者無靜, 靜者無動, 其體也, 動者則不能靜, 靜者則不能動, 其用也."【端蒙】

94:182 問"動而無動, 靜而無靜." 曰: "此說'動而生陽, 動極而靜, 靜而生陰, 靜極復動.' 此自有箇神在其間, 不屬陰, 不屬陽, 故曰'陰陽不測之謂神.' 且如晝動夜靜, 在晝間神不與之俱動, 在夜間神不與之俱

263) 與: 『朱子語類』에서는 典으로 되어 있다.【附箋紙】"與"當作"典."
264) 似便: 成化本・賀本에서는 便似로 되어 있다.【附箋紙】"似便", 恐當乙.
265) 飛則: 『小分』에서는 則飛를 교정부호로 바로잡았다.
266) 下: 英祖刊本・賀本에서는 又로 되어 있다.

靜. 神又自是神, 神卻變得晝夜, 晝夜卻變不得神. 神妙萬物. 如說'水陰根陽, 火陽根陰', 已是有形象底, 是說粗底了." 又曰: "靜者爲主, 故以「蒙」·「艮」終云."【植】

94:183 ▲[267] 晝固是屬動, 然動卻來管那神不得, 夜固是屬靜, 靜亦來管那神不得. 蓋神之爲物, 自是超然於形器之表, 貫動靜而言, 其體常如是而已矣."【時擧】

94:184 ▲[268]所謂神者, 初不離乎物. 如天地, 物也. 天之收斂, 豈專乎動? 地之發生, 豈專乎靜? 此卽神也.【閎祖】

94:185 問: "▲[269] 所謂物者, 不知人在其中否." 曰: "人在其中." 曰: "所謂神者, 是天地之造化否?" 曰: "神, 卽此理也." 問: "物則拘於有形, 人則動而有靜, 靜而有動, 如何卻同萬物而言?" 曰: "人固是靜中動, 動中靜, 亦謂之物. 凡言物者, 指形器有定體而言, 然自有一箇變通底在其中. 須知器卽道, 道卽器, 莫離道而言器可也. 凡物皆有此理. 且如這竹椅, 固是一器, 到適用處, 便有箇道在其中." 又問神, 曰"神在天地中, 所以妙萬物者, 如水爲陰則根陽, 火爲陽則根陰." 云云. ▲[270]【寓】

94:186 至之問: "'水陰根陽, 火陽根陰'與'五行陰陽, 陰陽太極'爲一

267) ▲: 問: "'動而無動, 靜而無靜, 神也', 此理如何?" 曰: "譬之晝夜:

268) ▲: "動·靜"章

269) ▲: '動而無靜, 靜而無動, 物也, 靜而無靜, 動而無動, 神也.'

270) ▲: 先生曰: "文字不可泛看, 須是逐句逐段理會. 此一段未透, 又去看別段, 便鶻突去, 如何會透徹, 如何會貫通. 且如此段未說理會到十分, 亦且理會七分, 看來看去, 直至無道理得說, 卻又再換一段看. 疏略之病, 是今世學者通患. 不特今時如此, 前輩看文字, 蓋有一覽而盡者, 亦恐只是無究竟." 問: "經書須逐句理會. 至如史書易曉, 只看大綱, 如何?" 曰: "較之經書不同, 然亦自是草率不得. 須當看人物是如何, 治體是如何, 國勢是如何, 皆當子細." 因擧上蔡看明道讀史: "逐行看過, 不差一字."

截, '四時運行, 萬物終始'與'混兮闢兮, 其無窮兮'爲一截. '混兮'是'利貞誠之復', '闢兮'是'元亨誠之通.' 注下'自五而一, 自五而萬'之說, 則是太極常在貞上, 恐未穩." 先生大以爲然. 曰: "便是猶有此等硬說處."【直卿云: "自『易』說'元亨利貞', 直到濂溪·康節始發出來." ○方子】

94:187 "混兮闢兮", 混, 言太極, 闢, 言爲陰陽五行以後, 故末句曰: "其無窮兮." 言旣闢之後, 爲陰陽五行, 爲萬物, 無窮盡也.【人傑】

「樂上[271]」

94:188『通書』論樂意, 極可觀, 首尾有條理. 只是淡與不淡, 和與不和, 前輩所見各異. 邵康節須是二四六八, 周子只是二四中添一上爲五行. 如剛柔添善惡, 又添中於其間, 周子之說也.【可學】

94:189 問: "『通書注』云: '而其制作之妙, 眞有以得乎聲氣之元.' 不知而今尙可尋究否?" 曰: "今所爭, 祇是黃鍾一宮耳. 這裏高則都高, 這裏低則都低, 蓋難得其中耳." 問: "胡安定樂如何?" 曰: "亦是一家."【榦】

「聖學」

94:190 問: "伊川云: '爲士必志於聖人.' 周子乃云: '一爲要, 一者, 無欲也.' 何如?" 曰: "若注釋古聖賢之書, 恐認當時聖賢之意不親切, 或有悞[272]處. 此書乃周子自著, 不應有差. '一者, 無欲', 一便是無欲. 今試看無欲之時, 心豈不一?" 又問: "比主一之敬如何?" 曰: "無欲之與敬, 二字分明. 要之, 持敬頗似費力, 不如無欲撇脫. 人只爲有欲, 此

271) 上: 賀本에는 없다.
272) 悞: 成化本에서는 誤로 되어 있다.【附箋紙】"悞", 恐作"誤."

心便千頭萬緖. 此章之言, 甚爲緊切, 學者不可不知."【驤】[273)]

94:191 問: "一是純一靜虛, 是此心如明鑑止水, 無一毫私欲塡於其中. 故其動也, 無非從天理流出, 無一毫私欲撓之. 靜虛是體, 動直是用." 曰: "也是如此. 靜虛易看, 動直難看. 靜虛, 只是伊川云: '中有主則虛, 虛則邪不能入', 是也. 若物來奪之, 則實, 實則暗, 暗則塞. 動直, 只是其動也更無所礙. 若少有私欲, 便礙便曲. 要恁地做, 又不要恁地做, 便自有窒礙, 便不是直. 曲則私, 私則狹."【端蒙】

94:192 ▲[274)] "這箇是分明底一, 不是鶻突底一." 問: "如何是鶻突底一?" 曰: "須是理會得敬落着處. 若只塊然守一箇'敬'字, 便不成箇敬. 這箇亦只是說箇大概. 明通, 在己也, 公溥, 接物也. 須是就靜虛中涵養始得. 明通, 方能公溥. 若便要公溥, 定不解得. 靜虛・明通, '精義入神'也, 動直・公溥, '利用安身'也." 又曰: "一卽所謂太極. 靜虛・明通, 卽圖之陰靜, 動直・公溥, 卽圖之陽動."【賀孫】

94:193 問: "▲[275)] 一者, 是表裏俱一, 純徹無二. 少有纖毫私欲, 便二矣. 內一則靜虛, 外一則動直, 而明通公溥, 則又無時不一也. 一者, 此心渾然太極之體, 無欲者, 心體粹然無極之眞, 靜虛者, 體之未發, 豁然絶無一物之累, 陰之性也, 動直者, 用之流行, 坦然由中道而出, 陽之精[276)]也[277)]. 明屬火, 通屬木, 公屬金, 溥屬水. 明通則靜極而動, 陰生陽也, 公溥則動極而靜, 陽生陰也. 而無欲者, 又所以貫動靜明通公溥而統於一, 則終始表裏一太極也. 不審是否?" 曰: "只四象分得未是. 此界兩邊說, 明屬靜邊, 通屬動邊, 公屬動邊, 溥屬靜邊. 明是貞,

273) 【驤】: 賀本에는 없다.
274) ▲: 或問: "聖可學乎云云. 一爲要."
275) ▲: '聖學'章,
276) 精: 『朱子語類』에서는 情으로 되어 있다.
277) 也: 徽州本에서는 이 뒤에 此下遂以가 더 있다.

屬水, 通是元, 屬木, 公是亨, 屬火, 溥是利, 屬金. 只恁地循環去. 明是萬物收斂醒定在這裏, 通是萬物初發達, 公是萬物齊盛, 溥是秋來萬物溥徧[278]成遂, 各自分去, 所謂'各正性命.'" 曰: "在人言之, 則如何?" 曰: "明是曉得事物, 通是透徹無窒礙, 公是正無偏陂, 溥是溥徧[279]萬事, 便各有箇理去." 直卿曰: "通者明之極, 溥者公之極." 曰: "亦是. 如後所謂'誠立明通', 意又別. 彼處以'明'字爲重. 立, 如'三十而立.' 通, 則'不惑, 知天命, 耳順'也."【淳】

94:194 ▲[280]

94:195 問: "履之記[281]先生語, 以明配水, 通配木, 公配火, 溥配金. 溥何以配金?" ◇[282]"溥如何配金? 溥正是配水. 此四字[283]只是依春夏秋[284]冬之序, 相配將去" 明配水[285],【仁元】. 通配火,【禮亨】. 公配金,【義利】. 溥配水,【智貞】. 想是他記錯[286]了.【僩】

94:196 ▲[287] "明是配冬否?" 曰: "似是就動處說." 曰: "便似是元否?" 曰: "是. 然這處亦是偶然相合, 不是正恁地說." 又曰: "也有恁地相似處. '吉凶者, 失得之象也, 悔吝者, 憂虞之象也.' 悔便是悔惡向善意. 如曰'「震」無咎者存乎悔', 非如'迷復'字意. 吝是未至於惡, 只管吝, 漸

---

278) 徧: 成化本에서는 遍으로 되어 있다.
279) 徧: 成化本에서는 遍으로 되어 있다.
280) ▲: 安卿問: "'明通公溥', 於四象曷配?" 曰: "明者明於己, 水也, 正之義也, 通則行無窒礙, 木也, 元之義也, 公者, 公於己, 火也, 亨之義也, 溥則物各得其平之意, 金也, 利之義也. 利, 如'乾道變化, 各正性命'之意. 明通者, 靜而動, 公溥者, 動而靜."【砥】
281) 履之記: 徽州本에서는 通書明通公溥庶矣乎舊見履之所記로 되어 있다.
282) ◇: 曰
283) 字: 賀本에서는 者로 되어 있다.
284) 夏秋: 『小分』에서는 秋夏를 교정부호로 바로잡았다.
285) 水: 『朱子語類』에서는 木으로 되어 있다.【附箋紙】下"水"字當作"木."
286) 記錯: 賀本에서는 錯記로 되어 있다.
287) ▲: 問: "'明通公溥'於四象何所配?" 曰: "只是春夏秋冬模樣." 曰:

漸入[288]惡. '剛柔者, 晝夜之象也, 變化者, 進退之象也.' 變是進, 化是退, 便與悔吝相似. 且以一歲言之, 自冬至至春分, 是進到一半, 所以謂之分, 自春分至夏至, 是進到極處, 故謂之至. 進之過, 則退. 至秋分是退到一半處, 到冬至, 也是退到極處. 天下物事, 皆只有此兩箇." 問: "人只要全得未極以前底否?" 曰: "若以善惡配言, 則聖人到那善之極處, 又自有一箇道理, 不到得'履霜堅冰至'處. 若以陰陽言, 則他自是陰了又陽, 陽了又陰, 也只得順他. 『易』裏才見陰生, 便百種去裁抑他, 固是如此. 若一向是陽, 則萬物何由得成? 他自是恁地. 國家氣數盛衰亦恁地. 堯到七十載時, 也自衰了, 便所以求得一箇舜, 分付與他, 又自重新轉過. 若一向做去, 到死後也衰了. 文·武恁地, 到成·康也只得恁地持盈守成. 到這處極了, 所以昭王便一向衰扶不起. 漢至宣帝以後, 便一向衰[289]. 直至光武, 又只得一二世, 便一向扶不起, 國統屢絶." 劉曰: "光武便如康節所謂秋之春時節." 曰: "是."【賀孫】

「理性命」

94:197 彰[290], 言道之顯, 微, 言道之隱. "匪靈弗瑩", 言彰與微, 須靈乃能了然照見, 無滯礙也. 此三句是言理. 別一本"靈"作"虛", 義短. "剛善·剛惡, 柔亦如之, 中焉止矣." 此三句言性. "二氣五行"以下並言命. 實, 是實理.【人傑】

94:198 "厥彰厥微", 只是說理有大小精粗, 如人事中, 自有難曉底道理. 如君仁臣忠父慈子孝, 此理甚顯然. 若陰陽性命鬼神往來, 則不亦微乎?【端蒙】

---

288) 入: 賀本에는 없다.
289) 衰: 徽州本에서는 이 뒤에 去가 더 있다.
290) 彰: 徽州本에서는 이 뒤에 理性命一章이 더 있다.

94:199 問“五殊二實.” 曰: “分而言之有五, 總而言之只是陰陽.” 【節】

94:200 ▲[291]問[292]: “▲[293]‘分’字?” 曰: “不是割成片去, 只如月映萬川相似.” 【淳】

94:201 “萬一各正, 小大有定”, 言萬箇是一箇, 一箇是萬箇. 蓋體統是一太極, 然又一物各具一太極. 所謂“萬一各正”, 猶言“各正性命”也. 【端蒙】

94:202 燾問“五殊二實”一段. 先生說了, 又云: “『中庸』‘如天之無不覆幬, 地之無不持載’, 止是一箇大底包在中間, 又有‘四時錯行, 日月代明’, 自有細小去處. ‘道並行◇[294]不相悖, 萬物並育而不相害.’ 並行並育, 便是那天地覆載, 不相悖不相害, 便是那錯行代明底. ‘小德川流’是說小細底, ‘大德敦化’是那大底. 大底包小底, 小底分大底. 千五百年間, 不知人如何讀這箇, 都似不理會得這道理.” 又云: “‘一實萬分, 萬一各正’, 便是‘理一分殊’處.” 【植】

94:203 問: ▲[295]注云: ‘自其本而之末, 則一理之實, 而萬物分之以爲體, 故萬物各有一太極.’ 如此, 則是太極有分裂乎?” 曰: “本只是一太極, 而萬物各有稟受, 又自各全具一太極爾. 如月在天, 只一而已, 及散在江湖, 則隨處而見, 不可謂月已分也.” 【謨】

「顔子」

291) ▲: 鄭
292) 問: 徽州本에서는 이 뒤에 通書가 더 있다.
293) ▲: ‘理性命’章何以下
294) ◇: 而
295) ▲: “‘理性命’章

94:204 問▲[296]化而齊." 曰: "此與'大而化之'之'化'異. 但言消化卻富貴貧賤之念, 方能齊. 齊, 亦一之意."【去僞】[297]

「師友」

94:205 ▲[298]問: "濂溪言道至貴者, 不一而足." 曰: "周先生是見世間愚輩爲外物所搖動, 如墮在火坑中, 不忍見他, 故如是說不一. 世人心不在殼子裏, 如發狂相似, 只是自不覺. 浙間只是權譎功利之淵藪. 三二十年後, 其風必熾, 爲害不小. 某六七十歲, 居此世不久, 旦夕便死. 只與諸君子在此同說, 後來必驗."【節】

「勢」

94:206 問"極重不可及[299], 知其重而亟反之可也." 曰: "是說天下之勢, 如秦至始皇强大, 六國便不可敵. 東漢之末, 宦官權重, 便不可除. 紹興初, 只斬陳少陽, 便成江左之勢. 極重[300], 則反之也難, 識其重之機而及[301]之, 則易."【人傑】

「文辭」

94:207 "文所以載道", 一章之大意. "輪轅飾而人弗庸, 徒飾也", 言有載道之文而人弗用也. "況虛車乎?" 此不載道之文也. 自"篤其實"至"行而不遠", 是輪轅飾而人庸之者也. 自"不賢者"至"强之不從也", 是

---

296) ▲: 顔子"能
297)【去僞】: 徽州本에는【人傑・謨・去僞錄竝同顔子】로 되어 있다.
298) ▲: 杜斿
299) 及: 『朱子語類』에서는 反으로 되어 있다.【附箋紙】"及"當作"反."
300) 極重: 賀本에서는 重極으로 되어 있다.
301) 及: 『朱子語類』에서는 反으로 되어 있다.【附箋紙】"及"當作"反."

弗庸者也. 自"不知務道德"至"藝而已", 虛車也.【端蒙】

「聖蘊」

94:208 ▲302) "夫子之道如天, 惟顏子盡得之. 夫子許多大意思, 盡在顏子身上發見. 譬如天地生一瑞物, 卽此物上盡可以見天地純粹之氣. 謂之發者303), 乃'亦足以發'之'發', 不必待顏子言, 然後謂之發也."【去僞】

「精蘊」

94:209 "聖人之精, 畫卦以示, 聖人之蘊, 因卦以發." 濂溪看『易』, 卻須看得活.【方子】

94:210 精, 謂心之精微也, 蘊, 謂德所蘊蓄也.【端蒙】

94:211 "聖人之蘊, 因卦以發."『易』本未有許多道理, 因此卦, 遂將許多道理搭在上面, 所謂"因卦以發"者也.【至】

94:212 ▲304) "精, 是精微之意, 蘊, 是包許多道理." 又問: "伏羲始畫, 而其蘊亦已發見於此否?" 曰: "謂之已具於此則可, 謂之已發見於此則不可. 方其初畫, 也未有「乾」四德意思, 到孔子始推出來. 然文王·孔子雖能推出意思, 而其道理亦不出伏羲始畫之中, 故謂之蘊. 蘊, 如'衣敝蘊袍'之'蘊', 是包得在裏面.【砥 ○僩錄云: "方其初畫出▲305), 未有今『易』中許多事. 到文王·孔子推306)得出來, 而其理亦不外乎始畫."】

302) ▲: 或問"發聖人之蘊, 敎萬世無窮者, 顏子也." 曰:
303) 者: 賀本에는 없다.
304) ▲: 問"聖人之精, 聖人之蘊." 曰:
305) ▲: 來

94:213 精[307)], 是聖人本意, 蘊, 是偏旁帶來道理. 如『春秋』, 聖人本意, 只是載那事, 要見世變: "禮樂征伐自諸侯出", "臣弒其君, 子弒其父", 如此而已. 就那事上見得是非美惡曲折, 便是"因卦以發"底. 如"『易』有太極, 是生兩儀, 兩儀生四象, 四象生八卦", 是聖人本意底, 如文王『係[308)]辭』等, 孔子之言, 皆是因而發底, 不可一例作重看. 【淳】

「乾損益動」

94:214 ▲[309)] "懲忿窒慾, 遷善改過"不息, 是也. 【節】

94:215 "乾乾不息"者, 體, "日往月來, 寒往暑來"者, 用. 有體則有用, 有用則有體, 不可分先後說. 【僩】[310)]

94:216 第[311)]一句言"乾乾不息", 第二句言「損」, 第三句言「益」者, 蓋以解第一句. 若要不息, 須着去分[312)]慾而有所遷改. 中"「乾」之用其善是", "其"字, 疑是"莫"字, 蓋與下兩句相對. 若只是"其"字, 則無義理, 說不通. 【人傑】

94:217 問: "此章前面'懲忿窒慾, 遷善改過'皆是自脩底事. 後面忽說動者何故?" 曰: "所謂'懲忿窒慾, 遷善改過', 皆是動上有這般過失, 須於方動之時審之, 方無凶悔吝, 所以再說箇'動.'" 【僩】

---

306) 推: 賀本에서는 足으로 되어 있다.
307) 精: 徽州本에서는 이 앞에 聖人之精畫卦以示聖人之蘊因卦以發이 더 있다.
308) 係: 成化本・賀本에서는 繫로 되어 있다.
309) ▲: 『通書』曰"乾乾不息"者,
310) 【僩】: 徽州本에서는 이 앞에 用之問『通書』가 더 있다.
311) 第: 徽州本에서는 이 앞에 乾損益動一章이 더 있다.
312) 分: 『朱子語類』에서는 忿으로 되어 있다. 【附箋紙】 "分"當作"忿."

「蒙艮」

94:218 問: "'艮其背', 背非見也." 曰: "這也只如'非禮勿視', 非謂耳無所聞, 目無所見也. '姦聲亂色, 不留聰明, 淫樂慝禮, 不接心術', '艮其背'者, 只如此耳. 程子解'艮其背', 謂'止於所不見', 恐如此說費力. 所謂'背'者, 只是所當止也. 人身四體皆動, 惟背不動, 所當止也. 看下文'艮其止', '止'字解'背'字, 所以謂之'止其所.' 止所當止, 如'人君止於仁, 人臣止於敬', 全是天理, 更無人欲, 則內不見己, 外不見人, 只見有理. 所以云'艮其背, 不獲其身, 行其庭, 不見其人', 正謂此也."【砥○寓錄別出.】

94:219 ▲[313)]

94:220 問: "'止, 非爲也, 爲, 不止矣.' 何謂也?" 曰: "止便不作爲, 作爲便不是止." 曰: "止女[314)]以心言否?" 曰: "是." 淳擧『易傳』"內欲不萌, 外物不接." 曰: "卽是這止."【淳】

「後錄」

94:221 "濂溪▲[315)], 蓋恐人以寡欲爲便得了, 故言不止於寡欲而已,

---

313) ▲: 問: "'艮其背', 背非見也." 曰: "只如'非禮勿視', '姦聲亂色, 不留聰明, 淫樂慝禮, 不接心術', 非是耳無所聞, 目無所見. 程子解'艮其背', 謂'止於其所不見', 卽是此說, 但『易』意恐不如此. 卦「象」下'止', 便是去止那上面'止.' '艮其止'一句, 若不是'止'字誤, 本是'背'字, 便是'艮其止'句, 解'艮其背'一句. '艮其止', 是止於所當止, 如『大學』'君止於仁, 臣止於敬'之類. 程子解此'不及'卻好, 不知'止'如何又恁地說? 人之四肢皆能動, 惟背不動, 有止之象. '艮其背', 是止於所當止之地, '不獲其身, 行其庭不見其人', 萬物各止其所, 便都純是理. 也不見己, 也不見有人, 都只見道理."【寓】

314) 女: 『朱子語類』에서는 是로 되어 있다.

315) ▲: 言'寡欲以至於無'

必至於無而後可耳. 然無底工夫, 則由於能寡欲. 到無欲, 非聖人不能也." 曰: "然則'欲'字如何?" 曰: "不同. 此寡欲, 則是合不當如此者, 如私欲之類. 若是飢而欲食, 渴而欲飲, 則此欲亦豈能無? 但亦是合當如此者."【端蒙】

94:222 "誠立明通", "立"字輕, 只如"三十而立"之"立." "明"字就見處說, 如"知天命"以上之事.【端蒙】

94:223 劉問: "心既誠矣, 固不用養, 然亦當操存而不失否?" 曰: "誠是實也. 到這裏已成就了, 極其實, 決定恁地, 不解失了.【砥錄云: "誠, 實也. 存養到實處, 則心純乎理, 更無些子夾[316]雜, 又如何持守?"】 何用養? 何用操存?" 又問"反身而誠." 曰: "此心純一於理, 徹底皆實, 無夾雜, 亦無虛僞."【寓 ○砥[317]少異.】

94:224 ▲[318]

「拙賦」

94:225 「拙賦」"天下拙, 刑政徹", 其言似莊・老.【謨】

316) 夾: 孝宗刊本・成化本에서는 來로 되어 있다.
317) 砥: 賀本에는 없다.
318) ▲: 問"會元"之期. 曰: "元氣會則生聖賢, 如歷家推朔旦冬至夜半甲子. 所謂'元氣會', 亦是此般模樣."【寓】

『朱子語類』卷第九十五

「程子之書一」【凡入『近思錄』者, 皆依次第類爲此卷.】

95:1『近思錄』首卷所論誠・中・仁三者, 發明義理, 固是有許多名, 只是一理, 但須隨事別之, 如說誠, 便只是實然底道理. 譬如天地之於萬物, 陰便實然是陰, 陽便實然是陽, 無一毫不眞實處, 中, 只是喜怒哀樂未發之理, 仁, 便如天地發育萬物, 人無私意, 便與天地相似. 但天地無一息間斷, "聖希天"處正在此. 仁義禮智, 便如四柱, 仁又包括四者. 如『易』之"元亨利貞", 必統於元, 如時之春秋冬夏, 皆本於春. 析而言之, 各有所指而已.【謨】

95:2 問: "伊川言: '〈喜怒哀樂未發謂之中〉, 中也者, 〈寂然不動〉是也.' 南軒言: '伊川此處有小差, 所謂喜怒哀樂之中, 言衆人之常性, 〈寂然不動〉者, 聖人之道心.' 又, 南軒辨呂與叔『論中書』說, 亦如此. 今載『近思錄』如何?" 曰: "前輩多如此說, 不但欽夫, 自五峰發此論, 某自是曉不得. 今湖南學者往往守此說, 牢不可破. 某看來, '寂然不動', 衆人皆有是心, 至'感而遂通', 惟聖人能之, 衆人卻不然. 蓋衆人雖具此心, 未發時已自汨亂了, 思慮紛擾, 夢寐顚倒, 曾無操存之道, 至感發處, 如何得會如聖人中節?"【寓】

95:3 "心一也, 有指體而言者, 有指用而言者." 伊川此語, 與橫渠"心統性情"相似.【淳】

95:4 伊川曰: "四德之元, 猶五常之仁, 偏言則主一事, 專言則包四者." 若不得他如此說出, 如何明得?

95:5 問: "仁旣偏言則一事, 如何又可包四者?" 曰: "偏言之仁, 便是包四者底, 包四者底, 便是偏言之仁." 【節】

95:6 ▲[1)]

95:7 仁之包四德, 猶冢宰之統六官. 【閎祖】

95:8 問: "『論語』中言仁處, 皆是包四者?" 曰: "有是包四者底, 有是偏言底. 如'克己復禮爲仁', '巧言令色鮮矣仁', 便是包四者." 【節】

95:9 問: "仁何以能包四者?" 曰: "人只是這一箇心, 就裏面分爲四者. 且以惻隱論之: 本只是這惻隱, 遇當辭讓[2)]則爲辭讓[3)], 不安處便爲羞惡, 分別處便爲是非. 若無一箇動底醒底在裏面, 便也不知羞惡, 不知辭讓[4)], 不知是非. 譬如天地只是一箇春氣, 【振錄作"春生之氣."】 發生之初爲春氣, 發生得過 【李錄云: "長得過."】 便爲夏, 收斂便爲秋, 消縮盡[5)]便爲冬. 明年又從春起, 渾然只是一箇發生之氣." 【節 ○方子·振同.】

95:10 問: "仁包四者, 只就生意上看否?" 曰: "統是一箇生意. 如四時, 只初生底便是春, 夏天長, 亦只是長這生底, 秋天成, 亦只是遂這生底, 若割斷便死了, 不能成遂矣, 冬天堅實, 亦只是實這生底. 如穀九分熟, 一分未熟, 若割斷, 亦死了. 到十分熟, 方割來, 這生意又藏在裏面. 明年熟[6)], 亦只是這箇生. 如惻隱·羞惡·辭讓[7)]·是非, 都

---

1) ▲: 郭兄問: "偏言則一事, 專言則包四者." 曰: "以專言言之, 則一者包四者, 以偏言言之, 則四者不離一者也." 【卓】
2) 讓: 成化本·賀本에서는 遜으로 되어 있다.
3) 讓: 成化本·賀本에서는 遜으로 되어 있다.
4) 讓: 成化本·賀本에서는 遜으로 되어 있다.
5) 盡: 賀本에서는 盡이 없다.
6) 熟: 徽州本에서는 種으로 되어 있다.

是一箇生意. 當惻隱, 若無生意, 這裏便死了, 亦不解惻隱, 當羞惡, 若無生意, 這裏便死了, 亦不解羞惡. 這裏無生意, 亦不解辭讓[8], 亦不解是非, 心都無活底意思. 仁, 渾淪言, 則渾淪都是一箇, 義禮知都是仁, 對言, 則仁義與禮智一般."【淳 ▲[9]】

95:11 問"四德之元, 猶五常之仁, 偏言則一事, 專言則包四者." 曰: "須先識得元與仁是箇甚物事, 便就自家身上看甚麽是仁, 甚麽是義・禮・智. 既識得這箇, 便見得這一箇能包得那數箇. 若有人問自家: '如何一箇便包得數箇?' 只答云: '只爲是一箇.'" 問直卿曰: "公於此處見得分明否?" 曰: "向來看康節詩, 見得這意思. 如謂'天根月窟閑來往, 三十六宮都是春', 正與程子所謂'靜俊[10]見萬物皆有春意'同. 且如這箇棹子, 安頓得恰好時, 便是仁. 蓋無乖戾, 便是生意. 窮天地亘古今, 只是一箇生意, 故曰'仁者與物無對.' 以其無往非仁, 此所以仁包四德也." 曰: "如此體仁, 便不是, 便不是生底意思. 棹子安頓得恰好, 只可言中, 不可謂之仁. 元只是初底便是, 如木之萌, 如草之芽, 其在人, 如惻然有隱, 初來底意思便是. ▲[11] 所以程子謂'看雞雛可以觀仁', 爲是那嫩小底便是仁底意思在." ▲[12] 問: "如所謂'初來底意思便是', 不知思慮之萌不得其正時如何?" 曰: "這便是地頭着賊, 更是那'元'字上着賊了, 如合施爲而不曾施爲時, 便是亨底地頭着賊了, 如合

---

7) 讓: 成化本・賀本에서는 遜으로 되어 있다.

8) 讓: 成化本・賀本에서는 遜으로 되어 있다.

9) ▲: ○寓錄云: "安卿問: '仁包四者, 就初意上看? 就生意上看?' 曰: '統是箇生意. 四時雖異, 生意則同. 劈頭是春生, 到夏長養, 是長養那生底, 秋來成遂, 是成遂那生底, 冬來堅實, 亦只堅實那生底. 草木未華實, 去摧折他, 便割斷了生意, 便死了, 如何會到成實? 如穀有兩分未熟, 只成七八分穀. 仁義禮智都只是箇生意. 當惻隱而不惻隱, 便無生意, 便死了, 羞惡固是義, 當羞惡而無羞惡, 這生意亦死了. 以至當辭遜而失其辭遜, 是非而失其是非, 心便死, 全無那活底意思.'"

10) 俊: 『朱子語類』에서는 後로 되어 있다.【附箋紙】"俊"當作"後."

11) ▲:【榦錄作: "要理會得仁, 當就初處看. 故元亨利貞, 而元爲四德之首. 就初生處看, 便見得仁."】

12) ▲:【榦錄作: "亦是看其初意思."】

收斂而不曾收斂時, 便是利底地頭着賊了, 如合貞靜而不能貞靜時, 便是貞底地頭着賊了. ▲[13] 以一身觀之, 元如頭, 亨便是手足, 利便是胸腹, 貞便是那元氣所歸宿處, 所以人頭亦謂之'元首.' 穆姜亦曰: '元者, 體之長也.' 今若能知得所謂'元之元, 元之亨, 元之利, 利之貞', 上面一箇'元'字, 便是包那四箇, 下面'元'字, 則是'偏言則一事'者. 恁地說, 則大然[14]分明了. 須要知得所謂'元之元, 亨之元, 利之元, 貞之元'者, 蓋見得此, 則知得所謂只是一箇也. 若以一歲之體言之, 則孟[15]春便是元之元, 所謂'首夏淸和'者, 便是亨之元, 孟秋之月, 便是利之元, 到那初冬十月, 便是貞之元也, 只是初底意思便是." [16] 道夫曰: "如先生之言, 正是程子說'「復」其見天地之心.' 「復」之初爻, 便是天地生物之心也." 曰: "今只將公所見, 看所謂'心, 譬如穀種, 生之性便是仁, 陽氣發處乃情也', 觀之便見." 久之, 復曰: "正如天官冢宰, 以分職[17]言之, 特六卿之一耳, 而曰[18]建邦之六典, 則又統六卿也."【道夫▲[19]】

95:12 ▲[20] 問: "生之理便是體否?" 曰: "若要見得分明, 只看程先生說'心譬如穀種, 生之性便是仁', 便分明. 若更要眞實[21]識得仁之體,

---

13) ▲:【榦錄作: "問: '物理固如此, 就人心思慮上觀之, 如何?' 曰: '思慮方萌, 特守得定, 便是仁. 如思慮方萌錯了, 便是賊其仁, 當施爲時錯了, 便是賊其禮, 當收斂時錯了, 便是賊其義, 當貞靜時錯了, 便是賊其智. 凡物皆有箇如此道理.'"】

14) 然:『朱子語類』에서는 煞로 되어 있다.【附箋紙】"然"當作"煞."

15) 孟:『朱子語類』에는 없다.

16) ▲:【榦錄作: "如春夏秋冬, 春爲一歲之首, 由是而爲夏, 爲秋, 爲冬, 皆自此生出. 所以謂仁包四德者, 只緣四箇是一箇, 只是三箇. 元卻有元之元, 元之亨, 元之利, 元之貞. 又有亨之元, 利之元, 貞之元. 曉得此意, 則仁包四者尤明白了."】

17) 職: 賀本에서는 歲로 되어 있다.

18) 曰: 賀本에는 없다.

19) ▲: ○榦錄稍異.

20) ▲: 問: "曩者論仁包四者, 蒙敎以初底意思看仁. 昨看『孟子』'四端'處, 似頗認得此意." 曰: "如何?" 曰: "仁者生之理, 而動之機也. 惟其運轉流通, 無所間斷, 故謂之心, 故能貫通四者." 曰: "這自是難說, 他自活. 今若恁地看得來, 只見得一邊, 只見得他用處, 不見他體了."

21) 實: 賀本에는 없다.

只看夫子所謂'克己復禮', 克去己私, 如何便喚得做仁." 曰: "若如此看, 則程子所謂'公'字, 愈覺親切." 曰: "公也只是仁底殼子, 盡他未得在. 畢竟裏面是箇甚物事? '生之性', 也只是狀得仁之體."【道夫】

95:13 ▲[22]問: "▲[23] 從四時生物意思觀之, 則陰陽都偏了." 曰: "如此, 則秋冬都無生物氣象. 但生生之意, 至此退了, 到得退未盡處, 則陽氣依舊在. 且如陰陽, 其初亦只是一箇, 進便喚做陽, 退便喚做陰."【道夫】

95:14 ▲[24]

95:15 問: "仁可包義智禮. 惻隱如何包羞惡二端?" 曰: "但看羞惡時自有一般惻怛底意思, 便可見." 曰: "仁包三者, 何以見?" 曰: "但以春言: 春本主生, 夏秋冬亦只是此生氣或長養, 或斂藏, 有間耳."【可學】

95:16 伊川言: "天所賦爲命, 物所受爲性." 理一也, 自天之所賦與萬物言之, 故謂之命, 以人物之所稟受於天言之, 故謂之性. 其實, 所從言之地頭不同耳.【端蒙】

95:17 ▲[25]問: "▲[26]'鬼神者造化之跡', ▲[27]'鬼神者二氣之良能', 似乎重了." 曰: "造化之跡是日月星辰風雨之屬, 二氣良能是屈伸往來之

---

22) ▲: 直卿
23) ▲: 仁包四德, 如'元者善之長.'
24) ▲: 問: "仁包四者. 然惻隱之端, 如何貫得是非・羞惡・辭遜之類?" 曰: "惻隱只是動處. 接事物時, 皆是此心先擁出來, 其間卻自有羞惡・是非之別, 所以惻隱又貫四端. 如春和則發生, 夏則長茂, 以至秋冬, 皆是一氣, 只是這箇生意." 問: "'偏言則曰〈愛之理〉, 專言則曰〈心之德〉', 如何?" 曰: "偏言是指其一端, 因惻隱之發而知其有是愛之理, 專言則五性之理兼舉而言之, 而仁則包乎四者是也."【謨】
25) ▲: 唐傑
26) ▲: 『近思錄』既載
27) ▲: 又載

理."【蓋卿】

95:18 人性無不善, 雖桀·紂之爲窮凶極惡, 也知此事是惡. 但則是我要恁地做, 不柰何, 此[28]便是人欲奪了.【銖】

95:19 ▲[29]

95:20 "在物爲理, 處物爲義." 理是在此物上, 便有此理, 義是於此物上自家處置合如此, ▲[30]便有箇區處.【螢】

95:21 ▲[31] "且如這卓[32]子是物, 於理可以安頓物事. 我把他如此用, 便是義."【友仁】

95:22 問"忠信所以進德"【之】[33] "對越在天也." 曰: "此一段, 只是解箇'終日乾乾.' 在天之剛健者, 便是天之乾, 在人之剛健者, 便是人之乾. 其體則謂之易, 便是橫渠所謂'坱然太虛, 升降飛揚, 未嘗止息'者. 自此而下, 雖有許多般, 要之▲[34], 皆是實理. 以時節分段言之, 便有古今, 以血氣支體言之, 便有人己, 理[35]卻只是一箇理也."【道夫】

95:23 ▲[36]"忠信進德, 修辭立誠", 便無間斷, 便是"終日乾乾", 不必便說"終日對越在天." 下面說"上天之載, 無聲無臭"云云, 便是說許多

28) 此: 賀本에는 없다.
29) ▲: 伊川言: "在物爲理." 凡物皆有理, 蓋理不外乎事物之間. "處物爲義." 義, 宜也, 是非可否處之得宜, 所謂義也.【端蒙】
30) ▲: 便是義. 義
31) ▲: 問"在物爲理, 處物爲義." 曰:
32) 卓: 成化本에서는 桌으로 되어 있고 賀本에서는 棹으로 되어 있다.
33)【之】: 賀本에서는 본문으로 되어 있다.
34) ▲: '形而上者謂之道, 形而下者謂之器'
35) 理: 賀本에는 없다.
36) ▲: "忠信所以進德"至"君子當終日對越在天也", 這箇只是解一箇"終日乾乾."

事, 都只是一箇天.【賀孫】

95:24 問[37]: "詳此一段意, 只是體當這箇實理. 雖說出有許多般, 其實一理也." 曰: "此只是解'終日乾乾', 故說此一段. 從'上天之載, 無聲無臭'說起. 雖是'無聲無臭', 其闔闢變化之體, 則謂之易. 然所以能闔闢變化之理, 則謂之道, 其功用著見處, 則謂之神, 此皆就天上說. 及說到'命于[38]人, 則謂之性, 率性, 則謂之道, 修道則謂之敎', 是就人身上說. 上下說得如此子細, 都說了, 可謂盡矣. '故說神〈如在其上, 如在其左右〉', 又皆是此理顯著之跡. 看甚大事小事, 都離[39]這箇物[40]事不得. 上而天地鬼神離這箇不得, 下而萬事萬物都不出此, 故曰'徹上徹下, 不過如此.' 形而上者, 無形無影是此理, 形而下者, 有情有狀是此器. 然有[41]此器則有此理, 有此理則有此器, 未嘗相離, 卻不是於形器之外別有所謂理. 亘古亘今, 萬事萬物皆只是這箇, 所以說'但得道在, 不係今與後, 己與人.'" 叔蒙問: "不出這體用. 其體則謂之性, 其用則謂之道?" 曰: "道只是統言此理, 不可便以道爲用. 仁義禮智信是理, 道便是統言此理." 直卿云: ▲[42] "只是德又自兼體・用言. 如『通書』云: '動而正曰道, 用而和曰德.'" 曰: "正是理, 雖動而得其正理, 便是道, 若動而不正, 則不是道. 和亦只是順理, 用而和順, 便是得此理於身, 若用而不和順, 則此理不得於身. 故下云: '匪仁, 匪義, 匪禮, 匪智, 匪信, 悉邪也.' 只是此理. 故又云: '君子愼動.'" 直卿問: "「太極圖」只說'動而生陽, 靜而生陰',『通書』又說箇'幾[43]', 此是動靜之問[44],

37) 問: 徽州本에서는 이 뒤에 夜來問: "忠信所以進德, 君子當終日對越在天."이 더 있다.
38) 于: 賀本에서는 於로 되어 있다.
39) 離: 賀本에서는 이 뒤에 了가 더 있다.
40) 物: 賀本에는 없다.
41) 有: 賀本에서는 謂로 되어 있다.
42) ▲: "'道'字看來亦兼體用, 如說'其理則謂之道', 是指體言, 又說'率性則謂之道', 是指用言." 曰: "此語上是就天上說, 下是就人身上說." 直卿又云:
43) 幾: 賀本에서는 機로 되어 있다.
44) 問: 『朱子語類』에서는 間으로 되어 있다.【附箋紙】"問"當作"間."

又有此一項." 又云: "'智'字自與知識之'知'不同. 智是具是非之理, 知識便是察識得這箇物事好惡." 又問: "神是氣[45]之至妙處, 所以管攝動靜. 十年前, 曾聞先生說, 神亦只是形而下者." 賀孫問: "神旣是管攝此身, 則心又安在?" 曰: "神卽是心之至妙處, 衮[46]在氣裏說, 又只是氣, 然神又是氣之精妙處, 到得氣, 又是麄了. 精又麄, 形又麄. 至於說魂, 說魄, 皆是說到麄處."【賀孫 ○寓錄云: "直卿云: '看來〈神〉字本不專說氣, 也可就理上說. 先生只就▲[47]而[48]下者說.' 先生曰: '所以某就形而下說, 畢竟就氣處多, 發出光彩便是神.' 味道問: '神如此說, 心又在那裏?' 曰: '神便在心裏, 疑[49]在裏面爲精, 發出光彩爲神. 精屬陰, 神屬陽. 說到魂魄鬼神, 又是說到大段麄處.'"】

95:25 問: "▲[50] 如何看'體'字?" 曰: "體, 是體質之'體', 猶言骨子也. 易者, 陰陽錯綜, 交換代易之謂, 如寒暑晝夜, 闔闢往來. 天地之間, 陰陽交錯, 而實理流行, 蓋與道爲體也. 寒暑晝夜, 闔闢往來, 而實理於是流行其間, 非此則實理無所頓放. 猶君臣父子夫婦長幼朋友, 有此五者, 而實理寓焉. 故曰'其體則謂之易', 言易爲此理之體質也."【▲[51] ○銖】

95:26 "其體則謂之易", 在人則心也, "其理則謂之道", 在人則性也, "其用則謂之神", 在人則情也. 所謂易者, 變化錯綜, 如陰陽晝夜, 雷風水火, 反復流轉, 縱橫經緯而不已也. 人心則語默動靜, 變化不測者是也. 體, 則[52]形體也,【賀孫錄云: "體, 非'體・用'之謂."】 言體, 則亦是

45) 氣: 賀本에서는 心으로 되어 있다.
46) 衮: 英祖刊本・賀本에서는 滾으로 되어 있다.
47) ▲: 形
48) 而:【附箋紙】上"而"字上脫"形"字.
49) 疑: 成化本・賀本에서는 凝으로 되어 있다.
50) ▲: '〈上天之載, 無聲無臭〉, 其體則謂之易',
51) ▲: 程子解"逝者如斯, 不舍晝夜", 曰: "此道體也. 天運而不已, 日往則月來, 寒往則暑來, 水流而不息, 物生而不窮, 皆與道爲體."『集注』曰: "天地之化, 往者過, 來者續, 無一息之停, 乃道體之本然也." 卽是此意.

形而下者, 其理則形而上者也. 故程子曰"『易』中只是言反復往來上下", 亦是意也.【端蒙】

95:27 ▲53)

95:28 ▲54)

95:29 ▲55)問: "昨日以天地之心・情・性在人上言之, 今卻以人▲56)心・性・情就天上言之, 如何?" 曰: "春夏秋冬便是天地之心, 天命流行有所主宰, 其所以爲春夏秋冬, 便是性, 造化發用便是情." 又問: "恐心大性小?" 曰: "此不可以小大論. 若以能爲春夏秋冬者爲性, 亦未是. 只是所以爲此者, 是合下有此道理. 謂如以鏡子爲心, 其光之照見物處便是情, 其所以能光者是性. 因甚把木板子來, 卻照不見? 爲他元沒這光底道理."【螢】

95:30 ▲57) 大抵古今只是大闔闢, 小闔闢, 今人說『易』, 都無着

---

52) 則: 成化本・賀本에서는 是로 되어 있다.

53) ▲:"以其體謂之易, 以其理謂之道", 這正如心・性・情相似. 易便是心, 道便是性. 易, 變易也, 如奕碁相似. 寒了暑, 暑了寒, 日往而月來, 春夏爲陽, 秋冬爲陰, 一陰一陽, 只管恁地相易.【賀孫】

54) ▲: "其體則謂之易, 其理則謂之道, 其用則謂之神." 人傑謂: "陰陽闔闢, 屈伸往來, 則謂之易, 皆是自然, 皆有定理, 則謂之道, 造化功用不可測度, 則謂之神." 程子又曰: "其命於人則謂之性, 率性則謂之道, 修道則謂之教, 只是就人道上說." 人傑謂: "『中庸』大旨, 則'天命之謂"性", 率性之謂道', 是通人物而言, '修道之謂教', 則聖賢所以扶世立教, 垂法後世者, 皆是也." 先生曰: "就人一身言之: 易, 猶心也, 道, 猶性也, 神, 猶情也." 翌日再問云: "既就人身言之, 卻以就人身者就天地言之, 可乎?" 曰: "天命流行, 所以主宰管攝是理者, 卽其心也, 而有是理者, 卽其性也, 如所以爲春夏, 所以爲秋冬之理是也, 至發育萬物者, 卽其情也."【人傑○螢錄別出.】

55) ▲: 正淳問: "'其體則謂之易', 只屈伸往來之義是否?" 曰: "義則不是. 只陰陽屈伸, 便是形體." 又

56) ▲: 之

57) ▲: "其體則謂之易, 其理則謂之道, 其功用則謂之鬼神." 易是陰陽屈伸, 隨時變易.

模[58]. 聖人便於六十四卦, 只以陰陽奇耦寫出來. 至於所以爲陰陽, 爲古今, 乃是此道理. 及至忽然生物, 或在此, 或在彼, 如花木之類驀然而出, 華時都華, 實時都實, 生氣便發出來, 只此便是神. 如在人, 仁義禮智, 惻隱羞惡, 心便能管攝. 其爲喜怒哀樂, 卽情之發用處.【螢】

95:31 ▲[59]"命于[60]人", 這"人"字, 便是"心"字.【夔孫】[61]

95:32 問: "此[62]一段自'浩然之氣'以上, 自是說道. 下面'說神如在其上, 如在其左右', 不知如何?" 曰: "一段皆是明道體無乎不在. 名雖不同, 只是一理發出, 是箇無始無終底意." 林易簡問: "莫是'動靜無端, 陰陽無始'底道理否?" 曰: "不可如此類泥着, 但見梗礙耳. ▲[63]【寓】

95:33 "明道'醫書手足不仁'【止】[64] '可以得仁之體'一段, 以意推之, 蓋謂仁者, 天地生物之心, 而人物所得以爲心, 則是天地人物莫不同有是心, 而心德未嘗不貫通也. 雖其爲天地, 爲人物, 各有不同, 然其實則有一條脈絡相貫. 故體認得此心, 而有以存養之, 則心理無所不到, 而自然無不愛矣. 才少有私欲蔽之, 則便間斷, 發出來愛, 便有不

---

58) 模: 英祖刊本·成化本·賀本에서는 摸로 되어 있다.

59) ▲: "其體則謂之易, 其理則謂之道, 其用則謂之神." 此三句是說自然底. 下面云"其命於人則謂之性", 此是就人上說. 謂之

60) 于: 賀本에서는 於로 되어 있다.

61)【夔孫】: 徽州本에는【賜】로 되어 있다.

62) 問: "此: 徽州本에서는 寓問: "『近思錄』伊川言'忠信所以進德, 終日乾乾, 君子當終日對越在天.'"으로 되어 있다.

63) ▲: 某舊見伊川說仁, 令將聖賢所言仁處類聚看, 看來恐如此不得. 古人言語, 各隨所說見意, 那邊自如彼說, 這邊自如此說. 要一一來比並, 不得." 又曰: "文字且子細逐件理會, 待看得多, 自有箇見處." 林曰: "某且要知盡許多疑了, 方可下手做." 曰: "若要知了, 如何便知得了? 不如且就知得處逐旋做去, 知得一件做一件, 知得兩件做兩件, 貪多不濟事. 如此用工夫, 恐怕輕費了時月. 某謂, 少看有功卻多, 泛泛然多看, 全然無益. 今人大抵有貪多之病, 初來只是一箇小沒理會, 下梢成一箇大沒理會!"

64)【止】: 賀本에서는 본문으로 되어 있다.

到處. 故世之忍心無恩者, 只是私欲蔽錮, 不曾認得我與天地萬物心相貫通之理. 故求仁之切要, 只在不失其本心而已. 若夫'博施濟衆', 則自是功用, 故曰何于65)仁事? 言不於此而得也. 仁至難言, 亦以全體精微, 未易言也. 止曰'立人・達人', 則有以指夫仁者之心, 而使66)於此觀, 則仁之體, 庶幾不外是心而得之爾. 然又嘗以伊川'穀種'之說推之, 其'心猶穀種, 生之性便是仁, 陽氣發動乃情也', 蓋所謂'生之性', 卽仁之體, 發處卽仁之用也. 若夫'博施濟衆', 則又是穀之成實, 而利及於人之謂. 以是觀之, 仁聖可知矣." 先生云: "何干仁事, 謂仁不於此得, 則可, 以爲聖仁全無干涉, 則不可." 又云: "氣有不貫, 血脈都在這氣字上. 著心看, 則意好." 又云: "'何事於仁?' 言何止是仁? 必也仁之成德, 猶曰何止於木? 必也木之成就, 何止於穀? 必也穀之成禾之意耳."【端蒙】

95:34 伊川▲67)說"仁者以天地萬物爲一體", 說得太深, 無捉摸處. 『易傳』其手筆, 只云: "四德之元, 猶五常之仁, 偏言則一事, 專言則包四者." 又曰: "仁者天下之公, 善之本也."『易傳』只此兩處說仁, 說得極平實, 學者當精看此等處.【銖】

95:35 "'生之謂性'一條難說, 須子細看. 此一條, 伊川說得亦未甚盡. '生之謂性', 是生下來喚做性底, 便有氣稟夾雜, 便不是理底性了. 前輩說甚'性惡', '善惡混', 都是不曾識性. 到伊川說: '性卽理也', 無人道得到這處. 理便是天理, 又那得有惡? 孟子說'性善', 便都是說理善, 雖是就發處說, 然亦就理之發處說."【如曰"乃若其情", 曰"非才之罪."】 又曰: "'生之謂性', 如椀68)盛水淩69), 人便以椀70)爲水, 水卻本淸, 椀71)

65) 于: 『朱子語類』에서는 干으로 되어 있다.【附箋紙】"于"當作"干."
66) 使: 英祖刊本・賀本에서는 便으로 되어 있다.
67) ▲: 『語錄』中
68) 椀: 成化本에서는 碗으로 되어 있다.
69) 淩: 『朱子語類』에서는 後로 되어 있다.【附箋紙】"淩"當作"後."
70) 椀: 成化本에서는 碗으로 되어 있다.

卻有淨有不淨." 問: "雖是氣稟, 亦尙可變得否?" 曰: "然最難, 須是'人一能之, 己百之, 人十能之, 己千之', 方得. 若只恁地待他自變, 他也未與你卒乍變得在. 這道理無他巧, 只是熟, 只是專一."【賀孫】

95:36 "人生氣稟, 理有善惡." 此"理"字, 不是說實理, 猶云理當如此.【僩】

95:37 "▲[72] 理有善惡." 理, 只作"合"字看.【端蒙】

95:38 "生之謂性"一段, 當作三節看, 其問[73]有言天命者, 有言氣質者. "生之謂性"是一節, "水流就下"是一節, 淸濁又是一節.【螢】

95:39 ▲[74]"此一段極難看. 但細尋語脈, 卻亦可曉. 上云'不是兩物相對而生', 蓋言性善也." 曰: "旣言性善, 下卻言'善固性也, 然惡亦不可不謂之性', 卻是言氣稟之性, 似與上文不相接." 曰: "不是▲[75]氣稟之性. 蓋言性本善, 而今乃惡, 亦是此性爲惡所汩, 正如水爲泥沙所混, 不成不喚做水!" ▲[76] 又問: "'人生而靜', 當作斷句." 曰: "只是連下文而'◇[77]容說'作句. 性自稟賦而言, 人生而靜以上, 未有形氣, 理未有所受, 安得謂之性?" 又問▲[78] '繼之者善', 如何便指作性?" 曰: "吾友疑得極是. 此卻是就人身上說'繼之者善.' 若就向上說, 則天理方流出, 亦不可謂之性." 曰: "'生之謂性', 性卽氣, 氣卽性. 此言人生性

---

71) 椀: 成化本에서는 碗으로 되어 있다.
72) ▲: 人生氣稟,
73) 問: 『朱子語類』에서는 間으로 되어 있다.【附箋紙】"問"當作"間."
74) ▲: 問: "'生之謂性'一段難看. 自起頭至'惡亦不可不謂之性也', 成兩三截." 曰:
75) ▲: 言
76) ▲: 曰: "適所問, 乃南軒之論." 曰: "敬夫議論出得太早, 多有差舛. 此間有渠『論孟解』, 士大夫多求之者, 又難爲拒之." 又
77) ◇: 不
78) ▲: "纔說性時便已不是性."【此處先生所答, 記得不切, 不敢錄. 次夜再問, 別錄在後.】 又問: "'凡人說性, 只是說繼之者善也.'

與氣混合者.” 曰: “有此氣爲人, 則理具於身, 方可謂之性.” 又問: “向[79]滕德粹問‘生之謂性’, 先生曰: ‘且從程先生之說, 亦好.’ 當時再三請益, 先生不答. 後來子細看, 此蓋告子之言. 若果如程先生之說, 亦無害. 而渠意直是指氣爲性, 與程先生之意不同.” 曰: “程先生之言, 亦是認告子語脈不着[80]. 果如此說, 則孟子何必排之? 則知其發端固非矣. 大抵諸儒說性, 多說着氣. 如佛氏亦只是認知覺作用爲性.” 又問『孟』注云: “‘近世蘇氏・胡氏之說近此.’ 某[81]觀二家之說, 似亦不執着氣.” 曰: “其流必至此.” 又問: “胡氏說‘性不可以善惡名’, 似只要形容得性如此之大.” 曰: “不是要形容, 只是見不明. 若見得明, 則自不如此. 敬夫向亦執此說. 嘗語之云: ‘凡物皆有對, 今乃欲作尖斜[82]物, 何故?’ 程先生論性, 只云‘性卽理也’, 豈不是見得明? 是眞有功於聖門.” 又問: “‘繼之者善也, 成之者性也’, 至程先生始分明.” 曰: “以前無人如此說. 若不是見得, 安能及此?” 第二夜復問: “昨夜問‘生之謂性’一段, 意有未盡. 不知‘纔說性便不是性’, 此是就性未稟時說? 已稟時說?” 曰: “就已稟時說. 性者, 渾然天理而已. 纔說性時, 則已帶氣矣. 所謂‘離了陰陽更無道’, 此中最宜分別.” 又問: “‘水流而就下’以後, 此是說氣稟否? 若說氣稟, 則生下已定, 安得有遠近之別?” 曰: “此是夾習說.”【饒本云: “此是說氣.” ○可學】

95:40 ▲[83] 泳切[84]意自‘生之謂性’至‘然惡亦不可不謂之性也’, 是本來之性與氣質之性兼說. 劈頭只指箇‘生’字說, 是兼二者了.” 曰: “那‘性’字卻如何?” 泳曰: “恐只是都說做性.” 泳又問: “舊來因此以水喩性, 遂謂天道純然一理, 便是那水本來淸, 陰陽五行交錯雜揉而有昏濁, 便是那水被泥汚了. 昏濁可以復淸▲[85], 只緣他母子淸.” 曰: “然. 那

---

79) 向: 徽州本에서는 이 뒤에 在書堂이 더 있다.
80) 着: 賀本에서는 差로 되어 있다.
81) 某: 孝宗刊本・成化本・賀本에서는 甚으로 되어 있다.
82) 斜: 成化本・賀本에서는 邪로 되어 있다.
83) ▲: 問: “‘生之謂性’一章,
84) 切: 英祖刊本・成化本・賀本에서는 竊로 되어 있다.

下愚不移底人, 卻是那臭穢底水." 問: "也須可以澄治?" 曰: "也減得些分數." 因言: "舊時人嘗裝惠山泉去京師, 或時臭了. 京師人會洗水, 將沙石在筧中, 上面傾水, 從筧中下去. 如此十數番, 便漸如故." 或問: "下愚亦可以澄治否?" 泳云: "恐他自不肯去澄治了." 曰: "那水雖臭, 想也未至汙穢在." 問: "物如此更推不去, 卻似那臭泥相似!" 曰: "是如此." 又問: "自'蓋生之謂性'至'猶水流而就下也'一節, 是說本來之性." 曰: "'蓋生之謂性', 卻是如何?" 泳曰: "只是提起那一句說." 又問: "'人生而靜以上不容說', '人生而靜'是說那初生時. 更說向上去, 便只是天命了." 曰: "所以'大哉乾元! 萬物資始', 只說是'誠之源也.' 至'乾道變化, 各正性命', 方是性在. '凡人說性, 只是說繼之者善也', 便兼氣質了." 問: "恐只是兼了情." 曰: "情便兼質了. 所以孟子答告子問性, 卻說'乃若其情, 則可以爲善矣', 說仁義禮智, 卻說惻隱・羞惡・恭敬・是非去. 蓋性無形影, 情卻有實事, 只得從情上說入去." 問: "因情以知性, 恰似因流以知源. 舊聞蔡李[86]通問康叔臨云: '凡物有兩端. 惻隱爲仁之端, 是頭端? 是尾端?' 叔臨以爲尾端. 近聞周莊仲說, 先生云, 不須如此分." 曰: "公如何說?" 曰: "惻隱是性之動處. 因其動處, 以知其本體, 是因流以知其源, 恐只是尾端." 曰: "是如此." 又問"皆水也"至"然不可以濁者不爲水也"一節. 曰: "這水只是說氣質." 泳曰: "切[87]謂因物慾之淺深, 可以見氣質之昏明, 猶因惻隱・羞惡, 可以見仁義之端." 曰: "也是如此." 或問: "氣淸底人, 自無物慾." 曰: "也如此說不得. 口之欲味, 耳之欲聲, 人人皆然. 雖是稟得氣淸, 纔不撿[88]束, 便流於慾去." 又問: "'如此, 則人不可不加澄治之功'至'置在一隅也'一節, 是說人求以變化氣質. 然變了氣質, 復還本然之性, 亦不是在外面添得." 曰: "是如此." 又問: "'水之淸, 則性善之謂也'至於'舜禹有天下而不與焉者也'一節, 是言學者去求道, 不是外面添. 聖人

85) ▲: 者
86) 李: 『朱子語類』에서는 季로 되어 있다.
87) 切: 英祖刊本・成化本・賀本에서는 竊로 되어 있다.
88) 撿: 英祖刊本・成化本・賀本에서는 檢으로 되어 있다.

之教人, 亦不是强人分外做.” 曰: “‘此理天命也’一句, 亦可見.”【胡泳】

95:41 ▲[89] “此段引譬喻亦叢雜. 如說水流而就下了, 又說從淸濁處去, 與就下不相續. 這處只要認得大意可也.” 又曰: “‘然惡亦不可不謂之性’一句, 又似有惡性相似. 須是子細看.”【義剛】

95:42 問: “▲[90]先生舊做「明道論性說」云: ‘氣之惡者, 其性亦無不善, 故惡亦不可不謂之性.’ 明道又云: ‘善惡皆天理. 謂之惡者, 本非惡, 但或過或不及, 便如此. 蓋天下無性外之物, 本皆善而流於惡耳.’ 如此, 則惡專是氣稟, 不干性事, 如何說惡亦不可不謂之性?” 曰: “旣是氣稟惡, 便也牽引得那性不好. 蓋性只是搭附在氣稟上, 旣是氣稟不好, 便和那性壞了. 所以說濁亦不可不謂之水. 水本是淸, 卻因人撓之, 故濁也.” 又問: “先生嘗云: ‘性不可以物譬.’ 明道以水喩性, 還有病否?” 曰: “若比來比去, 也終有病. 只是不以這箇比, 又不能得分曉.”【僩】

95:43 “‘善[91]固性也, 然惡亦不可不謂之性也’, 疑與『孟子』抵捂[92].” 曰: “這般所在難說, 卒乍理會未得. 某舊時初看, 亦自疑. 但看來看去, 自是分明. 今定是不錯, 不相誤, 只着工夫子細看. 莫據己見, 便說前輩說得不是.” 又問: “草木與人物之性一乎?” 曰: “須知其異而不害其爲同, 知其同而不害其爲異方得.”【木之】

95:44 ▲[93]理之與氣雖同, 畢竟先有此理而後有此氣.” 又問郭氏『性圖』. 曰: “‘性善’字且做在上, 其下不當同以‘善・惡’對出于[94]下. 不得

89) ▲: 或問“生之謂性”一段. 曰:
90) ▲: ‘惡亦不可不謂之性’,
91) 善: 徽州本에서는 이 앞에 木之問程子生之謂性章說이 더 있다.
92) 抵捂: 成化本・賀本에서는 牴牾로 되어 있다.
93) ▲: 正淳問: “性善, 大抵程氏說善惡處, 說得‘善’字重, ‘惡’字輕.” 曰: “‘善固性也, 惡亦不可不謂之性也’, 此是氣質之性. 蓋

已時, '善'字下再寫一'善', 卻傍出一'惡'字, 倒着, 以見惡只是反於善. 且如此, 猶自可說." 正淳謂: "自不當寫出來." 曰: "然."【螢】

95:45 ▲[95] "'人生而靜以上', 卽是人物未生時. 人物未生時, 只可謂之理, 說性未得, 此所謂'在天曰命'也. '纔說性時, 便已不是性'者, 言纔謂之性, 便是人生以後, 此理已墮在形氣之中, 不全是性之本體矣, 故曰'便已不是性也', 此所謂'在人曰性'也. 大抵人有此形氣, 則是此理始具於形氣之中, 而謂之性. 纔是說性, 便已涉乎有生而兼乎氣質, 不得爲性之本體也. 然性之本體, 亦未嘗雜. 要人就此上面見得其本體元未嘗離, 亦未嘗雜耳. '凡人說性, 只是說繼之者善也'者, 言性不可形容, 而善言性者, 不過卽其發見之端而言之, 而性之理固可黙識矣, 如孟子言'性善'與'四端'是也." ▲[96]

95:46 ▲[97]此道理未有形見處. 故今才說性, 便須帶着氣質, 無能懸空說得性者. "繼之者善", 本是說造化發育之功, 明道此處卻是就人性發用處說, 如孟子所謂"乃若其情, 則可以爲善"之類是也. 伊川言: "極本窮源之性, 乃是對氣質之性而言." 言氣質之稟, 雖有善惡之不同, 然極本窮源而論之, 則性未嘗不善也.【端蒙】

95:47 ▲[98]

---

94) 于: 賀本에서는 於로 되어 있다.

95) ▲: 問"人生而靜以上不容說"一段. 曰:

96) ▲:【未有形氣, 渾然天理, 未有降付, 故只謂之理, 已有形氣, 是理降而在人, 具於形氣之中, 方謂之性. 已涉乎氣矣, 便不能超然專說得理也. 程子曰"天所賦爲命, 物所受爲性", 又曰"在天曰命, 在人曰性", 是也. ○銖】

97) ▲: 明道論性一章, "人生而靜", 靜者固其性. 然只有"生"字, 便帶卻氣質了. 但"生"字以上又不容說, 蓋

98) ▲: 問"人生而靜以上"一段. 曰: "程先生說性有本然之性, 有氣質之性. 人具此形體, 便是氣質之性. 才說性, 此'性'字是雜氣質與本來性說, 便已不是性. 這'性'字卻是本然性. 才說氣質底, 便不是本然底也. '人生而靜'以下, 方有形體可說, 以上是未有形體, 如何說?"【賀孫】

95:48 ▲99)

95:49 "人生而靜以上不容說", 此只是理, "才說性時便已不是性", 此是氣質. 要之, 假合而後成.【文蔚】

95:50 ▲100)

95:51 ▲101)

95:52 ▲102)

95:53 ▲103)"人生而靜以上", 只說得104)箇天道, 下"性"字不得. 所以子貢曰"夫子之言性與天道, 不可得而聞也", 便是如此. 所謂"天命之謂性"者, 是就人身中指出這箇是天命之性, 不雜氣質105)者而言爾. ▲106)濂溪說: "性者, 剛柔善惡中而已矣." 濂溪說性, 只是此五者. 他又自有說仁義禮智底性時. 若論氣稟之性, 則不出此五者. 然氣稟底性, 便是那四端底性, 非別有一種性也. 然所謂"剛柔善惡中"者, 天下之性固不出此五者. 然細推之, 極多般樣, 千般百種, 不可窮究, 但不離此五

---

99) ▲: 曾問"人生而靜以上不容說." 曰: "此是未有人生之時, 但有天理, 更不可言性. 人生而後, 方有這氣稟, 有這物欲, 方可言性."【卓】

100) ▲: "人生而靜", 已是夾形氣, 專說性不得. 此處宜體認.【可學】

101) ▲: 或問: "說'人生而靜以上不容說', 爲天命之不已, 感物而動, 酬酢萬殊, 爲天命之流行. 不已便是流行, 不知上一截如何下語?" 曰: "'人生而靜以上不容說', 乃天命之本體也."【人傑】

102) ▲: 問"人生而靜以上"一段. 曰: "有兩箇'性'字: 有所謂'理之性', 有所謂'氣質之性.' 下一'性'字是理. '人生而靜', 此'生'字已自帶氣質了. '生而靜以上', 便只是理, 不容說, '才說性時', 便只說得氣質, 不是理也."【淳】

103) ▲: "才說性, 便已不是性也." 蓋才說性時, 便是兼氣質而言矣. "人生而靜以上不容說." "人生而靜以上", 只說得箇"人生而靜", 上面不通說. 蓋性須是箇氣質, 方說得箇"性"字. 若

104) 得: 賀本에는 없다.

105) 質: 『朱子語類』에서는 稟으로 되어 있다.

106) ▲: 若才說性時, 則便是夾氣稟而言, 所以說時, 便已不是性也.

者爾.【僩】

95:54 ▲[107)]

95:55 ▲[108)]人性本善而已, 才墮入氣質中, 便薰染得不好了. 雖薰染得不好, 然本性卻依舊在此, 全在學者着力. ▲[109)]【去僞】[110)]

95:56 ▲[111)]

95:57 ▲[112)] 『易』中以天命言. 程子就人言, 蓋人便是一箇小天地耳.【端蒙】

95:58 ▲[113)] 某嘗謂, 易在人便是心, 道在人便是性, 神在人便是情. 緣他本原如此, 所以生出來箇箇亦如此. 一本故也.【閎祖】

95:59 ▲[114)]

---

107) ▲: "人生而靜以上不容說", 是只說性. 如說善, 卽是有性了, 方說得善.【方】

108) ▲: 問: "『近思錄』中說性, 似有兩種, 何也?" 曰: "此說往往人都錯看了. 才說性, 便有不是.

109) ▲: 今人卻言有本性, 又有氣質之性, 此大害理."

110)【去僞】: 徽州本에는【謨·去僞錄同】으로 되어 있다.

111) ▲: 問: "'凡人說性, 只是說〈繼之者善也〉.' 這'繼'字, 莫是主於接續承受底意思否?" 曰: "主於人之發用處言之."【道夫】

112) ▲: 程子云: "凡人說性, 只是說'繼之者善.' 孟子言'性善'是也." 『易』中所言, 蓋是說天命流行處, 明道卻將來就人發處說. 孟子言"性善", 亦是就發處說, 故其言曰: "乃若其情, 則可以爲善矣." 蓋因其發處之善, 是以知其本無不善, 猶循流而知其源也. 故孟子說"四端", 亦多就發處說.

113) ▲: "夫所謂'繼之者善也'者, 猶水流而就下也." 此"繼之者善", 指發處而言之也. 性之在人, 猶水之在山, 其淸不可得而見也. 流出而見其淸, 然後知其本淸也. 所以孟子只就"見孺子入井, 皆有怵惕惻隱之心"處, 指以示人, 使知性之本善者也. 『易』所謂"繼之者善也", 在性之先, 此所引"繼之者善也", 在性之後. 蓋『易』以天道之流行者言, 此以人性之發見者言. 明天道流行如此, 所以人性發見亦如此. 如後段所謂"其體則謂之易, 其理則謂之道, 其用則謂之神."

114) ▲: 問: "或謂明道所謂'凡人說性, 只是說〈繼之者善〉'與『易』所謂'繼之者善'意不

95:60 ▲[115]江西一學者問此. 先生答書云: "「易大傳」言'繼善', 是指未生之前, 『孟子』言'性善', 是指已生之後." 是夕, 復語文蔚曰: "今日答書, 覺得未是." 文蔚曰: "莫是『易』言'繼善', 是說天道流行處, 『孟子』言'性善', 是說人性流出處. 『易』與『孟子』就天人分上各以流出處言, 明道則假彼以明此耳, 非如先生'未生·已生'之云?" 曰: "然." 【文蔚】

95:61 ▲[116]

95:62 問: "伊川云: '萬物之生意最可觀.'" 曰: "物之初生, 其本未遠, 固好看. 及幹成葉茂, 便不好看. 如赤子入井時, 惻隱怵惕之心, 只些子仁, 見得時卻好看. 到得發政施仁, 其仁固廣, 便看不見得▲[117]." 【賜】

95:63 問: "'萬物之生意最可觀, 此"元者善之長也", 斯所謂仁也.' 此只是先生向所謂'初'之意否?" 曰: "萬物之生, 天命流行, 自始至終, 無非此理, 但初生之際, 淳粹未散, 尤易見爾. 只如元亨利貞皆是善, 而元則爲善之長, 亨利貞皆是那裏來. 仁義禮智亦皆善也, 而仁則爲萬物[118]之首, 義禮智皆從這裏出爾." 【道夫】

95:64 問: "'天地萬物之理, 無獨必有對.' 對是物也, 理安得有對?"

同. 明道是言氣質之性亦未嘗不善, 如孔子'性相近'之意." 曰: "明道說'繼之者善', 固與『易』意不同. 但以爲此段只說氣質之性, 則非也. 明道此段, 有言氣質之性處, 有言天命之性處. 近陳後之寫來, 只於此段'性'字下, 各注某處是說天命之性, 某處是說氣質之性. 若識得數字分明有著落, 則此段儘易看." 【銖】

115) ▲: 問: "明道言: '今人說性, 多是說"繼之者善", 如孟子言"性善"是也.' 此莫是說性之本體不可言, 凡言性者, 只是說性之流出處, 如孟子言'乃若其情, 則可以爲善矣'之類否?" 先生點頭. 後

116) ▲: "繼之者善也", 周子是說生生之善, 程子說作人性之善, 用處各自不同. 若以此觀彼, 心有窒礙. 【人傑】

117) ▲: 何處是仁

118) 物: 『朱子語類』에서는 善으로 되어 있다.

曰: "如高下小大淸濁之類, 皆是." 曰: "高下小大淸濁, 又是物也, 如何?" 曰: "有高必有下, 有大必有小, 皆是理必當如此. 如天之生物, 不能獨陰, 必有陽, 不能獨陽, 必有陰, 皆是對. 這對處, 不是理對. 其所以有對者, 是理合當恁地."【淳】

95:65 ▲[119] 問: "如何便至'不知手之舞之, 足之蹈之'?" 曰: "眞箇是未有無對者. 看得破時, 眞箇是差異好笑. 且如一陰一陽, 便有對, 至於太極, 卻[120]對甚底?" 曰: "太極有無極對." 曰: "此只是一句. 如金木水火土, 卽土亦似無對, 然皆有對. 太極便與陰陽相對. 此是'形而上者謂之道, 形而下者謂之器', 便對過, 卻是橫對了. 土便與金木水火相對. 蓋金木水火是有方所, 土卻無方所, 亦對得過.【必大錄云: "四物皆資土故也."】 胡氏謂'善不與惡對.' 惡是反善, 如仁與不仁, 如何不可對? 若不相對, 覺說得天下事都尖斜了, 沒箇是處."【▲[121] ○僩 ○必大同.】

95:66 問: "▲[122] 有動必有靜, 有陰必有陽, 以至屈伸消長盛衰之類, 莫不皆然. 還是他合下便如此邪?" 曰: "自是他合下來如此, 一便對二, 形而上便對形而下. 然就一言之, 一中又自有對. 且如眼前一物, 便有背有面, 有上有下, 有內有外. 二又各自爲對. 雖說'無獨必有對', 然獨中又自有對. 且如碁盤路兩兩相對, 末梢中間只空一路, 若似無對, 然此一路對了三百六十路, 此所謂'一對萬, 道對器'也."【銖】

95:67 ▲[123] 如人行出去是這脚, 行[124]歸亦是這脚. 譬如口中之氣,

---

119) ▲: "天地萬物之理, 無獨必有對."
120) 卻: 賀本에서는 便으로 되어 있다.
121) ▲: 必大錄云: "湖南學者云, 善無對. 不知惡乃善之對, 惡者反乎善者也."
122) ▲: '天下之理, 無獨必有對.'
123) ▲: 天下之物未嘗無對, 有陰便有陽, 有仁便有義, 有善便有惡, 有語便有默, 有動便有靜, 然又卻只是一箇道理.
124) 行: 賀本에는 없다.

噓則爲溫, 吸則爲寒耳.【雉】

95:68 ▲125)

95:69 ▲126) 亭亭當當, 直上直下, ▲127)等語, 皆是形容中之在我, 其體段如此. '出則不是'者, 出便是已發. 發而中節, 只可謂之和, 不可謂之中矣, 故曰'出便不是.'"【謨】

95:70 問"亭亭當當"之說. 曰: "此俗語也, 蓋不偏不倚, 直上直下之意也." 問: "敬固非中, 惟'敬而無失', 乃所以爲中否?" 曰: "只是常敬, 便是'喜怒哀樂未發之中'也."【道夫】

95:71 ▲128)

95:72 ▲129) 謂聖人爲無妄, 則可, 謂聖人爲不欺, 則不可." ▲130)問: "此正所謂'誠者天之道, 思誠者人之道'否?" 曰: "然. 無妄是自然之誠, 不欺是着力去做底."【道夫】

95:73 ▲131)

95:74 ▲132) "非無妄故能誠, 無妄便是誠. 無妄, 是四方八面都去得, 不欺, 猶是兩箇物事相對."【寓】

---

125) ▲: 問: "陰陽晝夜, 善惡是非, 君臣上下, 此天地萬物無獨必有對之意否?" 曰: "這也只如喜怒哀樂之中, 便有箇旣發而中節之和在裏相似."【道夫】

126) ▲: 問: "'天地之間,

127) ▲: 出便不是', 如何?" 曰: "'喜怒哀樂未發謂之中', '亭亭當當, 直上直下'

128) ▲: "天地間亭亭當當直上直下之正理, 出則不是.【如此則是內.】 敬而無無失最盡." 居敬.【方謂"居"字好. ○方】

129) ▲: 問: "無妄, 誠之道. 不欺, 則所以求誠否?" 曰: "無妄者, 聖人也.

130) ▲: 又

131) ▲: "無妄之謂誠"是天道, "不欺其次矣"是人道, 『中庸』所謂"思誠"者是也.【螢】

132) ▲: 味道問"無妄之謂誠, 不欺其次也." 曰:

95:75 ▲133) "無妄, 是兼天地萬物所同得底渾淪道理, 不欺, 是就一邊說." 泳問: "不欺, 是就人身說否?" 曰: "然."【胡泳】

95:76 ▲134)

95:77 問: "'沖漠無朕'【至】135) '敎入塗轍'136). 他所謂塗轍者, 莫只是以人所當行者言之? 凡所當行之事, 皆是先有此理, 卻不是臨行事時, 旋去尋討道理." 曰: "此言未有這事, 先有這理. 如未有君臣, 已先有君臣之理, 未有父子, 已先有父子之理. 不成元無此理, 直待有君臣父子, 卻旋將道理入在裏面!" 又問: "'旣是塗轍, 卻只是一箇塗轍', 是如何?" 曰: "是這一箇事, 便只是這一箇道理. 精粗一貫, 元無兩樣. 今人只見前面一段事無形無兆, 將謂是空蕩蕩, 卻不知道'沖漠無朕, 萬象森然已具.' 如釋氏便只是說'空', 老氏便只是說'無', 卻不知道莫實於理." 曰: "▲137) '應'字是應務之'應'否?" 曰: "未應, 是未應此事, 已應, 是已應此事. 未應固是先, 卻只是後來事, 已應固是後, 卻只是未應時理."【文蔚】

95:78 ▲138) "旣是塗轍, 卻只是一箇塗轍", 如旣有君君臣臣底塗轍, 卻是元有君臣之理也.【升卿】

95:79 ▲139) 所謂塗轍, 卽是所由之路. 如父之慈, 子之孝, 只是一

---

133) ▲: 或問"無妄之謂誠, 不欺其次矣." 曰:

134) ▲: 無妄, 自是我無妄, 故誠, 不欺者, 對物而言之, 故次之.【祖道】

135)【至】: 賀本에서는 본문으로 되어 있다.

136) '沖漠無朕'至'敎入塗轍': 徽州本에서는 程先生云: "忠漠無朕, 萬象森然已具, 未應不是先, 已應不是後, 如百尺之木, 自根本至枝葉皆是一貫, 不可道上面一段事無形無兆, 却待人旋安排引人來敎人塗轍, 旣是塗轍, 却只是一個塗轍."로 되어 있다.

137) ▲: '未應不是先, 已應不是後',

138) ▲: "未應不是先, 已應不是後", 如未有君臣, 已先有君臣之理在這裏. 不是先本無, 卻待安排也.

條路從源頭下來."【木之】

95:80 ▲[140] 塗轍, 是車行處. 且如未有塗轍, 而車行必有塗轍之理."【賀孫】

95:81 ▲[141] "此只是說'無極而太極.'" ▲[142]問: "下文'旣是塗轍, 卻只是一箇塗轍', 是如何?" 曰: "恐是記者欠了字, 亦曉不得." 又曰: "某前日說, 只從陰陽處看, ◇[143]所謂太極者, 便只是[144]在陰陽裏, 所謂陰陽者, 便只是在太極裏. 而今人說陰陽上面別有一箇無形無影底物是太極, 非也."【夔孫 ○他本小異.】

95:82 問: "'近取諸身, 百理皆具', 且是言人之一身與天地相爲流通, 無一之不相似. 至下言'屈伸往來之義, 只於鼻息之間見之', 卻只是說上意一脚否?" 曰: "然." 又問: "屈伸往來, 只是理自如此. 亦猶一闔一闢, 闔固爲闢之基, 而闢亦爲闔之基否?" 曰: "氣雖有屈伸, 要之方伸之氣, 自非旣屈之氣. 氣雖屈, 而物亦自一面生出. 此所謂'生生之理', 自然不息也."【道夫】

95:83 問: "屈伸往來, 氣也. 程子云'只是理', 何也?" 曰: "其所以屈伸往來者, 是理必如此. '一陰一陽之謂道.' 陰陽氣也, 其所以一陰一陽循環而不已者, 乃道也."【淳】

95:84 明道言: "天地之間, 只有一箇感應而已." 蓋陰陽之變化, 萬

---

139) ▲: 子升問"沖漠無朕"一段. 曰: "未有事物之時, 此理已具, 少間應處只是此理.
140) ▲: 或問"未應不是先"一條. 曰: "未應如未有此物, 而此理已具, 到有此物, 亦只是這箇道理.
141) ▲: 問"沖漠無朕"一段. 曰:
142) ▲: 又
143) ◇: 則
144) 是: 賀本에는 없다.

物之生成, 情僞之相通, 事爲之終始, 一爲感, 則一爲應, 循環相代, 所以不已也.【端蒙】

95:85 ▲[145] "事事物物, 皆有感應. 寤寐・語默・動靜亦然. 譬如氣聚則風起, 風止則氣復聚."【賜】

95:86 "感應"二字有二義: 以感對應而言, 則彼感而此應, 專於感而言, 則感又兼應意, 如感恩感德之類.【端蒙】

95:87 問: "感, 只是內感?" 曰: "物固有自內感者. 然亦不專是內感, 固有自外感者. 所謂'內感', 如一動一靜, 一往一來, 此只是一物先後自相感. 如人語極須默, 默極須語, 此便是內感. 若有人自外來喚自家, 只得喚做外感. 感於內者自是內, 感於外者自是外. 如此看, 方周徧[146]平正. 只做內感, 便偏頗了."【夔孫】

95:88 心性以穀種論, 則包裹底是心, 有秋[147]種, 有粳種, 隨那種發出不同, 這便是性. 心是箇發發[148]出底,【他[149]本作: "心似箇沒思量底."】他只會生. 又如服藥, 喫了會治病, 此是藥力, 或溫或凉, 便是藥性. 至於喫了有溫證, 有凉證, 這便是情.[150]【夔孫】

95:89 ▲[151]問: "'心本善, 發於思慮, 則有善不善'章, 如何?" 曰: "疑此段微有未穩處. 蓋凡事莫非心之所爲, 雖放僻邪侈, 亦是心之爲也.

---

145) ▲: 問天下只有箇感應. 曰:
146) 徧: 成化本에서는 遍으로 되어 있다.
147) 秋: 英祖刊本・成化本・賀本에서는 秫로 되어 있다.
148) 發: 『朱子語類』에는 없다.【附箋紙】"發"字, 當刪.
149) 他: 『朱子語類』에서는 池로 되어 있다.
150) 這便是情: 徽州本에서는 이 뒤에 問情, 意之別. 曰: 情便是做底意, 自是百般計較去做底, 因是有情, 而後用其意.가 더 있다.
151) ▲: 履之

善惡但如反覆手耳, 翻一轉便是惡, 止安頓不着, 也便是不善. 如當惻隱而羞惡, 當羞惡而惻隱, 便不是." 又問: "心之用雖有不善, 亦不可謂之非心否?" 曰: "然."【伯羽】

95:90 問: "▲[152]不善之發有二: 有自思慮上不知不覺自發出來者, 有因外誘然後引動此思慮者. 閑邪之道, 當無所不用其力. 於思慮上發時, 便加省察, 更不便[153]形於事爲. 於物誘之際, 又當於視聽言動上理會取. 然其要又只在持敬. 惟敬, 則身心內外肅然, 交致其功, 則自無二者之病." 曰: "謂發處有兩端, 固是. 然畢竟從思慮上發者, 也只是[154]外來底. 天理渾是一箇. 只不善, 便是不從天理出來, 不從天理出來, 便是出外底了. 視聽言動, 該貫內外, 亦不可謂專是外面功夫. 若以爲在內自有一件功夫, 在外又有一件功夫, 則內外支離, 無此道理. 須是'誠之於思, 守之於爲', 內外交致其功, 可也."【端蒙】

95:91 問: "▲[155]五峰云: '人有不仁, 心無不仁.' 先生以爲下句有病. 如顏子'其心三月不違仁', 是心之仁也, 至三月之外, 未免少有私欲, 心便不仁, 豈可直以爲心無不仁乎? 端蒙近以先生之意推之, 莫是五峰不曾分別得體與發處言之否?" 曰: "只爲他說得不備. 若云人有不仁, 心無不仁, 心有不仁, 心之本體無不仁, 則意方足耳."【端蒙】

95:92 問: "'心[156]旣發, 則可謂之情, 不可謂之心', 如何?" 曰: "心是貫徹上下, 不可只於一處看."【可學】

95:93 "旣[157]發則可謂之情, 不可謂之心", 此句亦未穩.【淳】

---

152) ▲: '發於思慮則有善不善.' 看來
153) 便: 『朱子語類』에서는 使로 되어 있다.
154) 是: 賀本에서는 在로 되어 있다.
155) ▲: '心本善, 發於思慮, 則有善不善.' 程子之意, 是指心之本體有善而無惡, 及其發處, 則不能無善惡也. 胡
156) 心: 徽州本에서는 이 뒤에 有善惡, 程先生曰이 더 있다.

95:94 "'心, 生道也.' 此句是張思叔所記, 疑有欠闕處. 必是當時改作行文, 所以失其文意." 伯豐云: "何故入在『近思錄』中?" 曰: "如何敢不載? 但只恐有闕文, 此四字說不盡."【㽦】

95:95 ▲[158] "天地生物之心是仁, 人之稟賦, 接得此天地之心, 方能有生. 故惻隱之心在人, 亦爲生道▲[159]."【謨】

95:96 ▲[160]

95:97 ▲[161] "上面'心, 生道也', 全然做天底, 也不得. 蓋理只是一箇渾然底, 人與天地混合無間."【端蒙】

95:98 "有是心, 斯具[162]是形以生." 是心乃屬天地, 未屬我在, 此乃是衆人者. 至下面"各正性命", 則方是我底, 故又曰: "惻隱之心, 人之生道也." 仁者, 天地生物之心, 而人物之所得以爲心. 人未得之, 此理亦未嘗不在天地之間. 只是人有是心, 便自具是理以生. 又不可道有心了, 卻討一物來安頓放裏面. 似恁地處, 難看, 須自體認得.【端蒙】

95:99 ▲[163]

---

157) 旣: 徽州本에서는 이 앞에 程子曰이 더 있다.
158) ▲: "'心, 生道也. 人有是心, 斯具是形以生. 惻隱之心, 生道也.' 如何?" 曰:
159) ▲: 也
160) ▲: "心, 生道也." 心乃生之道. "惻隱之心, 人之生道也", 乃是得天之心以生. 生物便是天之心.【可學】
161) ▲: 問: "'心生道也'一段, 上面'心生道', 莫是指天地生物之心? 下面'惻隱之心, 人之生道', 莫是指人所得天地之心以爲心? 蓋在天只有此理, 若無那形質, 則此理無安頓處. 故曰: '有是心, 斯具是形以生.' 上面猶言'繼善', 下面猶言'成性.'" 曰:
162) 具: 『小分』에서는 形을 具로 고쳤다.
163) ▲: 伊川云: "心, 生道也." 方云: "生道者, 是本然也, 所以生者也." 曰: "是人爲天地之心意."【本文云.】 又曰: "生亦是生生之意. 蓋有是惻隱心, 則有是形." 方曰: "滿腔子是惻隱之心."【方】

95:100 敬子解“不求諸心而求諸迹, 以博聞强記巧文麗詞爲工”, 以爲“人不知性, 故怠於爲希聖之學, 而樂於爲希名慕利之學.” 曰: “不是他樂於爲希名慕利之學, 是他不知聖之可學, 別無可做, 只得向那裏去. 若知得有箇道理, 可以學做聖人, 他豈不願爲? 緣他不知聖人之可學, ‘飽食終日, 無所用心’, 不成空過. 須討箇業次弄, 或爲詩, 或作文. 是他沒著渾身處, 只得向那裏去, 俗語所謂‘無圖之輩’, 是也.” 因曰: “世上萬般[164]皆下品, 若見得這道理高, 見世間萬般皆低. 故這一段緊要處, 只在‘先明諸心’上. 蓋‘先明諸心’了, 方知得聖之可學, 有下手處, 方就這裏做工夫. 若不就此, 如何他[165]做?”【僩 ○以下第二卷. 「好學論」入『集注』者, 已附本章.】

95:101 ▲[166]問: “「定性書」也難理會.” 曰: “也不難. ‘定性’字, 說得也詫異. 此‘性’字, 是箇‘心’字意. 明道言語甚圓轉, 初讀未曉得, 都沒理會, 子細看, 卻成段相應. 此書在鄠時作, 年甚少.”【淳】

95:102 “▲[167]「定性書」自胸中瀉出, 如有物在後面逼逐他相似, 皆寫不辨[168].” 直卿曰: “此正所謂‘有造道之言.’” 曰: “然. 只是一篇之中, 都不見一箇下手處.” 蜚卿曰: “‘廓[169]然而大公, 物來而順應’, 這莫是下工處否?” 曰: “這是說已成處. 且如今人私欲萬端, 紛紛擾擾, 無可奈何, 如何得他大公? 所見與理皆是背馳, 如何便得他順應?” 道夫曰: “這便是先生前日所謂‘也須存得這箇在.’” 曰: “也不由你存. 此心紛擾, 看着甚方法, 也不能得他住. 這須是見得, 須是知得天下之理, 都着一毫私意不得, 方是, 所謂‘知止而後有定’也. 不然, 只見得他如生龍活虎相似, 更把捉不得.”【道夫】

---

164) 般: 『小分』에서는 物을 般으로 고쳤다.
165) 他: 『朱子語類』에서는 地로 되어 있다.【附箋紙】“他”當作“地.”
166) ▲: 舜弼
167) ▲: 明道
168) 辨: 英祖刊本・賀本에서는 辨으로 되어 있다.
169) 廓: 成化本・賀本에서는 擴으로 되어 있다.

95:103 問: "▲170) 自私則不能以有爲爲應迹, 用智則不能以明覺爲自然.'" 曰: "此一書, 首尾只此兩項. 伊川文字段數分明, 明道多只恁成片說將去, 初看似無統, 子細理會, 中間自有路脈貫串將去. '君子之學, 莫若廓171)然而大公, 物來而順應', 自後許多說話, 都只是此二句意. '艮其背, 不獲其身, 行其庭, 不見其人', 此是說'廓172)然而大公.' 孟子曰'所惡於智者, 爲其鑿也', 此是說'物來而順應.' '第能於怒時遽忘其怒, 而觀理之是非.' '遽忘其怒'是應'廓然而大公', '而觀理之是非'是應'物來而順應.' 這須子細去看, 方始得." 【賀孫】

95:104 ▲173) 明道意, 言不惡事物, 亦不逐事物. 今人惡則全絶之, 逐則又爲物引將去. 惟不拒不流, 泛應曲當, 則善矣. 蓋橫渠有意於絶外物而定其內. 明道意以爲須是內外合一, "動亦定, 靜亦定", 則應物之際, 自然不累於物. 苟只靜時能定, 則動時恐卻被物誘去矣. 【端蒙】

95:105 問: ▲174) "此是惡物來感時定? 抑善惡來皆定?" 曰: "惡物來不感, 這裏自不接." 曰: "善物則如何?" 曰: "當應便應, 有許多分數來, 便有許多分數應. 這裏自定." 曰: "'子哭之慟', 而175)何以見其爲定?" 曰: "此是當應也. 須是'廓176)然而大公, 物來而順應.'" 再三誦此語, 以爲"說得圓." 【淳】

95:106 ▲177)萬物各有當止之所. 知得, 則此心自不爲物動." 曰: "舜'號泣于旻178)天', '象憂亦憂, 象喜亦喜.' 當此時, 何以見其爲定?" 曰:

---

170) ▲: 「定性書」云: '大率患在於自私而用智.
171) 廓: 成化本·賀本에서는 擴으로 되어 있다.
172) 廓: 成化本·賀本에서는 擴으로 되어 있다.
173) ▲: 明道答橫渠"定性未能不動"一章,
174) ▲: "聖人'動亦定, 靜亦定.' 所謂定者, 是體否?" 曰: "是." 曰:
175) 而: 英祖刊本에서는 時로 되어 있다.
176) 廓: 賀本에서는 擴으로 되어 있다.
177) ▲: 問: "聖人定處未詳." 曰: "'知止而後有定', 只看此一句, 便了得
178) 旻: 『朱子語類』에서는 旲으로 되어 있다.

“此是當應而應, 當應而應便是定. 若不當應而應, 便是亂了, 當應而不應, 則又是死了.”【淳】

95:107 問: “▲[179]廓[180]然而大公, 物來而順應.’ 學者卒未到此, 奈何?” 曰: “雖未到此, 規模也是恁地. ‘廓[181]然大公’, 只是除卻私意, 事物之來, 順他道理應之. 且如有一事, 自家見得道理是恁地, 卻有箇偏曲底意思, 要爲那人, 便是不公, 便逆了這道理, 不能順應. 聖人自有聖人太[182]公, 賢人自有賢人大公, 學者自有學者大公.” 又問: “聖賢大公, 固未敢請. 學者之心當如何?” 曰: “也只要存得這箇在, 克去私意. 這兩句是有頭有尾說話. 大公是包說, 順應是就裏面細說. 公是忠, 便是‘維天之命, 於穆不已’, 順應便是‘乾道變化, 各正性命.’”【道夫】

95:108 “廓[183]然而大公”是“寂然不動”, “物來而順應”是“感而遂通.”【僩】

95:109 ▲[184]

95:110 ▲[185] 應迹, 謂應事物之迹. 若心, 則未嘗動也.【端蒙】

95:111 問: “[186]程子謂釋氏自私, ▲[187] 先生曰: ‘此卻是舉常人自私

179) ▲: ‘天地之常, 以其心普萬物而無心, 聖人之常, 以其情順萬事而無情. 故君子之學, 莫若

180) 廓: 成化本・賀本에서는 擴으로 되어 있다.

181) 廓: 成化本・賀本에서는 擴으로 되어 있다.

182) 太: 『朱子語類』에서는 大로 되어 있다.【附箋紙】“太”當作“大.”

183) 廓: 成化本・賀本에서는 擴으로 되어 있다.

184) ▲: 趙致道問: “‘自私者, 則不能以有爲爲應迹, 用智者, 則不能以明覺爲自然.’ 所謂‘天地之常, 以其心普萬物而無心, 聖人之常, 以其情順萬事而無情.’ 所謂‘普萬物, 順萬事’者, 卽‘廓然而大公’之謂, ‘無心無情’者, 卽‘物來而順應’之謂. 自私則不能‘廓然而大公’, 所以不能‘以有爲爲應迹’, 用智則不能‘物來而順應’, 所以不能‘以明覺爲自然.’” 曰: “然.”【銖】

185) ▲: 明道云: “不能以有爲爲應迹.”

處言之.' ▲188)常人之私意與佛之自私, 皆一私也, 但非是專指佛之自私言耳." 又曰: "此是程子因橫渠病處箴之. 然有一般人, 其中空疏不能應物, 又有一般人, 溺於空虛不肯應物, 皆是自私. 若能'豁然而大公', 則上不陷於空寂, 下不累於物欲, 自能'物來而順應.'" 【廣 ▲189)】

○190) 朱道191)因擧明道答橫渠書云: "大抵人患在自私而用智." 曰: "此卻是說大凡人之任私意耳." 因擧下文"豁然而大公, 物來而順應", 曰: "此亦是對說. '豁然而大公', 便是不自私, '物來而順應', 便是不用智. 後面說治怒處曰: '但於怒時遽忘其怒, 反觀理之是非, 則於道思過半矣.' '忘其怒', 便是大公, '反觀理之是非', 便是順應, 都是對說. 蓋其理自如此." 廣因云: "太極一判, 便有陰陽相對." 曰192): ▲193) 【廣】

95:112 問: "▲194)不可有意於除外誘, 然此地位高者之事. 在初學, 恐亦不得不然否?" 曰: "初學也不解如此, 外誘如何除得? 有當應者,

---

186) ▲: 昨日因說

187) ▲: 味道擧明道「答橫渠書」中語,

188) ▲: 若據自私而用智, 與後面治怒之說, 則似乎說得淺. 若看得說那'自私則不能以有爲爲應迹, 用智則不能以明覺爲自然', 則所指亦大闊矣." 先生曰: "固然. 但明道總人之私意言耳." 味道又擧"反鑑索照", 與夫"惡外物"之說. 先生曰: "此亦是私意. 蓋自

189) ▲: ○賀孫錄云: "漢卿前日說: '佛是自私.' 味道擧明道'自私用智'之語, '亦是此意. 先生嘗以此自私說較粗, 是常人之自私. 某細思之, 如"自私則不能以有爲爲應迹, 用智則不能以明覺爲自然", 亦是說得煞, 恐只是佛氏之自私.' 先生曰: '此說得較闊, 兼兩意. 也是見橫渠說得有這病, 故如此說.' 賀孫云: '〈今以惡外物之心, 求照無物之地, 猶反鑑而索照也〉, 亦是說絶外物而求定之意.' 曰: '然. 但所謂〈自私而用智〉, 如世人一等嗜慾, 也是不能〈以有爲爲應迹〉, 如異端絶滅外物, 也是不能〈以有爲爲應迹〉. 若〈廓然大公, 物來順應〉, 便都不如此, 上不淪於空寂, 下不累於物欲.'"

190) ○: 『朱子語類』의 62:14의 일부이다.

191) 朱道: 『朱子語類』에서는 味道로 되어 있다. 【附箋紙】 "朱"當作"味."

192) 曰: 【附箋紙】 "曰"下落"然"字.

193) ▲: "然."

194) ▲: 「定性書」所論, 固是

亦[195]只得順他, 便[196]看理如何. 理當應便應, 不當應便不應. 此篇大綱, 只在'廓[197]然而大公, 物來而順應'兩句. 其他引『易』·『孟子』, 皆是如此. 末謂'第能於怒時遽忘其怒, 而觀理之是非', 一篇着力緊要, 只在此一句. '遽忘其怒'便是'廓[198]然大公', '觀理之是非'便是'物來順應.' 明道言語渾淪, 子細看, 節節有條理." 曰: "'內外兩忘', 是內不自私, 外應不[199]鑿否?" 曰: "是. 大抵不可以在內者爲是, 而在外者爲非, 只得隨理順應."【淳】

95:113 ▲[200] 惟能於怒時遽忘其怒, 而觀理之是非." "舊時謂觀理之是非, 才見己是而人非, 則其爭愈力. 後來看, 不如此. 如孟子所謂'我必不仁也. 其自反而仁矣, 其橫逆由是也, 則曰〈此亦妄人而已矣!〉'"【璘】

95:114 ▲[201] 若知其理之曲直, 不必校, 卻好, 若見其直而又怒, 則愈甚. 大抵理只是此理, 不在外求. 若於外復有一理時, 卻難, 爲只有此理故.【可學】

95:115 問: "聖人恐無怒容否?" 曰: "怎生無怒容? 合當怒時, 必亦形於色. 如要去治那人之罪, 自爲笑容, 則不可." 曰: "如此, 則恐涉忿厲[202]之氣否?" 曰: "天之怒, 雷霆亦震. 舜誅'四凶', 當其時亦須怒. 但當怒▲[203], 便中節, 事過便消了, 更不積."【淳】

---

195) 亦: 賀本에서는 也로 되어 있다.
196) 便: 徽州本에서는 更으로 되어 있다.
197) 廓: 成化本에서는 擴으로 되어 있다.
198) 廓: 成化本·賀本에서는 擴으로 되어 있다.
199) 應不: 『小分』에서는 不應을 교정부호로 바로잡았다.
200) ▲: 先生擧"人情易發而難制者, 惟怒爲甚.
201) ▲: 人情易發而難制. 明道云: "人能於怒時遽忘其怒, 亦可見外誘之不足惡, 而於道亦思過半矣." 此語可見. 然有一說,
202) 厲: 賀本에서는 怒로 되어 있다.
203) ▲: 而怒

95:116 問: "「定性書」是正心誠意功夫否?" 曰: "正心誠意以後事." 【寓】

95:117 ▲204) "雖無邪心, 苟不合正理, 卽忘205)也." 如楊・墨何嘗有邪心? 只是不合正理. 【義剛】

95:118 先生以伊川「答方道輔書」示學者, 曰: "他只恁平鋪, 無緊要說出206)來. 只是要移易他一兩字, 也不得, 要改動他一句, 也不得." 【道夫】

95:119 問: "蘇季明以治經爲傳道居業之實207), 居常講習, 只是空言無益, 質之兩先生. 何如?" 曰: "季明是橫渠▲208)'修辭'之說, 以立言傳後爲修辭, 是209)▲210)居業. 明道與說『易』上'修辭'不恁地. 修辭, 只是如'非禮勿言.' ▲211)便是理會敬義之實事, 便是表裏相應. '敬以直內, 義以方外', 便是立誠. ▲212)業, 便是逐日底事業, 恰似日課一般. '忠信所以進德', 爲實下手處. 如是心中實見得理之不忘213), '如惡惡臭, 如好好色', 常常恁地, 則德不期而進矣. 誠, 便卽是忠信, 修省言辭, 便是要立得這忠信. 若口不擇言, 只管逢事便說, 則忠信亦被汩沒動蕩, 立不住了. 明道便只辨他'修辭'二字, 便只理會其大規模. 伊川卻與辨治經, ▲214)理會細密, 都無縫罅." 又曰: "伊川也辨他不盡. 如講習, 不止只是治經. 若平日所以▲215)習, 父慈子孝兄友弟恭與應事接

---

204) ▲: 伊川謂:
205) 忘: 『朱子語類』에서는 妄으로 되어 있다. 【附箋紙】 "忘"當作"妄."
206) 出: 賀本에서는 이 뒤에 一이 더 있다.
207) 實: 賀本에서는 事로 되어 있다.
208) ▲: 門人, 祖橫渠
209) 季明是橫渠 … 是: 【附箋紙】 "渠"下脫"門人祖橫渠"五字. 是下脫"爲"字.
210) ▲: 爲
211) ▲: 若修其言辭, 正爲立己之誠意, 乃是體當自家'敬以直內, 義以方外'之實事,
212) ▲: 道之浩浩, 何處下手? 惟立誠才有可居之處, 有可居之處則可以修業.
213) 妄: 『朱子語類』에서는 妄으로 되어 있다. 【附箋紙】 "忘"當作"妄."
214) ▲: 便

物, 有合講者, 或更切於治經, 亦不爲無益. 此更是一箇大病痛."【賀孫】

95:120 "孟子才高, 學之無可依據", 爲他元來見識自高. 顔子才雖未嘗不高, 然其學卻細膩切實, 所以學者有用力處. 孟子終是麄.【端蒙】

95:121 ▲[216] 孟子說得麄, 不甚子細, 只是他才高, 自至那地位. 若學者學他, 或會錯認了他意思. 若顔子說話, 便可下手做, 孟子底, 更須解說方得.【賀孫】

95:122 ▲[217]問: "▲[218] 如養氣處, 豈得謂[219]無可依據?" 曰: "孟子皆是要用. 顔子曾[220]就己做工夫, 所以學顔子則不錯."【淳】

95:123 問: "'且省外事, 但明乎善, 唯[221]進誠心', ▲[222]明善是致知, 誠心是誠意否?" 曰: "知至卽便意誠, 善才明, 誠心便進." 又問: "'其文章雖不中不遠矣', 便是應那'省外事'一句否?" 曰: "然. 外事所可省者卽省之, 所不可省者亦强省不得. 善, 只是那每事之至理, 文章, 是威儀制度. '所守不約, 汎濫無功', 說得極切. ▲[223]又曰: "這般次第, 是呂與叔自關中來初見二程時說話. 蓋橫渠多敎人禮文制度之事, 他學者只[224]管用心, 不近裏, 故以此說敎之. 然只可施之與叔諸人. 若與龜山言, 便可[225]着地頭了. 公今看了『近思錄』, 看別經書, 須將『遺書』

215) ▲: 講
216) ▲: 伊川曰: "學者須是學顔子."
217) ▲: 蔡
218) ▲: '孟子無可依據, 學者當學顔子.'
219) 謂: 賀本에서는 爲로 되어 있다.
220) 曾: 賀本에서는 須로 되어 있다.
221) 唯: 賀本에서는 惟로 되어 있다.
222) ▲: 只是敎人'鞭辟近裏.' 竊謂
223) ▲: 這般處, 只管將來玩味, 則道理自然都見."
224) 只: 賀本에서는 自로 되어 있다.

兼看. 蓋他一人是一箇病痛, 故程先生說得各各自有精采."【道夫】

95:124 ▲[226] 是且理會自家切己處. 明善了, 又更須看自家進誠心與未.【賀孫】

95:125 "學者識得仁體, 實有諸己, 只要義理裁[227]培." 識得與實有, 須做兩句看. 識得, 是知之也, 實有, 是得之也. 若只識▲[228] ○[229] 只是知有此物, 卻須實有諸己, 方是己物也.【螢】

95:126 問: "▲[230]識得仁體, 實有諸己, ▲[231]一段, 只緣他源頭是箇不忍之心, 生生不窮, 故人得以生者, 其流動發生之機亦未嘗息. 故推其愛, 則視夫天地萬物均受此氣, 均得此理, 則無所不當愛." 曰: "這道理只熟看, 久之自見如此, 硬椿定說不得. 如云從他源頭上便有箇不忍之心, 生生不窮, 此語有病. 他源頭上未有物可不忍在, 未說到不忍在. 只有箇陰陽五行, 有闔闢, 有動靜, 自是用生, 不是要生. 到得說生物時, 又是流行已後. 旣是此氣流行不息, 自是生物, 自是愛. 假使天地之間淨盡無一物, 只留得這一箇物事, 他也自愛. 如云均受此氣, 均得此理, 所以須用愛, 也未說到[232]這裏在. 此又是說後來事. 此理之愛, 如春之溫, 天生自然如此. 如火相似, 炙着底自然熱, 不是使他熱也." 因舉『東見錄』中明道曰: "學者須先識仁. 仁者, 渾然與物同體, 義禮智信皆仁也"云云, "極好, 當添入『近思錄』中."【僩】

---

225) 便可: 『朱子語類』에서는 便不로 되어 있다.【附箋紙】"便可"當作"便不."
226) ▲: "且省外事, 但明乎善, 惟進誠心",
227) 裁: 孝宗刊本에서는 㦲로 되어 있고 英祖刊本・成化本에서는 栽로 되어 있다.【附箋紙】"栽"當作"㦲."
228) ▲: 得
229) ○: 『朱子語類』 95:125를 별도의 항목으로 나누었다.【附箋紙】上"○"當作"得."
230) ▲: 明道說'學者
231) ▲: 只要義理栽培'
232) 到: 賀本에서는 得으로 되어 있다.

95:127 心只是於[233]寬平便大, 不要先有一私意隔礙, 便大. 心大則自然不急迫. 如有禍患之來, 亦未須驚恐, 或有所獲, 亦未要[234]便歡喜在. 少間亦未必, 禍更轉爲福, 福更轉爲禍. 荀子言: "君子大心則天而道, 小心則畏義而節." 蓋君子心大則是天心, 心小則文王之翼翼, 皆爲好也, 小人心大則放肆, 心小則是褊隘私吝, 皆不好也.【賀孫】

95:128 明道以上蔡記誦爲琓[235]物喪志, 蓋爲其意不是理會道理, 只是誇多鬪靡[236]爲能. 若明道看史不蹉[237]一字, 則意思自別. 此正爲己爲人之分.【賀孫】

95:129 問: "'禮樂只在進反之間, 便得情性之正.'『記』曰: '禮主其減, 樂主其盈. 禮減而進, 以進爲文, 樂盈而反, 以反爲文.' 恐減與盈, 是禮樂之體本如此, 進與反, 卻是用功處否?" 曰: "減, 是退讓·撙節·收斂底意思, 是禮之體本如此. 進者, 力行之謂. 盈, 是和說·舒散·快滿底意思, 是樂之體如此. 反者, 退斂之謂. '禮主其減', 卻欲進一步向前着力去做, '樂主其盈', 卻須退斂節制, 收拾歸裏. 如此則禮減而卻進, 樂盈而卻反, 所以爲得情性之正也, 故曰'減而不進則消, 盈而不反則亡'也." 因問: "如此, 則禮樂相爲用矣." 曰: "然."【銖】

95:130 ▲[238]

---

233) 於: 英祖刊本·成化本·賀本에서는 放으로 되어 있다.
234) 要: 賀本에서는 有로 되어 있다.
235) 琓:『朱子語類』에서는 玩으로 되어 있다.【附箋紙】"琓"當作"玩."
236) 靡: 徽州本에서는 美로 되어 있다.
237) 蹉: 賀本에서는 差로 되어 있다.
238) ▲: 問: "'禮樂只在進反之間, 便得性情之正', 何謂也?" 曰: "記得'禮減而進, 以進爲文, 樂盈而反, 以反爲文.' 禮, 如凡事儉約, 如收斂恭敬, 便是減, 須當著力向前去做, 便是進, 故以進爲文. 樂, 如歌詠和樂, 便是盈, 須當有箇節制, 和而不流, 便是反, 故以反爲文. 禮減而卻進前去, 樂盈而卻反退來, 便是得情性之正."【淳】

95:131 "禮主其減"者, 禮主於撙節・退遜・檢束, 然以其難行, 故須勇猛力進始得, 故以進爲文. "樂主其盈"者, 樂主於舒暢發越, 然一向如此, 必至於流蕩, 故以反爲[239]文. 禮之進, 樂之反, 便得情性之正. 又曰: "主減者當進, 須力行將去, 主盈者當反, 須回顧身心."【賀孫】[240]

95:132 ▲[241]

95:133 ▲[242] 禮以謙遜退貶爲尙, 故主減, 然非人之所樂, 故須强勉做將去, 方得. 樂以發揚蹈厲爲尙, 故主盈, 然樂只管充滿而不反, 則又[243]也無收殺, 故須反, 方得. 故云: '禮減而不進則銷, 樂盈而不反則放.' 故禮有報而樂有反, 所以程子謂: '只在進反之間, 便得性情之正.'"【道夫】

95:134 "天分", 卽天理也. 父安其父之分, 子安其子之分, 君安其君之分, 臣安其臣之分, 則安得私? 故雖"行一不義, 殺一不辜, 而得天下, 有所不爲."【賀孫】

95:135 "▲[244] 論治便須識體.' 這'體'字, 只事理合當做處. 凡事皆有箇體, 皆有箇當然處." 問: "是體段之'體'否?" 曰: "也是如此." 又問: "如爲朝廷有朝廷之體, 爲一國有一國之體, 爲州縣有州縣之體否?" 曰: "然. 是箇大體有格局當做處. 如作州縣, 便合治告訐, 除盜賊, 勸

---

239) 反爲: 『小分』에서는 爲反을 교정부호로 바로잡았다.

240)【賀孫】: 賀本에는 없다.

241) ▲: 禮樂進反. "禮主於減", 謂主於斂束, 然斂束太甚, 則將久意消了, 做不去, 故以進爲文, 則欲勉行之. "樂主於盈", 謂和樂洋溢, 然太過則流, 故以反爲文, 則欲回來減些子. 故進反之間, 便得情性之正. 不然, 則流矣.【端蒙】

242) ▲: 問"禮樂進反"之說. 曰: "'禮主其減, 樂主其盈. 禮減而進, 以進爲文, 樂盈而反, 以反爲文.'

243) 又: 賀本에서는 文으로 되어 있다.

244) ▲: '論學便要明理,

農桑[245]，抑末作，如朝廷，便須開言路，通下情，消朋黨，如爲大吏，便須求賢才，去贓吏，除暴斂，均力役，這箇都是定底格局，合當如此做." 或問云云. 曰: "不消如此說，只怕人傷了那大體. 如大事不曾做得，卻以小事爲當急，便害了那大體. 如爲天子近臣，合當謇諤正直，又卻恬退寡默，及至處鄉里，合當閉門自守，躬廉退之節，又卻向前要做事，這箇便都傷了那大體. 如今人議論，都是如此. 合當舉賢才而不舉，而曰我遠州[246]勢，合當去姦惡而不去，而曰不爲已甚. 且如國家遭汴都之禍，國於東南，所謂大體者，正在於復中原，雪讎恥，卻曰休兵息民，兼愛南北? 正使眞箇能如此，猶不是，況爲此說者，其實只是懶計而已?"【僩】 95:136[247] "根[248]本須是先培壅"，涵養持敬，便是栽[249]培.【賀孫】

95:137 ▲[250] "此段只如'弟子入孝出弟，行謹言信，愛衆親仁，行有餘力則以學文'之意耳. 先▲[251]從實上培壅一箇根脚，卻學文做工夫去."【端蒙】

95:138 ▲[252]問"敬義夾持直上，達天德自此." 曰: "最是他下得'夾持'兩字好. 敬主乎中，義防於外，二者相夾持. 要放下霎時也不得，只得直上去，故便達天德."【伯羽】

95:139 "敬義▲[253]表裏夾持，更無東西走作去處，上面只更有箇天德. "忠信所以進德，脩辭立其誠所以居業"者，乾道也，"敬以直內，義

245) 業:『朱子語類』에서는 桑으로 되어 있다.
246) 州:『朱子語類』에서는 權으로 되어 있다.
247) 95:136:『小分』에서는 95:135에 이어져 한 항목으로 편집되어 있다.
248) 根:【附箋紙】"根"上當有"○."
249) 栽: 孝宗刊本·英祖刊本에서는 戋로 되어 있다.【附箋紙】"栽"當作"戋."
250) ▲: 問"根本須是先培壅，然後可立趨向." 曰:
251) ▲: 只是
252) ▲: 仲思
253) ▲: 夾持直上，達天德自此."

以方外"者, 坤道也, 只是健順. 又曰: "非禮勿視聽言動者, 乾道, '出門如見大賓, 使民如承大祭'者, 坤道." 又曰: "公但看進德立誠, 是甚麽[254]樣强健!" 【賀孫】

95:140 ▲[255] 直上者, 無許多人欲牽惹也. 【方】

95:141 因說敬恕, ▲[256] "而今有一樣人, 裏面謹嚴, 外面卻藞苴[257], 有人外面恁地寬恕, 裏面卻都是私意了. 內外夾持, 如[258]▲[259]

95:142 ▲[260]

95:143 ▲[261]

95:144 ▲[262]

95:145 ▲[263] 皆是病. 如要敬則礙和, 要仁則礙義, 要剛則礙柔. 這

254) 麽: 賀本에서는 模로 되어 있다.
255) ▲: "敬義夾持直上, 達天德自此."
256) ▲: 先生擧明道語云: "敬義夾持直上, 達天德自此."
257) 苴: 賀本에서는 直으로 되어 있다.
258) 如: 【附箋紙】"持如"下, 脫二十字, ■脫四段. "皆"下, 是別段.
259) ▲: 有人在裏面把住, 一人在門外把持, 不由他不上去." 【夔孫】
260) ▲:問: "'正其義不謀其利, 明其道不計其功', 道・義如何分別?" 曰: "道・義是箇體・用. 道是大綱說, 義是就一事上說. 義是道中之細分別, 功是就道中做得功效出來." 【寓】
261) ▲: 問: "'正其義'者, 凡處此一事, 但當處置使合宜, 而不可有謀利占便宜之心, '明其道', 則處此事便合義, 是乃所以爲明其道, 而不可有計後日功效之心. '正義不謀利', 在處事之先, '明道不計功', 在處事之後. 如此看, 可否?" 曰: "恁地說, 也得. 他本是合掌說, 看來也須微有先後之序." 【僩 ○子蒙錄云: "或問: '正義在先, 明道在後.' 曰: '未有先後. 此只是合掌底意思.'"】
262) ▲: "正其義不謀其利, 明其道不計其功." 或曰, 事成之謂利, 所以有義, 功成則是道. 便不是. "惠迪吉, 從逆凶." 然惠迪亦未必皆吉. 【可學】
263) ▲: 楊問: "'膽欲大而心欲小', 如何?" 曰: "膽大是'千萬人吾往'處, 天下萬物不足以動其心, '貧賤不能移, 威武不能屈', 皆是膽大. 心小是畏敬之謂, 文王'小心翼

裏只看得一箇, 更着兩箇不得. 爲敬, 便一向拘拘, 爲和, 便一向放肆, 沒理會. 仁, 便煦煦姑息, 義, 便麄暴決裂. 心大, 便能容天下萬物. 有這物則有這理, 有那物卽有那道理. '並行而不相悖, 並育而不相害.'" 【寓】[264]

95:146 ▲[265]戰兢兢, 如臨深淵", 方能爲"赳赳武夫, 公侯干城"之事. 【德明】

95:147 ▲[266] "圓而不方則譎詐, 方而不圓則執而不通. 志不大則卑陋, 心不小則狂妄. 江西諸人便是志大而心不小者也." 【道夫】

95:148 ▲[267] 智雖[268]圓轉, 若行不方正而合於義, 則相將流於栿[269]謀譎詐之中, 所謂'智欲圓而行欲方'也." 曰: "也是如此." ▲[270] 【子蒙】

95:149 問"學[271]不言而自得者, 乃自得也[272]." 曰: "道理本自廣大, 只是潛心積慮, 緩緩養將去, 自然透熟. 若急迫求之, 則是起意去趕[273]趁他, 只是私意而已, 安足以入道?" 【僩】

95:150 問: "'視聽・思慮・動作, 皆天也, ▲[274]要識得眞與妄耳.'

翼', 曾子'戰戰兢兢, 臨深履薄'是也." 問: "橫渠言'心大則百物皆通, 心小則百物皆病', 何如?" 曰: "此心小是卑陋狹隘, 事物來都沒柰何, 打不去, 只管見礙,

264) 【寓】: 휘주본에는 【寓・陳淳錄同】으로 되어 있다.
265) ▲: "膽欲大而心欲小", "戰
266) ▲: 蜚卿云: "'智欲圓而行欲方, 膽欲大而心欲小.' 妄意四者缺一不可." 曰:
267) ▲: 或問: "'智欲圓而行欲方.'
268) 雖: 賀本에서는 欲으로 되어 있다.
269) 栿: 『朱子語類』에서는 權으로 되어 있다.
270) ▲: 又曰: "智是對仁義禮智信而言. 須是知得是非, 方謂之智, 不然, 便是不智."
271) 學: 徽州本에서는 이 앞에 程子曰이 더 있다.
272) 也: 徽州本에서는 이 뒤에 終不足以人道가 더 있다.
273) 趕: 成化本에서는 起로 되어 있다.
274) ▲: 人但於中

▲[275] 曰: "皆天也, 言視聽・思慮・動作皆是天理. 其順發出來, 無非當然之理, 卽所謂眞, 其妄者, 卻是反乎天理者也. 雖是妄, 亦無非天理, 只是發得不當地頭. 譬如一草木合在山上, 此是本分, 今卻移在水中. 其爲草木固無以異, 只是那地頭不是. 恰如'善固性也, 惡亦不可不謂之性'之意."【端蒙】

95:151 ▲[276] "妄是私意, 不是不中節." 道夫曰: "這正是顏子之所謂'非禮'者." 曰: "非禮處便是私意."【道夫】

95:152 役智力於農圃, 內不足以成己, 外不足以治人, 是濟甚事!【賀孫】

95:153 "進德則自忠恕", 是從這裏做出來, "其致則公平", 言其極則公平也.【端蒙】

95:154 ▲[277]'公而以人體之', ▲[278] 此一句本微有病. 然若眞箇曉得, 方知這一句說得好, 所以程先生又曰: '公近仁.' 蓋這箇仁便在這'人'字上. 你元自有這仁, 合下便帶得來. 只爲不公, 所以蔽塞了不出來, 若能公, 仁便流行. 譬如溝中水, 被沙土罨靸壅塞了, 故水不流, 若能擔去沙土罨靸, 水便流矣. 又非是去外面別擔水來放溝中, ▲[279] 元有此水, 只是被物事壅遏了. 去其壅塞, 水便流行. 如'克己復禮爲仁.' 所謂'克己復禮'者, 去其私而已矣. 能去其私, 則天理便自流行. 不是克己了又別討箇天理來放在裏面也, 故曰: '公近仁.'" 又問: "'公所以能恕, 所以能愛, 恕則仁之施, 愛則仁之用.' 愛是仁之發處, 恕是

275) ▲: 眞・妄是於那發處別識得天理人欲之分. 如何?"

276) ▲: 問: "視聽・思慮・動作, 皆天之所爲. 及發而不中節, 則是妄. 故學者須要識別之." 曰:

277) ▲: 問: "公只是仁底道理, 仁卻是箇流動發生底道理. 故

278) ▲: 方謂之仁否?" 曰: "此便是難說. '公而以人體之',

279) ▲: 是溝中

推其愛之之心以及物否?" 曰: "如公所言, 亦非不是. 只是自是湊合不著, 都無滋味. 若道理只是如此看, 又更做甚麽? 所以只見不長進, 正緣看那物事沒滋味." 又問: "莫是帶那上文'公'字說否?" 曰: "然. 恕與愛本皆出於仁, 然非公則安能恕? 安能愛?" 又問: "愛只是合下發處便愛, 未有以及物在, 恕則方能推己以及物否?" 曰: "仁之發處自是愛, 恕是推那愛底, 愛是恕之所推者. 若不是恕去推, 那愛也不能及物, 也不能親親仁民愛物, 只是自愛而已. 若裏面元無那愛, 又只推箇甚麽? 如開溝相似, 是裏面元有這水, 所以開著便有水來. 若裏面元無此水, 如何會開著便有水? 若不是去開溝, 縱有此水, 也如何得他流出來? 愛, 水也, 開之者, 恕也." 又問: "若不是推其愛以及物, 縱有此愛, 也無可得及物否?" 曰: "不是無可得及物, 若不能推, 則不能及物. 此等處容易曉, 如何恁地難看!"【僩】

95:155 ▲[280] "公是仁之方法, 人是仁之材料. 有此人, 方有此仁. 蓋有形氣, 便具此生理. 若無私意間隔, 則人身上全體皆是仁. 如無此形質, 則生意都不湊泊他. 所謂'體'者, 便作'體認'之'體', 亦不妨. 體認者, 是將此身去裏面體察, 如『中庸』'體群臣'之'體'也."【銖】

95:156 ▲[281] 體者, 乃是以人而體公. 蓋人撐起這公作骨子, 則無私心而仁矣. 蓋公只是一箇公理, 仁是人心本仁. 人而不公, 則害夫仁. 故必體此公在人身上以爲之體, 則無所害其仁, 而仁流行矣. 作如此看, 方是."【銖】

---

280) ▲: 問: "'仁之道, 只消道一"公"字. 公是仁之理, 公而以人體之, 故曰仁.' 竊謂仁是本有之理, 公是克己功夫到處. 公, 所以能仁. 所謂'公而以人體之'者, 若曰己私旣盡, 只就人身上看, 便是仁. 體, 猶骨也, 如'體物不可遺'之'體', '貞者事之幹'之類, 非'體認'之'體'也." 曰:

281) ▲: 問: "向日問'公而以人體之則爲仁', 先生曰: '體, 作"體認"之"體"亦不妨.' 銖思之, 未達. 竊謂有此人則具此仁. 然人所以不仁者, 以其私也. 能無私心則此理流行, 卽此人而此仁在矣. 非是公後, 又要去體認尋討也." 先生顧楊至之謂曰: "'仁'字, 叔重說得是了, 但認'體'字未是.

95:157 ▲282)

95:158 ▲283)公猶無塵也, 人猶鏡也, 仁則猶鏡之光明也. 鏡無纖塵則光明, 人能無一毫之私欲則仁. 然鏡之明, 非自外求也, 只是鏡元來自有這光明, 今不爲塵所昏爾. 人之仁, 亦非自外得也, 只是人心元來自有這仁, 今不爲私欲所蔽爾. 故人無私欲, 則心之體用廣大流行, 而無時不仁, 所以能愛能恕.【仁之名不從公來, 乃是從人來, 故曰"公而以人體之則爲仁." ○端蒙】

95:159 ▲284) 世有以公爲心而慘刻不恤者, 須公而有惻隱之心, 此功夫卻在"人"字上. ▲285)【螢】

95:160 ▲286)

95:161 ▲287)問: "仁, 欲以公・愛・恕三者合而觀之, 如何?" 曰: "公在仁之先, 愛・恕在仁之後." 又問: "公而以人體之"一句. 曰: "緊要在'人'字上. 仁只是箇人."【淳】

95:162 ▲288) 仁譬如水泉, 私譬如沙石能壅卻泉, 公乃所以決去沙石者也. 沙石去而水泉出, 私去而仁復也.【德明】

---

282) ▲: 問: "'公而以人體之', 如何?" 曰: "仁者心之德, 在我本有此理. 公卻是克己之極功, 惟公然後能仁. 所謂'公而以人體之'者, 蓋曰克盡己私之後, 就自家身上看, 便見得仁也."【謨】

283) ▲: "公而以人體之故爲仁." 蓋

284) ▲: "仁之道, 只消道一'公'字", 非以公爲仁, 須是"公而以人體之." 伊川自曰"不可以公爲仁."

285) ▲: 蓋人體之以公方是仁, 若以私欲, 則不仁矣.

286) ▲: "公而以人體之爲仁." 仁是人心所固有之理, 公則仁, 私則不仁. 未可便以公爲仁, 須是體之以人方是仁. 公・恕・愛, 皆所以言仁者也. 公在仁之前, 恕與愛在仁之後. 公則能仁, 仁則能愛能恕故也.【謨】

287) ▲: 李

288) ▲: 公所以爲仁. 故伊川云: "非是以公便爲仁, 公而以人體之."

95:163 謂仁只是公, 固若未盡, 謂公近仁耳, 又似太疏. 伊川曰: "只是一箇'公'字." 學者問仁, 則常教他將"公"字思量. 此是先生晚年語, 平淡中有意味. 顯道記憶語及入關『語錄』亦有數段, 更宜參之.【鎬】

95:164 ▲289)

95:165 ▲290) 問: "先生謂'愛如水, 恕如水之流', 淳退而思, 有所未合. 竊謂仁如水, 愛如水之潤, 恕如水之流, 不審如何?" 曰: "說得好▲291)了."【淳】

95:166 ▲292) 施與用如何分?" 曰: "恕是分俵那愛底. 如一桶水, 愛是水, 恕是分俵此水何處一杓, 故謂之施. 愛是仁之用, 恕所以施愛者."【銖】

95:167 ▲293)"施・用"兩字, 移動全不得. 這般處, 惟有孔・孟能如此. 下自荀・楊294)諸人便不能, 便可移易. 昔有言"盡己之謂忠, 盡物之謂恕." 伊川言: "盡物只可言信, 推己之謂恕." 蓋恕是推己, 只可言施. 如此等處, 極當細看.【道夫】

95:168 或問: "'力行'如何是'淺近語'?" 曰: "不明道理, 只是硬行." 又問: "何以爲'淺近'?" 曰: "他只是見聖賢所爲, 心下愛, 硬依他行. 這是私意, 不是當行. 若295)見得道理時, 皆是當恁地行." 又問: "'這一點意

---

289) ▲: 或問: "'恕則仁之施, 愛則仁之用', 施與用如何分別?" 曰: "恕之所施, 施其愛爾, 不恕, 則雖有愛而不能及人也."【銖】

290) ▲: 問: "'恕則仁之施, 愛則仁之用', 施與用何以別?" 曰: "施是從這裏流出, 用是就事說. '推己爲恕.' 恕是從己流出去及那物, 愛是才調恁地. 愛如水, 恕如水之流." 又

291) ▲: . 昨日就過

292) ▲: 問: "'恕則仁之施, 愛則仁之用.'

293) ▲: "恕則仁之施, 愛則仁之用."

294) 楊: 英祖刊本・成化本・賀本에서는 揚으로 되어 있다.

氣能得幾時子[296]?' 是如何?" 曰: "久時, 將次只是恁地休了." 節[297]

95:169 "涵養須用敬, 進學則在致知." 無事時, 且存養在這裏, 提撕警覺, 不要放肆. 到[298]講習應接時, 便當思量義理. 【淳】

95:170 ▲[299]問: "▲[300] 涵養甚難, 心中一起一滅, 如何得主一?" 曰: "人心如何敎他不思? 如'周公思兼三王, 以施四事', 豈是無思? 但不出於私則可." 曰: "某多被思慮紛擾, 思這一事, 又牽走那事去. 雖知得, 亦自難止." 曰: "旣知得不是, 便當絶斷了." 【淳】

95:171 涵養此心須用敬. 譬之養赤子, 方血氣未壯實之時, 且須時其起居飮食, 養之於屋室之中而謹顧守之, 則有向成之期. 才方乳保, 卻每日暴露於風日之中, 偃然不顧, 豈不致疾而害其生耶! 【大雅】

95:172 問: "▲[301] 敬不足以盡涵養否?" 曰: "五色養其目, 聲音養其耳, 義理養其心, 皆是養也." 【賀孫】

95:173 ▲[302]問: "學者忌[303]先立標準, 如何?" 曰: "如'必有事焉而勿正'之謂. 而今雖道是要學聖人, 亦且從下頭做將去. 若日日恁地比較, 也不得. 雖則是曰: '舜何人也? 予何人也?' 若只管將來比較, 不去做工夫, 又何益!" 【賀孫】

---

295) 行. 若: 成化本에서는 行者로 되어 있다.
296) 子: 賀本에서는 了로 되어 있다.
297) 節: 『朱子語類』에는 【節】로 되어 있다. 【附箋紙】 "節"當作小註.
298) 到: 賀本에서는 則으로 되어 있다.
299) ▲: 楊子順
300) ▲: '涵養須用敬.'
301) ▲: 伊川謂: '敬是涵養一事.'
302) ▲: 用之
303) 忌: 英祖刊本・賀本에서는 思로 되어 있다.

95:174 問: "學[304]者▲[305], 須以聖人爲標準, 如何卻說不得[306]立標準?" 曰: "學者固當以聖人爲師, 然亦何須得先立標準? 才立標準, 心裏便計較思量幾時得到聖人? 處聖人田地又如何? 便有箇先獲底心. '顏淵曰: 〈舜何人也? 予何人也? 有爲者亦若是〉.' 也只是如此平說, 敎人須以聖賢自期. 又何須先立標準? 只認[307]下著頭做, 少間自有所至."【僩】

95:175 "尹和靜[308]從伊川半年後, 方得見[309]「西銘」·『大學』", 不知那半年是在做甚麽? 想見只是且敎他聽說話." 曾光祖云: "也是初入其門, 未知次第, 驟將與他看未得." 先生曰: "豈不是如此?" ▲[310]【義剛】

95:176 ▲[311]是敎他自就切己處思量, 自看平時▲[312]是不是, 未欲便把那書與之讀." 曰: "如此, 則末後以此二書幷授之, 還是以尹子已得此意? 還是以二書互相發故?" 曰: "他好把「西銘」與學者看. 他也是要敎他知, 天地間有箇道理恁地開闊."【道夫】

95:177 "▲[313] 此意思也好, 也有病. 蓋且養他氣質, 淘潩去了那許多不好底意思. 如「學記」所謂'未卜禘, 不視學, 游其志也'之意. 此意思固好, 然也有病者, 蓋天下有多少書, 若半年間都不敎他看一字, 幾

---

304) 學: 徽州本에서는 이 앞에 云: "明道先生曰: '學者忌先立標準, 若循循不已, 自有所至矣.'"가 더 있다.
305) ▲: 做工夫
306) 不得: 賀本에서는 得不로 되어 있다.
307) 認: 賀本에서는 恁으로 되어 있다.
308) 靜: 英祖刊本·賀本에서는 靖으로 되어 있다.
309) 得見: 賀本에서는 見得으로 되어 있다.
310) ▲: 又曰: "「西銘」本不曾說'理一分殊', 因人疑後, 方說此一句."
311) ▲: 問: "'尹彦明見程子後, 半年方得『大學』·「西銘」看', 此意如何?" 曰: "也
312) ▲: 箇
313) ▲: 昨夜說'尹彦明見伊川後, 半年方得『大學』·「西銘」看.'

時讀得天下許多書? 所以尹彦明終竟後來工夫少了. 『易』曰: ‘盛德大業, 至矣哉!’ ‘富有之謂大業.’ 須是如此, 方得. 天下事無所不當理會者, 纔工夫不到, 業無由得大, 少間措諸事業, 便有欠缺, 此便是病.” 或曰: “想得當時『大學』亦未成倫緒, 難看在.” 曰: “然. 尹彦明看得好, 想見然[314]着日月看. 臨了連格物也看錯了, 所以深不信伊川‘今日格一件, 明日格一件’之說, 是看箇甚麼?” 或曰: “和靜[315]才力極短, 當初做經筵不見得, 若使[316]當難劇, 想見做不去.” 曰: “只他做經筵, 也不奈何, 說得話都不痛快, 所以難. 能▲[317]【僩】

95:178 問: “謝氏說‘何思何慮’處, 程子道‘恰好着工夫’, 此是著何工夫?” 曰: “人所患者, 不能見得大體. 謝氏合下便見得大體處, 只是下學之功夫卻欠. 程子道‘恰好着工夫’, 便是教他着下學底工夫.”【淳】

---

314) 然: 『朱子語類』에서는 煞로 되어 있다.【附箋紙】下“然”字當作“煞.”

315) 靜: 英祖刊本・賀本에서는 靖으로 되어 있다.

316) 使: 賀本에서는 便으로 되어 있다.

317) ▲: 解經而通世務者, 無如胡文定. 然教他做經筵, 又都不肯. 一向辭去, 要做『春秋解』, 不知是甚意思. 蓋他有退而著書立言以垂後世底意思, 無那措諸事業底心. 縱使你做得了將上去, 知得人君是看不看? 若朝夕在左右說, 豈不大有益? 是合下不合有這‘著書垂世’底意思故也. 人說話也難. 有說得響感動得人者, 如明道會說, 所以上蔡說, 才到明道處, 聽得他說話, 意思便不同. 蓋他說得響, 自是感發人. 伊川便不似他. 伊川說話方, 終是難感動人.” 或曰: “如與東坡們說話, 固是他們不是, 然終是伊川說話有不相乳入處.” 曰: “便是說話難. 只是這一樣說話, 只經一人口說, 便自不同. 有說得感動人者, 有說得不愛聽者. 近世所見會說話, 說得響, 令人感動者, 無如陸子靜. 可惜如伯恭都不會說話, 更不可曉, 只通寒暄也聽不得. 自是他聲音難曉, 子約尤甚.”

『朱子語類』卷第九十六

「程子之書二[1]」

96:1 『遺書』云, 不信其師, 乃知當時有不信者.【方 ○第三卷.】

96:2 "學原於思." 思所以起發其聰明.【端蒙】

96:3 ▲[2] 問: "如何是門庭?" 曰: "是讀書之法. 如讀此一書, 須知此書當如何讀. 伊川教人看『易』, 以王輔嗣·胡翼之·王介父[3]三人『易解』看, 此便是讀書之門庭. 緣當時諸經都未有成說, 學者乍難捉摸, 故教人如此." 或問: "如『詩』是吟詠情性[4], 讀『詩』者便當以此求之否?" 曰: "然."【僩】[5]

96:4 "學[6]者全體此心. 學雖未盡, 若事物之來, 不可不應[7]." 此亦只是言其大概, 且存得此心在這裏. "若事物之來, 不可不應, 且隨自家力量應之, 雖不中不遠矣." 更須下工夫, 方到得細密的當, 至於至善處, 此亦且是爲初學言. 如龜山卻是恁地, 初間只管道是且隨力量恁地, 更不理會細密處, 下梢都衰塌了.【賀孫】[8]

---

1) 二: 徽州本에서는 이 뒤에 同上이 더 들어 있다.
2) ▲: "『六經』浩渺, 乍難盡曉. 且見得路逕後, 各自立得一箇門庭."
3) 父: 賀本에서는 甫로 되어 있다.
4) 情性: 賀本에서는 性情으로 되어 있다.
5)【僩】: 徽州本에서는 이 뒤에 以下第三卷이 더 들어 있다.
6) 學: 徽州本에서는 이 앞에 明道先生曰이 더 들어 있다.
7) 應: 徽州本에서는 이 뒤에 隨其分限應之, 雖不中不遠矣가 더 들어 있다.
8)【賀孫】: 徽州本에서는 이 뒤에 以下第四卷이 더 들어 있다.

96:5 ▲[9] 只是全得此心, 不爲私欲汩沒, 非是更有一心能體此心也. 此等當以意會.【端蒙】

96:6 "只是心生", 言只是敬心不熟也. "恭者私爲之恭", 言恭只是人爲, "禮者非體之禮", 言只是禮, 無可捉摸. 故人爲之恭, 必循自然底道理, 則自在也.【端蒙】

96:7 明道曰: "雖則心'操之則存, 捨[10]之則亡', 然而持之太甚, 便是必有事焉而正之也. 亦須且恁去." 其說蓋曰, 雖是"必有事焉而勿正", 亦須且恁地把捉操持, 不可便放下了. "敬而勿失", 卽所以中也. "敬而無失", 本不是中, 只是"敬而無失", 便見得中底氣象. 此如公不是仁, 然公而無私則仁. 又曰: "中是本來底, 須是做工夫, 此理方著. 司馬子微『坐亡論』, 是所謂坐馳也." 他只是要得恁地虛靜, 都無事. 但只管要得忘, 便不忘, 是馳也. 明道說: "張天祺不思量事後, 須强把他這心來制縛, 亦須寄寓在一箇形象, 皆非自然. 君實又只管念箇'中'字, 此又爲'中'所制縛. 且'中'字亦何形象?" 他是不思量事, 又思量箇不思量底, 寄寓一箇形象在這裏. 如釋氏敎人, 便有些是這箇道理. 如曰"如何是佛" 云云, 胡亂掉一語, 敎人只管去思量. 又不是道理, 又別無可思量, 心只管在這上行思坐想, 久後忽然有悟. "中"字亦有何形象? 又去那處討得箇"中"? 心本來是錯亂了, 又添這一箇物事在裏面, 這頭討"中"又不得, 那頭又討不得, 如何會討得? 天祺雖是硬捉, 又且把定得一箇物事在這裏. 溫公只管念箇"中"字, 又更生出頭緖多, 他所以說終夜睡不得. 又曰: "天祺是硬截, 溫公是死守, 旋旋去尋討箇'中.' 伊川卽曰'持其志', 所以敎人且就裏面理會. 譬如人有箇家, 不自作主, 卻倩別人來作主?"【賀孫】

96:8 伯豐說: "'敬而無失', 則不偏不倚, 斯能中矣." 曰: "說得慢了.

9) ▲: "學者全體此心",
10) 捨: 賀本에서는 舍로 되어 있다.

只'敬而無失', 便不偏不倚, 只此便是中."【螢】

96:9 "敬而無失." 問: "莫是心純於敬, 在思慮則無一毫之不敬, 在事爲則無一事之不敬?" 曰: "只是常敬. 敬卽所以中."【端蒙】

96:10 問: "'聖人不記事, 所以常記得, 今人忘事, 以其記事', 何也?" 曰: "聖人之心虛明, 便能如此. 常人記事忘事, 只是着意之故."【淳】

96:11 ▲[11]問: "明道因修橋尋長梁, 後每見林木之佳者, 必起計度之心, 因語學者: '心不可有一事.' 某切[12]謂, 凡事須思而後通, 安可謂'心不可有一事'?" 曰: "事如何不思? 但事過則不留於心可也. 明道肚裏有一條梁, 不知今人有幾條梁柱在肚裏. 佛家有'流注想.' 水本流將去, 有些滲漏處便留滯."【蓋卿】

96:12 "心要在腔殼子裏." 心要有主宰. 繼自今, 便截胸中膠擾, 敬以窮理.【德明】

96:13 問: "▲[13]處事應物時, 心當如何?" 曰: "思慮應接, 亦不可廢. 但身在此, 則心合在此." 曰: "然則方其應接時, 則心在事上, 事去, 則此心亦不管着." 曰: "固是要如此."【德明】

96:14 ▲[14] "人一箇心, 終日放在那裏去, 得幾時在這裏? 孟子所以只管教人'求放心.' 今人終日放去, 一箇身恰似箇無梢工底船, 流東流西, 船上人皆不知. 某嘗謂, 人未讀書, 且先收斂得身心在這裏, 然後可以讀書求得義理. 而今硬捉在這裏讀書, 心飛揚那裏去, 如何得會

11) ▲: 李德之
12) 切: 英祖刊本・成化本・賀本에서는 竊로 되어 있다.
13) ▲: '心要在腔子裏.' 若
14) ▲: 或問"心要在腔子裏." 曰:

長進?"【賀孫】

96:15 ▲[15]問: "'心▲[16]', 如何得在腔子裏?" 曰: "敬, 便在腔子裏." 又問: "如何得會敬?" 曰: "只管恁地衮[17]做甚麽? 才說到敬, 便是更無可說." 【賀孫】

96:16 問: "'人心要活, 則周流無窮而不滯於一隅.' 如何是活?" 曰: "心無私, 便可推行. 活者, 不死之謂." 【可學】

96:17 ▲[18]問: "'〈天[19]地設位, 而易行乎其中〉, 只是敬', 如何?" 曰: "易是自然造化. 聖人本意只說自然造化流行, 程子是將來就人身上說. 敬則這道理流行, 【螢錄云: "敬便易行也."】 不敬便間斷了. 前輩引經文, 多是借來說己意. 如'必有事焉, 而勿正, 心[20]勿忘, 勿助長', 孟子意是說做工夫處, 程子卻引來'鳶飛魚躍'處, 說自然道理. 若知得'鳶飛魚躍', 便了此一語. 又如'必有事焉', 程子謂有事於敬, 此處那有敬意? 亦是借來做自己說. ▲[21) 【淳】

96:18 問: "▲[22]『易』何以言敬?" 曰: "伊川門[23]說得闊, 使人難曉." 曰: "下面云: '誠, 敬而已矣.' 恐是說天地間一箇實理如此." 曰: "就天地之間言之, 是實理, 就人身上言之, 惟敬, 然後見得心之實處流行不

---

15) ▲: 或
16) ▲: 要在腔子裏
17) 衮: 英祖刊本・賀本에서는 滾으로 되어 있다.
18) ▲: 李丈
19) 天: 徽州本에서는 이 앞에 程子曰이 더 들어 있다.
20) 心: 賀本에서는 必로 되어 있다.
21) ▲: 孟子所謂有事, 只是集義, 勿正, 是勿望氣之生. 義集, 則氣自然生. 我只集義, 不要等待氣之生. 若等待, 便辛苦, 便去助氣使他長了. 氣不至於浩然, 便作起令張旺, 謂己剛毅, 無所屈撓, 便要發揮去做事, 便是助長."
22) ▲: '〈天地設位, 而易行乎其中〉, 只是敬, 敬則無間斷.' 不知
23) 門: 賀本에서는 們으로 되어 있다.

息. 敬才間斷, 便不誠, 不誠便無物, 是息也."【德明】

96:19 問: "▲[24) 天地人只是一箇道理. 天地設位, 而變易之理不窮, 所以天地生生不息. 人亦全得此理, 只是氣稟物欲所昏, 故須持敬治之, 則本然之理, 自無間斷." 曰: "也是如此. 天地也似有箇主宰, 方始恁地變易, 便是天地底敬. 天理只是直上去, 更無四邊滲漏, 更無走作."【賀孫】

96:20 問: "▲[25) '〈敬以直內, 義以方外〉, ▲[26).' 如何▲[27)便謂之仁?" 曰: "亦是仁也. 若能到私欲淨盡, 天理流行處, 皆可謂之仁. 如'博學篤志, 切問近思', 能如是, 則仁亦在其中.【寓錄作: "便可爲仁."】如'克己復禮'亦是仁, '出門如見大賓, 使民如承大祭', 亦是仁, '居處恭, 執事敬, 與人忠', 亦是仁. 看從那路入. 但從一路入, 做到極處皆是仁."【淳 ○寓同.】

96:21 問"'不有躬, 無攸利.' 不立己後, 雖向好事, 猶爲化物. 不得以天下萬物撓己. 己立後, 自能了當得天下萬物." 曰: "下面是伊川解『易』上句, 後二句又是覆解此意, 在乎以立己爲先, 應事爲後. 今人平日講究所以治國·平天下之道, 而自家身己全未曾理會得. 若能理會自家身己, 雖與外事若茫然不相接, 然明德在這裏了, 新民只見成推將去."【賀孫】

96:22 ▲[28) "己不立, 則在我無主宰矣. 雖向好事, 亦只是見那事物好, 隨那事物去, 便是爲物所化."【淳】

---

24) ▲: '〈天地設位, 而易行乎其中〉, 只是敬也. 敬則無間斷.'
25) ▲: 程子曰:
26) ▲: 仁也
27) ▲: 以此
28) ▲: 問: "'不立己後, 雖向好事, 猶爲化物', 何也?" 曰:

96:23 問"主一." 曰: "做這一事, 且做一事, 做了這一事, 卻做這[29] 一事. 今人做這一事未了, 又要做那一事, 心下千頭萬緒."【節】

96:24 ▲[30] 主一只是主一, 不必更於主一上問道理. 如人喫飯, 喫了便飽, 卻問人: '如何是喫飯?' 先賢說得甚分明, 也只得恁地說, 在人自体[31]認取. 主一只是專一."【驤】[32]

96:25 ▲[33]程子論主一, ▲[34] 又要有用, 豈是守塊然之主一? 呂與叔問主一, 程子云: '只是專一.' 今欲主一, 而於事乃處置不下, 則與程子所言自不同."【可學】

96:26 或問[35]: "主一, 不是主一事. 如一日萬幾, 須要並應." 曰: "一日萬幾, 也無並應底道理, 須還他逐一件理會, 但只是聰明底人卻見得快."【端蒙】

96:27 主一兼動靜而言.

96:28 問"閑邪則固一矣, 主一則更不消言閑邪." 曰: "只是覺見邪在這裏, 要去閑他, 則這心便一了. 所以說道閑邪, 則固一矣, 既一則邪便自不能入, 更不消說又去閑邪. 恰如知得外面有賊, 今夜用須防他, 則便惺了, 既惺了, 不須更說防賊."【賀孫】

96:29 ▲[36] "主一似'持其志', 閑邪似'無暴其氣.' 閑邪只是要邪氣不

29) 這: 賀本에서는 那로 되어 있다.
30) ▲: 蜚卿問: "'主一', 如何用工?" 曰: "不當恁地問.
31) 体: 英祖刊本 · 賀本 · 徽州本에서는 體로 되어 있다.
32) 【驤】: 徽州本에서는 【道夫】로 되어 있다.
33) ▲: 厚之問: "或人專守主一." 曰: "主一亦是. 然
34) ▲: 卻不然,
35) 問: 『朱子語類』에서는 謂로 되어 있다.

得入, 主一則守之於內. 二者不可有偏, 此內外交相養之道也."【去僞】37)

96:30 ▲38)問"▲39): '未感時, ▲40)更怎生尋所寓? 只是有操而已.'" 曰: "這處難說, 只爭一毫子. 只是看來看去, 待自見得. 若未感時, 又更操這所寓, 便是有兩箇物事. 所以道'只有操而已.' 只操, 便是主宰在這裏. 如'克己復禮', 不是'克己復禮'三四箇字排在這裏. '克復'二字, 只是拖帶下面二字, 要排41)撥出天理人欲. 非禮勿視聽言動, 不是非禮是一箇物事, 禮又是一箇物事, 勿又是一箇物事. 只是勿, 便是箇主宰. 若恁地持守勿令走作, 也由他, 若不收斂, 一向放倒去, 也由他. 釋氏這處便說得驚天動地, 聖人只渾淪說在這裏, 教人自去看."【賀孫】

96:31 問: "▲42)'有主則虛', ▲43)'有主則實.'" 曰: "有主於中, 外邪不能入44), 便是虛, 有主於中, 理義甚實, 便是實."【淳】

96:32 ▲45) 自家心裏, 只有這箇爲主, 別無物事, 外邪從何處入? 豈不謂之虛乎? ▲46)"'有主則實'者, 自家心裏有主, 外患所不能入, 此非實而何? '無主則實'者, 自家心裏旣無以爲之主, 則外邪卻入來實其中, 此又安得不謂之實乎?"【道夫】

---

36) ▲: 或問"'閑邪'・'主一', 如何?" 曰:
37)【去僞】: 徽州本에서는【謨・去僞錄同.】으로 되어 있다.
38) ▲: 用之
39) ▲: 有言 *徽州本에서는 이 앞에 近思錄一條가 더 들어 있다.
40) ▲: 知何所寓?' 曰: '操則存, 舍則亡, 出入無時, 莫知其鄕.'
41) 排: 『朱子語類』에서는 挑로 되어 있다.
42) ▲: 程子謂
43) ▲: 又謂
44) 入: 徽州本에서는 이 뒤에 外邪不入이 더 들어 있다.
45) ▲: 外患不能入, 是"有主則實"也, 外邪不能入, 是"有主則虛"也.
46) ▲: 然他說 "有主則虛"者, "實"字便已在"有主"上了. 又曰:

96:33 "▲[47] 實則外患不能入", 此重在"主"字上, "▲[48], 虛則邪不能入", 重在"敬"字上. 言敬則自虛靜, 故邪不得而奸之也.【端蒙】

96:34 問: "'有主則實[49]', ▲[50]'有主則虛', 如何分別?" 曰: "只是有主於中, 外邪不能入. 自其有主於中言之, 則謂之'實', 自其外邪不入言之, 則謂之'虛.'" 又曰: "若無主於中, 則目之欲, 也從這裏入, 耳之欲, 也從這裏入, 鼻之欲, 也從這裏入. 大凡有所欲, 皆入這裏, 便滿了, 如何得虛?"【淳錄云: "'皆入這裏來, 這裏面便滿了.' 以手指心曰: '如何得虛?'"】 因舉林擇之作『主一銘』云: "'有主則虛', 神守其都, '無主則實', 鬼闞其室?" 又曰: "'有主則實', 旣言'有主', 便已是實了, 卻似多了一'實'字. ▲[51] 又曰: "程子旣言'有主則實', 又言'有主則虛', 此不可泥看. 須看大意各有不同, 始得. ▲[52]【寓】

96:35 ▲[53] 敬主於一, 做這件事更不做別事. 無適, 是▲[54]走作.【泳】

96:36 問: "▲[55] "思其所當思, 如何?" 曰: "卻不妨, 但不可胡思, 且只得思一件事. 如思此一事, 又別思一[56]事, 便不可."【銖】

96:37 "▲[57] 且如在這裏坐, 只在這裏坐, 莫思量出門前去, 在門前

---

47) ▲: 中有主則實,

48) ▲: 有主則虛,

49) 有主則實: 徽州本에서는 이 앞에 伊川先生言이 더 들어 있다.

50) ▲: 又曰

51) ▲: 看來這箇'實'字, 謂中有主則外物不能入矣."

52) ▲: 凡讀書, 則看他上下意是如何, 不可泥著一字. 如揚子言'於仁也柔 義也 仁也', 剛', 到『易』中言, 剛卻是仁, 柔卻是義. 又『論語』'學不厭, 知也, 教 到『中庸』又謂'成己, 仁也, 成物, 知也.' 各隨本文意看, 自不相礙

53) ▲: "主一之謂敬, 無適之謂一."

54) ▲: 不

55) ▲: 何謂'主一'?" 曰: "無適之謂一. 一, 只是不走作." 又問

56) 一: 賀本에서는 이 뒤에 件이 더 들어 있다.

立, 莫思量別處去. 聖人說: "不有博奕者乎? 爲之猶賢乎已." 博奕豈是好事? 與其營營膠擾, 不若但將此心殺在博奕上. 【驤】58)

96:38 問"▲59)讀書時只讀書, 著衣時只著衣. 理會一事時, 只理會一事, 了此一件, 又作一件, 此'主一無適'之義." 蜚卿曰: "某作事時, 多不能主一." 曰: "只是心不定. 人亦須是定其心." 曰: "非不欲主一, 然竟不能." 曰: "這箇須是習. 程子也教人習." 曰: "莫是氣質薄否?" 曰: "然. 亦須涵養本原, 則自然別." 【道夫】

96:39 "▲60)或者疑主一則滯, 滯則不能周流無窮矣. 道夫切61)謂, 主一則此心便存, 心存則物來順應, 何有乎滯?" 曰: "固是. 然所謂主一者, 何嘗滯於一事? 不主一, 則方理會此事, 而心留於彼, 這卻是滯於一隅." 又問: "以大綱言之, 有一人焉, 方應此事未畢, 而復有一事至, 則當如何62)?" 曰: "也須是做一件了, 又理會一件, 亦無雜然而應之理. 但甚不得已, 則權其輕重可也." 【道夫】

96:40 問: "伊川答蘇季明云: '求中於喜怒哀樂, 卻是已發.' 某觀延平亦謂'驗喜怒哀樂未發之前爲如何', 此說又似與季明同." 曰: "但欲見其如此耳. 然亦有病, 若不得其道, 則流於空. 故程子云: '今只道敬.'" ▲63) 【可學】

96:41 問: "▲64)先生『答呂子約書』, 以爲目之有見, 耳之有聞, 心之

---

7) ▲: 無適之謂一." 無適, 是箇不走作.
5 【驤】: 徽州本에서는 【道夫】로 되어 있다.
60; 主一無適." "只是莫走作. 且如
伊川云: '主一之謂敬, 無適之謂一.' 又曰: '人心常要活, 則周流無窮而不滯於
61) 切
62) 如刊本・成化本・賀本에서는 竊로 되어 있다.
63) ▲: 子語類』에서는 何如로 되어 있다.
64) ▲: 舊發・未發, 不合分作兩處, 故不許. 如『中庸』說, 固無害." 曰: "然."
所答蘇季明喜怒哀樂未發, 耳無聞・目無見之說, 亦不甚曉. 昨見

有知未發與目之有視, 耳之有聽, 心之有思已發不同, ▲65). 不知足之履, 手之持, 亦可分未發已發否?" 曰: "便是書不如此讀. 聖人只教你去喜怒哀樂上討未發已發, 卻何嘗教你去手持足履上分未發已發? 都不干事. 且如眼見一箇物事, 心裏愛, 便是已發, 便屬喜, 見箇物事惡之, 便屬怒. 若見箇物事心裏不喜不怒, 有何干涉?" ▲66) 【僩】

96:42 問: "蘇季明問, 靜坐時乃說未發之前, 伊川以祭祀'前旒・黈纊'答之. 據祭祀時, 恭敬之心, 向於神明, 此是已略發? 還只是未發?" 曰: "只是如此恭敬, 未有喜怒哀樂, 亦未有思, 喚做已發, 不得. 然前旒黈纊, 非謂全不見聞. 若全不見聞, 則薦奠有時而不知, 拜伏有時而不能起矣67)." 【淳 ○義剛同.】

96:43 ▲68) "此條記得極好, 只中間說'謂之無物則不可, 然靜中須有箇覺處', 此二句似反說. '無物'字, 恐當作'有物'字. 涵養於喜怒哀樂未發之前, 只是'戒慎乎其所不睹, 恐懼乎其所不聞', 全未有一箇動綻. 大綱且約住執持在這裏, 到慎獨處, 便是發了. '莫見乎隱, 莫顯乎微', 雖未大段69)發出, 便已有一毫一分見了, 便就這處分別從善去惡. '雖耳無聞, 目無見, ▲70) 目無見, 然須是常有箇主宰執持底在這裏, 始得. 不是一向放倒, 又不是一向空寂了." 問: "非禮勿視聽言動, 是此意否?" 曰: "此亦是有意了, 便是已發. 只是'敬而無失', 所以爲中. 大綱且執持在這裏. 下面說復卦, 便是說靜中有動, 不是如瞌睡底靜, 中間常自有箇主宰執持. 後又說艮卦, 又是說動中要靜. 復卦便是一箇大翻轉底艮卦, 艮卦便是兩箇翻轉底復卦. 復是五陰下一陽, 艮是二陰上一陽. 陽是動底物事, 陰是靜底物事. ▲71) 【賀孫】

---

65) ▲: 方曉然無疑
66) ▲: 或作: "一似閑, 如何謂之已發?"
67) 矣: 賀本에서는 也로 되어 있다.
68) ▲: 用之問"蘇季明問喜怒哀樂未發之前求中"一條. 曰:
69) 段: 賀本에서는 投로 되어 있다.
70) ▲: 然見聞之理在始得.' 雖是耳無聞,

96:44 問: "未發之前, 當戒愼恐懼, 提撕警覺, 則亦是知覺. 而伊川謂'旣有知覺, 卻是動', 何也?" 曰: "未發之前, 須常恁地醒, 不是瞑然不省. 若瞑然不省, 則道理何在? 成甚麽'大本'?" 曰: "常醒, 便是知覺否?" 曰: "固是知覺." 曰: "知覺便是動否?" 曰: "固是動." 曰: "何以謂之未發?" 曰: "未發之前, 不是瞑然不省, 怎生說做靜得? 然知覺雖是動, 不害其爲未動. 若喜怒哀樂, 則又別也." 曰: "恐此處知覺雖是動, 而喜怒哀樂卻未發否?" 先生首肯曰: "是. 下面說'復見天地之心', 說得好. 復一陽生, 豈不是動?" 曰: "一陽雖動, 然未發生萬物, 便是喜怒哀樂未發否?" 曰: "是."【淳】

96:45 ▲[72]

96:46 ▲[73]問靜中有知覺. 曰: "此是坤中不能無陽, 到動處卻是復. 只將十二卦排, 便見."【方子】

96:47 問: "▲[74] 所謂'靜中有物'者, 莫是喜怒哀樂雖未形, 而含喜怒哀樂之理否?" 曰: "喜怒哀樂乃是感物而有, 猶鏡中之影. 鏡未照物, 安得有影?" 曰[75]: "然則'靜中有物', 乃鏡中之光明?" 曰: "此卻說得近似. 但只是此類. 所謂'靜中有物'者, 只是知覺便是." 曰: "伊川卻云: '纔說知覺, 便是動.'" 曰: "此恐伊川說得太過. 若云知箇甚底, 覺箇甚

---

71) ▲: 凡陽在下, 便是震動意思, 在中, 便是陷在二陰之中, 如人陷在窟裏相似, 在上, 則沒去處了, 只得止, 故曰'艮其止.' 陰是柔媚底物事, 在下則巽順陰柔, 不能自立, 須附於陽, 在中, 則是附麗之象, 在上, 則說, 蓋柔媚之物, 在上則歡悅."

72) ▲: 問: "前日論'旣有知覺, 卻是動也', 某彼時一□□言句了. 及退而思, 大抵心本是箇活物, 無間於已發未發, 常恁地活. 伊川所謂'動'字, 只似'活'字. 其曰'怎生言靜', 而以『復』說證之, 只是明靜中不是寂然不省故爾. 不審是否?" 曰: "說得已是了. 但'寂'字未是. 寂, 含活意, 感則便動, 不只是昏然不省也."【淳】

73) ▲: 正淳

74) ▲: 蘇季明問喜怒哀樂未發之前, 下'動'字? 下'靜'字? 伊川曰: '謂之靜則可, 靜中須有物始得.'

75) 曰: 徽州本에서는 文蔚曰로 되어 있다.

底, 如知得寒, 覺得暖[76], 便是知覺一箇物事. 今未曾知覺甚事, 但有知覺在, 何妨其爲靜? 不成靜坐便只是瞌睡?"【文蔚】

96:48 問: "▲[77]靜中有物, ▲[78]莫是先生所謂'知覺不昧'之意否?" 曰: "此只是言靜時那道理自在, 卻不是塊然如死底物也."【端蒙】

96:49 "▲[79]聞見之理在, 卽是'靜中有物.'" 問: "敬莫是靜否?" 曰: "敬則自然靜, 不可將靜來喚做敬."【去僞】[80]

96:50 問: "▲[81] '靜[82]中▲[83]有物, ▲[84].' 此物云何?" 曰: "只太極也."【洽】

96:51 "▲[85] 而今學問, 只是要一箇專一. 若參禪修養, 亦皆是專一, 方有功. 修養家無底[86]事, 他硬想成有, 釋氏有底, 硬想成無, 只是專一. 然他底卻難, 自家道理本來卻是有, 只要人去理會得, 卻甚順, 卻甚易." 或問: "專一可以至誠敬否?" 曰: "誠與敬不同: 誠是實理, 是人前背[87]後都恁地, 做一件事直是做到十分, 便是誠. 若只做得兩三分, 說道今且謾恁地做, 恁地也得, 不恁地也得, 便是不誠. 敬是戒愼恐懼意." 又問: "恭與敬, 如何?" 曰: "恭是主容貌而言,【"貌曰恭." "手容恭."】

76) 暖: 賀本에서는 煖으로 되어 있다.
77) ▲: 程子云: '須是
78) ▲: 始得.' 此
79) ▲: '靜中有物'如何?" 曰: "有
80) 【去僞】: 徽州本에서는【謨・去僞錄同.】으로 되어 있다.
81) ▲: 伊川言:
82) 靜: 徽州本에서는 이 앞에 喜怒哀樂未發之前下靜字亦可然이 더 들어 있다.
83) ▲: 須
84) ▲: 始得
85) ▲: 蘇季明嘗患思慮不定, 或思一事未了, 他事如麻又生. 伊川曰: '不可. 此不誠之本也. 須是事事能專一時, 便好. 不拘思慮與應事, 皆要專一.'
86) 底: 徽州本에서는 이 뒤에 物이 더 들어 있다.
87) 背: 賀本에서는 輩로 되어 있다.

敬是主事而言."【"執事敬." "事思敬."】 問: "敬如何是主事而言?" 曰: "而今做一件事, 須是專心在上面, 方得. 不道是不好事. 而今若讀『論語』, 心又在『孟子』上, 如何理會得? 若做這一件事, 心又在那事, 求[88]做不得." 又曰: "敬是畏底意思." 又曰: "敬是就心上說, 恭是對人而言." 又曰: "若有事時, 則此心便卽專在這一事上, 無事, 則此心湛然." 又曰: "恭是謹, 敬是畏, 莊是嚴. '嚴威儼恪, 非所以事親', 是莊於這處使不得. 若以臨下, 則須是莊. '臨之以莊, 則敬.' '不莊以涖之, 則民不敬.'"【賀孫】

96:52 問: "'以心使心', 此句有病否?" 曰: "無病. 其意只要此心有所主宰."【燾】

96:53 問: "'以心使心', 如何?" 曰: "平使之. 今人都由心, 則是妄使矣."【恐有誤字. ○可學】

96:54 ▲[89] 問▲[90] 把捉不定, 則爲私欲所亂, ▲[91], ▲[92]其德亡矣." 曰: "如公所言, 則是把捉不定, 故謂之不仁. 今此但曰'皆是不仁', 乃是言惟其不仁, 所以致把捉不定也."【端蒙】

96:55 "▲[93] 言發於心, 心定則言必審, 故的確而舒遲, 不定則內必分[94]擾, 有不待思而發, 故淺易而急迫. 此亦志動氣之驗也.【直卿. ○端蒙】

96:56 ▲[95]明道一日曰: "諸公在此, 只是學某說話, 何不去力行?"

---

88) 求: 孝宗刊本・成化本・賀本에서는 永으로 되어 있다.
89) ▲: "大率把捉不定, 皆是不仁."
90) ▲: 曰: "心之本體, 湛然虛明, 無一毫私欲之累, 則心德未嘗不存矣.
91) ▲: 是心外馳
92) ▲: 而
93) ▲: 心定者, 其言重以舒"兩句.
94) 分: 『朱子語類』에서는 紛으로 되어 있다.

▲[96] "無可行時, 且去靜坐." 蓋靜坐時, 便涵養得本原稍定, 雖是不免逐物, 及自覺而收斂歸來, 也有箇著落. 譬如人出外去, 才歸家時, 便自有箇著身處. 若是不曾存養得箇本原, 茫茫然逐物在外, 便要收斂歸來, 也無箇著身處也.【廣】

96:57 "伊川見人靜坐, 如何便歎其善學?" 曰: "這卻是一箇總要處."

96:58 ▲[97]尖物元不曾刺人, 他眼病只管見尖物來刺人耳. 伊川又一處說此稍詳. 有人眼病, 嘗見獅子. 伊川敎他見獅子則捉來. 其人一面去捉, 捉來捉去, 捉不著, 遂不見獅子了."【寓 ○第[98]五卷.】

96:59 ▲[99] "那箇本不能害人, 心下要恁地懼, 且習敎不如此妄怕." 問: "習在危堦[100]上行底, 亦此意否?" 曰: "那箇卻分明是危, 只敎習敎不怕著." 問: "習得不怕, 少間到危疑之際, 心亦不動否?" 曰: "是如此."【胡泳】

96:60 ▲[101] '〈舍己從人〉, ▲[102]痛舍之, ▲[103]曰: "此程子爲學者言之. 若聖人分上, 則不如此也. '無適也, 無莫也, 義之與比.' 曰'痛舍', 則大段費力矣."【廣】

96:61 問: "'飢食渴飮, 冬裘夏葛', 何以謂之'天職'?" 曰: "這是天敎我

95) ▲: 明道在扶溝時, 謝游諸公皆在彼問學.
96) ▲: 二公云: "某等無可行者." 明道曰:
97) ▲: 安卿問: "伊川言: '目畏尖物, 此理須克去. 室中率置尖物, 必不刺人.' 此是如何?" 曰: "疑病每如此.
98) 第: 徽州本에서는 이 앞에 陳淳錄同以下가 더 들어 있다.
99) ▲: 問: "前輩說治懼, 室中率置尖物." 曰:
100) 堦: 賀本·徽州本에서는 階로 되어 있다.
101) ▲: 或問: "程子有言:
102) ▲: 最爲難事. 己者, 我之所有, 雖
103) ▲: 猶懼守己者固, 而從人者輕也.' 此說發明得好."

如此. 飢便食, 渴便飮, ▲[104] 何曾教我窮口腹之欲?" 【淳】

96:62 問: "取甥女歸嫁一段, 與前孤孀不可再嫁相反, 何也?" 曰: "大綱恁地, 但人亦有不能盡者." 【淳 ○第六卷.】

96:63 問: "程子曰'義安處便爲利', 只是當然而然, 便安否?" 曰: "是. 也只萬物各得其分, 便是利. 君得其爲君, 臣得其爲臣, 父得其爲父, 子得其爲子, 何利如之? 此'利'字, 卽易所謂'利者義之和', 利便是義之和處. 然那句解得不似此語卻親切, 正好去解那句. 義初似不和而卻和. 截然不可犯, 似不和, 分別後, 萬物各得其所, 便是和. 不和生於不義, 義則和而無不利矣." 【淳 ○寓錄云: "義則無不和, 和則無不利矣." ○第七卷.】

96:64 程子曰: "爲政須要有綱紀文章, ▲[105]." 所謂文章者, 便是文節[106]那謹權審量·讀法平價之類耳. 【僩 ○第[107]八卷.】

96:65 問: "'必有『關雎』·『獜[108]趾』之意, 然後可以行『周官』之法度[109]', 只是要得誠意素孚否?" 曰: "須是自閨門衽席之微, 積累到熏[110]蒸洋溢, 天下無一民一物不被其化, 然後可以行周官之法度. 不然, 則爲王莽矣? 揚雄不曾說到此. 後世論治, 皆欠此一意." 【淳】

96:66 問: "'介甫言律'一條, 何意也?" 曰: "伯恭以凡事皆具, 惟律不說, 偶有此條, 遂謾載之." 【淳 ○第九卷.[111]】

---

104) ▲: 只得順他. 窮口腹之欲, 便不是. 蓋天只教我飢則食, 渴則飮,
105) ▲: 謹權審量, 讀法平價, 皆不可闕
106) 節: 『朱子語類』에서는 飾으로 되어 있다.
107) 第: 徽州本에서는 이 앞에 以下가 더 들어 있다.
108) 獜: 『朱子語類』에서는 麟으로 되어 있다.
109) 度: 徽州本에서는 이 뒤에 何也가 더 들어 있다.
110) 熏: 賀本에서는 薰으로 되어 있다.

96:67 "律是八分書", 言八分方是.【方子】

96:68 "律是八分書", 是欠些敎化處.【必大】

96:69 "不[112]安今之法令", 謂在下位者.【閎祖 ○第十卷.】

96:70 ▲[113]問: "▲[114] 如何是從容就義?" 曰: "從容, 謂徐徐. 但義理不精, 則思之再三, 或汩於利害, 卻悔了, 此所以爲難." 曰: "管仲如何?" 曰: "管仲自是不死, 不問子糾正不正."【可學】

96:71 ▲[115]問: "伊川不答溫公給事中事, 如何?" 曰: "自是不容預. 如兩人有公事在官, 爲守令者來問, 自不當答. 問者已是失." 曰: "此莫是避嫌否?" 曰: "不然. 本原已不是, 與避嫌異."【可學】

96:72 遊定夫編明道語[116], 言釋氏"有'敬以直內', 無'義以方外.'" 呂與叔編則曰: "有'敬以直內', 無'義以方外', 則與直內底也不是." 又曰: "'敬以直內', 所以'義以方外'也." 又曰: "遊定夫晚年亦學禪."【節 ○第十三卷.】

96:73 問: "佛家如何有'敬以直內'?" 曰: "他有箇覺察, 可以'敬以直內', 然與吾儒亦不同. 他本是箇不耐煩底人, 故盡欲掃去. 吾儒便有是有, 無是無, 於應事接物只要處得是."【榦】

96:74 問"顏子春生, 孟子幷秋殺盡見." 曰: "仲尼無不包, 顏子方露

111) ○第九卷: 徽州本에는 없다.
112) 不: 徽州本에서는 이 앞에 『近思錄』이 더 들어 있다.
113) ▲: 厚之
114) ▲: '感慨殺身者易, 從容就義爲難',
115) ▲: 厚之
116) 語: 徽州本에서는 이 뒤에 錄이 더 들어 있다.

出春生之意, 如'無伐善, 無施勞'是也. 使此更不露, 便是孔子. 孟子便如秋殺, 都發出來, 露其才. 如所謂英氣, 是發用處都見也." 又曰: "明道下二句便是解上三句, 獨'時焉而已', 難曉."【伯羽 ○第[117]十四卷.】

96:75 ▲[118]時焉而已." 直卿云: "或曰, 非常[119]如此, 蓋時出之耳. 或曰, 戰國之習俗如此. 或曰, 世衰道微, 孟子不得已焉耳. 三者孰是?" 曰: "恐只是習俗之說較穩. 大抵自堯·舜以來至於本朝, 一代各自是一樣, 氣象不同."【伯羽】

96:76 ▲[120]

96:77 論大成從祀, 因問: "伊川於毛公, 不知何所主而取之?" 曰: "程子不知何所見而然. 嘗考之『詩傳』, 其緊要處有數處. 如『關雎』所謂'夫婦有別, 則父子親, 父子有親, 則君臣敬, 君臣敬, 則朝廷正, 朝廷正, 則王化成.' 要之, 亦不多見. 只是其氣象大概好." 問: "退之一文士耳, 何以從祀?" 曰: "有闢佛老之功." 曰: "如程子取其「原道」一篇, 蓋嘗讀之, 只打頭三句便也未穩." 曰: "且言其大概耳. 便如董仲舒, 也則有疏處." 蜚卿曰: "伊川謂『西銘』乃「原道」之祖, 如何?" 曰: "『西銘』更從上面說來. 「原道」言'率性之謂道', 『西銘』連'天命之謂性'說了." 道夫問: "如他說'定名'·'虛位'如何?" 曰: "後人多譏議之. 但某嘗謂, 便如此說也無害. 蓋此仁也, 此義也, 便是定名, 此仁之道, 仁之德, 此義之道, 義之德, 則道德是總名, 乃虛位也. 且須知他此語爲老子設, 方得. 蓋老子謂'失道而後德, 失德而後仁, 失仁而後義, 失義而後禮, 失禮而後智', 所以「原道」後面又云: '吾之所謂道德, 合仁與

---

117) 第: 徽州本에서는 이 앞에 以下가 더 들어 있다.

118) ▲: 問"孟子則露其才, 蓋以

119) 常: 賀本에서는 當으로 되어 있다.

120) ▲: 問: "'孟子露其才, 蓋亦時然而已.' 豈孟子亦有戰國之習否?" 曰: "亦是戰國之習. 如三代人物, 自是一般氣象, 『左傳』所載春秋人物, 又是一般氣象, 戰國人物, 又是一般氣象."【淳】

義言之也.' 須先知得他爲老子設, 方看得." 曰: "如他謂'軻之死, 不得其傳', 程子以爲非見得眞實, 不能出此語, 而屛山以爲'孤聖道, 絶後學', 何如[121]?" 先生笑曰: "屛山只要說釋子道流皆得其傳耳." 又問: "如『十論』之作, 於夫子全以死生爲言, 似以此爲大事了." 久之, 乃曰: "他本是釋學, 但只是翻謄出來, ▲[122]許多話耳."【道夫】

96:78 問: "'諸葛亮有儒者氣象', 如何?" 曰: "孔明學不甚正, 但資質好, 有正大氣象." 問: "取劉璋一事如何?" 曰: "此卻不是." 又問: "孔明何故不能一天下?" 曰: "人謂曹操父子爲漢賊, 以某觀之, 孫權眞漢賊耳. 先主孔明正做得好時, 被孫權來戰兩陣, 到這裏便難向前了. 權又結托曹氏父子. 權之爲人, 正如偸去劉氏一物, 知劉氏之興, 必未[123]取此物, 不若結托曹氏, 以賊托賊. 使曹氏勝, 我不害守得一隅, 曹氏亡, 則吾亦初無利害."【煇】[124]

96:79 "『遺書』第一卷言韓愈近世豪傑, 揚子雲豈得如愈? 第六卷則曰: '揚子之學實, 韓子之學華, 華則涉道淺.' 二說取予, 似相牴牾." 曰: "只以言性論之, 則揚子'善惡混'之說, 所見僅足以比告子. 若退之見得到處, 卻甚峻絶. 性分三品, 正是說氣質之性. 至程門說破'氣'字, 方有去着. 此退之所以不易及, 而第二說未得其實也."【謨】

96:80 自古罕有人說得端的, 惟退之『原道』庶幾近之, 卻說見大體. 程子謂"能作許大識見尋求", 眞箇如此. 他資才甚高, 然那時更無人制服他, 便做大了, 謂"世無孔子, 不當在弟子之列." 文中子不曾有說見道體處, 只就外面硬生許多話, 硬將古今事變來壓[125]捺說或笑, 似

121) 何如: 賀本에서는 如何로 되어 있다.
122) ▲: 說
123) 未: 『朱子語類』에서는 來로 되어 있다.【附箋紙】"未", 本作"來."
124)【煇】: 徽州本에서는【晦夫】로 되어 있다.
125) 壓: 賀本에서는 厭으로 되어 있다.

『太公家教』.【淳】

96:81「明道行狀」說孝弟禮樂處, 上兩句說心, 下兩句說用[126).【可學】

96:82 問: "'盡性至命, 必本於孝弟.' 盡性至命是聖人事, 然必從孝弟做起否?" 曰: "固是." 又問: "伊川說: '就孝弟中, 便可盡性至命. 今時非無孝弟人, 而不能盡性至命者, 由之而不知也.' 謂卽孝弟便可至命, 看來孝弟上面更有幾多事, 如何只是孝弟便至命?" 曰: "知得這孝弟之理, 便是盡性至命, 也只如此. 若是做時, 須是從孝弟上推將去, 方始知得性命. 如'孝弟爲仁之本', 不成孝弟便是仁了? 但是爲仁自孝弟始. 若是聖人, 如舜之孝, 王季之友, 便是盡性至命事." 又問: "程子以窮理·盡性·至命爲一事, 横渠以爲不然." 曰: "若是學者, 便須節節做去, 若是聖人, 便只是一事. 二先生說, 須逐箇看." 問: "'季路問鬼神'章, 先生意亦如此. 蓋幽明始終, 固無二理. 然旣是人, 便與神自是各一箇道理, 旣是生, 便與死各自一箇道理, 所以程先生云'一而二, 二而一也.'" 曰: "他已說出, 但人不去看. 有王某者, 便罵'學不躐等'之說, 說只是一箇道理. 看來他卻只見箇'一'字, 不見箇'二'字. 又有說判然是兩物底, 似又見箇'二'字, 不見箇'一'字. 且看孔子以'未能'對'焉能'說, 便是有次第了."【夔孫】

96:83 問: "周子窗前草不除去, 云: '與自家意思一般.' 此是取其生生自得之意邪? 抑於生物中欲觀天理流行處邪?" 曰: "此不要解. 到[127] 那田地, 自理會得. 須看自家意思與▲[128]草底意思如何是一般?"【淳▲[129]】

---

126) 用: 徽州本에서는 이 뒤에 古不必驗. 今人橫渠欲置田驗井田, 故云爾. 橫渠說話, 多有如此處가 더 들어 있다.

127) 到: 賀本에서는 得으로 되어 있다.

128) ▲: 那

129) ▲: ○道夫錄云: "難言. 須是自家到那地位, 方看得. 要須見得那草與自家意思一般處."

96:84 問: “周子窗前草不除▲130).” 曰: “他▲131)只是偶然見與自家意思相契.” 又問: “橫渠驢鳴, 是天機自動意思?” 曰: “固是. 但也是偶然見他如此. 如謂草與自家意一般, 木葉便不與自家意思一般乎? 如驢鳴與自家呼喚一般, 馬鳴▲132)便不與自家一般乎?” 問: “程子‘觀天地生物氣象’, 也是如此?” 曰: “他也只是偶然見如此, 便說出來示人. 而今不成只管去守看生物氣象?” 問: “‘觀雞雛可以觀仁’, 此則須有意, 謂是生意初發見處?” 曰: “只是爲他皮殼尙薄, 可觀. 大雞非不可以觀仁, 但爲他皮殼麤133)了.” 【夔孫】

96:85 必大134)曰: “‘子厚聞皇子生, 喜甚, 見餓135)殍136), ▲137)便不美’, 昔138)正淳嘗云: ‘與人同休戚.’ 陸子壽曰: ‘此主張題目耳.’” 先生問: “曾致思否?” 對曰: “皆是均氣同體, 惟在我者至公無私, 故能無間斷而與之同休戚也.” 曰: “固是如此, 然亦只說得一截. 如此說時, 眞是主張題目, 實不曾識得. 今土木何嘗有私? 然與他物不相管. 人則元有此心, 故至公無私, 便都管攝之無間斷也.” 【必大】 139)

---

130) ▲: 去, 卽是謂生意與自家一般
131) ▲: 也
132) ▲: 卻
133) 麤: 賀本・成化本에서는 粗로 되어 있다.
134) 必大: 徽州本에서는 伯豊曰로 되어 있다.
135) 餓: 賀本에서는 飢로 되어 있다.
136) 殍: 【附箋紙】 “殍”下, 恐落“食”字.
137) ▲: 食
138) 昔: 賀本에서는 者로 되어 있다.
139) 【必大】: 徽州本에서는 【伯豊】 으로 되어 있다.

『朱子語類』 卷第九十七

「程子之書三」【此卷係『遺書』中非入『近思』與四書等注者, 以類而從, 別[1]爲一卷. 『文集』附.】

97:1 或問: "尹和靖言看『語錄』, 伊川云: '某在, 何必看此?' 此語如何?" 曰: "伊川在, 便不必看, 伊川不在了, 如何不看?"【蓋卿錄云: "若伊川不在, 則何可不讀?"】 只是門人所編, 各隨所見淺深, 卻要自家分別它是非. 前輩有言不必觀『語錄』, 只看『易傳』等書自好. 天下亦無恁地道理, 如此, 則只當讀六經, 不當看『論』·『孟』矣? 天下事無高無下, 無小無大, 若切己下功[2]夫, 件件是自家底, 若不下工夫, 擇書來看亦無益." 先生又言: "『語錄』是雜載. 只如閑說一件話, 偶然引上經史上, 便把來編了, 明日人又隨上面去看. 直是有學力, 方能分曉."【謙 ○以下論『語錄』.】

97:2 問: "『遺書』中有十餘段說佛處, 似皆云形上·直內與聖人同, 卻有一兩處云: '要之, 其直內者亦自不是.' 此語見得甚分明. 不知其它所載, 莫是傳錄之差?" 曰: "固是. 纔經李端伯·呂與叔·劉質夫記, 便眞, 至游定夫, 便錯. 可惜端伯·與叔·質夫早喪? 使此三人者在, 於程門之道, 必有發明." 可學謂: "此事所係非輕, 先生盍作一段文字爲辨明之?" 曰: "須待爲之." 因說: "芮國器嘗云: '天下無二道, 聖人無兩心, 如何要排佛?'" 曰: "只爲無二道, 故著不得它. 佛法只是作一無頭話相欺誑, 故且恁地過, 若分明說出, 便窮."【可學】

---

1) 別: 賀本에는 없다.
2) 功: 『朱子語類』에서는 工으로 되어 있다.

97:3 記錄言語難, 故程子謂: "若不得某之心, 則是記得它底意思. 今『遺書』, 某所以各存所記人之姓名者, 蓋欲人辨識得耳." 今觀上蔡所記, 則十分中自有三分以上是上蔡意思了, 故其所記多有激揚發越之意, 游氏所說則有溫純不決之意, 李端伯所記則平正, 質夫所記雖簡約, 然甚明切. 看得來劉質夫那人煞高, 惜乎不壽?【廣】

97:4 伊川語, 各隨學者意所錄. 不應一人之說其不同如此: 游錄語慢, 上蔡語險, 劉質夫語簡, 永嘉諸公語絮.【振】

97:5 李端伯『語錄』宏肆, 劉質夫語記其髓.【方】[3)]

97:6 ▲[4)]問侯先生『語錄』異同▲[5)]. 曰: "侯氏之說多未通. 胡先生嘗薦之羅[6)].【他錄作"楊."】 後延平先生與相會, 頗謂胡先生稱之過當. 因言其人輕躁不定, 羅先生雖以凜然嚴毅之容與相待, 度其頗難之. 但云, 其游程門之久, 甚能言程門之事. 然於道理未有所見, 故其說前後相反, 沒理會. 有『與龜山』一書."【賀孫】

97:7 張思叔『語錄』多作文, 故有失其本意處, 不若只錄語錄爲善.【方子】

97:8 ▲[7)]問明道說話. 曰: "最難看. 須是輕輕地挨傍它, 描摸它意思, 方得. 若將來解, 解不得. 須是看得道理大段熟, 方可看."【節】

97:9 ▲[8)] "『遺書』錄明道語, 多有只載古人全句, 不添一字底. 如曰

---

3) 【方】: 賀本에서는 【方子】로 되어 있다.
4) ▲: 坐客有
5) ▲: 者
6) 羅: 徽州本에서는 이 뒤에 先生이 더 들어 있다.
7) ▲: 楊志仁
8) ▲: 先生問: "近來全無所問, 是在此做甚工夫?" 義剛對: "數日偶看『遺書』數版入

'思無邪', 如曰'聖人以此齋戒, 以神明其德夫'? 皆是. 亦有重出者, 是當時舉此句教人去思量.' ▲9) 【義剛】10)

97:10 胡明仲文伊川之語而成書, 凡五日而畢. 世傳『河南夫子書』, 乃其略也. 【方】

97:11 問: "欲取『程氏遺書』中緊要言語, 分爲門類, 作一處看, 庶得前後言語互相發明, 易於融會. 如何?" 曰: "若編得也好. 只恐言仁處或說着義, 言性處或說着命, 難入類耳." 【浩】

97:12 學者宜先看『遺書』, 次看尹和靖文字, 後乃看上蔡文字, 以發光彩, 且已不迷11)其說也. 【季通語. ○方】

97:13 伊川說12)尹曰: "夫子沒而微言絶, 異端起而大義乖. 不知數十年後, 人將謂我是何如人." 【似13)說怪異模樣.】

○14) 又, 三『錄』中說, 且得它見得不錯, 已是好. 【所以楊・謝如此. ○方】

心, 遂乘興看數日." 先生曰:

9) ▲: 先生語至此, 整容而誦"聖人以此齋戒, 以神明其德夫"? 曰: "便是聖人也要神明. 這箇本是一箇靈聖底物事, 自家齋戒, 便會靈聖, 不齋戒, 便不靈聖. 古人所以七日戒, 三日齋." 胡叔器曰: "齋戒只是敬." 曰: "固是敬, 但齋較謹於戒. 湛然純一之謂齋, 肅然警惕之謂戒. 到湛然純一時, 那肅然警惕也無了."

10) 【義剛】: 徽州本에서는 이 뒤에 按陳淳錄同而略. 今時云, 『遺書』錄明道語多有只載古人全句, 不添一句. 如曰思無邪, 曰齊戒以神明其德之類. 亦有重出者, 是當時擧此數句教人思量. 今觀齊戒以神明其德, 這個本是一個靈聖底物. 自家齊戒, 便會靈聖, 不齊戒, 便不靈聖, 古人所以七日戒, 三日齊. 湛然純一之謂齊, 肅然警惕之謂戒, 到齊時, 又不用那肅然警惕底意了가 더 들어 있다.

11) 迷: 賀本에서는 迹로 되어 있다.

12) 說: 賀本에서는 語로 되어 있다.

13) 似: 成化本・賀本에서는 作으로 되어 있다.

14) ○: 『朱子語類』의 97:13을 『小分』에서 별도의 항목으로 나누었다.

97:14 "改文字自是難. 有時意思或不好, 便把來改, 待得再看, 又反不如前底. 是以此見皆在此心如何, 纔昏便不得. 或有所遷就, 或有所回避, 或先有所主張, 隨其意之所重, 義理便差了." 器之問: "程子語有何疑處?" 曰: "此等恐錄得差, 或恐是一時有箇意思說出, 或是未定之論. 今最[15]怕把人未定之論便喚做是, 也是切害. 如今言語最是難得一一恰好. 或有一時意思見得是如此, 它日所見或未必然. 惟聖人說出, 句句字字都恰好. 這只是這箇心, 只是聖人之心平一."【賀孫】

97:15 記錄言語有不同處. 如伊川江行事, 有二處載: 一本云: "伊川自涪陵舟行遇風, 舟人皆懼, 惟伊川不動. 岸上有負薪者, 遙謂之曰: '達後如此, 捨後如此.' 伊川欲答之, 而舟去已遠矣." 一本謂: "既至岸, 或問其故. 伊川曰: '心存誠敬爾.' 或曰: '心存誠敬, 曷若無心?' 伊川欲與之言, 已忽不見矣." 某嘗謂, 前說不然. 蓋風濤洶湧之除[16], 負薪者何以見其不懼? 而語言又何以相聞邪? "孰若無心"之說, 謂隱者既言, 則趨而辟之, 可也. 謂其忽然不見, 則若鬼物然, 必不然矣. 又況達之與捨, 只是一事, 安得有分明[17]邪?【人傑】

97:16 "論日之行, '到寅, 寅上光, 到卯, 卯上光.' '電是陰陽相軋, 如以石相磨而火生.' '長安西風而雨.' '因食韭, 言天地間寒暖[18]有先後.' '或傳京師少雷, 恐是地有高下.' '霹靂震死, 是惡氣相擊搏.' 凡此數條者, 果皆有此理否?" 曰: "此皆一時談論所及, 學者記錄如此. 要之, 天地陰陽變化之機, 日月星辰運行之度, 各有成說, 而未可以立談判也. 康節[19]詩有'思入風雲變化[20]中'之語. 前輩窮理, 何事不極其至? 今所疑數條, 其間必自有說. 且'洊雷震, 君子以恐懼修省.' 聖人垂訓如此,

---

15) 最: 賀本에서는 且로 되어 있다.
16) 除: 『朱子語類』에서는 際로 되어 있다.【附箋紙】"除", 恐"際"之誤.
17) 明: 『朱子語類』에서는 別로 되어 있다.【附箋紙】"明", 恐"別"之誤.
18) 暖: 賀本에서는 爛으로 되어 있다.
19) 康節: 賀本에서는 明道로 되어 있다.
20) 化: 賀本에서는 態로 되어 있다.

則霹靂震死等事, 理之所有, 不可以爲無也."【謨 ○以下天地性理.】

97:17 "伊川云: '測景以三萬里爲準, 若有窮然. 有至一邊已及一萬五千里者, 而天地之運蓋如初也.' 此言蓋誤. 所謂'升降一萬五千里中'者, 謂冬夏日行南陸北陸之間, 相去一萬五千里耳, 非謂周天只三萬里."【閎祖】

97:18 『程[21]氏遺書』一段說日月處, 諸本皆云: "不如三焦說周回而行." 不曉其義. 後見一本云: "不如舊說周回而行." 乃傳寫之誤.【雉】

97:19 "十五卷: '必有無種之人, 生於海島.' 十八卷: '太古之時, 人有牛首蛇身.' '金山得龍卵, 龍湧水入寺, 取卵而去.' '涪州見村民化虎.' 此數者[22], 皆記錄者之誕." 曰: "以太極之旨而論氣化之事, 則厥初生民, 何種之有? 此言海島無人之處, 必有無種之人, 不足多怪也. 龍亦是天地間所有之物, 有此物則有此理, 取卵而去, 容或有之. 村民化虎, 其說可疑. 或恐此人氣惡如虎, 它有所感召, 未足深較也."【謨】

97:20 問: "『遺書』中有數段, 皆云人與物共有此理, 只是氣昏推不得, 此莫只是大綱言其本同出? 若論其得此理, 莫已不同?" 曰: "同." 曰: "旣同, 則所以分人物之性者, 卻是於通塞上別. 如人雖氣稟異而終可同, 物則終不可同. 然則謂之理同則可, 謂之性同則不可." 曰: "固然. 但隨其光明發見處可見, 如螻蟻君臣之類. 但其稟形旣別, 則無復與人通之理. 如獼猴形與人略似, 則便有能解, 野狐能人立, 故能爲怪, 如猪則極昏. 如草木之類, 荔枝牡丹乃發出許多精英, 此最難曉."【可學】

97:21 伊川說海漚一段, 與橫渠冰水[23]說不爭多.【可學】

---

21) 程: 徽州本에서는 이 앞에 先生曰今이 더 들어 있다.
22) 者: 『朱子語類』에서는 條로 되어 있다.

97:22 問: "程子說性一條云: '學者須要識得仁體. 若知見得, 便須立誠敬以存之.' 是如何?" 曰: "公看此段要緊是那句?" 曰: "是'誠敬'二字上." 曰: "便是公不會看文字. 它說要識仁, 要知見得, 方說到誠敬. 末云: '吾之心, 卽天地之心, 吾之理, 卽萬物之理, 一日之運, 卽一歲之運.' 這幾句說得甚好. 人也會解得, 只是未必實見得. 向編『近思錄』, 欲收此段, 伯恭以爲怕人曉不得, 錯認了. 程先生又說: '性卽理也', 更說得親切." 曰: "佛氏所以得罪於聖人, 止緣它只知有一身, 而不知有天地萬物." 曰: "如今人又忒煞不就自身己理會." 又問: "'性卽理', 何如?" 曰: "物物皆有性, 便皆有其理." 曰: "枯槁之物, 亦有理乎?" 曰: "不論枯槁, 它本來都有道理." 因指案上花瓶云: "花瓶便有花瓶底道理, 書燈便有書燈底道理. 水之潤下, 火之炎上, 金之從革, 木之曲直, 土之稼穡, 一一都有性, 都有理. 人若用之, 又着順它理, 始得. 若把金來削做木用, 把木來鎔做金用, 便無此理." 曰: "'『西銘』之意, 與物同體', 體莫是仁否?" 曰: "固是如此. 然怎生見得意思是如此? 與物同體固是仁, 只便把與物同體做仁不得. 恁地, 只說得箇仁之軀殼. 須實見得, 方說得親切. 如一椀燈, 初不識之, 只見人說如何是燈光, 只恁地摶摸, 只是不親切. 只是便把光做燈, 不得."【賀孫】

97:23 明道言"學者須先識仁"一段, 說話極好. 只是說得太廣, 學者難入.【人傑】

97:24 問: "一段說性命, 下卻云'見於事業之謂理.' '理'字不甚切." 曰: "意謂理有善有惡, 但不甚安." 良久, 又曰: "上兩句正是'天命之謂性', 下一句是'率性之謂道.' 『中庸』是就天性上言, 此是就事物上言, 亦無害."【可學】

97:25 呂與叔謂養氣可以爲養心之助. 程先生以爲不然, 養心只是

---

23) 冰水: 英祖刊本에서는 水水로 되어 있고, 成化本·賀本에서는 水冰으로 되어 있고, 徽州本에서는 冰水로 되어 있다.

養心, 又何必助? 如爲孝只是爲孝, 又何必以一事助之? 某看得來, 又不止此. 蓋才養氣, 則其心便在氣上了, 此所以爲不可也.【廣】

97:26 呂與叔言養氣可以爲養心之助, 程先生大以爲不然. 某初亦疑之, 近春來方信. 心死在養氣上, 氣雖得其養, 卻不是養心了.【方子】

97:27 問: "▲[24]養氣莫亦不妨? 只是認此爲道, 卻不是." 曰: "然." 又問: "一處說及平日思慮, 如何?" 曰: "此處正是微涉於道, 故正之."【可學】

97:28 "『遺書』論命處, 注云: '聖人非不知命, 然於人事不得不盡.' 如何?" 曰: "人固有命, 只是不可不'順受其正', 如'知命者不立乎巖牆之下'是也[25]. 若謂其有命, 卻去巖牆之下立, 萬一倒覆壓處, 卻是專言命不得. 人事盡處便是命."【去僞】[26]

97:29 問: "'觀雞雛, 此可觀仁', 何也?" 曰: "凡物皆可觀, 此偶見雞雛而言耳."【小小之物, 生理悉具. ○必大[27]】

97:30 ▲[28]

97:31 問: "『遺書』謂切脈可以體仁, 莫是心誠求之之意否?" 曰: "還

---

24) ▲: 呂與叔有養氣之說, 伊川有數處皆不予之.
25) 也: 賀本에는 없다.
26)【去僞】: 徽州本에서는【謨・去僞錄同.】으로 되어 있다.
27) 必大: 徽州本에서는 伯豐으로 되어 있다.
28) ▲: 仲思問: "『遺書』云, 看雞雛可以觀仁, 如何?" 曰: "旣通道理後, 這般箇久久自知之. 『記』曰: '善問者如攻堅木, 先其易者, 後其難者.' 所以游先生問'陰陽不測之謂神', 而程子問之曰: '公是揀難底問? 是疑後問?' 故昨日與公說, 讀書, 須看一句後, 又看一句, 讀一章後, 又讀一章. 格物, 須格一物後, 又格一物. 見這箇物事道理旣多, 則難者道理自然識得."【驤】

是切脈底是仁? 那脈是仁?" 曰: "切脈是仁." 曰: "若如此, 則當切脈時, 又用着箇意思去體仁." 復問蜚卿曰: "仲思所說如何?" 曰: "以伯羽觀之, 恐是觀雞雛之意." 曰: "如何?" 曰: "雞雛便是仁也." 曰: "切脈體仁又如何?" 曰: "脈是那血氣周流, 切脈則便可以見仁." 曰: "然. 恐只是恁地. 脈理貫通乎一身, 仁之理亦是恁地." 又問: "雞雛如何是仁?" 道夫曰: "先生嘗謂初與嫩底便是." 曰: "如此看, 較分明. 蓋當是時飲啄自如, 未有所謂爭鬬侵陵之患者, 只此便是仁也." 【道夫】

97:32 ▲[29]問: "'仁則一, 不仁則二', ▲[30]" 曰: "仁則公, 公則通, 天下只是一箇道理. 不仁則是私意, 故變詐百出而不一也." 【時學】

97:33 問: "和靜[31]『語錄』中有兩段言仁: 一云: '某謂仁者公而已. 伊川曰: 〈何謂也?〉 曰: 〈能好人, 能惡人〉. 伊川曰: 〈善涵養〉.' 又云: '某以仁, 惟公可盡之.' 伊川曰: '思而至此, 學者所難及也. 天心所以至仁者, 惟公耳. 人能至公, 便是仁.'" 先生曰: "'人能至公, 便是仁', 此▲[32]未安. 然和靜[33]言仁, 所見如此." 問: "伊川何不以一二語告之?" 曰: "未知其如何." 【可學】

97:34 伊川言: "一心之謂誠[34], 盡心之謂忠." 某看忠有些子是誠之用. "如惡惡臭, 如好好色." 十分眞實, 恁地便是誠, 若有八九分恁地, 有一分不恁地, 便是夾雜些虛僞在內, 便是不誠. 忠, 便是盡心, 盡心亦是恁地, 便有些子是誠之用. 【賀孫】

97:35 "▲[35] 誠是實理自然如此, 此處卻不曾帶那動, 只恁地平妥[36]

---

29) ▲: 致道
30) ▲: 如何?
31) 靜: 英祖刊本・賀本에서는 靖으로 되어 있다.
32) ▲: 句
33) 靜: 英祖刊本・賀本에서는 靖으로 되어 있다.
34) 謂誠: 『小分』에서는 誠謂를 교정부호로 바로잡았다.

在這裏. 忠卻是處事待物見得, 卻是向外說來.【端蒙】

97:36 "盡心之謂忠, 一心之謂誠, 存於中之謂孚, 見諸事之謂信."【問"中孚"之義, 先生引伊川語37).】 "孚"38)字從"爪", 從"子", 取鳥抱卵之義. 言人心之所存者, 實有是物也.【僩】

97:37 問: "誠然後能敬. 未知誠, 須敬然後誠. '敬小誠大', 如何說?" 曰: "必存此實理方能敬. 只是此一'敬'字, 聖人與學者深淺自異."【可學】

97:38 問: "▲39)善惡皆天理', ▲40)" 曰: "惻隱是善, 於不當惻隱處惻隱卽是惡, 剛斷是善, 於不當剛斷處剛斷卽是惡. 雖是惡, 然原頭若無這物事, 卻如何做得? 本皆天理, 只是被人欲及平41)了, 故用之不善而爲惡耳."【必大】42)

97:39 ▲43) "此只是指其過處言. 如'惻隱之心, 仁之端', 本是善, 纔過, 便至於姑息, '羞惡之心, 義之端', 本是善, 纔過, 便至於殘忍. 故它下面亦自云: '謂之惡者, 本非惡, 但或過或不及, 便如此.'"【文蔚】

97:40 問: "▲44) 楊・墨之類, 只是過不及, 皆出於仁義, 謂之天理, 則可. 如世之大惡, 謂之天理, 可乎?" 曰: "本是天理, 只是翻了, 便如

---

35) ▲: 一心之謂誠, 盡己之謂忠."
36) 妥: 成化本・賀本에서는 放으로 되어 있다.
37) 語: 賀本에는 없다.
38) "孚": 賀本에서는 이 앞에 蓋가 더 들어 있다.
39) ▲: 程子曰'天下
40) ▲: 何也?
41) 及平: 賀本에서는 反으로 되어 있다.
42)【必大】: 徽州本에서는【伯豊】으로 되어 있다.
43) ▲: 問: "'善惡皆天理', 如何?" 曰:
44) ▲: '天下善惡皆天理.'

此. ▲[45] 如放火殺人, 可謂至惡, 若把那去炊飯, 殺其人之所當殺, 豈不是天理, 只緣翻了. 道理有背有面, 順之則是, 背之則非. 緣有此理, 方有此惡. 如溝渠至濁, 當初若無清冷底水, 緣何有此[46]?"

97:41 ▲[47]問: "▲[48] "旣是反了天理, 如何又說'皆天理也'? 莫是殘賊底惡, 初從羞惡上發, 淫溺貪欲底惡, 初從惻隱上發, 後來多[49]過差了, 原其初發都是天理?" 曰: "如此說, 亦好. 但所謂反者, 亦是四端中自有相反處. 如羞惡, 自與惻隱相反, 是非, 自與辭讓[50]相反. 如公說, 也是好意思, 因而看得舊一句不通處出. 如'用人之智去其詐, 用人之勇去其暴', 這兩句意分曉. 惟是'用人之仁去其貪'一句沒分曉. 今公說貪是愛上發來, 也是. 思之, 是淳善底人易得含胡苟且, 姑息貪戀." 【賀孫】

97:42 善, 只是當恁地底, 惡, 只是不當恁地底. 善惡皆是理, 但善是那順底, 惡是反轉來底. 然以其反而不善, 則知那善底自在, 故"善惡皆理"也, 然卻不可道有惡底理. 【端蒙】

97:43 問: "'天只是以生爲道, 繼此生理便是善.' 善便有一箇元底意思, 生便是繼, 如何分作兩截?" 曰: "此亦先言其理之統如此, 然亦未甚安. 有一人云: '〈元〉, 當作〈無〉.' 尤好笑?" 【可學】

97:44 孟子說"性善", 是就用處發明人性之善, 程子謂"乃極本窮原之性", 卻就用處發明本理. 【人傑】

---

45) ▲: 如人之殘忍, 便是翻了惻隱.
46) 緣何有此: 徽州本에서는 이 뒤에 【辛】이 더 들어 있다.
47) ▲: 或
48) ▲: '善惡皆天理也.' 若是過與不及, 些小惡事, 固可說天理. 如世間大罪惡, 如何亦是天理?" 曰: "初來本心都自好, 少間多被利害遮蔽. 如殘賊之事, 自反了惻隱之心, 是自反其天理." 賀孫問:
49) 多: 賀本에서는 都로 되어 있다.
50) 讓: 成化本 · 賀本에서는 遜으로 되어 있다.

97:45 ▲[51]問: "'中理在事, 義在心', ▲[52]" 曰: "中理, 只是做得事來中理, 義, 則所以能中理者也. 義便有揀擇取舍, 『易傳』曰: '在物爲理, 處物爲義.'" 【謍】

97:46 問: "▲[53] 明道云【見劉質夫錄論人神處.】'天地設位', 合道'易'字, 道它字不得. 不知此說如何?" 曰: "明道說話, 自有不論文義處." 【可學】

97:47 問: "『遺書』有'古言乾・坤不用六子'一段, 如何?" 曰: "此一段, 卻主張是自然之理. 又有一段, 卻不取." 【可學】

97:48 問『遺書』首卷"體道"之說. 曰: "'體', 猶體當・體究之'體', 言以自家身己去體那道. 蓋聖賢所說無非道者, 只要自家以此身去體它, 令此道爲我之有也. 如克己, 便是體道工夫." 【僩 ○以下爲學工夫.】

97:49 "謝氏記明道語: '旣得後, 須放開.' 此處恐不然. 當初必是說旣得後, 自然從容不迫, 它記得意錯了. 謝氏後來便是放開. 周恭叔又[54]是放倒." 因擧伊川謂"持之太甚, 便是助長." "亦須且恁去. 助長固是不好, 然合[55]下未能到從容處, 亦須且恁去, 猶愈於不能執捉者." 【淳】

97:50 ▲[56]非謂須要放開, 但謂旣有所得, 自然意思廣大, 規模開擴. 若未能如此, 便是未有得, 只是守耳. 蓋以放開與否爲得與未得之驗. 若謂有意放開, 則大害事矣? 上蔡謂周恭叔放開太早, 此語亦有病也.

---

51) ▲: 季容甫
52) ▲: 如何?
53) ▲: '天地設位'一段,
54) 又: 徽州本에서는 只로 되어 있다.
55) 合: 徽州本에서는 一로 되어 있다.
56) ▲: "旣得後, 須放開." 此亦

97:51 ▲57) "且理會收斂." 問: "昨日論橫渠言'得尺守尺, 得寸守寸', 先生卻云'須放寬地步', 如何?" 曰: "只是且放寬看將去, 不要守殺了. 橫渠說自好. 但如今日所論, 卻是太局促了."【德明】

97:52 先生問: "『遺書』中'欲夾持這天理, 則在德'一段, 看得如何?" 必大對曰: "『中庸』所謂'苟不至德, 至道不凝焉.'" 先生默然久之. 必大問如何. 曰: "此亦說得, 然只是引證. 畢竟如何是德?" 曰: "只是此道理, 因講習躬行後, 見得是我之所固有, 故守而勿失耳." 曰: "尋常看'據於德', 如何說?" 必大以橫渠"得寸守寸, 得尺守尺"對. 曰: "須先得了, 方可守. 如此說時58), 依舊認'德'字未著. 今且說只是這道理, 然須長長提撕, 令在己者決定是做得如此. 如方獨處默坐, 未曾事君親, 接朋友, 然在我者已渾全是一箇孝弟忠信底人. 以此做出事來, 事親則必孝, 事君則必忠, 與朋友交則必信, 不待旋安排. 蓋存於中之謂德, 見於事之謂行. 『易』曰'君子以成德爲行', 正謂以此德而見諸事耳. 德成於我者, 若有一箇人在內, 必定孝弟忠信, 斷不肯爲不孝不弟不忠不信底事, 與道家所謂'養成箇嬰兒在內'相似. 凡人欲邊事, 這箇人斷定不肯教自家做. 故曰'默而成之, 不言而信, 存乎德行.' 謂雖未曾說出來時, 存於心中者, 已斷是如此了, 然後用得戒愼恐懼存養工夫. 所以必用如此存養者, 猶恐其或有時間斷故耳. 程子所謂'須有不言而信者', 謂未言動時, 已渾全是箇如此人, 然卻未有迹之可言, 故曰'言難爲形狀.' 又言: '學者須學文, 知道者進德而已. 有德, 則〈不習無不利〉.' 自初學者言之, 它旣未知此道理, 則教它認何爲德? 故必先令其學文. 旣學文後, 知得此道理了, 方可教其進德. 聖人教人, 旣不令其躐等級做進德工夫, 不令其止於文學59)而已. 德旣在己, 則以此行之耳, 不待外面勉强旋做, 故曰'有德, 則〈不習無不利〉.' 凡此工夫, 全在收斂近裏而已. 『中庸』末章發明此意, 至爲深切. 自'衣錦尚絅'以下皆

57) ▲: 論『遺書』中說"放開"二字. 先生曰:
58) 時: 賀本에서는 上으로 되어 있다.
59) 文學: 『朱子語類』에서는 學文으로 되어 있다.

是, 只暗暗地做工夫去. 然此理自掩蔽不得, 故曰'闇然而日章.' 小人不曾做時, 已報得滿地人知, 然實不曾做得, 故曰'的然而日亡.' '淡而不厭, 簡而文, 溫而理', 皆是收斂近裏. '知遠之近, 知風之自, 知微之顯', 一句緊一句." 先生再三誦此六言, 曰: "此工夫似淡而無味, 然做時卻自有可樂, 故不厭, 似乎簡略, 然大小精粗秩然有序, 則又不止於簡而已. '溫而理', 溫厚似不可曉, 而條目不可亂, 是於有序中更有分別. 如此入細做工夫, 故能'知遠之近, 知風之自, 知微之顯.' 夫見於遠者皆本於吾心, 可謂至近矣, 然猶以己對物言之. '知風之自', 則知凡見於視聽擧動者, 其是非得失, 必有所從來, 此則皆本於一身而言矣. 至於'知微之顯', 則又說得愈密. 夫一心至微也, 然知其極, 分明顯著. 學者工夫能如此收斂來, 方可言德, 然亦未可便謂之德, 但如此則可以入德矣. 其下方言'尙不愧於屋漏', 蓋已能如此做入細工夫, 知得分明了, 方能愼獨涵養. 其曰'不動而敬, 不言而信', 蓋不動不言時, 已是箇敬信底人了. 又引詩'不顯維德', '予懷明德', '德輶如毛'言之, 一章之中皆是發明箇'德'字. 然所謂德者, 實無形狀, 故以'無聲臭'終之."【必大】60)

97:53 伊川云: "敬則無己可克." 其說高矣. 然夫子當時只告顏子以"克己復禮"而已. 蓋敬是常常存養底道理, 克己是私欲發時便與克除去, 兩不相妨. 孔子告顏子克己之論, 下面又有"爲仁由己而由人乎哉"之語在.【璘】

97:54 問: "主敬不接視聽, 須得如此否?" 曰: "蓋有此樣人, 如許渤之類."

97:55 "心要活." 活, 是生活之"活", 對著死說. 活是天理, 死是人欲.【必大錄云: "天理存則活, 人欲用則死."】 周流無窮, 活便能如此.【僩】

60)【必大】: 徽州本에서는【伯豐】으로 되어 있다.

97:56 伯豐問: "程子曰'覺悟便是信', 如何?" 曰: "未覺悟時, 不能無疑, 便半信半不信. 已覺悟了, 別無所疑, 卽是信." 【螢】

97:57 "何以窒慾? 伊川曰: '思.' 此莫是言慾心一萌, 當思禮義以勝之否?" 曰: "然." 又問: "思與敬如何?" 曰: "人於敬上未有用力處, 且自思入, 庶幾有箇巴攬處. '思'之一字, 於學者最有力." 【去僞】

97:58 ▲[61] "思與觀同. 如言'第能於怒時遽忘其怒而觀理之是非.' 蓋是非旣見, 自然欲不能行." 【升卿】

97:59 "思可以勝慾, ▲[62]." 曰: "莫是要喚醒否?" 曰: "然."

97:60 蔡問: "程子曰: '要息思慮, 便是不息思慮.'" 曰: "思慮息不得, 只敬便都沒了." 【淳】

97:61 上床斷不可思慮事爲, 思慮了, 沒頓放處. 如思慮處事, 思慮了, 又便做未得, 如思量作文, 思量了, 又寫未得, 遂只管展轉思量起來. 便儘思量, 不過如此. 某舊來緣此不能寐, 寧可呼燈來隨手寫了, 方睡得著. 程子贈溫公數珠, 只是令它數數而已, 如道家數息是也. 【螢】

97:62 問: "'事上之道莫若忠, 待下之道莫若恕.' 莫是因事言之?" 曰: "此說不知如何, 郭子和亦如此說. 如絜矩, 豈無事上之恕?" 【可學】

97:63 程子曰: "積習儘有功." 禮在何處積習? 在學者事到積習熟時, 卽和禮亦不見矣. 【必大】

---

61) ▲: "惟思爲能窒慾, 如何?" 曰:
62) ▲: 亦是

97:64 問: "'從善如登', 是進向上底意? 抑難底意?" 曰: "從善積累之難, 從惡淪胥之易. 從義[63]卻好, 然卻難, 從惡, 便陷得易了." 【淳】

97:65 問蘇季明"治經・傳道"一段. 曰: "明道只在居業上說. 忠信便是誠." 曰: '誠'字說來大, 如何執捉以進德?" 曰: "由致知格物以至誠意處, 則誠矣." 曰: "此是聖人事, 學者如何用功?" 曰: "此非說聖人, 乃是言聖人之學如此. 若學者則又有說話. 乾言聖人之學, 故曰'忠信所以進德, 修辭立其誠所以居業.' 「坤」言賢人之學, ▲[64]曰'敬以直內, 義以方外.' 忠信便是在內, 修辭是在外." 問: "何不說事? 卻說辭?" 曰: "事尙可欺人, 辭不可揜, 故曰'言顧行, 行顧言.'" 曰: "旣分聖賢之學, 其歸如何?" 曰: "歸無異. 但看着乾所言, 便有自然底意思, 「坤」所言, 只是作得持守, 終無自然底氣象. 正如孔子告顏淵以克己, 而告仲弓以敬恕." 曰: "伊川云: '敬則無己可克, 則又與顏淵無異矣.'" 曰: "不必如此看, 且各就門戶做. 若到彼處自入得, 尤好. 只是其分界自如此." 【可學】

97:66 問: "伊川語龜山: '勿好著書, 著書則多言, 多言則害道.' 如何?" 曰: "怕分卻心, 自是於道有害." 【大雅】

97:67 ▲[65]問: "伊川云: '隨時變易, 乃能常久.' 不知旣變易, 何以反能久?" 曰: "一出一入乃能常, 如春夏秋冬, 乃天地之常久. 使寒而不暑, 暑而不寒, 安能常久?" 【可學】

97:68 呂舍人記伊川說"人有三不幸", 以爲有高才能文章, 亦謂之不幸. 便是這事乖, 少間盡被這些子能解擔閣了一生, 便無暇子細理會義理. 只從外面見得些皮膚, 便說我已會得, 筆下便寫得去, 自然無暇

---

63) 義: 賀本에서는 善으로 되어 있다.
64) ▲: 故
65) ▲: 居甫

去講究那精微. 被人扛得來大, 又被人以先生長者目我, 更不去下問. 少間傳得滿鄉滿保, 都是這般種子. 橫渠有一段說: "人多爲人以前輩見處, 每事不肯下問, 壞了一生. 我寧終是不知." 此段最好看.【僩】

97:69 "自家旣有此身, 必有主宰. 理會得主宰, 然後隨自家力量窮理格物, 而合做底事, 不可放過些子." 因引程子言: "如行兵, 當先做活計."【節】

97:70 問: "'以物待物'一般[66], 上文云: '安可使小者亦大?' 下又云: '用一心而處之.' 意似相背." 曰: "'一心而處之', 只言是[67]盡吾心耳."【可學】

97:71 "樂意相關禽對語, 生香不斷樹交花." 程子云: "可以見得浩然之氣." 先生云: "此只是無間斷之意, 看'相關對語', '不斷交花', 便見得."【端蒙】

97:72 問: "『遺書』云: '堯·舜幾千年, 其心至今在.' 何謂也?" 曰: "此是心之理, 今則分明昭昭, 具在面前."【淳 ○以下聖賢及先儒.】

97:73 問: "伊川言: '〈象憂亦憂, 象喜亦喜〉, 與孔子〈微服而過宋〉相類.'" 曰: "舜知象之將殺己, 而象憂則亦憂, 象喜則亦喜. 孔子知桓魋必不能害, 而又微服過宋. 此兩事若相拗, 然皆是'道並行而不相悖', 故云相類. 非謂舜與孔子事一一相類也."【銖 ▲[68]】

97:74 問: "伊川曰: '聖人與理爲一, 無過不及, 中而已.' ▲[69]" 曰:

---

66) 般: 『朱子語類』에서는 段으로 되어 있다.
67) 言是: 『朱子語類』에서는 是言으로 되어 있다.【附箋紙】"言是", 本作"是言."
68) ▲: ○節錄云: "舜知象欲殺己而不防, 夫子知桓魋不能殺己而微服, 此兩事甚相拗. 故伊川曰'相類.'"
69) ▲: 敢問: 顔子擇乎中庸, 未見其止, 歎夫子瞻前忽後, 則過不及雖不見於言行,

“此一段說得好. 聖人只是一箇中底道理.”【去僞】[70)]

97:75 問: “‘有顔子之德, 則孟子之事功自有’, 與說才・誠處一段不同. 恐彼是說天資之才, 與此才別. ▲[71)]得理明, 無不可用, 是理明則天資之才不用?” 曰: “然.”【可學】

97:76 周茂叔納拜已受去, 如何還?【可學】

97:77 問: “『遺書』中說孔孟一段, 看見不甚有異, 南軒好提出.” 曰: “明道云‘我自做天裏’, 此句只是帶過. 後來卻說是以天自處, 便錯了. 要之, 此句亦是明道一時之意思如此. 今必欲執以爲定說, 卻向空去了?”【可學】[72)]

97:78 問: “『明道行狀』謂未及著書, 而今有了翁所跋『中庸』, 何如?” 曰: “了翁初得此書, 亦疑行狀所未嘗載, 後乃謂非明道不能爲此. 了翁之姪幾叟, 龜山之壻也. 翁移書曰: ‘近得一異書, 吾姪不可不見.’ 幾叟至, 次日, 翁冠帶出此書. 幾叟心知其書非是, 未敢言. 翁問曰: ‘何疑?’ 曰: ‘以某聞之龜山, 乃與叔初年本也.’ 翁始覺, 遂不復出. 近日陸子靜力主以爲眞明道之書. 某云: ‘卻不要與某爭. 某所聞甚的, 自有源流, 非强說也.’ 兼了翁所學知仁勇之類, 卻是道得著, 至子靜所學, 沒意味也.”【道夫】

97:79 “伊川前後進講, 未嘗不齋戒, 潛思存誠. 如此, 則未進講已前還有間斷否?” 曰: “不然. 尋常未嘗不誠, 只是臨▲[73)]君時, 又加意爾, 如孔子沐浴而告哀公是也.”【去僞】[74)]

而亦嘗動於心矣. 此亦是失否?

70)【去僞】: 徽州本에서는【謨・人傑・去僞錄同.】으로 되어 있다.

71) ▲: 到

72)【可學】: 徽州本에서는 이 뒤에 以下二程子附年譜行狀이 더 들어 있다.

73) ▲: 見

97:80 問: "伊川臨終時, 或曰: '平生學底, 正要今日用.' 伊川開目曰: '說要用, 便不是.' 此是如何?" 曰: "說要用, 便是兩心."【僩】

97:81 魏問: "橫渠言: '十五年學"恭而安", 不成.' 明道曰: '可知是學不成, 有多少病在.' 莫是如伊川說: '若不知得, 只是覷卻堯學它行事, 無堯許多聰明睿知, 怎生得似它動容周旋中禮?'" 曰: "也是如此. 更有多少病." 良久曰: "人便是被一箇氣質局定, 變得些子了, 又更有些子, 變得些子, 又更有些子." 又云: "聖人'發憤忘食, 樂以忘憂', 發憤便忘食, 樂便忘憂, 直是一刀兩段, 千了萬當? 聖人固不在說, 但顏子得聖人說一句, 直是傾腸倒肚, 便都了, 更無許多廉纖纏繞, 絲來線去." 問: "橫渠只是硬把捉, 故不安否?" 曰: "它只是學箇恭, 自驗見不曾熟, 不是學箇恭, 又學箇安."

97:82 程先生幼年屢說須要井田封建, 到晚年又說難行, 見於暢潛道『錄』. 想是它經歷世故之多, 見得事勢不可行.【淳】

97:83 問"古不必驗"一段. 曰: "此是說井田. 伊川高明, 必見得是無不可行. 然不如橫渠更驗過, 則行出去無窒礙."【必大】[75]

97:84 "古不必驗", 因橫渠欲置田驗井田, 故云爾. 橫渠說許[76]多有如此處.【可學】

97:85 范純父言: "今人陳乞恩例, 義當然否, 人皆以爲本分, 不爲害." 伊川曰: "只爲而今士大夫道得箇'乞'字慣, 卻動不動又是乞也." 因問: "陳乞封父祖如何?" 伊川云: "此事體又別." 再三請益, 但云: "只[77]說甚長, 待別時說." 先生云: "某因說'甚長'之意思之, 後來人只

---

74)【去僞】: 徽州本에서는【謨·去僞錄同.】으로 되어 있다.
75)【必大】: 徽州本에서는【伯豊】으로 되어 있다.
76) 許:『朱子語類』에서는 話로 되어 있다.

是投家狀, 便是陳乞了. 以至入仕, 事事皆然. 古者人有才德, 卽擧用. 當時這般封贈, 朝廷自行之, 何待陳乞? 程先生之意恐然也. 觀後來郊恩都不曾爲太中陳請, 則乞封贈, 程先生亦不爲之矣."【揚】

97:86 問: "▲[78]此自出朝廷合行之禮, 當今有司檢擧行下, 亦不必俟陳乞也." 答云: "如此, 名義卻正."【過】

97:87 問: "謝顯道▲[79]爲師問所折難, 而愧形於顔色, 與惻隱之心似不相屬. 明道乃云爾者, 何也?" 曰: "此問卻要商量, 且何不曰'羞惡之心', 而謂之'惻隱之心'? 諸公試各以己意言之." 黎季成對曰: "此恐是識痛癢底道理." 先生未以爲然[80]. 次日[81], 復以此請問. 先生曰: "只是謝顯道聞明道之言, 動一動. 爲它聞言而動, 便是好處, 卻不可言學者必欲其動. 且如惻隱・羞惡・辭讓[82]・是非, 不是四件物, 合下都有. '偏言則一事, 總言則包四者', 觸其一則心皆隨之. 言'惻隱之心', 則羞惡・辭讓[83]・是非在其中矣." 又曰: "此心之初發處乃是惻隱, 如有春方有夏, 有惻隱方有羞惡也, 如根蔕相連."【蓋卿】

97:88 伊川問和靖: "近日看『大學』功夫如何?" 和靖曰: "只看得'心廣體胖'處意思好." 伊川曰: "如何見得好?" 尹但長吟"心廣體胖"一句而已. 看它一似瞞人, 然和靖不是瞞人底人. 公等讀書, 都不見這般意思.【僩】

---

77) 只:『朱子語類』에서는 其로 되어 있다.

78) ▲: 伊川於陳乞封父母之問云: '待別時說.' 過謂

79) ▲: 初見明道, 自負該博, 史書盡卷不遺一字. 明道曰: '賢卻記得許多, 可謂玩物喪志?' 謝聞此言, 汗流浹背, 面發赤. 明道曰: '卽此是〈惻隱之心〉.' 夫

80) 然: 徽州本에서는 이 뒤에 蓋卿因復請曰: "先生高見如何?" 曰: "待更思之, 來日方說."이 더 들어 있다.

81) 日: 徽州本에서는 이 뒤에 早, 蓋卿同饒廷老・㬊亞夫別先生, 就가 더 들어 있다.

82) 讓: 成化本・賀本에서는 遜으로 되어 있다.

83) 讓: 成化本・賀本에서는 遜으로 되어 있다.

97:89 又擧程子之言, 謂陳平"知宰相之體." 先生問[84]: "如何是'理陰陽'?" 過未對. 曰[85]: "下面三語, 便是'理陰陽.'"【過 ○以下雜類.】

97:90 問: "程先生云: '自漢以來, 儒者皆不識此.'" 曰: "如仲舒語, 只約度有這物事. 韓退之雖知有這物事, 又說得太闊疏了."【燾】

97:91 ▲[86]問: "溫公薨背, 程子以郊禮成, 賀而不弔, 如何?" 曰: "這也可疑." 或問: "賀則不弔, 而國家事體又重, 則不弔似無可疑." 曰: "便是不恁地. 所以東坡謂'子於是日哭則不歌', 卽不聞歌則不哭. 蓋由哀而樂則難, 由樂而哀則甚易. 且如早作樂而暮聞親屬緦麻之戚, 不成道旣歌則不哭? 這箇是一脚長, 一脚短, 不解得平. 如所謂'三揖而進, 一辭而退', 不成道辭亦當三? 這所在以某觀之, 也是伊川有些過處." 道▲[87]問[88]: "這事, 且看溫公諱日與禮成日同, 則弔之可也. 或已在先, 則更差一日, 亦莫未有害否?" 曰: "似乎在先. 但勢不恁地, 自是合如此. 只如'進以禮, 退以義', '罪疑惟輕, 功疑惟重', 天下事自是恁地稱停不得."【道夫】

97:92 問: "王祥孝感事, 伊川說如何?" 曰: "程先生多有此處, 是要說物我一同. 然孝是王祥, 魚是水中物, 不可不別. 如說感應, 亦只言己感, 不須言物."【可學】

97:93 問: "伊川'奪嫡'之說, 不合禮經, 是當時有遺命? 抑後人爲之邪?" 先生曰: "亦不見得如何, 只侯師聖如此說." 問: "此說是否?" 曰: "亦不見得是如何."【淳】

---

84) 先生問: 徽州本에서는 曰: "上佐天子理陰陽順四時, 下遂萬物之宜, 外鎭撫四夷, 內親附百姓." 答曰로 되어 있다.
85) 曰: 徽州本에서는 答云으로 되어 있다.
86) ▲: 魯叔
87) ▲: 夫
88) 問: 【附箋紙】"問"上, 恐有"夫"字.

97:94 "世問[89]有鬼神馮依言語者, 蓋屢見之, 未可全不信. 本卷何以曰'師巫降言無此理'? 又好談鬼神者, 假使實有聞見, 亦未足信. 或是心病, 或是目病, 『外書』卻言'不信神怪不可, 被猛撞出來後, 如何處置'?" 先生曰: "神怪之說, 若猶未能自明, 鮮有不惑者. 學者惟當以正自守, 而窮理之有無久久, 當自見得. 讀書講明義理, 到此等處雖有不同, 姑闕其疑, 以俟它日, 未晚也."【謨】

97:95 "程先生謂: '莊生形容道體之語, 儘有好處. 老氏"谷神不死"一章最佳.' '莊子云: "嗜慾深者, 天機淺." 此言最善.' 又曰: '謹禮不透者, 深看『莊子』.' 然則莊老之學, 未可以爲異端而不講之邪[90]?" 曰: "'君子不以人廢言', 言有可取, 安得而不取之? 如所謂'嗜慾深者, 天機淺', 此語甚的當, 不可盡以爲虛無之論而妄訾之也." 謨曰: "平時慮爲異教所汨, 未嘗讀『莊』·『老』等書, 今欲讀之, 如何?" 曰: "自有所主, 則讀之何害? 要在識其意所以異於聖人者如何爾."【謨 ○以下異端.】

97:96 『遺書』說: "『老子』言雜, 『陰符經』卻不雜, 然皆窺測天道而未盡者也." 程先生可謂言約而理盡, 括盡二書曲折.【友仁】

97:97 "持國曰: '道家有三住: 心住則氣住, 氣住則神住. 此所謂〈存存守一〉.' 伯淳曰: '"此三住者, 人終食之頃未有不離者, 其要只在收放心.' 此則明道以持國之言爲然, 而道家'三住'之說爲可取也. 至第二卷, 何以有曰: '若言神住氣住, 則是浮屠入定之法. 雖言養氣, 亦是第二節事?' 若是, 則持國當日之論, 容有未盡者, 或所記未詳, 如何?" 曰: "二程夫子之爲教, 各因其人而隨事發明之, 故言之抑揚亦或不同. 學者於此等處, 必求其所以爲立言之意. 倘自爲窒塞, 則觸處有礙矣. 與持國所言, 自是於[91]持國分上當如此說, 然猶卒歸於收放心. 至闢

---

89) 問: 『朱子語類』에서는 間으로 되어 있다.【附箋紙】"問", 本作"間."
90) 邪: 『朱子語類』에서는 耶로 되어 있다.
91) 於: 賀本에서는 于로 되어 있다.

之以爲浮屠入定之說者, 是必嚴其辭以啓迪後進, 使先入[92]之初不惑乎異端之說云爾."【謨】

97:98 "『外書』錄伊川語: '今僧家讀一卷經, 便要一卷經中道理受用. 儒者讀書, 卻只閑了, 都無用處.' 又, 明道嘗至禪房, 方飯, 見其趨進揖遜之盛, 歎曰: '三代威儀, 盡在是矣.' 二說如何?" 曰: "此皆歎辭也. 前說歎後之學者不能着實做工夫, 所以都無用處, 後說歎吾儒禮儀反爲異端所切[93]取. 但其間記錄未精, 故語意不圓, 所以爲可疑耳."【謨】

97:99 "李端伯所記第一條, 力闢釋氏說出山河大地等語, 歷舉而言之. 至論聖人之道, 則以爲明如日星. 及其終也, 以爲會得此'便是會禪.' 至與後[94]世興講『孟子』'浩然之氣', 則舉禪語爲況云: '事則不無, 擬心則差.' 十五卷論『中庸』言'無聲無臭', 勝如釋氏言'非黃非白', 似又以『中庸』之言, 下與釋氏較勝負. 至如所謂洒掃應對, 與佛家默然處合, 與陳瑩中論'天在山中, 『大畜』', 是'芥子納須彌', 所引釋氏語不一而足. 如其闢異端之嚴, 而記者多錄此, 何耶?" 曰: "韓持國本好佛學, 明道與語, 而有'便是會禪'之說者, 蓋就其素所講明者因以入之. 今人多說闢異端, 往往於其教中茫然不知其說, 馮虛妄語, 宜不足以服之. 如明道諸先生實嘗深究其說, 盡得其所以爲虛誕怪僻之要領, 故因言所及, 各有其旨, 未可以爲苟徇其說也."【謨】

97:100 問: "『遺書』首篇, 明道與韓持國論禪一段, 看來韓持國只是曉得那低底禪. 嘗見范蜀公與溫公書, 說韓持國爲禪作祟, 要想得山河大地無寸土, 不知還能無寸土否? 可將大樂與喚醒歸這邊來. 今觀明道答它: '至如山河大地之說, 是它山河大地, 又干你何事?' 想是持

---

92) 入: 賀本에서는 人으로 되어 있다.

93) 切: 英祖刊本·成化本·賀本에서는 竊로 되어 있다.

94) 後: 『朱子語類』에서는 侯로 되어 있다.【附箋紙】"後", 本作"侯"

國曾發此問來, 故明道如此說. 不知當初韓持國合下被甚人教得箇矮底禪如此? 然范蜀公欲以大樂喚醒, 不知怎生喚得它醒? 它方欲盡掃世間之物歸于至靜, 而彼欲以鬧底物引之, 亦拙矣. 況范蜀公之樂, 也可可地." 用之問: "此等說, 如何是矮底禪? 豈解更有一般高底禪?" 曰: "不然. 它說世間萬法皆是虛妄, 然又都是眞實. 你攻得它前面一項破, 它又有後面一項, 攻佗不破. 如明道云: '若說幻爲不好底性, 則請別尋一箇好底性來, 換了此不好底性.' 此語也攻它不破. 它元不曾說這箇不是性, 它也說'直指人心, 見性成佛', 何嘗說這箇不是性? 你說'性外無道, 道外無性', 它又何嘗說'性外有道, 道外有性'來? 它之說, 有十分與吾儒相似處, 只終不是. 若見得吾儒之說, 則它之說不攻自破, 所以孟子說'遁辭知其所窮.' 它到說窮處, 便又有一樣說話, 如云世間萬法都是虛妄, 然又都是眞實. 此又是如何? 今不須窮它, 窮得它一邊, 它又有一邊, 都莫問它. 只看得自家'天命之謂性, 率性之謂道'分曉了, 卻略將它說看過, 便見它底不是. 所以明道引孔子'〈予欲無言〉, 子貢曰: 〈子如不言, 則小子何述焉?〉 子曰: 〈天何言哉? 四時行焉, 百物生焉, 天何言哉?〉' 只看這數句, 幾多分曉? 也不待解說. 只是玩味久之, 便見. '天高地下, 萬物散殊, 而禮制行矣, 流而不息, 合同而化, 而樂興焉.' '天有四時, 春秋冬夏[95], 風雨霜露, 無非教也, 地載神氣, 神氣風霆, 風霆流形, 庶物露生, 無非教也.' 多少分曉? 只是人自昏了, 所以道理也要箇聰明底人看, 一看便見, 也是快活人, 而今如此費人口頰, 猶自不曉." 又曰: "釋迦佛初間入山修行, 它也只是厭惡世諦, 爲一身之計. 觀它修行大故用功, 未有後來許多禪底說話. 後來相傳, 一向說開了." 【僩】

97:101 伊川謂: "釋氏之見, 如管仲[96]窺天, 只見直上, 不見四旁." 某以爲不然. 釋氏之見, 蓋是瞥見水中天影耳. 【方子】

---

95) 春秋冬夏: 賀本에서는 春夏秋冬으로 되어 있다.
96) 仲: 『朱子語類』에서는 中으로 되어 있다.

97:102 "禪家言性, 猶日下置器", 謂輪迴也, 如以蟻性與牛, 是傾此於彼.【方子】

97:103 問: "昨日先生說佛氏'但願空諸所有', 此固不是. 然明道嘗說胸中不可有一事, 如在試院推算康節數, 明日問之, 便已忘了. 此意恐亦是'空諸所有'底意." 曰: "此出上蔡語錄中, 只是錄得它自意, 無這般條貫. 顏子'得一善則拳拳服應[97]而不失', 孟子'必有事焉而勿忘', 何嘗要人如此? 若是箇道理, 須着存取. 只如『易繫』說'過此以往, 未之或知', 亦只是'雖欲從之, 末由也已'之意. 在它們說, 便如鬼神變怪, 有許多不可知底事."【德明 ○以下論記錄之疑[98].】

97:104 伊川曰: "實理者, 實見得是, 實見得非." 實理與實見不同. 今合說, 必記錄有誤. 蓋有那實理, 人須是實見得. 見得恁地確定, 便有實見得, 又都閑了.【淳】

97:105 ▲[99] "伊川說實理, 有不可曉處. 云: '實見得是, 實見得非.' 恐是記者之誤, '見'字上必有漏落. 理自是理, 見自是見. 蓋物物有那實理, 人須是實見得." 義剛曰: "理在物, 見在我." 曰: "是如此."【義剛】

97:106 問: "'不當以體會爲非心', 是如何?" 曰: "此句曉未得. 它本是闢橫渠'心小性大'之說. 心性則一, 豈有小大? 橫渠卻自說'心統性情', 不知怎生卻恁地說?"

97:107 問: "▲[100] 如何是體會?" 曰: "此必是橫渠有此語, 今其書中失之矣. 橫渠云'心禦見聞, 不弘於性', 卻做兩般說. 渠說'人能弘道,

---

97) 應: 『朱子語類』에서는 膺으로 되어 있다.
98) 疑: 徽州本에서는 差로 되어 있다.
99) ▲: 先生顧陳安卿曰:
100) ▲: '不當以體會爲非心, 故有"心小性大"之說',

非道弘人'處云: '心能檢其性, 人能弘道也, 性不知檢其心, 非道弘人也.' 此意卻好. 又不知它當初把此心・性作如何分? 橫渠說話有差處, 多如此."【可學】

97:108 ▲101)

97:109 問: "游定夫記程先生語, 所謂'一物不該, 非中也, 一事不爲, 非中也, 一息不存, 非中也. 何哉? 爲其偏而已矣'. 觀其意, 蓋以中爲理, 偏爲不周遍之意. '一物不該, 一事不爲', 是說無物不有之意, '一息不存', 是說無時不然之意. 是否?" 曰: "便是它說'中'字不著. 中之名義不如此. 它說'偏'字卻是一偏, 一偏便不周遍, 卻不妨. 但定夫記此語不親切, 不似程先生每常說話, 緣它夾雜王氏學. 當時王氏學盛行, 薰炙得甚廣. 一時名流如江民表・彭器資・鄒道卿・陳了翁, 皆被薰染, 大片說去."【銖】

97:110 問: "'自性而行, 皆善也'以下, 當初必是以同此性, 而於其上如此分別, 記錄不眞了." 曰: "然."【可學】

97:111 問稱性之善一段. 曰: "不是." 又問: "心如何有形?" 曰: "張敬夫極善此二字." 曰: "當初意思必是以心比性, 有少模倣, 故記如此." 曰: "然."【可學】

97:112 "學者不可以不誠"一段, 不是.【可學】

97:113 問: "'內外得'一段, 亦大寬." 曰: "然."【可學】

97:114 ▲102)

---

101) ▲: 問: "游定夫所記, 如云: '一息不存, 非中也.' 又曰: '君子之道, 無適不中, 故其心與中庸合.' 此處必是記錄時失正意." 曰: "不知所記如何, 其語極難曉."【可學】

97:115 問: “『遺書』▲103)一段云: ‘〈致知在格物〉, 物來則知起. 物各付物, 不役其知, 則意自誠.’ 比其它說不同, 卻不曾下格物工夫.” 曰: “不知此一段如何.” 又問: “‘物來則知起’, 似無害. 但以下不是.” 曰: “亦須格, 方得.”【可學】

97:116 問“用方知, 不用則不知.” 曰: “這說也是理會不得, 怕只是如道家通得未來底事. 某向與一術者對坐, 忽然云: ‘當有某姓人送簡至矣.’ 久之, 果然. 扣之, 則云: ‘某心先動了, 故知.’ 所謂用與不用, 怕如此. 恐伊川那時自因問答去, 今不可曉. 要附在‘至誠之道可以前知’解中, 只攪得鶻突, 沒理會.”【賀孫】

97:117 問: “『遺書』中云: ‘聖人於『易』言“無思無爲”, 此戒夫作爲.’ 此句須有錯.” 曰: “疑當作‘此非戒夫作爲.’”【可學】

97:118 問“思入風雲變態中.” 曰: “言窮理精深, 雖風雲變態之理, 思亦到.”【節 ○以下『文集』.】

97:119 明道詩: “不須愁日暮, 天際是輕陰.” 龜山『語錄』說是時事. 『梅臺詩』亦說時事.【璘】

97:120 明道詩云: “旁人不識予心樂, 將謂偷閑學少年.” 此是後生時, 氣象眩露, 無含蓄104).

97:121 “有鍾粹美兮, 會元之期.”【元氣會則生聖賢.】 歷家謂十一月朔夜半甲子冬至, 自是難得遇也.【砥】

---

102) ▲: “物各付物, 不役其知, 便是致知, 然最難.” 此語未敢信, 恐記者之誤.【人傑】

103) ▲: 有

104) 蓄: 徽州本에서는 이 뒤에【正叔】이 더 들어 있다.

97:122 問: “呂與叔問中處, ‘中者道之所從出’, 某看呂氏意如何?” 曰: “性者, 道之所從出云爾. ‘中, 卽性也’, 亦是此意. 只是名義未善, 大意卻不在此. 如程先生云‘中, 卽道也’, 若不論其意, 亦未安.” 曰: “‘中卽道也’, 未安. 謂道所從出, 卻是就人爲上說, 已陷了.” 又云: “‘中卽道也’, 卻亦不妨.” 又問: “‘若謂性與道, 大本與達道, 可混爲一, 卽未安’以下云云, 至‘安得不爲二乎’, 程先生語似相矛盾.” 曰: “大本達道, 性道雖同出, 要須於中識所以異.” 又問: “‘中之爲義, 自過不及而立名.’ 此段說中, 與平日異. 只爲呂氏形容中太過, 故就其旣發告之.” 曰: “然.” 又問“若只以中爲性”以下云云, 至“卻爲近之.” 曰: “此語不可曉. 當時問時, 辭意亦自窘束.” 又問: “‘不倚之謂中, 不雜之謂和’, 如何?” 曰: “有物方倚得. 中未有物, 如何倚?” 曰: “若是, 當倒說, 中則不倚.” 曰: “亦未是. 不如不偏好.” 又問: “中發出則自不雜, 是要見工夫處, 故以爲未安.” 曰: “不雜訓和不得, 可以訓不純. 游定夫云‘不乖之謂和’, 卻好.” 又問: “‘赤子之心’處, 此是一篇大節目. 程先生云: ‘毫釐有異, 得爲大本乎?’ 看呂氏此處不特毫釐差, 乃大段差. 然毫釐差亦不得. 聖人之心如明鏡止水, 赤子之心如何此105)得?” 曰: “未論聖人, 與叔之失, 卻是認赤子之已發者皆爲未發.” 曰: “固是如此. 然若論未發時, 衆人心亦不可與聖人同.” 曰: “如何不同? 若如此說, 卻是天理別在一處去了.” 曰: “如此說, 卽『中庸』所謂未發之中, 如何?” 曰: “此卻是要存其心, 又是一段事. 今人未發時心多擾擾, 然亦有不擾擾時. 當於此看. 大抵此書答辭, 亦有反爲所窘處. 當初不若只與論聖人之心如此, 赤子之心如彼, 則自分明.” 又問: “引『孟子』‘心爲甚’, 如何?” 曰: “『孟子』乃是論心自度, 非是心度物.” 又問: “引‘允執厥中’, 如何?” 曰: “它把做已發言, 故如此說.” 曰: “‘聖人智周’以下, 終未深達. 又云‘言未有異’, 又終未覺. 又云: ‘固未嘗以已發不同處指爲大本.’ 雖如此說, 然所指又別.” 曰: “然.” 曰: “南軒云: “‘心體昭昭’處, 分作兩段.” 曰: “不是如此, 此說極好. 敬夫初唱道時, 好如此說話.” 又問:

105) 此: 『朱子語類』에서는 比로 되어 있다. 【附箋紙】 “此”, 本作“比”

"此一篇前項, 只是名義失, 最失處在赤子之心." 曰: "然."【可學】106)

97:123 ▲107)問呂氏與伊川論中書. 曰: "呂說大概亦是, 只不合將'赤子之心'一句插在那裏, 便做病. 赤子飢便啼, 寒便哭, 把做未發不得. 如大人心千里百折108), 赤子之心無恁勞攘, 只不過飢便啼・寒便哭而已. 未有所謂喜, 所謂怒, 所謂哀, 所謂樂, 其與聖人不同者只些子." 問: "南軒辨心體昭昭爲已發, 如何?" 曰: "不消如此. 伊川只是改它赤子未發, 南軒又要去討它病."【淳】

97:124 ▲109)問"赤子之心." 曰: "程子道是已發而未遠, 如赤子飢則啼, 渴則飮, 便是已發."【寓】110)

97:125 今人呼墓地前爲"明堂." 嘗見伊川『集』中書爲"券臺", 不曉所以. 南軒欲改之, 某云不可, 且留著. 後見唐人文字中, 言某朝詔改爲"券臺."【僩】

○111) 林艾軒嘗云: "伊川解經, 有說得未的當處. 此文義間事, 安能一一皆是? 若大頭項則伊川底卻是." 此善觀伊川者. 陸子靜看得二程低, 此恐子靜看其說未透耳. 譬如一塊精金, 卻道不是金, 非金之不好, 蓋是不識金也."【人傑 ○必大錄云: "橫渠解'悠悠蒼天, 此何人哉'! 卻不平易."】

106)【可學】: 徽州本에서는 이 뒤에 以下論中書가 더 들어 있다.
107) ▲: 鄭
108) 千里百折: 孝宗刊本・英祖刊本・成化本에서는 千重百折로 되어 있고, 賀本에서는 千重萬折로 되어 있다.
109) ▲: 施
110)【寓】: 徽州本에서는 이 뒤에 陳淳錄同이 더 들어 있다.
111) ○:『朱子語類』의 80:88의 일부이다.

定本 朱子語類小分 (三)

초판 1쇄 발행 2010년 12월 24일

편　자 | 송시열 외
표점·교감 | 충북대학교 우암연구소 우암자료집성및정본화사업팀
펴낸이 | 최원필
편　집 | 양상모
펴낸곳 | 심산출판사
주　소 | 서울시 은평구 불광동 219-7 예은 101
전　화 | 02-357-0633
팩시밀리 | 02-357-0631
E-mail | simsan@korea.com
등　록 | 제1-2114호(1996년 11월 28일)
ISBN | 978-89-94844-03-9 93150
978-89-94844-00-8 (전4권)